«Der Triumph Kaiser Justinians»,
Elfenbeinschnitzerei, Rom, 6. Jh. nach Chr.
(Foto: Musées Nationaux: Louvre, Paris)

Marilyn French

JENSEITS DER MACHT

Frauen, Männer und Moral

Deutsch von
Cornelia Holfelder-von der Tann

Rowohlt

Die Originalausgabe erschien 1985 unter dem Titel
«Beyond Power. On Women, Men and Morals»
bei Summit Books, New York
Schutzumschlag- und Einbandgestaltung
Klaus Detjen

1. Auflage September 1985

Satz Sabon (Linotron 202)
Gesamtherstellung Clausen & Bosse, Leck
Printed in Germany
ISBN 3 498 02047 1

Für Charlotte Sheedy
und
im Gedenken an
William Hull

Einige Worte des Dankes

Ein Buch zu schreiben, das so viele Gegenstandsbereiche und Wissenschaftsgebiete einbezieht wie das vorliegende, ist ohne ein hohes Maß an Unterstützung nicht möglich. Die meisten Leute, die zur Entstehung dieses Textes beigetragen haben, sind mit diesem selbst nie in Berührung gekommen: es sind diejenigen Wissenschaftler und Denker, deren Aussagen mir – auch wenn ich nicht immer mit ihnen übereinstimmen konnte – geholfen haben, meine eigenen Gedanken zu klären. Auf diese Quellen verweise ich in meinen Anmerkungen.

Außerdem haben mir eine ganze Reihe von Leuten nicht nur ihre eigenen Arbeitsergebnisse, sondern auch ihre Zeit und ihren bestärkenden Rat zur Verfügung gestellt. An erster Stelle möchte ich JoAnn McNamara danken, die mit großer Geduld zwei Rohfassungen der ersten drei Kapitel gelesen und durch ausführliche, hilfreiche Kommentare ergänzt hat. Auch Rayna Rapp hat sich dieser Kapitel angenommen. Sie gab mir nicht nur viele nützliche Anregungen, sondern unterzog sich auch der Mühe, mich mit dem methodischen Rüstzeug der Anthropologie vertraut zu machen. Weitere eingehende Kommentare zu meinen anthropologischen Ausführungen verdanke ich Jean Jackson. Sarah Pomeroy stellte mir ihre Unterstützung in bezug auf die Ägypter, Griechen und Römer zur Verfügung. Claudia Koonz las eine ganze Reihe von Entwürfen zum Thema Frauen im Nationalsozialismus und half mir, Licht in zunächst verwirrende Zusammenhänge zu bringen. Karen Gottschang verdanke ich wichtige Beiträge zum Thema China, Blanche Cook und Janet Murray hilfreiche Kommentare und ergänzende Literaturhinweise zum gesamten Geschichtskapitel.

Auch bei der Abfassung des V. Kapitels habe ich mich auf die Auskünfte einer Reihe von Experten gestützt, darunter Alan Sadovnik für das Erziehungswesen, Robert Engler für die Großindustrie, Renny

Fulco für politische Theorie, Joel Kovel für Medizin und Psychologie, Judith Fleisher, Elsa First und Janet Young für den psychologischen Bereich und Kathleen Paratis für das Rechtswesen. Das VI. Kapitel las und kommentierte Françoise Basch.

Myra Jehlen studierte einen Rohentwurf des gesamten Buches und steuerte viele nützliche Anregungen bei. Alle diese Personen haben mich großzügig unterstützt. Dennoch sollte es sich von selbst verstehen, daß etwaige noch im Text enthaltene Irrtümer allein zu meinen Lasten gehen.

Eine Reihe von Personen erteilte freundlich Auskunft auf Fragen, die ihnen von einer wildfremden Absenderin ins Haus geschickt wurden: John Money, Barbara Lerner, Stephen Jay Gould und Fritjof Capra. Andere gaben mir Literaturhinweise oder sandten Aufsätze: Benjamin Barber, Nancy Wechsler und andere Freunde und Freundinnen.

Jamie French und Robert French III. beschafften mir Bücher und sonstige Materialien und waren mir bei meinen Recherchen eine große Hilfe. Marianne Beaumont und die übrigen Angestellten der kleinen Bibliothek von Riviera Beach, Florida, nahmen mit nie versiegender Hilfsbereitschaft und Tüchtigkeit die Mühe auf sich, auch entlegene Werke herbeizuschaffen. Barbara Haspels Unterstützung war vielfältigster Art: sie hielt mir das Telefon vom Hals, während ich arbeitete, suchte Bücher und Aufsätze heraus, tippte unzählige Fassungen meines Textes, korrigierte, gab mir Anregungen und vollbrachte schließlich das Kunststück, chaotischen, überarbeiteten Seiten voller falsch numerierter Verweise Sinn abzugewinnen.

Hilde Hein und Barbara Greenberg lasen eine frühe Kurzfassung des Textes und nahmen sie sehr wohlwollend auf. Das gleiche gilt auch für Jim Silberman, der sich überdies freundlicherweise von mir dazu überreden ließ, spätere Fassungen zu lesen, und der mich immer wieder ermutigt hat. Charlotte Sheedy schließlich war mir während der gesamten Arbeit ein wichtiger Rückhalt: sie verstand von Anfang an, worauf ich hinauswollte und verlor während der Arbeit kein einziges Mal den Glauben an mein Vorhaben.

Inhalt

III
Die Frau im Zeitalter des Patriarchats
191

IV
Der Mann im Zeitalter des Patriarchats
417

Einleitung

Der Gang der Menschheitsgeschichte scheint einem gewissen Rhythmus zu unterliegen. Obgleich die menschliche Zeitrechnung eine höchst willkürliche Sache ist, finden sich in vielen Kulturen mythische Vorstellungen über verschiedene Zeitalter im Sinne von Perioden, die durch bestimmte vorgeprägte Merkmale gekennzeichnet sind. Einer Tradition des abendländischen Denkens zufolge gelten die Jahrzehnte um den Beginn eines neuen Jahrtausends als Perioden tiefgreifender Einschnitte und gesellschaftlicher Umwälzungen. Zweifellos würden solche Charakteristika auf sehr viele Zeitabschnitte im Laufe der Geschichte zutreffen, aber es ist wohl dennoch richtig, wenn ich feststelle, daß viele Menschen derzeit das Gefühl haben, die letzten Zuckungen der sogenannten abendländischen Zivilisation zu durchleben.

Diese apokalyptische Aura verdichtet sich in Ideologien von Sekten und religiösen Gemeinschaften, die sich auf das Ende der Welt vorbereiten, und in Aussagen von Schriftstellern und Filmemachern, die die Vorstellung von der totalen Katastrophe fasziniert. Irgendwo hinter den meisten dieser Visionen schlummert jedoch der Traum von einer idyllischen ‹Läuterung›, einem von den Greueln und dem Schmutz der Vergangenheit und Gegenwart gereinigten Neubeginn. In den geläufigen Vorstellungen existiert jedoch keine konkrete Vision einer solchen Idylle, es gibt nichts als fadenscheinige, traditionelle Konzepte vom Widerstreit Mensch–Natur an einer neuen Frontlinie, die doch – wie immer sie sich darstellen mag – die ewig gleiche ist.[1] Diese Bilder, wie wir sie in Filmen und Romanen finden, zeigen uns lediglich das Vergangene in neuem Gewand, wobei die faktische Vergangenheit gar nichts anderes hervorbringen konnte als eben diese Gegenwart, so wie sie ist. In allen Bereichen unseres Lebens spüren wir, daß alte Formen aufgebrochen oder zumindest bereits am Aufbrechen sind und daß ihr kostbarer oder auch ranziger Inhalt aus allen Fugen herausquillt. Aber nirgendwo existiert eine Vision der menschlichen Zukunft.

Tatsächlich kann sich der Verdacht, daß wir in einem Zeitalter schwerwiegender Einbrüche leben und vielleicht sogar mit immer größerem Entsetzen dem Ende der Welt entgegengehen, auf ganz reale Grundlagen berufen. Die von ständigen Kriegen und dem schwarzen Tod heimgesuchten Menschen des 14. Jahrhunderts glaubten ebenfalls, daß das Ende der Welt unmittelbar bevorstünde. Im Unterschied zu uns verfügten sie jedoch nicht selbst über die Mittel, dieses Ende herbeizuführen, und die Geschichte der Menschheit liefert uns wahrhaftig keinen Anlaß, uns damit zu beruhigen, daß diese Mittel schon nicht zur Anwendung gelangen werden.

Wir Menschen stehen heute an einem Punkt, von dem aus eine Zukunft kaum noch vorstellbar ist. Das war nicht immer so. Wer früher an den Untergang dieser Welt, an das Jüngste Gericht glaubte, hatte gleichzeitig ein Weiterleben im Paradies vor Augen, während auf seine Feinde die verdiente Hölle wartete. Die letzten Jahrhunderte haben den Traum vom Fortschritt, von der Befreiung der Menschen von aller Mühsal durch die technologische Entwicklung genährt. Wenn sich die Zukunftsbilder, die sich die Menschen vergangener Zeitalter ausmalten, auch nicht völlig mit dem faktischen Geschehen deckten, so gab es doch immerhin eine gewisse Verwandtschaft zwischen Realität und Vision. Heute hingegen können wir uns nicht einmal mehr eine Fortsetzung des Gegenwärtigen vorstellen: unsere Kraft, visionär zu denken, ist versiegt. Dieser Bankrott von Phantasie, Hoffnung und Glauben aber kann uns in die Selbstvernichtung treiben. Wohin wir uns auch wenden, nirgends finden wir greifbare Anhaltspunkte für die Tragfähigkeit irgendeiner Vision, für das Bestehen einer anderen Perspektive als der der atomaren Vernichtung, einer durch die Umweltverseuchung verödeten Erde oder eines weltumspannenden Totalitarismus.

Diesem Buch liegt die Prämisse zugrunde, daß sowohl unser gegenwärtiger Mangel an Zukunftsperspektiven als auch der augenblickliche Zustand unserer Welt aus dem Versagen unserer moralischen Werte resultieren, aber auch die Hoffnung, daß wir Menschen dazu fähig sind, eine neue Moral hervorzubringen und zur Grundlage unseres Lebens zu machen, und die Gewißheit, daß die Orientierung an einer geläuterten Moral unsere einzige Chance ist, emotional, physisch und intellektuell unser Gleichgewicht so weit zurückzuerlangen, daß wir in der Lage sind, eine glücklichere Gesellschaft zu schaffen.

Das Wort ‹Moral› hat derzeit keinen guten Klang. Die Ehtiker sind rasch mit Erklärungen bei der Hand, die jeden Zusammenhang zwischen ihrer Disziplin und dem faktischen Leben bestreiten. Kritiker weisen jede ‹moralische› Beurteilung von Literatur, Malerei oder anderen Kunstformen von sich. Viele Menschen vertreten die Auffassung, Moral bezeichne ein System von Regeln für den Umgang mit unseren Sexualorganen oder eine Liste von Verboten, die das Lügen, Stehlen oder Töten verhindern sollen, sofern es nicht im Dienste der Kirchen oder des Staates geschieht. Zum anderen wird Moral vielfach als ein ganz spezifisches Wertsystem verstanden, etwa als die Gesamtheit der Vorschriften und Gebote einer bestimmten Glaubensgemeinschaft. In Wirklichkeit ist Moral jedoch ein wertfreier Begriff, dessen Inhalt nicht näher festgelegt ist. Er bezeichnet das Wertgefüge, das den Hintergrund unseres Urteilens, Handelns und Fühlens bildet, also nicht etwas, was wir nur hochzuhalten vorgeben oder dem wir das Wort reden, ohne uns konsequent danach zu verhalten. Unser moralisches Wertsystem besteht aus einer Reihe von Prioritäten oder, besser gesagt, aus einem vielfach ineinandergreifenden Raster fließender, oft uneindeutiger und an bestimmte Bedingungen geknüpfter Wertungen von Gut und Böse. Unsere persönliche Moral manifestiert sich in den Entscheidungen, die wir treffen, darin, wie wir leben, worauf wir unsere Zeit und unser Geld verwenden, welche Freunde wir uns suchen, wie wir unsere Freizeit verbringen und vor allem darin, wie unsere Identität ausgeprägt ist und in welche Richtung wir uns entwickeln wollen. In ähnlicher Weise manifestiert sich die Moral einer Gesellschaft in ihren Entscheidungen: in der Art, wie sie über ihre Mittel verfügt, in den Bauwerken, die sie errichtet, in ihrer Sprache und Kunst, in ihrer Produktionsweise und ihren Produkten, in Organisationsweise und spezifischer Ausprägung ihrer angestrebten oder bereits realisierten gesellschaftlichen Ordnung.

Moral ist sowohl eine individuelle als auch eine kollektive Angelegenheit. Wenn sie sich im öffentlichen Bereich niederschlägt, nennen wir sie Politik. Beide, Moral und Politik, verhalten sich zueinander nicht so sehr wie die beiden Seiten einer Medaille, sondern vielmehr wie die Innen- und die Außenwand eines Ballons. Sie bezeichnen ein und dasselbe Phänomen unter verschiedenen Gesichtswinkeln. Rousseau behauptete, eine Unterscheidung zwischen Moral und Politik mache das Verständnis beider Sphären unmöglich. Alasdair MacIntyre drückt diesen Sachverhalt so aus: «Jedes Handeln ist Vehikel und Ausdruck von mehr oder minder theoriebefrachteten Überzeugungen und Konzepten. Jeder

Schritt zur Entwicklung einer Theorie und jede Äußerung einer Überzeugung stellt eine politische und moralische Handlung dar»[2], oder, wie es die Feministinnen schlicht und einfach formulieren: das Persönliche ist politisch.

Ein Moralsystem ist ein komplexes Gefüge von Eigenschaften und Lebensumständen, denen wir je nach Situation unterschiedlichen Wert beimessen. Es ist weder eine einfache Meßskala noch eine Stufenleiter, sondern ein vielschichtiges Geflecht von Gedanken und Werturteilen. In allen westlichen Gesellschaften und möglicherweise in allen menschlichen Gesellschaften überhaupt sind gerade diejenigen Lebenselemente mit besonders ambivalenten Wertungen behaftet, die im Positiven wie im Negativen von größter Bedeutung sind – also etwa Macht und Sexualität. Wir neigen dazu, Begriffe mit symbolischem oder abergläubischem Ballast zu befrachten und bestimmte Eigenschaften mit einem Glorienschein oder Stigma zu versehen. Eines der Ziele dieses Buches ist es, die Grenzen dessen abzustecken, was derartige Begriffe realistischerweise überhaupt beinhalten *können,* und herauszuarbeiten, worauf sich unsere Werte faktisch gründen.

Kapitalistische wie sozialistische Theoretiker gehen heute im allgemeinen gleichermaßen von der Marxschen These aus, derzufolge die Produktionsverhältnisse das gesellschaftliche Bewußtsein bestimmen, was bedeutet, daß unser Denken ganz wesentlich aus der Art und Weise erwächst, wie wir unsere Nahrung, unsere Unterkünfte, unsere Werkzeuge und andere materielle Lebensgüter herstellen. Es muß allerdings konstatiert werden, daß wir Menschen unsere materiellen Lebensumstände zum guten Teil selbst gestalten. Darüber hinaus weisen Gesellschaften mit ähnlichen Produktionsverhältnissen durchaus unterschiedliche Bewußtseinsformen auf. Sie unterscheiden sich in ihren sittlichen Idealen, in ihrer sozialen Ordnung und im Grad ihres Wohlergehens – kurz, in ihrer Moral. Moral wurzelt letztlich im Bereich der Konzeptualisierung. Was wir für wertvoll halten, ist von unserem Selbstverständnis und von unserem Verständnis der menschlichen Existenz abhängig.

Als Beispiel mögen die unterschiedlichen Reaktionen zweier Gesellschaften auf ein seltenes, aber doch geläufiges Phänomen dienen: die Geburt von Zwillingen. Die Nuer und die Munduruku haben zwar keine identische, aber doch eine sehr ähnliche Lebensweise. Beide Völker leben überwiegend von primitivem Ackerbau. Die streitbaren Nuer leben im oberen Niltal, wo sie Vieh züchten, fischen und Anbau betreiben. Sie praktizieren Vielweiberei. Die Männer müssen einen Brautpreis in Form von Vieh bezahlen. Wohlhabende Männer besitzen daher viele, arme Männer keine Frauen. Die Frauen selbst sind schlichte Tauschware. Die Nuer betrachten die Geburt von Zwillingen als ein ganz besonderes Ereignis. Sie sehen in Zwillingen zwar einerseits Menschen und insofern irdische Wesen, gleichzeitig jedoch eine Manifestation spiritueller Kräfte und von daher auch etwas Überirdisches. Sie benennen ihre Zwillinge nach Laufvögeln, nach Lebewesen also, die sowohl auf der Erde als auch im Himmel zu Hause sind.[3]

Die Munduruku leben im südamerikanischen Regenwald, wo sie ebenfalls Anbau betreiben, fischen und in geringem Umfang jagen. Sie sind Kopfjäger. Ihre Gesellschaft ist durch eine strenge Trennung und ein sehr disharmonisches Verhältnis der Geschlechter gekennzeichnet. In den Augen der Munduruku lebt der Mensch in einem ständigen mühsamen Machtkampf mit der Natur. Die Munduruku betrachten Zwillinge als Regression auf die tierische Stufe, da Tiere üblicherweise mehrere Junge zur Welt bringen. Zwillingsbabies werden getötet.[4]

Die beiden Gesellschaften haben sehr unterschiedliche Auffassungen vom menschlichen Wesen und vom Dasein überhaupt – für die Zwillingskinder ist das ein lebenswichtiger Unterschied. Der wichtigste Bezugspunkt für jede Definition der menschlichen Existenz ist die Natur, d. h. der Mensch betrachtet sich in seinem spezifischen Verhältnis zur Natur. So verstehen sich etwa die Mbuti als Teil der Natur, als Glieder eines ewigen, vollkommenen Schöpfungsplans, an dem sie sich vergingen, als sie zum erstenmal ein Tier jagten und töteten. Seit dieser Ursünde ist alles auf der Welt zum Sterben verurteilt. Nur wenn es den Mbuti gelingt, Wege zu finden, um ohne Töten zu überleben, können sie die Unsterblichkeit zurückerlangen. Auf Grund dieser Überzeugung töten die Mbuti möglichst selten, obgleich sie hervorragende Jäger sind.[5]

Andere Gesellschaften begreifen sich als radikal verschieden von den übrigen Lebewesen, weshalb sie großen Wert darauf legen, unter allen Umständen ihr Fleisch zu kochen, und solche Kulturen verachten, die es nach Art der Tiere roh essen.[6]

Der wichtigste die Moral einer Gesellschaft bestimmende Faktor ist deren Auffassung von der menschlichen Existenz. Damit jene definiert werden kann, muß der Mensch zunächst von seiner Umwelt, also von der Natur und den übrigen Lebewesen, unterschieden werden. So setzt der Terminus ‹Mensch› bereits einen Abstraktionsvorgang voraus. In den Kulturen, die die abendländische Zivilisation hervorgebracht haben, gründete diese Definition auf einem Dualismus: der Mensch wurde als Widerpart, nicht als Teil der Natur betrachtet. Die Einschätzung des Verhältnisses von Mensch und Natur findet ihren unmittelbarsten Ausdruck in der Art und Weise, wie die jeweilige Gesellschaft in diesem Zusammenhang Männer und Frauen einordnet. Aus einer Vielzahl von Gründen, die im Verlauf dieser Untersuchung eingehend erörtert werden sollen, ordnen die meisten Kulturen die Frau der Natur oder dem Unreinen zu, während Mannsein mit Menschsein gleichgesetzt wird, wobei letzteres als die Fähigkeit verstanden wird, die Natur und das Unreine zu transzendieren – sich über beides zu erheben, frei davon zu sein und es gar zu kontrollieren.

Im I. Kapitel möchte ich darlegen, was wir über die Ursprünge der Menschheit wissen: Untersuchungen der Sozialordnung anderer Säugetiere, insbesondere unserer nächsten Vettern, der Schimpansen, und Hypothesen, die Wissenschaftler daraus über die Sitten und Gebräuche der ersten menschenähnlichen Geschöpfe (Hominiden) abzuleiten vermochten. Auch heute noch leben auf der Erde einige primitive Gesellschaften. Wenngleich die meisten von ihnen bereits vom modernen westlichen Denken beeinflußt worden sind, können sie uns doch Hinweise auf die soziopolitische Ordnung der frühen Menschen geben. Viele Anthropologen vertreten die Auffassung, daß die Hominiden und frühen Menschen (*Homo sapiens*) in kleinen, mutterzentrierten Verbänden lebten. Sie kannten (wie die meisten Säugetierarten) keine Vaterschaft, und ihre gesellschaftlichen Leitlinien bestanden im Zusammenhalt der Gruppenmitglieder, im Teilen und im Wissen um ihr Eingebettetsein in die Natur.

Im Lauf gewaltiger Zeitspannen hat das intelligente menschliche Wesen jedoch immer neue Möglichkeiten gefunden, die Natur unter Kontrolle zu bringen und sich somit auch in seiner Definition der menschlichen Existenz als aus der Natur herausgelöst zu betrachten. Die Einsamkeit des Menschen begann. Mit der Zeit wandelte sich die bloße Herauslösung aus der Natur schließlich zum Bewußtsein von Überlegenheit und Macht. Dieses war die erste Stratifikation, der erste Schritt zu einer wesensbedingten Hierarchisierung des Verhältnisses Mensch/Natur. Damit einhergehend, so steht zu vermuten, schufen die Menschen eine zweite hierarchische Ebene, indem sie sich transzendente Götter gaben. Diese Gottheiten, die in den jeweiligen Kulturen unterschiedliche Namen trugen, waren dadurch gekennzeichnet, daß sie ‹Macht über etwas› besaßen: sie beeinflußten die Elemente, die Vegetation, die Tierwelt und die Menschen, ohne selbst beeinflußbar zu sein. Diese Gottheiten waren männlichen Geschlechts.

Da die Menschen die Natur in sich wie außerhalb ihrer selbst jedoch nicht wirklich in der Weise beherrschten, wie man dies den Göttern zuschrieb, da sie es heute nicht vermögen und nie vermögen werden, war dieser neue Status – Menschsein gleich Herrschen – nur auf symbolischer Ebene zu verwirklichen. Mit Hilfe religiöser Riten und sozialer Ordnungsprinzipien schuf sich die Menschheit scheinbare – und zuweilen auch reale – Macht. Auf der Grundlage der uralten Verknüpfung von Frau und Natur kam es zu einer Kastenbildung innerhalb der menschlichen Gesellschaften selbst, indem die Männer den gottähnlichen, beherrschenden, die Frauen den naturverhafteten, untergeordneten Part übernahmen. Dieser Prozeß bildet die Wurzel des Patriarchats.

Im II. Kapitel will ich versuchen, hypothetische Erklärungen dafür zu geben, warum und wie es zu diesen Veränderungen kam. Ferner soll ein Licht auf die moralischen Vorstellungen geworfen werden, die diesen Prozeß begleiteten und unter deren Einfluß wir noch heute stehen. Diese Moralvorstellungen erheben die Macht (bzw. deren Ausübung) zum obersten Prinzip und verklären all diejenigen Eigenschaften, die dazu angetan sind, das auf Isolation, Individualismus und Herrschaft gegründete männliche Ideal zu stärken oder klarer hervorzuheben: Demzufolge ist Tugend gleich Mannhaftigkeit, erweist sich wahre Männlichkeit in der Herrschaft über Frauen, Kinder, Eigentum und andere Männer. Aus dieser ersten Aufspaltung in Kasten erwuchsen komplexe Hierarchien, Fragmentierung wurde zum gesellschaftlichen Ordnungsprinzip. Neben der Geschlechtszugehörigkeit bewertete man auch andere Merkmale als Symbole und Manifestationen von Höherwertigkeit: Hautfarbe, Reichtum, Religionszugehörigkeit, ethnische Abstammung, Umgangsformen oder Kleidung.

Die patriarchalische Ordnung brauchte nicht Jahrhunderte, sondern Jahrtausende, um sich fest in den Köpfen der Menschen in weiten Teilen der Welt zu verankern. Die Ideologie des Patriarchats ist jedoch militant: Vor allen anderen Dingen der Macht zu huldigen heißt, dieser Macht alles andere zu opfern. Viele Kulturen übernahmen die neue Moral zunächst nur widerstrebend, aber die Machtvergötzung greift um sich wie eine ansteckende Krankheit. Wenn ein Anhänger dieses Kults beschließt, seinen Machtbereich auf eine andere Gesellschaft auszudehnen, bleibt dieser nur die Wahl, zu kapitulieren oder eine ebenbürtige Gegenmacht aufzubieten. In jedem Fall trägt der Jünger der Machtideologie den Sieg davon: er hat die andere Gesellschaft dazu bekehrt, ihrerseits die Macht als oberstes Prinzip zu betrachten. Im Lauf der Jahrtausende drang das Patriarchat in nahezu alle Winkel dieser Erde vor, und heute existieren nur noch eine Handvoll kleiner Gesellschaften, die seinem Einfluß offenbar entgangen sind. Die ganze Tragweite der Verbreitung patriarchalischer Moral läßt sich in dieser Kürze nicht darstellen, sondern bedarf ausführlicher Behandlung und Dokumentation. Das Herzstück dieses Buches – die Kapitel zwei bis fünf – leistet den Ansatz zu einer solchen Dokumentation, indem es die Auswirkungen dieser Moral auf Mann und Frau sowie auf unsere gegenwärtige Situation aufzuzeigen versucht.

Im III. Kapitel möchte ich darlegen, was es für Frauen bedeutete, in einer patriarchalischen Ordnung zu leben – von der Zeit der Griechen und Römer über das Mittelalter bis in unsere Gegenwart hinein. Die Beschäftigung mit unserer Geschichte enthüllt viele überraschende Fakten, z. B. Bemühungen von Frauen, sich entweder aus der patriarchalischen Leibeigenschaft zu befreien, oder, wenn dies unmöglich war, sich zumindest in einer Weise mit ihr zu arrangieren, die ihnen einen gewissen Freiraum zur Verwirklichung ihrer Fähigkeiten ließ. Wohl das erstaunlichste Moment dieser Geschichte der Frau ist die Art und Weise, wie das weibliche Geschlecht in die Außenwelt hinaustrat und sich in ihr bewährte, sobald die Zügel des Patriarchats (für einen gewissen Zeitraum) ins Schleifen gerieten. Andererseits ist es wohl der hervorstechendste Zug des Patriarchats, daß es solchen Ansätzen zur freien Entfaltung der Frauen unweigerlich neue Riegel vorschob. Trotz alledem haben die alten matrizentrischen Werte zu allen Zeiten überdauert, obwohl sie zunehmenden Diffamierungen ausgesetzt waren, die sich bis heute fortsetzen.

Im darauffolgenden Abschnitt schildere ich die Lebensbedingungen der Männer im Patriarchat, wobei ich mich allerdings hauptsächlich auf die Gegenwart konzentriere. Da die Ideologie der Macht gerade in unserem Jahrhundert ein so hohes Ansehen genießt, gerät leicht die Tatsache in Vergessenheit, daß Herrschaft teuer erkauft werden muß, und zwar nicht nur von den wenigen in den oberen Machtetagen, sondern von allen, die für sich in Anspruch nehmen, der Natur oder anderen Menschen überlegen zu sein. Solche Überlegenheitsansprüche finden ihren Ausdruck in hierarchischen Ordnungen. Eine solche Ordnung wiederum fordert naturgemäß, daß sich die Individuen ihr in genau und unverrückbar festgelegter Weise fügen. Über den Preis der als Macht definierten ‹Männlichkeit› und über die Gratifikationen, die die erfolgreiche Annäherung an dieses Ideal einbringt, wird im vierten Kapitel gesprochen werden.

Das Patriarchat prägt die Moral der westlichen (und in anderer Form auch die der östlichen) Welt seit nunmehr über drei Jahrtausenden. In manchen Regionen herrscht das patriarchalische Denken wohl schon beträchtlich länger vor. Wir alle, Frauen wie Männer, Arme wie Reiche, Schwarze und Farbige ebenso wie Weiße, sind bis ins Innerste von seinen Wertvorstellungen, Sichtweisen und Tabus durchdrungen. Jedes unserer Vorhaben trägt dieses Raster von Beginn an in sich, ob wir nun nach Macht streben oder der Menschheit Gutes zu tun versuchen. Die Welt, in der wir heute leben, ist das Produkt von Bemühungen vieler Generationen von Menschen, die gegenwärtig lebende macht da keine Ausnahme. Auch wenn viele Leute es bequemer finden, die Menschen in Gute und Böse zu unterteilen und alle Mißstände den jeweils für böse erklärten Gruppen – den Nicht-Christen, den Machthungrigen, den Gebildeten oder den Ungebildeten – anzulasten, tragen wir doch alle zu der gegenwärtigen Situation bei, die, ohne zu übertreiben, als lebensbedrohlich bezeichnet werden muß. Ich will nur zehn Minuten darauf verwenden, das düstere Bild dieser Gegenwart zu umreißen.

Auf der internationalen und damit übergreifendsten Ebene ist die Lage verheerend. Die USA und die Sowjetunion verfügen bereits seit mehr als zehn Jahren über Waffensysteme, die ausreichen, um jedes Leben auf unserem Planeten zu vernichten. Dennoch hören beide Nationen nicht auf, immer ausgeklügeltere Waffen zu produzieren und zu horten, die die Kraft zu noch gigantischerer Zerstörung besitzen. Andere Länder besitzen ebenfalls Atomwaffen, aber auch Kampfflugzeuge, die Napalm speien, das Menschen bei lebendigem Leibe verbrennt, Bomben mit Mehrfachsprengköpfen, Neutronenbomben, die lediglich Leben vernichten, Laserkanonen, kleinere Nuklearwaffen sowie weitere konventionelle Vernichtungsmaschinen. Kriege sind nicht nur häufiger, sondern auch mörderischer geworden: zwischen 1900 und 1941 gab es insgesamt 24 Kriege in der ganzen Welt, zwischen 1945 und 1975 waren 119 Bürger- und Völkerkriege zu verzeichnen, die sich auf dem Territorium von insgesamt 69 und unter Beteiligung der Streitkräfte von 81 Staaten abspielten.[7] Die hochentwickelte Waffentechnik bringt es mit sich, daß in solchen Kriegen nicht nur Soldaten und einige wenige unglückselige Zivilisten, sondern ganze Zivilbevölkerungen getötet werden. In manchen Fällen wird die Zivilbevölkerung sogar gezielt von ihren eigenen Führern bekämpft. In Kambodscha, El Salvador und anderen Teilen der Welt trägt eine kleine Elite die Schuld an der Ausrottung breiter Teile des eigenen Volkes. Aus Berichten von Amnesty International geht hervor, daß in der Hälfte der 154 den Vereinten Nationen angehörenden Staaten politische Gefangene in Haft gehalten werden und daß in 60 dieser Nationen Folterungen an der Tagesordnung sind.[8] In unzähligen Ländern werden Menschen ohne jede juristische Grundlage verhaftet oder verschwinden schlicht und einfach, werden ohne Benachrichtigung ihrer Angehörigen eingesperrt, gefoltert und ermordet, ohne daß ihren Mördern ein Haar gekrümmt wird.

Das Jahr 1984 liegt hinter uns, und obwohl ein totalitäres System, wie Orwell es vor Augen hatte, bislang noch nicht in vollem Umfang realisiert worden ist, leben doch viele Menschen auf dieser Welt in Staatsgebilden, in denen die meisten Lebensbereiche bereits einer wirksamen zentralen Kontrolle unterliegen. Zwar variieren Macht und Reichweite dieser zentralisierten Kontrollinstanzen von Staat zu Staat, doch verzichtet heute keine Industrienation mehr auf solche Kontrollmechanismen, sei sie sozialistisch oder kapitalistisch, sei sie totalitär oder demokratisch. Die Verwaltungsmethoden multinationaler Konzerne und deren Einfluß auf die nationalen Regierungen erzeugen neue Formen steuernder Eingriffe in das Alltagsleben und führen zu einer gewaltigen Machtkonzentration in den Händen unsichtbarer und nicht zur Rechenschaft zu ziehender Institutionen. In dem Maße, wie Agrar- und andere Konzerne ihren Einflußbereich auf die Länder der dritten Welt ausdehnen, greift dieser Prozeß auf die gesamte nichtsozialistische Welt über. Die totale Kontrolle der gesamten Menschheit mit psychologischen und ökonomischen Mitteln ist heute durchaus vorstellbar.

Unser Planet geht langsam zugrunde. Luft-, Wasser- und Bodenverschmutzung sind nicht länger ausschließlich Probleme der westlichen Industrienationen. Sie lassen sich nicht mehr territorial begrenzen: Der Wind trägt die giftangereicherte Luft wohin er will, der saure Regen wandert mit den Wolken, Giftstoffe sickern ins Grundwasser. Während ich hier sitze und schreibe, wird bereits über die Gefahr diskutiert, daß das Trinkwasser der Hälfte aller Einwohner der USA einer schwerwiegenden und möglicherweise irreversiblen Verseuchung zum Opfer fallen könnte.[9] Nahezu sämtliche Seen der herrlichen, weitgehend unerschlossenen Adirondack-Berge beherbergen infolge des sauren Regens bereits kein pflanzliches Leben und keine Fische mehr.[10] In Tausenden von Ortschaften überall in den Vereinigten Staaten werden todbringende und explosive chemische Substanzen und Verbindungen einfach auf Müllkippen abgeladen, wodurch, wie wir täglich beobachten können, weite Gebiete unbewohnbar werden. Krebs- und Leukämieraten steigen. Kinder erleiden Chromosomenschädigungen, die allen Anlaß zu ernsthafter Sorge um die Zukunft ihrer Nachkommen geben.

Weltweit ist der Waldbestand bereits um die Hälfte zurückgegangen, und noch immer schwinden pro Jahr achtzehn bis zwanzig Millionen Hektar Wald dahin, eine Fläche von der halben Größe Kaliforniens. Jahr um Jahr wird fruchtbares Ackerland von der ungefähren Größe des Bundesstaates Maine durch Bodenerosion in Wüste verwandelt, was überwiegend auf die Vernichtung der Wälder zurückzuführen ist. Fast zwei Millionen Pflanzen-, Insekten-, Vogel- und Säugetierarten sind bereits vom Erdboden verschwunden, und bis zum Jahr 2000 werden möglicherweise weitere 20 Prozent der jetzt noch existierenden Arten ausgerottet sein.[11] Aber auch solche, die durch die sorgsame Hege und Pflege kleiner Restpopulationen vor der Vernichtung bewahrt werden konnten, weisen schon heute eine extreme genetische Homogenität auf, die problematische Folgen exzessiver Inzucht für die Zukunft bereits ahnen läßt. Umweltverschmutzung und Dezimierung tierischen und pflanzlichen Lebens sind in allen Teilen der Welt zu beobachten. Die schlimmsten Umweltschäden entstehen oft sogar in vergleichsweise unterentwickelten Ländern, deren Industrien hemmungslos und ungestraft Schadstoffe abgeben, weil die Regierungen, die auf von diesen Industrien geschaffene Arbeitsplätze angewiesen sind, es nicht wagen, den Firmen einschränkende Bestimmungen aufzuerlegen.

Unsere moderne Technologie ist ein Produkt mangelnden Verantwortungsbewußtseins. Nicht genug damit, daß sie im Produktionsbereich unsere Umwelt verschmutzt und biologisch nicht abzubauende Abfallstoffe hervorbringt: sie funktioniert zudem oft nur mangelhaft oder mit dem Risiko gefährlicher Unfälle. Klimaanlagen verbreiten gefährliche Viren und sogar krebserzeugende Substanzen. Neue synthetische Materialien, wie sie beim Bau und bei der Ausstattung öffentlicher Gebäude verwendet werden, geben im Brandfall tödliche Dämpfe ab. Dies kostet Menschenleben, die sonst vielleicht hätten gerettet werden können. Bei Unfällen austretende Chemikalien erzwingen die Evakuierung ganzer Städte, auslaufendes Öl vernichtet Leben im Meer und an den Küsten. Atomkraftwerke sind in vielerlei Hinsicht lebensbedrohlich. Bei der Erzeugung von Atomstrom ist die Gefahr einer Plutoniumverseuchung stets gegenwärtig. Plutonium bewahrt seine todbringende Kraft 250000 Jahre lang. Es lagert sich in der Nahrungskette, in den Hoden und Eierstöcken von Mensch und Tier ab und wird an spätere Generationen weitergegeben. Der Betrieb von Atomkraftwerken beinhaltet stets das Risiko von Fehlleistungen und Unfällen, die auf Verschleiß, häufig auf Verantwortungslosigkeit beim Betreiben der Anlagen und auf achtlose Handhabung von zum Bau verwendeten Materialien zurückzuführen sind.

Die Vereinigten Staaten sind die reichste Nation der Geschichte, und doch lebt ein ganzes Fünftel ihrer Einwohner unterhalb der Armutsgrenze. Ein Drittel der Menschheit hat niemals genug zu essen: das bedeutet, ein ganzes Leben lang täglich zu hungern.[12] Auch wenn diese Tatsache im allgemeinen mit interesselosen Mitleidsbekundungen übergangen und der in vielen Ländern herrschenden Überbevölkerung zugeschrieben wird, so ist gerade die Überbevölkerung doch ebensosehr Folge wie verursachender Faktor der Armut: Menschen, die nicht damit rechnen können, daß ihre Kinder überleben werden, neigen dazu, viele Nachkommen zu produzieren, um wenigstens einige davon durchzubringen. Der weltweite Nahrungsmangel ist ein Nebeneffekt bestimmter politischer Strategien der westlichen Industrieländer, er folgt aus imperialistischen Strategien der Distribution und Bodennutzung, aus der Entwurzelung ganzer Bevölkerungsgruppen, aus dem Landaufkauf durch Agrarkonzerne und dem Zwang zur Exportproduktion. Die ausgewogene natürliche Relation zwischen Mensch und Boden, die jahrtausendelang bestand, ist gestört und ein neues Gleichgewicht nicht in Sicht.

Überall existieren starke Vorurteile, die die Lebensmöglichkeiten für Menschen bestimmter Rassen-, Geschlechts-, Klassen- und Glaubenszugehörigkeit einschränken und in manchen Regionen völlig zunichte machen. Alles ist ins Extrem übersteigert: Unser Jahrhundert ist eine Periode des Wachstums und des Überflusses und zugleich der Ausrottung von Menschen und anderen Lebewesen – eine Ära, die jedes Maß verloren hat. Die einflußreichsten politischen Bewegungen unserer Zeit sind weder Gandhis *Satyagraha* noch die liberale Demokratie, sondern Faschismus und Sozialismus; zu deren suspekten politischen Neuerungen gehören «die Einheitspartei, der Einparteienstaat, die politische Polizei, das Politbüro, Revolutionsräte, Sturmabteilungen, politische Jugendorganisationen, Kader und Gulags, Propagandamaschinerien und Konzentrationslager»[13]. Wir leben im Jahrhundert des Holocausts, des erstmaligen Einsatzes der Atombombe und der massenhaften gewaltsamen Internierung von Menschen.

Auch in den USA sind ähnliche Formen der Gewaltausübung und Maßlosigkeit allerorten erkennbar. Selbst wenn wir die Praktiken der großen Konzerne, der Gewerkschaften, des organisierten Verbrechens und der verschiedenen Abteilungen des Polizeiapparats (einschließlich der Geheimpolizei) oder die Korruption im Justiz- und Gesundheitsbereich und die Mittelmäßigkeit des Bildungswesens einmal beiseite lassen, finden wir Machtmißbrauch auf allen Ebenen. Unter mehreren Regierungen haben sich Staatsbeamte auf höchster Ebene als mitschuldig an kriminellen Vergehen erwiesen. Viele Administrationen legten extreme Militanz an den Tag und suchten die kriegerische Auseinandersetzung als Gelegenheit zur Machtdemonstration. Die gegenwärtige benutzt die Hebel der Regierungsmacht, um die Gesetzgebung im Hinblick auf Umweltschutz, Chancengleichheit und andere für das Wohl der Regierten zentrale Bereiche zu untergraben. Solche Praktiken gehören zu den ersten Erkennungsmerkmalen totalitärer Regime.

Wir alle kennen diese Mißstände, aber wir gehen davon aus, daß wir nichts gegen sie tun können. Wir zucken seufzend die Achseln, wenden uns unseren eigenen Angelegenheiten zu und versuchen, unseren Alltag zu bewältigen. Doch die Krise der westlichen Kultur schlägt sich auch in unserem täglichen Leben nieder. In den Straßen der großen Städte blüht die Kriminalität, in den Wohnungen nicht minder, und selbst auf dem Land ist man nicht mehr vor ihr sicher. Gemeine Gewalttaten richten sich vor allem gegen die Schutzlosen, gegen alte Menschen, Frauen oder Alleinstehende. Die Grundatmosphäre in den Vereinigten Staaten erweckt den Eindruck, als stünde die gesamte Nation kurz vor dem Nervenzusammenbruch. Wie sonst ließen sich Handlungen wie das Einschmuggeln von Zyankalikapseln in Kopfschmerzmittelverpackungen, die für den Verkauf an völlig anonyme Mitmenschen bestimmt sind, die Entführung, der Mißbrauch und die Ermordung willkürlich ausgewählter Kleinkinder, die Vergewaltigung und Verstümmelung oder auch das schlichte Erschießen beliebiger weiblicher Opfer erklären? Das unverständlichste Charakteristikum des Terrorismus ist nicht der Einsatz von Gewalt für politische Zwecke, der von allen westlichen Nationen ebenfalls praktiziert wird, der zwar traurig, aber im Geiste nachvollziehbar ist. Terroristen jedoch legen Bomben an Orten, an denen viele Menschen zusammenkommen. Die bei diesen Anschlägen getöteten oder verletzten Opfer stehen in keinerlei Beziehung zu dem jeweiligen politischen

Problem: sie werden ganz einfach willkürlich in die Luft gejagt. Es ist zweierlei, ob Gewalt gezielt gegen bestimmte Personen oder Personengruppen oder aber in völliger Gleichgültigkeit den Opfern gegenüber verübt wird. Aus letzterem Typus spricht ein Maß an Haß und Beziehungslosigkeit, das dem Haß auf alles gleichkommt, was einem selbst ähnlich ist – auf alle Menschen schlechthin.

Und schließlich ist auch unser Privatleben verworren und voller Brüche; die alten gesellschaftlichen Normen bezüglich Ehe, Scheidung, Sexualität und Kindererziehung sind zerfallen, aber die Folgen dieses Zerfalls sind bislang sehr zwiespältig. Wir können uns aus unglücklichen Ehen lösen und im großen und ganzen mit unserer Sexualität umgehen, wie es uns beliebt. Gleichzeitig aber legen die Männer ihren Kindern gegenüber eine Verantwortungslosigkeit an den Tag, in der sich ein Maß an Selbsthaß manifestiert, das nicht hinter dem der terroristischen Mordanschläge zurücksteht: Denn sind unsere Kinder nicht schließlich auch ein Ausdruck unserer Selbst? Frauen und Kinder sind unsere neuen Armen – eine immer weiter anwachsende Bevölkerungsschicht.

Vor diesem Hintergrund erörtere ich im fünften Kapitel den Niederschlag patriarchalischer Moralgrundsätze in Gesellschaftsbereichen, in denen sich der Wille verkörpert, die menschlichen Lebensbedingungen zu verbessern: der Medizin, der Psychiatrie, dem Erziehungswesen, dem Rechtswesen und der Wirtschaft. Noch so gutgemeinte Ansätze, menschliche Probleme zu lösen, kranken oder scheitern daran, daß sie den gleichen Denkmustern verhaftet bleiben, die auch den Problemen selbst zugrunde liegen. Wir sind alle zu einem gewissen Grad mitschuldig an der Perpetuierung unmenschlicher Lebensformen und an unserer gegenwärtigen bedrohlichen Situation, und es wird uns nicht gelingen, unseren Part bei der Schaffung der Hölle auf Erden aufzukündigen, solange wir nicht erkannt haben, was wir falsch machen und wie wir es ändern können.

Der Feminismus als diejenige Weltanschauung, die uns neue Sichtweisen eröffnen kann, ist Gegenstand des VI. Kapitels. Wenn der Feminismus uns zwar neue Werte und neue (oder vielmehr alte) Menschheitsziele und -ideale vermittelt, so hat er bislang doch keine klaren Handlungsanweisungen zur Verwirklichung dieser Ziele zu liefern vermocht. Innerhalb der feministischen Bewegung gibt es viele verschiedene Ansätze, die von geringfügig differierenden Voraussetzungen ausgehen, unterschiedliche Wege beschreiten und auf jeweils spezifische Hindernisse stoßen. Ich möchte diese verschiedenen Grundvoraussetzungen, Wege und Hemmnisse erläutern, wobei es mir darum geht, die tieferliegende, allen Ansätzen gemeinsame feministische Moral andeutungsweise herauszudestillieren.

Das letzte Kapitel schließlich enthält Überlegungen dazu, was geschehen muß, wenn es uns gelingen soll, eine menschlichere Moral – und damit eine glücklichere Gesellschaft – zu begründen. Ganz offenkundig stehen der Verwirklichung der feministischen Version einer neuen soziopolitischen Ordnung gewaltige und kaum überwindliche praktische Hindernisse im Wege. Doch so konkret und gewichtig diese Hindernisse sind, gründen sie doch vor allem in einer bestimmten Denkweise: in unserer Begrifflichkeit und nicht in der Natur der Dinge selbst. Das siebte Kapitel gibt noch einmal eine Zusammenfassung der das gesamte Buch durchziehenden Ausführungen über die Grenzen der Macht, die Ursachen unseres gestörten Verhältnisses zur Sexualität und die Schaffung eines wahrhaft menschlichen Menschenbildes. Das Organisationsprinzip, in dem sich die patriarchalischen Werte niederschlagen, ist die hierarchische Ordnung. Sie ist in unserer Welt so allgegenwärtig, daß wir uns andere Organisationsformen kaum vorstellen können. Kapitel sieben umreißt einige solcher alternativer Möglichkeiten.

Eine Reihe moderner Moralphilosophen vertritt die Ansicht, moralische Wertvorstellungen seien ‹irrational›, will heißen, zu persönlicher und individueller Natur, um einer Erforschung oder Überformung durch die Philosophie zugänglich zu sein. «Die Frage nach dem Ziel ist eine Frage der Wertmaßstäbe, und die sind mit Vernunft nicht mehr zu ergründen.» Morallehre vermag «menschlichen Zwecken und Aufgaben nicht mehr länger zu dienen»[14]. Andere Denker hingegen sind der Meinung, daß «die Vorstellung, Wertmaßstäbe seien lediglich aus irrationalen Fakten zusammengesetzt, auf einem geistigen Fehltritt der modernen Zivilisation beruht und ein Phänomen des Verfalls ist»[15].

Wir leben in einer Zeit, die sich viel auf ihre ‹Toleranz› zugute hält, jene relativistische Betrachtungsweise menschlicher Lebensformen, die doch nur ein Mäntelchen ist, hinter dem sich unsere wahren und durchaus feststehenden Werte verbergen: Macht und Herrschaft, die Überlegenheit des weißen Mannes über den Rest der Menschheit, der haltlos, animalisch, brutal und selbstsüchtig ist und daher strenger Führung bedarf. In einer solchen Zeit ist es gefährlich, von der Existenz oder der Möglichkeit des Bestehens universeller Moralgrundsätze oder von einer universell gültigen moralischen Basis zu sprechen. Darauf aber läuft dieses Buch hinaus, da es zwar unser gegenwärtiges menschliches Selbstverständnis kritisiert, gleichzeitig jedoch jeden Relativismus im Hinblick auf fundamentale Lebenswerte ablehnt. So wenig trendgemäß diese Position heutzutage sein mag, basiert sie doch auf schlichtem gesundem Menschenverstand: da wir alle die gleichen Grundbedingungen menschlicher Existenz teilen, müssen wir davon ausgehen, daß uns auch die gleichen Grundbedürfnisse und -aversionen gemeinsam sind und daß alles, was (in einem fundamentalen Sinn) für einige von uns gut ist, auch für alle gut ist.

Dasjenige Gut, das in diesem Buch allen anderen vorangestellt werden soll, ist das Vergnügen, ist die Lust – und zwar in einem ebenso neu definierten Sinn, wie ihn auch die Begriffe ‹Macht›, ‹Ordnung›, ‹Sexualität› oder ‹Mann› und ‹Frau› erhalten sollen. Eine solche Wertsetzung will natürlich gründlich untermauert und belegt sein. Das Ergebnis dieser Arbeit halten Sie in der Hand. Das große Ziel, dem es entgegenzustreben gilt, muß ein positives sein. Wenn die folgende Darstellung des Patriarchats vor allem negativ ausgefallen ist, so liegt dies daran, daß es so dringend notwendig ist, die verwerflichen Aspekte einer Denkhaltung aufzuzeigen, die von der Mehrheit der Menschen gedankenlos akzeptiert wird. Nietzsche schreibt: «Und wer ein Schöpfer sein muß im Guten und Bösen: wahrlich, der muß ein Vernichter erst sein und Werte zerbrechen.»[16]

Mit diesem Buch habe ich mir zum Ziel gesetzt, sichtbar zu machen, woher wir kommen und wo wir zum gegenwärtigen Zeitpunkt stehen, und darüber hinaus Anhaltspunkte zu geben, wohin wir uns wenden können. Es enthält, was die Zukunft anbelangt, kein Programm, sondern nur eine Vision, und es denunziert die Vergangenheit nicht, sondern versucht, sie verständlich zu machen. Vor allem aber ist es ein ernstgemeinter Appell, unser Selbstverständnis, das Bild von unserer Identität und ihrer Wandlungsfähigkeit zu überdenken. Den Blick einerseits auf die uns bei aller Unklarheit doch in groben Zügen bekannte Realität und andererseits auf die doch immerhin erahnbaren, wahren menschlichen Wünsche und Bedürfnisse gerichtet, müssen wir, d. h. die gesamte Menschheit, allmählich zu einer Denkweise finden, die nicht auf den Tod, sondern auf das Leben und das Glück hin ausgerichtet ist.

I

Ein Blick in die Frühzeit der Menschheit: Matrifokale Gesellschaften

Die Erde ist schätzungsweise viereinhalb Milliarden Jahre alt und seit 80 Millionen Jahren von Säugetieren bewohnt. Molekularbiologische Befunde deuten darauf hin, daß die Differenzierung zwischen Affe und Mensch erst vor relativ kurzer Zeit, etwa vor vier bis fünf Millionen Jahren eintrat. Unbestreitbar nachgewiesen ist die Existenz von Hominiden – einer frühen Entwicklungsstufe des Menschen – im östlichen Afrika vor dreieinhalb Millionen Jahren.

Diese Hominiden, die die Bezeichnung *Australopithecus* erhielten, waren schimpansenähnliche Wesen, die sich auf zwei Beinen fortbewegten. Ihr Gehirn war klein, aber es gelang ihnen, mindestens eineinhalb Millionen Jahre zu überdauern – ein Erfolg, der uns trotz unseres viel größeren Gehirns möglicherweise nicht beschieden sein wird. Im Lauf der Zeit bildeten sich weitere Urmenschentypen heraus, wenn auch keine Einigkeit darüber besteht, auf welche Weise. Einige Anthropologen, Paläontologen und Molekularbiologen glauben, daß solche Wandlungen allmählich eintraten und durch das Überleben der tauglichsten Individuen bedingt waren. Für diese Theorie bedeutet die natürliche Auslese nicht die Annäherung an ein Ziel, den Fortschritt im Sinne einer wie auch immer begriffenen Vervollkommnung, sondern lediglich die Anpassung an in bestimmten Situationen vorgegebene Umweltveränderungen.[1] Andere Theoretiker vertreten die Auffassung, daß neue Arten plötzlich neben den bestehenden auftraten und sich nicht langsam aus diesen entwickelten.[2] Fest steht in jedem Fall, daß es zwei Varianten des *Australopithecus* gab, eine gedrungene und eine grazile. Beide lebten vor zwei Millionen Jahren über einen Zeitraum von mindestens einer Jahrmillion nebeneinander in der afrikanischen Savanne. Aus Gründen, die wir nicht kennen, starb der gedrungene Typus mit seinem massigen

Schädel, seinen riesigen Zähnen und seinem derben Gesicht mit der Zeit aus, während der grazile Typus einen größeren Körper, ein größeres Schädelvolumen, ein im Verhältnis zum Körper größeres Gehirn und kleinere Zähne entwickelte und so zum *Homo erectus,* dem Vorgänger des heutigen Menschen wurde.[3*]

Der *Homo erectus* begann zu wandern, besiedelte weite Teile Afrikas und den mittleren Osten und war vor etwa einer Million Jahren bereits bis nach Java gelangt. Vor einer halben bis einer Million Jahren hatte er auch in Nordasien und Europa Fuß gefaßt. Der *Homo sapiens,* unsere eigene Gattung, trat frühestens vor einhundert- bis zweihunderttausend Jahren auf.

Nur ein winziger Bruchteil dieser gesamten Dauer menschlichen und urmenschlichen Lebens – nämlich die Spanne von ca. 3000 Jahren – ist durch schriftliche Zeugnisse belegt. Unsere architektonischen Funde reichen geringfügig weiter zurück. Aus dem gesamten übrigen Zeitraum besitzen wir kaum etwas – ein paar Knochen, einige Steine, winzige Fragmente einst gelebten Lebens, das innerhalb eines Augenblicks für die Ewigkeit unter vulkanischer Asche erstarrte. Neueste technologische Entwicklungen ermöglichten jedoch Untersuchungsverfahren, mit deren Hilfe diesem wenigen Material erstaunliche Informationen abgewonnen werden konnten. So gestattet beispielsweise die Untersuchung fossiler Zahnfunde unter dem Elektronenmikroskop Angaben über die Art der Abnutzung des betreffenden Gebisses. Diese wiederum ermöglichen vielfach recht zuverlässige Hypothesen darüber, was die jeweiligen Zähne einst gekaut haben. Derartige Untersuchungen fossiler Zahn- und Kieferfunde führten zu neuen geschätzten Datierungen in bezug auf die erste Verwendung von Werkzeugen zur Zerkleinerung pflanzlicher Nahrung durch die Hominiden und selbst in bezug auf Angaben darüber, ob diese Pflanzen gesammelt oder angebaut wurden.[4]

Die ersten Hominiden nutzten die Natur, ohne störend in sie einzugreifen: sie verwendeten Zweige, Äste, Blätter, Baumrinde, Ranken, Schilf und Holz als Werkzeuge, Gefäße, Wetterschutz und Körperschmuck und gebrauchten unbehauene Steine. Das Behauen von Steinen als erstes Indiz planmäßiger handwerklicher Bearbeitung tritt bereits sehr früh auf, denn bei den in der Olduvaischlucht aufgefundenen, ca.

* Ich bezeichne im Folgenden die dem *Homo sapiens* vorangehenden Spezies der Gattung *Homo* als Hominiden oder Urmenschen. Die Bezeichnung ‹Mensch› bleibt dem *Homo sapiens* vorbehalten.

zwei Millionen Jahre alten Überresten des *Australopithecus* fanden sich elf verschiedene grobe Steinwerkzeuge.[5] Erst aus sehr viel späteren, gar nicht so weit zurückliegenden Zeiten stammen Scherben von Tongefäßen, Metallgegenständen, Skulpturen und in einigen Fällen auch Überreste von Bauten, die uns Aufschlüsse geben können. Die Interpretation derartigen Materials ist jedoch grundsätzlich vom subjektiven Eindruck geprägt und oft sehr strittig.

Weitere Hinweise auf die ersten Anfänge der Menschheit liefert uns das Tierreich. Insgesamt gesehen finden wir hier ein viel größeres Formenspektrum als beim Menschen, unzählige verschiedene Nahrungsbeschaffungs- und Überlebenstechniken sowie Typen zwischengeschlechtlicher und sozialer Organisationen. Auf Grund der enormen Variationsbreite tierischen Verhaltens und der besonderen Stellung des Menschen innerhalb der gesamten Tierwelt lassen sich an Tieren gewonnene Erkenntnisse nur schwer auf das menschliche Dasein übertragen. Dennoch liefern an Säugetieren und insbesondere an unseren nächsten Verwandten, den Menschenaffen, durchgeführte Studien häufig nützliche Hinweise auf unsere eigenen Ursprünge. Der Körperbau des Menschen ist dem der Schimpansen und Gorillas eng verwandt: so sind beispielsweise die Eiweißbausteine in unserem Körper und im Schimpansenkörper zu über 90 Prozent identisch.[6] Oder, wie Steven J. Gould sich ausdrückt: Zwischen Menschen und Schimpansen gibt es große Unterschiede, allerdings nicht qualitativer, sondern lediglich gradueller Art. «Körperteil für Körperteil, Struktur für Struktur sind wir gleich, nur die Größenverhältnisse und Wachstumsvorgänge differieren ... Die Unterschiede zwischen dem menschlichen Schädel und dem Schädel des Schimpansen sind lediglich quantitativer Natur.»[7]

Im Verlauf der letzten Jahrzehnte haben verschiedenste Theoretiker an Primaten gewonnene Erkenntnisse auf den Menschen übertragen und als Legitimation für Aggressionen, Revierdenken und die Unterdrückung der Frau herangezogen. Vielfach lebten die Untersuchungstiere in Gefangenschaft (was ihr Verhalten entscheidend verändert), in anderen Fällen fanden die Forscher schlicht das heraus, was sie herausfinden wollten, indem sie sich auch auf Arten konzentrierten, an denen sich Monogamie, männliche Machtrituale oder die scheinbare männliche Dominanz über die Weibchen anschaulich demonstrieren ließen.[8] Neuere und skrupulösere Untersuchungen führten vielfach zu Modifikationen und in einigen Fällen sogar zur Widerlegung früherer Ergebnisse.[9] Nichtsdestotrotz ist es äußerst schwierig, ein exaktes Bild vom

Leben der Primaten zu erhalten. Bereits die schlichte Gegenwart eines Beobachters führt zu Veränderung des Untersuchungsgegenstandes. Hinzu kommt, daß Tiere heute allerorten bedroht sind. In Wildreservaten leben sie zu einem gewissen Grad geschützt, aber die künstlichen Lebensbedingungen wirken verändernd auf das Verhalten der Primaten. In der freien Natur wird das ursprüngliche pflanzliche und tierische Leben Tag für Tag durch die fortschreitende Inbesitznahme von Terrain durch den Menschen zurückgedrängt. Die Tiere leben auf engerem Raum und unter schlechteren Nahrungsbedingungen als vorher. Dies führt zu Stressverhalten.

Schließlich existieren auf dieser Welt heute etwa 200 Gesellschaften, die noch immer wie in früheren Zeiten vom Sammeln, Jagen und Fischen leben. An keiner von ihnen sind die Veränderungen in anderen Teilen der Welt spurlos vorübergegangen. Sie alle haben sich innerhalb von wenigen hundert Jahren erheblich gewandelt und wandeln sich auch weiterhin. Einige von ihnen geben schließlich gezwungenermaßen ihre alten Lebenformen auf: ebensowenig wie die Tiere können sie weiter leben, wenn das jagdbare Wild verschwunden ist, der Regen die Fische vergiftet und auf dem versteppten Boden keine früchtetragenden Bäume mehr wachsen. Aus Menschen, die über Jahrtausende stolz, unabhängig und frei gewesen waren, wurden und werden in Australien, in Südamerika und Afrika zunehmend ‹unqualifizierte› Lohnarbeiter, die von der Hand in den Mund leben und unter Bedingungen existieren, die sich ihrem Verständnis und ihrer Kontrolle entziehen. Unter diesen Bedingungen sind Rückschlüsse auf ihre früheren Lebensformen nicht möglich.

Trotz des mangelhaften Materials und der Gefahr, große Teile unserer Erkenntnisse zu direkt zu übertragen, liefern uns die vorhandenen Untersuchungen über tierisches Verhalten und über das Leben noch bestehender ‹urzeitlicher› Gesellschaften überaus interessante Ergebnisse. Aus der immensen Formenvielfalt kristallisieren sich bestimmte allgemeine Elemente heraus. Ich will nun unter Heranziehung unterschiedlichster Quellen den Versuch unternehmen, die frühesten Ansätze unserer gesellschaftlichen Organisation interpretierend nachzuzeichnen.

1. An Tieren gewonnene Erkenntnisse

Am Anfang war die *Mutter*, das *Wort* entstand erst später. Das einzige universelle Merkmal aller Primaten- und Huftierarten, ja sämtlicher Säugetiere und vieler weiterer Tierarten, ist die Tatsache, daß das Herzstück der Gesellschaft, das Zentrum jedweder sozialen Einheit, von Mutter und Kind gebildet wird. Diese Art der sozialen Organisation bezeichnet man als *matrifokal* oder *matrizentrisch*. Diese Begriffe sind nicht gleichbedeutend mit dem Wort *matriarchal*, einer Analogiebildung zu *patriarchal*, was eine Vorherrschaftsstellung impliziert (vom Griechischen *arche* = Haupt und *archein* = der Erste sein, herrschen).* Ein *Matriarchat* wäre demnach eine Gesellschaft, in der die Mütter in der gleichen Weise herrschen, wie es die Väter während der letzten Jahrtausende getan haben. Es gibt keine Indizien dafür, daß es auf dieser Welt jemals ein Matriarchat gegeben hat. Jede Gesellschaft, in der Herrschaft existiert, ist künstlich, ein Artefakt: ein Individuum oder eine Gruppe beschließt, daß eine Person herrschen und die andere gehorchen soll. Matrizentrische Gesellschaften sind spontan und organisch gewachsene Gefüge. Die Mutter sorgt für das Kind, bis es in der Lage ist, sich problemlos ohne sie frei zu bewegen, zu ernähren und zu schützen. Die Mutter ‹herrscht› kraft ihres Vorsprungs an Erfahrung, Wissen und Fertigkeiten, aber das Ziel dieser ‹Herrschaftsausübung› ist es, das Kind zu Freiheit und Unabhängigkeit zu führen.

Der matrifokale Charakter tierischer Lebensformen ist den Anthropologen bis vor kurzem entgangen. Trotz eindeutig gegenteiliger Indizien sind Generationen von Wissenschaftlern davon ausgegangen, daß die Dominanz des männlichen Geschlechts ein gemeinsames Kennzeichen aller Lebewesen sei. So hielten die Griechen «den Herrscher» des Bienenstocks für ein männliches Tier. Mittelalterliche Bestiarien zeigen

* Als *matrifokal oder matrizentrisch* bezeichnen wir Sozialverbände, in deren Mittelpunkt die Mutter steht. *Matrilokalität* bedeutet die Ausrichtung am Stammquartier der Mutter: der Mann stößt zum Familienverband der Frau. *Matrilinearität* bezieht sich auf die Art der Abstammungsfolge. Tierjunge kennen ihre Mütter und sind in dem Maße, wie sie Identitätsbewußtsein besitzen, in der Lage, sich als zu dieser gehörig zu begreifen. Hingegen haben sie, wie vermutlich auch die meisten Tiermütter, keine Vorstellung davon, wer ihr Vater ist. Bei Menschen bezeichnet *Matrilinearität* die in früheren Zeiten übliche Abstammungsfolge in der weiblichen Linie. Auch heute noch existieren bei einigen Völkern matrilineare und matrilokale Bräuche.

den Löwen als Herrscher des Dschungels, obgleich das Löwenmännchen nur selten selbst tötet und von der Löwin abhängig ist. Das vorrangige Interesse von Forschern bestand in der Vergangenheit darin, bei anderen Arten Bestätigung für die Legitimität der jeweils bestehenden menschlichen Gesellschaftsstrukturen zu finden. Inzwischen ist jedoch bekannt, daß «die mütterliche Nachkommengruppe die universelle Kerneinheit der Säugetierarten bildet» und daß Primatengemeinschaften «geradezu per definitionem matrifokal» sind.[10] Nicht alle ausgewachsenen Säugetiere leben ständig gesellig. Manche treffen lediglich während der Paarungszeit zusammen, aber selbst bei einzelgängerischen Arten kümmern sich die Mütter über längere Zeitspannen aufmerksam um ihre Jungen. Die Mutter nährt das Junge mit ihrer Milch, trägt es herum und teilt auch noch nach Beendigung der Säugezeit ihre Nahrung mit ihm. Sie bringt ihm bei, was gute Nahrung ist und wie es an sie herankommt, lehrt es, die Umwelt mit ihren Annehmlichkeiten und Gefahren zu erkennen und die Wechsel zu nutzen, die sie von ihrer Mutter übernommen hat.

Für große Tiere ist der Matrizentrismus unabdingbar, da ihre Jungen hilflos zur Welt kommen und ohne die engen Mutter-Kind-Bande verloren wären. Bei manchen Arten bleiben jedoch die weiblichen Jungtiere während ihres gesamten weiteren Lebens zusammen und bilden eine soziale Kerngruppe. Dies trifft zum Beispiel auf die Elefanten zu, die in ausschließlich weiblichen Herden leben: die Männchen werden im Alter von dreizehn Jahren vertrieben. Die Mütter, Tanten und Schwestern hingegen leben weiterhin in einer Gemeinschaft zusammen, die sich durch ein außergewöhnliches Maß an Kooperation und Altruismus auszeichnet. Fleischfresser sind Einzelgänger, und die einzige Form des Zusammenschlusses, die sich bei ihnen findet, ist die zwischen Mutter- und Jungtieren. Die Weibchen kontrollieren und verteidigen ihr Revier und geben es an ihre Töchter weiter, wenn sie sterben oder weiterziehen. Ebenso wie bei den Elefanten werden die Männchen im fortgeschrittenen Stadium des Heranwachsens von den Müttern ausgestoßen. Das Kernstück des Löwenrudels besteht aus einer geschlossenen Gruppe ausgewachsener Weibchen, die biologische Schwestern oder zumindest Cousinen sind. Sie verbringen ihr gesamtes Leben in diesen, durch ein hohes Maß an Eintracht und Kooperation gekennzeichneten Verbänden innerhalb fest umrissener Reviere, die von den Müttern an die Töchter übergehen.[11]

Nur wenige Tierarten weisen lebenslange Paarbindungen auf, darunter Gibbons, Raben, Gänse und bestimmte Garnelenarten.[12] Die Biber leben in Familienverbänden, in denen das Weibchen die dominierende Position innehat und die Revierverteidigung übernimmt.[13] Wölfe leben in dauerhaften Paarbindungen, jagen jedoch im Rudel. Nach der Jagd und dem Verzehr der Beute kehren sie zu ihrem Stammquartier zurück und würgen die verschlungene Nahrung für die Jungtiere sowie für die bei diesen zurückgebliebenen Muttertiere wieder aus.[14] Auch bei den Languren besteht die stabile Kerngruppe des Sozialverbandes aus Weibchen: Sarah Hrdy schreibt: «Mit einigen wenigen Ausnahmen gilt für alle Arten, daß die Weibchen den Sozialverbänden dauerhaft, die Männchen hingegen nur vorübergehend angehören.» Bei den meisten Affen gibt es eine Art «Grundbesitz, der von der Mutter auf die Tochter übergeht. Wenn es zur Inbesitznahme eines neuen Territoriums kommt, spielt häufig ein rangniederes älteres Weibchen die Rolle des Moses, indem sie an der Spitze ihrer sozial benachteiligten Nachkommenschaft in die Wildnis hinauszieht».[15] Das ältere Weibchen verfügt über einen Fundus an eigenen und tradierten Erfahrungen, auf den sie zurückgreifen kann. In allen matrizentrischen Sozialverbänden übernehmen vorrangig die Weibchen die Weitergabe der kollektiven Erfahrungen und Erinnerungen in der Sozialisation.[16] Bei den meisten Säugetieren sucht das Weibchen eine geeignete Aufzuchtstätte für die Jungen. Wenn sich ein Männchen dem Weibchen als Dauergefährte anschließt, so fügt es sich ihrer Ortswahl.[17] Solche Gruppierungen bezeichnet man als *matrilokal.*

Die zentrale Position des Weibchens bei den Säugetierarten könnte nun den Schluß nahelegen, daß diesen Weibchen auch eine dominierende Rolle zukommt. Der Ausdruck ‹dominierend› ist jedoch in diesem Fall aus verschiedenen Gründen mißlich. Im normalen Sprachgebrauch wird das Wort ‹dominieren› oft gleichbedeutend mit ‹beherrschen› gebraucht, obgleich beide Worte ganz unterschiedliche Sachverhalte bezeichnen. *Dominanz* bezieht sich auf die einem Lebewesen von Natur aus eigenen Merkmale (wie etwa Persönlichkeit, Schönheit, Intelligenz) oder auf erworbene Attribute (etwa soziale Stellung, Amtsgewalt, Reichtum), die diesem über längere Zeit anhaften und das Verhalten anderer beeinflussen. *Herrschaft* hingegen impliziert den willentlichen Gebrauch jedweder Art von Macht, um den Willen anderer einzuschränken oder zu brechen. Während Dominanz bei manchen Tierarten eindeutig vorkommt, ist die Existenz von Herrschaft bei Tieren zweifelhaft. Bei Verhaltensstudien an Mantelpavianen wurde den Männchen beherrschendes Verhalten gegenüber den Weibchen zugeschrieben.[18]* Die bei uns Menschen übliche Form von Herrschaft im Sinne der Ausübung von Autorität – der Macht, andere auf der Grundlage eines moralischen Rechts zu kontrollieren – existiert jedoch weder bei Primaten noch bei anderen Tieren.[19]

Früher wurde Dominanz als Herrschaft durch Forscher, die nach ihr auf der Suche waren, auch prompt beobachtet. In jüngerer Zeit hat man jedoch begonnen, diese Gleichsetzung in Frage zu stellen. Bei bestimmten Arten existieren Rituale, die offenbar die Unterordnung mancher Männchen unter andere ausdrücken. Zu fragen bleibt jedoch, welche Privilegien diese Dominanz beinhaltet. So wählt etwa M. R. A. Chance das Kriterium der Zentralität: das dominante Tier steht am häufigsten im Blickpunkt der anderen.[20] Andere Forscher postulieren die Existenz von Tieren, die eine Kontrollfunktion ausüben, indem sie bei Konflikten intervenieren, um diese zu beenden, sowie bestimmter Formen von Imponiergehabe, die zwar dominant wirken, der Funktion nach jedoch expressive Begrüßung, Spiel oder schlichte Prahlerei darstellen.[21] Bei manchen Primaten gibt es eine soziale Rangordnung, innerhalb derer ein hoher Status bestimmte Privilegien mit sich zu bringen scheint. Wenn also etwa zwei Tiere gleichzeitig einen Leckerbissen erspähen, wird sich vielfach das rangniedere zurückziehen. Häufig jedoch wird der Status von Tieren durch den Rang der Mutter innerhalb einer Gruppe von Weibchen bestimmt. Primatenweibchen erlangen ihren höchsten Status unmittelbar nachdem sie ein Junges zur Welt gebracht haben und müssen ihn nach einiger Zeit an die nächste Mutter eines Neugeborenen abgeben.[22] Möglicherweise handelt es sich dabei um eine Regelung im Interesse der Erhaltung der Art. Bei manchen Arten begrüßen die rangniederen Männchen die ranghöheren mit einer ritualisierten Unterwerfungsgeste. Beim Hundskopfpavian scheinen die dominanten Männchen darüber hinaus länger zu leben als die anderen männlichen Tiere.[23]

Nicht nur die Form, sondern auch die Funktion dominanten Verhaltens wird heute neu diskutiert. Die traditionelle Theorie besagte, daß die Dominanzposition dem Männchen den ausschließlichen Zugang zu (insbesondere brünstigen) Weibchen sichere und es ihm ermögliche, bessere oder mehr Nahrung zu erlangen, für sich zu behalten oder gewalt-

* Offenbar dominante Pavianmännchen wurden von Wissenschaftlern auch als «Alphamännchen» bezeichnet.

sam an sich zu reißen. Mit anderen Worten: Dominanz bei Tieren wurde analog der Dominanz beim Menschen interpretiert.

Neuere Untersuchungen haben jedoch ergeben, daß solche Auffassungen nicht haltbar sind. Dominante Männchen kopulieren im allgemeinen nicht häufiger mit empfängnisbereiten Weibchen als andere Männchen und zeugen auch nicht mehr Nachkommen.[24] Bei den Schimpansen haben jene Männchen die größten Zeugungschancen, die von einem Weibchen zum Gefährten erwählt werden. Das Paar schließt sich zusammen und sondert sich für eine gewisse Zeit ab, während derer das Weibchen ausschließlich mit dem erwählten Männchen kopuliert.[25]

Schließlich wird eine adäquate Definition der Dominanz auch durch unbewußte oder ungenügend durchdachte Assoziationen, die dieser Terminus weckt, erschwert. Man geht davon aus, daß Männchen aggressiver, größer und stärker als Weibchen sind und daß diese Konstellation unweigerlich zur Ausübung von Zwang und gewaltsamer Unterdrückung führt. Diese Annahme ist jedoch weder realitätsgerecht noch logisch. Zum einen sind Säugetiermännchen keineswegs immer größer oder stärker als die betreffenden Weibchen, und zum zweiten bedeutet ein Plus an Körpergröße nicht zwangsläufig Ausübung von Herrschaft. Unterschiede in Gestalt und Größe zwischen den Geschlechtern – der sogenannte sexuelle Dimorphismus – führen bei solchen Arten, die keine Paarbindungen kennen – also den meisten Huftieren und Primaten –, weder zur Dominanz des körperlich größeren Geschlechts noch zur Herrschaftsausübung durch dieses.[26]

Bei Gorillas, der einzigen geschlechtsdimorphen Menschenaffenart, bei der die Stabilität der Sozialverbände die Ausprägung von Führungsrollen zuläßt, nehmen gelegentlich große, auf dem Rücken silbrig gefärbte Männchen Dominanzpositionen ein. Sie übernehmen zuweilen die Führung der Horde, sind jedoch ansonsten umgänglich, verfügen über keinerlei Privilegien in bezug auf Weibchen und Nahrung und schützen andere Hordenmitglieder nur, solange sie sich innerhalb der Gruppe befinden. Bei den Orang-Utans sind die Männchen wesentlich größer als die Weibchen, aber nicht dominant. Bei graslandbewohnenden Hundskopfpavianen existieren dominante Alphamännchen, bei den waldbewohnenden Verbänden dieser Paviane hingegen nicht. Hier sind es die älteren Weibchen, die bestimmen, wohin die Horde zieht. Es gibt keine feststehenden sexuellen Privilegien, und in Gefahrensituationen flüchten die Männchen zuerst. In Südamerika existieren einige Affenarten, bei denen die Weibchen größer als die Männchen sind, aber diese Tiere haben bislang nicht das Interesse der Ethologen geweckt. Bei den Schimpansen steht die Körpergröße in keinerlei Korrelation zu Dominanz, Führungsrollen, sexuellen Privilegien oder Sonderrechten bei der Verteilung der Nahrung.[27] Bei den in gewissem Umfang geschlechtsdimorphen Lemuren sind die Weibchen dominant.[28] Bei Languren konnte beobachtet werden, daß kleinere Tiere beiderlei Geschlechts im Erregungszustand wesentlich größere Exemplare vertreiben.[29] Ferner existieren monomorphe Arten (solche, bei denen die Geschlechter gleich groß sind), die in monogamen Geschlechterbeziehungen leben, wobei die Männchen das Revier gegen männliche, die Weibchen gegen weibliche Eindringlinge verteidigen. Bei solchen Arten ist Dominanz in der Paarbeziehung kein Thema, und im Konfliktfall zeigt sich das Weibchen dem Männchen durchaus gewachsen, wenn nicht gar überlegen.[30]

Inzwischen häufen sich sogar die Indizien dafür, daß die Dominanz bestimmter männlicher Tiere über andere Männchen sich nicht auf eine Überlegenheit an Körpergröße und -kraft, sondern vielmehr auf den Status ihrer Mütter gegründet.[31] Die japanischen und karibischen Makakenarten leben in Männerverbänden. Bis auf einige Pavianarten sind sie die einzigen Primaten, bei denen sich Männchen zusammenschließen.[32] Ihre Horden bestehen jedoch aus «hierarchisierten, matrilinearen Sippen», die von der Unterstützung durch ihre weiblichen Sippenverwandten abhängig sind.[33] Bei Rhesusaffen existiert zwar eine Dominanzhierarchie, aber selbst die erwachsenen Söhne stehen noch unter dem Schutz der Muttertiere.[34]

Auch zwischen Aggressivität und Körpergröße beziehungsweise -kraft existiert keine unmittelbare Korrelation. Bei manchen Säugetierarten sind zwar die Weibchen größer als die Männchen, letztere jedoch aggressiver.[35] Bei manchen Pavianarten sind die Männchen äußerst aggressiv, bei der roten Meerkatze ist das Weibchen der aggressivere Teil.[36] Der Grad der Aggressivität ist nicht nur von Art zu Art und zwischen den Geschlechtern unterschiedlich, sondern darüber hinaus situationsabhängig. Bei den meisten Arten wird das Weibchen die Jungen erbitterter verteidigen, während die Revierverteidigung je nach Art in erster Linie Sache der Männchen oder der Weibchen sein kann.

Es ist anzunehmen, daß die Aggressivität eines Geschlechts oder einer gesamten Art der Arterhaltung dient. Aggressivität seitens der Männchen gegenüber Jungtieren oder trächtigen Weibchen hätte das Aussterben der Art zur Folge, dennoch wurde schriftlichen Berichten zufolge beobachtet, wie männliche Primaten eine Horde von Artgenossen überfielen, die vorhandenen Männchen vertrieben und die Jungtiere töteten, um dann anschließend den Weibchen gegenüber die Rolle der verdrängten Rivalen einzunehmen.[37] Derartiges Verhalten scheint im Widerspruch zum Interesse der Art zu stehen, und einige Primatenforscher betrachten es als eine stressbedingte Fehlanpassung. Die Soziobiologen werten solche Vorkommnisse als Beweis für ihre Theorie, daß Rivalität und Aggressivität bei Männchen aus dem Trieb erwächst, die eigenen Gene (oder den Genbestand der Gruppe) zu reproduzieren, da das Primatenweibchen nach der Tötung ihres Jungen brünstig wird und der Usurpator so die Möglichkeit zur Fortpflanzung erhält. Dennoch hätte solches Verhalten, käme es häufig vor, schließlich das Aussterben der Art zur Folge. Selbst wenn die soziobiologische Behauptung zutrifft, daß es die Triebfeder der Eindringlinge sei, ihre individuellen Gene zu reproduzieren, spricht doch alles dafür, daß sie damit ihre Art nicht stärken, sondern schwächen.

Die uns Menschen genetisch und vom Körperbau ähnlichsten Lebewesen sind Schimpansen und Gorillas, beides sanftmütige und gesellige Arten, die in großen Verbänden leben, deren Mitglieder einander gut kennen.[38] Diese Tiere – insbesondere die Schimpansen – sind in den letzten Jahrzehnten eingehend erforscht worden, und obgleich die Ergebnisse der in verschiedenen Lebensgebieten angestellten Untersuchungen durchaus voneinander abweichen, besitzen wir doch einige einhellige Erkenntnisse über das Leben dieser Tiere.

Schimpansenbabies wachsen acht Monate im Mutterleib heran und werden hilflos geboren. Diese völlige Abhängigkeit hält eine ganze Zeitlang an. Die Mutter trägt das Junge sechs Monate lang mit sich herum, was ihr dadurch erleichtert wird, daß dieses sich mit den Fingern und Zehen an ihrem Fell festklammert. Die Schimpansenmutter ist über alle Maßen um ihr Junges besorgt, trägt es dicht an ihrem Körper, bewahrt es davor, von Ästen oder Felsen zu fallen und schützt es sogar vor heftigem Regen, indem sie sich über es kauert, es in den Armen wiegt und mit ihrem Körper abschirmt.[39] Im Alter von eineinhalb Jahren kann sich das Jungtier schon recht mühelos auf der Erde bewegen und von Ast zu Ast hangeln, doch entwöhnt wird es nicht vor dem Alter von vier oder fünf Jahren. Die ganzen ersten sechs Lebensjahre bleibt es ständig mit der Mutter zusammen, indem es tagsüber mit ihr umherzieht, sie laust, von ihr gelaust wird und nachts mit ihr zusammen in dem Nest schläft, das sie für sich und ihre Jungen gebaut hat.[40]

Während dieser Jahre lernt das Schimpansenjunge, bestimmte Pflanzen zu bestimmten Zeiten zu fressen, sich auf festen Pfaden durch den Urwald zu bewegen, ein Nest zu bauen und einfache Werkzeuge wie etwa die von den Schimpansenweibchen beim Termitensammeln verwendeten entlaubten Zweige zu fertigen. «Gelegentlich unterweist die Mutter ihr Junges, indem sie aktiv interveniert. Wenn etwa ein Jungtier an einem unbekannten, möglicherweise giftigen Insekt knabbert, kann es passieren, daß die Mutter ihm dieses aus der Hand schlägt.»[41] Die Weibchen sind mit dreizehn, die Männchen mit fünfzehn Jahren geschlechtsreif, aber die Jungen beiderlei Geschlechts verlassen die Mutter bis zum Alter von zehn Jahren nie länger als für ein paar Tage, und die Töchter bleiben oft sehr lange, ja manchmal sogar auf Dauer mit ihr zusammen.[42] Es geschieht nicht selten, daß die Mutter von ihrer eigenen Mutter bei der Aufzucht der Jungen unterstützt wird. Die Bindung an die Mutter bleibt bei den Töchtern wie bei den Söhnen über sehr lange Zeit bestehen.

Das heranwachsende Schimpansenjunge lernt neben der Mutter auch noch andere Artgenossen kennen. Schon im Babyalter kommt es zuweilen vor, daß andere Weibchen es halten, wiegen, mit ihm spielen. Dieses Verhalten stellt eine Bezeugung von Zuneigung, aber gleichzeitig auch einen Lernprozeß dar. Alle Primatenweibchen erlernen Mutterfunktionen.[43] Männliche Schimpansen haben mit den Jungtieren nicht viel zu tun. Tatsächlich gehen die meisten Primatenmännchen den Jungen aus dem Weg, und es kommt vor, daß Weibchen männliche Artgenossen angreifen, wenn sie Jungtiere bedrohen. Die dominanten Pavian- und Makakenmännchen hingegen lieben Jungtiere, halten und inspizieren sie gerne und adoptieren sie manchmal sogar, wenn sie ihre Mütter verlieren.[44]

Der Tod ist als Bedrohung stets gegenwärtig, und wenn ein Muttertier umkommt, verfallen die Jungtiere in einen Zustand tiefster Depression, der sie häufig genug noch mit drei Jahren ebenfalls das Leben kostet.[45] Bei Weibchen mit versorgungsbedürftigen Jungtieren liegt die Sterblichkeitsrate infolge der Erschwerung der Nahrungssuche durch das am Körper getragene Junge und des durch die Milchproduktion erhöhten Nahrungsbedarfs höher als bei anderen Weibchen.[46] Nancy Tanner zufolge verwenden sie nahezu 70 Prozent ihrer im Wachzustand verbrachten Zeit auf die Futtersuche, alleinstehende Weibchen dagegen nur 60 Prozent und Männchen ganze 53,1 Prozent.[47] Beide Geschlechter fangen und töten kleine Tiere. Alle erwachsenen Hordenmitglieder suchen sich ihre Nahrung selbst, wobei jedoch die Männchen häufig den

Weibchen Fleisch abgeben und diese wiederum ihre Beute vor allem mit ihren Jungen teilen.[48] Die Muttertiere ernähren die Jungen noch lange über die Säugezeit hinaus und verbringen täglich viele Stunden auf Nahrungssuche in den Baumkronen, wo der Hauptteil ihrer Nahrung wächst. Obgleich Schimpansen in Verbänden zusammenleben, gehen sie doch meist allein oder in kleinen Trupps auf ihre Beutezüge und Wanderungen (Gorillas hingegen in gemischtgeschlechtlichen Gruppen).[49]

Schimpansen sind kooperativ und gesellig. Sie schließen sich zu Horden mit wechselnder Besetzung und Mitgliederzahl zusammen und machen einander durch besondere Schreie auf besonders ergiebige Nahrungsquellen aufmerksam.[50] Wenn sich solche kleinen Schimpansentrupps im Dschungel treffen, begrüßen sie einander mit Schreien, Luftsprüngen, Brusttrommeln und Umarmungen. Dominanzrituale zwischen Männchen existieren zwar, werden jedoch von der Forschung meist als bedeutungslos eingestuft.[51] Die Tiere verbringen längere Ruhephasen mit gegenseitiger Fellpflege. Dieses Lausen ist eine Form der Unterhaltung und des Zärtlichkeitsaustauschs. Wenn zwei Trupps aufeinandertreffen, kommt es vor, daß die Mitglieder des einen – Männchen wie Weibchen – die des anderen aufnehmen und mit ihnen gemeinsam davonziehen.[52]

Die Männchen erbeuten häufiger kleine Tiere als die Weibchen, diese wiederum gebrauchen öfter Werkzeuge zum Sammeln von Nahrung und zur Verteidigung. Bei der Verteidigung seiner Jungen setzt das Weibchen oft solche primitiven Waffen ein.[53] Bei den Schimpansen gibt es Konflikte, die jedoch nur selten und niemals mit tödlichem Ausgang ausgefochten werden. Raubtieren begegnen die Schimpansen mit Einschüchterungstaktiken – Lärm, wilden Sätzen, Brusttrommeln –, sofern sie nicht, wie in den meisten Fällen, die Flucht ergreifen.

Die Sexualität der Schimpansen schafft keine festen Bindungen. Obgleich der Geschlechtsverkehr, soweit beobachtet, in den meisten Fällen während der Brunst des weder trächtigen noch säugenden Weibchens stattfindet, ist er auch während der Tragezeit und außerhalb der Brunst nicht ausgeschlossen.[54] – Die Muttertiere werden erst dann erneut trächtig, wenn ihre Jungen ein Alter von vier bis fünf Jahren erreicht haben.[55] Schimpansenweibchen weigern sich zuweilen ganz einfach, sich zu paaren. Ohne ihre Bereitschaft ist die Begattung jedoch nicht möglich.[56] Freilebende Schimpansenmännchen zeigen offenbar weder Rivalität noch Eifersucht in bezug auf brünstige Weibchen und scheinen ganz allgemein ihre Sexualität sehr unkompliziert auszuleben (das gleiche gilt offenbar auch für die Gorillas).[57] Wenn Eifersucht auftritt, so seitens der Jungtiere, die ihre Mütter für sich beanspruchen, oder aber zwischen Müttern und halbwüchsigen Töchtern, die sich gegenseitig in ihre sexuellen Aktivitäten einzumischen suchen.[58]

Die sexuelle Initiative geht vom Weibchen aus, obgleich es gelegentlich vorkommt, daß ein Männchen ein brünstiges Weibchen dazu drängt, sich mit ihm von der Horde abzusondern. Gelegentlich hat es damit auch Erfolg. Häufiger ist es jedoch das Weibchen, das sich einen Gefährten auswählt, um sich einige Tage lang mit ihm zurückzuziehen und zu paaren. Die erwählten Männchen sind meist umgängliche, freundliche Tiere, die bereitwillig Nahrung abgeben und sich der Fellpflege der Weibchen widmen.[59] Aggressive Männchen werden von den Weibchen gemieden, und bei den Zwergschimpansen gehen Sexualität und das Teilen von Nahrung eng miteinander einher.[60]

Bei den meisten Tieren ist ein solch lockerer, zwangloser Umgang mit der Sexualität die Regel: Aggressivität und Dominanzverhalten stehen der Paarung entgegen, und erst ihre Abwesenheit und das freudige und lustvolle Miteinander der beiden Geschlechter machen die Kopulation möglich. Vergewaltigung kommt im Tierreich nur äußerst selten vor.[61] Affenmännchen sind zum Geschlechtsverkehr erst dann imstande, wenn das Weibchen sie auffordert und ihnen entgegenkommt. Brünstige Primatenweibchen wählen sich ihre Partner selbst aus und zwar häufig gleich viele nacheinander.[62]

Die Männchen spielen im Leben der Schimpansen wie bei den meisten Säugetieren nur eine marginale Rolle, gehen jedoch ihren eigenen Vergnügungen nach. Männliche Jungtiere spielen ausgiebiger als weibliche, und ausgewachsene Männchen legen auf der Suche nach Nahrung größere Entfernungen zurück.[63] Obgleich sie sich nicht zu ‹Männergruppen› zusammenschließen, sind sie doch äußerst gesellig und mobil. Die Weibchen sind seßhafter und haben die Hauptlast des Schimpansenlebens zu tragen: Trächtigkeit, Säugen, Aufzucht der Jungen, Geburtenregulierung, Nahrungsbeschaffung für die Gruppe. Dafür genießen sie jedoch die enge Gemeinschaft mit ihren Jungen und den anderen Weibchen, insbesondere den leiblichen Schwestern.

Die Tierverhaltensforschung konzentrierte sich bis vor kurzem in erster Linie auf zwei eigenartigerweise genau entgegengesetzte Forschungsziele: das Auffinden von tierischen Verhaltensweisen, die unsere eigene männerbeherrschte, hierarchische Gesellschaftsordnung stützen beziehungsweise legitimieren, und andererseits das Dingfestmachen einer Grenzlinie zwischen Mensch und Tier. Ersterer Ansatz konnte Ergebnisse aufweisen, die inzwischen jedoch zum größten Teil durch wissenschaftlich objektivere Untersuchungen modifiziert oder widerlegt worden sind. In Wirklichkeit besteht möglicherweise der einzige Unterschied zwischen Mensch und Tier gerade in unserer männerbeherrschten, auf Zwang begründeten hierarchischen Gesellschaftsstruktur. Alle übrigen «Unterscheidungsmerkmale» halten nicht recht stand: es gibt durchaus Tiere, die ebenso wie wir Werkzeuge benutzen, verändernd in ihre Umwelt eingreifen (man denke an Bienen, Ameisen, Termiten und Biber) und eine soziale Schichtung aufweisen. Tiere können nicht sprechen, aber sehr wohl kommunizieren, und es ist möglich, daß Wale und Delphine doch über eine Art von Sprache verfügen. Es ist nachgewiesen, daß die Lautäußerungen mancher Tiere, etwa bei Vögeln, sich nicht nur von Art zu Art unterscheiden, sondern auch dialektal gefärbt sind, und daß der Vogelgesang sowohl genetisch vorprogrammiert als auch erlernt ist. Mit anderen Worten: Vögel können bestimmte Gesangsmuster oder Dialekte nur während bestimmter Entwicklungsphasen erlernen (eine offenbar genetisch bedingte Einschränkung), aber sie können sich unter bestimmten Umständen durchaus ‹fremde› Dialekte auf dem Weg des Lernens aneignen.[64]

Schließlich wird als Hauptunterscheidungsmerkmal zwischen Mensch und Tier die Inzestschranke ins Feld geführt, die man lange Zeit für ein durch strenge Tabuisierung hervorgebrachtes, ausschließliches Merkmal menschlicher Gesellschaften hielt. Inzwischen deuten jedoch neuere Untersuchungsergebnisse darauf hin, daß auch Schimpansen und andere Primaten durchaus über Mechanismen zur Vermeidung von Inzest zu verfügen scheinen.[65] Brüder und Schwestern scheinen einander auf sexuellem Gebiet zu meiden, und die jungen Weibchen schließen sich häufig einer anderen Horde an, wodurch sie sexuellen Kontakten mit ihren eigenen Vätern entgehen. Zu dieser Fragestellung existiert bislang nur sehr spärliches Material, aber es ist sehr wohl möglich, daß Inzest bei den Primaten nicht häufiger vorkommt als beim Menschen.

2. Die Hominiden

Die ersten Hominiden sahen vermutlich unseren heutigen großen Menschenaffen – Schimpansen und Gorillas – sehr ähnlich. Fossilienfunde lassen darauf schließen, daß diese Wesen kleinwüchsig waren, aufrecht gingen und kurze Beine und noch kürzere Arme besaßen. Es ist möglich, daß sie ihre großen Zehen nicht mehr – wie Affen und Halbaffen – zum Greifen benutzen konnten, obgleich es die Hypothese gibt, daß diese Fähigkeit bei Menschen, die sie von Geburt an trainieren, noch heute existiert. Wir verfügen ja auch immer noch, ebenso wie die Affen, über die Fähigkeit, uns mit den Armen vorwärtszuhangeln. Um flink zu klettern und von Baum zu Baum zu springen, bedarf es jedoch des Einsatzes aller vier Gliedmaßen, und es ist anzunehmen, daß die Beine der Hominiden hierfür nicht geschaffen waren. Außerdem könnte es sein, daß die Jungen sich nicht am Fell der Mutter festzuklammern vermochten und getragen werden mußten.[66]

In gewisser Weise waren die Hominiden Stiefkinder der Natur: Sie hatten bestimmte, zum Überleben notwendige Fähigkeiten verloren und andererseits nicht viel hinzugewonnen. Ihre Beckenknochen und Füße waren für den aufrechten Gang gebaut. Dadurch waren sie weniger schnell und nicht mehr fähig, wie Affen in Gefahrensituationen blitzartig auf Bäume zu klettern oder von Baumkrone zu Baumkrone zu springen. Sie besaßen einen abspreizbaren Daumen und ein kleines Gehirnvolumen, etwa 450 Kubikzentimeter im Mittel. Bei Gorillas finden sich oft größere Gehirne, aber der *Australopithecus* wog lediglich zwischen 50 und 90 Pfund, während es stattliche Gorillamännchen durchaus auf mehr als 600 Pfund bringen können. Die Leistungsfähigkeit des Gehirns wird nämlich nicht allein durch dessen Größe bestimmt, sondern vielmehr durch seinen Umfang in Relation zur Körpermasse.[67]

In unserer traditionellen Vorstellung sind diese ersten Menschen rohe, brutale, räuberische Wesen, bei denen der Mann eine extreme Dominanzstellung einnimmt: Höhlenmenschen, die sich gegenseitig mit Keulen die Schädel einschlagen und die Frauen an den Haaren hinter sich her schleifen. In Wirklichkeit spricht jedoch alles dafür, daß die ersten Hominiden sanftmütig und verspielt waren, eine gesellige Spezies, deren Kerngruppe die Mütter und Kleinkinder bildeten. Wie die Schimpansen wurden die Hominiden absolut hilflos geboren, und die Mütter verbrachten nahezu ihr ganzes Leben mit der Ernährung, Versorgung und

Erziehung ihrer Nachkommen. Die Hominidenmütter mußten ihre Babies ständig mit sich herumtragen, da diese sich selbst nicht festklammern konnten. Aus diesem Grunde war für sie Geburtenregulierung in irgendeiner Form noch existentieller als für die Affenmütter. Wie sie dies bewerkstelligten, ist umstritten. Die Hominidenmütter waren durchaus aktiv, legten auf der Suche nach Nahrung große Entfernungen zurück und brachten es aus diesem Grunde während der Säugezeit vermutlich nicht auf die für ein Wiedereinsetzen der Ovulation notwendige Gewichtszunahme.[68] Ferner wurde vor kurzem die These aufgestellt, daß häufiges Säugen möglicherweise im Körper eine chemische Reaktion auslöst, die den Eisprung unterbindet. Bei den heutigen !Kung säugen die Mütter ihre Kinder während der ersten beiden Lebensjahre im Mittel alle dreizehn Minuten.[69] Die !Kung sind auch heute noch ein Sammlervolk, an dessen Lebensweise sich nichts geändert hat und vermögen uns deshalb Hinweise auf das Leben früherer Gesellschaften zu liefern. Ausgehend von der Zahl der im Mittel von einer heutigen !Kung-Mutter geborenen Kinder schätzt man, daß die Hominidenmütter im Laufe ihres Lebens fünf bis sechs Kinder zur Welt brachten.[70]

Wie die jungen Affen lebten die Hominidenbabies in völliger Abhängigkeit von ihren Müttern, die sie fütterten, umhertrugen, lausten, liebkosten, unterwiesen und mit ihnen kommunizierten. Die Aufzucht der Hominidenkinder erstreckte sich über noch längere Zeit als die der Jungaffen, da ihre Entwicklung langsamer vonstatten ging, und die Bande zwischen Mutter und Kind waren genauso stark, wie sie es heute bei den Affen sind. Von den Müttern lernten die jungen Weibchen die Ausübung der Mutterfunktionen und die Jungen beiderlei Geschlechts das Teilen der Nahrung.[71] So mag es wohl oft vorgekommen sein, daß eine Mutter einen Säugling am Körper trug und ein kleines Kind an der Hand führte, während sich ein oder zwei ältere Kinder in ihrer Nähe hielten und sie ihnen Lektionen über Pflanzen, Insekten und Tiere, Schutzmaßnahmen gegen schlechtes Wetter und Raubtiere sowie die günstigsten Wanderpfade und -strategien erteilte.

Kern des Hominidenverbandes war jeweils eine Mutter mit ihren Kindern, die häufig von ihrer eigenen Mutter, ihren Schwestern und Brüdern sowie hinzugestoßenen männlichen Erwachsenen begleitet wurde. Fremde Männer wurden dann bereitwilliger in die Gruppe aufgenommen, wenn sie sich kooperativ zeigten, kleine Tiere töteten und ihr Fleisch zu teilen bereit waren, wenn sie Zweige und Äste zur Verfertigung von Werkzeugen herbeischafften und mithalfen, die

Gruppe gegen Raubtiere zu verteidigen.[72] Die einzelne Gruppe war vermutlich recht klein und kampierte allnächtlich am selben See oder Fluß. Zuweilen schlossen sich Gruppenmitglieder anderen Horden an, denen sie auf ihren Wanderungen begegneten, aber die Geschwisterbande waren insbesondere nach dem Tod der Mutter von großer Bedeutung.[73]

Unsere wissenschaftlichen Hypothesen über den Grad der Harmonie des Geschlechterverhältnisses bei Urgesellschaften gründen sich auf verschiedene Indizien, darunter auch die Größe der Eckzähne, die mehr Rückschlüsse auf das Verhalten zuläßt als die Körpergröße oder Dimorphismen. Die Zähne der frühen Hominiden sind klein und nicht geschlechterdimorph, also bei beiden Geschlechtern gleich. Dies deutet darauf hin, daß der *Australopithecus* freundlich und umgänglich war und beide Geschlechter wie auch die Geschlechtsgenossen gut miteinander auskamen.[74] So waren die ersten Menschen weit davon entfernt, als Freudsche «Urhorde», bestehend aus wilden und rebellischen Brüdern unter der Knute eines tyrannischen Vaters, umherzuschweifen. Sie lebten vielmehr vermutlich in von engem Zusammengehörigkeitsgefühl getragenen Gruppen, die sich durch starke emotionale Bande zwischen Mutter und Kindern, Zusammenhalt zwischen den Spielgefährten und freundschaftliche Gefühle sämtlicher Mitglieder füreinander auszeichneten.[75] Konflikte wurden vermutlich (wie es auch heute noch bei einigen Völkern Brauch ist) dadurch gelöst, daß eine der streitenden Parteien die Gruppe verließ, um sich einer anderen anzuschließen.

Aus dieser ursprünglichen Familiengruppe entwickelten sich vermutlich mit der Zeit größere Sippenverbände.[76] Es spricht alles dagegen, daß die Geschlechter dauerhafte oder ausschließliche Beziehungen eingingen.[77] Kerngruppe des Verbandes waren jeweils mehrere erwachsene Schwestern mit ihren Kindern, da männliche und zuweilen möglicherweise auch einige weibliche Heranwachsende, durch Spielgefährten oder Sexualpartner angelockt, zu anderen Gruppen abwanderten. Die ‹dominierende› Rolle innerhalb der Gruppe nahm vermutlich die Mutter oder das älteste weibliche Gruppenmitglied ein, wobei ‹dominierend› in diesem Fall im Sinne der Verkörperung des sozialen Mittelpunkts und des größten Erfahrungsfundus, nicht aber der Ausübung von Herrschaft zu verstehen ist.

Wir können also die Hypothese aufstellen, daß die Hominidenfrau, wie alle Tierweibchen auch, eigenständig war und sich nach eigener

Wahl mit Hominidenmännern, vermutlich mit solchen, die besonders bereitwillig ihre Nahrung teilten und sich an der Aufzucht der Nachkommen beteiligten, zusammenschloß.[78] Wir wissen nicht, wann genau die Menschen den Anteil des Mannes an der Fortpflanzung entdeckten, aber Theorien besagen, daß diese Erkenntnis recht neuen Datums ist und vielleicht erst zehntausend Jahre zurückliegt. In bezug auf die Frage, wann und warum die Hominidenweibchen die sichtbaren Begleiterscheinungen des Eisprungs – die Brunstmerkmale – ablegten und es zur Entwicklung der Menopause kam, sind wir noch immer auf Spekulationen angewiesen.[79] Es existiert eine These, derzufolge das Verschwinden der Brunst beim Menschenweibchen die Ursache für die Entwicklung der Paarbeziehung und der Kernfamilie gewesen sei. Dieser Theorie zufolge benötigte die Frau, nachdem eine Schwangerschaft das ganze Jahr über möglich geworden war, den Schutz eines ihrer Kontrolle unterstehenden Männchens, um ihre Fortpflanzung zu regulieren. Dieser Vorstellung liegt jedoch die Annahme zugrunde, daß Männer von Natur aus Vergewaltiger sind, die Frauen zum unfreiwilligen Koitus zwingen, und daß allein der Schutz eines bestimmten Mannes oder einer ‹Polizeimacht› dieses Verhalten zu steuern vermag. Es ist wenig wahrscheinlich, daß die männlichen Hominiden oder frühen Menschen diesem Bild entsprachen. Außerdem wird die Brunst auch bei Tieren von Faktoren mitbestimmt, die nicht im engen Sinn biologisch zu nennen sind: bei Makaken wurden Brunstmerkmale auch noch nach der Empfängnis beobachtet, und Schimpansenweibchen initiieren nachweislich auch dann zuweilen sexuelle Aktivitäten, wenn sie nicht brünstig sind.[80]

Die frühen Hominiden suchten sich ihre Nahrung, indem sie in ihren kleinen, überwiegend in Eintracht lebenden Gruppen umherzogen. Vermutlich vermochten sie sich ebenso ausgezeichnet zu ernähren wie die heute noch lebenden Sammlervölker. Wahrscheinlich bestand ihre Kost zum größten Teil (möglicherweise sogar zu 90 Prozent) aus pflanzlicher Nahrung und im übrigen aus Kleintieren, Vögeln, Reptilien und Insekten.[81] Die von Richard Lee erforschten heutigen !Kung-Buschmänner sammeln Mongongonüsse, von denen sie etwa 300 am Tag verzehren. Diese Ration liefert ihnen 1260 Kalorien und 56 Gramm Protein, was der Kalorienmenge von zweieinhalb Pfund gekochtem Reis und dem Eiweißgehalt von etwa 400 Gramm magerem Rindfleisch entspricht. Gewichtsmäßig machen diese Nüsse 50 Prozent der Nahrung der Buschmänner aus, wobei der Rest aus 89 weiteren Sorten von Früchten, Melonen, Beeren, Wurzeln und Kolben besteht. Um diese Nahrungsmenge zu sammeln, arbeiten die Frauen zwei bis drei Tage wöchentlich. Die Männer sammeln hauptsächlich für ihren eigenen Bedarf, obgleich sie auch kleine Tiere herbeischaffen; sie brauchen dafür nur zwölf bis neunzehn Stunden in der Woche. Kinder und Heranwachsende sammeln überhaupt nicht. Die Stammesmitglieder beginnen erst nach der Heirat, die bei Mädchen im Alter zwischen fünfzehn und zwanzig, bei jungen Männern zwischen zwanzig und fünfundzwanzig stattfindet, mit der Arbeit. 10 Prozent der Stammesmitglieder sind über 60, aber sämtliche Alten und Behinderten werden versorgt.[82]

Im Laufe der Jahrtausende entwickelten sich die Lebensformen der Hominiden weiter. Da bestimmte Gebrauchsgeräte, wie etwa Grabstöcke und Tragebeutel, in der Erde vermodern, können wir einzelne Daten oder Entwicklungsschritte nicht mit Sicherheit festlegen, aber es spricht alles dafür, daß die weiblichen Hominiden den Gebrauch des Grabstocks zum Sammeln von Ameisen und Termiten übernahmen beziehungsweise weiterentwickelten. Diese Insekten werden auch heute noch in vielen Teilen der Welt gegessen, und geröstete Termiten gelten in einigen Gegenden sogar als große Delikatesse. Es ist anzunehmen, daß die Hominiden dazu übergingen, scharfkantige Steine dazu zu benutzen, Wurzeln auszugraben, von Erde und harten Schalen zu befreien oder in Stücke zu teilen. Steine könnten sich dafür angeboten haben, Nüsse zu knacken und große hartschalige Früchte zu zerlegen. Da das Sammeln und Aufteilen von Nahrung in erster Linie den Frauen oblag, ist es sehr gut möglich, daß sie es waren, die diese Werkzeuge entwickelten.[83] Auf jeden Fall wissen wir, daß sich bei den in der Olduvaischlucht aufgefundenen fossilen Überresten des *Australopithecus*, deren Alter auf zwei Millionen Jahre datiert wurde, auch Steinwerkzeuge befanden.

Es ist anzunehmen, daß auch ein weiteres wichtiges Gebrauchsgerät bereits sehr früh erfunden wurde: das Behältnis. Die ersten Behältnisse wurden vermutlich aus stabilen Blättern oder Baumrinde angefertigt und dazu benutzt, Babies auf dem Rücken zu tragen, auf langen Streifzügen Wasser mitzuführen und den Ertrag der Sammelarbeit zum Lagerplatz zurückzutransportieren. Die Erfindung des Gefäßes bedeutet eine wichtige Markierungslinie in der Entwicklung des Menschen. Sie ermöglichte den ersten Schritt vom Tier zum Hominiden, da sie den Übergang vom Futter- zum Sammelstreifzug gestattete. Tiere fressen ihre Funde auf Futterstreifzügen an Ort und Stelle auf. Sammeln bedeutet jedoch, Nahrung zu bergen und an einen anderen Ort zu transportieren, um sie später zu verzehren. Sammeln impliziert Arbeitsteilung, da die Nahrung für andere mitbestimmt ist. Es gestattet der Horde Wanderungen auch über große Entfernungen, während derer die Nahrungsversorgung ungewiß ist. Darüber hinaus wird es möglich, sich, wenn auch nur vorübergehend, niederzulassen. Auch dieser Schritt ging vermutlich von den Frauen aus: «Die Mütter waren es, die Veranlassung hatten, pflanzliche Nahrung zu sammeln, mit sich zu transportieren und aufzuteilen. Die Männer ernährten sich zu jener Zeit noch immer, indem sie umherstreiften und ihre Beute an Ort und Stelle verzehrten»[84], schreibt Nancy Tanner. Die Entwicklung verbesserter Gefäße ermöglichte den frühen Sammlern große Wanderungen. Und tatsächlich stammen die ältesten außerhalb Afrikas gefundenen Hominidenfossilien, deren Alter auf etwa 1,9 Millionen Jahre angesetzt wurde, aus Indonesien.[85]

Bei unseren Werkzeugfunden aus dem – mindestens zwei Millionen Jahre zurückliegenden – frühen Pleistozän handelt es sich um einfache Steinsplitter und Faustkeile, die man zum Ausgraben, Schaben und Zerstoßen von Pflanzennahrung, nicht hingegen zum Erlegen großer Tiere verwenden konnte. Kleinere Tiere, die sich mit der Hand oder in einfachen Fallen fangen ließen, wurden zweifellos von den Hominiden ebenso sporadisch verzehrt, wie dies bei Schimpansen vorkommt.

Jeder wichtige Entwicklungsschritt führte in einer Art Spiralentwicklung zu neuen Veränderungen. Verbesserte Werkzeuge ermöglichten es den Frauen, die gesammelte Pflanzennahrung zu zerkleinern. Dies wiederum hatte die allmähliche Rückbildung der großen Mahlzähne zur Folge. Das Fleisch wurde ebenfalls zerteilt und entbeint: Es wurden primitive Fleischerwerkzeuge gefunden, die allem Anschein nach 1,7 bis 1,8 Millionen Jahre alt sind.[86] Ungewiß ist allerdings, ob die Hominiden zu diesem Zeitpunkt schon jagten oder nur bereits tote Tiere zerlegten.

Der nächste wichtige Scheidepunkt zwischen der Entwicklung der Menschen und der der Tiere ist die Verwendung des Feuers. Das Feuer ist ein sehr wichtiges Hilfsmittel. Es bedeutete, daß die Nahrung gekocht werden konnte, und es gestattete das Wohnen in Höhlen, das bis dahin der Raubtiere wegen zu unsicher gewesen war.[87] Bis vor kurzem wurde angenommen, daß die Nutzbarmachung des Feuers nur etwa eine halbe Million Jahre zurückläge: man hatte in Zhoukoudian, in der Nähe der chinesischen Hauptstadt Peking, eine 500 000 Jahre alte Feuerstelle gefunden. Im Jahre 1981 wurden dann jedoch in Chesowanja beim Baringosee in Kenia die Überreste einer auf 1,4 Millionen Jahre geschätzten Feuerstelle gefunden. In der Nähe dieser Feuerstelle stieß man auf kleine Scherben aus gebranntem Ton, Werkzeuge, Tierknochen und fossile *Australopithecus*-Gebeine.[88]

Wurfgeschosse tauchen hingegen erst im mittleren Pleistozän (also vor etwa eineinhalb Millionen Jahre) auf, und aus dieser Zeit existieren auch Funde, die darauf hindeuten, daß Wildtiere an bestimmten Plätzen getötet wurden.[89] Es ist mit anderen Worten sehr unwahrscheinlich, daß die Hominiden während der ersten eineinhalb bis zwei Millionen Jahre ihrer Existenz bereits zu jagen begannen. Das Sammeln, und nicht die Jagd, war die universelle Überlebenstechnik und blieb es auch noch, als bereits Jäger existierten.

Der Beginn der Jagd markiert jedoch offenbar einen entscheidenden Wendepunkt in der Entwicklung der Menschen beziehungsweise der Hominiden. Einige Theoretiker gehen davon aus, daß mit der Jagd zum erstenmal eine Abwertung der Frau einsetzte, da diese (angeblich) dabei nicht zu gebrauchen war. Es gab jedoch und gibt noch heute Jägerinnen, und auf einigen Höhlenmalereien wurden jagende Frauen ausgemacht. Dennoch ist die Jagd in den meisten heutigen Gesellschaften eine rein männliche Aktivität. Die Jagd veränderte das Verhältnis der Menschen zur Natur: mit ihr wandelte sich unsere Einstellung zu anderen Lebewesen. Wir hätten nicht das Bild vom ‹wilden› Tier, hätten wir nicht Tiere gejagt und sie damit zu Opfern und zur Bedrohung gemacht. In Wildreservaten kann man häufig beobachten, daß Tiere bei der Annäherung von Menschen nicht fliehen, sondern einfach bleiben, wo sie sind, sich friedlich mit anderen Arten in das Futter, die Wasserstellen, den Sonnenschein und die geschäftige Stille der Natur teilen.[90] Mit jedem dieser Entwicklungsschritte – dem Gebrauch und der Verbesserung von Werkzeugen, der Erfindung von Gefäßen, der Nutzbarmachung des Feuers und dem Übergang zur Jagd – entfernten sich die ersten Menschen ein Stückchen weiter von ihrem tierischen Ursprung. Die Hominiden vollzogen nach und nach den Übergang vom völligen Eingebettetsein in die Natur zu einer Haltung des Beherrschens, der Kontrolle über ihre Umwelt. Wenn auch, wie bereits an früherer Stelle angeführt, viele Tiere ebenfalls eine gewisse Kontrolle über ihre Umwelt ausüben, verfügten die Hominiden doch bereits über eine Vielzahl von Mitteln zur Aneignung der Natur, die sie, jedes für sich genommen, vom übrigen Tierreich abzugrenzen und ihnen eine besondere Identität zu verleihen schienen.

Nur ein einziger Schritt trennte die Menschen jetzt noch davon, sich als von der Natur verschieden zu begreifen: die Fähigkeit, mit Hilfe des Begriffsbildungsvermögens von der Wirklichkeit zu abstrahieren. Wann diese entstand, wissen wir nicht. Einige Forscher gehen davon aus, daß der *Australopithecus* bereits über eine Sprache verfügte, andere setzen die Entstehung der Sprache erst mit dem *Homo sapiens* an. Weitgehende Einigkeit herrscht jedoch darüber, daß zur Zeit des Neanderthalers Sprache bereits existierte.[91] Der Neanderthaler besaß einen nur teilweise entwickelten Kehlkopf und infolge dessen ein beschränktes Sprachvermögen, aber bereits eine wache Intelligenz.[92] Überdies deuten bestimmte Funde darauf hin, daß das für die Ausbildung von Sprache notwendige Abstraktionsvermögen bereits vor dem Stadium des *Homo sapiens* existierte.

An welchem Punkt der Menschheitsgeschichte sich die Sprache auch entwickelt haben mag, auf jeden Fall ist davon auszugehen, daß sie aus der Kommunikation der Mutter mit ihren Kindern erwuchs. Die alte Auffassung, daß sie aus der Notwendigkeit entstand, daß sich die Männer während der Jagd verständigen mußten, ist absurd: Spracherwerb findet nicht erst nach Erlangen der vollen körperlichen Reife statt. Sprache, so wissen wir, wird entweder in jungen Jahren oder überhaupt nicht mehr erlernt. Lediglich die Vorstellung, daß die Mütter im Zuge der Aufzucht ihrer Kinder, z. B. während sie diese hätschelten, vor Gefahren warnten und leben lehrten, ein Symbolsystem entwickelten, das von der nächsten Generation ausgebaut und weitervermittelt wurde, ist plausibel.[93]

Wir besitzen Hinweise auf Höhlenbestattungen aus der dritten Eiszeit vor 150 000 bis 100 000 Jahren. Eine Bestattung impliziert jedoch zeremonielle Rituale und damit die Fähigkeit zur Abstraktion und Bedeutungsgebung. Schimpansen beziehen sich aufeinander als Individuen, und viele Tiere trauern beim Tod eines ihnen nahestehenden Artgenossen. Eine förmliche Bestattung impliziert hingegen ein Ritual, das einen nahestehenden Verstorbenen in einen größeren Kontext einordnet, d. h. die Vorstellung vom Individuum als Teil eines größeren Ganzen. Die Zeremonie mag dazu dienen, dem Verstorbenen den Übergang in eine andere Daseinsdimension zu erleichtern, die Herrscher einer solchen anderen Welt günstig zu stimmen, die Hinterbliebenen durch eine Art Einverleibungsritual über den schlimmen Verlust hinwegzutrösten oder auch einfach nur feierlich zu würdigen, was die betreffende Person für die Gruppe bedeutet. In jedem Falle sind erhebliche Fähigkeiten zur Abstraktion und Begriffsbildung, Vorstellungskraft und geistige Beweglichkeit vonnöten, Fähigkeiten also, die, wenn sie sich mit den nötigen körperlichen Voraussetzungen vereinen, durchaus die Existenz von Sprache ermöglichen.

Darüber hinaus besitzen wir auf ein Alter von 100000 Jahren geschätzte Strichmarkierungen auf Felsen, die offenbar primitive Kalender darstellen. Es spricht alles dafür, daß sie von Frauen angelegt wurden, die anhand der Veränderungen des Mondes, der ersten Gottheit, ihre Menstruationszyklen zu verfolgen suchten. Bei manchen Stämmen sind auch heute noch die Frauen die Bewahrerinnen des Mondkalenders. Die Frauen der Yurok-Indianer führten Kerbholzkalender und vermochten Geburten auf den Tag genau vorherzusagen.[94]

Der gesamte hier betrachtete Zeitraum zwischen 3,5 Jahrmillionen und etwa 100000 Jahren vor unserer Gegenwart war eine friedliche Zeit. Es existieren keine Spuren von Waffen, die gegen Menschen verwendet worden wären, und nichts deutet darauf hin, daß Menschen einander in nennenswerter Zahl umgebracht hätten. Die Menschen der Frühzeit waren also keineswegs hemmungslos aggressiv und grausam, sondern vielmehr aller Wahrscheinlichkeit nach sanftmütig, heiter und friedfertig wie so viele heutige, in milden Klimazonen lebende Stämme. Die primitive Gesellschaft, wie sie uns bis vor kurzem präsentiert wurde – eine patrilokale Horde blutsverwandter Männer, die ihre Frauen als Tauschware behandelten –, existiert nicht und hat vermutlich niemals existiert. Dagegen ist anzunehmen, daß die frühen Jäger und Sammler in fluktuierenden, flexiblen und gleichberechtigt organisierten Verbänden lebten.[95] Das soll nicht heißen, daß diese Menschen keine Aggressionen und keine Konflikte gekannt hätten. Sie entwickelten jedoch soziale Fähigkeiten, um Konfliktsituationen bewältigen zu können: die wichtigsten Sozialisationsziele waren die Fähigkeit zu persönlichen Beziehungen und zur Kooperation sowie die Integration in ein größeres Ganzes.

Ein auf Kinderaufzucht und Kollektivbesitz gegründetes Gemeinschaftsleben kann unter Bedingungen hochgradiger Aggressivität nicht überdauern. Diese würde unweigerlich den Untergang der Art bedeuten, und tatsächlich weisen alle heutigen Jäger- und Sammlervölker, deren Gebräuche ein enormes Spektrum von der extremen Dominanz des Mannes über mehr oder weniger gleichberechtigte, aber separate Subgesellschaften bis hin zu integrierten egalitären Gesellschaften abdecken, ein universelles Merkmal auf: Ausnahmslos betrachten sie Nahrung als Kollektiveigentum. Ein gewisses Maß an Aggressivität scheint notwendig und möglicherweise sogar positiv. Aber Aggressivität ist kulturell induziert: wo sie nicht positiv bewertet wird, ist sie auch nicht stark ausgeprägt. Dieser ‹Fortschritt› sollte dem *Homo sapiens* und seiner glorreichen Errungenschaft namens Zivilisation überlassen bleiben.

3. Der Homo sapiens

Wenn man den Soziobiologen Glauben schenkt, ist «Evolutionserfolg gleich Reproduktionserfolg»[96]. Hieraus ergeben sich als oberste Imperative für sämtliche Arten die Selbsterhaltung und die Erhaltung der Art.[97] In dieser und vielleicht auch noch in manch anderer Hinsicht war der *Australopithecus* erfolgreich: Die Spezies überdauerte mehr als eine Million Jahre und kann möglicherweise als das Ahnengeschlecht späterer Hominidentypen und damit auch des *Homo sapiens* als des (bislang) letzten Abkömmlings dieser Linie gelten. Der *Homo sapiens* besitzt ein großes Gehirn und einen Körperbau, den wir trotz der Variationsbreite von Größe, Form und anderen Merkmalen sofort als menschlich erkennen. Alle heute auf der Erde lebenden Menschen gehören – gleichgültig, ob sie in primitiven Kulturen oder in Industriegesellschaften leben – diesem Typus des *Homo sapiens* an. Wann genau der *Homo sapiens* in Erscheinung trat, wissen wir nicht, und obgleich Einigkeit darüber herrscht, daß er nicht älter als 200 000 Jahre ist, gibt es für eine exaktere Bestimmung kaum Anhaltspunkte: manche Schätzungen datieren sein Auftreten sogar nur 35 000 Jahre zurück.

Ebenso unsicher ist, wann genau die entscheidenden Veränderungen in den Lebensformen der Hominiden und der Menschen eintraten. Manche Verbände zogen jahrtausendelang als Nomaden umher und ließen sich höchstens vorübergehend nieder. Andere wanderten dem Kreislauf der Jahreszeiten folgend, wie es heute noch bei den Lappen der Fall ist. Man nimmt beispielsweise an, daß die ersten Menschen, die sich in Mexiko und Südamerika ansiedelten, ursprünglich aus Asien stammten. Andere Verbände ließen sich dauerhaft nieder. Unsere heutigen Nomaden sind möglicherweise früher einmal seßhaft gewesen, bis sie durch Klimaveränderungen oder soziale Umwälzungen entwurzelt wurden.[98]

Es ist anzunehmen, daß die Menschen der Frühzeit keine Vaterschaft kannten und matrilinear organisiert waren. Soweit sie dauerhafte oder über längere Zeit anhaltende Geschlechterverbindungen eingingen, waren sie mit größter Wahrscheinlichkeit matrilokal. Obgleich es vermutlich Privatbesitz gab – einen kleinen Hort an Gefäßen, Werkzeugen, Schmuckstücken und Waffen –, waren Vorstellungen von Eigentum an Boden oder Vieh bis zum Einsetzen des Gartenbaus und der Domestizierung von Tieren nicht existent. Tatsächlich gestatten selbst neuzeitliche Sammler und Jäger, wie etwa die australischen Aborigines, die Besitzanspruch auf große Landflächen erheben, anderen, sich ungehindert über ihre Territorien zu bewegen, dort zu sammeln und selbst zu jagen.[99]

Auf der Grundlage der Primatenforschung und der Beobachtungen an heutigen primitiven Lebensformen ist die Anthropologie zu verschiedenen Theorien über das Leben der Menschen der Frühzeit gelangt. Aller Wahrscheinlichkeit nach war die gesellschaftliche Organisation fließend und permissiv; man zog ständig von Lager zu Lager und blieb mit Angehörigen und Liebespartnern so lange zusammen, wie es einem beliebte. «Eheliche» Verbindungen waren informell und ohne großes Gewicht. Die Kinder blieben bei der Mutter oder, falls diese starb, bei der Großmutter oder den Tanten. Es gab keine Häuptlinge und keine Anführer, sondern nur fluktuierende Gruppierungen von Individuen, die sich dort, wo sie waren, wohlfühlten. Wenn Streit aufkam, verließ im allgemeinen eine Partei die Gruppe, um sich einer anderen anzuschließen. Eine derartige politisch-soziale Ordnung ist Anarchie im wahrsten Sinne des Wortes: Selbstregulierung, die keiner Führung bedarf. Auch heute noch finden wir diese Lebensform etwa bei den Hadza, !Kung, Mbuti, Ik, Dogrib, bei den Netsilik-Eskimos und den Gidjingali.[100]

In prähistorischen Zeiten war das Sammeln von Nahrung viel leichter als heute, da die Erde noch dicht mit Bäumen, Büschen und Pflanzen bewachsen war. Heute haben Städte und Landwirtschaft die Sammlervölker verdrängt. Nur in Wüstengebieten, unzugänglichen tropischen Regenwäldern, in Gebirgen und in der Arktis können sie noch existieren.[101] Ebenso wie die Hominiden lebten die frühen Menschen in kleinen Familienverbänden, deren Kern von einer Mutter bzw. mehreren Müttern gebildet wurde. Sie legten allein oder in Gruppen mehrmals in der Woche große Entfernungen zurück, um Früchte, Nüsse und Wurzeln zu sammeln. Darüber hinaus stellten Männer wie Frauen kleinen Tieren, auch mit Hilfe von Fallen, nach. Bisweilen zog man in gemischten Gruppen, gelegentlich auch allein oder nur in Begleitung eines Hundes auf die Jagd oder zum Fischfang, und ab und zu begaben sich Gruppen von Männern auf tage- oder wochenlange Jagdstreifzüge. Der Fischfang, insbesondere mit dem Netz, war Sache der ganzen Gruppe. Das

Sammeln von Muscheln hingegen oblag oft den Kindern und Alten, denen kurze Streifzüge über Korallenriffe oder Strände noch am ehesten zuzumuten waren. Eidechsen, Vögel und bestimmte Insekten gehörten ebenfalls zur Nahrung.

Man sammelte nur so viel, wie man benötigte, und machte vermutlich zunächst nicht den Versuch, aktiv in die Umwelt einzugreifen, um die Produktion von Nahrung zu intensivieren. Das Verhältnis dieser Urmenschen zur Natur, zu den Pflanzen und Tieren, war also trotz ihres bereits hoch entwickelten Gehirns noch eines der Einordnung auf gleicher Stufe: Sie ernährten sich von der Natur, lebten in ihr und suchten oder schufen sich Zuflucht vor schlechtem Wetter wie alle anderen Kreaturen auch. Wenn sie beschlossen, sich an einem Ort eine Zeitlang niederzulassen, errichteten die Frauen Schutzhütten aus Zweigen, Blättern, Farnwedeln und kleineren Baumstämmen. Unmittelbar vor diesen Hütten legten sie Feuerstellen an, um die sie in Gruppen saßen, schwatzten, sangen, Witze machten (vor allem zum Thema Sexualität: Größe, Geruch und Funktion der Geschlechtsorgane anderer sind auch heute bei einigen Sammlervölkern noch immer ein nie versiegender Quell allgemeiner Heiterkeit) und Geschichten erzählten. Das Leben dieser Menschen war im allgemeinen nicht besonders hart. Wenn die Nahrungs- oder Wasservorräte einer Region zur Neige gingen, zog man weiter.

Eine Arbeitsteilung auf der Grundlage von Geschlecht und Alter hat vermutlich immer existiert. Es ist jedoch wichtig, sich zu vergegenwärtigen, daß diese Arbeitsteilung nicht mit unserer heutigen identisch war. Zunächst einmal war sie unterschiedlich. Das bedeutet, daß in einem Verband die Männer fischten, während die Töpferei Sache der Frauen war, in anderen Gruppen hingegen der Fischfang den Frauen oblag und die Männer töpferten. In einigen Gesellschaften war die Abgrenzung zwischen Männer- und Frauenaktivitäten fließend. Beide Geschlechter konnten sich die Aufgaben teilen, aber jedes konnte auch ohne schwerwiegende Folgen die Funktion des anderen übernehmen. In anderen Verbänden waren die Grenzen starr, und nur in Ausnahmesituationen durfte sich ein Geschlecht an der Erfüllung der dem anderen zugeordneten Aufgaben beteiligen. Möglicherweise lag dieser Arbeitsteilung die Tatsache zugrunde, daß es nahezu durchgängig die Frauen waren, die für die gesamte Gruppe sammelten. Vermutlich erwuchs die Zuständigkeit der Frauen für die Ernährung der Gruppe aus dem Umstand, daß in erster Linie sie es waren, die sich um die Nachkommen kümmerten, sie fütterten, unterwiesen und beschützten. Bei fast allen Tierarten obliegt es dem Weibchen, für sich und seine Jungen Zufluchtsstätten zu suchen oder anzulegen und Nester zu bauen, und die Menschenfrauen der Frühzeit behielten diese Funktion bei, indem sie zeitweilige oder dauerhafte Unterkünfte errichteten. In vielen Gesellschaften fällt diese Aufgabe auch heute noch den Frauen zu. Auf die gleiche Weise entwickelte sich wohl auch aus der Funktion der Frauen als Nährerinnen der Säuglinge per Übertragung die Zuständigkeit für weitere Bereiche der Nahrungsversorgung: das Zerkleinern und Zubereiten der Nahrungspflanzen. Der Aufgabenbereich des Mannes war wesentlich begrenzter: Auch bei vielen heutigen Sammlervölkern sorgen die Männer, was das Sammeln von Nahrung und die Herstellung von Werkzeugen angeht, lediglich für sich selbst und tragen nur minimal zur Versorgung der Gemeinschaft bei. Es ist durchaus vorstellbar, daß strikte Formen der Arbeitsteilung sich deshalb entwickelten, weil die Männer innerhalb der Gruppe als Gegengewicht zu den vielfältigen Funktionen der Frauen einen klar umrissenen Aufgabenbereich brauchten und verlangten.

Die Bewertung der den Geschlechtern zugeordneten Arbeiten unterschied sich vermutlich radikal von unserer heutigen. Die von Frauen ausgeführten Tätigkeiten gelten heute nahezu universell als weniger wichtig als die der Männer. Manche Wissenschaftler gehen davon aus, daß die Aufgabenbereiche beider Geschlechter einst als gleichwertig erachtet wurden. Dennoch erscheint es mir wesentlich plausibler, daß in ferner Vorzeit den Tätigkeiten der Frauen größere Bedeutung beigemessen wurde als denen der Männer.

Da Jagd und Fischfang gegenwärtig in den meisten Gesellschaften Sache der Männer sind, stellte man sich unter Arbeitsteilung lange Zeit grundsätzlich die Rollenaufteilung zwischen dem Mann als dem Jäger und der Frau als der Nährerin und Sammlerin vor. Dennoch wird auch heute die Jagd in manchen Gesellschaften von den Frauen ausgeübt, so etwa bei den Agta auf den Philippinen, manchen Aborigine-Stämmen und den Schoschonen. Mbuti-Frauen gehen gemeinsam mit den Männern auf die Jagd mit dem Fangnetz; Chipewyan-Frauen jagen, wenn die Männer abwesend sind; Copper-Eskimo- und Ainu-Frauen stellen allein großen Säugetieren nach, und die Frauen der Agta, die hervorragende Jägerinnen sind, ziehen – wie auch die Tiwi-Frauen – nur von einem Hund begleitet auf die Jagd.[102] (Die Tiwi leben auf der vor der nordaustralischen Küste gelegenen Melville-Insel.)

Beim Fischfang ist das Spektrum noch bunter. In manchen Gesellschaften ist er eine Gemeinschaftsaufgabe, in anderen ausschließlich den Frauen, in wieder anderen ausschließlich den Männern vorbehalten. Das Sammeln von Meeresfrüchten, die auf Riffen und Sandbänken aufgelesen werden, obliegt im allgemeinen den Kindern und den Alten. In den meisten Fällen sind jedoch sowohl Jagd als auch Fischfang Aufgaben der Männer.[103] Diese sind es auch, die Waffen verfertigen sowie Metalle schmelzen und verarbeiten. Uns ist nur eine Gesellschaft bekannt, in der die Erzgewinnung Aufgabe der Frauen ist. Die Holzfällerei ist gewöhnlich Männerarbeit, das Tragen schwerer Lasten Frauensache.[104] In ‹primitiven› Gesellschaften obliegt der Hausbau größtenteils den Frauen. In nahezu allen Gesellschaften arbeiten die Frauen härter als die Männer. Bei den Nsaw in Kamerun obliegt den Männern das Roden neuen Ackerlands und die Mithilfe bei der Ernte: Arbeiten, die etwa zehn Tage im Jahr beanspruchen. Die übrige Zeit sitzen die Männer im Dorf herum, wo sie Palmwein trinken und plaudern, während die Frauen die Feldarbeit erledigen. Bei den Nsaw gibt es die Redewendung, daß ein Junggeselle «beinahe so schwer arbeiten muß wie eine Frau»[105]. Die Männer der Hadza (Tansania) bringen einen großen Teil ihrer Zeit mit Glücksspielen zu. Obgleich sie Jäger sind, zieht doch etwa die Hälfte von ihnen überhaupt nie auf die Jagd, und unter denen, die als Jäger fungieren, sind einige absolut untüchtig. Mit 45 ziehen sie sich endgültig von der Jagd zurück.[106]

Die vielfältigen Verwendungsmöglichkeiten des Einkorns wurden vermutlich vor etwa 20 000 Jahren von den Frauen entdeckt, aber es ist sehr unwahrscheinlich, daß die Hortikultur damals bereits einsetzte.[107] Zunächst wurde das Korn vermutlich gesammelt, wobei die Gruppe wahrscheinlich jedes Jahr zur entsprechenden Jahreszeit die Stellen aufsuchte, wo es wuchs. Der planmäßige Anbau erfordert jedoch wesentlich größere kontinuierliche Anstrengungen als das Sammeln, und von daher spricht alles dafür, daß die Menschen sich erst dann darauf verlegten, als die Bedingungen dies erforderten.

Um sich ausschließlich durch Sammeln ernähren zu können, benötigt bereits eine kleine Gruppe ein großes Territorium. Die Existenzbedingungen zur Zeit des Neanderthalers und des Cro-Magnon-Menschen waren ausgesprochen günstig. Diese Situation hatte vermutlich eine Erhöhung der Populationsdichte zur Folge. Zweifelsohne hatte die Zahl der Urmenschen bereits seit Jahrtausenden zugenommen, was jedoch dank der Bereitschaft dieser Verbände zur Abwanderung nie zum Problem geworden war. Im Magdalénien jedoch (ca. 12 000 v. Chr.) beanspruchten die Menschen – sei es auf Grund eines steilen Anstiegs der Bevölkerungsdichte, sei es durch fortschreitende Gewöhnung an die Seßhaftigkeit und eine damit einhergehende Wanderunwilligkeit – bereits viermal soviel Land wie früher. Außerdem ging der Bestand an jagdbaren Tieren allmählich zurück.[108] Überleben bedeutete daher zwangsläufig, neue Formen der Nahrungsgewinnung zu ersinnen. Die Neuerung, auf die die Menschen verfielen, war die Hortikultur, die schätzungsweise etwa 10000 Jahre vor Christus einsetzte, obgleich wir Indizien dafür besitzen, daß in Ägypten bereits vor 17000 Jahren Anbau betrieben wurde.[109]

In unserer heutigen Terminologie unterscheiden wir zwischen Gartenbau oder Hortikultur, d. h. dem Bebauen des Bodens mit Handgeräten, und Ackerbau oder Agrikultur, dem Anbau mit Hilfe von Pflügen und später auch mit anderen Maschinen. Auch heute noch wird in vielen Teilen der Welt Hortikultur betrieben, und zwar überwiegend von Frauen. Agrikultur hingegen ist überwiegend Männersache.[110] Der erste planmäßige Anbau von Feldfrüchten erfolgte mit Handgeräten und vermutlich durch Frauen. Wenn pflanzliche Nahrung nicht mehr gesammelt, sondern angebaut wird, kann bereits eine kleine Bodenfläche viele Menschen ernähren, aber dafür ist die Arbeitsleistung, die es zu erbringen gilt, auch wesentlich höher: Man muß den Boden vorbereiten, Saatgut zurücklegen und später aussähen, die Pflanzen wässern, von Unkraut befreien und schließlich auf einmal abernten.

Die Hortikultur setzt ein ganz anderes Verhältnis zu Grund und Boden voraus als das Sammeln: Die Menschen begnügten sich nicht mehr länger mit dem, was die Natur ihnen bescherte, sondern versuchten aktiv, sie für ihre Zwecke nutzbar zu machen. Der planmäßige Anbau von Feldfrüchten impliziert die Manipulation der Natur und ein gewisses Maß an Kontrolle über sie. Diese Kontrolle wuchs mit jedem entscheidenden Entwicklungsschritt der Urmenschen. Resümieren wir noch einmal die verschiedenen Stufen: Die Erfindung des Gefäßes gestattete die Vorratshaltung (die wiederum die mehr oder weniger dauerhafte Niederlassung, den Genuß arbeitsfreier Tage sowie Wanderungen durch unbekanntes Gelände bei ungewisser Nahrungsversorgung ermöglichte). Das Feuer erlaubte es, in Höhlen zu wohnen und Nahrung zu kochen, spendete Wärme bei kalter Witterung und Licht bei Dunkelheit. Das Herstellen von Kleidung aus Tierhäuten eröffnete die Möglichkeit, in kältere Landstriche vorzudringen. Das Begriffsbildungsvermögen erlaubte gedankliche Abstraktionen von der aktuellen Wirklichkeit, die sich über Sprache kommunizieren ließen. Mit jedem dieser Entwicklungsschritte verschob sich die Position des Menschen weiter vom Eingebettetsein in die Natur hin zu deren Beherrschung, wobei diese Kontrolle vermutlich noch kein bewußtes Konzept war. Es gibt auch heute noch Sammlervölker, denen jede bewußte Vorstellung von Kontrolle über die Natur fehlt und die bei ihrer Nahrungssuche weder darauf achten, daß Wurzeln in der Erde zurückbleiben, damit die Pflanze wieder austreiben kann, noch etwa beim Honigsammeln einen Teil des Bienennests zurücklassen, damit die Bienen es wieder aufsuchen und erneuern.[111]

Im Spätpaläolithikum (etwa 35 000 bis 20 000 Jahre vor unserer Zeitrechnung) wurden bereits Boote gebaut, hatte die Jagd schon eine wichtige Funktion, zähmte man bereits Hunde und richtete sie für den Jagdgebrauch ab. Pfeil und Bogen kamen auf. Höhlenmalereien bildeten Tiere, Pflanzen, Fische, Vögel und Menschen ab, zeigten den ganzen Reichtum der Natur: laichende Lachse, Stuten mit Fohlen, reifendes Korn. Man entdeckte Verfahren zur Herstellung von Keramik. Mindestens eine Theorie geht davon aus, daß es Frauen waren, die die ersten Tongefäße herstellten, indem sie sie um ihre Brüste formten.[112] Falls sich die Menschen zu jener Zeit der Natur noch unterworfen fühlten, so sahen sie sich doch bereits zu einem gewissen Grad in der Lage, bestimmte Naturprozesse und damit Bereiche ihres Lebens zu kontrollieren.

Erste Siedlungen entstanden, vermutlich in der Nähe der von Frauen bebauten Bodenflächen. Eine Vorstellung von Grundeigentum existierte sicherlich noch nicht, wohl aber der Begriff des Rechts auf die Nutzung von Boden und Ertrag – des Nießbrauchsrechts. Dieses vererbte sich in der weiblichen Linie (wie ja auch bei bestimmten Tieren die «Revierrechte» von der Mutter auf die Tochter übergehen), da es zum einen die Frauen waren, die das Land bearbeiteten, und da zum anderen vermutlich der Anteil des Vaters an der Fortpflanzung noch unbekannt war. Von daher ist anzunehmen, daß Geschlechtsbeziehungen oder Eheverhältnisse matrilokal waren, also der Ehemann oder Liebhaber zur Frau und ihrer Familie zog. Vermutlich war in vielen matrilinearen Verbänden der Bruder der Mutter der für die Kinder hauptverantwortliche Mann. Frauen, die neben dem Ackerbau auch noch sammelten oder über längere Zeiträume mit Feldarbeiten zu tun hatten, waren oft nicht zu Hause, und in derartigen Gruppen oblag es den Onkeln, sich um die Kinder ihrer Schwestern zu kümmern.

Es spricht alles dafür, daß die lange Zeitspanne der Existenz von Hominiden und frühen Menschen friedlicher und weniger von natürlichen Gefahren bedroht war, als wir es uns gemeinhin vorstellen. Allmähliche kulturelle Veränderungen hatten bereits während der ersten zwei bis drei Jahrmillionen urmenschlichen und menschlichen Lebens stattgefunden, doch nach dem Übergang zum *Homo sapiens* beschleunigte sich ihr Tempo beträchtlich. Überdies besitzen wir aus den letzten 100 000 Jahren wesentlich aufschlußreichere Funde als aus dem davorliegenden Zeitraum, wobei besonders die unmittelbar zurückliegenden zehn- bis zwanzigtausend Jahre ausgezeichnet dokumentiert sind.

4. Spuren der Vergangenheit

Ein vergangenes Zeitalter zu verstehen, ist auch dann schon schwierig genug, wenn schriftliche Aufzeichnungen existieren. Dokumente werden meist deshalb aufbewahrt, weil sie den Interessen derer dienen, die sie erhalten, und jede Aufzeichnung erfolgt von einem subjektiven – also voreingenommenen – Standpunkt aus. Noch viel schwieriger ist es jedoch, eine Periode nachzuzeichnen, aus der nichts Schriftliches existiert. Aufschluß über das Leben der frühen Menschen können wir allein den noch existenten Relikten entnehmen, die sich in drei Kategorien unterteilen: Fundgegenstände, mythologische Hinweise und Brauchtumsrelikte.

Fundgegenstände

Uns sind etwa 9500 v. Chr. gefertigte metallene Schmuckstücke erhalten, obgleich die Metallverarbeitung bis 6000 v. Chr. in Europa noch kaum verbreitet war.[113] Um die gleiche Zeit wurden im gesamten «Ureuropa» (den Balkan-, Adria-, Ägäis- und mittleren Donauregionen, der westlichen Ukraine und dem heutigen Ungarn) Hunderte von Figurinen, Statuen und Schmuckstücken hergestellt. Mit Hilfe von Radiokarbonanalysen und dendrochronologischen Untersuchungen (Auswertungen der Jahresringe von Bäumen) wurde die Entstehung dieser Gegenstände auf 7000 bis 6000 v. Chr. datiert.[114]

Einige dieser Figurinen sind Männern nachgebildet und manche ganz geschlechtslos, aber die überwiegende Mehrzahl stellt Frauen dar. Man registrierte erstaunt, daß in so weiten Teilen der Welt so zahlreiche weibliche Figurinen und Statuen durch so viele Zeitalter hindurch geschaffen wurden: angefangen vom frühen Paläolithikum über das Mesolithikum, das Neolithikum, die Bronzezeit und die Antike beinahe bis an die Schwelle unseres christlichen Zeitalters.[115] Man entdeckte solche Figurinen in Mittelamerika, in China und im mittleren Osten ebenso wie in ganz Europa. Ihre Form ist sehr unterschiedlich: manche sind klein und offenbar gemacht, um in der Hand gehalten zu werden, andere stellen gleichzeitig Gebrauchsgegenstände wie etwa Krüge oder Becher beziehungsweise Teile solcher Gegenstände dar, während wieder andere offenbar einst als Altarfiguren dienten.

Viele Wissenschaftler sehen in diesen Figurinen Zeugnisse einer Religion, die einem Wiedergeburts- und Fruchtbarkeitsprinzip huldigte, einer Muttergottheit, zu deren Symbolen neben Eiern, Schmetterlingen und dem Auerochsen noch weitere Tiere zählen, die auf Grund ihrer Form oder Metamorphose für Wiedergeburt, Auferstehung oder ewiges Leben stehen.[116]

Diese ‹Große Göttin› oder auch ‹Große Mutter› war offenbar die am meisten verehrte Gottheit sämtlicher vorpatriarchalischer Zeitalter. Sie regierte über Leben und Tod und wurde gleichzeitig als Muttergöttin, als Herrin des Tierreichs und als Totengöttin verehrt.[117]

Der Kult dieser ‹Großen Göttin›, die unzählige verschiedene Namen trug, war über weite Teile der Welt verbreitet und existierte in unterschiedlichsten Varianten. In einer Untersuchung solcher aus Ureuropa stammenden Figurinenfunde stellt Marija Gimbutas viele dieser Kulte dar. Die Größe dieser Figurinen variiert, wenngleich die meisten von ihnen klein sind. Unter den Namen Nerthus, Kybele, Astarte, Inanna und Hunderten von weiteren Bezeichnungen steht die Muttergöttin im Hintergrund zahlloser Mythen. Sie erscheint in Gestalt von Statuen, Figurinen und Darstellungen nicht-menschlicher Naturgeschöpfe – so etwa als Vogel oder in Verbindung mit Tieren wie Hunden oder Schweinen. Die Kunst der Frühzeit war symbolisch. Naturalistische Figuren oder Details kommen zwar vor, sind jedoch oft auf so surreale oder symbolische Weise miteinander vermengt, daß Mensch und Tier zu einem Zwitterwesen verschmelzen. Manchmal tritt eine Tiermaske an die Stelle des menschlichen Gesichts. Diese Figuren sind, soweit sie aus dem 7. und 6. Jahrtausend v. Chr. stammen, zum größten Teil weiblich. Datieren sie hingegen aus dem 4. Jahrtausend v. Chr., stellen sie beide Geschlechter dar und sind kunstvoll gekleidet.[118]

In städtischen Ansiedlungen Ureuropas wurde der Göttin häufig in jedem Raum ein Altar errichtet. Sie wird oft von – gewöhnlich männlichen – Tieren flankiert dargestellt. Die füllige Göttin des ausgehenden Paläolithikums wandelt mit der Hortikultur ihre Gestalt: schlanker erscheint sie jetzt in Begleitung domestizierter statt wilder Tiere. Am häufigsten abgebildet sind Hunde, Stiere und Ziegenböcke. Auch der Bär wird der Göttin häufig zugeordnet. Marija Gimbutas stellt die These auf, daß das hingebungsvolle Mutterverhalten der Bärin die hortikulturtreibenden Einwohner des alten Europa tief beeindruckte und das Tier zum Symbol der Mütterlichkeit werden ließ. Allerdings trägt bei vielen Mutter-Kind-Skulpturen das Kind einen Bärenkopf.[119] Symboltier der Vegetationsgöttin ist das Schwein. Worauf solche Tierassoziationen basieren, ist nicht immer eindeutig. Schweine wachsen schnell und stehen in engem Zusammenhang mit Getreide. Hunde bellen den Mond an, der als zu- und abnehmendes Gestirn mit Wiedergeburt und damit der Göttin gleichgesetzt wurde, und stellten auch in der Hauptsache die Opfertiere. Stierhörner ähneln der Mondsichel.[120]

Die Göttin der Wiedergeburt assoziierte man mit der sich häutenden Schlange und dem Schmetterling als Endstufe einer Metamorphose, Lebewesen also, die wiedergeboren zu werden scheinen. (Das Schmetterlingssymbol wird zuweilen als Doppelaxt interpretiert, ist jedoch um einige Tausend Jahre älter als die Metallaxt.) Weitere Wiedergeburtssymbole sind die Raupe, die Mondsichel und die rasch wachsenden Stierhörner. Die Macht der Frau als potentielle Gebärerin spiegelt sich in Darstellungen von Frauen mit gewaltigen hennenähnlichen Körpern, in denen Eier stecken. Die «Vogelfrau» – eine Figur mit einem Frauenkopf, einem Vogelkörper mit einem Ei zwischen den Gesäßbacken und einem phallusähnlichen Hals – findet sich im gesamten Ureuropa bis zum Vordringen der Indoeuropäer in diesen Raum im 4. Jahrtausend v. Chr. Dann verschwindet sie zunächst, um jedoch später in Griechenland, im Minoischen Kreta und auf den Ägäisinseln erneut aufzutauchen.[121]

Bisweilen wird die Göttin als Musikantin dargestellt, die mit Ringen verzierte Panflöten in den Händen hält. Der Körper trägt vielfach eingeritzte Zeichen, die nach Auffassung von Gimbutas mit der (bislang nicht entzifferten) Linearschrift A verwandt sind: sie umfassen unter anderem Spindeln, die wahrscheinlich auf die noch relativ neue Kunst des Spinnens, aber auch den Lebensfaden verweisen, sowie Zickzackleisten, die auf Grund ihrer Anordnung – in unmittelbarer Nähe der Brüste – für Regen zu stehen scheinen. In vielen alten Kulturen werden Regen und Muttermilch miteinander assoziiert. Andere Zeichen gemahnen an Schlangen, das universelle Symbol der Auferstehung, Erneuerung und Wiedergeburt, oder ähneln einer Vulva, die Eier oder eiähnliche Gebilde umfaßt hält.[122]

Der im alten Palästina am häufigsten gefundene Kultgegenstand ist die Figurine einer barbusigen Frau. Diese Fundstücke datieren von etwa 1000 Jahre vor bis 400 Jahre nach König David und waren offenbar Gegenstand religiöser Anbetung.[123] Sie finden sich auch in Babylonien und Assyrien sowie in dänischen Fundstätten aus der Bronzezeit.[124] Einige in Dänemark gefundene Statuen der Göttin zeigen sie mit Halsringen und in kniender Haltung, als lenke sie einen Wagen. Tacitus berichtet im Jahre 40 von einer Göttin aus Germanien, die in einem Wagen von Ort zu Ort gefahren wird, um Fruchtbarkeit zu bewirken. Nur der Priester dieser Göttin durfte sie berühren oder betrachten. Die kleinen Wägelchen sind heute noch erhalten.[125] Die Verwandlung der göttlichen Wagenlenkerin in die von einem männlichen Priester in einem Wägelchen umhergezogene und kontrollierte Göttin steht symbolisch für das Schicksal der Göttinnenkulte überall in der Welt. In Nordeuropa erscheint die Göttin – wie auch während bestimmter Perioden im Mittelmeerraum – mit einem Halsband oder Halsring, und das denkwürdige Halsband der Göttin Freyja existiert bis heute in der nordischen Sagenwelt fort.[126]

Beinahe identische Figurinen fanden sich auch in Mittelamerika, und einige von ihnen sind heute noch in dem großartigen anthropologischen Museum von Mexiko City zu bewundern. Obgleich in Mittelamerika viele verschiedene Kulturen existiert haben, handelt es sich bei den ältesten Funden aus sämtlichen Regionen um weibliche Figurinen. In Tlatilko (Nahuatl für *die Stätte, an der Dinge verborgen sind*) wurden solche Figurinen als Grabbeilagen entdeckt. Vielfach fungierten Frauen als Schamaninnen. Männerdarstellungen finden sich kaum, obgleich wir Funde männlicher Skelette aus dem Zeitraum zwischen 3000 und 300 v. Chr. besitzen. Diese sogenannte prätheokratische Periode brachte eine enorme Zahl von Mutter-Kind-Figuren, aber keine sexuellen oder obszönen Darstellungen hervor. Gelegentlich finden sich, wie etwa in Ureuropa, weibliche Figuren, die mit einem zum eigenen Körperteil gewordenen Phallus ausgestattet sind.[127]

In anderen Gebieten Mittelamerikas wurden überaus realistische

Tonnachbildungen von Szenen des täglichen Lebens – Schwangere, Gebärende, Kinder an der Mutterbrust und beim Spiel sowie sexuelle Situationen – und Karikaturen ähnelnde Darstellungen gefunden. Manche dieser Figuren weisen übertrieben große Genitalien auf. Mit Beginn der Antike beschränkt sich die Darstellung von Frauen auf Göttinnen und Priesterinnen[128], um dann in den meisten Regionen ganz zu unterbleiben und erst in einer späteren Ära mit den riesenhaften, monströsen und furchteinflößenden Göttinnen der aztekischen Kunst wieder einzusetzen.

Die Kunst der Frühzeit schuf noch weitere Frauenabbildungen: die der Höhlenmalereien. Ein im heutigen Algerien entdecktes Felsengemälde zeigt die Göttin als «Herrin der Tiere». Eine stehende nackte weibliche Gestalt schaut einem ebenfalls nackten Mann zu, der Pfeil und Bogen in Händen hält. Sie erhebt die Hände, und aus ihrer Vulva fließt ein Kraftstrom direkt in den Penis des Mannes, der im Begriff ist, auf ein Tier zu schießen. Es gibt noch weitere ähnliche Abbildungen.[129] Wir wissen außerdem, daß viele der ältesten rekonstruierbaren Bauten dem weiblichen Körper nachgebildet waren. Der aus dem Megalithikum datierende Tempel auf Malta sowie frühe Bauten in England und Wales, auf den Hebriden und in Ägypten haben die gleiche Form wie die kleinen Göttinnenfiguren.[130]

Sarah Pomeroy spricht sich gegen eine simplifizierende Interpretation dieser Funde aus und verweist in diesem Zusammenhang auf die vielen Darstellungen der Jungfrau mit dem Kind in der christlichen Kultur, die sowohl frauenfeindlich als auch männerbeherrscht war[131], und fest steht in der Tat, daß auch unsere eigene, hochtechnisierte und männerbeherrschte Gesellschaft allerorten Darstellungen mehr oder minder bekleideter beziehungsweise nackter Frauen hervorbringt, aber die Madonnen- und Verkündigungsdarstellungen fallen zeitlich mit vielen Kreuzigungsszenen (die einen Besucher von einem anderen Stern wahrscheinlich vor große Rätsel stellen würden), Porträts von Heiligen und Kirchenvätern und blutrünstigen Darstellungen von Märtyrerqualen aller Art zusammen. Die Werke der weltlichen Kunst zeigen edle Ritter zu Pferde, prachtvolle nackte Davids, Könige und Minister in Gold und Hermelin und weise aussehende protestantische Kaufleute inmitten ihrer Frauen und Besitztümer. Auch ohne viel über die abendländische Welt zwischen 1500 und 1900 n. Chr. zu wissen, könnte man wohl aus ihren Gemälden und Skulpturen schließen, daß es nicht die Frauen waren, die dort den Ton angaben.

Im übrigen sind die aufgefundenen Göttinnenfiguren nicht unbedingt als Indizien für ein Matriarchat zu werten. Sie verweisen wohl eher auf die zentralen Anliegen und obersten Werte der damaligen Kultur: die Fruchtbarkeit von Pflanzen, Tieren und Menschen, das Fortbestehen der Natur und der menschlichen Gemeinschaften. Die Madonnen der italienischen Renaissance deuten auf das Primat ähnlicher, wenn nicht gar identischer Themen hin. Sie verherrlichen die Mutterliebe und die nährende Zuwendung zu den Söhnen. Im Paläolithikum und im frühen Neolithikum* finden sich kaum Darstellungen von Männern oder von Phalli, und in Anatolien (woher zahlreiche Funde aus dem Neolithikum stammen) hören diese ab 5800 v. Chr., als die Jagd an Bedeutung verlor, ganz auf.[132] Dieses Faktum wurde verschiedentlich damit interpretiert, daß der Anteil des Mannes an der Fortpflanzung noch nicht erkannt war, kann jedoch ebensogut als Indiz für die marginale Rolle des Mannes im Hinblick auf die von diesen Kulturen hochbewerteten Tätigkeiten dienen.[133] Wenn Männer dargestellt werden, so zumeist als Jäger.

Die frühesten uns bekannten menschlichen Ansiedlungen in Europa befanden sich am Kaspischen Meer. Im Jahre 10000 v. Chr. umfaßte das Dorf Eynan 50 Häuser – kleine steinerne Kuppelbauten, in deren Mitte sich ein mit Vorratshöhlen ausgestattetes gemeinschaftliches Areal befand. Das Dorf war Zentrum einer Sammlerkultur.[134] Wesentlich größer war die in Anatolien gelegene Stadt Catal Hüyük, die auf einer Fläche von dreizehn Hektar mehrere Tausend Einwohner beherbergte. Die von James Mellaart ausgegrabenen Ruinen dieser Stadt belegen, daß hier eine sehr hoch entwickelte Kultur existierte. Die Innenräume der Häuser sind ausgemalt oder mit Tonreliefs verziert, die Menschen, Tiere und Ornamente darstellen. Die dort ansässigen Menschen verarbeiteten Blei, Kupfer und Stein, stellten Kleidungsstücke aus Wolle her, fertigten Obsidianspiegel, Schmuck und Zeremoniendolche, stellten Körbe, höl-

* Diese Termini beziehen sich auf kulturelle, nicht auf geologische Zeitalter. Sie bezeichnen gewöhnlich diejenigen Perioden, in denen Werkzeuge aus behauenen Steinen (Paläolithikum) beziehungsweise kunstreich geformte und geschliffene Gebrauchsgegenstände verfertigt wurden (Neolithikum), wobei jedoch im Unterschied zur Bronzezeit noch kein Metall verwendet wird. Sie sind daher keine absoluten Zeitangaben – während in einer Region noch das Paläolithikum herrschte, hatte anderswo bereits das Neolithikum eingesetzt. Grob läßt sich jedoch sagen, daß das Neolithikum frühestens 12000–8000 v. Chr. begann.

zerne Schiffe und möglicherweise Keramiken her. Diese Kultur bestand von 9000 bis ins 7. Jahrtausend v. Chr. hinein. Mellaart und andere gehen davon aus, daß die Frauen in Catal Hüyük eine dominierende oder jedenfalls zentrale Rolle spielten, da sie mit Kindern, Schmuckstücken oder Obsidianspiegeln mitten unter der Hauptbodenfläche des Hauses bestattet wurden, während die Männer, lediglich mit steinzeitlichen Jagdwaffen ausgerüstet, kleinere Gräber in freien Ecken erhielten. Überdies sind die hier gefundenen weiblichen Figurinen beträchtlich größer als die männlichen.[135]

Obgleich das biblische Jericho bereits 7500 v. Chr. befestigt war, besaßen diese anatolischen Städte keine Mauern und ihre Ruinen lassen keine Spuren von Gewaltanwendung erkennen.[136] In der Nähe von Catal Hüyük befindet sich Hacilar, ein kleines, aus dem 6. Jahrtausend stammendes Dorf, in dem überhaupt keine männlichen Statuen gefunden wurden.[137] Das auf Zypern gelegene Khirokkitia umfaßte bereits 5500 v. Chr. 1000 Häuser, von denen jedes mehrere Menschen beherbergte. Hier gab es auch gepflasterte Straßen, Werkstätten, überdachte Wandelgänge und befestigte Zugänge von der Straße zu den Häusern. Obgleich sich hier wahrscheinlich auch ein Verwaltungszentrum befand, deutet doch nichts auf eine soziale Hierarchie – eine Kastentrennung in Arme und Reiche oder eine Rangordnung – hin.[138]

Die minoische Hochkultur, die im 2. Jahrtausend v. Chr. auf Kreta ihre Blüte erlebte, war möglicherweise mit der Kultur von Catal Hüyük oder anderen ureuropäischen Kulturen verwandt, da die Zeichen auf den Figurinen und deren Kleidung Übereinstimmungen aufweisen.[139] Die minoische Kultur war üppig und hoch entwickelt und hat Aquädukte, Bewässerungsgräben, Häfen und leistungsfähige Entwässerungssysteme hervorgebracht. Die erhaltenen minoischen Kunstwerke zeigen Frauen bei einer Fülle verschiedener Tätigkeiten – als Kauffrauen, Kapitäninnen, Bäuerinnen, Wagenlenkerinnen, Jägerinnen und Priesterinnen der Göttin. Dies läßt (mindestens) auf eine Gleichberechtigung der Geschlechter schließen. Selbst Wissenschaftler, die nicht davon ausgehen, daß das minoische Kreta von Frauen beherrscht oder zumindest eine sehr gleichberechtigte Gesellschaft war, meinen, daß das religiöse Leben der ägäischen Welt von der Bronzezeit bis in die Antike hinein ganz im Zeichen der ‹Erdmutter› stand.[140] Es steht zu vermuten, daß Göttinnenkulte auch im antiken Griechenland noch fortexistierten: Emily Vermeule schreibt, daß diese so tief im bäuerlichen Leben verwurzelte Religion in ihrer Macht und Zählebigkeit zwar «verfemt, abgedrängt, transformiert, unterdrückt und vereinnahmt worden sein mag», jedoch in Griechenland nie ganz ausstarb[141], und Pomeroy stellt die Frage, wie es ohne eine Fortdauer der religiösen Verehrung der Göttin zu erklären sei, daß die erhaltenen Figurinen aus dem Neolithikum viermal so häufig Frauen wie Männer darstellen und auch die minoischen Fresken überwiegend Frauen zeigen.[142]

Zumindest belegen alle diese Figurinen, Statuen und Höhlenmalereien, daß lange Jahrtausende hindurch in weiten Gebieten der Erde bestimmte Qualitäten große Bedeutung besaßen, die sämtlich der Frau zugeschrieben wurden, so Fruchtbarkeit, die Fähigkeit, neues Leben zu schaffen, und das Bewußtsein darüber, daß der Mensch als Teil der Natur zu betrachten war, ob nun auf Grund faktisch mit anderen Lebewesen geteilter Eigenschaften oder auf Grund des Wunsches, solche Eigenschaften zu besitzen. Worauf es mir ankommt, ist festzuhalten, daß die Menschen zwar bereits begonnen hatten, die Natur zu beherrschen, sich aber dennoch nicht als von ihr getrennt begriffen. Die Göttin bzw. das Prinzip der Fruchtbarkeit, der Wiedergeburt oder des Wachsens und Werdens war noch immer Teil der Natur und waltete innerhalb dieser selbst. Das Göttliche war noch in der Welt und im Körperlichen, in den Lebewesen und Pflanzen der Erde, in Geburt und Tod enthalten. Die minoische Kultur entstand etwa 3000 v. Chr. und ging etwa 1500 v. Chr., vermutlich infolge einer Vulkaneruption auf Thera (Santorini), unter.[143]

Nicht eine der minoischen Städte besaß Befestigungsanlagen, und auf den minoischen Fresken findet sich keine Darstellung kriegerischer Szenen, bis um 1400 v. Chr. offenbar eine Invasion durch die Achäer stattfand.[144] Vergleichbare Bedingungen scheinen auch in Mittelamerika, in den Dörfern der formativen Kulturen (2000 v. Chr. bis 300 n. Chr.) im Becken von Mexiko, geherrscht zu haben. Trotz des vielen Blutvergießens, das die Mythen und die Geschichte späterer Zeitalter prägt, herrschten in diesen frühzeitlichen Dörfern Gleichberechtigung und Frieden, und die dortigen Skelettfunde weisen keine Indizien für kriegerische Gewalt oder Menschenopfer auf.[145] Das völlige Fehlen von Befestigungsanlagen mag Ausdruck einer friedlichen Gesellschaft sein, in der es keine Angst gab, es kann aber ebensogut das Sicherheitsgefühl der Bewohner dieser Insel bezeugen, deren Städte der Kontrolle einer mächtigen Zentralregierung unterstellt waren. In jedem Falle wurden im mittleren Osten zur Zeit der minoischen Kultur bereits Kriege geführt.

Über die Ursachen dieses Einbruchs der Gewalt in das Leben der Menschen können wir lediglich Vermutungen anstellen. Die erhebliche Zunahme der Bevölkerung erforderte ökonomische Veränderungen. Etwa 3000 v. Chr. wurde im mittleren Osten der Pflug erfunden, dessen Benutzung vielfach die Verwendung von Arbeitstieren implizierte. Darüber hinaus übernahmen mit dem Aufkommen schwerer Arbeitsgeräte die Männer einen bis dahin Frauen vorbehaltenen Arbeitsbereich. Die gleiche Landfläche lieferte jetzt wesentlich größere Erträge. Mit der Agrikultur wandelte sich der Anbau von der reinen Subsistenzwirtschaft zur potentiellen Quelle von Überschüssen und damit Profiten.

Es steht zu vermuten, daß die Bevölkerung überall anwuchs und Städte, die Jahrhunderte lang in Frieden und ohne Gesetze, allein nach Maßgabe des Gewohnheitsrechts, gelebt hatten, von Feinden überflutet wurden, denen diese lokalen Sitten fremd waren.[146] Die gesellschaftliche Ordnung mußte sich in dem Maße wandeln, wie die kleinen autonomen Familienverbände durch immer größere Gruppierungen abgelöst wurden, die im Laufe der Zeit in immer engerer Nachbarschaft lebten. Nicht eindeutig klar ist jedoch, wieso mit dem Wandel der politischen Ordnung hin zur Entwicklung des Staates und der Kriegführung sowie mit den Veränderungen im ökonomischen und sozialen Bereich durch die damit einhergehende Herausbildung sozialer Schichten ein Absinken des Status der Frau verbunden war. Dieser zentralen Frage werden wir uns im zweiten Kapitel zuwenden. Fest steht lediglich, daß es faktisch so war und daß die Herausbildung dieser neuen Strukturen in einer Zeit bitteren Elends erfolgte. Zahlreiche Kriege, Sklaverei und Menschenopfer hinterließen blutige Spuren im gesamten mittleren Osten. Der Diversifikationsprozeß hatte die Herausbildung extrem reicher und extrem armer Schichten zur Folge, und die Sklavenwirtschaft setzte ein – wobei die ersten Sklaven allem Anschein nach Frauen waren, was möglicherweise darauf beruhte, daß die Männer in und nach den Schlachten getötet wurden.[147] Zum erstenmal galt Ehebruch, allerdings nur für Frauen, als Verbrechen, auf das schwerste Strafen standen. In Ur «waren offensichtlich Königsbestattungen mit massenhaften Menschenopfern verbunden, da sich auf dem Grund der Gräber die Skelette von Männern und Frauen häufen, die offenbar dort hinuntergeschafft ... und an Ort und Stelle niedergemetzelt wurden»[148]. Mesopotamien erlebte eine Invasion nach der anderen und mit der Ablösung der Sumerer durch die Babylonier und schließlich deren Verdrängung durch die Assyrer die Entstehung immer gewaltsamerer Reiche. Ganze Volksstämme und Armeen wurden niedergemetzelt, so daß die Erde buchstäblich blutgetränkt war.[149] Wir wissen, daß das sumerische Wort für Freiheit zu Beginn des dritten Jahrtausends v. Chr. *amargi* lautete, was wörtlich «Rückkehr zur Mutter» bedeutet und sich auf die frühere matrilineare Sippenordnung bezieht.[150]

Und doch gelten genau diese Charakteristika als Zivilisationsmerkmale. So nennt etwa ein Anthropologe, der eine Gesellschaft an der Nordwestküste Kanadas beschreibt, diese «hochentwickelt», da sie «eine soziale Schichtung aufweist, innerhalb derer wir eine Erbkaste von Sklaven und einen hierarchisierten Adel finden»[151]. Die Genese dieser Betrachtungsweise bedarf wohl ebenfalls einer eingehenden Analyse.

Mythologische Hinweise

Indizien für ein dem Patriarchat vorangegangenes Wertsystem liefert neben dem Fundmaterial wohl am durchgängigsten die Mythologie: Hunderte von Mythen aus der ganzen Welt künden von einem weit zurückliegenden Zeitalter, in dem die Frauen eine Vorrangstellung vor den Männern innehatten.[152] Viele dieser Mythen geben sich als Rechtfertigung der Machtübernahme durch die Männer – sie berichten von einer Schwäche, Grausamkeit oder «Sünde», derer sich die Frauen schuldig machten und die die Männer dazu trieb, aufzubegehren. Joan Bamberger spricht in diesem Zusammenhang von *Rechtfertigungsmythen,* die die Männer ersonnen hätten, um ihr Verhalten den Frauen gegenüber zu legitimieren.[153] Die Tatsache, daß die Männer solche Mythen überhaupt nötig hatten, deutet jedoch darauf hin, daß irgendeine Art von gesellschaftlicher Umwälzung im Gange war oder bereits stattgefunden hatte. Auch wenn wir nicht wissen, wie die Gesellschaft vor der Machtergreifung durch die Männer aussah, steht doch immerhin zu vermuten, daß sie anders organisiert war, und die vielfältigen Beschuldigungen der Frauen in der Mythologie lassen darauf schließen, daß diese innerhalb der vorangegangenen Gesellschaftsordnung einen höheren Status oder größere Macht innehatten.

Joseph Campbell ordnet die von ihm untersuchten Schöpfungsmythen vier verschiedenen Stadien zu: im ersten wird die Welt allein von einer Göttin erschaffen, im zweiten besitzt die Göttin einen männlichen Gefährten, und die Schöpfung ist Resultat der Anstrengungen beider. Im nächsten Stadium erschafft ein männliches Wesen die Welt, indem es sich dazu auf irgendeine Weise des Körpers einer Göttin bedient, und schließlich ist ein männlicher Gott der alleinige Schöpfer.[154] In verschiedenen Mythologien lassen sich mehrere dieser Stadien verfolgen.

Die am weitesten erforschten Mythen sind die der Griechen, die deutliche Hinweise auf ein früheres Zeitalter und den zunehmenden Machtverlust der Frauen enthalten.[155] Die Mythologie der Griechen, die synkretischer Natur ist – das heißt die Mythen verschiedener Völker zu erfassen und miteinander zu vermengen sucht – und mehrere aufeinanderfolgende Eroberungen zum griechischen Reich gehöriger Territorien widerspiegelt, berichtet von einer ganzen Reihe widerrechtlicher Machtaneignungen. Viele spätere Varianten dieser Mythen vernachlässigen die Gestalt der Ge oder Gaia, der Urschöpferin, entweder ganz oder reduzieren sie bis zur Bedeutungslosigkeit. Ge (die Erde) erschafft das Universum; sie gebiert einen Sohn, Uranos, mit dem sie sich vereinigt und zahlreiche Kinder hervorbringt, darunter die Titanen und die Zyklopen. Uranos haßt jedoch seine Kinder und hält sie im Tartaros, der Unterwelt, gefangen, bis Ge sich auflehnt und die Titanen dazu bringt, gemeinsam Uranos zu stürzen. Kronos entmannt den Vater, nimmt seine Stelle als oberste Gottheit ein und heiratet seine Schwester Rhea. Da er weiß, daß seine eigene Entmachtung droht, frißt er seine Kinder. Dies treibt auch Rhea schließlich zum Aufbegehren, und als die Geburt ihres sechsten Kindes unmittelbar bevorsteht, flieht sie nach Kreta, um dort in einer Höhle Zeus zu gebären, der heimlich aufgezogen wird. Rhea kehrt zu Kronos zurück und gibt ihm an Stelle des Säuglings einen Stein zu fressen.

Als Zeus erwachsen ist, verabreicht eine Göttin (in manchen Fassungen Thetis, in anderen Zeus' Gattin Metis) Kronos einen Trank, der ihn veranlaßt, seine ersten fünf Kinder – Hera, Poseidon, Demeter, Hades und Hestia – wieder hervorzuwürgen. Zusammen mit den Geschwistern nimmt Zeus den Kampf gegen Kronos auf und siegt. Wiederum nimmt er den Platz des Vaters als oberste Gottheit ein, heiratet seine Schwester Hera und teilt sich die Welt mit seinen beiden Brüdern auf. Wissenschaftler haben jedoch herausgefunden, daß ursprünglich Hera die oberste Gottheit war und Zeus erst durch die Verbindung mit ihr zu Macht gelangte. Im Lauf der Zeit wurde Hera jedoch von der mächtigen Gottheit zur bloßen Gefährtin, zur eifersüchtigen, widerspenstigen und zänkischen Ehefrau degradiert.[156]

Die *Orestie,* die berühmte Trilogie des Aischylos, schildert in dramatischer Form die Verlagerung der Macht von den Frauen auf die Männer. In *Agamemnon* erlangt Klytämnestra die Macht über Argos, die von ihrem Gatten beherrschte Stadt, indem sie diesen tötet. Obgleich Klytämnestra einigen Fassungen des Mythos zufolge Agamemnon deshalb umbringt, weil er ihre Tochter Iphigenie getötet hat, zeigt Aischylos sie doch in erster Linie von dem Begehren getrieben, gemeinsam mit ihrem Liebhaber Aegist über Argos zu herrschen. Klytämnestra ist eine mächtige Figur, aber der moralische Tenor des Dramas verurteilt sie und umgibt Agamemnon mit dem Glorienschein der Tugendhaftigkeit, obwohl er die Tochter geopfert und seine Geliebte Kassandra, eine kriegsgefangene Sklavin, mit in den Palast gebracht hat. Agamemnons Tod wird als Teil der Vollstreckung eines alten Fluchs aufgefaßt, aber der Chor schmäht und beschimpft Klytämnestra und Aegist. Im zweiten Drama der Trilogie, den *Choëphoren,* drängt Elektra ihren Bruder Orest, den sie vor der Ermordung durch Aegist gerettet hat, den Tod des Vaters zu rächen und die Mutter zu ermorden. Orest tut es, und der Chor billigt sein Handeln. Im letzten Drama, den *Eumeniden,* wird Orest, der Muttermörder, von den Erinnyen (auch Furien genannt), den Hüterinnen des Mutterrechts, verfolgt, die ihn für sein Verbrechen bestrafen wollen. Aus dieser Gefahr rettet ihn Athene, die auf das Urteil des Apollon verweist, daß der Vater der eigentliche Erzeuger des Kindes, die Mutter hingegen nur dessen Amme sei und daher der Mord an der Mutter – oder an einer Frau überhaupt – nicht so schwer wiege wie der an einem Mann, insbesondere aber der Gattenmord. Zu Beginn dieses Dramas ist von der Göttin Phoebe die Rede, die Apollon großzügig ihren Namen und ihre Wohnstatt gab. So verfügen in jedem Teil der Trilogie Frauen über beträchtliche Macht, aber die positive Wertung liegt darin, daß sie diese an Männer abtreten. Die Erinnyen verwandeln sich in die Eumeniden, der Stadt Athen freundlich gesinnte Göttinnen, und damit, wie Athene selbst, Befürworterinnen des Patriarchats.

Eine Zeitlang geht auch das Orakel von Delphi, das einst der Ge gehörte, an Apollon über. Die in der Fortpflanzungsfähigkeit verkörperte Macht verlagert sich von den Frauen auf die Männer, und die beste Illustration dieser männlichen Potenz ist Athene selbst. Über die Geburt der Athene existieren viele verschiedene Mythen, aber der geläufigste unter ihnen besagt, daß sie dem Kopf des Zeus entsprang.[157] Ebenso wie sich die Furien, die mit Schlangen assoziiert wurden und daher vermutlich späte Versionen der Wiedergeburtsgöttin darstellen, in abscheuliche, rachsüchtige Geschöpfe verwandeln, wird die einst mit Schlangen und der Gorgo in Verbindung gebrachte Athene, der die Erfindungen des Spinnens und Webens, des Pfluges, des Jochs, der Zähmung von Pferden und des Schiffsbaus zugeschrieben werden, schließlich zur Inkarnation geschlechtsloser Weisheit, die sich in den Dienst männlicher Helden stellt, und zur standhaften Fürstreiterin alles Männlichen.

Dem alttestamentarischen Garten Eden entsprechen ähnliche Paradiesgärten in anderen Mythologien, die unter der Aufsicht weiblicher Wesen stehen. Auch Eva wird mit der Schlange und mit Erkenntnis assoziiert, einer Art von Erkenntnis aber, die der neue patriarchalische Gott mit einem Verbot belegt. Eine alte talmudische Überlieferung besagt, daß Jahwe ein Sühneopfer darbringen muß, weil er daran schuld ist, daß der Mond, der für die Göttin steht, seine Bedeutung verloren hat.[158] Hera wiederum unterstand der Garten der Hesperiden, der schließlich von Herakles zerstört wird.

In einem frühen sumerischen Mythos hat Siduri die Regentschaft über eine Art Paradies inne, das dann jedoch von einem Sonnengott usurpiert wird. Siduri wird immer bedeutungsloser und ist schließlich im Gilgameschepos nur noch eine schlichte Schankmagd.[159] In den frühen sumerischen Mythen war die gesamte Schöpfung Werk von Göttinnen. Gegen Ende des 4. Jahrtausends v. Chr. treten Götter als Gefährten der Göttinnen auf den Plan, und schließlich wird das sumerische Universum nur noch von männlichen Gottheiten regiert. Inanna, eine zentrale sumerische Göttin der Vegetation und des Wetters sowie des Morgen- und Abendsterns, wird zur Göttin der Prostituierten degradiert.[160] Die babylonische und assyrische Schöpfungsgeschichte stammt aus dem 2. Jahrtausend v. Chr. Nach Alexander Heidel, der sie übersetzt und veröffentlicht hat, stellt sie jedoch eigentlich keinen Schöpfungsmythos dar, sondern hat in erster Linie den Zweck, die Erhebung des Marduk zum obersten Gott des babylonischen Pantheons zu legitimieren. Marduk erlangt diese Position dadurch, daß er Tiamat, die göttliche Mutter, besiegt. Heidel schlußfolgert, daß das Schöpfungsepos nicht nur eine religiöse, sondern auch eine politische Schrift darstellte und zu einer Zeit verfaßt wurde, als Babylonien unter der Regentschaft des Hammurabi seine politische Vormachtstellung begründete.[161]

In den nordischen Mythen ist immer wieder die Rede von einem Konflikt zwischen zwei Götterparteien (und damit zwischen zwei verschiedenen Wertsystemen). Die älteren Götter, die Vanen, standen für Fruchtbarkeit. Sie waren Zauberer, erlaubten die Ehe zwischen Bruder und Schwester und unterstanden vermutlich Nerthus, der Erdmutter, von deren Anbetung im Dänemark des 1. Jahrhunderts v. Chr. Tacitus berichtet. Später sind Freyr, der Gott der Fülle, und Freyja, die einzig verbliebene wichtige weibliche Gottheit, die Repräsentanten der Vanen. Kevin Crossley-Holland schreibt, daß es sich bei Freyr «offenbar um eine spätere (und auf irgendeine Weise zu männlichem Geschlecht gelangte) Version der Nerthus»[162] handelt. Der Krieg zwischen den Vanen und den Asen, die Kriegsgötter waren, endet mit dem Sieg der letzteren, und die Vanen fallen weitgehend der Vergessenheit anheim. Die Asen beanspruchen ebenfalls Zauberkräfte, aber es ist ein Onkel mütterlicherseits, der Odin die Zaubergesänge lehrt.[163]

In der Mythologie Mittelamerikas finden sich nach der Etablierung theokratischer und später militaristisch-theokratischer Herrschaftssysteme, insbesondere bei den Azteken, kaum Hinweise auf zentrale weibliche Figuren. In einigen Mythen spiegelt sich jedoch ebenfalls eine Umwälzung wider. So wird etwa von einem Paradies zu Beginn der Welt berichtet, über das Xochiquetzal, die Erdmutter oder ‹Kostbare Blume›, regierte. Xochiquetzal lebt auf dem Coatepec, dem zu Beginn der Schöpfung entstandenen Weltenberg. Sie gebiert die Huitznahua (die Titanen) und die vierhundert Südlichen (die Sterne). Während sie gerade beim Ausfegen ist, fällt ein Büschel weißer Federn vom Himmel. Sie stopft sie unter ihren Rock und wird schwanger. Ihre Kinder schämen sich ihrer (woran eindeutig zu erkennen ist, daß dieser Mythos aus patriarchalischen Zeiten stammt), und ihre Tochter Coyolxanhqui, die Mondgöttin präaztekischer Kulturen, die klingelnde Glöckchen am Körper trägt, führt ihre Brüder, die vierhundert, in den Kampf gegen Xochiquetzal. Die Erdmutter sieht den Angriff vorher, aber das Kind in ihrem Leib beruhigt sie. Im Augenblick der Attacke entsteigt plötzlich Huitzilopochtli in voller Rüstung und Kriegsbemalung ihrem Leib. Er tötet Coyolxanhqui, indem er ihr den Kopf abschlägt und ihren Körper den Berg hinunterstürzt und zerschmettert. Auch die Vierhundert werden von ihm geschlagen und in alle Winde zerstreut.[164]

Obgleich dieser Mythos auf den ersten Blick vom Kampf zwischen zwei weiblichen Gottheiten zu berichten scheint, verweist er meiner Ansicht nach in Wirklichkeit auf drei verschiedene Zeitalter: die Zeit im Zeichen der Macht der Erdmutter, die längst vorbei ist, da diese inzwischen zum Ausfegen degradiert wurde; die Ära der Mondgöttin, einer anderen Inkarnation der Erdmutter, die, wie aus der im Mythos enthaltenen Sexualmoral zu schließen ist, ebenfalls schon lange zurückliegt; und schließlich die Entstehungszeit des Mythos selbst, die von Huitzilopochtli beherrscht wird, dem Sonnengott, dem Menschenopfer dargebracht wurden. Unlängst wurde bei der Restaurierung des aztekischen Tempels mitten in Mexiko City eine große runde Platte gefunden, die Coyolxanhqui darstellt. Ihr Körper ist darauf in glockengeschmückten Bruchstücken abgebildet.

Anderen Versionen zufolge war die ursprüngliche Hauptgöttin Coatlicue, die die Zeit erschuf: mit ihrem Namenstag beginnt der kunstreiche aztekische Kalender, dessen Schöpfung ihr zugeschrieben wird (ich habe bereits an anderer Stelle die Hypothese erläutert, daß es Frauen waren, die die Zeitrechnung begründeten, indem sie ihre Menstruationsperioden mit den Mondphasen in Beziehung setzten und sie möglicherweise als Orientierungshilfe beim Anbau auf Steinen markierten). Zwei Götter fassen schließlich den Plan, Coatlicue zu vernichten: Quetzalcoatl, die gefiederte Schlange, und Tezcatlipoca, der rauchende Spiegel. Nach mehreren gescheiterten Anläufen verwandeln sie sich beide in Giftschlangen und bringen sie auf diese Weise um. Ihre untere Hälfte wird zum Himmel, ihre obere Hälfte sinkt herab und wird zur Erde. Nachts wehklagt sie und beruhigt sich nur, wenn ihr Menschenherzen dargereicht werden.[165]

Noch eine weitere Variante des Mythos stellt die Erdmutter als eine schreckliche Göttin dar, die ihre Kinder umbringt, letztlich jedoch von einem heldenhaften Sohn überwältigt wird. Sie wird verbrannt, lebt jedoch in dem unersättlichen Feuersteinmesser fort, das beim aztekischen Opferritual zum Herausschneiden des Herzens dient. Mexiko bedeutet ursprünglich *Ort der Mecitli,* Ort der großen Mutter. Was immer sie für frühere Geschlechter bedeutet haben mag, für die Azteken ist sie schrecklich und blutdürstig und wird im Jahre 1 Kaninchen, dem Jahr der Erschaffung der Erde und ihrem kalendarischen Namensjahr, enthauptet. «Die große Mutter in ihren vielen verschiedenen Spielarten entstammt einer frühen Stufe der mittelamerikanischen Religion ... Das männlich orientierte Denken späterer kriegerischer Gesellschaften hat dann vermutlich zunehmend die todbringenden Züge der Göttin herausgearbeitet und deren Gräßlichkeit immer weiter übersteigert, sei es nun aus unbewußter Feindseligkeit heraus, oder sei es deshalb, weil man ihr den Gehorsam aufkündigte», schreibt Burr Cartwright Brundage[166].

Für das spätere Aztekentum ist Coatlicue die riesenhafte, scheußliche und bedrohliche Gestalt, die die Skulptur vor dem anthropologischen Museum in Mexiko City zeigt; die Schmutzfresserin, die einen Rock aus Schlangen trägt und für die Entstehung und Vernichtung allen Lebens verantwortlich ist, verschlingt als Verkörperung der Erde abends die Sonne, um sie morgens wieder auszuspucken, und lebt in dem nimmersatt Menschenopfer fordernden Feuersteinmesser fort.[167]

Auch die Mythologien verschiedener Stammeskulturen zeugen von einer früheren Vormachtstellung der Frauen. In Zentralaustralien und in der westlichen Wüstenzone ist in Mythen von Frauen die Rede, die ganz für sich leben und die normalen Familienformen ablehnen. Ein weiteres «noch viel verbreiteteres mythisches Motiv ... besagt, daß zur Zeit der Schöpfung die Frauen die heiligen Geheimnisse in Form von Gesängen, Riten, Mythen und Gegenständen unter absolutem oder partiellem Ausschluß der Männer hüteten, die Männer dieses Verhältnis schließlich jedoch durch List, Diebstahl oder Überredungskünste umkehrten»[168]. Wir kennen eine Vielzahl solcher Mythen: Bei zahlreichen südamerikanischen Stämmen wurden die Frauen dadurch besiegt und unterworfen, daß die Männer ihnen Trompeten, Flöten oder Masken stahlen. Nach Anschauung vieler afrikanischer und melanesischer Stämme haben zwar die Frauen die religiösen Riten und Masken erschaffen, dürfen aber keinen Gebrauch mehr von ihnen machen.[169] Initiationsriten bei den Papua greifen darauf zurück, daß die Frauen einst allmächtig waren, die Männer ihnen jedoch das Schlangenfett, das ihnen diese Macht verlieh, stahlen und deshalb fortan alle Macht in Händen hielten.[170]

Ein Mythos der in Brasilien und Venezuela beheimateten Yanomamo berichtet von der Erschaffung der Welt: die oberste Schicht des Universums ist heute leer, eine Art Vakuum, enthielt einst jedoch eine alte Frau und war weich.[171] In den Mythen der absolut männerbeherrschten Chipewyan-Kultur existieren weibliche Figuren[172], die über Wissen oder Macht verfügen. Die Mbuti, die sehr gleichberechtigt leben, besitzen ein Ritual, von dem Frauen ausgeschlossen sind: *Molima,* eine feierliche Zeremonie, die in besonderen Belastungssituationen oder nach einem Todesfall abgehalten wird. Die Männer sitzen um ein großes Feuer, singen und blasen Hörner. Wenn die Feierlichkeiten dem Ende zugehen, stürzen plötzlich die Frauen hinzu und reißen diese Hörner an sich. Sie behaupten, daß die Zeremonie ursprünglich ihr Ritual gewesen sei, das die Männer ihnen gestohlen hätten.[173] Ein Schöpfungsmythos der Haussa in Nordnigeria, im Niger und im Tschad erzählt von einer Frau, die als eine Art schwarzer Moses ihr Volk aus der Wildnis in ein gelobtes Land in der Nähe eines Wassers führt. Sie errichtet ein Königreich mit einer sehr liberalen Ordnung, läßt sich dort nieder und begründet die Traditionen ihres Volkes.[174] Eine solche weibliche Gründerfigur erscheint in vielen afrikanischen Legenden und Mythen. Die Überlieferung der Tiwi berichtet: «Pukwi erschuf das Land. Das Meer bestand ganz aus Süßwasser. Sie schuf das Land, das Meer und die Inseln. Sie kam bei Tag vom Himmel. Sie war so groß wie die Karslakeinsel. Wie ein Alligator war sie und schwarz ... Puriti sagte: ‹Töte unsere Mutter nicht.› Aber Iriti ließ sich nicht aufhalten und tötete sie. Er schlug ihr über den Kopf. Ihr Urin machte das Meer salzig, und ihr Geist fuhr zum Himmel.»[175] Ähnliche Mythen, in denen weibliche Schöpfungsgottheiten von männlichen Göttern entmachtet werden, finden sich bei den Mbuti, bei den Ona und den Yahgan Patagoniens und im alten Persien.[176] In Dahomey existiert ein Mythos, demzufolge der Gott Mawu Mann und Frau blind und gehunfähig erschuf. Die beiden Geschlechter wollten sich vereinen, aber der Mann fürchtete sich davor, Mawus Aufmerksamkeit auf sich zu lenken. Die Frau fing eine Kröte und aß sie. Das Krötengift spritzte ihr in die Augen und machte sie sehend. Sie befeuchtete Blätter und wälzte sich darauf auf den Mann zu, wobei sie ihm erklärte, wie er sehend werden könne. Er wälzte sich ebenfalls auf sie zu, vergaß jedoch, die Blätter vorher anzufeuchten, und Mawu hörte ihn. Er bestrafte den Mann nicht für seine Dummheit, sondern belegte statt dessen die Frau mit dem Fluch, künftig immer warten zu müssen, bis ein Mann auf sie zukäme[177] (auch dies eindeutig ein typisch patriarchalischer Mythos mit dem typischen absurden Verbot, der Forderung nach absolutem Gehorsam und der strengen Bestrafung für eigenen Willen, Initiative und Klugheit).

Bei den Kikuyu wird erzählt, die Frauen seien einst grausame Kriegerinnen gewesen, die Vielmännerei betrieben, die Männer beherrschten und eifersüchtig kontrollierten und sie für Ehebruch und andere kleinere Vergehen mit dem Tode bestraften. Dem Mythos zufolge waren die Frauen körperlich stärker als die Männer und die besseren Krieger. Die Männer schmiedeten ein Komplott. An einem bestimmten Tag übten sie alle mit ihren Frauen den Geschlechtsverkehr aus (offenbar durften sie selbst sexuell initiativ werden): sechs Monate später waren diese sämtlich schwanger. Die Männer ergriffen die Macht, institutionalisierten die Polygynie an Stelle der Vielmännerei, die sie verboten, und dominierten fortan den Stamm. Die Indianer auf Feuerland besitzen einen ähnlichen Mythos: bei den Yamana und den Selk'nam wird berichtet, daß einst die Frauen die Vormachtstellung innehatten, während die Männer sich ihnen unterordneten und die Hausarbeit machten. Die Frauen unter der Führung der Frau Mond übten ihre Macht maskiert aus. Der Ehemann der Frau Mond, Herr Sonne, belauschte jedoch die Frauen heimlich, als sie unter ihren Masken sprachen, und zettelte einen Aufstand an, bei dem die Männer fast alle Frauen töteten. Danach maskierten sich die Männer selbst, um ihren künftigen Ehefrauen angst zu machen und sie sich auf diese Weise zu unterwerfen.[178]

Zuweilen wird die Herrschaftsausübung der Männer über die Frauen mit der Behauptung gerechtfertigt, daß zuvor die Frauen die Männer beherrscht hätten. In vielen Mythen schwingen sich die Männer jedoch aus Eifersucht auf die durch Musikinstrumente, Riten und Zeremonien symbolisierte Macht der Frauen zu Herrschern auf. Beide Typen von Mythen dienen der Rechtfertigung gegenwärtiger Beherrschung der Frauen durch die Männer, stellen jedoch gleichzeitig auch Rationalisierungen in bezug auf den Herrschaftscharakter des Geschlechterverhältnisses überhaupt dar.

Es existiert jedoch noch ein zweiter Mythentypus, der die Vergangenheit auszulöschen sucht, indem er sie umdeutet, und diese Mythen sind wesentlich raffinierter als die eben besprochenen Rechtfertigungsmythen. Hier werden Symbolfiguren weiblicher Macht degradiert, geschwächt oder entstellt. Aus wohlwollenden Lebensbewahrerinnen verwandeln sie sich in weitgehend willkürlich waltende feindliche Mächte, die sich dem Bösen um seiner selbst willen verschreiben. So war etwa die christliche Medusa, deren Blick Männer zu Stein erstarren ließ, ursprünglich eine Fruchtbarkeitsgöttin. Die Schlangen, die sich um ihr Haupt winden, stellten einst ein Symbol der Wiedergeburt dar, wurden dann jedoch zur Verkörperung des Todes, des Schreckens und der Häßlichkeit. In ähnlicher Weise wurde aus Pandora, deren Name ursprünglich «Spenderin aller Gaben» bedeutet, die Alles-Nehmende und Bringerin allen Übels, und in der Kultur der Mayas wurde, wie auch in anderen Kulturen, die Erdgöttin später mit dem Jaguar gleichgesetzt, einem Tier, das die Menschen nicht essen, das seinerseits aber Menschen frißt.[179]

Die Rechtfertigungsmythen schreiben den Frauen implizit gewaltige Macht zu, wenn auch nur in der Vergangenheit. Sie lassen sich als Hinweis darauf interpretieren, daß einst entweder die Geschlechter gleichberechtigt waren oder aber die Frauen dominierten. Mythen, in denen weibliche Gestalten wie etwa Hera eine Verwandlung oder Abwertung erfahren, enthalten keine derartigen Anspielungen. Vielmehr lassen sie frühere Darstellungen völlig außer acht und stellen die Natur dieser Gestalten als schlechthin gehässig, häßlich, finster und auf unergründliche Weise bedrohlich dar. Indem sie jeden Hinweis auf einen Machtkampf vermeiden, stellen sie die Feindseligkeit dieser weiblichen Figuren in den Rang einer völlig unmotivierten Naturgegebenheit. Die Rechtfertigungsmythen gestehen zumindest einen Konflikt zwischen den Geschlechtern ein. Bei den *Transformationsmythen* ist dies nicht der Fall: die böse Macht der Frauen erscheint hier als biologisch begründet, von Natur aus gegeben. Diese Darstellungsweise schlägt sich ausschließlich im moralischen Denken nieder und beeinflußt das Frauenbild der gesamten Gesellschaft.

Sitten und Gebräuche

In unserer Zeit gelten nahezu auf der ganzen Welt Männer mehr als Frauen. Sowohl die Sitten und Gebräuche als auch die gesellschaftlichen Institutionen ordnen die Frauen den Männern unter. Es gibt Gesellschaften, in denen die Frau ganz der Autorität des Mannes unterstellt ist, und es ist vielerorts Sitte, nur die männliche Abstammungslinie festzuhalten bzw. in Erinnerung zu bewahren, wobei die Frau vom Zeitpunkt der Heirat an zur Familie des Ehemannes zählt. Obgleich viele dieser Gebräuche in den modernen Industriegesellschaften bereits weitgehend verschwunden sind, finden sich doch auch hier Relikte wie die Übernahme des Familiennamens des Mannes durch die Frau und der Übergang des väterlichen Familiennamens auf das Kind.

Unter der Oberfläche leben jedoch auch matrifokale Bräuche fort, was in einigen Kulturen klarer erkennbar ist als in anderen. Phänomene dieser Art wurden von Robert Briffault in seinem 1927 veröffentlichten Werk *The Mothers* einer gründlichen Untersuchung unterzogen.[180] An Hand einer Fülle alten und neuen Materials stieß Briffault auf Tausende von Beispielen für Matrilinearität, Matrilokalität und auf etwas, was er als Matriarchat bezeichnete (Herrschaft der Frauen über die Männer). Er untersuchte unter anderem etymologische Zusammenhänge, die eine Fülle von Informationen über längst vergessene Bräuche liefern: so nennen etwa die Dene in Alaska einen verheirateten Mann *Yeraesta,* was soviel bedeutet wie *er wohnt bei ihr.*[181] Wenngleich ein Teil der von Briffault angeführten Beispiele – vor allem auf Grund der inzwischen angezweifelten Validität einiger seiner alten Quellen – nicht länger haltbar sind und viele der von ihm beschriebenen Bräuche nicht mehr existieren, liefern seine Ausführungen im ganzen doch überzeugende Beweise dafür, daß die patriarchalischen Sitten und Gebräuche keineswegs universell gültig sind und es in der Vergangenheit erst recht nicht waren.

Die Mexika, von denen sich der Name Mexiko ableitet, sind die Kinder der Erdmutter Mecitli, und auch die traditionellen chinesischen Sippennamen setzen sich aus den Zeichen für *Frau* und *Geburt* zusammen. Im alten China durfte niemand eine Person mit dem gleichen Sippennamen heiraten oder Trägern eines anderen Sippennamens Eigentum vererben.[182] Frühe chinesische Dynastien leiteten ihre Abkunft nur in der weiblichen Linie her, und Frauen der oberen Schichten hatten bis ins 8. Jahrhundert n. Chr. hohe Ämter inne. Die japanische Oberschicht vollzog den später in China erfolgten Übergang zur männerbeherrschten Gesellschaft nach, während in den unteren Schichten Japans die Frau die dominierende Position behielt. Bis zum 14. Jahrhundert gab es in Japan keine patrilokale Ehe. Der Ehemann besuchte die Frau lediglich im Hause ihrer Mutter. Es wurde keine Ehe im heutigen Sinn praktiziert, sondern lediglich die sexuelle Vereinigung. In Korea pflegten die Männer ihren Frauen allmorgendlich ihre Ehrerbietung zu erweisen.[183]

Im alten Ägypten vererbte sich die Königswürde in der weiblichen Linie, und verschiedentlich heirateten Schwestern ihre Brüder. Bis zur Eroberung durch die Araber im 7. Jahrhundert galt häufig die matrilineare Abstammungsfolge. Alle Nachkommen wurden der Mutter zugerechnet, und es gab keine ‹illegitimen› Kinder. Die Häuser gehörten ebenfalls den Frauen, und das Wort für Ehefrau, *nebt-per*, bedeutet «Herrin des Hauses». Die aus der Zeit um 3200 v. Chr. stammenden Leitsätze des Ptah-Hotep besagen, daß Ehegatten ihren Frauen zu gehorchen haben, und noch während der neunzehnten Dynastie (1320–1200 v. Chr.) galten die Männer in den Häusern der Frauen als Logiergäste.[184]

Herodot berichtet, daß bei den Lykiern die matrilineare Abstammungsfolge galt. Briffault zitiert Nicholas von Damaskus, demzufolge die lykischen Frauen «in höherem Ansehen» standen als die Männer. In manchen griechischen Städten orientierte man sich ebenfalls an der matrilinearen Abstammungsfolge. Frauen waren eigentumsberechtigt und konnten sich scheiden lassen. Frühe griechische Genealogien enthalten überwiegend Auflistungen von Frauen.[185]

Die hebräische Bezeichnung für eine Verwandtschaftsgruppe ist *ra-*

hem, was «Gebärmutter» bedeutet; eine Stammesuntergruppe heißt *batn,* wörtlich «Bauch», und die Bezeichnung für Sippe oder Stamm entspricht dem Wort für Mutter.[186] Bis auf den heutigen Tag vererbt sich die jüdische Volkszugehörigkeit über die Mutter, und das Gebet um Genesung von einer Krankheit benennt lediglich den Patienten und seine Mutter.[187] Vor der Gründung des Königreiches durch David waren die Hebräer in matrilinearen Sippenverbänden organisiert. Später erst übernahmen sie die Namen männlicher Vorfahren.[188] «Die jüdischen Rabbiner selbst gestanden ein, daß wohl ursprünglich die vier Matriarchinnen Sara, Rebekka, Rahel und Lea eine bedeutendere Rolle spielten als die ‹drei Patriarchen›.»[189] Vor kurzem stellte Bakan die These auf, daß die Urmütter Lea, Rahel, Rebekka, Hagar und Ketura waren.[190] Der Stamm Levi, der das Priestertum stellte, war ursprünglich nach Lea benannt und Israel einst der Stamm Saras.[191]

Die frühen Hebräer waren matrilokal organisiert, und die Geschichte von Jakobs Kampf mit Laban ist eine Darstellung des Widerstreits matrilokaler und patrilokaler Bräuche. Samson lebt bei der Sippe seiner Frau, und die Kinder des Josef und seiner ägyptischen Ehefrau gehören der Mutter.[192] Der heute noch bei der jüdischen Hochzeitszeremonie verwendete Baldachin ist ein symbolischer Verweis auf das Zelt der Frau, in das der Ehemann nach der Eheschließung zog.

Obgleich Sara tatsächlich Abrahams Schwester ist, wie dieser in Ägypten behauptet, wurde beiden die Ehe gestattet, da sie verschiedene Mütter hatten.[193] (In vielen Kulturen gilt die Abstammung vom selben Vater nicht als Blutsverwandtschaft.) Auch in der Geschichte von Jakob, Esau und Rebekka spiegelt sich der Kampf zwischen alten und neuen Bräuchen wider. Rebekka, nicht Isaak, kam das Recht zu, den Segen zu erteilen: ein mutterrechtliches Privileg.[194]

Bei den Mongolen und Tartaren enthält der Name Verweise auf eine mütterliche Vorfahrin, und bei der Eheschließung entrichtet der Bräutigam einen Brautpreis, während die Braut das Haus in die Ehe einbringt – ebenfalls ein Indiz für frühere matrilokale Bräuche.[195] Zur Zeit der Ausbreitung des Islam, als das Patriarchat bereits gefestigt war, mußten arabische Genealogen trotz allen Bemühens um die Erstellung patrilinearer Abstammungsfolgen die matrilineare Erbfolge der früheren Sippenverbände anerkennen.[196] In der arabischen Welt hatten lange Zeit Königinnen große Macht inne, und ein Mann, der die Scheidung wünscht, spricht die Formel: «Ich will nicht länger deine Herden zur Weide treiben», die darauf hindeutet, daß ursprünglich der von den

Männern besorgte Besitz Eigentum der Frauen war. Die Beduinen und andere arabische Stämme waren bis in die ersten Jahrzehnte des 20. Jahrhunderts hinein matrilokal.[197]

In ähnlicher Weise belegt ist eine weibliche Abstammungsfolge bei den Teutonen und Kelten, wobei letztere gleichzeitig matrilokal organisiert waren. Die Pikten im frühkeltischen Schottland waren ebenfalls matrilinear und matrilokal, und der Besitz des Mannes fiel hier bei dessen Tod den Kindern der Schwester zu.[198] Matrilokal sind auch heute noch die Labrador-Eskimos, und die Beringmänner auf Kodiak nehmen bei der Heirat den Namen der Frau an. Viele amerikanische Indianerstämme sind matrilinear und in einigen Fällen auch matrilokal, und entsprechende Bräuche leben heute auch noch bei verschiedenen Stämmen in Südamerika, Afrika, Malaysia und Neuguinea fort.[199]

Briffaults Ansicht nach war der Übergang zu patrilinearen und patrilokalen Sitten eine Folge der Herausbildung von Überschüssen, Profiten und damit der Akkumulation von Eigentum, das die Männer lieber ihren eigenen Nachkommen statt den Kindern ihrer Schwestern vererben wollten. Zur Illustration führt Briffault an, daß mancherorts – etwa in Dahomey und bei den Tlinkits in Alaska – in den wohlhabenden Schichten die patrilineare, in den ärmeren Schichten hingegen die matrilineare Erbfolge gilt.[200]

Briffault nennt ferner eine Fülle von Indizien dafür, daß Frauen einst gesellschaftliche Positionen und Aufgaben innehatten, von denen sie später für lange Zeit ausgeschlossen wurden. Frauen waren Königinnen, die Armeen anführten und diplomatische Verhandlungen führten, Kriegerinnen und Jägerinnen, Heilerinnen und Häuptlinge, große Gelehrte und Künstlerinnen. Dies hervorzuheben heißt nicht, ein früheres Matriarchat zu postulieren, sondern auf eine Vergangenheit zu verweisen, in der Frauen vielfach mehr Freiheit und Macht besaßen, als dies heute in weiten Teilen der Welt der Fall ist. Ein Faktor, der an diesem Wandel beteiligt ist, ist die Tatsache, daß weibliche Angehörige der Oberschicht in Kulturen, in denen der Familie große Bedeutung beigemessen wird, bisweilen erhebliche Macht zufällt, während mit dem Machtverlust der Aristokratie im Zuge der abendländischen Entwicklung auch der Einfluß von Frauen zurückging.

5. Heutige Sammler, Jäger und Gartenbauer

Ideal wäre es, könnte ich in diesem Abschnitt einen vollständigen Überblick über die Lebensformen und Denkweisen aller heute noch in der ursprünglichen Form vom Sammeln, von der Jagd und vom Gartenbau lebenden Völker geben. Auf Grund der Vielzahl und der Verschiedenheit dieser Gesellschaften selbst wie auch der ihnen gewidmeten Untersuchungen ist dies jedoch nicht zu leisten. Im Jahre 1949 führte Murdock 175 solcher Gesellschaften auf, und mit dem Voranschreiten der anthropologischen Forschung hat sich diese Zahl noch beträchtlich erhöht.[201] Außerdem läßt das vorhandene Material keine generalisierenden Aussagen über diese Völker zu. Einige von ihnen sind sehr gründlich erforscht worden, andere kaum untersucht, und was wir über sie wissen, ist von den Interessen und Wertungen der jeweiligen Forscher geprägt.

In allen diesen Gesellschaften sind es die Frauen, die die Kinder nicht nur gebären, sondern auch aufziehen. In vielen haben die Männer ein enges Verhältnis zu den Kindern des gesamten Kollektivs. Nirgends herrschen die Frauen über die Männer. In einigen Fällen herrschen die Männer über die Frauen, und oft sind sie diesen statusmäßig überlegen. In allen diesen Gesellschaften werden die Subsistenzmittel geteilt, wenngleich der Grad der Kooperation beziehungsweise Rivalität zwischen den Mitgliedern unterschiedlich ist. Kriege sind selten. Überall herrscht eine geschlechtsspezifische Arbeitsteilung, die jedoch ein breites Formenspektrum abdeckt, ausgehend von hochgradiger Flexibilität und fließenden Übergängen bis hin zu extrem starrer Abgrenzung und Tabuisierung. In nahezu allen Gruppen werden die den Männern zufallenden Tätigkeits- oder Produktionsbereiche, wie immer diese beschaffen sein mögen, höher bewertet als die der Frauen, obgleich häufig die in einer Gesellschaft dem Mann zugeschriebene Aufgabe in einer anderen der Frau zufällt. Die Bewertung von Tätigkeiten und Produkten hat also nichts mit diesen selbst, sondern ausschließlich mit dem Geschlecht der für sie zuständigen Personen zu tun.

Michelle Rosaldo stellt verschiedene Erscheinungsformen dieser Höherbewertung gesellschaftlicher Tätigkeitsbereiche von Männern zusammen: In einigen Gesellschaften, in denen die Männer Yamwurzeln und die Frauen Süßkartoffeln anbauen, sind die Yamwurzeln das höher bewertete Nahrungsmittel. In anderen, in denen die von den Frauen angebauten Nahrungsmittel die Grundlage der Ernährung der Gemeinschaft darstellen, gilt das nur gelegentlich von den Männern beigesteuerte Fleisch dennoch mehr.[202] In anderen Gesellschaften werden den Frauen – etwa indem man ihnen Demutsgesten abverlangt oder sie infantilisiert – Verhaltensweisen aufgezwungen, die sie im Vergleich zum Mann herabsetzen. Im vorindustriellen Europa etwa waren Spinnen und Weben Frauenarbeiten. Als dann im Hochmittelalter der Webstuhl verbessert und damit teurer wurde, galt das Weben als Männerarbeit – obgleich es nach wie vor auch von Frauen ausgeübt wurde.[203] Bei den tibetanischen Nomaden herrscht die Überzeugung, Frauen seien nicht dazu fähig, mit Nadel und Faden umzugehen. Hier weben die Frauen zwar das Tuch, aber das Spinnen ist ausschließlich Männersache.[204] Rosaldo formulierte die Hypothese, daß Männer in Ermangelung einer ausfüllenden Beziehung, wie sie die Mutter zu ihrem Kind hat, ihre Energien in größere Beziehungsgefüge investieren, die dann den öffentlichen Sektor darstellen. Die Beziehung zwischen Frauen und Kindern ist intim und privat, während die Männer außerhalb des privaten Bereichs und unter Erwachsenen wirken und ihr Tun daher, zumindest in ihren eigenen Augen, manchmal jedoch auch in den Augen der Frauen, mehr Gewicht zu haben scheint.[205]

Es liegen eine Reihe von Untersuchungen vor, in denen matrilineare und patrilineare Gesellschaften auf die jeweilige Ausprägung von Kooperation und Konkurrenz sowie die jeweiligen übergeordneten moralischen Werte untersucht werden.[206] Konsens herrscht darüber, daß matrilineare Gesellschaften nahezu immer «von Hilfs- und Integrationsbereitschaft geprägt» sind, während in patrilinearen Gesellschaften gewöhnlich Konkurrenz im Inneren wie auch nach außen existiert,[207] die Individuen und die gesellschaftlichen Subgruppen also ebenso miteinander konkurrieren und streiten wie die Gesellschaft als ganze mit anderen Gesellschaften.

In matrilinearen Gesellschaften gibt es keine Konkurrenz um Grund und Boden und dessen Erträge. Solche Gesellschaften gedeihen, solange die Bevölkerungsgröße konstant bleibt. Daher sorgen sie aktiv für deren Konstanz.[208] Es herrscht im allgemeinen Kooperation im Hinblick auf gemeinschaftliche Ziele und die Bereitschaft, die einzelnen bei der Verfolgung ihrer privaten Bedürfnisse zu unterstützen. Matrilineare Gesellschaften zeichnen sich generell durch stärkere Integration der Geschlechter und ein größeres Maß an sexueller Freiheit bei den Frauen aus. Hier leben Symbole weiblicher Schöpfungskraft in Mythen und Ritualen fort. Den Kindern werden sowohl von beiden Elternteilen als auch von den Brüdern der Mütter Liebe und Zuwendung entgegengebracht.[209]

Patrilineare Gesellschaften tradieren keine weiblichen Schöpfungssymbole und schreiben die Erschaffung der Welt ausschließlich einem männlichen Gott zu. In vielen derartigen Gemeinschaften beteiligen sich die Väter jedoch nicht an der Aufzucht und Sozialisation der Kinder, sondern kontrollieren diese aus der Distanz und fordern absoluten Gehorsam und ehrfürchtige Unterwürfigkeit von ihren Kindern. Hier gelten die Frauen als absolut minderwertig, und die Kultur als ganze ist von Mißtrauen, Konkurrenz und unversöhnlichen Widersprüchen zwischen den Geschlechtern gekennzeichnet.[210] Wie Martin und Voorhies darlegen, haben transkulturelle Untersuchungen gezeigt, daß patrilineare Gesellschaften zu Besitzstreben und Privatismus neigen.[211]

Obgleich die Frauen in matrilinearen Gesellschaften den Kern der gesamten Sozialstruktur bilden, üben sie nicht unbedingt öffentliche Macht aus. Zwar bestimmen die Verwandtschaftsbeziehungen der Frauen die der Männer, aber Autoritätspositionen werden durchweg älteren Männern übertragen, und wenn Frauen Einfluß oder Macht ausüben, so geschieht dies hinter den Kulissen.[212] Dennoch ist die Vormachtstellung des Mannes in patrilinearen und patrilokalen Gesellschaften häufiger anzutreffen als in matrilinearen Verbänden.

Matrilinearität begünstigt im Vergleich zur Patrilinearität Gleichberechtigung oder doch mindestens einen Ausgleich zwischen den Geschlechtern. Für Elise Boulding ist Matrilinearität jedoch deshalb nicht akzeptabel, weil sie die Instabilität der Ehebeziehungen mit sich bringt, was sie an Hand der höheren Scheidungs- und Trennungsrate in matrilinearen Gesellschaften demonstrieren will.[213] Nun sind jedoch weder sexuelle noch eheliche Beziehungen grundsätzlich sakrosankt. Die größere Stabilität der Ehe in patrilinearen Gesellschaften basiert ja häufig nicht so sehr auf Freiwilligkeit als vielmehr auf Zwang.

Im folgenden will ich aus dem Spektrum der soziopolitischen Systeme der noch heute oder bis in die jüngere Vergangenheit von solchen ursprünglichen Lebensformen geprägten Gesellschaften fünf Beispiele herausgreifen: die egalitäre Gesellschaft der Mbuti; die Irokesen (und andere amerikanische Indianerstämme), die von allen bekannten Gemeinwesen dem reinen Matriarchat am nächsten kommen; die männerbeherrschte Gesellschaft der Chipewyan; einige separatistische Gesellschaften und die australischen Aborigines, über die wir eine enorme Fülle höchst widersprüchlichen Materials besitzen und die eine (im allgemeinen) männerbeherrschte, (überwiegend) matrilineare und dabei doch in mancherlei Hinsicht egalitäre Gesellschaft darstellen.

Die von Colin Turnbull eingehend erforschten Mbuti zeichnen sich allgemein durch ein hohes Maß an Gleichheitsdenken aus. Für diese in Nordostzaire beheimateten Pygmäen spielt die Geschlechtszugehörigkeit nur im Erwachsenenleben eine Rolle. Sie besitzen ein Wort zur Bezeichnung älterer Menschen beiderlei Geschlechts – *tata* –, ein Wort für jüngere Angehörige beider Geschlechter – *miki* – und ein Wort für Gleichaltrige – *apua'i*. Dabei stehen für die Mbuti Fortpflanzung und Kinderaufzucht im Mittelpunkt des Lebens, und Frausein wird mit Mutterschaft gleichgesetzt.[214]

Die Mbuti sind Jäger, und alle ‹richtigen› Männer jagen – es gibt zwar Männer, die nicht auf die Jagd gehen, aber sie gelten als komische Figuren. Die Frauen jagen ebenfalls, wenn auch nur mit den Männern gemeinsam, und sammeln überdies. Die Mbuti leben und arbeiten in ihrem sehr permissiven Gemeinwesen, ohne nach Macht zu streben.[215] Sobald die jungen Leute geschlechtsreif werden, dürfen sie sich sexuell betätigen, wenn auch unter Einhaltung von Verhütungsmaßnahmen, die den Frauen obliegen. Aus nicht bekannten Gründen wird offenbar keine Frau schwanger, ehe sie verheiratet ist.[216] Wenn eine Frau ein Kind zur Welt bringt, bleibt sie drei Tage lang in Klausur, um sich dann wieder an der Jagd oder an anderen Aktivitäten zu beteiligen. Das Kind nimmt sie entweder mit, oder sie läßt es im Lager zurück und verbringt dann nur den halben Tag auf der Jagd.

Tabuisiert wird jedoch der Geschlechtsverkehr zwischen Eheleuten während der auf die Geburt eines Kindes folgenden drei Jahre. In dieser Zeit ist es dem Ehemann gestattet, wieder sexuelle Beziehungen mit jungen Frauen aufzunehmen oder ein Verhältnis mit einer verheirateten Frau einzugehen (obgleich hieraus zuweilen Konflikte erwachsen). Die Ehefrau scheint offenbar nichts zu vermissen. Dieses Tabu gewährleistet, daß das Kind eine gewisse Zeit ohne das Risiko einer neuen Schwangerschaft und des damit verbundenen Verlustes der Muttermilch zu seinem Recht kommt, aber es scheint ein steter Quell von Groll und Verletztheit unter den Männern zu sein.

Dennoch praktizieren die Mbuti ein wunderbares Vaterschaftsritual. Wenn das Kind zwei Jahre alt ist, trägt die Mutter es zum Vater hin, der allein in der Mitte der Lagerstätte sitzt. Bis dahin hat der Vater kaum etwas mit dem Kind zu tun gehabt. Nun nimmt er das Kind und hält es an seine Brust. Das Kind versucht zu saugen und *ema* (Mutter) zu schreien. Jetzt verabreicht der Vater dem Kind die erste feste Nahrung und bringt ihm bei, *eba* (Vater) zu sagen. Auf diese Weise, so Turnbull, «werden alle Männer von ihren Kindern anfangs als ‹eine Art von Ersatzmutter› wahrgenommen, die zwar keine Milch gibt, aber dafür andere Nahrung bereithält. Wie wichtig dies ist, können wir kaum ermessen».[217]

Dennoch sind die Mbuti beileibe kein rührseliges Volk. Sie sind lebendig und offen und lieben es, Späße zu machen oder sich gegenseitig zu necken. Sie pflegen ein faszinierendes Ritual namens *ekokomea,* eine Art Transvestitentanz, bei dem die Frauen sich über den Penis und die Männer über die Menstruation lustig machen.[218] Auch die !Kung pflegen einander öffentlich mit scherzhaften Bemerkungen über ihre Geschlechtsorgane zu necken, wobei die Männer den größten Teil des Spotts abzubekommen scheinen.[219]

Eine Gesellschaft, die offenbar einst ebenfalls sehr harmonisch organisiert war, ist die der Irokesen. Dank der Aufzeichnungen eines Jesuiten, der im 16. Jahrhundert als Gast bei den Irokesen weilte, wissen wir recht viel über ihre früheren Lebensformen. Die Irokesen lebten jahrhundertelang im nördlichen Teil des heutigen Staates New York und betrieben ursprünglich Hortikultur. Jeweils einige Dutzend Familien teilten sich ein solides Holzlanghaus. Ihre Gesellschaft war matrilinear, matrifokal und matrimonial – was bedeutet, daß die Erträge des Bodens nach Mutterrechtstradition von der Mutter auf die Tochter übergingen. Die Frauen bauten an, suchten Nahrung und sammelten Heilkräuter. Die Männer jagten. Einige Forscher gehen davon aus, daß die Irokesen über lange Zeiträume ein friedliches Volk waren. Andere sind der Auffassung, daß das hohe Maß an Autonomie und politischer Macht, das die Frauen innerhalb des Stammes genossen, daher rührte, daß die Männer einen großen Teil der Zeit auf Kriegszügen oder mit Fallenstellen zubrachten. Die Frauen hatten die Verteilung der materiellen Güter innerhalb der Langhäuser unter sich und übten offenbar eine dominierende Funktion aus. Wie in allen matrilinearen Kulturen konnte die Ehe leicht gelöst werden, wenn sie für einen der beiden Partner unbefriedigend war.[220]

Schließlich begannen sich jedoch zunehmend Kriege zwischen den Irokesen zu entzünden. Es wurde ein Ältestenrat ernannt, der vermitteln sollte. Dieser Rat bestand ausschließlich aus Männern. Die Frauen entsandten je eine gewählte Vertreterin – gegen die eine Untergruppe des Rates jederzeit ein Veto einlegen konnte – und konnten Warnungen aussprechen sowie wirksam Einspruch einlegen, wenn die Entscheidungen ihnen nicht paßten.

Auch viele andere amerikanische Indianerstämme sind oder waren bis vor kurzem ähnlich organisiert – etwa die Huronen, die Seneca und die auf Labrador und in Ostkanada beheimateten Montagnais-Maskapi. Diese Stämme leben in Zelten, die jeweils von mehreren Kernfamilien geteilt werden. Wer körperlich gesund ist, jagt, fischt, stellt Fallen oder Schlingen. Alle Stammesmitglieder können kochen, aber die tägliche Nahrungszubereitung ist Sache der Frauen. Diesen obliegt auch die Aufzucht der Kinder, aber die Männer sind sehr liebevolle Väter, und es existiert ein kollektives Verantwortungsgefühl für die Kinder. Die Frauen fällen die meisten Entscheidungen und verrichten den größten Teil der Arbeit, aber die Atmosphäre ist geprägt durch Friedfertigkeit, viele derbe Scherze, Spiele und eine beträchtliche Harmonie.[221]

Ein extremes Gegenbeispiel sind die Chipewyan in Nordwestkanada. Sie leben fast ausschließlich von Fisch, Elch und Rentierfleisch: Ihre Kost besteht zu 90 Prozent aus diesen Nahrungsmitteln. In dem Gebiet, das sie bewohnen, existiert so gut wie keine Vegetation. Die Frauen dürfen nicht mit den Männern gemeinsam auf die Jagd gehen und jagen nur dann, wenn die Männer abwesend sind und sie Hunger haben, aber sie arbeiten extrem schwer und bewältigen unangenehme Aufgaben: sie verarbeiten die gesamte Nahrung und sämtliche Felle, die die Männer mit ins Lager bringen. Dazu gehört das Zerteilen, Entbeinen und Trocknen von Fisch und Fleisch über qualmenden offenen Feuern sowie das Gerben der Felle. Diese Tätigkeiten sind nicht nur anstrengend, sondern erfordern auch Fingerfertigkeit, Wissen und Geduld.

Trotz dieses erheblichen Beitrages zur Existenzsicherung des Stammes ist der Status der Frauen sowohl auf der konkreten als auch auf der symbolischen Ebene sehr niedrig. Sie sind von allen als Männersache geltenden Aktivitäten ausgeschlossen, so auch von dem im Mittelpunkt des Lebens der Männer stehenden Streben nach mystischem Wissen, dem Synonym für Macht. Die Männer glauben an Wesen, die nur ihnen allein das Macht verheißende Wissen enthüllen. Die Offenbarung erfolgt in Träumen und wird, obgleich sie auch von weiblichen Gottheiten ausgeht, doch keiner Frau zuteil. Jenes Wissen verleiht den Männern die Kontrolle über alle wichtigen Lebensbereiche – die Jagd, die Heil- und Zauberkunst und die spielerischen Aktivitäten (Wettläufe und Glücksspiele). Gleichzeitig mit dem Machtwissen wird den Männern Widerstandskraft gegen altersbedingte körperliche Verfallserscheinungen zuteil.[222] (Dieser Auffassung könnten durchaus reale Unterschiede in der äußeren Erscheinung von Männern und Frauen zugrunde liegen: die Männer brauchen nur wenig zu arbeiten, und wenn sie es tun, so gehen sie auf die Jagd und betätigen sich körperlich im Freien. Die Frauen hingegen sind ständig mit der Konservierung der Nahrung beschäftigt, wobei sie wochenlang Tag für Tag den Qualm der zum Dörren benutzten Feuer einatmen. Darüber hinaus haben sie die Last des Gebärens, Stillens und Aufziehens der Kinder zu tragen.)

Die Chipewyan betreiben, wie die meisten Jägervölker, die Jagd nicht durchgängig. Häufig ist ihre Ausübung saisongebunden und von den Wanderzeiten der Tiere abhängig. Bei den meisten Jägergesellschaften unterliegt daher der Jagderfolg magischen Einflüssen, und es kommt häufig vor, daß ein Jäger, der eine Pechsträhne hat, für einen Monat oder länger aussetzt. Aus diesem Grunde sind die Männer solcher Verbände häufig zu Hause, wo sie sich entweder um die Kinder kümmern oder auch nur Besuche machen, schwatzen, tanzen oder spielen. Bei den Chipewyan pflegen sie Kräuter zu sammeln und zu spielen. Die Frauen der Chipewyan wehren sich gegen ihren minderwertigen Status, indem sie den Männern Faulheit vorwerfen und sich über Fleischmangel beklagen. Sie setzen die Männer unter Druck, indem sie sie bei ihrer Jagdehre packen und ihnen Vorwürfe machen, wenn sie – was zuweilen vorkommt – erfolglos bleiben. Außerdem können die Frauen den Männern damit drohen, sie zu vernichten. Durch schlichtes Berühren vermag eine Frau dem Heilpflanzenvorrat oder dem Gewehr eines Mannes alle Kraft zu rauben. Indem sie während der Menstruation über Gegenstände oder Menschen hinweggeht, kann sie diesen ihre Macht nehmen oder Unglück anhängen.

Wie immer die Jagd verläuft, die Chipewyan-Männer schreiben das Ergebnis ihrer eigenen Macht zu. Waren sie erfolgreich, so bestätigt sie dies im Glauben an ihr Machtwissen, während es für die Frauen der Beweis dafür ist, daß es etwas nützt, Druck auf die Männer auszuüben. Blieb ihnen der Erfolg versagt, so beschwören sie die mystische Natur des Jagdglücks, das sich durch das Drängen der Frauen nicht beeinflussen läßt und sich auch größten körperlichen Anstrengungen ihrerseits entzieht. Die Frauen wiederum sehen sich in ihren Zweifeln an dem vielgepriesenen Machtwissen der Männer bestätigt.[223]

Bei einigen Stämmen herrscht Geschlechtertrennung. Die in Neumexiko ansässigen Keresaindianer, Nachfahren der frühesten seßhaften Anbaukulturen Nordamerikas, sind matrilinear und matrilokal organisiert. Das Land wird von den Müttern auf die Töchter vererbt. Die Frauen leben mit den Kindern in besonderen Haushalten, in denen die Mädchen ihr Leben lang bleiben, während die Jungen mit einem gewissen Alter einer Initiation unterzogen werden und von den Männern in deren *Kivas,* rituellen Stammeshälften, die für zeremonielle und verwaltungsmäßige Aufgaben zuständig sind, aufgenommen werden. Männer und Frauen betätigen sich nach Belieben sexuell, was jedoch auch nahezu ihre einzige gemeinsame Aktivität ist. Die Männer haben den ‹öffentlichen› Sektor unter sich, die Frauen die Haushaltsführung, das Arrangieren von Ehen und die Aufzucht der Kinder.[224]

Die Tschambuli auf Neuguinea leben in erster Linie vom Fischfang und von der handwerklichen Herstellung von Gebrauchsgütern. Sie tauschen, was sie selbst nicht brauchen, gegen Pflanzennahrung ein. Der Fischfang und die Herstellung der wichtigsten Handwerkserzeugnisse – geflochtene Moskitonetze, von denen das Paar im Tausch ein gewöhnliches Kanu einbringt – ist Sache der Frauen. Ihnen obliegt ferner die Kinderaufzucht und die Haushaltsführung für sich und die Kinder. Sie leben in einer Atmosphäre der Solidarität, Freundschaft und Hilfsbereitschaft untereinander und sind, wie Margaret Mead berichtet, fröhlich, fleißig und voller Energie.[225]

Die Männer leben in rituellen Sippenhäusern zusammen. Sie sammeln ihr Feuerholz selbst und kochen für sich. Sie sind kunsthandwerklich sehr geschickt und produzieren kunstvolle Masken und Schmuckgegenstände. Ihr Zusammenleben ist durch ein hohes Maß an Konkurrenz, Eifersucht und Mißtrauen gekennzeichnet. Es kommt häufig vor, daß ein Mann, der sich hintergangen fühlt, seine Sachen packt und zu einer anderen Sippe zieht.[226]

Auch die in Neumexiko beheimateten Zuni leben in Geschlechtertrennung. Die Haushaltsführung ist Sache der Frauen, die in matrilinearen Sippenverbänden zusammenleben. Die Männer gehen in ihren Häusern ein und aus, aber «in allen Dingen, die für die Zuni von großer Wichtigkeit sind, d. h. im gesamten rituellen Bereich, ist der Mann im Haus seiner Ehefrau ein Außenstehender. Seine festeste Bindung ist die an das Haus seiner Schwester»[227]. Die Männer haben ein sehr enges Verhältnis zu den Kindern ihrer Schwestern. Die Ehescheidung ist einfach, aber die meisten Ehen sind sehr haltbar.

Die Zuni sind seit vorgeschichtlichen Zeiten Ackerbauern. Im Lauf der Zeit machten sich die Männer vermittels der Schafzucht ökonomisch unabhängig, und die Väter können ihre Schafe den Söhnen vererben. Die Zunistämme sind wohlhabend, aber die Verteilung ihres Reichtums ist sehr fließend und hochgradige Konzentration materieller Güter nicht gern gesehen. Privatbesitz existiert, aber Leihen und Teilen sind an der Tagesordnung, und besonders kooperative Gemeinschaftsmitglieder genießen die größte Achtung.[228]

Die Männer verbringen den größten Teil ihrer Zeit in esoterischen Zirkeln, denen sich Frauen wegen der damit verbundenen aufwendigen zeremoniellen Pflichten kaum jemals anschließen. Es gilt fast ständig, rituelle Formeln auswendig herzusagen und Zeremonien abzuhalten. Diesen Pflichten nachzukommen ist eine Sache des Prestiges, notwendig, um das Gesicht zu wahren. Die esoterischen Zirkel unterstehen einer Hierarchie von Priestern.[229]

Wir besitzen archäologisches Material, das darauf hindeutet, daß die Kultur der australischen Aborigines 40000 Jahre zurückreicht.[230] In den gut einhundert Jahren ihrer Erforschung haben diese Stämme höchst unterschiedliche wissenschaftliche Interpretationen erfahren. Eine Aussage allerdings scheint sich über diesen ganzen Zeitraum unangefochten gehalten zu haben: die Arbeit der Frauen stellt die «zentrale ökonomische Grundlage» des Lebens dieser Ureinwohner dar.[231] Frühe Beschreibungen vermittelten das Bild einer rohen, ja sogar sadistischen Behandlung der weiblichen Stammesmitglieder, das spätere Untersuchungen jedoch nicht in vollem Umfang stützen. Zwar versuchen die Männer immer wieder, ihre Frauen zu verprügeln, aber diese sind keineswegs gewillt, diese Art der Bestrafung unterwürfig über sich ergehen zu lassen. Sie wehren sich mit dem Kampfstock, einer Waffe, die jede Frau besitzt und sehr geschickt zu schwingen versteht, und wenn eine Frau findet, daß ihr Ehemann faul oder glücklos ist, wird sie ihn häufig «sowohl mit dem Mundwerk als auch mit der Streitaxt» attackieren.[232]

Die Ehebräuche sind sehr repressiv. Die Ehe wird arrangiert: die Frauen werden von älteren Männern gekauft, die genügend Geld angehäuft haben, um den Kaufpreis zu bezahlen, und bereits jahrelang bei der Mutter des Mädchens mit Geschenken geworben haben. Die Aborigines sind polygyn, und die älteren Männer haben bald den Heiratsmarkt abgegrast – nicht allein auf Grund ihrer Finanzkraft, sondern auch auf Grund der weitverbreiteten Sitte, weibliche Säuglinge zu töten.[233] Dennoch besitzen die Frauen, was ihr Sexualleben anbelangt, allem Anschein nach jede Freiheit und nehmen auch selbst Abtreibungen vor, um die Mutterschaft als wichtigste Einschränkung ihres Liebeslebens möglichst hinauszuzögern.[234] Nichtsdestoweniger sind Gegenseitigkeit und Kooperation Grundwerte dieser Gesellschaft.[235] Das Verständnis der Ehe als einem auf Gegenseitigkeit beruhenden ökonomischen Arrangement und der Kooperation zwischen Mann und Frau als unabdingbarer Voraussetzung für das Wohlergehen beider prägt das Leben der Aborigines in entscheidender Weise.[236]

Strenge Initiationsriten sichern die soziale Kontrolle der älteren über die jungen Männer, und der Bereich der offiziellen Rituale und Zeremonien ist die Domäne der männlichen Stammesmitglieder. Allerdings pflegen die Frauen eigene Geheimkulte und -riten (zu denen auch die Durchführung von Abtreibungen zählt) sowie ein eigenständiges religiöses Leben. Diese Beobachtungen stammen von Catherine Berndt, die viele Jahre bei den Aborigines gelebt und ihre Kultur erforscht hat. Dennoch wurden einige gesellschaftliche Institutionen dieser Stämme von männlichen wie von weiblichen Wissenschaftlern gleichermaßen als repressiv und frauenfeindlich interpretiert.[237]

Richard Gould geht es in seinem Werk *Yiwara* hingegen weniger um die Institutionen als vielmehr um die Darstellung des Alltagslebens einer kleinen Gemeinschaft von Menschen, die sich und ihre Angehörigen in der Einsamkeit der Wüste am Leben erhalten und ihre Befriedigung daraus ziehen, dies kraft ihres eigenen Wissens und ihrer Fertigkeiten zu bewerkstelligen.[238] Sie «fühlen sich zutiefst als Teil eines harmonisch geordneten Universums», das sie nicht zu beherrschen suchen, sondern in das sie eingebettet sind.[239]

Morgens machen sich die Frauen auf, um Nahrung zu sammeln. Sie nehmen ihre Grabstöcke und setzen sich große wassergefüllte Holzschalen in Trageschlingen auf die Köpfe. In die Schalen legen sie ein Grasgeflecht, um zu verhindern, daß das Wasser schmutzig wird. Sie nehmen die Kinder und Hunde mit sich, dazu entzündete Holzfackeln, die sie unterwegs benutzen, um sich miteinander zu verständigen. Sie legen enorme Strecken zurück. Gemeinsam mit den Kindern trinken sie nach und nach das Wasser aus, um dann ihre Schalen mit Früchten und eßbaren Pflanzen zu füllen. Die Kinder helfen dabei und werden überschwenglich gelobt. Die Frauen arbeiten flink und behalten das Wetter ständig im Auge. Sie verstehen die Wetterzeichen zu interpretieren. Sie müssen ins Lager zurückkehren, ehe der heiße Wüstenwind einsetzt.

Wenn die Erträge nicht ausreichen, gehen die Frauen später am Tag, wenn die Sonne nicht mehr so heiß brennt, noch einmal sammeln. Gewöhnlich sind sie jedoch erfolgreich und kehren schwerbeladen zurück, um den Rest des Tages bis zum Dunkelwerden mit dem Zermahlen der

Pflanzen zuzubringen.[240] In anderen Gegenden jagen die Frauen der Aborigines mit Hunden, die sie liebevoll aufgezogen und abgerichtet haben und die kleineres Wild und selbst Känguruhs stellen.[241] Ebenso wie die in der Kalahari beheimateten !Kung-Frauen können die Frauen der Aborigines Hunderte von eßbaren und ungenießbaren Pflanzenarten in verschiedensten Entwicklungsstadien identifizieren.[242]

Die Männer ziehen allein auf die Jagd, bewaffnet mit Speeren und Speerschleudern. Sie gehen nicht sehr weit und kehren an dem von Gould beschriebenen Tag ohne Beute zurück. Sie bringen eine unterwegs gefundene Eidechse mit ins Lager und rufen triumphierend: «Für diese kleine Beute hat sich unser Jagdausflug gelohnt.»[243] Den Rest des Tages verbringen die Männer mit Müßiggang. «Trotz all ihres Geredes über dieses oder jenes einst erlegte Känguruh oder die Vor- und Nachteile eines bestimmten Jagdreviers tragen die Männer vergleichsweise wenig zur Erhaltung der Gruppe bei.»[244] Während die Frauen die Gemüsepflanzen zermahlen, entfernen sich die Männer zu den geheimen Verstecken, wo sie ihre heiligen Gegenstände aufbewahren: Dinge, die mit der Jagd, dem kultischen Leben und ihren Totems zu tun haben. Die Frauen dürfen sich diesen Gegenständen weder nähern noch irgend etwas über sie wissen. Diese Rituale sollen jedoch nicht dazu dienen, die Umwelt in irgendeiner Weise zu beherrschen, sondern vielmehr den Männern helfen, ihr gewachsen zu sein.[245] Die Männer zehren mehr vom Prestige, die Frauen von der Notwendigkeit ihrer Arbeit. Beide Geschlechter sind, so Gould, mit sich und ihrer Welt zufrieden.[246]

6. Der Anfang vom Ende

Am Anfang war ein Garten, und in diesem Garten sammelten wir Früchte und Pflanzen, brachten dem Mond Gebete dar, spielten und arbeiteten zusammen und sahen die Kinder heranwachsen. Meist war das Leben angenehm, und wir feierten die Tatsache, daß wir an diesem prächtigen Schauspiel und dem Kreislauf des Lebens teilnehmen durften, indem wir Kunstwerke und Rituale schufen. Wir standen der Göttin nahe, die sich in der Natur, in der Pflanzenwelt und im Mond verkörperte, der Herrin der Tierwelt, die uns freigiebig nährte. Der Tod war schrecklich, aber im Tod nahm die Göttin uns zu sich, und wir wurden wieder Teil der ewigen Wiederkehr, blieben Glieder der Kette des Lebens.

Aber der Garten war nicht der Garten Eden. Dank der reichen Fülle der Natur wurden wir immer zahlreicher, während die Erträge des Sammelns zurückgingen und das Wild schwand. Manchmal trocknete der Fluß aus, und wir zogen viele Meilen weit auf der Suche nach Wasser. Dann konnte es sein, daß wir keines fanden und eine andere Sippe auf derselben Suche auf unsere ausgedörrten Körper stieß und ihr eigenes Schicksal vor Augen sah. In einem Jahr kam der Frost zu früh und vernichtete die Pflanzen, die uns durch den Winter bringen sollten. Eine Überschwemmung tötete viele von uns im Flußtal, ein Unwetter machte unser Dorf dem Erdboden gleich.

Wir sahen und begriffen und nahmen in unser Gedächtnis auf. Wir beteten zur Göttin, daß wir Wege finden würden, um uns der ständigen Gefährdungen unseres Lebens zu erwehren, weniger Furcht haben zu müssen. Als Antwort gab uns die Göttin – oder auch die uns von der Natur geschenkte schöpferische Phantasie – Ideen ein, wie unser Wohl besser zu schützen wäre. Die Menschen vervollkommneten die steinernen Faustkeile, die sie zur Zerkleinerung der Pflanzen benutzten, indem sie sie schliffen, und lernten, wie man die Werkzeuge zur Zerlegung toter Tiere schärfte. Aus Gründen, die wir nur ahnen können, gingen sie dazu über, Nahrungspflanzen anzubauen, statt weiterhin einfach alljährlich zu gegebener Zeit an die Stellen zurückzukehren, wo das Korn reifte. Sie ließen sich nieder, obgleich viele Verbände weiterhin – und manche bis in unsere Zeit – mehr oder minder nomadisch weiterlebten. Sie errichteten Steinhäuser. Sie bewahrten Behältnisse mit Öl- und Kornvorräten unter der Erde auf, um sie kühl zu halten. Vielleicht gruben sie auch Brunnen und errichteten nach dem Vorbild der Biber Staudämme.

Mit jedem dieser Schritte veränderte sich, wie ich bereits angedeutet habe, das Verhältnis der Menschen zur Natur ein wenig. Die organisierte Jagd wandelte zwangsläufig die Grundlagen des Denkens: Vom Gefühl, in ein einziges kosmisches Ganzes aus Pflanzen, Tieren und Wettergeschehnissen eingebettet zu sein, mußten die Menschen ihren Jagdobjekten gegenüber zu einer gewissen Distanz gelangen. Natürlich gibt es auch Tiere, die von der Jagd leben, aber sie jagen nicht in organisierter Form und verfolgen jeweils nur ein bestimmtes Spektrum an Beutetieren, auf das sich ihre Kost beschränkt. Der Mensch hingegen ißt nahezu alle Tiere: Säuger, Nagetiere, Vögel, Fische und selbst Insekten. Diese bewußte Distanz zum gesamten Tierreich hatte die Entzweiung des

Menschen mit der übrigen Schöpfung zur Folge: Kreaturen, die zum Objekt geworden waren, konnte er sich nicht länger selbstverständlich auf gleicher Ebene verbunden fühlen. Ich möchte Ihnen hier noch einmal jenen Mythos der Mbuti ins Gedächtnis zurückrufen, demzufolge sie so lange zur Sterblichkeit verdammt sind, bis es ihnen gelingt, ohne das Töten von Tieren zu existieren.[247]

Bei alledem haben die Mbuti ein wesentlich engeres Verhältnis zur Natur als andere Gesellschaften. Sie töten Tiere nur, wenn es unumgänglich ist, und Menschen töten sie grundsätzlich nicht.[248] Fest steht, daß die Menschen seit zwei bis zweieinhalb Millionen Jahren jagen. Die Entzweiung von Mensch und Natur, aus der schließlich das Patriarchat erwuchs, kann nicht allein die unmittelbare Folge der Jagd gewesen sein.

Auch der Übergang zum primitiven Ackerbau muß dazu beigetragen haben, die Distanz der Menschen zur Natur zu vergrößern: kein Bauer ist zufrieden mit dem Wetter. Jeder, dessen mühsame Arbeit von einem einzigen Unwetter, von einer langen Dürreperiode zunichte gemacht werden kann, wird in der Natur eher eine feindliche Macht als ein freundliches Lebenselement sehen. Natürlich ist die Haltung der Menschen gegenüber der Natur immer ambivalent: die Natur hat gute und schlechte Seiten, und beide werden hochgradig subjektiv wahrgenommen. Man kann sie lieben oder hassen, aber wer Ackerbau betreibt, fürchtet sie besonders. So ist es wahrscheinlich, daß die Naturgöttin, die Verkörperung des Fruchtbarkeitsprinzips, für die primitiven Ackerbauern ein viel schrecklicheres Gesicht hatte als für die Sammlervölker. Auch die Domestizierung von Tieren war sicherlich ein Faktor, der die Bedeutung menschlicher Herrschaft über eine als manipulierbar erfahrene Natur verstärkte.

Es spricht vieles dafür, daß die Entdeckung der männlichen Zeugungsfunktion der Auslöser dafür war, daß sich solche isolierten und unterschiedlichen Elemente zu einer neuen ‹Weltanschauung› fügten. Jahrtausendelang hatten sich die Männer, was das wundersame Geschehen der Zeugung neuen Lebens und der daraus erwachsenden sozialen und ökonomischen Aktivität betrifft, als Randfiguren betrachtet. Plötzlich ging ihnen auf, daß sie in Wirklichkeit durchaus daran beteiligt waren. Möglicherweise gingen sie sogar davon aus, daß sie allein die Fortpflanzung bewirkten, da die aktiven physiologischen Vorgänge im Körper der Frau unsichtbar waren. Der Mann sorgte für den Samen: woher sollte man wissen, daß *zwei* ‹Samen› zusammenkommen mußten, damit ein Kind entstehen konnte? Die Frauen waren in der Tat der Natur näher als die Männer: sie waren wie die Erde, fruchtbar, Leben hervorbringend, aber das geschah solange nicht, bis ein Samenkorn in ihnen keimte. Die Männer konnten die Kontrolle über die Fortpflanzung ausüben, ohne damit belastet zu sein, Kinder in ihrem Körper auszutragen, unter Risiken und Schmerzen zu gebären und dann ständig für einen Säugling dasein zu müssen.

Wie und wann, wo und über welche Zeiträume dieser Prozeß auch stattgefunden haben mag: die Menschen begannen, sich in einem neuen und ganz anderen Licht zu sehen. Ihr Selbstverständnis wandelte sich. Das neue Bild aber, das auf diese Weise entstand, war der Grundstein und die *raison d'être* des Patriarchats.

II

Der Niedergang: Das Patriarchat

Am Anfang war die Mutter. Das *Wort* war der Beginn einer neuen Ära, die wir heutzutage als *Patriarchat* bezeichnen. Worte als Zeichen, als willkürliche und abstrakte Setzungen, können Erfundenem und Eingebildetem Realität verleihen. Frauen gebären Kinder – das ist eine Realität (wenn es auch nicht immer eine bleiben muß; Versuche mit DNS und extrauteraler Befruchtung können durchaus daran rütteln). In der Regel sorgen sie auch für diese Kinder. Wir können Gebärfähigkeit und Mütterlichkeit als große Stärke ansehen – wie die Menschen in ‹primitiven› Kulturen – oder aber als Schwachpunkt, als Quell von Verletzlichkeit und Abhängigkeit – wie es in hochentwickelten Gesellschaften wie der unseren üblich ist. Gleich wie wir es betrachten, die Tatsache bleibt bestehen.

In diesem Sinne entspringt männliche Dominanz keiner Realität. Sie existiert nicht notwendigerweise. Es gibt Kulturen und Situationen, in denen die Männer nicht dominieren. Weder sind Männer grundsätzlich stärker als Frauen, noch führt das Gesetz der Macht des Stärkeren per se zu männlicher Dominanz; aus ihm erwächst vielmehr die Vorherrschaft bestimmter Individuen beiderlei Geschlechts (sofern die Frauen nicht absichtlich auf Grund einer Übereinkunft der Männer von ihr ausgeschlossen werden). Das Gesetz der Macht des Stärkeren kann mit männlicher Dominanz zusammenfallen, ist aber nicht mit ihr identisch. Die Männer herrschen nicht *von Natur aus,* sonst würden sie nämlich *immer* herrschen, wie Frauen *immer* die Kinder gebären. In gewisser Weise stellt das, was wir als Patriarchat bezeichnen, den Versuch dar, die Vorherrschaft des Mannes zu einem ‹Naturgesetz› zu erklären.

Das Patriarchat ist jedoch für uns eine so selbstverständliche Tatsache, daß sich viele Menschen keine andere Form der Organisation menschlichen Zusammenlebens mehr vorstellen können. Man nimmt schlicht und einfach an, daß die Menschen ihr Gesellschaftsleben schon immer so geregelt hätten, wie sie es heute in der westlichen Welt tun. Zur Analyse des Patriarchats gehört unbedingt die Betrachtung seiner Ursprünge. Um diese Ursprünge erhellen zu können, muß man jedoch zunächst davon ausgehen, daß es überhaupt einen solchen historischen Ausgangspunkt gab, daß die Vorrang- oder Vormachtstellung des Mannes nicht in irgendeiner Form ein grundlegender Bestandteil urmenschlichen und menschlichen Lebens war. Im ersten Kapitel habe ich einen Überblick über die vorliegenden Indizien für andere Formen menschlicher Organisationsweisen gegeben. In diesem Kapitel will ich einige Hypothesen dazu anführen, warum und wie sich das Patriarchat entwickelte, und Hinweise auf die ihm zugrunde liegende Mentalität sowie auf die emotionalen und intellektuellen Grundlagen der von ihm hervorgebrachten Gesellschaftsstrukturen erörtern.

1. Theorien zur Entstehung des Patriarchats

Gegen Ende des 19. und zu Beginn des 20. Jahrhunderts begann eine Reihe von Wissenschaftlern von einem vorpatriarchalen Zeitalter zu sprechen, in dem die Frauen ‹geherrscht› hätten: einem Matriarchat also. J. J. Bachofen erörterte das Mutterrecht, Robert Briffault rang altem Textmaterial Indizien dafür ab, daß in einer großen Zahl von Gesellschaften Frauen offiziell regierten oder doch zumindest faktisch die Entscheidungen fällten. Elizabeth Gould Davis entwarf ein Bild einer nahezu ausschließlich von Frauen bestimmten Frühzeit.[1] Anthropologische Untersuchungen zeigten auf, daß auf der ganzen Welt ein breites Spektrum an Verwandtschaftssystemen und Formen des Geschlechterverhältnisses existierte. Diese Einsichten inspirierten die Werke Lewis Henry Morgans, der seinerseits Friedrich Engels anregte.[2]

Engels war mit Marx der Meinung, die Arbeitsteilung habe das Ende des Urkommunismus markiert. Die Arbeitsteilung brachte die Spezialisierung mit sich, die ihrerseits auf bestimmten Gebieten – wie Viehzucht, Metallbearbeitung und Ackerbau – zur Produktion von Überschüssen führte, die den lebensnotwendigen Bedarf weit überstiegen.

Diese Überschüsse konnten zum Tauschhandel bzw. in späteren Zeiten zentralisierter Herrschaftsformen für den Unterhalt einer herrschenden Klasse verwendet werden, die nicht zu arbeiten brauchte. Was immer mit diesen Überschüssen geschah, erst mit ihnen entstand der Begriff des ‹Eigentums›. Solange die matrilineare Abstammungsfolge galt, fiel der Besitz des Mannes an die Kinder seiner Schwester. Engels stellte die These auf, daß der schlichte Übergang zur patrilinearen Abstammungsfolge, die dem Mann erlaubte, sein Eigentum an seine eigenen Kinder weiterzugeben, in «die weltgeschichtliche Niederlage des weiblichen Geschlechts» und die Degradierung der Frauen mündete.[3]

Weiter wird aus der Existenz von Überschüssen der Übergang zur Hortung von Getreide, Öl, Schmuck und Metall hergeleitet. Eine solche Akkumulation weckte wiederum den Neid und die Habgier anderer. Habgier, gepaart mit Aggressivität, führte zu Kriegen und damit zur Vorherrschaft des Mannes.

Das Problematische an dieser Argumentation wie auch an den Thesen Claude Lévi-Strauss' über die Funktion der Frau als Tauschobjekt in einem männlichen Bündnissystem liegt darin, daß die Frauen überhaupt nicht beachtet werden.[4] Es wird als selbstverständlich angenommen, daß sie in der Frühzeit passive, unterwürfige Geschöpfe waren, über die man nach Belieben verfügen konnte. Warum sollte Eigentum als männliches Privileg gelten, wenn doch die Frauen genauso produktiv waren, wenn in matrilinearen Kulturen das Nießbrauchrecht an Grund und Boden in der weiblichen Linie weitergegeben wurde, wenn selbst in männerbeherrschten Jägergesellschaften das Fleisch dem Mann nur so lange gehörte, bis er es ins Haus oder auf die Dorflichtung gebracht hatte, wo es in das Eigentum der Frau überging? Warum sollte die matrilineare Abstammungsfolge nicht auch reziprok Erniedrigung und Unterjochung erzeugen, wenn die patrilineare Abstammung diese unweigerlich hervorbrachte? Warum sollten die Menschen überhaupt auf die patrilineare Abstammungsfolge verfallen sein, wenn doch nur die Abstammung von der Mutter mit Sicherheit nachweisbar war? In den meisten primitiven Gesellschaften – selbst in solchen, in denen augenscheinlich die Männer den Ton angeben – wird die Hortung von Überschüssen zum Zweck der Akkumulation von Privateigentum abgelehnt. Es ist nicht erwiesen, daß die Besitzgier der Menschen zu allen Zeiten stärker war als ihre Achtung vor dem Leben. Fest steht, daß Frauen bedeutende Kriegerinnen gewesen sind: daß Krieg nicht *zwangsläufig* zu männlicher Vorherrschaft führen muß. Nichtsdestoweniger war das Patriarchat während seiner gesamten Geschichte so eng mit dem Privateigentum verknüpft und so unmittelbar auf dieses ausgerichtet, daß sich ein existentieller Zusammenhang zwischen beiden aufdrängt.

Viele Theorien schreiben den Ursprung des Patriarchats dem Übergang zur Jagd zu. Vereinfacht ausgedrückt lautet diese Interpretation folgendermaßen: Die Frauen wurden durch die Säuglingsaufzucht daran gehindert, auf die Jagd zu ziehen; die männlichen Jäger trainierten aggressives Verhalten und den Gebrauch von Waffen und kehrten schließlich beides gegen die Frauen.[5] Marvin Harris gibt diesem Ansatz mit der Feststellung Nahrung, Fleisch sei ein zwingendes menschliches Grundbedürfnis. Diese Tatsache habe die Jäger zu den angesehensten Stammesmitgliedern gemacht. Die Jagd habe jedoch zwangsläufig mit dem Anwachsen der Bevölkerungsdichte und der Verknappung des Fleisches zu Konkurrenz und Krieg geführt, Krieg wiederum unweigerlich die Erniedrigung und Unterjochung der Frauen zur Folge gehabt.[6]

Doch auch diese Theorien sind geschichtsblind: da wir (oder zumindest manche unter uns) Dominanz grundsätzlich als etwas Erstrebenswertes ansehen, unterstellen wir, daß dies auch in früheren Jahrtausenden der Fall gewesen sein muß. Warum hätten die Männer denn, wenn, wie ich glaube, das Leben in der matrizentrischen Gesellschaft befriedigend und reichhaltig war und sie selbst nicht unterjocht wurden – den Wunsch haben sollen, diese Ordnung zu zerstören, ihren Müttern, Schwestern, geliebten Gefährtinnen und Kindern Schaden und Leid zuzufügen und Entfremdung an die Stelle von Gegenseitigkeit und Vertrauen zu setzen?

Es gibt jedoch noch weitere Einwände gegen diesen von Marvin Harris vertretenen Ansatz. Die Behauptung, Fleisch sei für den Menschen ein lebensnotwendiges Grundnahrungsmittel, ist nicht stichhaltig: viele Kulturen leben friedlich und zufrieden mit einer kaum fleischhaltigen Ernährung. Richtig ist, daß die meisten Menschen Fleisch sehr schätzen; deshalb haben Jäger möglicherweise zuweilen in hohem Ansehen gestanden. Träfe Harris' Behauptung zu, hätten jedoch sowohl Jägerinnen als auch männliche Jäger ein besonderes Prestige genießen müssen, was aber nicht der Fall war. Außerdem sind die heute noch existenten Jägergesellschaften weder in auffälliger Weise konkurrenzorientiert noch besonders kriegerisch, sondern im Gegenteil weit weniger aggressiv als die großen Industrienationen mit ihrem enormen Fleischkonsum. Auch wenn es stimmen mag, daß, wie Eleanor Leacock behauptet, die ausgeprägteste Gleichberechtigung in solchen Gesellschaften herrscht, in denen beide Geschlechter zur Nahrungsproduktion beitragen, so bleibt doch als Tatsache bestehen, daß Männer (auf Frauen trifft dies nicht zu) oft auch dann höheren Status besitzen, wenn sie nur wenig zum Unterhalt der Gemeinschaft beitragen.[7]

Dennoch sind gewisse Zusammenhänge zwischen Jagd und männlicher Vormachtstellung nicht zu leugnen. Ausgeprägte männliche Vorherrschaft ist ein Charakteristikum von Jägervölkern, die sich fast ausschließlich von Tieren ernähren, da sie im hohen Norden leben, wo kaum pflanzliche Nahrung wächst.[8] Die Hypothese, derzufolge die männliche Gottheiten verehrenden Indoeuropäer, die im 4. Jahrtausend vor Christus in den Mittelmeerraum vordrangen und später nach Indien weiterzogen, ursprünglich aus solchen nördlichen Ödlandregionen kamen, ist gemeinhin anerkannt.[9]

Es ist anzunehmen, daß alle diese Faktoren eine Rolle bei der Veränderung der sozialen Ordnung gespielt haben. Ich vermute, daß die Entwicklung der von uns heute so bezeichneten patriarchalischen Ordnung ein sehr allmählich verlaufender Prozeß war. Rekapitulieren wir noch einmal einige der im ersten Kapitel aufgeführten Argumente.

Die matriarchalische Ordnung war locker gefügt: die Familien gruppierten sich um eine oder mehrere Mütter (Schwestern). Diese Mütter hatten eine enge Beziehung zu ihren Kindern, vor allem zu den Töchtern, die vermutlich lebenslang bei ihnen blieben. Die Männer hatten innerhalb der matrilinearen Ordnung eine Randstellung inne. Die engsten Beziehungen pflegten sie zu ihren Gefährtinnen und den Kindern ihrer Schwestern. Der größte Teil der Arbeit wurde von den Frauen verrichtet, was auch heute noch in primitiven Gesellschaften der Fall ist. Die Frauen übernahmen die Verantwortung für ihre Kinder und hieraus resultierend für die gesamte Gruppe. Sie schafften den Großteil der Nahrung herbei, errichteten die Unterkünfte und waren die wichtigsten Lehrerinnen der Kinder. Auch in diesem Zusammenhang spielten die Männer nur eine marginale Rolle. Sie mögen bei bestimmten schweren Arbeiten geholfen, gejagt und Fleisch beschafft haben, was zweifellos einen wichtigen Beitrag darstellte, hatten jedoch wesentlich mehr Freizeit als die Frauen. Einen großen Teil dieser Zeit widmeten sie der Instandhaltung ihrer Waffen und der bei ihren Jagdkulten verwendeten Geräte. Von diesen kultischen Ritualen waren die Frauen vermutlich ausgeschlossen.

Zwischen den Menschen und ihrer Umwelt hatte sich als Folge der zunehmenden Beherrschung der Natur und des damit einhergehenden Entfremdungsprozesses eine gewisse Kluft aufgetan. Gefühle der Trennung pflegen Feindseligkeit zu wecken, gleichgültig welche Seite die Trennung herbeigeführt hat. Distanz und Entfremdung lösen Angst aus, die in Feindschaft umschlägt. Als die Menschen begannen, Ackerbau zu treiben, wurde ihr Verhältnis zur Natur noch angstbeladener: eine einzige Dürreperiode, ein einziges Unwetter konnten wochenlange Arbeit zunichte machen. Da man verlernt hatte, sich auf lange Sammelstreifzüge zu begeben, bedeutete schlechtes Wetter oft Hungerzeiten.

Schließlich muß die Entdeckung der Zeugungsfunktion des Mannes immense Auswirkungen auf das Denken matrizentrischer Gesellschaften gehabt haben. Die Rolle des Mannes bei der Fortpflanzung läßt sich leicht als regulierende und kontrollierende interpretieren: ein ‹Lendenschauer›, der dem Mann ekstatische Lust verschaffte, war alles, was die Fortpflanzung von ihm forderte: die gesamte Last trugen die Frauen. Möglicherweise betrachtete er die Frauen nun nicht mehr als Wesen, die auf wundersame Weise Babies gebaren, sondern als eine Art Mutterboden und Aufnahmegefäß für seinen Samen, der allein neues Leben hervorzubringen in der Lage war.

Im Lauf der Jahrhunderte mag dieser Sinneswandel eine neue Idee erzeugt haben: die Idee der Herrschaft, die allerdings nicht mit faktischer Beherrschung gleichzusetzen ist. Faktische Beherrschung bedeutet, daß ein Kind die ersten Schritte tut oder die ersten Worte spricht, daß Tiere lernen, Nester oder Dämme zu bauen, oder daß ein Schimpanse etwa einen Grabstock benutzt. In all diesen Fällen impliziert die Tatsache der Beherrschung keine über die schlichte Tatsache hinausreichende abstrakte Bedeutung. Herrschaft dagegen, d. h. ‹Macht über etwas haben›, impliziert, daß es per se erstrebenswert ist, etwas zu beherrschen, unabhängig vom praktischen Wert dieser Herrschaft.

Die Männer, die davon ausgingen, daß sie allein die Fortpflanzung kontrollierten, und deren Jagdgötter in gewisser Weise bereits beherrschende Götter waren, begannen schließlich einen transzendentalen Gott zu verehren, der nicht mehr – wie die alte Göttin – der Natur immanent war, sondern Macht über sie besaß, ohne selbst ein Teil von ihr zu sein. Ein transzendentaler Gott unterliegt nicht den Gesetzen seiner Schöpfung, sondern kontrolliert sie von außen. Schon die Vorstellung, daß eine solche Macht existieren könnte, ist erstaunlich, da auch den Menschen der Frühzeit bewußt gewesen sein muß, daß jede Manipulation nicht nur das Objekt, sondern auch das Subjekt beeinflußt. Es ist daher anzunehmen, daß Herrschaft als abstrakter Wert nur sehr allmählich entstand. Denkbar ist, daß eine kleine Gruppe von Männern ihr zunächst huldigte, indem sie einen geheimnisvollen, mächtigen Gott in Jagdkulten verehrte. Die Anhänger dieses neuen Gottes begriffen sich zweifellos als dessen Ebenbild: sie wie er waren der Natur entfremdete und sie beherrschende Wesen.

Es spricht vieles dafür, daß solche religiösen Kulte ihre Anhängerschaft zu vergrößern suchten, indem ihre Anhänger in irgendeiner Form ihre Überlegenheit über die anderen Mitglieder ihrer Gesellschaft oder über andere Gottheiten nachwiesen. Weiter ist es wahrscheinlich, daß die zunächst kleine Gruppe der Anhänger sich zu Hohepriestern des neuen Gottes aufschwang und andere zum neuen Glauben zu bekehren versuchte. Diese anderen waren wohl in erster Linie Männer, da nur sie – zumindest scheinbar – von ihm profitierten. Diese Priester mögen sich etwa für die patrilineare Erbfolge oder die patrilokale Ehe stark gemacht haben. In Anbetracht der althergebrachten Verknüpfung von Frau und Natur, die den Mann an den Rand gedrängt hatte, sicherte eine solche Wertsetzung den Männern lang vermißte Aufmerksamkeit und Macht. Überdies beanspruchten die Anhänger des transzendentalen Gottes für sich eine ebensolche Transzendenz und Machtbefugnis. Wie ihr Gott Macht über die Erde besaß, so wollten sie Macht über deren Geschöpfe ausüben.

Es ist kaum vorstellbar, daß die Frauen sich kampflos in diese untergeordnete Rolle fügten. Überdies wird jede beliebige Gruppe von Menschen nur schwer Beweise für ihre ‹Transzendenz› erbringen können. Natürlich haben die Männer keine größere Macht über die Natur als die Frauen. Wenngleich die natürlichen, rein physischen Körpervorgänge weniger sichtbar sind als Menstruation, Schwangerschaft und Stillmechanismen, so finden die Männer doch vergleichbare Grenzen in größerer Krankheitsanfälligkeit und höherer Sterblichkeit in allen Lebensjahrzehnten sowie in ihrem Unvermögen, ihre Genitalfunktionen zu steuern. Die Randstellung der Männer ist biologisch bedingt. Diese unangenehme Tatsache ist nur das Gegenstück zu dem ebensowenig erbaulichen Faktum, daß Frauen die Last der Arterhaltung tragen. Männer sind ihr Leben lang anfälliger als Frauen. Obgleich mehr männliche Kinder gezeugt – 110 zu 100 Mädchen – und auch geboren – 104 zu 100 – werden, sind schon im zweiten Lebensjahr die Geschlechter zahlenmäßig gleich vertreten. In jedem Lebensjahrzehnt sterben mehr Männer als

Frauen. Eine unterernährte Frau wird eher ein männliches als ein weibliches Kind verlieren.[10]

Dies hat natürliche Gründe, denn in Zeiten der Entbehrung ist es für das Überleben und die Erhaltung der Art besonders wichtig, daß Mädchen geboren werden. Die Frau ist über viele Monate schwanger, bringt in der Regel jeweils nur ein Kind zur Welt und muß sich viele Jahre lang fast ausschließlich dessen Ernährung, Schutz und Erziehung widmen, bevor es in der Lage ist, selbständig zu überleben. Das Wohlergehen der Art erfordert es, daß viele weibliche Artangehörige überleben, Nachkommen gebären und aufziehen, und es macht ferner eine Begrenzung der Schwangerschaften nötig.

Ein männlicher Artangehöriger vermag viele Artgenossinnen zu begatten: Auf dem Hühnerhof wird nur ein Hahn gebraucht und geduldet.[11] Die matrizentrische Gesellschaftsordnung trug diesem biologischen Faktum Rechnung. Das neue Sozialsystem, das frühe Patriarchat, war keine Modifikation, sondern die völlige Umkehrung dieser Ordnung und den ihr gemäßen Moralvorstellungen. Die Fortpflanzungsfähigkeit der Frau, auf die sich bisher ihre Vorrangstellung gegründet hatte, wurde nun gerade wegen der vermeintlich in ihr zum Ausdruck kommenden Naturverhaftetheit abgewertet und diffamiert. Die Randstellung der Männer innerhalb des Arbeitslebens der matrizentrischen Verbände erfuhr ebenfalls eine Neubewertung in Richtung auf Freiheit und Willensbestimmtheit. Die Verkehrung des traditionellen Wertsystems erforderte nicht unbedingt Veränderungen der realen Lebensweise. Denkbar ist vielmehr, daß die Männer – ähnlich wie es die Frauen in den Selbsterfahrungsgruppen der sechziger Jahre taten – bei geheimen kultischen Zusammenkünften gemeinsam tradierte Denkmuster in Frage stellten. Reale Veränderungen setzten erst später ein. Als die Kulte genügend Anhänger besaßen und ausreichend gefestigt waren, um sich an die Aufgabe zu wagen, den übrigen Gesellschaftsmitgliedern ihre Überzeugungen aufzuzwingen, mögen die Männer ihre größere physische Stärke als unschlagbares Argument eingesetzt haben. Dafür mußten sie jedoch davon überzeugt sein, daß sie ihr neues Selbstverständnis nur rechtfertigen konnten, indem sie sich als ‹Männer› erwiesen und die Frauen ihrer Herrschaft unterwarfen.

Wahrscheinlich begann dieser Übergang von der matrizentrischen Ordnung zur Männerherrschaft in einer Zeit, in der das Anwachsen der Bevölkerung im mittleren Osten neue Probleme aufwarf. Es ist anzunehmen, daß diese Bevölkerungszunahme politische Strukturen notwendig machte, die dazu geeignet waren, eine Vielzahl kleiner, autonomer Sippen- und Stammesverbände, die sehr dicht nebeneinander lebten, zu integrieren. Vermutlich war diese Zeit, die nach unserem heutigen Wissensstand der Erfindung der Schrift voranging, von kriegerischen Wirren gezeichnet. So nehmen jedenfalls die frühesten schriftlichen Zeugnisse einer patriarchalen Ordnung, der der Sumerer, auf ungeheuer gewaltsame Auseinandersetzung Bezug. Überhaupt ist das Patriarchat von Konfliktdenken gezeichnet, das sich in seinen Grundprämissen ebenso wie in seinen Sitten und Gebräuchen niederschlägt. Einige Erscheinungsformen dieses Konfliktdenkens werden wir in diesem Kapitel näher betrachten.

Die patriarchalische Ordnung ist ebensowenig eine universelle Gegebenheit wie die Männerherrschaft. Je isolierter eine Kultur sich bis in die Gegenwart entwickelt hat, desto größer ist die Wahrscheinlichkeit, daß sie egalitäre Strukturen aufweist. So wurde etwa vor einigen Jahren eine egalitäre Gesellschaft im philippinischen Dschungel entdeckt. Ebenfalls eine egalitäre Gesellschaftsordnung besitzen die erst jüngst entdeckten Waurami, die im östlichen Ecuador in der Nähe des Amazonas siedeln. Dieses Volk lebte jahrtausendelang völlig abgeschnitten, und Anthropologen, die es acht Jahre lang erforscht haben, berichten von einer absolut egalitären Ordnung, trotz festgelegter Arbeitsteilung.[12] Die meisten Gesellschaften schreiben jedoch den Männern irgendeine Form der Überlegenheit über die Frauen zu. Diese Vormachtposition ist allerdings unterschiedlich stark ausgeprägt. Die Untersuchung der verschiedenen Grade dieser Ausprägung vermag die mit der Entstehung des Patriarchats verbundene Umwertung der moralischen Werte zu erhellen.

Wir unterscheiden Kulturen, in denen die Männer größeres Ansehen genießen als die Frauen, Kulturen, in denen sie tatsächlich dominant sind, und patriarchale Gesellschaften. Vielfach werden alle drei Gesellschaftstypen in einen Topf geworfen, während sie in Wirklichkeit große Unterschiede aufweisen. In der Anthropologie wird männliche Dominanz auf verschiedene Weise definiert. Teilweise genügt bereits der privilegierte Zugang zu angesehenen Aktivitäten als Kriterium.[13] Diese Definition erklärt letztlich so gut wie alle Gesellschaften zu männerbeherrschten, selbst solche, in denen im Grunde Gleichberechtigung herrscht. Andernorts wurde ein «komplexes System der Männerherrschaft» identifiziert, dessen Existenz sich im Bestehen einer Reihe von gesellschaftlichen Institutionen äußert, in denen sich «asymmetrische Häufungen geschlechtsspezifischer Praktiken und Überzeugungen» nachweisen lassen. Hierunter fallen alle gesellschaftlichen Organisationsweisen und Bräuche, die den Mann begünstigen und ihm mehr Gewicht verleihen: die Art der Abstammungsfolge, die Festlegung des ehelichen Domizils, die Ehebräuche, die Arbeitsteilung und die soziale Rollenverteilung.[14] Diese Definition würde unterschiedslos auf viele primitive und sämtliche hochentwickelten Gesellschaften zutreffen. Peggy Reeves Sanday schlägt zwei Kriterien für männliche Vorherrschaft vor: den Ausschluß der Frauen von politischen und ökonomischen Entscheidungsprozessen und männliche Aggression gegen Frauen in jeglicher Form – von der kulturellen Idealisierung des Macho-Mannes über Ausschlußpraktiken bis hin zu institutionalisierter oder traditionell verankerter männlicher Gewalt gegen Frauen. Diese Definition gibt ein Maß für die Bestimmung männlicher Vorherrschaft in einer gegebenen Gesellschaft, liefert jedoch nur verschwommene Ergebnisse, da auch in Gesellschaften, in denen Frauen zu einem gewissen Grade an der politischen oder ökonomischen Macht beteiligt sind, ein beträchtliches Maß an männlicher Aggression gegen Frauen vorkommen kann.[15]

Die Definition männlicher Vorherrschaft wird durch zwei Faktoren erschwert: Zum einen finden wir auch in Gesellschaften, in denen keine männliche Aggressivität gegenüber Frauen herrscht und die Frauen eine gewisse faktische Macht besitzen, Elemente dessen, was Susan Carol Rogers als «Mythos der männlichen Dominanz» bezeichnet hat.[16] Mit anderen Worten: In vielen Kulturen scheinen Männer und Frauen ein Übereinkommen geschlossen zu haben, demzufolge die Männer als Ranghöhere gelten und das Monopol auf öffentliche Macht und gesellschaftliches Ansehen für sich in Anspruch nehmen dürfen, während den Frauen, die den Haushalt führen, die Landwirtschaft oder den kleinen Laden betreiben, der größte Teil der realen Macht innerhalb des dörflichen Lebens zufällt. Es ist anzunehmen, daß ein solcher Handel, der übrigens auch in den heutigen Industrienationen noch in vielen Familien gilt, der Herausbildung der Männerherrschaft zugrunde lag. Am besten wird er in folgender scherzhafter Definition der familiären Aufgabenverteilung verbildlicht: Sie trifft die kleinen Entscheidungen – wofür das Geld ausgegeben wird, wo die Familie leben soll, wie die Kinder erzogen werden; er dagegen ist für die großen Entscheidungen zuständig – etwa für die Frage, ob die Vereinigten Staaten das kommunistische China anerkennen sollten oder nicht.

Zum zweiten tragen wir alle, die wir diese Probleme untersuchen, dank unserer Herkunft aus männerbeherrschten Kulturen, in denen der Maßstab aller Dinge (die gynäkologischen Funktionen ausgenommen) der Mann ist, unsere spezifischen Maßstäbe in die Erforschung anderer Kulturen hinein. Selbst viele Feministinnen perpetuieren diese Maßstäbe, indem sie unter Gleichheit verstehen, daß Frauen und Minderheiten Zugang zu dem verschafft werden muß, was die Männer schon seit langem besitzen. Diese Sichtweise ist jedoch ungeeignet, die moralischen und soziopolitischen Strukturen bestimmter Gesellschaften herauszuarbeiten.

Ein brauchbareres Kriterium zur Beschreibung unterschiedlicher Gesellschaften wäre sicherlich die Art und der Grad der Naturbeherrschung. Meiner Ansicht nach ist die Aufwertung der Männer und die Abwertung der Frauen in einer Gesellschaft um so ausgeprägter, je höher diese Herrschaft überhaupt bewertet wird – und zwar selbst in solchen Gesellschaften, in denen Frauen mit dem ‹Domestizierten› (Kultur) und Männer mit dem ‹Wilden› (Natur) assoziiert werden (wobei in solchen Gesellschaften Frauen nur deshalb dem ‹domestizierten› Bereich zugerechnet werden, weil die Männer ihnen ihn zugeteilt und die ‹wilde› Natur für sich usurpiert haben). Ferner gibt es unterschiedliche Arten der Naturbeherrschung. In manchen Gesellschaften hat sie rein mystischen Charakter: Die Natur soll durch die Macht von Ritualen symbolisch in Schach gehalten werden. In anderen sind die Kontrollmechanismen ganz konkreter Art: Es werden Bodenflächen urbar gemacht, Tiere gezähmt und stabile Häuser gebaut. In wieder anderen Gesellschaften finden wir sowohl materielle als auch ‹spirituelle› Formen der Herrschaftsausübung. Im Patriarchat wird Herrschaft auf beiden Ebenen erstrebt und institutionell verankert.

Gesellschaften, die ich als *männeraufwertend* bezeichne, können in ihren Sitten und Gebräuchen ein substantielles Maß an Gleichberechtigung aufweisen. Das eheliche Domizil kann matri- oder patrilokal bestimmt sein, die Abstammungsfolge in der mütterlichen oder der väterlichen Linie gerechnet werden und der Initiationsritus für Jungen und Mädchen unterschiedlich sein. Die ehelichen Gebräuche können die Selbstbestimmung der Frauen beschneiden, ebensogut jedoch auch die Männer in ihren Möglichkeiten beschränken. Die Kultur kann auf Ausschlußpraktiken gegenüber Frauen oder auch auf der Segregation der Geschlechter beruhen: wichtig ist allein, daß sie den Frauen ihre eigenen Traditionen, Kulte und Glaubensgrundsätze beläßt. Die Männer besitzen zwar den höheren Status, aber die Frauen werden nicht strikt kontrolliert und können durchaus ihre eigenen Auffassungen von männlichem ‹Status› haben.

Männerbeherrschte Gesellschaften hingegen zeichnen sich durch ein hohes Maß an männlicher Herrschaft über die Frauen und durch deren Ausschluß von wichtigen gesellschaftlichen Bereichen aus. So leben etwa die Männer und Frauen der Arapesh kooperativ, was die Gesellschaft nicht hindert, von einer verheirateten Frau zu erwarten, daß sie sich ihrem Mann gegenüber wie eine Tochter verhält und sich bei zentralen rituellen Anlässen wie ein unwissendes Kind benimmt – ein Phänomen, das mit dem Etikett der *Infantilisierung* versehen wurde.[17] In einigen afrikanischen Gesellschaften wie etwa bei den Yoruba haben die Frauen beträchtlichen Einfluß in den Bereichen der Nahrungsversorgung, der Geldwirtschaft und des Handels, was sie nicht von dem Zwang entbindet, sich ihren Männern scheinbar unwissend, gehorsam und unterwürfig zu nähern und sie kniend zu bedienen.[18] Der wirkungsvollste Kontrollmechanismus in solchen Verbänden ist jedoch der Ausschluß der Frauen aus dem öffentlichen Bereich, insbesondere (in primitiven Gesellschaften) von ökonomischen Entscheidungsprozessen, aber auch von Versammlungen und kultischen Aktivitäten, in denen sich politische Entscheidungsmacht konzentriert.

Männerbeherrschte Gesellschaften scheinen sich durchweg durch große Angst vor der Macht der Frauen – die sich in der Menstruation, dem Urinieren und der Nacktheit verkörpert – und durch einen ausgeprägten Antagonismus der Geschlechter auszuzeichnen. Nur wenige unter ihnen gehen jedoch soweit, wie es in patriarchalischen Gesellschaften der Fall ist, den Frauen die eigene Sexualität abzusprechen oder sie gar zur Sexualität zu zwingen. So schließen sich etwa die Munduruku zu Banden zusammen, die Frauen vergewaltigen und sich brüsten: «Wir zähmen unsere Frauen mit der Banane», wobei sie sich der Tatsache bewußt sind, daß sie die Vergewaltigung als Mittel zur Bestrafung benutzen, während viele Männer in unseren modernen Industriegesellschaften gewaltsam erzwungenen Sex mit Liebe verwechseln.[19] Nach Katherine Gough wird in Jägergesellschaften weder die Arbeitskraft der Frauen ausgebeutet, indem die Männer sich ihre Früchte aneignen, noch werden den Frauen ihre Kinder oder ihre Bewegungsfreiheit genommen. Insbesondere fehlt in solchen Verbänden jene Form der männlichen Besitzgier, die zu «Praktiken wie der Vergeltung des Ehebruchs der Frau mit grausamer Züchtigung oder gar der Todesstrafe oder der eifersüchtigen Bewachung weiblicher Keuschheit und Jungfräulichkeit» sowie zu anderen Eingriffen in die körperliche Autonomie der Frau führt.[20]

Patriarchale Kulturen üben Herrschaft über Frauen aus, halten sie von bestimmten Bereichen fern und trachten danach, sich alles anzueignen, was sie hervorbringen – angefangen von den Kindern bis hin zu industriellen Produkten. Sie versuchen selbst noch die weibliche Gebärfähigkeit unter ihre Kontrolle zu bringen, indem sie die Kinder den Männern zusprechen und die Rolle der Frau bei der Fortpflanzung herunterspielen. Mittel hierzu ist das ‹Wort› in Form von Verordnungen und Institutionalisierung – der Schaffung eigenständiger hierarchischer Strukturen, deren Aufgabe es ist, einen bestimmten Bereich zu kontrollieren. Institutionalisiert ist in solchen Gesellschaften nicht nur die statusbedingte Ungleichheit, sondern darüber hinaus auch die Denkweise, die die männliche Herrschaft über die Frauen rechtfertigt und perpetuiert. Hierarchisierung, Institutionalisierung und Zwang bilden den Wesenskern des Patriarchats. Die hierarchische Überordnung der Männer über die Frauen läßt mit der Zeit eine gesellschaftliche Schichtung entstehen: Eine Elite herrscht über andere Menschen, die als «der Natur näherstehend, wild, bestialisch und animalisch» bezeichnet werden. Diese Elite rechtfertigt ihre Herrschaft mit der Behauptung, sie stehe ‹Gott› näher, was im Kern heißt, sie sei weniger an Natur und Körperlichkeit gebunden. Deshalb ist es ein Widerspruch in sich, wenn Frauen zu dieser Elite rechnen, und nicht zuletzt aus diesem Grund werden sie innerhalb dieser Schicht so strikt überwacht. Außerdem beruft sich diese Elite auf ihre größere Kontrollmacht. Ihre Kontrollfunktionen sind institutionalisiert: Sie verfügt, daß bestimmte Menschen eigentumsberechtigt sind, Gesetze erlassen dürfen oder in den Genuß von Bildung gelangen sollen, und sie schafft Institutionen, um diesen Verfügungen dauerhafte Gültigkeit zu sichern. Eine solche Gesellschaft muß mit Gewaltmaßnahmen operieren, da sie qua Repression funktioniert und obendrein ein künstliches Gebilde darstellt. Gäbe es wirklich eine bestimmte Gruppe, die anderen Menschen in jeder Hinsicht *von Natur aus* überlegen wäre, so hätte sie *automatisch* die Führung inne; es bedürfte keiner Gewalt, um ihre Vormachtstellung aufrechtzuerhalten.

Eine männeraufwertende Kultur bedarf keiner anderen Voraussetzung als der Überzeugung, daß Frauen und Männer in unterschiedlichem Maße willensbestimmt sind. Wo nur der Schein entsteht, Frauen seien von Natur aus dazu geschaffen, zu arbeiten, Verantwortung für andere zu tragen und andere zu versorgen, Männer hingegen seien freier, selbst zu entscheiden, ob sie arbeiten wollen oder nicht, werden die Männer sich auch in gewisser Weise als privilegierte Gruppe erweisen. Wenn die Frauen bereit sind, den Männern für deren Beitrag zur Arbeit besonderes Lob auszusprechen – anstatt sich schlicht und einfach zu weigern, mit denen zu teilen, die nichts zum allgemeinen Wohl beisteuern – so kann sich dieses Lob mit der Zeit zu einem institutionalisierten, mit Status für den Mann verbundenen Vorgang verfestigen. Im Hochland von Neuguinea existiert ein System, das die Akkumulation von Reichtum verhindert und die Verteilung der Überschüsse institutionalisiert. In diesen Gesellschaften produzieren sowohl Frauen als auch Männer Güter, die in Form eines Geschenkaustauschs weitergegeben werden. Die ‹großen Tiere› unter den Männern erwerben ihren Status, indem sie gewaltige Gastmähler veranstalten und auf diese Weise mit anderen teilen. Die Männer besitzen politisches Prestige, die Frauen nicht, obwohl auch ihre Arbeit die Festgelage mit ermöglicht hat. Es ist möglich, daß ihnen andere Dinge wichtiger sind als der soziale Status. Auch heute noch können wir in unserer eigenen Umgebung häufig beobachten, daß Frauen Männer, die ihnen in irgendeiner Form behilflich sind, überschwenglich loben und ihnen ob ihrer Stärke oder Klugheit schmeicheln, während Arbeit und Hilfsbereitschaft bei den Frauen als selbstverständlich gilt.

Die Möglichkeit des Übergangs von der männeraufwertenden zur männerbeherrschten Kultur ist dann gegeben, wenn auch die Jagd eine wichtige Rolle spielt. Das Sammeln ist eine recht verläßliche Art der Nahrungsbeschaffung: Die Frauen kehren fast immer mit Gemüsepflanzen, Früchten und Nüssen beladen zurück und bestreiten auf diese Weise den Hauptteil des Lebensunterhalts solcher Sammlervölker. Die Jagd hingegen ist unsicher und zuweilen – je nach Art der Beute – gefährlich. Doch wo es Raubtiere gibt, birgt auch das Sammeln Risiken.[21] Was die Jagd zu einer besonders schweren Tätigkeit macht, ist also weniger die Gefahr als vielmehr die Unverläßlichkeit des Erfolgs.

Für den Jäger, der sich Mühe gibt, der stark, geschickt, mutig und stolz zu Werk geht, ist die Unberechenbarkeit seiner Tätigkeit oft demütigend. Es passiert häufig, daß Jäger mit leeren Händen zurückkehren. Das Gefühl des Jägers, versagt zu haben, wird endgültig zur Scham angesichts der Verläßlichkeit der Sammeltätigkeit der Frauen. Um sich zu entlasten, erfanden die männlichen Jäger verschiedene Strategien, um einen Teil der Schuld am Mißerfolg von sich abzuwälzen. Sie erzählen Jägerlatein, schildern um Haaresbreite verfehlte Beute oder glücklich bestandene Todesgefahren, um ihre Tüchtigkeit herauszustreichen.[22] Sie verleihen der Jagd eine mystische Dimension, indem sie höheren Mächten die Entscheidung über Erfolg und Mißerfolg des Jägers zusprechen. Lévi-Strauss stellt fest, daß Jägergesellschaften grundsätzlich ritualistische Formen des Umgangs mit dem Tierreich pflegen und häufig Kulten anhängen, von denen Frauen ausgeschlossen sind. Sinn und Zweck dieser Kulte ist das Erlangen von Macht über bestimmte Tierarten.[23] Auch in einigen Hortikulturen existieren solche Kulte: In den betreffenden Riten werden Gottheiten beschworen, um konkreten Einfluß auf eine bestimmte Nahrungspflanze (und nicht göttliche Hilfe bei deren Anbau) zu erlangen.[24] All solche Kulte dienen der Verehrung von männlichen Gottheiten, obgleich es in der Geschichte auch viele weibliche Vegetationsgottheiten gegeben hat: Sie huldigen einem transzendenten, nicht einem immanenten Prinzip.

Während sich die Frauen um den täglichen Bedarf kümmern – Nahrungspflanzen oder Getreide zerstoßen oder mahlen, die Kinder versorgen und Gebrauchsgegenstände herstellen – ziehen sich die Männer an ihre heiligen Stätten – Höhlen, Lauben oder Bäume – zurück, beschäftigen sich mit ihren Kultgegenständen und sprechen rituelle Formeln. In manchen Stämmen geht die Legende, die Kultgegenstände seien den Frauen vor langer Zeit entwendet worden. Nun jedoch beschwören die Männer Mächte, zu denen die Frauen keinen Zugang mehr haben. Briffault schreibt, daß «der erste Schritt der Einschränkung des primitiven Status der Frau eng mit der Usurpation des Monopols auf religiöse und magische Funktionen durch die Männer einherging»[25]. Die Natur der angerufenen Macht variiert. Manche Kulte erstreben konkrete Herrschaft, andere dienen dem Zweck, den Fortbestand der Menschen/Männer und der Natur zu sichern: das ‹Wort›, der Ritus, stellt beide auf dieselbe Ebene, was dem Mann den Zugriff auf die Natur ermöglicht. Totemistische Gesellschaften versuchen die Natur in ihre soziale Ordnung einzugliedern.[26]

Gesellschaften, die über dem alltäglichen Leben stehende Götter verehren, machen unter den Jäger- und Sammlergesellschaften nur 35 Prozent aus.[27] Die Vorstellung von einem solchen höheren Gott findet sich eher in hochentwickelten Gesellschaften, in denen die Naturbeherrschung bereits als zentraler Wert fest verankert ist.

Der Übergang von der Verehrung weiblicher Gottheiten zur Anbetung männlicher Götter erfolgte in verschiedenen Regionen zu unterschiedlichen Zeitpunkten. Obgleich eine weibliche Gottheit einst die ‹Herrin der Jagd› war, scheinen die meisten Jägerkulte doch männlichen Göttern zu dienen. Generell spiegelt sich im Übergang von der Göttin zum Gott die neue Bewertung der Geschlechter wider. Allerdings gibt es zweigeschlechtliche Gottheiten. Die Göttin, in Hortikulturen und ackerbautreibenden Gesellschaften noch sehr lange eine vorherrschende Gestalt, ist gewöhnlich in der Natur selbst angesiedelt. Sie repräsentiert das göttliche, im Mond und seinen Phasen verkörperte Prinzip, das Leben spendet und für Fruchtbarkeit, Wiedergeburt und Regeneration sorgt. Der männliche Gott steht gewöhnlich außerhalb der Natur; ihm wird Macht über die Dinge zugeschrieben: er beherrscht sie, ohne ihnen selbst innezuwohnen, er ist der unbewegte Beweger der Dinge. Er ist im Reich des Unfaßbaren angesiedelt; man kann ihn weder sehen noch greifen. Sein Wille ist lediglich aus dem Gang der Ereignisse zu erfühlen. So entstammen etwa die Totems patrilinearer Sippenverbände unter den australischen Aborigines Träumen, während die der matrilinearen Sippenverbände realen Erlebnissen entspringen und meistens aus Fleisch und Blut sind.[28]

Mit dem Übergang von der Anbetung weiblicher zur Verehrung männlicher Gottheiten ging aller Wahrscheinlichkeit nach auch eine Umschichtung der Kultträger einher. Es ist anzunehmen, daß Hortikultur betreibende Völker Göttinnen verehrten und Priester und Priesterinnen die aktiven Träger dieser Kulte waren. Kriegerische Götter verehrende Jägervölker aus dem Norden, die die Hortikulturen überschwemmten, brachten neue Vorstellungen mit. Vermutlich wurden die neuen Götter übernommen, die alten Göttinnen zunächst jedoch beibehalten. Je mehr Bedeutung die Götter erlangten, desto ausschließlicher beanspruchten die Priester die Herrschaft, sowohl was die Verehrung der männlichen, als auch was die Anbetung der weiblichen Gottheiten betrifft. Ein solcher Prozeß muß gegen das 3. Jahrtausend v. Chr. in Sumer stattgefunden haben, wo Priesterinnen zu Tempelprostituierten degradiert wurden.[29]

Damit eine männerbeherrschte Kultur zum Patriarchat wird, bedarf es weiterer Veränderungen der Denkgewohnheiten. Eine große Rolle spielte, wie bereits erwähnt, die Einsicht in die Funktion des Mannes bei der Fortpflanzung, von der wir nicht sagen können, wann sie bei den jeweiligen Völkern einsetzte. Es gibt Kulturen, die sich bis in unser Jahrhundert hinein gegen die Anerkennung der leiblichen Vaterschaft sträubten.[30] Dafür, daß es erst relativ spät zu solchen Erkenntnissen kam, sprechen die vergleichsweise späten Versuche, Spuren der Matrilinearität aus dem Alten Testament und aus islamischen Überlieferungen zu tilgen, sowie der späte Entstehungszeitpunkt (das 2. Jahrtausend v. Chr.) des *Enuma elish,* in dem die Institutionalisierung der männlichen Vorherrschaft im sumerisch-babylonischen Reich gepriesen wird. Mutterrecht, Matrilinearität und Matrilokalität traten vermutlich erst in den Hintergrund, als Erkenntnisse über die biologische Vaterschaft verbreitet waren.

Wie bereits erwähnt, muß die zunehmende Bevölkerungsdichte zu – vermutlich nicht immer friedlicher – Koexistenz einander fremder Völker geführt haben. Neue Organisationsformen wurden notwendig – die Selbstregulierung der matrizentrischen Gesellschaften genügte nicht mehr. Eine weitere Folge dieses Zusammenrückens verschiedener Völker mag die Entstehung eines neuen Eigentumsbegriffs, der Idee des Grundeigentums, gewesen sein, die wohl die allmähliche Auflösung der einst zentralen Werte des Kollektivbesitzes und des Teilens bewirkte. Auch die Domestizierung von Tieren (die möglicherweise im mittleren Osten bereits um 9000 v. Chr. einsetzte) mag mit der Erkenntnis der männlichen Rolle bei der Fortpflanzung neue, gewaltsamere Formen angenommen haben, ähnlich den teilweise brutalen Praktiken unserer Zeit. Die Produktivitätssteigerung, die aus solchen Zwangsmethoden resultierte, hat vielleicht wirklich, wie Elizabeth Fisher annahm, die Idee hervorgebracht, Zwangsmaßnahmen auch auf Menschen anzuwenden.[31]

Die Vaterschaft kann erst sehr spät entdeckt worden sein. Denken wir nur an die List Jakobs: Dieser forderte zum Lohn dafür, daß er die Herden des Laban hütete, alle bunten, gesprenkelten und gefleckten Tiere. Darauf legte er streifig geschälte Gerten von Storaxstauden, Mandelbäumen und Platanen in die Tränkrinnen vor die Tiere hin, die sich dort zu begatten pflegten und somit gesprenkelte, gefleckte und bunte Tiere zur Welt brächten. Zu diesem Zweck sonderte Jakob jedoch nur die kräftigsten Tiere aus, so daß die schwächlichen einfarbig blieben. Die Folge war, daß Labans Herden immer schwächer wurden, die des Jakob jedoch an Anzahl und Widerstandskraft zunahmen. An früherer Stelle im gleichen Kapitel der Bibel findet sich eine seltsame Passage. Die kinderlose Rahel sagt zu Jakob: «Schaffe mir Kinder, wenn nicht, so sterbe ich.» Jakob erwidert: «Bin ich doch nicht Gott, der dir deines Leibes Frucht nicht geben will» (1. Buch Mose 30,1–2).

In der Tat spiegelt sich in dem gesamten Zyklus der Jakob-Geschichten der Konflikt zwischen Matrilokalität und Patrilokalität und möglicherweise der Übergang von der einen zur anderen. Wir alle kennen die Geschichte, in der Rebekka ihren Lieblingssohn Jakob drängt und dabei unterstützt, seinen blinden Vater Isaak zu täuschen, als dieser, dem Tod nahe, seinen Erstgeborenen segnen will. Sie bereitet ein Fleischgericht, wie es Esau dem Vater zu bringen pflegte, und bedeckt Jakobs glatte Haut mit den Fellen der Böcklein, damit er sich rauh anfühlen möge wie der Bruder. Isaak läßt sich täuschen und erteilt dem jüngeren Zwillingssohn seinen Segen. In dieser Geschichte sehen einige Wissenschaftler eine Reflexion des Konflikts zwischen dem alten Mutterrecht und dem neuen Vaterrecht. Vermutlich ging es bei diesem Segen nicht nur um glückbringende Wünsche für die Zukunft des Kindes, sondern zugleich um das Vermächtnis des Eigentums: der Herden oder des Grundbesitzes.

Als Jakob heiratet, wohnt er zunächst im Haus seiner Schwiegermutter (deren ursprüngliche Erwähnungen nach Ansicht vieler Forscher später getilgt wurden), um sich dann jedoch später heimlich mit seinen Frauen und seinen Herden davonzustehlen. In der Wüste ringt er mit einem Engel – möglicherweise dem Geist der alten matrizentrischen Ordnung – und besiegt ihn; allerdings ist er hinfort (wie Ödipus) lahm. Er erhält den neuen Namen Israel, von dem seine Nachkommen ihre Stammesbezeichnung ableiten: ursprünglich war der Stamm Israel jedoch nach Sara benannt.[32]

Die zentrale Frage ist, warum die Menschen ihre altehrwürdige Lebensform aufgaben. Es ist undenkbar, daß das Patriarchat nach drei Millionen Jahren der friedlichen Existenz von Hominiden und Menschen allein deshalb entstand, weil die Männer plötzlich aggressiver wurden oder sich plötzlich entschlossen, die Frauen zu unterdrücken. Entweder bewirkte die neue Wertordnung der Männerkulte als solche reale Verhaltensänderungen oder aber irgendein Wandel der menschlichen Lebenssituation erforderte neue Formen der Anpassung auf dem Boden bereits eingetretener moralischer Umwertungen, nämlich der Setzung des neuen Wertbegriffs der Herrschaft über die alten Werte der Fruchtbarkeit, der Arterhaltung und des Teilens.

Wie tiefgreifend diese Umorientierung war, geht aus der Genesis des Alten Testaments hervor, die sich mit den Anfängen des Patriarchats auseinandersetzt. Das Legat des männlichen Gottes an den Menschen ist der Auftrag, sich die Natur untertan zu machen. Die alten Werte existieren noch, mit dem Zusatz, daß der Mann jetzt auch noch die Frau beherrschen soll. Das neue Schlüsselwort heißt Machtausübung, Herrschaft!

Nachdem die moralische Aufwertung von Macht und Herrschaft und die Abwertung der Natur einmal vollzogen waren, bildeten sich schnell Formen der Verfestigung und Tradierung von Macht heraus. Der Rangunterschied zwischen Mann und Frau wurde institutionalisiert. Im griechischen Denken waren Privatsphäre und öffentlicher Bereich bereits separate Dinge; erstere galt als Reich des Tierhaften, Natürlichen und Zwangsläufigen, kurzum als das Reich der Frau, letztere hingegen als *frei* geschaffene Domäne des Menschlichen, die den animalischen Bereich transzendiert, kurzum als das Reich des Mannes. Obwohl die Männer in den meisten Fällen dem Privatbereich verbunden bleiben, wertet diese Abgrenzung das männliche Geschlecht als Ganzes auf.[33] Aristoteles unterschied zwischen freien männlichen Bürgern einerseits und Frauen, Kindern, Handwerkern und Arbeitern als den «notwendigen Voraussetzungen» für die Existenz des Staates auf der anderen Seite. Die Heimstatt der freien männlichen Bürger war die *Polis*: was in ihren Grenzen geschah, war dem Reich der Natur und der Notwendigkeit entzogen; der Privatbereich galt als Sphäre der Unfreiheit.[34]

Im *Symposion*, seiner Tugend- und Vernunfthierarchie, siedelt Platon die Frau in der Mitte zwischen Mann und Tier an. Sokrates vergleicht ausdrücklich die *symbolische* Vaterschaft – homosexuelle Liebe zwischen Männern, die Hervorbringung von philosophischen Gedanken, Werken der Dichtkunst und Gesetzen – mit der *biologischen* Vaterschaft und stellt die Frage: «Wer würde nicht solche Vaterschaft bloßer menschlicher Vermehrung vorziehen?»[35] Die Assoziierung der Frau mit dem Nichtwillentlichen und der Natur durchzieht das gesamte westliche Denken. Sowohl Hegel als auch Marx betrachten das Austragen von Kindern als nicht willensgelenkte Handlung, durch die die Frauen überdies davon abgehalten werden, über ihre Situation nachzudenken.[36]

Die verbotene Frucht, von der die Frau kostete und die zum Sündenfall führte, heißt auf hebräisch *jadah* – Erkenntnis, Durchdringung, Macht, Besitz.[37] Es mag sein, daß es die Frauen waren, die den ersten Bissen nahmen, die ersten Schritte in das neue Reich der Herrschaft machten, aber die Männer taten es ihnen nach. Mit der Zeit trat die naturgegebene Ordnung hinter das Herrschaftsprinzip und damit gleichzeitig die Frau hinter den Mann zurück. Inzwischen haben wir den Punkt erreicht, der die anthropologische These rechtfertigt: «Für den Mann ist es natürlich, unnatürlich zu sein.»[38]

2. Die ersten Schritte zur patriarchalen Gesellschaft

Auch wenn ich vom Patriarchat rede, als wäre es eine klar umrissene gesellschaftliche Organisationsform, möchte ich doch nicht den Anschein erwecken, als wäre es plötzlich oder ohne Vorbereitungszeit entstanden. Das eigentliche Patriarchat entwickelte sich langsam aus anderen männerbeherrschten Gesellschaftsformen. Um die soziopolitischen Strukturen der heutigen Formen des Patriarchats (die je nach Religion und ökonomischem System variieren) verstehen zu können, ist es hilfreich, die Grundzüge anderer männerbeherrschter Gesellschaftsformen zu betrachten. Jede dieser Gesellschaftsformen mußte, um sich formieren zu können, zunächst bestimmte, für die matrizentrische Ordnung charakteristische Bindungen zerschlagen und umstrukturieren. Um herrschen zu können, mußten die Männer die Macht der Frauen auf drei Ebenen brechen: sie mußten die Bande der wechselseitigen Zuneigung zwischen Mann und Frau zerstören und durch ein Machtverhältnis ersetzen, die Bande des Zusammenhalts unter den Frauen sprengen und schließlich die Liebesbande zwischen Mutter und Kind zertrennen. Auch dieser Prozeß verlief vermutlich nicht geradlinig, läßt sich jedoch nur analysieren, als sei er so verlaufen. Gleichzeitig mußten die Männer das neue Verständnis von Männlichkeit propagieren, so weit wie möglich verbreiten und zu diesem Zweck besondere Rituale entwickeln.

Die Zerstörung der Liebesbande zwischen Mann und Frau

Es entzieht sich unserer Kenntnis, welches Rollenverständnis die Männer in matrizentrischen Kulturen besaßen und ob sie sich überhaupt als ein von den Frauen verschiedenes Geschlecht begriffen. Möglicherweise betrachteten sich alle Mitglieder eines Verbandes, einer Sippe oder eines Stammes schlicht als Menschen, wie es uns die Bedeutung bestimmter Stammesnamen nahelegt: so heißt etwa Bantu ‹Menschenwesen›[39]. Der erste Schritt hin zur gezielten Transformation der matrizentrischen Kultur war die Begründung einer neuen männlichen Identität, die vermutlich von den Oberpriestern der Jägerkulte ausging.

Nach Lévi-Strauss ist die Verbindung von Tieren mit Ritualen ein universelles Merkmal aller Jägergesellschaften.[40] Die Jagd ist unkalkulierbar, was es offenbar notwendig macht, sie magischer Kontrolle zu unterwerfen.[41] Sämtliche mir bekannten Jägerkulturen praktizieren Männerkulte und Rituale, von denen Frauen ausgeschlossen sind – das gilt auch für solche Gesellschaften, in denen die Frauen ebenfalls jagen. Zu diesen Kulten gehören Mythen, in denen sich die Macht der Männer über die Frauen offenbart, und heilige Gegenstände wie Totems, Waffen oder Werkzeuge, die Frauen nicht berühren und vielfach nicht einmal sehen dürfen. Bei heutigen Jägervölkern geht der Ausschluß der Frauen von der Jagd auf größere Säugetiere mit der Herstellung und Benutzung von Waffen in kultischen Kontexten einher.[42] Die Desana in Kolumbien unterteilen die – in ihren Augen begrenzte – Energie der Welt in männlich und weiblich. Männliche Energie ist *tulari*; weibliche Energie *bogá*, Wandlung und Schöpfung. Jäger sind *tulari*; Tiere *bogá*. Die Jagd entspricht einem Liebesspiel zwischen Jäger und Tier, das Töten der geschlechtlichen Vereinigung.[43] Die Hadza-Männer umgeben Fleisch mit als sehr bedeutsam geltenden Ritualen.[44] Obgleich viele primitive Gesellschaften davon überzeugt sind daß Mensch und Tier in ein und demselben natürlichen Ablauf eingebettet sind und diese Zusammengehörigkeit durch Zeremonien beschwören, hat die Betonung der Gemeinsamkeiten doch die Funktion, dem Menschen kontrollierende Eingriffe in das Dasein des Tieres zu gestatten.[45]

In Gesellschaften, die die Machtausübung bereits zum Wert an sich erhoben hatten, wurden aus den diesseitigen, naturimmanenten Gottheiten transzendente Götter, Götter der Macht. Durch eine Reihe von Imitationsriten, ähnlich denen in der homöopathischen Magie, übertrugen die Führer dieser Kulte – inzwischen vermutlich Priester – eine ähnliche Macht auf sich, die dann mit der Zeit an alle männlichen Kultanhänger weitergegeben wurde. Männlichkeit wurde jetzt als Befähigung zum Herrschen verstanden, eine Befähigung, die jedoch nicht alle Männer von vornherein besaßen. Mannsein ist demnach nicht wie Frausein ein irreversibler Zustand, in den das Individuum hineingeboren wird, sondern muß erworben werden. Anders gesagt: alle weiblichen Menschen sind Frauen, aber nicht alle männlichen Menschen Männer. Man muß lernen, ein Mann zu sein, man muß zum Mann gemacht werden, sich diesen Ehrentitel verdienen, indem man seine Befähigung zum Herrschen beweist.

Um solche umwälzenden Anschauungen allgemein durchzusetzen, ersann man Initiationsriten für Knaben. Gemeinsam ist allen diesen –

ansonsten sehr unterschiedlichen – Riten der Grundgedanke, daß Knaben zweimal geboren werden müssen: zuerst von der Mutter und dann noch einmal von den Männern ihres Sozialverbandes. In Gesellschaften, in denen Vielweiberei, Patrilinearität und Tabuisierung der Sexualität über lange Zeiträume nach Geburten – und damit lange Stillzeiten – traditionell verankert sind, finden sich gewöhnlich besonders grimmige Initiationsriten, bei denen die bis dahin fast ausschließlich mit Frauen lebenden und als solche betrachteten Knaben «oft unter anhaltenden Demütigungen und schweren Verstümmelungen der Genitalien ‹zu Männern gemacht› werden»[46].

In vielen Gesellschaften ziehen die jungen Männer nach der Initiation aus den Hütten der Mütter in ein separates Männerhaus um. In anderen tritt der Männerkult an die Stelle dieser räumlichen Abgrenzung. So waren etwa beim *Kachina,* dem Kult der Hopi, Frauen strikt ausgeschlossen. Die Rituale des *Kachina* waren darauf angelegt, die Doppelnatur des Mannes gegenüber der einfachen Natur der Frau hervorzuheben. Die Hopi hielten es für die Aufgabe der Frau, Leben hervorzubringen und zu erhalten, während der Mann Leben zu zeugen und zu schützen, aber gleichzeitig ein räuberischer Krieger zu sein hatte.[47]

Oft werden die Jungen aus dem Haus ihrer Mutter herausgeholt, in praktischen Kenntnissen und geheimen Lehren unterwiesen und für mehrere Monate im Männerhaus isoliert. Bei manchen Initiationszeremonien werden verschiedene Reinigungsriten angewandt, um «den Knaben alles Frauenhafte auszutreiben» und sie von den verunreinigenden Spuren des Zusammenlebens mit der Mutter zu säubern.[48] In einigen Fällen müssen die Jungen ihre Onkel «Mutter» nennen.[49]

Es existieren Gesellschaften, wo den Jungen schwere Proben auferlegt wurden, wobei es häufig zu Verletzungen oder Verstümmelungen kommt. So fügen etwa die Austromelanesier dem Penis so lange Wunden zu, bis er blutet, um auf diese Weise die weibliche Menstruation zu imitieren.[50] Wunden an anderen Körperstellen erfüllen die gleiche symbolische Funktion. Die meisten Initiationszeremonien für Knaben symbolisieren deren Widergeburt als Mann durch Männer: der Knabe wird etwa von einem symbolischen Krokodil verschlungen, aus dem er neu geboren wieder herausschlüpft, oder in einem symbolischen (männlichen) Mutterleib untergebracht und von männlichen ‹Müttern› versorgt.[51] So ist beispielsweise bei den Gimi der Penis ein Geschenk der Männer an den Eingeweihten; die Neuinitiierten werden «neue Vaginas» genannt.[52]

Durch solche Initiationsriten lehrt man die Knaben, sich den älteren Männern gegenüber als ‹Frau› und den Frauen gegenüber als ‹Mann› zu verhalten. Die strafenden und bisweilen grausamen Riten sind Ausdruck der Feindschaft sowohl zwischen älteren Männern und Knaben als auch zwischen Männern und Frauen.[53] Sie verfolgen den Zweck, den Knaben aus der Sphäre ‹natürlicher› Wärme und Herzlichkeit und aus seiner ‹natürlichen› Rolle herauszulösen und ihm beizubringen, daß ein Mann nicht Gefühlen folgt, sondern sein Handeln an vorgegebenen Normen der Männlichkeit orientiert, die in erster Linie Selbstkontrolle fordern und zur Kontrolle über andere führen.

Wie grausam oder langwierig die Initiation ist, hängt davon ab, wie viel Selbstkontrolle und Machtausübung die jeweilige Gesellschaft von Männern erwartet – in wie hohem Maße Macht als Selbstzweck geschätzt wird. Es muß großer Druck auf die Kinder ausgeübt werden, weil die Lektion, die sie zu lernen haben, wider die Natur und die Vernunft geht. Von ‹Natur› aus würden sie ihren Gefühlen folgen, von der Vernunft her ihr Handeln auf Wunscherfüllung, Problemlösung und Selbstverwirklichung ausrichten. Man verlangt jedoch von ihnen, Herrschaft auszuüben, ob sie wollen oder nicht, unabhängig davon, ob es in der konkreten Situation sinnvoll ist. Hierin besteht die transzendentale Natur der Macht: sie wird um eines ‹höheren› Zwecks, eines symbolischen Status willen und ohne Rücksicht auf die konkreten Gegebenheiten ausgeübt.

Die Unterschiede zwischen Initiationsriten für Mädchen und solchen für Knaben sind sehr aufschlußreich. Die Initiationszeremonien für Mädchen finden mit dem Einsetzen der Menstruation statt. Zelebriert wird das Eintreten eines natürlichen, biologischen, nicht dem Willen unterworfenen Ereignisses. Da der Zeitpunkt des Eintretens der Pubertät individuell verschieden ist, wird jedes Mädchen allein initiiert und meist für eine gewisse Zeit innerhalb oder außerhalb der Ansiedlung isoliert. Sofern es nicht fasten muß, werden ihm besondere Nahrungsmittel gereicht. Vielfach weiht man es in Reinigungsrituale ein und vermittelt ihm das tradierte Wissen in bezug auf die Mutterschaft. In vielen südamerikanischen Gesellschaften weist man es gleichzeitig auf die «lebenslangen Verbote und Beschränkungen» hin, denen es hinfort unterliegen wird. Zuweilen konfrontiert man die junge Frau mit Symbolen männlicher Macht, um sie zu ängstigen.[54] Im allgemeinen umfaßt die Initiation der Mädchen die Zelebrierung der biologischen Reife, Fruchtbarkeit und Fähigkeit zur Mutterschaft.

Sie treten in ein neues Stadium eines natürlichen, nicht willensbestimmten Kreislaufs ein. Schließlich zeigt man ihnen ihre Macht, die darin besteht, daß sie Dinge verunreinigen können. (Es gibt Verbände, in denen Mädchen und Jungen den gleichen Initiationsriten unterzogen werden, diese rechnen jedoch nicht zu den männerbeherrschten Gesellschaften.) Bei den Mbuti werden die Mädchen bei Einsetzen der Pubertät in eine Mädchenhütte aufgenommen, wo sie gemeinsam schlafen und mit auserwählten jungen Männern Zärtlichkeiten austauschen dürfen. Die Mbuti sind jedoch eine nahezu egalitäre Gesellschaft.

Die Initiation der Jungen verläuft ganz anders. Zunächst wird sie nicht durch bestimmte biologische Veränderungen veranlaßt, weshalb man Jungen vielfach gruppenweise initiiert. Im Prinzip handelt es sich also nicht um eine Absonderung von der Gemeinschaft, sondern um die Aufnahme in eine Männergemeinschaft. Die Riten, denen Knaben unterzogen werden, sind gewöhnlich wesentlich ausgedehnter und aufwendiger, da sie den Eintritt in einen neuen Lebensbereich markieren. Mädchen hingegen realisieren lediglich ihr biologisches Potential. Das Mädchen wird zu dem, wozu es geboren wurde, der Knabe muß lernen, sich völlig neu zu begreifen: als ein mit der Befähigung zum Herrschen ausgestattetes Wesen.

Das männliche Selbstverständnis schloß die Frauen aus: Männer waren vollwertige Menschen, Frauen hingegen Zwischenglieder und Mittlerinnen. Menschsein ist jedoch keine ‹natürliche› Identität: es muß erlernt, erworben, verdient, errungen werden. Diese Unterscheidung zwischen Menschsein und einem semimenschlichen Stadium zieht sich durch das Denken zahlloser Gesellschaften, primitiver ebenso wie hoch entwickelter. Die auf die Befähigung zum Herrschen gegründete Kluft zwischen den Geschlechtern räumt natürlich den Männern mehr Macht ein als den Frauen. Da die Macht von den Männern jedoch erworben werden muß, während die Frauen dank ihrer Verwandtschaft mit der Natur über angeborene Macht verfügen, werden die Frauen in vielen Kulturen von den Männern beneidet. Solange das Verhältnis zwischen den Geschlechtern nicht gleichberechtigt, sondern auf Herrschaft gegründet ist, können die Männer den Frauen nicht vertrauen, und so sind sie überzeugt davon, daß diese beständig bestrebt sind, ihre Macht zu untergraben. Mangelndes Vertrauen ist ein Grundzug aller auf Ungleichheit basierenden Beziehungen. Die Macht der Frauen erhält daher ‹böse› Züge. Ihre wichtigste Erscheinungsform ist die Menstruation.

Nicht nur im Judaismus wird den Männern dringend nahegelegt, menstruierende Frauen zu meiden.

Die Chipewyan glauben, daß Frauen die verkörperte Macht sind, während Männer Macht erwerben müssen. Was ein Mann – günstigenfalls – erlangen kann, ist der Frau von Natur aus eigen. Eine Chipewyan-Frau kann die gesamte den Besitzgegenständen – Gewehren, Werkzeugen, Heilkräutern – eines Mannes innewohnende Macht zunichte machen, indem sie während ihrer Menstruation über sie hinwegschreitet.[55] Aber ebenso wie die Menstruation liegt auch die damit verbundene Macht außerhalb ihrer willentlichen Kontrolle. Sie kann den Besitz des Mannes ruinieren, ohne es zu wissen und zu wollen. Die einzige Sicherheit des Mannes besteht darin, ihre Bewegungen zu kontrollieren. Er hingegen erstrebt und erwirbt seine Macht bewußt und willentlich.

Bei den Gimi im Papua-Territorium von Neuguinea herrscht eine panische Angst vor weiblichem Menstruationssekret und einer Reihe von weiteren Substanzen und Gegenständen. Die Vagina wird als Austrittsort des Blutes gefürchtet und mit ihr jeder Gegenstand, der ihr im entferntesten ähnelt. Von einer menstruierenden Frau berührt, zerbrechen Gegenstände in den Händen ihres Besitzers, kann sich eine Steinaxt gegen ihren Träger kehren, verkümmern Pflanzen, von ihrem Fuß betreten, wird der Boden unfruchtbar. Junge Männer, deren Initiation noch nicht lange zurückliegt, müssen den Wald meiden, damit sie nicht ahnungslos unterhalb der gespreizten Beine eines in den Baumkronen herumhüpfenden Beuteltierweibchens zu stehen kommen. Bestimmte Feldfrüchte werden von Frauen angebaut. Während des Initiationsritus erlernen die jungen Männer Methoden, Erbrechen herbeizuführen, um ihren Körper von solchen weiblichen Nahrungsmitteln – z. B. ‹mütterlichen› Nahrungsmitteln wie der unreinen Muttermilch – zu reinigen. Während der Menstruation werden die Frauen isoliert, um die Gemeinschaft vor der Gefahr zu schützen. Nichtsdestoweniger gelten die Frauen gerade während dieser Periode bei den Gimi-Männern als besonders attraktiv, und die Isolierhütten fungieren als bordellähnliche Treffpunkte.[56]

Trotz – oder vielleicht gerade wegen – der enormen Macht, die den Frauen zugeschrieben wird, ist die Gesellschaft der Gimi in hohem Maße männerbeherrscht. Die Frauen dürfen sich nur innerhalb im Dorf gelegener eingezäunter Gärten bewegen, während es den Männern freisteht, die ‹wilden›, unumfriedeten, dicht am Wald gelegenen Landflächen zu betreten. In den Mythen der Gimi ist von Frauen die Rede, die vor den Männern in den Wald flohen, dort lebten und gewaltige Schöpfungsmacht erlangten, bis es den Männern gelang, sie zu verwunden und in die Siedlung zurückzubringen, wo ihre Bewegungsfreiheit wieder eingeschränkt war. Seither sind die Männer im Wald sicher, weil es dort keine Frauen gibt. Die weiblichen Elemente des Waldes – Pflanzen und Tiere, die auf Grund von Ähnlichkeiten der Form oder der Lebensfunktionen Weiblichkeitssymbole darstellen – werden Eigentum der Männer, sobald sie den Frauen entzogen sind.

Die im Südwesten Nordamerikas beheimateten Papagos betrachten die Frauen als Verkörperung einer so ungeheuren, in der Menstruation zutage tretenden Macht, daß es gilt, ihnen jede Einflußmöglichkeit zu nehmen. Aus diesem Grunde sind die Frauen überall dort ausgeschlossen, wo Männer zusammenkommen – bei Zeremonien und Ratsversammlungen, bei sämtlichen politischen und ökonomischen Aktivitäten. Überdies herrscht keine Gleichberechtigung zwischen verschiedenen Altersgruppen: für beide Geschlechter gilt, daß die Jungen den Älteren untergeordnet sind.

Obgleich nach Auffassung der Papagos sowohl Männer als auch Frauen Macht besitzen, gilt die der Frau als zerstörerisch. Eine menstruierende Frau zu berühren, kann einen Mann das Leben kosten, und sie auch nur anzusehen genügt, um ihn zu schwächen. Jeder Kontakt mit ihr nimmt seinen Waffen die Kraft und vermag seine Nahrung zu vergiften. Deshalb werden die menstruierenden Frauen vom Rest der Gemeinschaft isoliert und müssen sich einer rituellen Reinigung unterziehen, die den Zweck hat, ihre Macht aufzuheben. Dennoch besitzen alle Frauen diese Macht von der ersten Menstruation an, während der Mann sie durch den Vollzug einer rituellen Handlung erwerben muß – indem er etwa einen Feind tötet, einen Adler erlegt oder Salz vom Meer holt. Danach muß sich auch der Mann einem Reinigungsritus unterziehen, der jedoch seiner Macht nur die negativen Anteile nimmt und sie auf diese Weise in eine positive Kraft verwandelt.

Der Krieger, der einen Skalp erbeutet hat, wird genauso behandelt wie eine menstruierende Frau – er muß sich absondern, fasten und sich Reinigungsriten unterziehen. Der von ihm erbeutete Skalp wird als sein «Kind» bezeichnet und auch so behandelt. Da der Kontakt mit einer menstruierenden Frau den Krieger schwächt und seinen Waffen die Kraft raubt, kann ein Mann, dessen Frau menstruiert, nicht in den Kampf ziehen. Was die geschlechtsreife Frau und den Krieger verbindet, ist das Blut, aber dieses muß in der Hervorbringung eines – wirklichen oder symbolischen – Kindes bezähmt werden.[57]

Die Kaulong im Südwesten Neubritanniens sind davon überzeugt, daß Frauen von einem vor der Pubertät gelegenen Zeitpunkt an bis in die Wechseljahre hinein eine Art ständigen Infektionsherd darstellen, wobei die von ihnen ausgehende Verderbnis während der Menstruation und bei Geburten als besonders gefährlich gilt. Während dieser Zeiten muß die Frau dem zentralen Gemeinschaftsplatz sowie allen Wohnstätten, Trinkwasserquellen und Vorräten fernbleiben. Sie darf nichts berühren, womit ein Mann möglicherweise in Kontakt kommen könnte, und sie verströmt ihre vergiftende Macht rings um sich her. Diese wird jedoch nur Männern und, wie es scheint, auch unter diesen nur den Erwachsenen gefährlich, bei denen sie Störungen des Atemvermögens und schließlich den Tod bewirkt. Deshalb muß jeder Mann draußen darauf achten, nicht unter Bäume oder Brücken zu treten, auf denen sich eine menstruierende Frau aufgehalten haben könnte. Eine Gefahr bilden ebenfalls Häuser, die über dem Erdboden gebaut sind, und unter die sich ein Mann, wegen des Risikos, daß eine menstruierende Frau auf dem Fußboden gesessen haben könnte, auf gar keinen Fall begeben darf.

Die Männer der Kaulong fürchten die Ehe, da der Kontakt mit einer Frau sichere Vergiftung und Tod bedeutet. Der Geschlechtsverkehr gilt als tierisch und findet (eher als in der Rodung oder den Gärten) im Wald statt. Auf Grund der Angst der Männer obliegt es den Frauen, in den Geschlechterbeziehungen die Initiative in Form von Geschenken, Flirts oder gar handgreiflichen Überfällen zu ergreifen. Bei letzteren haben die Männer nicht das Recht, sich zu wehren, sondern dürfen nur flüchten oder nachgeben. Die Frauen wählen sich ihre Männer selbst und entführen sie oft sogar mit Hilfe ihrer Brüder.[58]

Mehrere Stämme auf Neuguinea – wie etwa die Kafe und die Bimin-Kuskusmin – halten Körpersekrete aller Art für potentiell gefährlich und treffen im Umgang mit ihnen strenge Vorsichtsmaßnahmen. Die Kafe-Frauen weigern sich, Männerkleidung zu waschen, an der sich Sperma befinden könnte, und beiden Geschlechtern ist es auf Grund der Vergiftungsgefahr streng verboten, über Nahrungsmittel oder Menschen hinwegzuschreiten.[59] Bei den Hagen, in deren Augen das Sperma des Mannes dem Neugeborenen schadet, ist der Geschlechtsverkehr für lange Zeit nach der Geburt eines Kindes tabuisiert. Auch werden hier die menstruierenden Frauen streng isoliert und bestimmten Verhaltensregeln unterworfen, deren strikte Befolgung die Kontrolle der Menstruation und der potentiell von ihr ausgehenden Verunreinigung gewährleisten soll.[60] Die Männer der Bimin-Kuskusmin sehen im Menstruationsblut die gefährlichste aller Substanzen überhaupt und glauben, daß nur sie allein, nicht aber die Frauen, über die rituellen Mittel verfügen, diese Gefahr einzudämmen. Männliche Sekrete gelten als heilige Zeugungssäfte, weibliche als unrein und schädlich.[61]

Nicht in hohem Maß männerbeherrschte Gesellschaften besitzen im allgemeinen keine strengen Menstruationstabus. Bei den in Westafrika lebenden Ashanti etwa bestehen die jeweils einem Häuptling unterstellten Stammesabteilungen aus matrilinearen Sippen. Obgleich die Regierungsgewalt von Männern ausgeübt wird, hat – oder hatte zumindest bis zur britischen Okkupation Westafrikas im Jahre 1896 – die Mutter der Königin den größten Einfluß bei der Auswahl des Königs. Die Ashanti glauben, daß ausschließlich die Frauen den Kindern ihr Blut weitergeben, während der Beitrag der Männer zur Fortpflanzung in *ntoro,* d. h. Seele, Geist, oder manchmal auch in Samen besteht. Menstruation und Gebären werden als dem Jagen und Kriegführen der Männer entsprechende Leistungen behandelt und ebenso hoch bewertet, weshalb die Frauen bei den Ashanti bis heute ein hohes Maß an Macht und Autorität besitzen.[62]

Viele Gesellschaften kompensieren die augenscheinlich dominante Position der Frau in dieser Welt, indem sie eine andere, jenseitige imaginieren, zu der die Frauen gerade auf Grund ihrer diesseitigen Fähigkeiten keinen Zugang haben. So beginnt in Schöpfungsmythen, in deren Mittelpunkt eine weibliche Gottheit steht, das Leben stets in der Erde, im Wasser oder im Körper, während die Schöpfung in, um einen männlichen Gott oder eine Tiergottheit zentrierten Mythen, stets von außen erfolgt – vom Himmel oder von einem fernen Land aus, per Zauberei oder per Bearbeitung von Holz oder Lehm.[63] Die Männer der Hagen nehmen für sich besondere Fruchtbarkeitskräfte in Anspruch, indem sie einen männlichen Geisterkult praktizieren, der ihnen den Zugang zu der den Frauen verschlossenen spirituellen Welt eröffnet. Die Gimi glauben, das Zusammenleben von Männern und Frauen bringe zwar Ordnung in das menschliche Leben, vergifte dafür aber den Mann und zwinge ihn, nach einer höheren, reineren Existenzform ohne Frauen zu streben. Das Eingehen in diese ausschließlich männliche höhere Ordnung ist nur im Tod möglich. Ebenso wie die Gimi-Männer sich im Wald sicher fühlen, solange die Frauen die Dorflichtung nicht verlassen dürfen, betrachten sie das weibliche Element überhaupt als entgiftet, sobald es ‹vermännlicht› ist. Die Riten der Gimi-Männer verfolgen die Aufhebung «der Grenze zwischen Menschlichem und Nicht-Menschlichem und damit die Transzendierung der sterblichen Existenz»[65].

Bei vielen Stämmen finden wir räumliche Begrenzungen, die im Grunde moralische Scheidelinien sind und die wilde Natur vom kultivierten Terrain abgrenzen. Einige Kulturen, wie etwa die Chipewyan, besitzen ausgeprägte abstrakte Ordnungssysteme, in denen Nahrungserzeugung, körperliche Betätigung und positive Kräfte transzendentalen Ursprungs einen Assoziationskomplex bilden, dem Nahrungszubereitung, Arbeitstreiberei und der Natur entstammende negative Kräfte als konträrer Komplex gegenüberstehen.[66] Manche Gesellschaften begreifen ihre Mythen, in denen es um die Aneignung der ‹Instrumente› – Flöten, Trompeten oder dergleichen – der Frauen durch die Männer geht, bewußt als Symbole für die Brechung der generativen Macht der Frauen.[67] Die Gimi behaupten, daß Männer sowohl Kinder hervorbringen als auch in allen übrigen Lebensbereichen Macht ausüben können, und daß diese doppelte Potenz das Geheimnis ihrer beherrschenden Stellung ist. Allein der männliche Same erschafft den Fötus, und die Frauen gelten als das unfruchtbare Geschlecht. Wenn die Frauen in der Lage wären, neues Leben hervorzubringen, besäßen sie ebenfalls doppelte Macht, was den Untergang der Männer bedeuten würde.[68] Andere Stämme, die keine solche Entstellung der Wirklichkeit aufrechtzuerhalten vermögen, praktizieren Initiationsriten, bei denen die Knaben symbolisch den Geburtsprozeß durchlaufen. Überhaupt beinhalten Initiationsriten ganz überwiegend die Nachahmung und Usurpation des Gebäraktes durch Männer, wobei vermittelt wird, daß von einem Mann geboren zu werden, den Eintritt in eine höhere Daseinsebene eröffnet.[69] In verschiedenen Gesellschaften ist es Brauch, daß die Männer periodisch eine Blutung aus dem Penis herbeiführen.[70] Die Fore auf Neuguinea erklären: «Die Menstruation der Frauen war schon immer so, daß die Männer bluten, kam erst später.»[71] Die Papagos glauben, daß alle Frauen von Geburt an mächtig sind, während nur einige Papago-Männer zu Macht gelangen.[72] Bei den meisten dieser Gesellschaften existieren noch Mythen aus früheren Zeiten, in denen die Frauen dominierten.

Unter den primitiven Kulturen weisen jene die ausgeprägteste und umfassendste Männerherrschaft auf, die in vegetationsarmen oder -losen Regionen leben, wie etwa die Chipewyan oder die Netsilik-Eskimos. Diese Gesellschaften stellen nach Richard Lee die «labilste Form menschlicher Adaptation auf dieser Erde»[73] dar. Ihre Ökonomie gründet sich nahezu ausschließlich auf die Verwertung von Karibus, Seehunden, Lachs, Rentieren und Moschusochsen. Bei diesen Verbänden jagen die Frauen zwar, aber nur dann, wenn die Männer abwesend sind.

Kulturen dieser Art neigen besonders dazu, um eine männliche Gestalt zentrierte Schöpfungsmythen hervorzubringen und weisen eine ausgeprägte Vorherrschaft der Männer und rigide Geschlechtertrennung im Verein mit Menstruationstabus auf. Die Erfüllung einer bestimmten gesellschaftlichen Rolle gilt ihnen als unerläßliches Moment männlicher, nicht jedoch weiblicher Identität. Frauen besitzen ihrer Auffassung nach von Natur aus eine Identität. Sie werden mit Leben und Fruchtbarkeit, Männer hingegen mit Tod und Unfruchtbarkeit in Verbindung gebracht. Macht ist für sie ein nur durch stete Anstrengungen zu erlangendes Attribut, das nicht auf der Entfaltung angeborener Fähigkeiten, sondern auf Herrschaft und Manipulation basiert. Derartige Gesellschaften neigen zu Wander- und Eroberungszügen.[74]

Strenge Menstruationstabus sind nicht Ursache, sondern vielmehr sichtbare Manifestationen der zwischen den Geschlechtern herrschenden Feindseligkeit und Angst, genauer gesagt: der Angst der Männer vor der Rache der Unterdrückten. Bei den Munduruku schließen die gesellschaftlich dominanten Männer die Frauen von allen politischen und religiösen Aktivitäten aus; dennoch sind ihre Mythen und Rituale von der Angst vor den Frauen und der von ihnen ausgehenden ‹Vergiftung› beherrscht.[75] Die Männer der Gimi fürchten sich davor, auf ewig mit der Frau verschmolzen und von ihr ununterscheidbar, sozusagen ein phallischer Fortsatz des mütterlichen Körpers zu bleiben.[76] Zwietracht zwischen den Geschlechtern ist in hochgradig männerbeherrschten Gesellschaften die Regel. Besonders ausgeprägt ist sie beispielsweise bei den Munduruku. Bei den in Nordnigeria lebenden Haussa waren die Geschlechter bis zu den Heiligen Kriegen von 1804 bis 1810 mehr oder weniger gleichberechtigt; danach wurden die Haussa Moslems und schränkten die Frauen in ihrer Bewegungsfreiheit ein. Die heute noch bei den Frauen vorhandene Erinnerung an frühere Zeiten hat eine «spirituelle Guerillabewegung» hervorgebracht.[77] Die in Südvenezuela und Nordbrasilien beheimateten Yanomamo praktizieren eine gewaltsame Unterdrückung in Form von Mord an weiblichen Säuglingen, Vielweiberei und brutaler Behandlung und führen Kriege um die am Leben belassenen Frauen.[78] Bei den Netsilik-Eskimos kommen Euthanasie an Alten und Behinderten und Selbstmorde häufig vor.[79]

Um es kurz zu machen: die Feindschaft zwischen den Geschlechtern war eine Folge des neuen männlichen Selbstverständnisses, das jenen unterschiedlichen Wert zumißt. Dieser wiederum schlägt sich in der gesellschaftlichen Organisationsweise und (sofern vorhanden) in den Institutionen nieder. In einigen Gesellschaften genießen die Männer nicht nur höheres Ansehen, sondern üben auch die Verfügungsgewalt über die Frauen aus – zumindest über ihre Ehefrauen und Töchter. Das Geschlechterverhältnis ist unter solchen Bedingungen im Grunde immer ein Machtverhältnis, was einer auf Wechselseitigkeit und Vertrauen gründenden Liebesbeziehung im Wege steht.

Das Band der Geschwisterliebe – so stark in matrilinearen und nichtmännerbeherrschten Gesellschaften, wo die Brüder die männlichen Bezugspersonen für die Kinder ihrer Schwestern sind und in deren Häusern wohnen – zerreißt mit der Etablierung der Patrilinearität und der daraus entstehenden männlichen Vormachtstellung. Die Schwestern werden zur Tauschware, der Macht und Kontrolle des Bruders ebenso unterworfen wie der des Vaters. Daß die Männer selbst diese Tauschpraktiken als Mittel zum Zweck betrachten, belegt der Ausspruch eines Arapesh-Mannes: «Was, du möchtest deine Schwester heiraten? Bist du denn nicht ganz richtig im Kopf? Möchtest du denn keinen Schwager? Siehst du denn nicht ein, daß du wenigstens zwei Schwager bekommst, wenn du die Schwester eines anderen Mannes heiratest und ein anderer Mann deine eigene Schwester bekommt? Mit wem willst du denn auf die Jagd oder in den Garten ziehen und wen willst du besuchen?» [80] Die Bande zwischen den Männern sind wichtiger als die zwischen Mann und Frau.

Doch das Patriarchat zerreißt auch die sexuellen Liebesbande zwischen Mann und Frau. Wenn auch in primitiven Gesellschaften Arbeitsteilung praktiziert wird, so dient sie doch der Sicherung wechselseitiger Abhängigkeit der Geschlechter und der Stabilität der heterosexuellen Ehe. Lévi-Strauss berichtet von der Begegnung mit einem etwa dreißigjährigen Bororo-Mann, der in ausgesprochen schlechter Verfassung war – unsauber, unterernährt und trübsinnig. Lévi-Strauss hielt ihn zunächst für krank, aber sein Problem bestand schlicht und einfach darin, daß er unverheiratet war: «In einer Gesellschaft, in der eine systematische Arbeitsteilung zwischen Mann und Frau existiert und nur das Eheleben dem Mann gestattet, von den Früchten weiblicher Arbeit zu profitieren, zu denen Entlausung, Körperbemalung und Haareausziehen ebenso gehören wie die Bereitstellung pflanzlicher Nahrung und gekochter Speisen (da die Bororo-Frau das Land bestellt und Töpfe produziert), ist ein Junggeselle wahrhaftig nur ein halber Mensch.» [81] Solch wechselseitige

Abhängigkeit fördert die Achtung zwischen den Geschlechtern selbst in Gesellschaften, in denen der Mann dominiert. Wenn die Partner nicht durch Verlangen oder Liebe aneinander gebunden sind, so sind sie es doch durch die Tatsache, daß sie einander brauchen.

Das Patriarchat verzerrt dieses wechselseitige Abhängigkeitsverhältnis. Wenn dem Mann sämtliche Rechte und die gesamte ökonomische und politische Macht überschrieben werden, verwandelt man produktive, erwachsene Frauen in abhängige Mündel. Indem das Patriarchat die Arbeitsleistung der Frauen entwertet, sie behandelt, als sei ihr Charakter wie die weiblichen Körperfunktionen nicht willensbestimmt, mechanisch und naturgebunden, verschleiert es dieses Interdependenzverhältnis und schafft den Schein einseitiger Abhängigkeit. So konnten die athenischen Männer, die den ganzen Tag nichts weiter taten als reden, trinken und spielen, geringschätzig auf die Hausarbeit herabsehen, die unter der Obhut der Frauen ihre Existenz sicherte. So kamen die Männer im alten Israel – die ihre Frauen mehr achteten als die Griechen – dazu, die tüchtige Hausfrau zu loben, die unablässig arbeitete, um ihren Mann zu unterhalten, der «bekannt ist unter den Toren, wenn er sitzt bei den Ältesten des Landes» (Sprüche 31,10–31). Diese Tradition fand im Judaismus ihre Anhänger in der Kaste der Schriftgelehrten, deren Frauen, weil für den praktischen Unterhalt zuständig, wenig Respekt genossen, während man der unproduktiven Arbeit des Gelehrten oder Rabbiners allerorten ehrfürchtige Hochachtung entgegenbrachte.

Schließlich wurde die Beziehung zwischen den Geschlechtern auch durch die *moralische* Minderbewertung der Frau seitens des Mannes zerstört oder zumindest zerrüttet. Diese Form der Ungleichheit hat sich selbst in solchen Kulturen und historischen Phasen als unüberwindlich erwiesen, in denen es Frauen gelungen ist, sich ein gewisses Maß an ökonomischen und politischen Rechten zurückzuerobern. Die Wurzeln dieser Form von Unterdrückung lagen in der Diffamierung der Sexualität.

Die Sexualität fällt auf Grund der Bedeutung der weiblichen Fortpflanzungsfunktion in die Domäne der Frau. Sie wird auch stets mit dem Tier und der Natur assoziiert, wohingegen das Töten als Handlung, die auch im Tierreich vorkommt, keiner solchen Zuordnung unterliegt. Sexualität ist gleichzeitig die wichtigste bindende Kraft zwischen Mann und Frau; ob Sohn, Liebhaber oder Vater, Sexualität bindet den Mann an die Frau. Daher mußte sie für unrein und bedrohlich erklärt werden, ehe die Männer sich ein höheres Reich des Handelns schaffen konnten.

Viele intelligente Menschen erkennen durchaus die Ungerechtigkeit, die das Verhältnis der Geschlechter in unserer Gesellschaft prägt, akzeptieren sie aber als für das Wohl der Menschheit unumgänglich. Frauen, so wird argumentiert, können sich trotz ihrer Unterdrückung arrangieren, weil ihnen immerhin die tiefgreifendste Erfahrung auf dieser Welt vergönnt ist: das Gebären von Kindern. Männer hingegen würden ohne spezielle Motivation oder Aufgabe mit einiger Wahrscheinlichkeit tatsächlich, wie die Gimi fürchten, lebenslang Anhängsel ihrer Mütter bleiben. Die Frauen besitzen ihre Identität, so meinen sie, von Geburt an, die Männer nicht. Der Mann muß herrschen, sonst stellt er nichts dar. Diese Argumentation basiert auf einer verqueren Logik, die auch Simone de Beauvoirs Feststellung zugrunde liegt, der Mensch zeichne sich nicht dadurch vor den Tieren aus, daß er Leben hervorbringe, sondern dadurch, daß er es aufs Spiel setze, und diese Tatsache habe schließlich zur Überlegenheit des Mannes über die Frau geführt.[82]

Auch Frauen können töten, und beim Akt des Gebärens setzen sie ihr Leben aufs Spiel. Andererseits ist auch der Mann an der Hervorbringung neuen Lebens beteiligt. Auf dieser fundamentalen Ebene besteht der faktische Unterschied zwischen Mann und Frau darin, daß Frauen nahezu automatisch die Verantwortung für die Kinder übernehmen, Männer hingegen nicht. Man mag versuchen, per Moralkodex den ökonomischen Unterhalt der Kinder jenen zu übertragen, die die ökonomische Macht besitzen: den Männern. Wie wir jedoch in den beiden vergangenen Jahrzehnten gesehen haben, stehen solche moralischen Gebote auf tönernen Füßen und reichen, solange weder das Gesetz noch starker gesellschaftlicher Druck hinter ihnen stehen, nicht aus, die Mehrzahl der Männer dazu zu bewegen, diese Aufgabe tatsächlich zu übernehmen.

Da wir uns daran gewöhnt haben, nachlässig zu denken, nehmen wir ohne weiteres die Behauptung hin, der Mann benötige eine transzendente Identität, wolle er nicht zum bloßen Anhängsel der Frau degenerieren. Die Irrigkeit dieser These läßt sich nicht beweisen, aber es ist doch einleuchtend, daß ein Mann, der seine Kräfte und Wünsche spürt, auch ohne die Krücke einer artifiziellen Identität eine eigenständige Person werden wird. All die vielen Jahrhunderte der Unterdrückung hindurch haben es Frauen geschafft, allein von Energie und Sehnsucht getrieben, sich zu vollwertigen, eigenständigen Menschen zu entwickeln, obgleich Gesetze und ökonomische Bedingungen darauf angelegt waren, dies zu verhindern.

Ein zweites Argument, das gewöhnlich zur Verteidigung der bestehenden Machtverhältnisse zwischen Mann und Frau ins Feld geführt wird, ist die größere Körperkraft der Männer. Dank ihrer Physis sei es ihnen möglich, die Frauen zu unterdrücken; also nahmen sie die Gelegenheit wahr. Diese Erklärung basiert jedoch auf der Prämisse, daß Herrschaft etwas Positives, Erstrebenswertes sei. Wie dieses Buch hoffentlich zu verdeutlichen vermag, ist diese Annahme falsch. Herrschaft ist ein Übel, und zwar nicht bemessen an abstrakten moralischen Prinzipien, sondern an einer ganz konkreten Auswirkung: sie macht unglücklich, denn sie unterbindet das Zustandekommen vertrauensvoller und wechselseitiger Nähe, eine der wichtigsten menschlichen Lebensbedingungen überhaupt. Herrschaft erzeugt eine Dynamik, in deren Sog ein Individuum oder eine Gruppe für sich in Anspruch nimmt, mehr wert zu sein als andere Individuen oder Gruppen. Die Herrschenden brauchen die vorgebliche Überlegenheit so dringend wie die Luft zum Atmen: ohne sie bricht ihr Selbstverständnis zusammen. Damit sie ihre Überlegenheit beweisen und rechtfertigen können, müssen die anderen sich entweder unterordnen oder aber bestraft werden. Ist die Unterordnung erst einmal erfolgt, so schwären unter ihrer Oberfläche Rebellion, Verachtung und Aggression. Ein solches Herrschaftsverhältnis schließt jede offene, vertrauensvolle, von Liebe getragene Beziehung aus, auch zwischen Eheleuten. Der Überlegenheitsanspruch führt bei beiden Teilen zu manipulativem Verhalten, Isolationsgefühlen, Mißtrauen und Angst.

Wäre Herrschaftsausübung nicht bereits per se erstrebenswert gewesen, so hätten Größen- und Kraftunterschiede zwischen den Menschen keine wichtige Rolle gespielt. In Wirklichkeit sind solche Unterschiede meist bedeutungslos. Obwohl bei der menschlichen Rasse die Männer in der Regel geringfügig größer und stärker sind als die Frauen, so sind doch im Einzelfall häufig auch Frauen größer und/oder stärker als viele Männer. Bei den meisten Tierarten ist das Weibchen dem Männchen an Körpergröße überlegen, und obgleich speziell bei den Säugetieren das Männchen gewöhnlich größer ist, gibt es doch auch hier eine beträchtliche Anzahl von Arten, bei denen das Gegenteil der Fall ist.[83] Weder beim Tier noch beim Menschen existiert eine direkte Korrelation zwischen Dimorphismus und Dominanz (sofern vorhanden). Es ist daher überaus unwahrscheinlich, daß der Dimorphismus der Spezies Mensch die Ursache für die Vormachtstellung des Mannes war. Es spricht vielmehr alles dafür, daß er sie lediglich verfestigt hat.

Zum zweiten ist eine entwickelte Muskulatur keine naturgegebene Größe. Ebenso wie das Gehirn entwickeln sich auch die Muskeln nur dann, wenn sie gebraucht und trainiert werden. Die balinesischen Männer waren, so lange sie kaum schwere Arbeit verrichteten, ebenso zierlich wie die Frauen, aber diejenigen unter ihnen, die als Hafenkulis arbeiteten, entwickelten bald die männertypische ausgeprägte Muskulatur.[84] Wir westlichen Frauen sind die Erbinnen einer langen Tradition, derzufolge Frauen bewundert wurden, wenn sie zierlich waren, die Frauen dazu anhielt oder zwang, wenig oder nährstoffarm zu essen, und die von ihnen, sofern sie mindestens der Mittelschicht angehörten, kaum schwere Arbeit erwartete. Auf Grund dieser Wertmaßstäbe wurden bevorzugt zierliche Frauen geheiratet, die deshalb mit größerer Wahrscheinlichkeit ihre Erbmasse weitergeben konnten als große und kräftige Frauen.

In manchen Kulturen, wie etwa der indischen, werden Frauen auch heute noch systematisch unterernährt, aber auch in Europa war dies jahrhundertelang der Fall, und die Spuren dieser Praxis existieren noch heute in Form des erwähnten Schönheitsideals fort. Frauen, die einem anderen traditionellen Hintergrund entstammen – etwa russische Bäuerinnen und schwarze amerikanische Frauen, deren Statur häufig noch immer durch den Bedarf der Sklavenhalter an großen und kräftigen Plantagenarbeiterinnen geprägt ist – stehen im deutlichen Kontrast zu Frauen mit einer weit zurückreichenden Mittelschichtsherkunft. Es läßt sich also feststellen, daß der Dimorphismus der Geschlechter innerhalb bestimmter Gruppen im Lauf der letzten Jahrtausende, lange nach der Etablierung der Männerherrschaft, aus politischen Gründen verstärkt wurde.

Zum dritten sind Größe und Muskulosität weder als Ursachen noch als Mittel der Herrschaftsausübung hinreichend. Anders ausgedrückt: Größe und Stärke allein geben noch keine Motivation dafür ab, andere beherrschen zu wollen. Wenn dem so wäre, hätten die großwüchsigen, kräftig gebauten Skandinavier und Teutonen sowie verschiedene amerikanische Indianerstämme und afrikanische Völker ständig das Bestreben zeigen müssen, sich kleinwüchsigere Völker zu unterwerfen; in diesem Falle müßten die Japaner und Chinesen, die Inder und afrikanische Völker wie die Mbuti längst ausgerottet sein und die Finnen oder ein vergleichbares Volk die Welt beherrschen. Auf der Völkerebene ist eine gesetzmäßige Aggression der Großwüchsigen gegen die Kleinen ebensowenig feststellbar wie auf der Ebene der Individuen. Es ist durchaus nicht die Regel, daß großwüchsige Söhne oder kräftige Töchter ihre kleineren Väter und Mütter angreifen.

Größe kann sogar durchaus als Handicap gelten, wie es etwa Colin Turnbull bei den Mbuti erlebte. Turnbull, selbst weiß und über einen Meter achtzig groß, wollte die schwarzen und im Durchschnitt gut einen Meter zwanzig messenden Mbuti bei der Jagd begleiten. Dieses Ansinnen wurde bei aller Freundschaft abgelehnt, da er auf Grund seiner Größe und seiner weißen Hautfarbe im Dschungel zu auffällig sei, sich infolge seines Gewichts nicht leise genug bewegen könne und überdies durch seinen starken Körpergeruch das Wild verscheuchen würde.[85]

Viel leichter als durch Körperkraft läßt sich Herrschaft durch Schlauheit und Intelligenz errichten. Besonders wirkungsvoll ist auch die Institutionalisierung einer partiellen Herrschaft: Gesetzen und weitverzweigten Herrschaftsapparaten ist selbst das stärkste und mutigste Individuum unterlegen.

Ein weiteres Argument, das häufig zur Rechtfertigung der Männerherrschaft herangezogen wird, ist die ausgeprägtere Aggressivität des männlichen Geschlechts. Aber selbst Soziobiologen, die dieser Theorie anhängen, müssen zugeben, daß Aggressivität (ebenso wie Mütterlichkeit) erlernbar ist.[86] Es ist zur Genüge bekannt, daß Frauen, oft sogar Mütter, durchaus ebenso grausam und raubgierig wie Männer sein können, ja sogar soweit gehen, ihre Kinder im Stich zu lassen, zu verletzen oder zu töten. Frauen waren z. B. keineswegs unbeteiligt an den Nazigreueln. Bei den Manu etwa ziehen die Männer die Kinder auf, da sie zärtlicher und liebevoller zu sein scheinen als die Frauen. Es sind sogar Kulturen bekannt, in denen die Frauen das aggressivere Geschlecht sind. Die Ausprägung von Aggressivität variiert von Individuum zu Individuum und von Kultur zu Kultur, und die aggressivsten Kulturen sind logischerweise diejenigen, in denen sie die höchste Wertschätzung genießt. Neuere Forschungen haben gezeigt, daß männliche Tiere in der Hauptsache bei der Revierverteidigung, weibliche Tiere bei der Verteidigung ihrer Jungen mehr Aggressivität zeigen.

Wenn die in diesem Abschnitt beschriebene Kluft zwischen den Geschlechtern auch schon sehr alt ist, so ist sie doch keineswegs ‹natürlich›.[87] Sie war vielmehr die Folge zweier wichtiger Geschehnisse: erstens der Erhebung des Herrschaftsprinzips zum höchsten, gottähnlichen Ideal und zweitens der Identifikation der Männer mit diesem Prinzip. Es ist anzunehmen, daß sich die große Mehrheit der Männer jahrhundertelang dagegen sträubte, ein solches Rollenverständnis zu übernehmen, aber

Machtdenken ist, wie ich bereits ausgeführt habe, ansteckend: man hat die Wahl, es zu übernehmen oder von seinen Anhängern vernichtet zu werden. Dieses Machtdenken breitete sich wie ein Lauffeuer über die ganze alte Welt aus und brachte Eroberer, Götter auf Erden hervor. Gleichzeitig schuf es die ersten Sklaven: das unterdrückte Geschlecht der Frauen (und vermutlich auch der meisten Männer).

Die Zerstörung der Beziehungen zwischen Frauen

Die bedeutsame Stellung der Frauen und ihr Zusammenhalt untereinander waren im wesentlichen familiär bedingt – sie ergaben sich aus dem Verhältnis der Mütter zu ihren Töchtern und Enkelinnen, aus dem Verhältnis der Schwestern zueinander, zu ihren Nichten, Großnichten und Cousinen. Dieses Kerngefüge mußte aufgebrochen werden, sollte sich die männliche Überlegenheit und Vormacht etablieren. Der erste wichtige Schritt zu seiner Zerstörung war die Durchsetzung der patrilinearen Abstammungsfolge (was so lange unmöglich blieb, wie das Phänomen der Vaterschaft weder auf der biologischen noch auf der symbolischen Ebene ins Bewußtsein gedrungen war) und der damit verbundene Übergang zur Patrilokalität.

Patrilokale Ehebräuche verlangen, daß die Braut in das Vaterhaus des Bräutigams übersiedelt. Auf diese Weise wird sie aus ihrem Kerngefüge herausgerissen, von den Frauen getrennt, die ihr Zuwendung und Rückhalt hätten geben können und jedem Übergriff auf ihre Person von seiten der Männer vereint entgegengetreten wären. Die patrilokalen Ehesitten isolieren sie weitab von diesem Netz aus emotionalen Beziehungen in einem Haus, in dem sie eine Fremde ist. Da in Hortikulturen ebenso wie in frühindustriellen Gesellschaften der Arbeitsbereich der Frau traditionell das Haus oder seine unmittelbare Umgebung ist, ist die Entfremdung von ihrer eigenen Familie somit besiegelt. Es kann sein, daß sie in ihrem neuen Heim eine Schwester oder Cousine vorfindet, oder, in polygynen Kulturen, eine ihr freundlich gesonnene weitere Ehefrau; dennoch ist der politische und moralische Einfluß, den eine Gruppe miteinander verwandter Frauen ausüben kann, für sie verloren.

Später wurde die Isolation der Frauen noch weiter perfektioniert. Die Verdrängung aus dem gesamten öffentlichen Bereich verhinderte jeden Zusammenschluß auf diesem Weg. In einigen Kulturen werden die Frauen in ihrer Bewegungsfreiheit sogar ganz auf das Haus beschränkt, wo sie vielfach (wie etwa in China) einer Schwiegermutter unterstehen, die sich, da sie ihrerseits als junge Frau unterdrückt worden ist, mit den Mechanismen der Unterdrückung bestens auskennt. Auch die athenische Frau war völlig isoliert im Haus ihres Ehemannes, wo Sklaven und Kinder ihre einzige Gesellschaft bildeten. Desgleichen sind in manchen Teilen der islamischen Welt die Frauen streng ans Haus gefesselt, wo sie allerdings in Gesellschaft weiblicher Verwandter leben können. Dennoch fühlen sich die islamischen Männer wie einst die athenischen von der Welt der Frauen überwältigt und vereinnahmt.

Die (bisher) letzte Stufe der Fragmentierung weiblicher Einheit ist jener Prozeß, den wir heute ‹Unsichtbarmachung› nennen: die Behandlung der Frauen, als wären sie nicht anwesend, als gäbe es sie nicht. Im Islam wurde dies bewerkstelligt, indem man die Frauen zwang, in abgeschiedenen Frauengemächern zu leben und Kleider zu tragen, die sie einförmig und einheitlich aussehen ließen, die sie nicht mehr als Individuen, sondern als Gattung kenntlich machten. In subtilerer Form finden wir die gleiche Praxis in den modernen westlichen Gesellschaften, wo viele Männer Frauen grundsätzlich entweder als Sexualobjekte oder als Untergebene (Sekretärinnen, Serviererinnen, untergeordnete Arbeiterinnen) behandeln und einzelne Frauen, die als gleichberechtigte Wesen in den öffentlichen Bereich ‹vorstoßen›, schlicht ignorieren, indem sie sich weigern, ihre Gegenwart und das, was sie sagen oder tun, zur Kenntnis zu nehmen.

Für die Frauen in patriarchalen Gesellschaften bedeutete die Zerstörung des familiären Zusammenhalts bei gleichzeitiger Unterbindung aller Möglichkeiten, sich auf breiterer, politischer Ebene zusammenzuschließen, die Abdrängung in die Isolation. Indem die Männer die Frauen als unsichtbar behandelten und auf allen gesellschaftlichen Ebenen heftige Frauenfeindlichkeit entwickelten, impften sie den Frauen Verachtung gegen sich selbst und ihr eigenes Geschlecht ein. Trotz allem brachen die engen Beziehungen zwischen den Frauen nie ganz ab. Wie wir im dritten Kapitel sehen werden, entzog man den italienischen Frauen im sechzehnten Jahrhundert das Recht, ihr Eigentum eigenständig weiter zu vererben, was seinen Grund nicht zuletzt darin hatte, daß sie vielfach andere Frauen als Erbinnen einsetzten, anstatt ihr Hab und Gut in der männlichen Linie der Familie zu belassen. Heute stoßen Historikerinnen häufig auf Tagebücher, Briefe und andere Dokumente, die belegen, wie wichtig den Frauen früherer Jahrhunderte Freundschaften zu anderen Frauen waren. Die engen Beziehungen zwischen Frauen sind von Philosophen wie etwa Schopenhauer gründlich verfälscht und von Dichtern und Romanciers jahrhundertelang völlig ignoriert worden: Frauen hatten grundsätzlich aufeinander eifersüchtig und allein auf die männlichen Helden angewiesen zu sein.

Die Frauen haben nie aufgehört, freundschaftlich zusammenzuhalten, einander zu helfen und zu kooperieren. Was sie jedoch nicht vermochten, war, sich in einer Weise zusammenzuschließen, die es ihnen hätte ermöglichen können, selbst Macht zu erlangen oder die vereinte Macht der Männer in Frage zu stellen. In dem Maße, wie Frauen heute allmählich in die Institutionen der Männermacht vordringen, bezahlen sie dafür – auf dem Wege der Anpassung an die von diesen Institutionen erzwungene Vereinzelung – mit der Fähigkeit zur Freundschaft.

Die Zerstörung der Mutter-Kind-Beziehung

Das Band der Liebe und Sorge zwischen Mutter und Kind bildete während des gesamten frühmenschlichen Lebens, zurückreichend bis in die Zeit der Hominiden, den Kern jeder gesellschaftlichen Existenz. Eine so althergebrachte und befriedigende soziale Ordnung war gewiß nicht leicht zu verdrängen. Sie lebt in primitiven Gesellschaften ungeachtet männlicher Vorrang- oder Vormachtstellung bis heute fort. In vielen solcher Kulturen kümmern sich auch die Väter und Onkel liebevoll und aufmerksam um die Kinder. Das Patriarchat hat das Bestehen dieser Bindung jedoch verdrängt und verleugnet. Dennoch existiert sie bis heute fort und erweist sich in unserem zeitgenössischen Denken als verzwicktes psychologisches Problem.[88]

Motive für die Entstehung des Patriarchats waren, wie wir gesehen haben, der Drang zur Naturbeherrschung, der Wunsch der Männer nach einem vorrangigen Verhältnis zu ihren Kindern (die Vaterschaft) und die dringende Notwendigkeit einer Neuordnung der soziopolitischen Organisation. Die Neubewertung der Beziehungsstrukturen stellte im Kern einen Versuch der Männer dar, sich in ihrem Verhältnis zur Natur, zu Frauen und zu ihren Geschlechtsgenossen neu zu definieren. Das neue Moralsystem war ein maskulines.

Möglicherweise stand hinter der Entstehung des Patriarchats u. a. das wichtige Motiv, den Männern eine verantwortungsvolle Betreuerrolle zu schaffen, die der der Frauen vergleichbar war. Es mag sein, daß die Frauen diese Intention zunächst als positiv und nutzbringend akzeptierten. Die Kehrseite war jedoch das Streben nach Herrschaft und Macht über die Natur, was solch natürliche Werte wie Fruchtbarkeit und Lebenserhaltung in der männlichen Moral aus ihrer zentralen Stellung verdrängten. Überdies ist anzunehmen, daß die Bestrebungen der Männer, sich gesellschaftliche Funktionen zu erkämpfen, mit den traditionellen ‹Rechten› der Frauen in Konflikt gerieten, und daß es sich als sehr schwierig erwies, den Widerstand dieser traditionellen Machtträgerinnen und derjenigen Männer zu überwinden, von denen sie geachtet und verehrt wurden.

Als wichtigstes Abgrenzungskriterium zwischen Mensch und Tier wurde vielfach die als universell angenommene Inzestschranke betrachtet. Allerdings haben die Göttinnen in den alten Mythen oft neben den Beziehungen zu ihren Liebhabern und Gatten auch sexuelle Verhältnisse zu ihren Söhnen und Brüdern und gelegentlich unterhalten auch Götter ein breites Spektrum an sexuellen Beziehungen.[89] Viele Gesellschaften gestatten bestimmte Formen des Inzests.[90] Geschwisterinzest war und ist vielleicht bis heute keine Seltenheit, und sexuelle Übergriffe auf Knaben durch Onkel oder ältere Vettern kommen ebenfalls häufig vor. Sexuelle Mißhandlung von Mädchen durch Väter, Onkel oder andere männliche Verwandte ist in unserer Kultur zwar verboten, aber an der Tagesordnung. Die Inzestform, auf die sich Literatur und Mythen konzentrieren, ist in Wirklichkeit die seltenste (ich habe außerhalb der Literatur noch von keinem einzigen Fall gehört): der Mutter-Sohn-Inzest.

Diese Inzestform ist, wie Lévi-Strauss gezeigt hat, Gegenstand zahlreicher Mythen. Solche Mythen entstammen Kulturen, in denen Geschlechtersegregation herrscht und in denen die Mütter mit ihren weiblichen Verwandten und Kindern in eigenen Hütten wohnen, während die Männer in einem größeren Haus oder mehreren solcher Häuser zusammenleben. Die Frauen schlafen gemeinsam mit den Kindern, und die Mythen lassen anklingen, diese Intimität sei sexueller Natur. In den von Lévi-Strauss beschriebenen Inzestmythen geht es um den Wunsch von Knaben, bei den Frauen zu bleiben, anstatt ihren Platz unter den Männern einzunehmen. Fast alle diese Mythen schließen die Ermordung der Mutter oder einer Mutterfigur ein; der Ehemann und Vater des Knaben steht diesem Vorgang gleichgültig gegenüber oder billigt ihn sogar.[91]

Der Mutter-Sohn-Inzest scheint mit der Zeit immer bedrohlichere Züge angenommen zu haben. So heiratet etwa in frühen Versionen des Ödipus-Mythos Epikaste (später Jokaste) ihren Sohn, der lange Jahre ohne Gewissensbisse und in Ehren regiert. In einer späteren Fassung besteht die Schuld des Ödipus darin, unabsichtlich die Götter beleidigt zu haben. Schließlich und endlich gelten seine Taten als Verbrechen, was durch die Parallelsetzung der Eheschließung mit der Mutter und des Vatermordes symbolisiert wird.[92]

Mit dem Inzestverbot geht nach Lévi-Strauss das Gesetz der *Exogamie* einher – eine Regel, die besagt, daß Ehepartner außerhalb der Gruppe gesucht werden müssen. Damit wird verhindert, daß sich eine biologische Familie zu einem isolierten geschlossenen Verband entwikkelt: «... das Band der Allianz mit einer anderen Familie sichert die Vorherrschaft des Sozialen über das Biologische und des Kulturellen über das Natürliche.»[93] Außerdem garantiert diese Regelung die Entstehung eines öffentlichen Bereichs, der über die einzelne (erweiterte) Familie hinausgeht.

Es spricht alles dafür, daß die Tabuisierung des Mutter-Sohn-Inzests politischen Motiven entsprang, d. h. den Status und vielleicht sogar das Leben der Väter schützen sollte. Ein solches Inzesttabu macht jede Nähe zwischen Mutter und Sohn verdächtig. Dennoch genügte dieser Schritt noch nicht, um diese Bande ganz zu zerstören (es geht hier tatsächlich vor allem um Mutter und Sohn: die Väter wollten selbst Einfluß über ihre Söhne besitzen, um ihnen die neue Wertordnung einimpfen zu können). Irgendwann ersann vermutlich eine Priesterkaste ein neues Mittel, das die Dominanz der Vater-Sohn-Beziehung über die Mutter-Kind-Beziehung offensichtlich machen sollte. Was die Mütter mit den Kindern verband, war Liebe. Den Männern hingegen ging es darum, ihren Gottesgehorsam unter Beweis zu stellen und die Überlegenheit von auf Macht beruhenden Beziehungen schlagkräftig zu demonstrieren. Also schuf man das Gebot, der Vater müsse sein erstgeborenes Kind opfern.[94]

Unter Bedingungen der Überbevölkerung mag dieses Kindsopfer in gewisser Weise von gesellschaftlichem Nutzen gewesen sein. Eine Theorie dazu besagt, daß die Männer sich über den Zeitraum zwischen Zeugung und Geburt noch nicht im klaren waren. Daher mag ihnen das Gebot, die erstgeborenen Kinder ihrer Frauen zu beseitigen, ganz gelegen gekommen sein.[95] In jedem Falle war das Kindsopfer bei den Karthagern, Babyloniern, Phöniziern und Kanaanitern weit verbreitet. Der Überlieferung nach ergingen Befehle zu Kindstötungen hauptsächlich aus männlichem Munde. So berichtet das Alte Testament von dem Befehl Jahwes: «Heilige mir alle Erstgeburt bei den Kindern Israel, alles was zuerst den Mutterschoß durchbricht bei Mensch und Vieh, das ist mein» (Exodus 13,2).

Das Patriarchat war eine Revolution gegen die Macht der Mütter, gegen die familiären Bande der Liebe, gegen emotionale Nähe und Verpflichtung. Carol Ochs findet insofern Parallelen in frühen patriarchalischen Strukturen, als sie sämtlich die in der matrizentrischen Ordnung herrschenden Bindungen an Kinder und Blutsverwandte durch die primäre Verpflichtung auf ein abstraktes moralisches Prinzip – den Willen Gottes – ersetzen. Der Gehorsam diesem transzendenten Gott gegenüber – der aus der Natur herausgelöst ist und herrschend über ihr steht – drückt sich in der Bereitschaft aus, die größte Gabe der Natur, nämlich die eigenen Kinder, um seinetwillen zu vernichten. Carol Ochs führt aus: «Als Beweis dafür, daß Abraham nicht mehr der früheren Tradition [der matrizentrischen Ordnung] verhaftet ist, fordert Gott von ihm, dem heiligsten Grundsatz des matriarchalen Glaubens abzuschwören und sein eigenes Kind zu töten.»[96] Bei einem solchen Opfer wird das Kind der Mutter von einer ‹höheren› Macht auf Grund eines ‹höheren› Rechts gewaltsam entrissen.

Dem Alten Testament zufolge verlor dieses Kindsopfer unter den Juden allmählich an Bedeutung und wurde vom Tieropfer abgelöst, obgleich David Bakan behauptet, es existierten zahlreiche Hinweise darauf, daß Menschenopfer im alten Palästina wenigstens bis ins 7. Jahrhundert v. Chr. verbreitet waren.[97] Hesekiel zumindest beschwert sich über Jahwe, der sich brüstet: «... [ich] ließ sie unrein werden durch ihr Opfer, als sie alle Erstgeburt durch Feuer gehen ließen, damit ich Entsetzen über sie brachte und sie so erkennen mußten, daß ich der Herr bin» (Hesekiel 20, 25–26). Der Wortlaut des Textes verrät offen die Normen, die hier vertreten werden: Macht wird über Natur, Töten über Gebären gesetzt. Die Geschichte von Abraham und Isaak läßt sich als abgeschwächte Form dieses Gebotes interpretieren, als Erlaubnis, statt des wahren Opfers ein Surrogat zu verwenden. In die gleiche Richtung gehen auch die Ermahnungen von Propheten wie Hesekiel, und eine spätere hebräische Überlieferung verspricht, der Messias werde ein König ganz neuer Art sein und keine Kindstötungen mehr fordern. Dennoch gibt es im Alten Testament noch weitere Beispiele für Kindsopfer, so den Fall Jephtes.

Der gesamte griechische Mythenzyklus, auf den ich bereits im I. Kapitel Bezug genommen habe, besteht im Grunde, seit der ersten Machtübernahme durch einen männlichen Gott (Uranos), aus einer Kette von Kindsmorden durch die Väter. Im Mythos des Ödipus sehen wir heute immer nur die Geschichte des Sohnes, der den Vater umbringt und die Mutter heiratet, und doch beginnt er damit, daß Laios den Sohn zu töten versucht. Eine Legende bezeugt die Größe des Perikles mit der Information, daß er am gleichen Tag, an dem sein Sohn starb, in aller Gelassenheit eine öffentliche Versammlung leitete. John Boswell zeigt auf, daß immer dann, wenn ein Volk davon überzeugt werden soll, daß Staats- oder Vaterlandstreue Vorrang vor Familienbanden haben, gehäuft Männer wie der Römer Junius Brutus gepriesen werden, die nahe Angehörige, insbesondere jedoch Söhne opferten.[98] Nietzsche durchschaute dieses Prinzip und machte sich darüber lustig, indem er formulierte, der Gott Israels habe gefordert, der Vater solle den Sohn opfern, der Gott der Christenheit hingegen habe ihn noch übertrumpft und sei selbst mit gutem Beispiel vorangegangen.[99] Es geschah nicht selten, daß ein König nach seinem Tod mit seinen Frauen und Sklaven, ein einfacher Mann samt seiner Ehefrau begraben oder verbrannt wurde. Im Römischen Reich weihte man den Göttern Menschenopfer im Rahmen von Gladiatorenkämpfen.[100] Solche Opfer wurzeln in eben jenem Wertgefüge, das durch die Zerschlagung der matrizentrischen Bande erschaffen wurde: Die Demonstration menschlicher Macht durch das Vernichten von Leben gilt mehr als das Leben selbst.

Edmund Wilson schildert einen Konflikt zwischen dem Kriegsminister und der Preußischen Kammer im Jahre 1862: Die Kammer war bereit, zwei Jahre Militärdienst zu bewilligen, der Minister forderte ein Jahr mehr. Drei Jahre, so behauptete er, seien unbedingt notwendig: die beiden ersten, um dem Soldaten beizubringen, wie man Feinde erschießt, das dritte, um ihn zu lehren, selbst Vater und Mutter zu töten.[101]

Solche Äußerungen sind gewissermaßen die gerechte Quittung für eine Kultur, die immer bereit gewesen ist, ihre Söhne (und Töchter) im Zuge der Kriege, die seit dem Aufkommen des Patriarchats nicht abrissen, nicht einem benennbaren Gott, sondern Staat und Vaterland zu opfern. Der gegenwärtige Regierungschef des Iran, Ayatollah Khomeini, hat immer wieder erklärt, daß «der Märtyrer [im Dienste des Staates] die treibende Kraft der Geschichte»[102] sei. Ein Kriterium, das von der Politikwissenschaft zur Charakterisierung totalitärer Systeme herangezogen wird, ist das Übergreifen der öffentlichen Sphäre auf den Privatbereich bzw. das Verschwinden jeder Grenzlinie zwischen beiden. Die Überordnung der öffentlichen Sphäre (sei sie nun kirchlich oder staatlich) über die Bluts- und Gefühlsbande erfolgte jedoch bereits vor Jahrtausenden im Zuge der Entstehung des Patriarchats.

3. Die Etablierung des Patriarchats

Die einzige positive Leistung des Patriarchats – im Sinne von Neuschaffung im Gegensatz zur Destruktion des Bestehenden – bestand darin, daß es die Männer in den Mittelpunkt (und die Frauen an den Rand) des menschlichen Daseins gerückt hat. Ich möchte noch einmal darauf hinweisen, daß diese Leistung eine scheinbare war: in Wirklichkeit blieben die Frauen die zentrale Kraft und sie sind es noch heute. Sie bringen Kinder zur Welt und ernähren sie, sie sorgen in den meisten Teilen der Welt für den Unterhalt und auf der ganzen Welt für den Fortbestand der Menschen. Es gibt zwar eine Klasse von Frauen, die nicht arbeitet, aber diese ist im Verhältnis zur Gesamtzahl der Frauen auf dieser Erde verschwindend klein. Die Männer spielen die wichtigste Rolle im ökonomischen und politischen Leben, von dem die Frauen weitgehend ausgeschlossen sind. Allein deshalb sind die Frauen abhängig von den Männern.

Mit der Deklaration und Verfestigung des untergeordneten Status der Frau ging ihre Versklavung einher. Im Lauf der Zeit erklärte man auch bestimmte Gruppen von Männern zu Untertanen und knechtete sie. Unterwerfungskriege – ausgelöst von einzelnen Männern, gesellschaftlichen Gruppen oder Staaten – begleiteten diesen Prozeß. Eine neue politische Ordnung – der von einem einzigen Mann und seiner Anhängerschaft oder einer Klasse regierte Staat – bildete sich heraus. Die quantitativen und qualitativen Unterschiede in der Unterdrückung der Frauen in den verschiedenen Ländern sind heute Gegenstand feministischer Untersuchungen.[103] Natürlich sträubten sich die Frauen dagegen, daß man ihnen das Mitspracherecht nehmen wollte, und um sie zum Schweigen zu bringen, wurde ein Propagandafeldzug eingeleitet, der bis zum heutigen Tag fortdauert. Sein Ziel bestand darin, Männer und Frauen zwei verschiedenen Kategorien von Menschen zuzuordnen, diese Zuordnung zu institutionalisieren und mit Hilfe von Gesetz und physischer Gewalt durchzusetzen. Ich bezeichne die Kriterien für diese Zuordnung im folgenden als männliche und weibliche Prinzipien. Der menschlichen Erfahrung liegt demnach eine Skala zugrunde, deren eines Ende als männlich und deren anderes als weiblich bezeichnet werden soll. Die Definitionen, die ich nun anführen werde, entstammen einer 2500 Jahre alten Tradition in Literatur, Theologie, Philosophie und Recht.

Männliches und weibliches Prinzip

Die beiden Pole, die die Spannweite menschlicher Erfahrung abstecken, sind den beiden Geschlechtern zugeordnet. ‹Männliches› Dasein speist sich aus der weltlichen Macht, deren Inbegriff das Töten ist; ‹weibliches› Dasein speist sich aus der Natur, deren Inbegriff das Gebären ist. Bestimmte Eigenschaften sind androgyn oder asexuell – so gilt etwa sittliche Kraft, gutes Benehmen oder Großzügigkeit grundsätzlich als mögliches Attribut beider Geschlechter. Aber selbst diese Eigenschaften weisen männliche und weibliche Aspekte auf. So ist etwa kodifizierte Etikette ‹männlich›, während «natürliches», wohlgefälliges Benehmen ‹weiblich› ist. Daß ich diese Termini in Anführungszeichen setze, hat mehrere Gründe; zum einen stehe ich selbst nicht hinter dieser Weltaufteilung, die ich hier referiere. Handlungsweisen lassen sich nicht wirklich dem einen oder anderen Geschlecht zuordnen, auch wenn sie bei einem von beiden häufiger vorkommen mögen. Lediglich die Gebärfähigkeit und der männliche Zeugungsbeitrag zur Fortpflanzung sind absolut geschlechtsgebunden. Zum zweiten ist es zwar notwendig, die Zusammenhänge, die den vielen Jahrtausenden abendländischer Kultur zugrundeliegen, genau zu untersuchen, aber nicht minder wichtig ist es, sich bewußtzumachen, in welchem Umfang sie an der wirklichen menschlichen Natur und dem faktischen Verhalten der Menschen vorbeigehen. Daher die Anführungszeichen.

‹Männliche› Attribute sind solche, die mit Herrschaft und Transzendenz zu tun haben. Alles, was festlegt, festschreibt, Struktur in scheinbar fließende Natur bringt, ist ‹männlich›. Daher ist jede Kodifizierung von Gesetzen, Prestige, Hierarchien oder Sitten und Gebräuchen ‹männlich›: Autorität, Rang und Status ebenso wie Legitimität und Rechtsansprüche. Das Recht auf den Besitz bestimmter Dinge oder zur Ausübung bestimmter Handlungen steht in engem Zusammenhang mit dem Recht über Menschen und Dinge und mit dem Begriff der Rechtschaffenheit – allesamt ‹männliche› Attribute. Gleichfalls ‹männlich› sind solche Eigenschaften, die im Zusammenhang mit der Fähigkeit zu töten stehen: Tapferkeit, Mut, Aggressivität und körperliche Geschicklichkeit. Dauerhaftigkeit und Strukturiertheit sind ‹männliche› Ideale, da sie den Lebensfluß ‹kontrollieren› oder zumindest zu kontrollieren vorgeben.

Dieser Komplex von Zusammenhängen ist offenbar sehr alt. So fertigten etwa bis in die jüngste Vergangenheit die Frauen der australischen

Aborigines nur solche Werkzeuge und Waffen, die von begrenzter Haltbarkeit waren: Grabstöcke, Rindenkörbe, gewebte Ziertaschen und -matten. Sie stellten Schnüre her und besorgten das Sammeln und Zerstoßen von Ton und Ocker zur Körperbemalung. Die männlichen Aborigines fertigten die haltbaren Gegenstände: alles, was geschnitzt oder behauen werden mußte. Selbst die geheimen hölzernen Kultgegenstände der Frauen wurden von Männern hergestellt und geweiht.[104]

Dauerhaftigkeit transzendiert den Fluß der Zeit, Struktur den Fluß der Erfahrung und Unsterblichkeit den Fluß der Generationen. Von daher ist auch das Streben nach Unsterblichkeit und alles, was Unsterblichkeit zu verleihen verspricht, ‹männlich›: das Schreiben eines Buches, die Begründung einer Institution oder einer Dynastie, das Erbauen einer Brücke, das Vollbringen einer Tat in der Hoffnung, im Gedächtnis zu bleiben. Zur Zeit des Alten Testaments wünschten sich die Männer Söhne, die ihren Namen weiterführen sollten (was bis heute in vielen Teilen der Welt so geblieben ist). Die Griechen erlangten Unsterblichkeit durch ihre Dichtung, die ihren und ihrer Vorväter Heldenmut, Reichtum und Ruhm und verewigten. Das Christentum schließlich projizierte die Unsterblichkeit auf ein Reich der Ewigkeit.

Mit Männlichkeit wird nicht nur alles in Verbindung gebracht, was fließender Bewegung entgegenwirkt, sondern gleichzeitig auch alles, worin sich Überwindung oder Transzendierung der Natur ausdrückt. So ist Askese in allen Spielarten ‹männlich› (auch dann, wenn sie von Frauen geübt wird) und wird mit der höchsten Form der Tugendhaftigkeit, der Heiligkeit assoziiert. Fasten, der Verzicht auf Obdach, wie er unter den heiligen Männern des Ostens häufig ist, die Ablehnung der Sexualität, Selbstgeißelung, das Tragen von härenen Hemden oder Ketten und selbst Akte der Selbstverstümmelung gelten als tugendhaft, da sie Erhabenheit über natürliche Bedürfnisse und damit über die Natur selbst zum Ausdruck bringen. Menschsein ist identisch mit Herrschaftsausübung, und Herrschaft ist die Gegenkraft zur Natur.

Herrschaft wird von Individuen ausgeübt. Menschen sind im Unterschied zu Tieren, die nur Angehörige einer Art sind, Individuen. Das männliche Prinzip verkörpert daher das Prinzip der Individualität. Individualität wiederum impliziert Konkurrenzverhalten und Rivalität. Für das männliche Prinzip ist Zeit linear, sie erstreckt sich zwischen einem Anfang und einem Ende. Lineares Denken im Verein mit Konkurrenzverhalten läßt das Leben als einen einzigen Kampf erscheinen, als Wettstreit um einen transzendenten Preis, den es innerhalb der zur Verfügung stehenden Zeit (beziehungsweise im Christentum nach deren Ablauf) zu gewinnen gilt. Der Sieg selbst ist wichtiger als das, worum es geht. Nicht das Spiel, nicht der Wettstreit, nicht der Kampf zählt, sondern allein der Sieg. Der einzelne Mann, der zu diesem Kampf angetreten ist, ragt aus der Zeit und ihren gleichförmigen Zyklen heraus, hat einen individuellen Namen und eine individuelle Bestimmung. Dagegen erhielten die römischen Frauen vor der Zeit des Römischen Reiches keine eigenen Namen, sondern wurden mit der weiblichen Genitivform des Namens ihres Vaters bezeichnet. Nach der Ehe trugen sie die genitivische Form des Namens ihres Ehemannes, wurden also wie Besitztümer schlicht als «des Markus» oder «des Antonius» bezeichnet.[105] Im gleichen Zusammenhang sind auch all die Gemälde zu sehen, die einen namentlich benannten Soundso und «seine Frau», sein namenloses Anhängsel, darstellen.

Da Individualität, Transzendenz und Herrschaftsdrang die Erkennungsmerkmale des Männlichen sind, gilt jeder Machtverlust als unmännlich. Da Hierarchien jedoch Gehorsam erfordern, muß der Mann Macht an andere abgeben. Doch auch hierfür hat sich eine Lösung gefunden: der Mann darf nur ihm übergeordneten Männern, niemals jedoch Frauen Macht abtreten. Daher kann Sexualität innerhalb des männlichen Kodex nie etwas anderes als ein Akt der Herrschaft sein – Vergewaltigung, Inbesitznahme (per Ehe oder Sklaverei) oder zeitweilige Anmietung (in Form der Prostitution) der Frau.

Das ‹weibliche› Prinzip wird mit der Natur in Verbindung gebracht und gilt nicht als vollwertiges menschliches Prinzip. Ihm zugeordnet ist alles Fließende, Vergängliche und Flexible (zuweilen auch als «schwach» bezeichnet), zu ihm gehören Natur, Körperlichkeit und Fortpflanzung. Es ist daher der Pol der Sexualität und der körperlichen Lust, des Nährenden, des Mitgefühls, des Einfühlungsvermögens, der Barmherzigkeit, der Hilfsbereitschaft usw. Zugleich ist es der Pol des Emotionalen, worunter auch unbeherrschte Wut, verzweifelter Schmerz und Trauer fallen. Mit dem weiblichen Prinzip verbunden ist Mangel an Macht auf allen Gebieten – in den Bereichen des Empfindens, der Sinnlichkeit, der Emotionalität und der Körperlichkeit.

Liebe ist ‹weiblich›, insbesondere die selbstlose Mutterliebe. Diese Form der Liebe wird auf der einen Seite hoch geschätzt, auf der anderen jedoch als blind diffamiert, da sie anscheinend nicht nach allgemeingültigen Kriterien unterscheidet. Das ‹weibliche› Prinzip repräsentiert daher moralische Flexibilität (wobei Frauen häufig mangelndes moralisches Empfinden vorgeworfen wird – ein Punkt, auf den ich im 7. Kapitel noch zurückkommen werde). ‹Weiblich› sind alle flexiblen, fließenden Lebensäußerungen – Spontaneität, Lust am Spielerischen, Kreativität.

Das ‹weibliche› Prinzip ist der Pol des Lebens, das ‹männliche› der der Zivilisation. Das ‹weibliche› Prinzip erachtet ‹männliche› Kategorien nicht nur für bedeutungslos, sondern wirkt ihnen als subversive Kraft entgegen. In den letzten zwei- bis dreitausend Jahren hat sich die Erwartung verfestigt, daß Männer ‹männliches› und Frauen ‹weibliches› Verhalten an den Tag zu legen haben. Dabei wurde das ‹weibliche› Prinzip auf Grund der enormen Macht und der Naturkräfte, die sich in ihm verkörpern, in zwei Aspekte aufgeteilt, die ich hier als «anerkannten» und als «nicht anerkannten» Aspekt bezeichnen möchte. Die Frau, die den Kriterien des «anerkannten» Aspekts entsprach, hatte all die erwähnten liebevollen, mütterlichen und fürsorglichen Eigenschaften an den Tag zu legen und die männliche Welt zu unterstützen, ohne jedoch an ihr teilzuhaben. Sie mußte auf äußerliche Macht verzichten, ihr aber gleichzeitig in ihrem Fühlen und Handeln dienen. «Nicht anerkannte» weibliche Eigenschaften sind jene, die als tierisch und entartet gelten. Hier verbirgt sich das Subversive und hier wird alles abgeladen, was männliche Herrschaft bedroht. Dieser Aspekt wurzelt in der Sexualität und beinhaltet die Aufgabe von Macht – das allen ‹männlichen› Strukturen antagonistisch entgegenstehende Moment des ‹weiblichen› Prinzips – sowie schlechthin alles auf der Welt, was unkontrollierbar, unberechenbar und von daher gefährlich ist. Im Rahmen des «anerkannten» Aspekts des ‹weiblichen› Prinzips ist Sexualität ein Akt der Unterwerfung um der Fortpflanzung willen, und nur innerhalb des «nicht anerkannten» Aspekts steht sie für die mächtige Faszination durch einen anderen Menschen und für das ‹Loslassen›, die Aufgabe der Selbstkontrolle.

Das ‹weibliche› Prinzip verkörpert nicht Menschsein, sondern Natur, weshalb jeder, der mit ihm in Verbindung gebracht wird, als nichtmenschlich gilt. Frauen, die den «anerkannten» weiblichen Aspekt verkörpern, sind Übermenschen, die idealisierten Vorbildgestalten der Dichtung und Morallehre. Frauen, bei denen der «nicht anerkannte» Aspekt stärker hervortritt, sind Bestien, Tiere, die es verdienen, als Untermenschen behandelt zu werden und völlig rechtlos zu sein. Frauen, die in den Bereich des ‹männlichen› Prinzips vorstoßen und sich erfrechen, selbst nach Macht zu streben, gelten als Monster, als abartige Ungeheuer.

Die schreckliche und beängstigende Seite der Natur (und damit der Frau) war nicht nur für die Zivilisation schlechthin bedrohlich, sondern für all ihre Erscheinungsformen, sei es das Legitimitätsprinzip, die Autorität oder die Sinngebung. Für das ‹weibliche› Denken ist nur das Leben selbst (im Sinne von Existenz) der Sinngebung wert, weshalb diesem Denken gewöhnlich keine Verbindung zum Intellekt zugeschrieben wird. ‹Weibliches› Denken ist meditativ, assoziativ und zirkulär und findet sich gelegentlich auch bei männlichen Dichtern. ‹Männliches› Denken ist rational: logisch, linear und unter Ausschluß alles anderen direkt auf ein bestimmtes Ziel gerichtet. Selbst Sprachen werden als männlich oder weiblich klassifiziert: so lobt etwa Jespersen an der englischen Sprache deren Virilität.[106] Innerhalb der Sprachen gibt es Wortgeschlechter, und auch in der Lyrik wird Versendungen ein Geschlecht zugesprochen, wobei die Standardendung der jeweiligen Sprache als männlich, die Abweichung hingegen als weiblich gilt – so daß ein und dasselbe Lautmuster in der einen Sprache männlich und in der anderen weiblich sein kann. Die Gelehrten der Renaissance unterschieden gesprochene und geschriebene Sprache in Geschlechterkategorien: «Auf jeden Fall ist das Sprechen seiner Kräfte beraubt; ... es [ist] nur der weibliche Teil der Sprache, gewissermaßen ihr passiver Intellekt. Die Schrift ist ihr handelnder Intellekt, das ‹männliche Prinzip› der Sprache. Sie allein enthält die Wahrheit.»[107]

Diese Kategorien werden in konkrete Handlungen und Haltungen umgesetzt. Die am meisten geachteten Männer waren stets jene, die die größte Macht ausübten – über Menschen, Territorien, Ideen oder Reichtümer. Wer Macht innehat, braucht keine anderen Qualitäten aufzuweisen – weder Menschlichkeit noch Anständigkeit, weder Liebe noch Achtung vor anderen Menschen, weder Ehrlichkeit und Prinzipientreue noch Gewissenhaftigkeit. Eine Frau, die sich nach diesen Kriterien verhielte, käme nicht weit, da man sie dämonisieren würde. Frauen werden dann idealisiert, wenn sie wie Esther dem gepriesenen Frauenbild der Salomosprüche entsprechen, wie Maria sich damit bescheiden, *ancillae*, Dienerinnen ‹männlicher› Bedürfnisse und Wünsche zu sein, oder wie Cornelia, die berühmte römische Matrone, ihre Erfüllung im Geben und Lieben sehen. Auf der anderen Seite stehen die Unruhestifterinnen, Teufelinnen und Versucherinnen, die *femmes fatales*, Amazonen und Sirenen. Vergils *Aeneis* handelt an der Oberfläche von der Gründung eines Königreiches, das unterschwellige Thema ist jedoch der Konflikt zwischen verschiedenen Typen weiblicher Figuren sowie zwischen Mann und Frau. Die rasenden, tobenden Frauengestalten in der zweiten Hälfte des Epos müssen besiegt werden, wenn sich Königsmacht und Ordnung etablieren sollen.[108] Das Christentum wies Eva, der Mutter allen Lebens, diese Rolle zu. Jacques de Vitry, ein Schriftsteller aus dem 13. Jahrhundert, schreibt: «Zwischen Adam und Gott im Paradies stand nichts als eine Frau; dennoch ruhte diese nicht, bis es ihr gelungen war, die Vertreibung ihres Gatten aus dem Garten der Wonne zu bewirken und Christus zur Marter am Kreuz zu verdammen.»[109]

In welchem Verhältnis diese soeben beschriebenen Aspekte menschlichen Daseins zueinander zu stehen haben, hängt ganz davon ab, ob es um einen Mann oder um eine Frau geht. Männer haben ‹männliche› Verhaltensweisen zu zeigen, insbesondere Frauen gegenüber. In reinen Männergesellschaften wie etwa in klerikalen, militärischen, wirtschaftlichen oder staatlichen Hierarchien oder in Gefängnissen müssen bestimmte Männer der herrschenden männlichen Elite gegenüber die Frauenrolle einnehmen. Männer, die ‹weibliche› Eigenschaften an den Tag legen, gelten jedoch als Narren, bunte Hunde, Tunten oder *Heilige*. Von Frauen wird erwartet, daß sie Männern gegenüber «anerkannt»-weibliche Eigenschaften zeigen. Dennoch hat es seit der Begründung des Patriarchats immer eine Kaste von Frauen gegeben, die eigens dafür bestimmt war, das Bedürfnis der Männer nach geächteten Aspekten, sprich Sexualität und Lust, zu befriedigen; ob als Sklavinnen, Konkubinen, Hetären, *demi-mondaines*, Prostituierte oder Mätressen – die Frauen dieser Gruppe sind schon immer besonders verwundbar gewesen, da sie weder unter dem Schutz des Gesetzes stehen, noch gesellschaftliche Achtung genießen.

Die der «anerkannt»-weiblichen Frau zugestandenen Eigenschaften sind extrem blutleer, ihre Rolle ist eingeschränkt und kraftlos. Dennoch werden Frauen sehr genau gemustert. Was links und rechts des schmalen Grates liegt, auf dem sie sich zu bewegen haben, gilt als Fehltritt, «nicht anerkannt»-weibliche Frauen werden ignoriert, gelten als Schande für ihr Geschlecht und sind verantwortlich für alle unkontrollierten Aspekte menschlicher Sexualität. Das Garantiesiegel für die Unterordnung der Frau unter ‹männliche› Gebote war traditionell die Keuschheit in Form von Jungfräulichkeit vor und Treue nach der Heirat. Die Frau, die sämtliche «anerkannt»-weiblichen Eigenschaften aufwies, in diesem einen Punkt jedoch gegen die Anforderungen verstoßen hatte, wurde in Bausch und Bogen und ohne Möglichkeit zur Rehabilitation verurteilt.

Allerdings galten in dieser Hinsicht unterschiedlich strenge Maßstäbe. Uns sind viele Beispiele dafür überliefert, daß junge Mädchen vergewaltigt und dafür von ihren eigenen Angehörigen getötet wurden. In islamischen Familien kommt es noch heute vor, daß junge Mädchen von männlichen Angehörigen vergewaltigt und anschließend, um die Schande zu vertuschen, umgebracht werden.[110] Denndoch gab es auch streng patriarchale Kulturen, in denen Frauen ein gewisses Maß an sexueller Freiheit genossen – so beispielsweise in den letzten Jahrhunderten des Römischen Reiches oder in der französischen und britischen Aristokratie des 18. Jahrhunderts. Sexuelle Freizügigkeit der Frau wird fast immer als Ursache für den allgemeinen moralischen Verfall einer Gesellschaft und den Untergang einer bestimmten Klasse oder eines ganzen Staatswesens herangezogen. Der Zusammenhang bleibt vage, ist jedoch vermutlich darin zu suchen, daß eben diese sexuelle Freizügigkeit ohne ein Nachlassen der strikten männlichen Kontrolle nicht möglich gewesen wäre, und daß männlicher Machtverlust grundsätzlich ‹Dekadenz› nach sich zieht.

Frauen werden im allgemeinen nicht als Individuen, sondern als Angehörige eines Geschlechts und einer «anerkannten» oder «nicht anerkannten» Kaste innerhalb desselben angesprochen – als ‹anständige› oder als ‹verderbte› Frauen. Der vermeintliche Makel einer Frau gibt Anlaß zur Verurteilung aller Frauen: «Frauen!» stößt der Mann verächtlich hervor. Hamlet ruft angesichts des Verhaltens seiner Mutter aus: «Schwachheit, dein Nam' ist Weib.» Auch auf der symbolischen und bildhaften Ebene zeigt sich also die Tendenz zur Polarisierung des Weiblichen. Weibliches Verhalten erscheint «einmal aufs höchste verehrt, ein andermal auf tiefste erniedrigt, selten im Bereich normaler menschlicher Möglichkeiten.»[111]

Der Mann wird gemeinhin als Individuum betrachtet, es sei denn, er wäre eindeutig untergeordnet: so sprechen etwa Offiziere oder Gefängniswärter von «den Männern» und Gewerkschaftsführer von «dem Fußvolk»; seine Fehler werden niemals auf das gesamte Geschlecht projiziert. Männer können sich innerhalb der gesamten Spannbreite der Prinzipien tummeln: männliche Gestalten wie Satan oder entthronte Herrscher werden mit dem «nicht anerkannt»-weiblichen Prinzip identifiziert, gewaltlose Führer wie Ghandi oder Diener wie der in Familiendiensten ergraute getreue Gefolgsmann hingegen mit dem «anerkannt»-weiblichen Prinzip. Das männliche Prinzip selbst bietet Raum für Machtaneignung und Konflikte, Prüfstein für Legitimität ist allein der Erfolg. Wie dieses Epigramm aus dem 16. Jahrhundert andeutet:

Unrecht Gut gedeiht nicht; läßt sich ein Grund dafür erkennen?
Gedieh es, wagte keiner es unrecht Gut zu nennen.[112]

Für das ‹männliche› Prinzip existiert keine weitere Unterteilung, wie sie für das ‹weibliche› besteht. Es gilt in seiner Gesamtheit als gut. Die Männer selbst werden jedoch sehr wohl nach Maßgabe ihrer hierarchischen Stellung verschiedenen Kategorien zugeordnet. Umfassende Macht und Herrschaft stehen nur einer kleinen Elite zu, und das Recht zu töten liegt bei besonderen Institutionen und bei den Männern, die diese kontrollieren. Je tiefer ein Mann auf dieser Stufenleiter steht, desto stärker wird er mit dem weiblichen Prinzip in Verbindung gebracht und auf Gehorsam und Unterwürfigkeit verpflichtet.

In der Realität gerät diese patriarchalische Kategorisierung natürlich immer wieder ins Wanken. Die wirklichen Frauen und Männer tragen Elemente sowohl des ‹männlichen› als auch des ‹weiblichen› Prinzips bis hin zu deren Extremen in sich. Auch wenn Männer keine Kinder gebären können, können sie ebenso mütterlich und fürsorglich sein wie Frauen. Auf der anderen Seite sind Frauen fähig zu töten. Es gibt überaus herrschsüchtige Frauen und zutiefst mitfühlende Männer. Männer wie Frauen können leidenschaftliche Sexualität in Gegenseitigkeit und Hingabe erleben und dabei gänzlich ohne den Drang auskommen, den anderen zu beherrschen oder von ihm beherrscht zu werden. Im Grunde tragen wohl die meisten Menschen sämtliche Qualitäten beider Geschlechterrollen zumindest in bescheidenem Maße in sich.

Ebenso richtig ist allerdings, daß Menschen gemeinhin danach beurteilt werden, wie gut sie sich ihrer ‹vorgesehenen› Rolle ‹anpassen›. Im allgemeinen stoßen Frauen, die nach Macht streben, auf eine gewisse Feindseligkeit, während Männer, die dies nicht tun, geringschätzig behandelt werden. Eine Frau, die tötet, gilt als widernatürlich, während ein Mann, der gleiches (im institutionalisierten Rahmen) tut, zum Helden oder zum Verbrecher wird, niemals jedoch zur Unperson. Die meisten Menschen spüren den Erwartungsdruck der Gesellschaft an sie, den Geschlechterrollen zu entsprechen, und fühlen sich schuldig, rebellisch oder beides zugleich, sobald sie diese mißachten oder zu frei auslegen.

Hinzu kommt, daß die geschriebene Sprache – jener Hort der Wahrheit – das tatsächliche Verhalten oft durch Auslassungen, Entstellungen oder direkte Verfälschung verzerrt, wodurch unsere Wahrnehmung verfälscht wird. Auf diese Weise übergeht die Geschichtsschreibung fast alle Frauen, die je die Arena der Macht betreten haben, und überliefert in den meisten Fällen lediglich sexuelle Legenden über sie. Jezabel, eine fremdländische Königin, die ihre eigenen Götter verehrte und nach Herrschaft strebte, ist uns als Dirne in Erinnerung, und die kultivierte und mächtige Königin von Saba ist für uns nur noch die Mätresse des Salomo. An weibliche Heilige erinnert man sich hauptsächlich ihrer sexuellen Askese wegen. Selbst an großen Frauen unserer jüngeren Vergangenheit wie etwa Emily Dickinson interessiert viele Leser das Privatleben weit mehr als ihr Lebenswerk. In der Wertschätzung von Malerinnen, Schriftstellerinnen und Denkerinnen spiegelt sich stets wider, ob und was für ein Sexualleben sie führten, ob sie verheiratet, gute Ehefrauen oder gute Mütter waren.[113]

Die Einteilung der menschlichen Erlebniswelt in Geschlechterprinzipien hat die Menschen schon immer stärker beeinflußt als die Realität selbst. Selbst Teil des männlichen Prinzips, strukturiert diese Kategorisierung den Inhalt unserer Wahrnehmung und unseres Wissens und verleiht ihm verständliche und glaubhafte Form. Wir sehen, was wir zu sehen erwarten, und falls wir doch etwas wahrnehmen, was ganz eindeutig unseren strukturierten Horizont übersteigt, so löschen wir es aus unserem Gedächtnis, verwandeln es in das, was wir erwartet haben oder betrachten es mit Entsetzen oder zumindest mit Abscheu. Die Realität ist verschwommen, fließend, von Gefühlen durchwoben und, verglichen mit den Gewißheiten unserer ererbten Wahrnehmungsstrukturen, diffus und verwirrend. Diese Strukturen wurden von jeder Generation und auf allen Ebenen – sei es auf dem Gebiet der Kunst, Philosophie, Literatur, Gesetzgebung, Religion oder der Politik – aufs neue bekräftigt. Auch wenn sie von Zeit zu Zeit eine Neuinterpretation erfahren, werden sie in ihrer Gesamtheit doch von keiner Kultur jemals ernstlich in Frage gestellt. Die Beschwerden derer, die sich durch solche Strukturen erniedrigt oder zur Unsichtbarkeit verdammt fühlen, werden als grundloses, hysterisches Gezeter abgetan. Der wirksamste Schutz gegen eine solche Strukturierung der Wahrnehmung bestand in der Vergangenheit in Analphabetismus und Ungebildetheit, wie wir an der vitalen Resistenz der Frauen und Männer aus der Unterschicht ablesen können, auf die uns hie und da doch ein Dokument, ein Gedicht oder eine volkstümliche Erzählung einen kurzen Blick eröffnet. Die weltweite Alphabetisierung, im ganzen sicherlich ein erstrebenswertes Ziel, gewährleistet doch auch die weltweite Kontrolle der Menschen durch die bewußtseinsbildenden Medien.

Da das Patriarchat von seinen Wurzeln her *unnatürlich* ist, ist es ohne feste Traditionen und Institutionen nicht lebensfähig. Die Grundlagen der patriarchalen Ordnung müssen innerhalb einer Kultur immer wieder neu artikuliert und in allen gesellschaftlichen Bereichen reproduziert werden, wenn sie Bestand haben sollen. Sie ergeben sich nicht wie die matrizentrischen Werte auf natürliche Weise aus dem Leben, sondern werden uns oktroyiert. Kinder reagieren auf die Gesetze der Welt der Macht oft schockiert oder mit Bitterkeit – zumindest taten sie das, bevor das Fernsehen eingeführt wurde.

Gleichzeitig mit der Aufteilung der menschlichen Welt in männliche und weibliche Prinzipien und eng mit diesem Prozeß verwoben, setzten sich eine Reihe weiterer Grundeinstellungen durch, die noch heute existieren und in unser aller Gedankenwelt ein komplexes, in sich geschlossenes Ganzes bilden. Um sie darzustellen, muß ich mich jedoch einer ‹männlichen› Methode bedienen und sie in einzelne Elemente zerlegen. Es handelt sich um verschiedene Formen der Institutionalisierung, die zwei Begleiterscheinungen der Zweiteilung aller menschlichen Erfahrung durchlaufen haben: die Abwertung der Frau und die Abwertung der Natur.

Die Abwertung der Frau

Das älteste erhaltene Dokument patriarchalischer Ideologie ist wohl das *Enuma elish*, ein sumerisches Epos, das vermutlich um 1350 v. Chr. entstand. Bis zu diesem Werk war die Mythologie von überaus mächtigen weiblichen Göttinnen beherrscht. Im *Enuma elish* erlangt der Gott Marduk die absolute Macht. Voraussetzung für seine Machtergreifung ist jedoch die vollkommene Unterwerfung der Frau. Er muß die Göttin Tiamat vernichten, die Urmutter und Schöpferin aller Dinge, die bereits zum Prinzip des Chaos, der Untätigkeit und Anarchie degradiert wurde. Trotz dieser Herabsetzung vermag er sie durch seine gewaltige Stärke nicht zu besiegen: an Körperkraft ist sie ihm ebenbürtig. Schließlich schlägt er sie dank seiner überlegenen *Bewaffnung*.[114]

Das Patriarchat wurde aller Wahrscheinlichkeit nach ursprünglich von einer Priesterelite begründet, die bestimmte Regeln für das religiöse und weltliche Leben aufstellte. In vielen antiken Stadtstaaten entstand neben dieser Priesterkaste eine militärische Elite, die erstere vielfach sogar verdrängte. Im Abendland trat an die Stelle dieser Herrscherkasten mit der Zeit eine aristokratische Elite und heute, gegen Ende des zweiten Jahrtausends christlicher Zeitrechnung, ist eine Managerelite im Aufstieg begriffen. Die im Patriarchat institutionalisierte soziale Stufenleiter bezeichnen wir als Hierarchie, abgeleitet von *hiero*, dem Wort für Priester. Es kam zu Konkurrenzkämpfen zwischen Priestern verschiedener Glaubensrichtungen: so etwa zwischen Elia und den Priestern des Baal. Elia blieb Sieger, indem er bewies, daß sein Gott Jahwe mehr Macht über die Natur besaß als jene (I. Könige 18). Im *Enuma elish* spiegelt sich möglicherweise der Aufstieg einer militärischen Elite in Sumer.

In den frühen sumerischen Stadtstaaten regierten Frauen und Männer als irdische Stellvertreter der Göttin Tiamat und ihres Gefährten. Die Angehörigen einer Priesterkaste fungierten als *Logotheten* (Kontrolleure, Buchhalter mit dem Status von Reichsbeamten), übernahmen die faktische Organisation und Verwaltung des Gemeinwesens und kontrollierten zeitweilig die Verteilung der Nahrung.[115] Mit der Zeit flammten kriegerische Auseinandersetzungen auf und die Frauen begannen zu kämpfen. Sie bemühten sich jedoch, Konflikte friedlich zu regeln. Allmählich wurden sie aus ihrer Machtposition verdrängt, da sich eine männliche Kriegerkaste etablierte und in einigen Stadtstaaten die Machtstellung des Priestertums usurpierte. Wo Krieger sind, da ist auch Krieg. Im Krieg werden Männer getötet und Frauen versklavt. So bildete sich bereits im vierten Jahrtausend v. Chr. in Sumer eine Sklavenkaste heraus.

Zu diesem Zeitpunkt waren bereits viele sumerische Städte befestigt. Sie führten ständige Grenzkämpfe untereinander. Dieser Dauerkriegszustand wiederum führte zu stärkerer Zentralisierung der Macht und zur Einführung von Zwangssteuern und Frondiensten, um die Befestigungsanlagen zu unterhalten. Schließlich wurden die Heerführer «zu Königen – *Lugalen* – wörtlich soviel wie ‹große Männer›»[116]. Nach und nach errichteten sie Paläste und Tempel, vereinnahmten Land, um diese zu unterhalten, übernahmen Priesterfunktionen, behaupteten schließlich, sie seien göttlicher Abkunft, und begründeten Dynastien.[117] Im dritten Jahrtausend v. Chr. bestand die Ratsversammlung von Uruk ausschließlich aus Männern.[118] Einige Machtpositionen verblieben indessen den Frauen: sie durften medizinische Tätigkeiten ausüben, Handel treiben, Verträge schließen und Gewerbeunternehmen führen. Jungen *und* Mädchen genossen eine Erziehung. Man begann, Gesetze schriftlich niederzulegen. Der *Kodex des Urukagina* diente dem Schutz des Eigentums der herrschenden Elite und der Tempel. Urukagina führte eine Revolution gegen die Kriegerkaste an und erließ Gesetze zum Schutz der Witwen und Waisen, wobei bemerkenswert ist, daß diese damals besonderen Schutzes bedurften. Urukagina verfügte ferner die Monogamie für die Frauen, die bisher nach alter Sitte zwei Männer heiraten konnten. Gleichzeitig ahndete er – allerdings nur bei Frauen – ein Verbrechen, das bisher als solches unbekannt gewesen war: den Ehebruch. Es steht außer Zweifel, daß die Frauen bereits damals unterdrückt wurden. So besagt etwa ein Abschnitt des Kodex, einer Frau, die «gesündigt hat», indem sie «zu einem Manne etwas sagte, was sie nicht hätte sagen dürfen», sollten die Zähne mit gebrannten Ziegeln eingeschlagen werden.[119] Nach Ruby Rohrlich institutionalisierte dieser Kodex die patrilineare Abstammungs- und Erbfolge, die Patrilokalität und die patriarchalische Familienstruktur.[120]

Um 2600 v. Chr. vereinigte Sargon Sumer mit dem nördlichen Mesopotamien; um 1800 v. Chr. begründete Hammurabi das Babylonische Reich, dem er Sumer einverleibte. Inzwischen hatte sich die Unterdrükkung der Frauen verschärft. Zwei Drittel des *Codex Hammurabi* waren der Definition und Einschränkung der Rechte der Frauen gewidmet – dennoch konnte ein Kommentator in unserem Jahrhundert feststellen, daß den Frauen damals mehr Rechte zustanden als in England und Amerika zu seiner Zeit.[121] Der Kodex verfügte u. a. die Todesstrafe durch Ertränken für jede Frau, die nachweislich leichtsinnig und verschwenderisch war, die Pfählung oder Kreuzigung der Frau, die den Tod ihres Gatten verursacht hatte, um einen anderen Mann zu heiraten, sowie die Degradierung der ‹Unwürdigen› zur Sklavin in ihrem eigenen Haus, falls ihr Ehemann beschloß, sich eine neue Frau zu nehmen.[122]

Der Statuswandel der Frau spricht, wie wir bereits gesehen haben, ebenso eindeutig aus hebräischen Dokumenten. Julian Morgenstern wies bereits 1929 nach, daß biblische Texte nachträglich geändert worden waren, um die Spuren der Matrilinearität zu tilgen und um die Stämme nach den jeweiligen Patriarchen zu benennen.[123] Wenn man dies berücksichtigt, werden manche zunächst obskuren Passagen deutlicher. So ist beispielsweise Sara tatsächlich Abrahams Schwester, wie er den Ägyptern gegenüber behauptet. Er durfte sie heiraten, weil sie verschiedene Mütter hatten und Blutsverwandtschaft nur über die mütterliche Linie definiert war. David Bakan behauptet, die ursprünglichen Stammütter seien in der Überlieferung später zu «bloßen Ehefrauen oder Konkubinen von Männern» degradiert worden.[124] Er gelangt zu dem Schluß, der Pentateuch – die von Priesterhand durch Zusätze, Auslassungen und Änderungen gesäuberten ersten Bücher des Alten Testaments – sei das Produkt der intensiven Bemühungen, «die patrilineare Abstammungsfolge und die damit einhergehende soziale und politische Organisation zu untermauern. Patrilineare Abstammungsfolge wird aufs engste mit Besitzansprüchen verknüpft. Besonderer Wert wird auf Gehorsam gelegt». Im Zentrum des Interesses dieser Überarbeitung standen «Abstammung, Tod, Eigentum und Macht»[125].

Als Mose eine kuschitische Frau heiratet, verstößt er gegen seine eigenen Gesetze, die angeblich die Gebote Jahwes sind, und wird von seinen Geschwistern Miriam und Aaron getadelt. Aber nicht Mose, sondern Miriam wird bestraft. «Gottes Strafe an Miriam fügt sich in das Muster des Vaters, der seiner Tochter ins Gesicht spuckt ... implizit wird das Recht des Vaters, in dieser Weise zu handeln, anerkannt ... nicht nur die Abstammungsfolge, sondern auch die Autorität wird der männlichen Seite zugeschanzt.» Bakan schließt, daß diese Textpassage Etablierung nicht nur der patrilinearen Abstammungsfolge, sondern gleichzeitig patriarchaler Kontroll- und Herrschaftsmechanismen versinnbildlicht.[126]

Die neuen Gesetze des Patriarchats wurden schriftlich niedergelegt, vor allem im *Leviticus*, dem Dritten Buch Mose. Von Männern für Männer geschrieben, regelt dieses in erster Linie das Tun und Lassen der Männer. Durch eine ganze Reihe von Handlungen können Männer ‹unrein› werden, so daß sie einer Reinigung bedürfen, die – natürlich – nur von Priestern vorgenommen werden kann. Das Buch definiert diese Handlungen, setzt die jeweils erforderlichen Reinigungsrituale fest und bestimmt den Teil des Tieropfers, der dem Priester als Bezahlung zustehen soll.

Zu den verunreinigenden Handlungen gehören grundlegende und notwendige Lebensfunktionen: bestimmte Formen des Essens und des Beischlafs. Dies macht die Einmischung des Priesters in die trivialsten Belange des Lebens notwendig. (In gleicher Weise implizieren auch die Sakramente der katholischen Kirche die Intervention des Priesters bei Lebensereignissen gewöhnlichster und fundamentalster Art – bei der Geburt, beim Eintritt der Pubertät, bei der Eheschließung und beim Sterben.) Im *Leviticus* sind sämtliche sexuellen Handlungen unrein (Greuel) und viele Arten der Sexualität sind ganz verboten. Besonders interessant ist, daß Sexualität, weiblicher Körper und Krankheit miteinander assoziiert werden. Kapitel 11 erwähnt die reinen und unreinen (als Speise gestatteten und verbotenen) Tiere, Kapitel 12 die Reinigungsrituale nach der Geburt eines Kindes (bei einem Sohn 40, bei einer Tochter 80 Tage Isolation). In den Kapiteln 13 und 14 geht es um die Reinigungsrituale bei Aussatz, in Kapitel 15 um jene bei «Ausfluß am Glied» (Schanker?), um die Reinigung beider Geschlechter nach dem sexuellen Verkehr und die der Frau während und nach der Menstruation.

So werden Krankheit, Geschlechtsverkehr und die fundamentalen Funktionen des Frauseins – Menstruation und Niederkunft – in Zusammenhang gebracht und als gleichermaßen unrein betrachtet. Auf Geschlechtsverkehr während der Menstruation der Frau steht die schwere Strafe der Verbannung. So merkwürdig es anmuten mag, all diese Dinge in einem Atemzug aufzuzählen, so haben doch alle eines gemeinsam: sie sind Manifestationen der Natur im Menschen. Die Nahrung, die durch den Mund aufgenommen wird, und der ‹Mund› (die Vagina) in den der männliche Penis eindringt, verbinden den Mann mit dem Natürlichen, dem Tierhaften und dem Weiblichen. Die Krankheiten, die im *Leviticus* abgehandelt werden, werden allesamt in Form von Sekreten äußerlich sichtbar. Die Körperflüssigkeiten – Wasser, Muttermilch, Menstruationsblut und Sperma – die einst als heilig galten, sind nun suspekt und unrein geworden.

Ein ganz ähnlicher Prozeß spielte sich Jahrtausende später im weit entfernten Mittelamerika ab. Die dortigen Völker, die ursprünglich einer großen Göttin dienten und friedlich und gleichberechtigt von primitivem Anbau lebten, gerieten mit der Zeit unter die Herrschaft einer Priesterkaste, die große Monumente errichten ließ (ähnlich den Stufentürmen der sumerischen Könige). Wir haben bereits gesehen, wie mit dem Aufstieg der männlichen Götter und dem Aufkommen des Staates die Göttinnen verdrängt wurden; «Civacoatl, die Göttin der Erde und des Werdens, ‹die die Knollenfrüchte pflanzt›, häufig ‹unsere Mutter› genannt, wurde zur Vorbotin des Krieges, der Trauer und des Unheils, zum verkörperten Schmerz der Frauen, die im Kindbett starben und ihre Männer in den vielen Kriegen der Azteken verloren»[127]. Coatlicue, die gewaltige dämonische Gestalt mit dem Rock aus Schlangen, auch die «Schmutzfresserin» genannt, ist eine spätere Version der Cihuacoatl (Civacoatl) und die Mutter des Kriegsgottes Huitzilopochtli.[128] Sie trat gewissermaßen in den Ruhestand, als ihr Sohn die Macht übernahm, galt jedoch nach wie vor als «oberste Lenkerin und Personifizierung des Hungers der Götter nach menschlichen Opfern»[129]. Die Erdmutter (die einigen Mythen zufolge vom Feuer verzehrt wurde), lebt in dem nach

Menschenherzen gierenden Opfermesser fort. Burr Brundage schreibt, daß Blutopfer «im aztekischen Staat die zentrale Rolle spielten». Das Feuersteinmesser verkörperte als Vermächtnis der Göttin Cihuacoatl das oberste Prinzip des Universums.[130] In dieser Verlagerung der Verehrung von der Göttin auf das Messer spiegelt sich der Übergang von der Loyalität gegenüber der Natur (Leben, Fruchtbarkeit, nährende Fürsorge) zur Machtanbetung (Herrschaft, Töten, Opfer und Gehorsam).

Mit der zunehmenden Zentralisierung der mittelamerikanischen Staatswesen bildeten sich neue Sitten heraus, die unter anderem von Nezahualcoyotl, dem Herrscher von Texcoco, um die Mitte des 15. Jahrhunderts in Gesetze gefaßt wurden. Sein Gesetzeskodex sieht vielfach für ein und dasselbe Vergehen, je nach sozialem Stand, Tätigkeit, Alter und Geschlecht des Missetäters unterschiedliche Bestrafungen vor. Die Zentralisierung des Aztekenstaates erfolgte im 15. und 16. Jahrhundert und brachte die Kodifizierung einer ganzen Reihe von Bestimmungen mit sich, die das Verhalten der Frauen reglementierten. Diese Gesetze gewährten den Frauen zwar gewisse Rechte, verlangten jedoch von Mädchen unbedingte Keuschheit und von verheirateten Frauen eheliche Treue. Männern wurde lediglich der Geschlechtsverkehr mit verheirateten Frauen untersagt. Vielweiberei war legal, das Konkubinat erlaubt, und die Männer hatten das Recht, ihre Frauen bereits bei geringfügigen (und unbewiesenen) Verfehlungen zu verstoßen.[131]

Die aztekischen Priester, die die Folgen ihres Handelns ebensowenig abschätzen konnten wie die Frauen, als sie den Männern ihren sozialen Status zugestanden, drängten auf Krieg. Sie brauchten mehr Gefangene, die die unzähligen schmalen Stufen der Pyramiden hinaufstiegen, die sich ermahnen ließen, sich nicht «wie Weiber zu benehmen», die sich auf den Sonnenaltar legten und sich das Herz mit dem Feuersteinmesser herausschneiden ließen. Die sich häufenden Kriege erforderten Soldaten, und nach und nach erlangte eine militärische Elite die Macht über die aztekische Kultur. Die Azteken «praktizierten Menschenopfer in einem noch nie dagewesenen Ausmaß», und ihre gesamte Kultur zentrierte sich um diesen Brauch.[132] Die jungen Männer standen unter dem Druck, ihre ‹Männlichkeit› zu beweisen, in den Krieg zu ziehen und zu töten. Männer, die noch keinen Gefangenen gemacht hatten, wurden von den Frauen verspottet. Väter töteten ihre eigenen Söhne, wenn diese sich als nicht kriegerisch genug erwiesen. Viele junge Männer suchten den Freitod.[133]

Das Leben der Azteken war insgesamt offenbar hart und grausam.

Die Menschen fühlten sich sündig und schmutzig. Gräßliche Selbstverstümmelungen waren gang und gäbe, insbesondere unter den Priestern.[134] Schon lange vor Cortéz' Landung hatten die Azteken durch ihre ständigen Einfälle in angrenzende Gebiete, ihren Militarismus und ihren Drang zu kriegerischer Expansion den Haß ihrer Nachbarn auf sich gezogen: deshalb konnte Cortéz andere mittelamerikanische Völker dafür gewinnen, mit den Spaniern gegen sie zu kämpfen.

Eine ähnlich finstere Lebenshaltung, wenn auch gepaart mit einem gewissen Sinn für Humor und einem gewissen Maß an sexueller Freizügigkeit, besaßen die alten nordischen Völker. Wie bereits erwähnt, «töteten» auch sie ihre Erdmutter Nerthus, und in ihren bis heute überlieferten Mythen spiegelt sich der Sturz der Fruchtbarkeitsgottheiten durch die Kriegsgötter in Gestalt des Sieges der Asen über die Vanen. Kevin Crossley-Holland schreibt: «Jede Kultur schafft sich die Götter, die sie braucht, und die skadinavische Welt brauchte einen Gott, der die zu ihren Hauptmerkmalen gehörende Gewalt rechtfertigte.»[135] Odin, der Gott des Kampfes, war «schrecklich, überheblich und launenhaft». Er entfesselte Kriege zwischen den Menschen, die den Midgard bewohnten, die Zwischenwelt zwischen dem Reich der Götter und dem Reich des Chaos und des Todes. Odin bewirtete die gefallenen Krieger in seinem Prunksaal Walhalla; er (und seine Frau) forderte Menschen- und Tieropfer.[136]

Der Odin-Mythos war mit entsprechenden kultischen Riten verbunden: Menschenopfer waren ein fester Bestandteil der Odin und anderen germanischen Kriegsgöttern geweihten Rituale. Adam von Bremen, ein Geschichtsschreiber aus dem 11. Jahrhundert, berichtet, er habe im Opferhain zu Uppsala in der Nähe des Tempels, der die Götzenbilder der heiligen Dreieinigkeit der skandinavischen Völker – Odin, Thor und Freyr – barg, viele Tote hängen sehen, und die Edda beschreibt eingehend, wie menschliche Opfer mit dem Speer durchbohrt und Odin geweiht werden.[137] Odin trug unter anderem die Beinamen «Gott der Gehängten» und «Gott des Speeres»; außerdem prophezeit der Mythos, daß Odin, wenn Ragnarök, die Götterdämmerung, gekommen ist, am Weltbaum Yggdrasil hängen wird, wie er einst seine Opfer hängen ließ.

Verglichen mit diesen grausamen und blutigen Traditionen wirken die Riten der Griechen geradezu milde. Mir scheint die Hypothese gerechtfertigt, daß die extreme Übersteigerung ‹männlicher› Werte tatsächlich zum Untergang des entsprechenden Volkes und seiner Kultur führt. Die milderen kulturellen Traditionen des Judaismus und des Hellenismus hingegen erlebten eine Hochblüte und vereinten sich schließlich, um im Christentum noch einmal neu zu erstehen. (Wenn diese Erkenntnis eine moralische Lehre enthält, so haben wir sie uns noch nicht zu Herzen genommen.)

Den Griechen gelang es trotz strikter Maßnahmen nie ganz, die Macht der Frauen zu eliminieren. Das ‹weibliche› Prinzip und das reale weibliche Element fehlen in der griechischen Kultur nicht so völlig wie in der spätaztekischen oder nordischen Kultur. Das soll jedoch nicht heißen, daß das weibliche Element in der griechischen Kultur einen anerkannten Platz eingenommen hätte. Ganz im Gegenteil: Die griechische Literatur strotzt von schrillen und hysterischen Angriffen gegen Frauen. So assoziiert Hesiod im 8. Jahrhundert v. Chr. die Frau mit der Natur in ihrer Unkontrollierbarkeit, Gewalt und Urwüchsigkeit: Gaia bringt seiner Version der Schöpfungsgeschichte zufolge «wildwuchernde Vegetation und halbmenschliche Ungeheuer» hervor. Für Hesiod ist der Sieg des männlichen Gottes ein Triumph der Ordnung und Kontrolle, er symbolisiert die Unterwerfung der Natur unter nützliche Zwecke, die Bezwingung ihrer zerstörerischen Aspekte.[138] Hesiod und andere griechische Schriftsteller sind besessen von der angeblich unersättlichen sexuellen Gier, dem hurenhaften Gebaren, dem Ungehorsam, der Dummheit, der Faulheit und der Unzuverlässigkeit der Frau. Man fragt sich, was die Frauen wohl getan haben mögen, um ein solches Maß an geballten Angriffen und Schmähungen zu verdienen: es drängt sich der Verdacht auf, daß sie wohl noch immer beträchtliche Macht, welcher Art auch immer, besessen haben müssen.

Semonides von Amorgos verfaßte eine lange haßerfüllte Schmähschrift gegen die Frauen, in der er sie als Tiere einstufte. Euripides, der einzige griechische Dramatiker, dem Sympathie für die Frauen nachgesagt wird, schrieb: «Die Frau ist schrecklicher als die Gewalt des tosenden Meeres, als die Kraft der Wildbäche, als der verheerende Brodem des Feuers.»[139] Solche Angriffe sind im Kontext einer Kultur zu sehen, die die Frau ins Haus oder in besondere Frauengemächer einschloß, ihr die Beteiligung am öffentlichen Leben der Stadtstaaten verwehrte, die Verfügungsgewalt über ihr eigenes Hab und Gut absprach und sie kaum für wertvoller als eine Sklavin hielt. Sarah Pomeroy stellt die These auf, daß in Griechenland extreme Spannungen zwischen den Geschlechtern herrschten, die sich selbst in der Mythologie niederschlugen. In den unzähligen Zeus-Sagen ist ebenso wie in vielen Sagen um den Gott Apollo immer wieder von Vergewaltigung die Rede, und zwischen Zeus und seiner Gemahlin herrscht ständig Zank, wobei Hera durchaus die eine oder andere Handgreiflichkeit (und Schlimmeres) über sich ergehen lassen muß.[140]

Hera hatte für die Griechen einst eine wichtige Göttin dargestellt, und Philip Slater vertritt die Auffassung, daß ihre Macht noch immer gewaltig war, als die griechische Literatur bereits von ingrimmigem Frauenhaß strotzte. Er weist darauf hin, daß Zeus in der *Ilias* seine Lieblingsstadt Troja deshalb nicht retten kann, weil Paris gegen die von Hera vertretenen Gesetze verstoßen hat, und daß Zeus Hera den Hof macht, indem er die Gestalt eines kleinen Vogels annimmt, den sie an ihrem Busen wärmt.[141] Slater entwirft eine Theorie über das Leben der Griechen, der er die Spannungen und Aggressionen, die sich in den misogynen Schriften der Männer manifestieren, und gesicherte Erkenntnisse über die Lebenssituation der griechischen Frauen zugrundelegt.

Kurz zusammengefaßt, beinhaltet sie Folgendes: In den Frauen staute sich infolge ihrer miserablen Behandlung eine enorme Wut auf. Athenischen Mädchen wurde keinerlei Bildung zuteil, und sie wurden sehr jung verheiratet. Ihre Ehemänner waren wesentlich älter und vielfach gebildet. Mit ihren beschränkten Möglichkeiten verlegten sich die Frauen darauf, ihre Söhne zu kontrollieren und zu beeinflussen. Die Männer mieden das Haus soweit irgend möglich. Auf diese Weise, so Slater, erlangten die Frauen in ihrem Bereich eine übermächtige Position und übten einen gewaltigen Einfluß aus, in dem ihre Aggressionen mitschwangen. Eine so extreme Verachtung und Geringschätzigkeit, wie sie die griechischen Männer der Frau gegenüber an den Tag legten, konnte nur aus tiefsitzender Angst und «verborgenen Zweifeln an der Überlegenheit des Mannes [erwachsen] ... Was sonst hätte solche massiven Maßnahmen notwendig machen können? Bräuche wie jene Regel, daß die Frau nicht älter, nicht von höherer Geburt und nicht gebildeter sein durfte als ihr Ehemann, für die gleiche Arbeit nicht ebenso viel wie dieser verdienen und keine Autoritätsposition bekleiden durfte, verraten die zugrundeliegende Mutmaßung, daß Männer der Konkurrenz mit Frauen unter gleichen Ausgangsbedingungen nicht gewachsen sind. Zuerst müssen die Karten gezinkt werden, die Männer brauchen eine Vorgabe.»[142]

Anders als die Juden projizierten die Griechen Macht und Herrschaft nicht auf einen Gott in Gestalt eines strafenden (und hin und wieder auch belohnenden) Vaters. Anders als die militaristischen Kulturen etwa der Babylonier, Assyrer, Hethiter und Meder, die der Macht in diesseitiger Gestalt huldigten und sie in Eroberungskriegen zu erlangen suchten, verliehen die Griechen ihrem Normungssystem nicht durch unablässige Kriege Nachdruck. Die griechischen Götter waren nicht so sehr über den Menschen stehende Mächte als vielmehr Verkörperungen menschlicher Kräfte und Impulse. Die Griechen erlebten einen Aufstieg nach Art militaristischer, machistischer Kulturen, aber die überwiegende Mehrheit der Stadtstaaten (mit Ausnahme Spartas) war nicht militaristisch. Sie hatten ein anderes Verständnis von Macht und daher ein anderes Menschenbild.

Sie betrachteten den Mann (nicht den Menschen) als Geschöpf, das sich durch Selbstkontrolle auszeichnet. Die Vernunft ist der Wagenlenker, der die Pferde der Wollust und Unbeherrschtheit zügelt. Das Lebensideal ist ein harmonisches Verhältnis zwischen körperlicher und geistiger Leistung in einer Sphäre, die aller Notwendigkeiten enthoben ist (diese Haltung erinnert mich an die Kultur der Chaga, in der die Männer, sobald ihre Initiation vollzogen ist, allen Ernstes behaupten, nie wieder den Darm entleeren zu müssen). Die Notwendigkeiten bilden das Reich der Natur, der fundamentalen ‹animalischen› Aspekte des Lebens und des Unwillkürlichen. Frauen aber waren in den Augen der Griechen nicht-willensbestimmte Wesen. «Im klassischen Griechentum wurden die Frauen unter anderem dadurch zum Verstummen gebracht, daß alles, was sie charakterisiert und woran sie unausweichlich gebunden sind – Sexualität, Geburt und der menschliche Körper (Sinnbilder des Unreinen und Tabuisierten, Verkörperungen von Abhängigkeit, Hilflosigkeit und Verletzlichkeit) – aus der Sprache der Politik ausgeklammert wurde.»[143] Die Gelehrtendiskussionen auf der Agora, die öffentliche politische Debatte, die Existenz der *Hetären*, jener rede- und denkgewandten Frauen, die die Männer angenehm unterhielten, ohne Ansprüche zu erheben, und der Prostituierten, die zur Befriedigung der körperlichen Bedürfnisse da waren, dieser vielgepriesene Lebensstil der athenischen Männer, den ganze Generationen von Gelehrten und Politikern nachzuahmen suchten, verdankte sich letztlich der Sehnsucht, dem Privatbereich, d. h. der Emotionalität, der Intimität und dem Leid in der Familie, kurz, «den Bereichen weiblicher Macht»[144], zu entfliehen.

Die intellektuellen Leistungen der Griechen im klassischen Athen legten den Grundstein für die gesamte abendländische Kultur – die ganze Philosophie, so heißt es, sei nur ein Nachsatz zu Platon. Dennoch basierte das Denken der Griechen auf einem unzureichenden Verständnis des Menschen, auf einem entkörperlichten und von allen fundamentalen Grundlagen losgelösten Lebensideal. Der weibliche Körper, Blut und Schwangerschaft, Essen und Ausscheidung, die von Frauen geleistete Arbeit, Sklaven und Arbeiter, Emotionen und Bindungen, all diese Elemente konstituierten auch das Leben der Väter jener Theorien, die solches nicht zur Kenntnis nahmen. Möglicherweise war gerade die Tatsache, daß ihre Philosophie so hoch über den irdischen Belangen schwebte und den Mann völlig von den alltäglichen Zwängen entband, der Grund dafür, daß uns aus der Überlieferung des klassischen griechischen Altertums mehr Haß und Ingrimm gegen die Frau entgegenschlägt als aus den Zeugnissen jeder vorangegangenen Kultur.

Die Frauen wurden zum Inbegriff all dessen, was es im Hinblick auf die Entstehung einer transzendenten Welt zu überwinden galt. Solange die Frauen faktische Macht über das leibliche Wohl und die Vorstellungswelt der Männer besaßen, drohten sie deren Fiktion an handfesten Tatsachen zerplatzen zu lassen.

Fest steht, daß sich durch die gesamte griechische Literatur von Hesiod bis Euripides eine einheitliche und systematische Verknüpfung zwischen dem Natürlichen und weiblicher Macht zieht.[145] Zwei Themen kehren in Kunst und Dichtung immer wieder: die Kämpfe der olympischen Götter gegen die Titanen und die Kämpfe der Athener gegen die Amazonen. Die Titanen, offenbar Repräsentanten ungezügelter menschlicher Leidenschaft und Kraft, und die starken Amazonen sind die Hauptfeinde der von den männlichen Göttern verfochtenen Ordnung und der Herrschaft des Mannes.[146]

Das ‹männliche› und das ‹weibliche› Prinzip als geschlechterbezogene Kategorisierung der menschlichen Welt sind im Denken der Griechen stärker verankert als in irgendeiner anderen uns zugänglichen Überlieferung. Das «nicht anerkannt» weibliche Prinzip spiegelt sich in Hesiods Naturbeschreibungen, die die Natur als wildwuchernd, unkontrolliert und sexuell abbilden (und in den entsprechenden Aspekten der Frau), das «anerkannt» weibliche Prinzip in der kultivierten Erde, wie sie Sophokles in der berühmten «Hymne auf den Menschen» in der *Antigone* besingt:

Die Erde selbst, der Götter höchste
nimmer zu tilgende, nie
zu ermattende, müht er mit kreischendem Pflug.
Mit der Rasse Geschlecht, von Jahr
zu Jahr sie wendend.[147]

Erklärte schon Aischylos den Vater zum Schöpfer des Kindes und die Mutter zum bloßen Gefäß, der Erde vergleichbar, in die der Mann den Samen legt, so wurde diese Sichtweise durch die Lehre des Aristoteles theoretisch untermauert. Sie besagte, daß das Menstruationsblut nur den väterlichen Samen nähre, aus dem allein die Nachkommenschaft hervorgehe. Damit war der letzte Schritt zur Zerschlagung der matrizentrischen Ordnung getan: hatten die Männer, indem sie die Fortpflanzung für sich in Anspruch nahmen, doch die einzige bis dahin ausschließlich weibliche Form von Macht usurpiert. In weiten Teilen des fernen und mittleren Ostens ist dieser Glaube auch heute noch lebendig.

Ähnliche Denkmuster wie die soeben beschriebenen finden sich auch in anderen Kulturen. Der Islam kennt sechs Formen der Unreinheit, drei davon bei Frauen – Menstruation, Geburt und Blutungen nach der Geburt – und drei bei Männern – Samenerguß, Sexualität und Tod.[148] Die Unreinheit der Frau steht im Zusammenhang mit natürlichen Vorgängen, die des Mannes mit Verlangen, Kontakt zu Frauen und dem Sterben. Frauen sterben gemäß der Auffassung des Islam nicht, sondern gehen wie Tiere unsichtbar in den ewigen Kreislauf des Lebens und der Art ein. Frauen, Hunden und anderen unreinen Tieren wird der Zutritt zu Moscheen ausdrücklich verwehrt.

Für die Chinesen in Tsinhai sind Frauen grundsätzlich unrein, wobei die Unreinheit vor allem dem Blut zugeschrieben wird. Jede Mutter muß sich, nachdem sie ein Kind zur Welt gebracht hat, einer Reinigungsprozedur unterziehen, die nach der Geburt einer Tochter länger dauert als nach der eines Sohnes. Bei einigen buddhistischen Sekten vermag allein der Mann ins *Nirwana* einzugehen. Die weiblichen Angehörigen dieser Sekten beklagen ihre Unreinheit, setzen jedoch ihre Hoffnung darauf, durch die Geburt eines Sohnes eine höhere Reinkarnation zu erfahren und im nächsten Leben als menschliche Wesen wiedergeboren zu werden. Denn menschlich ist einzig und allein der Mann.[149]

Die Abwertung der Natur

Es ist auffallend, daß bei den Aufzählungen der unreinen Sekrete so gut wie nie die Rede von Urin, Erbrochenem, Auswurf oder Exkrementen ist, die vom Geruch her wesentlich unangenehmer sind und (mit Ausnahme des Urins) potentiell viel eher Krankheiten übertragen können als Sperma oder Menstruationsblut. Der Umgang mit diesen Körperausscheidungen ist nirgendwo geregelt. Abstoßend wirkt alles, was den Mann an die Frau und folglich an die Natur bindet, oder all jenes, was allein die Frau, nicht aber den Mann, an sie kettet.

Es ist anzunehmen, daß das Bedürfnis, die Natur zu unterwerfen und zu transzendieren, beide Geschlechter drängte. Der Urzustand des Menschen in seinem Verhältnis zur Natur ist in vielem weder angenehm noch bequem oder sicher. Die Ideologie des Patriarchats macht es jedoch bis heute durch die Art und Weise, in der Pflichten und Gratifikationen verteilt werden, den Männern viel leichter als den Frauen, die Illusion aufrechtzuerhalten, sie seien unabhängig von natürlichen Prozessen und den damit verbundenen Zwängen.

Um die Illusion nicht zu zerstören, muß die Realität ohne Unterlaß verleugnet werden. Meistens geschieht das, indem Körperbedürfnisse und positive Emotionen ignoriert oder niedergekämpft werden. Daß Stolz, Hochmut und extremes Machtstreben gleichfalls emotionalen Ursprungs sind, wird ebenso übersehen wie die Tatsache, daß Nahrung, Wärme und Ausscheidung zu den physischen Bedürfnissen gehören. Den Assoziationsmustern unterliegt keinerlei Logik. So gilt Ärger, dessen Äußerung nur *scheinbar* nicht den Verlust der Selbstkontrolle beinhaltet, beim Mann als akzeptabel, Mitleidsbezeugungen, die in den seltensten Fällen mit Machtverlust einhergehen, jedoch als ‹Sich-gehenlassen› erscheinen, dagegen nicht. Emotionen und Stimmungen, die scheinbar Selbstbeherrschung ausdrücken, sowie all jene physischen Bedürfnisse, die nichts mit sexuellen Kontakten – welcher Art auch immer – zwischen den Geschlechtern zu tun haben, tragen im großen und ganzen nicht den Makel des Unreinen.

Die Abwertung der Natur zeigt sich, was die Männer selbst betrifft, vor allem in zwei Idealen: ‹Abhärtung› und ‹Askese›. Der Abhärtungsprozeß, der in den jeweiligen Kulturen ganz unterschiedliche Namen trägt, ist vor allem durch die Überwindung von Emotionen und körperlichen Bedürfnissen gekennzeichnet. ‹Abhärtung› gilt vermutlich bereits seit der Entstehung des Patriarchats als militärische Tugend. Die Ertüchtigung der Spartaner, die militärische Zucht der römischen Legionen und die Grundausbildung unserer Soldaten, in der das Töten gelehrt wird, verbindet eine einzige Entwicklungslinie. Shakespeares Antonius wird von Augustus gelobt, weil er es in der Not auf der Flucht vor dem Feind «trotz seiner verwöhnten Jugend» fertigbrachte, sich von Baumrinde und rohen Beeren zu ernähren und Pferdeharn zu trinken. Coriolan, eine wahre Kampfmaschine, kann auch in verwundetem Zustand noch weiterkämpfen: weder fühlt er Schmerzen, noch schwächt ihn der Blutverlust. Othello schließlich brüstet sich, auf «des Krieges Stahl und Felsenbett» geschlafen zu haben.

Solche Manneszucht impliziert psychischen und physischen Stoizismus, es ist erforderlich, bestimmte körperliche und emotionale Regungen nicht zuzulassen. Der Körper wird gestählt, indem er über lange Zeit Torturen ausgesetzt wird, die seine Belastbarkeitsgrenze mit der Zeit verschieben. Emotionen werden durch Brutalisierung, die in gewissen militärischen oder paramilitärischen Anstalten Teil der Ausbildung ist, sowie durch eine im Leben fast jedes Knaben frühzeitig einsetzende gefühlsfeindliche Indoktrinierung abgestumpft. Man geht davon aus, daß diese Abhärtung an Körper und Psyche den Knaben zum Mann macht, indem sie ihn befähigt, in jeder Situation Herr der Lage zu bleiben. Daß dies keinem Menschen möglich ist, spielt keine Rolle. Was zählt ist allein der äußere Schein.

Zur ‹Askese› hingegen gehört noch mehr. Der harte Mann darf sich durchaus mit Frauen einlassen – ja, er *soll* es sogar, und sei es nur, um zu beweisen, daß er nicht homosexuell ist (Homosexualität gilt als Makel, weil sich nach althergebrachter Ansicht zumindest einer der beteiligten Männer erniedrigen muß, um die Rolle der Frau einzunehmen. Diese Vorstellung geht wohl eindeutig auf die Auffassung zurück, Sexualität beinhalte ein Machtverhältnis mit dem Mann als dominierendem und der Frau als kapitulierendem Teil. Homosexualität kommt häufig in den Ruch des Animalischen und Bestialischen, obgleich gleichgeschlechtliche Sexualhandlungen bei Tieren selten sind). Es wird unterstellt, daß der abgehärtete Mann in heterosexuellen Beziehungen absolut dominant ist. Dem Asketen hingegen gilt alles Natürliche als abstoßend, insbesondere jedoch Frauen. Er bekämpft all seine Bedürfnisse, angefangen mit den sexuellen bis hin zu denen nach Nahrung, Wärme und anderen physischen Lebensnotwendigkeiten.

So gibt es etwa im Judaismus heilige Männer, die in der Einöde leben und sich von Heuschrecken und Honig ernähren, um sich ganz auf spirituelle Dinge konzentrieren zu können. Die Essener, eine alte hebräische Sekte, die angeblich Jesus stark beeinflußt haben soll, lebten an der Küste des Toten Meeres. Ihre Lebensweise war zölibatär und asketisch, so asketisch sogar, daß sie sich nicht einmal gestatteten, am Sabbat zu urinieren.[150]

Die Lehre des Siddhartha und die grundlegende Überzeugung des Buddhismus besagt, der Mensch stecke, solange sein Ego existiert, in der Falle eines unendlichen Zyklus von Geburt und Tod, in einem ständigen Kreislauf von schmerzlichen Reinkarnationen. Das Leben ist armselig und erbärmlich; Ziel der buddhistischen Lehre ist es, den Menschen zu befähigen, über die Grenzen seines Selbst und damit über den Lebenskreislauf hinaus in das Stadium der Erleuchtung zu gelangen, und schließlich in das *Nirwana*, die diesem natürlichen Kreislauf übergeordnete transzendente Sphäre. Das hinduistische Denken basiert auf einer ähnlichen Grundeinstellung, und beide Religionen haben strenge Formen der Askese hervorgebracht.

Hindus, die den Geboten Manus folgen, liegen, gehen oder sitzen auf Nägeln, halten einen Arm in die Luft, bis er atrophiert, ballen die Faust, bis die Fingernägel durch den Handteller wachsen, hängen sich kopfunter über rauchenden Feuern auf und verstümmeln ihren Penis durch Eisenringe.[151] Man gewinnt geradezu den Eindruck, daß die Menschheit insgesamt mehr Erfindungsreichtum darauf verwandt hat, Methoden zur Bestrafung und Peinigung des Körpers zu ersinnen als zu seiner Pflege und Erhaltung.

Barrington Moore erklärt, solche Formen der Askese seien aus dem Wunsch erwachsen, einerseits dem endlosen Kreislauf der Wiedergeburt zu entfliehen, andererseits aber auch die Außenwelt zu beherrschen.[152] Viele Asketen glauben den Weg gefunden zu haben, «die Mächte des makrokosmischen Universums zu besiegen, indem sie sich deren Erscheinungsformen im Mikrokosmos untertan machen», d. h. indem sie ihr eigenes organisches Wesen überwinden. In den Worten Heinrich Zimmers drückt Askese «einen extremen Machtwillen aus, das Verlangen, die unerschöpflichen, geheimen, im Unbewußten der menschlichen Natur aufgespeicherten Kräfte zu beschwören»[153]. In einem Großteil der hinduistischen Überlieferung wird das Asketentum als wirksamstes Mittel bezeichnet, den Willen des Höchsten zu bezwingen. Das Besondere am Machtstreben der Asketen ist sein Streben, die – als Projektion seines eigenen Bewußtseins entstandene – machtvolle Gottheit seinerseits zu beherrschen. Die Selbstpeinigung als Mittel, den göttlichen Willen zu bezwingen, ist, wie Moore folgert, deshalb eine Form der Aggression. Am meisten fürchtet der Asket die Sexualität. Würde der Heilige ihr verfallen, so könnte er in einer nächtlichen Stunde «die gesamte physische Macht, die anzusammeln er sich ein Lebenlang bemüht» hat, verströmen.[154]

Auch wenn das Christentum seinen Priestern das Zölibat erst im 11. und 12. Jahrhundert auferlegte, hatte der Glaube doch schon immer eine ausgeprägt sexualfeindliche Unterströmung. Die erotisierte Atmosphäre des Römischen Reiches stieß viele Menschen, Christen wie Nichtchristen, ab. Aber vor allem im Christentum zeigte sich eine heftige Mißbilligung alles Emotionalen als geradlinige Fortführung seines stoizistischen Ursprungs.

Im Mittelpunkt der Lehre des Christentums standen die althergebrachten Wertbegriffe der Liebe und der Fruchtbarkeit, und zwar auch dann noch, als in der Kirche selbst im Zuge der Etablierung eines patriarchalen Systems – d. h. hierarchischer, autoritärer und Gehorsam fordernder Strukturen – bereits Streit und Rivalität die Oberhand gewonnen hatten. Im innerkirchlichen Bereich herrschte eine beträchtliche Frauenfeindlichkeit; es entstand eine Vielzahl von frauenfeindlichen Traktaten. Nach Katherine M. Rogers hatte sich schon zu Zeiten Tertullians (160–230 n. Chr.) die christliche Sexualfeindlichkeit zum allgemein anerkannten Dogma verfestigt. Tertullian selbst zog in seinen Schriften immer heftiger gegen die Sexualität und die Frauen zu Felde.[155] Johannes J. Chrysostomos schrieb, Frauen seien zu meiden, denn bereits ihr bloßer Anblick bereite heftige körperliche Pein.[156] In seinem Brief an die Römer bezeichnete er die Leidenschaften als «in der Tat sämtlich schandhaft»[157].

Für Augustinus ist «der Leib eines Mannes über den einer Frau um so viel erhabener, als es die Seele über den Körper ist»[158]. Dennoch fand Augustinus die Körperlichkeit des Mannes beschämend – und zwar auf Grund der mangelnden Kontrolle über den Penis, der von der Begierde «nach ihrem Recht und nicht im geringsten nach unserem Willen erregt oder nicht erregt» wird. In Augustinus' Augen existierte dieser beschämende Mangel «vor der Sünde des Menschen nicht ..., weil die Begierde noch nicht vom Willen unabhängig jene Glieder in Bewegung setzte»[159]. Die Frauen lösten also Geschehnisse aus, die dem Mann zu Bewußtsein brachten, daß er kein transzendentes Wesen, sondern noch immer Teil der Natur war. Augustinus war bereit, die Natur «bis hin zur Zerstörung besagter Erscheinungsform um den Preis des physischen Untergangs des Menschengeschlechts auszutilgen»[160].

Der Drang, die Natur zu transzendieren und zu beherrschen, führte zum Gedanken eines höheren Reiches mit einem Gott, in dessen Namen Kinder geopfert wurden. Diese Realitätswahrnehmung ist selbstmörderisch, aber ihre suizidalen Impulse tarnen sich hinter dem Postulat jener höheren Welt. Wie John Boswell schreibt, glaubten die Christen, das Neue Testament lehre «klar und deutlich, daß das Zölibat die höchste Form der Reaktion auf die menschliche Erotik sei, daß nicht nur kein zwingendes Gebot bestünde, sich fortzupflanzen, sondern es sogar moralisch besser wäre, dies nicht zu tun. Aus höherer theologischer Warte ließ sich die ‹Natur› in keiner Weise in den christlichen Bezugsrahmen integrieren»[161]. Selbst im Rahmen der Sexualität mit dem Ziel der Fortpflanzung – nach christlicher Lehre die einzige zulässige Form des Geschlechtsverkehrs – hielten viele Vertreter der frühen Kirche Lustempfinden für Sünde. Der Heilige Basilius schrieb: «Wer in diesen Dingen der Natur folgt, tut dies zu seiner eigenen Verdammnis, indem er noch nicht gänzlich die Natur besiegt hat und noch immer unter der Herrschaft des Fleisches steht.»[162] Die Natur war das alte göttliche Prinzip, das neue war die Gnade – was immer darunter zu verstehen sein mochte.

Auch in der Geschichte des Christentums finden wir viele Beispiele strengster Askese: barfüßige Mönche lebten in Armut und Entbehrung, Menschen trugen (wie Thomas Morus) ihr Leben lang härene Hemden oder wanden Ketten um ihren Körper, spanische Mönche zogen sich selbst geißelnd durch die Straßen. Selbst heute noch sind Geißelungen und Selbstgeißelungen Brauch in vielen Klöstern. Hinzu kommen die gräßlichen Strafen – Herausreißen der Gedärme, Folter und Verbrennen bei lebendigem Leibe –, die Christen während des langen Kampfes zwischen Katholizismus und Protestantismus übereinander verhängten.

Frauen verschrieben sich ebenso der Askese wie Männer, obwohl sie offenbar ihre besonders extremen Formen mieden. Für die Frau bedeutet ein frommes Leben in erster Linie Keuschheit und am besten lebenslange Jungfräulichkeit. Letztere weckt jedoch nur dann Hochachtung, wenn sie ganz bewußt bewahrt wird. Die Frau, die gegen ihren Willen Jungfrau bleibt, wird nicht bewundert, sondern bemitleidet. Außerdem ist die Jungfräulichkeit nicht nur unerläßliche Voraussetzung, um heiliggesprochen zu werden, sondern wurde von Frauen nahezu in der gesamten abendländischen Zivilisation gefordert. Für den Islam gilt das noch heute.

Zum gegenwärtigen Zeitpunkt ist das Asketentum im Orient verbreiteter als in der westlichen Welt. Wo immer es jedoch praktiziert wird, betrachtet man Frauen als feindliche Wesen. Es gibt religiöse Stätten, die keine Frau betreten darf: Lamaklöster, manche buddhistischen Tempel und die Altarräume in katholischen Kirchen. Ein krasses Beispiel für diese Haltung ist die Reaktion mancher amerikanischer Gemeinden auf die Ordination von Frauen zu episkopalischen Geistlichen. Eine episkopalische Kirchengemeinde samt Knabenschule entschloß sich gar, lieber aus ihrer Stammkirche aus- und der griechisch-orthodoxen Kirche beizutreten, als die Ordination von Frauen zuzulassen.[163] Offenbar nahm diese Gruppe lieber die *Apostasie* in Kauf, die jahrhundertelang als abscheuliche Sünde gegolten hatte, als in dem Wissen weiterzuleben, daß Frauen in ihrer Religionsgemeinschaft als Geistliche fungierten. Man muß sich in solchen Fällen fragen, was die Ausfüllung dieser Funktion durch eine Frau für die Männer bedeutet und warum die Vorstellung, daß eine weibliche Person geweihten Grund und Boden betritt, solches Entsetzen auslöst. Gleichzeitig hat sich die katholische Kirche, die nach wie vor strikt die Ordination von Frauen und die Priesterehe ablehnt, bereit erklärt, verheiratete episkopalische Geistliche, die wegen der Zulassung der Frauen zur Priesterweihe ihrer Kirche den Rücken gekehrt haben, in ihren Schoß aufzunehmen.[164] Aber das Paradoxe ist, wie wir noch sehen werden, ein inhärentes Merkmal des Patriarchats.

Die Mittlerposition der Frau

Um meine Argumentation noch einmal kurz zu resümieren: Irgendwann in ferner Vergangenheit entwickelten die Menschen das Bedürfnis, sich von der Natur abzugrenzen. Zu diesem Zweck schufen sie einen Gott der Macht, zu dessen Ebenbildern sie sich erklärten. Nun war der Mensch/Mann der Natur dadurch entrückt, daß er, wie sein Gott, die Macht über sie und damit über alle anderen Lebewesen besaß. Allerdings ist dies nicht mehr als eine Behauptung: kein Mensch, weder Mann noch Frau, vermochte bis heute jemals die Natur zu beherrschen, und zwar die eigene innere Natur ebensowenig wie die natürliche Umwelt. Im Laufe der Jahrtausende haben die Menschen immer neue Mittel ersonnen, um die Natur unter ihre Gewalt zu bringen, aber jede dieser Errungenschaften brachte neue Probleme mit sich, und als Resultat diesen Prozesses ist heute der Fortbestand der Menschheit selbst gefährdet.

Kritisch denkenden Köpfen ist allerdings schon seit jeher klar gewesen, daß die Menschen bei weitem nicht fähig waren, ihr eigenes Leben perfekt zu steuern. Um diese Tatsache zu verschleiern, ersann man ein scheinbares, symbolisches Naturgesetz: Frauen gehörten einer anderen Spezies an als Männer und waren kraft ihrer biologischen Voraussetzungen der Sphäre der Notwendigkeit verhaftet. Der Mann hingegen war frei, Macht auszuüben, seinen Verstand, seinen ‹Geist› und seine Körperkraft zu benutzen, wie er es für angemessen hielt.

Der Frau blieb die Rolle der Mittlerin zwischen dem Mann und den biologischen Notwendigkeiten, der Natur und allem, was männlichem Denken unannehmbar schien. Verletzlichkeit, Machtverlust, Aus-der-Fassung-Geraten, Empfindungen und Gefühle wurden zum größten Teil auf die Frau projiziert. Ihr Verhalten wurde, unabhängig von seiner Natur, als Manifestation von ‹Schwäche› interpretiert, während gleiches Verhalten beim Mann wahlweise ignoriert oder anders gedeutet wurde. Die Frau war durch all jene Wesenszüge definiert, die die Männer von sich wiesen. Diese Aufspaltung menschlichen Erlebens in geschlechtsspezifische Muster machte die Männer jedoch nur noch abhängiger von den Frauen.

Vor einigen Jahren erschien ein vielbeachteter Aufsatz von Sherry Ortner, der die Zusammenhänge zwischen Frauen und Natur und zwischen Männern und Kultur beleuchtet.[165] Gestützt auf die Gedanken von Claude Lévi-Strauss untersucht Sherry Ortner diese Verknüpfungen, die, wie sie aufzeigt, große Teile des Denkens sowohl einfach strukturierter als auch hochdifferenzierter Gesellschaften durchziehen. Seit der Veröffentlichung dieses Aufsatzes haben sich zahlreiche anthropologische Abhandlungen noch eingehender mit diesem Thema beschäftigt und Sherry Ortners Aussagen modifiziert bzw. in Frage gestellt.[166] In einigen Gesellschaften scheint es die Opposition von Natur und Kultur nicht zu geben, und mancherorts sind nicht die Männer, sondern verheiratete Paare die Repräsentanten der Kultur. Ich persönlich vermute, daß die Dichotomie Natur-Kultur in solchen Gesellschaften am stärksten ausgeprägt ist, in denen Macht in der Wertordnung an zentraler Stelle steht, und daß Abweichungen von dem Identifikationsmuster Frau = Natur darauf beruhen, daß die Männer die Frauen ‹domestiziert› und ihre Naturkräfte usurpiert haben. In Kulturen, die der Macht einen hohen Wert beimessen, gelten Frauen hingegen als Bindeglieder zwischen den Männern und einer anderen Daseinsebene. Wie auch immer sie im einzelnen definiert sein mögen, die Frauen sind keine vollwertigen Menschen, sondern Zwitterwesen, die mit einem Bein in der männlichen und mit dem anderen in einer anderen Welt stehen.

So existiert etwa bei den männlichen Bakweri in Kamerun ein Mythos über den Ursprung der Menschen. Einst gab es eine Stadt mit vier Einwohnern, die nicht zusammen leben konnten. Sie stritten sich und Moto blieb Sieger: die anderen wurden in die Wildnis hinausgetrieben. Moto ist oder wird ein Mensch, die anderen sind der Menschenaffe, die Ratte und die Seejungfrau, die in dieser Mythologie allesamt den Frauen und Kindern zugeordnet sind. Frauen gehören zu den menschlichen Wesen, sind jedoch gleichzeitig Teil der ungezähmten Natur und ziehen jeden Tag in den Wald, um Brennholz zu sammeln – eine Knochenarbeit. Die Männer leben auf umfriedeten Gehöften. Die Frauen pflegen geheime Riten, die *Liengu*, bei denen sie sich in Seejungfrauen verwandeln. Sie besitzen überdies eine Geheimsprache. Die *Liengu* werden anscheinend veranstaltet, damit die Frauen die Macht über ihre eigene Fortpflanzungsfähigkeit bewahren.[167] In dieser Gesellschaft stehen die Männer für das menschliche Dasein, während die Frauen als Mittlerinnen zwischen der Menschenwelt und der wilden Natur dienen.

Die in Papua-Neuguinea beheimateten Gimi bringen den Mann mit der Natur und «den profanen Umgang der Geschlechter» mit Kultur in Verbindung. Das Reich des Mannes ist der Urwald, von den Frauen wird erwartet, daß sie innerhalb der eingezäunten Gärten bleiben. Allerdings besitzen die Gimi einen Mythos, der schildert, wie die Frau einst ihrem Ehemann entfloh, indem sie in den Urwald ging und sich mit einem Beuteltier vereinigte. Sie besaß gewaltige Kräfte, zog ihre Kinder auf und baute ihre Feldfrüchte auf weiten, offenen Landflächen an. Später zogen jedoch die männlichen Verwandten ihres Ehemannes aus, schossen sie nieder und brachten sie zurück. Sie verlor ihre Freiheit, nachdem sie eine Wunde davongetragen hatte, die ein Mund, gleichzeitig aber auch ein Kastrationsmal ist. Diesem Mythos zufolge beinhaltet die Assoziation der Frauen mit der Kultur der umfriedeten Siedlung im Kern die Tatsache des Gefangenseins. Außerdem ist *kore*, das Wort für die Wildnis; das Reich der Männer, gleichzeitig das Wort für das Leben nach dem Tod. Es bezeichnet alles Unzerstörbare (Dauerhafte) oder Spirituelle (Übernatürliche) und steht in Opposition zum Gewöhnlichen und Weltlichen – *dusa*.[168] Die Männer haben also den Frauen die ungezähmte Natur entwunden und sie neu geformt. Nur Männern steht die spirituelle Welt offen, die Frauen, nun domestiziert, bleiben Zwischenglieder. Nur über die Beherrschung der Frau kann der Mann auch die wilde Natur beherrschen und transzendieren.

Die Kultur der Laymi ist um die Sprache zentriert. Die Laymi sind in den bolivianischen Anden zu Hause und leben in weitgehender Gleichberechtigung. Die Frauen komponieren Musik, singen und weben kompliziertе Muster, die Männer spielen die Musikinstrumente und stricken. Politische Aktivität und die höchsten religiösen Funktionen bleiben jedoch allein den Männern vorbehalten, da, wie diese behaupten, die Frauen nicht gut reden können. Bei den Laymi findet außereheliche Sexualität in der Wildnis, ehelicher Verkehr innerhalb des Hauses statt.[169] Diese Regelung beruht ebenfalls auf der Vorstellung von weiblichen Naturkräften, da die Männer den Frauen beim Sexualakt am engsten verbunden und am stärksten preisgegeben sind. Die Männer verfügen über ein mächtiges Kontrollmittel gegenüber der Natur – die Sprache. Freie Sexualität wird mit Natur oder Wildnis, kurz, dem Reich der Frau verknüpft.

In Ostnigeria erhoben sich 1929 die Frauen der Ibo und Ibibio sprechenden Stämme gegen die britische Kolonialherrschaft. Über die Einführung einer neuen Steuer aufgebracht, beriefen sie Versammlungen von einigen Hundert bis zu über zehntausend Frauen ein und attackierten Justizgebäude und die Hauptsitze der Kolonialverwaltung. Sie befreiten Gefangene und plünderten die Warenlager der Europäer.

Dieser Aufstand war für die Europäer schockierend, zum einen, weil es Frauen waren, die diesen einzigen Massenaufstand gegen die Kolonialherrschaft zwischen 1914 und 1930 anführten, zum anderen aber auch auf Grund des Verhaltens der Frauen, das die Siedler als «obszön, feindselig und respektlos bezeichneten». Die Frauen waren nur mit Farnwedeln und Blättern bekleidet. Sie hatten sich, in ihren eigenen Worten als «Wilde» aufgemacht. Diese Strategie beeindruckte ihre männlichen Stammesgenossen, in deren Denken die mit der Natur assoziierten traditionellen Rechte der Frauen noch immer verankert waren, zutiefst. Sie reagierten eingeschüchtert oder schlossen sich den Frauen an.[170]

Die Kultur der Crowindianer war matrilinear, und die Crowfrauen übten bei den rituellen Zeremonien des Stammes wichtige Funktionen aus. Während der Menstruation mußten sie jedoch auf minderwertigen Pferden reiten und durften sich weder verwundeten noch gerade in den Kampf ziehenden Männern nähern. Außerdem war es ihnen untersagt den allerheiligsten Kultgegenstand der Crow, eine Sonnentanzpuppe, zu berühren. Sherry Ortner konstatiert, daß auch hier trotz aller Rechte und ungeachtet der Macht der Frauen eine klare Grenzlinie existiert «Die Menstruation gefährdet den Kriegszug, eine der höchstbewerteten Aktivitäten des Stammes und von großer Bedeutung für das Selbstverständnis der Crow, und das heiligste Kultobjekt des Stammes ist für

Blicke und Berührungen der Frauen tabu.»[171] Auch bei den Crow wurden die Frauen trotz der faktisch annähernden Gleichberechtigung mit der Natur in Zusammenhang gebracht, die wiederum die mit Macht und Fähigkeit zur Transzendenz ausgestatteten Männer bedrohte.

Lévi-Strauss zitiert eine ganze Reihe südamerikanischer Mythen, in denen Frauen die Mittlerrolle zwischen den Männern und dem Jaguar einnehmen. Die genaue Form dieser Mittlerrolle variiert von Mythos zu Mythos, von den Gé über die Ofaié zu den Matako, den Toba-Pilaga und anderen Stämmen. In einigen Fällen erwächst sie aus der Definition der Abgrenzung zwischen Menschen/Männern und Jaguaren (Menschen essen gekochtes Fleisch), aber sie erscheint auch in anderen Zusammenhängen, etwa in Verbindung mit der Entdeckung des Tabaks. In den meisten Fällen ist die Frau überflüssig und wird getötet, sobald die Beziehung zwischen Mann und Tier etabliert ist.[172] Die Frau erscheint als Jaguar, als Jaguarweibchen oder als Menschenweib, das den Jaguar heiratet und sich allmählich in ein Tier verwandelt. Allen diesen Mythen ist gemeinsam, daß die Frau in einem anderen Verhältnis zur Natur steht als der Mann und zwischen beiden vermittelt. Die egalitären Mbuti sehen im Urwald das eigentlich lebensspendende Element, dem die Frau in ihren Augen nähersteht als der Mann.[173]

Die griechische Göttin Pandora ist als Versucherin Eva vergleichbar, und ihrer Büchse mag durchaus eine Metapher für Sexuelles sein: der Sexualakt liefert demnach die Männer den in der Büchse enthaltenen Übeln aus.[174] Im Christentum hat die Hexe Verkehr mit dem Teufel, die Nonne nimmt Gott zum Manne.[175] In spätchristlichen Zeiten galten Frauen als Mittlerinnen zwischen dem Mann und dem Göttlichen – als häusliche Engel oder Werkzeuge der Erlösung – aber auch zwischen dem Mann und dem Dämonischen – etwa als Tertullians «Tor zur Hölle», als *vaginae dentatae* oder Munchsche Vampire. Auch in ihrer idealisierten Form bleiben die Frauen Mittlerinnen. So kehrte sich etwa im französischen 18. Jahrhundert eine Reihe männlicher Denker gegen ihre intellektuelle, abstrakte und rationale Kultur und nahm sich die Frau zum Vorbild, denn diese war scheinbar nicht-rational und gefühlvoll; ihre Wollüstigkeit wurde als Erscheinungsform der Liebe betrachtet, die innerhalb der sozialen Wertordnung inzwischen einen hohen Rang einnahm, und ihre Schwäche als Empfindsamkeit, eine neue Tugend in dieser Periode der Abkehr vom Heldengehabe. Erneut wurde der Frau eine ganz spezielle Form des Wissens – nämlich Intuition – nachgesagt, die sie angeblich von Geburt an besaß, während der Mann sich sein Wissen durch Mühe und Erfahrung aneignen mußte.[176]

Als im neunzehnten Jahrhundert das Machtstreben in Amerika neue, die ganze Welt aufrüttelnde Blüten trieb (Expansionismus, Industrialisierung), verteidigte und rechtfertigte *die* Frauenbibel jener Epoche, *Godey's Lady's Book*, ihre weibliche Leserschaft mit der Behauptung, sie sei «das Bindeglied zwischen dem Mann und den niederen Tierarten» und nähme «einen wichtigen Platz zwischen dem geheimnisvollen Instinktverhalten der letzteren und der [für Frauen] unnachahmlichen männlichen Energie» ein.[177]

Eine interessante Variante dieser Mittlerrolle finden wir in der Kultur der Zigeuner. Diese unterscheiden zwischen dem Bereich des Reinen und dem des Unreinen: Die Welt der Zigeuner ist rein, in ihr vereinigt sich das Unkultivierte und Wilde mit komplizierten Reinheitsritualen. So wäscht man z. B. seine Tasse und seine Hände nicht in derselben Schüssel und Nahrung wird überaus sorgsam nach einem strengen, ritualisierten Kanon zubereitet. Der Großteil der Nahrung der Zigeuner stammt jedoch aus der unreinen Außenwelt, der Gorgiowelt. Es sind die Frauen, die diese Nahrung herbeischaffen und zubereiten. Die Frauen vermitteln in diesem Fall also zwischen der unreinen, fremden und *kultivierten* Gorgiowelt und der reinen, aber *wilden* Welt des Zigeunermannes.[178]

Die Männer nehmen die Frauen ganz eindeutig als *andersartig* wahr, aber diese Andersartigkeit ist von besonderer Art: Die Frau steht zwischen dem Mann und all jenen Dimensionen des Lebens, die er als nicht zu ihm gehörig begreift, verdrängt oder fürchtet. Sie ist dafür zuständig, die Verbindung zwischen dem Mann und der andersartigen Welt herzustellen, gleichgültig, ob diese wild oder unrein, göttlich oder zivilisiert ist.[179] Wahrscheinlich erwuchs die Einstellung, die Frau sei nicht zur Gänze menschlich, aus der Urerfahrung, daß sie im Vergleich zu der Randstellung der Männer viel unmittelbarer mit der Natur verbunden war. Sie mag aber auch damit zusammenhängen, daß Männer, wie Gayle Rubin aufgezeigt hat, über ihr Verhältnis zu Frauen definiert sind.[180] Das Verhältnis der Männer untereinander beruht auf der Bindung an den Körper der Frau, sei es die Mutter oder Ehefrau. Nur mit Hilfe von Institutionen können Männer Macht direkt und ohne den Umweg über eine Frau an andere Männer weitergeben. Daher sind institutionalisierte Bereiche für Männer von großer Wichtigkeit und werden häufig stärker als eigentliches Zuhause empfunden als die Familie. Das Patriarchat ist das Produkt des ingrimmigen Bestrebens, eine rein männliche Welt zu erschaffen, aber die grundlegende Abhängigkeit der Männer von den Frauen hat es dennoch nicht aufzuheben vermocht. Gelungen ist es den Männern lediglich, die Frauen samt ihrer natürlichen und gesellschaftlichen Funktionen mit Verachtung zu strafen, sie als Mittler zwischen ihrer eigenen und einer beliebigen anderen Welt einzusetzen und sich auf diese Weise *vorzugaukeln*, daß sie in einer rein männlichen Sphäre leben. All dies wurde mittels des Wortes, mittels der Behauptung, die Dinge verhielten sich so und nicht anders, erzielt. Da die Realität diese Behauptung immer wieder ad absurdum führt, muß das Wort immer wieder neu in Aktion treten und das Patriarchat im Lauf der Zeit immer wieder reformiert und gewandelt werden.

4. Die Wandlungen des Patriarchats

Das Patriarchat stützt sich auf bestimmte fundamentale Werte: Macht ist das oberste Desideratum; Herrschaft über die Natur – Transzendenz – macht das Menschliche aus; das Menschliche wiederum wird durch den Mann repräsentiert, während die Frau dem Naturbereich zugeordnet wird. Dieses Wertsystem schlägt sich in bestimmten Strukturen nieder. Aus der Herrschaft des Mannes über die Frau resultiert die Aufspaltung der Menschheit in zwei Klassen. Diese erste Stratifikation gibt den Anstoß dazu, weitere hierarchische Unterteilungen zu ersinnen – in Rassen, soziale und ökonomische Klassen und schließlich in immer kleinere Splittergruppen. In komplexen Gesellschaften bedeuten hierarchische Strukturen eo ipso u. a. unterschiedliche Zugangsmöglichkeiten zu Ressourcen und Funktionen – einige Menschen dürfen Dinge besitzen oder tun, die anderen verwehrt sind. So dürfen etwa bei den Mbum die Männer Huhn essen, die Frauen hingegen nicht.[181] In anderen Kulturen ist es den Frauen verboten, ein bestimmtes Musikinstrument zu spielen oder sich einem für die Männer heiligen Baum zu nähern. In komplexen Gesellschaften haben bestimmte Gruppen von Menschen vielfach kein Recht auf Bildung, auf Wohnungen in gehobenen Vierteln, auf politische Ämter, auf Teilnahme an Wahlen, auf die Mitgliedschaft in Clubs und Vereinen, auf unbehelligtes Ausgehen bei Nacht, auf das Tragen bestimmter Kleider oder Frisuren oder darauf, in der Öffentlichkeit zu reden. Sie dürfen häufig keine gut bezahlten Berufe ausüben, wodurch ihnen der Zugang zu materiellen Gütern verwehrt ist.

Unterschiedliche Zugangsmöglichkeiten zu Ressourcen und Funktionen erzeugen Unmut. Deshalb ist die hierarchische Ordnung nur unter Zwang aufrechtzuerhalten. Da der Einsatz von Zwang in Form von körperlicher Gewalt sehr kraft-, zeit- und geldaufwendig ist, ersann man ein Ersatzmittel: Man propagierte eine auf Gehorsam, Angst und Minderwertigkeitsgefühle einerseits und Ehrfurcht, Respekt vor jeder Form von Autorität, jener (zuweilen) harmlosen Fassade der Gewalt, andererseits gründende Moral. Überdies greifen patriarchalische Gesellschaften systematisch zu dem bewährten Mittel, verschiedene Gruppen gegeneinander auszuspielen – die Geschlechter, die einzelnen Rassen, Religionsgemeinschaften, Klassen und Subklassen. Stratifikation schafft ein System aus Über- und Unterordnungen: z. B. eine Elite, die als Maßstab und Ideal des Menschlichen gilt, an dem andere Gruppen nun mehr oder weniger großen Anteil haben, oder extremer noch, eine Elite, die mit dem Göttlichen in Verbindung steht, während andere Gruppen lediglich Menschen oder gar Untermenschen sind. Manchmal wird das Überlegenheitsgefühl einzelner Gruppen systematisch gefördert, um die Spaltung der Gesamtbevölkerung aufrechtzuerhalten.

Obgleich das Patriarchat ursprünglich aus dem Wunsch entstanden war, die ‹männliche› Herrschaft zu etablieren, sich also gegen die Frauen richtete, kam es mit seiner Ausbreitung auch zur Unterdrückung von Männern. Auf Grund ihrer komplexen Hierarchien – Rangordnungen, ökonomischen Kassensysteme etc. – konnten patriarchalische Gesellschaften es sich nie leisten, auf die Kontrolle der Masse der Männer durch eine wiederum vom jeweiligen moralischen Wertsystem kontrollierte Elite zu verzichten. Die Kategorien, nach deren Maßgabe Gesellschaften unterteilt oder bestimmte Gruppen von Männern in ihrem sozialen Status herabgesetzt wurden, sind unschwer zu erkennen: sie decken sich weitgehend mit jenen, die schon der Knechtung der Frau dienten, rücken den Mann in die Nähe des Tierischen («geiler Bock») und sexuell Perversen («Wichser»).

Die große Bedrohung ist und bleibt die Natur, die wie ein Sumpf auf den Mann lauert, sobald er einen Augenblick lang die Kontrolle verliert. Darwin schreibt in seiner *Abstammungslehre*, daß der Mensch *in seinem Körperbau* noch immer den unauslöschlichen Stempel seines niederen Ursprungs trägt. Dieser Makel ist seine Abstammung vom Tier, weshalb in der gesamten europäischen Geschichte Gruppen wie Juden und männliche Homosexuelle immer wieder als Tiere dargestellt wurden.[182] Einige Homosexuelle haben sich diese Begrifflichkeit in der Folge selbst zu eigen gemacht. So heißt es in einem spätrömischen homosexuellen Gedicht: «Männer, die unter dem Einfluß von Frauen stehen, sind nicht besser als Tiere.»[183] In den Vereinigten Staaten schrieb man den Schwarzen sowohl Tierhaftes als auch ungezähmte Sexualität zu.

Slater sieht «etwas fundamental Verlogenes im Kern des organisierten Soziallebens. Mit Sicherheit trennt nur ein schmaler Grat die führenden Bruderschaften unserer Gesellschaft von den Chagamännern» (die vorgeben, nach ihrer Initiation nie wieder Stuhlgang zu haben).[184] Da die Ideologie des Patriarchats im Grunde künstlich ist, kann sie nie auch nur vorübergehend ihren Griff lockern, sondern muß, auf der ganzen Welt und in jeder Generation von neuem, ihre Normen proklamieren, verbreiten und bekräftigen. Der patriarchalischen Regimes und Institutionen von Anfang an innewohnende militante Expansionsdrang gründet zum großen Teil auf dem Bestreben, diese Normen aufrechtzuerhalten, die Lüge zur Wahrheit zu erheben und die Stimmigkeit ihrer Weltsicht durch gewaltsam herbeigeführte einhellige Zustimmung zu ‹beweisen›.

Nach Peter Berger und Thomas Luckman stecken Institutionen ein symbolisches Terrain ab, nennen es Realität und definieren und reglementieren Beziehungen und Handlungen innerhalb dieses Bereichs. Das innerhalb dieses Bereichs maßgebliche «wird gesamtgesellschaftlich zu Wissen objektiviert, d. h. zu einem Corpus allgemeingültiger Aussagen über die Realität». Alles außerhalb dieses Corpus stehende – sprich von ihm abweichende – Wissen gilt folglich als «Verlassen des Bodens der Realität» bzw. als «moralische Verderbtheit, Geistesgestörtheit oder schlicht plattes Unwissen». Es ist jedoch möglich, daß mehrere Gruppen einer solchen abweichenden Version des symbolischen Universums anhängen und sie zu einer «eigenständigen Realität erheben», womit sie den Anspruch der orthodoxen Gruppe auf die alleinige Definition von Realität in Frage stellen. Die Autoren kommen zu dem Schluß, daß «solche häretischen Gruppen nicht nur auf der theoretischen Ebene eine Bedrohung für das symbolische Universum, sondern auch auf der praktischen Ebene eine Bedrohung der institutionellen Ordnung» darstellen und zwangsläufig repressive Maßnahmen provozieren.[185]

Da patriarchalische Strukturen Zwangsstrukturen sind, provozieren sie Rebellion. Träger dieser Rebellion kann eine zu Untermenschen erklärte und als solche behandelte, an den Rand gedrängte Gruppe sein. Aber die großen Revolutionen der westlichen Welt folgen dem Muster, das Freud beschrieben hat: dem der Rebellion der Söhne gegen die Väter. Da das Patriarchat die Tötung der Kinder durch die Väter – einst einer der fundamentalen Schritte zu seiner Etablierung – als grundlegendes Mittel zur Selbstbehauptung beibehalten hat (sei es in Form von Kriegen oder auf subtileren Wegen: durch strenge Indoktrination der Kinder und/oder durch lückenlose Kontrolle bis ins Erwachsenenalter, angefangen bei der Verwaltung der Reichtümer bis hin zur Schlüsselgewalt über jedwedes institutionelle Königreich durch die Väter), ist die Rebellion gegen die Väter notwendig und gerechtfertigt. Gewöhnlich sind die von den Söhnen vertretenen Werte ‹weiblicher› als die der Väter und beinhalten eine Lockerung rigider und repressiver Normen. Aber sobald sich das Regime der Söhne etabliert hat, begründen sie regelmäßig ihre eigene rigide und repressive Moral. Jede Revolution kommt zunächst einer Befreiung gleich und birgt eine neue Moral in sich, aber an den fundamentalen Mustern des Patriarchats hat sich (trotz aller unbestreitbaren strukturellen und ideologischen Wandlungen während der letzten fünf bis sechs Jahrtausende) nichts geändert.

Der Judaismus mit seinem strengen und eifersüchtigen Gott wurde vom 6. Jahrhundert v. Chr. an reformiert, indem die Propheten die Existenz eines neuen, barmherzigeren Jahwe verkündeten, der weiblichere Züge trug: das hebräische Wort für Barmherzigkeit leitet sich aus der Wurzel *rehem* (Gebärmutter) ab.[186] Trotzdem war und blieb der Judaismus eine männerorientierte und -beherrschte Religion. Der im 5. Jahrhundert v. Chr. begründete Buddhismus breitete sich rasch über den fernen Osten aus; er war aus einer reformatorischen Bewegung entstanden, der es um die Linderung des weltlichen Leidens ging. Der Buddhismus – und auch der Jainismus, eine weitere reformatorische Religion – ächtete das Kastenwesen, schaffte das Erbpriestertum ab, erklärte Armut zur unabdingbaren Voraussetzung spiritueller Erkenntnis und wandte sich gegen Krieg, Grausamkeit und Gewalt. Beiden Religionen galt das Leben als heilig.[187] Die Methoden, derer sich der Buddhismus bediente, um seine Ideale durchzusetzen, waren jedoch patriarchaler Art. Er lehrte, wie man sein Leben kontrollieren konnte, indem man seine Gefühle verleugnete, wie man Begierde überwand, indem man sie der Verachtung preisgab, und wie man den Lebenskampf mittels der Vorstellung eines transzendenten Reiches erträglicher machte. Die Linderung des weltlichen Leidens bestand wesentlich in der Abkehr vom Diesseits.

Zu Beginn war auch das Christentum ein reformatorischer Glaube. Es verhieß Armen und Frauen ‹Erlösung›, die weder die Zeit noch das Geld hatten, um in den Tempeln die Tieropfer darzubringen, durch die

Gott sich gnädig stimmen ließ. Es verkündete, das Reich Gottes sei im Menschen selbst zu finden, und kehrte sich damit gegen den traditionellen Judaismus. Es widersetzte sich der Wertordnung der Römer, indem es die Ehe als Regulativ zur Geburtenkontrolle einsetzte, was den schlimmen Auswüchsen der römischen Sitten und Gebräuche entgegenwirken sollte: viele der im spätrömischen Reich geborenen Kinder, insbesondere Mädchen, waren unerwünscht und wurden mißhandelt oder als Sklaven verkauft.[188] Anfänglich strebte die christliche Lehre nach einer Revolutionierung des moralischen Klimas der römischen Welt mit ihrer Betonung von Eigentum und Macht und ihren despotischen Herrschern, die zum großen Teil wahnsinnig waren.

Die moralischen Werte des frühen Christentums entsprachen denen des Spätjudaismus: Barmherzigkeit, Mitleid, Güte, Verantwortungsgefühl den Hilflosen und Schutzlosen, insbesondere den Armen und alleinstehenden Frauen gegenüber.[189] Jesus lehrte, daß solche Eigenschaften mehr wogen als Macht und deren Attribute Reichtum und Prestige. Natürlich zog dieser Glaube die Entrechteten an. Wie jede religiöse Bewegung, die die Unterdrückten vereint, stellte sie für die Herrschenden, die ihren Opfern wie stets zahlenmäßig weit unterlegen waren, eine Bedrohung dar. Man kann sich darüber streiten, ob der religiöse Aspekt dieser Bewegung die staatlich sanktionierte Ermordung ihres Führers tatsächlich überdauerte, da sie nach dessen Tod ihre ‹weibliche› Botschaft von einem besseren Leben (die im Widerspruch zumindest zur faktischen Wertordnung der römischen Kultur stand) mit einer ‹männlichen› koppelte, die sich in das bestehende Wertsystem der Zeit einfügte und doch gleichzeitig darüber hinauswies: Macht blieb das oberste Prinzip, lag jedoch nun in den Händen eines transzendenten Gottes, dem alle Menschen, *einschließlich* der weltlichen Fürsten, untertan waren. Sowohl die wichtige Funktion der in einigen Evangelien beschriebenen Wunder als auch die von den Frühchristen entwickelte theologische Doktrin demonstrieren die primäre Bedeutung des transzendenten Elements.

Obgleich das Frühchristentum der römischen Moral eine menschlichere Wertordnung entgegenzusetzen trachtete, konnte schließlich in seinem Denken auf Arme und Frauen durchaus verzichtet werden. War schon Jesus selbst, obgleich seine überlieferte Lebensgeschichte verschiedentlich darauf hindeutet, daß er Frauen menschlich behandelte, gewiß kein Feminist, so war Paulus nachweislich ein Frauenfeind. Mit fortschreitender Verfestigung des Dogmengebäudes der christlichen Kirche setzte sich sein Einfluß immer stärker durch. Das Konzept der

Dreieinigkeit ist wohl bis heute der vollkommenste Ausdruck des männlichen Triumphes über die Verdrängung der Frauen aus der menschlichen Kultur. Die Lehre, derzufolge ein männlicher Gott die Fähigkeit besitzt, den Mund aufzutun und das *Wort* zu verkünden, das in seinem Sohn fleischliche Gestalt annimmt, worauf Vater und Sohn aus ihrer innigen Liebe zueinander ein drittes Wesen, den Heiligen Geist, hervorzubringen vermögen, während die Frau in diesem ganzen Prozeß als eine Art Ofen, in dem das Produkt ausgebacken wird, als bloßes Gefäß seiner Reifung fungiert, stellt einen überaus bemerkenswerten Schöpfungsmythos dar. Noch bemerkenswerter ist allerdings die Tatsache, daß Millionen Menschen diesen Mythos akzeptierten, nicht als Symbolwahrheit des patriarchalischen Zeitalters, sondern als Wahrheit im buchstäblichen Sinn. Obgleich die Grundpfeiler des Christentums nach wie vor Liebe, Barmherzigkeit, Mitleid und Nächstenliebe hießen, spielten in der faktischen Umsetzung ebenso wie innerhalb der institutionellen Strukturen zunehmend Machtstreben und strenge Kodifizierung die Hauptrolle. Das Denken der frühchristlichen Patriarchen war natur- und sexualitätsfeindlich – gegen Geschlechtlichkeit und gegen Fortpflanzung gerichtet.[190] Zur Zeit Irenaeus' (130?–202? n. Chr.) lauteten die obersten Gebote des Christentums Gottes*furcht* und *Gehorsam* den Priestern gegenüber: wahrhaft patriarchalische Werte.[191]

Die frühe Christenheit setzte sich aus zahlreichen kleinen Gruppen zusammen, von denen einige den Glauben auf ihre Weise auslegten. Diese Gruppen wurden als «gnostische» Sekten bezeichnet und waren häufig gegen die hierarchische Ordnung. Bei den Versammlungen ihrer kleinen Gemeindezellen wurden die priesterlichen Funktionen immer neu verteilt. Vielfach wurde das den Götzenbildern zum Opfer dargebotene Fleisch verzehrt und es herrschte eine beträchtliche sexuelle Freizügigkeit.[192] Diese Sekten wurden nicht nur von den Theoretikern der Hauptkirche in Bausch und Bogen verdammt, sondern auch von einigen radikalen Christen wie z. B. Tertullian, dem insbesondere die gleichberechtigte Teilnahme der Frauen an den Glaubensritualen ein Dorn im Auge war. Irenäus verurteilte die Gnostiker, weil sie nicht sexuell enthaltsam und monogam lebten, was ihn zu der Behauptung veranlaßte, junge Frauen würden sexuell ausgenutzt. Aber selbst die Gnostiker lehrten, daß alles Fleischliche von Übel sei und ihre Führer waren durchweg Männer.[193] Nach und nach wurden die gnostischen Sekten ausgerottet.

Tatsächlich ist die Unterdrückung alles Abweichenden einer der auffälligsten Züge des Frühchristentums. Einst hatten viele Religionen nebeneinander bestanden, viele Göttinnen und Götter Anhänger um sich geschart. Einige Gruppen wie etwa die Juden glaubten schon immer fest an die Vormachtstellung ihres Gottes und forderten Unterordnung unter das jüdische Gesetz: dennoch war der Judaismus nie eine missionarische Religion; er ermutigte stets theologische Spekulationen. Einige Gemeinwesen forderten abergläubisch die Einhaltung bestimmter Rituale, um die jeweiligen Gottheiten gnädig zu stimmen und untersagten – etwa in Athen und Rom – jede Lästerung. Keine religiöse oder weltliche Institution vor der katholischen Kirche hatte jedoch jemals Spekulationen über das Wesen Gottes und des Universums untersagt. Keine Institution hatte je die Anerkennung zu einer einzigen Wahrheit gefordert, ein orthodoxes Dogmengebäude errichtet, alle anderen Hypothesen als «Häresie» bezeichnet und deren Anhänger bestraft.[194] Das Frühchristentum vollzog diesen Schritt wohl, um seine ungeheuerliche These von der ausschließlich männlichen Natur Gottes und seiner Schöpfung abzusichern. Damit nicht genug setzte es alles daran, seine Wahrheiten auf friedlichem wie auf militantem Wege der übrigen Welt zu oktroyieren. In beidem fand es Nachahmer. Orthodoxie, zu Zeiten Irenaeus' begründet, wurde zu einem Grundzug abendländischer Institutionen.

Der im 6. und 7. Jahrhundert n. Chr. entstandene Islam strebte gleichfalls die Verbesserung unmenschlicher Lebensbedingungen an. Mohammed, der sowohl materiell als auch moralisch von seiner Frau entscheidend unterstützt wurde, verkündete die grundlegende Gleichstellung von Mann und Frau, wenngleich er selbst dieser Forderung ganz offensichtlich mit gemischten Gefühlen gegenüberstand. Er legte in groben Zügen die Rechte der Frauen auf Berücksichtigung bei der Erbfolge und bei der Verfügung über das Eigentum, auf freie Wahl des Ehepartners und Scheidung fest. Diese Rechte wurden den Frauen später in städtisch organisierten moslemischen Gesellschaften wieder abgesprochen, blieben jedoch bei einigen ländlichen moslemischen Stämmen bestehen.[195] Der Prophet verfügte ausdrücklich, daß Frauen das Recht haben sollten, an Gottesdiensten teilzunehmen und Pilgerreisen nach Mekka zu unternehmen. Bereits wenige Jahre nach seinem Tod wurde ihnen beides verweigert. In der Frühzeit des Islam gab es noch Kriegerinnen, Dichterinnen und Frauen in hochqualifizierten Funktionen verschiedenster Art. Naila Minai schreibt die tiefgreifende Beschneidung der Frauenrechte in den islamischen Ländern dem Einfluß des ottomanischen Reiches zu, das schließlich die arabische und byzantinische Kultur vereinnahmte.[196]

Betrachtet man diese Wandlungen, so geht eindeutig hervor, daß alle

Denkweisen und Strukturen, die der patriarchalen Wertordnung zuwiderlaufen, im Lauf der Zeit untergehen und nur Bestand hat, was das patriarchale Weltbild stützt. Die Denkmuster des Patriarchats sind nicht flexibel: es hat sich der Vernichtung matrizentrischer Werte und der Erschaffung einer transzendenten Welt verschrieben. Die patriarchale Ideologie war von Beginn an keine positive Philosophie, sie verdankt ihre Entstehung der Opposition gegen eine vorgegebene Moral und ist daraufhin angelegt, eine ‹bessere› Realität herzustellen, die die naturgegebene Wirklichkeit aufhebt. Die religiöse Grundvorstellung des Judaismus, die im Christentum und im abendländischen Denken überhaupt fortlebte, umfaßte einen Gott, der nicht den alltäglichen Gesetzen und Zwängen des Lebens unterlag, sondern die Verheißung einer künftigen Welt darstellte.[197] Die Verheißung letztendlicher Transzendenz findet sich im Christentum ebenso wie in den Religionen des Ostens (und im Marxismus). Carol Ochs erläutert im Zusammenhang mit der Darstellung des Christentums dieses grundlegende Denken in gegensätzlichen Begriffspaaren: Wenn «das Diesseits zeitlich ist, so ist der Himmel zeitlos; wenn diese Welt in stetem Wandel begriffen ist, so ist der Himmel unveränderlich; wenn diese Welt fruchtbar ist, so muß der Himmel steril und unfruchtbar sein. Der Himmel ist also nicht im Gegensatz zum Hades, sondern im Gegensatz zum Leben definiert und in vielen zentralen Punkten mit dem Hades identisch. Wenn Persephone stirbt und aufersteht, bedeutet dies ihren Sieg über den Hades, wenn Christus stirbt und aufersteht, so ist sein Triumph der über das Leben.»[198]

Der Tod wird zum «ewigen Leben», das mehr wert ist als das diesseitige. Ähnliches geschah, wie Ivan Illich zeigt, mit anderen Begriffen. Im 3. Jahrhundert bedeutete «der heilige Schoß der Kirche» bereits nicht mehr die freiwillige Vereinigung der Gläubigen in der Liebe Gottes zur Hervorbringung neuen Lebens, sondern vielmehr «eine unsichtbare mystische Realität, die allein jene für das Seelenheil unerläßlichen Dienste zu erbringen vermag. [...] Der Zugang zur Gunst dieser Mutter [...] steht unter der absoluten Kontrolle einer Hierarchie geweihter Männer.»[199] Die lateinische Wurzel des Wortes «Erziehung» (*educatio*) bezog sich auf eine lediglich von Frauen vollzogene Form des Nährens und Sorgens, und «Schüler» (*alumna*) bedeutete ursprünglich «Säugling», «Brustkind». Die Bedeutungsverlagerung hat mit der symbolischen Usurpation weiblicher Naturfunktionen durch die Männer zu tun.[200] Mit der ‹Vermännlichung› seiner Wertordnung wurde das

Christentum zusehens akzeptabler, weshalb es schließlich (im Jahre 313) zur offiziellen Staatsreligion des Römischen Reiches erklärt werden konnte.

Religion und religiöse Erziehung waren jedoch nicht die einzigen Vehikel zur Propagierung patriarchalischen Gedankenguts; andere Denk- und Wertsysteme transportieren die gleiche Botschaft. Dazu gehörte auch der Glaube an die Naturwissenschaft, der seinen Siegeszug im 17. Jahrhundert in England begann. Sein erster und bedeutendster Evangelist war Francis Bacon. Es steht außer Frage, daß Bacons Erkenntnisstreben, das sich in vielen Schriften und Versuchen niederschlug, aus dem Bedürfnis erwuchs, dem Wohl der Menschheit zu dienen – der Forscher starb an einer Erkältung, die er sich zuzog, als er ein Huhn im Schnee vergrub, um zu untersuchen, was mit gefrorenem Fleisch geschehen würde. Verständlich ist auch seine und seiner Zeitgenossen Überzeugung, daß dieses menschliche Wohl wesentlich auf der Herrschaft über die Natur beruhe. Bacon schrieb: «Es ist mein einziger Wunsch auf dieser Welt ... die jämmerlich engen Grenzen der menschlichen Herrschaft über das Universum bis an ihre verheißenen Grenzen zu treiben», und machte es sich zur Aufgabe, «euch der Natur samt allen ihren Kindern auf die Spur zu führen, um sie in euren Dienst zu spannen und sie zu eurer Sklavin zu machen». Er rechtfertigt das Recht des Menschen/Mannes auf eine solche Herrschaft unter Berufung auf Gottes Gebot in der Genesis, sich die Erde untertan zu machen. Der Naturwissenschaftler besitzt die Mittel, die Menschen auf dieses Ziel hinzuführen: «Die mechanischen Erfindungen der jüngsten Jahre bewirken nicht nur eine sanfte Lenkung der Bahnen der Natur, sondern sind mächtig genug, sie zu besiegen und zu unterwerfen, sie bis in ihre Grundfesten zu erschüttern.» Wenn Bacon auch glaubte, daß «wir der Natur nur gebieten können, indem wir ihr gehorchen», es also für unabdingbar hielt, ihre Mechanismen zu verstehen, um sie beherrschen zu können, und in diesem Akt des Erkennens einen Akt des Gehorsams sah, so betrachtete er die Natur doch gleichzeitig als «weiblich» und «widerspenstig». Mit Bacon schlug die Naturwissenschaft einen Kurs ein, den sie bis in unser Jahrzehnt hinein unhinterfragt verfolgen sollte: Beherrschung, nicht mehr harmonische Kooperation und Verständnis der Natur war jetzt ihr Ziel. Dieser Orientierung lag die Annahme zugrunde, die Natur sei selbst hierarchisch organisiert. Erst in jüngster Zeit ist dieser Glaube durch die Erforschung ökologischer Zusammenhänge und subatomarer Phänomene ins Wanken geraten.

Descartes war einer der wichtigsten Wegbereiter dieser Denkhaltung. Er ging von der grundsätzlichen Verschiedenheit von Geist und Materie aus und folgerte daraus, mit Geist und Körper, Vernunft und Gefühl müsse es sich ebenso verhalten. Diese Gedanken mögen zunächst nicht besonders neu klingen, da sie implizit bereits in der Überzeugung der Griechen, die Aufgabe der Vernunft bestünde darin, die spontanen Impulse zu kontrollieren, ebenso mitschwang wie in dem erklärten Glauben der katholischen Kirche, der Mensch sei fähig, durch den Glauben und die Unterordnung des eigenen Willens unter den Willen Gottes seiner Gefühle Herr zu werden. Doch in der Aufklärung stand dieses Denken in einem neuen gesellschaftlichen Kontext. In den früheren abendländischen Gesellschaften waren Produktion und Verbrauch natürliche Bestandteile des täglichen Lebens gewesen. Ein Netz wechselseitiger Verpflichtungen hatte alle Mitglieder der Gesellschaft miteinander verbunden. Das änderte sich mit dem Einzug des Utilitarismus: Man begann, andere Menschen und Dinge nicht mehr als in sich selbst bedeutsam, sondern als Mittel zur Verfolgung der eigenen Zwecke zu sehen. Diese Zwecke waren unvermeidlich mit dem Streben nach Macht verbunden. Machtstreben aber ist sein eigener Motor, da es nie zu sättigen ist. Utilitaristisches Denken kennt keine Grenzen: es strebt auf ein Ziel hin, das auf Grund der zu seiner Verfolgung eingesetzten Mittel unerreichbar ist. Ohne den Nährboden der utilitaristischen Weltsicht hätte die Naturwissenschaft nicht den Kurs einschlagen können, dem sie jahrhundertelang folgen sollte.

Hinter der Revolution der Naturwissenschaftler gegen die herrschende christliche Ideologie versteckte sich zunächst ein Kampf um ganz konkrete Rechte, deren Durchsetzung Fortschritte auf dem Gebiet medizinischen Wissens und ärztlicher Behandlungsmethoden und somit eine Erleichterung des menschlichen Schicksals ermöglichen sollte. Das Ziel, um das der Kampf zunächst in erster Linie ging, war das Recht, das stoffliche Leben selbst am menschlichen Körper zu untersuchen. Doch der Körper wurde jetzt von der Naturwissenschaft mit der gleichen Eroberungshaltung untersucht, die bisher seiner Tabuisierung zugrunde gelegen hatte. Außerdem wurde der Kampf um die medizinische Wissenschaft ausdrücklich im Namen des Kampfes gegen die Frau und die Natur geführt: «Die weibliche Natur war durch die männliche Wissenschaft bloßgelegt worden.» [201] Man fertigte Wachsnachbildungen des Menschen zur Demonstration der einzelnen physiologischen Systeme. Die männlichen Demonstrationsfiguren stehen meist aufrecht und sind vielfach in einem Bewegungsablauf modelliert, die weiblichen hingegen im allgemeinen auf dem Rücken liegend, verführerisch und zuweilen sogar geschmückt: die gebräuchliche Bezeichnung für eine solche Puppe war «Venus». So stand im 18. Jahrhundert in der medizinischen Fakultät zu Paris die Statue einer jungen Frau mit bloßen Brüsten und gesenktem Kopf, die die Inschrift trug: «Die Natur enthüllt sich der Wissenschaft.» Die weiblichen Figuren dienten in erster Linie der Demonstration von Fortpflanzungsvorgängen und die Schlüsse, zu denen diese Forschung führte, bestätigten immer wieder die *natürliche* Passivität der Frau. Die im 17. und 18. Jahrhundert praktizierte Vivisektion schien ebenfalls die Passivität der lebenden Materie unter dem aktiven Eingriff und der Manipulation der männlichen Forscher überzeugend zu demonstrieren.[202]

Der naturwissenschaftliche Zugriff auf die Natur dauert noch heute an und seine Ergebnisse treten inzwischen zutage. Vieles, was einst nicht vorstellbar war, ist heute möglich, und das Leben ist in mancherlei Hinsicht leichter geworden. Auf anderen Ebenen ist es schwieriger als früher, da die Eroberung der Natur zur Zerstörung und Vergiftung unserer Umwelt geführt hat. Eine weitere Folge des wissenschaftlichen Zugriffs auf die Natur war die Industrialisierung, ebenso sehr Fluch wie Segen, und mit ihr das Erblühen des Kapitalismus. Das moralische Rückgrat des Kapitalismus bildete die bürgerliche Familie mit ihren auf «die Erhaltung der männlichen Linie, die Wahrung des ererbten Besitzes und die Erheiratung weiterer Besitztümer oder nützlicher politischer Verbindungen»[203] gerichteten Zielen. Solche Bemühungen – die Bündelung der Macht durch die Konzentration von Eigentum in den Händen der Männer – verschärften die Klassensegregation: die Reichen lebten in einer Bequemlichkeit und in einem Luxus, wie sie in früheren Zeiten höchsten orientalischen Potentaten vergönnt gewesen waren, und die Armen in einer Entrechtung, Schutzlosigkeit und Verelendung – Entwurzelung, Heimatlosigkeit und Hunger, wie sie sie unter feudaler Herrschaft noch nicht gekannt hatten.

Im Industriekapitalismus fand das utilitaristische Denken eine extreme Zuspitzung. Nachdem Massen von Menschen von dem Grund und Boden, den sie einst bearbeitet hatten, und aus ihren dörflichen Gemeinschaften vertrieben worden waren, blieb ihnen nichts als sich selbst in Form ihrer Arbeitskraft zu verkaufen. Zum erstenmal in der Geschichte besaßen Heerscharen von arbeitenden Menschen keinerlei Einfluß auf die Produktion ihrer Lebensgüter mehr. Sie konnten nicht mehr selbst entscheiden, was sie herstellen wollten und wann oder auf welche Weise sie es taten. Die Arbeiter wurden für die Kapitalisten zum Produktionsfaktor, auf einer Ebene mit Rohstoffen und Maschinen. Zudem war der Kapitalist, wenn er bestehen wollte, gezwungen, «rational» zu handeln – sprich die Arbeiter als Mittel zur Verfolgung seiner Profitinteressen und nicht als Mitmenschen zu behandeln.[204]

Die kapitalistische Ausbeutung dehnte sich mit der – nur folgerichtigen – Entstehung des Imperialismus auf fremde Völker aus, und eine neue Kategorie von ‹Nichtmenschen›, gebildet aus den Eingeborenenvölkern, fand Eingang in das westliche Bewußtsein. Gleichgültig, ob als naive Wilde, denen es das «Licht» der abendländischen Zivilisation zu bringen galt, oder ob als menschliches Verschleißmaterial für Ausbeutungszwecke, eigneten sich die Eingeborenen als ideale Materie für die Erprobung und Anwendung abendländischer ‹Tugenden› (zu denen nicht zuletzt die kaufmännischen gehörten). In vielen Schilderungen der Kolonialisierung Afrikas fällt vor allem die inbrünstige Entschlossenheit ihrer Vorreiter auf. Sie ließen sich weder durch Naturwidrigkeiten – Berge, Wüsten, extreme klimatische Bedingungen, Überschwemmungen, Dürren oder Krankheiten – noch durch den aktiven wie passiven Widerstand der Bewohner abschrecken. Nicht einmal die Tatsache, daß die Kolonialisierung überwiegend nicht profitabel war, sondern im Gegenteil weit häufiger Geld kostete, konnte sie aufhalten. In den schriftlichen Aufzeichnungen der Profitjäger schwingt ein nicht minder evangelistischer Ton mit als in denen der Missionare, ein unbändiger Drang, die «Wilden» zu «erziehen» und jenen großartigen Kontinent zu «zivilisieren», der weit über bloße Besitzgier, bloßes Machtstreben oder den Wunsch, anderen Gutes zu tun (wie er offenbar einige Missionare und Politiker aufrichtig beseelte) hinausgeht. Aus solchen Äußerungen spricht etwas absolut Zwingendes, als wäre die bloße Existenz eines riesigen Kontinents mit vielen verschiedenen Völkern, die sich an anderen Wertvorstellungen orientierten und in einem anderen Verhältnis zur Natur lebten als die Europäer, eine schockierende Obszönität gewesen, eine offen zutage liegende Kloake, die es zuzudecken galt, als hätte Afrika eine fundamentale Bedrohung verkörpert und die höchsten Wahrheiten des abendländischen Denkens mit einem Anflug von Zweifel überschattet.

Wie das Frühstadium der Industrialisierung und wie der Frühkapitalismus wurde das Aufkommen des Imperialismus mit Vokabeln wie «Erweiterung und Befreiung des menschlichen Bewußtseins» und «Verbesserung der materiellen Lebensbedingungen» verbrämt. Jede neue Welle patriarchalischen Denkens wird unter dieser Flagge propagiert und zweifellos von ihren Initiatoren und deren Mitläufern so verstanden.

Auch der Sozialismus war ein Versuch, Leiden und Ungerechtigkeit zu lindern und humanere Lebensbedingungen zu schaffen. Dennoch ist der in unserer patriarchalischen Welt real existierende Sozialismus patriarchalischen Denkmustern nicht weniger verhaftet als der Kapitalismus, was zwangsläufig dazu führte, daß er sich in repressive Strukturen kleidete. Der Sozialismus speist sich aus den Gedanken von Männern wie Michelet, der, von Vico inspiriert, eine Vision des Menschheitsschicksals entwarf und seine Weltgeschichte mit dem Satz einleitet: «Mit der Entstehung der Welt begann ein Krieg, der nur mit der Welt enden wird: der Krieg des Menschen gegen die Natur, des Geistes gegen die Materie, der Freiheit gegen das Verhängnis der Vorherbestimmung. Geschichte ist nichts anderes als der Bericht über diesen nicht enden wollenden Kampf.»[205]

Sowohl Marx als auch Engels glaubten an die Notwendigkeit der Naturbeherrschung. Für Engels ist es eben dieser Drang, der der Menschwerdung des Affen zugrundelag und den Menschen von den ‹geringeren› Kreaturen abhebt: «Das Tier *benutzt* seine Umwelt lediglich», so schreibt er, der Mensch hingegen «*meistert* sie» (gleichzeitig betont Engels immer wieder, daß der Mensch ein Teil der Natur ist).[206] Marx pries den Menschen, der «dem Naturstoff selbst als eine Naturmacht gegenüber [tritt]. Die seiner Leiblichkeit angehörigen Naturkräfte, Arme und Beine, Kopf und Hand, setzt er in Bewegung, um sich den Naturstoff in einer für sein eignes Leben brauchbaren Form anzueignen.»[207]

Marx übernahm die schon im alten Griechenland gebräuchliche Unterscheidung zwischen Freiheit und Notwendigkeit und plazierte den Menschen im Reich der Freiheit. Da die Arbeit zur Sphäre des Notwendigen gehörte, war den Arbeitern der Zugang zu jenem Reich verschlossen. Im übrigen scherte sich Marx nicht um die Rolle der Frau, es sei denn im Zusammenhang mit der Befreiung der Arbeiterklasse, die mit der Einrichtung der klassenlosen Gesellschaft durchgesetzt werden würde. Diese Befreiung sollte in der größtmöglichen Rationalisierung und Reduzierung der Arbeit bestehen.[208] Diese Forderungen deckten sich in vielen Punkten mit kapitalistischen Vorstellungen. Obgleich Marx den Untergang des Kapitalismus prophezeite und herbeizuführen trachtete, gehörte er doch zu seinen überzeugtesten Fürsprechern. Er war voll des Lobes für die kapitalistische Haltung, die Natur lediglich als Gebrauchsobjekt zu betrachten, und für den wissenschaftlichen Fortschritt als Mittel, um sie dem Menschen dienstbar zu machen.[209] Ihm schwebte die weitere Verfolgung dieses Zieles im Rahmen einer kommunistischen Gesellschaft vor, und er zollte der steten Expansion des Kapitalismus und seiner Macht als einem «zivilisierenden Einfluß» Beifall.[210]

Die Ausrichtung am Transzendenten und das Asketentum, das sie so oft zu begleiten pflegt, durchziehen auch das sozialistische Denken. Edmund Wilson verfolgt die Ursprünge des Sozialismus bis zu Renan zurück. Renan stellte eine Rangfolge moralischer Untadeligkeit auf, an deren Spitze er die Heiligen und auf deren unterste Stufe er den Tatmenschen plazierte, und war überzeugt davon, daß Moral, sobald sie in die Sphäre des praktischen Handelns eintritt, der Korruptheit der Welt anheim fällt.[211] Trotzki war bereit, das Leben seiner Angehörigen und Anhänger, Komfort und Seelenfrieden, die Annehmlichkeiten politischer Macht in dieser Welt und sogar sein eigenes Leben zu opfern, um sein ‹Paradies› zu verwirklichen.[212] Er war, was dies betrifft, nicht minder ein Heiliger – oder Unmensch – als jeder christliche Märtyrer. Marx' Denken operierte mit ausgeprägten Kategorien von Überlegenheit und Elitebewußtsein, er selbst glaubte sich weiter von der Stufe des Tierischen entfernt als andere Menschen. In seinen Briefen an Engels bezeichnete er ihrer beider Anhänger ständig in verächtlichster Weise als Tiere und Esel (ein Ton, in den Engels bald einstimmte).[213] Die Korrespondenz der beiden strotzt von «empörend rüden Äußerungen (sexistischer, von Klassendünkel getragener und rassistischer Art) über andere Mitglieder ihres Kreises»[214]. In Marx' Denken war kein Raum für Liebe, menschliche Schwäche, Mitmenschlichkeit oder Selbstkritik. Seine Maßstäbe griffen traditionelle patriarchalische Werte auf, versetzt mit dem alttestamentarischen Gebot der Gerechtigkeit und Fürsorge für die Armen. Wilson schreibt: «Er wünschte, daß die Menschheit mit sich versöhnt und glücklich sein sollte, aber er schob das bis zur Erreichung der *Synthese* auf, und in der Gegenwart glaubte er nicht an die menschliche Brüderlichkeit.» Marx' eigene Werte waren eng mit jenen des Landes und des Systems verwoben, das er am meisten haßte: des imperialistischen Deutschland.[215]

Die patriarchalische Ordnung enthält viele ironische Paradoxien, z. B. die Tatsache, daß die Hervorhebung von Machtstreben, Individualismus und Kampf als Lebenshaltung zwangsweise Streitigkeiten zwischen den Anhängern verschiedener patriarchaler Strömungen fördert. So betrachtet etwa eine Religion die jeweils andere als ihren Hauptfeind, wie H. R. Trevor-Roper bemerkt: «Seit dem Ende des antiken Zeitalters streiten sich zwei große Religionen um die Seele der Welt: das Christentum und der Islam.» Beide wurzeln ursprünglich im Judaismus, der nicht darauf aus war, Menschen zu bekehren. Sowohl das Christentum als auch der Islam waren jedoch stets «aggressiv, missionarisch und imperialistisch. Andere Religionen gingen unweigerlich vor ihnen zugrunde. Der staatliche Heidenglaube des Römischen Reiches sowie der Glaube an Zarathustras Lehre als Staatsreligion des persischen Reiches wurden unter ihrem Anprall nahezu vernichtet, Hinduismus und Buddhismus wurden zurückgedrängt oder überlagert, primitive Religionen lösten sich auf oder wurden absorbiert. Nur gegeneinander scheinen sie nichts zu vermögen.»[216]

Auch die einzelnen Sekten innerhalb dieser Religionsgemeinschaften bekämpfen einander – dies war zwischen Protestanten und Katholiken über lange Zeiträume der abendländischen Geschichte hinweg der Fall und ist es zwischen den moslemischen Schiiten und Sunniten bis heute. Die Kapitalisten liegen mit den Sozialisten in Fehde, und jede Seite unterstellt der anderen Ausrottungsabsichten. Die jeweiligen Anhänger sehen nur die Unterschiede, nicht aber die Gemeinsamkeiten der konkurrierenden Ideologien und sind außerstande zu erkennen, daß erstere nur Variationen des immer gleichen patriarchalischen Grundthemas darstellen. Konkurrenzkampf, Individualismus, Überlegenheit und Macht sind Grundwerte des Patriarchats, und deshalb scheint das oberste Ziel allen Strebens heute die Errichtung eines einzigen monolithischen Machtgebildes und damit die Hegemonie über die gesamte Welt zu sein. Diese allein, so glaubt man, wird Frieden und Eintracht – d. h. deren Schein in Gestalt von Unterdrückung und Gleichschaltung – auf Erden schaffen. Doch der erbitterte Wettstreit und der grausame Krieg um die Macht wird niemals enden, solange patriarchalische Werte unser Denken bestimmen.

Eine weitere Ironie der Geschichte des Patriarchats ist die Stellung der Frauen zu den hier erörterten gesellschaftlichen Bräuchen. Diese wurden vielfach, vor allem in der Zeit ihres Entstehens, entscheidend von Frauen geprägt und auch nach ihrer Etablierung von Frauen, wenn auch in untergeordneten Positionen, mitgetragen. Frauen akzeptierten ebenso wie Männer die Aufspaltung der Welt in Natürliches und Menschliches, in Geist und Körper, und auch Frauen glaubten an die transzendierende Macht des Wortes. Frauen wurden im Namen solcher Bräuche sowohl zu Märtyrern als auch zu Unterdrückern.

Natürlich ist es unrealistisch, von den Frauen zu erwarten, daß sie sich außerhalb ihrer Kultur stellen, daß sie eine eigene Perspektive und ein eigenes Programm entwickeln, auf deren Boden sie sich dieser Kultur entgegenstellen können. Auch Männer sind von patriarchalischen Institutionen unterdrückt worden, und dennoch erwarten wir nicht von ihnen, daß sie fähig sind, durch die Verschleierung der patriarchalischen Ideologie hindurch genau zu erkennen, wo die Ursachen für ihre Unterdrückung liegen. Andererseits ist es eine Tatsache, daß Frauen in jedem System, in dem sie leben, zumindest individuell darum kämpfen, sich einen gewissen Freiraum zu erobern, in dem es ihnen zumindest möglich ist, einige ihrer Fähigkeiten zum Tragen zu bringen und in gewissem Umfang selbstbestimmt zu leben. Frauen glänzen gemeinhin selbst in solchen Führungsgremien durch Abwesenheit, von denen sie nicht ausdrücklich ausgeschlossen sind. Auch wenn dies zu einem gewissen Teil eine Reaktion auf die in solchen Gremien herrschende Atmosphäre ist, wo man sich bemüht, im Falle mangelnder gesetzlicher Vorkehrungen doch mindestens mit moralischen Mitteln eine reine Männergesellschaft herzustellen, so gründet sich dieses Verhalten doch auch auf den Standpunkt der Frauen, die das Gefühl haben, außerhalb der die Regierungen und Herrschaftsinstitutionen treibenden Interessen zu stehen. In den Augen vieler Frauen sind die Konflikte, die diese öffentliche Sphäre beherrschen, unsinnig und wahnsinnig.

Die große Simone Weil als überzeugte Sozialistin nannte die Spannungen zwischen der Sowjetunion und Deutschland, deren Zuspitzung sie verfolgte, einen Konflikt «ohne jeden benennbaren Grund»[217] (dies schrieb sie bereits 1937, noch ehe der Vernichtungsfeldzug der Nazis gegen die Juden in seinem genauen Ausmaß erkennbar war. Der Krieg der Alliierten gegen die Nazis war in Wirklichkeit keine Reaktion auf den Holocaust, von dem niemand etwas wissen wollte. Erst im Rückblick und nur bei flüchtiger Betrachtung läßt sich der Zweite Weltkrieg als ‹moralischer Krieg› darstellen. Daß er einer moralischen Sache diente, war vom Standpunkt der Befehlshaber aus reiner Zufall). Tatsächlich wiesen das Nazisystem und das System der Sowjetunion bemerkenswerte Ähnlichkeiten auf. Heute werden beide gewöhnlich in den einen Topf des *Totalitarismus* geworfen, ähnlich wie man Katholizismus und Protestantismus heute, trotz jahrhundertelanger schrecklicher und grausamer Kämpfe, die sie gegeneinander geführt haben, gemeinsam unter dem Oberbegriff der ‹Christenheit› subsumiert.

Letztendlich kehrt das Patriarchat zu seinen Anfängen zurück. Kriege werden «ohne jeden benennbaren Grund» geführt; die Antagonisten denken im Grunde so ähnlich, daß die meisten Menschen nur mit den Achseln zucken und das bekannte Übel dem unbekannten vorziehen – bis ihnen die Propagandamaschinerie eingeimpft hat, daß der Feind teuflische Züge trägt. Natürlich gibt es Unterschiede zwischen den einzelnen Regimes, aber sie sind nur gradueller Art. Worum es in Wirklichkeit geht, ist das Hegemoniestreben einiger weniger. Unter solchen Umständen ist es schwer, einen Krieg überzeugend zu rechtfertigen, aber wie Simone Weil aufgezeigt hat, benutzen die Regierungen, sobald sie unter Legitimationsdruck geraten, die bereits geleisteten Opfer «immer wieder als Argument für neue Opfer»[218]. Noch immer müssen die Kinder brennen, damit die Väter Recht haben.

Hannah Arendt zufolge zeichnen sich totalitäre Systeme stets durch ein neues und in der Geschichte noch nicht dagewesenes Macht- und Realitätskonzept aus. Solche Systeme neigen, wie sie ausführt, deshalb dazu, die unmittelbaren Auswirkungen ihrer Existenz sowie Reales und Konkretes generell zu mißachten, weil sie «der unerschütterliche Glaube an eine ideologisch-fiktive Welt»[219] beseelt. Dies gilt jedoch nicht nur für totalitäre Systeme, sondern für patriarchalische Strukturen ganz allgemein. Nach Marvin Harris war «der Aufschwung des Staates der Abstieg der Welt von der Freiheit zur Sklaverei»[220]. Richtiger wäre es, diesen Abstieg dem Aufstieg des Patriarchats als derjenigen Instanz, die den Staat geschaffen hat, zuzuschreiben.

Möglicherweise war die matrizentrische Ordnung, wie sie hier dargestellt ist, in einer dicht bevölkerten Welt tatsächlich nicht mehr tauglich, möglicherweise machten die durch die wachsende Menschenzahl aufgeworfenen Probleme Veränderungen notwendig. (Tatsächlich hielten sich in kleinen Gemeinwesen und abgeschiedenen Gebieten matrizentrische Werte und vergleichsweise matrizentrische Strukturen noch über Jahrtausende, während die patriarchale Ordnung in den Städten bereits verankert war.) Das Patriarchat verfolgte aber nicht das Ziel, die matrizentrische Ordnung den neuen Gegebenheiten anzupassen, sondern im Gegenteil sie zu stürzen, ihr Wertsystem und ihre Organisationsweise umzukehren. Aus lockeren Gruppierungen demokratisch, ja sogar anarchisch lebender Menschen machte das Patriarchat strikt hierarchisierte, mit Gewalt in Schach gehaltene Gesellschaften; an die Stelle des Primats von Liebe und Solidarität, von Fruchtbarkeit und Arterhaltung setzte es die alleinige Orientierung an der Macht, wenn auch zuweilen im Namen des Überlebens (worin die alten Werte Fruchtbarkeit und Arterhaltung scheinbar anklingen) und der Liebe – aber nicht die Liebe zum Mitmenschen, sondern zu einer höheren Macht, einem Gott oder einem Staatsgebilde.

Viele Charakteristika der Welt, in der wir heute leben, verdanken ihre Existenz allein dem abendländischen Machtkult; dennoch gehören sie zu den Dingen, auf die die meisten von uns nicht gern verzichten würden. Es ist jedoch keineswegs auszuschließen, daß der technische Fortschritt auch dann stattgefunden hätte, wenn die Menschen bei der alten matrizentrischen Ordnung geblieben wären. Allerdings hätten sich diese Veränderungen vermutlich weniger zerstörerisch auf die Natur und unser eigenes menschliches Wesen ausgewirkt. Dies alles ist jedoch reine Spekulation. Wir leben im Patriarchat und wir stehen da, wo wir nun einmal stehen: die Frage ist, was wir jetzt tun können. Ehe wir uns an den Versuch einer Antwort machen, müssen wir uns den Charakter der patriarchalischen Wertordnung klar vor Augen führen und einprägen.

Vielleicht bewirkt ja ein Bild tatsächlich mehr als tausend Worte. Die plastischste Symbolisierung unserer Wertordnung zeigt in meinen Augen ein römisches Elfenbeinrelief aus dem 6. Jahrhundert, das den Triumph des Kaisers Justinian unter dem Banner des barmherzigen Christus darstellt. Justinian, hoch zu Roß, hält ein Kreuz; über ihm schwebende himmlische Gestalten verkünden, daß der Segen des Herrn auf ihm ruht. Neben dem Kaiser steht – nur wenig kleiner – ein Bauer, der unterwürfig seine Lanze berührt. Unter den Pferdehufen sehen wir eine viel kleinere Frau, die in ihrer Haltung äußerste Demut zum Ausdruck bringt und in ihrer Schürze die ganze Fülle der Natur birgt. Am Fuß des Reliefs kauern geduckte menschliche Gestalten und Tiere: die Besiegten. Das Relief trägt den Namen *Verteidiger des Glaubens*. Natürlich ist diese Darstellung, wie jeder Kunstsachverständige einwerfen wird, nur symbolisch: aber die Triebfeder des Patriarchats besteht ja gerade darin, das Symbolische Wirklichkeit werden zu lassen. Es ist nun einmal so – die symbolische Anordnung der Relieffiguren entspricht der faktischen Ordnung unserer Welt.

III

Die Frau im Zeitalter des Patriarchats

Die Geschichte des Patriarchats umfaßt die gesamte Weltgeschichte, wie sie uns vermittelt worden ist. Sie ist eine Geschichte der Macht. Noch bis vor kurzem wurden Geschehnisse, die nicht als Auswirkungen von Machtkämpfen interpretiert werden konnten, von den Schulhistorikern kaum beachtet, und selbst die Sozialgeschichte konzentriert sich weitgehend auf jene Aspekte des alltäglichen Lebens, von denen man annehmen kann, daß sie weitreichendere Ereignisse beeinflußt haben. Ein Interesse daran, Erscheinungen einfach nur deshalb zu erforschen, weil sie einmal existent waren, ist kaum zu verzeichnen.

Da die patriarchalische Ideologie darauf gründet, daß den Frauen reale Macht verweigert wird, hat es unter den Machthabern nur sehr wenige Frauen gegeben, aber selbst diese wenigen werden im allgemeinen von den Chroniken der Geschichte der Macht ignoriert. In der Weltgeschichte von William McNeill wird nur eine einzige Frau – die russische Zarin Katharina die Große – im Index aufgeführt. Eine Untersuchung von Lehrbüchern, die in Collegeseminaren über amerikanische Geschichte verwendet wurden, ergab, daß nur 0,05 Prozent bis 2 Prozent der Texte, aber 6 Prozent aller Illustrationen Frauen zum Gegenstand hatten.[1] Ein sehr gebräuchliches Werk bringt es fertig, die Irrenanstaltsreformen in der ersten Hälfte des 19. Jahrhunderts zu erörtern, «ohne Dorothea Dix, den Kampf gegen die Korruption, ohne Ida Tarbell und den Busboykott von Montgomery, ohne Rosa Parks zu erwähnen»[2]. Eine Geschichte des demokratischen Denkens in Amerika verliert kein Wort über den Kampf um das Frauenwahlrecht, der 70 Jahre dauerte und den unermüdlichen Einsatz mehrerer Frauengenerationen erforderte.[3] Ein erst vor kurzem erschienenes Buch über die Herausbildung einer patriarchalischen Religion – die der *Rastas* auf Jamaica –

aus einer überwiegend matrifokalen Kultur erwähnt die Stellung der Frau innerhalb dieser neuen Religion mit keinem Wort.[4] Die historische Fakultät der University of California in Berkeley verweigerte die Genehmigung einer Lehrveranstaltung zum Thema «Frauen in der amerikanischen Politik» mit der Begründung, daß Frauen nur während einiger weniger Phasen politisch aktiv geworden seien und ihr politisches Tun nicht unter die «zentralen Themen und Entwicklungen in den Vereinigten Staaten» zu rechnen sei.[5]

Die Historie, eine Aneinanderreihung ausgewählter, geordneter, schriftlich niedergelegter und interpretierter Phänomene, ist die Grundlage dessen, was künftige Generationen wissen und für wahr halten werden. Rufen wir uns ins Gedächtnis, daß das griechische Wort für Wahrheit, *aletheia*, wörtlich «das, was nicht vergessen wird» bedeutet. So betrachtet, ist die Wahrheit der Frauen aller Zeiten ‹außer Kraft gesetzt›, als ‹Un-Wahrheit› und somit als nicht erinnernswürdig eingestuft worden. Frauen erscheinen ausschließlich als hilflose Mündel oder als lokkende Weibchen, beides Rollen, die dem Mann seine zentrale Position belassen. Und doch entdecken wir in der wirklichen Geschichte Frauen als mächtige, aktive, einflußreiche und widerstandsfähige Menschen. Um sie so völlig aus der Erinnerung auszulöschen, bedurfte es beträchtlicher Entschlossenheit.

Die Geschichte der Frau neu zu entdecken bedeutet, hinter die historische Überlieferung zurückzugehen und nach originalen Quellen zu suchen. Während der beiden letzten Jahrzehnte haben feministische Historikerinnen und auch Historiker diese Arbeit auf sich genommen, sich in Kellern und Hinterräumen von Museen und Bibliotheken durch staubige Kästen voller vergilbter, morscher Papiere gewühlt, Jahre darauf verwandt, von Frauen stammende alte Briefe, Tagebücher und vergessene Bücher zu lesen. Sie erweckten hervorragende historische Arbeiten über Frauen in der Geschichte zu neuem Leben, die zum Zeitpunkt ihrer Veröffentlichung bereits der Vergessenheit anheim gegeben waren – wie etwa die Forschungen der zu Beginn des 20. Jahrhunderts in Oxford bestallten Mediävistin Eileen Power.[6] Ganz allmählich schält sich eine Geschichte der Frauen heraus, und diese Geschichte ist tief beeindruckend. Sie zeigt uns nicht nur einzelne Frauen, sondern ganze Kulturen, die unter der Oberfläche der protzigen Machtdemonstrationen wirkten.

Wenn man sich mit der Geschichte der Frau im Zeitalter des Patriarchats beschäftigt, ergeben sich einige spezifische Probleme. Die Frauen kommen in den zeitgenössischen Aufzeichnungen so gut wie nicht vor. Sie erscheinen zwar als Objekte von Gesetzen zu Eigentums- und Moralfragen, aber es läßt sich meist nur schwer angeben, aus welchem akuten Anlaß das jeweilige Gesetz entstand. So enthält etwa der Kodex des Hammurabi die Bestimmung, daß eine Priesterin, die eine Weinhandlung eröffnet oder auch nur Teilhaberin einer solchen wird, den Feuertod sterben soll.[7] Es ist schwer, sich vorzustellen, was im einzelnen einer derartigen Verfügung zugrunde gelegen haben mag, zumal in bezug auf männliche Priester keine entsprechende Regelung existiert. Wein wurde in Babylon überwiegend von Frauen verkauft, und es ist anzunehmen, daß auch Priesterinnen dieses Gewerbe betrieben, da sonst eine derartige Regelung nicht notwendig gewesen wäre. Vielleicht verlegten sie sich auf das Weingeschäft, weil das Priesterinnentum sie nicht mehr ernährte. Das ist jedoch Spekulation: die wirklichen Lebensbedingungen der Frauen früherer Zeiten lassen sich allein aus Gesetzen nicht ableiten.

Frauen waren nie eine einheitliche Gruppe, sondern vielmehr stets weibliche Mitglieder bestimmter sozioökonomischer Schichten, mit deren Interessen sie sich identifizierten. Die Auffassung, daß die Frauen unabhängig von ihrem sozioökonomischen Status eine Klasse für sich bilden, dringt erst jetzt allmählich in unser Bewußtsein. Die Lebensumstände der zur Aristokratie, zu den begüterten Kreisen oder zu den ärmeren Schichten gehörigen Frauen unterschieden sich ebenso kraß wie die der Städterinnen von denen der Frauen auf dem Land. Wollte man sich bei der Erörterung der Situation ‹der Frauen› lediglich auf eine dieser Gruppierungen stützen, ergäbe sich mit Sicherheit ein verzerrtes Bild. Die Berücksichtigung aller in Frage kommender Gruppierungen, insbesondere jener, über die kaum Material existiert, ist grundsätzlich für jede wissenschaftliche Untersuchung ein tendenziell unlösbares Problem. Als Ausweg bietet sich die analytische Isolierung einer bestimmten Gruppe zu einem bestimmten Zweck an. So konzentrierte sich etwa Mary Beard auf die Untersuchung von Frauen, die Macht innehatten, um den Zeitgenossinnen ermutigende Beispiele vor Augen zu halten.[8] Mary Wollstonecraft und Simone de Beauvoir nahmen sich die Machtlosigkeit und Unterdrückung der Frauen zum Thema, da sie hofften, auf diese Weise den Frauen die Augen für ihre Situation öffnen zu können.[9] Ebenfalls möglich ist die Untersuchung der von Frauen vertretenen ‹weiblichen› Wertsysteme.[10] Ich habe versucht, an allen drei Punkten – Macht, Ohnmacht und ‹weibliche› Werte anzusetzen, um das Bild möglichst abzurunden.

Man nimmt heutzutage gemeinhin an, daß es den Frauen gegenwärtig besser gehe als je zuvor. Es scheint, als ob der von den Männern in die Welt gesetzte Mythos vom brutalen Höhlenmenschen, der die Frauen an den Haaren hinter sich herschleift, die Funktion hat, uns zu versichern, wie viel besser wir es doch in einer ‹zivilisierten› Welt haben, wobei die Vorstellung von der Zivilisation mit dem Patriarchat gleichgesetzt wird. Aber auch im patriarchalischen Zeitalter selbst, so wird uns versichert, hat ‹Fortschritt› stattgefunden, was durch den Verweis auf den Status der buchstäblich in ihren vier Wänden gefangen gehaltenen Frauen im antiken Athen oder der schlichtweg als Eigentum behandelten Frauen im alten Rom illustriert wird. Das Recht der heutigen Mittelschichtsfrau auf Erwerbstätigkeit wird, ebenso wie das Frauenwahlrecht, als Errungenschaft gepriesen. Unterschlagen wird dabei allerdings, daß die Frauen der ärmeren Schichten zu jeder Zeit der Geschichte gearbeitet haben, daß die Mittelschichtsfrauen bis ins 19. Jahrhundert in produktiver und kompetenter Weise die Regie über umfangreiche Großfamilienhaushalte innehatten und daß das Frauenwahlrecht weltweit erst dann gewährt wurde, als die politische Macht (auf breiter Ebene) bereits in die Hände der Vertreter von Kapitalinteressen übergegangen war, die sämtliche politischen Parteien kontrollierten. Beide Rechte sind positiv und notwendig, aber sie sichern den Frauen noch nicht zwangsläufig mehr Selbstbestimmung als in früheren Zeiten.

Macht existiert in vielen Formen. Wenn wir das Wort hören, denken wir zunächst meist an öffentliche Macht, politische Herrschaft, ökonomische Verfügungsgewalt oder bewaffnete Macht. Wir neigen zur Ausklammerung oder Unterschätzung der Macht von Beziehungen, der Einflußnahme auf Grund von Intelligenz oder Persönlichkeitsstärke oder der subtileren Manipulationen auf künstlerischem, theologischem oder philosophischem Gebiet: Formen von Macht, die unter bestimmten Umständen handfesteren Machtmitteln durchaus ebenbürtig sein können.

Eine Form von Macht ist der unmittelbare Einfluß des Individuums auf seine Umwelt, auf Liebes- und Ehepartner, Kinder und Eltern auf Grund von Intelligenz, Charme, Schönheit oder schierer Willenskraft. Solch individuelle Macht erwächst aus der Persönlichkeit und kann in dieser Form nicht übertragen werden. Solange sie sich nicht in institutionalisierten, für eine Dynastie, Sekte oder Gruppe bedeutsamen Machtmitteln niederschlägt, erlischt sie mit ihrem Träger. Dies ist im allgemeinen die ‹weibliche› Form der Macht, zum einen wegen des Ausschlusses der Frauen von öffentlicher Macht und zum anderen auf Grund der Tatsache, daß sich Männer im allgemeinen in diesem Bereich nicht recht heimisch fühlen. Dennoch gibt es zahlreiche Männer, die diese Form von Macht ebenfalls ausüben.

Schließlich gibt es gewisse fundamentale Formen von Macht – die Macht, das eigene Dasein zu behaupten, mit sich selbst umgehen zu können, die eigenen Begabungen zum Tragen zu bringen. Begabung ist etwas dem Individuum Innewohnendes, aber um Gebrauch von ihr machen zu können, muß man in Beziehung zur Außenwelt treten. Man muß die Möglichkeiten haben, eine bestimmte Form von Ausbildung zu genießen, sich frei zu bewegen, in gewissem Umfang selbst über die eigene Zukunft bestimmen zu können. Die grundlegendste Form von Macht ist die Verfügungsgewalt über den eigenen Körper – das Recht auf körperliche Unversehrtheit, die Selbstbestimmung über die eigene Sexualität, die freie Entscheidung über den Zeitpunkt der Ehe und den Ehepartner sowie die Ehe überhaupt, die Selbstbestimmung über die eigene Fortpflanzung, das Recht an den eigenen Nachkommen und das Recht auf Ehescheidung. In vielen Kulturen wurden und werden noch heute manche Männer in einigen dieser Rechte eingeschränkt, aber in sämtlichen früheren und gegenwärtigen westlichen Kulturen wurde und wird Frauen generell jedes dieser Rechte beschnitten. Ohne diese fundamentalen Elemente der Selbstbestimmung ist Macht im Verhältnis zur Außenwelt jedoch grundsätzlich nicht möglich.

Es gibt noch heute Kulturen, in denen Frauen einer bestimmten Schicht zwar Bildung, nicht aber sexuelle Freiheit gewährt wird, es gab Kulturen, in denen einige aristokratische Frauen sogar öffentliche Macht ausüben durften, während die übrigen Frauen keinerlei politische Rechte besaßen, und es gab Kulturen, wie etwa die des alten Rom, in denen der *pater familias* die ganze Macht im privaten und öffentlichen Bereich in Händen hielt, es aber gleichwohl einer willensstarken Frau gelingen konnte, ein gewisses Maß an Autonomie und Selbstbestimmung zu erringen.

Doch damit ist das verwirrende Problem der Macht noch nicht erschöpft. Es gibt noch heute, wie zu allen Zeiten, Frauen und Männer in großer Zahl, die bereit sind, die öffentliche Macht anderen abzutreten, wenn sie dafür in ihrer privaten häuslichen Welt nach Belieben schalten und walten dürfen. Viele gläubige Menschen beiderlei Geschlechts haben auf alle weltlichen Güter verzichtet, um in der Sorge für andere aufzugehen. Mütter haben sich ihren Ehemännern untergeordnet, um ihre Kinder in Liebe und Fürsorge aufzuziehen. Seinen eigenen Garten bestellen zu können – sich eine glückliche Lebenssituation schaffen, Liebe geben und empfangen, anderen Mitgefühl und Fürsorge entgegenbringen und sich als Teil einer großen Menschheitsfamilie fühlen zu können – bietet Freuden, die die Ausübung von Macht beschneiden oder unmöglich machen: Es hat zu jeder Zeit Heerscharen von Menschen gegeben, die das weibliche Prinzip über das männliche setzten und öffentlicher Macht keine große Bedeutung beimaßen.

Diese Denkweise hat in breite Strömungen der Literatur von Horaz bis Spencer, von Theokrit bis Voltaire, von Vergil bis zu Mark Twain und Virginia Woolf Eingang gefunden. Aber oft wird von denselben Autoren, die die Idylle fernab der Macht verherrlichen, an die Adresse der Männer eine eindringliche Warnung vor solchen Ideen ausgesprochen: die idyllischen Nischen dieser Welt werden von blindwütiger Aggression, von Individualismus und Machtstreben überschwemmt und zerstört. Sie mögen die angestammte Heimat der Frauen sein, ein Mann jedoch hat andere Aufgaben; er muß sein Territorium schützen. Faktisch haben Frauen durch alle Zeitalter hindurch versucht, sich solche idyllischen Nischen zu schaffen und sie aus eigener Kraft zu verteidigen. Solche Bestrebungen werden im allgemeinen nicht überliefert, insbesondere dann nicht, wenn kein Verteidigungskampf notwendig wurde. Sie kommen in der Historie der Macht nicht vor. Aber möglicherweise waren die Frauen damit glücklich.

Genau dies ist die Krux eines jeden Versuchs, die Geschichte der Frauen – oder auch die der Männer – darzustellen. Im patriarchalischen Denken ist Macht die einzig entscheidende Norm. Personen und Ereignisse gelten als wichtig allein nach Maßgabe der in ihnen verkörperten Macht und ihres Einflusses auf ihre eigene Zeit und die Nachwelt. Was das Leben des einzelnen und der Gesellschaft ausmacht, fällt nahezu ausschließlich dem Vergessen anheim. Historiker interessieren sich nicht für die Freuden des Lebens, sondern nur für Macht und Ohnmacht. Über das Wohlbefinden der Menschen früherer Zeiten wissen wir nichts, und viele unter uns würden ein solches Kriterium für irrelevant und subjektiv halten. Für das Individuum und auch für die Gesellschaft als Ganzes sind Zufriedenheit oder Glück hingegen zweifellos überaus wichtige Kriterien.

Die Chronisten – die befinden, was der Aufzeichnung, des Erinnerns und der Erhaltung wert ist – verfahren ebenso eindimensional wie die Historiker, die in alten Dokumenten stöbern. Eine wirkliche Historie hätte mehr zu erfassen; sie müßte neben der Geschichte der Macht und der Entwicklung und Verfestigung ‹männlicher› Werte auch die Geschichte der ‹weiblichen› Werte untersuchen – die Formen, in denen sie überdauerten und ihre allmähliche Unterminierung, ja Ausrottung in der westlichen Welt. Erst feministische Historikerinnen haben es unternommen, ein vollständigeres Bild des Lebens früherer Generationen zu zeichnen, indem sie ihr Augenmerk auf das Wohlbefinden (und gelegentlich selbst die Macht) richteten, das Frauen in der Vergangenheit aus dem Netz von Beziehungen zu anderen Frauen gezogen haben.

Ich möchte noch einige weitere allgemeine Aussagen voranstellen. Die Einteilung nach den üblichen Ordnungskategorien der Geschichtsschreibung – Epochenbegriffe wie etwa Renaissance oder Aufklärung – ist für eine Darstellung der Geschichte der Frauen wenig sinnvoll. Obgleich auch Machtverlagerungen und ideologische Veränderungen die Situation der Frau beeinflussen, reagiert diese doch am empfindlichsten auf soziale Umwälzungen wie z. B. den Übergang von der Feudalgesellschaft zur bürgerlichen Gesellschaft, bei dem die bürgerliche Mittelschicht die Aristokratie als herrschende Klasse verdrängte. Bei weitem die wichtigste gesellschaftliche Veränderung in diesem Zusammenhang war wohl die industrielle Revolution, mit der die Produktion im häuslichen Bereich durch die Fabrikarbeit abgelöst wurde.[11]

Die Frauen der ärmeren Schichten gehen in diese Darstellung kaum ein, da sie (und mit ihnen die Männer der ärmeren Schichten) ja auch in ‹der Geschichte› keine Rolle spielen. Aber es darf nicht aus den Augen verloren werden, daß diese Frauen mehr persönliche Freiheiten besaßen als die der begüterten Schichten. Letztere, selbst als Eigentum betrachtet, wurden eifersüchtig bewacht und von einer Hand in die andere übereignet. Sie führten zwar ein sorgenfreieres, aber auch ein wesentlich eingeschränkteres Leben als die ärmeren Frauen, die, wenn schon keine Sicherheit, so doch einige Bewegungsfreiheit genossen, weitgehend selbst über ihre Sexualität und ihre Kinder verfügen konnten und zuweilen sogar kleine Erwerbsgeschäfte in eigener Regie führten. Natürlich stand es diesen Frauen auch ‹frei›, zu verhungern, wie Lasttiere zu schuften und von Männern willkürlich mißbraucht und mißhandelt zu werden. Als Illustration mögen Julia und ihre Amme in Shakespeares *Romeo und Julia* dienen: die Amme steht gesellschaftlich tiefer als Julia, kann sich jedoch frei bewegen und deshalb Botschaften ihrer Herrin überbringen. Als sie zu Beginn des Stücks in Botendiensten unterwegs ist, wird sie, obgleich von einem männlichen Diener begleitet, von zwei jungen ‹Gentlemen› belästigt. Da sie weder besonders clever noch hartgesotten ist, muß sie die Beleidigungen einstecken. Eine Frau, deren Zuhause die Straße gewesen wäre, hätte wohl anders zu reagieren vermocht, aber dafür nicht darauf rechnen können, daß die Belästigungen auf der verbalen Ebene blieben. Die Frauen aus den besitzenden Schichten waren zwar in der Öffentlichkeit weitgehend vor willkürlichen Übergriffen geschützt, mußten jedoch vermutlich nicht weniger als die ärmeren Frauen fürchten, von ihren eigenen Männern und männlichen Familienangehörigen mißhandelt, eingesperrt oder gar getötet zu werden.

Im großen und ganzen waren die Frauen in der Geschichte tatsächlich die am meisten entrechteten Mitglieder ihrer jeweiligen Kultur. Sie litten einerseits, ebenso wie ihre Männer, unter bestimmten kulturspezifischen Zwängen und Beschränkungen, andererseits jedoch auch unter den – unabhängig von ihrer Schichtzugehörigkeit – mit mehr Rechten und Macht ausgestatteten Männern. Wenn Frauen aufbegehrten, so oft deshalb, weil sie ihre Familien nicht mehr satt bekamen, und nicht um größerer öffentlicher Macht willen. Sie deshalb kurzschlüssig verächtlich abzutun, hieße es sich zu leicht machen. Auch Männer wurden und werden noch heute in ähnlicher Weise entrechtet, ohne zu revoltieren. Es empfiehlt sich, beim Versuch einer Aufarbeitung weiblicher Geschichte zunächst mit der Betrachtung des Kolonialismus und der Sklaverei zu beginnen, beides Instrumente, die Männer wie Frauen knechteten. Die Geschichte dieser Herrschaftsmechanismen wurde zum größten Teil von Männern geschrieben und ist ebenso von Frauenhaß geprägt wie jedes andere Produkt unserer Kultur auch. Dennoch kann uns möglicherweise die Untersuchung der Unterjochung von Männern durch Männer Einblick in das Wesen der Unterdrückung überhaupt geben.

1. Wesensmerkmale des Kolonialismus

Der erste Schritt der Kolonialisierung ist nach Franz Fanon, einer der größten Autoritäten auf diesem Gebiet, die praktische Zweiteilung der Welt. Voraussetzung ist jedoch, daß diese bereits theoretisch aufgeteilt ist, und zwar in Menschen (die Kolonialherren) auf der einen und in die als Untermenschen oder zuweilen auch als Nicht-Menschen (d. h. tierische Wesen, die an Bösartigkeit jedes wirkliche Tier übertreffen) geltenden Kolonisierten auf der anderen Seite. Der nächste logische Schritt ist dann die Forderung, die reale Welt, in der beide leben, in «Abteile» zu unterteilen, die «von zwei verschiedenen Menschenarten bewohnt werden»[12]. Das auf diese Weise vereinnahmte und aufgeteilte Territorium war ursprünglich die Heimat der Kolonisierten, die möglicherweise kein Eigentum, sondern lediglich, wie die alten matrizentrischen Gesellschaften, ein Nießbrauchrecht an Grund und Boden kannten. Wenn das betreffende Gebiet erst einmal von den Kolonisatoren in Besitz genommen worden ist, steht jedoch zu erwarten, daß Teile davon für die Kolonisierten zum Sperrgebiet erklärt werden, das sie nur mit einer Sondererlaubnis betreten dürfen. Diese ‹europäischen› oder ‹weißen› Viertel zeichnen sich durch breite Prachtstraßen und stattliche Gebäude aus, während in den ‹Eingeborenenvierteln› Überfüllung, katastrophale hygienische Bedingungen und üble Gerüche herrschen. Für das unerfreuliche Erscheinungsbild solcher Stadtteile werden dann deren Bewohner verantwortlich gemacht.

Wenn die Kolonialisierung die Form der Versklavung annimmt, werden die Sklaven oft gezwungen, besondere Kleidung oder Frisuren zu tragen, wenn man sie nicht gar kennzeichnet oder in bestimmter Weise verstümmelt, damit sie sich leichter von den Sklavenhaltern unterscheiden lassen. In den Vereinigten Staaten, wo nur Schwarze auf Dauer als Sklaven gehalten wurden, waren solche Unterscheidungsmerkmale nicht notwendig. Ihr Fehlen war allerdings für freigelassene Sklaven ein großes Problem. Im Unterschied zu Kolonisierten werden Sklaven nicht in eigene Stadtteile verbannt, sondern in einem separaten Teil der Plantage, der Fabrik oder des Hauses gehalten. Sklaven wie Kolonisierte verbringen jedoch den größten Teil ihrer Zeit auf dem Territorium oder in den Räumlichkeiten der Sklavenhalter, wo sie schwere Arbeit oder Dienstleistungen verrichten. Sie tragen erhebliche Verantwortung für diese Umgebung, ohne auch nur das geringste Recht an ihr zu besitzen. Kolonialisierte und Sklaven sind keine Individuen, sondern eine «anonyme Masse»[13]. Die Natur dieser Masse ist animalisch in einem gefährlich bösartigen Sinn, und die Kolonialherren bringen ihren Tieren oft mehr Zuneigung und Achtung entgegen als diesen Menschen. «Tatsächlich ist die Sprache des Kolonialherren, wenn er vom Kolonisierten spricht, eine zoologische Sprache. Man macht Anspielungen auf die kriecherischen Bewegungen des Gelben, auf die Ausdünstungen der Eingeborenenstadt, auf die Horden, auf den Gestank, auf das Gewucher und Gewimmel, auf das Gestikulieren.»[14] Der Eingeborene als tierischer Untermensch «ist für die Ethik unerreichbar, ist Abwesenheit von Werten, aber auch deren Negation. Er ist, sagen wir es offen, der Feind jeden Wertes an sich. Insofern ist er das absolute Übel: ein zersetzendes Element, das alles, was mit ihm in Berührung kommt, zerstört ...»[15]

Gegen Ende des 18. Jahrhunderts ließen viele amerikanische Sklavenhalter ihre Sklaven frei. Im Jahre 1806 belegte der Staat Virginia diese Praxis mit einer Reihe restriktiver Maßnahmen, um der Sklavenbefreiung einen Riegel vorzuschieben. Ein immer dichteres Netz zog sich um die Freigelassenen zusammen: sie mußten den Staat innerhalb von zwei Monaten verlassen, und den weißen Herren wurde verboten, ihre Sklaven mit dem auszustatten, was sie am dringendsten brauchten – Grund und Boden. Bald schon untersagten die umliegenden Staaten den Schwarzen die Einreise zum Zweck der Niederlassung. So bedeutete Befreiung nur noch, keine Lebensmöglichkeit und keine Existenzgrundlage zu besitzen. Winthrop Jordan dokumentiert, daß diese Maßnahmen eigentlich dem moralischen Denken der Zeit zuwiderliefen, und wirft die Frage auf, warum sie dennoch ergriffen wurden.[16]

Seine Antwort lautet, daß für die Bewohner Virginias die schwarze Hautfarbe symbolisch für all das stand, was sie an sich selbst nicht zuließen, für menschliche Eigenschaften, derer sie sich schämten oder die sie fürchteten. Schwarze Sklaven freizulassen hieß, diese Impulse freizusetzen. Die Schwarzen galten als «gefährliche Aufwiegler», die andere schwarze Sklaven zur Flucht anstiften würden. In den Augen der Sklavenhalter waren die Schwarzen ein schwelender Herd des Bösen und des Aufruhrs. Faktisch gab es zwar freigelassene oder entflohene Sklaven, die anderen heldenhaft zur Flucht verhalfen, aber sie gehörten zu den seltenen Ausnahmen. Die meisten Freigelassenen wollten einfach nur in der Lage sein, selbst ein menschenwürdiges Leben zu führen. Dennoch waren die Bewohner Virginias fixiert darauf, daß die freigelassenen Schwarzen eine Bedrohung darstellten.[17] Die drohende Gefahr der Revolte ist eine unvermeidliche Begleiterscheinung der Herrschaft; dies ist einer der Gründe dafür, daß die Ausübung von Kontrolle so unbefriedigend ist und kein Gefühl der Macht, sondern Angst erzeugt. Die Unterdrückten scheinen ständig darauf aus zu sein, zu lügen, sich zu verschwören und heimtückisch ihren eigenen Vorteil zu suchen, der grundsätzlich das Gegenteil dessen ist, was den Herrschenden nützt. Aus diesem Grunde hassen die Herrschenden die Unterdrückten.[18]

Und doch haben die weißen Herren, auch wenn sie in ihren Alpträumen «Rottet das Viehzeug aus» rufen, alles andere als dies im Sinn. Das «Viehzeug» muß sich vermehren oder «der Preis der Arbeitskraft wird fortwährend ansteigen».[19] Außerdem weiß der Kolonialherr, daß sein Leben ohne die Kolonisierten bedeutungslos wäre, und dieser «unerträgliche Widerspruch erfüllt ihn mit einer Wut und einem Haß, die jederzeit gegen den Kolonisierten entfesselt werden können. Das ist der unschuldige, aber fatale Grund für sein Drama»[20]. Da der Sklavenhalter oder Kolonialist auf den Unterdrückten all das projiziert, was er an sich selbst ablehnt, kann er sich gerade als das Gegenteil dessen definieren, was der ‹Niedere› repräsentiert.

Dies gilt vor allem für den Bereich der Sexualität. Der herrschende Mann behandelt den Körper des unterjochten Mannes schlicht als Arbeitsinstrument, den Körper der unterjochten Frau als Arbeitsinstrument und Sexualobjekt. Da ihm ein Heer von Sexualobjekten zur Verfügung steht, hält der herrschende Mann promiskes Verhalten für zulässig. Es bleibt folgenlos für seine Familie als «wichtigste Institution der kulturellen Integrität» der weißen Sklavenhalter. «Wären die sexuellen Ausschweifungen des weißen Mannes nicht so behutsam eingegrenzt und umschrieben worden», so Jordan, hätte er möglicherweise erkennen müssen, daß er selbst und nicht der Schwarze zügellos lebte, die «Integrität» der Familie bedrohte, sich «wie ein Tier» verhielt und keine Hemmungen kannte.[21] Es wäre jedoch nicht möglich gewesen, diese Illusion aufrechtzuerhalten, hätten die weißen Frauen nicht dabei mitgewirkt, indem sie ihre eigene Integrität und Empörung hinter ihrer Angst vor den Männern und deren Institutionen zurückstellten. Sklaverei und Kolonialismus korrumpieren alle, die daran beteiligt sind. Sie erschöpfen sich nicht in einem simplen Machtverhältnis zwischen Kolonialherren und Kolonisierten, Sklavenhaltern und Sklaven, sondern sie konstituieren komplexe Gefüge.

Die Kolonisierten oder Sklaven verrohen durch die Behandlung, die ihnen widerfährt. Die ihnen aufgezwungenen Lebensbedingungen zerrütten mit der Zeit ihr Selbstgefühl, und schließlich wird der Unterdrückte tatsächlich mehr und mehr zu dem «was er sein müßte, um sein Schicksal zu verdienen»[22]. Das Argument, daß Menschen, die man versklaven kann, nichts Besseres als die Sklaverei verdienen, wurde bereits von Aristoteles vertreten. Unterdrückte gelten als Tiere, die die Zucht und feste Hand eines Herrn und Meisters brauchen, oder als Kinder, die der Führung durch Erwachsene bedürfen. So versichert der Historiker Ulrich B. Phillips im Jahre 1918 in einer Abhandlung über die Sklaverei seinen Lesern, Schwarze seien «von ihrer rassischen Natur her» unterwürfige, fröhliche, liebenswerte, einnehmende und nachahmungsfreudige Wesen.[23] Wie von Tieren oder Kindern erwartet man von Unterdrückten, daß sie sich völlig mit den Interessen ihrer Gebieter oder väterlichen Herren identifizieren. Moralische Unterweisung als Mittel, «den Sklaven dahin zu bringen, sich ganz mit seinem Herren und dessen höherer Berufung zu identifizieren, war und ist das oberste Desideratum»[24]. Es ist undenkbar, daß die Unterdrückten eigene und sich von jenen ihrer Unterdrücker unterscheidende Wünsche und Bedürfnisse haben könnten. Unter solchen Verhältnissen ist das Denken der Herrschenden absolut narzistisch fixiert – sie beziehen alles, was die Unterdrückten tun, auf sich selbst. Albert Memmi konstatiert, daß der Herr, dessen eingeborene Dienerin nicht zur Arbeit erscheint, kaum auf die Idee kommen wird, daß sie krank sein, von ihrer Familie gebraucht werden oder in Schwierigkeiten stecken könnte. Er wird lediglich sagen: «Sie sind unberechenbar.»[25] Er sieht alles, was die Dienerin tut, als auf oder gegen sich gerichtet. Als in den Vereinigten Staaten Sklaven entflohen, konnten ihre Herren diese Tatsache nicht begreifen. Zu Fluchtversuchen von Sklaven kam es meist nur nach schweren Bestrafungen, und doch galten sie als Beweis für die «Undankbarkeit und besondere Verderbtheit der afrikanischen Rasse»[26]. ‹Gute› Herren reagierten am empörtesten auf Fluchtversuche oder Bemühungen, entflohenen Sklaven zu helfen. «Sie kennen eben keine Dankbarkeit», schrieb ein Pflanzer aus Mississippi, als man seine Sklavin Nancy bei dem Versuch ertappte, versteckten Flüchtlingen Essen zu bringen.[27]

Mit der Zeit fügen sich also die Unterdrückten in das Bild, das ihnen die Herren aufzwingen, und was noch schlimmer ist, gewöhnen sich daran, es für richtig zu halten. Kurt Lewin erinnert in bezug auf die jüdische Geschichte daran, daß «ständiges Einimpfen der eigenen Minderwertigkeit» oft dazu führt, daß «sie als Tatsache akzeptiert wird»[28]. So produziert Unterdrückung schließlich Selbstverachtung und Verachtung all jenen gegenüber, die einem selbst ähnlich sind, ein Phänomen, das Florynce Kennedy als «horizontale Feindseligkeit» bezeichnet. Aus dieser erwachsen wiederum Haß, Konkurrenz und Verachtung unter den Unterdrückten, wobei sie das Wertsystem der Herrschenden in übersteigerter Form übernehmen. So bereitet es z. B. Gandhi als jungen Mann tiefe Befriedigung, daß seine Söhne auf einer anständigen englischen Schule zu anständigen englischen Gentlemen erzogen wurden. Die Ironie dieser Episode ist mehrschichtig: Niemals hätten echte Engländer damals die Inder völlig ungeachtet ihrer Kleidung und Manieren als etwas anderes als eine «Horde von *wogs*» betrachtet. In Amerika brennen die Schwarzen in blinder Verzweiflung ihre eigenen Wohnviertel nieder, da sie nicht in der Lage sind, ihre Wut gegen die Weißen zu kehren. Selbst in den Todeslagern der Nazis gab es Menschen, die sich mit den Werten ihrer Peiniger identifizierten. Diese Internalisierung der Wertmaßstäbe des Unterdrückers ist wohl das fatalste Moment des Elends unter den Unterdrückten und gleichzeitig das am schwersten aufzuhebende.

Für Memmi ist das schlimmste Unrecht gegen die Unterdrückten deren «Ausschluß aus der Geschichte und der Gemeinschaft». Die Institutionen des Kolonialsystems verwehren den Kolonisierten jedwede Funktion innerhalb ihrer eigenen Kultur und jede Mitsprache bei sozialen, ökonomischen, kulturellen und politischen Entscheidungen, die möglicherweise ihr eigenes Leben, stets jedoch ihre Lebensbedingungen betreffen.[29] In manchen Fällen wird selbst die Sprache der Unterdrückten geächtet oder gewaltsam verdrängt: so war etwa während der Teilung Polens jeder Unterricht in polnischer Sprache verboten, und Olive Schreiner berichtet, wie sie als Kind in Afrika schwer dafür bestraft wurde, daß sie das Wort *ach* benutzt hatte – Afrikaans, die Sprache der geächteten Holländer, an Stelle von Englisch, der Sprache der gehobenen Schichten.[30] Den schwarzen Sklaven in den Vereinigten Staaten wurde ebenso wie kolonisierten Völkern in Afrika und Asien ihre Muttersprache genommen. Die Kolonisierten müssen lernen, sich in ihrem eigenen Land mit Hilfe einer fremden Sprache zurechtzufinden[31], und sind dadurch in jeder Hinsicht gezwungen, «von ihrer Zeit isoliert» zu leben.[32]

Diese Beschreibung der Kolonialherrschaft läßt sich nahezu in allen Punkten auf das Verhältnis von Frauen und Männern übertragen. Frauen gelten als grundsätzlich verschieden von Männern, als Angehörige einer anderen Spezies. Die vielleicht prägnanteste Beschreibung dieser Sichtweise stammt von Aristoteles: «... deswegen ist überall, wo und wie weit es möglich ist, vom Weiblichen das Männliche getrennt. Denn *ranghöher* und göttlicher ist der Bewegungsursprung, der als männlich in allem Werdenden liegt, während der Stoff das Weibliche ist ... Man muß ja Weiblichkeit als einen natürlichen Mangelzustand ansehen.»[33] Wie bereits dargestellt, gelten Frauen als Untermenschen (oder Übermenschen). Auch sie erscheinen nicht als Individuen: Nachts sind alle Katzen grau, und die Frauen sind alle gleich, ob als Liebende, Gebende, Nährende oder als lästige Furien. ‹Sie› können schlecht Auto fahren und rechnen und weinen immer gleich, eignen sich aber hervorragend zum Annähen von Knöpfen und Zubereiten von Mahlzeiten. Wenn ein

Mann sich von einer Frau enttäuscht fühlt, wird er sehr wahrscheinlich alle Frauen verfluchen und in ihrem Verhalten einen Ausdruck gegen ihn gerichteter weiblicher Bösartigkeit sehen.

Daß auch Frauen mit Tieren gleichgesetzt werden, haben wir bereits gesehen: als animalische Wesen sind sie für die Männer – von den Griechen über den römischen Dichter Juvenal, die Frühchristen, die Satiriker der Renaissance und die Dichter und Maler des ausgehenden 19. Jahrhunderts bis hin zu modernen Satirikern wie James Thurber und Soziologen wie Philip Wylie – wollüstig und gierig. Im 2. Jahrhundert v. Chr. riet Cato, die Frauen unter strenger Kontrolle zu halten, da sie sich sonst erheben und die Männer beherrschen würden, und die gleiche Warnung wiederholt John Knox im 16. Jahrhundert n. Chr. So unterschiedliche Dichter wie Ovid, Shakespeare, Dickens und Conrad sahen Frauen häufig als schwach und töricht.

Das Territorium unserer Erde, das einst allen Menschen gemeinsam gehörte, wurde von einer kleinen männlichen Elite vereinnahmt und verteilt. Diese Männer machten, was sie auf der Erde an Wertvollem fanden und somit auch die Frauen, zu ihrem Eigentum, über das sie nach Belieben verfügen konnten. Sie sprachen den Frauen, nicht anders als die Kolonialherren den kolonialisierten Völkern oder Sklaven, das Recht auf Eigentum ab. Wie Sklavenhalter und Kolonialherren erwarteten sie, daß die Frauen die Interessen ihrer Unterdrücker zu den ihren machten. Wenn Frauen versuchten, sich etwas zu verschaffen, was sie selbst brauchten oder wollten, galten sie als hinterlistig, berechnend und betrügerisch. Wenn sie auf ihren eigenen Bedürfnissen und Wünschen beharrten, nannte man sie störrische Luder, selbstsüchtige Monster oder teuflische, kastrierende Ungeheuer. Frauen, die ihren brutalen Ehemännern zu entfliehen versuchten, wurden als Rebellinnen bestraft, und im England des 16. Jahrhunderts galt es als Revolte, sexuelles Interesse an einem anderen Mann als dem eigenen Gatten zu äußern. Die häufigste Begründung für die gewaltsame Verfolgung von Frauen während des Mittelalters war Ungehorsam. Wie eine Frau sich zu benehmen hatte, illustrieren die vielen Geschichten von der «geduldigen Griseldis», die die Beschimpfungen und Mißhandlungen ihres Gatten voller Liebe und innerer Größe über sich ergehen läßt und auf diese Weise dessen Liebe gewinnt. Die Aussage ist eindeutig, wenn auch der psychologische Aspekt etwas schief ist. Auch heute noch wird der Wunsch einer Frau, selbst über ihr Leben zu verfügen, von Männern vielfach als gegen sie gerichteter Angriff interpretiert.

Eine räumliche Abtrennung der Frauen findet nicht immer statt, wenn sie auch nicht ungewöhnlich ist. Von der griechischen Antike bis zur gegenwärtigen moslemischen Mittelschicht im mittleren Osten und türkischen, afghanischen und pakistanischen Stammeskulturen sind den Frauen bestimmte Räume des Hauses zugewiesen worden. Die Frauen sind zwar für den gesamten Haushalt zuständig und verbringen oft viel Zeit in den Räumen der Männer mit Arbeit und Dienstleistungen, haben dort jedoch keinerlei Rechte.

Mancherorts dürfen die Frauen sich nicht allein oder mit anderen Frauen außerhalb des Hauses bewegen. Ein männliches Familienmitglied muß sie begleiten. Derartige Bräuche können nur begüterte Familien aufrechterhalten, da sie die Einsatzmöglichkeit der Frauen bei der Feldarbeit einschränken, wohingegen Frauen aller Schichten der Zugang zu bestimmten öffentlichen Orten wie z.B. Moscheen verwehrt werden kann (und wird). Um diese Aussperrung der Frauen von bestimmten Örtlichkeiten durchzusetzen, bedarf es keiner Gesetze. Es genügen die Übergriffe der Männer gegen jede Frau, die sich dorthin wagt. In der Türkei ist es für Frauen gefährlich, allein einen Zug zu besteigen oder eine Männern vorbehaltene Stätte zu betreten, und in Saudi-Arabien ist ihnen auch das Autofahren untersagt.

Ein gewisses Maß an Geschlechtertrennung findet jedoch in allen Kulturen statt. Das Unbehagen von Männern in Wäschegeschäften, Küchen und Kinderzimmern, Kindergärten und Tagesstätten ist ein beliebtes Witzthema, während es, soweit ich weiß, keine Witze über das extreme Unbehagen von Frauen in Männerbars, in den Vorräumen von Männerclubs oder in so gut wie nur von Männern frequentierten teuren Restaurants gibt. In bestimmte Männerenklaven können Frauen in untergeordneter Funktion – als Kellnerin, Sekretärin oder Putzfrau – ohne weiteres vordringen. Versuchen sie es jedoch als Gleichberechtigte, so fühlen sie sich meist nicht wohl in den Sitzungssälen, gesetzgebenden Körperschaften und militärischen Befehlszentralen.

Männer und Frauen sind leicht zu unterscheiden, und die Geschlechtszugehörigkeit ist meist sogar das augenfälligste Merkmal einer Person. Wie wünschenswert diese äußeren Unterscheidungsmerkmale für viele Männer sind und wie gern diese sie noch weiter hervorheben würden, zeigte der allgemeine Aufschrei, als Frauen begannen, Männerkleidung, kurze Haare und wirklich zum Laufen geeignete Schuhe zu tragen. Der Ehering, einst nur von Frauen getragen, war eine Art symbolischer Fessel, und hohe Absätze, früher ausschließlich ein Accessoire französischer Höflinge, sind eine ausgesprochene Behinderung und beinahe so schmerzhaft und bewegungseinschränkend wie bandagierte Füße. Komplizierte Frisuren und Garderoben verschlingen nicht nur Geld, sondern auch Zeit und Energie, die nicht auf produktivere Tätigkeiten verwandt werden können. Ein solcher Putz hat wichtige Funktionen. Wie der Schleier die Frauen unsichtbar macht und ihre obszöne Erscheinung dem Blick entzieht, so ordnet aufwendige Toilette die Frauen einer Klasse zu und entzieht sie der Betrachtung als Individuen. (Inwiefern ähnliche Tendenzen auch für den Mann des 20. Jahrhunderts gelten, werde ich im 4. Kapitel erörtern.)

Die vielfältigen Einschränkungen des Verhaltens, der Freiheit und der Besitzrechte der Frauen haben diese jahrtausendelang zu Sklavinnen gemacht. Auch wenn dieser Ausdruck manchen Leuten übertrieben erscheint: mit welchem anderen Begriff ließe sich der Status von Menschen benennen, die keinerlei Selbstbestimmungsrecht über ihren Körper, ihre Sexualität, ihre Verheiratung, Fortpflanzung oder Scheidung, kein Recht auf Bildung und Ausübung eines Gewerbes oder eines akademischen Berufs und keine Bewegungsfreiheit genießen? Auch heute noch leisten viele Frauen ihr Leben lang schwere Arbeit, ohne jemals dafür bezahlt zu werden.

Ich habe bereits ausführlich den Symbolcharakter der Geschlechterrollen und die Gleichsetzung der Frau – unabhängig von ihrer Persönlichkeit und ihren Fähigkeiten – mit Natur, Körper, Gefühl und Sexualität erörtert. Eine auch nur imaginierte Unabhängigkeit der Frauen galt stets – von Aristoteles bis zu unserer heutigen moralischen Mehrheit – als Bedrohung ‹der Familie›. So dachten selbst Philosophen, die für die Gleichheit der Menschen plädierten.

Hobbes gründet seine politische Philosophie auf das Argument, daß Menschen von Natur aus gleich seien. Ungleich verteilte Rechte, Privilegien und Machtbefugnisse seien das Resultat einer Übereinkunft zwischen Regierten und Regierenden und basierten auf beidseitigem Einverständnis. Auf dieser Grundlage widersprach Hobbes der Ansicht, daß die Verfügungsgewalt über die Kinder dem Vater zustehe, da dieser «dem vortrefflicheren Geschlecht» angehöre, und erklärte die Mutter zur eigentlichen Berechtigten. Sobald er jedoch sein Augenmerk vom Staat auf die Familie verlagerte, setzte er sich hemmungslos über seine früheren Aussagen hinweg und behauptete, der Vater habe von Natur aus die Vormachtstellung inne.[34]

Selbst John Stuart Mill, der große Verfechter der Unabhängigkeit und der Rechte der Frauen, geht, Susan Moller Okin zufolge, davon aus, daß die Interessen des *pater familias* mit denen der Mutter und der Kinder übereinstimmen. Zu keiner Zeit stellt Mill die Isolierung der Familie vom öffentlichen und ökonomischen Leben in Frage, die letztlich die Identität der Mutter zunichte macht und ihr unbezahlte Arbeit abpreßt.[35]

Auch für Hegel «gründet die Einheit der Familie darauf, daß den Frauen jede unabhängige Existenz verweigert wird. In einer der Ergänzungen zu den Ausführungen über die Familie postuliert er, daß Männer wie Tiere, Frauen hingegen wie Pflanzen seien. Da Frauen keinerlei Eigenleben oder eigene Interessen zuerkannt werden, kann Hegel ohne weiteres in der Familie einen uneingeschränkten Hort der Liebe und des Altruismus sehen, der bar jeder Zwietracht und jeden Interessenkonflikts ist. Die liebevolle Eintracht der Hegelschen Familie gründet sich darauf, daß der Ehefrau und Mutter das Recht auf eigene Persönlichkeit verweigert wird.»[36]

Die Assimilierung der Identität der Unterdrückten durch die der Unterdrücker gelang bei den Frauen wesentlich besser als bei anderen unterjochten Gruppen, da die aus der Verbindung von Frau und Mann hervorgehenden Kinder in der Tat ein gemeinsames Interesse darstellen. Das materielle Wohl der Familie verteilte sich keineswegs gleich auf ihre Mitglieder: im allgemeinen bekamen die Männer besser zu essen und konnten sich mehr Freiheiten leisten als die Frauen. Diese nahmen solche Unterschiede jedoch um des Wohls der Kinder willen, deren materielles Überleben vom Vater abhing, mehr oder minder bereitwillig hin.

Unser schwerwiegendstes Problem, das selbst in solchen Kulturen fortbesteht, in denen Frauen gewisse Rechte erlangt haben, ist die Internalisierung der moralischen Werte der Unterdrücker und die Übernahme des minderwertigen Selbstbilds, das das Patriarchat von uns gezeichnet hat. Der Abscheu und die Verachtung, die das Frauenbild vieler klassischer Dichter prägt, wurden bereits erwähnt und werden an späterer Stelle noch einmal aufgegriffen werden. Das frühe Christentum lehrte, daß vor Gott alle Menschen gleich seien, aber dennoch galten Frauen als moralisch labil, rebellisch und versessen darauf, die Männer zur Sünde zu verführen. (Daß Frauen kein ausgeprägtes moralisches Empfinden besitzen, ist auch die Theorie unseres Zeitgenossen Lawrence Kohlberg, die wir im 6. Kapitel näher erörtern werden.) Der Protestantismus berief sich auf die Gleichheit aller Menschen und lehnte die Macht der Klerushierarchie ab, räumte aber gleichwohl den Frauen auch nur eine zweitrangige Rolle ein.

Auch die Wissenschaft mit ihrer gesamten Autorität stützte dieses Frauenbild. Der weibliche Körper galt als Inkarnation des Krankhaften, und Aristoteles hielt das Denkvermögen der Frau für mangelhaft.[37] In den Augen der Griechen war der Vater der alleinige Schöpfer des Kindes und die Mutter ein schlichtes Gefäß, eine Sichtweise, die der Katholizismus später auf die religiöse Ebene hob. Lange Zeit später erklärten Biologen die männlichen Spermien für aktiv und energiegeladen, die Frauen hingegen zu passiven Behältnissen mit nährender Substanz.[38] Darwinistische Mediziner behaupteten, daß sich das weibliche Gehirn im Zuge der Evolution verkleinert, das männliche hingegen vergrößert habe.[39] Hochgeachtete Ärzte stellten Thesen auf wie die, daß der Wesenskern der Frau in ihren Eierstöcken liege, daß Intelligenz ausschließlich vom Vater auf die Kinder vererbt würde oder daß Frauen den «niederen Rassen» näher stünden, da sie zu Plattfüßen neigten.[40]

Für Schopenhauer eigneten sich die Frauen deshalb zur Aufzucht von Kindern, weil sie selbst kindisch seien, und der Anthropologe Paul Albrecht leitete die These, daß Frauen den Tieren näher stünden als Männer, aus dem Befund ab, daß sie mehr Haare hätten.[41] Phrenologen vermaßen die Schädel von Frauen und Schwarzen, um deren geringere Intelligenz nachzuweisen. Der deutsche Neurologe P. J. Möbius sprach bewußt vom «Weib» Frau als einem Neutrum und empfand ‹dessen› körperliche und geistige Schwäche als beruhigend, weil sie ‹es› weniger gefährlich machte. Möbius kämpfte gegen weibliche Bildung, weil sie die Frauen nur dazu bringen würde, die Männer beherrschen zu wollen und kränkliche Kinder zu produzieren, denen keine Muttermilch vergönnt wäre.[42] Ein ehemaliger Professor der Harvard Medical School veröffentlichte im Jahre 1872 ein Buch, in dem er anhand von klinischem Material nachzuweisen versuchte, daß studierende Frauen seelische und körperliche Zusammenbrüche erleiden und möglicherweise sogar unfruchtbar werden würden.[43]

Im ausgehenden 19. und beginnenden 20. Jahrhundert, zu einer Zeit also, als die Frauen in England und den Vereinigten Staaten weniger Rechte besaßen als die Frauen im antiken Athen, als Ärzte Clitoridektomien vornahmen, wenn Frauen Anzeichen eigener sexueller Wünsche erkennen ließen, und die Mehrheit der Frauen sich am Rande des Verhungerns dahinkämpfte und dabei noch versuchte, ihre Kinder am Leben zu erhalten, begann eine ganze künstlerische Schule – die Symbolisten – Frauen als Dämoninnen, Sirenen und Vampire darzustellen, deren bloße Existenz das Leben der Männer bedrohte. In jener Zeit verkündete der deutsche Arzt Max Nordau, die mächtigsten Triebe der Frau seien die zu «promisken geschlechtlichen Beziehungen und Prostitution», und der Psychologe Otto Weininger sprach den Frauen jede Fähigkeit zu ethischem und rationalem Denken, Intelligenz, Seele und individuelle Persönlichkeit sowie jede Form von individueller Ausprägung des Ichs ab. Die Frau sei nichts als Sexualität und Sinnlichkeit, sie fordere den Koitus von ausschließlich nach Keuschheit und Reinheit strebenden Männern, um ihr Verlangen nach einem Kind oder ihre Machtgelüste zu befriedigen.[44]

Frauen als bedrohliche und sexuell unersättliche Wesen zu sehen, ist auch in jüngster Vergangenheit nichts Ungewöhnliches: als Beispiele seien hier nur diejenigen Gemälde Willem de Koonings und Zeichnungen James Thurbers genannt, die Frauen zum Thema haben. Vor kurzem bezeichnete ein Richter in Wisconsin bei einem mit einem Freispruch endenden Vergewaltigungsprozeß gegen einen vierundzwanzigjährigen Mann ein fünfjähriges Mädchen als «sexuell aggressiv»[45]. Auch gegen die Frau als Mutter wurden in unserem Jahrhundert heftige Angriffe geführt; zuerst von Philip Wylie, für den die wahre Natur der Mütter in Raffinesse, Unbarmherzigkeit und Machthunger besteht, und später von dem ernst zu nehmenden Psychoanalytiker Erik Erikson, der Wylies Kategorien übernahm und als «Momismus» populär machte.[46]

Auch Memmis Vorwurf, die Kolonialherren verwehrten den Kolonisierten innerhalb ihrer eigenen Kultur und in bezug auf ihr eigenes Schicksal jedes Mitspracherecht, trifft auf die Situation der Mehrheit der Frau in den meisten Kulturen zu. Tatsächlich wurde den Frauen nicht nur auf der gesamtgesellschaftlichen, sondern auch auf der persönlichen Ebene jedes Mitspracherecht verweigert. Auch Frauen existieren nur als Gattung, als Mädchen, Weiber, Damen, Bräute, als Frauen, als «die Frau» schlechthin. Sie sprechen eine Sprache, die von Männern nicht gehört und geringschätzig abgetan wird, und sie müssen, sobald sie am öffentlichen Leben teilnehmen wollen, feststellen, daß Männer eine Sprache sprechen, die sie nicht verstehen. Unter Frauen herrscht eine enorme horizontale Feindseligkeit. Einige der übelsten Angriffe gegen Frauen stammen von Frauen, und die Verachtung der eigenen Geschlechtsgenossinnen tritt oft deutlich zutage. Bei einer Befragung im Jahre 1946 gestanden über ein Viertel der befragten Frauen, daß sie lieber Männer wären.[47]

Die Parallelen zwischen Sklaven, kolonialisierten Völkern und

Frauen gehen sehr weit, aber dennoch sind einige wichtige Unterschiede festzuhalten. Obgleich es gelegentlich auch zwischen Sklaven und Sklavenhaltern oder zwischen Kolonialisierten und Kolonialherren zu Liebesbeziehungen kommen mag, werden deren Machtkämpfe im allgemeinen nicht durch Liebesgefühle kompliziert. Die Unterdrükker der Frau sind jedoch gleichzeitig Vater, Bruder, Ehemann und Sohn. Es ist leichter, mit einem Feind umzugehen, den man eindeutig als Feind identifizieren kann. Obgleich Kinder aus Verbindungen von Unterdrückten und Unterdrückern hervorgehen, werden sie gewöhnlich den Müttern unterstellt. Dennoch stiften sie ein enges Band zwischen Frau und Mann in Form einer Interessengemeinschaft. Schließlich haben Frauen oft am ökonomischen und kulturellen Status ihrer männlichen Familienmitglieder teil. So erhalten sie etwa einen gewissen Grad an Bildung oder Ausbildung oder partizipieren an Reichtümern, und wenn sie arm sind, identifizieren sie sich mit der Unterdrükkung ihrer Väter und Ehemänner. Deshalb haben es Frauen noch schwerer, sich gegen das patriarchalische System aufzulehnen, als versklavte oder kolonisierte Völker, sich zu erheben. Frauen sind in der paradoxen Situation gefangen, daß ihnen ihre eigenen Ehemänner – die Männer, mit denen sie in einem Bett schlafen und an einem Tisch essen – den Zutritt zu ihren Clubs verwehren.[48]

An diesem Punkt stellt sich die Frage, weshalb es überhaupt zur Ausübung von Herrschaft durch bestimmte Gruppen von Menschen über andere kommt. Memmi, der kolonisierte Völker untersucht, und Kenneth Stampp, der sich mit den schwarzen Sklaven in den Vereinigten Staaten befaßt, stimmen darin überein, daß Herrschaft «einer systematischen Methode der Kontrolle und Ausbeutung von Arbeitskräften»[49] gleichkommt. Obgleich die Kolonialherrschaft bisweilen einer kleinen Gruppe kurzfristige Profite einträgt, machen diese niemals die hohen ökonomischen Kosten wett – vom menschlichen Preis ganz zu schweigen. Eine Nation, die ihre Kolonialherrschaft aufrechterhalten will, muß ein riesiges Heer von Verwaltungs- und Aufsichtsbeamten bezahlen, Armeen und Polizeistreitkräfte unterhalten und die Kosten für die Europäisierung unkultivierten Urwalds, Wüsten- und Buschlandes tragen. Man wird immer darüber streiten können, ob sich die Sklavenhaltung unmittelbar gelohnt hat. Natürlich konnte man Sklaven zur Arbeit in die fieberverseuchten Sümpfe schicken, anstatt sich selbst dorthin zu begeben, aber einige Sklavenhalter oder deren Vertreter mußten sie begleiten und die gleichen Risiken auf sich nehmen. Sklavenhalter ließen ihre Sklaven sich häufig zu Tode schinden, obgleich es für sie ökonomische Einbußen bedeutete.

Überdies stehen die zur Einschüchterung und Züchtigung der Kolonisierten und Sklaven verwandten Methoden in Widerspruch zum vorgeblichen Zweck der Unterdrückung. Auspeitschungen vorzunehmen, die körperliche Verstümmelungen hinterlassen, heißt gesunde Arbeitskraft vergeuden. Leopold von Belgien befahl, aufständischen Kongolesen die Hände abzuhacken, und Mark Twain, der den Haufen menschlicher Hände mit eigenen Augen sah, berichtet, daß er ihm bis über den Kopf reichte: Bewirkten solche Maßnahmen tatsächlich, daß die übrigen Sklaven leichter zu dirigieren waren? Hat es die Angolaner wohl dazu gebracht, härter zu arbeiten, wenn sie mitansehen mußten, wie Schicksalsgenossen, die sich beschwerten, die Lippen durchbohrt und mit Vorhängeschlössern zusammengeschlossen wurden? (Dieser Brauch existierte bis vor kurzem.)[50] Nützte es dem Profit, wenn schwangere Sklavinnen während der Hauptarbeitssaison 24 Stunden täglich arbeiten mußten und dadurch ihre Kinder oder sogar ihr eigenes Leben verloren? Die Nazis verwandten enorme Geldbeträge und beträchtliche Arbeitskraft auf die Planung, Vorbereitung und Durchführung der Internierung von Juden und anderer für minderwertig erachteter Personengruppen in Konzentrationslagern, von denen einige als Arbeitslager konzipiert waren. Mit der IG Farben und anderen Großbetrieben wurden Arrangements getroffen, die den Firmen zur Unterstützung der Kriegsanstrengungen Sklavenarbeiter zur Verfügung stellten. Die Häftlinge, die so gut wie nichts zu essen und kaum Kleidung bekamen und infolge der Überfüllung der Baracken unter Schlafmangel litten, wurden gezwungen, täglich schwere Arbeit zu leisten. Wie nicht anders zu erwarten, starben sie. Kamen diese Maßnahmen in Anbetracht der hohen Kosten für die Unterbringung von Millionen von Menschen in solchen Lagern tatsächlich den Kriegsanstrengungen zugute? Weiße Sklavenhalter mußten viel Geld für ihre Sklaven bezahlen und doch ließen sie sie häufig hungern und prügelten sie, wenn sie bei Nahrungsdiebstählen ertappt wurden: Ist ein solches Gebaren aus geschäftlicher Sicht sinnvoll?

In einer Welt, in der Macht, insbesondere die ökonomische, von derart hohem Rang ist, wird fast jedes Verhalten, vor allem dann, wenn es grausam und unterdrückerisch ist, mit der Erzielung wirtschaftlicher Vorteile gerechtfertigt. Bei allen hier erörterten Gemeinsamkeiten dürfen wir die Sklaverei in den Vereinigten Staaten und die Kolonialherrschaft in den verschiedenen afrikanischen und asiatischen Ländern doch nicht unterschiedslos über einen Kamm scheren. In einigen Fällen profitierten durchaus bestimmte Gruppen von Männern von der einen wie von der anderen Form von Ausbeutung. So bemühte sich eine ökonometrische Analyse der amerikanischen Sklavenwirtschaft nachzuweisen, daß die Sklavenhalter im Durchschnitt einen Profit von 10 Prozent des Marktpreises ihrer Sklaven erzielten, was der Rentabilität von Investitionen in nichtlandwirtschaftlichen Unternehmen entsprochen hätte.[51] Diese Zahlen waren jedoch überaus umstritten, und die Frage der Profitabilität der Sklavenwirtschaft ist bis heute offen. Daß Sklavenwirtschaft und Kolonialismus sich so lange hätten halten können, wenn nicht zumindest einige Leute von ihnen profitiert hätten, ist unwahrscheinlich, aber nicht mit Gewißheit auszuschließen. (Man bedenke, daß heute Unternehmen auf der Errichtung von Atomkraftwerken beharren, obgleich alles darauf hindeutet, daß sie unrentabel sind. Vgl. dazu das 5. Kapitel.)

Ich will keineswegs beweisen, daß niemand von diesen Formen der Unterdrückung profitierte, sondern daß sie für die Gesellschaft insgesamt nicht lohnend waren. Wir sind es nicht gewöhnt, die Frage der Profitabilität im breiteren Rahmen zu betrachten. Wenn man jedoch die Sklavenwirtschaft unter dem Gesichtspunkt der Kosten für rechtliche Legitimierung und Kodifizierung, polizeiliche Absicherung, gemessen in Zeitaufwand und Ausgaben für Waffen, betrachtet, so ist es – selbst wenn man die Kosten des Bürgerkriegs außer acht läßt – sehr zweifelhaft, ob die Gesellschaft insgesamt von ihr profitierte. Die Kosten der Kolonialherrschaft bewegen sich ebenfalls in schwindelnden Höhen. Bezahlt werden wollen nicht nur der Transport unzähliger Menschen in andere Länder, die Errichtung von Unterkünften, die Schaffung von Institutionen samt Personal- und Unterhaltskosten, sondern häufig genug auch Truppen, Waffen oder Fahrzeuge für militärische Zwecke, Befestigungsanlagen, Wachposten, Spione, Kommunikationssysteme und Kriegsschiffe. Krieg mit allen Opfern, die er mit sich bringt, gehört oft ebenso zum Preis. Darüber hinaus fordert der Kolonialismus Menschenleben in großer Zahl auf beiden Seiten, sei es auf Grund von Kriegen oder von Krankheiten.

Aber auch auf der individuellen Ebene ist der Preis enorm. Stampp zitiert mehrere Beispiele dafür, wie Sklavenhalter unter ihrer Situation litten. Ihre Gattinnen waren oft nicht weniger unglücklich. So rief eine Frau, als sie von der Sklavenbefreiungsproklamation hörte: «Endlich frei!» und fügte hinzu, daß sie lieber in Armut leben wolle als mit «den Sorgen und verwirrenden Problemen der Sklavenbesitzer». Eine andere Frau erklärte: «Die Last an Arbeit und Verantwortung, die wir zu tragen hatten, war einfach erdrückend ... ich für meinen Teil war froh und dankbar, als es mit der Sklaverei vorbei war und ich aufhören konnte, mit Haut und Haar für meine Neger dazusein.»[52] Es liegt auf der Hand, auch wenn man das in unserer Gesellschaft nicht durchschaut, daß der Herrschende immer für den Beherrschten da ist, sein Leben darauf verwenden muß, sich auszudenken, wie er ihn kontrollieren, zum Stillhalten zwingen oder zur Disziplin motivieren kann, und daß er sich niemals den Forderungen der finsteren, raunenden Massen, die er beherrscht, entziehen kann.

Auf der individuellen Ebene ist Sklavenhaltung vor allem durch den Wunsch motiviert, Statussymbole zu besitzen, «sichtbare Zeichen von Würde, Prestige und Macht»[53]. In gleicher Weise halten sich in einigen Ländern mächtige Männer Eunuchen als Mittelsmänner zwischen sich und ihren Untergebenen. Eunuchen werden selbst nicht als Männer betrachtet, vielmehr gelten sie als schmutzig und unrein. Gottähnliche Herrscher bedienen sich dieser Eunuchen für den gleichen Zweck, den bei den Zigeunern die Frauen erfüllen.[54] Der Besitz solcher Zwitterwesen erhöht den Status des Herrn.

Auch auf der moralischen Ebene ist der Preis der Unterdrückung hoch. Ich meine damit nicht die Unterdrückten, die natürlich von einem solchen System deformiert, korrumpiert oder moralisch vernichtet werden, sondern die Unterdrücker selbst. Moralische Zerrüttung in all ihren Formen ist nicht nur das Los jener, die unmittelbar die Herrschaft über eine unterdrückte Gruppe ausüben, sondern aller an einem derartigen System Beteiligten. Sie leben Tag für Tag in Angst und Mißtrauen. Manche, z. B. die Bewohner eines prächtigen Hauses, in dem ich in Kenia zu Gast war, verbarrikadieren sich nachts hinter Fallgittern, die sie vor ihren Schlafzimmertüren herablassen. Immer auf der Hut vor jedem noch so kleinen Zeichen mangelnder Unterwürfigkeit, das das Signal für den Ausbruch der Rebellion setzen könnte, können sie den Menschen um sich herum weder Vertrauen noch Liebe entgegenbringen. Aus der Angst wächst Haß, der wiederum zersetzend auf ihre Menschlichkeit wirkt. Wohl am wichtigsten ist jedoch, daß sich die Persönlichkeit des Unterdrückers durch die des Unterdrückten definiert. In meinen Augen ist diese Projektion die wahre Grundlage des Kolonialismus und des Sklavenhaltertums: ökonomische Gesichtspunkte spielen zwar eine

Rolle, aber der wichtigste Gewinn ist symbolischer Natur – die Möglichkeit, auf eine ganze Kategorie von Menschen herabzusehen und jenen all das zuzuschreiben, was man an sich selbst zu verachten gelernt hat. Die innere Dynamik dieser Form von Unterdrückung ist mit der der Männerherrschaft identisch. Das Verhältnis zwischen Unterdrücker und Unterdrücktem ist zerstörerisch, weil es auf einer Lüge basiert: keiner von beiden ist von Natur aus so, wie die Herrschenden behaupten. Britische Kolonialisten im Rift Valley Kenias z. B. pflegten ihre Diener wegen angeblicher Faulheit oder Untüchtigkeit auszupeitschen, während sie selbst den ganzen Tag auf der faulen Haut lagen, tranken, Drogen nahmen und ihre Tage und Nächte mit Feiern zubrachten.[55]

Gleichzeitig läßt Herrschaft jedoch ein unzerreißbares Band der Unfreiheit zwischen Herrschenden und Unterdrückten entstehen. Beide eint das gleiche Wahngebilde, und jede Seite verleiht dem Leben der anderen Sinn. Die Unterdrückten sind frei von Verantwortung, der Herrschende hat überhaupt keine Freiheit mehr. Indem er andere beherrscht, beherrschen sie immer auch ihn. Und doch hat uns das Patriarchat so verblendet, daß viele Menschen selbst die Illusion von Herrschaft der Lust am Leben vorziehen. Um diese Illusion aufrechtzuerhalten, sind sie bereit, alles zu opfern. Herrschaftsdrang ist der hysterische Versuch, es Gott gleichzutun: Der Herrschsüchtige will sich zum absoluten Herrscher über die Natur, über andere Menschen und die eigene Person aufschwingen. Dieser Versuch muß zwangsläufig scheitern, leider jedoch um den Preis einer großen Zahl von Menschenleben.

2. Frühgeschichtliche Fragmente

Wir schreiben das Jahr 2000 v. Chr. Die Nomadin Sara zieht mit ihrem Stamm von den Randgebieten Arabiens nach Palästina. Das sumerische Reich ist vom semitischen Königreich des Sargon von Agade vereinnahmt worden. In seinen zersplitterten Stadtstaaten herrschen bereits patriarchalische Werte. Nomadenstämme aus dem Norden – Hethiter, Skythen und Kimmerier –, die während der vergangenen zwei Jahrtausende in den Regionen um Donau und Don ansässig waren, dringen nach Kleinasien vor.[56]

Vier Jahrhunderte später wird Miriam mit ihren Brüdern Moses und Aaron das Volk Israel aus Ägypten herausführen, und weitere 200 Jahre später wird dieses Volk mit Debora an der Spitze gegen Kanaan unter Sisera, dem Heerführer von König Jabin, in den Krieg ziehen. Debora und ihr General Barak werden Siseras Truppen in Bedrängnis bringen und Sisera wird die Hilfe einer Frau namens Jaël suchen, die ihm Speise und Trank sowie eine Schlafstätte in ihrem Zelt anbieten wird, um ihm dann einen Pflock in die Schläfe zu treiben. Debora wird ihr berühmtes Siegeslied singen, dessen Fragmente den ältesten Teil der Bibel bilden. Ein Vers dieses Liedes lautet: «Es feierten die Bauern in Israel, feierten, bis du aufstandest, Debora, aufstandest, eine Mutter in Israel» (Richter 5,7). Frauen zogen in alttestamentarischen Zeiten offensichtlich nicht nur in den Krieg, sondern erbauten auch Städte; so etwa Sherah, das untere und das obere Beth-Haran sowie Uzzen-Sherah.[57]

Wir besitzen viele Dokumente, die uns in winzigen Bruchstücken Aufschluß über frühere Welten geben. Die zitierten Bibeltexte gehören dazu. Ich möchte hier nur zwei andere Hochkulturen erwähnen – die ägyptische und die kretische –, aus denen uns Hinweise auf das Leben von Frauen in sehr weit zurückliegenden Zeiten erhalten sind.

Ägypten war um 2000 v. Chr. bereits eine alte Kultur. Es spricht vieles dafür, daß Ägypten in prähistorischen Zeiten, als es noch keine schriftlichen Aufzeichnungen gab, matrilinear organisiert war und daß die Frauen dort eine gewichtige, wenn nicht gar dominierende Rolle innehatten. Eigentum und Königswürde wurden in der weiblichen Linie vererbt, und Grabstätten deuten darauf hin, daß Mann und Frau gleichwertig waren, wobei es jedoch offenbar eine soziale Hierarchie gab.[58] Auch wesentlich später besaßen Frauen vor dem Gesetz und im Geschäftsleben noch sämtliche Rechte und Kompetenzen. Sie konnten Eigentum verkaufen und verwalten, Testamente vollstrecken, Prozesse anstrengen und als Zeuginnen bei der Abfassung von Urkunden fungieren.[59]

Anfänglich pflegten die Ägypter getrennte Götter- und Göttinnenkulte, später wurden die Gottheiten einander paarweise zugeordnet und schließlich machte man den Gott Amun-Rê zur obersten Gottheit. Das männliche Priestertum versuchte, seine Position auszubauen, aber die Muttergottheit, mancherorts Neith genannt, behielt in der Vorstellung des Volkes ihre dominierende Stellung. Zur Zeit des Alten Reiches dienten Neith ausschließlich Priesterinnen. Obgleich die Königspaare von Bruder und Schwester gebildet wurden, regierte jeweils der Mann. Die späteren Pharaonen ließen sich gigantische Grabmäler in Form von Pyramiden errichten, wobei sie jeweils die Monumente ihrer Vorgänger in den Schatten zu stellen und an Größe und Anzahl der Skulpturen zu übertreffen suchten. Zu dieser Zeit wurden die Begräbnisstätten von Herrscherinnen bereits wesentlich schlichter gestaltet. Dennoch waren die ägyptischen Frauen noch immer als Verwalterinnen von Grundbesitz, Ärztinnen, Architektinnen, Soldatinnen, Musikerinnen und Schreiberinnen tätig; sie stellten Dichterinnen, Priesterinnen, reiche Kauffrauen und Fernhändlerinnen. In Ost-Revillout befehligte eine Frau die Truppen. Frauen und Männer der arbeitenden Schichten wurden gleich bezahlt und arbeiteten Seite an Seite in Tempeln, Schänken und Gasthäusern, als Weber und Bedienstete. Die Ehe wurde nach eigenem Willen geschlossen und konnte leicht geschieden werden. Männer und Frauen trugen die gleiche Kleidung und den gleichen Schmuck, benutzten die gleiche Augenschminke und das gleiche Parfum.[60]

Als die Hyksos Ägypten eroberten und einige Zeit regierten, war es die Königin Ahotep (um 1550 v. Chr.), die die Bestrebungen zu ihrem Sturz anführte. Dieser Kampf nahm mehrere Generationen in Anspruch, und als er sein Ziel erreicht hatte, regierte Hatschepsut als Pharaonin. Sie veranlaßte die Abkehr vom Kriegswesen und setzte einen umfangreichen inneren Wiederaufbau in Gang. Ihre Regentschaft dauerte zwanzig Jahre, und als ihr ungeduldiger und verbitterter Schwiegersohn Thutmosis III. schließlich an die Macht gelangte, begann er die Frauen zu unterdrücken. Er ließ den Wiederaufbau einstellen und den Militarismus wieder aufleben.[61]

Schließlich entwickelten sich bei Hofe und im religiösen Bereich separatistische Strukturen, und es wurde ein Frauenhof eingerichtet, der sogenannte *harem*. Dieser hatte weder mit Polygamie zu tun noch diente er dazu, die Frauen eingesperrt zu halten: Er war als Pendant zu den Institutionen der Männer gleichzeitig Hof und Schule, eine Ausbildungsstätte für Diplomatinnen, wo Frauen Fremdsprachen, Musik, Tanz und Geschäftspraktiken erlernen konnten. Hier wurden alle Belange verwaltet, die in den Kompetenzbereich der Frauenhöfe fielen, aber Männer und Frauen gleichermaßen betrafen. Allmählich wurden die Frauen jedoch aus den Bereichen der Politik und des Geschäftswesens, der Kunst und Wissenschaft verdrängt. Als im 10. Jahrhundert v. Chr. Ägypten unter äthiopische Herrschaft geriet, wurden ägyptische Frauen als Sklavinnen in die kuschitischen Tempel verbracht.[62]

Dennoch kannte man in Ägypten auch im 7. Jahrhundert v. Chr., kurz vor der Eroberung durch die Araber, noch immer keine illegitimen Kinder. Alle Nachkommen gehörten, ebenso wie das Haus und der Besitz, der Mutter. Das Wort für Ehefrau, *nept-per*, bedeutete «Herrscherin des Hauses». Männer galten in den Häusern der Frauen als Besucher oder Logiergäste, und wenn ein Mann ein Haus erbaute, ging es in den Besitz seiner Frau über. Die Frauen setzten die Eheverträge auf und bestimmten deren Inhalt, und sie waren es, die für die Eltern sorgten. Aus Dokumenten geht hervor, daß es hin und wieder Männern gelang, Frauen auszubeuten und sie um ihren gesamten Besitz zu prellen.[63]

Die *Lehre* des Ptah-Hotep, wohl das älteste Buch der Welt (um 3200 v. Chr.) wies die Männer an, ihren Frauen zu gehorchen. Obgleich es sehr unwahrscheinlich ist, daß diese Situation jahrtausendelang andauerte, berichtet Diodorus Siculus noch im ersten Jahrhundert v. Chr., nachdem er Ägypten bereist hat, daß dort die Männer ihren Frauen gehorchen und daß diese Regelung die glücklichsten Ergebnisse zeitige.[64] Im ganzen gesehen wurde die Position der Frauen jedoch immer weiter beschnitten. Nach der zwölften Dynastie gab es keine Priesterinnen mehr, und nach Ptolemäus IV Philopator taucht erstmalig das Wort *Gemahl* auf. Dieser Ptolemäus, dessen Name Vater-Liebender bedeutet, war ein grausamer und zügelloser Herrscher, der seine Mutter, seinen Bruder und seine Frau ermordete. Er erließ außerdem ein Gesetz, demzufolge Frauen nur mit der Vollmacht ihrer Ehemänner über Eigentum verfügen durften.[65]

Trotzdem konnte Kleopatra noch im ersten Jahrhundert v. Chr. Ägypten glanzvoll und beherzt regieren – auch wenn sie Cäsar brauchte, damit er sie von ihrem Bruder/Gemahl befreite. Die Legende hat ihre Person entstellt und abgewertet, da sie von den Römern tradiert wurde, die die Königin haßten. Sir William Tarn schreibt: «Rom, das sich nie so weit herabließ, irgendeinen Staat oder ein Volk zu fürchten, fürchtete damals zwei Menschen: der eine war Hannibal, der andere war eine Frau.»[66]

Widersprüchliche Auffassungen herrschen in bezug auf die blühende Kultur des von Sir Arthur Evans entdeckten und nach einem in Wirklichkeit erst später an die Macht gelangten Herrscher benannten minoischen Kreta. Evans selbst war der Ansicht, daß Kreta eine matriarchalische Ordnung besessen habe, aber seine Beweise sind inzwischen teilweise entkräftet worden. Dennoch ist leicht nachzuvollziehen, wie er zu dieser Überzeugung kam: der Palast von Knossos, unbefestigt und friedlich inmitten grüner Hügel auf einer Anhöhe unter dem klaren Mittelmeerhimmel gelegen und im Inneren mit den Bildnissen anmutig aufgemachter, schöner Frauen geschmückt, ‹wirkt› weiblich. Er weist keine riesigen Wallanlagen, keine massiven Türme, keine Zeichen von Selbstüberhöhung auf. Ebenso wie Pompeji und natürlich auch die Alhambra in Granada scheint er der steinerne Zeuge einer idealen Lebensform zu sein.

Obwohl sich in Kreta zahlreiche Handelsrouten kreuzten, wurde die Insel lange Zeit nicht ein einziges Mal erobert. Die Bevölkerung lebte in matrifokalen Sippen, trieb friedlich Handel und schuf Kunstwerke von hohem Niveau. Aus den um die Häfen gelegenen Ansiedlungen entwickelten sich Städte, jeweils um einen Marktplatz gruppiert, der als Handelszentrum und Mittelpunkt religiöser und sozialer Aktivitäten diente. Die Kreter stellten Keramik, Textilien und Metallgegenstände her, die sie gegen wertvolle Materialien wie Gold, Elfenbein und Lapislazuli eintauschten. Daneben verkauften sie auch Holz.[67]

Auf Kreta existierte eine soziale Schichtung, aber keine Klassentrennung – die Reichen und die weniger Reichen lebten unmittelbar Tür an Tür.[68] Der Grund und Boden war Eigentum der Sippe, und durch lange Perioden der minoischen Geschichte hindurch waren Gemeinschaftsbegräbnisse die Regel. Obgleich es eine Herrscherkaste gab, übte diese offenbar keine stark zentralistische Herrschaft aus.[69] In der kretischen Gesellschaft waren die Frauen sehr angesehen. Sie spielen eine große Rolle in der minoischen Kunst und figurieren sitzend oder stehend im Vordergrund von Fresken, die Szenen aus dem Alltagsleben darstellen. Offenbar gingen sie dem Fernhandel nach: Der Ring des Minos zeigt eine Frau am Ruder eines Schiffs, und auf einem goldenen Siegelring, der in einem Grab bei Mochlos gefunden wurde, ist eine Frau zu sehen, die mit einem Baum beladen einem Schiff entsteigt.[70] Siegelringe und Sarkophage, Statuen und Fresken zeigen Frauen bei der Landarbeit und der Pflege von Obstgärten, als Heilerinnen, Tänzerinnen und Priesterinnen. Frauen erscheinen als Wagenlenkerinnen und Jägerinnen mit Pfeil und Bogen. Gemeinsam mit den Männern jagen sie wilde Stiere und spielen ein gefährliches Spiel, das darin bestand, über einen Stierrücken zu springen. Bei der Kleidung wurde nicht nach der Geschlechtszugehörigkeit unterschieden, sondern nach der jeweiligen Tätigkeit. Die Alltagskleidung beider Geschlechter war ausgesprochen sinnlich. Häufig findet sich die Göttin mit der ‹Doppelaxt› – dem Symbol des unsterblichen Schmetterlings.[71]

Zum Untergang dieser Kultur kam es durch die verheerenden Folgen eines gewaltigen Vulkanausbruchs auf der Insel Thera (Santorini) im

15. Jahrhundert v. Chr. und die sich anschließende Eroberung Kretas durch die Achäer, ein griechisch sprechendes Volk aus Mykene, das gegen 1400 v. Chr. Einzug in die zerstörten Paläste hielt. Man vermutet, daß die Achäer alle Minoer versklavten, die nicht fliehen konnten. Daß dies vielen gelang, belegen die zahlreichen zu jener Zeit entstandenen Sagen über Amazonenvölker entlang der Küste Kleinasiens, Stämme, die für ihre starken und mächtigen Frauen und die bei ihnen herrschende Gleichberechtigung bekannt waren – Lykier, Karier, Lydier und Mysier, sämtlich Völker kretischer Abstammung.[72]

Mykene war das reichste und mächtigste Königreich auf dem griechischen Festland und hatte lange Zeit unter dem Einfluß der minoischen Handelstätigkeit und Kultur gestanden. Die Achäer, die später Troja erobern sollten, waren ein militaristisches Volk, das griechisch sprach und die Linearschrift B, eine Form der griechischen Schrift, benutzte. Schriftliche Dokumente und Kunstgegenstände belegen, daß die Achäer die minoische Göttin auch weiterhin neben ihren männlichen Göttern verehrten. So wird ein Opfer an die Göttin Posidaeja erwähnt, eine weibliche Version des Poseidon, der einer der drei obersten Götter des griechischen Pantheon war. Sein Name selbst erscheint jedoch nirgends.[73] Wir besitzen schriftliche Zeugnisse religiöser Zeremonien, die offenbar von Frauen abgehalten wurden, aber auch Namenslisten von Arbeitskräften – Bediensteten oder Flüchtlingen – in niederen Funktionen, in denen überwiegend Frauen aufgeführt sind.[74] Auf Schrifttafeln aus Pylos sind sowohl Männer als auch Frauen als niedere Bedienstete verzeichnet und die Aufgaben der Frauen genau benannt: Wasserholen und Zubereiten von Bädern, Spinnen, Weben, Korn schneiden und mahlen.[75] Die Leidenschaft für Waffen und militärische Schauspiele, die aus den Kunst- und Kulturgegenständen der Achäer spricht, war zwar vermutlich die Kraft, die dieses Volk dazu trieb, im Jahr 1250 v. Chr. Troja zu erobern und dem Erdboden gleichzumachen, vermochte es jedoch nicht davor zu bewahren, 50 Jahre später das gleiche Schicksal durch die Dorer zu erleiden. In einer solchen Welt waren die Werte des minoischen Kreta allenfalls noch eine blasse Erinnerung.

3. Glanz und Größe: Griechenland und Rom

Das Volk, das wir heute als die Griechen bezeichnen, bestand aus vielen verschiedenen Volksgruppen, die während ihrer jeweiligen Blütezeit von unabhängigen Stadtstaaten aus herrschten. Die griechische Antike unterteilt sich in die archaische Epoche vom 8. bis zum 6. Jahrhundert v. Chr., die klassische Epoche vom 6. bis zum 4. Jahrhundert und die hellenistische Epoche, die sich bis zur Machtübernahme der Römer in Ägypten nach dem Tode Kleopatras im Jahre 30 v. Chr. erstreckt. Obgleich jeder griechische Stadtstaat seine eigenen Gebräuche und Gesetze hatte, bezieht sich der größte Teil unseres Wissens über das antike Griechenland lediglich auf das Athen des 5. Jahrhunderts, des «goldenen Zeitalters», das jedoch für die Frauen so golden nicht war.

Einige Historiker sind der Ansicht, daß in Griechenland ursprünglich eine matrizentrische Gesellschaft existierte. Briffault machte geltend, daß die frühen griechischen Genealogien ausschließlich Frauen verzeichneten und daß ein Matriarchat noch immer deutlich in der Sprache und im Rechtswesen der Griechen erkennbar sei.[76] Charles Seltman verweist auf die in *Magna Graecia* und Sizilien geprägten Münzen, die noch bis ins 6. Jahrhundert v. Chr. hinein weibliche Gottheiten zeigten.[77] Das stärkste Indiz für eine frühere Machtposition der Frauen scheint mir jedoch das hohe Maß an Wut und Gehässigkeiten zu sein, das ganze Generationen von griechischen Dichtern den Frauen gegenüber an den Tag legen. Obgleich im Zeitalter der Klassik die athenischen Frauen bereits völlig unterjocht waren, nehmen die von Frauenhaß strotzenden Tiraden kein Ende.

In der schlimmsten Situation befanden sich zu jener Zeit wohl die athenischen Frauen. In Sparta genossen die Mädchen eine Erziehung, die der der Knaben gleichwertig, wenn auch nicht gleich war: Sie übten sich im Wettlauf, Diskus- und Speerwerfen, nicht aber im Ringkampf.[78] Außer in Athen gab es in allen Städten einzelne herausragende Frauengestalten, was dafür spricht, daß dort den Frauen eine gewisse Bildung zugänglich gewesen sein muß.[79] Die dorischen Frauen genossen allgemein größere Freiheiten als die Ionierinnen, und unter den Dorerinnen waren es die Spartanerinnen, die die meisten Rechte besaßen. Die erwachsene freie Spartanerin verwaltete das Haus und den Besitz, erzog die Kinder, trieb körperliche Ertüchtigung und musizierte. Die Hausarbeit war Sklaven oder Bediensteten überlassen. Bis zum 4. Jahrhundert v. Chr. hatten es die spartanischen Frauen zu beträchtlichem Reichtum gebracht: Ihnen gehörten zwei Fünftel der Ländereien und Besitzungen des gesamten Stadtstaates.[80]

Die freien Spartaner lebten in reinen Männerverbänden. Sie aßen und schliefen für sich und verwandten ihre Zeit auf kriegerische Ertüchtigung. Homosexualität zwischen Männern wurde nicht unterbunden, aber nach Sarah Pomeroy galt vor allem Jugend, gleich welchen Geschlechts, als begehrenswert.[81] In den meisten griechischen Stadtstaaten lebten Männer und Frauen weitgehend getrennt, da die Männer in den Kriegsdienst zogen, männliche Homosexualität kulturell akzeptiert war und die Frauen als Geschlecht geringgeschätzt und verachtet waren. Diese Faktoren verhinderten einen starken Bevölkerungszuwachs. Außerdem waren Kindestötungen, insbesondere bei Mädchen, an der Tagesordnung. Es mochte für eine Familie angehen, mehr als einen Sohn aufzuziehen, um sicherzustellen, daß ein Erbe überleben würde, aber mehr als eine Tochter zu ernähren war unnötig. Der Männerüberschuß fiel bevölkerungspolitisch nicht ins Gewicht: die Männer mußten Militärdienst leisten – in Athen volle zehn Jahre lang –, und viele von ihnen fielen. Die athenischen Mädchen wurden mit vierzehn an dreißigjährige Männer verheiratet, die mit einiger Wahrscheinlichkeit nicht älter als fünfundvierzig wurden, und konnten dann, noch immer im gebärfähigen Alter, von anderen Männern übernommen werden. In der hellenistischen Epoche hatten die Familien vielfach nur ein Kind, in diesem Fall einen Sohn, und so gut wie nie mehr als eine Tochter.[82] Die kleinen Mädchen wurden oft einfach weggegeben, um von anderen zu Sklavinnen oder Prostituierten gemacht zu werden, oder auch in ihrem eigenen Elternhaus zu Dienstmägden herangezogen.[83]

Trotz der Opfer, die die Kriege forderten, lag die Lebenserwartung im antiken Griechenland für Männer bei 45, für Frauen bei 36,2 Jahren.[84] Die kürzere Lebensdauer der Frauen ging vermutlich auf ungenügende Ernährung und auf Mutterschaft vor dem Erreichen der vollen körperlichen Reife zurück. Xenophon zufolge erhielten Mädchen in Griechenland, mit Ausnahme von Sparta, eine sehr kärgliche Kost, die kaum Eiweiß und so gut wie kein Fleisch enthielt, und Wein, wenn überhaupt, nur mit Wasser verdünnt.[85] Im Persepolis des 5. Jahrhunderts umfaßten die ‹Mütterrationen› für Frauen, die Söhne geboren hatten, doppelt soviel Wein, Bier und Getreide wie die der Mütter von Mädchen.[86] In dieser Hinsicht galten im klassischen Griechenland noch immer die gleichen Wertmaßstäbe wie zur Zeit, als der *Leviticus* geschrieben wurde: Jungen waren doppelt soviel wert wie Mädchen.

Das Verhältnis zwischen den Eheleuten war im allgemeinen kaum als gut zu bezeichnen. Die gesellschaftlichen Werte maßen den Männern eine überhöhte, den Frauen so gut wie keine Geltung zu. Die alters-, bildungs- und erfahrungsmäßige Diskrepanz zwischen dem erwachsenen Mann, der weitgehend frei seiner Wege gehen konnte, und dem zeitlebens eingesperrt gehaltenen jungen Mädchen war enorm und führte im positivsten Fall dazu, daß der Mann seiner Gattin freundlich-herablassend entgegentrat, im schlimmsten zu herablassend-erniedrigender Behandlung. Die Frauen hatten weitgehend im Haus zu bleiben, d. h. in dunklen, unsauberen und unhygienischen Räumlichkeiten. Männer machten sich zum Gespött, wenn sie sich zu Hause aufhielten, anstatt in die großzügigen, imposanten, lichtdurchfluteten und ästhetischen öffentlichen Gebäude zu gehen, wo man sich zu versammeln pflegte.[87] Als Faktoren, die Rechtshandlungen eines Mannes unwirksam machten, galten unter anderem Senilität, Rauschmittelgenuß und Krankheit, Nötigung oder Beeinflussung durch eine Frau.[88]

Eine Familie mußte, um überhaupt als solche zu gelten, mindestens einen männlichen Nachkommen aufweisen, da nur die Männer zur Familie gerechnet wurden. Bestimmte Familienrituale durften ausschließlich von Männern vollzogen werden. Dennoch standen die Männer der Ehe äußerst zaudernd gegenüber, und Sparta war schließlich gezwungen, unverheirateten Männern die Bürgerrechte zu verweigern. In Athen mußte eigens ein Magistrat damit beauftragt werden, dafür zu sorgen, daß die Familien nicht ausstarben, indem sie keine männlichen Nachkommen hervorbrachten.[89]

Von den Frauen wurde erwartet, daß sie schwer arbeiteten. In den Homerischen Epen sind selbst aristokratische Frauen und Göttinnen ständig damit beschäftigt, zu spinnen, zu weben, Wäsche zu waschen, Gästen Bäder und Betten bereitzustellen, Essen zuzubereiten und aufzutragen.[90] In späteren Zeiten waren Frauen faktisch für die Führung von Haushalten verantwortlich, die eigentlich ausgewachsene Kleinbetriebe waren und in denen die häusliche Produktion sowie Sklaven und Kinder beaufsichtigt werden mußten.[91] In den *Gesetzen* beklagt Platon, daß Männer ständig damit beschäftigt seien, Güter in ihren vier Wänden zusammenzutragen, nur um sie dann den Frauen zu übergeben.

Wie die Frauen selbst ihre Situation erlebten, wissen wir nicht. Durch den Mangel an Bildung und das Verbot, in der Öffentlichkeit aufzutreten oder zu reden, zum Schweigen verurteilt, geltungslos, noch im Kindesalter verheiratet und schlagartig mit der Verantwortung für einen umfangreichen Haushalt und die Aufzucht der Kinder belastet, blieben sie stumm. Vielleicht waren sie teilweise wirklich die manipulationssüchtigen Furien, als die Slater sie hinstellt, die ihre Söhne darauf trimmten, sie zu rächen. Vielleicht fanden einige von ihnen jedoch auch Befriedigung in ihrer Arbeit, in ihrer häuslichen Unentbehrlichkeit, im gemeinsamen Lachen über die Selbsttäuschung der Männer, in dem Wissen, wie sehr jene in Wirklichkeit auf sie angewiesen waren. Möglicherweise pflegten sie sogar eigenständige Lebenszusammenhänge, eine von Wohlgefühl und emotionaler Wärme geprägte Subkultur, wie sie Amy Swertlow aus Vasengemälden ableitet, auf denen Frauen in Würde, Eintracht und Anmut gemeinsam Wolle verarbeiten oder sich in herzlicher Atmosphäre in Bädern vergnügen.[92] Vielleicht gelang es einigen von ihnen, ein gewisses Maß an persönlicher Freiheit zu erringen, wie es die satirischen *Gesetze des Seleukos* andeuten. Eine Passage dieser Gesetzesparodie verfügt: «... eine freie Bürgerin darf nicht mehr als eine weibliche Begleitung haben, es sei denn, sie ist betrunken, sie darf die Stadt nachts nicht verlassen, es sei denn, um die Ehe zu brechen.»[93]

Es waren vor allem die Frauen der begüterten Schichten, die reglementiert wurden; die Frauen der Männer mit den meisten Rechten besaßen also im allgemeinen die wenigsten Rechte. Die begüterte Athenerin war in der Tat ökonomisch abgesichert. Ihre Mitgift gehörte juristisch gesehen ihr, auch wenn sie nicht über sie verfügen konnte. Wenn eine Frau ihren Mann verließ, mußte dieser ihr ihr Eigentum zurückerstatten oder aber verzinsen. Solange sie mit ihm zusammen war, war er verpflichtet, sie zu unterhalten.[94] Der Staat schützte ihr Recht auf Leben (wenn auch nicht das auf Freiheit), so daß ihr Vater sie, außer im frühen Kindesalter, ebensowenig töten durfte wie ihr Mann. Dennoch standen die Bürgersfrauen ihr Leben lang unter der Aufsicht eines Mannes – Vater, Onkel, Gatte oder Sohn. In den im 6. Jahrhundert von dem berühmten Solon verfügten *Solonischen Gesetzen* war die Unterscheidung zwischen «anständigen Frauen» und «Huren» verankert. Die «anständigen» Frauen waren die Bürgersfrauen. Ihnen machte Solon detaillierte Vorschriften in bezug auf «Ausgänge, Gastmähler und Trauerriten, Aussteuer sowie Essen und Trinken»[95].

Ganz anders die Situation der «Huren»: Solon ließ staatliche Freudenhäuser einrichten, deren Personal sich aus Sklavinnen rekrutierte, die zum Großteil im Kindesalter ausgesetzte und von Sklavenhändlern aufgelesene Bürgerstöchter waren. Sklavinnen und arme Frauen waren nicht auf das Haus beschränkt. Wie die armen Frauen überall auf der

Welt und zu allen Zeiten verließen sie es, um zu arbeiten. Sie verkauften Ware auf dem Markt, betrieben Gast- und Kaffeehäuser und verarbeiteten Wolle. Gleich den alleinstehenden Frauen heutzutage waren sie besonders in Gefahr, der Prostitution beschuldigt zu werden. Viele von ihnen waren Tänzerinnen, Kurtisanen und Prostituierte, die sich bei den Essensgelagen und Orgien der Männer verdingten.[96] Einige dieser Frauen wurden reich und konnten sich (sofern sie, wie meist der Fall, Sklavinnen waren) ihre Freiheit erkaufen oder sich eine Existenz schaffen.[97] Tatsächlich waren Prostituierte «die einzigen Frauen in Athen, die eigenständig über beträchtliche Geldsummen verfügten»[98].

Trotz aller Zwänge und Beschränkungen gelang es einigen Frauen im klassischen Griechenland, sich auf künstlerischem oder intellektuellem Gebiet hervorzutun. Sie lebten meist in Athen, waren jedoch offenbar alle nicht dort geboren. Weibliche Dichtkunst besaß eine lange Tradition, oder besser gesagt, verschiedene Traditionen. Die berühmte Sappho hatte zahlreiche Schülerinnen, von denen zumindest eine, Erinna, bei ihren männlichen Zeitgenossen den Ruf besaß, Homer durchaus ebenbürtig zu sein. Eine Gruppe von Dichterinnen, die «neun irdischen Musen», galten als die bedeutendsten Vertreter der Dichtkunst ihrer Zeit überhaupt. Ihr Werk überliefert uns, wie Pomeroy feststellt, «das glücklichste Frauenbild in der gesamten griechischen Literatur»[99]. Eine dieser Dichterinnen, Myrtis, war die Lehrerin des Pindar und der Corinna von Tanagro, die in den Augen ihrer Zeitgenossen nur von Sappho übertroffen wurde.

Es ist bezeichnend, daß die Werke solcher Frauen überhaupt nicht oder bestenfalls fragmentarisch erhalten geblieben sind, während Pindars Dichtung überdauerte. So kennen wir auch von Cresilla, die bei einem Skulpturenwettbewerb für den Tempel der Artemis in Ephesus hinter Polyklit und Phidias den dritten Platz belegte, und vielen anderen bildenden Künstlerinnen und Musikerinnen nicht mehr als die Namen, und auch diese nur, weil Männer sie in ihren Werken erwähnt haben.

So nennt etwa Sokrates Diotima als seine Lehrerin. Von Philosophielehrern wurde diese Aussage besserwisserisch abgetan: Diotima, so hieß es, sei ein Symbol für eine bestimmte Form von Weisheit. Tatsächlich haben wir jedoch keinen Grund, Sokrates' Aussage anzuzweifeln. Diotima gehörte vermutlich zu den zahlreichen Pythagoräerinnen – denn Pythagoras nahm ebenso wie Epikur Frauen zu den gleichen Bedingungen wie Männer in den Kreis seiner Schüler auf.[100] Ebenfalls dieser Schule entstammte Theano, Mathematikerin und Kapazität auf den Gebieten der damaligen Medizin, Physik und Psychologie sowie die tatsächliche Begründerin der Theorie des «goldenen Schnitts», die später Pythagoras zugeschrieben wurde. Theano übernahm die Leitung des von Pythagoras gegründeten philosophischen Instituts.[101] Es kam häufig vor, daß Frauen sich als Männer verkleideten, um zu Bildung zu gelangen. So studierte etwa Axiothea bei Platon, der sie (wobei jedoch unbekannt ist, ob er wußte, daß sie eine Frau war) als «*den* Kopf von ausreichendem Verstand, um meine Gedanken zu begreifen», lobte.[102] Platon wußte genauso wie zweifellos auch andere griechische Männer, daß die Frauen über Fähigkeiten verfügten, die ihnen in Athen abgesprochen wurden. Er hatte sowohl athenische als auch spartanische Frauen kennengelernt und schrieb in einem Dialog, daß neben den Spartanerinnen auch die Sarmatierinnen wie Männer wirkten.[103] Das männerbeherrschte Athen konnte es gegen Ende des 5. Jahrhunderts kaum verwinden, daß eine Frau, nämlich Artemisia, eines der Schiffe befehligte, das in der Schlacht von Salamis gegen die Polis kämpfte.[104]

Der Status der Frau wurde zum Politikum, als im 4. Jahrhundert v. Chr. die Unterdrückung ihren Höhepunkt erreicht hatte.[105] Zu jener Zeit fand in Griechenland ein tiefgreifender Wandel der politischen Strukturen statt, da die mazedonischen Könige Philip und Alexander die griechischen Stadtstaaten auf dem Wege der Unterwerfung und Eroberung zu einen versuchten. Es war eine Periode zunehmender Zentralisierung der Staatsmacht bei gleichzeitig geschwächter Kontrolle auf lokaler Ebene, was im nichtmilitärischen, nichtstaatlichen Bereich den griechischen Frauen größere Handlungsräume eröffnete. Von der Mitte des 4. Jahrhunderts an besuchten die griechischen Mädchen die gleichen Schulen wie ihre Brüder. Obgleich sie immer noch der Ägide eines Mannes unterstellt waren, konnten die Frauen sich jetzt in größerem Umfang am wirtschaftlichen Leben beteiligen, Verträge schließen, Käufe und Verkäufe abwickeln, Erbschaften antreten und rechtsgültige Erbverfügungen treffen. Die Ehe gewann mehr den Charakter einer Partnerschaft und gelegentlich kam es vor, daß eine Frau in ein politisches Amt gewählt wurde, das vorher ausschließlich Männern vorbehalten gewesen war.[106]

Es gibt Indizien dafür, daß Frauen in Pompeji eigene Kandidatinnen für Munizipialwahlen aufstellten und unterstützten und daß in Ephesus bestimmte soziale und religiöse Bereiche von Frauen verwaltet wurden. In Phrygien wurde das wichtige Amt des Finanzmagistrats mit Frauen besetzt.[107] Aus einer kleinasiatischen Inschrift aus dem ersten Jahrhundert geht hervor, daß eine Frau, Phyle, das höchste Staatsamt innehatte und einen Wasserspeicher sowie Aquädukte für ihre Stadt errichten ließ. In Istrien bekleidete eine Frau das Amt des *Archon* (der höchste Magistrat), und in Delphi wurde eine berühmte Harfenistin mit dem Recht auf Grundbesitz belohnt.[108] An den Akademien zu Alexandria lehrten Frauen.[109] Frauen wurden zum Lohn für herausragende Dienste in einigen Städten, in denen sie bis dahin keine Bürgerrechte erlangen konnten, zu Ehrenbürgerinnen ernannt.[110]

Dennoch war es nur das Recht auf größere Beteiligung an einer ohnehin im Schrumpfen begriffenen Macht, das den Frauen in dieser Zeit vermehrt gewährt wurde. Als den Frauen das Recht auf Eigentum zuerkannt wurde, bedeutete dieses nicht mehr die Zuerkennung von Bürgerrechten, und als sie vereinzelt mit Ämtern innerhalb der Polis betraut wurden, hatten diese bereits nicht mehr die Regierungsgewalt inne.[111] Die Kluft zwischen Arm und Reich wurde immer tiefer, und die Armen verloren ihren Grund und Boden. Zwar räumte man den Frauen in dieser Periode größere sexuelle Rechte und Freiheiten und ein gewisses Maß an Bildung ein, aber dennoch brachte die praktische Inanspruchnahme dieser Rechte durch einzelne Frauen ihnen noch immer strengen Tadel für abweichendes Verhalten ein.[112] Die Durchsetzung größerer Rechte gelang zweifellos nur dank des entschlossenen Einsatzes vieler einzelner Frauen und dauerte Jahrhunderte, noch länger als die Kämpfe der Frauen in unserer Zeit (die bereits 1848 begannen).

In Athen hatte sich die Situation der Frauen nur geringfügig verändert und wurde in vielen Punkten sogar noch repressiver, was hauptsächlich darauf zurückzuführen ist, daß die diesbezügliche Gesetzgebung noch immer unter dem Einfluß von Aristoteles stand, der glaubte, daß «der besonnene Teil der weiblichen Seele schwach, haltlos und der Aufsicht bedürftig» sei. Das Gesetz reglementierte das allgemeine Verhalten der Frauen und begrenzte sogar die Üppigkeit ihrer Gelage.[113] Die Stoiker waren sich mit den Peripatetikern – den Schülern des Aristoteles – darin einig, daß Frauen ins Haus gehörten und intellektuell und körperlich minderwertige Wesen seien. Der gleiche Stoizismus wurde von den Römern übernommen.[114] Von daher war es weniger die hellenistische als vielmehr die athenische Tradition, die fortgeführt wurde. Später sank der Status der Frauen in Griechenland und Kleinasien auf eine noch niedrigere Stufe.

Diese Entwicklungen sind sehr repräsentativ. Es gilt festzustellen, daß Frauen in dem Augenblick, als die Kontrolle in ihrer unmittelbaren Umgebung nachließ, Schritte in die Welt hinaus unternahmen, Aus- und Schulbildung sowie ein gewisses Maß an Selbstbestimmung zu erlangen suchten. Sie wußten, was sie wollten, und einige von ihnen erreichten es auch. Das war deshalb möglich, weil mit der Erstarkung des Zentralismus die unmittelbaren Kontrollinstanzen ihren Zugriff lockerten. Diese Situation läßt sich mit der in den USA vergleichen, als die Bundesregierung die Gesetzgebung in Bereichen übernahm, die bis dahin Sache der Lokalverwaltungen gewesen waren: letztere verloren einen Teil ihrer Macht. Eine Zentralregierung kann sich jedoch nicht um alle lokalen Belange kümmern, was bis dahin politisch kurz gehaltenen Gruppen neue Handlungsspielräume eröffnet. Eventuell haben deren Mitglieder sogar die Chance, für politische Ämter zu kandidieren. Die mit diesen Ämtern verbundene Macht ist dann jedoch bereits im Schwinden. Ein noch einleuchtenderes Beispiel ist vielleicht das amerikanische Presse- und Verlagswesen. Als Frauen auf Chefredakteurs- und Cheflektorenposten vorzudringen begannen, war im Verlagswesen bereits die Konzentration von Unternehmen in den Händen riesiger Mischkonzerne im Gange. Die damit einhergehende Zentralisierung der Macht hatte zur Folge, daß Cheflektoren nicht mehr wie früher nach eigenem Ermessen Neuveröffentlichungen einkaufen konnten, sondern sich an den Maßgaben der «Geldleute» an der Konzernspitze auszurichten hatten. Den Frauen eröffnen sich neue Positionen – aber deren Machtbefugnisse bröckeln. Das gleiche galt auch für die griechischen Frauen: die ihnen zur Verfügung stehende Macht war noch immer geringer als die der Männer in vergleichbaren Positionen ein oder zwei Jahrhunderte zuvor. Wie wir noch sehen werden, ist dies ein durchgängiges Merkmal aller erfolgreichen Bestrebungen nach Mitbestimmung seitens der Frauen und von daher bei der Betrachtung unserer eigenen Zeit unbedingt im Auge zu behalten.

Vielleicht noch wichtiger ist jedoch die Tatsache, daß die athenischen Männer nicht isoliert von der Welt lebten. Sie konnten beobachten, wie die Frauen in anderen Teilen Griechenlands und Kleinasiens lebten. Tatsächlich hatten sie stets das Beispiel hochgestellter Frauen vor Augen, die in anderen Teilen Griechenlands oder Kleinasiens aufgewachsen und nach Athen gekommen waren, um hier zu arbeiten. Sie wußten, mit anderen Worten, daß es zu ihrer Zeit durchaus Frauen gab, die das Frauenbild des Aristoteles widerlegten, daß Frauen, als Geschlecht und als Klasse gesehen, durchaus das Zeug dazu hatten, einen vollwertigen Platz einzunehmen, und daß es darüber hinaus Frauen gab, die Außergewöhnliches leisteten. Sie konnten demnach nicht aus Unwissenheit an der Überzeugung festhalten, daß Frauen generell und von Natur aus die Wesen waren, zu denen die Athener sie gemacht hatten. Daß sie diese Überzeugung dennoch nicht fallen ließen, muß also als bewußter politischer und moralischer Akt wider ihr besseres Wissen gewertet werden.

Man fragt sich, warum sie sich so verhielten. Wie auf so viele Fragen gibt es auch hier eine Antwort auf der ökonomischen Ebene: Indem die Männer die Frauen praktisch versklavten, konnten sie von ihrer Arbeit profitieren, ohne sie entlohnen zu müssen. Aber auch hier enthüllt eine solche Antwort ein unausgereiftes Verständnis ökonomischer Zusammenhänge. Wenn die Frauen Bildung genossen und ein gewisses Maß an Freiheit besessen hätten, so hätten sie in den Bereichen der Organisation, Administration und Produktion mehr geleistet: die Profite hätten sich erhöht. Natürlich hätten sich in diesem Falle aber auch viele von ihnen geweigert, Heim und Herd unter ihre Fittiche zu nehmen. Womöglich hätten sie rebelliert und die Männer diese Arbeit selbst tun lassen.

Für die griechischen Männer wäre das undenkbar gewesen: Ihr Selbstverständnis ruhte auf den Pfeilern von Freiheit, Willensbestimmtheit und Herrschaft über das Reich der Notwendigkeit. Um dieses Selbstbild aufrecht erhalten zu können, mußten sie andere dazu zwingen, den Gegenpart zu übernehmen. Nehmen wir an, jemand hält sich für intelligent, ohne dies in besonderem Maße zu sein. Um sich dennoch mit der Aura herausragender Geisteskräfte zu umgeben, sammelt er Menschen um sich, die ihm intellektuell weit unterlegen sind. Er weigert sich, seinen Kindern Bildung zukommen zu lassen und schilt sie, wenn sie den Mund aufmachen oder Fragen stellen. Er behandelt sie verächtlich als Dummköpfe. Mit der Zeit wird er nicht nur sich selbst, sondern auch seiner Umgebung überaus intelligent vorkommen. Indem man den Frauen alle Fähigkeiten, von denen des Gebärens, Kinderaufziehung und der Verrichtung ‹niederer› Arbeiten abgesehen, absprach und ihre natürlichen Gaben durch ein ganzes System institutionalisierter Unterdrückung im Keim erstickte, degradierte man sie zu einem Geschlecht von Kindfrauen, neben denen die Männer *tatsächlich* – von Natur aus – überlegen wirkten. Der Preis, den diese Strategie nicht nur von den Frauen forderte, ist – auch wenn kaum jemals nach ihm gefragt wird – immens. (Dazu ausführlicher im 4. Kapitel.)

Die Römer waren ursprünglich Abkömmlinge der Etrusker, über die wir nur wenig wissen. Wenn wir Athenaeus Glauben schenken wollen, konnten die etruskischen Frauen über ihre Sexualität frei verfügen und zogen ihre Kinder gleichberechtigt auf. Außerdem waren die Etruskerinnen offenbar athletisch, wohlgestaltet und trinkfest.[115] Auf Inschriften erscheint häufig der Name der Mutter, nie jedoch der des Vaters, desjenigen, der die Widmung verfaßte.[116] Biffault hält die Etrusker für matriarchalisch und matronym (d. h., der Name der Mutter wurde vererbt) und führt an, daß die Gräber der Frauen reichhaltiger verziert worden seien. Die etruskische Sprache, so behauptet er, besaß kein Wort für *Vater* und möglicherweise auch keine Ausdrücke für *Ehemann* und *Ehefrau*.[117] Diese Behauptungen und ihre Grundlagen werden heute von methodisch strengen feministischen Wissenschaftlerinnen angezweifelt, aber selbst wenn sie unanfechtbar wären, besitzen wir von den etruskischen Sitten doch keine Zeugnisse. Die Römer stellen sich schon in frühesten Dokumenten als ein zu Feierlichkeit und Pomphaftigkeit neigendes Volk dar, hinter dessen Tugendkult sich eine sehr ausgeprägte Aggressivität verbirgt.

Einer Überlieferung zufolge wurde Rom – nach der alexandrinischen Zeitrechnung – im Jahre 1184 v. Chr. – von Äneas nach dessen Flucht aus Troja gegründet. Eine andere Sage verlegt die Stadtgründung in das Jahr 753 und schreibt sie den Zwillingsbrüdern Romulus und Remus zu, die einem symbolischen Mythos zufolge mutterlos waren und von einer Wölfin gesäugt wurden, einer anderen Version zufolge jedoch Söhne der Rhea Silvia, der letzten Nachfahrin des Aeneas. Rhea Silvia, eine Vestalin, wurde bezichtigt, ihr Keuschheitsgelübde gebrochen zu haben, und hingerichtet, obgleich sie leugnete und darauf beharrte, daß Mars selbst der Vater der Kinder sei. Livius merkt an, daß das Wort ‹Wölfin› ein gebräuchlicher Ausdruck für Prostituierte war (ähnlich der amerikanischen Verwendung des Wortes *bitch* «Hündin» als abfällige Bezeichnung für Frauen[118]).

Zunächst ein Königreich, wurde Rom um 500 v. Chr. zu einer vom Patriziertum regierten Republik (ähnlich der frühen Republik der Vereinigten Staaten, in der lediglich die besitzenden weißen Männer stimmberechtigt waren) und ab 27 v. Chr. schließlich zum Kaiserreich. Zu keiner Zeit seiner Geschichte wurde Rom von einer Frau regiert, und im Unterschied zu anderen hier dargestellten Kulturen besaß es nicht einmal einen Mythos, demzufolge es von einer Göttin gegründet oder regiert worden wäre. Ganz im Gegenteil setzt der Mythos den Beginn der

Geschichte Roms mit dem Raub der Sabinerinnen an. Dieser Sage zufolge wurde Rom von einer räuberischen Horde von aus Alba stammenden Männern gegründet, die einen Nachbarstamm überfielen, dessen Frauen raubten und im Stand der *confarreatio* hielten. Dieses Wort bedeutet im späteren lateinischen Sprachgebrauch so viel wie «Ehe», leitet sich jedoch von *far*, d. h. «Spelz» oder «Korn» ab und meint daher ursprünglich «Teilen des Spelzes». In dieser Form der Ehe untersteht die Frau völlig ihrem Mann und kann sich nicht von ihm scheiden lassen. Wenn sie sich betrinkt oder untreu ist, dürfen entweder ihr Mann oder ihre eigene Familie sie bestrafen. Erweist sie ihrem Mann jedoch den gebührenden Gehorsam, bleibt sie die Herrin seines Hauses, solange er lebt, und teilt bei seinem Tod unter sich und den Kindern, soweit vorhanden, seinen Besitz – sofern er keine anderweitigen testamentarischen Verfügungen getroffen hat.[119]

In der römischen Familie besaß der *pater familias* das Recht, seine Kinder körperlich zu züchtigen und sogar zu töten. Eine ähnlich uneingeschränkte Macht hatte der Mann auch seiner Frau gegenüber, mit dem Unterschied, daß er diese nicht ohne vorherige Absprache mit ihren Angehörigen töten durfte. Die römischen Frauen besaßen also nicht wie die Athenerinnen das Recht auf Leben. Andererseits wurden sie aber auch nicht wie jene im Haus eingesperrt. Die Römerin übte gemeinsam mit ihrem Ehemann die häuslichen religiösen Zeremonien aus und durfte sich, anders als die griechischen Frauen, an seiner Seite in der Öffentlichkeit bewegen. Bei allen gesellschaftlichen Anlässen innerhalb des Hauses fungierte sie als Gastgeberin.[120] Juristisch jedoch besaß sie den Status der *imbecilitas*, d. h den einer Unzurechnungsfähigen.[121]

Die römischen Gesetze erfuhren im Lauf der Zeit gewaltige Veränderungen. Es spricht vieles dafür, daß die römischen Frauen immer wieder Mittel und Wege fanden, die ihnen auferlegten Einschränkungen zu umgehen. Doch so viele Freiheiten sie sich auch erobern mochten, das Recht auf politische Mitsprache erlangten sie nie. Von Anfang an unterlagen sie den Grundsätzen der *infirmitas sexus* und der *levitas animi* und bedurften der Vormundschaft eines Mannes. Alle Kinder unterstanden der absoluten Verfügungsgewalt ihres Vaters; starb dieser, so fielen die Verfügungsrechte über die noch vor der Pubertät stehenden Söhne und sämtliche Töchter an den ältesten Onkel oder Bruder, der seine Mündel töten oder in die Sklaverei verkaufen konnte. Die Jungen erlangten ihre Freiheit, sobald der Vater starb oder – dem frühesten römischen Gesetzeswerk, den zwölf Tafeln, zufolge –, wenn dieser sie freiließ oder aber dreimal als Sklaven verkauft hatte! Frauen konnten lange Zeit überhaupt nie der Unfreiheit entrinnen und mußten dann schließlich, nach einer Verfügung des Kaisers Augustus, aus männlicher Kuratel entlassen werden, wenn sie entweder als Freigeborene drei oder als Freigelassene vier Kinder geboren hatten.[122]

Augustus, der darauf bedacht war, die Kopfzahl der römischen Bevölkerung und damit auch seiner Armeen wieder zu erhöhen, setzte zwölf Jahre als angemessenes Heiratsalter für Mädchen fest, aber auch vorher schon waren diese jung verheiratet worden. Ein gesetzliches Recht, den ihnen vorgeschlagenen Ehemann abzulehnen, hatten sie nur dann, wenn sie beweisen konnten, daß dieser moralisch inakzeptabel war, was für ein zwölf- oder dreizehnjähriges Mädchen mit Sicherheit nicht einfach war. Die Ehegesetze in den ersten Jahrhunderten der römischen Geschichte verfügten die Ehe *in manu*, «in der Hand des Ehemannes», der damit die gleiche Verfügungsgewalt über sie erhielt, die bis dahin ihr Vater ausgeübt hatte.

Die Stellung der römischen Frauen war stets auf komplizierte Weise mit den jeweils herrschenden Eigentumsvorstellungen verknüpft. Wie bereits im vorigen Kapitel ausgeführt, erhielt die Frau im Patriarchat die Funktion des Bindeglieds zwischen dem Mann und einer anderen Dimension – dem Reich der Natur und Hort des Unzivilisierten, Unreinen – oder, wie Lévi-Strauss formuliert, zwischen einander entfremdeten Männern. In Rom wurde sie zum Bindeglied zwischen dem Mann und dem Eigentum. Wenn die Ehegesetze entschärft wurden, so geschah dies nicht um des Wohls der Frauen willen, sondern deshalb, weil die Väter die oft beträchtliche Mitgift ihrer Töchter nicht aus der Hand geben wollten. So wurde das Prinzip der Ehe *in manu* dahingehend abgeändert, daß der Vater, solange die Tochter drei Nächte im Jahr in seinem Haus zubrachte, die Verfügungsgewalt über deren Eigentum behielt. Mit der Zeit fanden die erwachsenen Frauen Mittel und Wege, sich der Bevormundung zu entziehen, indem sie solchen Männern, die sie in der Hand hatten und die ihre Entscheidungen pro forma absegneten, die Vormundschaft übertrugen. Es gelang ihnen auf Umwegen, ihr Eigentum ihren Kindern statt ihren Onkeln zu hinterlassen und umgekehrt ihre Kinder zu beerben. Obgleich rein juristisch die meisten Frauen ihr Leben lang männlicher Kuratel unterstanden, ging die faktische Tendenz im Lauf der Jahrhunderte dahin, daß die Frauen im Hinblick auf Eigentum, Ehe und Scheidung größere Selbstbestimmung erlangten.[123]

In dem Maße, wie sich die Rechte und Möglichkeiten der Frauen erweiterten, änderte sich auch die Haltung der römischen Männer ihnen gegenüber. Der Geschichtsschreiber Livius beschreibt in seinen Darstellungen der frühen Geschichte Roms die Frauen als Muster an edlen Eigenschaften, hingebungsvoller Pflichterfüllung, Mut und Heldenhaftigkeit. Ein leuchtendes Beispiel ist Cornelia, die Mutter der Gracchen *, eine überaus kultivierte Frau, die sich dennoch ganz in den Dienst ihrer Söhne und des Staates stellte, ein anderes Octavia, die Schwester des Augustus, die ihre ganze Kraft auf die Unterstützung des männlichen Establishments, ihres Bruders und des Staates verwandte und die, wie es scheint, die von Fulvia stammenden Kinder des Antonius auch dann noch mit Anstand, Würde und Hingabe großzog, als dieser sie bereits Kleopatras wegen verlassen hatte. Lucretia verübte Selbstmord, nachdem sie vergewaltigt worden war; Portia, die Gattin des Brutus, wählte, nachdem dieser gestorben war, eine Art freiwilligen Witwentod, indem sie heiße Kohlen verschluckte.

Mit der Zeit nahm das Ideal der tapferen und heroischen Frau sanftere Züge an; die vorbildliche römische Matrone war jetzt mütterlich keusch und ganz der Familie und dem Staat ergeben – sie hatte nichts Heroisches mehr an sich. In der Spätphase des Reiches, als einige Frauen hinter den Kulissen bereits zu beträchtlicher Macht gelangt waren, wurde zunehmend alles Geschlechtliche verteufelt. Die Römer waren das erste Volk in der Geschichte, das die sogenannte *univira* in den Himmel hob, die Frau, die nur zu einem einzigen Mann sexuelle Beziehungen unterhalten hatte (gewöhnlich, weil sie entweder jung gestorben war oder beim Tode ihres Gatten Selbstmord verübt hatte[124]). Um 200 v. Chr. wurden bereits einige Patriziertöchter gemeinsam mit den Knaben unterrichtet.[125] Als das erste Jahrtausend anbrach, war die Eheschließung ein von beiden Seiten freiwillig geschlossener Vertrag. Als Augustus 19 v. Chr. an die Macht kam, versuchte er, die Patrizierrepublik in ein zentral gelenktes Kaiserreich umzuwandeln, indem er einerseits die Macht der alten Aristokratie zu untergraben und sich andererseits in der neuen Klasse des Bürgertums eine Machtbasis zu schaf-

* Tiberius Sempronius und Gaius Sempronius Gracchus betätigten sich im Rom des 2. Jahrhunderts v. Chr. auf militärischem, diplomatischem und politischem Gebiet. Beide waren Demokraten und versuchten, den unabhängigen Kleinbauern ihr von reichen, Sklavenwirtschaft betreibenden Großgrundbesitzern vereinnahmtes Land wieder zu beschaffen. Die Gracchen hatten keinen Erfolg und fanden beide im Zuge von Unruhen in Rom einen gewaltsamen Tod.

fen trachtete. Zu diesem Zweck änderte er das Schuldrecht dahingehend, daß Familienbesitz verkauft oder Gläubigern übereignet werden durfte. Um die Macht des Staates zu stärken, erklärte er Handlungen, die bis dahin als Zivildelikte gegolten hatten, zu Verbrechen gegen den Staat, so unter anderem den Ehebruch, obgleich es bis zur Zeit Konstantins keiner Frau möglich war, ihren Ehemann dieses «Verbrechens» wegen zu belangen. Die *lex Julia* aus dem Jahre 18 v. Chr. und die aus dem Jahre 9 v. Chr. stammende *lex Pompeia* erhoben die Ehe praktisch zur Pflicht und führten Geburtenprämien ein: Cäsar benötigte Menschenmaterial für seine Legionen.[126]

Die römische Nation krankte (wie die griechische während der hellenistischen Epoche) an Bevölkerungsschwund. Die Kriege, die Rom nahezu unablässig führte, rafften Tausende von Männern dahin. Weibliche Säuglinge wurden wie in Griechenland häufig ausgesetzt oder getötet.[127] Männliche Homosexualität war weit verbreitet. So unternahm es Augustus, die Ehe und die Mutterschaft durch Zwangsmaßnahmen zu stärken. Männer mußten mit 25 heiraten, konnten dies jedoch umgehen, indem sie sich einem zehnjährigen Mädchen versprachen und auf diese Weise dem Gesetz Genüge taten, ohne wirklich zu heiraten: dieser Ausweg stand Frauen nicht offen.[128]

In der Endzeit der Republik fanden einige Reformen mit dem Ziel größerer sozialer Gleichberechtigung statt. Es gab jetzt staatliche Sozialeinrichtungen, die jedoch ausschließlich freien Männern und Knaben zugute kamen.[129] Die Töchter der Plebejer durften die Schule des Forums besuchen, mußten sie jedoch, ehe sie im Alter von zwölf oder dreizehn heirateten, wieder verlassen.[130] Frauen aus wohlhabenden Familien, denen es gelang, sich ein gewisses Maß an persönlicher Autonomie zu erobern, betätigten sich in Justiz, Politik und Literatur, bei Jagden, Fecht- und Ringkämpfen, ließen sich als Prostituierte registrieren, um freier über ihr Sexualleben bestimmen zu können, und brachten mehrere Scheidungen hinter sich, um mit jeder neuen Ehe noch reicher zu werden.[131] So kommt es, daß in den dreißiger Jahren unseres Jahrhunderts ein Historiker behaupten kann, die Römerinnen des 1. und 2. Jahrhunderts n. Chr. hätten «mindestens soviel Ansehen und Selbständigkeit genossen, wie die Frauenrechtler von heute für die unsrigen beanspruchen»[132].

Dennoch lebten die Römerinnen, trotz aller Reichtümer und Freiheiten, die sie besitzen mochten, unter einer hermetischen Glasglocke, die ihnen jeden Griff nach politischer Macht verwehrte. Es war ihnen nie gestattet, zu wählen, sich um öffentliche Ämter zu bewerben, Richter- oder Anwaltsfunktionen zu übernehmen. Vor der Regentschaft Justinians – im 6. Jahrhundert n. Chr. – stand ihnen nicht einmal die gesetzliche Vormundschaft über ihre eigenen Kinder zu. Frauen, die nicht zu jenen gehörten, die die ihnen nach dem unter Augustus in Kraft getretenen Gesetze für drei beziehungsweise vier Kinder zustehenden Vorrechte in Anspruch nehmen konnten, erlangten nie die Freiheit, ihre eigenen Belange selbst zu regeln.[133] Selbst die ehrgeizigen, berechnenden und politisch gewitzten Aristokratinnen des späten Kaiserreichs, die sich offenbar alles zu nehmen wußten, was sie wollten, konnten nur auf ihren Einfluß, nicht aber auf gesetzliche Rechte bauen.

Das Faktum, daß die Frauen kaum gesetzliche Rechte besaßen und keinen direkten Einfluß auf die Staatsgeschicke nehmen konnten, hinderte die Männer nicht, sie für Katastrophen und Zerrüttungserscheinungen verantwortlich zu machen. So wurde etwa die Römische Niederlage bei Cannae im Jahre 216 v. Chr. auf Verfehlungen der Vestalinnen zurückgeführt, die daraufhin verfolgt wurden. Juvenal schob die Krankheitssymptome der römischen Gesellschaft des ausgehenden 1. und frühen 2. Jahrhunderts auf die Verderbtheit ihrer Frauen, und Tacitus tat es ihm in verschleierter Form nach.[134] Spätere Historiker schlossen sich an.[135] Sie konnten sich dabei auf eine alte Tradition stützen: Schon Aristoteles gab den Spartanerinnen die Schuld am inneren Verfall Spartas, und Livius wie auch Theopompus behaupteten, die Genußsucht der etruskischen Frauen habe zum Niedergang Etruriens beigetragen.[136] Die Unlogik solcher Schlüsse ist so himmelschreiend, daß sie uns zwingt, hier einzuhaken: wie konnten intelligente Männer politische Krisen ausgerechnet denen anlasten, die kein politisches Mitspracherecht besaßen? Offenbar stehen Frauen im Denken der Männer grundsätzlich in einer Mittlerposition zwischen diesen selbst und dem, was sie am meisten fürchten. Katastrophen oder Niedergangserscheinungen können nur deshalb eintreten, weil die Frauen sich nicht strikt in die von den Männern vorgegebene Rolle gefügt haben, die – so die Überzeugung – diese schützt und bewahrt.

Im Hintergrund der römischen Geschichte stehen die Frauen der ärmeren Schichten, die wie immer arbeiteten. Seite an Seite mit Männern wuschen sie Wäsche, arbeiteten in Getreidemühlen und als Schlachterinnen oder handelten auf der Straße mit Kleidern. Die Fischerinnen verkauften abends ihren Fang in der Stadt. Tuchwalker und Weber rekrutierten sich gleichermaßen aus Männern wie aus Frauen. Freigelassene Frauen handelten mit exotischen Waren wie Purpur und Parfum. Sie verkauften Bohnen oder Nägel, betrieben Handelsfirmen und Arztpraxen. Sie besaßen Ziegeleien und Steinmetzwerkstätten, bauten Häuser und Wasserleitungen.[137]

Und ich hoffe, sie hatten ihren Spaß. Meine Lieblingsvision des alten Rom umfaßt sich in Scharen durch die engen, gepflasterten Gassen drängende, lachende, schwatzende und streitende Plebejerinnen, robuste, vitale Frauen, die ihre Waren verhökern, scherzen, handeln, trinken, sexuelle Freuden genießen, Kinder zur Welt bringen – kurz gesagt *leben*. Ich bin mir darüber im klaren, daß ich idealisiere: ich vergesse den Hunger, die körperliche Gewalt, die Angst und die Krankheiten; aber in meinen Augen war das Leben dieser armen Frauen nur unwesentlich gefährlicher, dafür jedoch erheblich lebendiger als das ihrer blassen, behüteten, reglementierten und kultivierten Oberschichtsschwestern, die durch die Bande des Geldes an die Männer und deren Gebote gekettet waren.

4. Das christliche Zeitalter

In seinen Anfängen war das Christentum, wie die meisten anderen Religionen auch, vom Standpunkt des Patriarchats aus eine revolutionäre Bewegung. Gleich den anderen reformerischen Strömungen im Spätjudaismus ging es gegen soziale und ökonomische Ungerechtigkeit, Klassenschranken, das Legitimitätsprinzip und die repressiven Auswirkungen inhumaner Gesetze an. Es behauptete die Existenz eines jenseitigen Reiches, das dem irdischen sowohl an Macht als auch an moralischer Erhabenheit überlegen sei. Vor allem aber war Gott im eigenen Inneren zu finden und daher jedem einzelnen selbst zugänglich.

Der Judaismus hatte sich zu einer Religion der Gesetze und Rituale entwickelt, in der der Buchstabe mehr wog als der Geist der Glaubenssätze. Als gottgefällig galt, wer seine Tage im Tempel zubrachte, dort betete und kleine Vögel und Tiere opferte, die gleich vor der Tür verkauft wurden. Die ‹Heiligkeit› blieb einigen wenigen wohlhabenden Männern vorbehalten, deren Frauen prosperierenden Haushalten, Landwirtschaften und Betrieben vorstanden und die Aufsicht über Diener, Sklaven und Kinder führten. Jesus, der «das Gesetz» kannte, lehnte sich dagegen auf, indem er lehrte, es sei nicht nötig, dessen Forderungen etwa in bezug auf Tieropfer zu erfüllen, um zu Gott zu gelangen, und Wohlstand bilde auf diesem Wege nur ein Hindernis. In seinen Werten klangen Relikte aus matrizentrischen Kulturen an. Er und seine Jünger zogen umher, vertrauten darauf, daß sie überall Nahrung und Obdach finden würden, und verkündeten die Prinzipien des Teilens und der egalitären Gemeinschaft beider Geschlechter.[138] Sie glaubten, daß ausschließliches Streben nach Reichtum und Macht bedeute, sich ganz diesseitigen Götzen zu verschreiben, die der Seele keine Nahrung und dem Herzen keine Zufriedenheit zu geben vermochten.

Die Zeit Jesu ähnelte in mancherlei Hinsicht unserer Gegenwart. Es war eine Zeit immer stärkeren Hegemonialstrebens, eine Zeit des Verfalls und der Gewalt, eine Epoche der moralischen Zweifel und des moralischen Bankrotts. Als Rom mit seinen Fangarmen um die gesamte damals bekannte Welt griff, wurden die kleinen Leute immer ärmer, während die Mächtigen ihre Positionen festigten. Die Lehren Jesu waren auf diese Situation gemünzt und darum bemüht, den Wertmaßstäben der Römer alte jüdische Werte entgegenzusetzen. Jesus lehrte, daß dem Kaiser zu geben sei, was des Kaisers wäre, daß Leben und Wahrheit jedoch nicht auf dieser Ebene, sondern vielmehr in der geistigen Erfüllung des Lebens, in der Liebe und im Teilen, in Mitleid, Barmherzigkeit und Machtverzicht zu finden seien. Obwohl es zunächst kaum vorstellbar ist, daß solche Moralprinzipien den etablierten Machtstrukturen gefährlich werden könnten, gehören sie doch zu den Waffen, die von den patriarchalischen Institutionen am meisten gefürchtet werden. Jede Philosophie, die den Augenblick in den Vordergrund stellt, die Fühlen und Erleben höher bewertet als lineare Zukunftsprojektionen und die langfristige Akkumulation von Macht in den Händen weniger, rüttelt an den Grundfesten des Patriarchats. Die herrschende Elite fordert von den Massen die bedingungslose Übernahme ihrer Werte in Form von Gehorsam, Aufschub von Befriedigung (wie ihn die Nicht-Wohlhabenden leisten müssen, wenn sie zu Wohlstand kommen wollen), Verleugnung von Körperlichkeit und Gefühlen. Schließlich erwartet sie die Anerkennung der eigenen Minderwertigkeit innerhalb einer auf allgemeiner Übereinkunft beruhenden hierarchischen Rangordnung – jene absolute Fügsamkeit also, die allein die Aufrechterhaltung einer ungleichberechtigten Gesellschaftsordnung ermöglicht. Aus diesem Grunde wurden moralische Lehren, die auf eine Abkehr von patriarchalischen Werten zielten – und seien sie noch so friedfertig und gutherzig – zu Lebzeiten Jesu genau wie im

20. Jahrhundert zunächst heruntergespielt und schließlich mit Verfolgung geahndet.

Die Lehren Jesu waren tatsächlich zutiefst revolutionär. Zunächst reagierten die Herrschenden mit Spott und Verachtung (ähnlich der Reaktion auf die Blumenkinder der sechziger Jahre), doch als diese Überzeugungen immer breiteren Anklang fanden, leitete man Verfolgungsmaßnahmen gegen ihre Verkünder ein, um die Verbreitung zu unterbinden. Bald war das Ziel erreicht, diesem großen, späthebräischen Propheten und Morallehrer endgültig den Mund zu verschließen.

Es fanden sich jedoch Anhänger, die seine Lehren weiter verkündeten, da sie sie als Freudenbotschaft und Freiheitsverheißung betrachteten. Bei ihren Versammlungen in den Hinterräumen der Synagogen waren alle gleich: Frauen und Männer, Juden und Griechen, Sklaven, Steuereintreiber, Zöllner und Freigelassene. Noch trug diese Sekte nicht den Namen Christentum, und niemand konnte ahnen, daß sie sich zu einer mächtigen Religionsgemeinschaft entwickeln sollte, die schließlich eben jenes Volk, aus dem der Prophet und seine Gemeinde hervorgegangen waren, verfolgen würde. Evangelisten – Männer und Frauen, die die Küstengebiete Asiens, Griechenlands und Italiens durchwanderten – gründeten Gemeindezellen in Korinth, Ephesus, Galatien, Philippi, Colossae, Thessalien, Makedonien, Rom und Athen, die aus kleinen Gemeinschaften überzeugter Christen bestanden.

In dem Maße, wie durch die Verkündung von lange Zeit diskriminierten Werten überall Menschen aufgerüttelt wurden und der neue Glaube erstarkte, ergriff das römische Reich schärfere Maßnahmen. Paulus, ein in römischen Diensten stehender Jude, war es schließlich, der nach einem Bekehrungserlebnis in Gestalt eines Lichtstrahls auf der Straße nach Damaskus die eigentlichen Fundamente jener Religionsgemeinschaft legte, die später zur Christenheit werden sollte. Paulus und andere Glaubensführer befolgten unbeirrbar ihr Ziel, ein kohärentes Gebäude von Glaubenssätzen und Geboten zu schaffen, das in der Lage war, dem anarchischen Nebeneinander von verstreuten, eigenständigen Kerngemeinden Zusammenhalt zu verleihen. Spirituelle Glaubenskraft in äußere Strukturen zu gießen, bedeutet jedoch immer deren ‹Vermännlichung›; ihre Kodifizierung beinhaltet gewissermaßen ihre Zerstörung als emotionale Kraft. Um der Macht des Römischen Reiches entgegentreten zu können, mußte die neue Glaubensgemeinschaft ihrerseits Macht aufbieten. Indem Paulus und seine Nachfolger den neuen Glauben institutionalisierten, Regeln an die Stelle einer Lebenseinstellung,

Struktur an die Stelle von Freiheit setzten, verzerrten sie die Botschaf des Propheten bis zur Unkenntlichkeit.

Die tiefgreifendste Veränderung betraf das Verhältnis zur Macht Nach allem, was wir über die tatsächlichen Lehren Jesu wissen, lehnte e Macht in jeder Form ab, indem er darauf verwies, daß der wahre Sin des Lebens nicht von dieser Welt sei. Dieser Botschaft wegen und aus de Schwierigkeit heraus, emotionale oder spirituelle Zusammenhänge i Worte zu fassen, sprach er in Gleichnissen. Seine Äußerungen über da Reich seines Vaters wurden jedoch wörtlich genommen und als Verkün digung eines jenseitigen und gleichzeitig höheren Reiches transzenden ter Macht interpretiert. Nicht weniger hierarchisch als irdische Reiche ebenso durch Vorschriften und Gesetze reglementiert wie jeder Staat die gleiche Furcht, den gleichen Gehorsam und das gleiche Gefühl de Unwürdigkeit heischend, wie jedes irdische Herrschaftswesen, war da zu Recht so genannte «Königreich Gottes» die Verkörperung über menschlicher, über-irdischer Macht. Die Macht Gottes war nicht an ders, sondern nur größer als die der irdischen Herrschaft, und di Schlüssel zu diesem Königreich befanden sich im Besitz einer Elite au selbsternannten Kirchenfürsten, die allein kraft ihres Amtes über alle anderen Menschen standen, die irdischen Herrscher eingeschlossen. Be der Verkündigung des neuen Glaubens standen ‹Wunder› und über menschliche Taten im Vordergrund, und der Prophet wurde, wie scho so viele heroische Gestalten beiderlei Geschlechts vor ihm, vergöttert.

Diese Entwicklungen erstreckten sich über Jahrhunderte, währen derer die Anhänger des Glaubens unter der Verfolgung durch das Römi sche Reich und internen Kämpfen zu leiden hatten. Wie nicht anders z erwarten, waren es Adepten der weltlichen Macht, die die Bruder kämpfe um die Festlegung von Dogmen und Strukturen führten. We nicht nach Macht strebte, lebte seinem Glauben im stillen und starb fü ihn.

Der Glaube an ein Reich, das eine Synthese aus den ‹männlichen Wertmaßstäben der Struktur und Dauerhaftigkeit («in Ewigkeit») so wie den ‹weiblichen› Werten Liebe, Vergebung und Mitleid darstellte, i der sich Gerechtigkeit und Gnade vereinten, entsprach dem tiefinner sten menschlichen Wunsch nach einer integrierten Welt. Da dieses Reic jedoch nicht auf dieser Welt und in diesem Leben zu finden war, taucht es das Erdendasein in einen dunklen Schatten. In seiner Transzenden und Erhabenheit verkörperte es gleichsam symbolisch die Tendenz de Patriarchats, diesseitige Lebensnotwendigkeiten und alles, was mit die sen zu tun hat, zu diffamieren. Es verachtete nicht nur Körperlichkeit, Gefühle, Sexualität und nicht frei gewählte Arbeit (Arbeit als Überlebensnotwendigkeit), sondern auch Könige und Kaiser, Macht und weltlichen Ruhm, und bot so allen Elenden und Unterdrückten die Hoffnung auf spätere Vergeltung. Die Idee des Himmelreichs ist daher in ihrem Kern lebensfeindlich und selbstmörderisch.

Diese selbstzerstörerische Tendenz des Christentums trat in dessen Frühzeit offen zutage und wurde auch durch die Haltung des Glaubensstifters selbst genährt, der die Kreuzigung ebenso bewußt auf sich nahm wie Sokrates den Schierlingsbecher. Urchristen, die vom Römischen Reich verfolgt wurden, «weigerten sich, der herrschenden Religion die Unterwerfungsgesten zu erweisen, die ihnen das Leben hätten retten können, oder, wenn es dafür bereits zu spät war, den sich anbietenden Zeitraum zwischen Verurteilung und Hinrichtung zur Flucht zu nutzen»[139]. Die römischen Magistrate waren fassungslos angesichts der Hartnäckigkeit, mit der die Christen auf dem Märtyrertod bestanden, und deren provokativem Verhalten bei Gnadenangeboten. Sie waren nur allzu bereit, für ihren Glauben zu sterben, weil sie davon überzeugt waren, daß der Märtyrertod die Vergebung aller Sünden und die sichere Erlösung bedeutete. Tertullian verbot allen wahren Christen, sich der Verfolgung zu entziehen und versprach, daß ihnen Vergeltung zuteil werden würde, indem sie vom Paradies aus triumphierend zusehen könnten, wie ihre Peiniger in Ewigkeit in der Hölle gemartert würden.[140] Einige christliche Sekten waren so versessen auf das Märtyrertum, daß die Kirche selbst sich gezwungen sah, sie zu Häretikern zu erklären; diese Distanzierung, bekräftigt durch die Überzeugungskraft Augustinus, führte schließlich dazu, daß der Selbstmord zur Sünde erklärt wurde. So weit kam es jedoch erst im 6. Jahrhundert: Im Jahre 562 entschied das Konzil von Braga, daß Selbstmördern das kirchliche Begräbnis zu verweigern sei, und im Jahre 693 verfügte das Konzil von Toledo die Exkommunikation für versuchten Selbstmord.[141]

Jede Philosophie, die auf eine Transzendierung des Diesseits abzielt, strotzt unweigerlich von Verachtung für alles Naturverbundene: für Blut, Körperabsonderungen, körperliche und vor allem sexuelle Bedürfnisse und, damit einhergehend, für jene, die mit solcherlei Dingen identifiziert oder in engen Zusammenhang gebracht werden – die Frauen. Männliche Abscheu vor Sexualität geht unweigerlich mit dem Haß auf alles Körperliche, Gefühlsmäßige oder Unwillkürliche und mit Frauenhaß einher. Nicht so unmittelbar einleuchtend ist hingegen, daß bei Frauen die Ablehnung von Sexualität mit genau den gleichen Begleiterscheinungen gekoppelt ist, Abscheu vor Sexualität gründet immer in verächtlichem Ekel vor den natürlichen Lebensvorgängen, die in jeder Kultur der Welt nur mit der einen Hälfte der Menschheit assoziiert werden. Frauen verschworen sich ebenso wie Männer dem Zölibat und der Askese, suchten oder akzeptierten das Märtyrertum, setzten ihre Jungfräulichkeit über ihr Leben und klammerten sich bis auf den Scheiterhaufen oder in die Löwengruben an sie.

Diese Ablehnung der Sexualität trat seit Paulus' Zeiten deutlich zutage. In den Worten Jesu, soweit aufgezeichnet und überliefert, finden sich kaum Äußerungen zu diesem Thema, von der Mahnung an die Männer abgesehen, wegen etwas, was sie selbst praktizierten, keinen Stein auf eine Frau zu werfen, und von dem Hinweis, daß zwischen begehrlichen Gedanken und begehrlichem Handeln kein großer Unterschied bestehe. Paulus hingegen hatte viel dazu zu sagen. In seinem berühmten Brief an die Korinther versichert er, es stünde dem Mann gut an, kein Weib zu berühren, denn «wer ledig ist, der sorgt um des Herrn Sache, nämlich wie er dem Herrn gefalle. Wer aber gefreit hat, der sorgt um die Dinge der Welt, nämlich wie er der Frau gefalle, und so ist er geteilten Herzens.» (Es wird nicht recht klar, was «um des Herrn Sache sorgen» bedeutet. Wenn es heißt, für die Verbreitung des Glaubens zu sorgen, so bedeutet es auch, sich in den Dienst der Macht zu stellen. Ist darunter die Abkehr von der Welt um des Gebets willen gemeint, so handelt es sich wiederum um die Verherrlichung des Willens als einer der Natur des Menschen überlegenen Kraft und um das Streben nach einer anderen Form von Macht, die davon lebt, «Seelen zu retten». Nur dann, wenn «Sorge um die Sache des Herrn» in Fürsorge, Hilfe und Unterricht für die Armen, Kranken und Kinder bestünde, schiene sie mir segensreich.) Bei alledem ist die Ehe aber immer noch der Unzucht oder der nackten Begierde vorzuziehen. Damit stellt Paulus die traditionelle jüdische Moral auf den Kopf, derzufolge dem Manne aufgegeben ist, zu heiraten und sich fortzupflanzen, und derzufolge es als begrüßenswerte Leistung gilt, Kinder und insbesondere Söhne zu zeugen.

Durch Paulus' gesamte Schriften zieht sich ein innerer Widerstreit, das Schwanken zwischen einer tiefsitzenden Verachtung von Sexualität und allem Weiblichen, zwischen dem Abscheu davor, in «leiblicher Trübsal» (1. Korinther 7,28) zu verfallen, und dem Wissen, daß es nicht möglich sein würde, eine starke Glaubensgemeinschaft auf ein Enthaltsamkeitsgebot zu gründen, das die meisten Menschen als erhebliche Beschneidung empfunden hätten. Paulus war sich darüber im klaren, daß nicht alle Menschen so waren wie er und daß manche unter ihnen starkes sexuelles Verlangen verspürten: «Es ist besser freien, als von Begierde verzehrt werden.» (1. Korinther 7,7 und 7,9).

Gleichzeitig versprach der Apostel, daß der neue Glaube zwischen Juden und Griechen, Sklaven und Freien, Männern und Frauen keine Unterschiede machen würde, «denn ihr seid allzumal einer in Christus Jesus» (Galater 3,28). Über die Beweggründe der Frauen, die sich dem neuen Glauben in Scharen anschlossen, wissen wir ebenso wenig wie darüber, was die Mehrheit der Frauen in der Geschichte ganz allgemein dachte. Es gibt jedoch viele Indizien dafür, daß Frauen in der urchristlichen Kirche sehr aktiv waren.[142] Selbstverständlich konnte ihnen nicht entgangen sein, was Paulus verkündet hatte: Gott stehe über Christus, Christus über dem Menschen und der Mann über der Frau. Er hatte den Frauen verboten, vor der Gemeinde zu sprechen – häufig der gleichen Gemeinde, die sie gegründet oder entscheidend mitgetragen hatten – und er hatte verfügt, daß sie in der Kirche als Zeichen der Demut ihr Haupt zu bedecken hätten. In einem Brief an Titus, der damit betraut war, eine Gemeinde auf Kreta aufzubauen, umriß Paulus seine Vorstellungen von dem, was sich für Frauen gehörte, mit den Worten: «Sittig sein, keusch, häuslich, gütig, ihren Männern sich unterordnen» (Titus 2,5). Außerdem lehrte er das zwar schon seit den Anfängen des Christentums geltende, mit der Zeit jedoch immer mehr Gewicht erlangende Dogma der Dreieinigkeit, der ausschließlichen Verkörperung und Manifestation Gottes in männlichen Gestalten, und somit den Ausschluß der Frauen von allem Göttlichen. Um so mehr fragt man sich, warum die Frauen dem neuen Glauben so massenhaft zuströmten.

Dieses Problem läßt sich nur im Zusammenhang mit der übrigen von Rom beherrschten Kultur der damaligen Zeit erhellen. Die neue Religion verkündete, wenn schon nicht die weltliche, so doch die letztgültige Gleichheit von Frauen und Männern, ein Postulat, das im Römischen Reich einmalig war. In der neuen Kirche durften Frauen sowohl zu Lebzeiten Jesu als auch nach dessen Tod aktive Funktionen übernehmen und fanden daher ein Betätigungsfeld für ihre Energien, wie ihnen sonst kaum eines offenstand. Darüber hinaus waren die zentralen Werte des Christentums unabhängig von den Normen der jeweiligen kirchlichen Institutionen immer ‹weibliche› gewesen, und schließlich eröffnete der christliche Glaube den Frauen Möglichkeiten, die im traditionellen Judentum, im Hellenismus oder in der römischen Kultur nicht existiert hatten – nämlich jungfräulich oder unverheiratet zu bleiben.

Nach Auffassung Jo Ann McNamaras stellten solche jungfräulichen Frauen für ihre Zeitgenossen eine erhebliche Irritation dar, und diese Lebensform wurde von der orthodoxen Kirche erst dann gebilligt, als sie bereits ein verbreitetes Phänomen geworden war.[143] Unverheiratete Frauen hatte es zur Zeit der Antike im Grunde nicht gegeben. Im traditionellen Judentum war es ebenso wie in Griechenland und Rom für Mädchen üblich gewesen, jung verheiratet zu werden und, wenn der Mann starb, eine neue Ehe einzugehen. Auf diese Weise waren sie immer der Verfügungsgewalt eines Mannes unterstellt. Das Zölibat befreite die Frauen nicht nur von der schweren Bürde der häuslichen Arbeiten und der Kinderaufzucht, sondern außerdem auch von der Unterordnung unter die Männer. Uns heutigen Frauen mag der Verzicht auf Sexualität wie ein schweres Opfer vorkommen, aber es ist in der Tat fraglich, ob er das für die Frauen der damaligen Zeit war, die noch im Kindesalter wesentlich ältere, ihnen völlig fremde und nicht selbst gewählte Männer heiraten mußten und der Erwartung gerecht werden mußten, fruchtbar, arbeitsam und gehorsam zu sein. Unter solchen Umständen ist eheliche Sexualität nicht mehr als eine Form der Vergewaltigung. Daß viele Frauen tatsächlich so empfunden haben, zeigen die unzähligen klösterlichen Frauengemeinschaften, die unter christlicher Schirmherrschaft entstanden und gediehen. So wie es wahrscheinlich stimmt, daß die frühen Christinnen nur angesichts der Löwen und der Peinigungen ihrer Henker Gelegenheit hatten, vollwertige und gleichrangige Partnerinnen der männlichen Christen zu sein, trifft es wohl auch zu, daß die Jungfräulichkeit (oder das Zölibat nach der Verwitwung) eine integere und geachtete Möglichkeit darstellte, wenn schon nicht Gleichberechtigung, so doch ein gewisses Maß an Unabhängigkeit zu erlangen.[144]

Die frühe christliche Kirche bestand aus einem lockeren Verband von kleinen eigenständigen Gemeinden, die gutenteils auch dann noch ihre eigenen Vorstellungen und Bräuche wahrten, als der Glaube zunehmend zentralistischer verwaltet und klarer umrissen wurde. In dem Maße, wie sich orthodoxe Dogmen etablierten, wanderten die Frauen zu Sekten ab, die sich nicht an die orthodoxen Lehren hielten und ihnen vielfach den Freiraum zu öffentlichem Reden und Handeln gewährten. Eine solche sektiererische Strömung waren etwa die in den ersten drei Jahrhunderten nach Christus sehr populären Gnostiker. Viele dieser Gruppen waren demokratisch und antihierarchisch gesonnen und pflegten sehr sinnenfreudige Riten. Die Gottesdienste wurden vielfach nach demokratischen Grundsätzen abgehalten, indem die Gemeindemitglieder bei jeder Versammlung auslosten, wer von ihnen die Funktionen des Priesters, Bischofs oder Verkünders übernehmen sollte.[145] Gelegentlich war das Gottesbild zweigeschlechtlich, obgleich damit noch in keiner Weise die tradierten Geschlechterrollen in Frage gestellt wurden. So besagt etwa eine gnostische Schrift, die Welt werde von einer «großen Kraft, dem Verstand des Alls, alles verwaltend, männlichen Geschlechts», sowie «der anderen ... der großen Intelligenz ... weiblichen Geschlechts, alles erzeugend»[146], regiert. Auch diese Vorstellung schreibt die Aufteilung allen Tuns in männliches Herrschen und weibliches Geben fest. In einer anderen Schrift erscheint der Herr als männlich und die Kirche – traditionsgemäß – als weiblich, jedoch gleichzeitig als leid- und schmerzgeprüft.[147] Im *Johannes-Apokryphon* möchte Sophia (die Weisheit) ohne die Billigung ihres Gefährten, des großen Geistes, ein Kind zur Welt bringen. Sie gebiert einen Monstergott, der den Mann erschafft, der seinerseits sowohl die hellen und lichten als auch die dunklen Wesensmerkmale der Mutter in sich trägt. Die dunkle Seite, im Bann böser Mächte stehend, hält den Mann in einem stofflichen Körper gefangen und bringt die Frau und die Sexualität hervor.[148] Im Thomas-Evangelium werden Simon Petrus die Worte zugeschrieben: «Laß Maria fortgehen, denn die Frau ist des Lebens unwert», auf die Jesus erwidert: «Ich selbst werde sie führen, um sie männlich zu machen, so daß auch sie ein lebendiger Geist gleich euch Männern werden kann.»[149]

Obgleich die Gnostiker keineswegs frei von dem Frauenhaß waren, der bei den hierarchisch und autoritär denkenden Kirchenvätern nur krassere Formen angenommen hatte, zogen sie Frauen an, da sie im Gegensatz zum orthodoxen Christentum Frauen und Weiblichkeit in ihrer Theologie einen Platz einräumten. Ihre mystische Kosmologie basiert auf dem alten, immer gleichen Assoziationsmuster: die Frau ist diejenige, die nicht aus freiem Willen, sondern aus Gebundenheit an die Zwänge der Natur schafft und erschafft, der Mann derjenige, der die Frau beherrscht und damit die Natur und ihre Zwänge transzendiert. So lehrt etwa die *Zwiesprache des Erlösers*, daß nur im Tod «die Werke des Weiblichen» zersetzt werden und Licht und Leben regieren können. Die Männer sind angehalten, dort zu beten, wo keine Frau ist, und die Werke des Weiblichen zu zerstören, «auf daß sie nicht mehr seien»[150].

«Die Werke des Weiblichen» bezeichnen in erster Linie den menschlichen Körper in seiner Fleischlichkeit, Emotionalität und Sexualität, das ‹Gefängnis› des Geistes, aus dem dieser herausgelöst und mit Transzendenz, Reinheit, Heiligkeit und Gott gleichgesetzt wird. Dieses Denken ähnelt in vielem den Überzeugungen, die den sogenannten ‹primitiven› Initiationsriten zugrunde liegen.

Da der Gnostizismus den Frauen mehr Raum bot als das orthodoxe Christentum, gewannen diese Sekten viele Anhängerinnen. Nicht zuletzt aus diesem Grund erklärte die orthodoxe Theologie die Gnostiker schließlich zu Häretikern.[151] Tertullian (160–230 n. Chr.) wandte sich ausdrücklich gegen die Aktivität «dieser Frauen bei den Häretikern»[152]. Irenaeus (130?–202?) verurteilte eine Gnostikergemeinschaft wegen Verzehr von geweihtem Opferfleisch, Teilnahme an heidnischen Festen und Zuwiderhandlungen gegen seine «strengen Mahnungen, die sexuelle Enthaltsamkeit und die Einehe betreffend»[153]. Er verlangte von ihnen die Einhaltung der Gebote, Gottesfurcht und Gehorsam den Priestern gegenüber:[154] so schnell verkehrte sich die neue Freudenbotschaft in die alten patriarchalischen Knechtungsmittel: Furcht, Gehorsam und das Einimpfen von Unwürdigkeitsgefühlen.

Im Jahre 313 wurde das Christentum mit dem Mailänder Edikt zur offiziellen Staatsreligion des Römischen Reiches. Inzwischen waren Institutionen und Wertordnung des neuen Glaubens schon völlig mit denen des Staates verwachsen. Nur der innerste Kern war lebendig geblieben, gleich einer kleinen unterirdischen Quelle, die den ehrfürchtigen Betrachter eines monumentalen Bauwerks daran erinnert, weshalb dieses ursprünglich errichtet wurde. Einerseits dieses lebendigen Glaubenskerns wegen, andererseits um der Möglichkeit willen, ein gottgeweihtes (sprich: weniger von der Unterordnung unter Männer, dem Gebären von Kindern und von nicht endenden Mühen geprägtes) Leben führen zu können, strömten dem Christentum auch weiterhin viele Frauen zu, von denen sich manche dafür entschieden, ihr Leben – oft als Männer verkleidet – als Einsiedlerinnen in einsamen Höhlen zuzubringen.[155]

Im 4. Jahrhundert begannen adlige oder wohlhabende Frauen sich zu kleinen Gemeinschaften zusammenzuschließen, in denen sie unter sich lebten, arbeiteten und studierten. Später wurden erste klösterliche Orden gegründet, deren Nonnen und Mönche gen Norden zogen, um dort unter den Heidenvölkern zu missionieren. Sie bekehrten Germanenstämme, errichteten Klöster und kontrollierten bald ausgedehnte Ländereien. In dieser Zeit erlangten viele Äbtissinnen große Macht, die sie bis zum 9. Jahrhundert behielten, als Karl der Große daran ging, die Herrschaft über ein gewaltiges Gebiet, später als Heiliges Römisches Reich bezeichnet, zu übernehmen.

Karl der Große, ursprünglich König der Franken, wollte Kaiser werden. Außerdem plante er, eine Reihe von Völkern unter zentraler Herrschaft zu vereinen. Von der Geschichtsschreibung werden Zentralisations- und Konsolidierungsbestrebungen im allgemeinen gepriesen, als wären sie per se etwas Gutes. Dennoch speisen sich solche Bemühungen regelmäßig aus dem Machthunger eines Mannes, der von Machtanbetern unterstützt wird. Zugunsten von Zentralisierungsprozessen wird meist das Argument ins Feld geführt, sie hätten die ständigen lokalen Fehden des niederen Adels und den Wirrwarr verschiedenartiger kultureller, gesetzlicher und moralischer Normen reduziert. Bei dieser Betrachtung der Dinge fällt jedoch die Tatsache unter den Tisch, daß die Unterwerfung des niederen Adels unter eine Zentralmacht häufig gewaltige Kämpfe mit sich brachte und daß die Oktroyierung einheitlicher Werte und Normen eine Vergewaltigung der betroffenen, an eigenen Gesetzen orientierten Gruppen darstellt. Zentralisierung stärkt die Macht: Von ihr profitieren diejenigen, die der Macht hörig sind und diejenigen, die sie selbst in Händen halten.

Kleinere autonome Gemeinwesen, regionale Bräuche und von Frauen errungene Machtpositionen gehen in Zentralisationsbestrebungen grundsätzlich unter. Vielfach wird die Zentralisierung im Namen einer ‹Erneuerung› oder ‹Säuberung› vorangetrieben. Zu den im Rahmen einer solchen ‹Säuberung› auszumerzenden Elementen gehört jede von Frauen bereits erlangte Form von Macht, Einfluß oder Kompetenz.

Diese Tendenz zeigt sich auch bei den Reformen Karls des Großen, mit denen unter anderem eine Purifikation der christlichen Kirche angestrebt wurde, die strikte Geschlechtertrennung und den Ausschluß der Frauen von bestimmten religiösen Funktionen implizierte. Zu diesem Zweck untersagte der Kaiser Nonnen und Stiftsdamen, den Priestern bei der Messe zu ministrieren, unterstellte die Äbtissinnen der Aufsicht von Bischöfen und erneuerte die Verfügungen des Paulus, indem er die Unterrichtung von Knaben durch Nonnen verbot. Mit der Begründung, daß Frauen auf Grund der «Schwäche ihres Geschlechts und der Wankelmütigkeit ihres Verstandes» nicht dafür taugten, Männer zu erziehen, entzog er die Jungen ihrer Obhut, um sie in Palastschulen unterrichten zu lassen. Als dann jedoch das karolingische Reich und mit ihm die Palastschulen untergingen, existierten die Klosterschulen weiter.

Ironischerweise hatten die Maßnahmen Karls des Großen somit zur Folge, daß Mädchen weiterhin unterrichtet wurden, während die Jungen Analphabeten blieben.[156]

Aus den Ruinen des karolingischen Reiches erstand im 9. Jahrhundert erneut die Familie als stabile und leistungsfähige Institution, und wieder erlangten Frauen eine gewisse Macht. Den Äbtissinnen oblag oft nicht nur die Aufsicht über die Nonnen und Mönche ihres Klosters, sondern darüber hinaus auch die Verantwortung für das Wohl Tausender von Menschen, die auf ihrem Grund und Boden lebten und arbeiteten. Ihr Bildungsstand war, gemessen an den Möglichkeiten der Zeit, umfassend. «Sie herrschten über riesige Ländereien, hielten selbst Gericht und hoben für ihre Könige Truppen aus.»[157] Sie richteten Schulen ein und unterrichteten trotz des Verdikts des Apostels Knaben und Mädchen. Die großen deutschen Klöster wurden zu Zentren der Gelehrsamkeit – für die damalige Zeit eine Seltenheit. Die Macht der Nonnen war (wie die aller Frauen in der Geschichte) nicht episkopaler, sondern konkreter und praktischer Natur: Sie wirkten ohne offizielle Befugnis. Dennoch war diese Macht «der der Äbte und zuweilen sogar der Bischöfe gleichwertig»[158]. Die Äbtissinnen traten als Repräsentantinnen des Königs oder des Papstes auf und hatten in politischen Gremien wie etwa dem deutschen Reichstag volles Mitspracherecht. Diese Situation hielt etwa vom 7. bis zum 12. Jahrhundert an.

Die Frauen des 10. und 11. Jahrhunderts waren so aktiv und kompetent, daß «der Machtausübung durch Frauen praktisch keine Schranken gesetzt waren. Wir finden sie als Heerführerinnen, Richterinnen und Verwalterinnen von Schlössern und Besitztümern.»[159] Sie trugen wesentlich dazu bei, in einer Zeit der Gewalt und Grausamkeit die Kultur aufrechtzuerhalten. Im 9. und 10. Jahrhundert wurde die christliche Zivilisation von neuen Erobererwellen aus dem Norden überschwemmt, für die die Klöster mit ihren Reichtümern und ihren Frauen bevorzugte Angriffspunkte darstellten. Angesichts solcher Überfälle, die Vergewaltigung, Folter und Totschlag bedeuteten, legten viele Nonnen außerordentlichen Heldenmut an den Tag. So sahen sich etwa im Jahre 870 die Nonnen eines Klosters im schottischen Coldingham der sicheren Vergewaltigung durch dänische Truppen preisgegeben. Die Äbtissin Ebba versammelte die Nonnen um sich und bewog sie, sich gemeinsam mit ihr die Nasen und Oberlippen abzuschneiden und sich dann den Feinden entgegenzustellen. «Die entsetzten Dänen brannten das Kloster nieder und die Nonnen starben im Bewußtsein ihres Sieges den Märtyrertod», noch immer im Besitz ihrer Jungfräulichkeit.[160] Die Nonne Roswitha von Gandersheim unternahm es im 10. Jahrhundert, solche und ähnliche Heldentaten von Christinnen zu preisen, wobei sie sie allerdings in die Vergangenheit verlegte. Den römischen Dichter Terenz als Negativvorlage benutzend, versuchte sie, dessen Schilderungen weiblicher Promiskuität das Bild weiblicher Keuschheit entgegenzusetzen. Sie verfaßte Geschichtsbilder, religiöse Erzählungen, Heiligengeschichten und Schauspiele, «die sie zur einzigen europäischen Dramatikerin in nahezu fünf Jahrhunderten machten»[161].

Die Ansiedlungen des frühen Mittelalters lagen über weite ländliche Gegenden verstreut. Der ständig auf Kriegszügen befindliche Adel lebte in Festungen oder Burgen im Schutz von Wällen und Zugbrücken. Solche Befestigungsanlagen beherbergten ganze Dorfgemeinschaften, die ebenso wie die Bewohner der Klöster völlig autark sein mußten. Die hier ansässigen Frauen, insbesondere die Burgherrin selbst, mußten sämtliche anfallenden land- und hauswirtschaftlichen Tätigkeiten beherrschen. Sie mußten es verstehen, Rohprodukte anzubauen und daraus für Hunderte von innerhalb der Burganlage lebenden Menschen Nahrung, Kleidung, Heilmittel und Rüstungsgegenstände herzustellen. Die Männer waren häufig abwesend, um andere Festungen anzugreifen oder (später) an Kreuzzügen und Pilgerfahrten teilzunehmen. Die Frauen mußten also nicht nur in der Lage sein, das gesamte Anwesen zu erhalten, sondern es überdies auch gegen die häufigen bewaffneten Überfälle zu verteidigen, wie es etwa Margaret Paston, die Herrin auf Caistor Castle, noch im 15. Jahrhundert tat.[162] An den fränkischen und karolingischen Höfen oblag der Königin die Aufsicht über die gesamte Verwaltung einschließlich der königlichen Schatzkammer. Der Schatzmeister war ihr rechenschaftspflichtig, und sie bezahlte den Rittern ihren jährlichen Sold.[163]

Die Frauen hatten in allen Bereichen zentrale Funktionen inne. Als im Zuge einer Reformwelle im ausgehenden 10. Jahrhundert den Priestern befohlen wurde, sich von ihren Ehefrauen zu trennen, wehrten sie sich mit dem Argument, daß sie ohne diese nichts mehr zu essen und anzuziehen hätten.[164] Dennoch war der Kindsmord, insbesondere an weiblichen Säuglingen, weit verbreitet. So berichtet die isländische Sage der «Gunnlaug-Schlangenzunge» von der Verfügung eines Edelmannes, daß, wenn seine Frau ein Mädchen gebären würde, es getötet werden solle, ein Knabe dagegen am Leben bleiben dürfe. Jungen wurden doppelt so lange gestillt wie Mädchen.[165]

Auch das angelsächsische Britannien war eine patriarchalische Gesellschaft. Im 6. Jahrhundert erließ Aethelbert einen Gesetzeskodex, der den Verkauf und Kauf von Frauen zu Ehezwecken gestattete – ein Brauch, der sich in England noch bis ins 19. Jahrhundert erhielt.[166] Männer konnten mehrere Frauen heiraten. Andererseits durfte eine Frau, die ihren Mann verlassen wollte, die Hälfte des Hausstandes mitnehmen. Die Verbreitung des Christentums in England vermochte weder an den großzügigen Scheidungsgesetzen zu rütteln, noch den ‹unrechtmäßigen› Ehen ein Ende zu setzen, führte aber auch dort dazu, daß um die Mitte des 7. Jahrhunderts Frauen Klöstern vorstanden. Im 10. Jahrhundert ließ die Königin Aethelflaed, die ihre Truppen selbst befehligte, Festungen erbauen und instandsetzen, und im 11. Jahrhundert verfügte Knut von Dänemark, der damalige Regent Englands, daß Frauen nicht mehr in die Ehe verkauft oder zur Heirat gezwungen werden dürften und künftig das Recht besitzen sollten, Eigentum zu erben und zu vermachen.[167]

Mit der Eroberung durch die Normannen im Jahre 1066 wurde Britannien zum Feudalstaat: Landessprache und Gebräuche wurden von der normannisch-französischen Kultur der Eroberer verdrängt und überlagert. Die ursprünglichen Bewohner wurden bis auf die wenigen überlebenden Edelleute zu Unfreien erklärt, die Witwen und Töchter gefallener Adliger, wenn irgend möglich, mit Normannen vermählt.

Der Feudalismus war ein auf die Vergabe von Grund und Boden gegründetes und kriegsmäßig-hierarchisch organisiertes System. Die Feudalherren besaßen nicht viel Eigentum, da sie ihr Land nur vom König zu Lehen hatten. Die Edelfrauen waren nicht für den Kriegsdienst bestimmt und genossen daher sehr wenig Achtung. Sie wurden der Vormundschaft und absoluten Verfügungsgewalt ihrer Ehemänner unterstellt und besaßen, solange sie verheiratet waren, keinerlei Eigentum. Der Ehemann verfügte über die Erträge des Grundbesitzes seiner Frau. Witwen hingegen konnten durchaus selbst die Verfügungsgewalt über gewaltige Ländereien erlangen und wußten vielfach die Unabhängigkeit, die ihnen dieser Status eintrug, zu schätzen.[168] Aus der Zeit vor der normannischen Eroberung datierende Chroniken belegen, daß Kraft, Ehrgeiz, Wagemut und Verstand bei Frauen zu jener Zeit als durchaus bemerkens- und lobenswerte Eigenschaften galten, während unter der Normannenherrschaft solche Wesenszüge als ‹unweiblich› angeprangert wurden.[169]

Wie auch immer das offizielle System beschaffen sein mochte, herrschte doch in den unteren Schichten wesentlich mehr Gleichberechtigung. Jeder Bauer war zum Überleben auf seine Ehefrau angewiesen, und wechselseitige Abhängigkeit bedeutete grundsätzlich mehr gleiche Rechte. Die Frauen bestimmten über das häusliche Leben der Freien wie der Leibeigenen. Sie konnten über Eigentum verfügen, es vermachen und erben. Frauen betrieben eigenständig Landwirtschaft oder Brauereien, konnten Prozesse führen, ja es gab sogar Wegelagerer unter ihnen. Ehebruch oder die Geburt eines ‹illegitimen› Kindes wurden mit Geldbußen geahndet. Wenn eine Frau einem höheren Stand angehörte als ihr Ehemann, erhielten die Kinder ihren Namen (ein besonders bei den angloskandinavischen Völkern verbreiteter Brauch[170]).

Um die Mitte des 11. Jahrhunderts kehrte in Europa mehr Ruhe ein und die Kirche unternahm neue Reformbestrebungen. Im Hinblick auf den Status der Frauen «kann man das Mittelalter als durch die gregorianischen Reformen des ausgehenden 11. Jahrhunderts in zwei Hälften geteilt ansehen. Diese Reformen lösten die Doppelklöster der davorliegenden Epoche auf und klammerten die Frauenklöster erfolgreich aus der institutionellen Hierarchie der Kirche aus. Die großen geistlichen Frauen des Mittelalters, Hilde zu Whitby, Leoba, Hildegard von Bingen und Roswitha von Gandersheim, gehören sämtlich in die frühere Epoche. In dem Maße, wie der Einfluß der Frauen innerhalb der Geistlichkeit nachließ, tendierte das kirchliche Schrifttum zunehmend dazu, Frauen als das ‹andere› Geschlecht zu behandeln, was die Grundlage einer immer stärker werdenden Frauenfeindlichkeit bildete und darüber hinaus dem orthodoxen christlichen Glaubenssatz widersprach, wonach vor Gott alle Menschen, ungeachtet ihres Alters, Standes oder Geschlechts, gleich sind.»[171]

Die Kirche versuchte erneut, den Angehörigen des Klerus das Zölibat aufzuerlegen, und entzog die Besetzung von Kirchenämtern der Kontrolle durch Laien. Damit verloren die Edelfrauen, die bis dahin eine ihrer wichtigsten Aufgaben in der Vergabe und Protektion von kirchlichen Positionen gesehen hatten, auf einen Streich ihren gesamten Einfluß in diesem Bereich. Die Ironie der Geschichte will es, daß ausgerechnet drei mächtige Frauen – die Kaiserin Agnes, Beatrix von Tuszien und deren Tochter Mathilde – durch ihre Unterstützung Gregor VII. und Petrus Damiani die Durchsetzung dieser Reformen ermöglichten.

Petrus Damiani war das dreizehnte Kind einer Frau aus niedrigem italienischem Adel, die – infolge der vielen Geburten am Ende ihrer Kräfte – das Kind nicht säugen wollte. Der Knabe überlebte nur deshalb, weil die Frau des örtlichen Geistlichen intervenierte und der erschöpften Mutter zusetzte. Der gleiche Damiani führte ironischerweise als erwachsener Mann einen giftigen, hysterischen Feldzug für das Zölibat der Geistlichen, ein Ziel, das er mit Tiraden verfolgte, die von erbittertem Frauenhaß strotzten. Gleichzeitig unterhielt er einen romantischen Briefwechsel mit der Kaiserin Agnes, deren mächtige Unterstützung wesentlich zum Erfolg seines Strebens beitrug.[172] Beatrix und Mathilde leisteten Papst Gregor VII. sowohl militärische als auch finanzielle Hilfe bei seinem Kampf um die Unterwerfung des Kaisers Heinrich IV., und es war Mathildes Schloß zu Canossa, das der Kaiser, barfuß durch den Schnee pilgernd, aufsuchen mußte, um dem Papst seine Ehrerbietung zu erweisen. Mathilde sicherte nach Gregors Tod dessen Sieg militärisch ab und vererbte, als sie selbst starb, ihr Gut dem Papsttum, dem sie auf diese Weise eine starke Machtbasis verschaffte. Dennoch bedeutete die Durchsetzung der gregorianischen Reformen, daß von nun an Frauen wie Mathilde selbst von jeder Form politischer Einflußnahme ferngehalten wurden.[173]

Die Grundlage des Ausschlusses der Frauen von allen führenden Kirchenämtern war die Verlagerung der klerikalen Entscheidungsmacht vom Klosterwesen auf das römische Papsttum. Gleichzeitig wurden die großen Domschulen eingerichtet, die bald zum Mittelpunkt eifriger Gelehrsamkeit und Dispute wurden. Frauen hatten zu diesen Schulen keinen Zutritt, und nicht einmal die Priestersgattin, einst in religiösen Institutionen fest verwurzelt, war dort mehr zu finden. Sowohl die Studenten als auch die Lehrenden waren ausschließlich zölibatär lebende Männer.[174]

Nur in Spanien und Italien, wo weibliches Gelehrtentum auf eine lange Tradition zurückgreifen konnte, durften Frauen gemeinsam mit Männern studieren. In Italien besuchten moslemische und christliche Frauen die Universitäten und wirkten als Dozentinnen oder Doktorinnen der Medizin. Anna Comnena gründete im Jahre 1083 eine medizinische Hochschule in Konstantinopel, wo sie lehrte, praktizierte und Geschichtsschreibung betrieb. Ebenfalls eine medizinische Hochschule mit angegliedertem Krankenhaus wurde im 13. Jahrhundert von einer persischen Prinzessin gegründet. Und am seldschukischen Hof bekleidete eine Frau das Amt des Hofastronomen.[175] Die Abhandlungen der Trotula zu Gynäkologie und Geburtshilfe waren jahrhundertelang maßgeblich. Dennoch blieb sie der Nachwelt nur als Verfasserin von Kindergeschichten in Erinnerung; Renaissancegelehrte versuchten ihren Namen in Trotus umzuändern und ihre Werke einem Mann zuzuschreiben.[176] In Salerno gab es viele Ärztinnen und in Bologna zahlreiche weibliche Rechtsgelehrte.

Doch bald wurden auch diese Frauen verdrängt. Der Klerus, die männlichen Ärzte und die Universitäten bemühten sich mit vereinten Kräften, Ärztinnen bei jeder sich bietenden Gelegenheit ihre Kompetenzen abzusprechen und Strafen aufzuerlegen. Im 14. Jahrhundert wurde Frauen in Frankreich das Durchführen chirurgischer Eingriffe verboten, und viele jüdische Ärztinnen in Frankreich und Italien waren doppelten Repressalien ausgesetzt, da Juden ebenso wie Frauen die Ausübung des Arztberufes untersagt war. Frauen, die dennoch ihre Arbeit weiterführten, taten dies unter der Schirmherrschaft eines Mannes, der ihre Leistungen für sich verbuchte. So ist nur Tycho Brahe der Nachwelt im Gedächtnis geblieben, obgleich seine Schwester ebenfalls Astronomin war, und Margaretha, die Schwester der Gebrüder Van Eyck, wird, obgleich sie bei der Anfertigung der berühmten Gemälde mitwirkte, nie erwähnt.[177]

Parallel zu den Reformen im Bildungswesen und in der Medizin wurden auch die Staatsstrukturen erneuert und bürokratisiert. Es bildete sich eine akademische Führungselite heraus, der nur angehören konnte, wer über eine höhere Bildung verfügte – und von eben dieser waren die Frauen ausgeschlossen. «Das bei weitem herausragendste Merkmal der Zeitspanne vom ausgehenden 12. bis zum 14. Jahrhundert war das emsige Bemühen um intellektuelle und institutionelle Vereinheitlichung und Konzentration in ganz Europa.»[178] Die Macht und die Institutionen von Staat und Kirche wurden gestärkt und gefestigt, die theologische Lehrmeinung dem System angepaßt und die Inquisition als probates Mittel eingeführt, um abweichende Meinungen radikal zu ersticken. Selbst das säkulare Wissen wurde mit der Erstellung von Enzyklopädien einheitlich definiert.

Wie bereits angedeutet, neigt die Geschichtsschreibung dazu, Bewegungen dieser Art zu idealisieren. So gilt denn auch diese «Renaissance des 12. Jahrhunderts» als eine für die europäische Kultur besonders fruchtbare Epoche. In Wahrheit sind Zentralisierung und Vereinheitlichung jedoch keineswegs per se eine Wohltat für das Volk. Zentralisiert wird die Macht: Eine administrative Gewalt nimmt für sich das Recht in Anspruch, über eine Hierarchie Macht an jene zu delegieren, die ihren Forderungen genügen. Primär gefordert wird dabei Einheitlichkeit. Natürlich lassen sich Argumente für eine gewisse Vereinheitlichung des

Wissens anführen: Es ist praktisch und sicher auch effizient, wenn alle Angehörigen einer Kultur eine gemeinsame Sprache beherrschen, und es erleichtert die Kommunikation, wenn beispielsweise jedermann den gleichen Kanon von ‹bedeutenden Büchern› gelesen hat. Aber eine solche Vereinheitlichung wirkt sich nicht unbedingt bereichernd auf die jeweilige Kultur aus. Ein strikt reglementierter Wissenskanon zieht eine einheitliche Herangehensweise an die Dinge, an Lernprozesse und damit an die Aneignung von Realität nach sich, wobei er jedoch immer mehr Aspekte ausschließt als er umfaßt. Er sorgt dafür, daß alle, die Zugang zu ihm haben, in einer bestimmten Denkungsart geschult werden und erzeugt eine Kluft zwischen den solcherart Gebildeten und allen übrigen Menschen, denen diese Art von Bildung verwehrt bleibt. Die Auswirkungen der Renaissance des 12. Jahrhunderts auf den Bildungsbereich haben das europäische Bildungswesen auf viele Jahrhunderte hinaus geprägt. Die Erstellung eines Bildungscurriculums – unterteilt in das *Trivium*, das Elementarstudium der Grammatik, Rhetorik und Logik, und das *Quadrivium*, das fortgeschrittene Studium der Arithmetik, Geometrie, Astronomie und Musik – legte ungeachtet späterer Modifikationen für lange Zeit fest, was für den gebildeten Mann von Wert und Bedeutung war. In all diesen Disziplinen geht es um abstraktes Wissen, um eine distanzierte, quantifizierende und manipulative Herangehensweise an die Realität. Nicht enthalten sind Geschichte, Wissen um zwischenmenschliche Beziehungen oder das Studium der schönen Künste um der Freude an der Sache willen: Musik wurde als mathematische Disziplin betrieben.

Mit der Festlegung dieses Bildungskanons vermittelte man dem Mann gleichzeitig, wie er sich gegen sich selbst und seine Umgebung zu verhalten hatte. Alle anderen Formen von Wissen und Erkenntnisstreben wurden nun illegitim und irrelevant. Gleichzeitig mit den Bestrebungen, das Wissen zu institutionalisieren und die Regierungsgewalt (durch die Erschaffung von Bürokratien) zu zentralisieren und institutionell abzusichern, erließ man Gesetze, die die Frauen und die Armen erheblich in ihren Rechten und Möglichkeiten einschränkten. Erstmalig wurden bestimmte Bevölkerungsgruppen zu ‹Minoritäten› gestempelt und «die Armen, die bis zum 13. Jahrhundert kaum jemals anders denn als abstrakter Gegenstand ethischer Überlegungen in historischen Dokumenten aufgetaucht waren, bereiteten den Autoritäten zunehmend Probleme.»[179] Sie wurden als sozialer Unruheherd betrachtet – und vielleicht nicht einmal zu Unrecht. In vielen Ländern erließ man in diesem Zusammenhang repressive Armengesetze.

Außerhalb von Kirche, Schule und Justiz lebten die Frauen so weiter, wie sie es immer getan hatten. Auf den Bauernhöfen verrichteten sie alle Arbeiten bis auf das Pflügen. Die Männer beteiligten sich an der Hausarbeit und widmeten ihren Kindern Zeit und Fürsorge.[180] Frauen deckten Dächer, schoren Schafe, ernteten Korn, stellten Butter, Käse, Bier und Kerzen, Wolltuch und Leinen her. Wir besitzen ein kleines Büchlein aus den Jahren 1392–1394, in dem ein älterer Mann, der Menagier de Paris, seine noch im Kindesalter stehende Frau auf deren Bitte hin in ihre Aufgaben einführt. Es ist ein in freundlichem Ton gehaltenes Werk, dessen Verfasser sich in dieser Hinsicht selbst zur Ausnahme erklärt: Er warnt seine Frau davor, daß ihr nächster Ehemann aller Wahrscheinlichkeit nach weniger gütig sein wird. Er spricht zunächst von den moralischen und religiösen Pflichten der Frau, von ihrem Zuständigkeitsbereich und ihren Aufgaben in der Ehe, wobei er betont, daß letztere am wichtigsten seien.

Dann zählt er ihre häuslichen Aufgaben auf, die sehr weit gespannt sind und Kenntnisse auf vielen verschiedenen Gebieten – Umgang mit Dienstboten, Landwirtschaft, Verwaltung, Medizin, handwerklichen Künsten aller Art – erfordern, so daß sie selbst in einem Haushalt mit Bediensteten nahezu pausenlose Arbeit vom frühen Morgen bis zum späten Abend bedeuten mußten.

Am aufschlußreichsten ist jedoch die Metapher, die der Verfasser benutzt, um das angemessene Verhältnis zwischen Ehefrau und Ehemann zu beschreiben. Die Frau, so sagt er, habe wie ein kleiner Hund zu sein, der sich stets in der Nähe seines Herrn hält und andere Menschen meidet, der auch in Abwesenheit seines Herrn nur an diesen denkt, zu Hause auf dessen Heimkehr wartet und ihm folgt, wann immer er darf. Wenn der Herr den Hund mit der Peitsche schlägt oder mit Steinen nach ihm wirft, so wedelt der Hund mit dem Schwanz, legt sich vor ihm auf den Boden, leckt ihm die Hand und versucht, ihn milde zu stimmen.[181]

5. Der Kampf um eigenen Lebensraum

Die Verbannung der Frauen aus den qualifizierten Berufen sowie aus allen aktiven politischen und kirchlichen Funktionen ließ gebildeten aristokratischen Frauen kaum noch Möglichkeiten, ihre Energien und Fähigkeiten zum Tragen zu bringen. Allerdings wurden diese Beschneidungen nicht ohne Widerstand hingenommen.[182] Viele adlige Frauen verschrieben sich einem neuen intellektuellen Zeitvertreib, der Unterhaltung von Liebeshöfen. Scharen von Frauen schlossen sich den häretischen Bewegungen an, die Europa im 12. und 13. Jahrhundert überschwemmten. Sowohl die häretischen Sekten als auch die höfische Liebe rüttelten in gewisser Weise «an den religiösen und sozialen Fundamenten der mittelalterlichen Gesellschaft»[183].

Die höfische Literatur – aus der allein wir alles beziehen, was wir über das Phänomen der höfischen Liebe wissen – soll an späterer Stelle in diesem Kapitel erörtert werden. Die Ideologie der Minne, die die Frau auf ein Podest stellte, von dem herab sie die Männer lenkte und ihnen höfischen Anstand beibrachte, zeitigte keinerlei wahrnehmbare Auswirkungen auf das tägliche Leben der Frauen. Die häretischen Sekten wurden schließlich zum Schweigen gebracht und eine Untergruppe der Katharer, die Albigenser, sogar ausgerottet. Die weiblichen *perfectae*, die bei den Katharern predigten und Sakramente erteilten, sahen dem Märtyrertod ebenso mutig ins Auge wie die Frauen, die während des Albigenserkreuzzugs den Bedrohten Geldhilfe und Zuflucht gewährten.[184] Im 13. Jahrhundert führte die katholische Kirche Inquisitionsgerichte ein, die die einheitliche Einhaltung ihrer enggesteckten Glaubenssätze und -praktiken gewährleisten sollten. Die Aktivität dieser Gerichte besiegelte die Ausrottung der Albigenser.

Das seit den Anfängen des Christentums in den Köpfen der Männer existente ambivalente Frauenbild – die Frau als verführerische Eva bzw. als Maria, die keusche Magd – verfestigte sich weiter. Im religiösen Denken fanden zwei völlig verschiedene Sichtweisen der Frau nebeneinander Platz: der Jungfrauenkult, der sich im frühen Mittelalter wie ein Lauffeuer über Europa ausbreitete und in der lebendigen uralten Erinnerung an die Muttergöttin wurzelte, die den sinnlichen Bedürfnissen mehr zu geben hatte und deshalb auch populärer war als der christliche Gott, und daneben wie ein *basso continuo* die Darstellung der Frau in den Schriften der Mönche, die in dieser Epoche alles daran setzten, ein noch verächtlicheres und gehässigeres Bild des animalischen, wollüstigen, verderbten, denkunfähigen Geschlechts zu zeichnen.

In der Literatur findet sich zum einen die aristokratische Strömung des *dolce stil nuovo*, Niederschlag höfischer Liebe und Romantik, zum anderen jedoch das Genre der *fabliaux*, aus dem Bürgertum stammende Volkserzählungen, die um zwei Hauptthemen kreisen: die Überlistung eines Adligen oder Reichen durch einen Mann aus dem Volk und den

Machtkampf zwischen Männern und Frauen, bei dem letztere ihre Klugheit, erstere ihre körperliche Kraft einsetzen. Shakespeares *Der Widerspenstigen Zähmung* ist eine bereits abgemilderte späte Version dieses Genres. Das Gesetz gestattete ausdrücklich die körperliche Züchtigung der Ehefrau, und einfallsreiche Züchtigungsmethoden weckten offenbar immer wieder reges Interesse.[185] Selbst Andreas Capellanus, der Verfasser des berühmtesten Liebesmanuals für den Adel, sah artiges Liebeswerben nur edlen Damen gegenüber als gebührend an und riet dem Mann, der sich von Frauen der unteren Stände angezogen fühlte, nicht lange zu fackeln, sondern ungehemmt Gewalt anzuwenden.[186]

Gleichzeitig mußten immer mehr Frauen auf männlichen Schutz verzichten. In den meisten Städten und Dörfern Europas herrschte ein Frauenüberschuß, der einerseits darauf zurückzuführen war, daß die Kreuzzüge im 11. und 13. Jahrhundert viele Männer das Leben kosteten, und zum anderen dadurch bedingt war, daß die unzähligen Geistlichen und Mönche mittlerweile zum Zölibat verpflichtet waren. Außerdem untersagten die Zunftgesetze allen Zunftangehörigen, die nicht den Status eines Meisters innehatten, die Ehe. Erhebliche Bevölkerungszunahmen im 13. und noch einmal im 15. Jahrhundert hatten zur Folge, daß es immer mehr Handwerksgesellen gab, die nicht Meister werden und deshalb nicht heiraten konnten. Den Männern, die in frühkapitalistischen Manufakturen beschäftigt waren, gestattete ihr knapper, kaum für ihren eigenen Unterhalt ausreichender Lohn keine Familiengründung.[187] So blieben viele Frauen unverheiratet. Dennoch begegnete man einer Frau ohne Mann noch immer mit Mißtrauen, vor allem dann, wenn es ihr auf die eine oder andere Weise gelang, sich selbst ein Auskommen zu verschaffen und ein Leben in Selbstachtung aufzubauen.

Die Frauen der ärmeren Schichten unterhielten ein breites Spektrum von Gewerben und besaßen mancherorts sogar bestimmte Monopole – gewöhnlich auf das Brauen und Spinnen. Einigen Zünften konnten Frauen als vollwertige Mitglieder angehören, anderen nur im Namen ihrer noch lebenden oder verstorbenen Männer, wieder anderen überhaupt nicht. Englische Frauen stellten Schiffsbauer, Schneider, Sporenmacher, Wasserträger, Barbiere und Bader, die lange Zeit neben den eigentlichen Wundärzten praktizierten und später gemeinsam mit diesen das *Royal College of Surgeons* gründeten – zu dem Frauen dann keinen Zugang hatten. Sie handelten mit Ton-, Gemüse- und Tuchwaren, buken Brot, verkauften Geflügel und Fisch und stellten Seide her. In allen Gewerben wurden jedoch Frauen, die für Lohn arbeiteten, schlechter bezahlt als Männer. So erhielten Frauen in ländlichen französischen Gewerbebetrieben im 14. Jahrhundert dreiviertel, im 15. Jahrhundert die Hälfte und im 16. Jahrhundert einen noch geringeren Teil der Männerlöhne. In den Zünften und überall dort, wo die Arbeit durch Vorschriften geregelt war, mußten sich Frauen mit den weniger angesehenen und schlechter bezahlten Tätigkeiten begnügen. Dennoch gab es Frauen, die eigene Gewerbebetriebe führten: In England belieferten Frauen den Hof mit Pferden, Turnierzubehör, Rädern und Rüstungen. Hier konnten sogar verheiratete Frauen eigene Geschäfte betreiben, indem sie den juristischen Status der *femme sole* in Anspruch nahmen, der ihnen eigenständige rechtliche und geschäftliche Vollmachten verlieh.[188]

Eine andere Gruppe von Frauen begeisterte sich, wohl dem Beispiel von Chaucers *Wife of Bath* folgend, für Pilgerfahrten zu heiligen Stätten, die für viele nur Vorwand dafür waren, die Vergnügungen und Abenteuer des Reisens zu suchen. Chroniken aus jener Zeit vermitteln den Eindruck, daß «die Pilgerrouten zu Land und zu Wasser von Reisenden beiderlei Geschlechts wimmelten» und enthalten faszinierende Anekdoten «über die körperliche und moralische Agilität jener Frauen»[189]. Es gab Landfahrerinnen, die in Horden umherzogen – beherzte, schwer arbeitende, lustige Frauen, die von Jahrmarkt zu Jahrmarkt zogen, um überall, wo sich die Gelegenheit bot, ein paar Münzen einzuheimsen. Sie traten als Gauklerinnen auf, betrieben Suppenküchen, verdingten sich als Handlungsreisende und arbeiteten beim Bau der großen Kathedralen mit. Sie zogen in kleinen Trupps mit den Männern in den Krieg, kämpften an ihrer Seite, holten Nachschub, trugen Lasten und unterhielten Lazarette.[190]

Tatsächlich lag die Heilkunst überall in den Händen der Frauen. Zwar gab es ausgebildete männliche Ärzte, aber Frauen wirkten als Heilerinnen, Apothekerinnen und Baderinnen. Der Edelfrau, der Nonne und der ländlichen Hausfrau oblag in ihren großen Haushalten gleichermaßen die Pflege kranker und verletzter Angehöriger.[191] Aus unserer Perspektive mag die Versorgung durch ausgebildete Ärzte zunächst automatisch besser erscheinen, aber es gilt zu bedenken, daß sich die medizinische Ausbildung damals im Studium der vier Temperamente, der «Säfte», erschöpfte, daß Beschwörungen und Rituale zur Behandlung gehörten und Diagnosen und Rezepte auf astrologischen Tabellen gründeten. Schilderungen der damaligen ärztlichen Praktiken muten heute (wie hoffentlich auch die unsrigen eines künftigen Tages) barbarisch an. Die Therapie brachte den Patienten häufiger um, als daß sie ihm half.

Viele Menschen wandten sich von den männlichen Ärzten ab, um sich wieder in die Behandlung der an ihrem Ort lebenden weisen Frau zu begeben, die bei aller Beschränktheit ihrer Ausbildung doch immerhin die Familie und deren Krankengeschichte kannte und um die Wirkungsweisen von Kräutern und Drogen wußte. Außerdem verfügte sie über Kenntnisse des Knochenbaus und der Muskulatur, und sie kannte sich mit Geburtshilfe, Empfängnisverhütung und Abtreibungsmethoden aus. Dieses Wissen wurde von Generation zu Generation weitergegeben. Im Jahre 1527, als die Hexenverfolgung in vollem Gange war, verbrannte Paracelsus, der ‹Vater› der modernen Medizin, seine pharmazeutischen Schriften, da er «sein ganzes Wissen den Zauberinnen verdanke»[192].

Die Heilerinnen nutzten ihre Kenntnisse zum Wohle anderer. Meist behandelten sie ebenso selbstverständlich, wie sie einem Gast eine Mahlzeit dargeboten hätten. Die ‹Professionellen› unter ihnen hatten ihr Auskommen, ohne jedoch jemals reich zu werden. Selbst die berühmten italienischen Ärztinnen versuchten niemals, persönliche Macht aus ihren Kenntnissen zu ziehen. Dennoch sollten sie ihre Begabung mit dem Leben bezahlen müssen.

Die Frauen sehen sich also in allen gesellschaftlichen Institutionen aus dem Kreis der legitimen Funktionsträger ausgeschlossen und, wenn überhaupt, nur noch auf niedrigster Ebene zugelassen. Sie schließen sich neuen sektiererischen Bewegungen an, die, gespeist vom Aufbegehren gegen die Enge und Rigidität der legitimen kirchlichen Strukturen, aus dem Boden schießen, und werden als Häretikerinnen verfolgt und getötet. Frauen, die sich als Arbeitskräfte verdingen, müssen mit niedrigeren Löhnen auskommen als Männer. Es ist nur folgerichtig, zu vermuten, daß die Frauen als Gesamtheit und insbesondere die ärmeren unter ihnen auf diese Situation mit Zorn und untergründiger Aggression reagieren, und daß die Männer, ihrerseits als Gesamtheit vom Schuldgefühl getrieben, nach Argumenten suchen, um diese Zustände zu rechtfertigen, Argumenten, die sich ausnahmslos auf die Diffamierung der charakterlichen Anlagen und Fähigkeiten von Frauen gründen. Thomas von Aquin hielt es für notwendig, in seiner im 13. Jahrhundert verfaßten *Summa Theologica* die Analyse der Frau mit der Frage einzuleiten, warum diese überhaupt existiere. Er rechtfertigt ihre Erschaffung damit, daß sie für die Fortpflanzung notwendig sei. Für die Intellektuellen der damaligen Zeit waren Frauen nicht mehr als ein notwendiges Übel.

Paranoide Wahnvorstellungen sind ein integrales Moment aller zentralistischen Vereinheitlichungsbestrebungen. Was sich nicht in das orthodoxe Gebäude fügt, gilt automatisch als Bedrohung. Diese Denkweise ist in sich selbst logisch. Sie mag die Beweggründe und das Wesen der jeweils anderen völlig verzerren, zieht aus ihrer Prämisse jedoch nur die konsequenten Schlüsse: Die Begründer orthodoxer Systeme sind zutiefst davon überzeugt, daß Recht und Wahrheit auf ihrer Seite sind und daß ihre Institutionen die Verkörperung eindeutig richtiger moralisch-politischer Prinzipien darstellen. Infolgedessen sind diese Institutionen im Recht und diejenigen, die sich ihnen nicht fügen, eindeutig im Unrecht. Da institutionalisierte Systeme jeder Art einen großen Teil der Realität per definitionem ausschließen, fühlen sich ihre Schöpfer, unabhängig von der Fassade, die sie sich geben, von Feinden umzingelt. Wer es wagt, sich über so eindeutiges moralisches Recht hinwegzusetzen, sich ihm zu entziehen oder entgegenzustellen, muß von Natur aus verderbt oder subversiv sein und schon deshalb eine Bedrohung des Systems darstellen. Die Weigerung, sich zu fügen, wird zum feindseligen Akt, der jede Sanktion, und sei sie noch so grausam, rechtfertigt. Diese Denkweise tritt in der Geschichte immer wieder zutage und beschränkt sich keineswegs auf das europäische Mittelalter. Sie grassiert auch in unserer Zeit im Partei- und Staatswesen jedweder politischer Couleur und fordert nach wie vor ihre Opfer.

Jedes institutionalisierte System erklärt bestimmte Elemente der Realität für unorthodox. Dabei kann es sich um politische oder religiöse Überzeugungen, um die generelle Ablehnung von Autorität oder auch nur um den schlichten Mangel an Begeisterung für Strukturen überhaupt handeln. Wer dennoch an solchen Einstellungen festhält, wird meist bestraft. Es kann jedoch auch sein, daß Merkmale für unorthodox erklärt werden, die angeboren und unabänderlich sind. In diesem Fall werden Menschen dafür verfolgt, daß sie sind, was sie sind: um bestimmter Eigenschaften willen, die sie nicht ändern, denen sie nicht entfliehen und nicht abschwören, die sie weder legitimieren noch kompensieren können, wie etwa Geschlechtszugehörigkeit, ethnische Abstammung, Hautfarbe, Alter oder Armut. Solche Menschen sind von Geburt an zu Opfern bestimmt, da sie automatisch einer Gruppe angehören, die in der jeweiligen Gesellschaft als inakzeptabel gilt. Dennoch erscheint ihre Bestrafung den begeisterten Anhängern allumfassender uniformierender Systeme völlig gerechtfertigt. Sie drängen die unerwünschten Gruppen zunächst an den Rand der Gesellschaft und bestrafen sie dann dafür, daß sie Außenseiter sind.

Eine solche Gruppe waren im Spätmittelalter die Frauen, sofern sie sich nicht in die vorgegebenen Muster der (gegebenenfalls mehrfach einzugehenden) Ehe, eines gewissen Wohlstands (vermittelt über den Ehemann) und der gehorsamen Unterordnung fügten. Zum erstenmal in der Geschichte des christlichen Europas kristallisierte sich eine vorgegebene Frauenrolle heraus, die sich in strikter Abgrenzung vom Mann definierte. Was von dieser Norm abwich, galt als subversiv. In vielen Schriften wird der Hexensabbat als *Synagoge* bezeichnet, was darauf hindeutet, daß in den Köpfen der orthodox Denkenden Hexen eng mit Häretikern und Juden assoziiert werden. Gruppen also, die nicht nur als fremdartig, sondern als bedrohlich galten.[193] (Der Verleumdung einer dieser Gruppen folgt meist die der anderen auf dem Fuße. So ist zu bezweifeln, daß es reiner Zufall war, daß die beiden Hauptzentren der Hexenverfolgung in unserem Jahrhundert wiederum die Hauptschauplätze des Genozids an den Juden waren.)

So wissen wir etwa, daß die gegen die 1431 als Häretikerin und Hexe verbrannte Jeanne d'Arc erhobenen Vorwürfe politisch motiviert waren. Als Frau hatte sie es gewagt, die Briten zu besiegen, die sie dafür zur Hure und Hexe erklärten, obgleich selbst englische Chronisten zugeben müssen, daß sie offenbar Jungfrau und äußerst gottesfürchtig war. Was ihre Häscher, wenn man Holinshed Glauben schenkt, am meisten empörte und ihren Tod besiegelte, war, daß sie trotz wiederholter Warnungen und Gnadenversprechungen darauf bestand, Männerkleidung zu tragen.[194]

Lassen Sie uns jetzt zwei Gruppen von Frauen betrachten, deren Streben nach einem gewissen Maß an Eigenständigkeit von dem sich rapide formierenden institutionellen Apparat erstickt wurde.

Die Beginen

Außerstande, Ehemänner zu finden, ihrer früheren Erwerbsmöglichkeit beraubt und als Alleinstehende in steter Gefahr, suchten immer mehr Frauen nach einer Möglichkeit, eigenständig in Sicherheit und unter menschenwürdigen Bedingungen leben zu können. So gründeten zu Beginn des 13. Jahrhunderts in Belgien einige wohlhabende Frauen eine Bewegung, die bald auf das Rheinland und die Niederlande übergriff: die Beginenbewegung. Die Beginen waren Frauen, die aus eigenem Entschluß in kleinen, halb-geschlossenen Gemeinschaften zusammenlebten.

(Beginen gibt es auch heute noch, etwa in Amsterdam, wo sie einen unmittelbar an einer Hauptstraße, aber doch bildschön in einem Park und völlig ruhig gelegenen Häuserkomplex bewohnen. Die dort lebenden Frauen tragen eine Art Nonnentracht und stellen Spitzen her, die sie verkaufen.) Die Beginen verdienten sich ihren Lebensunterhalt mit Weben, Spitzenklöppeln, Sticken und Pflegediensten. Sie unterrichteten Kinder, lebten von ihrer Hände Arbeit und halfen den Armen und Kranken.[195] Das Beginentum bot Frauen Sicherheit und Gemeinschaft, angenehme, wenn auch einfache Lebensbedingungen und die Möglichkeit, sich eigenständig ihren Lebensunterhalt zu verdienen.[196]

Die Beginen waren religiös, legten jedoch keine besonderen Gelübde ab. Die Kirche wies ihnen Beichtväter zu, doch oft genug führten sie ein völlig eigenständiges religiöses Leben, indem sie ihre Andachten und religiösen Rituale selbst abhielten, sich gegenseitig die Beichte abnahmen, eigene Kirchenlieder verfaßten und Frauen predigen ließen. Sie erkannten die Autorität der Bischöfe, unter deren Schutz sie standen, an, aber darin erschöpfte sich ihre Unterordnung auch, was Papst Johannes XXII. großes Unbehagen verursachte.[197] Seit dem Mainzer Konzil von 1223 hatte die Kirche unentwegt versucht, Frauen, die Keuschheitsgelübde ablegten, ohne in ein Kloster einzutreten, der Kontrolle von Priestern zu unterstellen.[198]

Die Beginen waren äußerst diszipliniert und fleißig. Sie richteten Produktionsstätten ein und bildeten eigene Innungen. Sie verhandelten mit den städtischen Behörden über Steuererleichterungen und das Recht, bestimmte Berufe auszuüben, und hatten Erfolg.[199] Schließlich legten die angestammten Zünfte Protest ein.

Ernest McDonnell, der sich eingehend mit den Beginen befaßt hat, stellt die Behauptung auf, daß diese in ihrer persönlichen Armut, ihrem praktischen Dienst an der Gemeinschaft, ihrem urkommunistischen Kollektivdenken und ihrer Autonomie tatsächlich eine Bedrohung für die «sakramental-hierarchischen» Strukturen der Kirche und des Geschäftslebens darstellten.[200] Innerhalb der Kirche war das Ideal des Dienens überwiegend nur noch ein Lippenbekenntnis, und Johannes XXII. betrachtete die Grundsätze des Franziskanertums – Armut, Dienen und Teilen – mit großem Argwohn. Die Zünfte waren auf ihre Profite bedacht und wollten sich nicht von Frauen unterbieten lassen, die sich damit beschieden, genug zu verdienen, um ihren Lebensunterhalt bestreiten und den Armen und Kranken helfen zu können. Die Kirche forderte die Beginen auf, sich dadurch freiwillig ihrer Kontrolle zu unterstellen, daß sie in Klöster eintraten. Die Zünfte machten ihren gesamten Einfluß geltend, um den Staat zu bewegen, gegen die Beginen vorzugehen. Gerichtsakten belegen, daß selbst Verleumdungen wegen Hexerei als Mittel eingesetzt wurden. Die Beginen wurden verfolgt und enteignet.[201] Einmal mehr in der Geschichte wurden Menschen, die die obersten Ideale der abendländischen Kultur zu verwirklichen suchten, zu deren Hauptfeinden erklärt und aus dem Wege geräumt.

Nicht alle Beginen räumten sang- und klanglos das Feld. Viele von ihnen trotzten der Kirche, indem sie entschlossen an ihren eigenen Überzeugungen festhielten, wofür sie teilweise ihr Leben auf dem Scheiterhaufen lassen mußten. Einige wenige ließen sich nicht einmal davon abbringen, religiöse Schriften zu verfassen und öffentlich zu predigen, was Frauen strengstens untersagt war. Manche von ihnen wurden sogar später wegen ihrer Mildtätigkeit und ihres Märtyrertums heiliggesprochen. Doch es gab auch Freidenkerinnen unter den Beginen, die fest daran glaubten, daß ein Gott der Liebe auch an sexueller Leidenschaft keine Sünde finden würde, und sich in freudigem Einklang mit Gott fühlten. Wo keine Sünde war, bedurfte es auch keiner Kontrolle durch die Kirche.

Bis zum 15. Jahrhundert war es den vereinten Maßnahmen der Kirche und des Staates gelungen, die meisten Beginengemeinschaften in ihrer alten Form aufzulösen. Die Beginenhäuser blieben erhalten, nicht mehr als religiöse Stätten, sondern als von Frauen geleitete Heime für arme Frauen und Kinder. Sobald diese Gruppen erneute Versuche unternahmen, wirtschaftlich autark zu werden, Betriebsstätten einzurichten oder Steuernachlaß zu erwirken, wurden sie auf Druck der Zünfte wiederum verfolgt.[202] Autonomie war für Frauen nicht zulässig.

Frauen schlossen sich jedoch noch weiteren von der orthodoxen Lehre abweichenden Sekten an, so etwa den «katholischen Brüdern und Schwestern des gemeinsamen Lebens» und den Lollarden. Die «katholischen Brüder und Schwestern des gemeinsamen Lebens» pflegten sehr ähnliche Lebens- und Glaubensformen wie die Beginen, schafften es jedoch, der Verfolgung zu entgehen, was möglicherweise darauf zurückzuführen ist, daß die Kirche die Schwestern ausreichend von den Brüdern beaufsichtigt und reglementiert glaubte. Dies war zwar nicht der Fall, aber die Brüder übernahmen die theologische Verteidigung der Schwestern.

Die Lollarden waren Anhänger des berühmten John Wiclif, der die Papstherrschaft angriff, den Ehestand für Geistliche befürwortete, gegen das Mönchstum war und vor allem eine Übersetzung der Bibel in die Volkssprache forderte, damit gewöhnliche Menschen in der Lage wären, sie zu lesen.[203] Vor allem wegen dieser letzten ketzerischen Forderung wurde er sein Leben lang verfolgt und schließlich auf dem Scheiterhaufen verbrannt. Als die Bibel zwei Jahrhunderte später ins Englische übertragen wurde, dienten viele von Wiclif übersetzte Passagen als Grundlage der autorisierten King James-Bibel.

Wiclif wurde im Jahre 1384 verbrannt. Die Lollarden, denen ebenfalls die Todesstrafe drohte, zogen sich ab 1401 in den Untergrund zurück. Die Bewegung verlor viel von ihrer intellektuellen Substanz, zog jedoch noch immer zahlreiche Menschen an, die mit der etablierten Kirche unzufrieden waren: mindestens ein Drittel ihrer Mitglieder waren Frauen.[204] Bei den Lollarden wurden Frauen ermuntert, die Bibel zu lesen, die Heilige Schrift zu rezitieren und bei Versammlungen zu predigen. Gelegentlich wurde sogar die Ansicht vertreten, daß Frauen – sofern sie ‹vollkommen› waren – das Priesteramt ausfüllen könnten.[205]

Diese Bewegungen wurden unterdrückt, aber sie gingen nicht völlig unter. Sie blühten im 16. Jahrhundert erneut auf, als Martin Luther, Johannes Calvin, Huldreich Zwingli und John Knox die Fackel des Protests wieder aufnahmen und viele der Forderungen Wiclifs zu neuem Leben erweckten.

Die Hexenprozesse

Reginald Scot zufolge waren im Schottland des 16. Jahrhunderts die Worte für *Hexe* und *weise Frau* austauschbar.[206] Damals wurden in Schottland 4000 weise Frauen hingerichtet. Solche weisen Frauen waren Heilerinnen, Kräutersammlerinnen, Hebammen und Baderinnen, die zuweilen als «wohltätige Zauberinnen»[207] bezeichnet wurden. Bereits im 12. Jahrhundert tauchte in Häretikerprozessen ein neuer Anklagepunkt auf, der Vorwurf des Pakts mit dem Teufel (eine Beschuldigung, die auch im 13. Jahrhundert gegen Juden und Templer und im 15. Jahrhundert gegen Jeanne d'Arc erhoben wurde).[208]

Im 15. Jahrhundert betrachteten viele durchaus ernsthafte und intelligente Männer die Hexerei als «die mit Abstand größte Bedrohung der christlich-europäischen Zivilisation»[209]. Meine Vermutung ist, daß zu dieser Zeit der Zorn der ins gesellschaftliche Abseits gedrängten Frau und die Schuldgefühle der für diese Situation verantwortlichen Männer ein Ausmaß erreicht hatten, das eine paranoide Angst vor allen Frauen produzierte, die nicht dem einzig akzeptierten Verhaltensmuster entsprachen.

Die erste ausführliche theoretische Abhandlung über das Hexenwesen, die mit dem Beginn massiver Verfolgungen zusammenfiel, war der gegen Ende des 15. Jahrhunderts veröffentlichte *Malleus Maleficarum*, das Werk zweier dominikanischer Inquisitoren, in dem Hexerei ausdrücklich mit Frauen assoziiert wird. In diesem Buch werden unter anderem folgende Aussagen getroffen oder zitiert: «... sie sagen, es gebe dreierlei in der Welt, was im Guten und Bösen kein Maß zu halten weiß: die *Zunge*, der *Geistliche* und das *Weib*»; «... sinnt das Weib allein, dann sinnt es Böses»; «Ich fand das Weib bitterer als den Tod, und selbst ein gutes Weib ist unterlegen der Begehrlichkeit des Fleisches.»[210] Die Verfasser erklären, Frauen würden deshalb zu Hexen, weil sie für die Versuchungen des Teufels empfänglicher seien als Männer, was wiederum seine Ursachen in ihrer besonderen Beeindruckbarkeit, Leichtgläubigkeit, geistigen und körperlichen Schwäche und Fleischlichkeit habe. Ihr Verstand sei von anderer Art als der der Männer. Sie seien auf Grund ihrer schlüpfrigen Zungen unfähig zu schweigen, infolge ihrer Erschaffung aus einer krummen Rippe minderwertig und von Natur aus Betrügerinnen. Die Inquisitoren schließen mit den Worten: «... und gepriesen sei der Höchste, der das männliche Geschlecht vor solcher Schändlichkeit bis heute so wohl bewahrte» und versteigen sich sogar zu einer Ableitung des lateinischen Wortes für Frau, *femina*: «... das Wort *femina* nämlich kommt von *fe* und *minus* (*fe* = *fides*, Glaube; *minus* = weniger; also *femina* = die weniger Glauben hat).»[211]

Hexen, so die Beschuldigungen, machten Männer impotent, fraßen neugeborene Kinder, ließen die Milch der Nachbarn sauer und ihre Butter nicht fest werden, und Hexen waren schuld, wenn das Vieh starb und Kinder krank wurden.[212] Gegenstand der Anklage waren jedoch auch die Verbreitung von Methoden zur Empfängnisverhütung, die Durchführung von Abtreibungen und die Verabreichung von Mutterkorn zur Schmerzlinderung während der Wehen.[213] Sowohl Hebammen als auch Frauen, die ihre Dienste in Anspruch nahmen, waren in ständiger Gefahr, des Verstoßes gegen die Gebote der Kirche angeklagt zu werden.

Heilerinnen wurden auch schon vor dem Erscheinen des *Malleus Maleficarum* der Hexerei bezichtigt. Männliche Ärzte versuchten, den Ausschluß der Frauen von den Hochschulen sowie die Bestrafung praktizierender Ärztinnen – außer im Bereich der Geburtshilfe – mit Geldbußen und Haft zu erwirken, und bereits im Jahr 1460, als die Universität von Paris ein nur männlichen Studenten zugängliches Medizinstudium einrichtete, wurden Frauen der Hexerei bezichtigt.[214] Frauen durften keine Heilkünste mehr praktizieren, und die meisten noch verbliebenen Heilerinnen fielen der Hexenjagd zum Opfer. Die Hexenprozesse hatten unter anderem auch die Funktion, zwischen männlichen Ärzten und weiblichen Heilerinnen eine strikte Grenze zu ziehen, indem sie die Männer auf eine hohe moralische und intellektuelle Stufe hoben, wo sie, Gott und das Gesetz auf ihrer Seite, auf einer Ebene mit Juristen und Theologen standen, während sie die Frauen faktisch zu Untermenschen stempelten und sie mit dem Teufel, den Mächten der Finsternis, des Bösen und der Magie im Bunde sahen.[215]

Der Vorwurf der Hexerei traf zwar keineswegs nur Frauen und auch nicht ausschließlich Heilerinnen, aber dennoch waren 85 Prozent der Opfer der Hexenjagden Frauen, die überwiegend arm und alleinstehend und zu einem sehr hohen Prozentsatz alt waren.[216] Von William Monter stammt die Hypothese, daß die Hexenverfolgungen eine Projektion gesellschaftlicher Ängste auf «atypische» Frauen darstellten, die nicht den immer enger gefaßten gesellschaftlichen Normen entsprachen.[217] Faktisch wirkten jedoch viele Faktoren zusammen. Die Vertreibung alteingesessener bäuerlicher Bevölkerungsgruppen von ihrem Grund und Boden hatte zur Herausbildung einer neuen sozialen Schicht geführt, Scharen von Menschen, die, besitz- und heimatlos, bettelnd durch die Lande zogen und ganz der Willkür derer preisgegeben waren, die ihnen Brot gaben. Unter solchen Bedingungen fanden Frauen grundsätzlich weniger und nur schlechter bezahlte Arbeit als Männer. Nach der Reformation wurden viele Klöster geschlossen und ihre Besitztümer vom Staat konfisziert. Vielfach wurden die Nonnen einfach auf die Straße gesetzt. Zur gleichen Zeit erreichte auch die Hexenverfolgung ihren Höhepunkt. So stellten die Frauen, insbesondere jene, die keine Männer hatten, Witwen und Unverheiratete, damals wie heute die Ärmsten der Armen.

Eine solche Frau war fast ausschließlich auf die Unterstützung anderer angewiesen. So mochte es vorkommen, daß sie an die Tür ihres Nachbarn klopfte und um Hilfe oder Nahrung bat, um unter Beschimpfungen, Flüchen oder gar Schlägen davongejagt zu werden. In ihrer Verzweiflung mochte sie dann wohl ihren letzten Stolz aufbieten und den Nachbarn verfluchen. Geschah es, daß in der Folge ein Unglück das Hab und Gut oder die Familie des Nachbarn traf, so stand zu erwarten, daß dieser, und oft wohl auch die arme Frau selbst, an die Erfüllung des Fluchs glaubte. «Der springende Punkt ist, daß paradoxerweise meist das moralische Recht auf seiten der Hexe, das Opfer hingegen im Unrecht war», schreibt Keith Thomas, der darlegt, daß eine Frau meist dann zur Hexe gestempelt wurde, wenn der Beschuldiger nicht nur glaubte, daß sie ihm übel wollte, sondern ihren Groll obendrein für berechtigt hielt.[218]

Gelegentlich wurde die Anklage von männlichen Verwandten einer Bäuerin erhoben, die es auf ihr Stückchen Land abgesehen hatten, vor allem aber traf sie alte Frauen, «die an die Türe geklopft hatten, um etwas zu essen oder zu trinken zu erbetteln, um zu borgen oder um sich ein Haushaltsgerät auszuleihen», und abgewiesen worden waren.[219] Die alten Frauen glaubten oft selbst, vom Teufel zu ihrem Tun verführt worden zu sein und legten, wenn sie gefoltert wurden, vielfach entsprechende Geständnisse ab. In einer Ära, in der nahezu jede heftige Regung als Versuchung des Teufels galt, lag es für eine arme Frau nicht fern, zu glauben, daß dieser es war, der sie verleitet hatte, zu stehlen, Flüche auszusprechen, Haßgefühle zu hegen, sich das Leben nehmen zu wollen oder eines ihrer Kinder zu töten, damit die anderen mehr zu essen hätten.[220]

Der Haß der Armen auf jene, die alles zu haben schienen, was sie brauchten, ist nur allzu verständlich. Sie murmelten und schimpften vor sich hin und wünschten allen Böses an den Hals, die ihnen Unrecht zufügten oder Hilfe verweigerten. Um ein solches «querulierendes und wütendes Weib, das durch ihr Geschimpfe und Gekeife auf ihre Nachbarn den öffentlichen Frieden stört und öffentliche Zwietracht stiftet, fördert und vermehrt», zu disziplinieren, benutzte man den Tauchstuhl, einen hölzernen Stuhl, auf dem man sie festband, um sie zu verhöhnen oder mit Wurfgeschossen zu peinigen und manchmal auch kopfüber ins Wasser zu tauchen. In anderen Fällen sperrte man sie in einen Käfig oder führte sie an einem eisernen Geschirr durch die Straßen.[221] Der nächste Schritt der Gemeinschaft, sich ihrer eigenen Opfer zu entledigen, bestand darin, sie der Hexerei zu beschuldigen.

Angeklagt wurden die Hexen nicht von übergeordneten Autoritäten, sondern von ihren eigenen Nachbarn. Verurteilt wurden sie dann jedoch von staatlichen Gerichten oder Inquisitionskammern. Die Zahl der Hinrichtungen war offenbar davon abhängig, ob das betreffende Land die Folter als Mittel zur Erpressung von ‹Geständnissen› zuließ. So mußten in England, wo Foltermethoden verboten waren, knapp tausend, im wesentlich kleineren Schottland, in dem die Folter zulässig war, hingegen viermal so viele Hexen ihr Leben lassen. Die Inquisitionskammern, denen es um Ketzertum und nicht um Hexerei als solche ging, verhängten wesentlich seltener die Todesstrafe, weshalb in Spanien und Italien, wo diese Gerichte wirkten, weniger Hinrichtungen stattfanden.

Das Hauptzentrum der Hexenverbrennungen war das Heilige Römische Reich, innerhalb dessen sich besonders Baden-Württemberg, Bayern, die Schweiz und Österreich hervortaten. Ihren Ausgang nahmen sie in Österreich. In Südwestdeutschland und Bayern mußten je 3500 Menschen ihr Leben lassen. Das am zweitstärksten betroffene Gebiet war Polen, wo noch zwischen 1675 und 1720, als der Hexenwahn im übrigen Europa längst abgeebbt war, unzählige Hexen den Tod fanden.[222] In manchen deutschen Städten wurden innerhalb eines Jahres 600 Hexen hingerichtet, in der Region um Würzburg sogar 900 und in Como 1000. In Toulouse forderte ein einziger Tag 400 Opfer. Im Bistum Trier existierten im Jahr 1585 zwei Dörfer mit jeweils nur noch einer weiblichen Einwohnerin.[223] Selbst kleine Mädchen wurden angeklagt und als Hexen verbrannt. In London übernahm ein Schotte die Verantwortung für 220 Hinrichtungen von Frauen, die ihm je einen Lohn von 21 Schillingen eingetragen hatten.[224] Daß auch er den Feuertod fand, ist ein geringer Trost. Schätzungen der Zahl der auf dem Scheiterhaufen verendeten Opfer liegen zwischen einhunderttausend und neun Millionen.[225]

Manche der als Hexen angeklagten Frauen, denen die Todesstrafe drohte, waren Mitglieder ‹häretischer› Sekten oder kleiner namenloser religiöser Zirkel. Sie wurden grundsätzlich vor die Wahl zwischen dem Scheiterhaufen und der demütigen Rückkehr in den Schoß der Kirche gestellt und entschieden sich größtenteils für letzteres. Die Inquisitionskammern hatten weniger Opfer auf dem Gewissen als die staatlichen Gerichte, was zum Teil auf das Angebot solcher Reuemöglichkeiten zurückging. Obgleich der Hexenwahn von zwei dominikanischen Inquisitoren seinen Ausgang nahm und zunächst von den Dominikanern angestachelt wurde, fand er schließlich seinen Höhepunkt in protestantischen Ländern. Dennoch «blieb im 16. und 17. Jahrhundert kein Teil Europas vom Hexenwahn ganz verschont. Die Zahl der Hinrichtungen war von Land zu Land und von Provinz zu Provinz verschieden, aber Hexenprozesse wurden überall geführt»[226].

Die hysterischen und paranoiden Züge der Hexenverfolgungen erinnern in vielem an die panische Furcht der Männer vieler primitiver Gesellschaften vor den bösen Kräften menstruierender Frauen: Selbst Aristoteles glaubte, daß der Blick einer menstruierenden Frau einen Spiegel zu trüben vermochte.[227] Die Hexenprozesse stehen symbolisch für das allgemeine Schicksal menschlicher Qualitäten in jener Epoche, in der langsam aber unaufhaltsam auf dem Vormarsch befindliche ‹männliche› Werte Besitz vom Denken und der Vorstellungskraft des gebildeten Europa ergriffen und im Zuge ihrer Verbreitung ‹weibliche› Qualitäten verächtlich beiseite drängten oder gar auslöschten. Alte Frauen, die in matrizentrischen Kulturen die höchste Achtung genossen hatten, wurden jetzt nicht nur zur am meisten verachteten gesellschaftlichen Gruppe überhaupt, sondern sozusagen für vogelfrei erklärt. Die Hexenprozesse hatten mit Sicherheit auch Auswirkungen auf die Frauen, die von ihnen verschont blieben, indem sie ihnen vor Augen führten, was sie erwartete, wenn sie sich nicht anpaßten und fügsam verhielten. Offenbar mußte sich Europa zunächst durch einen ungeheuren Aderlaß vom weiblichen Element reinigen, ehe es sich endgültig daran machen konnte, das männliche Prinzip zum gigantischsten und ausgeklügeltsten Apparat seit Menschengedenken zu formieren.

Die Hexenverfolgung hörte im 17. Jahrhundert ebenso plötzlich auf, wie sie begonnen hatte. Christine Faure schreibt: «Was bis dahin allein als Teufelswerk gegolten hatte, galt jetzt als Krankheit.»[228] Obwohl der Hexenwahn in Europa abebbte, faßte er doch mit den Puritanern auf der anderen Seite des Atlantiks Fuß und dezimierte auch in Neuengland die weibliche Einwohnerschaft zahlreicher Dörfer.

In derselben Zeit, in der die höfische Literatur mit ihrer Frauenverehrung die künstlerische Imagination Europas prägte, beherrschten Hexerei und die Dämonisierung der Frauen das moralische Denken und Fühlen, oder, wie Monter es formuliert: «Die traurige Wahrheit sieht so aus, daß in der ‹realen› Geschichte der Frauen in der Gesellschaft das berühmte Podest nahezu nirgendwo zu finden ist, der Scheiterhaufen hingegen überall.»[229]

6. Verschlossene Türen

Die Konsolidierung der institutionellen Strukturen, die mit dem 12. Jahrhundert einsetzte, veränderte allmählich den Charakter der europäischen Gesellschaft. Im Feudalismus hatte im großen und ganzen jeder Mensch von Geburt an seinen festen Platz, der gewiß nicht immer angenehm war, aber vorbestimmt und deshalb akzeptiert wurde. Die Leibeigenen hatten ihren Herrn Knechtschaftsdienste zu leisten und waren an den Grund und Boden gekettet, auf dem sie lebten, besaßen aber dadurch immerhin eine Lebens- und Existenzgrundlage. Die Freigelassenen betrieben kleine Bauernhöfe als Pächter oder Eigentümer, oder sie lebten in Dörfern, auf deren Gemeindeanger jede Familie die eine Kuh, die sie gewöhnlich besaß, weiden lassen konnte. Das vorherrschende ökonomische Prinzip war die Naturalwirtschaft, und selbst der Adel pflegte geleistete Dienste zumindest teilweise in Fässern Wein oder Scheffel Korn zu entlohnen. Bedienstete in Herrenhäusern oder Schlössern erhielten zwar meist so gut wie kein Geld, konnten jedoch sicher sein, Nahrung, Kleidung und Unterkunft zu haben. Mit anderen Worten: Die meisten Menschen lebten zwar in bescheidenen Verhältnissen, aber nur eine sehr kleine Schicht war in einem existentiellen Sinn arm. Im Zuge der Zentralisierung und der Vereinnahmung von Gemeindeland durch reiche Viehzüchter wurde diese Schicht jedoch immer größer. Viele Frauen, die auf diese Weise ihre einzige Kuh einbüßten, die die Tradition ihnen zugestanden hatte, waren jetzt dem Hunger preisgegeben. In England sprang die Verelendung jäh ins Auge, als unter der Tudorherrschaft die katholischen Wohltätigkeitsinstitutionen aufgelöst wurden. Immer mehr Menschen verarmten, und die Armut nahm krassere Formen an als je zuvor. Die Frauen, die wie immer in der Geschichte einen besonders großen Anteil der Armen stellten, waren am härtesten von diesen Entwicklungen betroffen.

Aber auch Frauen aus wohlhabenden Familien sahen sich neuen Beschränkungen unterworfen.

In Italien wurde den Frauen der Mittelschicht und des Adels im allgemeinen jede Lebenserfahrung vorenthalten. Die Volljährigkeit für italienische Mädchen lag bei zwölf Jahren (bis sie im 15. Jahrhundert auf vierzehn heraufgesetzt wurde), und ungefähr in diesem Alter erfolgte normalerweise die Verheiratung. Juristisch blieben diese Frauen ihr Leben lang unmündig. Sie durften weder reisen noch am Geschäftsleben teilnehmen, beides Aktivitäten, die den Männern der unteren Mittelschicht durchaus ein gewisses Maß an Bildung vermittelten.

Obgleich Italien zu den wenigen Regionen Europas zählte, wo Frauen eine höhere Bildung offenstand, nahmen unter diesen Verhältnissen verständlicherweise nur wenige diese Möglichkeit wahr. Unter denen, die es taten, vollbrachten jedoch viele herausragende Leistungen. Frauen stellten in Italien berühmte Gelehrte und Dichterinnen wie etwa Veronica Gambara und die als Genie geltende Vittoria Colonna. Auch die erste feministische Schriftstellerin, Christine de Pisan, stammte aus Italien, wenn sie auch in Frankreich aufwuchs.

Dennoch durften in einigen Staaten Italiens Frauen kein Gerichtsgebäude betreten, weshalb gerichtliche Aussagen von Frauen zu Hause oder in einer Kirche aufgenommen werden mußten. Im Jahre 1330 trat die Tochter eines Rechtsgelehrten die Nachfolge ihres Vaters an der juristischen Fakultät zu Bologna an, wo sie Vorlesungen hielt – und zwar hinter einem Vorhang![230] Witwen durften sich ohne die Zustimmung ihrer Familie nicht wieder verheiraten, und Väter konnten durch entsprechende Klauseln in ihrem Testament ihre Töchter zu einem lebenslangen Klosterdasein verurteilen.[231]

Doch die Frauen genossen auch gewisse Privilegien. Sie wurden kaum je strafrechtlich belangt und hafteten nicht für die Schulden ihrer Väter. In Siena wurde in der zweiten Hälfte des 13. Jahrhunderts ein besonderer Gerichtshof gegründet, der eigens für die Behandlung von Prozessen zuständig war, die Frauen gegen Männer anstrengten. Eine ‹Ehebrecherin›, die ihren Mann verließ, verwirkte ihre Mitgift, erhielt sie jedoch wieder zugesprochen, wenn der Ehemann sie wieder aufnahm. Gelegentlich wurde Witwen der Nießbrauch der Hinterlassenschaft ihrer Ehemänner zugesprochen, zumindest, solange sie «unverheiratet und keusch» lebten.[232]

Die Frauen der unteren Schichten lebten in bitterer Armut, da ihnen nur sehr schlecht bezahlte Tätigkeiten offen standen. Sie arbeiteten als Hausbedienstete, Putzfrauen, Wasserträgerinnen, Wäscherinnen, Barbierinnen, Schankwirtinnen, Hausiererinnen, Schuh-, Kleider- und Putzmacherinnen, Stickerinnen und Köchinnen, und einige von ihnen betrieben Bordelle. Mancherorts schlossen sich Weberinnen zu Zünften zusammen. In Venedig verdingten sich Frauen als Gondolieren.[233]

Zu den für die italienischen Frauen folgenreichsten Entwicklungen des Spätmittelalters zählten die Modifikationen des Eigentumsrechts. Im Zuge der Systematisierung der Besitzregelungen wurde den Frauen die persönliche Verfügung über ihre Mitgift und das Recht auf eigene testamentarische Nachlaßregelung verweigert. Frauen waren offenbar weniger darauf bedacht als Männer, den Familienbesitz innerhalb der eigenen Linie weiterzuvererben. Statt ihr Geld männlichen Verwandten zu vererben, hinterließen sie es häufig Menschen, die sie liebten – meist entfernten weiblichen Verwandten, darunter häufig älteren Witwen. Sie vererbten ihren Besitz ganz überwiegend anderen Frauen, was die Männer als Verrat und Verzettelung des Familienbesitzes empfanden.[234] Bis zum 16. Jahrhundert hatten die meisten größeren italienischen Städte Verfügungen erlassen, die besagten, daß Frauen von ihren Vätern oder Ehemännern, sofern diese starben, ohne ein Testament zu hinterlassen, auch dann kein Erbe zustand, wenn sie die nächsten Angehörigen waren.[235]

In Frankreich wurden Frauen gegen Ende des 14. Jahrhunderts von der Thronfolge ausgeschlossen, und ein im 16. Jahrhundert erlassener neuer Gesetzeskodex machte sie ganz zu Dienerinnen.[236] In der spätfeudalistischen Gesellschaft hatten die französischen Frauen in allen gesellschaftlichen Bereichen die gleichen Möglichkeiten wie Männer gehabt – also juristische Ämter bekleidet, Verträge geschlossen, Gesetze erlassen, Truppen befehligt und auf dem Schlachtfeld gekämpft. Simone de Beauvoir schreibt, es habe auch vor Jeanne d'Arc schon weibliche Soldaten gegeben.[237] Die Frauen auf dem Land wurden wie Bedienstete behandelt, aßen nicht gemeinsam mit ihren Männern und Söhnen bei Tisch und mußten wesentlich schwerer arbeiten als die Männer. Da die Männer jedoch existentiell auf sie angewiesen waren, wurden sie geachtet und genossen ein hohes Maß an Autorität innerhalb des Hauses.[238] An dieser Tradition änderte sich nichts. Es waren die Frauen der besitzenden Schichten, die von den Repressionen betroffen waren. Nur einige wenige Frauen aus dem Adel behielten noch weiterhin Zugang zu Machtpositionen und höherer Bildung.

In Deutschland hatten Frauen ebenfalls über einen langen Zeitraum die großen Befugnisse in Händen gehalten, die an den Besitz von Ländereien gebunden waren – Gerichtsbarkeit und Münzrecht, Sitz und Stimme in gesetzgebenden Versammlungen und das Recht, Truppen aufzustellen. Mit der zunehmenden Zentralisierung und Konsolidierung gingen sie jedoch dieser Rechte verlustig, und im Jahre 1356 erklärte ein neues Gesetz ausschließlich Männer für erbberechtigt.[239]

Im England des 16. Jahrhunderts brachte die Verleihung von Monopolrechten an frühkapitalistische Unternehmer eine erhebliche Bereicherung der Staatskasse und die weitere Verelendung der Armen mit sich, da letztere jetzt als Konsumenten mehr bezahlen mußten.

Die englischen Könige, die ein Interesse daran hatten, sich mit dem Bürgertum – der wachsenden Klasse der Kaufleute und Unternehmer – gegen den niederen Adel zu verbünden, erließen Gesetze, die den Familienvätern umfassende Eigentumsrechte und Verfügungsgewalt über ihre Familien einräumten. Das Bürgertum konnte auf diese Weise große

Reichtümer akkumulieren und unterstützte dafür den König, dem es sich als dem «Vater» seiner Untertanen gehorsamspflichtig fühlte. Eine Flut offizieller Propaganda betonte die Notwendigkeit staatlicher Autorität und gehorsamer Königstreue sowie – parallel dazu – gehorsamer Unterordnung unter die Macht des Ehemannes bzw. Vaters. So entstand eine Machthierarchie, in die jeder von Geburt an einbezogen war.[240] Das autoritäre Regiment von Ehemann und Vater über Frau und Kinder erfuhr besondere Verstärkung, als im Zuge der Reformation die Protestanten das kanonische Recht ablehnten und das Alte Testament neu interpretierten.

Die wichtigste politische Bewegung jener Zeit war jedoch die Reformation, die 1517 mit Martin Luthers Proklamation der fünfundneunzig Thesen begann. Luthers Bestrebungen, den Katholizismus zu läutern und zu reformieren, fanden viele Anhänger und führten schließlich zu den volle zwei Jahrhunderte anhaltenden grimmigen und blutigen Auseinandersetzungen in Mitteleuropa und England und zur Gegenreformation durch die katholische Kirche.

Die Reformation

Auch die Reformation entsprang einem Aufbegehren gegen die Väter. Wie schon die Revolte des frühen Christentums hatte sie zum Ziel, die Söhne von deren erstarrtem, überheblichem und korruptem Regiment zu befreien. Die Renaissance war Sache einer kleinen intellektuellen Elite, die Reformation hingegen eine massenhafte und volkstümliche revolutionäre Bewegung. Wie alle vergleichbaren Bewegungen akzeptierte sie zunächst Frauen in ihren Reihen, um sie nach Erreichen ihrer Ziele wieder zu verstoßen. Für die Menschen war der Staat damals ebenso eng mit der Religion verflochten wie heute mit der Art des Wirtschaftssystems – Kapitalismus, Sozialismus oder Mischformen beider. Religionskämpfe bedeuteten daher zwangsläufig schwere Konflikte und sogar Kriege sowohl innerhalb der Einzelstaaten als auch zwischen diesen.

Es wird zuweilen gesagt, die Reformation habe positive Folgen für die Frauen gehabt, wobei als Beweis die Tatsache herangezogen wird, daß die Frauen in katholischen oder griechisch-orthodoxen Ländern heute unfreier sind als in protestantischen. Wenn der Protestantismus tatsächlich derartige Folgen gehabt hat, so war dies unbeabsichtigt. Protestantismus und Kapitalismus sind, wie R. H. Tawney und Max Weber schon vor langer Zeit nachgewiesen haben, aufs engste miteinander verbunden. Der Protestantismus betonte das Individuum und brachte die calvinistische Theorie der Gnadenwahl hervor, derzufolge nur einige Menschen von Gott auserwählt sind. Das einzige eindeutige Merkmal der Auserwähltheit war jedoch weltlicher Reichtum: Wer reich war, galt demnach gleichzeitig als gottgefällig. Der Protestantismus wandte sich gegen die mittelalterlichen katholischen Dogmen, die Männern bestimmte Tätigkeiten – insbesondere auf dem Gebiet der Naturwissenschaften – untersagten. Anders gesagt: Der Protestantismus im allgemeinen und der Calvinismus im besonderen schufen erst die moralische Haltung, die schließlich zur kapitalistischen Ausbeutung der Menschen und der Natur, zur Akkumulation von Reichtum und zum Aufschwung der Naturwissenschaften – der Grundlage der Industrialisierung – führten. Im Zuge dieser Entwicklungen diskriminierte der Kapitalismus jedoch die Frauen und die weiblichen Werte tiefgreifender als alle früheren Systeme und schuf, so die These dieses Buches, damit zumindest eine der Ursachen für das Aufkommen des Feminismus. Sämtliche Rechte, die Frauen heute besitzen, verdanken sie, wie wir sehen werden, einzig und allein einer geschichtlichen Erscheinung: der feministischen Bewegung. Möglicherweise lehnten sich die Frauen in katholischen und griechisch-orthodoxen Ländern deshalb nicht auf, weil sie bei aller Unterdrückung kraft ihrer zentralen Rolle innerhalb der Familie doch noch einen gewissen Rest an gesellschaftlicher Achtung genossen und sich von ihren alten Religionen gestützt und bestärkt fühlten. In protestantischen Industrienationen besaßen sie diesen Rückhalt nicht.

Auf jeden Fall erklärte die Reformation, ganz ähnlich wie das Urchristentum, alle Menschen für gleichermaßen frei und mündig vor Gott. Sie griff die Herrschaft des Papstes und die Hierarchie des Klerus an, indem sie die Bibel zur alleinigen Autorität und jeden Menschen – und damit auch jede Frau – zu seinem – oder ihrem – eigenen Priester erklärte. Die Frauen strömten diesen Gemeinschaften ebenso zahlreich zu wie einst den urchristlichen Gemeinden. In sämtlichen antiautoritären und antihierarchischen Bewegungen der Geschichte findet sich ein hoher Anteil von Frauen.

Leider war keinem der protestantischen Glaubensväter daran gelegen, die Stellung der Frauen in der Gesellschaft zu verändern. Wenn sie in Frauenbelangen Partei ergriffen, so deshalb, weil sie die Kirche und die ‹Moral› im allgemeinen reformieren wollten. So bekämpften sie etwa das Konkubinat, den innerhalb des Klerus üblichen Brauch, sich gegen Entrichtung einer Steuer von der Kirche das traditionelle Recht zusprechen zu lassen, Konkubinen und Prostituierte zu halten. Die Reformatoren wollten die Doppelmoral im Hinblick auf Unzucht und Ehebruch abschaffen und die Scheidung unter bestimmten Umständen zulassen. Die größte Anziehung für Frauen lag jedoch offenbar in dem Angebot eines persönlichen, nicht-hierarchischen, vom Laientum bestimmten Glaubens, der allein die Bibel als Autorität anerkannte.[241]

Der Protestantismus legte großes Gewicht auf den Glauben als Weg zur Erlösung und verkündete, wie schon das Urchristentum, die Gleichheit von Männern und Frauen vor Gott, die jedoch nur spirituell gemeint war. Luther, Calvin und vor allem Knox hoben immer wieder hervor, daß Frauen in dieser Welt ihren Ehemännern gehorsam zu sein, in der Öffentlichkeit zu schweigen und sich fleißig im Haushalt zu betätigen hätten.[242] Die Puritaner, die einen extremen Familienethos pflegten, lehnten zwar die körperliche Züchtigung von Ehefrauen ab, forderten aber dennoch den persönlichen und zivilen Gehorsam der Frau.[243] Die Heilige Jungfrau, die einzige zum engeren Umkreis des christlichen Pantheons gehörende weibliche Gestalt, wurde ebenso wie die weiblichen Heiligen in ihrer Bedeutung herabgestuft.[244] Madonnendarstellungen wurden abgelehnt, weil sie implizierten, daß Gottes Sohn unter dem Einfluß einer Frau gestanden habe. Die Nonnenklöster wurden abgeschafft, ohne durch andere Bildungsstätten oder religiöse Institutionen für Frauen ersetzt zu werden. Frauen war jedes Betätigungsfeld verwehrt, auf dem sie mit der Autorität ihrer Ehemänner hätten in Konflikt geraten können.[245] Das eindringlichste Motiv, der Inbegriff des Protestantismus, ist das Wort *Vater*.[246]

Immerhin waren die Väter des Protestantismus für die Frauenbildung: ein besonders wichtiges Faktum in einer Zeit, in der die ökonomischen und politischen Rechte der Frauen nahezu gleich null waren. Frauen waren in der Ehe nicht eigentumsberechtigt, nicht oder nur minimal erbberechtigt, immer ausschließlicher auf die unbezahlte Arbeit im Haus reduziert und in Gemeindeangelegenheiten ohne jedes Mitspracherecht.[247] Obgleich zu Beginn der Reformation die Scheidung auf Grund von Ehebruch, böswilligem Verlassen, langer Abwesenheit und extremer Wesensunvereinbarkeit eingeführt werden sollte, waren doch im England des 16. Jahrhunderts die Scheidungsgesetze äußerst streng und die Wiederverheiratung nach einer Scheidung nur mit einer Sondergenehmigung des Parlaments möglich.[248]

Manche Historiker schreiben dem Protestantismus deshalb langfristige positive Auswirkungen auf die Situation der Frauen zu, weil seine führenden Vertreter darauf bestanden, daß Mädchen lesen und schreiben lernen sollten, damit sie in der Lage wären, selbst die Bibel auszulegen und dies auch ihre Kinder zu lehren. Vergleiche der Alphabetisierungsquoten unter (nicht in Klöstern lebenden) protestantischen und katholischen Frauen fallen zugunsten der Protestantinnen aus, ein Umstand, der den Frauen in den protestantischen Ländern beim Aufbau einer feministischen Bewegung im 19. Jahrhundert wohl zustatten gekommen sein mag.[249] Andere Historiker vertreten die gegenteilige Auffassung und werfen Luther und Calvin vor, die bereits erreichten Fortschritte in Hinblick auf die Frauenbildung durch die Forderung nach Abschaffung der Klöster zunichte gemacht zu haben. Ersetzt wurde die Klostererziehung, die stets ein gewisses Maß an klassischer Bildung beinhaltet hatte, durch «eine sehr eng gefaßte, praxisbezogene Bildung, die die Frauen auf ihre Haushaltspflichten vorbereiten sollte», und das Studium der Bibel.[250]

Da die Frauen in einem Maße auf das Haus und die häuslichen Aufgaben verwiesen wurden, wie es seit dem Hellenismus nicht mehr der Fall gewesen war, waren sie jetzt gezwungen, ihre Identität ausschließlich aus ihren häuslichen Funktionen zu beziehen. Im Verein mit männlichen Schriftstellern entdeckten und propagierten sie eine neue Berufung – die Mutterschaft. Im Zuge dieser Entwicklung wurde auch die ‹Kindheit› erfunden – zumindest, was Knaben anbelangte.

Bis zum 13. Jahrhundert wurden alle kleinen Kinder in Wickeltücher gehüllt. Das Wickelgesteck hielt das Kind so fest eingebunden, daß es seine Gliedmaßen nicht mehr bewegen konnte, und vermittelte ihm eine unauslöschlich eingeprägte frühe Erfahrung des Gefangenseins, eine Lektion, die für die Mädchen lebenslang gültig blieb. Knaben trugen im Anschluß an das Wickelalter Kleidchen und lange Haare, bis sie mit sieben Jahren – dem Zeitpunkt, an dem die Vernunft einsetzte – geschoren und in Hosen gesteckt wurden. Den Mädchen hingegen zog man übergangslos Erwachsenenkleider an.[251] Ihre winzigen Körper steckten in eisen- und fischbeinverstärkten Miedern und Corsagen, die sie in die von der jeweiligen Mode diktierte weibliche Form preßten. Sie hatten sich würdevoll zu halten, langsam und anmutig zu gehen und ganz allgemein den für erwachsene Frauen geltenden Normen zu entsprechen. «Die Schnürvorrichtungen, die ihnen zu diesem Zweck angelegt wurden, machten ihnen oft schwer zu schaffen und hatten statt der gewünschten Resultate die Quetschung oder Wanderung innerer Organe und manchmal sogar den Tod zur Folge.»[252] Jungen dagegen durften spielen. Sie waren die ersten Kinder im modernen Sinne dieses Wortes. Sie spielten mit Puppen; die Erwachsenen spielten mit Kindern.[253]

Sobald die Kindheit (im Zuge der allgemeinen Ordnungsbestrebungen) zu einer eigenständigen Kategorie wurde, bekam dieser Status etwas Furchterregendes. Kinder waren ebenso wie Frauen ein Teil der Natur. Um dieses wilde Element zu bezähmen, griffen die Eltern zur Rute. Das Schlagen von Kindern – in der gleichen Härte, die die amerikanischen Indianer bei den Puritanern so sehr entsetzen sollte – wurde zur elterlichen Pflicht. «Im 16. und frühen 17. Jahrhundert wurden Kinder häufiger und über längere Jahre verprügelt als je zuvor in der Geschichte», schreibt Lawrence Stone.[254] Auch in der Schule wurden die Knaben von ihren Lehrern geschlagen und bespuckt, Praktiken, die oft noch jungen Männern von über zwanzig Jahren gegenüber an der Tagesordnung waren.[255]

Anders die Erziehung der Mädchen: «Die drei Hauptanliegen der Familie waren die Erhaltung der männlichen Linie, die Wahrung des ererbten Besitzes und dessen Vermehrung durch Heiraten oder vorteilhafte politische Alliancen.»[256] (Bis zum 18. Jahrhundert bedeutete ‹Familie› nicht die jeweilige Generation, sondern die gesamte Linie.) Töchter waren der Verfolgung dieser Ziele oft hinderlich. Ihrer Mitgift wegen mußte der Vater vielfach Teile des Familienbesitzes abzweigen, die dann ebenso wie die Braut selbst in die Verfügungsgewalt, wenn nicht gar in das endgültige Eigentum einer anderen Familie übergingen. Sofern nicht durch die Verheiratung einer Tochter Geld in die Familie kam – was gelegentlich der Fall war –, bedeuteten Mädchen eher Verzettelung als Konzentration des Familienbesitzes. Es steht außer Frage, daß den wohlhabenden Schichten trotz des jetzt ausgeprägteren Familiensinns und der gewandelten Haltung Kindern gegenüber der Besitz noch immer wichtiger war als das Schicksal eines einzelnen. Über die Keuschheit der Mädchen wurde streng gewacht, da sie ausschlaggebend für ihren Marktwert war. Nur die Keuschheit der Frauen bot Sicherheit dafür, daß die Nachkommen der Männer wirklich ihre eigenen (legitim) waren.

Die Schließung der Klöster, die Unterdrückung des Beginentums und der Ausschluß der Frauen aus den meisten Zünften beraubten die alleinstehenden Frauen jeder Möglichkeit einer eigenständigen Existenz.

Männer wie Frauen standen unter enormem gesellschaftlichem Druck zu heiraten.[257] Die wichtigsten protestantischen Glaubensgemeinschaften – die lutherische, die calvinistische und die presbyterianische Kirche – wurden ausschließlich von Männern beherrscht. Frauen, die mit ihrem Leben oder mit der männerzentrierten Religion unzufrieden waren, wandten sich den protestantischen Sekten zu, deren es unzählige gab: Braunisten, Mormonen, Baptisten, Millenarier, Quäker, die radikalen Leveller und Anabaptisten und viele mehr. Sie alle glaubten an eine Purifikation der Kirche und die spirituelle Wiedergeburt als Voraussetzung zur Aufnahme in ihre Reihen. Frauen konnten diesen Status ebensogut wie Männer und sogar unabhängig von ihren Ehegatten erreichen. Sie schlossen sich diesen Sekten eigenständig an und hatten, einmal aufgenommen, das Recht, in Gemeindeinstitutionen tätig zu werden.[258]

«Frauen waren unter den Separatisten zahlenmäßig auffallend stark vertreten ... so werden in Bistumsschreiben und Ablaßbriefen aus der Zeit Karls II. die Sekten häufig als ‹überwiegend aus Frauen›, ‹aus mehr Frauen als Männern› oder ‹aus überaus törichten Frauen› bestehend geschildert. Während des englischen Bürgerkriegs wurden die Sektierer häufig damit verspottet, daß ihre Anhängerschaft sich vor allem aus dem schwachen Geschlecht rekrutiere ... so bestand etwa die Freikirchengemeinde in Norwich im Jahre 1645 aus 31 Männern und 83 Frauen»[259]. Aber auch in größeren religiösen Gemeinschaften, etwa bei den schottischen Presbyterianern und der geächteten römisch-katholischen Kirche in England, spielten Frauen eine wichtige Rolle. Im Jahre 1568 überwogen innerhalb der großen Separatistengemeinde Londons die Frauen, von denen viele ihre Männer verließen, um auf der Suche nach Religionsfreiheit in die Niederlande auszuwandern.[260]

Frauen wirkten – so etwa die dafür mit dem Bann belegte Ann Hutchinson in Massachusetts – bei der Gründung neuer Gemeinden mit. Sie predigten mit Feuereifer in Vereinigungen, die dies gestatteten – bei den holländischen Baptisten und den Puritanern Neuenglands. Bei den Quäkern war das Rederecht für Frauen bei öffentlichen Versammlungen ausdrücklich in den Lehren des Gründers George Fox verankert, blieb jedoch stets umstritten.[261]

Quäkerinnen benutzten ihre Wiedergeburt, wenn sie ihren Männern nicht zuteil wurde, oft als Legitimation, um sich selbständig zu machen. Offensichtlich hatten die Männer recht mit ihrer Befürchtung, daß jedes Lockern der Zügel für sie nicht nur den Verlust der Autorität über ihre Frauen, sondern auch den Verlust der Frauen selbst bedeuten würde. In

Genf gab es im 18. Jahrhundert – da niemand einen solchen Fall für denkbar gehalten hatte – für Frauen keine gesetzlichen Hindernisse, ihre Männer zu verlassen, und so setzten sie sich «in Massen» zu Fuß über die Grenze nach Frankreich ab.[262] Die weiblichen Sektenmitglieder suchten sich überdies oft neue Ehemänner unter den männlichen Gesinnungsgenossen.[263]

Viele Frauen, die entschlossen an ihrem Glauben festhielten, starben dafür unter der Verfolgung durch Episkopale, Lutheraner und Katholiken den Märtyrertod. In Spanien drohte Abtrünnigen die katholische Inquisition, die viele Frauen hinrichten oder verbannen ließ. Eine von ihnen, Isabel de la Cruz, wurde fünf Jahre lang ‹verhört› (d. h. gefoltert) und schließlich getötet, ohne widerrufen zu haben.[264] In England wurden Katholiken von der anglikanischen Kirche verfolgt, so unter anderem Margaret Clitherow aus York, eine junge Mutter, die unter Gewichten zermalmt wurde, weil sie sich weigerte, an den Gottesdiensten der *Church of England* teilzunehmen.[265]

Obgleich sich die Bereitschaft der Protestanten, Frauen ein Recht auf Bildung einzuräumen, langfristig sicher positiv auswirkte, waren die unmittelbaren Auswirkungen minimal. Die großen protestantischen Kirchen wetteiferten darin, Frauen die Zugehörigkeit zur «Priesterschaft der Gläubigen» abzusprechen und selbst die radikalsten Sekten wurden, sobald sie eine institutionalisierte Form annahmen, zunehmend konservativer, insbesondere im Hinblick auf die Machtverteilung und Gehorsamsstruktur innerhalb der Familie. «Die Quäker waren für ihre patriarchale Ordnung berüchtigt, und innerhalb der baptistischen Glaubensgemeinschaften wurden aufbegehrende Ehefrauen und Bedienstete auch weiterhin bestraft.»[266] Im Hinblick auf die Entfaltungsmöglichkeiten der Frauen wurden, so Sherrin Wyntjes, «die progressiven Elemente radikal zurückgenommen»[267]. In dem Maße, wie sich die neuen Vorstellungen in bezug auf soziale Hierarchie, Familie und Geschlechterrollen, auf Kleidung und Bildung zu rigiden Normen verfestigten, offenbarte sich «die gleiche Intoleranz jeder Vielfalt gegenüber, das gleiche alte Beharren auf Gleichförmigkeit»[268]. Wieder einmal war eine Revolution mit Hilfe der Frauen zustande gekommen, um sie dann im Regen stehen zu lassen.

7. Bildung und Literatur

Auch wenn dieser Abschnitt die chronologische Anordnung dieses Kapitels durchbricht, sprechen gute Gründe dafür, die Bereiche Bildung und Literatur gesondert zu behandeln. Frauenbildung und von Frauen verfaßte oder inspirierte Literatur waren ebenso von der aktiven Einflußnahme auf die Kultur der jeweiligen Zeit ausgeschlossen wie die Frauen selbst. Das heißt nicht, daß solche literarischen Werke nicht spätere Epochen beeinflußt hätten: In einigen Fällen kam das durchaus vor. Es wäre aber wohl verwirrend, diese Literatur im Zusammenhang mit ihrer Entstehungszeit zu erörtern. Einige der Werke, die wir hier streifen werden, wurden in der Epoche ihrer Entstehung relativ viel gelesen (auch wenn nur ein kleiner Prozentsatz der Bevölkerung des Lesens mächtig war). Andere wurden nur von einer kleinen Gruppe von Menschen rezipiert und werden erst heute wieder entdeckt. Unabhängig davon, ob sie zu ihrer Zeit ein großes Publikum oder lobende Kritik fand, hatte die von Frauen verfaßte Literatur keine Auswirkungen auf die Gesellschaft, für die sie geschrieben wurde. Sie trägt vielmehr den Charakter subversiver Untergrundliteratur, die in kaum eine Literaturgeschichte Eingang fand.

Im Mittelalter erwarben Knaben ihre Grundbildung zu Hause oder bei einem Lehrmeister. Außerhalb Italiens existierten keine höheren literarischen oder naturwissenschaftlichen Bildungsinstitute, bis sich im 12. Jahrhundert die ersten Universitäten aus Domschulen entwickelten. Im 15. Jahrhundert schließlich wurden einige, drei Jahrhunderte vorher als Wohnheime für arme männliche Studenten gegründete Kollegien ebenfalls zu Lehranstalten. Im 16. Jahrhundert schickte man jedoch bereits Knaben im Alter von acht bis neun Jahren zur Schule.[269]

Mädchen konnten Klosterschulen besuchen und waren zeitweise zu einem höheren Prozentsatz des Lesens und Schreibens kundig als Jungen. Das institutionalisierte Bildungswesen war ihnen jedoch strikt verschlossen. Und doch blieb im gesamten christlichen Zeitalter nicht allen Frauen der Zugang zum Reich der höheren Bildung verwehrt: es gab immer Väter, die ihre Töchter zu gebildeten Menschen erziehen wollten und über die nötigen Mittel dazu verfügten. Frauen aus wohlhabenden Familien wurden von Hauslehrern unterrichtet und erwarben sich in vielen Fällen einen hohen intellektuellen Ruf. Als man diesen Frauen vom 12. Jahrhundert an die letzten Möglichkeiten nahm, ihre Fähigkeiten im institutionalisierten Rahmen auszuüben, wandten sich viele von ihnen der Literatur zu, betätigten sich als Mäzeninnen männlicher Schriftsteller oder schrieben selbst.

Die erste literarische Gattung, die stark von gebildeten Frauen beeinflußt wurde, war die Minneliteratur. Minne ist der Oberbegriff für eine Reihe von Anschauungen, die der aristokratischen Literatur des 12. Jahrhunderts in Europa ihren Stempel aufdrückten, aber auch heute noch jedem Literaturstudenten vertraut sind. In der französischen Troubadourlyrik gießt der männliche Sänger seine Liebesgefühle für eine edle Frau in Verse und fleht darum, daß diese sie erwidern möge. Die Damen sind abwechselnd geneigt und reserviert; der Dichter schwankt zwischen glühender Leidenschaft und Zorn, Hoffnung und Verzweiflung. Das Verhältnis ist grundsätzlich ein ungleiches. In der späteren Dichtung der höfischen Liebe wird diese Ungleichheit auch dann aufrechterhalten, wenn der Sänger ebenso aristokratischer Herkunft ist wie die Dame, um deren Gunst er wirbt: er fleht sie ungeachtet seines Standes auf den Knien an. Obgleich die Troubadoure zu einem erheblichen Anteil Frauen – darunter auch solche aristokratischer Herkunft – waren, ist ihre Rolle gewöhnlich eine männliche.[270]

Die höfische Liebe blühte außerhalb der Ehe und zielte auf körperliche Erfüllung ab. Manche Werke der Troubadourlyrik mögen religiösen Charakters gewesen sein, z. B. Liebeshymnen an die Heilige Jungfrau dargestellt haben.[271] Sie sind oft mehr oder weniger verschlüsselt, was darauf hindeutet, daß es sich ursprünglich um Gesänge häretischer Sekten gehandelt haben könnte. Die verschlüsselte Darstellungsweise fordert dem Leser allegorische Interpretationen ab. Der Hang zur Allegorisierung, ausgeprägt in den literarischen Formen des *Lai* und der *Romanze*, bildete das Grundelement der weltlichen Literatur des Spätmittelalters.

Man nimmt an, daß diese Literatur aus einer gesellschaftlichen Situation hervorging, die sich dadurch auszeichnete, daß Ehen ohne Rücksicht auf Gefühle arrangiert wurden, außereheliche Liebe auf eine gewisse Toleranz traf und viele einflußreiche Frauen eigene Höfe unterhielten. Die armen männlichen Troubadoure, so die Theorie, besangen diese Frauen in der Hoffnung auf Belohnung, die adligen weiblichen Troubadoure taten es vermutlich aus Freude am Singen. Aus diesem Minnesang erwuchsen bedeutende literarische Werke, wie etwa die *Lais* der Marie de France, der hochadeligen Äbtissin von Shaftesbury, die ihre Werke zur Unterhaltung des Hofstaats der Eleonore von Aquitanien (1122–1202) schrieb, und die Werke Chrestien de Troyes', Hofdichter der Tochter von Eleonore, Marie de Champagne, die ihn zu seiner berühmtesten Erzählung, dem *Karrenritter*, inspirierte. Eleonore und Marie de Champagne wird nachgesagt, solche typischen Liebeshöfe unterhalten zu haben. Andreas Capellanus, vermutlich der Hofkaplan von Marie de Champagne, verfaßte das *Liber de Arte Honesti Amandi*, das berühmteste Manual zu diesem Thema. Abgesehen von den Passagen über die höfische Liebe, die vermutlich von Marie de Champagne selbst geschrieben bzw. diktiert wurden, zeichnet sich dieses Buch durch einen gewissen Zynismus und eine recht sexistische Grundhaltung aus.[272] Im ganzen betrachtet, stützt es nachdrücklich die Auffassung von der Liebe als einer Art Wettspiel und Machtkampf.

Die Historiker sind sich darüber einig, daß der Minnekult keinerlei Auswirkungen auf das reale Leben oder den rechtlichen und ökonomischen Status der Frauen jener Zeit hatte. Die Literaturwissenschaft hält die höfische Liebe deshalb für wichtig, weil ihre Grundgedanken und formalen Merkmale spätere literarische Entwicklungen beeinflußten. C. S. Lewis ist der Ansicht, daß die revolutionären Elemente der höfischen Liebesepik den Hintergrund für die europäische Literatur der folgenden 800 Jahre abgaben und daß «verglichen mit dieser Revolution die Renaissance lediglich ein kleines Wellengekräusel an der Oberfläche der Literatur darstellt»[273]. Aber auch die Literaturgeschichte geht nicht davon aus, daß die Minneliteratur die Lebensbedingungen der Frauen in irgendeiner Weise beeinflußte.

Meiner Ansicht nach ist es jedoch nicht denkbar, daß eine derart bedeutsame Kunstströmung aus dem Nichts heraus erwächst bzw. ohne jeden Zusammenhang mit dem realen Leben existieren kann und daß die Gedanken, Gefühle und Phantasien einer bestimmten Epoche keinerlei Einfluß auf deren faktisches Leben und Handeln ausüben. Um solchen Einflüssen auf die Spur zu kommen, ist es jedoch nötig, ein Stück unter die Oberfläche sowohl der Literatur als auch des Lebens vorzudringen.

Der Zeitraum, über den wir hier sprechen, war durch eine extreme Beschneidung des Handlungsspielraums für Frauen und durch die Reduktion ihrer Rolle auf Repräsentation, Gehorsam und harte Arbeit bestimmt. Diese Strukturen entwickelten sich über lange Zeit hinweg, so daß den Frauen die Erinnerung an frühere Freiheiten allmählich verlorenging. Es kam nie zu einer offenen Erhebung der Frauen. Sie suchten sich vielmehr, wie meist in der Geschichte, Nischen, wo sie einen gewissen Einfluß auf ihre Umgebung ausüben konnten. Den adligen Frauen bot sich in den Idealen der höfischen Liebe, die sie zum Teil selbst mitgeschaffen hatten, ein literarisches Vehikel für die Propagierung eines neuen ideellen Wertsystems: der höfischen Moral. Darin genießt die Frau Achtung und Bewunderung und erzieht den Ritter/Helden zu einer neuen inneren Einstellung, einer Haltung der *gentillesse* und *courtoisie*, d. h. achtungsvoller Respekt den Frauen gegenüber gepaart mit Kühnheit, Tapferkeit und Selbstbeherrschung. Das Verhaltensrepertoire des idealen Mannes wird um weibliche Qualitäten erweitert. Er lernt, daß er zuweilen, insbesondere weiblichen Personen gegenüber, die Herrscherpose aufzugeben hat und daß zur Erreichung seines Zieles (worin dieses auch immer bestehen mag) Milde und Edelmut, Dankbarkeit und Achtung Frauen gegenüber ebenso wichtig sind wie die rauheren Qualitäten des mittelalterlichen Haudegen. Die höfische Literatur ‹verweiblichte› die europäischen Ideale und brachte mit der Zeit den Typus des «Gentleman» hervor.

Einer der wichtigsten Aspekte dieser Literatur ist das Postulat der moralischen Überlegenheit der Frau über den Mann. Es wird zuweilen behauptet, daß die Frau erst mit der Idealisierung der viktorianischen «Lady» im 19. Jahrhundert zum erstenmal in der Geschichte der abendländischen Kultur moralisch über dem Mann stand und nicht mehr den minderwertigen Part verkörpern mußte, den ihr die christlichen Patriarchen über Jahrhunderte hinweg zugeteilt hatten. Dies entspricht jedoch nicht den Tatsachen. Die höfische Liebesepik und der mittelalterliche Versroman verkünden eindeutig die moralische Überlegenheit der Frau, auch wenn diese Aussage in manchen Werken mit satirisch verbrämtem Frauenhaß einhergeht oder gar durch diesen aufgehoben wird.

Das Postulat der moralischen Überlegenheit der Frau ist eine der vielen Waffen der Frauen bei ihren Feldzügen für eine Verweiblichung und Vermenschlichung der Kultur, die sich als Bumerang erwies. In den meisten Werken der höfischen Liebesepik sind die Frauen zwar erhaben und gebildet, aber gleichzeitig als reale Personen völlig statisch. Sie verkörpern die moralischen Pole im menschlichen Lernprozeß des Mannes, die Archetypen von Gut und Böse. Maßgeblich für das menschlich Mögliche bleibt jedoch weiterhin der Mann. Die literarische Thematisierung des moralischen Entwicklungsprozesses einer Frau mit allen dazugehörigen Tiefen und Irrtümern lag noch weit jenseits des Denkbaren. Obgleich solche archetypischen Frauengestalten in gewisser Weise durchaus eine Aufwertung von Weiblichkeit darstellen, können sie nicht als literarisch-moralische Vorbilder für Frauen aus Fleisch und Blut dienen, und so trugen sie letzten Endes dazu bei, die Festschreibung der Frau auf statische Vollkommenheit zu verstärken und zu perpetuieren.

Die Werke dieser literarischen Gattung wurden von Frauen protegiert und zum Teil auch geschaffen, waren aber dennoch im Sinne der Männer geschrieben, die noch immer die Kultur verwalteten und die Zukunft organisierten. Dieser Tatsache tragen die Schöpfer und Schöpferinnen der höfischen Literatur insofern Rechnung, als sie sich die moralische Aufklärung der Männer zum Ziel setzen. Frauengestalten spielen in dieser Literatur eine wichtige Rolle als Lehrerinnen und moralische Vorbilder. Sie sind fast immer von idealer Schönheit, begehrt und umworben. Demnach ist ihre Hauptfunktion die Verkörperung moralischer Pole, zwischen denen sich der Heldenritter entscheiden muß. Wunderschöne Edelfrauen erscheinen in einem verlassenen Schloß und breiten auf wundersame Weise ein Festmahl auf einem weißen Tuch vor dem hungrigen, erschöpften Helden aus, um dann wieder zu verschwinden. Oder aber sie tauchen plötzlich auf, ihm durch Gesang und Tanz Herz und Seele zu erfrischen, ihn aufzurüsten, damit er weiterziehen kann. Ein Teil der Spannung ergibt sich gerade daraus, daß der Ritter (und mit ihm der Leser) nicht weiß, wie er diese Frauen zu deuten hat. Dem mit christlichen Allegorien und Darstellungen von Pilgerreisen vertrauten Leser suggerieren diese Bilder Sünde und Abwege, den falschen Pfad, die Orientierung am Fleischlichen. Die Gestalten sind weiblich, sinnlich und verlockend. Gleichzeitig sind sie jedoch wohltätig, da sie den müden, heimatlosen, von Grausamkeiten und Angst gezeichneten Helden körperlich, geistig und seelisch erquikken. Sie lehren ihn *gentillesse*.

Die in solche Werke eingebundene Moral hatte sehr wohl reale Auswirkungen, auch wenn sich diese nur schwer dingfest machen lassen. Sie war subversiv gegen die absolute Hierarchie der Angst und des Gehorsams mit asketischen und puritanischen Beiklängen gerichtet, zu der sich das Christentum mittlerweile entwickelt hatte – da sie dem Lesepublikum die Barmherzigkeit und das Mitleid, die Schönheit und die Freude, die einst das Frühchristentum ausgezeichnet hatten, vor Augen führte. Außerdem rüttelte diese Literatur an der herkömmlichen christlichen Einstellung allem Weiblichen gegenüber, indem sie an die Stelle des Assoziationsmusters von Wollust, Lasterhaftigkeit, Eitelkeit und Versuchung das von Schönheit, Anmut und Erquickung setzte.

Die Hervorhebung der *gentillesse* als Attribut des rechten Mannes spielt außer in der Minneliteratur auch in Werken wie *Piers Plowman* und *The Pearl* eine große Rolle und zieht sich durch die englische Literatur bis in unser Jahrhundert hinein. Diese Strömung in der Literatur bildet ein Gegengewicht zu der gleichzeitig zunehmenden ‹Vermännlichung› der Kultur, wenngleich sie diese zu keinem Zeitpunkt überwiegt oder auch nur zu hemmen vermag. Auch wenn sie nichts an dieser Entwicklung änderte, ist es ihr wohl doch gelungen, in die Phantasie oder das Leben einiger Menschen weniger rauhe Töne zu bringen.

Eines der Hauptanliegen der höfischen Literatur und der literarischen Werke, die ihr folgten – die Versromane von Ludovico Ariosto und Matteo Maria Boiardo in Italien oder die Dichtung Sidneys, Spensers und Shakespeares in England –, war die Neudefinition der Liebe. Die Liebe erscheint, wie es sicher dem Wesen der aristokratischen Ehe entsprach, als Machtverhältnis mit vertauschten Positionen: der männliche Verehrer fleht um die Gunst der stolzen Edelfrau. Häufig und insbesondere dann, wenn die Dame ‹tugendhaft› ist, führen ihre Schönheit und das Verlangen ihren Bewunderer nicht in ihr Bett, sondern zu Gott. Ein in der Literatur – und möglicherweise in der Geschichte der Menschheit überhaupt – völlig neues Liebeskonzept. Häufig genug hatte man in der Liebe nur den schlichten Eros, die Hörigkeit gegenüber den fleischlichen Bedürfnissen oder gar eine Form des Wahnsinns erblickt. Daneben gab es die für Gott reservierte heilige und höhere Liebe. Doch den Dichtern des *dolce stil nuovo* und Dante im 13. Jahrhundert sowie den Neuplatonikern im 14. Jahrhundert blieb es vorbehalten, die beiden Elemente zu einem zu verschmelzen: körperliches Verlangen und – von diesem gespeist und mit Substanz gefüllt – eine transzendente ideale Leidenschaft, die, da sie unerfüllt bleibt, zu religiöser Inbrunst und leidenschaftlicher Liebe zu Gott sublimiert wird. Trotz des Niedergangs der Religion im 18. und 19. Jahrhundert hielt sich dieses Liebesideal in Form eines überspannten, zuweilen auch tödlichen Romantizismus, der unerfülltes Verlangen in künstliche Aufrechterhaltung ekstatischer Sehnsucht umsetzte, wobei diese allerdings nicht mehr auf Gott, sondern vor allem auf den Tod gerichtet war.

Zum einen darf also sexuelles Verlangen nicht befriedigt werden, weshalb es zur vagen, aber intensiven Sehnsucht nach der ekstatischen Vereinigung mit etwas Transzendentem wird. Zum anderen wird das Machtverhältnis zwischen den Geschlechtern – Statusunterschiede, ökonomisches Gefälle, unterschiedliche politische Rechte – erotisch aufgeladen. Vom 18. Jahrhundert an werden in der Literatur Machtunterschiede jedweder Art zur Quelle sexueller Erregung. Beim Marquis de Sade bestehen diese Unterschiede gewöhnlich darin, daß der sadistische ‹Held› seine überlegene physische und emotionale Macht gegen die masochistische ‹Heldin› kehrt. In Richardsons *Pamela* nutzt der junge Herr seinen hohen Status und seine ökonomische Macht gegenüber einer armen Dienstmagd aus, was beide in Erregung versetzt. In Richardsons *Clarissa* haben wir es mit einem moralischen Gefälle zu tun: der reiche Lovelace ist der reichen Clarissa moralisch unterlegen und bereit, ihr gegenüber körperliche Gewalt und Drohungen einzusetzen – was wiederum für ein beträchtliches Maß an erregendem Kitzel sorgt. Noch ungleicher ist das Verhältnis, das in Charlotte Brontës *Jane Eyre* die Leidenschaft der aus niederem Stand stammenden Heldin für den reichen Herrn entfacht. In Thomas Pynchons *V.* ist es das Verhältnis zwischen Herrn und Sklavin, aus dem sexuelles Verlangen erwächst. In allen genannten und vielen weiteren ähnlichen Werken besteht die sexuelle Beziehung zwischen Mann und Frau vor allem in männlicher Eroberung und weiblicher Kapitulation. Selbst in für ein männliches, homosexuelles Publikum bestimmten Erotika ist das Opfer häufig weiblich. Diese Verknüpfung von Sexualität und Macht charakterisiert nahezu unsere gesamte Pornographie, insbesondere in ihren brutalsten Erscheinungsformen. Wie einer unserer ehemaligen Politiker sagte, ist Macht tatsächlich das wirksamste Aphrodisiakum. Eine solche Aussage ist jedoch nur in einer Gesellschaft möglich, die der Macht vor allem anderen huldigt und Sexualität als ein Terrain für deren Vollzug betrachtet.

So hatte die Minneliteratur, die ursprünglich veredeln und vermenschlichen sollte, letztlich die gegenteilige Wirkung. Die Ursache hierfür liegt nicht in der Literatur selbst. Einer der augenfälligsten Züge der westlichen Kultur im Laufe der letzten tausend Jahre ist die Fähigkeit, Gegenströmungen aller Art zu assimilieren und für patriarchalische Zwecke zu funktionalisieren. Die Idee der romantischen Liebe wurde (in der Literatur der Romantik) in das Streben nach Transzendenz und (in der sadomasochistischen Literatur) die machtbesetzte Sexualität verkehrt.

Die eigentliche Minneliteratur war ein Phänomen von kurzer Dauer, wenn auch noch nach dem 12. Jahrhundert zahlreiche Versromane verfaßt wurden. Die nächste bedeutende literarische Strömung in Europa wurde von der Renaissance erzeugt. Durch die Wiederentdeckung der griechischen Kunst und gewisser Elemente der griechischen Literatur, insbesondere der platonischen Gedankenwelt und Tradition inspiriert, nahm die Renaissance im 14. Jahrhundert in Italien ihren Ausgang, um sich dann nach Norden auszubreiten, wobei sie eine gewaltige Menge von Kunstwerken, literarischen und philosophischen Schriften hervorbrachte. Im 16. Jahrhundert erfaßte sie England, das dann unter Heinrich VIII. einen Aufschwung des Bildungswesens und unter Elizabeth I. eine Blüte der Literatur erlebte.

Die Auswirkungen der Renaissance auf die besitzenden Schichten (für die Armen dürfte sie keine oder nur unwesentliche Folgen gehabt haben) waren bis auf Ausnahmen auf den Bildungsbereich beschränkt. Der Bildung der Söhne der Reichen und des Mittelstandes wurde eine ganz neue Bedeutung beigemessen, und gelegentlich profitierten auch die Töchter von diesem Bildungsbewußtsein. Im 15. Jahrhundert öffneten einige wenige Schulen auch Mädchen ihre Pforten, und viele Eltern gestatteten ihren Töchtern, gemeinsam mit den Söhnen am Unterricht durch den Hauslehrer teilzunehmen.[274] Reiche, Fürsten und Könige ließen ihre Kinder – Töchter wie Söhne – von humanistischen Gelehrten unterrichten. Daß diese Bildung auf die Frauen keine größeren Auswirkungen hatte, wird verständlich, wenn man bedenkt, worin sie bestand: nach einem ‹finsteren› Jahrtausend, geprägt von Analphabetentum, ständigen Wirren und labilen Machtstrukturen in Form zahlloser autonomer Kleinstaaten, währenddessen Frauen schlicht ihre natürlichen Gaben – Intelligenz, Kraft, Energie und Talent – genutzt hatten, unterrichtete man sie jetzt in der Literatur und Gedankenwelt der Athener und Römer. Wenn man sich die frauenfeindliche Haltung dieser Literatur vergegenwärtigt, macht das die Verwirrung der Frauen verständlich, denen sie als Fundus bedeutender, ewig gültiger Weisheiten präsentiert wurde.

Das neue Bildungsideal propagierte die Entfaltung der ganzen Persönlichkeit – das ganzheitliche Individuum, den abgerundeten, auf allen Gebieten beschlagenen, männlichen Renaissancemenschen, dessen Können als Reiter, Jäger, Turnierkämpfer, Krieger und Verwalter fürstlicher Macht durch breite Kenntnisse der griechischen und lateinischen Philosophie und Dichtung sowie der avantgardistischen Ideen der neuplatonischen Schriftsteller ergänzt wurde. Natürlich brauchte er ein Publikum, das ihn beflügelte und ihn in seinen Fähigkeiten bestätigte, indem es ihm Beifall zollte. Gelehrte wie der spanische Philosoph und Lehrer der Maria Tudor, Juan Luis Vives (1492–1540), lehrten selbst künftige Königinnen, dem Renaissancemann ehrfürchtige Achtung und ‹erhabenes Schweigen› entgegenzubringen. Der Bildhauer, Maler,

Musiker, Architekt und Begründer der Kunsttheorie der Renaissance, Leone Battista Alberti, verfaßte unter anderem eine Abhandlung über geistige Bildung und die Ethik des häuslichen Lebens, in der er von der vollkommenen Hausfrau verlangte, sie habe ihre Bediensteten und ihre Familie zu lenken, ohne die Stimme zu erheben.[275] Kardinal Bembo vertrat die Ansicht, Mädchen hätten Latein zu lernen, um anziehender auf die Männer zu wirken, und Antonio Galateo erteilte der Prinzessin Bona von Savoyen den Rat, «den Männern, die zu lenken sie geboren, zu Gefallen zu sein» [276]. Die geistige Erziehung der Frauen stützte sich zwar auf die gleichen Werke, die auch die Männer studierten, vermittelte aber dennoch eine andere Botschaft. Das neue Ideal wurde den Frauen auf intellektuellem Weg eingeimpft, und Ruth Kelso kommt nach eingehendem Studium sämtlicher bekannter Manuale und Leitfäden für Frauen zu dem Schluß, daß «das oberste Gebot für die Frau ... Unterordnung und Gehorsam hieß» [277].

Dennoch «gab es auch während der Hochblüte der Renaissance noch immer Frauen, die ihr Leben mit Stickereien zubrachten und unter ständiger Bevormundung und Bespitzelung lebten. Keine Edelfrau, so gebildet sie auch sein mochte, vernachlässigte je ihre häuslichen Pflichten» [278]. William Boulting erzählt die Lebensgeschichte der Isabella Morra, einer überaus gebildeten und kultivierten jungen Frau, deren Brüder ihren Bildungseifer für ungebührlich erachteten. Als ihr Vater auf Reisen war, fingen sie ihre Korrespondenz ab und sperrten sie ein. Es gelang ihr, einen schriftlichen Hilferuf aus dem Haus zu schmuggeln, und der Gouverneur von Tarent erschien mit Soldaten, um sie zu befreien. Ihre Brüder erschlugen ihn samt seinen Leuten und schnitten der Schwester die Kehle durch. Erst nach ihrem Tode wurden ihre traurigen Verse veröffentlicht.[279]

Ein so melodramatisches Schicksal wie das der Isabella Morra (erstaunlich, daß es noch nie zu einer Oper verarbeitet wurde), war allerdings nicht allen literarisch gebildeten Frauen beschieden, und viele von ihnen lehnten sich gegen die Art ihrer geistigen Erziehung und die Werte und Ideale ihrer Kultur auf. Die erste dieser Rebellinnen, die über die Situation der Frauen schrieb, war Christine de Pisan, die um die Wende des 14. zum 15. Jahrhundert (1364–1430?) lebte und die erste Wortführerin der *querelle des femmes* wurde.

Seit der Entstehung des Christentums hatte es (neben der theologischen) eine literarische Debatte um die Laster und Tugenden der Frauen gegeben, die jedoch ausschließlich von Männern geführt worden war.

Einige dieser Literaten hatten wahre Giftkübel über die Frauen entleert und sie als Geschlecht auf verächtlichste und vulgärste Weise geschmäht; andere dagegen hatten für sie Partei ergriffen, indem sie darauf verwiesen, daß es in der Geschichte auch tugendhafte Frauen gegeben habe, die sogar der Regentschaft und der Kriegführung fähig gewesen seien. Ihre Argumente stützten sich gewöhnlich auf einige wenige Beispiele und waren häufig ambivalent. So beklagte etwa Boccaccio, als er über solche illustren Frauen schrieb, daß in deren armseligen weiblichen Körpern «ein prachtvoller männlicher Geist» gefangen sein mußte.[280]

Ruth Kelso schreibt: «Die gehässige Verleumdung der Frauen scheint zu allen Zeiten, soweit unsere schriftlichen Dokumente zurückreichen, eine beliebte Beschäftigung der Männer gewesen zu sein, die niemals auf bestimmte Länder oder Schichten beschränkt war. In Volksschwänken sind Frauen die notorische Zielscheibe des Spotts, und die Gute-Nacht-Geschichten der Scheherazade beschreiben eine lange Buße für die Treulosigkeit der Frauen. Doch erst dem Mittelalter war es vorbehalten, das Phänomen hervorzubringen, das wir als Kampf der Geschlechter bezeichnen.»[281] Dennoch war dieser Kampf «eine ausschließlich von Männern geführte Kontroverse»[282], bis Christine das Wort ergriff.

Christine de Pisan verfaßte zahlreiche Versdichtungen, schrieb jedoch gleichzeitig auch historische und politische Kommentare. Plötzlich verwitwet und verarmt, für den Unterhalt dreier Kinder und ihrer Mutter verantwortlich, wurde sie beinahe über Nacht «zur populärsten literarischen Persönlichkeit Frankreichs»[283]. Sie verfaßte zunächst Balladen und Romanzen, aber ihr Hauptinteresse galt politischen Fragen. Ihre Themen waren die Probleme der Frauen und deren Darstellung in der Literatur, politische Tagesfragen, Fragen militärischer Strategie und internationalen Rechts sowie die Idee einer historischen Vorsehung.[284] Sie war die erste Schriftstellerin, die sich direkt gegen die literarischen Angriffe der Männer gegen die Frauen zur Wehr setzte und die erste literarische Persönlichkeit überhaupt, die diesen nicht durch die Aufzählung einiger aus der gemeinen Masse herausragender illustrer Frauen zu begegnen suchte, sondern die Frauen im Kontext ihrer faktischen Lebenssituation – ihrer Bedürfnisse, ihrer Einengung, ihrer institutionalisierten Erniedrigung – darstellte. Sie schrieb im Jahre 1399 eine Erwiderung auf den mysogynen *Roman de la Rose* und verfaßte die *Stadt der Frauen* als Angriff gegen das Lamento eines Kirchenmannes.[285] Die erste Veröffentlichung dieses Buches in englischer Sprache erfolgte 1982.

Nach Christine griffen überall in Italien, Frankreich und England Frauen zur Feder, um sich dem Kampf anzuschließen. Joan Kelly schreibt nach eingehendem Studium der Dokumente der *querelle*, daß all diese Frauen sich der politischen Unterdrückung ihres Geschlechts in ungewöhnlich hohem Maße bewußt waren. Sie wußten, daß der soziale Geschlechtstypus – d. h. die anerzogenen Rollen – nicht identisch mit dem körperlichen Geschlecht war, und sie hatten erkannt, daß die gesellschaftliche Position des Schriftstellers dessen Werte und Vorstellungen prägt: Sie entlarvten die Ideologie des Patriarchats. Lucretia Marinella schrieb in dem vollen Bewußtsein, daß kein Mann ihre Werke lesen würde und brüstete sich dessen stolz. Mary Astell stimmte ironisch den männlichen Literaten dahingehend zu, daß geistige Stärke mit körperlicher Kraft einhergehe und setzte hinzu, es sei «nur einigen sonderbaren Zufällen, denen nachzugehen die Philosophen bislang noch nicht für lohnenswert gehalten, zu danken, daß der kräftigste Lastenträger nicht der weiseste Mann ist»[286].

Der Kampf nahm erbitterte Formen an, als die Männer zur Gegenattacke übergingen. Joseph Swetnams Schrift *The Arraignment of Lewd, Idle, Froward and Unconstant Women*, «eine grimmige antifeministische Polemik, erreichte zwischen ihrer ersten Veröffentlichung im Jahre 1616 und dem Jahre 1634 nicht weniger als zehn Auflagen». Sie provozierte «heftige Gegenattacken»[287]. Diese Swetnam-Debatte zog sich durch das ganze 17. Jahrhundert. Im 18. Jahrhundert beklagt die Historikerin Chatherine Macaulay traurig «die Zensur und den Spott», denen die Frauen seitens der Schriftsteller aller Art ausgesetzt seien. Die Ansicht, daß Frauen als solche weder Autorität noch Macht besitzen können, verfestigte sich, und wie Kelly aufzeigt, vermochte dieses Thema Männer aus ansonsten verfeindeten Schichten und Parteien zu einen: einmütig standen sie hinter der neuentdeckten Überzeugung von der «natürlichen Unterordnung» der Frau unter den Mann.[288] So diente die *querelle* letzten Endes – ungeachtet dessen, was sie bei Frauen auslöste – den Zwecken der Männer und des Patriarchats.

Um die Wende zum 18. Jahrhundert erfuhr das europäische Denken eine neue Umwälzung, die Michel Foucault in seinen Werken über die verschiedenen Felder des gesellschaftlichen Denkens (oder Diskurses) beschreibt. Grob gesagt, handelt es sich um eine Verschiebung hin zu ‹modernen› Denkweisen, die wie frühere geistige Revolutionen mit einer verstärkten Institutionalisierung, einer weiteren Spezialisierung der wissenschaftlichen Disziplinen und der Erfassung weiterer Bereiche des menschlichen Lebens durch das normative Denken einherging. Kurzum, es erfolgte ein neuer Schritt in Richtung auf eine noch umfassendere Herrschaft des Menschen (Mannes) über die Natur und das Leben. Im Zusammenhang mit dieser Entwicklung ist die verstärkte Spezialisierung der Wissenschaft zu sehen.

Diese methodische Spezialisierung in Form strikt umrissener Fachdisziplinen hatte nicht nur zur Folge, daß bestimmte Erkenntnisse selbst, sondern auch bestimmte Arten des Herangehens an Erfahrung tabuisiert wurden. Während es im Mittelalter die Aufgabe der Wissenschaft gewesen war, «das alte Wort aus seinem unbekannten Versteck auszugraben», bestand diese im 17. Jahrhundert darin, «eine Sprache zu fabrizieren», die Analyse und Berechnung ermöglichte.[289] Bis zu dieser Bewußtseinsverschiebung war das gesellschaftliche Denken sowohl linear (logisch) als auch zirkulär (assoziativ) gewesen. Danach jedoch galt nur noch lineares Denken als wissenschaftlich, während assoziative und meditative Herangehensweisen den Dichtern überlassen blieben. Es ist im Grunde falsch, von diesem Übergang wie von einem abgeschlossenen Prozeß zu sprechen, da er auch heute noch im Gange ist und immer krassere Formen annimmt. Erst das lineare logische Denken brachte die moderne Naturwissenschaft zuwege, die ihrerseits die moderne Technologie hervorbrachte. Dennoch ist es wichtig, sich vor Augen zu halten, daß eine Aussage durchaus logisch sein kann, ohne im geringsten der Realität zu entsprechen, und daß lineares Denken zwar schneller voranführt als zirkuläres Denken, dabei jedoch nicht garantieren kann, daß das Ziel, auf das es zusteuert, erstrebenswert ist.

In diesem Wandel der Denkstrukturen schlägt sich ein gesellschaftlicher Wandel in der Einstellung zu Denken und Erkenntnis überhaupt nieder. Für die Antike hatte sich die Macht in Expansion, Autorität und Reichtum verkörpert, und wohl nur einige wenige Philosophen hätten Wissen als Macht im weltlichen Sinne erkannt. Zwischen dem 14. und dem 17. Jahrhundert wurde Wissen jedoch endgültig zu einer Form von Macht. Es war nicht mehr nur Selbstzweck und Werkzeug des Verstehens, sondern Mittel zum Zweck, Instrument der Naturbeherrschung. Auf einem anderen Gebiet war dies vermutlich nicht neu: religiöses Wissen galt schon lange deshalb als erstrebenswert, weil es den Menschen befähigte (oder zu befähigen schien), die Welt des Übernatürlichen zu beeinflussen. Indessen hatte man nicht zu begreifen vermocht, daß Wissen Herrschaftswissen sein kann, etwas vom Individuum Unabhängiges, eine Ware, die ihren Erwerber in die Lage versetzte, bestimmte Lebensumstände zu meistern.

Mit dem späten 16. Jahrhundert hatte, angeregt durch die Experimente, die ein kleiner Zirkel von Naturwissenschaftlern unter dem Einfluß Francis Bacons auf verschiedenen Gebieten unternommen hatte, die Entwicklung der Naturwissenschaft als eigenständiger Erkenntnisstrang begonnen. Die nach der Restauration in England zur Förderung naturwissenschaftlichen Denkens gegründete *Royal Society* wurde durch die Entdeckungen Isaac Newtons revolutioniert. In Frankreich waren führende Köpfe der Gesellschaftswissenschaften, die *philosophes* des 18. Jahrhunderts, bemüht, dem Beispiels Newtons folgend naturwissenschaftliche Methoden und Denkschablonen auf alle Bereiche des Lebens anzuwenden. Newton hatte jede Art von Autorität abgelehnt und, sich nur auf seinen eigenen Verstand verlassend, die komplexen Wirkungszusammenhänge des Kosmos auf drei simple mathematische Gesetze reduziert. Die *philosophes* glaubten an die Möglichkeit, in ähnlicher Weise die Wirkungsgesetze des menschlichen Soziallebens mit Hilfe naturwissenschaftlicher Methoden vereinfachen zu können.[290] Sie hofften, indem sie, wie Bacon gefordert hatte, alle Ideen auf eventuelle Vorurteile überprüften, jeden Aberglauben ausmerzten und die Strukturen der Gesellschaft unter Zugrundelegung exakter Kriterien analysierten, auf die Gesetze des menschlichen Lebens zu stoßen, wie Newton auf die des Universums gestoßen war. Triebfeder des Denkens der Natur- wie der Gesellschaftswissenschaftler war Bacons Traum von der Beherrschung der Natur durch den Menschen – das «Macht euch die Erde untertan» der Genesis. Jede neue Entdeckung, jede neue säuberliche Zuordnung von Erfahrung unter eine Kategorie erschien zweifellos als ein Schritt vorwärts auf der goldenen Treppe zum Paradies der totalen Kontrolle.

In dem Maße, wie auch die Naturwissenschaft institutionalisiert wurde, sahen sich die Frauen von ihr ferngehalten. Seit Descartes, dem das Verdienst zugeschrieben – oder der Vorwurf gemacht – wird, im 17. Jahrhundert die endgültige Spaltung zwischen dem denkenden Verstand und seinem Objekt formuliert zu haben, fielen auch die Frauen unter die Materie, an der der männliche Verstand seine Experimente anstellte. Die Sprache der Naturwissenschaft war, wie wir im 2. Kapitel gesehen haben, explizit vom Streben nach der Beherrschung des Weiblichen und Natürlichen geprägt. Parallel zu diesem Prozeß wurden die Frauen auch von den Philosophen des ausgehenden 17. und 18. Jahrhunderts noch weiter degradiert als in den beiden vorangegangenen Jahrhunderten.

Die französische Aufklärung des 18. Jahrhunderts gilt als progressive und rationale Epoche, als Zeitalter des Lichts und der Vernunft. Außerdem war es die Zeit der aufwühlenden Proklamationen von Gleichheit und Brüderlichkeit und der einschneidenden Erklärung Rousseaus, daß der Mensch, obgleich überall auf der Welt in Ketten, doch frei geboren sei. Die *philosophes* versuchten, jedes gesellschaftliche Problem objektiv und vernünftig zu durchleuchten und Vorurteile auszuräumen. Ein Vorurteil entging dabei jedoch völlig ihrer Aufmerksamkeit. Wenn Frauen überhaupt je erwähnt wurden, dann deshalb, weil man diskutierte, weshalb sie einen untergeordneten Status hatten und behalten sollten. Rousseau päppelte seine ideale (fiktive) Frau nur mit Milch und Süßigkeiten und machte sie zum Kind, zur Puppe, während er gleichzeitig ein Programm für die umfassende Erziehung seines fiktiven Idealmenschen entwarf. Die *philosophes* sprachen von Menschenrechten, aber die Frauen gehörten nicht zur Gattung des Menschen.

Es ist wichtig, sich zu verdeutlichen, daß Institutionalisierung die Funktion hat, parallel zur Weitergabe weiblicher Generativität männliche Macht von einer Männergeneration an die nächste zu vererben. Frauen gebären Mädchen, die als Frauen wiederum Mädchen gebären: generative Macht wird ausschließlich in der weiblichen Linie weitergegeben. Die Söhne, die ja auch von Frauen geboren werden, haben an der generativen Macht nicht teil. Ähnlich linear organisierte Institutionen ermöglichen die Weitergabe von Macht allein unter Männern unter völligem Ausschluß der Frauen. Zudem funktioniert die institutionalisierte Machtübertragung unter der Prämisse, sie sei der rein «animalischen» Generativität weit überlegen.

Die Vertreibung der Frauen aus den Bildungseinrichtungen war nicht nur für die Frauen selbst, sondern für die gesamte Kultur von einschneidender Bedeutung. Die Bildungsgänge des Spätmittelalters und späterer Zeiten – in einigen Fällen bis zum Beginn des 19. Jahrhunderts – setzten Latein- oder Griechischkenntnisse voraus. Mädchen, die keine Schulen besuchen durften, aber zu Hause lesen und schreiben lernten, beherrschten nur die Umgangssprache. Und selbst wenn ein Mädchen in den klassischen Sprachen unterrichtet wurde, durfte es keine höhere Schule besuchen. Hatte die junge Frau einen gebildeten Vater, der sie zu Hause unterrichtete, durfte sie das Gelernte nicht anwenden. Es gab für Frauen keinerlei Möglichkeit, ihre Begabungen zu entfalten.

In früheren Zeiten war die Familienzugehörigkeit für Männer wie für Frauen die wichtigste Machtgrundlage gewesen: Familienbesitz, -name und -ehre hatten enormes Gewicht besessen und bestimmten Männern und Frauen ein hohes Maß an öffentlicher Einflußnahme ermöglicht. Die Institutionalisierung der meisten öffentlichen Bereiche aber beschränkte den Einfluß der Familie, vor allem den der Frau, auf ein geschrumpftes Reich des Notwendigen, eine private Welt. Die Frauen des Mittelstands und der Oberschicht waren auf Heim und Herd verwiesen. Da sie wenig ausgelastet waren, wurden sie meist schnell schwanger und hatten oft eine enorme Schar von Kindern. Säuglinge wurden manchmal aufs Land gegeben, offiziell um von Ammen genährt zu werden, faktisch jedoch häufig in den Tod. Satirische Darstellungen aus dem 18. Jahrhundert zeichnen die Frauen der Oberschicht als eitel, leichtfertig, oberflächlich, überspannt und promisk – was in vielen Fällen auf sie und auch auf ihre Männer zugetroffen haben mag. Anders als das Hauswesen der ebenfalls ans Haus geketteten athenischen Frauen erzeugte der mittelständische Haushalt des 18. Jahrhunderts die meisten seiner Bedarfsgüter nicht mehr selbst, sondern bezog sie aus verschiedenen spezialisierten und teilweise sogar professionalisierten Sektoren der Gesellschaft, so daß die mittelständische Hausfrau nicht mehr sehr viel produktive Arbeit leistete.

In der häuslichen Sphäre war sie vor allem ein Bindeglied. Sie vermittelte als Mutter zwischen dem Mann und der Natur, als zivilisierendes Element zwischen dem Mann und der Kultur und als Tauschobjekt zwischen dem Mann und seinen Geschlechtsgenossen. In all diesen Funktionen war sie hauptsächlich durch ihren Körper und ihre Geschlechtsorgane definiert. Sie lebte aussschließlich für andere, wenn auch (im Idealfall) auf verschiedenen Ebenen. Ihrem Gatten war sie (wieder im Idealfall) Freundin und intelligente Gefährtin, die ihm in jeder Hinsicht zu gefallen suchte, und gleichzeitig die oberste Dienerin, die ihn über den Haushalt und die Kinder auf dem laufenden hielt und dabei gleichzeitig sicherstellte, daß nichts von alledem ihm zur Last fiel. Sie hatte die oberste Verwaltung des Haushalts inne, ohne jedoch die Autorität zu genießen, die nur dem Menschen erwächst, der die Arbeit der anderen besser beherrscht als diese – d. h. zu spinnen, zu buttern, zu weben und Medizin zuzubereiten versteht. Sie war in erster Linie Aufseherin, zuständig für die Überwachung der Arbeit, des Betragens, der Sitten und der Moral der Dienerschaft sowie für unzählige Kleinigkeiten. Den Kindern war sie Mutter, ein in dieser Form neues Amt, für dessen Erfüllung jedoch weder Bildung noch Erfahrung notwendig schien und das nicht entlohnt wurde. Sie wachte über das leibliche Wohl, die Erziehung, die Manieren und die Moral der Kinder. Vielfach wurden Söhne mit sieben Jahren ihrer Aufsicht entzogen, Töchter blieben ihr länger. Ihren Kindern war sie das Bindeglied zum Vater, zur Welt der Erwachsenen und zur Welt überhaupt: Funktionen, die nur begrenzter Natur waren.

In England besuchten Mädchen vom Beginn der Reformation an Schulen der einfachsten Art. Sie hatten keinen Zugang zu höheren Schulen (wo die Knaben in Latein und Griechisch unterrichtet wurden) und lernten nur die Volkssprache lesen und schreiben. Dennoch entstand auf diese Weise ein völlig neues Lesepublikum aus ständig unausgefüllten, zunehmend unter Langeweile leidenden Mittelstandsfrauen. In Traktaten wurde dagegen gewettert, Mädchen ihre Lektüre frei wählen zu lassen, und darauf gedrängt, diese auf die Bibel, Predigten, fromme Schriften und Haushaltsratgeber zu beschränken. Die Frauen lasen tatsächlich solche Bücher, aber sie lasen auch, um sich zu unterhalten. Gegen Ende des 16. Jahrhunderts war eine neue Literaturgattung entstanden, die sich an diese Zielgruppe wandte – die sentimentale Ballade.[291] Der aufstrebende Mittelstand, der darum bemüht war, Eingang in vornehme Kreise zu finden, las überdies Benimmhandbücher und propagierte in seiner Literatur eine Reihe neuer Ideale: ein Evangelium des Fleißes, der Disziplin und der Sexualunterdrückung als Mittel, um Wohlstand und gesellschaftliches Ansehen zu erlangen.[292]

Im 18. Jahrhundert umfaßte der Lehrplan der Mädchenschulen bereits Geschichte, Geographie, Literatur und Gegenwartsfragen. Stone zitiert folgende Äußerung aus der Feder einer Frau: «Jungen lernen auf der höheren Schule Latein und Griechisch, verachten die schlichteren Gefilde des Lernens und wissen im allgemeinen nichts über nützliche konkrete Dinge, in denen jedes Mädchen wesentlich besser beschlagen ist», und im Jahre 1791 mußte das *Gentleman's Magazine* zugeben, daß «das schöne Geschlecht seine Klasse bewiesen und die natürliche geistige Gleichbegabung für sich reklamiert hat, die nur der Einfluß der menschlichen Institutionen zeitweilig zu überdecken vermochte».[293] Dennoch blieben aus der Mädchenerziehung des 18. Jahrhunderts die klassischen Sprachen ausgeklammert, die den Frauen noch im 16. Jahrhundert beigebracht worden waren, und somit die Möglichkeit, Zugang zu unübersetzten Werken zu finden.[294]

In Genf existierten so gut wie keine Mädchenschulen, und zwischen dem Wissen der Männer und dem der Frauen lagen Welten. Monter berichtet, wie schockiert drei hochgebildete Genfer Bürger, die im Jahre 1751 Italien bereisten, auf Laura Bassis physikalische Vorlesung zu Mailand reagierten: «Von ihrer eigenen Kultur her waren sie in keiner Weise auf die Begegnung mit einer echten *femme savant* vorbereitet.»[295]

In Frankreich, das katholisch geblieben war, wurden Mädchen noch immer in Klosterschulen unterrichtet. Die berühmte Schule der Madame de Maintenon, das 1686 gegründete Saint-Cyr, nahm Mädchen im Alter zwischen sieben und zwölf Jahren auf und entließ sie erst mit zwanzig. Hier wurden gehorsame Hausfrauen herangezogen: eine wahre Gehirnwäscheanstalt für künftige Ehefrauen.[296]

Ob nun wegen oder trotz der Bildung, die ihnen zuteil wurde: Frauen taten sich weiterhin durch brillante geistige Leistungen und große Begabung hervor. So gab es in England um die Wende zum 18. Jahrhundert mehrere herausragende Feministinnen wie etwa Aphra Behn und Mary Astell, die (im Jahre 1706) schrieb: «Wenn absolute Souveränität im Staat nicht unbedingt notwendig ist, wieso dann in der Familie? Oder wenn in der Familie, warum dann nicht im Staat? ... Ist es denn nicht von den Männern in höchstem Grade einseitig gehandelt, in ihren Familien die gleiche Willkürherrschaft zu erstreben und zu praktizieren, die sie im Staat verabscheuen und lautstark ablehnen ... wenn jedermann frei geboren ist, wie kann es dann angehen, daß alle Frauen zu Sklavinnen geboren sind?»[297] Im Jahre 1770 wurde in England ein exklusiver Club gegründet, zu dem Männer nur als Gäste Zutritt hatten. Diese *Female Coterie* war der erste reine Frauenclub überhaupt und wurde Zielscheibe reichlichen Spotts.[298] Die *Female Coterie* war kein intellektueller Debattierclub, aber schon ihre bloße Existenz war ein feministisches Manifest. Sie war Ausdruck eines geistigen Klimas, das gutenteils das Werk der noch immer in der alten *querelle des femmes* engagierten Feministinnen war und das zu Ende des Jahrhunderts eine Mary Wollstonecraft hervorbringen sollte.

In Frankreich gab es die von Frauen unterhaltenen Salons. Hier traf sich in der angenehmen Atmosphäre der Häuser dieser Frauen alles, was Talent oder Rang und Namen besaß. Die Salons waren dazu da, persönliche Bekanntschaften zu schließen, intellektuelle Gespräche zu provozieren, Karrieren zu fördern und Menschen und Ideen öffentlich bekannt zu machen. «Sie waren Brennpunkte literarischer, politischer und kunstbezogener Kritik. Philosophie, Religion – für jeden Bereich gab es einen eigenen Zirkel, und jedes Thema wurde irgendwann im Salon irgendeines Hauses diskutiert.»[299] Man zog von Salon zu Salon, und manchmal gab es einen regelmäßigen *jour fixe*. So «fand man Pascal und La Rochefoucauld im Salon der Madame de Sablé, Montesquieu im Salon der Madame de Tencin, Voltaire in dem der Madame du Deffand und d'Alembert bei Mademoiselle de Lespinasse»[300].

Einige der Frauen, die immer im Zusammenhang mit solchen Salons genannt werden, waren selbst große Denkerinnen, auch wenn sie nicht die gleiche Verehrung genossen wie die Männer. Madame de la Fayette und Mademoiselle de Scudéry verfaßten Romane. Die Briefe der Madame de Sévigné sind literarische Meisterwerke. Madame du Châtelet war Mathematikerin und Astronomin und Madame de Staël schließlich eine der bedeutendsten literarischen Persönlichkeiten ihrer Zeit.[301] Doch die illustren Männer, die von ihnen gefördert und inspiriert wurden, wollten in ihnen lediglich Frauen sehen, die männliche Pfade beschritten. In den Schriften der *Philosophes* werden die Frauen als geistig, körperlich und emotional unterlegen dargestellt.

Überdies lieferten die Naturwissenschaften zu jener Zeit scheinbar die Verifizierung dessen, woran die Athener geglaubt und was die Christen institutionell besiegelt hatten: der Minderwertigkeit der Frau. Die Fakten schienen eindeutig. Die noch immer karge Ernährung der Mädchen und Frauen, die furchtbaren Mieder, Corsagen und Stützen, die sie tragen mußten, hatten die Gesundheit vieler Frauen aus Oberschicht und Mittelstand geschwächt. «Infolge einer sonderbaren Laune der Kultur wurde das zähere und widerstandsfähigere [sic] der beiden Geschlechter mit körperlicher wie psychischer Empfindlichkeit und Schwäche gleichgesetzt.»[302] Die bornierten und mit Vorurteilen befrachteten medizinischen ‹Erkenntnisse› der Ärzte führten stets zu dem gleichen Schluß: Frauen waren in jeder Hinsicht von Natur aus minderwertig.

Doch ebenso wie es in England Frauen gab, die sich der herrschenden Denkströmung – die inzwischen so gewaltig war, daß sie die meisten Frauen mitschwemmte – entgegenstemmten, so gab es sie auch in Frankreich und selbst in eben jenen Salons, in denen die *Philosophes* verkehrten. Carolyn Lougee hat aufgezeigt, wie in den französischen Salons des 17. und 18. Jahrhunderts die *querelle* auf einer anderen Ebene fortgeführt wurde.[303] Im 16. Jahrhundert war sie hauptsächlich um den moralischen Wert oder Unwert der Frauen entbrannt, im 17. Jahrhundert war ihr Hauptinhalt der Einfluß der Frauen auf die Gesellschaftsstruktur Frankreichs. Man stritt sich darüber, ob Frauen Salons unterhalten sollten oder nicht und gründete die jeweiligen Argumente auf die Beantwortung der zentralen Schlüsselfrage: Waren Frauen vollwertige Menschen? Es wurde (wie im Islam) behauptet, daß Frauen keine Seele hätten, nicht nach dem Bild – des männlichen – Gottes geschaffen seien und einer subhumanen Spezies angehörten – einer Zwischenstufe zwischen Tier und Mann. Doch hinter dieser Debatte verbarg sich in Wahrheit ein politischer Streit. Frauen förderten und protegierten Künstler, Intellektuelle oder auch schlicht reiche Männer und versuchten, diesen den Aufstieg in die höheren Ränge der gesellschaftlichen Hierarchie zu ebnen. Männer, in deren Augen die Aristokratie eine kleine geschlossene Elite bleiben sollte, bekämpften die von Frauen unterhaltenen Salons, weil diese gegenläufige Ziele verfolgten, Ziele, für die sich die Frauen inbrünstig engagierten, weil sie sich selbst zu jenen rechneten, denen der gesellschaftliche Aufstieg geebnet werden sollte. Indem sie sich selbst zu vollwertigen, mit Intelligenz begabten und im Besitz einer Seele befindlichen Menschen erklärten, verteidigten sie gleichzeitig das Recht all derer, die nicht in den Adel hineingeboren waren, auf den Erwerb von Status kraft ihrer Fähigkeiten. Was die Frauen vertraten, war die fundamentale Gleichheit aller Menschen.[304]

Die «Heftigkeit der Opposition gründete auf der gleichen Ursache wie das leidenschaftliche Engagement der Feministinnen: den weitreichenden Auswirkungen der Stellung der Frau auf alle Bereiche von Politik und Wirtschaft»[305]. Fürkämpferinnen wie Widersacher waren sich durchaus darüber einig, daß die Einnahme gesellschaftlich einflußreicher Positionen durch Frauen die Werte und Strukturen der Gesellschaft sowie deren Wirtschaftsgefüge verändern würde: Genau wie in den Kämpfen um das Frauenwahlrecht in den Vereinigten Staaten und Großbritannien hatten beide Parteien durchaus die gleichen Vorstellungen von den Folgen möglicher Neuerungen, und nur in deren Bewertung schieden sich die Geister.

Die Frauen ‹gewannen› den Kampf, aber nur für andere. Die gesellschaftliche Elite Frankreichs wandelte ihre Zusammensetzung durch neue Erhebungen in den Adelsstand und die Integration neureicher Familien. Die Salons hatten jedoch noch immer ihre Funktion, da der *Bourgeois Gentilhomme* zunächst eine lächerliche Figur war, der wie einst an den mittelalterlichen Liebeshöfen von Frauen feinere Lebensart beigebracht werden mußte. Ihre eigene Situation hatten die Frauen kaum verändern können, aber ihre Ideen sollten bald noch einmal explosionsartig hervorbrechen: im Zuge der Revolution, für die sie selbst den Boden mit bereitet hatten.

8. Revolutionen

Ehe wir uns nun in die Komplexität der jüngeren Vergangenheit stürzen, wollen wir noch einmal eine kurze Atempause einlegen und versuchen, aus der Betrachtung der vielen verschiedenen Kulturen, die hinter uns liegt, einige allgemeine Aussagen abzuleiten. Erstens und wichtigstens: Frauen erringen faktischen Zugang zur Macht – nicht das Recht auf diesen – durchweg in Perioden gelockerter Kontrolle. In extremen Krisenzeiten, wie etwa während Hungersnöten oder Kriegen, kämpfen Männer und Frauen gemeinsam um ihr Überleben. In Zeiten straffer zentraler Kontrolle schließen die Männer die Frauen von jeder Form gesellschaftlicher Macht aus. Frauen können ihre Fähigkeiten nur sehr marginal entfalten, und auch das nur in Zeiten, in denen marginale Bereiche überhaupt existieren.

Ebenso augenfällig ist das nie versiegende und offenbar sehr tief sitzende Bedürfnis der Männer, die Frauen zu kontrollieren und abzuwerten, ein Impuls von solcher Dringlichkeit, daß man geneigt ist, dem Argument der Männer Glauben zu schenken, daß Männlichkeit unabdingbar an jene Kontrolle gebunden ist. Dieses Argument basiert auf der Definition, Männlichkeit sei ein Status der reinen Willensgesteuertheit und Entbundenheit von allem Zwangsläufigen (d. h. von der Natur). Da faktisch kein Mensch je diesen Status erreichen kann, werden die Männer, solange diese Definition gilt, stets eine untergeordnete Kaste brauchen, an deren, qua Unterdrückung produzierter Inferiorität sie sich messen und mit der verglichen sie sich zu ihrem priviligierten Los beglückwünschen können. Feministinnen bleibt oft nur Fassungslosigkeit angesichts des irrationalen Beharrens der Männer auf der weiblichen Minderwertigkeit, allen Beispielen starker, intelligenter und tüchtiger Frauen zum Trotz. Doch noch so viele Gegenbeweise vermögen nicht den Drang der Männer aufzuwiegen, ihr tradiertes Rollenverständnis aufrechtzuerhalten und es sich immer wieder selbst zu bestätigen: Wenn die Frauen (oder auch die Schwarzen bzw. eine andere als minderwertig geltende gesellschaftliche Gruppe) nicht faktisch von Natur aus stärker an nicht ihrem Willen unterliegende Zwänge gebunden sind, stellen die Männer mit Hilfe von Gesetzen, gesellschaftlichen Schranken und Vorurteilen sicher, daß diese Fiktion Realität wird.

Es gibt immer noch Leute, die allen Gegenbeweisen zum Trotz an der Auffassung festhalten, die Frau sei dem Mann von Natur aus unterlegen. Träfe dies zu, so wäre es jedoch nicht nötig gewesen, Gesetze zu erlassen und Institutionen zu schaffen, die die Rechte und Freiheiten der Frau einschränken, um sie aus der Öffentlichkeit zu verbannen. Eine Klasse von Menschen, die einer anderen tatsächlich in jeder Hinsicht unterlegen wäre, bräuchte wohl kaum eigens unterjocht zu werden. Wie Aldous Huxley in *Schöne neue Welt* treffend aufzeigte, besteht die einzige Möglichkeit, eine Klasse von Menschen auf Dauer zu knechten, darin, dafür zu sorgen, daß ihre Angehörigen bereits minderwertig geboren werden: im Roman werden ungeborene Kinder durch spezielle Behandlung vom Augenblick der Empfängnis an unteren Schichten zugeordnet. Mit der Rolle der Frau muß es sich ebenso verhalten haben.

Und schließlich wird in den hier untersuchten historischen Epochen die Neigung der Frauen sichtbar, nicht für sich selbst als Klasse zu kämpfen. Wenn römische Frauen aufbegehrten, so deshalb, weil sie die Rechte des Patriziertums, dem sie angehörten, forderten. Frauen kämpften, litten und starben unter dem Römischen Reich als Christinnen, im Christentum als Gnostikerinnen oder Häretikerinnen, in katholischen Ländern als Protestantinnen oder Abtrünnige und in protestantischen Ländern als Katholikinnen, niemals jedoch als Frauen für die Belange der Frauen. Dies war, soweit wir der historischen Überlieferung entnehmen können, erstmalig während der französischen Revolution der Fall.

Frauen und Frauenarbeit in der Französischen Revolution

Sämtliche bisher erörterten intellektuellen und kulturellen Strömungen hatten kaum Auswirkungen auf die Landbevölkerung. Weitgehend analphabetisch, isoliert und ganz von der täglichen Arbeit beansprucht, lebte sie nach Traditionen, an denen sich Jahrhunderte lang nichts geändert hatte und die wohl auch als unveränderlich betrachtet wurden. Wer genügend Land besaß, um eine Familie erhalten zu können, durfte sich bereits glücklich schätzen.

Wie stets in der Geschichte leistete die Frau in diesen Bevölkerungsschichten den Hauptteil der Arbeit und stellte das Rückgrat der Familie dar. Sie schnitt und drosch das Getreide, sammelte und verteilte den Dung und pflügte die Äcker. Ihr oblag grundsätzlich die Betreuung des Küchengartens und die Milchverarbeitung – das Melken, die Herstellung von Butter und Käse –, die Sorge für das Geflügel, die Zubereitung von Heiltränken aus den Kräutern des Gartens. Sie führte die Aufsicht über die Kinder und, soweit vorhanden, das Gesinde. Ihr Tag begann im Morgengrauen. Sie buk täglich frisches Brot, braute Bier für den häuslichen Bedarf, sorgte dafür, daß die Seife bereitet, die Kerzen gegossen und das Fleisch für den langen Winter geräuchert oder gepökelt waren. Sie kochte Obst und Gemüse ein und bereitete Marmelade. Sie kochte die täglichen Mahlzeiten, wusch die Wäsche, stellte das Tuch für den Bedarf der Familie her und nähte die Kleidung.[306]

Allerdings konnte das bäuerliche Anwesen oft nicht die ganze Familie ernähren, so daß ein Teil ihrer Mitglieder sich anderweitig ein Auskommen suchen mußte. Auf dem Land konnten sich Frauen als Schnitterinnen, Erntemägde oder Schafschererinnen verdingen, wenn sie auch für diese Arbeiten nur die Hälfte der Männerlöhne erhielten. Sie webten entweder selbst oder übernahmen das Spinnen – den eintönigsten und zeitaufwendigsten Arbeitsgang bei der Herstellung von Tuch – während ihre Ehemänner webten. Die Frauen bekamen weniger zu essen als die Männer und gebaren viele Kinder. So ist es nicht weiter verwunderlich, daß ihre Lebenserwartung niedriger lag als die der Männer. Für beide Geschlechter betrug sie jedoch kaum 30 Jahre, und nur wenige Menschen wurden älter als 40.[307]

Dennoch war diese Existenz unter allen Lebensformen der unteren Schichten die sicherste. Der Lebensunterhalt derer, die kein eigenes Land besaßen und in den Städten lebten, war weitaus gefährdeter. Männer, die sich gegen Lohn verdingten, verdienten, sofern sie nicht über außergewöhnliche Fähigkeiten verfügten, kaum mehr als sie brauchten, um sich am Leben zu erhalten. Frauen wurden grundsätzlich schlechter bezahlt und mußten oft noch Kinder ernähren. Hausmägde wurden in erster Linie mit meist sehr karger Kost und freudloser Unterkunft entlohnt und konnten bestenfalls im Laufe mehrerer Jahre genug zusammensparen, um die Bett- und Haushaltswäsche zu erstehen, die die Aussteuer eines Mädchens aus dem Dienstbotenstand ausmachte. Verheiratete Frauen spannen Wolle oder Baumwolle und stellten Spitzen her. Die Spitzenfabrikation war «der florierendste von Frauen betriebene Manufakturzweig in Frankreich, obwohl die Spitzenklöpplerin nur Hungerlöhne für eine Arbeit erhielt, die sie früher oder später das Augenlicht kostete»[308]. Ohne Zugang zu den neuen Wirtschaftsorganisationen, die die Zünfte verdrängt hatten, stellten die Frauen noch immer die Masse der in der Herstellung von Frauenkleidung beschäftigten Arbeiterinnen: Sie waren Näherinnen und Stickerinnen, Putz-, Korsett-, Band- und Handschuhmacherinnen.[309] Die einzigen Tätigkeiten, die gebildeteren

Mittelstandsfrauen offenstanden, waren die der Gouvernante oder der Zofe einer Adligen, armselig bezahlte Stellungen, die jedoch immerhin Kost und Logis sicherten.[310]

Die Frauen der armen Schichten bildeten die niedrigste Stufe in der Hierarchie der Lohnarbeit. Sie führten die schweren, unangenehmen, niedrigen Arbeiten aus, insbesondere das Tragen von Lasten. Sie trugen schwere Gemüsesäcke zum Markt, Erde, Wasser, Holz – alles, was es zu tragen gab. In den großen Städten verdingten sie sich als Lumpensortiererinnen, Kehrrichtsammlerinnen oder Maurer- und Pflasterergehilfinnen.[311]

Die Armut trieb viele Männer dazu, ihre Familien im Stich zu lassen, «da sie das Jammern nicht mehr ertrugen, dem sie nicht abhelfen konnten» [312]. In Metz beantragten, nachdem die Revolution die Möglichkeit dazu eröffnet hatte, 268 Arbeiterinnen die Scheidung, weil ihre Männer sie verlassen hatten, was jedoch bereits fünf beziehungsweise neun Jahre früher (in den Jahren 1785 und 1789) während schwerer Dürreperioden geschehen war.[313] Der *Curé* von Bort schrieb, er würde mit Klagen von Frauen überschüttet, die zu ihm kämen, um Brot zu erbetteln und gleichzeitig zu berichten, daß ihre Ehemänner drohten, sie zu verlassen, wenn sie nicht ihre kleinsten Kinder verhungern ließen. Und ein *Curé* in Tours schildert «die Hierarchie des Hungers»: die Frauen seien nicht die ersten, die der Hunger dahinraffte, aber sehr wohl die ersten, die sein Wühlen spürten, da sie sich selbst die Nahrung vom Munde absparten, um ihren Männern und Kindern zu essen geben zu können, und Olwen Hufton ergänzt: «Das soll nicht heißen, daß die Frauen nicht tranken, Diebstähle begingen, logen, sich prostituierten oder zu allen erdenklichen kriminellen Mitteln griffen, sondern daß sie im allgemeinen mit größerer Hingabe an ihren Angehörigen hingen.»[314] Diese hingebungs- und aufopferungsvolle Frau war für ihre Angehörigen von immenser Bedeutung. Wenn sie starb oder ihre Arbeitsfähigkeit einbüßte, war es nur allzu wahrscheinlich, daß die Familie «die feine und doch so überaus bedeutungsschwere Scheidelinie zwischen Armut und völliger Verelendung überschritt» [315].

Die Massen dieser riesigen, mit Nichtachtung und Geringschätzung behandelten Bevölkerungsschicht der Armen sollten den sozialen Protest im Frankreich des ausgehenden 18. Jahrhunderts zur Revolution emporlodern lassen, und oft genug waren es arme Frauen, die eigene Protestbewegungen initiierten oder als Anführerinnen die Männer zum Kampf aufriefen. Auch früher schon, etwa im britischen Bürgerkrieg, hatten Frauen gegen ökonomische Zustände aufbegehrt. In der französischen Revolution richtete sich ihr Protest jedoch auch gegen frauenfeindliche Ausschlußgesetze und -praktiken.

Frauen waren grundsätzlich aus allen politischen Gremien einschließlich der Nationalversammlung, den *États Généraux*, ausgeschlossen. Sie besaßen allerdings das Recht, beim König Petitionen einzubringen. Zu Beginn des Jahres 1789 diktierten arme, des Lesens und Schreibens unkundige Frauen einem Schreiber eine Beschwerdeliste und legten diese in Gestalt mehrerer informeller *cahiers* vor. Sie beklagten sich über die Armut, die Steuereintreiber und die üblen Spekulanten, die den Brotpreis in die Höhe trieben. Sie warfen den städtischen Hospitälern vor, ihre kranken Kinder dort ohne jegliche Vorkehrungen gegen die Ausbreitung ansteckender Krankheiten zu viert in ein Bett zu pferchen. Mittelstandsfrauen forderten die gesetzliche Gleichbehandlung von Männern und Frauen, Bildungsmöglichkeiten und Schutz vor dem Mißbrauch von Körper und Mitgift durch ihre Ehemänner. Arbeiterinnen wollten Arbeit. Die *cahiers* ließen große Hoffnungen erkennen. Ihr Erfolg war gleich null.[316]

Von den Plänen des Königs unterrichtet, Paris so lange auszuhungern, bis Ruhe und Gehorsam einkehren würden, stürmten Einwohner der Stadt am 14. Juli die Bastille, und in Stadt und Land flammte die Gewalt auf. Ein neues parlamentarisches Gremium wurde gebildet, das dem Willen der Nation Ausdruck verleihen sollte: die Nationalversammlung. Sie wurde beauftragt, eine neue Verfassung zu entwerfen und erließ im August 1789 die *Déclaration des Droits de l'Homme et du Citoyen*. Von Frauen war darin nicht die Rede. Als am 5. Oktober die Marktfrauen merkten, daß es in Paris kein Brot gab, zogen 6000 von ihnen zu Fuß in das zwanzig Kilometer entfernte Versailles, um sich dort persönlich beim König zu beschweren. Er versprach ihnen Abhilfe, und sie zogen triumphierend mit der königlichen Familie im Schlepptau nach Paris zurück. Doch nichts änderte sich, und sechs Monate später wurde die Marktfrau Reine Audu als eine der Anführerinnen der Oktoberdemonstration zu einem Jahr Haft verurteilt. Dennoch stärkte dieser Marsch der Frauen den Druck der Nationalversammlung auf den König, die Deklaration der Menschen- und Bürgerrechte abzusegnen.[317]

In den folgenden Jahren setzten sich Frauen überaus aktiv sowohl für die Bemühungen der Nationalversammlung um die Schaffung einer neuen Verfassung als auch für ihre eigenen Belange ein. Wohlhabende

Frauen stifteten der Nationalversammlung ihren Schmuck, Schauspielerinnen, Sängerinnen und *Demimondaines* ebenso wie reputierliche Bürgersfrauen spendeten Geld und engagierten sich. Die Dramatikerin Olympe de Gouges schrieb politische Traktate als Lobpreisungen auf die Revolution – und den König. Frauen gaben erste eigene Zeitungen heraus und forderten die Rechte auf Bildung, auf Ausübung des Geschworenenamts und Teilnahme an Wahlversammlungen sowie die Reform des Eherechts und das Recht auf Scheidung. Sie gründeten Hunderte von Frauenvereinen, auch auf dem Land, und nahmen zuweilen sogar bewaffnet an Demonstrationszügen teil.[318]

Im Jahre 1791 versuchte der König, aus Frankreich zu fliehen, und das Volk wurde der Gefahr gewahr, daß ausländische Mächte auf seiten des Königs in Frankreich intervenieren könnten. Es kam zur politischen Krise, und obgleich die Nationalversammlung sich zu jener Zeit nicht um die Frauenrechte kümmerte, waren zahlreiche Frauen unter den Teilnehmern und Anführern der Demonstrationen gegen die Monarchie und auch unter jenen, auf die Lafayette die Nationalgarde feuern ließ. Der König schwor schließlich feierlich, die neue Verfassung zu unterstützen. Olympe de Gouges veröffentlichte als Protest gegen die Nichterwähnung der Rechte der Frauen eine *Déclaration des Droits de la Femme de la Citoyenne*, in der sie Gedankenfreiheit, gleiche Eigentumsrechte, öffentliche Ämter und bessere Bildungschancen für Frauen verlangte. Ihr Katalog umfaßte ferner die Reform des Eherechts und einen «Gesellschaftsvertrag» zwischen Ehemann und Ehefrau. Sie argumentierte, daß Frauen, die gut genug seien, das Schafott zu besteigen, auch das Recht verdienten, die politische Bühne zu betreten. Dieser Ausspruch war in tragischer Weise prophetisch, da sie später selbst als Sympathisantin der Monarchisten von den Republikanern geköpft wurde.[319]

Im April 1792 erklärte Frankreich Preußen und Österreich den Krieg, und noch im gleichen Jahr marschierten ausländische Truppen in Frankreich ein, ohne daß die französische Armee großen Widerstand leistete, ein Umstand, der den König in den Verdacht des Verrats brachte. Während der gesamten kriegerischen Phase der Revolution bewiesen die Frauen ein hohes Maß an Vaterlandstreue. Noch vor Ausbruch des Krieges forderten sie das Recht, Waffen tragen und an bewaffneten Wehrübungen teilnehmen zu dürfen, hielten Aufmärsche ab und organisierten sich. Am Tuilerienaufstand, der zum Sturz der Monarchie führte, waren Frauen als aktive Kämpferinnen beteiligt. Im September 1791 wurde

Frankreich zur Republik erklärt und im Januar 1793 der König hingerichtet. Die Ereignisse in Frankreich waren für die europäischen Monarchien eine ebenso große Bedrohung wie es Siege des Sozialismus für kapitalistische Staaten sind, und im Frühling 1793 standen die Franzosen bereits einer Allianz von fünf Ländern gegenüber. Die Frauen beteiligten sich, soweit es ihnen gestattet war, an der Verteidigung ihres Landes: Sie wickelten Verbandmaterial, strickten als *Tricoteuses* Bekleidung für die Soldaten und begleiteten ihre Männer in den Kampf. Einige verkleideten sich als Männer und wurden erst dann als Frauen entlarvt, als man sie aus den Reihen hervortreten ließ, um sie für besondere Tapferkeit zu belobigen.[320]

Schließlich belohnte die neue Republik die Frauen in den Jahren 1792 und 1793 für ihre Verdienste, indem sie ihnen das Recht auf Scheidung, die elterliche Gewalt über Säuglinge und Töchter, gleiche Erbbefugnisse und das Recht der Ehefrau auf Teilhabe am Familieneigentum zusprach. In den Jahren 1794/95 verfügte sie die Gründung kostenloser, nach Geschlechtern getrennter Volksschulen für alle Kinder, deren Besuch Pflicht sein sollte (faktisch wurden diese Schulen nie eingerichtet). In bezug auf politische Rechte änderte sich jedoch nichts, und die Frauen gründeten politische Vereinigungen. Die Anführer der Revolution waren zutiefst davon überzeugt, daß sie den natürlichen Rechten des Menschen/Mannes Geltung verschafften, zu denen in ihren Augen auch das Recht auf eine untergebene Gefährtin gehörte. Aus diesem Grunde hatten sie keine Sympathien für die Forderungen der Frauen nach öffentlichem Mitspracherecht, sondern hielten sie für subversiv. Als die herrschende Elite in zwei Fraktionen – die konservativen, ständisch denkenden, ehrgeizigen Girondisten und die demokratischeren und toleranteren Jakobiner – auseinanderbrach und sich der Kampf zwischen diesen zuspitzte, beargwöhnten und bekämpften beide Parteien das Engagement der Frauen für deren eigene Belange: Frauen wurden öffentlich ausgepeitscht, ins Gefängnis geworfen und guillotiniert. Einige Frauen schlossen sich zu einer Gruppe zusammen, die militante Aufständische unterstützte, und patroullierten in Hosen, Pistolen im Gürtel, durch die Straßen, wo sie von anderen Frauen angegriffen wurden. Charlotte Corday ermordete Jean Paul Marat, einen Jakobiner, der Madame Roland, die Gattin eines girondistischen Ministers, der Einflußnahme auf ihn beschuldigt hatte (eine Sünde, für die Madame Roland später im Gefängnis büßte). Frauen engagierten sich aktiv auf beiden Seiten, und der Nationalkonvent, der die Regierungsgewalt innehatte, sagte ihnen den

Kampf an: er ließ zunächst die politischen Vereinigungen, dann sämtliche politische Aktivitäten der Frauen zerschlagen, und schließlich wurde diesen untersagt, an Volksversammlungen teilzunehmen.[321]

Nach dem Sturz Robespierres endete der Terror. Die Preisbindungen fielen, die Inflation galoppierte und die Armen von Paris standen vor dem Verhungern. Ganze Familien, die den Hunger nicht länger ertragen konnten, ertränkten sich gemeinsam in der Seine. Die tägliche Brotration verringerte sich von zunächst sechs auf vier und schließlich zwei Unzen. Erneut initiierten die Frauen Erhebungen und Aufmärsche. Im Mai 1795 versammelten sich arme Frauen in den Straßen, forderten die Männer auf, ihre Arbeit niederzulegen, erzwangen die Schließung von Geschäften, agitierten andere Frauen, sich ihnen anzuschließen und rührten die Trommeln, um die Männer zu den Waffen zu rufen. Sie stürmten das Sitzungsgebäude des Konvents und forderten «Brot und die Verfassung von 1793!» Am nächsten Tag demonstrierten sie abermals zu Tausenden und wurden mit Versprechungen vertröstet. Am darauffolgenden Tag erteilte der Konvent der Armee den Befehl, das Armenviertel Saint-Antoine zu umstellen und bis zur Unterwerfung auszuhungern. Und abermals einen Tag später erklärte er die Frauen zu Friedensbrecherinnen und verfügte, daß sie im Haus zu bleiben hätten. Versammlungen von mehr als fünf Frauen wurden mit Waffengewalt aufgelöst.[322]

Die Revolution bescherte den Frauen zwar keine politischen Rechte, aber doch Gesetze, die ihre Rechte in bezug auf Eigentum, Ehe und Bildung schützten. Sie waren zu einer revolutionären Kraft geworden, die in der Geschichte ihresgleichen suchte und den Frauen der Pariser Kommune im Jahre 1871 als noch immer lebendiges Vorbild dienen sollte. Aber sie hatten keine Zeit, ihre Errungenschaften zu festigen und auszubauen. Im Jahr 1804 wurde Napoleon Bonaparte zum Kaiser gekrönt. Er erließ einen Gesetzeskodex, der den Frauen sämtliche Rechte nahm, ihnen bedingungslosen Gehorsam Vätern und Ehemännern gegenüber auferlegte, Mädchen und verheirateten Frauen die Bürgerrechte verwehrte und Frauen grundsätzlich die Bekleidung juristischer Funktionen oder Vormundsämter untersagte. Er verbot Vaterschaftsfeststellungsklagen und verordnete unverheirateten Müttern und deren Kindern gegenüber strenge Maßnahmen. Er entzog den Frauen faktisch alle Rechte außer das auf Scheidung, aber selbst dieses wurde nach der Restauration der Bourbonenmonarchie von 1815 aufgehoben. Die Gesetze der Republik überdauerten kaum ein Jahrzehnt, die des *Code Napoléon* ein Jahrhundert.[323]

Frauen und Frauenarbeit in der industriellen Revolution

Zwischen dem 14. und dem 16. Jahrhundert wurden in England eine Reihe von Arbeitsgesetzen erlassen, die zur Folge hatten, daß alle armen, unbeschäftigten Landbewohnerinnen über zwölf Jahren extrem schlecht bezahlte Landarbeiten verrichten mußten, denen sich die Männer dank ihrer größeren Mobilität entziehen konnten. Im späten 15. Jahrhundert erging in Metz die Verfügung, daß «alle von ihren Ehegatten getrennt lebenden Frauen sowie alle Mädchen von schlechtem Lebenswandel in Bordellen untergebracht» werden sollten.[324] Alle alleinstehenden und arbeitenden Frauen wurden als Prostituierte behandelt (was auch heute noch in weiten Teilen der Welt, selbst in ‹hochentwickelten› Ländern wie Italien, der Fall ist).

Überall wurden die Frauen aus den Gilden hinausgedrängt und zunehmend auf wenige Tätigkeiten beschränkt: die Damenschneiderei, den Straßenverkauf von Eßwaren, das Bierbrauen und den Haushaltsdienst. Im Jahre 1523 bestand ein Viertel der erwachsenen weiblichen Einwohnerschaft von Coventry aus Hausmägden.[325] Als das Brauwesen industrialisiert wurde, verloren die Frauen eines ihrer wichtigsten traditionellen Monopole.[326] Trotz dieser immer stärker werdenden Einengung gab es keinen organisierten Protest seitens der Arbeiterinnen.

Eine der Ursachen ihres Schweigens war die Tatsache, daß Frauen in der Öffentlichkeit nicht zu reden hatten. Dann bot jedoch im 17. Jahrhundert der Protestantismus, insbesondere in einigen radikalen sektiererischen Spielarten, den Frauen ein neues soziales Selbstwertgefühl. Zu dessen spektakulärstem Ausdruck kam es im Verhalten der Frau während des englischen Bürgerkrieges. Im Jahre 1642 «wurden Frauen zum erstenmal in der englischen Geschichte ohne jede Unterstützung seitens ihrer Väter, Ehegatten oder anderer Männer auf nationaler Ebene als Frauen politisch aktiv». Mehr als 400 durch den Krieg in die Verelendung getriebene Frauen aus den arbeitenden Schichten forderten das Parlament per Petition zu einer neuen Sozialpolitik auf. «Als der Herzog von Richmond empört ausrief: ‹Fort mit diesen Weibern, oder schafft uns gleich ein Weiberparlament!›, griffen ihn die Bittstellerinnen an und zerbrachen seinen Amtsstab.» Im Jahre 1643 stürmten Tausende von Frauen das Parlament, um Frieden und Arbeit zu fordern.[327] Sie wurden aufgefordert, nach Hause zu gehen. Als etwa 500 von ihnen nicht wichen, wurden sie erschossen, erstochen und enthauptet. Dennoch erschienen im Jahre 1647 erneut Dienstmägde im Parlament, um eine Petition gegen unbillige Arbeitsbedingungen einzureichen.[328]

Im Frühling 1679 versammelten sich Scharen von Frauen vor dem Parlamentsgebäude, um erneut gegen die wirtschaftliche Not zu protestieren, gleichzeitig jedoch auch die Freilassung der verhafteten Führer der Leveller zu fordern. Das Hohe Haus erklärte ihnen, daß sie sich «in Dinge einmischten, die über ihren Verstand gingen, daß das Parlament ihren Ehemännern als ihren gesetzlichen Vertretern bereits Antwort erteilt habe und daß sie nach Hause gehen, sich um ihre eigenen Angelegenheiten kümmern und sich mit ihrer Hausarbeit beschäftigen sollten». Die Frauen erwiderten, sie hätten auf Grund der Maximen der Kirche ein Recht auf Gleichstellung, «weil in der freien Teilhabe an Christus nach dessen eigenem Gebot und in einem blühenden Kirchenwesen ... das Glück der Frauen ebenso besteht wie das der Männer». In diesem Falle hätten sie jedoch gleichfalls das Recht auf Mitwirkung im Staat: «Wir haben den gleichen Anteil und das gleiche Interesse am Gemeinwesen wie die Männer.» Ihr Protest bewirkte jedoch nichts, und Stone vermerkt, daß «selbst die Führer der Leveller bei ihren Forderungen nach einem beträchtlich erweiterten Wahlrecht Frauen grundsätzlich ausklammerten»[329].

Auch diese Proteste erhoben sich in einer Zeit gesellschaftlicher Umwälzungen, die den Frauen mit dem Zusammenbruch der Obrigkeit, die sie gewöhnlich kontrolliert und diszipliniert, grundsätzlich größere Freiräume für eigene Forderungen und Aktivitäten eröffnen. Im britischen Bürgerkrieg griffen Frauen aus der Oberschicht zu den Waffen, um ihre Anwesen gegen Überfälle beider Parteien zu verteidigen, und auch hier erstickte die Wiedereinsetzung der alten Autorität in der Restauration alle Aufbruchsversuche.

Je unerbittlicher die ‹Vermännlichung› des Lebens in der westlichen Welt voranschritt, desto weiter verschlechterten sich die Lebensbedingungen der Frauen im Hinblick auf gesetzliche Rechte, Handlungsspielräume und ökonomische Bedingungen. Im ausgehenden 18. Jahrhundert, als in Frankreich der Protest unter den armen Frauen bereits schwelte, konnte der Jurist Sir William Blackstone in England noch schreiben, daß «Mann und Frau eins sind, und dieses eine ist der Mann». Frauen hatten keinerlei Besitzrechte. Nicht nur der gesamte Familienbesitz, sondern auch die Kinder gehörten ausschließlich dem Ehemann. Selbst nach seinem Tod hatte die Witwe keinerlei elterliche

Rechte an ihren eigenen Kindern, sofern er sie nicht im Testament als Vormund eingesetzt hatte. Eine Frau, die ihren Mann verließ, durfte ungeachtet des Trennungsgrundes nichts – weder Geld noch Kinder – mitnehmen und konnte vom Ehemann zur Rückkehr gezwungen werden. Wenn sie ein eigenes Einkommen hatte oder von anderer Seite finanziell unterstützt wurde, so hatte der Ehemann das Recht, ihr diese Mittel jederzeit zu entziehen. Das Scheidungsgesetz von 1857 gestattete dem Mann die Scheidung wegen Ehebruchs der Frau, dieser hingegen die Scheidung der gleichen Verfehlung wegen nur dann, wenn Grausamkeit, böswilliges Verlassen, Bigamie, Vergewaltigung, Sodomie oder Brutalität hinzukamen.[330]

Die arbeitenden Frauen in England lebten wie ihre französischen Schwestern schon seit dem 17. Jahrhundert unter ständiger Existenzgefährdung. Früher hatten sich die Männer aller sozialen Schichten mit um die Kinder gekümmert und junge Männer Hausarbeiten verrichtet. Es hatte einzelne weibliche Kapitalisten gegeben, die Kohlenbergwerke oder Tennisanlagen unterhielten, Gold und Silber auf ihren Reinheitsgehalt prüften, Land verpachteten, Bußgelder eintrieben, Warentransporte ausführten, Patente und Monopole innehatten, Handelsunternehmen und Reedereien betrieben. Zum Teil waren sie Witwen gewesen, vielfach hatten sie ihre Unternehmen jedoch auch selbständig geführt.[331] In allen drei Gewerbezweigen – Handwerk, Kleinhandel und Kolonialhandel – hatten Frauen entscheidende Positionen innegehabt. Im 17. Jahrhundert konnten sie in diesen Bereichen jedoch nur noch als Partnerinnen oder Gehilfinnen ihrer Ehemänner tätig werden. Die mittelalterlichen Rechte der *femme sole* existierten nicht mehr. Der Wandel der Zunftgesetze und die Entwicklung der Handwerkszünfte zu Gewerbeorganisationen trieben die Frauen entweder in die Abhängigkeit von Männern oder aber in die besonders ausbeuterische Industrie, die ihren Arbeitern nicht einmal die nötigsten Mittel für ihren eigenen Unterhalt und den ihrer Familie gewährte.[332]

Die Tuchweberei wurde zunächst von beiden Geschlechtern betrieben. Mit der Einführung schwererer Webstühle wurde sie jedoch unter Berufung auf die mangelnde Körperkraft der Frauen zur Männersache erklärt. Dennoch stellten die Eigentümer solcher Webstühle oft Frauen zu deren Bedienung an, was zu Protesten der männlichen Lohnweber und schließlich zu offiziellen Verordnungen gegen die Beschäftigung von Frauen in der Weberei führte. Letztere verhinderten jedoch nicht, daß Frauen bis weit ins 19. Jahrhundert hinein weiterhin die weniger einträglichen Artikel wie etwa Zwirn-, Schmuck- und Strumpfbänder webten. Sie plagten sich unermüdlich in Heimarbeit ab, und das gegen Stücklöhne, die gerade ausreichten, sie selbst zu ernähren. Die Folge war, daß gewaltige Massen von Frauen verelendeten und ihre Leistungsfähigkeit sowie die ihrer Kinder geschwächt wurde.[333]

Die industrielle Revolution ereignete sich nicht von heute auf morgen. Kapitalisten – im Sinne von Kaufleuten, die durch den Verkauf ihrer Waren Profite erzielten – hatte es bereits im 10. Jahrhundert gegeben. Im 14. Jahrhundert waren einige dieser Kaufleute zu Manufakturunternehmern geworden: statt wie bisher Handwerkern ihre Erzeugnisse abzukaufen, nahmen sie Arbeiter in ihre Dienste, die die entsprechenden Produkte herstellten. Die Kapitalisten bezahlten den Arbeitern niedrige Löhne und kontrollierten den Produktions- und Distributionsprozeß. Ein solches Unternehmen erforderte ein beträchtliches Ausgangskapital. Nach und nach wurde mit fortschreitender naturwissenschaftlich-technischer Entwicklung die Produktion technisiert. Für die Arbeiter des 18. und 19. Jahrhunderts war die einschneidende Veränderung ihrer Lebensumstände, daß sie an einer von ihrem Zuhause entfernt gelegenen Arbeitsstätte eine von außen festgesetzte Arbeitszeit abzuleisten hatten. Diese neue Form der Arbeit machte es Eltern schwer, ihre kleinen Kinder zu betreuen und gegebenenfalls das eigene oder gepachtete kleine Anwesen zu unterhalten.

Die Frühkapitalisten pflegten die ganze Familie als Arbeitseinheit anzustellen, dabei jedoch bevorzugt die Männer zur Bedienung schwerer Maschinen einzusetzen. In dem Maße, wie sich die Arbeit immer mehr aus dem Privathaushalt herausverlagerte, waren Frauen mit kleinen Kindern zunehmend benachteiligt. Die industrielle Revolution schuf zwar viele neue Arbeitsplätze, aber die meisten von ihnen waren Männern oder alleinstehenden Frauen vorbehalten. Die neuen Arbeitsformen bedeuteten auch für die Männer große Härten. Sie waren es nicht gewohnt, lange Zeit an einem Stück zu arbeiten und mußten jetzt Zehn-, Zwölf- oder gar Sechzehnstundentage ableisten. Zu Beginn des 19. Jahrhunderts, schreibt Marvin Harris, «arbeiteten Fabrikhilfsarbeiter und Bergleute zwölf Stunden am Tag unter Bedingungen, die kein Buschmann ... oder Irokese von einiger Selbstachtung erduldet hätte. Nachdem sie den ganzen Tag gegen das pausenlose Quietschen und Klappern der Räder und Walzen, gegen Staub, Qualm und üblen Gestank angekämpft hatten, zogen sich diejenigen, die die neuen arbeitssparenden Maschinen bedienten, in ihre schäbigen, von Läusen und Flöhen wimmelnden Elendshütten zurück ... Fleisch konnten sich nur die Reichen leisten. Die Rachitis, eine durch Mangel an Sonne und Vitamin-D-haltiger Nahrung verursachte Krankheit, die zur Deformierung der Knochen führte, griff in den großen Städten und Industrieregionen um sich. Die Verbreitung der Tuberkulose und anderer schwerer Krankheiten ... nahm ebenfalls zu ... Im Jahre 1810 forderten die Arbeiter in den englischen Industriedistrikten in Sprechchören ‹Brot oder Blut›. Um zu essen zu haben, waren die verelendeten Massen zunehmend auf Dibereien angewiesen. Die Zahl der jährlichen Verurteilungen wegen Diebstahls in England stieg zwischen 1805 und 1833 um 540 Prozent. Zwischen 1806 und 1833 wurden 26500 Menschen gehängt, in der Überzahl wegen Diebstahls geringer Geldbeträge».[334]

Arbeiterproteste führten schließlich dazu, daß die Arbeitswoche zunächst auf sechs und dann auf fünfeinhalb Tage herabgesetzt wurde, aber die Arbeitsbedingungen blieben unvermindert hart, und wie immer in der Geschichte waren es die Frauen, die am schlimmsten zu leiden hatten. Zuvörderst erhielten sie noch immer nur die Hälfte des Männerlohns für die gleiche Arbeit und wurden von besser bezahlten Tätigkeiten wegen angeblicher körperlicher Untauglichkeit ausgeschlossen. Die Männer ihrer eigenen Klasse, nicht die Fabrikbesitzer waren es, die gegen die Einstellung von Frauen protestierten. Die Kapitalisten entließen oft Männer von Arbeitsplätzen, auf die diese ein ausschließliches Recht zu haben glaubten, und stellten trotz körperlicher Untauglichkeit statt dessen Frauen ein, weil sie weniger kosteten. Immerhin gelang es den Männern, Frauen aus Berufen fernzuhalten, die eine lange Ausbildung erforderten. Außerdem gründeten sie Gewerkschaften und setzten alles daran, Frauen die Mitgliedschaft zu verwehren. Einige Berufe setzten den Erwerb besonderer technischer Fähigkeiten voraus, die man Frauen generell nicht zutraute – bis sie im Ersten Weltkrieg gebraucht wurden.

Zum zweiten waren Frauen am Arbeitsplatz körperlichen Übergriffen ausgesetzt. Als die Arbeit noch in den häuslichen Werkstätten stattgefunden hatte, war es für die Männer selbstverständlich gewesen, ihre Frauen, Dienstmägde und Kinder zu schlagen, und auch noch in der Frühzeit der Fabrikarbeit, als diese von der ganzen Familie gemeinsam verrichtet wurde, hielten sie an diesem Brauch fest.[335] Bald wurden jedoch die Familien aufgesplittert und die Frauen männlichen Aufsehern unterstellt, die Fremde für sie waren, sich aber dieselben väterlichen Rechte anmaßten.

Die Situation der Frauen war überall gleich, wo die industrielle Revolution im Gange war: in ganz West- und Mitteleuropa und in Rußland. In der Textilindustrie arbeiteten Frauen fünfzehn bis achtzehn Stunden am Tag in Fabriken, wo es weder Toiletten noch Platz oder ausreichende Pausen gab, um zu essen oder sich auszuruhen. In unerträglicher Hitze waren sie Chemikalien und Faserstaub ausgesetzt. Staublungenerkrankungen waren häufig. Die Kinder begannen mit fünf oder sechs Jahren zu arbeiten. «Um zu verhindern, daß die Arbeiterschaft gegen die niedrigen Löhne und unmenschlichen Arbeitsbedingungen aufbegehrte, pflegten die Fabrikbesitzer ein System strenger Disziplinierungsmaßnahmen, zu denen fristlose Entlassungen, Versetzungen an die schlimmsten Arbeitsplätze und ... Geldbußen für geringfügigste Übertretungen gehörten ... Frauen wurden überdies sexuell mißbraucht ... und liefen Gefahr, bestraft oder entlassen zu werden, wenn sie sich widersetzten.»[336]

Ladenmädchen in Frankreich arbeiteten von Viertel nach acht Uhr morgens bis neun oder zehn Uhr abends. Um Ware heranzuholen, mußten sie Treppen über sechs Stockwerke hinauf- und wieder herunterlaufen. Sie hatten Botengänge zu erledigen, bei denen sie bis zu 40 Stockwerke am Tag zu Fuß ersteigen mußten. In einer solchen Stellung war es unerläßlich, Geld auf die äußere Erscheinung zu verwenden. Dennoch erhielten sie nur einen Franc Tageslohn und eine Provision von drei bis zwölf Francs.[337] In den dreißiger Jahren des 19. Jahrhunderts betrug der Lohn der Arbeiterinnen in den Spinnereien von Lille zwischen 75 Centimes und 1,75 Franc pro Tag. In Paris verdienten im Jahre 1860 siebzehntausend Arbeiterinnen – 17 Prozent der weiblichen Arbeiterschaft – höchstens 1,25 Franc am Tag. Von solchen Beträgen konnte keine Frau Unterkunft und Verpflegung für sich selbst, geschweige denn für Kinder bestreiten.[338] Im Jahre 1873 verdienten französische Frauen in 200 000 Fällen weniger als fünf Centimes am Tag, zwischen 1889 und 1893 erhielten sie bei gleicher Arbeitszeit im Durchschnitt die Hälfte der Männerlöhne[339], und die gleiche Relation galt im Jahre 1918 in Amerika. In deutschen Kohlebergwerken verdienten Frauen im Jahre 1920 bei gleicher Förderleistung 25 Prozent weniger als Männer.[340]

Die Tuberkulose war die größte Geißel der damaligen Zeit. Sie raffte mehr Frauen als Männer dahin. In der englischen Hüttenstadt Oldham lag in den frühen fünfziger Jahren des 19. Jahrhunderts die Zahl der Tuberkulosetoten doppelt so hoch, bei den Frauen zwischen 25 und 35 jedoch dreimal so hoch wie im nationalen Durchschnitt. Jahr für Jahr wurden fünfzehn von tausend Hüttenarbeitern und -arbeiterinnen von den Maschinen getötet oder verletzt. In den sechziger Jahren verloren arbeitende Mütter im englischen Bradford in insgesamt 68,8 Prozent aller Fälle, noch im 20. Jahrhundert die in kleinen Londoner Gewerbebetrieben tätigen Mütter in 55,5 Prozent aller Fälle ihre Kinder.[341]

Ein Bericht über die Arbeitsbedingungen der Frauen in russischen Fabriken spricht von Millionen weiblicher Arbeitskräfte, eine halbe Million davon allein in der Textilindustrie. Außerdem arbeiteten Frauen in der Buchbinderei, der Herstellung von Kartonagen, Schuhen, Gummi, Ziegeln, Keramik und Porzellan sowie in Druckereien und Stanzereien. In all diesen Industriezweigen verrichteten sie die schwersten und anstrengendsten Arbeiten. In Holzlagern und Sägemühlen schleppten sie Baumstämme und Bretter. Viele Tausende von ihnen waren noch keine vierzehn Jahre alt. Der von der Regierung verfügte Mindestlohn betrug 21 Rubel im Monat für Männer, siebzehn für Frauen. Die Frauen ernährten sich von Tee und Brot und zweimal im Monat einer Flasche Milch. Sie wurden mit Geldbußen belegt, wenn sie lachten, unpäßlich waren oder sich hinsetzten. Erkrankten sie, so wurden sie entlassen. Körperliche Züchtigung war an der Tagesordnung. Obgleich der reguläre Arbeitstag zehn bis elfeinhalb Stunden umfaßte, mußten sie oft sechzehn bis achtzehn Stunden arbeiten, und Kinder, die zu erschöpft waren, um Überstunden abzuleisten, zwang man durch Anwendung körperlicher Gewalt, indem man sie etwa an den Maschinen festband, um sie auf den Beinen zu halten. Wenn Frauen streikten, wurden sie allesamt von den Fabrikbesitzern entlassen und durch junge Mädchen ersetzt. Frauen wurden vergewaltigt, sexuell belästigt und bestraft, wenn sie sich solchem Mißbrauch widersetzten.[342]

Verheiratete Frauen hatten es in dieser Arbeitswelt besonders schwer. Die Fabrikbesitzer wollten sie ihrer angeblichen Unzuverlässigkeit wegen nicht einstellen, und die Arbeiter fürchteten ihre Konkurrenz. Sie konnten Heimarbeit gegen Stücklohn verrichten, aber diese war schlecht bezahlt und brachte oft nur die Hälfte der Fabriklöhne ein. Dennoch war dies die einzige Alternative für Mütter von Kindern unter fünf Jahren, die noch zu jung waren, um selbst zu arbeiten. Trotz dieser widrigen Bedingungen waren die Ehefrauen oft die Haupternährerinnen der Familie, da ihre Männer arbeitslos waren oder die Familie verlassen hatten. Ein weiteres Handicap, mit dem sie leben mußten, bestand darin, daß sie nicht an weiter entfernten Orten arbeiten konnten, wo es einträglichere Arbeitsplätze gab, sondern in der Nähe der Arbeitsstätten ihrer Männer bleiben mußten. So trugen sie nicht nur die doppelte Bürde der Sorge für Haushalt und Kinder und eines langen Arbeitstages, sondern legten darüber hinaus auch täglich wesentlich weitere Fußwege zur Arbeit und wieder nach Hause zurück als die Männer.[343]

Außerhalb des Hauses arbeiteten Frauen als Textilarbeiterinnen oder Straßenverkäuferinnen, zu Hause nahmen sie Kostgänger, Wäsche oder Heimarbeit für Textilhersteller an, während sie gleichzeitig die Einkäufe, das Kochen und Abwaschen, die Wäsche, das Nähen und Saubermachen für die Familie sowie die Aufzucht und Erziehung der Kinder besorgten. Obwohl zu unserem aus Romanen bezogenen Bild der viktorianischen Familie ein Stab von Bediensteten gehört, waren doch in Wirklichkeit die meisten Familien zu arm, um Dienstboten zu halten, und auch zu arm, um ihre Kinder zur Schule zu schicken. Selbst Mittelstandsfamilien konnten sich solchen Luxus nicht leisten: im Jahre 1803 lag das Einkommen von 32000, im Jahre 1876 bereits das von nahezu 800000 englischen Familien unter 100 Pfund im Jahr.[344] Da der durchschnittliche Jahreslohn für Hausangestellte zwanzig Pfund, die durchschnittlichen Jahreskosten für einen Internatsplatz 130 Pfund betrugen, konnten sich solche Familien weder das eine noch das andere leisten.

In armen Familien war das Los der Mutter hart. Ihre Kost war karger als die ihres Ehemannes und bestand oft nur aus Brot, Bratenfett und Tee. Das wenige Fleisch, das die Familie sich leisten konnte, war gewöhnlich für den Vater reserviert. Langzeituntersuchungen über den Zeitraum zwischen 1860 und 1950 in England ergaben, daß täglich sieben bis acht Pence für das Essen des Mannes ausgegeben wurden, während die gesamte übrige Familie von drei Pence am Tag oder weniger lebte. Größere Ausgaben wie etwa die Bezahlung fälliger Rechnungen wurden am Essen der Frauen und Kinder eingespart, während die Männer in der Regel ein Taschengeld für Tabak und Alkohol für sich behielten, das oft ein Viertel bis die Hälfte ihres Lohnes ausmachte.[345]

Diese Verteilung beruhte nicht (immer) auf männlicher Willkür. Die Frauen trugen ihren Teil dazu bei, indem sie selbst während ihrer Schwangerschaften auf einen Teil des Essens verzichteten, um ihn den Männern zukommen zu lassen. Sie taten dies weder aus Aufopferungsbereitschaft, noch weil sie glaubten, daß ihre Ehemänner es eher verdienten als sie selbst, sondern aus rein pragmatischen Gründen: sie und ihre Kinder waren auf den Mann angewiesen. Eine Frau mußte es sich sehr gründlich überlegen, ob sie sich beschwerte, wenn ihr Mann seine freie Zeit mit seinen Arbeitskollegen in der Wirtschaft zubrachte und das Geld vertrank und verrauchte, von dem die Kinder hätten satt werden können. Ein Mann, dem es nicht paßte, wie er zu Hause behandelt wurde, konnte sich samt seinem Lohn davonmachen und die Familie ganz dem Hunger preisgeben: eine Möglichkeit, von der viele Gebrauch machten. Es war immer noch besser, den Teil seines Lohnes zur Verfügung zu haben, den er nicht vertrank, auch wenn seine Anwesenheit das Risiko immer neuer Schwangerschaften und damit weitere hungrige Mäuler bedeutete. In dieser Situation fiel die um die Mitte des 19. Jahrhunderts in Amerika beginnende Temperenzler-Bewegung bei den Frauen auf fruchtbaren Boden.

Im England des 19. Jahrhunderts lebten 42 Prozent aller Frauen zwischen zwanzig und vierzig ohne Ehemänner, und im übrigen Europa fiel diese Relation kaum anders aus. Um 1850 bevölkerten Tausende von Prostituierten Großstädte wie London und Paris und die Garnisonsorte.[346] Menschen, die völlig mittellos waren, wurden in Arbeitshäusern untergebracht, was bedeutete, daß Eltern von ihren Kindern oder voneinander getrennt wurden.[347] In einem Arbeitshaus humanerer Art mußten die Frauen von sieben Uhr morgens bis sieben Uhr abends arbeiten und sich um neun Uhr zu Bett begeben. In den Arbeitsräumen hatte Schweigen zu herrschen, und die Frauen bedurften einer besonderen Genehmigung, um in ihrer Freizeit das Haus zu verlassen.[348]

Da die meisten Frauen mit der Heirat aus dem Erwerbsleben ausschieden, sank damit auch ihr ökonomischer Status. Gleichzeitig wurden sie mit massiver Propaganda bombardiert, wobei die Mutterschaft und die häusliche Rolle der Frau idealisiert und eine Lebensform zum Standard erhoben wurde, die nur einem winzigen Prozentsatz der Frauen offenstand: ein Dasein voller Muße. Diese Ironie wurde den völlig vom erbitterten Kampf um das schlichte Überleben in Anspruch genommenen Frauen vermutlich nicht einmal bewußt. Ein französischer Schriftsteller resümiert die Situation der Frauen folgendermaßen: «Luxustier und Arbeitstier: das ist heute die Frau fast ausschließlich.»[349]

Mit der industriellen Revolution wurde das Leben zweifellos in mancherlei Hinsicht leichter und vielleicht auch interessanter. In Industriegesellschaften liegt die Lebenserwartung höher, und gerade für die Frauen, die in jeder Gesellschaft am schwersten arbeiten, waren manche der modernen Errungenschaften wahre Wohltaten.[350] Gleichzeitig stürzte die industrielle Revolution Millionen von Menschen in eine Armut, Versklavung und Verelendung, wie sie die Geschichte noch nicht gekannt hatte. Dieser Prozeß dauert, wenn auch weniger augenfällig, noch immer an, da die Methoden der Agrarindustrie und der multinationalen Trusts heutzutage Menschen in den Hunger treiben, die einst ihren Bedarf autark decken konnten.

Michel Foucault beschreibt die Industrialisierung als neuen Machtmechanismus, der «mehr auf menschlichen Körpern und ihrer Leistung beruht als auf der Erde und ihren Erträgen». Dem Körper wird Zeit und Arbeit abgepreßt statt materieller Güter. Macht in ihren alten Formen manifestierte sich periodisch. Die Grundbesitzer finanzierten ihre eigene Existenz und die Verfolgung ihrer Interessen durch Abgaben, Steuern oder Frondienste, die sie ihren Untertanen in Abständen zu bestimmten Anlässen abforderten, was diesen ein gewisses Gefühl von Freiheit und hier und da wohl auch ein Hintertürchen offenließ. Die Macht in ihrer neuen Form ist «in Gestalt von Überwachung» ständig präsent.[351]

Vor der industriellen Revolution waren die meisten Männer als Bauern, Handwerker oder Geschäftsleute zu einem gewissen Grad ihre eigenen Herren. Häufig fand ihr Eintritt ins Arbeitsleben unter dem gestrengen Blick eines Lehrmeisters, des Vaters oder eines anderen Verwandten statt. Diese Ausbildung beinhaltete ebenfalls Strafen und Kontrolle, jedoch zwangsläufig nicht durchgängig, und die Männer hatten die Aussicht, eines Tages unbeaufsichtigt zu arbeiten. Der Arbeitstag der Männer war nicht sehr lang, und es gab viele Feiertage. Die Bauern mußten zu bestimmten Jahreszeiten sehr hart arbeiten, hatten aber dafür monatelang nicht viel zu tun.

Anders im Zeitalter der Fabrikarbeit: Hier waren die Männer gezwungen, zur festgelegten Zeit am festgelegten Ort zu erscheinen, um eine bestimmte Anzahl von Arbeitsstunden pro Tag und Arbeitstagen pro Woche abzuleisten und wurden obendrein ununterbrochen von Vorarbeitern, Aufsehern und Abteilungsvorstehern überwacht. Nicht die kleinste Ruhepause war gestattet. Die Arbeitsleistung, die den Menschen abgefordert wurde, bemaß sich nicht an deren Kapazität, sondern an der Vorgabe der Maschine, die unablässig in Betrieb gehalten werden konnte, bis sie kaputtging, und auch dann war sie oft reparierbar. Zu Beginn des industriellen Zeitalters forderten die Fabrikbesitzer von ihren Arbeitern sieben Arbeitstage von je zehn bis zwölf oder noch mehr Stunden in der Woche. Die vielen Feiertage, die das mittelalterliche

Arbeitsleben unterbrochen hatten, verschwanden und ebenso jedes Gefühl der Unabhängigkeit.

Die Aufseher wurden ihrerseits bewacht. Bei Foucault finden wir die Darstellung des von Jeremy Bentham erdachten *Panopticon*, den Entwurf eines Gefängnisses, in dem die in einem zentralen gläsernen Wachturm untergebrachten Aufseher sämtliche in Zellen eingeschlossenen oder in einem sich ringsherum ziehenden gläsernen Trakt arbeitenden Gefangenen ständig unter Kontrolle haben. Dieser Plan diente zahlreichen Gefängnisbauten des 19. Jahrhunderts als Vorlage. Der unbeabsichtigte Effekt dieser Anlage besteht jedoch darin, daß die Wächter ebenso ständiger Kontrolle ausgesetzt sind wie die Häftlinge. «... ein Apparat, der alle gefangenhält, diejenigen, die die Macht ausüben ebenso wie die, über die sie ausgeübt wird ... dazu bedarf es keiner Waffen, keiner körperlichen Gewalt und keiner greifbaren Zwangsinstrumente. Nur eines Auges.»[352]

Tatsächlich sind sehr wohl Waffengewalt und Zwangsinstrumente notwendig, um Gefangene oder andere gewaltsam ihrer Freiheit beraubte Menschen in Schach zu halten, aber in unserer modernen Form der Sklaverei, die oft gar nicht als solche empfunden wird, erscheint die Gefahr physischer Zwangsanwendung ebenso abwegig wie die des Verhungerns, eine angesichts der von Waren überquellenden Supermärkte geradezu absurde Vorstellung. Das ‹Auge› ist kein Ersatz für rauhere Methoden der Zwangsanwendung, sondern deren harmlosere Repräsentanz, ein Symbol. Die Angehörigen der heutigen Mittelschicht mögen sich noch so sicher fühlen, noch so selbstzufrieden davon ausgehen, daß ‹ihre› Regierungen niemals gewaltsam gegen *sie* als brave Bürger und staatstragende Kraft vorgehen werden, aber alles in der Geschichte deutet darauf hin, daß dies wie in der Vergangenheit und auch heute in vielen Ländern der Erde sehr wohl geschehen kann. Die meisten ärmeren Leute sind sich der Unsicherheit ihrer Situation durchaus bewußt. Die Funktion des alles durchdringenden ‹Auges› ist es deshalb nicht nur, die Ordnung aufrechtzuerhalten, sondern auch und vor allem Wächter und Bewachte stets daran zu erinnern, daß handgreifliche Zwangsmethoden eingesetzt werden können.

Und schließlich hat dieses ‹Auge› noch eine weitere Funktion, die an den moralischen Kern des Industriezeitalters selbst rührt. Arbeit kann viele verschiedene Motive haben. Eines davon, das nur für eine Minderheit eine Rolle spielt, ist, daß sie Spaß macht – Herausforderung, Engagement, Selbstverwirklichung bedeutet und Anerkennung auf den verschiedensten Ebenen einbringt, wenn sie auch unvermeidlich zuweilen langweilig und anstrengend ist. Ferner kann die Arbeit Mittel zur Existenzsicherung sein. Sie mag nur wenig Spaß machen, aber sie vermittelt das befriedigende Wissen, daß man unabhängig ist und sich selbst und vielleicht auch andere zu ernähren vermag. Wenn Arbeit dieser Art nicht genug für den Lebensunterhalt abwirft, erzeugt sie Verzweiflung. Schließlich gibt es noch die Arbeit unter krassem Zwang durch Androhung schwerer Strafen. Die Grenzlinie zwischen den beiden letzteren Arten von Arbeit ist zuweilen sehr fließend.

Natürlich kann man sagen, daß jede Arbeit unter Zwang erfolgt, da die meisten Menschen arbeiten, um leben zu können (was immer sie unter Leben verstehen – das kann sich auf Brot, Bratentunke, Tee, eine armselige Hütte, ein bißchen Wärme und ein Paar Schuhe beschränken oder auch zwei Autos, die Mitgliedschaft in einem exklusiven Club und Auslandsreisen beinhalten). Manche Menschen arbeiten jedoch nicht in erster Linie für ihr ökonomisches Überleben, sondern für ihr Wohlbefinden als ganzheitliche Person, d. h. für Integrität, Benutzung des Intellekts, Phantasie, Kreativität, Aggressivität oder andere Eigenschaften und Fähigkeiten. Doch auch solche Menschen geraten zuweilen in Zwangssituationen, die ihnen ihre Tätigkeit verleiden. Das allgegenwärtige ‹Auge›, die Kontrolle von außen, vergiftet jede Arbeit, da man das Gefühl bekommt oder an die Tatsache erinnert wird, daß man nur arbeitet, weil man beobachtet wird. Kontrolle verwandelt jede Arbeit in Zwangsarbeit, in einen Machtkampf zwischen dem Beobachter und dem Beobachteten, selbst dann, wenn der Arbeitende durchaus bereit ist, die betreffende Arbeit zu leisten. Kontrolle negiert den eigenen Willen, überlagert ihn und verleiht der Arbeit auch dann den Anstrich von Sklaverei, wenn der Arbeitende selbst eigentlich innerlich positiv zu ihr eingestellt ist. Herrschaft entfremdet das faktische Handeln dem eigenen Willen.

Die Bauern des Mittelalters kämpften mit der Natur, um ihre Ernte einzubringen, um Butter, Wolle und Tuch herzustellen und Nahrung für den Winter zu konservieren. Ihre Arbeit war mühsam, ihr Lebensstandard im allgemeinen sehr niedrig, und zweifellos verfluchten sie die Zehnteintreiber ihres Grundherrn. Doch bei alledem war eindeutig, wo sie selbst und wo ihre Feinde standen. Wenn man sich hingegen bei jeder Bewegung von einem Beobachter kontrolliert und bewertet fühlt, hört jede persönliche Freiheit auf zu existieren, erscheint jedes Handeln – ob Unterordnung oder Rebellion – nur noch als Reaktion auf eine kontrollierende Instanz. Man macht seine Arbeit vielleicht deshalb besonders gut, weil man Arbeitsqualität hoch bewertet, aber dieses Tun wirkt wie der Wunsch, es der Kontrollinstanz recht zu machen. Umgekehrt kommt es vor, daß ein Mensch, der durchaus in der Lage ist, gute Arbeit zu leisten, aus Unmut über die Kontrollinstanz schlampig arbeitet. Sich unauffällig um Arbeit herumzudrücken, gilt als Triumph, und Gleichgültigkeit dem Produkt oder dem Konsumenten der Dienstleistung gegenüber wird zur scheinbar einzig möglichen Form der Selbstbehauptung.

Natürlich arbeiteten auch vor der industriellen Revolution einige Menschen unter solchen Bedingungen. Die Veränderung bestand darin, daß durch die Industrialisierung die meisten Arbeiter mit dieser Situation konfrontiert wurden. Nicht nur die Lohnabhängigen an den Maschinen und den Schreibtischen, sondern auch ihre Aufseher, deren Vorgesetzte und schließlich die leitenden Angestellten selbst waren in eine Hierarchie des Zwangs eingebunden. Tatsächlich entging kaum jemand diesem Gefühl willenlosen Kontrolliertseins.

Genau dies ist jedoch die existentielle Situation fast aller Frauen seit den Anfängen des Patriarchats gewesen. Die Sitten und Gesetze der meisten der hier beleuchteten Gesellschaften nahmen den Frauen jede Möglichkeit, nach eigenem Willen über ihren Körper, ihre geistige Betätigung, ihre Beziehungen, ihre Kinder, kurz, ihr gesamtes eigenes Leben zu bestimmen. Die industrielle Revolution, der große Triumph des menschlichen Willens über die Natur, beraubte nun faktisch auch die Männer ihrer Selbstbestimmtheit und verwies sie in eine ähnliche Lage wie die Frauen.

So ist es nur verständlich, daß bestimmte Einstellungen Frauen gegenüber, die an sich keineswegs neu waren, während dieser Phase des 19. Jahrhunderts in einem Maße und mit einer Heftigkeit vertreten wurden, die ihnen eine neue Qualität verliehen. Wenn die Männer angesichts des Schwindens jeder Illusion von Willensbestimmtheit und Autonomie weiterhin an ihrer, nach eben diesen Ktiterien definierten ‹Männlichkeit› festhalten wollten, mußten sie die Frauen und andere als minderwertig geltende Gruppen jetzt noch gründlicher erniedrigen. Dies war die Zeit der massiven Verfolgung imperialistischer Interessen in Afrika und der unmenschlichen Behandlung schwarzer wie weißer Afrikaner durch die Europäer. Ähnliches fand in Asien statt. Hier, in der Wildnis, weit weg von den Menschen, konnte ein Mann sich noch immer als Mann fühlen. In den Städten, wo er – wie die Frauen – kontrolliert, reglementiert, gekauft und verkauft wurde, ließ der nicht zu der kleinen und immer weiter schrumpfenden privilegierten Oberschicht gehörende Mann das über zwei Jahrhunderte so populär gewesene Ideal des sensiblen, emotionalen und mit exquisiten Umgangsformen ausgestatteten ‹Gentleman›, der sich die Hände nicht mit Arbeit schmutzig macht, fahren. An seine Stelle setzte er das noch heute weithin gültige Bild des hartschädligen und hartherzigen, rauhen und entschlossenen *realistischen* Mannes.

Die Frauenrolle stand in extremem Kontrast zu diesem Männerbild. Man stilisierte alles Weibliche zum reinen, jungfräulichen und zerbrechlichen Geschöpf. Der Welt entrückt und unfähig, deren Härten zu ertragen, brauchte die Frau Männer, die vermittelten, lenkten und kontrollierten. Die Männer allerdings waren nicht in erster Linie Zwischenträger. Sie standen mit beiden Beinen im Leben. Das zarte Mädchen wiederum vermittelte zwischen dem Mann und einer göttlich reinen, von dieser neuen, schmutzigen, ganz und gar männlichen Realität unbefleckten Sphäre. Die Mädchen wuchsen zu Hausfrauen heran, die auch fortan in der Literatur und in den Prahlereien ihrer Männer als Engel, Madonnen, lieblich lächelnde Repräsentantinnen der Sittlichkeit und des Göttlichen verherrlicht wurden, die sich jedoch gleichzeitig als unverzichtbare Sklavenkaste mit völliger Verachtung und autoritärer Grobheit behandeln lassen mußten. Barbara Bodichon, eine Feministin im 19. Jahrhundert, resümiert: «Eine Frau wird als Engel umworben und geheiratet, nur um sich fortan jede Würde als ein mit Verstand und Moral begabtes Wesen absprechen lassen zu müssen.»[353] Zur gleichen Zeit erreichte die Verachtung der Sexualität ihren Höhepunkt, und die Bestrebungen, sie unter Kontrolle zu bringen, nahmen gewaltig zu. Bis heute steht das viktorianische Zeitalter in der Vorstellung der meisten Menschen für extreme Sexualunterdrückung. Im letzten Drittel des Jahrhunderts hielt die *femme fatale*, der unwiderstehliche Vamp, der die Männer in einen Strudel unersättlicher, verschlingender und destruktiver Triebe und Emotionen hinabzieht, Einzug in Literatur und Psychologie.

Die unmenschlichen Arbeitsbedingungen führten zu Aufständen derjenigen, die sie am direktesten zu spüren bekamen – und das waren nicht die leitenden Angestellten, die noch immer an der Illusion festhalten konnten, selbst Herrschaft auszuüben, da es so viele gab, auf die sie herabsehen konnten. Sporadische Arbeiterunruhen hatten einigen Erfolg: die Arbeitswoche wurde verkürzt, der Arbeitstag ebenfalls, und in manchen Fabriken wurden Aufseherinnen ernannt, um der sexuellen Belästigung der Frauen ein Ende zu machen. Die Beseitigung der schlimmsten Mißstände dauerte jedoch lange Zeit, da gemeinsame Aktionen der Arbeiterschaft dadurch erschwert wurden, daß die Arbeitgeber Männer gegen Frauen, besser bezahlte gegen niedriger bezahlte Männer und mancherorts auch ethnische Gruppen gegeneinander ausspielten.

Die Industrialisierung bewirkte eine Reihe von Spaltungsprozessen; zum einen in den Menschen selbst: Ihr Wille wurde ihrem Handeln, dieses den Produkten, die es schuf, und diese Produkte wiederum den Profiten, die sie einbrachten, entfremdet; zum anderen im Bereich der Familie durch die Trennung des Ehemannes/Vaters von seinen Kindern und von der Ehefrau bzw. Mutter. Die Arbeiterinnen ließen sich nicht in gleicher Weise von ihren Kindern lösen. Ebenso wie die fortschreitende Institutionalisierung des 14. Jahrhunderts bedeutete die industrielle Revolution eine ‹Vermännlichung› der Gesellschaft, sie förderte ‹männliche› Werte und erweiterte das ausschließliche Terrain des Mannes. Gleichzeitig isolierte sie die Männer, indem sie ihnen Grund und Boden nahm und sie ihren Familien und der eigenen Hände Arbeit entfremdete. Dieser Vorgang machte sie äußerst schutzlos, denn nun bezogen sie ihre Identität nurmehr aus ihrer Funktion am Arbeitsplatz. Auch heute noch ist es möglich, eine Frau bei einer ersten Begegnung einfach als Person wahrzunehmen, die nicht ausschließlich durch ihre Arbeit definiert ist. Anders beim Mann: er *ist*, was er *tut*. So wuchs den Arbeitgebern die Macht zu, fast gänzlich über die Existenz oder Nichtexistenz eines Mannes zu bestimmen. Der Mann *hat* keine Arbeit, sondern er *verkörpert* sie, und da er sonst nichts mehr darstellt, wird er mit allen Mitteln darum kämpfen, seine Stellung zu behalten, ein Prozeß, der ihn den Menschen, die er liebt, und anderen Männern zwangsläufig noch weiter entfremdet. Konkurrenz wurde zum obersten Prinzip der neuen Gesellschaft.

‹Weibliche› Qualitäten verloren noch weiter an Ansehen. Männer, die Mitgefühl, Einfühlungsvermögen oder zuwenig Ellbogen besaßen, galten als untüchtig. Von literarischen Werken aller Art und von der Kirche ausschließlich den Frauen gepredigt, wurden solche Eigenschaften für diese zur absoluten Vorschrift: was die Männer nicht besitzen durften, das mußten sie bewahren. Die Frauen, eingezwängt in ein Ideal aus Milde und Güte, Liebenswürdigkeit und Sanftheit, Keuschheit und Asexualität, konnten diesem Bild nur entsprechen, indem sie die Augen vor allem verschlossen, was in der Außenwelt vor sich ging. Frauen, die ihr eigenes Leiden und ihren Unmut durchaus spürten, zeigten nach außen hin ein strahlendes Lächeln und maskierten ihre Wut und ihren Ärger mit frommen Phrasen. Viele von ihnen wurden krank (um die Gesundheit der Frauen war es im Amerika des 19. Jahrhunderts generell sehr schlecht bestellt).[354] Sie erzogen ihre Kinder nach Prinzipien, die sie in keinster Weise auf die Wirklichkeit vorbereiteten.

Frauen und Frauenarbeit: Der Marsch durch die Institutionen

Bereits vor der industriellen Revolution waren die Frauen politisch ohnmächtig und weitgehend ihrer Eigentumsrechte beraubt, und schon seit Jahrtausenden hatte man sie als minderwertiges Geschlecht behandelt. Doch nie zuvor in der Geschichte hatte man sie so sehr als Nebensache im Leben, als schmückenden Rahmen um das eigentliche Bild behandelt. Die gleichfalls im Haus eingesperrten athenischen Frauen wußten immerhin, daß das Wohl, ja sogar das Überleben der Haushaltsangehörigen von ihrem Walten abhängig war, und dasselbe galt für die bäuerlichen und bürgerlichen Frauen in der Zeit vor der industriellen Revolution. Jetzt aber verlor die Frau, gleich ob ‹Schoßhündchen› oder ‹Arbeitstier›, die letzten Grundlagen ihrer Position als Mitglied der menschlichen Gemeinschaft.

Die armen Frauen, die ‹Arbeitstiere›, hatten alle Hände voll damit zu tun, das Überleben ihrer Familien zu sichern. Einige initiierten organisierte Proteste, doch diese konnten zunächst mühelos erstickt werden. Die Frauen aus dem Mittelstand, Angehörige der im Verlauf der vergangenen sechs Jahrhunderte ständig expandierenden Bourgeoisie, hatten andere Probleme. Sie mußten in einer geradezu schizophrenen, zum Wahnsinn treibenden Situation leben, nämlich in einer Kultur, die sie aufs Podest hob und im gleichen Zuge zu völliger Ohnmacht verdammte.

Wie bereits ausgeführt, veränderte sich mit dem Vormarsch der Industrialisierung das Selbstbild und mit ihm das Verhalten der Männer. Versteckte Aggressivität und Konkurrenzorientiertheit, besessenes Streben nach allem, was Macht verhieß und achselzuckendes Abschütteln von Skrupeln und hinderlicher Sensibilität charakterisierten diesen neuen Männerschlag, der in allen aufstrebenden Industrienationen aufkam, aber nirgends so dominierte wie im jungen Amerika. Europa besaß noch immer eine Oberschicht mit aristokratischer Tradition, die sich hinter Luxus abschirmte, und an Teetischen und in Salons den gesellschaftlichen Umgang zwischen Mann und Frau sowie die Sitte der höflichen und zuweilen sogar geistreichen Konversation pflegte. Sowohl Henry James als auch Edith Wharton beklagten das Fehlen eines solchen gesellschaftlichen Parketts in den Vereinigten Staaten, wo Männer und Frauen sich, wenn sie nicht miteinander tanzten, separat zurückzuziehen pflegten, die Männer, um über Geschäfte zu sprechen, die Frauen, um sich den sogenannten trivialen Dingen des Lebens zuzuwenden.[355]

Amerikas neue ‹Aristokratie› rekrutierte sich aus Männern, denen es an Bildung und Tradition mangelte – Stahl- und Eisenbahnmagnaten, Spekulanten und Bankiers, die sich sowohl die Kultur kauften als auch die Frauen, die Kultur ins Haus brachten. Mit ihrem eingeschränkten Interessenshorizont, der sich auf das Streben nach Geld und Macht beschränkte, dominierten sie bald das wirtschaftliche und politische Leben Amerikas. Selbst Lebensqualität und Vergnügen wurden Sekundärwerte: Konsum galt, wie Thorstein Veblen aufgezeigt hat, in erster Linie deshalb als wünschenswert, weil man damit nach außen hin Eindruck machte.

Eines der augenfälligsten Statussymbole stellten die Frauen dar: die wirklich reichen trugen Juwelen, Pelze und Roben, die demonstrierten, wie weit es ihre Männer gebracht hatten, die ‹nur› wohlhabenden imitierten sie. Von den ‹Arbeitstieren›, zu denen immer noch die große Mehrheit der weiblichen Bevölkerung rechnete, hoben sich diese Frauen durch die sichtbaren Symbole ihrer Untätigkeit ab: ihre weichen, weißen Hände, ihre aufwendigen Kleider und Frisuren, die bezeugten, daß sie es nicht nötig hatten zu arbeiten. Für die ambivalente Moral der Zeit war das Heim der Himmel und die Frau die Sendbotin Gottes auf Erden. Als solche wartete sie geduldig, bis ihr Mann – von der brutalen ‹wirklichen› Welt erschöpft – nach Hause kam, um ihm die kühle Hand auf die Stirn zu legen, sanfte Worte ins Ohr zu flüstern und eine von der Härte und Grausamkeit der Außenwelt unberührte Insel des Glücks und der Harmonie zu schaffen. Selbst Männer, die nicht wirklich zu den Wohlhabenden zählten, sahen es gern, wenn ihre Frauen nicht außer Hauses arbeiteten und sich Mühe gaben, «so schön, so zart und so kultiviert zu sein wie Geld, Umstände und fleißige Strebsamkeit es nur gestatteten»[356]. Das Bild der anmutigen, kultivierten, ein Leben voller Muße führenden Frau wurde allen amerikanischen Frauen zum Ideal, selbst jenen, die keine Chance hatten, ihm je entsprechen zu können.[357] Es war Aufgabe der ‹Ladies›, «sowohl die ideellen als auch die materiellen Güter des Lebens zu hüten und bewahren, für die ihre im Konkurrenzkampf stehenden Männer, Väter und Söhne kaum Zeit hatten. Sie hatten deren harter Arbeit ein Gegengewicht zu setzen und einen Sinn zu geben[358].»

Obwohl die Frauen vor den Vorgängen in der Außenwelt die Augen verschlossen, waren sie nicht blind. Zu völliger ökonomischer und politischer Ohnmacht verurteilt, versuchten sie, wie schon die Frauen des 13. und 14. Jahrhunderts, ihre Entrechtung in Überlegenheit zu verwandeln. Mit Segen und Unterstützung der Männer begannen sie eine Propagandakampagne mit dem Ziel, weibliche Qualitäten und Aufgaben, d.h. die einzige Rolle, die ihnen noch geblieben war, zu verherrlichen und sich selbst somit künstlich Bedeutung zu verleihen: Sie begründeten den «Häuslichkeitskult». Die Ursprünge dieser Ideologie reichen zurück bis zu Rousseaus *Émile*, bis zu dem Frauenbild, das die protestantischen Reformatoren propagierten, und bis zu den Frauengestalten der Literatur in der Tradition der höfischen Dichtung. Sie idealisierte die Ehefrau und Mutter als den «häuslichen Engel», wie ihn Coventry Patmore bezeichnet, eine über allem waltende halbgöttliche Gestalt, die niemals die Stimme erhebt, stets lieblich, sanft und fügsam ist und sich mit Freuden für andere aufopfert. Tatsächlich war Aufopferung ihr Wesenskern und Schicksal zugleich. Bisher hatte die Frau als Glücksstifterin gewirkt, nun war sie zur Inkarnation des Glücks selbst geworden.

Auf die Frau als Individuum wirkte sich der Häuslichkeitskult so subtil aus, daß es schwer ist, diesen Prozeß nachzuzeichnen.

Als sicher kann jedoch gelten, daß die übermenschlichen Maßstäbe, die durch ihn gesetzt wurden, bei vielen Frauen Entmutigung oder Angst erzeugten. Seine Auswirkungen auf die Frauen insgesamt sind bis heute strittig.[359]

Eine Funktion des neuen weiblichen Ethos war die Hege und Pflege des neuen männlichen Ethos. Die moralische Essenz der Zeit kristallisierte sich im Bemühen um die Vereinbarung der traditionellen christlichen Werte mit dem isolationistischen und somit der Gemeinschaft abträglichen neuen Individualismus. Dies geschah, indem die individuelle Leistung auf das Allgemeinwohl verpflichtet und den niederen Trieben des Menschen der Kampf angesagt wurde.[360] Darin besaß der Mann in seiner Ehefrau eine Verbündete, eine bessere Hälfte, die Frömmigkeit und Mildtätigkeit pflegte und zum Wohle der Gemeinschaft gesellschaftlich und kulturell aktiv war. Auf diese Weise verschaffte sie ihm sowohl zeitweilig Erholung von seinem Scheffeln und Streben als auch dessen Legitimation.

Der Häuslichkeitskult verbreitete sich wie ein Lauffeuer. Er gab Tausenden von Frauen einen Lebenssinn. Zeitschriften und Handbücher betrieben ‹Beschäftigungstherapie› – eine in diesem Umfang völlig neue Erscheinung –, veröffentlichten Anleitungen für Handarbeiten und häusliche Tätigkeiten, die zur Zierde von Heim und Herd und zum Zeitvertreib dienten. Viele Frauen – aber auch viele Männer – verfaßten Artikel, Broschüren und Bücher, in denen ein Loblied auf Mutterschaft, Häuslichkeit und Weiblichkeit gesungen wurde. Die Werke der weltlichen und geistlichen Dichtung, die aus dieser Geisteshaltung heraus entstanden, finden heute durchweg keine Bewunderer mehr: nicht eines von ihnen erlangte den Status bedeutender Kunst oder denkerischer Leistung. Dies ist kein Wunder, denn keinem Werk, das die unangenehmen Realitäten des Lebens ausblendet und das Blut an der Wand in einen rosigen Schimmer zu tauchen versucht, wird solches jemals gelingen. Es ist nur allzu leicht, solche Bemühungen geringschätzig abzutun, und dies ist in der Tat die Haltung der meisten Kritiker. Ann Douglas hat versucht, jene sentimentale ‹Feminisierung› der Kultur für unseren gegenwärtigen kulturellen Tiefstand mit seiner Seichtigkeit, seiner Konsumvergötzung, seiner auf die perfekte Hausfrau gemünzten Werbung haftbar zu machen.[361]

Doch kein geschichtliches Phänomen hat so eindeutige und geradlinige Folgen. Dem Postulat der moralischen Überlegenheit der Frauen stimmten die Männer selbst gern zu, da es ihnen die Freiheit gab, ihre eigenen Ziele zu verfolgen und ihnen den Anstrich starker, selbstbestimmter – sprich willensbestimmter – Tatmenschen verlieh, die sich aus der gemeinen Masse erhoben, um eine neue Ära der Willensherrschaft einzuleiten. Gleichzeitig eröffnete diese Anschauung dem weiblichen Geschlecht einen neuen gesellschaftlichen Platz, eine neue Rolle, und brachte das passive Frauenbild ins Wanken.[362] Tatsächlich begannen Frauen im Dienste dieser ätherischen, irrationalen moralischen Überlegenheit nach höherer Bildung zu streben. So gründete etwa Sophia Smith ihr Smith College in der Hoffnung, «eine höhere und tiefer vom christlichen Glauben durchdrungene Bildung» möge die Frauen dazu befähigen, mit den «gesellschaftlichen Übeln» und insbesondere mit «dem Schmutz» in der Literatur aufzuräumen.[363]

Die Apotheose der Mutterschaft in einer Zeit, in der wohlhabende

Menschen immer weniger Kinder hatten und diese wenigen Kinder dank der Verbreitung der Internatserziehung das Elternhaus früher verließen, scheint absurd.[364] Sie führte jedoch dazu, daß die Mütter ihren wenigen Kindern mehr Aufmerksamkeit und Interesse widmeten, sich stärker mit ihnen als Personen befaßten – was wiederum vielschichtige Auswirkungen hatte: intensive Zuwendung, zugleich aber übertriebene Fürsorge; die Entfaltung des kindlichen Individualitätsbewußtseins bei gleichzeitiger Verschärfung des elterlichen Drucks.

Die gesamte Situation war in mehrfacher Hinsicht von Ironie gekennzeichnet. Eine ursprünglich als Gegengewicht zu den vorherrschenden gesellschaftlichen Tendenzen – Aggressivität und Besitzgier – entfachte Propagandakampagne bewirkte letzten Endes deren Förderung und Verstärkung. Das Bestreben, die mit dem weiblichen Prinzip assoziierten Qualitäten hervorzuheben und zu verherrlichen, entwertete und banalisierte sie schließlich. Das Postulat der moralischen Überlegenheit der Frau und ihre Isolierung von allen praktischen Belangen des Lebens trugen letztlich dazu bei, daß Frauen eine höhere Bildung zuteil wurde, was sie wiederum dazu brachte, sich in eben diese Belange einzumischen, und die Wohltätigkeit – ursprünglich eine eher herablassende, aus Langeweile und um des Selbstbildes der Frauen als barmherzige, dienende Engel ausgeführte Mitleidsgeste – bewirkte faktisch eine Veränderung der Gesellschaft zum Positiven.

Tatsächlich war dies das Ergebnis vieler wohltätiger Aktivitäten. Die Frauen des Mittelstands engagierten sich im Lauf des 19. und frühen 20. Jahrhunderts mit ganzer Kraft an verschiedenen Fronten des Elends, wobei sich drei Hauptanliegen herauskristallisierten: der Kampf für die Abschaffung der Sklaverei, der Kampf um die Verbesserung des staatlichen Wohlfahrtssystems und der Kampf um die Frauenrechte. Auch viele schwarze Frauen kämpften gegen die Sklaverei, teilweise zusammen mit weißen Frauen, teilweise ganz auf sich allein gestellt. Frauen aus der Arbeiterklasse und in der Arbeiterbewegung engagierte Frauen setzten sich für die Verbesserung der Lebensbedingungen der Armen, insbesondere der Einwanderer ein. Gelegentlich gelang es den Frauen, in solchen Bewegungen über alle Klassen- und Rassenschranken hinweg als Frauen gemeinsam zu kämpfen, oft waren sie jedoch beklagenswert weit davon entfernt.

Diese Bewegungen sind recht gut dokumentiert; aber auf Grund ihrer Vielschichtigkeit und der Menge von bedeutsamen Personen und Ereignissen wäre es unmöglich, sie hier alle detailliert darzustellen. Und doch sind sie vor allem anderen Zeugnisse *unserer* Geschichte: Was die Frauen des letzten und des beginnenden gegenwärtigen Jahrhunderts dachten, taten und veränderten, betrifft uns alle, Schwarze wie Weiße, Frauen wie Männer. Aus diesem Grunde möchte ich hier auf verschiedene spannende und bewegende Darstellungen dieser Epoche weiblicher Geschichte verweisen.[365] Mich erfüllen diese Schilderungen mit größter Hochachtung, und das liegt nicht nur daran, daß ich eine Frau bin. Sie geben ein Bild davon, welch mühsame und frustrierende Arbeit Generationen von Frauen energisch und mutig, beständig und unermüdlich geleistet haben. Auf mich wirkt dieser Heldenmut aufwühlender und beflügelnder als jeder gewaltsame Widerstand. Ich will im folgenden das Wirken dieser Frauen und die von ihnen herbeigeführten Veränderungen schildern.

Die von diesen Frauen bewirkten Veränderungen brachten im Gegensatz zu allen gewaltsamen Revolutionen in der Geschichte in ihrem Gefolge keine neue Tyrannei hervor. Sie wurden in unser kulturelles Erbe aufgenommen, und obgleich einige von ihnen in der Zwischenzeit rückgängig gemacht wurden und andere heute neu überdacht werden müssen, haben sie doch im ganzen überdauert und denen genutzt, denen sie nützen sollten. Die Namen der Frauen, die zur Entstehung neuer gesellschaftlicher Strukturen beitrugen, sind zum Großteil vergessen. So wissen heute nur die wenigsten, daß es in Wahrheit Crystal Eastman war, die die *American Civil Liberties Union* gründete, obgleich dieses Verdienst allgemein einem Mann zugeschrieben wird.[366] Wir alle, aber insbesondere wir Frauen täten indessen gut daran, mehr über unsere ureigene Geschichte in Erfahrung zu bringen.

Der ungeheuren Vielschichtigkeit dieses Themenkomplexes wegen konzentriere ich mich hier in erster Linie auf die Geschehnisse in den Vereinigten Staaten, zum einen, weil mir dieser Bereich am vertrautesten ist, zum zweiten, weil hier offenbar am meisten in Bewegung war, und zum dritten, weil die Frauen in dieser jungen Nation, in der es (wie zumindest immer behauptet wird) zu Beginn des 19. Jahrhunderts keine fest umrissene Aristokratie gab, mehr Bewegungsspielraum hatten und die gesellschaftlichen Vorurteile kraß im Raum standen, anstatt, wie so häufig in ‹zivilisierteren› Ländern, in verschleierter Form aufzutreten.

Die Geschichte der Frauen in Amerika seit dem Beginn der weißen Besiedlung unterscheidet sich nicht sonderlich von der der europäischen Frauen im gleichen Zeitraum. In den frühen puritanischen Siedlungen in Neu-England arbeiteten die Frauen nach altem Brauch in der Landwirtschaft oder anderen Gewerbezweigen. Alleinstehende Frauen waren selbst für ihren Unterhalt verantwortlich, und zuweilen teilten die puritanischen Gemeinderäte bedürftigen unverheirateten Frauen Landparzellen zu. Die Frauen produzierten die meisten Bedarfsgüter der Familien, die gesamte Wäsche und Kleidung und gutenteils auch das Schuhwerk der Siedler. Als die Siedlungen zu Städten heranwuchsen, erweiterten die Frauen ihre Kenntnisse und Fähigkeiten und arbeiteten als Fleischerinnen, Silber- und Waffenschmiedinnen und Tapeziererinnen. «Sie betrieben Mühlen, Pflanzungen, Gerbereien, Werften, Läden aller Art, Schänken und Gasthäuser. Sie waren Nachtwächterinnen, Gefängniswärterinnen, Totengräberinnen, Journalistinnen, Druckerinnen, Ärztinnen, Apothekerinnen, Hebammen, Krankenschwestern und Lehrerinnen.»[367] Sie erlernten ihr Metier gleich den Männern, indem sie in die Lehre gingen. Die Kolonialbehörden handhabten die Eigentumsrechte der Frauen in Amerika freizügiger als das britische Common Law es vorsah. Eine Mitgift war nicht üblich, was die Eheschließung und Wiederverheiratung freier und einfacher machte.[368]

Europäischen Besuchern fiel die Freiheit der amerikanischen Frauen und die Achtung, die sie genossen, auf; dennoch standen die Frauen in ihrem eigenen Verständnis, und darin stimmten sie mit ihren Männern überein, im Dienste des Status des Mannes und des Familienwohles als größerem Ganzen. Sowohl politisch als auch im Hinblick auf Bildung wurden sie diskriminiert. Dennoch gewährten nach der Revolution viele Gemeinden den Frauen das Wahlrecht. Die von neuen europäischen Einwandererwellen importierten kulturellen Gebräuche und gesellschaftlichen Normen stärkten jedoch die Auffassung, der rechtmäßige Platz der Frau sei der der Unterlegenen und Untergebenen. Die Revolution hatte in der jungen Nation ein Klima des Egalitarismus geschaffen, das Frauen jedoch ausschloß. Frauenarbeit außerhalb des Hauses stieß jetzt auf Mißbilligung, und viele Geschäftszweige und Berufe, in denen Frauen bis dahin tätig gewesen waren, wurden ihnen jetzt versperrt. Zunehmend büßten sie ihre Wahlrechte ein: zuerst im Jahre 1788 in New York und zuletzt 1844 in New Jersey.[369]

Nach 1840 begann sich das Ideal der vornehmen Dame in den Köpfen der Amerikaner festzusetzen, und noch mehr Türen verschlossen sich den Frauen. Schwarze wie weiße Frauen waren bisher als Ärztinnen – in einem Fall sogar als Stabsärztin – tätig gewesen, doch mit der zunehmenden Professionalisierung der Medizin verloren die Frauen diese Möglichkeiten. Das Erziehungswesen wurde gleichfalls gestrafft, was auch hier den Ausschluß der Frauen bedeutete. Hatten die Frauen sich bisher ebenso wie die Männer vor Gericht selbst vertreten, so wurden ihnen jetzt mit der Professionalisierung des Rechtswesens alle juristischen Funktionen untersagt. Bereits in den dreißiger Jahren des 18. Jahrhunderts waren Ladenbesitzerinnen nur noch in solchen Branchen zu finden, die ausschließlich weibliche Kundschaft hatten.[370]

Gleichzeitig wurde das Wahlrecht auf immer weitere Teile der männlichen Bevölkerung ausgedehnt. Die Technisierung bestimmter männlicher Berufs- und Unternehmenszweige zog eine größere Mobilität der Männer nach sich. Die Männer eroberten sich in dem Maße einträgliche und angesehene Positionen, wie die Frauen sie einbüßten. Gerda Lerner vertritt die Ansicht, es sei dieses Gefühl der Enteignung und Entmachtung unter den Frauen der weißen Mittelschicht gewesen, das dann die Frauenbewegung hervorbrachte.[371] Richard Vann hält in diesem Zusammenhang die Tradition des Quäkertums für einen entscheidenden Faktor, da die Quäker den Frauen erlaubten, bei öffentlichen Versammlungen zu sprechen – und tatsächlich waren sowohl die Schwestern Grimke als auch Lucretia Mott und Susan Anthony Quäkerinnen.[372]

In erster Linie wurzelt die feministische Bewegung Amerikas jedoch mit Sicherheit im Kampf für die Abschaffung der Sklaverei. Die Schwestern Angelina und Sarah Grimke waren unter den ersten Bürgern überhaupt, die sich öffentlich gegen die Sklaverei wandten. Die Töchter einer Sklavenbesitzerfamilie in South Carolina verließen als junge Frauen im Jahre 1836 ihre Heimat, um im Norden einen Feldzug gegen die Sklaverei zu führen. Sie waren andauernden heftigen und zuweilen sogar physischen Angriffen ausgesetzt, die wohl in den meisten Fällen durch die Tatsache provoziert wurden, daß sie als Frauen die Stirn hatten, in der Öffentlichkeit zu sprechen. Die Schwestern Grimke reagierten auf diese Angriffe, indem sie ihre Proteste auf die Situation der Frauen ausdehnten und sich von ein und derselben Rednertribüne aus für die Rechte von Frauen und Sklaven einsetzten. Im Jahre 1836 hielt auch Lucy Stone ihr erstes öffentliches Plädoyer für die Frauenrechte. Die männlichen Abolitionisten betrachteten diese Aktivitäten mit großem Unbehagen, da sie fürchteten, durch die Verquickung mit der Frauenthematik, die bei den wenigsten Männern auf offene Ohren stieß, Sympathien zu verlieren.[373]

Im Jahre 1832 gründeten schwarze Frauen in Salem, Massachusetts, die erste Frauenvereinigung gegen die Sklaverei in den Vereinigten Staaten[374], und 1833 rief Lucretia Mott die *Philadelphia Female Anti-Slavery Society*, eine neben der bereits bestehenden *American* (sic!) *Anti-*

Slavery Society eigenständig wirkende Vereinigung, ins Leben, da letztere Frauen bei ihren Versammlungen nicht als Rednerinnen, sondern nur als Zuhörerinnen zuließ. Lucretia Mott gelang es, auch viele Männer anzusprechen. Ihr Heim wurde zu einer Art illegalem Verschiebebahnhof; unter den Augen einer bewaffneten Wache ermöglichte sie einer schwarzen Frau die Flucht in ihrer Kutsche.[375] Wenn man heute das Foto dieser zarten Frau in ihrem Spitzenhäubchen betrachtet, möchte man ihr solche Aktivitäten kaum zutrauen – bis man der Spuren bewegter Gefühle um ihren Mund und der tragischen Ausstrahlung ihrer Augen gewahr wird.

In London fand im Jahre 1840 ein Weltkongreß (sic!) gegen die Sklaverei statt, an dem auch viele Frauen teilnahmen, darunter Lucretia Mott und Elizabeth Cady Stanton. Die Männer reagierten auf die Anwesenheit weiblicher Delegierter mit einem Sturm der Entrüstung und verbannten die Frauen auf die Empore, wo sie hinter einem Vorhang Platz nehmen mußten. Drei Männer setzten sich freiwillig zu ihnen: Charles Redmond, der schwarze Führer der Abolitionsbewegung, William Lloyd Garrison und Nathaniel Rogers.[376] Lucretia Mott und Elizabeth Stanton waren ihrerseits über diese Behandlung so empört, daß sie bei ihrer Heimreise beschlossen, erst recht für die Belange der Frauen zu kämpfen, und tatsächlich hielten sie im Jahre 1848 den ersten Frauenrechtskongreß in Seneca Falls, New York, ab.

Der Kampf um die Abschaffung der Sklaverei ging weiter, was zu einem großen Teil dem Einsatz der Frauen zu danken war. Die von Frauen getragenen Gesellschaften gegen die Sklaverei hatten die Vereinigung der Männer zahlenmäßig bald überholt. Frauen veranstalteten Spendenkampagnen und finanzierten auf diese Weise einen großen Teil der Aktivitäten der Bewegung. Auch beim Verfassen von Propagandaschriften und beim Verteilen von Zeitschriften und Zeitungen waren Frauen sehr engagiert. Sie schilderten die Lebensumstände der Sklaven.[377]

Sieben von acht Sklaven – weibliche wie männliche – verrichteten Feldarbeiten.[378] Textil- und Tabakgesellschaften, hanfverarbeitende Betriebe, Zuckerfabriken und Reismühlen, Transportunternehmen und Holzhandelsgesellschaften setzten Sklaven für besonders schwere Arbeiten ein. Sklavinnen arbeiteten in Kohlenbergwerken und Eisenhütten, fällten Holz und legten Drainagen, bauten Dämme, Eisenbahnstrecken und Kanäle. Sie mußten Bergwerksloren ziehen wie Lasttiere.[379] Schwarze Frauen wurden an Stelle von Pferden eingesetzt, um

Lastkähne zu schleppen.[380] Außerdem mußten die Frauen zusehen, wie man bereits ihre kleinen Kinder zu ähnlichen Arbeiten zwang.

Viele schwarze Frauen wehrten sich, indem sie ihre Herrschaft vergifteten, Sabotage übten, in den Norden entflohen und sich dort den Gemeinschaften entlaufener Sklaven anschlossen. Die tapfere Harriet Tubman ist bis heute die einzige Frau in der Geschichte der Vereinigten Staaten, die Truppen in die Schlacht führte. [381] Meist blieben jedoch die Sklavenbesitzer Sieger. Wir besitzen eine Fülle von Berichten über die brutale Behandlung weiblicher Sklaven. [382] Der Sklavenbesitzer konnte sie nicht allein physisch mißhandeln, sondern Eltern und Kinder auseinanderreißen und sie verkaufen, wohin es ihm beliebte. Obgleich Briefe und persönliche Berichte aus dieser Zeit dafür sprechen, daß zwischen sämtlichen Mitgliedern schwarzer Sklavenfamilien starke emotionale Bande bestanden, waren es zweifellos die Mütter, die unter solchen Brutalitäten am meisten litten. Viele von ihnen sahen ihre Kinder niemals wieder.[383]

Nach Beendigung des Bürgerkriegs und der Abschaffung der Sklaverei waren die materiellen Lebensbedingungen vieler Schwarzer nicht besser geworden. Ohne Geld, ohne Land waren sie überdies den Aggressionen der Weißen ausgesetzt. Zwar vor dem Gesetz keine Sklaven mehr, blieben sie doch ein kolonialisiertes Volk und sind es zu einem gewissen Grad noch immer. Während des gesamten 19. Jahrhunderts engagierten sich Frauen weiterhin für die Gleichberechtigung der Schwarzen und die Frauenrechte, aber weiße männliche Gesetzgeber und Politiker untergruben diese Bestrebungen wo sie konnten, indem sie beide Ziele in Widerspruch zueinander zu setzen trachteten. Um diesen Prozeß verstehen zu können, müssen wir die einzelnen Schritte der Frauenrechtsbewegung etwas eingehender beleuchten und zunächst deren Anfänge betrachten.

Zum Zeitpunkt des Frauenrechtskongresses von Seneca Falls hatten die Frauen in den Vereinigten Staaten (mit geringfügigen Unterschieden auch in England und im gesamten übrigen Europa) nicht die gleichen Scheidungsrechte wie Männer und nach erfolgter Scheidung weder den Anspruch auf die elterliche Gewalt über ihre Kinder noch das Recht, ihr eigenes Einkommen für sich zu behalten. Frauen waren aus den meisten Bereichen des Bildungswesens und des Erwerbslebens ausgeschlossen, gesetzlich nicht gleichgestellt, ohne politisches Mitspracherecht und der körperlichen Mißhandlung durch ihre Ehemänner schutzlos preisgegeben. Der Kongreß von Seneca Falls verabschiedete elf Resolutionen mit der Forderung, diese Mißstände zu beheben. Die Kongreßteilnehmer waren weiße Mittelschichtsfrauen, die überwiegend keinen Einblick in das Elend der weißen Frauen aus den unteren Schichten geschweige denn der Sklavinnen hatten und sich auch nicht damit befassen wollten. Die große Ausnahme war Susan Anthony, die sich während ihrer gesamten politischen Laufbahn für die Verbesserung der Situation aller Frauen engagierte.[384] Der Kongreß befaßte sich in erster Linie mit politischen und weniger mit ökonomischen Forderungen. Eines dieser politischen Ziele war jedoch die Abschaffung der Sklaverei.

Die Frauen initiierten mit Hilfe einiger männlicher Sympathisanten eine breite Kampagne. Sie hielten Versammlungen ab (die vielleicht als frühe Vorläufer der späteren *Consciousness-Raising*-Veranstaltungen gelten dürften), verfaßten Flugschriften und wandten sich bei jeder sich bietenden Gelegenheit an die Öffentlichkeit. Zwischen 1850 und 1860 hielten sie jährlich (mit einer Ausnahme) Kongresse ab. Sie gaben eigene Zeitungen und Zeitschriften heraus, auf die die etablierte Presse und die Kirche mit offener Feindseligkeit reagierten. Sie hatten keine finanziellen Rücklagen, kein Stimmrecht und keine Möglichkeit, sich institutionalisierter Foren zu bedienen; alleinstehende Frauen hatten ebenso wie Ehefrauen zu schweigen, keine Reisen zu unternehmen und sich jeder Unruhestiftung zu enthalten. Wie später die Frauen in Großbritannien waren sie ganz auf jene Männer angewiesen, die sie dazu bewegen konnten, ihre Sache in den politischen Arenen zu vertreten.[385]

Im Jahre 1854 sammelte Susan Anthony Tausende von Unterschriften für eine Petition, die den Legislativorganen der Einzelstaaten vorgelegt werden sollte. Diese sollten das Frauenwahlrecht gewähren, die Bundesregierung hingegen die Sklaverei abschaffen. Die erste dieser Petitionen erging an die Legislative des Staates New York und beinhaltete drei Reformersuchen: die Forderungen nach Zuerkennung des Rechtes auf freie Verfügung über eigene Einnahmen, des Sorgerechts für die Kinder im Scheidungsfall und des Wahlrechts.[386] Obwohl die Petition, wie zu erwarten war, nichts bewirkte, gab diese Aktion der Bewegung Aufschwung und Zielgerichtetheit.

Sechzig Jahre lang zogen Frauen von Tür zu Tür, um Unterschriften zu sammeln, wobei sie feindselige und spöttische Reaktionen ertragen mußten. Obgleich dies als ungebührlich galt, reisten sie auf eigene Faust umher und lebten, da sie kein Geld hatten, von der Hand in den Mund. Sie schliefen in Kutschen, da es oft keine Hotels gab – und sie sich ohnehin keines hätten leisten können. Susan Anthony erlitt Erfrierungen.

Schwarze Frauen wie Sojourner Truth, Frances Harper und Sarah Redmond reisten zu Fuß, per Postkutsche, Bahn oder Dampfschiff bis in die kleinsten Ortschaften in Ohio und im oberen Staate New York, bis hin nach Vermont, Maine und Wisconsin und den Missouri entlang bis Kansas City. Schwarze und weiße Frauen sammelten Unterschriften, bildeten Lobbies, agitierten, schrieben und hielten Reden. In einigen wenigen Staaten hatten sie Erfolg und feierten Siege: in Massachusetts wurde die Eigentumsgesetzgebung für verheiratete Frauen neu geregelt, und in einigen Regionalwahlbezirken gestand man den Frauen das Wahlrecht zu.

Sie mißtrauten Lincoln, und nachdem er zum Präsidenten gewählt worden war, zogen sie unter Parolen wie «Keine Kompromisse mit den Sklavenhaltern» und «Sofortige und bedingungslose Sklavenbefreiung» durch die Lande. Wütende Menschenmengen bedrohten sie mit Gewehren und Messern, und die Polizei verweigerte ihnen jede Hilfe.[387] Als der Bürgerkrieg begann, stellten die Frauen in der Mehrzahl ihre eigenen Forderungen hintan und engagierten sich für die Sklavenbefreiung und den Sieg des Nordens. Da die Männer sich im Feld befanden, waren die Frauen auf dem Arbeitsmarkt wieder willkommen, und viele von ihnen begannen zu arbeiten. Einige Frauen versuchten trotz feindseliger Reaktionen seitens der Armee, als Krankenschwestern Hilfe zu leisten, so etwa Louisa May Alcott, Clara Barton und Dorothea Dix, die im Dienste der *Sanitary Commission*, einer Vorläuferorganisation des Roten Kreuzes, wirkten.[388]

Nach Kriegsende rechneten die Frauen mit der Zuerkennung des Wahlrechts. Statt dessen verschärfte sich ihre Lage ebenso wie die der scharzen Bevölkerung. Obgleich sie jetzt per Gesetz frei waren, wurden Schwarze in den Südstaaten sofort verhaftet, sobald sich der geringste Vorwand bot. Zu Geldbußen verurteilt, die sie nicht bezahlen konnten, landeten sie im Gefängnis. Der Staat ‹vermietete› sie an Pflanzer, damit sie die Buße abarbeiteten. Gruppenweise aneinandergekettet und noch schwereren Mißhandlungen ausgesetzt als während der Zeit, zu der sie das lebende Betriebskapital des Pflanzers gewesen waren, mußten sie lange Strafen in Form von Sklavenfron abbüßen. Frauen und Männer wurden nachts zusammen in Unterkünfte gepfercht und tagsüber mit Ketten aneinandergefesselt.[389]

In den Nordstaaten setzten sich viele männliche Abolitionisten jetzt unter Ablehnung des Frauenstimmrechts ausschließlich für das Wahlrecht der schwarzen Männer ein, eine sehr listige Strategie, die die

Frauenbewegung spaltete. Lucy Stone und Julia Ward Howe räumten der «Stunde der Schwarzen» das Primat ein, beendeten den Kampf um das Frauenstimmrecht und engagierten sich für andere gesetzliche und politische Frauenrechte. Elizabeth Cady Stanton und Susan Anthony setzten sich an die Spitze der radikalen *National Woman Suffrage Association* (Nationale Frauenwahlrechtsvereinigung) für das Stimmrecht und die völlige Veränderung der gesellschaftlichen Stellung der Frau. Später zerbrach dieser radikale Flügel an der durch Victoria Woodhulls Plädoyer für die freie Liebe ausgelösten Krise.[390]

Die Klassenherrschaft der weißen Männer ließ eine Front Schwarz gegen Weiß entstehen: Hätten sich die Frauen mit den schwarzen Männern verbündet, wären sie den weißen Männern zahlenmäßig weit überlegen gewesen. Die Weißen drängten ihre Frauen, die «Überlegenheit der weißen Zivilisation» zu verteidigen, und einige schluckten den Köder. Es kam zur Verabschiedung zunächst des vierzehnten *Amendment*, das politische Repräsentation nach Maßgabe der Zahl wahlberechtigter weißer und schwarzer Männer garantierte, und schließlich wurde das fünfzehnte *Amendment* beschlossen, in dem allen männlichen Schwarzen das Wahlrecht zugesprochen wurde, wenngleich dessen Durchsetzung in den Südstaaten hundert Jahre dauern sollte.

Die auf den Bürgerkrieg folgenden Jahre waren eine bittere Zeit für Südstaatenbewohner, Schwarze und politisch aktive Frauen. Dennoch agitierten schwarze und weiße Frauen gemeinsam weiter. Seite an Seite führten sie den Kampf um das Recht auf Schulbildung in den Südstaaten, indem sie allen Widrigkeiten und Repressalien zum Trotz Schulen für schwarze Kinder gründeten und zu unterhalten versuchten.[391]

In dieser Zeit wirkten Frauen wie Ida Wells, die mit vierzehn die Genehmigung erhielt, als Lehrerin zu arbeiten, nachdem ihre Eltern und die meisten übrigen Familienangehörigen am Gelbfieber gestorben waren und sie allein für sich selbst und vier jüngere Geschwister sorgen mußte. Ida Wells unterrichtete sieben Jahre als Lehrerin, schrieb Artikel für kleinere Zeitungen, erwarb dann selbst die Teilhaberschaft an einer Zeitung und wurde deren Chefredakteurin. In dieser Eigenschaft führte sie eine Kampagne gegen die an schwarzen Männern verübte Lynchjustiz und deckte die ökonomischen Interessen auf, die vielen derartigen Aktionen zugrundelagen. Sie wurde aus den Südstaaten vertrieben, was sie jedoch nicht daran hinderte, im ganzen Land Frauenvereinigungen zu gründen und weiterhin gegen die Lynchjustiz zu Felde zu ziehen.[392]

Schwarze Frauen gründeten zunächst auf regionaler und später auf nationaler Ebene eigene Vereinigungen, die sich Bildungsaufgaben, philanthropen und sozialen Zielen widmeten. Im Jahre 1896 wurde die *National Association of Colored Women* ins Leben gerufen, in der sich mehr als hundert regionale Frauenvereinigungen zusammenschlossen.[393] Solche Gruppen richteten Krippen, Kindergärten und Tagesheime für schwarze Kinder ein, gründeten Waisenhäuser, Altenheime und andere soziale Einrichtungen.[394] Sobald die schwarzen Frauenvereinigungen jedoch versuchten, zu einem Zusammenschluß mit weißen Frauenorganisationen – gleich ob feministisch oder nicht – zu finden, wies man sie brüsk zurück.

Der Skandal, den Victoria Woodhulls Plädoyer für freie Liebe hervorrief, war ein schlimmer Schlag für die nationale Frauenwahlrechtsvereinigung, der ohnehin massiver Argwohn entgegenschlug, da ihre Forderungen angeblich «Ehe und Familie» gefährdeten.[395] Diese Formulierung enthielt damals wie heute den Code für den Verweis der Frau auf ihren gebührenden Platz. Sie impliziert, daß bereits geringfügige den Frauen gewährte Freiheiten eine Gefährdung der Ehe und schließlich das Ende der Familie bedeuten. Auf diese Weise hielt man die Frauen davon ab, ihre Kritik an der Gesellschaft auch auf soziale und ökonomische Institutionen auszudehnen. Mit Ausnahme der großen Charlotte Perkins Gilman richteten die Frauenrechtlerinnen ihre Energien einzig und allein auf die Erlangung des Wahlrechts.[396] Sie fuhren fort, im ganzen Land herumzureisen, Reden zu halten, Anhänger zu werben, Zeitungen zu gründen, Petitionen aufzusetzen und zu demonstrieren. Sie versuchten heimlich zu wählen, ein Vergehen, für das Susan Anthony der Prozeß gemacht wurde. Ihre vielfältigen Aktivitäten auch nur lesend nachzuvollziehen, raubt einem bereits den Atem.

Gleichzeitig wandten sich andere Frauen jedoch neuen Zielen zu. Die Temperenzlervereinigung wurde gegründet. Unter der Leitung von Frances Willard entwickelte sie sich zu einer gigantischen Organisation. In den siebziger Jahren des 19. Jahrhunderts war sie die größte Frauenorganisation in den gesamten Vereinigten Staaten und verfügte in jedem ihr angehörenden Bundesstaat über 200000 Mitglieder.[397] Die Frauen sprachen sich für die Prohibition aus, da betrunkene Ehemänner ihre Ehefrauen und Kinder körperlich mißhandelten und oft den größten Teil ihres Lohns und häufig genug auch den Lohn ihrer Frauen vertranken. Dennoch kämpften die Temperenzler auch für andere Ziele: Frances Willard hatte ein umfassendes Reformprogramm entworfen, das Verbesserungen der sozialen Einrichtungen, des Gefängniswesens und der geschlossenen Krankenanstalten, Hilfe für die Prostituierten, Hygieneerziehung, die Einrichtung von Kindergärten und *last but not least* das Frauenwahlrecht umfaßte.[398]

Um die Jahrhundertwende zeichnete sich ein neues Bündnis zwischen Mittelschichtsfrauen und Arbeiterinnen ab. Jane Addams gründete in Chicago das *Hull House* und warb junge Frauen, die ihr in großer Zahl zuströmten, dafür an, sich für die Verbesserung der Situation der Frauen aus Proletariat und Arbeiterschaft einzusetzen.[399] Auf Grund dieser Arbeit kamen sie und Lillian Wald, die Begründerin des *Henry Street Settlement* in New York, zu dem Schluß, das Hauptproblem der Frauen sei nicht so sehr deren Unwissenheit, als vielmehr die unerträgliche Armut, und es gälte nun, die Gründung von Gewerkschaften für Frauen zu unterstützen.[400] In anderen Städten wurden ähnliche Häuser eingerichtet, in denen engagierte Frauen armen, hauptsächlich neu eingewanderten Frauen und Kindern die englische Sprache sowie Lesen und Schreiben beibrachten. Sie unterrichteten ihre Schützlinge in Hygiene und halfen ihnen auf einem fremden – und in Anbetracht des damaligen Nahrungsangebots in Amerika eintönigen – Lebensmittelmarkt sparsam einzukaufen. Viele wohlhabende Frauen, die zunächst nur gekommen waren, um sich ein wenig karitativ zu betätigen, wurden binnen kurzem zu engagierten Kämpferinnen für soziale Verbesserungen. Jane Addams und Lillian Wald sind nur die bekanntesten dieser Amerikanerinnen, denen Hunderte von armen Frauen die Erleichterung ihres schweren Loses verdanken.

Dorothea Dix führte ganz auf sich gestellt eine Kampagne für die Reform des Gefängniswesens und der psychiatrischen Anstalten. Elizabeth Blackwell eröffnete mit Unterstützung männlicher Sympathisanten ein eigenes Krankenhaus, nachdem sie als Ärztin keine Arbeit gefunden hatte. Ihr Krankenhaus war ausschließlich mit weiblichem Personal besetzt und verpflichtet, den Armen zu helfen. Es wurden höhere Bildungseinrichtungen für Frauen gegründet, und überall kämpften Frauen um die Zulassung zu akademischen Ausbildungsgängen. Margaret Sanger, die die Armen mit der Empfängnisverhütung vertraut machte, begann ihre berufliche Laufbahn als Krankenpflegerin in der Lower East Side New Yorks, wo sie ihre Patienten in den Elendsquartieren aufsuchte. Daneben war sie Sozialistin und engagierte sich für die IWW (Industrial Workers of the World).[401]

In England machte es Mary Carpenter zu ihrer Lebensaufgabe, die

Einrichtung gesonderter Strafanstalten für Kinder zu bewirken; Louisa Twining leitete eine erfolgreiche Fraueninitiative für eine Reform der Armenhäuser; Olivia Hill ließ menschenwürdige Armenunterkünfte bauen und eine Gruppe junger Frauen als Mieteinnehmerinnen schulen, die gleichzeitig darauf achten sollten, ob die Mieter Hilfe brauchten.[402] Florence Nightingale machte im Alleingang die Krankenpflege – die in England bis dahin als schmutzige und unangenehme, Trinkerinnen und alternden Prostituierten vorbehaltene Arbeit gegolten hatte – zu einem geregelten, qualifizierten Beruf. Ihr verdankt das englische Krankenhaus- und Gesundheitswesen gewaltige Fortschritte.[403]

Während des gesamten Zeitraums setzten sich Frauen auf vielerlei Ebenen für eine Vielzahl von Zielen ein, die sich sämtlich unter einen Oberbegriff fassen lassen: die ‹Feminisierung› der Gesellschaft. Diese Frauen wollten das Gesicht des Alltagslebens verändern und merkten, daß sie, um dies zu erreichen, politischen, gesellschaftlichen und ökonomischen Einfluß benötigten. Eine auf moralische Veränderungen abzielende, aber die Macht als moralisches Primat der Gesellschaft außer acht lassende Bewegung hatte keine Chance, diese Gesellschaft zu verändern.

Die in den verschiedenen erwähnten sozialen Bewegungen engagierten Frauen lehnten die Macht nicht grundsätzlich ab. Im Gegensatz zu den sozial und politisch engagierten Männern strebten sie jedoch nicht nach persönlicher Macht oder auch nur nach Machtpositionen für die gesellschaftliche Gruppe, die sie repräsentierten. Sie wollten vielmehr ihre eigenen Lebensbedingungen und die anderer verbessern, Armut, Not, Unwissenheit und Krankheit lindern, kurz, für ein lebenswerteres Leben kämpfen. Hätten sie eine Elite zu beeinflussen versucht, durch den Konsum bestimmter Dienstleistungen oder Produkte Schönheit, Gesundheit oder Macht zu erlangen, wie es die Vermarkter solcher Waren tun, wäre ihnen gewiß rascher Erfolg beschieden gewesen. Hätten sie wie Männer auf Veränderungen gedrängt, aber dabei ihre eigenen Status- und Machtprivilegien fest im Blick behalten, hätten sie für sich persönlich mit Sicherheit mehr erreicht. Auf ihre Weise aber konnten sie ihre Ziele nur langsam verwirklichen und mußten für jeden Teilerfolg ihre ganze Arbeitskraft, Ausdauer und ihr letztes Quentchen Mut aufbieten. Bei alledem wurde letztlich der größte Teil ihrer Aktivität von Männern oder von männerbeherrschenden Institutionen vereinnahmt und funktionalisiert.

Im amerikanischen Westen gewährten einzelne Staaten den Frauen in aller Stille das Wahlrecht. Im Jahre 1870 fungierten in Wyoming die ersten Frauen als Geschworene, obgleich ihre Ehemänner ihnen deshalb androhten, sie zu verlassen. Andere Staaten zogen nach. Die Frauenwahlrechtsbewegung gewann zunehmend an Achtbarkeit und zog infolgedessen immer weniger revolutionär denkende Frauen an. Die radikaleren Frauen stärkten jetzt die Reihen der Arbeiterbewegung, die in den neunziger Jahren auf dem Höhepunkt ihrer kämpferischen Begeisterung stand. Nachdem die Frauenbewegung bereits in der Frage des Wahlrechts für die schwarzen Männer konträre Standpunkte vertreten hatten, spaltete sie sich nun erneut über der Gewerkschaftsfrage. Die konservative Denkungsart ihrer mittelständischen Basis ließ diese auf Nummer sicher setzen. Wie von der amerikanischen Mittelschicht generell nicht anders zu erwarten, billigte auch sie die grausamen Vergeltungsmaßnahmen des Kapitals gegen die demonstrierenden oder streikenden Arbeiter.[404]

Die Frauenrechtlerinnen sahen ihre zunächst kleinen Siege immer größer werden und rechneten fest damit, daß ihnen in Bälde der Lohn all ihrer Mühen – das Wahlrecht auf nationaler Ebene – zuteil werden würde, aber nichts dergleichen geschah. Der Erste Weltkrieg, der die im Luxus lebende europäische Oberschicht ins Wanken bringen, eine ganze Generation junger Männer dahinmetzeln und die Welt wie eine reife Frucht den Technokraten und Managern in den Schoß fallen lassen sollte, brach aus. Einige Feministinnen – die das Schicksal der Frauen während des Bürgerkrieges vor Augen hatten – weigerten sich, ihren Kampf einzustellen. Sie führten Aktionen durch, hielten Reden, wurden verhaftet, landeten im Gefängnis, begannen Hungerstreiks, wurden entsetzlichen Zwangs-Ernährungsmaßnahmen unterzogen und zuweilen regelrecht gefoltert. Andere Frauen verdingten sich, da der Arbeitsmarkt sie wieder mit offenen Armen aufnahm, in Stahl- und Hüttenwerken, bei der Produktion von Panzerplatten, Explosivstoffen, Rüstungsgütern, Maschinen und landwirtschaftlichen Geräten, Elektro-, Eisenbahn-, Automobil- und Flugzeugteilen. Jetzt arbeiteten auch Frauen in der Kupfer- und Messingverhüttung und -verarbeitung, in Ölraffinerien und bei der Herstellung von Chemikalien, Düngemitteln und Lederwaren.[405] Von Zartheit, Unfähigkeit und schwachem Verstand oder gar von Konkurrenz mit den Männern war nicht mehr die Rede.

Im Januar 1917 gewährte Nord-Dakota den Frauen das Stimmrecht bei Präsidentschaftswahlen. Kurz darauf zogen Ohio, Indiana, Rhode Island und Nebraska nach. In New York City wurde zugunsten eines

Referendums zum Frauenwahlrecht abgestimmt. Die *National American Suffrage Association* drohte für den Fall, daß der 65. Kongreß das *Amendment* für das Frauenstimmrecht nicht verabschieden sollte, damit, ihr (mittlerweile) beträchtliches politisches Gewicht einzusetzen, um die Wiederwahl der Kongreßabgeordneten zu verhindern, die gegen das *Amendment* gestimmt hätten. Am 10. Januar 1928 wurde das *Amendment* vom Kongreß verabschiedet.[406]

Seine Ratifizierung stand allerdings noch aus. Weitere vierzehn Monate unermüdlichen Werbens, Reisens, öffentlichen Auftretens und Verfassens von Petitionen waren dafür nötig. Keine der ursprünglichen Initiatorinnen der Bewegung erlebte den Augenblick, an dem das Frauenstimmrecht endlich Gesetz wurde. Alle waren inzwischen gestorben: Lucretia Mott, die Eleanor Flexner als «moralische Kraft» der Bewegung bezeichnet, Lucy Stone, «ihre begabteste Rednerin», Elizabeth Cady Stanton, «ihre glänzende Philosophin» und die große Susan Anthony, die «unvergleichliche Organisatorin, die der Bewegung ein halbes Jahrhundert lang Kraftquelle und Leitbild war»[407].

Nach der Verabschiedung des *Amendment* schrieb Carrie Chapman Catt, eine maßgebliche Führerin der Bewegung: «Das Wort ‹männlich› endgültig aus der Verfassung zu entfernen, kostete die Frauen unseres Landes 52 Jahre pausenloser Kämpfe; (...) in dieser Zeit waren sie gezwungen, 56 Kampagnen für Referenda an die männlichen Wähler, 480 Kampagnen für die Vorlage von *Amendments* zum Frauenstimmrecht seitens der Legislativorgane zur Abstimmung durch die Wählerschaft, 47 Kampagnen für die Verankerung des Frauenstimmrechts in den Verfassungen der Bundesstaaten durch deren verfassungsgebende Versammlungen, 277 Kampagnen für die Aufnahme des Frauenstimmrechts in die Parteiprogramme durch die Parteiversammlungen der Bundesstaaten, 30 Kampagnen für die Aufnahme des Frauenstimmrechts in die Präsidentschaftswahlprogramme und neunzehn Kampagnen in neunzehn aufeinanderfolgenden Kongressen durchzuführen.»[408]

Als Frucht jahrzehntelanger Arbeit der *Women's Christian Union* wurde das 18. *Amendment* im Jahre 1919, das 19. *Amendment*, das das Frauenwahlrecht garantierte, im August 1920 vom Kongreß angenommen. 1923 wurde dem Kongreß das von Alice Paul propagierte *Equal Rights Amendment* vorgelegt. Die Frauen waren fest entschlossen, es durchzusetzen, auch wenn es ein Jahrzehnt dauern sollte. Von der Geburtsstunde der Bewegung im Jahre 1848 an gerechnet, dauerte die Erkämpfung des Frauenstimmrechts 72 Jahre. Vielleicht wird es die

Frauen noch einmal so viel Zeit kosten, die Gleichberechtigung von Frauen und Männern in der Verfassung zu verankern.

In Großbritannien und auf dem europäischen Kontinent engagierten sich ebenfalls Mittelschichtsfrauen für karitative Ziele und insbesondere für die Unterstützung armer Frauen und ihrer Kinder. Im Zuge dieser Arbeit erkannten viele, wie sehr ihr Schicksal im Grunde mit dem der Frauen aus den anderen Gesellschaftschichten verwoben war. Die europäischen Frauen begannen zu begreifen, daß, bei all ihren Privilegien und ihrem Reichtum, «auch sie von Männern und Männergesetzen unterjocht und unterdrückt wurden»[409].

Sie gelangten zu der Überzeugung, daß eine Orientierung an ‹weiblichen› Werten vielen sozialen und ökonomischen Problemen und gleichzeitig ihrer eigenen Unterdrückung abhelfen könnte. Aus dieser Erkenntnis erwuchs in den mittleren Jahrzehnten des 19. Jahrhunderts eine mittelständische feministische Bewegung, die immer weitere Teile Europas erfaßte. Im Zuge ihres Kampfes um das Frauenstimmrecht engagierten sich die Frauen als Lokalpolitikerinnen, Schulbeirätinnen und als Fabrik- und Gefängnisinspektorinnen. Sie schlossen sich sozialistischen Arbeitervereinigungen an, sie schrieben und agitierten im Dienste der Reform sozialer Einrichtungen, der gesetzlichen Rechte der Frauen und der mittelständischen Frauenbildung.

In England rankt sich die Geschichte der Frauenstimmrechtsbewegung vor allem um den Namen Pankhurst. Emmeline Pankhurst hatte sich zunächst für die Unterstützung armer Frauen engagiert, ehe sie sich dem Kampf für das Frauenstimmrecht verschrieb. Im Jahre 1874 hatte Emma Paterson die *Women's Protective and Provident League* gegründet, eine Gewerkschaft für weibliche Arbeiter. Um männliche Gewerkschafter nicht zu provozieren, hatten sie und ihre Kampfgefährtinnen das Wort ‹Gewerkschaft› bei der Benennung ihrer Organisation bewußt vermieden, aber 1890 änderten sie deren Namen in *Women's Trade Union League*. Die Vereinigung versuchte, die jeweils in einem bestimmten Industriezweig tätigen Frauen auf lokaler Ebene zu organisieren und dann bei der nationalen Dachgewerkschaft deren Aufnahme zu erwirken.[410] Es gab also bereits Ansätze der Frauenbewegung in England, als Emmeline Pankhurst in den achtziger Jahren des 19. Jahrhunderts mit der *Women's Suffrage Society* den Kampf um das Frauenstimmrecht aufnahm. Um der Frauenstimmrechtsbewegung den Wind aus den Segeln zu nehmen, initiierte der liberale Premierminister Gladstone eine

Konkurrenzorganisation und stellte den Frauen die Möglichkeit in Aussicht, sich durch aktive Unterstützung der Männer in der Parteipolitik das Wahlrecht zu ‹verdienen›. Die Frauen, die sich darauf einließen, sahen sich, wie zu erwarten, betrogen: Emmeline Pankhurst gehörte nicht zu ihnen. Die Liberalen drängten die Frauen, Ehrenämter in den Gemeinden zu übernehmen, um zu ‹beweisen›, daß sie für das Wahlrecht reif seien. Viele Frauen kamen dieser Forderung nach, diesmal auch Emmeline Pankhurst, die sich in den Dienst der ehrenamtlichen Armenpflege stellte und so enge Kontakte zu Armen und Arbeitshausinsassen knüpfte. Sie gelangte bald zu der Überzeugung, daß nur die Wahlbeteiligung der Frauen die Lebensbedingungen dieser Menschen verändern könnte.[411] Im Jahre 1903 gründeten sie und ihre Töchter Christabel und Sylvia die *Women's Social and Political Union*, der viele Frauen aus der Arbeiterschicht angehörten und die bald zur stärksten Frauenorganisation Englands anwuchs.[412] Ihr Motto war: «Taten, nicht Worte.»[413]

Die folgenden dramatischen Jahre waren von Massenveranstaltungen, Störaktionen bei Reden männlicher Politiker, Verhaftungen und Gefängnisstrafen und leeren Versprechungen der Regierung geprägt.[414] Im Jahre 1908 ketteten sich Suffragetten an die Umzäunung des Gebäudes, in dem das britische Kabinett tagte, um von hier aus flammende Reden zu halten. Die Regierung drohte mit härteren Strafen, und die Frauen begannen mit Steinen zu werfen und Fensterscheiben am Parliament Square einzuschlagen. Immer wieder landeten Emmeline Pankhurst und viele ihrer tapferen Mitstreiterinnen im Gefängnis. Im Jahre 1909 verweigerten diese Frauen für die Dauer ihrer Haft jede Nahrungsaufnahme, und König Edward VII. gab den Befehl zur Zwangsernährung. Trotz der Proteste der Öffentlichkeit wurde die Zwangsernährung hinfort in breitem Rahmen praktiziert.[415]

Die Briten waren noch immer überaus standesorientiert und hätten niemals gewagt, sich an einem Mitglied der Aristokratie zu vergreifen. So wurde Lady Constance Lytton nur deshalb gemeinsam mit ihren Gefährtinnen eingesperrt, mißhandelt und zwangsernährt, weil sie bei ihrer Verhaftung einen falschen Namen genannt hatte. Erschüttert angesichts ihres Zustands übernahm ihr Bruder Lord Lytton den Vorsitz eines *Conciliation Committee for Woman Suffrage*, das eine Gesetzesvorlage für die Ausdehnung des Wahlrechts auf die eine Million weibliche Haushaltsvorstände in England einbrachte. Obgleich das Gesetz durchkam, verzögerte Premierminister Asquith seine Inkraftsetzung.

Die Frauen gingen dagegen auf die Straße, wo sie von der Polizei aufgehalten und brutal zurückgeschlagen wurden.

In der Öffentlichkeit mehrten sich die Behauptungen, es sei den Frauen nicht wirklich ernst mit ihren Forderungen: Männer hätten sich entschlossener für ihre Ziele eingesetzt. So begannen die Frauen, Straßenlaternen kaputt zu werfen, Golfplätze zu verwüsten, Transformatorenhäuschen zu sprengen, Fensterscheiben einzuschlagen, leerstehende Gebäude niederzubrennen und Kunstwerke zu verwüsten. Die Täterinnen wurden zu schweren Arbeitsstrafen verurteilt. Eine Frau verübte Selbstmord, indem sie sich vor die Hufe des königlichen Pferdes warf, um die Öffentlichkeit auf die Frauenwahlrechtsbewegung aufmerksam zu machen. Es entstand eine Spirale aus immer heftigerer Gewalt, strengeren Haftstrafen, weiteren Hungerstreiks, massenhafter Zwangsernährung, brutaleren Polizeimethoden, Massenverhaftungen und noch mehr Gewalt ...[416]

Wir wissen nicht, wie lange es so hätte weitergehen können, wäre nicht der Krieg ausgebrochen. Der Krieg brachte eine Spaltung der Bewegung mit sich, die auch an den Pankhursts nicht vorbeiging. Emmeline und Christabel stellten die WSPU in den Dienst des Vaterlandes und forderten die Frauen auf, in Munitionsfabriken oder kriegswichtigen Bereichen zu arbeiten. Diese Entscheidung erwuchs einerseits aus Patriotismus, andererseits jedoch auch aus der Hoffnung, daß der Einsatz der Frauen nach dem Krieg durch die Gewährung des Stimmrechts belohnt werden würde. Sylvia Pankhurst, die sich stärker als ihre Mutter und ihre Schwester für die armen Frauen engagiert hatte, sah in diesem Krieg einen Kampf für patriarchalische und ausbeuterische Interessen und attackierte die Regierung wegen des Kriegseintritts. Sie setzte ihre Arbeit unter den Armen fort.

Emmeline Pankhurst reiste durch England, um die Frauen zu aktivieren, und die Regierung stellte ihr einen Etat von 2000 Pfund für die Finanzierung ihrer Kampagne zur Verfügung! Der Flügel um Sylvia Pankhurst hingegen bezichtigte die Regierung, Frauen als billige Arbeitskräfte auszubeuten und forderte gleichen Lohn für Frauen sowie menschenwürdige Arbeitsbedingungen unter besseren Sicherheitsvorkehrungen an den gefährlichen Arbeitsplätzen in Munitionsfabriken und Flugzeugwerken. Sylvias Einsatz bewirkte tatsächlich einige Verbesserungen, aber ihre Mutter sagte sich öffentlich von ihr los.[417]

Nach Kriegsende sollte das Wahlrecht auf alle Soldaten ausgedehnt werden, einschließlich jener, die den Eigentum- oder Wohnsitzauflagen nicht genügten. Eine gemäßigte Frauengruppierung forderte, dieses Gesetz auch auf die Frauen auszuweiten, womit sie einen Teilerfolg erzielte: unverheirateten Frauen, die in den lokalen Wählerregistern eingetragen waren, und Ehefrauen registrierter Wähler wurde das Wahlrecht gewährt, sofern sie über dreißig waren. Dieses Mindestalter verhinderte, daß Frauen die Mehrheit der britischen Wähler stellten. So erhielten acht Millionen britische Frauen am 10. Januar 1918 das Wahlrecht.[418] In den zwanziger Jahren wurden auch in anderen europäischen Ländern Frauen wahlberechtigt. Gleichwohl wurde in der Schweiz das Frauenstimmrecht auf nationaler Ebene erst 1971 eingeführt und bis heute dürfen Frauen an manchen Regionalwahlen nicht teilnehmen.[419]

Die Hauptursache für die Langwierigkeit dieser Kämpfe war der Widerstand seitens der Männer und insbesondere der herrschenden Schichten. Darüber hinaus stand der Frauenstimmrechtsbewegung in Großbritannien und den Vereinigten Staaten jedoch ihr eigener Standesdünkel im Wege. Sie wurde von gebildeten Frauen getragen, die ihre Fähigkeiten anwenden und ihr Land reformieren wollten. Diese Frauen waren oft stark im Klassendenken verwurzelt und distanzierten sich von der weiblichen Arbeiterschaft und den schwarzen Frauen. Die weißen Frauen in den Vereinigten Staaten suchten zu verhindern, daß die schwarzen Frauen sich der Frauenstimmrechtsbewegung anschlossen, um den Widerstand der politisch mächtigen weißen Männer nicht noch mehr zu provozieren.[420] Dies war insofern eine tragische Ironie, als die Frauenstimmrechtsbewegung aus der Bewegung für die Abschaffung der Sklaverei erwachsen war.

Dennoch stellten die aus üppigen Spendengeldern finanzierten massiven Kampagnen der Männer in den USA das größte Hindernis auf dem Weg zum Frauenstimmrecht dar.[421] Genau wie in den Auseinandersetzungen um das *Equal Rights Amendment* schoben die Männer bei ihren Propagandafeldzügen Alibifrauen vor: die Ehefrauen reicher Industrieller, die sich zu Marionetten im Dienste der Männerinteressen machen ließen. Die männliche Opposition argumentierte in erster Linie auf zweierlei Ebenen: der moralisch-politischen und der ökonomischen. Katholische Geistliche, Staatsfunktionäre und Großindustrielle behaupteten übereinstimmend, das Frauenstimmrecht gefährde ‹die Nation›. Die *Texas Businessmen's Association*, die *Gulf Oil*, die *Swift Meatpackers*, die *Santa Fé Railroad*, die *American Express Company* und die *South Eastern States Portland Cement Company* vertraten ebenso wie die demokratische Parteiorganisation *Tammany Society* die Auffassung, die Frauen würden, sobald sie das Wahlrecht in Händen hielten, eine Reform der Kinderarbeitsgesetze erzwingen, Überprüfungen der Eisenbahnsubventionen, -konzessionen und -tarife veranlassen, bessere Arbeitsbedingungen für Frauen erwirken und sich für eine progressive Einkommensteuer einsetzen.

Die mächtigste offene Lobby gegen das Frauenstimmrecht war die Alkoholindustrie, die Prohibitionsmaßnahmen befürchtete. Andere Industriezweige und die katholische Kirche kämpften mit subtileren Mitteln. So geschickt sie sich auch hinter moralischen Argumenten – selbst hinter der Berufung auf Gottes Willen – tarnen mochten, die wahren Motive der Opposition gegen das Frauenstimmrecht waren ökonomischer Natur.[422]

Tatsächlich kam alles so, wie diese Männer befürchtet hatten, aber die Industrie zeigte sich dem durchaus gewachsen. Es wurden Gesetze gegen die Kinderarbeit verabschiedet, die Arbeitsbedingungen von Frauen und Männern verbessert, die Steuerprogression bei der Einkommensteuer eingeführt und Eisenbahnsubventionen durch Untersuchungsausschüsse überprüft. Dennoch gelang es den Großindustriellen, die Kosten für die Bahnlinien auf den Staat abzuwälzen, ihre Steuern gering zu halten und die Frauenlöhne auch weiterhin bei der Hälfte der Männerlöhne zu belassen. Zur Verhinderung des *Equal Rights Amendment* schloß die Industrie wieder die gleiche Allianz – und wieder aus ganz ähnlichen Gründen.

Die Proteste der amerikanischen Arbeiterinnen gegen ihre Unterdrükkung setzten früher ein als die der weißen Mittelschichtsfrauen und die quer durch alle Schichten gehende Aktivität der schwarzen Frauen. Die Industrialisierung Amerikas nahm zu Beginn des 19. Jahrhunderts in Neuengland ihren Ausgang. Ihr erstes Reservoir an billigen Arbeitskräften waren die unverheirateten Töchter aus den neuenglischen Farmerfamilien. Die Fabrikbesitzer sicherten sich deren Loyalität durch die Betonung der gemeinsamen moralischen Ziele: Sie versprachen, die Mädchen in streng beaufsichtigten Wohnheimen unterzubringen und sie Fleiß und Disziplin zu lehren.[423] Diese Versprechen machten sie in der Tat nur allzu wahr. Die jungen Frauen wurden in überfüllte Schlafsäle gepfercht und strengstens kontrolliert und reglementiert. Sie arbeiteten zwölf bis sechzehn Stunden täglich in Fabriksälen ohne Belüftung, ohne fließendes Wasser und ohne Toiletten. In ihrer halbstündigen Mittagspause mußten sie in aller Eile das Wohnheim aufsuchen, essen und pünktlich zur Arbeit zurückkehren, wenn sie nicht wegen Zuspätkommens mit Geldbußen belegt werden wollten. Viele von ihnen erkrankten an Ruhr oder Tuberkulose.[424]

Von der Profitgier getrieben, drückten die Arbeitgeber die Löhne, und im Jahre 1824 schlossen sich Arbeiterinnen in Pawtucket, Rhode Island, einem Streik an, der sich gegen Lohnkürzungen und die Verlängerung des Arbeitstages richtete. Die Fabrikbesitzer ergriffen Maßnahmen zur «Produktivitäts- und Arbeitsleistungssteigerung»: sie ließen größere und lautere Maschinen aufstellen, die das Produktionstempo erhöhten, und forderten von den Arbeitern, mehr Maschinen für weniger Geld zu bedienen. Im Jahre 1828 streikten in Dover, New Hamsphire, Frauen auf eigene Faust, und 1834 traten Arbeiterinnen in Lowell, Massachusetts, in einen großen Ausstand, bei dem sie flammende Reden hielten.[425]

Die Frauen verloren diese Kämpfe, die Arbeitsbedingungen in den Fabriken verschlechterten sich weiter, und im Jahre 1845 wurde die *Lowell Female Labor Reform Association* gegründet. Wieder streikten die Frauen, und wieder zogen sie den kürzeren: diesmal gelang es ihnen jedoch, ihre Not in einer Arbeiterzeitung an die Öffentlichkeit zu tragen und den Senat von Massachusetts unter Druck dazu zu bewegen, öffentliche Anhörungen über die Arbeitsbedingungen in den Fabriken durchzuführen. Das Hauptziel dieser Frauen war die Verkürzung des Arbeitstages von vierzehn auf zehn Stunden.[426]

Die Fabrikbesitzer kündigten ihre Interessengemeinschaft mit den ortsansässigen Farmern bald auf. Sie entledigten sich der einheimischen Frauen und stellten Einwanderinnen ein, die sich viel leichter einschüchtern ließen, da sie oft kein Englisch sprachen, nicht lesen und schreiben konnten und in der fremden Umgebung ohnehin verängstigt waren.[427] Dennoch dauerten die Proteste an. Zum damaligen Zeitpunkt verdienten Arbeiterinnen nur ein Viertel der Männerlöhne, und diese waren schon gering genug. Mit den zwanziger Jahren des 19. Jahrhunderts entstanden weitere Organisationen weiblicher Arbeiter, z. B. die Vereinigung der Schneiderinnen von New York und die der Schuhnäherinnen von Lynn, Massachusetts. Diese Frauengewerkschaften erreichten in der Regel wenig, was vor allem daran lag, daß die Frauen sich isoliert fühlten und keine politische Erfahrung hatten. Außerdem wurden sie von den entsprechenden Männergewerkschaften so gut wie überhaupt nicht unterstützt und von ihren eigenen männlichen Angehörigen aktiv behindert.[428]

Die New Yorker Schneiderinnen versuchten die Arbeitgeber dadurch zu beschämen, daß sie alle öffentlich beim Namen nannten, die Frauen für zehn bis achtzehn Cents am Tag beschäftigten. Die *Female Industry Association* wurde gegründet, aber noch immer waren die Frauen nicht zahlreich, schlagkräftig und versiert genug, um den Arbeitgebern gewachsen zu sein, und ihre Versammlungen «zogen Männer an, die unter ihnen herumgingen und ihnen ein leichteres Leben durch Prostitution offerierten.» [429] In Troy, New York, kam es zu einem Streik von Wäschereiarbeiterinnen, die jedoch ausgehungert wurden. Um ihre Arbeitsplätze zu behalten, mußten sie sich unter Eid zum Austritt aus der Gewerkschaft verpflichten, die 1869 nach sechsjährigem Bestehen zusammenbrach.

Die erste nationale Frauengewerkschaft war die der Schuhnäherinnen zwischen Lynn und San Francisco. Auf dem Höhepunkt ihrer Aktivitäten umfaßte sie über 40 lokale Organisationen, aber auch sie existierte nur kurz. Schwarze Wäscherinnen gründeten im Jahre 1866 die erste Arbeiterorganisation in Mississippi überhaupt, die *Washerwomen of Jackson*. Nach dem Bürgerkrieg gewährten einige wenige Männergewerkschaften Frauen das Mitgliedsrecht. Die *National Union of Cigar Makers* öffnete sich 1867 für Frauen und Schwarze. Etwas später wurde die *Women's Typographical Union* ausschließlich von Frauen gegründet. Als sie sich nach neun Jahren auflöste, nahm die nationale Gewerkschaft für das typographische Gewerbe Frauen als gleichberechtigte Mitglieder auf.[430] Es wurden jedoch keine weiteren Frauengewerkschaften gegründet.

Obgleich die Frauen weder von männlichen Gewerkschaftern noch von ihren eigenen männlichen Familienangehörigen Hilfe bekamen, unterstützten sie ihrerseits Streiks von Männern. Während des Eisenbahnerstreiks von 1877 boten hunderttausend Männer und Frauen Polizei, Milizen und Bundestruppen die Stirn. Es war ein erbitterter Kampf, und die Presse ging in ihrer Berichterstattung besonders auf das Verhalten der beteiligten Frauen ein, die als «tobsüchtige Krawallmacherinnen», als «geschlechtslose Meute von Aufwieglerinnen» und als «Amazonenheer» dargestellt wurden.[431]

Im Jahre 1880 gab es zweieinhalb Millionen Lohnarbeiterinnen in den USA, 1890 waren es bereits beinahe fünf Millionen. Im Jahre 1896 konzentrierte sich in den Händen von einem einzigen Prozent der amerikanischen Familien mehr gesellschaftlicher Reichtum als in denen der untersten 50 Prozent der gesellschaftlichen Stufenleiter. Erstere Gruppe bezog nahezu ein Viertel, letztere weniger als ein Fünftel des Gesamteinkommens der Bevölkerung. Zwischen Arbeitgebern und Arbeitnehmern herrschten geradezu kriegsähnliche Zustände. So zog etwa Andrew Carnegie bei einem Streik seiner Arbeiter Einwanderer als Streikbrecher heran, die er in plombierten Güterwaggons an ihren Arbeitsplatz transportieren ließ, damit sie, selbst wenn sie des Englischen mächtig waren, nicht mitbekamen, was vor sich ging. Vor Ort wurden sie in den Fabriken eingesperrt und mit Waffengewalt zur Arbeit gezwungen.[432]

Im Jahre 1881 erkannte der *Noble Order of the Knights of Labor* die *Working Women's Union* an. Zu diesem Zeitpunkt gab es bereits allein in Chicago mehrere und in den gesamten USA 120 nach Branchen organisierte Frauengewerkschaften.[433] Die *Knights of Labor* ließen Schwarze als Mitglieder zu und forderten gleichen Lohn für gleiche Arbeit. Im Jahr 1885 streikten in Yonkers weibliche Mitglieder der *Knights of Labor*: 2500 Frauen bildeten eine dichte Streikpostenkette um eine Fabrik. Die Polizei ging gewaltsam gegen die Frauen vor, was diesen öffentliche Sympathien eintrug. Sie hielten sechs Monate lang durch. Schließlich trugen sie den Sieg davon und erzwangen die Zurücknahme von Lohnkürzungen. Auf dem Gipfel ihrer Macht hatten die *Knights of Labor* 700000 Mitglieder, von denen 50000 Frauen waren.[434]

Als die *Knights of Labor* an Einfluß verloren, entstand die *American Federation of Labor*. Den Frauen eröffneten sich neue Arbeitsplätze im Einzelhandel, in der Fernsprechvermittlung, in Büro- und Sekretärinnenberufen und in der Textilbranche. Die Organisation der Frauen und der Kampf für gleiche Löhne gehörten zu den offiziellen Zielen der AFL. Faktisch kümmerte sie sich um keines von beiden. Nur 5 Prozent ihrer Mitglieder waren Frauen, obwohl sie ihnen im Jahre 1888, unter Druck gesetzt, im *Ladies' Federal Union Local No.* 2703 die Mitgliedschaft zuerkannt hatte.[435]

Im Jahre 1889 kämpfte die *Women's Alliance* in Chicago für die allgemeine Grundschulpflicht. 50000 Kinder gingen allein in dieser Stadt weder zur Arbeit noch zur Schule, und mindestens 10000 von ihnen schliefen nachts auf den Straßen. Viele dieser Kinder arbeiteten für Pfenniglöhne in den schlimmsten Ausbeutungsbetrieben (Fotografien solcher Straßenkinder in New York finden sich in *How the Other Half Lives* von Jacob Riis[436]). Die *Alliance* erzwang die Verabschiedung eines Gesetzes, das für Kinder zwischen sieben und vierzehn Jahren zwölf bis vierundzwanzig Unterrichtswochen im Jahr zur Pflicht machte, wobei jeweils der halbe Tag freibleiben sollte, damit die Kinder zur Arbeit gehen konnten.[437] *

Im Jahre 1903 bestand die weibliche Arbeiterbewegung Chicagos bereits aus einem breiten und mächtigen System von Organisationen, dem die überwiegende Mehrheit der Arbeiterinnen in 26 verschiedenen Industriezweigen angehörte: In jenem Jahr zogen 35 000 Frauen am Tag der Arbeit über die Michigan Avenue in Chicago.[438] Im gleichen Jahr wurde (nach dem Vorbild der britischen *Leagues*) mit breiter Unterstützung der weiblichen Arbeiterschaft und mit dem Sachverstand und Geld der Mittelschichtsfrauen, die sich allmählich für ihre arbeitenden Schwestern einzusetzen begannen, die *National Women's Trade Union League* gegründet. Die Organisierung ging schleppend voran, bis im September 1909 die *International Ladies' Garment Workers Union* Herstellungsbetriebe in New York und Philadelphia bestreikte: zwanzig- bis dreißigtausend Frauen schlossen sich dem Streik an und standen einen ganzen langen Winter hindurch trotz bitteren Hungers und massenhafter Verhaftungen mit anschließender Unterbringung im Arbeitshaus Streikposten. Diese Arbeiterinnen, zum größten Teil im Alter von sechzehn bis dreißig Jahren, hielten Massenversammlungen ab und bauten eine mächtige Gewerkschaft auf, der sich täglich bis zu tausend Frauen anschlossen.[439]

Trotz des heroischen Einsatzes dieser Frauen, die ihren Streik über dreizehn Wochen aufrechterhielten, zeichneten sich zunächst nur geringfügige Erfolge ab. Einigungen wurden nur einzeln, Betrieb für Betrieb, erzielt, und einer der beiden größten amerikanischen Hemdenhersteller, *Triangle*, weigerte sich weiterhin, die Gewerkschaft anzuerkennen. 339 Betriebe gaben nach: der Grundstein war gelegt. Etwa zwei Jahre später brach in den im Dachgeschoß liegenden Produktionsräumen der Firma *Triangle* ein verheerender Brand aus. Die Türen zu den Feuertreppen waren verschlossen, um die Frauen daran zu hindern, draußen frische Luft zu schnappen. 146 Frauen, die meisten von ihnen noch junge Mädchen, kamen in den Flammen um. Einige sprangen mit brennenden Kleidern aus den Fenstern in den Tod. Die beiden Partner, denen der Betrieb gehörte, wurden vor Gericht gestellt und freigesprochen. Später verurteilte man einen von ihnen zu einer Geldstrafe von zwanzig Dollar. In der Folge wurden zumindest neue Feuerschutzbestimmungen erlassen.[440]

* Solche Arrangements existierten noch 1918, als meine Mutter ihre Tage zwischen der Schule und der Kartonfabrik aufteilte.

Im Jahre 1910 waren mehr als acht Millionen Frauen außer Hauses berufstätig. Die meisten arbeiteten in Fabriken, wo sie zwischen zwei und sechs Dollar pro Woche bekamen, ein Drittel der Männerlöhne für vergleichbare Arbeiten. Sie arbeiteten bis spät in die Nacht, in schmutzigen stickigen Räumen, die im Brandfall zu tödlichen Fallen wurden, ohne Bezahlung von Überstunden, pausenlos auf den Füßen, als Abendessen ein im Treppenhaus hastig hinuntergeschlungenes Butterbrot.[441] Viele dieser Frauen waren organisiert – allein 37000 in Chicago, aber zwischen 1907 und 1909 kam es zu einer Wirtschaftskrise mit verheerenden Auswirkungen für die Gewerkschaften. Sie machte die Frauen – die Reservearmee – arbeitslos oder zwang sie, Arbeitsplätze zu den Bedingungen der Arbeitgeber anzunehmen. Im Jahre 1909 hatten die Chicagoer Gewerkschaften nur noch zehntausend weibliche Mitglieder und es gab keine einzige rein weibliche Lokalorganisation mehr.[442] Die Unterstützung der Mittelschichtsfrauen war wenig zuverlässig. So zerbrach etwa 1909 eine klassenübergreifende Frauenstimmrechtsorganisation in San Francisco daran, daß die Mittelschichtsfrauen es ablehnten, einen Streik der Straßenbahnschaffner zu unterstützen, woraufhin die Arbeiterinnen sich verraten fühlten und die Gruppe verließen.[443]

Dennoch leisteten Frauen beim Streik der männlichen Textilarbeiter in Chicago im Jahre 1910 entscheidende Hilfe. Wenn die IWW zu Streikmaßnahmen aufrief, zeigten sich die Frauen kampfentschlossener als die Männer. Überall in den Vereinigten Staaten wurden Arbeiterinnen und Frauen von männlichen Arbeitern in den vordersten Reihen zusammengeschlagen, mit Feuerwehrschläuchen auseinandergetrieben und verhaftet.[444] Frauen führten den Textilarbeiterstreik von 1912 in Lawrence an, der auf Grund einer Lohnkürzung von 30 Cents bei wenigen Dollar Wochenlohn ausgebrochen war. Für die Arbeiter damals bedeutete das, fünf Laib Brot pro Woche weniger zu haben, buchstäblich eine Frage von Leben und Tod. Die am schlechtesten bezahlten Frauen in den Fabriken verdienten neuneinhalb Cent pro Stunde. Der Streik dauerte acht Wochen, ehe die Fabrikbesitzer auch nur zu Verhandlungen mit dem Streikkomitee bereit waren. Man einigte sich schließlich auf eine Lohnerhöhung um 25 Prozent für die am schlechtesten bezahlten und eine geringere Steigerung für die besser bezahlten Frauen sowie auf die Bezahlung von Überstunden zu fünf Viertel des Normalstundenlohns.[445] Der erfolgreiche Ausgang dieses Streiks zog eine Streikwelle in ganz Neuengland nach sich. Im Jahre 1913 waren bereits die meisten Textilwerke in Lawrence stillgelegt, weil man der Gewerkschaft durch Massenarbeitslosigkeit den Garaus zu machen hoffte. Später wurden viele Textilfabriken aus Neuengland in die Südstaaten verlagert, wo es keine Gewerkschaften gab.

Die *Women's Trade Union League* blieb weiterhin eine wichtige Organisation. Später schloß sie sich mit der *Amalgamated Clothing Workers of America* zusammen, einer Gewerkschaft mit einem weiblichen Mitgliederanteil von 75 Prozent, in der jedoch niemals eine Frau in die internationale Funktionärsspitze aufzurücken vermochte und in deren Vorstand Frauen bis heute nur eine kleine Minderheit darstellen. Die *Industrial Workers of the World* spielten beim Streik von Lawrence eine wichtige Rolle und ermutigten Frauen, sich als Streikführerinnen zu engagieren. Einige der Frauen, die diesem Aufruf nachkamen, gelangten wie etwa Elizabeth Gurley Flyn zu landesweiter Berühmtheit. Aber dennoch gelangte nicht ein einziges Mal eine Frau in die entscheidenden Führungspositionen dieser Gewerkschaft.[446]

Damit kommen wir zur zweiten Phase der Unterdrückung der Frauen: Die Frauen hatten wie ihre Männer den Arbeitgebern menschenwürdige Löhne und Arbeitsbedingungen abringen müssen. Ebenso wie die Männer hatten sie gestreikt, gehungert, Mißhandlungen über sich ergehen lassen und durchgehalten. Nachdem jedoch einmal die ersten Siege erkämpft und die Gewerkschaften anerkannt waren, schloß man die Frauen von sämtlichen politisch maßgeblichen Positionen aus.

Im Jahre 1944 beschwerte sich Rose Pesotta, daß die ILGWU mit einer zu 85 Prozent aus Frauen bestehenden Mitgliederschaft den Frauen offiziell einen einzigen Vorstandssitz einräumte. Bis Mitte 1984 befanden sich unter den zwanzig bis dreiundzwanzig Mitgliedern dieses Vorstands niemals mehr als zwei Frauen. Im Jahre 1974 hatten lediglich zwei kleine Einzelgewerkschaften der AFL weibliche Vorsitzende, und im Vorstandsrat der AFL-CIO saß keine einzige Frau. 1984 gab es keine weibliche Gewerkschaftsvorsitzende, zwei weibliche Vorstandsmitglieder und keine Frau unter den 23 Regionalgewerkschaftsführern. Die einzige Frau, die eine eigene Abteilung in den Bundesorganisationen unter sich hat, ist deren Bibliothekarin.[447] Viele Gewerkschaften, insbesondere die der besser bezahlten, hochqualifizierten Arbeiter, verwehren Frauen gänzlich die Mitgliedschaft. In den Arbeitsbereichen, in denen vorwiegend Frauen tätig sind – den am schlechtesten bezahlten Sektoren Hausarbeit und Landwirtschaft, Einzelhandel und Bürotätigkeiten –, gibt es keine wirksame gewerkschaftliche Organisierung auf nationaler Ebene, und die großen Gewerkschaftsorganisationen sind an einer solchen auch nicht interessiert.

In Europa wurden die ersten Arbeitsschutzvereinigungen für Frauen um die Wende zum 19. Jahrhundert gegründet. Von 1870 an mehrten sich die Streiks weiblicher Arbeiter. Die erste europäische Frauengewerkschaft war die der englischen Buchbinderinnen, die 1874 entstand. Gewerkschaftsgründungen in anderen Industriezweigen folgten: unter den Näherinnen, Putzmacherinnen, Polstererinnen. Louise Otto-Peters, die bereits in der gescheiterten liberalen Revolution von 1848 politisch engagierte Feministin und Schriftstellerin, übernahm den Vorsitz des 1865 gegründeten *Allgemeinen Deutschen Frauenvereins* und setzte sich für die Gleichberechtigung der Frau in allen gesellschaftlichen Bereichen einschließlich der Wahlrechtsfrage ein.[448]

Vor dem Hintergrund des autoritären politischen Systems und Denkens in Deutschland war der Leipziger *Frauenbildungsverein* trotz seiner mittelständischen Zusammensetzung und Orientierung eine durchaus demokratische Organisation. Er kämpfte für die Einstellung von Frauen in den öffentlichen Schuldienst; 1873 geschah dies in Einzelfällen. Die Frauen hatten jedoch keinerlei Beförderungsaussichten, arbeiteten unter äußerst schlechten Lohnbedingungen und bekamen – im Gegensatz zu den Männern, die zwei Wochen im Jahr frei hatten – keinen Urlaub. Nach 1873 wurden keine Frauen mehr eingestellt.[449]

Viele deutsche Gewerkschaften schlossen Frauen ganz aus; in den übrigen waren sie den Feindseligkeiten der Männer ausgesetzt. Besonders schlecht waren die Arbeitsbedingungen der deutschen Textilarbeiterinnen. Sie arbeiteten von sechs Uhr morgens bis sieben Uhr abends bei Temperaturen von bis zu 55 Grad Celsius, wobei sie ständig giftigen Dämpfen ausgesetzt waren. Dafür erhielten sie zwischen einer und eineinhalb Kronen Tageslohn. Amalie Seidl, eine österreichische Textilarbeiterin, begann 1892, die Frauen in ihrem Betrieb zu organisieren. Sie wurde entlassen, setzte ihre Aktivitäten jedoch fort und erreichte, daß 1893 700 Wiener Arbeiterinnen streikten. Sie erkämpften einen Zehnstundentag bei acht Kronen Wochenlohn und einen freien Tag im Jahr – den 1. Mai. Nach Beendigung des Streiks wurde Amalie Seidl zu einer Haftstrafe verurteilt.[450]

Immerhin wurde im Jahre 1905 in Deutschland eine auch Frauen offenstehende Ausbildungsstätte für Sozialberufe gegründet, und 1911 waren bereits über eine Viertelmillion deutscher Frauen gewerkschaftlich organisiert: Bäckerinnen, Fleischerinnen, Glaserinnen, Frauen in holz- und lederverarbeitenden Berufen, Lithographinnen, Metallarbeiterinnen, Sattlerinnen und viele mehr. Eine wichtige Rolle spielten in Deutschland die Lehrerinnenvereinigungen.[451] In Frankreich durften Frauen ab 1891 nach langen Kampagnen als Dentistinnen, Chemiearbeiterinnen und Pharmazeutinnen tätig sein.[452] Auch in Europa kämpften die Frauen um das Wahlrecht, engagierten sich auf lokalpolitischer Ebene als Schulbeirätinnen, Armenpflegerinnen und als Fabrik- und Gefängnisinspektorinnen. Auch hier traten sie mit beträchtlichem Erfolg für Reformen und Sozialmaßnahmen ein: es gelang ihnen, die Bildungs- und Erwerbsmöglichkeiten für Frauen zu verbessern. Sie setzten der staatlich geregelten Prostitution und dem Mädchenhandel ein Ende. Sie unterstützten bedürftige Kinder und alleinstehende Mütter und veranlaßten Änderungen des Ehe-, Scheidungs- und Sorgerechtes. Sie wirkten daraufhin, daß die allgemeine Schulpflicht eingeführt wurde, auch wenn diese für arbeitende Kinder nur in halbem Umfang galt, und in vielen europäischen Ländern errangen sie das Wahlrecht.[453]

Nachdem diese Ziele erreicht waren, erklärte man den Kampf der Frauenbewegung für erfolgreich beendet. Weitere Kampagnen, so hieß es, seien nun nicht mehr notwendig, und Politiker und Wirtschaftsführer waren nicht länger bereit, Frauenforderungen Gehör zu schenken. Selbst der sensible britische Romancier E. M. Forster konnte nicht begreifen, warum Virginia Woolf – die mit ihm befreundet war – 1938 ihre *Drei Guineen* schrieb. In ‹*Two Cheers For Democracy*› bezeichnete er Virginia Woolfs wichtigen und literarisch gelungenen Essay als «zänkisch». Er konnte nicht verstehen, warum sie sich über etwas so «Altmodisches» wie den Feminismus ausließ, wo doch jedermann wußte, daß der Kampf vorbei und gewonnen war.

Viele Frauen teilten seine Ansicht. Die mittelständische Frauenbewegung in Europa und in den USA brach nach der Erlangung des Wahlrechts im wesentlichen zusammen. Die Frauen glaubten, daß die Wahlbeteiligung automatisch die Beseitigung anderer gesellschaftlicher Schranken zur Folge haben würde und daß ihrer positiven Einflußnahme auf die Gesellschaft nun nichts mehr im Wege stünde. Dem war aber nicht so. Die Diskriminierung der Frauen verstärkte sich noch und blieb weiterhin ein Bestandteil der offiziellen Politik vieler gesellschaftlicher Institutionen. Im Jahre 1920 stellten in den USA lediglich 40 von 482 Krankenhäusern weibliche Ärzte ein. Zwischen 1925 und 1945 hielten sich die medizinischen Fakultäten an eine Zulassungsquote für weibliche Studentinnen in Höhe von 5 Prozent. Juristische Elitefakultäten lehnten die Aufnahme von Studentinnen rundweg ab, und von der *New York City Bar Association* wurden Frauen bis 1937 ausgeschlossen. Einige politisch weitsichtig denkende Frauen – insbesondere die *National Women's Party* – bemühten sich um die Verabschiedung des *Equal Rights Amendment*. Die Wählerinnenvereinigung und andere politische Frauenorganisationen wurden gegründet. Diese drängten in den folgenden Jahren auf Gleichberechtigungsgesetze und kämpften um Sitze in den Präsidialausschüssen zur Frauenfrage. Gelegentlich wurde eine Frau auf einen höheren Regierungsposten ernannt oder gewählt. Bei den Wahlen lag jetzt weniger Gewalttätigkeit in der Luft, da inzwischen Schulen und nicht mehr Wirtshäuser als Wahllokale dienten.[454] Die Nominierung der Kandidaten lag jedoch weiterhin fest in den Händen der Männer und fand in privaten, «rauchgeschwängerten» Räumen statt. In Industrie und Wirtschaft änderte sich jedoch wenig, und die Wirtschaftskrise machte schließlich sämtliche Fortschritte, die die Frauen im vorangegangenen Jahrzehnt erzielt hatten, wieder zunichte.

Die Frauen bildeten die Mehrheit der industriellen Reservearmee, jenes Menschenreservoirs, das in Zeiten erhöhten Arbeitskräftebedarfs ausgebeutet und in Zeiten der Rezession wieder vom Arbeitsmarkt verdrängt wird. Während der Weltwirtschaftskrise waren die Frauen die ersten, die gehen mußten, und verheirateten Frauen wurde durch neu erlassene Gesetze jede Berufstätigkeit untersagt. Die Arbeitsmöglichkeiten, die Frauen noch offenstanden, waren vor allem extrem schlecht bezahlte Tätigkeiten, die kein Mann übernehmen wollte.

Mit Ausbruch des Zweiten Weltkriegs änderte sich diese Situation jedoch schlagartig. Zu diesem Zeitpunkt benötigte der Kongreß lediglich zwei Wochen, um den *Lanham Act* zu verabschieden, durch den Bundesmittel zur Finanzierung von Kindertagesstätten bereitgestellt wurden. In speziellen Schnellkursen vermittelte man Frauen Fertigkeiten, die überhaupt zu erlernen man sie vor wenigen Monaten noch für unfähig erachtet hatte. Frauen übernahmen aus dem Stand verantwortungsvolle und mit einem hohen Maß an Weisungsbefugnis verbundene Posten, auf denen sie gut verdienten.[455]

Als der Krieg zu Ende war, nahmen die Männer jedoch ihre Arbeitsplätze wieder ein. Sie profitierten von den Kriegsheimkehrervergünstigungen. Die Frauen wurden entlassen, die Kindertagesstätten abgebaut und die Ausbildungskurse eingestellt. Einem Teil der Frauen gelang es, auch weiterhin berufstätig zu bleiben, aber in niedrigeren Positionen. Der alte Häuslichkeitskult gewann rasch wieder an Boden – bei den Frauen, aber auch bei den Männern. Obgleich die Männer noch immer die Familie ernährten, führten Disziplin und Anpassung, die ihnen in ihren grauen Flanellanzügen abverlangt wurden, zu immer größerer Ernüchterung, so daß in den fünfziger Jahren beide Geschlechter darauf angewiesen waren, ihre Befriedigung im häuslichen Bereich zu suchen.

Die Nachkriegszeit – von Kriegsende bis in die sechziger Jahre hinein – zog den historischen Schlußstrich unter jene klarsichtige, dynamische, vielschichtige Frauenbewegung, die fast genau ein Jahrhundert zuvor begonnen hatte. Die ‹zweite Welle› der Frauenbewegung, die um die Mitte der sechziger Jahre einsetzte, werde ich im 6. Kapitel behandeln. Um meine Ausführungen an dieser Stelle zunächst abzuschließen, möchte ich noch einmal die langfristigen Auswirkungen der hundert Jahre bestehenden Frauenrechtsbewegung in den USA beleuchten. Es ist eine traurige Tatsache, daß die Kämpfe der Frauenbewegung von den männlichen Historikern totgeschwiegen oder banalisiert worden sind. Viele Errungenschaften dieser Bewegung wurden im nachhinein vom Staat ausgehöhlt und selbst feministische Historikerinnen neigen dazu, die Aktivitäten ihrer Vorkämpferinnen zu kritisieren.

Männliche Geschichtswissenschaftler behaupten immer wieder gerne, Frauen hätten konservativ, d. h. gegen die Erneuerung der Gesellschaft gewählt, obwohl das statistische Material aus den Jahrzehnten nach der Durchsetzung des Frauenwahlrechts nie geschlechtsspezifisch aufgearbeitet worden ist.[456] Erst in jüngster Zeit ist das Wahlverhalten von Frauen in den Blickpunkt der Sozialforschung gerückt; das untersuchte Material deutet darauf hin, daß Frauen Kandidaten wählen, die sich für den Frieden und eine menschenfreundliche Sozialpolitik einsetzen.[457] Daß solche Versprechungen nach der Wahl nicht immer eingelöst werden, hat nichts mit den Frauen zu tun, wohl aber mit der Tatsache, daß das Wahlrecht erst zu einem Zeitpunkt auf sie ausgedehnt wurde, als unsere beiden großen Parteien sich längst fest im Griff wirtschaftlicher Machtinteressen befanden. Diese kontrollierten unseren Staat bereits seit der Mitte des 19. Jahrhunderts weitgehend und begannen ihn um die Jahrhundertwende endgültig zu beherrschen.[458] Wenn auch im Laufe der folgenden 50 Jahre das Großkapital Teile seines Einflusses einbüßte, rückten doch andere Machtträger – die Gewerkschaften und der von dem republikanischen Präsidenten Eisenhower so bezeichnete «militärisch-industrielle Komplex» nach. Wahlen sind – auf regionaler Ebene in vielen, auf staatlicher und nationaler Ebene in nahezu allen Fällen – Entscheidungen zwischen Kandidaten, die in erster Linie Machtinteressen und nicht ihrer Wählerschaft verpflichtet sind.

Feministische Historikerinnen haben ausgiebige Kritik an der Arbeit der sozial engagierten Frauen geübt, die den Einwanderinnen die Grundlagen der amerikanischen Haushaltsführung und Kindererziehung beibrachten. Sie warfen ihnen vor, die Frau nur als Hausfrau behandelt und damit das Ideal der Ehefrau und Mutter verfestigt zu haben.[459] Desgleichen wurde den Frauen der englischen und französischen Oberschicht, die arme Mädchen zu tüchtigen Hausbediensteten und Näherinnen ausbildeten, der Vorwurf gemacht, die ungerechten ökonomischen Verhältnisse perpetuiert und den armen Frauen lediglich «das Überleben *innerhalb* ihrer Statusgrenzen» ermöglicht zu haben.[460]

Diese Kritik ist nicht unberechtigt. Viele scheinbare Lösungen sozialer Probleme perpetuieren in Wirklichkeit deren Ursachen. Auf der anderen Seite ist es unrealistisch, davon auszugehen, daß irgendein Mensch – und sei er noch so informiert und vorausschauend – in der Lage wäre, die Gesellschaft zu verändern, ohne zugleich einige ihrer Grundwerte zu verfestigen. Kein Mensch wird je völlig frei von den Vorurteilen und Denkmustern seiner Zeit sein. Wenn es auch wichtig ist aufzuzeigen, wie Menschen unbewußt Strukturen und Normen unterstützen, die sie ablehnen, ist es doch ungerecht, ihnen Verhaltensweisen zum Vorwurf zu machen, denen auch wir selbst nicht entgehen. Tatsächlich ist es selbst eine Form der Perpetuierung patriarchaler Werte, Frauen in der Retrospektive mangelndes Bewußtsein oder Engagement vorzuwerfen und dabei ihre tatsächlichen Leistungen außer acht zu lassen. Diese Haltung impliziert die Anerkennung der patriarchalischen Grundüberzeugung, derzufolge einzig und allein die Erlangung von Macht zählt. Dabei fällt nämlich die Tatsache unter den Tisch, daß jene Frauen tatsächlich die Lebensumstände zahlloser anderer Frauen, Kinder und Männer verbessert haben. Nur wenige der von Frauen bewirkten oder mit herbeigeführten Veränderungen lösten wirklich das ein, was sich ihre Betreiberinnen versprochen hatten; dennoch ist es ihrer Aktivität zu danken, daß das tägliche Leben ganzer Generationen von Menschen etwas lebenswerter wurde.

Die Bemühungen der in Wohlfahrt und Sozialreform tätigen Frauen führten zur Schaffung heute noch existenter Sozialeinrichtungen und

-gesetze. Diese Frauen erreichten, daß Schulspeisungen eingeführt, Spielplatz- und Parkanlagen für bedürftige Kinder angelegt und Gesetze zur Unterstützung der Armen geschaffen wurden. Wenn solche Errungenschaften heute durch reaktionäre Regierungen wieder abgebaut werden oder angesichts der Lebensbedingungen in unseren modernen Großstädten nicht mehr ausreichend erscheinen, so ändert dies nichts daran, daß sie einmal sinnvoll gewesen sind und die Lebensqualität ganzer Generationen ein wenig gesteigert haben. Staatliche Wohlfahrtseinrichtungen scheinen uns heute nicht mehr geeignet zu sein, den Bedürfnissen der ärmeren Bevölkerung gerecht zu werden, da sie das Elend durch den restriktiven Charakter ihrer Organisation auf Dauer festschreiben. Sie sind repressiv und demütigend. Dennoch bedeutete ihr Vorhandensein etwa für meine Großmutter – die im Jahre 1913 zur Witwe wurde und nicht genug verdienen konnte, um ihre vier Kinder zu ernähren, weshalb drei von ihnen in Waisenhäusern untergebracht werden mußten – lediglich tägliche Sorge und Mühe statt eines Lebens in blanker Not.

So trug die engagierte und unermüdliche Arbeit ganzer Generationen von Frauen im letzten und auch noch zu Beginn dieses Jahrhunderts durchaus reale und fast ausschließlich positive Früchte. Frauen stehen heute Bildungsmöglichkeiten auf jedem Niveau und wesentlich vielfältigere berufliche Möglichkeiten offen als noch vor einem Jahrhundert. Die Lebensbedingungen der ärmeren Bevölkerungsschichten sind nicht mehr ganz so hart wie vor hundert Jahren, und die Arbeiterschaft verfügt doch über viele soziale Sicherungen, die es damals noch nicht gab. Wenn solche Reformen nicht weitreichend genug oder erneuerungsbedürftig sind, so mindert dies nicht ihren Wert. Wenn Wohlfahrtseinrichtungen heute ein neues Instrument zur Reglementierung von Frauen darstellen, so ist dies in einer auf Herrschaft basierenden Gesellschaft gar nicht anders denkbar. Mit der Institutionalisierung und Professionalisierung des Sozialbereichs wurde das einstige unbezahlte soziale Engagement der Frauen durch bezahlte Sozialarbeit abgelöst. Zwar ergriffen zahlreiche Frauen die ‹helfenden› Berufe der Krankenschwester, Sozialarbeiterin und Lehrerin, aber in dem Maße, wie Erziehungs- und Sozialwesen sich zu mächtigen gesellschaftlichen Institutionen entwickelten, übernahmen Männer in ihnen die Macht. Sie besetzten die Führungspositionen und «die Frauen wurden in den Tätigkeitsbereichen, die sie zum Großteil selbst ins Leben gerufen hatten, auf die untergeordneten Ränge verwiesen.»[461]

Die Prohibition, 1919 verfügt, wurde 1933 wieder aufgehoben. Sie prägte ein Kapitel in der Geschichte der Frauen, über das bis jetzt kaum gesprochen worden ist und das möglicherweise gar als peinlich gilt. Dennoch hat die Prohibition durchaus anerkennenswerte Erfolge gezeitigt: sie durchbrach wirksam eine überaus zerstörerische Gewohnheit eines Teils, vielleicht sogar der Mehrheit der arbeitenden Männer – das Ritual des feierabendlichen Trinkens, das Tausende von Familien ins Elend getrieben hatte. Als in den zwanziger Jahren des 19. Jahrhunderts die erste Temperenzlervereinigung gegründet wurde, lag der Pro-Kopf-Konsum an harten Spirituosen dreimal so hoch wie heute. Trotz aller Schwarzbrennerei erreichte er doch während der Prohibitionsjahre den tiefsten Stand in der amerikanischen Geschichte.[462] Die Prohibitionszeit prägte neue Gewohnheiten und eröffnete den Männern neue Verhaltensspielräume – diese Art des Trinkens war bis dahin geradezu ein sozialer Zwang gewesen. Wie in James Joyces' Dublin wurde jeder, der nicht mithielt, schief angesehen. Auch ohne zu den Befürwortern von Zwangsmaßnahmen zum Schutz der Menschen vor sich selber zu gehören, kann man verstehen, daß Frauen und Kinder, die in erzwungener Abhängigkeit von diesen Männern lebten, vor dieser destruktiven männlichen Unsitte und den gewaltsamen Mißhandlungen, die sie häufig mit sich brachte, Schutz brauchten und forderten.

Die Verabschiedung des Prohibitionsgesetzes ist ein anschaulicher Beweis dafür, was Frauen erreichen können, wenn sie halbwegs einig auftreten. Solche Einigkeit war ansonsten leider nicht die Stärke der Frauenbewegung. So gab es etwa bei den werktätigen Frauen eine Fraktion, die verschiedene Schutzgesetze anstrebte. Sie drängte auf die Schaffung gesetzlicher Grundlagen, die den Frauen am Arbeitsplatz eine anständige und achtungsvolle Behandlung durch die Männer sichern sollte, auf Vorschriften bezüglich sanitärer Einrichtungen sowie auf die Festlegung von Höchstgrenzen für die Zahl der zu leistenden Arbeitsstunden und das Gewicht zu hebender oder zu tragender Lasten. Den schlimmsten Bedingungen waren die schwarzen Frauen ausgesetzt, wie Fanny Barrier Williams (die Begründerin der ersten Ausbildungsstätte für schwarze Krankenschwestern) den Frauenkongressen immer wieder ins Gedächtnis rief: «Ich möchte die heitere Stimmung dieser Konferenz nicht trüben, indem ich näher darauf eingehe, warum wir diese Schutzmaßnahmen brauchen und welche Art von Männern sie notwendig macht.»[463]

Andere Gruppierungen in der weiblichen Arbeiterschaft befürchteten, solche Gesetze könnten sich gegen die Frauen selbst kehren. Diese Meinungsverschiedenheit führte zu einem Konflikt zwischen verschiedenen Frauengruppen, insbesondere zwischen der *Women's Trade Union League* und der *National Women's Party*, die einen Großteil ihrer Energien darauf verwandten, sich gegenseitig zu bekämpfen, anstatt den eigentlichen Wurzeln ihrer Probleme zu Leibe zu rücken.[464] Als die Schutzgesetze schließlich erlassen wurden, kehrten sie sich tatsächlich gegen die Frauen. Arbeitgeber, die Frauen entweder überhaupt nicht oder aber zu Billiglöhnen einstellen wollten, beriefen sich auf die Kosten solcher ‹Schutzmaßnahmen›, um ihre diskriminierenden Praktiken zu rechtfertigen.

Daß die Frauen vor hundert oder mehr Jahren nicht erkannten, wie tief die sexistischen Vorurteile und der Drang, Frauen zu unterdrücken, in den Männern verwurzelt waren, kann man ihnen kaum vorwerfen. Auch in unserer Zeit zeigen sich Frauen wie Männer vielfach nicht minder kurzsichtig. Heute hört man viele Männer lamentieren: «Was wollen die Frauen bloß?» und versichern, daß die zweite Frauenbewegung in den zwanzig Jahren ihrer Existenz doch alle ihre Ziele erreicht habe. Wir Frauen stellen immer wieder fassungslos fest, daß männliche Vorurteile sich auch dann nicht auflösen, wenn wir unsere Fähigkeiten unter Beweis stellen. Das Muster ist das alte geblieben: in der Arbeiterbewegung wie in den sozial engagierten Bewegungen, in der Gründungszeit der christlichen Kirche wie in der Reformationszeit und nicht zuletzt (wie ich an späterer Stelle ausführen werde) während des Übergangs zum Sozialismus wurden Frauen von den Männern für die Zeit des Kampfes um eine neue Ordnung in ihre Reihen aufgenommen, um sich dann jedoch, nach der Festigung der neuen Institutionen wieder vor verschlossenen Türen zu finden.

Außerdem bekämpfen die Männer nach wie vor erbittert Frauen, die als Konkurrentinnen auftreten. Viele Menschen betrachten die Diskriminierung der Frau auf Grund von Konkurrenzgefühlen als verständlich und ‹natürlich›. In gewisser Hinsicht ist es sicher richtig, daß in einer auf Konkurrenz basierenden Gesellschaft die Konkurrenz aller gegen alle unausbleiblich ist. Auch zwischen Schwarz und Weiß und anderen ethnischen Gruppen herrschen noch immer Rivalität und Aggression, die von unserer Gesellschaft kräftig geschürt werden. Dennoch stellt sich die Frage, warum solche Konkurrenzgefühle gerade bei Männern in mittleren Positionen gegenüber ihren Vorgesetzten am wenigsten ausgeprägt sind und meist hinter Respekt, Verehrung oder Ehrfurcht zurücktreten, während sie quer durch alle Schichten am heftigsten gegenüber Frauen auftreten, die in das vermeintliche Territorium der Männer eindringen und an ihren vorgeblichen Privilegien rütteln. Die Frauen, gegen die sich die Konkurrenzgefühle der Männer richten, gehören oft deren eigener Gesellschaftsschicht, ethnischer Gruppe, Religion und zuweilen sogar Familie an. Sie aus wichtigen Lebensbereichen, insbesondere aus dem Erwerbsleben auszuschließen, bedeutet also für die Männer, ihrer eigenen Familie oder sozialen Gruppe Schaden zuzufügen. Sie tun es dennoch, ohne sich Gedanken zu machen. Ganz offensichtlich ist keine andere Form von Diskriminierung für die Männer von so herausragender Bedeutung wie die geschlechtliche. Diese Tatsache redet meiner These das Wort, daß die Unterlegenheit der Frau einen essentiellen Bestandteil des männlichen Selbstverständnisses konstituiert.

Dennoch haben die Frauen während der schwierigen und schmerzlichen Phase zwischen 1850 und 1950 entscheidend dazu beigetragen, Werte am Leben zu erhalten, die ausgelöscht zu werden drohten. Heute gilt der Häuslichkeitskult als lächerlich. Gleichzeitig haben jedoch viele seiner Elemente Eingang in moderne Lebensformen gefunden. Die Kinderaufzucht, einst eher beiläufiger Lebensbereich (irgendwie wurden die Kinder schon groß), dann gefühlsbesetzte und ernst genommene Aufgabe und schließlich göttlicher Auftrag der Frauen, gilt heute bei allen Schwierigkeiten, die sie mit sich bringt, als eine für Männer und Frauen gleichermaßen lohnende und befriedigende Tätigkeit. Kochen, Heimgestaltung und Gästebewirtung, einst ausschließlich Aufgaben der Frau, gelten inzwischen allgemein als Elemente gehobener moderner Lebensart. Vielleicht war der Häuslichkeitskult wirklich von so unwiderstehlicher Anziehungskraft, weil er, wie eine historische Abhandlung behauptet, inmitten einer von Machtkämpfen und abstrakten Begrifflichkeiten geprägten Welt sinnliche Befriedigung und ein befreiend menschenfreundliches Normensystem offerierte.[465]

Zu guter Letzt erforderten alle Aktivitäten, die die Frauen während dieses Zeitraums entfalteten, einen beträchtlichen Grad der Organisation. Frauen haben zu allen Zeiten freundschaftliche Beziehungen untereinander gepflegt und, wie es Carroll Smith-Rosenberg formuliert, *homosoziale* (gleichgeschlechtliche) netzartige Sozialgefüge gebildet, in der die einzelne emotionalen und intellektuellen Rückhalt fand. Auf solchen persönlichen Bindungen basierten viele reformerische Gruppen, so etwa die *New York Female Moral Reform Society*, die Prostituierten zu helfen versuchte und das Sexualverhalten der Männer anprangerte.[466] In vielen Fällen setzten Frauen solche Freundschaftsbeziehungen in formale Organisationsstrukturen um, die zum Vorbild für die ‹zweite Welle› der Frauenbewegung wurden. In der Agitation für die Abschaffung der Sklaverei, für die Temperenzbewegung, für Gewerkschaften und Reformen wie auch für das Frauenstimmrecht durchliefen die Frauen politische Bewußtseinsbildungsprozesse und erwarben gleichzeitig organisatorische Fähigkeiten. Auf diese Weise wurde ihnen klar, daß nicht nur Männer maßgebliche organisatorische Funktionen ausfüllen konnten.[467] Dies ist nur ein wichtiges Erbe unter vielen, das wir den systemimmanenten und doch so revolutionären Bewegungen der Frauen verdanken.

Faschistische und sozialistische Revolutionen

An allen revolutionären Erhebungen der ersten Hälfte unseres Jahrhunderts waren Frauen maßgeblich beteiligt. Schon in den achtziger und neunziger Jahren des 19. Jahrhunderts schlossen sich Italienerinnen einer als *fasci* bekannt gewordenen anarchistisch-kommunistischen Bewegung gegen kirchliche Verordnungen an.[468] Spanische Frauen trugen die anarchistische Bewegung vor dem spanischen Bürgerkrieg (1936–1939) entscheidend mit.[469] Indische Frauen engagierten sich aus tiefstem Herzen in der gewaltlosen Widerstandsbewegung Gandhis und manche von ihnen blieben nicht bei der Gewaltlosigkeit, sondern wurden zu Terroristinnen und Attentäterinnen. Als Gandhi 1939 gefangengesetzt wurde, führte eine Frau, Sarodschini Naidu, die Bewegung weiter.[470]

Während des Zweiten Weltkrieges waren Frauen in Partisanen- und Untergrundbewegungen aktiv. Hunderttausend Frauen kämpften in der jugoslawischen Partisanenbewegung mit. Ein Viertel dieser Frauen kam ums Leben, weitere 40 Prozent wurden verwundet. In Italien gehörten der Partisanenbewegung 25 000 Frauen an, von denen beinahe 5 000 ihren Häschern in die Hände fielen, verhaftet und gefoltert wurden und umkamen. 625 Partisaninnen wurden im Einsatz getötet oder verwundet, 2 750 von den Nazis deportiert und fünfzehn später mit der italienischen Goldmedaille ausgezeichnet.[471] In Frankreich sprangen Frauen mit dem Fallschirm ab, um im *Maquis* Widerstand zu leisten.

Im algerischen Unabhängigkeitskrieg spielten Frauen, die unmittelbar zuvor noch nach strikter islamischer Sitte abgeschieden und eingesperrt gehalten worden waren, eine überaus wichtige Rolle. Bis 1955 war der aktive Kampf in Algerien nur von Männern geführt worden, während Frauen lediglich Verwundete behandelt und Revolutionären Zuflucht gewährt hatten. Dennoch hatte man die meisten von ihnen in «absoluter Unwissenheit» darüber belassen, was ihre Männer taten.[472] Die Männer begannen schließlich, Frauen in ihre Reihen aufzunehmen, weil der Bedarf an Kämpfern schwerer wog als die traditionellen Rollenvorschriften. Zunächst wurden nur verheiratete Frauen eingesetzt, da die Jungfräulichkeit der jüngeren Frauen streng gehütet werden mußte. Doch wenn sie fielen, blieben ihre Kinder mutterlos zurück. So wurde alleinstehenden Frauen ebenfalls der aktive Kampf gestattet. Frauen übernahmen Kurierdienste, planten Anschläge, legten und schmuggelten Bomben. Viele wurden von den ‹zivilisierten› Franzosen gefangengenommen, eingesperrt, wiederholt vergewaltigt und auf gräßliche Art und Weise gefoltert. Zwei Frauen – Djamila Boubired und Djamila Boupacha – wurden zu Volksheldinnen, weil sie unter der Folter standhaft blieben.[473] Die Kleidung der Frauen wurde zum Politikum. Zunächst, solange sie noch innerhalb der Kasbah Flugblätter transportierten und als Mittelsleute fungierten, gingen sie verschleiert. Als sie sich später in die europäischen Stadtteile vorwagten, trugen sie westliche Kleidung. Als die Behörden nach 1957 auf die Aktivitäten der Frauen aufmerksam wurden, bedienten sie sich wiederum des Schleiers, um Bomben, Granaten und Maschinengewehrladestreifen am Körper zu transportieren. Die Franzosen zwangen daraufhin die Frauen, die Verschleierung abzulegen, was zur Folge hatte, daß Frauen, die den Schleier als Unterdrückungssymbol ablehnten, ihn wieder zu tragen begannen.[474]

Nach Kriegsende wurden die Frauen nicht weiter nach ihren Wünschen gefragt, sondern «wieder an ihren *Cous cous* geschickt», d. h. wieder unter die Gesetze des *Purdah* gezwungen. Liberale Gesetzesentwürfe zur Verbesserung der persönlichen Rechte und der familiären Stellung der Frau aus dem Jahre 1966 wurden nie verabschiedet.[475] Algerierinnen, die ungebundener leben wollten, beschuldigte man, die Französinnen nachzuahmen und ihr moslemisches und algerisches Erbe zu verraten. «Traditionelles Denken vereinte sich mit marxistischer Ideologie, um alle emanzipatorischen Veränderungen im Mann-Frau-Verhältnis im Keim zu ersticken.»[476]

Die größten gesellschaftlichen Umwälzungen der ersten Hälfte des 20. Jahrhunderts geschahen jedoch mit der nationalsozialistischen Bewegung in Deutschland und den sozialistischen Revolutionen in der UdSSR und in China. An allem hatten Frauen regen Anteil.

Deutschland besaß eine autoritäre Tradition, die die Frauen seit Jahrhunderten geknebelt hatte. Bezeichnenderweise stammt das misogynste Schrifttum des gesamten 19. und frühen 20. Jahrhunderts aus Deutschland und Österreich, nämlich von Autoren wie Schopenhauer, Nietzsche, Weininger, Max Nordau und P. J. Möbius. Auf der anderen Seite gab es in Deutschland jedoch eine sozialdemokratische Partei, die das Frauenstimmrecht lange vor allen anderen großen Parteien des übrigen Europa und der Vereinigten Staaten in ihren Forderungskatalog aufgenommen hatte. Als die Sozialdemokraten nach dem Ersten Weltkrieg vorübergehend an die Macht gelangten, führten sie das Frauenstimmrecht ein und verankerten die Gleichberechtigung im Gesetz. Als die Krise von 1918/19 überstanden war, war es jedoch mit der Loyalität den Weimarer Reformern gegenüber vorbei. Den Deutschen, die Frauen eingeschlossen, war die Vorstellung fremd, ‹Rechte› zu besitzen. Jahrhundertelang hatten die deutschen politischen Philosophen das Wort ‹Recht› stets nur im untrennbaren Verbund mit dem Wort ‹Pflicht› betrachtet, niemals jedoch als etwas Unveräußerliches.[477]

Die Frauenemanzipation war bereits seit den siebziger Jahren des 19. Jahrhunderts ein fester Bestandteil der sozialdemokratischen Ideologie gewesen. Die Partei hatte immer weibliche Mitglieder geworben und aufgenommen, autonome Frauenorganisationen hingegen bekämpft. In der Praxis stellte sich diese ‹Integration› der Frauen jedoch als Vereinnahmung heraus. Die Sozialdemokraten erwarteten (wie auch heute noch die Sozialisten in nicht-sozialistischen Ländern), daß die Frauen ihre eigenen Forderungen hinter die Primärziele, Sturz des Kapitalismus und Organisierung der Arbeiterklasse, zurückstellten, und reduzierten die Frauenfrage auf den Kampf um Schutzgesetze. Um weibliche Mitglieder zu gewinnen, legte die Partei in ihrer Propaganda großes Gewicht auf Bildungsmöglichkeiten und bessere Arbeitsbedingungen für Arbeiterinnen.[478] Gleichzeitig warf man diesen jedoch «unfairen Wettbewerb» vor, weil sie für niedrigere Löhne arbeiteten als Männer. Obgleich in der Weimarer Republik zahlreiche Ausschüsse für

Frauenfragen – Themen wie Hausarbeit, Dienstbotenproblematik oder Geschlechtskrankheiten – eingesetzt wurden und obwohl die Gleichberechtigung in den zwanziger Jahren offiziell garantiert worden war, existierte noch immer keine Lohngleichheit, und den Frauen blieben viele Berufszweige und so gut wie sämtliche Führungspositionen, selbst innerhalb der sozialdemokratischen Partei, verstellt.[479]

Nach 1918 nahmen auch die liberalen und konservativen Parteien Frauen als Mitglieder auf. Dies stand allerdings in erster Linie unter dem Stern des Antisozialismus, des Nationalismus und der Restauration des durch die Weltkriegsniederlage zutiefst verletzten Nationalstolzes. Sie beriefen die Frauen zu Vorreiterinnen einer geistigen Erneuerung und Wiederbelebung der Nation im Rahmen ihres traditionellen Aufgabenbereichs Kinder, Küche und Kirche. Da die deutschen Frauen ihre Rechte nicht als solche begriffen, aber den sozialdemokratischen Etikettenschwindel bezüglich der ‹Gleichberechtigung› durchschauten, strömten sie den bürgerlichen – insbesondere den katholischen – Parteien in großer Zahl zu. Einzelne Frauen setzten sich zwar innerhalb des gesamten politischen Spektrums für die Rechte der Frauen ein, wurden jedoch von ihren eigenen Parteien behindert.[480]

Die Frage, warum Frauen Hitler und die Nazis unterstützten, ist nicht leicht zu beantworten. Die Nazis waren eingefleischte Frauenfeinde: Frauenfragen wurden von Hitler 1932 zum erstenmal direkt angesprochen, und im ganzen nahm er kaum je von ihnen Notiz. Kandidatinnen wurden von der Partei nicht ein einziges Mal aufgestellt. Hitler erklärte Göbbels einmal privat, daß der Mann der Organisator, die Frau dagegen das ausführende Organ seiner Pläne sei.[481] Allerdings kann man ebensogut die Frage stellen, warum Frauen heute in den Vereinigten Staaten politische Gruppierungen und Kandidaten unterstützen, die gegen die Emanzipation der Frauen sind. Viele Frauen stärken die Reihen der Gegner des *Equal Rights Amendment*, Frauen kämpfen in vorderster Front gegen die legale Abtreibung, und Frauen unterstützen weiterhin politische Kandidaten, die den Abbau der Bürgerrechtsgesetze befürworten, also eine rassistische Politik betreiben. Im wesentlichen lassen sich diese amerikanischen Frauen ebenso wie einst die Anhängerinnen der Nazis durch eine Rhetorik ködern, die die «Werte der Familie» beschwört. Sie interpretieren diese Propaganda als Engagement für das Wohl und die ökonomische Sicherheit von Frauen und Kindern und für die Aufwertung ‹weiblicher› Werte. Offensichtlich entgeht ihnen, daß sich hinter der Beschwörung der

«Werte der Familie» faktisch die Aufrechterhaltung des Primats der Macht, insbesondere militärischer Macht der Vorherrschaft des weißen Mannes und der Unterdrückung der Frauen und anderer ‹minderwertiger› Gruppen verbirgt.

Viele deutsche Frauen stellten sich gegen Hitler und mußten diese Opposition teuer bezahlen. Ich will mich hier jedoch auf die Frauen konzentrieren, die ihn unterstützten, die sich von der Revolution, die er verkündete, ein besseres Leben für sich und ihre Kinder versprachen.

Die nationalsozialistisch gesinnten Frauen vergötterten Hitler. Sie sahen in ihm «einen echten deutschen Helden – aufrichtig, gottesfürchtig und rechtschaffen». Sie strömten in Scharen in die Partei und stellten zu Beginn der zwanziger Jahre 20 Prozent ihrer Mitglieder. Mit der Zeit traten dann jedoch vor allem Männer der Partei bei, so daß der Anteil der Frauen 1933 bereits unter 5 Prozent lag.[482] In der aktiven Politik der Nazis spielten Frauen zu keiner Zeit eine Rolle, und unter den über 1400 führenden Parteigrößen im Jahr 1944 waren nur neun Frauen.[483]

Die nationalsozialistisch gesinnten Frauen glaubten der Propaganda, die ihnen auseinandersetzte, sie seien zwar den Männern gleichgestellt, erfüllten aber komplementäre Aufgaben. Diese Propaganda war insofern in hohem Maße rassistisch, als sie behauptete, daß zwar bei «minderwertigen Rassen» (wie etwa den mediterranen Völkern) Frauen den Männern unterlegen sein mochten, deutsche Frauen jedoch ihren Männern stets gleichwertig gewesen seien. Mit der Zeit sollte eine Herrenrasse herangezogen werden und eine rassische Hierarchisierung der Gesellschaft stattfinden, innerhalb derer die Arier den obersten Rang einnehmen sollten. Die Frauen ließen sich darauf ein, da sie davon ausgingen, daß ihr arisches Blut mehr Gewicht haben würde als ihre Weiblichkeit. Außerdem glaubten sie, der Aufbau einer eigenen separaten Hierarchie innerhalb des Systems würde ihnen eher den Zugang zur Macht eröffnen als die Assimilation innerhalb der Hierarchie der Männer. Tatsächlich schienen ihre Hoffnungen zunächst berechtigt.[484]

Was den Frauen in der Nazizeit widerfuhr, ähnelt bestürzend dem Schicksal der Frauen in den protestantischen Sekten: Sie verstanden sich als Revolutionärinnen mit dem Anliegen, die Moral der Weimarer Republik im Hinblick auf das Verhältnis der Geschlechter zu säubern, sozusagen als mitspracheberechtigte Teilhaberinnen an der zu erringenden Macht, um dann letztlich doch, zum Schweigen gebracht, zusehen zu müssen, wie die Männer die Geschlechterrollen nach eigenem Gutdünken definierten. Aus einer hoffnungslosen wirtschaftlichen Lage heraus – einer Arbeitslosenquote von 34 Prozent bei gleichzeitiger galoppierender Inflation – riefen sie nach der Wiederherstellung einer ‹natürlichen› Ordnung, die von «männlicheren Männern und weiblicheren Frauen» (was immer darunter zu verstehen sein mochte) getragen werden sollte. In ihrem Zorn, ihrer Unzufriedenheit und ihrer Leichtgläubigkeit hofften sie mit fast schon religiöser Inbrunst auf den «Führer» und setzten sich zuweilen unter großen Risiken, bis zur Erschöpfung ihrer Kräfte ein, um bei Dunkelheit Naziplakate zu kleben, Propagandaschriften durch Gebiete zu schmuggeln, in denen die Partei verboten war, und sich um untergetauchte und verwundete SA-Männer zu kümmern. Mit ihren Naziarmbinden wurden sie auf der Straße angepöbelt. Sie waren stolz auf die Solidarität und Standhaftigkeit, die sie bewiesen, und paradoxerweise gerade auf ihre ‹unweiblichen› Aktivitäten im Dienste der Wiederherstellung der traditionellen Frauenrolle.[485]

Dennoch übernahmen sie größtenteils ‹Frauenaufgaben› – Haustürpropaganda, Verteilen von Flugblättern, Sammeln von Essens- und Kleiderspenden für arme Parteimitglieder, Nähen von Kleidung für arbeitslose SA-Männer. Die Partei hatte im Grunde kein Interesse an ihnen und ignorierte sie weitgehend. Auf diese Weise genossen sie eine beträchtliche Handlungsfreiheit, die sie als Zeichen von Respekt und Vertrauen werteten. Sie gründeten eigene Vereinigungen. Gegen Ende der zwanziger Jahre bezifferte eine dieser Organisationen ihre Mitgliederzahl offiziell mit 200 000. Elisabeth Zander gründete den *Deutschen Frauenorden Rotes Hakenkreuz* (später in *Deutscher Frauenorden* umbenannt) und ernannte sich selbst zu Hitlers weiblicher rechter Hand. Ihre Organisation gab eine Zeitschrift heraus, sammelte große Geldbeträge, organisierte Hilfsmaßnahmen für Nazifamilien und schuf Wohnheime für SA-Männer. Im Kernpunkt ihrer Propaganda stand die Mutterschaft.[486]

Als die Parteiführung im Jahre 1931 einsehen mußte, daß es ihr nicht gelingen würde, durch einen Staatsstreich oder eine Revolution an die Macht zu gelangen, konzentrierte sie ihre Kräfte erneut auf den Wahlkampf. Hitler wußte, daß er die Stimmen der Frauen brauchte, und nahm aus diesem Grunde 1932 zwei neue Themen in seine Reden auf: er erklärte den Bolschewismus zur familienzerstörenden Kraft und versprach, nach seiner Wahl jedem verheirateten Mann Arbeit und jeder unverheirateten Frau einen Ehemann zu verschaffen (viele Frauen hatten keinen Mann, weil zwei Millionen Deutsche im Ersten Weltkrieg umgekommen waren, und die Arbeitslosigkeit war nirgendwo in Europa so schlimm wie in Deutschland). Die Zahl der weiblichen Wählerstimmen, die die Nazis für sich verbuchen konnten, stieg gewaltig, und kurz vor der Machtergreifung versuchte die Partei die Frauenorganisationen in den Griff zu bekommen. Als die Nazis 1933 die Macht in Händen hielten, verkündeten sie: «Es gibt in der geistigen Welt des Nationalsozialismus für die Frau in der Politik keinen Platz. (...) Die Geisteshaltung der Bewegung steht ihr in dieser Hinsicht entgegen. (...) Die Wiedererweckung Deutschlands ist eine Angelegenheit der Männer.» [487]

Einmal an der Macht, straffte Hitler die Zügel der Parteiführung und leitete seine «Säuberungsmaßnahmen» ein – die Ausmerzung politisch Andersdenkender und «rassisch unerwünschter Personen» sprich: Juden. Alle weiblichen Parteifunktionäre wurden abgesetzt, die SA und die *Deutsche Arbeitsfront* von Abweichlern gesäubert. Elisabeth Zander wurde durch einen Mann abgelöst. Gertrud Scholtz-Klink, eine Frau, die sich bisher weder durch Leistung noch durch Eigenständigkeit ausgezeichnet hatte, wurde mit der Koordination der Frauenfragen betraut, was sie im Sinne strenger Parteidisziplin erledigte. Dennoch beschwerte sie sich nach vierjähriger Amtszeit, daß, während sie an Hitlers Seite marschiert und oft mit ihm auf der gleichen Rednertribüne aufgetreten war, ihr nicht ein einziges Mal gestattet worden sei, sich zu irgendeinem Aspekt seiner Frauenpolitik zu äußern. Im Jahre 1942 schrieb Hitler: «In keiner Ortsgruppe der Partei ist einer Frau jemals das Recht zugestanden worden, auch nur die geringste Verantwortung zu übernehmen.» [488]

Der Nationalsozialismus begann als Protestbewegung, die all jene ansprach, die unter der Entfremdung im Gefolge der Industrialisierung litten, die sich durch die Wirtschaftskrise und den Sozialismus bedroht fühlten und sich nach der Stabilität, dem Gemeinschaftsleben und der klaren Ordnung einer mythischen Vergangenheit zurücksehnten. Aber schon sehr bald gaben die Nazis ihren radikalen Machthunger zu erkennen – der nicht davor halt machte, Menschen zu inhaftieren und zu töten, das Presse- und Erziehungswesen zu kontrollieren und schließlich jede Privatsphäre abzuschaffen. Viele derartige Protestbewegungen bauen ein Feindbild auf, eine Zielscheibe für Haß und Rachegefühle, aber im Rassismus der Nationalsozialisten nahm diese Strategie Dimensionen an, die alles bisher Dagewesene übertrafen. Die Propagierung der «Endlösung», die feste Entschlossenheit, das gesamte jüdische Volk in ganz Europa auszurotten, war schon schockierend genug, aber darüber hinaus nahm sich dieser Rassenfanatismus auch noch vor, Polen, Zigeuner und andere «minderwertige» Völker sowie alle aus körperlichen, moralischen oder politischen Gründen für nicht lebenswert erachteten Menschen, auch wenn sie Deutsche waren, auszumerzen.

Die politischen Ziele der Nazis beinhalteten letztlich eine unbarmherzige Kampfansage gegen alles menschliche Leben, das nicht den eng umrissenen Normen der zukünftigen Herrenrasse entsprach. Deren Züchtung galt es folgerichtig zu fördern. Die Partei versprach kleinen Gewerbetreibenden, Handwerkern, Bauern und Hausfrauen ihre Unterstützung, infiltrierte auf diese Weise den privaten Bereich und hob ihn nach und nach auf. Sie kontrollierte die Eheschließungen, indem sie staatliche Darlehen für Ehepaare bereitstellte, die nicht-jüdischer Abstammung waren und sich verpflichteten, auf eine Berufstätigkeit der Ehefrau zu verzichten. Die Darlehensschuld verringerte sich mit jeder Geburt eines Kindes um ein Viertel, Eheleute mit neun Kindern – oder aber sieben Söhnen – bekamen Sonderprämien. Eine Reihe neuer Gesetze machte die Empfängnisverhütung illegal und verschärfte die Strafen für Abtreibung. Gleichzeitig wurden alle Kinder zum nationalen Eigentum erklärt und gedrängt, den nationalsozialistischen Jugendorganisationen beizutreten – obgleich es der Partei in erster Linie um die Erfassung der männlichen Jugend ging. Uneheliche Kinder wurden ehelichen gleichgesetzt, und den Männern wurde die Scheidung erleichtert. Die Nazis führten Sterilisationen an Frauen durch, denen Prostitution, Geistesstörungen oder geschädigte Erbanlagen zur Last gelegt wurden, und praktizierten die Euthanasie an Alten, Schwachen und Behinderten. Als höchster Daseinszweck der Frau galt die Mutterschaft: Hitler brauchte Soldaten. Die Frauen im öffentlichen Dienst beschäftigter Männer waren bereits 1932, noch vor der Machtergreifung, mit Zustimmung sämtlicher Parteien mit Ausnahme der Kommunisten von ihren Arbeitsplätzen entlassen worden. Jetzt wurden jedoch allen Frauen unter 35 feste Stellen verweigert, in den Hochschulen Zulassungsquoten für Frauen eingeführt und Ärztinnen die Berufsausübung verboten, es sei denn, sie führten eine Gemeinschaftspraxis mit ihrem Ehemann. Die kirchlichen Frauenorganisationen konnten nicht länger auch nur den Schein von Autonomie wahren.[489]

Als Hitler nach 1936 den Krieg zu planen begann, änderten die Nazis jedoch schlagartig ihre Strategie und förderten berufliches Engagement von Frauen wieder. Sämtliche Quoten und Beschränkungen wurden in aller Stille aufgehoben. Die Löhne der Frauen blieben im Vergleich zu denen der Männer weiterhin niedriger – bei 75 Prozent der Männerlöhne – und als die Frauen sich darüber beschwerten, erklärte das Arbeitsministerium: «Eine grundsätzliche Gleichberechtigung von Frau und Mann kann es nicht geben.» In der Propaganda erwuchs das neue Frauenideal der ewigen Mutter und Kampfgefährtin des Mannes. Gleichzeitig bezeichneten die Nazis in privaten Aufzeichnungen die Frauen als «Gänse» und «dumme Schwätzerinnen» und bezichtigten sie des Defätismus, weil sie in langen Schlangen auf den Straßen standen, um Lebensmittel zu hamstern.[490]

Als 1939 der Krieg begann, verweigerten die Frauen, die mit ihren großen Familien ausgelastet waren, die Berufstätigkeit außer Haus, bis die Nazis sie 1943 schließlich zwangen, sich arbeitsamtlich registrieren zu lassen. Daraufhin wurden sie für bis dahin nur von Männern ausgeübte Tätigkeiten im Straßenbau, in Munitionsfabriken, Werften und Hüttenwerken verpflichtet; als eine Art ‹Sozialhelferinnen› wurden sie mit den Truppenverbänden in die besiegten Länder geschickt. Bei alledem erwartete man weiter von ihnen, daß sie Kinder in die Welt setzten und sie im Sinne des Nationalsozialismus erzogen. Die Kinder wurden unter Druck gesetzt, Eltern, die diesem Erziehungsauftrag nicht nachkamen, zu denunzieren. Im Jahre 1939 wurden unverheiratete junge Frauen in besonderen Anstalten untergebracht, wo sie Männerbesuch bekamen, um dann, wenn die Männer ihre Funktion erfüllt hatten, in besonderen Heimen für unverheiratete Mütter zu leben. Noch während die alliierten Bomber Berlin in ein Trümmerfeld verwandelten und Hitler in einem Bunker lebte, plante er Zuchtstrategien für die Zeit nach Kriegsende: eine polygame Gesellschaft, in der jedem besonders verdienten Soldaten mehr als eine Ehefrau gestattet sein sollte. Als die Nation bereits in Trümmern lag, teilte Hitler den Frauen mit, daß sie jetzt gleichberechtigt seien: Sie wurden für militärische Dienste als Kundschafterinnen, Saboteure, Sanitäterinnen, Fernmeldehelferinnen und Kuriere zwangsverpflichtet, ohne Uniformen oder Waffen zu erhalten.[491]

So wurde der Nationalsozialismus zur Katastrophe für alle Frauen: für seine Anhängerinnen ebenso wie für seine Gegnerinnen und Opfer. Weibliche sozialistische und kommunistische Reichstagsabgeordnete in der Weimarer Republik und andere Gegnerinnen des Naziregimes wurden entweder zusammen mit ihren männlichen Gesinnungsgenossen hingerichtet oder in eines der fünf eigens für Frauen errichteten Konzentrationslager deportiert. Einige Frauen täuschten männliche Nazis durch zur Schau getragene Mütterlichkeit oder Koketterie, während sie in Wirklichkeit gefälschte Ausweise schmuggelten oder jüdische Flüchtlinge beherbergten. Obgleich es viele Hinweise auf solche Aktivitäten gibt, sind die Namen dieser Frauen weitgehend in Vergessenheit geraten.[492]

Sich bei der Darstellung eines Zeitraums, der so entsetzliche Greuel für eine andere Gruppe von Menschen mit sich brachte, auf die Unterdrückung der Frauen zu konzentrieren, mag als Ausweichen vor einem klaren moralischen Urteil erscheinen, zumal ich mich weitgehend auf jene Frauen bezogen habe, die den Nationalsozialismus unterstützten. Aber gerade die Geschichte dieser Frauen ist lehrreich, da die Politik der Nazis in bezug auf die Frauen im Grunde von den gleichen Werten getragen war wie ihre Verbrechen an den Juden. Was können wir, jenseits aller Trauer, aus Auschwitz lernen? Bestürzt müssen wir einsehen, zu welchem Maß an Haß und Grausamkeit Menschen fähig sind. Wenn es uns jedoch darum geht zu verstehen, wie so etwas geschehen kann, wie faschistische Ansichten und Werte vom Denken der Menschen Besitz ergreifen können, wie unsere Herzen dahin gebracht werden können, solche Handlungen zuzulassen, dann können wir aus der Geschichte der nationalsozialistischen Frauen als Kollaborateurinnen einer Macht, deren Opfer sie zugleich waren, viel lernen. Sie glaubten zutiefst an die angeborene Überlegenheit einer bestimmten Sorte von Menschen. Sie waren von der Möglichkeit überzeugt, man könne die Gesellschaft von unerwünschten Elementen reinigen, wie man Wasser durch einen Filter geben kann, und sie hofften, sich durch Gehorsam und die Verpflichtung auf ‹weibliche› Normen Achtung und Wertschätzung verdienen zu können. Es ist leicht, sie dafür im nachhinein zu verdammen. Wir können die nationalsozialistischen Frauen nur dann generell verurteilen, wenn wir auch bereit sind, die soeben erwähnten Einstellungen zu verurteilen. Ansichten, die auch heute noch überall auf der Welt von Menschen vertreten werden, die sich für überaus rechtschaffen und tugendhaft halten.

In keiner anderen revolutionären Bewegung der Welt spielten die Frauen eine so bedeutsame Rolle wie in der russischen Revolution. Auch vor der Erhebung der Bolschewiki waren Frauen bereits für politische Ziele eingetreten. Sie hatten den Kosakenaufstand von 1819 angeführt und die Erhebung von Sevastopol 1830 mitgetragen, in deren Folge 375 weibliche Aufständische zum Tode verurteilt wurden.[493]

Wir besitzen Indizien dafür, daß die Frauen im vorchristlichen Rußland gleichberechtigt und eigenständig lebten und daß das Mutterrecht bei den slawischen Völkern länger erhalten blieb als im übrigen Europa. Blutsverwandtschaft leitete sich nur über die mütterliche Linie her, und die Aufsicht über den Haushalt, das Bebauen des Bodens und die handwerkliche Produktion lag in den Händen von Frauen. Die Frauen vertraten sich selbst vor Gericht, stellten sich Gottesurteilen durch Zweikampf, fungierten als Richterinnen, Gesetzgeberinnen und Regentinnen. Eine historische Darstellung aus dem 19. Jahrhundert behauptet sogar, die gesamte slawische Zivilisation sei das Werk von Frauen gewesen.[494]

Nachdem die Russen um 1000 n. Chr. zum griechisch-orthodoxen Christentum konvertiert waren, übernahm man orientalische Bräuche, die sich während der Tatareninvasion (1238 bis etwa 1450) weiter festigten. Frauen galten jetzt als unrein und sündig und wurden praktisch ihr Leben lang eingesperrt. Obgleich es unter Peter dem Großen im 17., unter Katharina II. im 18. und unter Alexander I. im beginnenden 19. Jahrhundert zu Reformen im Sinne einer Liberalisierung kam, lebten die russischen Frauen um die Mitte des 19. Jahrhunderts noch immer in einer Situation extremer Unterdrückung und Erniedrigung.[495] Ebenso wie in Deutschland herrschte hier ein autoritäres System. Die Mächtigen hatten Gesetz und Tradition auf ihrer Seite, wenn sie ihre Leibeigenen wie Ware kauften, verkauften oder grausam behandelten und wenn sie ihre Frauen und Kinder beschimpften und körperlich züchtigten. Die männlichen Leibeigenen gaben die schlechte Behandlung, die sie von ihren Besitzern erfuhren, an ihre eigenen Familien weiter.

Die autoritär-patriarchalische Erziehung ist nicht nur gegenüber Töchtern, sondern auch gegenüber Söhnen repressiv, aber den Söhnen des Bürgertums gelingt es im allgemeinen früher oder später, dem Elternhaus zu entrinnen und zu Bildung zu gelangen. Wie in anderen Revolutionen waren es in Rußland die Söhne, die als erste aufbegehrten und die Emanzipation der Frauen forderten. Die Schriften dieser Männer wirkten in den fünfziger und sechziger Jahren des 19. Jahrhunderts auf viele bürgerliche Frauen wie ein zündender Funke; manche von ihnen ersannen Mittel und Wege, das Elternhaus zu verlassen, während andere sich zu Frauengruppen zusammenschlossen, um dort in Diskussionen ihr Bewußtsein für ihre eigenen Bedürfnisse zu schärfen. Sie versuchten sich von weiblichen Rollenklischees zu lösen, forderten Bildungs- und Berufschancen und das Recht, das väterliche Haus zu verlassen.[496]

Nach der Aufhebung der Leibeigenschaft im Jahre 1861 standen viele Adelsfamilien vor dem finanziellen Ruin und konnten es sich nicht mehr leisten, ihre unverheirateten Töchter zu unterhalten. Die jungen Frauen flohen aus ihren Elternhäusern, um dann jedoch feststellen zu müssen, daß sie nicht selbst für sich aufkommen konnten. Drei Frauen aus dem Mittelstand gründeten 1862 die erste Organisation von Frauen für Frauen, mit dem Ziel, armen, alleinstehenden Frauen vornehmer Herkunft Wohnmöglichkeiten und später auch Arbeit zu vermitteln. Ihre Aktivitäten sollten sich jedoch innerhalb der von der Regierung und der herrschenden Moral gezogenen Grenzen halten. Ihr hierarchisches und elitäres Denken stieß viele politisch bewußte junge Frauen ab. Diese experimentierten mit kollektiven Lebens- und Arbeitsformen, die sich jedoch nicht als erfolgreich erwiesen.[497]

Die politische Repression ließ beiden Geschlechtern kaum einen anderen Ausweg als die aktive politische Betätigung oder den Radikalismus. Die Frauen, denen die jungen Revolutionäre den Hof machten, schlossen sich deren Gruppen begeistert an, aber die Männer hielten sie von allen Entscheidungsprozessen und Führungspositionen fern, bedienten sich ihrer als Sexualobjekte und gingen in mindestens einem Fall so weit, sie aufzufordern, die Gruppe durch Prostitution zu finanzieren.[498] In den siebziger Jahren wurde den Frauen der Besuch universitärer Lehrveranstaltungen – ohne akademische Abschlüsse – gestattet, worauf viele in die großen Städte strömten. Die meisten dieser Frauen waren Feministinnen, aber viele waren gleichzeitig auch Sozialistinnen und fühlten sich durch den damit verbundenen historischen (wenn nicht sogar grundsätzlichen) Loyalitätskonflikt zerrissen. Eine Gruppe russischer Frauen, die an der Universität Zürich studierte, gründete die erste von Frauen getragene radikale Organisation, in der über das Verhältnis von Intelligenz und bäuerlicher Bevölkerung debattiert wurde. Michail Bakunin und Paul Lawrow lebten damals ebenfalls in Zürich, und ihre Theorien bildeten die Grundlage dieser Diskussionen. Lawrow vertrat die Ansicht, es sei die Aufgabe der Intellektuellen, sich so umfassend wie möglich zu bilden und dann ihr Wissen in den Dienst der Bauern zu stellen. Bakunin hingegen war davon überzeugt, daß Bildung die beiden Klassen noch weiter voneinander entferne, weshalb die Intellektuellen ihr Studium aufgeben und unter den Bauern arbeiten sollten, um sie für die Revolution zu gewinnen und von ihnen zu lernen. Die russischen

Bauern, die Analphabeten waren, machten mehr als drei Viertel der Bevölkerung aus.

Die meisten Mitglieder der Zürcher Intellektuellengruppe schlossen sich schließlich Bakunins Meinung an und gründeten nach ihrer Rückkehr im Jahre 1874 mit gleichgesinnten Männern eine panrussische sozialrevolutionäre Organisation. Die Mitglieder beschlossen, aufs Land zu gehen und in Fabriken zu arbeiten, um die Landbevölkerung für den Sozialismus zu gewinnen. Verwirklicht wurde dieser Beschluß schließlich nur von den Frauen, die auszogen, um Arbeit anzunehmen, was bedeutete, dreizehn bis vierzehn Stunden täglich schwer zu schuften, auf schmalen Pritschen in schmutzigen ungezieferverseuchten Schlafsälen zu übernachten und außer an Feiertagen die Fabrik kaum jemals zu verlassen. Nach der Arbeit versuchten sie unter großen Risiken, die erschöpften, desinteressierten Arbeiterinnen zu agitieren und zu schulen. Zunächst hatten sie kaum Erfolg, und als ihre Mühen eben die ersten Früchte zu tragen begannen, wurden sie verhaftet. Drei Jahre mußten sie in strikter Einzelhaft auf ihren Prozeß warten.[499]

Der lückenlose Unterdrückungsapparat des Staates machte jede friedliche Aufklärung und Propaganda unmöglich. Im Jahre 1878 erschoß die Revolutionärin Vera Zasulič den Generalgouverneur von St. Petersburg, weil dieser einen politischen Gefangenen hatte prügeln lassen, der versäumt hatte, in seiner Anwesenheit die Mütze abzunehmen. Über dieser Tat spaltete sich eine der bedeutendsten radikalen Organisationen: *Land und Freiheit*. Eine Fraktion entschied sich für die Weiterarbeit auf dem Wege der Aufklärung und Propaganda, die andere unter dem Namen *Volkswille* für den Terrorismus. In beiden Organisationen spielten Frauen eine wichtige Rolle; im *Volkswille*, wo totales Engagement bis hin zur Aufopferung für die Sache gefordert wurde, stellten sie ein Drittel der Mitglieder. Gemeinsam mit den Männern verfaßten und druckten sie illegale Schriften, bauten Bomben, fälschten Papiere und führten insgesamt sechs Attentatsversuche gegen Alexander II. durch. Ein Mitglied der Gruppe, Sofija Perowskaja, führte schließlich die Attentäter an, die den Zaren umbrachten. Sie wurde als erste Frau in der russischen Geschichte für ein politisches Verbrechen zum Tode verurteilt und gehängt.[500] Aber auch andere Frauen erlitten ein schweres Schicksal: von den über 2500 Personen, die zwischen 1873 und 1879 wegen politischer Verbrechen festgenommen wurden, waren 15 Prozent weiblich,[501] und die zwischen 1880 und 1890 – wohl in der Überzahl wegen terroristischer Aktionen – verhängten 43 schweren Zwangsarbeitsstrafen trafen zur Hälfte Frauen.[502]

Vera Zasulič wurde vor Gericht freigesprochen, blieb politisch aktiv und gründete 1898 eine marxistische Partei. In sämtlichen derartigen marxistischen Zellen traten Frauen wesentlich weniger in den Vordergrund als in terroristischen Organisationen wie etwa den Sozialistischen Revolutionären.[503] Die von Vera Zasulič gegründete sozialdemokratische Arbeiterpartei spaltete sich schließlich in die *Bolschewiki* (Revolutionisten) und die *Menschewiki* (Gradualisten). Der revolutionäre Funke erhielt durch die repressive Politik der Regierung und die unerträglichen Lebensbedingungen der Armen, die die überwiegende Mehrheit der Bevölkerung ausmachten, reichlich Nahrung. Die Marxisten – sowohl die *Bolschewiki* als auch die *Menschewiki* – akzeptierten grundsätzlich die Gleichberechtigung der Frau als Forderung, ohne jedoch über konkrete Pläne für ihre Verwirklichung oder die nötige Energie für deren Erarbeitung zu verfügen. So formulierten die *Bolschewiki* schließlich erst auf Drängen Nadežda Krupskajas (der Frau Lenins) und der Feministinnen Alexandra M. Kollontaj und Inessa F. Armand programmatische Schritte, die eine Integration der Frau im öffentlichen Bereich bewirken sollten.

Die Industrialisierung hatte in Rußland bereits zu Beginn der neunziger Jahre eingesetzt, aber noch 1897 machten Frauen nur einen winzigen Bruchteil der industriellen Arbeiterschaft aus. Im Jahre 1913 stellten sie 26 Prozent, erhielten jedoch nur 47 Prozent der jeweiligen Männerlöhne. Im Jahre 1917 rekrutierten sich bereits 43 Prozent der Arbeiterschaft aus Frauen, was entscheidend dadurch bedingt war, daß so viele Männer eingezogen oder im Krieg gefallen waren. Jetzt befürworteten alle großen Parteien die Gleichberechtigung und die Zaristen versprachen den Frauen für ihren aufopfernden Einsatz während des Krieges das Wahlrecht. Da beinahe vier Millionen Männer umgekommen oder verwundet waren, sich in Kriegsgefangenschaft befanden oder als vermißt galten, ernährten viele Frauen ihre Familien allein. Unter den gebildeten Frauen herrschte ein sehr ausgeprägtes feministisches Bewußtsein, und auch die weibliche Arbeiterschaft war für die politischen Belange der Frauen sensibilisiert. Die Militanz früherer Jahre lebte wieder auf, und es kam erneut zu Frauendemonstrationen. Frauen waren es, die 1917 die Februarrevolution auslösten, indem sie den Ratschlägen sämtlicher Parteien zum Trotz beschlossen, am internationalen Frauentag einen Generalstreik auszurufen. Sie forderten die Arbeiterinnen auf, sich ihnen anzuschließen, und ebenso die um Brot anstehenden Hausfrauen. Sie zogen zu den Putilow-Werken und forderten dort die Metallarbeiter auf, mit ihnen zu marschieren. Zögernd, und erst nachdem offensichtlich war, daß die Armee nicht auf sie schießen würde, kamen die Männer dem Aufruf nach.[504] Die *Prawda* schreibt über die Ereignisse jenes Tages: «In Petrograd waren die Frauen an ihrem Frauentag die ersten auf den Straßen. Die Moskauer Frauen beeinflußten in vielen Fällen entscheidend das Schicksal der Truppen: sie zogen zu den Kasernen und redeten mit den Soldaten, die sich daraufhin der Revolution anschlossen.»[505]

Der Kampf dauerte an, und im März war der Zar zur Abdankung gezwungen. Eine provisorische Regierung, die die Staatsgeschäfte bis zur Wahl einer Versammlung führen sollte, wurde gebildet. Als erste Regierung einer Großmacht sprach sie den russischen Frauen das Wahlrecht zu. Sie zeigte sich ihren Aufgaben jedoch nicht gewachsen, und die Auseinandersetzungen zwischen den verschiedenen Parteien setzten sich fort, bis im November die *Bolschewiki* die Macht übernahmen. An diesen Kämpfen waren Frauen als Fußsoldaten und Kundschafter, Kavalleristen, Maschinengewehrschützen, Offiziere und Fahrer von Panzerzügen beteiligt.[506] Die armen Frauen von Petrograd stürmten gemeinsam mit Knaben und Männern, nur mit Spaten bewaffnet, auf die Straßen. Die Frauen waren von Überarbeitung, unzureichender Ernährung und Mißhandlungen schwer gezeichnet. Es mangelte ihnen an Waffen und selbst an brauchbarer Kleidung.[507] Louise Bryant schreibt: «Frauen liefen völlig unbewaffnet direkt in den Kugelhagel. Es war ein schrecklicher Anblick ... Den Kosaken schien dies unheimlich zu sein. Sie begannen sich zurückzuziehen.»[508] Am 7. November 1917 übernahmen die *Bolschewiki* die Regierung.

Unverzüglich begannen sie Gesetze zur Befreiung der Frau vom Joch des Mannes zu erlassen. Die Regierung machte gleiche Bezahlung für gleiche Arbeit zur Pflicht – ein in der gesamten übrigen Welt noch immer undenkbarer Schritt. Sie verbot bestimmte, bei besonders hohen Temperaturen auszuführende schwere oder gefährliche Arbeiten sowie Überstunden und Nachtarbeit für Frauen. Sie führte Maßnahmen zum Schutz Schwangerer und stillender Mütter ein. Das revolutionäre Familienrecht von 1918 setzte uneheliche mit ehelichen Kindern gleich, sicherte jedem Menschen – ob Frau oder Mann – die Verfügung über den eigenen Verdienst, sprach Frauen die Rechte auf Beibehaltung ihres eigenen Namens nach der Eheschließung, freie Wahl des Wohnorts und einen eigenen Paß zu und erleichterte ihnen die Scheidung. Unterhaltszahlungen wurden abgeschafft, jede Frau sollte durch Berufstätigkeit außer Haus für sich selbst aufkommen. Unter der Leitung Alexandra Kollontais als erster Kommissarin für soziale Aufgaben (später wurde sie erste – und letzte – russische Botschafterin) wurden Kindertagesstätten und Schwangerschaftsvorsorgeeinrichtungen geschaffen.[509] Im Jahre 1919 wurden eine Reihe von Frauenbüros eingerichtet, die spezifische Alphabetisierungs- und Bildungskampagnen für Frauen einleiteten.[510]

Aber noch während Gesetze dieser Art in Vorbereitung waren, und noch ehe sich die neuen Sitten und Institutionen festigen konnten, brach im Juni 1918 der Bürgerkrieg aus. Dies war für alle Menschen eine Zeit extremer Grausamkeit, besonders jedoch für die Frauen, die von den Männern beider Parteien – von den «Roten» wie von den «Weißen» – hemmungslos mißhandelt und vergewaltigt wurden. Eine russische Stadt stufte es als Verbrechen ein, wenn eine Frau sich einem Kommunisten verweigerte, eine andere erklärte alle Frauen mit sämtlichen aus solchen Vergewaltigungen hervorgehenden Kindern kurzerhand zum Staatseigentum. Männer wurden in ‹Arbeitsheere› eingezogen und gezwungen, unter schlimmsten Bedingungen und in militärischer Disziplin zu schuften.[511]

Der Bürgerkrieg endete 1921, nachdem er beinahe 10 Prozent der Bevölkerung das Leben gekostet und sieben Millionen heimatlos umherirrende Kinder zurückgelassen hatte. Das Land und seine Wirtschaft waren ein einziger Trümmerhaufen. Unter diesen Bedingungen stellten Schutzgesetze nur ein Hindernis dar. Für die Verwirklichung der allgemeinen Schulpflicht, für die von der Regierung vorgesehenen Kindertagesstätten, Krippen und Großwäschereien war kein Geld vorhanden. Obgleich die Gesetze gegen die Nachtarbeit von Frauen und gegen deren Beschäftigung im Untertagebergbau aufgehoben worden waren, gab es doch noch eine Reihe von Schutzgesetzen, auf Grund derer die Arbeitgeber die Einstellung von Frauen mieden. Der bezahlte Mutterschaftsurlaub stieß auf den Widerstand der männlichen Arbeiter und der Arbeitgeber.[512] Mit Abstand am schlechtesten bezahlt, als letzte eingestellt, als erste von Entlassungen bedroht und ausschließlich auf niederste Arbeiten verwiesen, zogen sich die Frauen, soweit es sie sich leisten konnten, wieder in den häuslichen Bereich zurück. Im Jahre 1928 bestand nur noch weniger als ein Viertel der Arbeiterschaft aus Frauen. Bei diesen handelte es sich zum größten Teil um Witwen, Geschiedene und unverheiratete Mädchen. Immerhin war dank der allgemeinen Volksschulpflicht die Zahl der Analphabeten unter den Frauen von 90 bis 95 Prozent (im Jahre 1919) auf 70 Prozent gesunken.[513]

Die Geschichte der Frauen in der Vorrevolutionszeit, während der Revolution selbst und in den folgenden Wirren ist deshalb besonders bitter, weil in Rußland (wie auch in China) tatsächlich Anstrengungen unternommen worden waren, um die Lebenssituation der weiblichen Bevölkerung zu verbessern, die jedoch kaum fruchteten und deren Lage vielleicht sogar verschlimmerten. Es scheint, als müsse man in diesem Zusammenhang dem Argument gegen die amerikanische Bürgerrechtsbewegung in den fünfziger Jahren zustimmen, daß moralische Veränderungen sich nicht per Gesetz dekretieren lassen. Zweifellos waren die Übergriffe auf Frauen während des Bürgerkriegs bornierte, brutale Reaktionen auf die beginnende Frauenemanzipation, und diese Reaktionen hielten an. Männer waren knapp in Rußland und die Frauen glücklich, wenn sie welche fanden, ein Umstand, der sie dazu bewog, sich unterzuordnen. Die Erleichterung der Scheidung erlaubte den Männern, die Ehe einfach aufzugeben, ihre Frauen ohne Arbeitsmöglichkeit und mit den Kindern sitzenzulassen. Den Frauen, die sich sexuell verweigerten, warfen die Männer «bourgeoise Prüderie» vor. Die bei den Frauenbüros am häufigsten vorgebrachte Beschwerde lautete, leitende Fabrikangestellte würden die Arbeiterinnen als eine Art Harem mißbrauchen. Auf dem Land kam es vor, daß Bauern Frauen nur heirateten, um sie eine Arbeitssaison lang zur Feldarbeit zu benutzen. Nach der Ernte ließen sie sich scheiden, wodurch ihnen, da es keine Abfindungen mehr gab, eine Gratisarbeitskraft zur Verfügung stand. Bis 1926 hatte die Verelendung von Frauen und Kindern so beunruhigende Ausmaße angenommen, daß die Regierung sich zu einer erneuten Revision des Familienrechts gezwungen sah.[514]

Es wurde verfügt, daß das Zusammenleben der Ehe gleichzusetzen sei und daß Frauen, die keine Arbeit zu finden vermochten, für ein Jahr Unterhaltszahlungen bekommen sollten. Väter waren ihren Kindern grundsätzlich unterhaltspflichtig, und wenn die Identität des Vaters nicht eindeutig feststand, so mußten alle in Frage kommenden Männer anteilmäßig für das Kind aufkommen. Gleichzeitig wurde das Scheidungsverfahren so vereinfacht, daß eine schriftliche Mitteilung genügte. Nach der Verabschiedung dieses Gesetzes stieg die Scheidungsrate in Petrograd um 450 Prozent und in Moskau um 300 Prozent, wobei die Scheidungen überwiegend von Frauen beantragt wurden, die sich jetzt

Hoffnungen auf Unterhalt machten. Die Gerichte sprachen den Frauen gewöhnlich ein Drittel des Einkommens ihrer Männer als Unterhalt zu, was jedoch in den Fällen illusorisch war, in denen diese bereits zwei- oder dreimal verheiratet gewesen waren. Außerdem kam es in den großen Städten häufig vor, daß die Männer einfach verschwanden.[515]

Ein Teil der Nöte, unter denen die Frauen in dieser Zeit litten, traf auch die Männer: das Ringen um die ökonomische Existenz, die primitiven Lebensumstände, die harten Arbeitsbedingungen und das Analphabetentum. Dennoch war die Situation der Frauen, wie immer in der Geschichte, besonders schwer.

Als Stalin an die Macht kam, leitete er mit den Mitteln der totalen Planwirtschaft eine massive Industrialisierung ein. Er löste die Frauenbüros auf und förderte die Heranziehung von Frauen für Fließbandarbeiten, die Qualifizierung der gesamten Arbeiterschaft und die Beseitigung des Analphabetismus. Stalin führte an den technischen Hochschulen Mindestquoten für die Aufnahme weiblicher Studenten ein, förderte den Eintritt weiblicher Mitglieder in die Partei und die Besetzung maßgeblicher Positionen mit Frauen. Auf Grund der Schwierigkeit, Arbeit und Kinderversorgung miteinander zu vereinbaren, entschlossen sich jedoch immer mehr junge Frauen gegen Ehe und Kinder. Die Geburtenrate begann zu fallen.

Daraufhin verfügte Stalin die Rückkehr zu konventionellen Familienformen, zu geburtenorientierter Familienpolitik und einer puritanischen Sexualmoral. Die Abtreibungsmöglichkeiten wurden eingeschränkt und mancherorts ganz aufgehoben. Scheidungen wurden schwieriger und kostspieliger. Auf Grund der nun wieder häufiger zu erwartenden Schwangerschaften sträubten sich die Betriebsleitungen, Frauen auszubilden oder mit leitenden Posten zu betrauen. Stalin annullierte die Zwangszulassungsquoten für Studentinnen, und die Zahl der zugelassenen Frauen fiel um die Hälfte. Die Propaganda verkündete ein neues Frauenideal, die Superfrau, die den ganzen Tag arbeitete, mehrere Kinder aufzog und bei alledem ihren Ehemann in einer ‹heiteren› häuslichen Atmosphäre zu umsorgen vermochte. Im Jahre 1936 leitete Stalin die große Säuberungsaktion ein. Zwar waren nur 10 Prozent der Opfer weiblichen Geschlechts, aber darunter befanden sich nahezu alle Frauen, die maßgebliche Positionen bekleidet hatten.[516]

Mit der Mobilmachung und dem Beginn des Zweiten Weltkriegs erfuhr die Frauenpolitik – wie im nationalsozialistischen Deutschland und in fast allen anderen Ländern der Welt – erneut eine entscheidende

Wende. Wieder griff die Industrie auf die Frauen zurück. Im Jahre 1945 stellten sie 56 Prozent der gesamten Arbeiterschaft, die Mehrzahl der Bergleute und ein Drittel der in den Ölfeldern von Baku beschäftigten Arbeiter. Frauen arbeiteten ohne zu murren vierzehn bis achtzehn Stunden täglich. Frauen nahmen als Guerillakämpfer, Maschinengewehr- und Scharfschützen an den Kämpfen teil. Es gab mehrere nur aus Frauen bestehende Luftwaffenregimenter und viele weibliche Angehörige in Sanitäts- und Nachrichteneinheiten.[517] Das Leben der Nation stand auf dem Spiel, und die ganze Nation, ob Mann oder Frau, wurde aufgeboten, um es zu verteidigen. Doch als der Krieg zu Ende war, wurde alles wieder rückgängig gemacht.

Der Krieg hatte so viele Menschenleben – allein zwanzig Millionen Männer waren gefallen – gekostet, daß die Regierung zu einer noch strikter geburtenorientierten Familienpolitik überging. Sie entzog Frauen ihre Arbeitsplätze, um sie Männern zu überlassen. Weiter garantierte sie den Männern, um sie bei ihren Familien zu halten, de facto den Status des Haushaltsvorstands, und bevorzugte sie bei der Erbrechtsregelung. Uneheliche Kinder wurden enterbt und stigmatisiert, und die Frauen verloren das Recht, Vaterschaftsfeststellungsklagen einzuleiten. Die Abtreibung wurde gesetzlich verboten, Kinderreichtum prämiert. Bei alledem mußten die Frauen immer noch arbeiten, und viele von ihnen lebten allein: nach dem Kriege kamen in Rußland 150 Frauen auf 100 Männer. Ein kleiner Prozentsatz arbeitete in akademischen Berufen – als Ärztinnen, Ingenieurinnen und Naturwissenschaftlerinnen –, aber die meisten verrichteten extrem schlecht bezahlte Arbeit: sie hoben Gräben aus, schaufelten Schnee, arbeiteten im Straßenbau und im Hochbau und wie eh und je auf den Feldern. In den fünfziger Jahren stellten die Frauen vier Fünftel der unqualifizierten Arbeiterschaft.[518] Wie schlimm die Lage der russischen Frauen vor der Oktoberrevolution war, läßt sich daran messen, daß sich ihre Lebensbedingungen inzwischen, nach der Revolution und zwei weiteren Kriegen, in der Tat verbessert hatten. Wir werden im nächsten Abschnitt noch einmal auf die russischen Frauen zu sprechen kommen.

Das Leben der chinesischen Frauen vor der Revolution im Jahre 1949 war so wenig lebenswert, daß viele den Tod vorzogen. In der chinesischen Literatur finden sich unzählige Geschichten über Frauen, die sich, um ihrem unerträglichen Leben ein Ende zu setzen, in den hauseigenen Brunnen stürzten oder, noch im Hochzeitsgewand, an ihrem Ehebett erhängten.[519] Junge Frauen wurden vielfach als Sklavinnen verkauft oder von ihren Eltern buchstäblich in die Ehe geprügelt.

Im Jahre 1919 wurde Chao Wu-chieh aus Changsha für die gegen ihren Willen vereinbarte Hochzeit hergerichtet. Sie hatte den ihr bestimmten Ehemann nur kurz gesehen, aber heftige Abneigung gegen ihn verspürt und sich geweigert, ihn zu heiraten. Ihre Eltern waren entschlossen, die Ehe zu erzwingen. In ihr Hochzeitsgewand gekleidet, wurde Fräulein Chao Wu-chieh in der traditionellen Hochzeitssänfte emporgehoben, um zum Elternhaus des Bräutigams getragen zu werden, wo Isolation und Mißhandlung sie für den Rest ihres Lebens erwarteten. Sie zog heimlich den Dolch hervor, den sie hinter dem Polster versteckt hatte, und schlitzte sich die Kehle auf. Dies Ereignis war nicht weiter bemerkenswert, da so etwas häufig vorkam. Es wurde nur deshalb bekannt, weil ein junger Mann aus Changsha es in neun leidenschaftlichen Zeitungsartikeln als Aufhänger benutzte, um die Stellung der Frau und die Rolle der Familie in China zu hinterfragen. Dieser junge Mann hieß Mao Tse-tung und war damals noch kein Marxist.[520]

Etliche Wissenschaftler vertreten die Auffassung, das alte China sei eine matrilineare Gesellschaft gewesen. Wir wissen, daß in China nach unserer Zeitrechnung im 1. Jahrtausend v. Chr. ein traditionelles weibliches Schamanentum und mächtige Kaiserinnen existierten. Ebenso wie in Griechenland finden wir in China eine literarische Überlieferung, reich an weiblichen Gestalten von großer Macht und Würde, und gleichzeitig eine von Erniedrigung und Entwürdigung, Entrechtung und Freiheitsberaubung geprägte faktische Geschichte. Die Sitte, die Füße der Frauen zu bandagieren, entstand in der Periode zwischen der *Tang* Dynastie (618 n. Chr.) und der *Sung* Dynastie (969 bis 1257 n. Chr.), zum einen als Standessymbol, zum anderen jedoch aus ästhetischen Gründen, da kleine Füße als schön galten.[521] Hinter ästhetischen Motiven verbergen sich jedoch häufig politische. Das Einbinden der Füße ist eine Tortur im buchstäblichen Sinne, die beginnt, wenn das Mädchen das Alter von sieben Jahren erreicht hat, und erst endet, wenn es physisch ausgewachsen ist. Wenn das Knochenwachstum abgeschlossen ist und die Fußknochen völlig in sich gekrümmt sind, hört der Schmerz auf. Das Mädchen ist endgültig verkrüppelt, wenn es nicht vorher an Wundbrand gestorben ist. Bis dahin werden ihm die Bandagen nur kurz abgenommen, wenn die Füße gebadet werden. Wenn sie dann endgültig entfernt werden, hat es höchstwahrscheinlich gründlich gelernt, was es heißt, eine Frau zu sein. Gelegentlich kam es vor, daß Mädchen aus ärmeren Familien die Füße gebunden wurden, weil die Familie hoffte, sie mit einem höhergestellten Mann verheiraten zu können. Fand sich kein solcher Mann, mußte die Frau die ihrer Stellung entsprechende Arbeit – Feldarbeit, Schleppen von Lastkähnen, Wassertragen – mit verkrüppelten Stummelfüßen verrichten.[522]

Doch das Einbinden der Füße war nur die sichtbarste Qual, der diese Frauen ausgesetzt waren. Die Mädchen galten nicht als Mitglieder ihrer Herkunftsfamilie und hatten dort nichts zu sagen. Gesellschaftliche Achtung erlangten sie einzig und allein über die Familie ihres Mannes. Wenn ein Mädchen starb, ehe es verheiratet war, fand seine Seele im Ahnentempel der eigenen Familie keinen Platz.[523] Auch nach der Heirat wurde die Frau von der Familie ihres Mannes erst dann aufgenommen, wenn sie einen Sohn geboren hatte. Dem Mann war es verboten, öffentlich Gefühle für seine Frau zu zeigen, und selbst im Privatbereich erwartete man von ihm, daß er sich jederzeit auf die Seite seiner Familie und gegen seine Frau stellte. Die Auspeitschung von Ehefrauen war an der Tagesordnung, und ein chinesisches Sprichwort besagt: «Eine Frau heiraten ist wie ein Pony kaufen. Ich werde sie besteigen und ihr die Peitsche geben, wie es mir beliebt.»[524] Der Frau war es nicht gestattet auszugehen, d. h. Kontakte außerhalb der Familiengemeinschaft zu unterhalten. Ihre Stellung in der Familie war die einer Dienstmagd.

Häufig kauften die Familien Mädchen bereits im Kindesalter als Ehefrauen für ihre Söhne, um noch mehrere Jahre von ihrer Arbeitskraft zu profitieren, ehe die Ehe vollzogen werden konnte und sie Kinder gebaren. Die Mädchen waren Zeit ihres Lebens körperlichen Mißhandlungen ausgesetzt: vor der Heirat durch ihre eigenen Angehörigen, nachher durch die Familie ihres Ehemannes. Sie konnten ungestraft eingesperrt, geschlagen und sogar gefoltert oder getötet werden.

Für die meisten Frauen gab es keine andere Alternative zur Ehe als die Sklaverei.[525] Wenn ein Mann keinen eigenen Sohn hatte, adoptierte er einen Knaben und vererbte ihm sein gesamtes Hab und Gut, zu dem auch alle leiblichen Töchter rechneten – der Adoptivsohn konnte nach Belieben über sie verfügen. Wurde eine Frau Witwe, so fiel sie unter das Eigentum der Familie ihres verstorbenen Mannes, die sie als Ehefrau, Konkubine oder Sklavin verkaufen konnte. Heiratete sie ein zweites Mal, stand der Familie des ersten Mannes das Recht zu, ihre Mitgift sowie allen von ihr in die Ehe gebrachten Besitz zu behalten – mit dem Ergebnis, daß Witwen häufig von den Verwandten des Verstorbenen, die es auf ihre Habe abgesehen hatten, in eine zweite Ehe gedrängt wurden. Gleichzeitig standen sie jedoch unter erheblichem sozialem Druck, «keusche Witwen» – vergleichbar den römischen *univirae* – zu bleiben, für die Frauen ein unlösbarer Konflikt.[526] Eine gewisse Macht besaßen unter den Frauen nur die Schwiegermütter, denen es vorbehalten blieb, die grausame Behandlung, die sie selbst erlitten hatten, an die Frauen ihrer Söhne weiterzugeben. In der chinesischen Dichtung finden sich viele mächtige Frauengestalten – Schwiegermütter, kluge Ehefrauen und geschickte Konkubinen –, denen es kraft ihrer Intelligenz, ihrer gewitzten Familienpolitik oder ihres hohen Alters gelang, großen Einfluß innerhalb der Familie auszuüben. Aber die Macht dieser Frauen ist in allen Fällen rein individueller Natur und Zeichen einer ausgeprägten Persönlichkeit; niemals erreicht diese Macht das Niveau anerkannter Autorität oder gar institutionalisierten Rechts.[527]

Mao Tse-tung erlebte die Ungerechtigkeit dieser Familienordnung am eigenen Leibe. Seine Mutter war liebevoll und fürsorglich, sein Vater ein Tyrann. Der Vater brachte, als sein Sohn noch ein Knabe war, eine ältere Frau als Braut ins Haus, um deren Arbeitskraft auszubeuten, bis Mao zum Mann herangereift wäre. Als die Zeit der Eheschließung gekommen war, lief Mao aus Protest von zu Hause fort. Er wurde zurückgebracht, konnte sich jedoch dem Willen seines Vaters erfolgreich widersetzen. Dennoch vergaß er dieses Erlebnis nie, und der Selbstmord Chao Wu-chiehs rührte offenbar aus diesem Grunde sein Mitgefühl.[528]

Das chinesische Denken war durch die beiden Lehren des Taoismus und des Konfuzianismus geprägt. Letzterer kannte drei «Gefolgschaftspflichten»: zwischen Herrscher und Untertan, zwischen Vater und Sohn und zwischen Ehemann und Ehefrau.[529] (Frauen unterlagen den drei «Gehorsamspflichten»: gegenüber dem Vater, dem Ehemann und schließlich, als Witwe, dem Sohn.)[530] Insofern hatten auch die chinesischen Männer unter Unterdrückung zu leiden; auch China besitzt eine lange Tradition von Bauernaufständen, Erhebungen von Gesetzlosen und lokalen Fehden. Zu Beginn des 20. Jahrhunderts begannen sie, sich auf moralischer und politischer Ebene für die Emanzipation der Söhne von den Vätern einzusetzen. Intellektuelle und Revolutionäre waren weithin davon überzeugt, daß ihre eigene Unterdrückung mit der Unterdrückung der Frauen in engem Zusammenhang stand und daß keines der beiden Geschlechter seine Freiheit ohne die des anderen erlangen könne. Schließlich litten beide Geschlechter unter der Zwangsehe und den Gehorsamspflichten. Die Gründungsmitglieder der Pekinger *Allianz für die Frauenrechtsbewegung* waren zu zwei Dritteln Männer, und lange Zeit wurde der Kampf um die Frauenrechte in China vor allem von Männern getragen.[531]

Viele junge Männer riefen darüber hinaus dazu auf, das Joch der europäischen Mächte abzuschütteln und die Vorherrschaft der ethnischen Mehrheit der *Han* zu brechen. Während des gesamten 19. Jahrhunderts herrschte in China großer Unmut über die extreme Rigidität der kulturellen Normen, die Überbevölkerung und die Unterdrückung durch Europäer und Amerikaner. Die Kultur der *Han* war besonders streng und forderte eine extreme Unterordnung von Frauen und Söhnen.

Dennoch waren nicht alle Frauen den gleichen extremen Zwängen ausgesetzt. Einige wohlhabende Väter ließen ihre Töchter unterrichten und behandelten sie freundlich. Gelegentlich ließen sie ihnen sogar beträchtlichen Freiraum. Die Frauen der bäuerlichen Bevölkerung wurden nicht ins Haus eingesperrt, und es war nicht üblich, ihnen die Füße einzubinden. Sie wurden als Arbeitskräfte im Haus und auf dem Feld benötigt und hatten daher in gewissem Umfang das Recht, sich frei im Dorf zu bewegen. Aus diesem Grunde konnten sie miteinander sprechen und häufig Einfluß auf das Verhalten hartherziger Schwiegermütter und Männer nehmen. Die chinesischen Männer hatten eine geradezu abergläubische Angst vor wütenden Frauen. Wenn eine Frau in Rage geriet und ihren Zorn eine Weile aufrechterhielt, wurde sie zwar wahrscheinlich geschlagen, doch zuweilen konnte sie auf diese Weise die Familienangelegenheiten beeinflussen.[532] Die Töchter der taoistischen *Boxer* wurden in der Kriegskunst unterwiesen und einige Generäle, die ethnischen oder religiösen Minderheiten angehörten, bildeten Töchter und Söhne gleichermaßen im Soldatenhandwerk aus. Diese Frauen machten häufig als Rebellen oder Banditen ihren Platz in der politischen Arena geltend.[533] Frauen aus sozial niedriger stehenden Familien mit vergleichbaren Traditionen wurden vielfach Nonnen oder Schamaninnen, Kräuterkundige oder Hebammen.[534] Solche Frauen trugen auch die Taiping-Rebellion mit, die von 1850 bis 1864 dauerte und einer der grausamsten Bürgerkriege der Weltgeschichte war.[535]

Die Taiping-Rebellion entzündete sich in den südlichen Provinzen Chinas, wo schwere landwirtschaftliche Mißstände, Arbeitslosigkeit und Inflation herrschten. Die Rebellen kämpften für eine Reihe von revolutionären Zielen, zu denen die Verteilung des Bodens, die Einführung von Kollektiveigentum und die Gleichberechtigung der Geschlechter gehörten. Unter den Initiatoren dieser revolutionären Bewegung befanden sich einige *Hakka*-Frauen, die aus ihrer Tradition heraus freier und weniger unterjocht waren als die *Han*-Frauen. Sie beeinflußten die programmatischen Erklärungen der Taiping-Rebellen, die unter anderem einen Erlaß gegen das Einbinden der Füße und das Recht der Frauen auf Ableistung von Eingangsprüfungen für kommunale Ämter forderten. Sie postulierten die vollständige Gleichberechtigung von Frauen und Männern, das Gemeinschaftseigentum, die Abschaffung der Prostitution und die auf Liebe gegründete Einehe. Sie stellten eine eigene Kampfeinheit, und schon ihre bloße Anwesenheit reichte angeblich aus, um die Kampfmoral der kaiserlichen Truppen zu schwächen.[536] Die Taiping-Rebellen wurden im Bürgerkrieg besiegt; ihre Frauen waren jedoch längst geschlagen: Sie wurden von den eigenen Kampfgenossen verraten, deren Haltung zur Frauenrechtsfrage in der Zeit des Kampfes bestenfalls ambivalent war.[537] Dennoch diente das Programm der Aufständischen später der kommunistischen Partei als Modell und Inspirationsquelle.[538]

Die politischen Unruhen dauerten an, und 1904 gründete Sun Yat-sen die nationalistische Partei *Kuomintang*, in der Frauen und Männer als Mitglieder zugelassen waren. Die erste Frau, die sich der *Kuomintang* anschloß, war Ch'iu Chin, eine Revolutionärin, die Schulbildung genossen hatte, dann jedoch zu einer unglücklichen Ehe gezwungen worden war. Sie floh, um Lehrerin zu werden und predigte ihren Schülerinnen den Aufstand. Sie gründete die erste feministische Zeitung Chinas und trug westliche Kleidung, was Tumulte auslöste. Wegen Beteiligung an einem Attentatsversuch wurde sie festgenommen und gefoltert, bis sie schließlich ein Geständnis ablegte. Es hatte die Form eines Haikus: «Herbstregen und Herbstwind machen uns traurig». Im Alter von 33 Jahren wurde sie enthauptet.[539]

Im Jahre 1911 kam es zu einem größeren Aufstand unter Beteiligung von Frauenbataillonen, die für die Frauenrechte kämpften. Nach dem Sturz des Kaiserreichs wurde Sun Yat-sen Präsident und man entwarf eine neue Verfassung. Obgleich Bildungseinrichtungen für Mädchen vorgesehen und Frauen – zum erstenmal in der Geschichte Chinas – zu Bürgerinnen erklärt wurden, garantierte man ihnen keine Gleichberechtigung. Daraufhin gingen die Frauen in den Städten auf die Straße, warfen Fensterscheiben ein und traten die Nationalgarde mit Füßen, aber sie waren nicht stark genug, um sich durchzusetzen. Immerhin folgten die Frauen in den Provinzen ihrem Beispiel und legten den gesetzgebenden Organen ihre Forderungen vor. In ganz China organisierten sich die

Frauen, um für Gleichberechtigung und Frauenstimmrecht zu kämpfen.[540]

Die neue Regierung stand auf wackligen Füßen. 1912 dankte Sun Yat-sen zugunsten des Militärführers Yuan Shi-Kai ab, der erfolglos versuchte, sich zum Kaiser aufzuschwingen, und 1916 starb. In dieser Zeit wurde die Nation militarisiert, mit den imperialistischen Ländern, insbesondere Japan, wurden dunkle Kompromisse geschlossen – sie erhielten finanzielle Anrechte in China im Tausch gegen Darlehen – und die Sehnsucht nach einer umfassenden Demokratisierung wurde im Keim erstickt.[541] Weibliche Mitglieder wurden entweder aus der revolutionären Partei ausgeschlossen oder gezwungen, sich der neuen Regierung zu unterwerfen. Aller legalen politischen Artikulationsmöglichkeiten beraubt, verlegten sich die Frauen erneut auf den militärischen Bereich und schlossen sich der nationalen Armee oder den Mordkommandos an. Wie bereits während früherer revolutionärer Phasen waren sie wie Männer gekleidet und ausgerüstet.[542]

Am 4. Mai 1919 kam es zu massiven Studentendemonstrationen gegen die demütigende Behandlung Chinas durch die Westmächte bei den Versailler Verhandlungen. Die Studenten organisierten sich, um für nationale und feministische Ziele, gegen den Konfuzianismus und den Imperialismus zu kämpfen. Zu ihren Forderungen gehörten unter anderem die Gleichberechtigung der Geschlechter, die freie Eheschließung und die Organisationsfreiheit.[543] In dieser Zeit verfaßte Mao seine feministischen Artikel; er mußte seinen Lesern immer wieder ins Gedächtnis rufen, daß auch Frauen ein Teil des *jen*, des Menschengeschlechts sind.

Die Bewegung des 4. Mai löste die erste moderne Kulturrevolution in China aus, die in gewisser Hinsicht noch heute andauert: Sie bekämpft noch immer den Konfuzianismus und seine drei Gefolgschaftsbande. Die Führer der Bewegung waren zutiefst feministisch denkende Männer wie Li Ta-chao, Ch'en Tu-hsiu, Hu Shih und Mao Tse-min, der jüngere Bruder Mao Tse-tungs.[544] Sie wurde jedoch auch von Feministinnen getragen, so etwa von Hsiang Ching-yu, die wie Mao aus Hunan stammte. Sie besuchte die progressivste Frauenschule von Changsha und gründete später eine koedukative Grundschule, mit der sie ein Beispiel für die gleichberechtigte antihierarchische Gemeinschaft zu setzen versuchte, die sie mit missionarischem Eifer anstrebte. Im Rahmen eines Arbeits- und Studienprogramms ging sie mit einer Studentengruppe nach Frankreich, wo sie sich wie ihre berühmte Zeitgenossin Simone Weil durch Halbtagsarbeit in einem Gummiwerk und einer Textilfabrik ernährte.

So verschaffte sie sich gründliche Einblicke in die Lebensbedingungen des Proletariats. Sie begann, sich mit anarchistischem, marxistischem und sozialdemokratischem Gedankengut auseinanderzusetzen und kam schließlich zu dem Schluß, die Bewegung des 4. Mai sei eine «bourgeoise Auseinandersetzung zwischen Frauen und Männern»; die Befreiung der Frauen könne nur im Rahmen einer sozialistischen Revolution erreicht werden.

Andere zogen ähnliche Schlußfolgerungen. 1921 wurde in Shanghai die kommunistische Partei Chinas gegründet. Hsiang und ihr Mann schlossen sich gemeinsam mit anderen Mitgliedern der Studiengruppe von Frankreich aus der Partei an. Diese war zunächst sehr klein, und als Hsiang 1922 nach China zurückkehrte, wurde sie zum ersten weiblichen Mitglied des Zentralkomitees und zur Leiterin des Frauensekretariats ernannt. Zu dieser Zeit arbeitete die kommunistische Partei Chinas innerhalb der *Kuomintang*, bezog jedoch ihre Direktiven aus Moskau. Hsiang reiste nach Moskau, um dort den Marxismus-Leninismus zu studieren, und kehrte 1927 nach China zurück, um im Gebiet von Shanghai männliche und weibliche Arbeiterkontingente zu organisieren.[545]

Die *Kuomintang* akzeptierten die Aktivitäten der Kommunisten, solange es darum ging, gemeinsam die mühselige Auseinandersetzung mit verschiedenen Heerführern zu bestehen, die einer nach dem anderen unterworfen werden mußten. 1925 starb jedoch Sun Yat-sen und Chiang Kai-shek, ein junger General, übernahm den Oberbefehl. Er unterwarf die Heerführer und vertrieb die ausländischen Mächte. Siegestrunken ließ er 1927 seine Soldaten vor Shanghai aufmarschieren und forderte die Kommunisten auf, ihre Waffen abzulegen und die Stadt seinen Truppen zu übergeben. Widerwillig fügte sich die KPC den Anweisungen Moskaus, Chiang Folge zu leisten. Eine plastische und bewegende Schilderung dessen, was dann geschah, findet sich in dem Roman *So lebt der Mensch* von André Malraux, obgleich dieser nur das Schicksal der Männer beschreibt.

Chiang nahm die Stadt ein, ohne auf Gegenwehr zu stoßen, und ließ sofort sämtliche Führer der Kommunistischen Partei, Mitglieder der kommunistisch gelenkten Gewerkschaften sowie als Oppositionelle verdächtigte Personen festnehmen. Er richtete ein Blutbad an, das in Shanghai und anderen großen Städten Tausende von Opfern forderte. Viele Frauen wurden einzig deshalb umgebracht, weil sie ihr Haar kurz trugen.[546] Eine junge Frau, die darauf bestanden hatte, sich ihren Bräutigam selbst zu wählen, wurde zuerst gefoltert und dann mit siebzehn Schüssen umgebracht. Anderen Frauen schnitt man Brüste und Nasen ab. Bevor die *Kuomintang*-Soldaten junge Frauen enthaupteten, riefen sie ihnen zu: «Da habt ihr eure freie Liebe.» Das Frauensekretariat wurde zerschlagen und die verantwortlichen Kader verhaftet und gefoltert. Hsiang ging in den Untergrund, wurde jedoch später gefangengenommen und öffentlich hingerichtet. Zu ihrer Verteidigung berief sie sich auf die Ideale der Französischen Revolution: *liberté, egalité et fraternité*.[547] Von 1927 an waren die Frauen innerhalb der *Kuomintang* als politischer Faktor zu vernachlässigen.

Die Kommunisten traten den Rückzug an und formierten sich 1929 in Kiangsi neu, wo sie die männliche und weibliche Landbevölkerung organisierten. Die bäuerlichen Frauen, deren Leben unvermindert schwer und freudlos war, griffen die Botschaft der Kommunisten begierig auf. Die KPC erprobte und entwickelte in den Regionen, in denen sie fest verwurzelt war, eine ganze Reihe sozialer und wirtschaftspolitischer Strategien. Im Jahre 1931 verkündete sie schließlich neue Eheregelungen und verbot den Säuglingsmord, das Füßeeinbinden, die Prostitution und die tyrannische Herrschaftsausübung seitens der Schwiegermütter. Im Eigentumsrecht waren die Geschlechter gleich zu behandeln, Ehe und Scheidung sollten nur in beidseitigem Einverständnis möglich und kostenlos sein.[548]

Da Eheschließungen und Scheidungen registrierungspflichtig waren, mischten sich die Kommunisten zum erstenmal in der Geschichte Chinas in Eheangelegenheiten ein.[549] Die fortschreitende Zentralisierung und Bürokratisierung überlagerte die alten Hierarchien und Traditionen. Da ständig Krieg mit der *Kuomintang* herrschte, wurden die Frauen in Verteidigungstruppen und Sanitätseinheiten organisiert und für Spionage- und Sabotageaufgaben eingesetzt. Frauen, deren Füße nicht verkrüppelt waren, arbeiteten auf den Feldern. In Kiangsi waren die Frauen politisch äußerst aktiv und stellten im Jahre 1930 30 Prozent, 1931 62 Prozent und 1932 64 Prozent der Abgeordneten in den regionalen Volkskongressen.[550] Das Experiment sollte jedoch vorerst ein schnelles Ende finden: Trotz aller Furcht vor den Japanern, die nach den Versailler Verträgen ihren Zugriff auf China gefestigt hatten, verfolgten die *Kuomintang* die Kommunisten mit Nachdruck und vertrieben sie 1934 aus Kiangsi. In der Hoffnung, sich mit anderen kommunistischen Einheiten zusammenschließen zu können, wandten sich die kommunistischen Truppen nach Norden: Hunderttausend Mann begaben sich auf den langen Marsch. 30 bis 50 Frauen begleiteten sie.[551] Der Rest blieb bei den Feldern, zumal jene, deren Füße eingebunden worden waren, nicht marschieren konnten. Viele der Zurückgebliebenen fanden den Tod.

Bereits seit Jahren hatte die KPC versucht, Chiang Kai-chek zur Bildung einer Einheitsfront gegen die Japaner zu bewegen, doch dieser hatte es vorgezogen, im Dienste der kapitalstarken Finanziers, die ihn unterstützten, die Kommunisten zu bekämpfen. Als es 1937 zur japanischen Invasion kam, war Chiang zur Bildung einer Einheitsfront gezwungen, ein schon nach einem Jahr äußerst konfliktreiches Bündnis, das mit Mühe und Not bis zum Ende des chinesisch-japanischen Krieges im Jahre 1945 aufrechterhalten werden konnte. Sobald der Krieg zu Ende war, begannen die Befreiungskämpfe der Kommunisten gegen die *Kuomintang*. Ebenso wie in Rußland blieb der Nation keine Atempause.

Während der Kriegsjahre strömten die Frauen in großer Zahl in die Produktion – aber diese Geschichte kennen wir bereits. Die Besetzung durch die Japaner und die *Kuomintang*-Blockade hatten die Versorgung mit Textilien zum Erliegen gebracht, weshalb Mao die Frauen aufrief, selbst zu spinnen, zu weben und zu nähen: 1947 waren die von der KPC kontrollierten Gebiete in der Lage, ihren Textilbedarf autark zu decken. Zu diesem Zweck schlossen sich die Frauen zu Gruppen zusammen, eine völlig neue Erfahrung, da ihnen bislang jeder Kontakt außerhalb des Hauses verboten war. Die Frauen diskutierten, tauschten Erfahrungen aus und politisierten einander. Schließlich organisierten sie sich und begannen ihre Anliegen öffentlich zu vertreten. Der Frauenbund gehörte bald zu den zentralen Bestandteilen des dörflichen Lebens. Die Mitglieder wurden für Sabotageaufgaben, Reparaturarbeiten an Straßen und Brücken, Spionage- und Kurierdienste ausgebildet. Sie versorgten die Soldaten mit Nahrungsmitteln und pflegten die Verwundeten.[552]

Unmittelbar nach der Vertreibung der Japaner hatte die KPC in den von ihr kontrollierten Gebieten Bodenreformen durchgeführt. Sie nahm den Großgrundbesitzern Land ab und verteilte es an die Bevölkerung – nicht an Familien, sondern an einzelne Männer und Frauen. Zum erstenmal seit mindestens einem Jahrtausend verfügten die chinesischen Frauen über eigenen Besitz. Frauen, die noch nie zuvor Feldarbeit geleistet hatten, begannen jetzt damit. Gleichzeitig nutzten sie die Möglichkeit, tyrannische und brutale Männer zu verlassen. 64 Prozent aller Zivilverfahren, die in den von der KPC kontrollierten Gebieten Nordchinas zwischen Januar und Juni 1948 angestrengt wurden, erwuchsen aus Scheidungsgesuchen. Die meisten wurden von Frauen eingereicht. Andererseits waren von den 464 polizeilich untersuchten weiblichen Todesfällen 40 Prozent Frauen, die die Scheidung gewollt, aber nicht durchgesetzt hatten. In einigen Fällen handelte es sich um Selbstmord, in den anderen war Mord im Spiel.[553]

Der Befreiungskrieg dauerte vier Jahre oder, je nach Zählweise, 40 Jahre. Die Volksrepublik China wurde 1949 gegründet. Unter den Mitgliedern des Präsidiums befanden sich ebenso Frauen wie unter den Schöpfern der neuen Verfassung. Als 1954 der Volkskongreß zusammentrat, waren 14 Prozent der direkt gewählten Delegierten Frauen. In manchen Bezirken stellten Frauen bis zu 40 Prozent der gewählten Funktionäre und in einigen Fällen sogar die Vorsitzenden der Stadtverwaltungen. Der im Frühjahr 1949 gegründete *Allchinesische Demokratische Frauenbund* war «möglicherweise die größte und aktivste Massenorganisation in der gesamten Geschichte der Menschheit». Im Jahre 1956 besaß er 76 Millionen Mitglieder, die KPC nur elf Millionen.[554] Seine Aufgabe war es, den Tausenden von Frauenvereinigungen im ganzen Land Unterstützung, Zusammenhalt und Orientierung zu geben und Millionen von Frauen dabei zu helfen, ökonomisch auf eigenen Füßen stehen zu lernen.

Die chinesische Revolution schien die große Ausnahme zu werden – die einzige Revolution in der Geschichte, die den feministischen Prinzipien, mit denen sie angetreten war, und den Frauen, die sie mitgetragen hatten, treu geblieben war. Doch genauso war es in Rußland zunächst auch gewesen.

9. Jüngste Vergangenheit und Gegenwart

Das Zeitalter der furchtbaren Klassenkämpfe ist noch nicht vorbei. In Afrika, Südostasien, Zentral- und Südamerika sind sie noch immer in vollem Gange. Die meisten dieser Kämpfe werden mit dem Ziel geführt, imperialistische Mächte aus dem Land zu vertreiben, viele beginnen unter diesem Vorzeichen und weiten sich schließlich zu regelrechten Bürgerkriegen aus. Solche Revolutionen sind deshalb so furchtbar, weil in der Regel eine kleine Elite, gewöhnlich von einer westlichen Macht – die nicht selten USA heißt – mit Waffen, bisweilen auch mit Truppen unterstützt, die Armen oder die untere Mittelschicht, die Mehrheit der Bevölkerung also, bekämpft. Wie grausam und brutal diese Kämpfe geführt werden, belegen die von Amnesty International erstellten Statistiken zur Zahl der politischen Gefangenen, der ohne rechtskräftiges Urteil inhaftierten Personen und der Folteropfer in Dutzenden von Ländern der ganzen Welt. Wie oft muß man mitansehen, wie die selbsternannten Repräsentanten der armen Mehrheit der Bevölkerung neue Zwangsstrukturen schaffen, die nicht minder unterdrückerisch sind als die der soeben gestürzten Clique, und faktisch eine neue Elite herausbilden.

In einem solchen Prozeß müssen Frauen zu kurz kommen. So kämpften etwa Frauen überaus aktiv in der sandinistischen Revolution gegen die Somoza-Diktatur in Nicaragua. Sie waren Kader, Soldatinnen und Guerillakämpferinnen, und sie übernahmen die traditionellen weiblichen Hilfsdienste wie etwa die Verwundetenpflege und die Bereitstellung von Nahrung und Kleidung. Nach dem Sieg der Revolution kam es jedoch zum Konflikt zwischen männlichen und weiblichen Sandinisten: die Männer wollten die Frauen an den Kochtopf zurückschicken, aber die Frauen, die maßgeblich an der Revolution beteiligt gewesen waren, wollten ebenso maßgeblich an der Errichtung der neuen Staatsstrukturen Anteil nehmen. Dennoch befindet sich gegenwärtig weder unter den fünf Mitgliedern der regierenden Junta noch unter den neun Mitgliedern des sandinstischen Nationaldirektorats auch nur eine Frau. Dem Kabinett gehörte ein einziges weibliches Mitglied als Gesundheitsministerin an, und 1981 wurde Nicaragua in den Vereinigten Staaten durch eine Botschafterin vertreten. Sofern wir unseren Informationen vertrauen dürfen, verfolgt die neue Regierung außerdem heute die Minderheitengruppe der Miskito-Indianer.

Auch in den westlichen Ländern müssen die Frauen noch immer gegen beträchtliche Benachteiligungen kämpfen. So stellen etwa die griechischen Frauen 78 Prozent der Analphabeten des Landes und bekommen für gleiche Arbeit lediglich 68 Prozent der Männerlöhne – die ungünstigste Relation in Europa, dabei liegt sie immer noch über der in den Vereinigten Staaten (59 Prozent). Die griechischen Frauen und die Italienerinnen kämpfen um das Recht auf Scheidung, auf legale Abtreibung und um andere Verfügungsrechte über ihren Körper. Im Iran fochten bis zur Machtübernahme Khomeinis Frauen sowohl für den Sturz des Schah als auch für ihre eigenen Rechte.

Ich möchte mich in diesem Abschnitt auf diejenigen Nationen konzentrieren, die am intensivsten versucht haben, Frauen einen Platz als vollwertige Menschen einzuräumen – China und die UdSSR – und auf solche, die besonders bestrebt waren, die Frauen in Abhängigkeit und häuslicher Abgeschiedenheit zu halten – die islamischen Länder. Die Auswirkungen der Frauenbewegung in den Vereinigten Staaten sollen im VI. Kapitel erörtert werden.

China

Wer an der Ostküste Chinas entlangreist, sieht sich von weiten, wasserglänzenden und hellgrün schimmernden Reisfeldern umgeben. Das in der Sonne verdampfende Wasser überzieht das Land mit einem feinen Dunstschleier. Jede kleinste Parzelle ist sorgfältig angelegt und eingedämmt, so daß sich Muster aus Rechtecken oder bizarren geometrischen Figuren bis hin zu den Bergen erstrecken. Berge gibt es überall, und im Sommer scheint immer die Sonne. Die Häuser aus gebranntem Lehm mit ihren roten Ziegeldächern kleben an den Hängen, so alt und verwittert, daß sie wie die Wohnhöhlen der Urvölker selbst Teil des gewachsenen Bodens geworden zu sein scheinen. Überall sprießt etwas, die Häuser sind von Bäumen umgeben, Weiden, wie wir sie von chinesischen Zeichnungen kennen, und auf den kleinen Teichen, oft nur schlammige Tümpel, schwimmen Enten. Knaben lachen, zerren an einem Wasserbüffel, der ein Bad im Fluß nimmt. Vor den kleinen Häusernestern tummeln sich Horden von Kindern, die einen daran zweifeln lassen, daß die staatlich verordnete Geburtenbeschränkung auf dem Lande angeschlagen hat. Durch die Reisfelder bewegen sich Menschen langsam vorwärts, je 40 bis 50 in einer Reihe; manche tragen Sonnenschirme aus Wachspapier, einige gehen Hand in Hand. Während sie durch das knöchel- bis wadentiefe Wasser waten, zupfen sie mit den Zehen das Unkraut aus. In den mittleren Jahren erkranken sie an Arthritis.

In nur 30 Jahren haben in China erstaunliche Veränderungen stattgefunden. Die schlimmsten Krankheiten sind unter Kontrolle, die Menschen haben zu essen (obwohl gelegentlich Gerüchte über Hungersnöte in bestimmten Regionen umgehen, die, wie andere Katastrophen auch, von der Regierung vertuscht werden). Die medizinische Versorgung ist gut bis ausgezeichnet, und fast alle Kinder gehen zur Schule.

Die wenigen existierenden Straßen sind zum größten Teil sehr primitiv. Es gibt verhältnismäßig wenig motorisierte Fahrzeuge, aber dennoch verstopfen sie die Straßen, wenn sie einer Hundertschaft sturer Radfahrer hinterherzockeln, die trotz des Gehupes der Lastwagen nicht daran denkt, den Weg freizugeben. Hupen ist in China die einzige Form der Verkehrsregelung, in den Städten reißt der Lärm nie ab. Der Fahrzeugverkehr wird zum großen Teil von Pferdefuhrwerken bestritten – kleine, immer überladene und wacklig wirkende Karren, die Reisigbündel, Baumstämme oder Gemüse transportieren, und große Heuwagen. Auf dem hoch aufgetürmten Heu liegen schlafende Mädchen und Jungen. Zwar ist es erst zwei Uhr mittags, aber sie sind bereits seit fünf oder sechs Uhr bei der Arbeit. Lachende Knaben und Mädchen tragen an einem Schulterjoch befestigte Eimer. Diese Eimer enthalten oft einen sehr geruchsintensiven Brei, menschliche Fäkalien, die gesammelt und zur Düngung der Felder verwendet werden. Kleine Kinder werden überall liebevoll behandelt und gehätschelt, von Männern, Frauen und vor allem von den Alten. Die Kinder strahlen vor Freude und Stolz, wenn sie, Mädchen und Jungen gemeinsam, eine *Tai Chi* – Tanz- oder Musikdarbietung – geben (am Stickereiunterricht in den Kinderpalästen nehmen jedoch nur Mädchen teil).

Eine sechzigjährige Frau, die in einer Kommune in Shanghai lebt, berichtet von ihrer schrecklichen Kindheit, die sie heimatlos, verwaist und dem Verhungern nahe in einer verwüsteten Stadt verbracht hat. Stolz lächelnd zeigt sie ihre ordentliche Zwei-Zimmer-Wohnung, in der vier Menschen leben. Die Küche, die sie mit drei weiteren Familien teilt, ist ebenfalls blitzsauber. Einen Kühlschrank gibt es nicht, Streitigkeiten darüber, wem welche Nahrungsmittel gehören, ebensowenig. Nennenswerte Vorräte sind nicht vorhanden. Unsere Gastgeberin bewahrt Tee und Reis in einem Schrank in ihrer Wohnung auf. Sie ist nicht berufstätig, da in China großer Mangel an Arbeitsplätzen herrscht. Die Frauen müssen sich im Alter von 55 aus dem Berufsleben zurückziehen, um den Jüngeren Platz zu machen, beziehen dann aber Rente. Ihr Ehemann arbeitet hingegen noch. Die Betriebsräume der Kommune, kleine Werkstätten, in denen Kinderkleidung für den Export – der westlichen Mode angepaßte T-Shirts – hergestellt wird, sind überfüllt mit jungen Frauen und Männern an Nähmaschinen. Auf einer winzigen Veranda vor der Gemeinschaftsküche befinden sich ein Metallzuber, ein Waschbrett – ebenfalls aus Metall und etwa 20 mal 30 Zentimeter groß – und eine Wäscheleine. Die Wäscheleinen in China hängen immer voll, besonders in Shanghai, wo die Luft feucht ist. Fließend heißes Wasser gibt es nicht. Die Wäsche wird von Männern und Frauen erledigt: wer Zeit hat, kümmert sich darum. In der Mittagspause eilen Millionen Chinesen mit dem Fahrrad nach Hause. Es ist ebensooft der Mann wie die Frau, der noch schnell beim Straßenhändler anhält und ein riesiges Bündel Gemüse auf seinem Gepäckträger verstaut. Alle haben zu essen, aber alle sind dünn (ist es nur Einbildung, daß ich die Mädchen im Kinderpalast als beinahe schon durchsichtig ätherisch, die Jungen hingegen nur als dünn empfinde?).

Die Schichtarbeit wird so aufgeteilt, daß Mann und Frau sich bei der Kinderbetreuung ablösen können (dennoch sind es nur Männer, die gemeinsam in den Kommunehöfen sitzen, wo sie rauchen, trinken und Karten spielen). Für die chinesische Frau gilt Rauchen oder Trinken als Schande. Die Menschen leben auf unglaublich engem Raum zusammen: vier, fünf oder bisweilen noch mehr Personen in einem Raum, der höchstens so groß ist wie eine New Yorker Küche. Dennoch besitzt jeder eine unantastbare Privatsphäre: China war immer schon dicht bevölkert. Auch wenn sie nervös oder aufgeregt sind, drängen und schubsen die Menschen sich nicht so wie im Westen. Gefühle zeigt man nicht in der Öffentlichkeit. Nur in Shanghai sieht man gelegentlich ein Liebespaar Hand in Hand, und in Peking schläft ein Junge auf einer Parkbank, den Kopf in den Schoß seines Bruders gebettet, der ihm übers Haar streicht.

Auf dem Land hat man das Gefühl, daß vor Jahrtausenden eine Glasglocke über das Land gestülpt wurde und sich seither nichts verändert hat. Die Berge, die Bäume, das Land, die Menschen, alles sieht noch immer fast genauso aus wie auf alten Tuschzeichnungen. In den großen Städten hat das 20. Jahrhundert Einzug gehalten. Das Leben ist überall schwer, am härtesten jedoch auf dem Land. Dafür wird man hier durch die Schönheit der Umgebung belohnt. Die Städte sind nicht schön: sie sind grau und sehen alle gleich aus. Das gilt auch für die Neubauten, Betonhochhäuser, von deren Balkons der Rost abblättert. (Die Balkons sind nicht zum Vergnügen, sondern zum Wäscheaufhängen da.) Wie in vielen Gegenden Rußlands und Sibiriens sind diese Häuser aus standardisierten Fertigteilen errichtet, schlampig gebaut und bereits am Verfallen. Dennoch bieten sie Millionen Menschen, die sonst obdachlos wären, Unterkunft.

Die gesellschaftlichen Umwälzungen in China erforderten gigantische Anstrengungen. Mao versuchte, Stalins Politik der Fünfjahrespläne für zentral gelenkte, einheitliche Entwicklungsprogramme zu übernehmen. Im Unterschied zu den Russen legten die Chinesen größeres Gewicht auf die Bereitstellung von Nahrung, Wohnraum, Bildungseinrichtungen und medizinischer Versorgung für die beinahe eine Milliarde Menschen zählende Bevölkerung als auf die Industrialisierung und den Aufbau einer militärischen Streitmacht. Zwar strebten Rußland und China den Ausbau beider Bereiche an, aber die UdSSR, dem Westen näher gelegen und daher gefährdeter, gab, vor die Aufgabe gestellt, eine Grenze von gewaltigen Ausmaßen zu schützen, den Waffen die Priorität. Überdies hat China im Gegensatz zur Sowjetunion seine ursprünglichen feministischen Errungenschaften zwar in bestimmten Phasen ein wenig revidiert, sich jedoch nie ganz von feministischen Grundsätzen abgekehrt, wenn deren praktische Umsetzung sich als schwierig erwies.

Nachdem die neue Staatsführung sich etabliert hatte, bemühte man sich, die landwirtschaftliche Produktion anzukurbeln und die neuen Ehegesetze auch der bäuerlichen Bevölkerung vertraut zu machen. Die Landfrauen trauten sich nicht, in der Öffentlichkeit zu reden, die Männer waren gegen die Veränderung. In jedem Dorf wurden Versammlungen einberufen, bei denen mit allen, die andere unterdrückten, hart ins Gericht gegangen wurde; Musterehepaaren wurde öffentliches Lob zuteil. In diesen Versammlungen brach sich der Zorn der Frauen Bahn, und sie gewannen an Selbstvertrauen. Solche Bemühungen brachten jedoch die wirtschaftliche Entwicklung nicht voran, und während des ersten Fünfjahresplans (1953–57) wurden die Belange der Frauen zunehmend in den Hintergrund gerückt und die Emanzipation für vollbracht erklärt: Die diskriminierenden Gesetze, die den Männern höhere Löhne und die Rolle des Familienoberhauptes zugesprochen hatten, waren abgeschafft; begabte Frauen hatten die Chance zu studieren und konnten in der gesellschaftlichen Hierarchie aufsteigen.

Während der «Hundert-Blumen-Kampagne» von 1957 konnten die Frauen ihre Beschwerden offiziell bei der Staatsführung vorbringen. Doch es gab noch immer zuwenig Kindertagesstätten und Arbeitsplätze in der aufstrebenden Industrie, so daß viele Frauen auch weiterhin von ihren Männern abhängig blieben. Während des «Großen Sprungs nach vorn» (1958–59) entstanden ländliche Volkskommunen, deren Mitglieder gemäß ihrer Arbeitsleistung entlohnt wurden. Die Frauen drängte man, in der Landwirtschaft, bei Agrarreformen, im Bauwesen, in Hüttenwerken und anderen Bereichen der Schwerindustrie sowie bei der Konstruktion und Verbesserung von Werkzeugen und Maschinen mitzuarbeiten. Elisabeth Croll zitiert eine Schätzung, derzufolge fast 100 Millionen Frauen durch solche Appelle der Erwerbsarbeit zugeführt wurden.[555] Darüber hinaus wurde enormer Druck auf die Frauen ausgeübt, auch in kleineren Handwerksbetrieben zu arbeiten. Während dieser Phase wurde sexistisches Männerverhalten in den Familien und in der Arbeitswelt von staatlichen Organen, Medien und Institutionen schlicht ignoriert.[556]

Die Kulturrevolution rückte erstarrte Machtstrukturen von neuem in den Blickpunkt und versuchte sie aufzubrechen. Die Frauen wurden aufgerufen, sich gegen autoritäre Institutionen und die Männerherrschaft in den Familien politisch zu organisieren. Man ermunterte sie, zu lernen und ihre Familien zu kritisieren. Das neue Gebot lautete: «Seit Jahrtausenden sehen unsere Familienverhältnisse so aus, daß der Sohn dem Wort des Vaters und die Frau dem des Mannes gehorcht. Nunmehr gilt es, uns gegen dieses Prinzip aufzulehnen. (...) Es gilt, diese Zustände radikal zu verändern. (...) Es darf nicht mehr länger darum gehen, wer in der Familie zu reden und wer zu gehorchen hat, sondern darum, wessen Worte auf einer Linie mit den Ideen Mao Tse-tungs liegen.»[557] Das Autoritätsprinzip war nicht verschwunden, sondern hatte nur seine Form gewandelt.

Zahlen aus dem Jahre 1972 belegen, daß Frauen in diesem Jahr die Hälfte der Arbeiterschaft in den kleinen Industriebetrieben stellen, aber sie sind auch in der Schwerindustrie zu finden. Sie reparieren unter Strom stehende Hochspannungsleitungen, schweißen Stahlplatten auf Schiffsrümpfe und bedienen riesige Kräne. Sie stellen etwa ein Drittel der Arbeiter in Ölraffinerien, Eisen- und Stahlwerken, aber häufig arbeiten sie in Dienstleistungseinrichtungen wie Krankenstationen, Tagesstätten und Kantinen.[558] Chinesische Experten berechneten im Jahre 1984, daß der Anteil der Frauen an der Industriearbeiterschaft auf ca. 33 Prozent gesunken sei. Die Zahl ist jedoch nicht belegt.

Auf dem Land benachteiligte der Lohnschlüssel die Frauen. Für einzelne Arbeiten wurden Arbeitspunkte vergeben, wobei die höchsten Punktwerte auf die körperlich schwersten Tätigkeiten entfielen. Kräftige Männer konnten es auf neun bis zehn Punkte pro Tag bringen, und es gab Brigaden sogenannter «eiserner Mädchen», die dies ebenfalls schafften. Die meisten Frauen brachten es jedoch höchstens auf sieben bis acht Punkte, und wer der Hausarbeit wegen Arbeitsstunden frei nehmen mußte, erreichte höchstens sechs bis sieben Punkte. Demzufolge verdienten Frauen weniger als Männer (in jüngster Zeit wurde dieses System modifiziert). Den Landfrauen stehen heute keine Kindertagesstätten und Volksküchen zur Verfügung. Sie erhalten auch keinen bezahlten Mutterschaftsurlaub, aber während der letzten Schwangerschaftsmonate teilt man ihnen leichtere Arbeiten zu. Die Folge ist jedoch, daß sich die Arbeitspunkte und infolgedessen der Verdienst vermindern. Mütter kleiner Kinder arbeiten häufig nicht mehr voll, wodurch ihr Einkommen noch weiter sinkt.[559] In manchen Regionen sind Frauen während der Menstruation von landwirtschaftlichen Arbeiten befreit oder sogar ausgeschlossen: vordergründig zur Verhinderung gesundheitlicher Schäden, in Wirklichkeit jedoch deshalb, weil die alten abergläubischen Ängste vor der verunreinigenden Kraft der Menstruation noch immer fortleben.[560] Das Zusammenwirken der genannten Faktoren sorgt dafür, daß Frauen weniger verdienen als Männer: in einer typischen Volkskommune liegt das jährliche Einkommen der Frau umgerechnet zwischen etwa 310 und 400 Mark, das des Mannes zwischen 530 und 570 Mark.[561]

Auch in China werden also die Frauen weder für die Hausarbeit, die sie im Interesse ihrer Familien verrichten, noch für Geburt und Aufzucht der Kinder, der essentiellen Basis einer Gesellschaft, geachtet oder belohnt. Hausarbeit gilt offiziell ebenso als ‹Nichtarbeit› wie das Studium. Die für die Zubereitung von Mahlzeiten, die Versorgung der Kinder, das Waschen und Flicken verausgabte Zeit wird nicht vergütet, sofern diese Tätigkeiten nicht in einer Arbeitseinrichtung außer Hauses verrichtet werden.[562] Für die eigene Familie zu arbeiten gilt als Naturgesetz und ist von daher keiner besonderen Anerkennung wert.

Außerdem nehmen Frauen in den ländlichen Kollektiven kaum führende Positionen ein. Es wird zwar behauptet, daß sie zwischen 10 und 37 Prozent der Kader stellen, aber in diesen Zahlen sind die für Krippen- und Kindergartengruppen sowie für kleine, ausschließlich aus Frauen bestehende Arbeitseinheiten innerhalb des Teams oder der Brigade verantwortlichen Frauen inbegriffen. Obgleich Frauen 51 Prozent der Gesamtarbeiterschaft ausmachen und von daher mehr als die ihnen von Mao zugesprochene Hälfte des Himmels in Anspruch nehmen müßten, stellen sie doch noch immer lediglich 27 Prozent der Kader auf der Brigade- und Kommuneebene und 40 Prozent der Kader auf der Ebene der kleineren Arbeitseinheiten.[563]

Den arbeitenden Frauen in den großen Städten stehen häufig ausgezeichnete Tagesstätten zur Verfügung, und sie haben in den meisten Fällen Anspruch auf 56 Tage bezahlten Mutterschaftsurlaub.[564] Das Leben in den städtischen Kommunen – heute Arbeitseinheiten genannt – ist vergleichsweise leicht. Diese Kommunen bestehen aus in Form von

Rechtecken um baumbestandene Wege und Rasenflächen gebauten Wohnblöcken. Die meisten dieser Arbeitseinheiten sind finanziell autark, sie unterhalten eigene Betriebe, kleine Werkstätten, in denen die Mitglieder arbeiten und wo sich die einzigen Duschen befinden. Sie besitzen eigene Krankenstationen, Schulen, Theater und Geschäfte. Im Erziehungswesen und im Kulturbereich wird versucht, sexistischen Anschauungen zu wehren; heldenhafte Frauengestalten sind die Hauptfiguren vieler chinesischer Theaterstücke.

Offenbar finden viele Chinesen dieses Leben befriedigend. Es ist streng reglementiert, und es gibt so gut wie keine Privatsphäre – jeder weiß, was jeder andere tut. Das hat auch sein Gutes. Es kommt kaum zur Mißhandlung von Frauen und Kindern, da sich die Nachbarn rechtzeitig einmischen. Die Frauen in den Straßen- oder Blockkomitees kümmern sich nicht nur um rechtzeitige Vorbeugemaßnahmen gegen Gewalt, sondern auch darum, daß die Männer sich an Hausarbeit und Kinderaufzucht beteiligen. Wird ein Verbrechen verübt, so ist der Täter meist schnell gefunden und die Gemeinschaft diskutiert Möglichkeiten, ihn in das Kollektiv zu reintegrieren. Obwohl die Menschen eindeutig mit der staatlich verordneten Beschränkung auf ein Kind pro Familie unzufrieden sind, akzeptieren sie die einleuchtenden Gründe dieser Politik: China ist etwa so groß wie die Vereinigten Staaten, aber nur 15 Prozent seiner Fläche sind landwirtschaftlich nutzbar, und die Bevölkerungszahl liegt gegenwärtig bei etwa einer Milliarde. Dennoch stellen die staatlichen Verordnungen in diesem Bereich eine Einmischung in die privateste aller Privatangelegenheiten dar. Überdies verlegen sich viele Familien darauf, mit Hilfe modernster medizinischer Mittel das Geschlecht des Fötus vorherbestimmen zu lassen und weibliche Babies abzutreiben. In einigen Fällen verfällt man sogar wieder auf den Kindsmord.[565]

Die chinesische Sexualmoral ist extrem puritanisch. Selbst Aktdarstellungen in der Malerei sind verpönt.[566] Ehepartner müssen auf Grund von Versetzungen in verschiedene Teile des Landes oft jahrelang getrennt leben und können sich nur während der ihnen einmal im Jahr zustehenden Besuchszeit sehen. Ähnliche Bedingungen herrschten indessen auch schon vor der Zeit des gegenwärtigen Regimes. Das Leben war durch die konfuzianische Moral strikt reglementiert und die Überbevölkerung existierte schon damals. Die Chinesen sind an die Unterdrückung von Sexualität und Aggressionen gewöhnt.

Insgesamt geht es den Chinesen heute besser denn je. Die Löhne sind niedrig, aber die Lebenshaltungskosten ebenfalls. In den Großstädten trägt der Staat weitgehend die Mieten. Die Benutzung der Sozialeinrichtungen ist gratis. Die Landbevölkerung baut ihre Häuser selbst und muß die sehr niedrigen Kosten für die medizinische Versorgung tragen. Fast jeder Chinese erhält eine Schulbildung. Die Atmosphäre in den Krankenhäusern ist persönlich, friedlich und angenehm. 76,5 Prozent der Bevölkerung können lesen und schreiben.

Auch den Frauen geht es besser als je zuvor. Sie erhalten zum großen Teil eine Berufsausbildung, können nach eigenem Willen heiraten und sich (was selten vorkommt) scheiden lassen. Dennoch stellen Frauen 70 Prozent der Analphabeten; nur wenige Frauen befinden sich in maßgeblichen Positionen. Die innerhalb der Führungsspitze in Erscheinung getretenen Frauen waren entweder Ehefrauen hoher Funktionäre, Galionsfiguren oder lediglich mit kulturellen Angelegenheiten befaßt. Auch auf der mittleren Führungsebene sind Frauen keineswegs anteilmäßig repräsentiert und überdies auf frauenspezifische Bereiche festgelegt. In den progressivsten Kommunen besetzten Frauen im Jahre 1971 etwa ein Drittel der leitenden Positionen.[567] Von den 1977 vom 11. Parteikongreß gewählten 26 Mitgliedern des Politbüros waren 85 Prozent Männer über 60 mit einem Durchschnittsalter von 65. Nur ein Mitglied war weiblich.[568] Im Jahre 1983 gehörten dem Politbüro noch immer nur eine Frau (und eine weibliche Ersatzdelegierte), dem 348 Mitglieder (210 Voll- und 138 Ersatzdelegierte) umfassenden Zentralkomitee der Partei elf weibliche Mitglieder und dreizehn weibliche Ersatzdelegierte an. Unter den dreizehn Mitgliedern des Staatsrates befindet sich eine Frau, von den 40 Ministern sind vier weiblich. Da die meisten dieser Frauen mehrere Ämter zugleich bekleiden, ist die tatsächliche Zahl der hochgestellten Funktionsträgerinnen sogar noch kleiner, als es diese Zahlen suggerieren.[569] Auch China ist also ein ‹Männerstaat›.

Die Sowjetunion

In der Tradition der Sowjetunion ist das Obrigkeitsdenken weit weniger verankert als in China. Die Menschen begehren hier leichter auf, und deshalb ist die Unterdrückung härter und greifbarer. Auch hier läßt sich die Frage, ob es den Frauen heute besser geht, nur bejahen, und das gleiche gilt insgesamt auch für die Männer. Nahezu alle Menschen genießen eine Schulbildung. Analphabetismus gibt es bei denen, die unter 49 sind, überhaupt nicht mehr. Frauen werden zum Studium ermutigt, zu dem das erfolgreiche Bestehen von Ausleseprüfungen berechtigt. Frauen stellten 1981/82 52,5 Prozent aller Hochschulstudenten. Doch sobald sie von der Universität angenommen sind, schleust man sie – ebenso wie in den Vereinigten Staaten – in solche Fachrichtungen, die in schlecht bezahlte Berufe münden. Einrichtungen zur Kinderbetreuung stehen in großer Zahl zur Verfügung und sind kostenlos oder billig. Dem Anspruch nach sollen Verhütungsmittel, Aufklärungsmaterial sowie legale Abtreibungen allen Frauen zugänglich sein. Gleicher Lohn für gleiche Arbeit, Gleichheit vor dem Gesetz und die Zulassung von Frauen zu allen Berufszweigen sind – jedenfalls theoretisch – politische Grundprinzipien.[570]

Die Wirklichkeit sieht etwas weniger rosig aus. Die zu 90 Prozent berufstätigen Frauen stellen 51 Prozent der Berufstätigen, verdienen jedoch nur drei Viertel des Männereinkommens.[571] Sie machen 45 Prozent der Fabrikarbeiterschaft und 46 Prozent aller Handwerker aus. Bezeichnenderweise stellen sie jedoch weniger als ein Drittel derjenigen Beschäftigten, die mechanische Hebevorrichtungen als Arbeitshilfen benutzen. Anders ausgedrückt: Männer heben mit Hilfe von Maschinen, Frauen heben von Hand.[572] Außerdem machen sie nur 6 Prozent der Arbeitskräfte in qualifizierten technischen Berufen aus.[573] Männer dominieren nach wie vor in den stärker mechanisierten, weniger anstrengenden Arbeitsbereichen, die mit höherem Status und Einkommen verbunden sind. Auf dem Lande ist ihre Chance, ein Studium zu absolvieren, doppelt so groß wie die der Frauen, und die Verwaltungsposten in den landwirtschaftlichen Kollektiven sind faktisch ihr Monopol. Im Jahre 1961 stellten Frauen etwa die Hälfte der in der Landwirtschaft Beschäftigten, jedoch noch nicht einmal 2 Prozent der Führungskräfte in diesem Bereich. Zwar erklärt die Propaganda die Arbeit zur einzig wahren Quelle von Stolz und Leistungsbewußtsein, aber für die meisten Frauen in den Betrieben und in der Landwirtschaft bedeutet Arbeit harte körperliche Anstrengung und so gut wie keine Aufstiegschancen.[574]

Dennoch übersteigt in vielen Berufen der Anteil der Frauen den der im Westen in vergleichbaren Arbeitsbereichen beschäftigten weiblichen Arbeitskräfte bei weitem. Es gibt weibliche Manager in der Industrie, in der Landwirtschaft, in der Forstwirtschaft, im Transport- und Verkehrswesen. Im Jahre 1959 stellten Frauen 12 Prozent der Beschäftigten in solchen Positionen, und laut der Volkszählung von 1970 hat sich an diesen Verhältnissen wenig geändert. Im Jahre 1970 machten sie 40 Prozent der Agrarwirtschaftler, Spezialisten für Viehwirtschaft, Tiermediziner und Techniker aus. Die naturwissenschaftlichen Berufe sind nach dem Grad der körperlichen Belastung gestaffelt: an der Spitze steht die Raumfahrt; dort hat es eine sowjetische Astronautin gegeben. An zweiter Stelle folgen die Permafrostwissenschaftler, unter denen Frauen stark vertreten sind.[575] Frauen stellen 73 Prozent der Ärzteschaft, 35,4 Prozent der Anwälte, ein Drittel aller Ingenieure, ein gutes Drittel der Naturwissenschaftler und über die Hälfte aller Techniker und hochqualifizierten Spezialisten. Einige der bedeutendsten sowjetischen Mathematiker sind Frauen.[576] Eine Vergleichstabelle zum Anteil der Frauen an den akademischen Berufen in der UdSSR und den USA zeigt deutlich den gewaltigen Vorsprung der sowjetischen Frauen. *

Ärzte werden indessen schlecht bezahlt: ein guter Mechaniker verdient oft mehr. In der Medizin ist das bestbezahlte Fachgebiet die Chirurgie – ein von Männern dominiertes Areal. Auch Juristen verdienen nicht sehr viel, mit Ausnahme von Richtern und Staatsanwälten – die zum größten Teil Männer sind. Unter den Lehrern sind hauptsächlich Frauen für die unteren Klassenstufen zuständig, höherbezahlte Verwaltungsstellen sind überwiegend von Männern besetzt.[577] Die akademischen Bereiche, in denen Frauen den größten Anteil ausmachen, wie etwa Medizin und Schulbereich, sind weniger einträglich als das von Männern dominierte Ingenieurwesen.[578]

Funktionärsposten in der staatlichen Verwaltung und im Parteiapparat sind Frauen weitgehend versperrt.[579] Im Jahre 1970 gab es in den fünfzehn Gründungsrepubliken der UdSSR eine weibliche Republikratsvorsitzende bei dreizehn weiblichen stellvertretenden Vorsitzenden, zehn Vizepremierministerinnen und 27 Ministerinnen. Von den fünfzehn rangniederen autonomen Republiken hatten fünf weibliche Republikratsvorsitzende.[580] Im Jahre 1981 waren 26,6 Prozent der 5 002 Parteitagsdelegierten und 3,1 Prozent der Mitglieder des Zentralkomitees der Partei Frauen. Obgleich fast ein Viertel der Parteimitglieder Frauen sind, gibt es weder Botschafterinnen noch weibliche Minister, und dem Politbüro gehörte nur ein einziges Mal eine Frau an: E. A. Furtsewa (1957–61).[581]

Auch außerhalb der Berufssphäre ist das Leben der sowjetischen

* Siehe Anhang.

Frauen hart. Arbeitserleichternde Haushaltsgeräte sind immer noch knapp – so besaßen etwa 1970 nur 38 Prozent aller Wohnungen in der vergleichsweise wohlhabenden Region Moskau – Leningrad Kühlschränke –, woran sich offenbar nur wenig geändert hat: was ich an Haushaltsmaschinen gesehen habe, waren primitive Geräte, deren Bedienung immer noch ein erhebliches Maß an manueller Arbeit erforderte.[582] Tägliches Einkaufen ist, sei es auf Grund mangelnder Kühlmöglichkeiten, sei es auf Grund von Versorgungsschwierigkeiten, offenbar unumgänglich. Die Warteschlangen sind lang, und da die einzelnen Artikel in verschiedenen Geschäften verkauft werden, muß man sich stundenlang immer wieder aufs neue anstellen. Fleisch und Fisch sind schwer zu bekommen. In weit von den warmen südlichen Republiken entfernten Gegenden ist frisches Obst und Gemüse ebenfalls knapp. Der Baikalsee ist der größte Süßwassersee der Welt, und so sollte man eigentlich in der in unmittelbarer Nähe gelegenen sibirischen Stadt Irkutsk große Mengen jener Fische erwarten, für die der See berühmt ist. Aber dem ist nicht so. Entweder sind alle Fische der Umweltverschmutzung zum Opfer gefallen oder aber sie werden exportiert, um Devisen ins Land zu bringen. Wer es sich leisten kann, findet in Irkutsk Fischkonserven, Gemüsekonserven und Obstsaft in Dosen.

Die Knappheit an frischen Nahrungsmitteln scheint auf den ersten Blick kein feministisches Thema zu sein: schuld daran ist die Unzulänglichkeit des Straßennetzes und des Transportwesens, der Mangel an Lastwagen und Güterzügen. Aber diese Mängel sind eine unmittelbare Auswirkung der Tatsache, daß Prioritäten bei Rüstung und Industrialisierung gesetzt wurden. Die Befestigungsanlagen entlang der endlosen Grenze von der DDR bis in die Mongolei vermitteln selbst dem flüchtigen Betrachter, dessen Blick nicht tiefer dringen darf, den Eindruck, daß hier ein gigantischer Aufwand betrieben wird. Es stellt sich die Frage, ob das Verhalten der westlichen Nationen die Befürchtungen der Sowjetunion rechtfertigt. Wie immer man diese Frage beantworten mag, so wird doch deutlich, daß die Politik der Staaten tiefgreifende Auswirkungen auf ein scheinbar so unbedeutendes Problem wie die Ernährung unserer Kinder hat – für jede Mutter allerdings nichts weniger als trivial. Mit anderen Worten: Alle Probleme sind feministische Probleme.

Die meisten Sowjetbürger waschen ihre Wäsche in der Badewanne und kochen ihr Essen auf einem einflammigen Kocher, 25 Prozent der Städter benutzen Gemeinschaftsküchen und -bäder, und fließend heißes Wasser ist noch immer nicht die Regel.[583] Dies alles ist kein Grund zur

Überheblichkeit: Ein so riesiges Land wie die Sowjetunion angesichts der dort bis vor kurzem herrschenden Armut und der unablässigen verheerenden Kriege auf den technologischen Stand des 20. Jahrhunderts zu bringen, erfordert zwangsläufig ungeheure Energie, Disziplin und unermüdliche Arbeit. Entscheidend ist, daß die Frauen stärker unter diesen Schwierigkeiten zu leiden haben als die Männer. Aus einer sowjetischen Statistik geht hervor, daß Frauen pro Woche durchschnittlich neunzehn Stunden mehr für Hausarbeiten aufwenden als Männer. In Polen, dessen System dem der Sowjetunion vergleichbar ist, sagt man, daß Frauen «Doppelschichten» ableisten, eine am Arbeitsplatz, die andere im Haushalt, und die Frauen selbst erklären, der schwerste Teil ihrer Arbeit warte zu Hause auf sie.[584] Immerhin wird dieses Problem jetzt in der sowjetischen Presse offen angesprochen.[585] Die Frauen finden kaum Gelegenheit, sich zu entspannen, und schlafen wenig. Sie sind oft weniger leistungsfähig bei der Arbeit, was als Rechtfertigung ihrer niedrigeren Löhne herhalten muß. Außerdem zögern sie, sich um bessere Positionen zu bemühen, da sie wissen, daß sie nicht mehr Zeit und Energie verausgaben können.[586]

Obgleich es gute Kindertagesstätten gibt, sind solche Einrichtungen generell zu knapp, und bei vielen Frauen stehen sie in schlechtem Ruf. Es wurde behauptet, die Kinder würden in den Tagesstätten krank, weil man dort zu viele Kinder bei zuwenig Personal aufnähme, ihnen nicht genug zu essen gäbe und bei Kälte die Fenster offenstehen ließe, in der Hoffnung, die Kinder würden sich erkälten. Das Personal wurde beschuldigt, besseres Essen für sich selbst beiseite zu schaffen.[587] Dennoch erscheinen mir manche Einrichtungen positiv. So werden etwa in Polen Stadtkinder im Sommer für einen Monat mit ihren Lehrern aufs Land geschickt, um dort auf einem Bauernhof zu leben, während Landkinder in die Stadt kommen, um Ballettvorführungen, Opern und Theaterstücke zu besuchen.

Die Frauen sind gesetzlich besser gegen Mißhandlungen geschützt als in den Vereinigten Staaten, aber der Alkoholismus ist unter den russischen Männern weit verbreitet und mit ihm die Ausübung von Gewalt gegen Frauen. Es gibt keine Zufluchtsstätten für mißhandelte Frauen oder Opfer von Vergewaltigungen, und die meisten Frauen zeigen solche Vorkommnisse nicht an. Ein russisches Sprichwort besagt: «Die Frau, die ich schlage, ist die Frau, die ich liebe.»[588] Dem Opfer einer Vergewaltigung wird zumeist selbst die Schuld gegeben. Die Scheidungsquote ist enorm hoch. Viele Scheidungen gehen von Frauen aus, aber in einer beträchtlichen Anzahl von Fällen lassen Männer ihre Familien einfach sitzen. 20 Prozent der jährlichen Lebendgeburten entfallen auf alleinstehende Mütter, und aus Mutter und Kind – oder Kindern – und vielfach noch einer Großmutter bestehende Familien bilden eine gewichtige Minderheit innerhalb der Gesamtbevölkerung.[589] Ich verfüge leider in diesem Punkt über keine detaillierten Informationen, gehe jedoch davon aus, daß die Situation der der gegenwärtigen Lage in den Vereinigten Staaten ähnelt, wo schlecht bezahlte oder arbeitslose Frauen ihre Familien zu ernähren versuchen und bereits eine eigene gesellschaftliche Schicht, nämlich die der «neuen Armen», bilden.

Verhütung und Abtreibung sind in der Sowjetunion theoretisch legal und allen Frauen zugänglich. Faktisch verfolgt die Regierung derzeit jedoch eine rassistische, am Geburtenzuwachs orientierte Politik. Die Nation besteht aus vielen verschiedenen ethnischen Gruppen, die teilweise in weit vom eigentlichen Landeskern entfernten Republiken wie Usbekistan, Aserbeidschan und Kasachstan leben und ihre eigenen Sitten und Gebräuche pflegen. Die Regierung, die das Anwachsen solcher ethnischen Minderheiten fürchtet, möchte erreichen, daß die russischen Frauen mehr Kinder gebären. Infolgedessen sind Verhütungsmittel schwer aufzutreiben: Diaphragmen sind selten erhältlich, Spiralen gibt es nicht und die Pille wird in der UdSSR nicht produziert. Vaginalzäpfchen (deren Wert bekanntermaßen zweifelhaft ist) existieren zwar, sind aber ebenfalls schwer zu bekommen. Kondome sind erhältlich, aber die Männer benutzen sie nicht gern. So bleibt den sowjetischen Frauen oft nur noch die Abtreibung.

Die staatlichen Abtreibungskliniken sind, wie eine russische Feministin berichtet, «Schlächtereien», wo den Frauen Schuldgefühle eingeimpft werden. Für Abtreibungen gibt es kein Krankengeld. Abtreibungen durch Privatärzte sind, auch wenn sie mit Betäubung und unter antiseptischen Bedingungen durchgeführt werden, illegal, außerdem sehr teuer und schwer erhältlich. Es gibt Hebammen, die in frühen Schwangerschaftsstadien einfach Curettagen und im Spätstadium auch reguläre Abtreibungen durchführen – allerdings auf der Couch, ohne Betäubung und mit den Mitteln, die sie gerade zur Hand haben. Manchmal wird Wodka in die Gebärmutter eingeführt, was Blutungen hervorruft und gleichzeitig desinfiziert, aber den Uterus verätzt. Eine sehr gebräuchliche Methode (die früher auch in den Vereinigten Staaten häufig angewandt wurde) besteht in der Verabreichung gefährlicher Flüssigkeiten – Mixturen aus Seife und Mangan, aus Safran und Tabakelixier.

Bisweilen bekommen die Frauen intravenöse Synestrolinjektionen, um Kontraktionen des Uterus auszulösen. Gewöhnlich haben solche Methoden schwere Komplikationen zur Folge, oft sogar eine Blutvergiftung. Die Kliniken verweigern in diesem Fall die Behandlung, bis die Frauen den Namen der Person preisgeben, von der die Abtreibung vorgenommen wurde. Viele Frauen sterben dabei.[590]

Trotz aller Bestrebungen, die Geburtenrate der russischen Frauen zu steigern, gewährt der Staat alleinstehenden Frauen mit kleinen Kindern keine Unterstützung. Frauen können nicht zu Hause bei ihren Kindern bleiben, sie sind vielmehr gezwungen, sie auf irgendeine Weise unterzubringen und Arbeit anzunehmen. Alleinstehende Frauen sind in vielerlei Hinsicht schutzlos. Haben sie Umgang mit Männern, so werden sie als Prostituierte angesehen und laufen Gefahr, wegen Herumtreiberei verhaftet zu werden.[591] Über offizielle Kanäle kommt man an derartige Informationen über die tatsächliche Situation der Frauen in der Sowjetunion nicht heran. Ich stützte mich hier auf Interviews, die Robin Morgan für *MS* mit einer Gruppe russischer Exilfeministinnen in Wien durchführte. Ihr Vergehen hatte in der Herausgabe einer feministischen Zeitschrift bestanden. Die durchweg gebildeten kritischen Frauen waren auf Grund verschiedener Erfahrungen mit dem System in Konflikt geraten. Sie wollten andere Frauen ansprechen, um Erfahrungen auszutauschen, einander Rückhalt zu geben und vielleicht den Kern einer Frauengruppe zu bilden.

Da es Privatpersonen in der Sowjetunion verboten ist, Kopiergeräte und Zubehör zu besitzen, mußten sie jedes Exemplar ihrer Zeitung einzeln mit der Maschine schreiben. Sie stellten insgesamt zehn Hefte her. Sie wurden von KGB-Männern terrorisiert, die Frauen oft attackieren und mit Vergewaltigung bedrohen, um sie schließlich doch davonkommen zu lassen.[592] Dann nahm man sie fest, verhörte sie und wies ihre vier Wortführerinnen schließlich aus. Einige dieser Frauen verwandten ihren Aufenthalt im Arbeitslager darauf, ihre Erfahrungen schriftlich festzuhalten, aber es ist ihnen nicht möglich, ihre Aufzeichnungen in der UdSSR zu veröffentlichen. Selbst männliche Dissidenten lehnen den Feminismus ab und diffamieren ihn (mit Ausnahme Andrej D. Sacharows) als Schnickschnack. Die Regierung wertet ihn als Landesverrat.[593] Die russischen Frauen, die die erste Untergrundpublikation des *Samizdat*, *Frauen und Rußland*, herausgaben, wußten absolut nichts über feministische Bewegungen in anderen Teilen der Welt. Das einzige Motiv, das zur Gründung und Verteilung ihrer Zeitschrift führte, entsprang der

Tatsache, daß diese Frauen und Frauen aus ihrem Bekanntenkreis das dringende Bedürfnis verspürten, sich zu artikulieren.

Wo also sind sie geblieben, die hehren Ideale der frühen Revolutionäre? Ebenso dahingeschwunden wie die Ideale bzw. Verheißungen der frühen Christen, der frühen Protestanten, der Avantgarden der großen Revolutionen aller Zeiten. Den Frauen in Rußland geht es heute besser denn je zuvor, da es allen Menschen in Rußland bessergeht als früher. Das zulässige Maß an Mißbrauch von Frauen hat sich verringert, aber die Hackordnung ist die gleiche geblieben.

Der Islam

Das andere Extrem ist der Islam, wo die Frau theoretisch und praktisch unterdrückt wird. Gleich dem Christentum ist der Islam eine monotheistische Religion mit missionarischem Ausspruch: Seine Geschichte ist geprägt durch die Verfolgung von Häretikern und Ungläubigen sowie durch gewaltsame Bekehrungen. Er postuliert eine höhere jenseitige Welt, hält jedoch im Gegensatz zu Buddhismus und Hinduismus das irdische Leben nicht für eine Illusion. Deshalb befaßt er sich wie das Christentum mit den Belangen des täglichen Lebens, das er bis in die kleinsten Einzelheiten reglementiert. Im Gegensatz zum Christentum ist der Islam jedoch ein vollkommen totalitäres System: Er lehnt die Trennung von Kirche und Staat ab und fordert ihre Verschmelzung in einem theokratischen System. Alles, so behauptet er, sei durch den Propheten vorgegeben.

Damit nicht fälschlicherweise der Eindruck entsteht, andere große Weltreligionen seien nicht patriarchal, möchte ich hier kurz auf den Hinduismus und den Buddhismus eingehen. Auch der Hinduismus lehrt die strikte Überwachung der Frau und propagiert ein spezifisches Frauenideal. Das Kastensystem basiert auf der Vorstellung, die Menschen unterschieden sich durch den Grad ihrer Unreinheit, weshalb die niedrigste Kaste buchstäblich «unberührbar» ist. Der Hinduismus betrachtet jedoch diese Welt – wie auch der Buddhismus – nur als Schein. Nichts, was in dieser Welt geschieht, ist wirklich; aus diesem Grund reglementiert der Hinduismus das tägliche Leben der Gläubigen nicht so strikt, wie dies der Katholizismus, der Islam und, wenn auch in geringerem Maße, der Protestantismus und das Judentum tun. Folglich hat der Hinduismus keine monolithische kirchliche Struktur hervorgebracht, deren Aufgabe die institutionelle Verankerung einer solchen Reglementierung wäre. Der Buddhismus ist völlig jenseitig orientiert und behauptet, ein wahrhaft religiöses Leben sei nur in völliger Weltabgeschiedenheit möglich. Zwar stimmt er mit dem Hinduismus darin überein, daß Frauen eine minderwertige Spezies darstellen, aber seine Ansichten darüber, wie sie zu behandeln seien, sind liberaler und menschlicher. Er gestattet den Frauen sogar, Nonnen zu werden. Dieser Status besitzt zwar den niedrigsten Rang in der religiösen Hierarchie, ermöglicht den Frauen jedoch immerhin ein autonomes, von Männern unabhängiges Leben.[594]

Das hinduistische Frauenideal ist nur in wohlhabenden Familien realisierbar, in denen sich die Frauen völlig unterordnen müssen; in armen Hindufamilien genießen sie mehr Ansehen und besitzen reale Macht. Der Buddhismus schenkt infolge seiner Orientierung auf das Jenseits dem weltlichen Geschehen wenig Beachtung, die Struktur der buddhistischen Familie ist unkompliziert und im großen und ganzen egalitär. Kinderehen und Zwangsehen gibt es nicht, die Scheidung ist beiden Partnern möglich. Rechtlich sind die Geschlechter gleichgestellt, und der Besitz gehört ihnen gemeinsam. Dennoch werden nur die Knaben unterrichtet, nur sie besitzen politische Rechte. Sowohl die hinduistischen als auch die buddhistischen Länder verabschiedeten Gesetze und Reformen, die auf bessere Bildung und mehr Gleichberechtigung für die Frauen abzielten. Infolgedessen sind heute in Südostasien und Indien die Frauen gesetzlich gleichberechtigt. Die Verwirklichung dieser Rechte scheitert jedoch vielfach an Armut, Analphabetismus und traditionellen Bräuchen: die meisten Menschen wissen überhaupt nichts von der Existenz solcher Gesetze.[595]

In den islamischen Ländern haben die Frauen kaum gesetzliche Rechte und Freiheiten. Noch in geschichtlichen Zeiten gab es in den arabischen und persischen Reichen überaus mächtige Frauen: Königinnen, Kriegerinnen und Dichterinnen, deren Werke einen großen Teil der präislamischen arabischen Dichtung ausmachen. Die Frauen besaßen Eigentum: ein Mann, der sich scheiden lassen wollte, sprach die Formel: «Ich will nicht länger deine Herden auf die Weide treiben.» Mohammed selbst konnte es sich nur deshalb leisten, seine Zeit als Prophet zu verbringen, weil seine erste Ehefrau Khadija, eine wohlhabende Geschäftsfrau, seinen Unterhalt bestritt.[596] Zu Beginn nahm der Islam Frauen mit offenen Armen auf, und vielfach waren es seine Anhängerinnen, die für die Festigung und Verbreitung des Glaubens kämpften. In die lange Liste dieser Glaubensstreiterinnen gehört auch Mohammeds siebzigjährige Tante Safiya, die einen feindlichen Eindringling niederschlug.[597]

Nach Mohammeds Tod wurden die Frauen jedoch bereits, entgegen den ausdrücklichen Vorschriften des Propheten, vom Gottesdienst in der Moschee ausgeschlossen. Später untersagte man ihnen, eigenständig die jährliche Pilgerreise nach Mekka zu unternehmen, und nach der Eroberung der arabischen und byzantinischen Länder durch das Ottomanische Reich wurde eine strikte Geschlechtertrennung eingeführt.[598]

Im Islam leben die Frauen in einem abgeschlossenen hinteren Teil des Hauses, den sie nicht verlassen dürfen, solange männliche Besucher anwesend sind. Lange Zeit erhielten Frauen, die nicht der Oberschicht angehörten, keinerlei Ausbildung. Gleichheit vor dem Gesetz existiert nicht: die Tochter hat nur halb soviel Erbansprüche wie der Sohn, und die Zeugenaussage der Frau gilt nur halb soviel wie die des Mannes. Auf Ehebruch steht für Frauen, nicht jedoch für Männer, die Todesstrafe. Das schlimmste Unrecht an den moslemischen Frauen ist jedoch die Unsitte der Klitorisbeschneidung oder gar die der Infibulation.[599]

Clitoridektomien werden noch heute an 30 Millionen Frauen in 26 Ländern der Erde vorgenommen. Gewöhnlich wird das Mädchen im Alter von sechs oder sieben Jahren mitten in der Nacht aus dem Schlaf gerissen und in einen Raum geschleppt, wo ihm eine Frau unter den billigenden Blicken der Mutter und anderer Familienmitglieder mit einem primitiven Messer und ohne jede Betäubung die Klitoris herausschneidet. Diese Prozedur mußte auch Nawal el Saadawi über sich ergehen lassen, die sich später der Aufgabe verschrieb, als Ärztin gegen solche Praktiken zu Felde zu ziehen und deshalb von mehreren islamischen Regierungen verfolgt wurde. Die Clitoridektomie macht es dem Mädchen unmöglich, sexuelle Lust zu empfinden oder gar Orgasmen zu haben. Überdies impfen ihr die Operation und die Art ihrer Durchführung das Gefühl ein, als Mitglied ihrer Gesellschaft völlig ohnmächtig und isoliert zu sein. Es nützt ihr nichts, wenn sie schreit: die Menschen, auf deren Hilfe sie hoffen könnte, stehen lächelnd um sie herum.[600]

Schlimmer noch als die Clitoridektomie ist die Infibulation. Dabei werden alle äußeren Teile der Genitalien abgeschnitten: die Klitoris, die beiden äußeren und inneren Schamlippen. Dann wird die Wunde vernäht. Man beläßt lediglich die äußere Vaginalöffnung intakt, aber auch diese wird während des Nähens durch einige zusätzliche Stiche verengt. In der Hochzeitsnacht wird diese Öffnung mit einem scharfen Skalpell oder einer Rasierklinge aufgetrennt. Wird die Frau geschieden, vernäht man ihre Vagina wieder.[601]

Die Operation ist gefährlich und überaus schmerzhaft, da sie ohne Betäubung durchgeführt wird. Sie macht den Geburtsakt zur Qual, da die Schamlippen normalerweise das Herausgleiten des Babys erleichtern. Die Infibulation wird in Somalia, Äthiopien, im Sudan, in Kenia, Ägypten, Nigeria, Mali und auf der Arabischen Halbinsel praktiziert. Ihr Ergebnis ist «ein körpereigener Keuschheitsgürtel»[602]. Sowohl Clitoridektomie als auch Infibulation dienen dazu, die Jungfräulichkeit der Frau vor und ihre Treue während der Ehe zu sichern – da sie keine sexuelle Lust empfindet und sich daher nicht so leicht durch andere Männer in Versuchung führen läßt. Doch ebenso wie die chinesische Sitte des Füßeeinbindens sind sie zudem Symbole der Ohnmacht, des Leidens und der Entrechtung.

Die Mädchen und Frauen der Mittelschicht leben in strikter Abgeschiedenheit, zuweilen in Form eines Harems. Nach den Aussagen von Naila Minai ist das Haremswesen weniger erniedrigend und demütigend als wir es von außen zu sehen gewohnt sind. Die Aufgabenteilung unter vielen Frauen erlaubt in wohlhabenderen Familien der einzelnen Frau ein gewisses Maß an Muße, das häufig zum Erwerb von Bildung benutzt wird. Früher, noch vor der strikten Geschlechtertrennung, betätigten sich wohlhabende Frauen häufig als Kunst- und Wissenschaftsmäzene. Sie finanzierten die Ausbildung junger Sklavinnen und Prinzessinnen und sammelten Gelehrte und Künstler um sich, was erheblich zur Hochblüte der arabischen Zivilisation im Mittelalter beitrug. Diese Frauen versuchten auch, Kalifen für ihre Salons zu interessieren, und erlangten bisweilen so viel Macht, daß sie Kalifen inthronisieren, aber auch zu Fall bringen konnten. Sie studierten Medizin und Rechtslehre und unterrichteten zum Teil an italienischen Hochschulen. Viele von ihnen sind als religiöse Lehrerinnen oder Richterinnen in die islamische Geschichte eingegangen.[603]

Der Hauptvorteil des Haremswesens besteht heute darin, daß die Frauen weitgehend unter sich leben und sich in ihrem täglichen Tun nicht mit Männern auseinandersetzen müssen. Viele Frauen sind mit solchen Arrangements sehr zufrieden. Sie werden von Frauen unterrichtet und im Krankheitsfall von Frauen geheilt. Naila Minai beteuert, daß das Leben in einem algerischen Harem sehr viel Spaß mit sich bringt. Im Harem konzentriert sich außerdem beträchtliche Macht: die Frauen entscheiden über Ehen, fällen Entscheidungen, die die ganze Familie betreffen, und denken sich Möglichkeiten aus, um einander im Bedarfsfall zu helfen. Vereint können sie Druck auf tyrannische Ehemänner und Schwiegermütter ausüben. Männer, die sich über diese Macht hinwegsetzen, riskieren «ihren häuslichen Frieden und ihre öffentliche Würde»[604].

Die Vereinnahmung der arabischen Länder durch das Ottomanische Reich nach 1453 brachte mehrere Jahrhunderte voll scharfer Restriktionen für die Frauen und luxuriösen Wohllebens für die Männer mit sich. Neue Impulse kamen schließlich aus dem Westen, in dem es auf Grund von revolutionären Ideen wie der Abschaffung der Sklaverei und des Konkubinats, dem weltweiten Frauenstimmrecht und der Gleichberechtigung der Geschlechter gärte. Die ersten Reformbewegungen in den islamischen Ländern setzen um die Mitte des 19. Jahrhunderts ein. So wurde 1858 die erste Mittelschule für Mädchen und 1870 das erste Lehrerinnenkolleg gegründet, und 1914 wurden erstmalig Frauen zu Universitätsstudien zugelassen.[605] Kemal Atatürk führte in der Türkei eine Reihe von Reformen durch. So wurde 1923 die Polygamie abgeschafft, ein Mindestalter für die Verheiratung von Mädchen festgesetzt und Mann und Frau im Hinblick auf das Scheidungsrecht, das Sorgerecht für Kinder wie auch das Erbrecht gleichgestellt. 1934 besaßen die Frauen unter Atatürk bereits das Wahlrecht, das Recht auf Ausübung öffentlicher Ämter und das Recht, in der Öffentlichkeit aufzutreten. (Noch 1920 war eine Frau verhaftet worden, weil sie auf einer türkischen Bühne als Schauspielerin aufgetreten war.) Atatürk warb auch Frauen als Soldatinnen, Munitionsträgerinnen und Sanitäterinnen für seine Revolutionsstreitkräfte an.

Die ägyptischen Frauen erlangten trotz massiver Kampfmaßnahmen in den Jahren 1919 bis 1922, die Demonstrationen, organisierte Streik- und Boykottaktionen sowie Sabotageakte umfaßten, erst 1924 das Recht auf den Besuch von Bildungseinrichtungen und durften auch danach lediglich als Lehrerinnen tätig sein. Immerhin gelang es ihnen jedoch, eine Frauenorganisation aufzubauen, die Kliniken, Kinderbetreuungseinrichtungen und Waisenhäuser unterhält und Schutzimpfungen für Kleinkinder durchführt.[606] Dennoch haben sich die alten Traditionen gehalten. In Ägypten werden, wie eine Studie zeigt, noch immer in 97,5 Prozent der ungebildeten Familien und in 66,3 Prozent der gebildeten Familien Mädchen der Klitorisbeschneidung unterzogen.[607]

Die meisten moslemischen Länder haben das Mindestheiratsalter inzwischen auf achtzehn Jahre für Jungen und fünfzehn bis siebzehn Jahre für Mädchen heraufgesetzt, aber in Algerien werden noch immer 16 Prozent aller Mädchen im Alter von acht bis sechzehn Jahren verheiratet, und auch in Tunesien liegt das Heiratsalter der Mädchen noch immer sehr niedrig,[608] obgleich Habib Burgiba 1957 eine Reihe von Gleichberechtigungsgesetzen erließ. Inzwischen erhielten die tunesischen Frauen darüber hinaus das Recht auf Abtreibung in den ersten drei Schwangerschaftsmonaten sowie das Recht, das Richteramt zu bekleiden. Obgleich Mädchen in islamischen Ländern die Schule besuchen können, werden sie vor Erreichen der Pubertät wieder herausgenommen, damit ihre Keuschheit gewahrt bleibt. In Tunesien besuchten im Jahre 1975 63 Prozent aller Mädchen zwischen sechs und elf Jahren, jedoch nur noch 24 Prozent der Altersgruppe zwischen zwölf und siebzehn Jahren die Schule. Für Algerien sehen die Zahlen ähnlich aus. In Marokko dürfen 30 Prozent der jüngeren und nur noch 20 Prozent der älteren Mädchen zur Schule gehen.[609] In einigen moslemischen Ländern ist der Anteil der Analphabetinnen unter den Frauen erschütternd hoch: 98 Prozent aller afghanischen Frauen, 95 Prozent der saudiarabischen Frauen und 70 bis 95 Prozent der iranischen Frauen können nicht lesen und schreiben.[610]

In der Türkei, in Kuwait, Algerien und Libyen konnte sich eine weibliche Minderheit an den akademischen Ausbildungsstätten etablieren. Sie belegt etwa ein Viertel aller Studienplätze in den Disziplinen Jura, Betriebswirtschaft, Medizin, Chemie und Pharmazie. Sowohl in der Türkei als auch in Ägypten haben Frauen seit den dreißiger Jahren Zugang zu den Universitäten, doch selbst heute stellen sie erst 30 Prozent der Studentenschaft. In Algerien war bis 1954 keine Frau an einer Universität eingeschrieben; heute liegt der Anteil der Studentinnen immer noch bei nur 20 Prozent. In Kuwait und Libyen gab es bis 1964 keine Studentinnen im universitären Bereich. Dennoch stellten Frauen in Kuwait 1975 bereits 60 Prozent, in Libyen 1976 18 Prozent der Studentenschaft.[611]

Das Gerichtswesen der meisten dieser Länder ist ausschließlich von Männern beherrscht und völlig unzugänglich für Frauenrechte. Männliche «crimes d'honneur» werden mit leichten Strafen geahndet, während der Ehebruch der Frau noch immer mit dem Tode bestraft werden kann. Bei Scheidungen wird das Recht zugunsten der Männer ausgelegt, die auch das Sorgerecht für die Kinder erhalten. Mancherorts können Frauen heutzutage unter bestimmten Umständen selbst die Scheidung einreichen. In Tunesien und Algerien können Frauen ohne jede Begründung geschieden werden, wenn sie ihre Ehemänner auszahlen. In Ägypten kann sich eine Frau wegen Grausamkeit scheiden lassen, wenn ihr Ehemann sie in einer Art und Weise behandelt, die ihr vom sozialen Status her nicht zuzumuten ist. Generell kann eine Frau sich scheiden lassen, wenn ihr Ehevertrag eine Scheidungsklausel enthält, aber gewöhnlich fällt damit ihre Mitgift an den Ehemann. Scheidungsgründe, die die Frau geltend machen kann, sind Versäumnis der Unterhaltspflicht, Mißhandlung, böswilliges Verlassen, Impotenz, Krankheit oder Geistesgestörtheit. Gesetzlich bestehen solche Rechte schon lange, aber ihre Durchsetzung ist sehr schwierig: die Frauen wissen vielfach nichts von ihren Rechten, und die männlichen Familienmitglieder legen ihnen oft große Hindernisse in den Weg. Männer können sich auch heute noch von ihren Frauen trennen, indem sie einfach dreimal die Formel *talag al-bida* aussprechen, was soviel bedeutet wie «Ich verstoße dich».[612]

Die Scheidungsquote ist merkwürdigerweise bei den Armen am höchsten. Die Liberalisierung der Scheidungsgesetze hatte in den islamischen Ländern die gleichen Folgen wie in der Sowjetunion und derzeit in den Vereinigten Staaten. Ganz unabhängig davon, wer die Scheidung will, können die Männer einfach auf und davon gehen, wobei sie ihren Kindern gegenüber zu keinen oder nur sehr geringen Unterhaltszahlungen verpflichtet sind. In den islamischen Ländern sind die Frauen häufig Analphabeten, unterqualifiziert und mittellos. Sie finden daher nur Arbeit niederster Art, mit deren Lohn sie auch noch ihre Kinder ernähren müssen. Geschiedene und Witwen stellen die Mehrheit der Frauen in ungeregelten Hilfsarbeiterpositionen. Sie sind «die neuen proletarischen Underdogs». In Marokko nahmen zwischen 1960 und 1971 die Haushalte, denen alleinstehende Frauen vorstanden, um 33 Prozent zu, wobei die meisten dieser Frauen geschieden oder verwitwet waren.[613] Es ist deshalb verständlich, daß viele Frauen sich gegen eine Liberalisierung der Scheidungsgesetze wenden.

Dennoch haben auch einige positive Veränderungen stattgefunden, insbesondere für Frauen der Mittelschicht mit einem gewissen Bildungsstand. Die erwerbstätigen Frauen im mittleren Osten strömen tendenziell in die Eliteberufe, und ein hoher Prozentsatz von ihnen arbeitet als Ingenieurin, Physikerin, Ärztin, Buchhalterin, Lehrerin, Krankenschwester oder hochqualifizierte Technikerin. Die Frauen erobern sich Berufssparten wie die Luftfahrt und das Fernsehwesen. Sie sind dabei, Boutiquen zu eröffnen. Dies ist insofern eine wichtige Neuerung, als bislang die Männer die Einkäufe für ihre Frauen tätigten, denn diese durften nicht ohne männliche Begleitung aus dem Haus gehen. Die neuen Boutiquen verwehren Männern den Zutritt, weshalb jetzt – o Wunder – Frauen solche Geschäfte betreten und ihre Kleider selbst kaufen dürfen.

Dennoch gibt es auch in den islamischen Ländern, wie nahezu überall auf der Welt, keine Premierministerinnen und Präsidentinnen, und die wenigen Frauen, die Ministerposten bekleiden, sind, auch das ist typisch, durchweg für Frauenressorts zuständig. In einigen Ländern dürfen Frauen nur mit schriftlicher Genehmigung ihres Ehemannes arbeiten oder ins Ausland reisen, und den Irakerinnen wurde 1982 auch diese Möglichkeit verwehrt. Frauen erleben sehr demütigende Situationen, wenn selbst eine amtierende Ministerin oder Botschafterin der schriftlichen Einwilligung ihres Ehemannes bedarf, um in diplomatischer Mission reisen zu dürfen. Vergißt sie, diese einzuholen, kann ihr Mann sie verhaften lassen. Jüngere Männer scheinen nichts gegen eine Berufstätigkeit ihrer Ehefrauen zu haben, beteiligen sich jedoch nicht an den häuslichen Arbeiten.[614]

Tatsächlich sind die Frauen durchaus an ihrer eigenen Unterdrückung beteiligt. Welche Macht Passivität und Unterwürfigkeit beinhalten können, ist wohl bekannt, und viele der gesellschaftlich isolierten Mütter ketten ihre Söhne an sich, indem sie auf den alten Traditionen beharren. Das wird zweifellos – nicht nur in den islamischen Ländern – so bleiben, bis die Männer tatsächlich ihren Teil der Zuständigkeit und Verantwortung für ihre Kinder übernehmen.

Das Problem des Schleiers steckt genauso voller Widersprüche wie alle anderen Probleme auch. Eine schöne junge Irakerin, die ich vor einigen Jahren in Paris traf, wo sie sich zu Studienzwecken aufhielt, verkündete in einer Seminardiskussion, daß sie zu Hause den Schleier trüge. Auf die entsetzten Aufschreie der anwesenden Europäerinnen erwiderte sie: «Schaut mich an, ich bin attraktiv. Wenn ihr die irakischen Männer kennen würdet, trügt ihr auch den Schleier.» Wenn der Schleier die Frauen zwar als Menschen unsichtbar macht, so schützt er sie doch als Geschlecht. Außerdem ist der Schleier zum Politikum geworden: ihn zu tragen, kann als Zeichen der Unterwerfung unter ein unterdrückerisches System gelten, ebensogut jedoch für moslemischen Nationalismus und die Ablehnung westlicher Werte stehen. So war etwa die Sowjetunion beim Versuch, die Moslems in Zentralasien zu integrieren, mit schwerwiegenden Problemen konfrontiert. Im Jahre 1923 initiierte sie eine Kampagne zur Befreiung der Frau, was sie für den besten

Ansatz hielt, um die traditionellen islamischen Gesellschaftsstrukturen aufzubrechen und die Menschen der Kontrolle durch die Partei zugänglich zu machen. Zu den in diesem Zusammenhang verabschiedeten Gesetzen gehörte das Verbot der Verschleierung. Viele Männer töteten jedoch ihre Ehefrauen, weil sie den Schleier abgelegt hatten, und die lokalen Gerichte weigerten sich, sie dafür zu bestrafen. Im Jahre 1927 begannen die moslemischen Männer, Terrorakte gegen eigensinnige – d. h. unverschleierte – Frauen zu verüben: allein in Usbekistan wurden 200 Frauen entführt, vergewaltigt und einige von ihnen ermordet. Stalin machte der Frauenbefreiungskampagne schließlich ein Ende, da er für die Verwirklichung seines Fünfjahresplanes auf die Unterstützung der in den betreffenden Regionen lebenden Männer angewiesen war.[615] (Dennoch zeichnen sich gegenwärtig Veränderungen ab: William Mandel berichtete 1970, usbekische Frauen hätten, um nicht den Blicken der Männer ausgesetzt zu sein und nicht mit ihnen verkehren zu müssen, Einkaufskooperativen gegründet. Außerdem sei eine nur Frauen offenstehende Handwerkskooperative gegründet worden, deren Mitglieder ihren Verdienst selbst behielten, anstatt ihn wie früher den Ehemännern auszuhändigen.[616]) Die sowjetischen Bemühungen um Reformen in Afghanistan erfolgten auf die gleiche Weise und stießen auf ähnliche Probleme. In den Afghanistan-Konflikt wollte Präsident Carter übrigens u. a. mit dem Einsatz von weiblichen Soldaten eingreifen.[617]

Die Frage des Schleiers war auch während der jüngsten Revolution im Iran ein Politikum ersten Ranges. Viele Frauen aus der Mittelschicht hatten sich unter der Herrschaft des inzwischen verstorbenen Schahs zu Studienzwecken im Ausland aufgehalten und dort westliche Sitten übernommen. Gleichzeitig waren sie Gegnerinnen des Schahregimes und arbeiteten überaus aktiv auf dessen Sturz hin. Eine beträchtliche Anzahl von Frauen wurde von der *SAVAK* verhaftet und gefoltert. Unverschleiert bejubelten sie den Ayatollah. Man muß sich fragen, wie gut sie sich in ihrer eigenen Geschichte auskannten. «Es ist wohl nicht zuviel gesagt, daß ohne die mächtige moralische Kraft dieser sogenannten beweglichen Habe der orientalischen Herren der Schöpfung ... die revolutionäre Bewegung, wie geschickt auch immer von den persischen Männern inszeniert, bereits sehr früh zum bloßen unorganisierten Protest verblaßt wäre.» Dieser Satz wurde anläßlich der Absetzung des alten Schah im Jahre 1909 geschrieben. Als jene Revolution vorüber war, wurden die Frauen wieder in den Harem zurückgeschickt. Erst 1935 erhielten sie das Recht, unverschleiert zu gehen, 1936 das Wahlrecht und 1975 das Recht auf Scheidungsklage.[618] Die jüngste iranische Revolution hatte leider für die Frauen wieder die gleichen Folgen – tatsächlich wurden sogar die bereits gewährten Rechte wieder aufgehoben, und unter den Demonstrationen und gewaltsamen Übergriffen der ersten Wochen waren auch Angriffe auf Demonstrantinnen – Attacken iranischer Männer auf iranische Frauen – zu verzeichnen.[619] Nachdem die Frauen gemaßregelt waren, übernahmen die Männer die Revolution: betrachtet man die Fotos der Demonstrationen nach den ersten Revolutionswochen, so erblickt man darauf keine einzige Frau.

Ich möchte diesen Abschnitt über die gegenwärtige Situation der Frau mit einigen statistischen Angaben schließen, die einer der UNO-Frauenkonferenz in Kopenhagen 1980 von der *International Labor Organization* vorgelegten Untersuchung entstammen:

Auf Frauen entfallen zwei Drittel der weltweit abgeleisteten Arbeitsstunden.

Auf Frauen entfallen 44 Prozent der weltweiten Nahrungsmittelproduktion.

Auf Frauen entfallen 10 Prozent des weltweiten Gesamteinkommens.

Auf Frauen entfällt 1 Prozent des weltweiten Privateigentums (und auch dies vielfach nur auf dem Papier, aus steuerlichen Gründen).

10. Zusammenfassung und Ausblick

Bei aller lebendigen Vielfalt und Buntheit der Geschichte der Frau lassen sich doch bestimmte Grundmuster erkennen. Die erstaunlichste Tatsache im Zusammenhang mit dieser Geschichte ist wohl, daß wir sie kaum kennen. Den meisten Menschen ist es überhaupt nicht bewußt, daß die Frauen *auch* eine Geschichte haben und nicht seit der Zeit der Hominiden immer nur die Dienerinnen und Sexualobjekte der Männer gewesen sind. Selbst Feministinnen wissen oft nichts über wichtige Perioden der Geschichte, und mit Ausnahme feministischer Historikerinnen sind niemandem von uns, ob Mann oder Frau, die herausragenden weiblichen Gestalten aus der Vergangenheit so vertraut wie die ‹großen› Männer der Geschichte. Diese weit verbreitete Unwissenheit hat mich dazu motiviert, eine möglichst große Zeitspanne im Abriß darzustellen.

Geographisch gesehen beschränkt sich dieser Abriß auf einen engeren

Horizont, da er sich vor allem auf die sogenannte abendländische Zivilisation konzentriert. Soweit wir dank des erhaltenen Materials Einblick in die Geschichte anderer Kulturkreise haben, wissen wir, daß die Frau dort nicht weniger unterdrückt worden ist als in den westlichen Ländern. Dennoch ist die ‹Vermännlichung› der Kultur in den nicht-westlichen Gesellschaften nicht so weit fortgeschritten wie bei uns; sie gefährdet den Fortbestand des Lebens auf unserer Erde nicht in gleichem Maße. Jede Untersuchung der auf Machtfetischismus gründenden Moral muß sich deshalb zwangsläufig in erster Linie auf die westlichen Länder konzentrieren.

Der Zweck meines historischen Abrisses bestand darin, die ungeheure Widerstandskraft, Vitalität und Ausdauer der Frauen, ihr enormes Engagement im Kampf um persönliche Freiheit und öffentliches Mitspracherecht unter Nutzung aller sich anbietenden Möglichkeiten zu dokumentieren. Viele Frauen haben beide Ziele, oder zumindest eines davon, für sich verwirklicht. Die Männer in ihrer Gesamtheit haben sich jedoch nie bewegen lassen, von diesen wenigen leuchtenden Beispielen auf die potentiellen Fähigkeiten der Frauen als Geschlecht zu schließen. Vielmehr betrachteten sie Frauen, die sich in der Politik, im Militärwesen, im intellektuellen, naturwissenschaftlichen oder künstlerischen Bereich hervortaten, als unnatürliche Ausnahmen. In manchen Gesellschaften galten selbst Frauen, die sich durch ‹Tugendhaftigkeit› (Keuschheit, Treue und Unterwürfigkeit) auszeichneten, als ungewöhnliche Exemplare ihres Geschlechtes, dem Lasterhaftigkeit, Verderbtheit, Dummheit, Wollüstigkeit und generelle Minderwertigkeit nachgesagt wurde und das keinen Anspruch auf einen vollwertigen menschlichen Status hatte. Immer wieder in der Geschichte mußten Frauen – und Männer, die sich für sie einsetzten – der jeweiligen Gesellschaft ins Gedächtnis rufen, daß auch Frauen Menschen sind.

Weil Frauen, die ihre Leistungsfähigkeit im öffentlichen Bereich unter Beweis stellten, als widernatürliche Ausnahmeerscheinungen behandelt wurden, war es den Männern ein leichtes, ihre Worte und Taten ohne weiteres aus der historischen Überlieferung auszuklammern und sie dem Vergessen anheimzugeben. Außerdem blieb die Macht, die eine Frau erlangen konnte, wenn sie allein gegen die ihr von der Gesellschaft auferlegten Beschränkungen kämpfte, auf sie selbst beschränkt. Auf ihre Töchter, im leiblichen wie im übertragenen Sinne, konnte sie sie nicht übertragen. Im Gegensatz zur institutionalisierten Macht der Männer erlosch sie mit dem Tod der Frau.

Zeitweilig gelang es jedoch größeren Gruppen von Frauen, ihre Fähigkeiten im öffentlichen Bereich zu entfalten und das Erreichte ihren Nachfolgerinnen weiterzugeben. Beispiele hierfür sind die großen Nonnenklöster der Zeit zwischen dem 8. und 12. Jahrhundert n. Chr. und bestimmte Zunftorganisationen im mittelalterlichen Europa. Diese Macht blieb jedoch immer marginaler Natur: die Frauen konnten sie erlangen, weil die Kontrolle der Männer sich vorübergehend so weit gelockert hatte, daß niemand sie ihnen streitig machen oder verwehren konnte. Sobald die Herrschaft der Männer wieder zentralisiert und gefestigt war, wurden die Frauen ihrer Positionen enthoben und aus den Institutionen, in denen sie gerade erst an Boden gewonnen hatten, vertrieben.

Gelegentlich waren Frauen am Aufbau religiöser oder politischer Gruppierungen beteiligt. Die Männer duldeten sie in diesem Falle, solange der Kampf um die Etablierung der Institution währte, doch sobald die Sekte zur Religion, die Partei zur Macht im Staate geworden war, verwehrten sie ihnen erneut jede partnerschaftliche Beteiligung. Obgleich Frauen für solche Ziele gekämpft und ihr Leben geopfert haben und nahezu jede wichtige politische und religiöse Umwälzung des letzten Jahrtausends ihren Erfolg nicht zuletzt dieser Tatsache verdankt, wüßten wir darüber nichts, wenn wir unsere Informationen allein aus den Darstellungen der heutigen Führer solcher politischer oder religiöser Gruppierungen oder aus Geschichtsbüchern bezögen – es sei denn, man befaßt sich mit feministischer Geschichtsschreibung.

Erst in der Französischen Revolution begannen Frauen für ihr Geschlecht als gesellschaftliche Klasse zu kämpfen. Es gelang ihnen, die Institutionalisierung einiger Rechte durchzusetzen, indem sie die männlichen Revolutionäre unter Druck setzten, sie in den Gesetzen der Republik zu verankern. Allerdings wurden all diese Rechte von Napoleon wieder aufgehoben – nachdem sie nur rund ein Jahrzehnt bestanden hatten. Auch in anderen Nationen wurden bereits gesetzlich verankerte Frauenrechte wieder annulliert, wie ich ausführlich dargelegt habe.

Frauen sehen sich bei allem, was sie unternehmen, immer wieder von neuem mit den gleichen Hindernissen konfrontiert. Obwohl die von feministischer wie nicht-feministischer Seite erhobene Behauptung, die Frauen behinderten sich bei der konsequenten Verfolgung ihrer Anliegen selbst, sicher berechtigt ist, muß man dabei bedenken, daß dieser Kampf einen immensen Einsatz fordert, der Sieg jedoch immer ungewiß und ungesichert bleibt. Frauen sind gewiß nicht weniger heldenmütig als Männer, aber ihr Heroismus wird ihnen nie im gleichen Maße gelohnt. Wir müssen uns der Tatsache stellen, daß es in erster Linie die Männer sind, die die gleichberechtigte Behandlung der Frauen als vollwertige Menschen verhindern. Ich sage dies ganz ohne Feindseligkeit und provokatorische Absicht. Sobald wir jede subjektive Voreingenommenheit beiseite lassen, sobald wir nicht mehr länger darauf beharren, daß wir, daß unsere Männer, Väter und Brüder anders sind, und uns einmal ruhig und gelassen der Geschichte der Frauen zuwenden, sprechen die Tatsachen für sich. Männer schieben der Selbstverwirklichung der Frauen außerhalb des privaten Bereichs auf allen Ebenen Riegel vor. Es ist offensichtlich, daß sie als gesellschaftliche Klasse bis heute unablässig und unermüdlich danach trachten, die Frauen unter Kontrolle zu halten. Unsere persönliche Unzufriedenheit mit dieser unangenehmen Tatsache einmal beiseite lassend, müssen wir ernsthaft der Frage nach ihren Ursachen nachgehen.

Die unmittelbarste Ebene, auf der Frauen gewaltsam männlicher Herrschaft unterworfen werden, ist die physische. Nahezu alle gegenwärtig existierenden Gesellschaften kontrollieren die weibliche Fortpflanzung, indem sie die Ehe, die weibliche Sexualität oder beides reglementieren. Bis heute hatten Frauen in voll entwickelten patriarchalen Gesellschaften nur dann eine Chance, sich der brutalen Herrschaft der Männer zu entziehen, wenn sie entweder über Reichtum, Standesprivilegien oder viel Selbstbewußtsein verfügten oder aber Ehe und Mutterschaft gänzlich verweigerten, wobei ihnen letzteres nicht in allen Kulturen gestattet ist. Die meisten hier besprochenen Gesellschaften haben ein eigenständiges Sexualleben der Frauen von vornherein verhindert, indem sie sie jung verheirateten und gesetzlich zu Mündeln ihrer Ehemänner degradierten. Viele Feministinnen haben die Bedeutung des Zusammenhangs zwischen der sexuellen/generativen Potenz der Frau und ihrer Unterdrückung hervorgehoben.

Klarer als in hochdifferenzierten Kulturen wie unserer tritt dieser Zusammenhang in primitiven Gesellschaften zutage, wo der Unterdrükkung der Frau ganz offensichtlich die Angst des Mannes vor der weiblichen Menstruation gegenübersteht. In den westlichen Ländern ist diese Angst, zwar noch als Ekel vorhanden, als solche aber nicht mehr durchgängig erkennbar. Die generative Potenz der Frau wird von oben herab belächelt, denn vielen Männern liegt nichts daran, Kinder zu zeugen und so für die Fortsetzung ihres Geschlechts zu sorgen. So erfolgreich wurde den Menschen im Patriarchat die Verachtung der ‹animalischen›

Aspekte des Lebens eingeimpft, daß selbst der Zusammenhang zwischen ihnen und dem Streben nach Macht nicht mehr offen zutage tritt.

Dennoch ist es die generative Potenz der Frau, die das männliche Streben nach Macht und Transzendenz speist. Da die Männer diese Fähigkeit nicht besitzen, postulierten sie eine Macht, die der Natur überlegen war. Noch heute basiert ihre reale Macht auf diesem Herrschaftsanspruch. Eine auf Herrschaftsansprüchen gegründete Identität kann sich jedoch nur vor sich selbst rechtfertigen, wenn es eine Klasse von Menschen gibt, denen der Zugang zu jeder Form von eigener Macht verwehrt ist. Indem die Männer den Frauen (und anderen diskriminierten gesellschaftlichen Gruppen) sämtliche für die Herrschaft nötigen Voraussetzungen wie Geld, Status, gesetzliche Rechte und Bildung entzogen und sie sich unterwarfen, konnten sie den Schein erzeugen, *von Natur aus* mit dieser Macht ausgestattet zu sein wie die Frauen mit ihrer Gebärfähigkeit. Da aber – wie ich hier einmal zu behaupten wage – alle Männer irgendwann in ihrem Leben die Unrealisierbarkeit dieses Herrschaftsanspruchs für ihre eigene Person erkennen, aber meist ihrer eigenen Unzulänglichkeit zuschreiben, wenden viele von ihnen ihre Angst und ihren Haß gegen die Frauen, die sie unbewußt beschuldigen, die Rebellion gegen ihre Herrschaft und, schlimmer noch, den Angriff auf ihren Herrschaftsanspruch selbst zu betreiben.

Da für Männer in Beziehungen zu Untergebenen wie zu Gleichrangigen grundsätzlich (zumindest scheinbar) ihre Identität selbst auf dem Spiel steht, sind sie häufig bereit, der Aufrechterhaltung jener Identität alle intensiven und vertrauensvollen Beziehungen untereinander und zu Frauen zu opfern. Indem sie Machtbeziehungen an die Stelle von Liebesbeziehungen setzen, erklären sie allen anderen Menschen den Krieg – denn nichts anderes heißt es, die eigene Identität (oder die der eigenen Klasse) auf Herrschaft zu gründen und den Rest der Menschheit als manipulierbare Materie zu behandeln.

Die (in den westlichen Ländern) nahezu durchgängige zwanghafte Aufrechterhaltung einer auf Herrschaft gründenden Identität zerstört die persönlichen Beziehungen der Männer und versperrt ihnen den Zugang zu mitmenschlicher Solidarität und Zuneigung. Dies ist ein schwerwiegendes Problem für Frauen wie für Männer, hat aber auch ernste Auswirkungen im öffentlichen Bereich. Das männliche Streben nach Transzendenz äußert sich nicht nur in dem Bemühen, Frauen und Männer, die nicht dem inneren eigenen Kreis angehören, zu unterdrükken, sondern läuft letztlich auf den Drang hinaus, die Freiheit der Männer von natürlichen Zwängen zu beweisen. Die Dauerhaftigkeit männlicher Strukturen triumphiert über die Vergänglichkeit der Natur. Männliche Willenskraft und Freiheit erheben sich über die für Frauen geltenden Zwänge. Männliche Macht fordert die Mächte des Kosmos heraus.

Zweifellos hat das ‹männliche› Machtstreben tatsächlich zur Akkumulation gewaltiger Macht geführt. In Form bestimmter Denkstrukturen hat sich die patriarchalische Ideologie unseres westlichen Denkens so vollständig bemächtigt, daß wir uns großenteils gar keine Vorstellung mehr von anderen Denkweisen machen können. Mit Hilfe mechanistischer Strukturen der Verbreitung haben patriarchale Methoden nahezu den gesamten Erdball erobert. Die hinter der patriarchalen Ordnung stehende Moral schlägt sich unmittelbar in der gegenwärtigen Situation auf dieser Erde nieder. Auf der einen Seite existieren so gewaltige Arsenale an Eroberungswaffen, daß uns allen die Vernichtung droht, auf der anderen ist die Natur am Ende, die Luft verschmutzt, das Wasser verseucht, das große Sterben der Bäume, Pflanzen und Tiere überall im Gange.

Die geschichtliche Entwicklung, die ich hier umrissen habe, ist geprägt von der zunehmenden Unterdrückung der Frauen durch die Männer und von der fortschreitenden Abwertung und Zerstörung sowohl der Außenwelt als auch der inneren Natur. Unser Gesellschaftssystem tendiert dahin, unterstützt von Werbung, politischen und sozialen Institutionen, unsere Gefühle, unseren Körper und unsere Ansichten noch lückenloser zu kontrollieren.

Keine diplomatischen Bemühungen, keine politischen Debatten und keine militärischen Siege werden die gegenwärtige Weltlage verändern, keine Gesetzgebung die grundlegende Situation der Frauen verbessern können, solange sich unser Moralsystem, unsere Wertordnung nicht von Grund auf ändert. Die Verherrlichung der Macht ist so allgegenwärtig, daß es dringend notwendig ist, eine Analyse dessen zu leisten, was Macht eigentlich bedeutet, und zu einer realistischen Einschätzung ihrer Vorteile und ihres Preises zu kommen. Im nächsten Kapitel will ich dieser Fragestellung im Hinblick auf die in die Machthierarchie eingebundenen Männer nachgehen.

IV

Der Mann im Zeitalter des Patriarchats

Ich habe das letzte Kapitel mit der Behauptung eingeleitet, daß das, was wir unter Geschichte verstehen, nicht die Geschichte der Menschheit ist, sondern eine des Patriarchats und der Macht. Diese Behauptung könnte zu dem Schluß verleiten, daß traditionelle Geschichte die Geschichte der Männer ist, aber das trifft nicht zu. Wäre es der Fall, so wären alle Männer unabhängig von Klasse und Rasse Gegenstand dieser Geschichte, die Machtlosen ebenso wie jene, die Macht oder Einfluß ausgeübt haben. Die traditionelle Geschichte ist jedoch ebenso wenig eine reine Geschichte der Macht: in diesem Falle hätte sie den (wenn auch verhältnismäßig wenigen, so doch absolut gesehen vielen) Frauen, die jemals Macht ausgeübt haben, ihre volle Aufmerksamkeit zu zollen, was ebenfalls nicht der Fall ist. Der wahre Gegenstand unserer herkömmlichen Geschichtsschreibung ist sehr eng gefaßt: die von Männern ausgeübte Macht, kurzum die männliche Potenz.

Wie andere Wissenschaftsbereiche hat sich die Geschichtswissenschaft bislang darauf konzentriert, ein Bild des Mannes zu erschaffen und aufrechtzuerhalten, das ihn als Herrn und Beherrscher seines auf Transzendenz ausgerichteten Schicksals zeigt. Das von Politikern so häufig beschworene «Urteil der Geschichte» stützt sich vor allem auf zwei quantitative Kriterien: auf das Maß der einer Kultur durch einen Mann oder eine Bewegung oktroyierten Veränderung und auf deren relative Dauerhaftigkeit. Gemessen werden solche Veränderungen ebenfalls in quantitativen Größen: der Ausdehnung von Territorien, deren Ausweitung oder Verkleinerung, der Zahl der betroffenen Menschen, dem Anwachsen oder Schrumpfen, der relativen Stärkung oder Schwächung von Institutionen und der Zeitspanne, über die sich das Neue zu halten vermochte. Die Historiker betrachten offenbar Gesellschaften als eine Art ungestalten und moralisch indifferenten Morast, dem ‹Große Männer› urbares Land abringen. ‹Große Männer› sind dann diejenigen, deren Handeln die größten quantitativen Auswirkungen zeitigt.

Qualitative Momente spielen eine weit unwichtigere Rolle. Falls sie einmal Eingang in die Geschichtsschreibung finden, so fast ausschließlich dann, wenn darüber debattiert wird, wie groß (wiederum eine quantitative Größe) der Einfluß eines einzelnen Mannes oder einer Bewegung auf spätere Zeiten und auf andere Bereiche, Gesellschaftsschichten oder Bewegungen gewesen ist. Kaum von Interesse sind hingegen die Fragen, ob solche von einem ‹großen Mann› bewirkten Veränderungen das Los der kleinen Leute erleichtert oder erschwert haben, ob eine bestimmte Klasse oder Gruppe von Menschen Vereinheitlichungs- und Zentralisierungsbestrebungen geopfert worden ist, oder ob die jeweilige Neuerung den Menschen auf lange Sicht ein glücklicheres oder ein unglücklicheres Leben beschert hat. Die Historiker konzentrieren sich gewöhnlich auf militärische Strategien und politische Manöver, oder aber auf die alles überragende Gestalt eines starken Mannes, der, die Augen einzig und allein geradeaus auf die Verwirklichung seiner historischen Bestimmung gerichtet, durch seine Umwelt marschiert, ohne sie eines Blickes zu würdigen. Falls – was nicht selten der Fall ist – ein moralisches Urteil in die Darstellung eingeht, so tritt es doch gleichgültig von welchem Standpunkt aus es gefällt wird, angesichts der Faszination durch die schiere Verkörperung von Macht in Mannesgestalt meist in den Hintergrund.

Man hat Männern *und* Frauen das Wissen um die wahren Ereignisse in ihrer Vergangenheit verwehrt, wenn auch aus *unterschiedlichen* Gründen: Die Geschichte der Frauen wurde aus der offiziellen Geschichtsschreibung ausgeklammert, um alle Erinnerung an weibliche *Macht* zu tilgen; die Geschichte der Männer hingegen wurde zensiert, um männliche *Ohnmacht* vergessen zu machen. Die Ausklammerung der Frauen aus der Geschichtsschreibung war die logische Folge ihrer Ausklammerung aus dem öffentlichen Leben und ging stets mit einer Vielzahl von Ausschlußgesetzen einher. Die Aussparung des ‹kleinen Mannes› aus der Geschichtsschreibung hingegen hatte komplexere Gründe.

In der Geschichtsschreibung wurden – analog zu der Identifikation der Frau mit der Natur – die Männer mit der Macht identifiziert. Das Ergebnis war ein Bild des Mannes, mit dem sich jeder Mann auf die eine oder andere Weise voller Stolz identifizieren kann. Dennoch war es keineswegs Sinn und Zweck dieses Identifikationsangebots, in allen Männern das

Gefühl der eigenen Macht zu wecken, von ihrer Herrscherrolle den Frauen gegenüber einmal abgesehen. Denn dann hätten die männlichen Angehörigen der untersten sozialen Schichten, durch ein solches Machtgefühl gestärkt, Forderungen stellen oder gar Aufstände anzetteln können. Nein: der auf die Männer zugeschnittene Mythos lehrte diese, sich auf den Straßen ihrer Dörfer im Abglanz der Macht zu sonnen und mit geschwellter Brust durch ihre Viertel zu stolzieren, aber er lehrte sie gleichfalls, mächtigeren Männern voller Demut, Gehorsam und Unterwürfigkeit zu begegnen.

In den vergangenen Jahrzehnten haben sich feministische Autorinnen ausgiebig mit den vielen unlösbaren *double binds* auseinandergesetzt, unter denen Frauen zu leiden haben: so wird etwa von ihnen erwartet, daß sie den Männern gegenüber sich selbst und ihren eigenen Willen aufgeben; dennoch sollen sie genügend Energie, Selbstachtung und Stolz aufbieten, um schwere Arbeit zu leisten, Kinder aufzuziehen und ihren Haushalt zu führen. Ferner unterliegen sie dem Zwang, ihr Leben lang keusch und züchtig zu sein; dennoch sollen sie ihren Ehemännern gegenüber Sinnlichkeit und Sexualität entfalten. Männliche Autoren haben sich hingegen bis jetzt kaum jemals mit den *double binds* befaßt, in denen sie und ihre Geschlechtsgenossen auf ganz ähnliche Weise gefangen sind: Sie stehen vor der Aufgabe, zum einen die absolute Kontrolle über ihre unmittelbare Umgebung und insbesondere ihre Frauen auszuüben, zum anderen jedoch gleichzeitig gegenüber höhergestellten Männern auf ihren eigenen Willen zu verzichten und bei all dem ihre Selbstachtung zu wahren. Ferner verlangt man, daß sie das Streben nach Macht als Quelle der Identitätsbildung und der Zufriedenheit betrachten, während man sie zwingt, all das, was sie tatsächlich glücklich und zufrieden machen könnte, verächtlich von sich zu weisen. Wenn dieses *double bind* überhaupt jemals bemerkt wird, was selten genug vorkommt, wird es zumeist den Frauen angelastet: denn der Mythos besagt, daß Männer sich aufopfern und unbefriedigende oder entmenschlichende Arbeit leisten, um die Forderungen ihrer Frauen und Kinder erfüllen zu können.

Auch wenn es vorkommt, daß Frauen zu dieser Lebenssituation der Männer beitragen, sind sie doch nicht dafür verantwortlich. Die wahren Ursachen liegen vielmehr im Männlichkeitsmythos selbst, in der Identifikation des Mannes mit der Macht und den damit in Verbindung gebrachten Eigenschaften. Dieser Mythos ist über viele Generationen hinweg von Philosophen, Herrschern, Eroberern, Millionären, Dichtern und bildenden Künstlern erschaffen worden. Wenn wir seine einzelnen Komponenten eingehender analysieren wollen, müssen wir über die Frage der Schuldzuweisung hinausgehen.

Am leichtesten ließe sich der Männlichkeitsmythos wohl an Hand von Beispielen aus der Literatur nachzeichnen, die oft gleichzeitig eine gewisse Kritik an ihm beinhalten. Meinen Ausführungen möchte ich jedoch in erster Linie philosophische Aussagen über die Natur des Mannes (die Existenz der Frau wird von der Philosophie weitgehend ignoriert) sowie die Analyse männlicher Institutionen, in denen dieser Mythos seinen Niederschlag findet, zugrundelegen. Ich bin darauf gefaßt, daß viele männliche Leser finden werden, daß meine Charakterisierung solcher Institutionen durchaus zutrifft und ihren eigenen Erfahrungen entspricht, daß sie jedoch die im folgenden zitierten Ausführungen über die Natur des Mannes weit von sich weisen werden. Der Satz «Ich selbst bin aber nicht so» ist wohl eine der häufigsten Reaktionen auf allgemeinere Deskriptionen männlichen Verhaltens, obwohl die gleichen Männer, die sich auf diese Weise distanzieren, andere Männer durchaus mit ähnlichen Worten beschreiben würden. Das Bild des Mannes, das ich hier umreißen will, ist jedoch ein *kulturelles* Muster, das alle Einrichtungen und Bräuche der westlichen Welt prägt. Am deutlichsten tritt dieses Bild im Fernsehen, in Filmen, Romanen, historischen und philosophischen Werken, Biographien und Männergesprächen zutage. Es ist kein universell gültiger Maßstab für das männliche Individuum, aber alle Männer stehen in irgendeiner Weise unter seinem Einfluß.

1. Das Bild des Mannes

Die Bibel ist zwar selbst eher ein literarisches als ein philosophisches Werk, aber sie stellt sowohl auf der philosophischen wie auf der künstlerischen Ebene eine der wichtigsten Grundlagen der gesamten abendländischen Kultur dar. Ich möchte an dieser Stelle nur einige wenige biblische Bilder und Geschichten heranziehen und auf ihre wichtigsten gedanklichen Voraussetzungen hin überprüfen. Diese ideologischen Prämissen sind zumeist nicht so sehr expliziter, sondern vielmehr impliziter Natur. Für das marxistische Denken ist Kultur (im engeren Sinne des Wortes) die Mystifikation der wahren Unterdrückungs- und Ausbeutungsverhältnisse und die Legitimation des Bestehenden. Obgleich die

Kunst meiner Ansicht nach häufig die gleichen Grundkonzepte, die sie stützt und perpetuiert, auch angreift und in Frage stellt, scheint mir diese Definition doch im großen und ganzen richtig zu sein. Soweit sie zutrifft, müssen wir bei der Betrachtung solcher Werke unter deren Oberfläche vordringen und herauszufinden suchen, was darin mystifiziert wird und warum.

In der ersten Schöpfungsgeschichte der Bibel (Genesis 1,1 – 2,4 a), die zeitlich nach der zweiten (Genesis 2,4 b – 25) entstand und als deren Urheber eine Gruppe von Priestern gilt, werden die Menschen gemeinsam als Ebenbilder Gottes geschaffen und damit beauftragt, sich die Natur untertan zu machen. Die zweite, ältere Schöpfungsgeschichte wurde vermutlich über Generationen hinweg mündlich überliefert und abgewandelt, ehe es schließlich zu ihrer Niederschrift kam. In ihr geht es um einen Mann, der tut, was seine Frau ihm sagt, und der *deshalb* «Gott», seinem Herrn und Schöpfer, den Gehorsam aufkündigt. Hier stehen die Frau und Gott von Anfang an im Gegensatz zueinander: der einen zu folgen bedeutet, dem anderen die Treue zu brechen. Der Mann muß sich zwischen beiden entscheiden und trifft zunächst, so erfahren wir, die falsche Wahl.

Bei der Analyse von Handlungen, die eine moralische Dimension beinhalten, lernen wir aus der Betrachtung der als falsch oder sündig qualifizierten Handlungen oft mehr über die kulturellen Werte der Zeit als aus dem Studium des als richtig oder gut bewerteten Verhaltens. Heldengestalten beiderlei Geschlechts sind zumeist Inkarnationen allgemeiner Tugenden (außer in der Tragödie, in der der Held oder die Heldin als Urheber seiner oder ihrer eigenen Zerstörung in gewisser Weise zugleich das Böse verkörpert oder allenfalls eine glückliche Laune der Natur, die lebendige Verkörperung der jeweils kulturell anerkannten Denk- und Verhaltensweisen). Diese Gestalten sagen uns wenig. Die wahren Denkmuster einer Kultur lassen sich am besten aus dem erschließen, was sie unter Sünde versteht. Dies gilt ganz besonders für die Bibel, die uns kaum jemals sagt, *warum* eine bestimmte Gestalt ‹gut› ist oder Gnade vor Gott findet, geschweige denn, warum ein bestimmter Mensch oder Ort ‹böse› ist. Diese Informationen können wir uns nur aus dem Kontext erschließen.

Wir müssen also die Frage stellen, warum Gott und die Frau im Gegensatz zueinander stehen, warum der Gottesgehorsam so wichtig ist und warum es Sünde ist, vom Baum der Erkenntnis zu essen. Die Gründe für den Antagonismus zwischen Gott und der Frau dürften in den ersten beiden Kapiteln dieses Buches deutlich geworden sein. Überdies ist die Frau mit der Schlange im Bunde, die, da ihre Häutung als eine Form der Verjüngung betrachtet wurde und daher die Wiedergeburt symbolisierte, eines der wichtigsten religiösen Symbole matrizentrischer Gesellschaften darstellte. Ebenso wie der Schmetterling war die Schlange von großer Bedeutung für eine Religion, in deren Mittelpunkt offenbar die Wiedergeburt durch Wandlung stand.

Widerpart der Frau – und damit in gewisser Weise ihr Feind – ist Gott. Gott ist in der Bibel der Schöpfer des Universums, der Schöpfer des Mannes und, später, der Schöpfer der Frau. Da uns hier ein männliches Wesen als Ahnherr des Lebens präsentiert wird, mag es sich bei dieser Schöpfungsgeschichte durchaus, wie Bakan behauptet, um einen Versuch handeln, die neuen Erkenntnisse über die männliche Zeugungsfunktion zu verarbeiten. Nichts in dieser Geschichte deutet jedoch darauf hin, daß Schöpfung oder Fortpflanzung ein wechselseitiger Akt ist, an dem zwei Wesen unterschiedlichen Geschlechts beteiligt sein müssen. Vielmehr wird uns versichert, daß wir es mit einer einseitig männlichen Schöpfungsmacht zu tun haben, was um so bemerkenswerter ist, als Kinder bekanntermaßen im Körper der Frau heranreifen. Daher drängt sich der Verdacht auf, daß es hier darum geht, von männlicher Seite eine traditionell nur den Frauen zugesprochene Form von Macht zu usurpieren und sie in der gleichen Weise auszuüben, wie die Frauen das bislang getan hatten. Bakan vertritt ferner die These, das Patriarchat sei möglicherweise dem Bemühen entsprungen, die Männer «zu verweiblichen», d. h. sie zu zwingen, zumindest ein gewisses Maß an Verantwortung für ihre Kinder zu übernehmen.[1] Vermutlich waren die Männer jedoch in Wirklichkeit bereits an der Fürsorge für die Kinder beteiligt; um ihre neue Rolle auszufüllen, benötigten sie etwas anderes, und die Lösung lag darin, daß sie begannen, Macht über ihre Kinder auszuüben. Gott geht es weniger um Adams Wohl und Glück als vielmehr um seinen Gehorsam, dessen einzige Funktion es ist, Gottes Macht über die Dinge und Menschen zu bezeugen.

Gehorsam ist in hierarchisierten Gesellschaften, in denen eine Klasse von Menschen über andere Klassen herrscht, die oberste Tugend. Für Frauen hatte er, zuweilen unter der Bezeichnung ‹Unterordnung›, im gesamten Verlauf der Geschichte eine vorrangige Tugend zu sein. Wenn dieser Gehorsam nun zur höchsten Tugend eines Mannes seinem Gott gegenüber erhoben wird, so können wir davon ausgehen, daß die Urheber eines solchen Gebotes Priester sind, weil nur diese das Wissen um

Gottes Ge- und Verbote für sich in Anspruch nehmen. Zu einem solchen Verhaltenskanon gehört gewöhnlich das Verbot von Handlungen, die ganz offensichtlich «von Natur aus» schlecht sind und die zu begehen jeden Menschen, unabhängig von seinen historischen und gesellschaftlichen Lebensumständen, in Konflikte stürzen würde: so etwa Mord, Körperverletzung und andere Grausamkeiten oder der unverantwortliche oder verschwenderische Umgang mit den Früchten der Natur oder menschlicher Arbeit. Dennoch sind viele der in den verschiedenen Kulturen als sündhaft geltenden Handlungen im Grunde, wie es der berühmte anglikanische Theologe Richard Hooker nannte, «neutrale Akte», d. h. Handlungen, die auf Grund bestimmter Assoziationen und nicht wegen ihrer unmittelbaren Natur gegen das Empfinden der Menschen verstoßen. So kann der Akt des Essens beispielsweise dann gefährlich sein, wenn es sich um giftige Beeren oder Pilze oder auch um große Mengen heilkräftiger, aber zugleich giftiger Kräuter handelt. Manche Dinge schmecken nicht gut, andere, sagen wir z. B. Disteln, sind unangenehm zu essen. Den Akt des Essens jedoch einer Reihe von rituellen Geboten zu unterwerfen, heißt, ihn *als solchen* für gefährlich zu erklären. Da Essen und Sexualität die Vorgänge sind, bei denen der männliche Körper am unmittelbarsten mit der Natur und der Frau in Beziehung tritt, können wir die Verknüpfung der Frau (als Widerpart Gottes) mit dem Akt des Essens und dem alten Wiedergeburtssymbol der Schlange als Hervorhebung dieses Zusammenhangs bewerten.

Unsere Schöpfungsgeschichte ließe sich demnach als bildhafte Darstellung der Entstehung von Moral interpretieren. Die Frauen begaben sich zuerst in ein enges Verhältnis zur Natur (die Schlange und die eßbaren Früchte) und lernten dabei, daß bestimmte Handlungen naturwidrig und daher falsch waren. Die Priester jedoch verwarfen diese ‹natürliche› Unterscheidung der matrizentrischen Moral in ‹falsch› und ‹richtig› und verfochten statt dessen eine Moral des Gesetzes, des Wortes, vorgeblich des Wortes Gottes. Der Mann lernte die Unterscheidung zwischen ‹gut› und ‹böse› von der Frau. In dem Moment, wo er die Erkenntnisse übernahm, d. h. in den Apfel biß, verweigerte er jedoch Gott den Gehorsam und setzte sich über sein Wort hinweg. Einem männlichen göttlichen Schöpfer gegenüber ist der Mann jedoch grundsätzlich im Unrecht.[2]

Weil der Mann sich ins Unrecht gesetzt hat, muß er sein Leben in Mühsal fristen. Die alten, vergleichsweise unbeschwerten Zeiten des Jagens und Sammelns sind vorbei, im Schweiße seines Angesichts muß er sein Brot verdienen. Dennoch hält er die Beziehung zu seinem Gott aufrecht. Er wird der Frau übergeordnet, und die Tiere sind dazu verdammt, von ihm zertreten zu werden. Diese dem Menschen als Strafe für nicht genau faßbare «Sünden» auferlegte Lebenssituation ist der Kern des Patriarchats.

Das nächste Vergehen des Menschen ist ein Mord, ein Brudermord: Der Fleischesser tötet den Pflanzenesser. Kain wird für seine Tat mit der Ausstoßung aus der Gemeinschaft bestraft – eine Strafe, in der sich vermutlich der noch heute bei einigen Völkern gültige Brauch spiegelt, einen Gewalttäter aus dem Gruppenverband zu vertreiben. Diese Strafe ist von ganz anderer Art als etwa das «Auge um Auge» des Hammurabi oder unsere heutige Sitte des Einsperrens von Missetätern. Sie impliziert zum einen, daß die Gemeinschaft als erstrebenswerter und stützender Rückhalt betrachtet wird, und zum anderen, daß das Ausgestoßensein eine grausame Existenzform darstellt: Verbannung und Isolation ist die schlimmste aller denkbaren Strafen.

Kain wird dazu verurteilt, ein unstetes und flüchtiges Erdendasein zu führen, aber Gott versieht ihn dennoch mit einem Zeichen, daß niemand ihn erschlüge. So wird die Handlung des Mordes in das Bild des menschlichen Daseins integriert. Kain zieht in das Land Nod, heiratet und errichtet eine Stadt. Sein Nachkomme Lamech wird ebenfalls zum Mörder, die Söhne des Lamech, Jabal, Jubal und Thubalkain begründen die Kultur – die Viehzucht, die Musik und die Metallbearbeitung. Kain, nicht Abraham oder Noah, ist der wahre Urvater des abendländischen Mannes.

Schon sehr bald erkennt Gott, daß das Geschlecht, das er geschaffen hat, böse ist: «... der Herr sah, daß der Menschen Bosheit groß war auf Erden ...» (Genesis 6,5), und «... das Dichten und Trachten des menschlichen Herzens ist böse von Jugend auf» (Genesis 8, 21). Wir erfahren nicht, worin diese Bosheit besteht, sie wird uns als Tatsache präsentiert (vor Gott ist der Mensch im Unrecht). Um «die Menschen zu vertilgen», zerstört Gott die Erde mit allen ihren Lebewesen bis auf Noah und die Geschöpfe auf seiner Arche. Noah ist ein guter Mensch und findet Gnade vor dem Herrn: warum, erfahren wir allerdings nicht. Wir hören, er war ein frommer Mann und ohne Tadel zu seinen Zeiten, und er wandelte in Gottes Angesicht: was diese Sätze im einzelnen bedeuten, wissen wir nicht. Gott schließt einen Bund mit Noah, daß hinfort keine Sintflut mehr kommen soll, die die Erde verderbe, und erneuert noch einmal seine an früherer Stelle der Schöpfungsgeschichte ausgesprochene Verheißung, daß alle Pflanzen und Tiere auf der Erde in die Hände des Menschen gegeben seien. Ferner verfügt Gott, Blutvergießen solle mit Blutvergießen geahndet werden und alle Menschen seien sterblich. Da anzunehmen ist, daß im Mittelpunkt der matrizentrischen Moral die Wiedergeburt und nicht der Tod stand und daß Mord weniger streng bestraft wurde, lassen sich diese Aussagen als Verdikt gegen matrizentrische Gebräuche und Überzeugungen interpretieren. Gott spricht nur ein einziges Verbot aus: «Allein esset das Fleisch nicht mit seinem Blut, in dem sein Leben ist!» (Genesis 9, 4). Dieses Verbot lebt noch heute in der Zubereitung von koscherem Fleisch fort, war jedoch vermutlich ursprünglich gegen den Verzehr von Tieren bei lebendigem Leibe oder in rohem Zustand gerichtet. Im letzteren Fall hätte es Ähnlichkeit mit der Tabuisierung des Verzehrs von rohem Fleisch bei den Chipewyan. Die Abgrenzung von Rohem und Gekochtem, wie Lévi-Strauss sie dargestellt hat, ist eine symbolische Grenzziehung zwischen Tieren (die ihre Beute roh verschlingen) und Menschen. Es geht dabei gar nicht so sehr um das Für und Wider des Verzehrs von rohem Fleisch, sondern vielmehr um die bewußte Abgrenzung des Menschen von der Tierwelt. Offenbar existierte in ferner Vorzeit auch in der israelitischen Kultur eine solche Abgrenzung. Die im Bereich des Essens angesiedelte Symbolik spielt bis in unsere Zeit hinein eine wichtige Rolle.

Wenn wir auch nicht viel darüber wissen, wann und in welcher Reihenfolge die einzelnen Teile der Thora (auch Pentateuch genannt: die ersten fünf Bücher des Alten Testaments) und insbesondere der Genesis entstanden sind, ist doch anzunehmen, daß gerade die ersten Texte der Genesis aus einer sehr frühen Epoche der israelitischen Geschichte datieren. Dennoch sind diese Texte durch und durch patriarchalisch. In einer kurzen Passage vor der Geschichte von der Sintflut erfahren wir, daß die «Gottessöhne» sich die «Töchter der Menschen» zu Frauen nahmen (Genesis 6, 1–2), was darauf schließen läßt, daß zur Entstehungszeit dieses Textes Männer auf einer anderen Stufe der Existenz standen als Frauen. Nicht nur waren sie auf ein transzendentes Prinzip verpflichtet, sie hatten auch bereits die Aura und den Status einer besonderen Spezies angenommen. Man unterschied bereits zwischen Menschen und Tieren, Männern und Frauen und verschiedenen Gruppen von Männern: dies wird in der Geschichte des Turmbaus zu Babel deutlich, wo die Einheit der menschlichen Rasse als Bedrohung Gottes dargestellt wird.

Bestimmte Indizien deuten allerdings darauf hin, daß noch Elemente einer andersgearteten Weltordnung existierten. Die Geschichte des

Untergangs von Sodom und Gomorrha liefert Hinweise darauf, daß die matrizentrische Sitte des gemeinschaftlichen Teilens offenbar auch in frühpatriarchalischen Zeiten noch bestand. Die «Sünde», um die es hier geht, ist der Verstoß gegen die alten Gesetze der Gastfreundschaft, die in jeder nomadischen Kultur eine zentrale Rolle spielen. Abraham und Sara nehmen ihre himmlischen Gäste auf, wie es sich gehört, und werden belohnt. Die Männer von Sodom dagegen verstoßen gegen die Gebote der Gastfreundschaft und werden bestraft (und mit ihnen alle Frauen und Kinder sowie die gesamte Einwohnerschaft von Gomorrha). Spätere Interpretationen dieser Geschichte rücken (wie auch bei der Geschichte von Adam und Eva) sexuelle Aspekte in den Vordergrund, wozu der Text selbst jedoch keinen Anlaß gibt. Zwar wollen die Sodomiter Lots Gästen Gewalt antun und sie vielleicht auch ausrauben, aber auf der anderen Seite bietet ihnen Lot der Gerechte seine Töchter als Ersatz an (zudem werden diese Töchter später vom Vater geschwängert, um sein Geschlecht fortzusetzen, ohne daß dieser Akt bestraft wird). Die Auffassung, Sexualität sei Sünde, datiert also vermutlich aus einer Zeit nach der Entstehung dieser Geschichte.

Im Laufe der Jahrtausende wurden unzählige Geschichten an nächtlichen Feuern erzählt. Nur einige davon wurden jedoch von Generation zu Generation weitergegeben, und von diesen wiederum nur einige wenige niedergeschrieben. Was überdauerte, entsprach im allgemeinen den moralischen Grundsätzen derjenigen Kaste, die für die Niederschrift zuständig war, obgleich in einigen Fällen – wie etwa in bezug auf das Hohelied Salomo – der literarische Wert einen zweifelhaften moralischen Wert aufgewogen haben mag. Was wir aus diesen ersten Geschichten der Genesis herausarbeiten können, ist die Grundlage einer Moral, die in späteren Texten entfaltet und ausgestaltet wird.

Der Mann nimmt eine besondere Stellung unter allen übrigen Lebewesen ein und übt Macht über sie aus. Er unterscheidet sich ferner fundamental von der Frau und ist auch ihr übergeordnet. Er muß sein Sexualleben und seine Eßgewohnheiten sorgsam kontrollieren, weil er auf diesen Gebieten in eine enge Wechselbeziehung mit der Natur oder der Frau tritt. Der Mann, nicht aber die Frau, steht in Beziehung zu einem transzendenten Prinzip der Macht und des Wissens, das den gesamten Kosmos umfaßt. Der Mann, wiederum nicht die Frau, hat in dem Maße teil an diesem Machtwissen, wie er Gnade in den Augen Gottes findet. Was ihm diese Gunst Gottes einträgt, ist nicht so sehr die Darbringung von Opfergaben – etwa schmackhafte Tierinnereien, Korn oder Wein –

oder eine herausragende individuelle Fähigkeit, mit der man die Gunst Athenes oder Zeus' gewinnen konnte, ja nicht einmal intensive Hinwendung zum Göttlichen, die dem männlichen Chipewyan zu Machtwissen verhilft; nein, dieser Gott fordert vor allem Gehorsam.

Wenn wir das Alte Testament einschließlich der hier besprochenen Texte in seiner Gesamtheit betrachten, kristallisieren sich deutlich einige Grundmuster heraus. Das erste besteht darin, daß das neue (patriarchalische) Denken sich immer wieder in Opposition zum alten (matrizentrischen) Denken definiert. Ein zweites besteht in der absoluten Vormachtstellung einer Priesterkaste innerhalb des frühen Patriarchats, das möglicherweise sogar von diesem Priestertum begründet wurde.

Im Rahmen der gesellschaftlichen und moralischen Umorientierung wurden viele Grundwerte der alten matrizentrischen Ordnung ins Negative verkehrt oder zumindest abgewertet. Dieser Vorgang wird sehr deutlich an der Geschichte von Adam und Eva. Aber auch in vielen anderen biblischen Geschichten reflektiert sich ein Machtkampf zwischen Mann und Frau, der als Auseinandersetzung zwischen Gott und ‹weiblichen› Werten, zwischen Vater- und Mutterrecht zu verstehen ist. In der Geschichte von Abraham und Isaak kommt implizit zum Ausdruck, daß die Liebe zu den eigenen Kindern hinter dem Gehorsam gegenüber Gott zurückzutreten hat. In ähnlicher Weise werden noch viele weitere Umwertungen vorgenommen. Ich habe an anderer Stelle bereits die von Carol Ochs formulierten Gegensätze zwischen einem irdischen Reich des Zeitlichen, der Wandlung und der Fruchtbarkeit einerseits und dem transzendenten Reich der Zeitlosigkeit, Unwandelbarkeit und Unfruchtbarkeit andererseits zitiert. Carol Ochs stellt ferner der ursprünglichen Verpflichtung matrizentrischer Kulturen auf die eigenen Nachkommen und in der Folge die eigenen Blutsverwandten – die in patriarchalen Kulturen vorherrschende Verpflichtung auf ein «abstraktes moralisches Prinzip, den Willen Gottes», gegenüber.[3] Außerdem erfuhren die ‹weiblichen› Werte der Heimatverbundenheit, Seßhaftigkeit und Gemeinschaftlichkeit eine Entwertung zugunsten eines Komplexes von bislang negativ bewerteten Werten: Heimatlosigkeit, Wanderschaft und Isolation. Letztere wurden überhöht und zum Inbegriff der Männlichkeit stilisiert.[4] Tatsächlich haben alle männlichen Helden der Mythologie und Epik, von Gilgamesch bis Shane, schwere Prüfungen in Einsamkeit, Not und Verbannung zu bestehen.[5]

Das patriarchalische Bild des Mannes entstand in unmittelbarem Gegensatz zum bis dahin dominierenden Bild der Frau und hatte die Funktion, dieses zu überlagern und auszustechen. Die patriarchalische Ideologie selbst entstand aus der Verkehrung der matrizentrischen Ideologie und war darauf angelegt, diese zu transzendieren. Die matrizentrische Welt war eine Welt des Zeitlichen, das Patriarchat hingegen huldigt dem Zeitlosen in jeder Form. Eine Möglichkeit, die Zeit zu transzendieren, ist die Schaffung von Strukturen, die sie überdauern sollen, wie etwa Dynastien, Institutionen oder Staatswesen. Weitere Möglichkeiten liegen in der Vorstellung von einem ewigen himmlischen Reich oder von einem für die Ewigkeit errichteten Staat.

Die matrizentrische Welt war eine Welt des steten Wandels, die patriarchale Welt huldigt dem Dauerhaften und ehrt daher das geschriebene Wort, die Begründung und Festigung von Traditionen und Institutionen, die Errichtung von Monumenten – alles, was dem vergänglichen menschlichen Leben und Tun Dauerhaftigkeit zu verleihen verheißt. In matrizentrischen Gesellschaften genoß die Fruchtbarkeit höchste Wertschätzung, die sich sowohl auf Pflanzen und Tiere als auch auf die Menschen bezog. Kinder gebären zu können war in der alten Ordnung eine wundersame heilige Fähigkeit der Frauen gewesen. Die Verfechter des Patriarchats konnten die Macht, die diese Fähigkeit mit sich brachte, nicht leugnen, aber die Männer besaßen eine noch größere: sie konnten Leben vernichten. Der Akt des Tötens transzendiert den Akt des Gebärens, indem er ihn zunichte macht, und ist endgültiger als jener. Die Fähigkeit zu töten, wurde bald zum hervorstechenden Merkmal des männlichen Helden (eine Frau, die tötet, gilt kaum jemals als Heldin, sondern als widernatürlich).

In der matrizentrischen Welt teilte man gemeinschaftlich, die Gemeinschaft wurde durch Freundschafts- und Liebesbande zusammengehalten, ihre Mitglieder waren emotional an ein Zuhause gebunden und lebten somit unter Bedingungen, die die Menschen glücklich machten. Die patriarchale Welt setzte das Individuum über die Gemeinschaft, den Besitz über das Teilen, Konkurrenz und Rivalität über die Freundschaft, Wanderschaft und Isolation über das Eingebettetsein in eine emotionale Heimat und die Macht über die Liebe. Besitz, Heimatlosigkeit und Isolation machen jedoch nicht glücklich. Patriarchale Mythen verbieten den Männern das Glücklichsein geradezu, indem sie es für mangelnden Heldenmut verantwortlich machen. Die wahren Helden, die es zu einer Art von Heiligkeit bringen, verzichten für alle Zeit auf die Annehmlichkeiten des häuslichen Lebens und ziehen auf ewig als einsame Wanderer auf der Suche nach der Wahrheit, nach Gott oder dem Guten umher –

sofern sie nicht unterwegs ihr Leben lassen. Sie sind über die gewöhnlichen Bedürfnisse nach Essen und Trinken, Wärme und Geborgenheit, Gemeinschaft und Zuneigung erhaben. Bakan gelangt bei seiner Untersuchung des Alten Testaments zu dem Schluß, dessen Hauptanliegen bestünde darin, der männlichen Fortpflanzungsfunktion, der Patrilinearität und dem Patriarchat Geltung zu verschaffen; der Krieg sei dabei eines der wichtigsten Mittel zur Etablierung der neuen Ordnung; und schließlich ginge es bei den priesterlichen Revisionen und Zusätzen zu den alttestamentarischen Texten, die wir als Priesterschriften bezeichnen, vor allem um Privateigentum und Gehorsam.[6] Privateigentum und Krieg bedingen die Konkurrenz zwischen Männern, die wiederum Freundschaftsbeziehungen im Wege steht. Privatbesitz ist eine Form der Herrschaft – über Ländereien, Dinge, Tiere, Frauen und andere Männer. Krieg und Privateigentum stehen im Widerspruch zu Teilen, Toleranz und Gemeinschaftlichkeit. Nur wenn der Mann diese Werte verwirft, kann er in den Besitz jenes höheren Machtwissens gelangen, das denen offensteht, die dem transzendenten Prinzip huldigen. Es ist eine ebenso ironische wie unvermeidliche Tatsache, daß eben die Begründer dieser machtverherrlichenden Ideologie auch die Knechtschaft erfanden.

Sie ist ein weiteres grundlegendes Motiv, das sich aus dem biblischen Material herausschälen läßt. Die Notwendigkeit der Knechtschaft wird mit einer einzigen Behauptung begründet: das Sehnen und Trachten des menschlichen Herzens ist von Jugend auf böse. Der Mensch ist von Natur aus schlecht. Um Gnade vor Gott zu finden, muß er also ständig bestrebt sein, sich selbst und seine verderbte Natur zu überwinden. Dies ist ihm jedoch nur mit Hilfe derer möglich, die auf irgendeine Weise vom Makel des Sündigen verschont blieben oder ihn zu transzendieren vermochten. Das wiederum sind meist diejenigen, die im mehr oder minder unmittelbaren Zwiegespräch mit Gott stehen: die Priester, die ihn lehren können, seinen bösen Lebenswandel aufzugeben und seinen Willen mit dem Gottes in Einklang zu bringen. Auch hier verspricht der Gehorsam, jenes zentrale Anliegen des Alten Testaments, die Antwort auf alle Fragen.

Stephen Chorover bemerkt, die christliche Doktrin von der Erbsünde bedeute, daß alle menschlichen Geschöpfe von Geburt an auf priesterliche Intervention angewiesen sind, wenn sie der ewigen Verdammnis der Hölle oder des Fegefeuers entgehen wollen. Um dieses Problem führten Augustinus und Pelagius, ein Theologe aus dem 5. Jahrhundert, eine der wichtigsten ideologischen Auseinandersetzungen in der Geschichte des Christentums. Pelagius beharrte darauf, daß die Menschen mit der Fähigkeit ausgestattet seien, zwischen ‹gut› und ‹böse› unterscheiden zu können. Augustinus vertrat hingegen die Auffassung, daß alle Menschen von Grund auf verderbt seien und keinen freien Willen besäßen. Augustinus blieb Sieger, da die Existenz und die Zukunft der Kirche «von der Vorstellung abhingen, der Mensch sei von Natur aus sündig». Hätte Pelagius die Oberhand gewonnen, so wäre die Kirche als Garant «einer institutionell zugesicherten Erlösung» überflüssig geworden.[7]

Bereits Jahrhunderte vor dieser Auseinandersetzung sicherten die israelitischen Priester in gleicher Weise ihre eigene Unentbehrlichkeit, indem sie den Menschen für böse und den Gehorsam gegenüber Gott für lebensnotwendig erklärten. Als ergebene Diener eines allmächtigen Gottes lehrten sie die Menschen, auf die Knie zu fallen und ihren eigenen Willen einem göttlichen Wesen unterzuordnen, hinter dem in Wirklichkeit nur die Priester selbst steckten.

Das *double bind,* in das die Männer verstrickt sind, tritt nun deutlich zutage. Der Mann ist die Krone der Schöpfung und doch gleichzeitig extrem abhängig und isoliert: er braucht die Frau als Mittlerin zwischen sich und der Natur und die Priester als Mittler zwischen sich und dem Göttlichen. Während er im Verhältnis zur Frau der dominierende Part zu sein hat, muß er sich den Priestern unterordnen. Der Mann als wahre menschliche Kreatur, die den Schlüssel zur Macht in Händen hält, hat sich Forderungen zu fügen, die sich seiner Kontrolle völlig entziehen. Er muß lernen, seine persönlichen Bedürfnisse und Wünsche zu verleugnen und aus dieser Negation auch noch Befriedigung zu ziehen. Er muß lernen, das Gute schlecht und das Schlechte gut zu nennen, und mehr noch: er muß lernen, sich selbst zu hassen, sich als nichtswürdig und böse zu begreifen, und zwar vor allem dann, wenn er in sich selbst Neigungen entdeckt, das zu genießen, was zu verachten ihm aufgegeben ist. Er muß sich freiwillig in die Isolation begeben und danach trachten, allein mit seinem Gott zu sein, vor dem er zu bereuen und Buße zu tun hat. Wir dürfen die Tragweite der Auswirkungen, die dieser Mythos der männlichen Herrschaft und die ihm innewohnenden *double binds* auch in der Gegenwart haben, auf keinen Fall unterschätzen.

Ein weiterer folgenreicher Bestandteil der patriarchalischen Ideologie ist die Idee des ‹höheren Lebenszwecks›. Da das patriarchalische Denken das Leben nicht mehr als zyklischen, sondern als linearen Prozeß betrachtet, schreibt es ihm ein Ziel zu, das sowohl Ende als auch *Telos* ist. Die meisten primitiven Gesellschaften – und wir dürfen vermuten, daß es in den alten matrizentrischen Kulturen nicht anders war – betrachten das menschliche Leben als Teil der ewigen Wiederkehr im Naturkreislauf. Die Jahreszeiten kommen und gehen, der Mond verändert seine Form, die Tiere werden geboren, wachsen heran und sterben, aber alles Vergangene kehrt wieder, dem Winter folgt ein neuer Frühling, der Mond rundet sich erneut und neue Jungtiere wachsen nach. Für die Göttinnenkulte, die die Wiedergeburt in den Vordergrund stellten und Schlangen, Schmetterlinge und andere Symbole der Erneuerung verehrten, stellte offenbar auch das menschliche Leben einen solchen zyklischen Prozeß dar, der über die Transformation zur Wiedergeburt führte. Wenn man das Leben aber als zyklischen Prozeß betrachtet, kann die Idee der Zielgerichtetheit und des ‹höheren Lebenszwecks› nicht aufkommen, denn der Kreis hat keinen Anfang und kein Ende (die Religionen des Ostens kombinieren die zyklische und die lineare Auffassung vom Leben, indem sie von Zyklen ausgehen, die irgendwann ein Ende haben).

In den meisten primitiven Gesellschaften konzentrieren sich die Menschen auf das Hier und Jetzt, auf ihr alltägliches Wohlergehen. Die Götter haben in solchen Gesellschaften die Aufgabe, das Wohlergehen der Menschen im Hier und Jetzt zu fördern, ihr Verhältnis zur Natur zu verbessern und ihnen manchmal auch Führer auf dem Weg zur Wiedergeburt zu sein. Das Patriarchat hingegen glaubt an ein linear ausgerichtetes Leben und an Götter, die dieses Leben transzendieren. Die patriarchalen Götter fordern die gehorsame Erfüllung einer Reihe von Geboten, was zudem bedeutet, daß sie die Menschen streng beobachten, Verstöße ahnden und Gehorsam belohnen. Da sie unsterblich sind, setzen sie dem menschlichen Leben gewissermaßen einen abgesteckten Rahmen, einen Anfang und ein Ende: sie halten das Dasein umspannt und verleihen ihm damit zugleich einen Zweck. Die Menschen sind dazu da, Gott zu gefallen. Wenn ihnen Belohnung und Strafe nicht bereits auf dieser Welt in gerechtem Maß zugemessen werden, so wird dies nach dem Tode geschehen.

Die Idee des ‹höheren Lebenszwecks› ist in mehrfacher Hinsicht paradox. Zum einen ist nur das Leben ein würdiges Dasein, das einen höheren Sinn hat. Deshalb beklagten im ausgehenden 19. Jahrhundert Scharen von in ihrem Glauben wankend gewordenen Schriftstellern nicht den Verlust ihres Gottes, sondern den ihres Lebenssinns. Die Sinnlosigkeit erschien ihnen als beängstigende Freiheit, ähnlich der eines haltlosen

Körpers, den man der Stütze des Korsetts beraubt hat. Dabei ist doch gerade die Tatsache entwürdigend, daß wir Menschen uns damit abplagen, einem höheren Wesen zu gefallen, anstatt unser Leben zu genießen. Zum anderen erwuchs die Idee des ‹höheren Lebenszwecks› ursprünglich aus dem Bestreben, eine Kompensation für die Opfer zu schaffen, die der Gehorsam gegenüber Gottes Gesetzen den Menschen abforderte. Wer auf dieser Welt nicht tun kann, was er will, weil er damit gegen ein Gebot verstieße, braucht die Verheißung einer späteren Belohnung (oder aber die Androhung späterer Bestrafung) als Motivation. Die «Gottesgabe» der Zweckorientiertheit des menschlichen Lebens hat daher in Wirklichkeit einen hohen Preis. Diese Art von Lebenssinn kann nur mit Inhalt gefüllt werden, wenn man ihr das alltägliche Lebensglück opfert.

Die Vorstellung eines gottgewollten Lebenszwecks wurde auf das gesamte Alltagsleben ausgeweitet. Für Tiere mochte es genug sein, zu leben, sich ihres Daseins zu erfreuen, nach Nahrung zu suchen oder sich fortzupflanzen. Auch Frauen mochte es genügen, wenn sie einen Sohn zur Welt brachten, der die väterliche Linie weiterführen oder Gott geweiht werden konnte. Ein vollwertiger transzendenter Mann mußte jedoch einen höheren Zweck erfüllen. Er mochte sich wünschen, Stammvater eines Volkes zu sein, wie es Abraham verheißen wurde. Er mochte danach trachten, eine Nation zu begründen wie Aeneas und Scharen realer und erdichteter Eroberer nach ihm.[8] Er mochte danach streben, eine Dynastie zu gründen oder Taten zu vollbringen, die seinen Namen in die Geschichte eingehen ließen. Alle diese Bestrebungen hörten keineswegs auf, nachdem das Christentum den Gottesfürchtigen ein ewiges Leben in Freude und Wonne verheißen hatte, im Gegenteil, sie wurden stärker.

Zu den wichtigsten Funktionen der Idee des ‹höheren Lebenszwecks› gehört jedoch die Rationalisierung des Leidens. Der Mensch, dessen Leben in den Händen eines transzendenten Gottes liegt, leidet weder allein noch vergeblich. Gott ist Zeuge seiner Leiden und honoriert sie mit Pluspunkten in seinem großen Buch. Vielleicht wird Gott sogar daran denken, die Urheber dieses Leidens zu bestrafen, auch wenn er vielfach selbst dafür verantwortlich ist. Auf jeden Fall läutert das Leiden die nach Heiligkeit strebende Seele und wiegt ihre Sünden auf. Es wird zum Mittel der Erlösung – wie etwa im Buch Hiob (in seiner ergänzten heutigen Fassung), bei Jesaja 2, im Christentum und anderen Religionen generell – und ist damit nicht mehr eine selbstverständliche, weil natürliche Schattenseite menschlichen Daseins. Leiden wird Mittel zum

Zweck und der Schmerz damit, wie Nietzsche schreibt, seiner Unschuld beraubt.[9] Die Idee, das Leiden als Mittel zur Erlösung umzufunktionieren, erfüllt gleichzeitig einen politischen Zweck. In der östlichen wie in der westlichen Welt stellt die Forderung nach der passiven Fügung in das Leiden ein wichtiges ideologisches Mittel dar, die Armen und Machtlosen ruhig zu halten.

Die Idee des ‹höheren Lebenszwecks› wurde, wie ich an späterer Stelle dieses Kapitels eingehender erörtern werde, erst vom Christentum voll entfaltet. Dennoch spielt die Auffassung, der Mensch habe danach zu trachten, Gott wohlgefällig zu sein, um von ihm belohnt zu werden, bereits im frühen (alttestamentarischen) Judaismus eine große Rolle. Der Judaismus und der Hellenismus, die beiden Hauptwurzeln der abendländischen Kultur, sind zwar sehr unterschiedliche, aber gleichermaßen patriarchale Denkgebäude.

In das Denken der Griechen fand die Vorstellung, die Menschheit sei von Natur aus böse, niemals Eingang. Ebensowenig verstanden die Griechen, wie Nietzsche aufgezeigt hat, Gott jemals als den allmächtigen Herrn.[10] Zeus vermag bei all seiner Macht noch nicht einmal seine geliebte Stadt Troja vor dem Zorn seiner Gattin Hera zu bewahren. Der Glaube an ein Pantheon mit seinen zahlreichen gegeneinander wirkenden göttlichen Mächten verhinderte das Aufkommen einer monolithischen Religion. Außerdem gab es bei den Griechen keine Priesterherrschaft. Unbeseelte Macht verkörpert sich in der Natur, vernunftbegabte Macht im Menschen. Letztere ist menschlichem Bemühen zugänglich, erstere entzieht sich ihm trotz aller in der Dichtung beschriebenen an die Götter gerichteten Anrufungsrituale. Nur ein Sklave beugt sich vor einem Herrn, und das griechische Mannesideal schloß Knechtschaft nachdrücklich aus. Da die griechische Kultur nicht von Priestern beherrscht war, spielte der Gehorsam eine wesentlich geringere Rolle als im Judaismus. Demzufolge konnte auch die Idee des ‹höheren Lebenszwecks› bei den Griechen gar nicht aufkommen. Auch wenn die Helden durchaus danach trachteten, Ruhm zu erwerben und in der Dichtung verewigt zu werden, spielte sich die Erfüllung des Lebenszwecks doch im Diesseits ab.

Dieser Unterschied zwischen der judaischen und der griechischen Kultur ist im Grunde jedoch rein theoretischer Natur. Dieselben Griechen, die Unfreiheit und Knechtschaft ablehnten, schufen eine Kultur, die auf dem Rücken von Menschen ruhte, die zahlenmäßig die Mehrheit der Bevölkerung darstellten, aber in keiner der philosophischen Abhandlungen über ‹den Menschen› vorkamen: Frauen und Kinder, Sklaven und Arbeiter. Die Definition des selbstbestimmten, willensgelenkten und würdevollen Idealmenschen erfolgte also unter Ausschluß der Mehrheit der Bevölkerung. Da dieser jedoch das eigentlich Menschliche repräsentierte, müssen alle übrigen Mitglieder der griechischen Gesellschaft *qua definitionem* ‹Untermenschen› gewesen sein.

Die frühen Israeliter hielten sich ebenfalls gehorsame Ehefrauen und Sklaven, und auch bei ihnen gab es arme Menschen. Priestern und Propheten begegnete man mit Respekt oder zumindest mit Furcht. Dennoch lassen die beständigen Ermahnungen der Propheten zum Gehorsam und die Art und Weise, in der sie die Masse wegen ihrer Halsstarrigkeit und Unbotmäßigkeit tadelten, darauf schließen, daß das Gros der Menschen keineswegs gehorsam war. Somit liegt die Vermutung nahe, daß die israelitische Kultur möglicherweise demokratischer, anarchischer und toleranter war als die griechische. Die Propheten, die die Juden zum Gehorsam mahnten, forderten damit von einem stolzen und unabhängigen Volk, sich einem Machtprinzip unterzuordnen und die damit verbundene Moral anzuerkennen. Die Griechen, die den Menschen als freies, willensgelenktes und jede Knechtschaft ablehnendes Geschöpf definierten, zwangen die Bevölkerung durch sozialen Druck und legislative Mittel, die staatliche Autorität anzuerkennen. Daß sie den erzwungenen Knechtschaftsdienst dem Staat gegenüber nicht als Gehorsam bezeichneten, half nur die tatsächlichen Verhältnisse verschleiern. Die Götter des Griechentums und die des Judentums waren unterschiedlich, aber ihre Forderungen waren im Grunde identisch.

In anderen Bereichen deckt sich das Bild des Mannes im alten Griechenland weitgehend mit dem des Judaismus. Auch die griechischen Vorstellungen von dem, was man unter Männlichkeit zu verstehen hatte, fanden ihren Ausdruck in Erzählungen, die erst viel später gesammelt, aus- und umgestaltet wurden. Die beiden großen griechischen Versepen, die *Ilias* und die *Odyssee*, waren von ihrer Bedeutung her der *Thora* der Israeliter durchaus vergleichbar. Ebenso wie die einzelnen Bücher der *Thora* unterscheiden sie sich geringfügig in ihrer Perspektive.

In der *Ilias* ist der Mann vor allem der Held, der tötet. Beide Parteien, die Achäer wie die Trojaner, sind starke und kühne Krieger, aber dennoch repräsentieren sie verschiedene moralische Welten. Die Achäer lagern zu Beginn des Epos bereits seit fast zehn Jahren an der Küste vor Troja. Sie kämpfen vorgeblich um Helena, aber in Wirklichkeit verteidigen sie die Ehre des verlassenen Ehemannes und erfüllen ihre Pflicht dessen Bruder gegenüber, der einer der mächtigsten griechischen Stammesfürsten ist. Sie kämpfen, anders ausgedrückt, aus ‹männlichen› Motiven, in Übereinstimmung mit dem männlichen Ehren- und Pflichtenkodex. Einige Krieger sind in erster Linie vom Streben nach Ruhm und Ehre beseelt. Die Trojaner hingegen kämpfen, um ihre heilige Stadt, ihre Heimat, zu verteidigen. Auch sie sind dem männlichen Ehrenkodex verpflichtet, der es ihnen verbietet, Helena den Griechen auszuliefern. Aber zu dem Zeitpunkt, an dem das Epos einsetzt, ist ihnen bewußt, daß sie um den Erhalt ihrer Kultur selbst kämpfen. Die unterschiedlichen moralischen Beweggründe der beiden Parteien lassen den Ausgang des Kampfes bereits erahnen: zur Entstehungszeit des Versepos fiel ein glückliches Gemeinwesen nach dem anderen unter den Schwertern eindringender Eroberer. Die Macht ist das zentrale Motiv der *Ilias,* aber der Besitz dieser Macht ist nur um den Preis von Zerstörung möglich, er bringt den Niedergang des Schönen, der Lust und der Liebe mit sich. Allerdings behandelt der Dichter den Mann noch als Teil der Natur, der in gewisser Weise auf einer Stufe mit den Pflanzen und den Tieren steht. Er vergleicht den Tod eines jungen Kriegers mit dem Gefälltwerden eines jungen Baumes und beklagt beides. Er schildert die Flucht der Vögel ebenso wie die der Menschen. Vielleicht ist die Wechselbeziehung zwischen dem Mann und der Natur nur deshalb möglich, weil Frauen in diesem Epos kaum eine Rolle spielen. Zwar bilden sie den symbolischen Anlaß für den Kampf der Männer und repräsentieren im Verlauf der Handlung die emotionale Welt, aber es sind Männer, die die beiden Seiten des Konflikts verkörpern: Hektor, Priamos und Paris das ‹weibliche› Troja, Agamemnon, Achill, Ajax und Odysseus die ‹männlichen› Achäer.

Die Achäer sind ein barbarischer Haufen. Während sie Troja belagern, beschaffen sie sich Nahrung, Frauen und Sklaven, indem sie die Dörfer an der Kleinasiatischen Küste überfallen und plündern. Sie sind wurzellos, heimatlos, und die Härte ihres Lagerlebens hält keinen Vergleich mit dem Luxus und den Annehmlichkeiten des Lebens in den trojanischen Palästen aus. Sie rivalisieren untereinander und neiden einander Privilegien und Auszeichnungen mit einer Eifersucht, die oft tödliche Folgen hat: tatsächlich beginnt die Handlung mit einer aus Rivalität erwachsenden Auseinandersetzung zwischen Achill und Agamemnon, die dazu führt, daß ersterer sich aus dem Kampf zurückzieht. Achills geliebter Freund Patroklos läßt sich dazu überreden, den Kampf wieder aufzunehmen. Darauf bittet Achill ihn, für ihn zu siegen, aber den Krieg nicht im Alleingang zu gewinnen, da dies seinen eigenen Ruhm schmälern würde. Schließlich betet Achill darum, kein Trojaner *und* kein Grieche außer Patroklos und ihm selbst möge den Krieg überleben. [11]

Tatsächlich gibt es kaum Überlebende. Aber indem die Achäer Troja vernichten, zerstören sie zugleich ihre eigene Heimat, ihr eigenes Glück. Agamemnon geht zwar lebend aus dem Kampf hervor, muß aber erfahren, daß eine Rückkehr nach Hause nicht möglich ist, und Odysseus ist weitere zehn Jahre unterwegs, um nach Ithaka zurückzugelangen. Von seinen Irrfahrten handelt die *Odyssee,* deren Hauptthemen Heimatlosigkeit und Wanderschaft sind. Odysseus ist immer noch der mächtige Krieger, aber um diese neuen Prüfungen zu bestehen, braucht er List und Geschick weit dringender als Kühnheit. In der *Odyssee* ist die feindliche Macht die Natur, die eindeutig weibliche Züge trägt. Winde treiben die Schiffe des Helden von ihrem Kurs ab. Skylla und Charybdis bedrohen sein Leben, Sirenen locken die Seefahrer zu den gefährlichen Klippen, ein Sturm vernichtet sein Schiff und tötet die Mannschaft, schöne und mächtige Halbgöttinnen versuchen, den Helden zu halten, desgleichen eine schöne junge, ganz und gar menschliche Prinzessin. Der Held wird in diesem Epos vor die Aufgabe gestellt, die Welt des ‹Weiblichen› zu überlisten, sie zu meiden und ihr zu entfliehen, um in eine Heimat zurückzukehren, die eine Hochburg der Macht ist und wo ihn sein gefährlichster Kampf erwartet. Odysseus steht unter dem Schutz Athenes, die, im Unterschied zu Zeus in der *Ilias,* mächtig genug ist, ihn zu retten. Seine treue Gattin Penelope, bedrängt von Freiern, die sie heiraten und ihre Besitztümer an sich bringen wollen, hütet sein Zuhause; Ithaka gehört eindeutig Penelope, nicht Odysseus (in diesem Epos spielt das weibliche Element eine so wichtige Rolle, daß Samuel Butler die Hypothese aufstellte, es sei von einer Frau verfaßt worden!). Gleichzeitig sind es aber auch ‹weibliche› Elemente, die den Helden bedrohen, und Ithaka, seine Heimat, verwandelt sich von einem Hort des Glücks in eine Stätte des Grauens. Dennoch erschien der Ausgang der *Odyssee* – bei dem Odysseus glücklich seinen Platz an der Seite Penelopes einnimmt – späteren Lesergenerationen so unpassend, so unheroisch, daß eine neue Legende entstand, derzufolge Odysseus im Alter noch einmal zu neuen Abenteuern in die Ferne aufbrach.

In späteren griechischen Schriften wird der Mann mit Macht und

Freiheit identifiziert. So unterscheidet Aristoteles zwischen freien männlichen Bürgern und der übrigen Bevölkerung – Frauen, Kindern, Handwerkern, Arbeitern und Sklaven. Letztere bilden die «notwendigen Voraussetzungen» für die Existenz eines Staatswesens. Sie erfüllen ihre Aufgaben nicht aus freien Stücken.[12] Ich bin auf diese Unterscheidung bereits in Kapitel III eingegangen: Wie Slater aufzeigt, beinhaltete die Ablehnung und Abwertung der Frauen durch die griechischen Männer gleichzeitig die Ablehnung und Abwertung des häuslichen Bereichs – der häuslichen Tätigkeiten, des Familienlebens und der Kinderaufzucht.[13] Die dem Mann gemäße Lebensform war die Kriegführung oder intellektuelles Abenteurertum. Edel war der Mann, der «Tapferkeit, Geschick und Tüchtigkeit im Krieg wie im Frieden» bewies.[14] *Arete,* die Entsprechung zum mittelhochdeutschen Wort *tugende* in seiner noch nicht zum bloß Moralischen abgeschwächten Bedeutung, ist das Mannesideal, in dem sich Heldenmut, Kühnheit, Führerqualitäten und Intelligenz verbinden. Das einzige Gebiet, auf dem die Frauen an diesen Komplex von Tugenden heranreichen können, ist das der Schönheit.[15]

Für Aristoteles spiegelten alle menschlichen Beziehungen Machtkämpfe wider; er hielt das für richtig und naturgemäß. Die Griechen waren überaus wettkampffreudig: von physischen Wettkämpfen gingen sie dazu über, sich im geistigen Bereich, in der Dichtkunst und Dramatik zu messen.[16] Sie «pflegten Wettkämpfe in allem zu veranstalten, wo es Möglichkeiten zum Kämpfen gab. Bei Symposien wetteiferte man mit Gesängen, Rätseln, im Wachbleiben und Trinken.[17] Schönheitswettstreite von Männern bildeten einen Teil der Panathenäen». Slater bemerkt, daß für die Griechen offenbar nur das von Bedeutung war, was die Niederlage eines anderen beinhaltete.[18] Diese Rivalität prägte auch die Beziehungen zwischen den verschiedenen Stadtstaaten, die von den Kriegen, die sie unter sich führten, in verhängnisvollem Maße ausgezehrt wurden. Im Namen der Ehre und des Ruhms, jener scheinbar bleibenden Zeugnisse des vergänglichen menschlichen Lebens, zerstörten die Griechen in gewisser Weise ihre eigene Kultur. Der Dichter der *Ilias* mag wohl blind gewesen sein, aber er besaß seherische Gaben.

Natürlich finden sich sowohl im Alten Testament als auch in der griechischen Literatur und Philosophie auch andere Darstellungen von Männern. Auch innerhalb des vergleichsweise wesentlich eingeschränkteren Spektrums der Frauendarstellungen werden Bilder gezeichnet, die in keine Kategorien passen. Den Männern wird eine große Vielfalt an Charakterzügen und moralischen Eigenschaften zugestanden. Sie mögen ein wenig einfältig sein, wie Samson, listenreich wie Jakob und Odysseus, mürrisch, stur oder auch hochmütig. Sie mögen sich gegen den Vater auflehnen wie David gegen Saul oder Hiob gegen Gott, und Ödipus, wenn auch unwissend gegen Laios, oder sie mögen wie Orest den Vater rächen. All diese Eigenschaften hindern sie nicht daran, auf die eine oder andere Weise zum Helden zu werden. Wir müssen das Bild des Mannes von seiner negativen Seite her beleuchten: Wie darf ein Mann, der ein Held werden will, auf keinen Fall sein? Ein Mann darf nicht unter dem Einfluß einer Frau stehen, er darf nicht weibisch sein (was nichts mit der Homosexualität zu tun hat). Gewöhnlich darf er sich auch nicht passiv verhalten, wenngleich Hamlet, eine der populärsten Heldengestalten der westlichen Kultur, im Drama über weite Strecken passiv und unentschlossen ist. Es ist riskant für den Mann, Sanftmut und Sensibilität zu entwickeln, es sei denn, er ist der heilige Franz von Assisi. Grundsätzlich gilt: Die Persönlichkeitsstruktur des Mannes darf dem nicht zu nahe kommen, was angeblich die Frau auszeichnet. In gewisser Weise prädeterminiert also die Definition der Frau die des Mannes. Die Frau wird zur Inkarnation dessen, was ein richtiger Mann nicht sein darf. Ansonsten ist ihm alles erlaubt, will er jedoch seine Männlichkeit beweisen, dann muß er ‹weibliche› Charakteristika in sich ausmerzen. Diese Aufspaltung des menschlichen Potentials an Verhaltensmöglichkeiten gewinnt besondere Bedeutung im Hinblick auf die Herrschaftsausübung: damit der Mann den Schein aufrecht erhalten kann, immer und überall die Macht zu besitzen, muß er sie den Frauen entziehen.

So nahm man den Frauen in den patriarchalischen Gesellschaften die einzige Macht, die sie in primitiven männerbeherrschten Kulturen besessen hatten: die generative Potenz und die mit ihr verbundene verunreinigende Kraft der Menstruation. Man behauptete schlicht und einfach, die Mutter sei nur ein Gefäß und der Vater der eigentliche Erzeuger des Kindes. Gott versprach Abraham, aus *seinem* Samen ein großes Volk zu erschaffen. Auch Aischylos bekräftigte diese Überzeugung, und Aristoteles stellte sie schließlich auf ‹wissenschaftliche› Grundlagen, indem er behauptete, der männliche Same sei die vitale Kraft, die der leblosen Materie des weiblichen Menstruationsblutes Form verleihe, und das Geschlecht des Kindes hinge von der bei der Zeugung herrschenden Windrichtung ab. Ersteres wurde zu einem allgemein anerkannten Glaubenssatz, während die zweite Behauptung immer umstritten blieb. Auf diese Weise werden Frauen ins kulturelle Abseits gedrängt: Wie hätte eine schlichte, ungebildete und biedere Frau Aristoteles widersprechen sollen (falls sie überhaupt je von ihm gehört hatte)? Was aber mag sie gedacht haben, wenn sie ihre Kinder ansah und an ihnen die Ähnlichkeiten in Körperbau, Haarfarbe usw. wahrnahm? Was immer sie dachte, sie tat es im stillen, und sie muß sich dabei ein wenig wie eine Gesetzlose gefühlt haben.

Die Männer hielten über Jahrhunderte hinweg an dem Glauben fest, daß sie die eigentlichen Erzeuger des Kindes wären, was sie allerdings nicht daran hinderte, ihren Frauen die Schuld zu geben, wenn Söhne ausblieben, und sich, wenn es um dynastische Belange ging, deshalb sogar von ihnen scheiden zu lassen. Der weibliche Anteil an der Fortpflanzung, die Eizelle, wurde erst 1827 mit Hilfe des Mikroskops entdeckt: bis dahin war nicht einmal hypothetisch angenommen worden, daß ein solcher Anteil existiert, obgleich prähistorische Darstellungen Vogelfrauen zeigen, die Eier legen. Bis zur Entdeckung der Chromosomen im Jahre 1902 gab es keine neue Theorie zur Festlegung des kindlichen Geschlechts.[19] Dann jedoch waren die Männer endgültig gezwungen, anzuerkennen, was sie sich längst hätten denken können und was in vielen Fällen nur allzu offensichtlich war: daß beide Elternteile ihre Eigenschaften dem Kind vererben. Trotz aller offenkundigen Gegenbeweise behandelte die Rechtsprechung bis ins ausgehende 19. Jahrhundert und in manchen Ländern bis in die Gegenwart hinein den Vater als den eigentlichen Elternteil. Der Vater war es, dem im Scheidungsfall die elterliche Gewalt über die Kinder zugesprochen wurde, und wenn ein Vater starb, so fiel diese elterliche Gewalt eher dessen Familie als der Mutter zu (von Bedeutung war diese Regelung natürlich nur dort, wo Geld im Spiel war. Um die Kinder der Armen reißt sich niemand).

Obgleich das Patriarchat den Frauen die Zeugungsmacht abzusprechen vermochte, schrieb es ihnen sehr wohl sexuelle Macht zu. Tatsächlich wird der Mann in der christlichen Literatur des Mittelalters so dargestellt, als sei er auf sexuellem Gebiet völlig unbeholfen und der Werbung der Frau hilflos ausgeliefert. Wo sexuelle Belange in frühen Gesetzestexten oder Morallehren behandelt werden, sind es gewöhnlich die Frauen und nicht die Männer, denen einschränkende Vorschriften gemacht werden. Der *Leviticus* ist in dieser Hinsicht eine Ausnahme, da in ihm der Versuch gemacht wird, die Sexualität der Männer zu reglementieren. Wie wir gesehen haben, wird die Sexualität im *Leviticus* grundsätzlich als unreiner Vorgang dargestellt: jeder enge Kontakt zwischen den Körpern von Mann und Frau bringt eine Verunreinigung des Mannes mit sich, die priesterlicher Eingriffe und Überwachung bedarf. Bestimmte Formen der Sexualität – etwa mit einer menstruierenden Frau, mit der eigenen Schwiegermutter, Mutter oder Tochter oder auch mit einem anderen Mann – sind Schandtaten, die mit schweren Strafen bis hin zu Verbannung und Tod geahndet werden.

Dennoch finden wir in der Bibel kaum Hinweise auf sexuelle Schuldgefühle oder Ängste bei Männern. Die Priester heirateten und gründeten Familien. Samson, von Geburt an ein Gottgeweihter, durfte sich das Haar nicht schneiden lassen und mußte sich an bestimmte Essensvorschriften halten, während es ihm sehr wohl erlaubt war, zu heiraten. Könige und reiche Männer hatten viele Ehefrauen und Konkubinen, und auch die Prostitution scheint verbreitet gewesen zu sein. Die Könige wurden hauptsächlich deshalb dazu angehalten, sich keine ausländischen Ehefrauen zu nehmen, da diese fremden Gottheiten dienten und die Macht Jahwes in Israel hätten schmälern können. Wenn Unzucht angeprangert wird, so steht dabei die Gefahr der religiösen Entfremdung im Vordergrund, nicht der sexuelle Aspekt.

Für die Griechen war die Sexualität mit Frauen etwas ganz Natürliches, wenn auch Erniedrigendes. Man war verpflichtet, mit der Ehefrau zu schlafen, zumindest bis der gewünschte Sohn zur Welt gekommen war. Ferner veranstaltete man Festgelage für die Männer, zu denen Prostituierte herangeschafft wurden, und die Hetären hatten die Aufgabe, Geist und Körper zu erfreuen. Die wichtigste Form der Sexualität war jedoch in Athen und vor allem in Sparta die männliche Homosexualität: nur Männer waren der Liebe eines Mannes würdig, gleichgültig, ob diese Liebe einen sexuellen Ausdruck fand oder nicht.

Die katholische Kirche setzte die Sexualität an die Spitze ihrer Liste der bis in alle Einzelheiten zu reglementierenden Lebensbereiche. Das kirchliche Ideal hieß jetzt Jungfräulichkeit oder zumindest Keuschheit (etwa nachdem eine Frau Witwe geworden war). Die meisten sexuellen Reglements betrafen *beide* Geschlechter, eine bemerkenswerte Tatsache, die jedoch für die Mehrzahl der Männer keine großen Konsequenzen beinhaltete. Vermutlich blieben auch ihre Auswirkungen auf die Frauen minimal. Frauen aus begüterten Familien wurden nicht minder streng behütet und kontrolliert als in Rom und Athen, und die Frauen der unteren Schichten verfügten vermutlich auch weiterhin über die relative sexuelle Freiheit, die sie schon immer besessen hatten.

Die Einstellung der Kirche gegenüber der Sexualität führte jedoch zur Herausbildung eines neuen Männertypus: der Mann, in dem sich das ‹weibliche› Prinzip verkörperte. Die Juden und die frühen Christen waren an der rein männlichen, in jeder Hinsicht asketischen, was ihren Moralkodex betraf, nicht besonders ‹weiblichen› Religionsgemeinschaft orientiert gewesen. Der neue Typus hingegen war fürsorglich und mitfühlend, sanft und großherzig. Unter der Voraussetzung, daß er keinen Kontakt mit Frauen hatte, gestand man ihm diese Eigenschaften zu. Möglicherweise kam er in der Literatur häufiger vor als im wirklichen Leben, aber es gab zweifellos tatsächlich einige wenige solcher Heiligen. Generell kann gesagt werden: Männer, die entweder keinen körperlichen Kontakt zu Frauen pflegen oder aber ihre Frauen unter strikter Kontrolle haben, dürfen sich auf allen anderen Ebenen freier bewegen, ‹weibliche› Eigenschaften entfalten und sogar (wie etwa die Männer in islamischen Ländern) offen Zärtlichkeiten untereinander austauschen.

Die innerkirchlichen Reformen, die schließlich dazu führten, daß den Priestern die Ehe untersagt wurde, wurden weit mehr von Frauenhaß und dem Bestreben gespeist, Frauen aus den Machtetagen der Kirche fernzuhalten, als von dem Wunsch, die männliche Sexualität zu reglementieren. Die Priester verkehrten nach wie vor mit Prostituierten und hielten sich nach Inkrafttreten des Zölibats Konkubinen. Das gleiche gilt auch für das den männlichen Universitätsangehörigen auferlegte Zölibat: es richtete sich nicht gegen die Sexualität, sondern gegen die Institution der Ehe. Auf dem Wege der Verheiratung drangen Frauen in Machtapparate vor, und dies galt insbesondere für die kleineren Städte, in denen die Lehranstalten in engem Kontakt mit der Einwohnerschaft standen, die die wichtigsten Dienstleistungen für sie verrichtete. Lediglich um die indirekte Einflußnahme der Frauen auf den Machtapparat über den Umweg der Ehe zu verhindern, wurden die Zölibatsgesetze erlassen.

Die männliche Sexualität wurde, von den erwähnten Ausnahmen abgesehen, in den westlichen Ländern erst im 18. Jahrhundert reglementiert, als die ‹Vermännlichung› der Kultur bereits sehr weit fortgeschritten war und Körperlichkeit, Gefühle und alle übrigen Lebenskräfte, die man verdächtigte, die Herrschaft des Mannes untergraben zu können, nicht mehr nur von einer kleinen Gruppe von Asketen, sondern bereits von weiten Teilen der gebildeten Bevölkerung geringgeschätzt wurde. Zunächst betraf diese Reglementierung der Sexualität in erster Linie die Knaben, denen man die Masturbation als «krankhaft» untersagte. Die Vorstellung der Krankhaftigkeit wurde nach und nach auf verschiedene sexuelle Neigungen ausgeweitet. Um die Mitte des 19. Jahrhunderts war die Sexualität in all ihren Erscheinungsformen suspekt geworden.[20]

In der Frühzeit des Patriarchats westlicher Prägung trat der Mann nicht vorranging als sexuelles, sondern als tötendes Wesen in Erscheinung. Während er in Wirklichkeit tötete, um Territorien zu erobern oder um Beute zu machen, erklärte die Literatur jahrtausendelang Ruhm und Ehre zu den treibenden Motiven. Nichtsdestoweniger ist die Wahrscheinlichkeit groß, daß Ruhm und Ehre, wenn überhaupt, erst posthum erlangt werden. Das Töten ist ein gefährlicher, beängstigender und, so sollte man meinen, unangenehmer Vorgang. Zwar müssen wir angesichts der Kampfschilderungen in der klassischen und in der modernen Literatur davon ausgehen, daß es manchen Männern Vergnügen bereitet, den Körper eines anderen Mannes in Stücke zu hauen oder zu durchbohren, aber es bleibt zu fragen, ob dies auch der Fall wäre, hätte man diese Männer nicht zum Töten abgerichtet. Unter den vom Patriarchat mit einer positiven Aura versehenen Übeln ist das Töten wohl das schlimmste.

Dies mag der Grund dafür sein, daß das Töten zum Markenzeichen des wahren Mannes, zum Inbegriff der Männlichkeit wurde. Die Bereitschaft zum Töten von Artgenossen unterscheidet den Menschen von den meisten Tieren, aber zugleich gehört der Mord zu den wichtigsten Herrschaftsmitteln. Allerdings gräbt sich diese Herrschaft in gewisser Weise selbst das Wasser ab: wer die Menschen tötet, die er beherrscht, wird bald niemanden mehr haben, über den er seine Herrschaft ausüben kann. Dennoch wurden im abendländischen Denken Morden und Männlichkeit immer wieder gleich gesetzt.

Da die Rivalität ebenso zu den grundlegenden Charakteristika des wahren Mannes gehört, flammt die Mordgier oft am heftigsten zwischen Brüdern auf, egal, ob es sich dabei um leibliche oder Brüder im Geiste handelt. Florynce Kennedys Theorie der «horizontalen Feindseligkeit» (Aggression, die sich nicht gegen hierarchisch Höherstehende, sondern gegen Gleichgestellte richtet) wurde bislang nur auf Schwarze und Frauen angewandt, die ihresgleichen nicht unterstützen oder gar attackieren. In Wahrheit tritt dieses Phänomen jedoch am deutlichsten im Leben der Männer zutage. Die grausamste Erscheinungsform einer solchen Feindseligkeit ist der Bürgerkrieg, und gegen die einem am nächsten stehenden Mitmenschen richtet sich oft ein Haß, den die wahren Dämonen der Gesellschaft niemals wecken könnten.

Dennoch wird bei näherem Hinsehen offenbar, daß der Mann keineswegs von Natur aus ein «Killer» ist. Läge der Drang zu töten in seiner Natur, hätte nie eine Notwendigkeit bestanden, ihn zu Rivalität, Mißtrauen und der Bereitschaft zum Töten zu erziehen. In diesem Falle wäre es überflüssig gewesen, die Knaben aus dem Elternhaus (dem Reich der Frauen) zu entfernen und in Erziehungsanstalten zu schicken, um «Männer aus ihnen zu machen». Schulen und Sportvereine, die modernen Äquivalente zum klassischen *Gymnasium,* die Arenen zur militärischen Ertüchtigung der Knaben in Feudalgesellschaften, die britischen *Public Schools* und ähnliche Institutionen sind Trainingsstätten zur Erlernung physischer wie emotionaler Brutalität. Den Knaben wird beigebracht, keine Gefühle zu zeigen und möglichst auch keine zu empfinden. Sie lernen, ihre Schinder zu hassen und diesen Haß gegen Gleichgestellte zu richten: gegen einen «Feind», der der eigene Bruder sein könnte. Der Grundgedanke jeglicher militärischer Disziplin besteht darin, Männer so abzurichten, daß sie ohne Nachdenken gehorchen und hassen.

In jüngster Zeit haben Kino und Fernsehen diese Anstachelung zur Aggressivität erheblich verschärft. Während sämtliche westlichen Gesellschaften die Vorstellung von den mörderischen Kräften im Mann, die Konkurrenz und den Haß unter Männern stets kräftig geschürt haben, wurden entsprechende Kampftechniken in der Vergangenheit nur sehr begrenzt trainiert. Film und Fernsehen hingegen erreichen jeden. Oft zeichnen diese Medien ein extrem gewaltsames Bild vom Leben. Es handelt sich dabei um eine Art von Gewalt, die keinen echten Preis fordert. Der Held wird kaum je getötet oder ernsthaft verletzt, und wenn dies einmal der Fall ist, gibt er sein Leben für die ‹Gerechtigkeit› (ein Begriff, der heutzutage das bezeichnet, was früher Ruhm und Ehre hieß). Es wird Menschen in übelster Weise weh getan, wobei nichts darauf schließen läßt, daß die Täter je Reue oder auch nur Gewissensbisse empfänden, oder daß es ein tiefgreifender seelischer Eingriff ins eigene Leben ist, jemanden zu töten. Football, der beliebteste Fernsehsport in den USA, ist ein Volksvergnügen, bei dem man sicher und bequem vor seinem elektronischen Kasten sitzt und Brutalität und Gewalt konsumiert. Es wird zwar behauptet, daß durch das Beobachten gewalttätiger Vorgänge eigenes Gewaltpotential sublimiert wird, aber jüngste Untersuchungen stellen durchaus einen Zusammenhang zwischen solchen im Fernsehen verbreiteten gewaltsamen Handlungen und der Tatsache her, daß die Mordquote in den Vereinigten Staaten acht- bis neunmal so hoch ist wie in allen übrigen großen Industrienationen.[21]

Nicht nur die Frauen, sondern auch die Männer wurden im Laufe der Jahrtausende in Rollenklischees gepreßt, die nicht ihrem Selbstbild entsprachen. Aber wenn schon die Frauen nicht revoltiert haben, warum haben die Männer es nicht getan? Warum haben sie die Unterdrückung, die das patriarchale Denken beinhaltet, nicht einfach abgeschüttelt? Tatsächlich haben die Männer im Verlauf der Geschichte immer wieder gegen ihre Väter rebelliert. Diese Rebellionen richteten sich aber stets gegen die jeweilige Form der Macht, niemals gegen das Übel der Machtausübung schlechthin. Die Revoltierenden verfielen immer wieder auf die Lösung, selbst die Macht zu ergreifen und sie ihren eigenen Wünschen gemäß umzugestalten und zu reformieren, womit sie selbst wiederum zu unterdrückerischen Vätern einer neuen Generation von Söhnen wurden. Es hat durchaus Männer gegeben, die wußten, daß sie unglücklich waren, aber nur wenigen von ihnen gelang es jemals, unter der Oberfläche der jeweiligen Erscheinungsform des Patriarchats dessen ideologische, allzeit gültigen Prämissen zu durchschauen.

Einige Männer haben dies jedoch immerhin versucht, und es ist ihnen tatsächlich gelungen, ein wenig über die Grenzen des männlichen Rollenklischees hinauszusehen. So hob beispielsweise Montaigne im 16. Jahrhundert die Einsamkeit des denkenden – und fühlenden – Mannes sowie seine, wenn auch nicht unbedingt körperliche, so doch seelische Unbehaustheit hervor. Grausamkeit war für ihn die schlimmste aller Sünden, gleich welchem Zweck sie angeblich dienen sollte. In der Tatsache, daß die Europäer ihren Körper und dessen Funktionen verachteten, sah er ein Zeichen von Schwachsinn, und schließlich versicherte er, daß das Tier dem Menschen in jeder Hinsicht überlegen sei.[22] Shakespeare schildert in vielen Stücken, wie sich die Überordnung der ‹männlichen› über die ‹weiblichen› Werte oder gar die völlige Ausmerzung des ‹Weiblichen› sowohl auf das Individuum als auch auf die Gesellschaft auswirkt. Seine Komödien und Tragödien handeln alle von der Notwendigkeit, sich das gesamte Spektrum menschlicher Eigenschaften anzueignen und von der Einsicht, daß Liebe, die Bereitschaft zu vergeben, Fürsorglichkeit und Mitgefühl in Wahrheit weit lebenswichtiger sind als die Macht und ihre Attribute.[23] Beide Männer haben enormen Einfluß auf das Denken der nachfolgenden Zeitalter ausgeübt, aber die Kernaussage ihrer Werke wurde zum großen Teil verfälscht und in den Dienst der ‹männlichen› Wertordnung gestellt.

Francis Bacon, der es Montaigne nachtat, betrachtete sich selbst ebenfalls als Rebell gegen eine unterdrückerische Tradition. Er hielt die starren mittelalterlichen Denkkategorien für wirklichkeitsfremd und schlug vor, sich Erfahrung und Erkenntnis auf völlig neuen Wegen zu nähern. Zu Beginn des 17. Jahrhunderts verkündete er die «Große Instauration», die Wiederherstellung des paradiesischen Urzustandes. Dieser sollte mit Hilfe des *Novum Organum,* einer revolutionären Methode der Erkenntnisgewinnung, etabliert werden. Es handelte sich dabei um das, was wir heute als naturwissenschaftliche Weltsicht bezeichnen. Mit Hilfe dieser Methode, so glaubte er, würde der Mensch wieder zu seinem Urzustand zurückgelangen: «Denn der Mensch ist durch den Sündenfall um seine Unschuld und um seine Herrschaft über die Natur gekommen.»[24] Nichtsdestoweniger «ist dem Menschen nach dem Sündenfall ein gewisses Maß an Macht über die Natur geblieben – zumindest insoweit, als man sie durch die wahre und gründliche Gelehrsamkeit zu unterwerfen und zu beherrschen vermocht hat»[25]. In der Naturwissenschaft sah Bacon das Mittel, die Herrschaft des Menschen über die Natur wiederherzustellen, auch wenn er betonte, daß der Mensch «der Diener und Ausleger der Natur» sei. Dieser «wirkt und weiß so viel, als er von der Ordnung der Natur durch Versuche oder durch Beobachtung bemerkt hat; weiter weiß und vermag er nichts»[26]. (Wenn wir hier für *Natur* gleichzeitig auch *Frau* setzen, haben wir den Grundgedanken der patriarchalischen Weltanschauung vor uns).

Bacons Erkenntnisse brachen einem neuen Zeitalter Bahn, in dem die mittelalterliche Erkenntnisweise völlig revolutioniert wurde. Da die naturwissenschaftliche Forschung die mechanische und technische Revolution der letzten beiden Jahrhunderte auslöste, machte sie dem Menschen die Naturbeherrschung tatsächlich in einem Maß möglich, wie es vorher unvorstellbar gewesen war. Bacons Rebellion gegen die Unterdrückung durch die Väter diente also letztlich der Stärkung des männlichen Prinzips: sie war eine Rebellion gegen eine bestimmte Erscheinungsform des Patriarchats, nicht gegen dieses selbst. Im Unterschied zu Montaigne und Shakespeare haderte Bacon nicht mit der Macht als oberstem Wert.

Eine Generation später griff Thomas Hobbes, der Bacons Werke eingehend studiert hatte, einige Aspekte der Philosophie seines Lehrers auf, um sie weiterzuführen. Auch er rebellierte gegen sentimentalen Aberglauben und Dogmatismus. Er war Materialist und betrachtete den Menschen als ein Bündel von Gelüsten und Begierden. Das menschliche

Leben war in seinen Augen «einsam, armselig, ekelhaft, tierisch und kurz.»[27] Er schockierte seine Zeitgenossen, indem er die christliche Vorstellung von einem moralischen Sinn des Lebens verwarf und immer wieder hervorhob, daß es kein *summum bonum* (höchstes Gut), kein *finis ultimus* (letztes Ziel) gebe. Er bestritt die Richtigkeit jener ‹männlichen› Postulate von der Existenz eines ‹höheren Lebenszwecks› und der schließlichen Belohnung des Gehorsams gegenüber Gott im Jenseits, ohne jedoch etwas an ihre Stelle setzen zu können. Im Unterschied zu Shakespeare konnte er das Leben nicht als Selbstzweck betrachten. «So halte ich an erster Stelle ein fortwährendes und rastloses Verlangen nach immer neuer Macht für einen allgemeinen Trieb der gesamten Menschheit, der nur mit dem Tod endet.»[28]

Alle Philosophen jener Zeit, selbst die gemäßigteren unter ihnen wie Richard Hooker (16. Jahrhundert), und Jeremy Taylor (17. Jahrhundert), glaubten an die angeborene Verderbtheit der Menschen. Des Menschen Herz war schwarz von Sünde und deshalb wurde sein Leben von der Finsternis überschattet: «So kurz unser Leben ist, so elend ist es und deshalb ist es gut, daß es kurz ist», schrieb Taylor.[29] Für Hobbes war die Natur des Menschen von Rivalität, Mißtrauen und Ehrgeiz bestimmt.

Lawrence Stone vertritt die Auffassung, daß das Alltagsleben in England im elisabethanischen Zeitalter und zu Beginn der Stuart-Epoche tatsächlich von Gewalt, Argwohn und Rivalität geprägt war. Er resümiert einen im Jahre 1607 von einem Edelmann an seinen Sohn geschriebenen Brief: «Die Grundannahme ist, daß man niemandem trauen kann, da ... alle Menschen – Ehefrau, Bedienstete, Kinder, Freunde, Nachbarn oder Gönner – nur aus Eigeninteresse zu einem halten und sich daher jederzeit in Feinde verwandeln können.»[30] In dem Maße, wie die ‹männliche› Wertordnung mit der fortschreitenden Zentralisierung, Vereinheitlichung und Institutionalisierung der Macht in den Vordergrund rückte, ging der Einfluß ‹weiblicher Werte› zurück. Bislang waren diese Werte durch die Religion, durch einzelne halbautonome Nischen in den bäuerlichen Anwesen, Dörfern und kleineren Städten, wo die Frauen ein gewisses Mitspracherecht besessen hatten, und schließlich durch die Präsenz von Frauen in kirchlichen und staatlichen Gremien noch gestützt worden. Hobbes und andere Philosophen sahen es als ihre Aufgabe an, mit den frommen Mythen über die Natur des Menschen aufzuräumen. Das taten sie auch – aber auch ihre Aussagen wurden zugunsten des patriarchalischen Denkens interpretiert, so daß die Männer gegen Ende des 17. Jahrhunderts den ihnen unterstellten Egoismus und ihre Machtgier zwar öffentlich eingestanden, jedoch gleichzeitig erklärten, die egoistische Verfolgung des Eigeninteresses diene letztlich dem Allgemeinwohl.[31]

Trotz der vielen Bezugnahmen auf Gott war dieser für die Intellektuellen und Kaufleute schon tot, lange bevor Nietzsche diesen Tod öffentlich ausrief. Wenn das Leben keinen moralischen Sinn hatte, so hatte auch Gott ausgedient. Er hatte das Universum geschaffen und sich dann zurückgezogen. Ein neuer Gott wurde gebraucht, und so besannen sich die Menschen auf das griechische Denken und inthronisierten mit der Vernunft einen Gott, der in ihnen selbst wohnte (zumindest in manchen Menschen, aber nicht in allen und schon gar nicht in den Frauen). Descartes siedelte das Sein ausschließlich im Denken an, als er sein berühmtes «Ich denke, also bin ich» verkündete. Dieser Gedanke hatte weitreichende Auswirkungen, da er den Geist von den übrigen Ebenen des menschlichen Daseins separierte. Wenn das Patriarchat ursprünglich angetreten war, den Menschen von der Natur zu unterscheiden (und die Frau als Mittlerin zwischen beiden einzusetzen), so wurde diese Spaltung jetzt in der cartesianischen Trennung von Geist und Körper noch verstärkt und differenziert: Der Mann hatte den Geist, die Frau den Körper repräsentiert. Nunmehr wurde der Mann zu einem freien, von seinem Körper abgespaltenen abstrakten Geist, der frei war von Verlangen und Willen, ein unparteilicher, objektiver Betrachter der restlichen Schöpfung, insbesondere der Materie. Die Natur wurde ebenso zur seelenlosen Materie wie der Körper – und die Frau. Der Mann konnte die Materie beobachten, mit ihr herumspielen, sie verstümmeln, mit ihr experimentieren und von all diesen Vorgängen selbst unberührt bleiben. Die träge Materie vermochte sich weder gegen den räuberischen Zugriff des Menschen zu wehren noch sich zu rächen. Auch brauchte der Mensch nicht zu fürchten, sie zu beschädigen, wenn er sie verstümmelte und vernichtete: denn die Materie existiert ewig.

Descartes behauptete, die Materie sei träge und passiv und jeder Körper verharre in seinem jeweiligen Zustand der Ruhe oder der Bewegung; solange nicht ein anderer Körper auf ihn einwirke. Newton fand heraus, daß diese einfache Lehre durch die Existenz einer Reihe von passiven Kräften kompliziert wurde, doch auch er bestätigte die Theorie von der Passivität und Bewegungslosigkeit der Materie. Newton zufolge existierten drei solcher passiven Kräfte: die *vis insita* oder die dem Körper innewohnende Kraft, die ihn in seinem gegebenen Zustand verharren läßt, die *vis inertiae*, die ihn veranlaßt, äußeren Kräften Widerstand zu leisten; und schließlich die ebenfalls dem Körper immanente *vis conservans* oder erhaltende Kraft, die dafür sorgt, daß der Körper unter aufeinanderfolgendem Impulsen seine Bewegung beibehält. Veränderungen treten als Folge der *vis impressa* oder von außen einwirkenden Kraft ein. Die Schwerkraft wirkt über eine Entfernung auf den Körper ein, indem sie Materialpartikel an der Erdoberfläche zusammenzieht.[32]

In diesem mechanistischen Universum waren alle Dinge voneinander isoliert und klar abgegrenzt. Selbst Raum und Zeit wurden als voneinander unabhängige Dimensionen betrachtet, die in keinerlei Zusammenhang mit dem Leben standen. Was die Dinge miteinander verband, war Macht, d. h. die Dominanz einer Kraft über die andere. Die Aktivität des Kosmos resultierte allein aus dem Wechselspiel zwischen Materie und den diversen Kräften. Leibniz führte diese Theorie weiter, indem er behauptete, die Körperwelt bestünde nicht, wie Descartes angenommen hatte, aus einer einheitlichen Substanz, sondern vielmehr aus Zusammenballungen mehr oder minder unbewußter beseelter Einheiten (Monaden), die als im Raum ausgedehnte Körper wahrgenommen würden; Ausdehnung und Bewegung seien jedoch nur dem Körper vom Betrachter zugeschriebene Attribute, während die Kraft tatsächlich existiere.[33] Der Gott der Macht kleidete sich jetzt in das euphemistische Gewand einer Naturkraft, aber an seinem Rang änderte sich dadurch nichts.

Die Auswirkungen des mechanistischen Weltbildes waren ungeheuer weitreichend. Dazu Carolyn Merchant: «Zwischen 1500 und 1700 fand eine enorme Umwälzung statt. Die ‹natürliche› Vorstellung von einer Welt, in der sich die Körper nur dann bewegen, wenn sie in Bewegung gesetzt werden, sei es durch eine ihnen innewohnende organische Instanz oder durch eine ‹gegen die Natur› von außen auf sie einwirkende ‹Kraft›, wich jetzt dem nicht-natürlichen, nicht der Erfahrung entsprechenden ‹Gesetz›, daß Körper sich so lange gleichförmig bewegen, wie sie nicht daran gehindert werden. An die Stelle der ‹natürlichen› Vorstellung von einer geozentrischen Erdenwelt in einem endlichen Kosmos trat nun das ‹nicht-natürliche›, durch rationales Denken erkannte ‹Faktum› eines heliozentrischen, unendlichen Universums.»[34]

Das mittelalterliche Denken sah überall Zusammenhänge: zwischen den Elementen des Kosmos ebenso wie zwischen denen der Erdenwelt und auch zwischen den verschiedenen Aspekten des menschlichen Lebens. Die Welt wurde zusammengehalten durch vielfache Assoziationen, symbolische Verknüpfungen und die große Kette des Seins, die in einem eingestandenermaßen hierarchischen Universum das Niederste mit dem Höchsten verband. In einem solchen Denken kann sich Gott in einem Erdklumpen oder in einem Kiesel zeigen. Uns heutigen Menschen mögen viele der von den mittelalterlichen Denkern hergestellten Bezüge und Verknüpfungen weit hergeholt erscheinen, wir mögen sie auch belächeln, aber sie vermittelten den Menschen das Gefühl, Teil einer einzigen großen Schöpfungsfamilie zu sein, die ihnen Geborgenheit gab.

Dieses Denken in weiträumigen Zusammenhängen wich nun einer Betrachtungsweise, die zunehmend fragmentarischer arbeitete, und einer Kategorisierung der Dinge – wie sie Linné und andere aufstellten –, die nicht so sehr die Ähnlichkeiten als vielmehr die Unterschiede hervorhob, d. h. sich in erster Linie mit der klaren Abgrenzung der einzelnen Teile und nicht mehr mit dem zusammenhängenden Ganzen beschäftigte.[35] Auf der ökonomischen Ebene trat zur gleichen Zeit allmählich das Streben, Profite in einer potentiell unbegrenzten Weise zu akkumulieren, an die Stelle der traditionellen Subsistenzwirtschaft. Die überkommene Sichtweise, die die Natur als belebt und beseelt betrachtet hatte, wich nun der Auffassung, sie sei tot und leblos, während dem Geld, einer wahrhaft leblosen Substanz, Leben eingehaucht wurde.[36]

Naturbeherrschung wurde zum grundlegenden Lebensprinzip, die Erde zur trägen, passiven, toten Kugel, auf der einzig und allein der menschliche Verstand genügend Freiheit besitzt, um sich durch vollkommene Objektivität zur vollkommenen Herrschaft aufzuschwingen. Inzwischen ist uns (oder zumindestens einigen von uns) klar geworden, daß wir Menschen zu wahrer Objektivität nicht fähig sind. Das mechanistische, instrumentalistische Denken ermöglichte Experimente und Manipulationen, die in früheren Zeiten nicht denkbar gewesen wären, und wir verdanken ihm die großen Entdeckungen, die in den vergangenen Jahrhunderten auf naturwissenschaftlichem Gebiet gemacht wurden. Gleichzeitig verdanken wir ihm jedoch auch die Umweltverschmutzung und unsere Waffenarsenale. Darüber hinaus brachte es die moderne Psyche, die Entfremdung der Menschen von ihren Artgenossen und ihrem Planeten und die Entfremdung des Denkens vom Körper, von den Sinnen und Gefühlen hervor. Entfremdung bezeichnet in der Marxschen Terminologie die Beziehungslosigkeit der Menschen den von ihnen hergestellten Produkten gegenüber, eine Beziehungslosigkeit, die aus dem Mangel an Selbstbestimmung über ihre eigene Arbeit und die von ihnen geschaffenen Dinge resultiert. Die Entfremdung ist jedoch ein allgemeines Übel geworden, das nahezu unser gesamtes Leben durchdringt.

Nun gab es in den Jahrhunderten, in deren Verlauf sich das instrumentalistische Weltbild entwickelte, durchaus Denker, die scheinbar entgegengesetzte Ansichten vertraten. Zu diesen gehörte Rousseau, der die menschliche Tugend in der Natur verwurzelt sah. In einer Gesellschaft, in der das Gesetz von Gott über seine Repräsentanten – König und Kirche – vermittelt wurde, war es ein revolutionärer Akt, die Natur zur ursprünglichen – und daher übergeordneten – Quelle von Recht und Moral zu erklären. Rousseau ersetzte die gemeine, wilde und unreine Natur durch eine reine, ursprüngliche und erklärte den «natürlichen» Menschen zu einem *per se* tugendhaften Wesen. Seiner Meinung nach ist die Kultur diejenige verunreinigende Kraft, die verbiegt, was geradlinig wachsen soll, die Instinkte und Sinne deformiert. Dennoch verkörpert Rousseaus «natürlicher Mensch» in vielerlei Hinsicht das Mannesideal des aufkommenden Industriebürgertums, denn er ist in erster Linie autark und nicht auf andere angewiesen. Analog dem vom Körper befreiten Geist kreierte Rousseau den von allen Bindungen an die menschliche Gemeinschaft befreiten Menschen. Rousseaus Menschenbild bezog sich jedoch nicht auf Frauen, denn deren Naturverbundenheit betrachtete er als Manko. Rousseau und andere prominente Denker der Aufklärung nahmen dies zum Anlaß, sie von der Politik fernzuhalten und ihre vermeintliche Minderwertigkeit zu rechtfertigen. Rousseau verwarf zwar das Konzept der Ursünde, machte jedoch die Frau nach wie vor für alle Leiden der Menschheit verantwortlich, «Leiden, deren Ursache *sie* ist»[37]. Ganz gleich, ob die Philosophen des 18. Jahrhunderts sich um die Zusammensetzung der Natur stritten oder darüber debattierten, welcher Wert den Körpervorgängen, Instinkten und Sinnen beizumessen sei, im Hinblick auf die Frauen waren sie sich im großen und ganzen einig.[38]

Während Männer aus den gebildeten Schichten immer wieder gegen ihre geistigen Väter rebellierten bzw. deren Menschen-, Welt- und Naturbild revidierten, änderte sich an der Lebensweise der breiten Masse der Männer kaum etwas. Ökonomisch und politisch, sozial und intellektuell unterdrückt, machtlos und sich ihrer Machtlosigkeit nur allzu bewußt, trugen sie dennoch weitreichende revolutionäre Umwälzungen mit. Genau wie die Frauen lehnten sie sich jedoch nie geschlossen als gesellschaftliche Klasse auf. Zum einen hatten viele von ihnen noch immer einen starken Bezug zu Grund und Boden, zu ihren Frauen und

Kindern und zu ihrem eigenen Körper, zum anderen verfügten sie bei all ihrem Elend immer noch über mehr Autonomie als die Frauen; es ging ihnen weniger schlecht als diesen. Außerdem brachte jede Revolution, Reform oder Institutionalisierungsbewegung für immer mehr Männer zumindest geringfügig bessere Lebensbedingungen mit sich. Bildung wurde auf breiter Ebene immer leichter zugänglich, und Männer niederer (nicht-adliger) Herkunft konnten als Geistliche oder Angehörige des aufkommenden Bildungsbürgertums zu Ansehen kommen. Mit der Entstehung dieses neuen Mittelstands boten sich zumindest manchen Männern gesellschaftliche Aufstiegschancen. Wenn der ökonomische Status der Männer stieg, dann profitierten auch die Frauen materiell davon. Die Chancen zur Entfaltung ihrer Begabung und die physische und intellektuelle Unabhängigkeit, die sich die Männer zunehmend eroberten, wurden den Frauen jedoch immer umfassender verwehrt. Die Kluft zwischen den Geschlechtern verbreiterte sich in dem Maße, wie sich der Status des Durchschnittsmannes hob, der Status der Durchschnittsfrau dagegen verminderte.

Gleichzeitig weitete sich selbst die Kluft zwischen bescheidenem Wohlstand und Armut immer mehr, und in Dürreperioden oder in Zeiten von Nachkriegswirren bekamen die Armen nicht nur (wie auch heute noch) als erste die Not zu spüren, sondern wurden oft genug dafür bestraft. Aus einer solchen Lage heraus erhoben sich in der Französischen Revolution die Armen als Klasse. Als die Gewalt verebbte und das Land sich wieder stabilisierte, nachdem der Hunger große Teile der Armen dahingerafft und den Rest zum Schweigen gebracht hatte, waren die Männer wieder ein wenig besser dran – sie errangen das Wahlrecht. Nicht so die Frauen. Sie standen den Männern immer noch als lebendiges Beispiel dafür vor Augen, daß es ihnen alles in allem eigentlich gar nicht so schlecht ging.

Während der industriellen Revolution verloren die Männer dann das Gefühl einer gewissen Autonomie und Freiheit, das sie den Frauen vorausgehabt hatten. In den Fabriken wurden sie ebenso unterdrückt wie jene, zu Lohnsklaven gemacht und beaufsichtigt, ohne daß sie noch selbst über ihre Arbeitszeit bestimmen, sich frei bewegen oder sich bestimmte Arbeiten aussuchen konnten. In dieser Situation setzten die massenhaften Aufstände der Armen ein, und aus ihr wuchs sozialistisches und anarchistisches Gedankengut. In dieser Zeit des Klassenkampfes wurde das Bild des Mannes endgültig allen edlen Zierrats entkleidet, der ihm vielleicht noch anhaften mochte.

Rousseaus Konzept vom frei geborenen Menschen, der jedoch überall in Ketten läge, und seine Forderung, die Kultur habe diesem Menschen eine unbehinderte Entwicklung zu ermöglichen, wurden gemeinhin als Aufforderung dazu interpretiert, den Menschen von allem zu befreien, was ihn daran hinderte, Reichtum zu akkumulieren und andere Menschen als seelenlose Materie zu betrachten, d. h. noch beliebiger über sie zu verfügen als über die Maschinen, an denen sie arbeiteten. Hobbes, Rousseau und andere Vertreter der Idee vom Gesellschaftsvertrag hatten Hintergedanken, wenn sie vom «natürlichen Menschen» sprachen. Das Ideal galt nämlich nur so lange, wie dieser auf sich gestellt in der Natur lebte. Sobald zwei Menschen aufeinandertrafen, traten sie unweigerlich im Kampf um die begrenzten und erschöpfbaren Ressourcen der Natur miteinander in Konkurrenz. Diese Auffassung zieht sich vom 17. Jahrhundert an durch das gesamte westliche Denken. Hegel definierte das Leben so ausschließlich als Kampf, als hätte es überhaupt keine anderen Komponenten. Der Kampf gegen die Natur wurde nun mit der Knappheit der Ressourcen begründet und als eine universelle Lebensbedingung dargestellt. Um die Mitte des 19. Jahrhunderts schrieb Marx: «Ebenso wie der Wilde muß der zivilisierte Mensch mit der Natur ringen, um seine Bedürfnisse zu befriedigen, um das Leben zu erhalten und zu reproduzieren.[39] Dennoch arbeiten, wie wir wissen, die Menschen in primitiven Gesellschaften im allgemeinen weniger als die Mitglieder hochdifferenzierter Gesellschaften, ohne daß sie deshalb im großen und ganzen Not leiden müßten. Primitive Gesellschaften mögen unter Dürreperioden, Überschwemmungen oder Unwettern zu leiden haben, aber davon bleiben auch höher entwickelte Gesellschaften nicht verschont. Das Konzept von der Knappheit der Ressourcen basiert ebenso wie das Konzept vom Leben als Kampf auf einer Sichtweise, die die Natur als feindliche Macht betrachtet.

Hobbes und Rousseau schwanken beide in ihrer Einstellung zur Natur: sie ist Idylle, aber auch Hölle; letzteres vor allem dann, wenn andere Menschen im Spiel sind. Das «Natürliche» im Menschen mag bewundernswert sein, das «Natürliche» in der Gesellschaft ist es nicht, da der Mensch sich vor allem durch seinen Egoismus und durch den Drang, zu erobern und zu herrschen auszeichnet.[40] Nach Mihailo Markovic haben alle liberalen Philosophen seit Locke den Menschen in dieser Weise dargestellt.[41] Wir finden dieses Menschenbild jedoch keineswegs nur in der Philosophie. Wie Erich Heller aufzeigt, meinten die Dichter der Romantik, wenn sie sagten, die ganze Welt solle Imagination und Poesie werden, das gleiche wie Hegel mit seiner Forderung, die ganze Welt solle reine Vernunft sein. Auch ihnen geht es vor allem um eins: «das ehrgeizige Trachten des Menschengeistes, Herr zu werden über die Wirklichkeit, ja deren Platz zu usurpieren».[42] Freud und insbesondere seine Jünger sehen in der im Penis symbolisierten Macht eine zentrale Lebenstatsache. Die tiefste Angst des Knaben ist die vor der Kastration durch den übermächtigen Vater, das tiefste Trauma des Mädchens die Erkenntnis, daß es keinen Penis besitzt. Der Knabe überwindet schließlich seine Angst vor dem Vater und seine Wut auf ihn; er bemüht sich, ihm ähnlich zu werden und auf diese Weise selbst Macht zu erlangen: einen großen Penis. Das Mädchen sublimiert ihren Neid und ihre Enttäuschung, kompensiert sie durch die Hoffnung, selbst einmal ein Kind zu haben, oder aber – so Juliet Mitchell – sie entwickelt tiefe feindselige Gefühle der Mutter gegenüber, die die Schuld daran trägt, daß sie kein Junge geworden ist.[43] Auch in Freuds Augen war also die Natur des Menschen im Kern egoistisch und aggressiv. «Was wir an uns kritisieren, schreiben wir unserer tierischen Vergangenheit zu», beschreibt Stephen Jay Gould diese Haltung. Wir betrachten unsere Brutalität, unsere Aggressivität und unseren Egoismus als «Fesseln, die uns an unsere Affenvorväter binden.»[44]

Das neue Bild vom egoistischen und aggressiven Mann erfüllte mehrere Funktionen. Zum einen wurden mit seiner Hilfe die alten heroischen Werte auf den ökonomischen und politischen Bereich übertragen: der Mann, der daran zweifelte, daß er den Mut haben würde, sich dem bewaffneten Gegner nur mit einem Schild und einem Schwert entgegenzustellen, konnte sich nun auf dem Schlachtfeld der Politik und Wirtschaft als Held fühlen. Zum anderen war es, wenn selbstsüchtige Habgier und Konkurrenzsucht schon «natürliche» menschliche Züge sein sollten, gar nicht ‹schlecht›, diesen Bedürfnissen nachzugeben. In der Natur hatte alles einen Sinn. Wenn die menschliche (männliche) Natur also aggressiv war, mußte die Aggressivität einen wichtigen Zweck für die Erhaltung der Menschheit erfüllen. In ihrem Bestreben, dieses Denkgebäude zu errichten, bedienten sich die Männer aller Theorien, die ihnen in die Hände fielen, wobei sie die Tatsache, daß sie sie gröblich entstellten, entweder ignorierten oder sich nichts daraus machten.

So waren etwa Darwins Theorien über Evolution und natürliche Selektion ursprünglich ausschließlich als Darstellung der lokalen Adaptation an sich verändernde Umweltbedingungen gedacht. Evolution und natürliche Selektion traten in bestimmten Phasen als Reaktionen auf bestimmte Umstände auf: sie hatten keinen höheren Zweck. Tatsächlich sterben ja die meisten Arten im Lauf der Zeit aus. Darwin hatte nicht den Gedanken von einem *Fortschritt* in der Natur im Sinn, Adaptationsprozesse waren keine Stufen auf dem Weg zur Vollendung eines Lebewesens. Sie dienten nicht der allgemeinen Perfektionierung, sondern nur dem Überleben in einer gegebenen Situation.[45]

Darwins Gedanken wurden jedoch von anderen aufgegriffen und in ihr Gegenteil verkehrt. Die biologische Evolution wurde zur Metapher erklärt und zur Legitimierung auf die Spitze getriebener Konkurrenz, des freien Unternehmertums, des kapitalistischen Systems und des Imperialismus (der Kolonialherrschaft) benutzt. Eine ganze Reihe von Autoren machte sich daran, in bezug auf menschliche Gesellschaften ähnlich hierarchische Kategorien anzuwenden wie in bezug auf die Natur. Diese Kategorien waren jedoch nicht neutral, sondern moralisch wertend. So wurden etwa die Gesellschaftsordnungen dieser Welt in aufsteigenden Rangfolgen vom «Wildheitszustand» über die «Barbarei» bis hin zur «Zivilisation» dargestellt und die verschiedenen menschlichen Rassen ebenfalls hierarchisch eingestuft. Thomas Huxley beschrieb den Krieg aller gegen alle in der Natur, und die Sozialdarwinisten übertrugen dieses Konzept auf den freien Markt, womit sie «dem aufstrebenden Industriellentum der damaligen Zeit eine ‹naturwissenschaftliche› Legitimation der freien, unreglementierten und oft skrupellosen Konkurrenz lieferten»[46]. Das Konzept des «Überlebens der Tauglichsten» diente den mit allen Mitteln nach der Akkumulation von Reichtum strebenden Bürgern als ‹natürliche› Rechtfertigung ihres Tuns. Die Angehörigen dieser Schichten bezeichneten die Auswirkungen der Industrialisierung schlichtweg als «Fortschritt» und sahen dabei völlig über deren konkrete Folgen für die Menschen hinweg. Sie erwarteten und fanden im allgemeinen auch gesellschaftliche Anerkennung für die Persönlichkeitsmerkmale, die die explosionsartige industrielle Entwicklung hervorgebracht hatte – «persönlichen Ehrgeiz, Habgier, Selbstherrlichkeit, Konkurrenzdenken, die Bereitschaft, andere auszubeuten und die Gleichgültigkeit deren Leiden gegenüber».[47] (Im Amerika des 19. Jahrhundert z. B. begann das vorherrschende Bild des Mannes vom fleißigen, disziplinierten und willensstarken Self-made-man dominiert zu werden.[48]) Darwin ging es im Grunde um die Einheit alles Lebenden und die Kontinuität über alle Arten hinweg. Sein Werk hätte die biologische Grundlage für philosophische Theorien mit dem Schwerpunkt auf übergreifenden Zusammenhängen, Kontinuität und Wandel bilden können;

heute wird es in der Tat von einigen Biologen und von den Ökologen so verstanden.[49] Es hätte zu einer Abkehr vom cartesianischen Denken und anderen dualistischen Theorien über Menschheit und Natur führen können, zur Überwindung jener Einstellung, die Subjekt und Objekt als einander entfremdet ansah, und zur Konzentration von Forschung und Philosophie auf die wechselseitige Durchdringung aller Lebensprozesse und alles Lebenden. Statt dessen benutzte man sie als Beweis für die absolute Verschiedenheit von biologischer und kultureller Evolution, wobei die Kultur zur neuen Trennungslinie zwischen Mensch und Tier wurde. Der Faktor, der ein eventuelles Streben nach einem integrativeren Modell verhinderte, war der Rassismus.[50] Hätte es ihn nicht gegeben, so hätte mit Sicherheit der Sexismus diese Funktion übernommen. Wenn keine ‹unterlegene› Rasse oder Schicht vorhanden gewesen wäre, auf die die Männer herabsehen könnten, wären diese nichts weiter gewesen als ganz gewöhnliche Menschen: für den in elitärem Bewußtsein erzogenen Mann eine unerträgliche Vorstellung.

Das Bild vom rücksichtslos vorwärtsstrebenden aggressiven, egoistischen und brutalen Mann ist jedoch trotz aller Beispiele, die es immer wieder bestätigen, falsch: nicht nur deshalb, weil es auf sehr viele Männer nicht zutrifft, sondern auch deshalb, weil es den einzelnen Mann nicht als ganzheitlichen Menschen in Betracht zieht. Es beleuchtet immer nur einen Teilaspekt der Gesellschaft oder des Individuums. Ganze Lebens- und Verhaltensdimensionen werden nicht berücksichtigt. Robert Paul Wolff zeigt in seiner Abhandlung über Hobbes, Rousseau, Kant und Bentham auf, daß keiner dieser Denker «die Grundtatsachen des menschlichen Lebens für die Entwicklung eines philosophischen Verständnisses vom Menschen als politisch Handelndem für wesentlich hält». Mindestens die Hälfte der uns zur Verfügung stehenden Zeit verwenden wir auf Schlafen, Essen, innerliche und äußerliche Körperreinigung, unser Äußeres, Gespräche, den Austausch von Gefühlen und das Spiel. Für die Philosophen haben diese Bereiche – die angeblich nichtwillensbestimmten Lebensbereiche – keinerlei Auswirkungen auf unser Denken. Wolff fügt hinzu, daß sie selbst den Tod «in bezug auf die Natur des Menschen als eines moralischen und politischen Wesens für unwesentlich [halten]. Er setzt dem Leben ein Ende, jedoch [...] gewissermaßen ohne in es einzudringen.»[51]

Tatsächlich definieren, nach Lawrence A. Blum, Kant und Hegel moralisches Verhalten als Vernunft, Selbstbeherrschung, Willensstärke, Konsequenz, Pflichtbewußtsein usw., allgemeiner formuliert, als Orientierung an «universellen» Prinzipien; ausdrücklich ausgeschlossen aus diesem Moralbegriff sind die mit Frauen in Verbindung gebrachten Eigenschaften wie Mitgefühl, Mitleid, Güte, Fürsorglichkeit und Gemeinschaftsdenken.[52]

Die abendländischen Philosophen übernahmen von den Griechen die Abspaltung des Reiches des «Notwendigen» (Nicht-Willensbestimmten) vom politischen und philosophischen Denken. «Diese systematische Ausklammerung fundamentaler Lebenselemente wie Geburt, Kindheit, Elternschaft, Alter und Tod führt zu einem Bild der öffentlichen oder politischen Sphäre, das einer zeitlosen und statischen Gemeinschaft von [männlichen] Erwachsenen gleicht.»[53] Selbst zwischenmenschliche Beziehungen werden eher als extrinsisch denn als intrinsisch, d. h. eher als zufällig denn als wesentlich betrachtet.[54]

Dieses Bild dient zur Rechtfertigung und Erklärung des Verhaltens der Männer in der öffentlichen Welt. Indem es unterstellt, daß der größte Teil der konkreten Erfahrung für intellektuelle (politische, ökonomische oder militärische) Belange irrelevant ist, legitimiert es das Verhalten von Männern, die völlig von auf die Anhäufung von Macht gerichteten Strategien und Manipulationen absorbiert sind und ihren alltäglichen Lebensumständen kaum Beachtung schenken. Diese Männer scheinen etwa zwischen Luft- und Wasserverschmutzung – den Folgen ihres Handelns – und der Tatsache, daß sie selbst und ihre Kinder ebendiese Luft atmen und dieses Wasser trinken, keinen Zusammenhang zu sehen. Es scheint ihnen nicht in den Sinn zu kommen, daß die Waffen, die sie in Auftrag geben oder herstellen, die Gefahr bergen, eines Tages sie selbst und ihre Kinder umzubringen. Nicht nur die häusliche Sphäre, sondern alles, was wir unter den Begriff des *menschlichen* Bereichs fassen – der Bereich des konkreten Erlebens, bleibt dem Denken dieser Menschen äußerlich. Aber was nützt uns eine politische oder sonstige Philosophie, die nicht fest in der konkreten menschlichen Erfahrung verwurzelt ist?

Der erste, der dieses Phänomen registrierte, war Nietzsche. Er bemerkte (gegen Ende des 19. Jahrhunderts) im Hinblick auf die deutschen Philosophen, daß «man die nächsten Dinge, zum Beispiel Essen, Wohnen, Kleidung, Geschlechtsverkehr, nicht zum Objekt des stetigen, unbefangenen und *allgemeinen* Nachdenkens und Umbildens macht». Und weiter: «Man erwäge doch, daß aus diesem Mangel sich *fast alle leiblichen und seelischen Gebrechen* der einzelnen ableiten: nicht zu wissen, was uns förderlich, was uns schädlich ist, in der Einrichtung der

Lebensweise, Verteilung des Tages, Zeit und Auswahl des Verkehrs, in Beruf und Muße, Befehlen und Gehorchen, Natur- und Kunstempfinden, Essen, Schlafen und Nachdenken *im Kleinsten und Alltäglichsten unwissend* zu sein und keine scharfen Augen zu haben – das ist es, was die Erde für so viele zu einer ‹Wiese des Unheils› macht. [Wir] bekommen jetzt noch durch Erbschaft etwas von diesem Gift der Verachtung gegen das Nächste in unser Blut mit.»[55]

In *Der Wille zur Macht* schreibt Nietzsche über «die tückische und blinde Feindseligkeit der Philosophen gegen die *Sinne*» und bezeichnet die die gesamte Entwicklung der Philosophie durchziehenden Leitmotive als «eine Art Rache an der Wirklichkeit, ein heimtückisches Zugrunderichten der Wertung, in der der Mensch lebt». Natürlich schrieb Nietzsche, wie jeder von uns, über sich selbst und die Ursachen seines eigenen Elends: aber er hatte den Mut, die Augen aufzumachen und zu sehen. «Die Geschichte der Philosophie ist ein heimliches Wüten gegen die Voraussetzungen des Lebens, gegen die Wertgefühle des Lebens ... die Philosophen haben nie gezögert, eine Welt zu bejahen, vorausgesetzt, daß sie dieser Welt widerspricht, daß sie eine Handhabe abgibt, von dieser Welt schlecht zu reden.»[56] Als der Frauenfeind, der er war, hätte Nietzsche diese «Wertgefühle des Lebens» natürlich niemals als das ‹weibliche Prinzip› bezeichnen können.

Der Philosophin Simone de Beauvoir blieb es überlassen, in allen Einzelheiten die Ursachen der Verachtung des Alltäglichen durch die Männer darzustellen. Simone de Beauvoir sieht diese Abwertung in der Weiblichkeit als solcher begründet, deren physische Grundlage von Nicht-Willensbestimmtheit, Entrechtung und Unsauberkeit geprägt ist. Die Frauen befinden sich in einem Zustand der Immanenz, des schlichten Seins, im Gegensatz zu männlicher Transzendenz.[57] Die Ansichten Simone de Beauvoirs scheinen sich mit der Textstelle im Thomas-Evangelium zu decken, in der Jesus erklärt, daß Frauen, die «zu Männern werden», Eingang in das himmlische Königreich finden werden. Dieses Reich aber muß den Alltag transzendieren, da das alltägliche Leben ein Sumpf ist, nicht Zivilisation, sondern morastige Natur. Für Simone de Beauvoir ist, wie für viele Männer, der Fötus ein Parasit, der sich bei der Mutter einnistet, die Menstruation etwas Erschreckendes und Abscheu-Erregendes und das Stillen nur ein erschöpfender, auslaugender Vorgang.[58]

Wie immer die Männer sich selbst sehen – sei es als transzendente, körperlos schwebende Geister, sei es als von Gefühlen freie, tüchtige Befehlsempfänger, als unsentimentale Kraftmenschen – ihr Stolz gründet sich stets auf das, was ihnen in Wirklichkeit fehlt. Wie bei Henry Moores Skulpturen besteht der Löwenanteil ihrer Größe aus einem Loch. Allgemein ist das, woran es ihnen mangelt, eben das, was die Frauen in ihren Augen repräsentieren. Häufig fehlt ihnen das, was Nietzsche die «Wertgefühle» des Lebens nannte, die Elemente, die dem Leben Qualität und Farbe geben. William Gass sagt zur Erläuterung der Grundtendenz der nacharistotelischen Philosophie: «Aristoteles betont immer wieder, daß Eigenschaften zufällig und nicht wesenhaft sind.»[59] Nur Form sei dem Wesen eigen und könne erkannt werden. Diese Auffassung beschränkt ausgewiesenes Wissen auf die Wahrnehmung von Beziehungen zwischen Dingen, auf Strukturen und Dominanzmuster. Die Intuition, das gefühlsmäßige und aus der sinnlichen Wahrnehmung erwachsende Wissen, existiert in ihren Augen nicht. Sie setzt Quantität über Qualität. Die Beschränktheit dieses männlichen Selbstverständnisses wurde im täglichen Leben dadurch abgemildert, daß man den Frauen all das zuschrieb, was bei Männern nicht zugelassen war. So betrachtet etwa Schopenhauer den Mann als persönlich autark und «von allumfassendem Wissen und Wollen beseelt». Auf diese Weise sind die Männer «der Selbsterkenntnis des begrifflichen Denkens und in ihrem Wollen der objektiven Zielstrebigkeit» mächtig. Männer besitzen Vernunft, Willenskraft und Selbstbewußtsein, ihr Verhältnis zur Welt ist eins der «Macht und Herrschaft», und ihr eigentliches Leben spielt sich im Staat, in den Wissenschaften, in der Schlacht ab, im *Kampf* – mit der Welt und dem Selbst. Auch die Frauen haben nach Schopenhauer Zugang zu einer spirituellen Dimension, die sich in ihrem Fall jedoch im Streben nach Einheit und Harmonie manifestiert. Das Verhältnis der Frau zur Welt ist «subjektiv und passiv», der «autarke» Mann findet nirgends Harmonie außer in der Familie.[60]

Mit der industriellen Revolution kam es zu einer sehr viel weitergehenden Geschlechtersegregation, da Männer und Frauen nun nicht mehr viele Aufgaben gemeinsam hatten, d. h. nicht mehr zusammen den Hof, das Geschäft, das Gut verwalteten. Die Männer arbeiteten außer Hauses, die Frauen wurden auf das Heim und den sozialen Bereich verwiesen. Sie hatten nun seltener Gelegenheit dazu, das zu verkörpern, was dem Mann ‹fehlte›. Mit der technologischen Revolution schließlich, die auf die industrielle folgte, begannen Männer *aller* Schichten einen zunehmenden Autonomieverlust zu spüren. Nicht mehr nur Arbeiter, Vorarbeiter und Aufseher, sondern auch Manager und selbst Fabrikbesitzer büßten zunehmend das Gefühl ein, aus eigenem freiem Willen zu handeln. Um die Mitte des 19. Jahrhunderts entstand die Frauenbewegung, die die tiefsten Grundlagen der Manneswürde bedrohte: Die Frauen, deren untergebene Position gewährleistete, daß sie den Männern nicht nur häusliches Glück, sondern gleichzeitig die Bestätigung ihrer Männlichkeit (Überlegenheit) lieferten, standen jetzt auf, erhoben sich zu ihrer vollen Größe. Frauen in all ihren Funktionen wurden den Männern suspekt und für viele zum neuen Hauptfeind. Ehrenreich und English schreiben in bezug auf diese Welle des Mutterhasses: «Hinter dem Haß auf die Mutter und der Angst vor ihr verbarg sich das immer intensiver werdende Gefühl der Männer, daß sie irgendwie ihrer Macht verlustig gegangen waren – sie hörten auf, ‹richtige Männer› zu sein.»[61]

Tatsächlich verschlossen sich den richtigen Männern immer weitere Lebensbereiche. Hatte es Männern schon lange Zeit nicht angestanden zu weinen, so war ihnen doch ein breites Spektrum an anderen Gefühlen zugestanden worden. Im Bereich des Zulässigen waren gewesen: Sinnlichkeit, Leidenschaft, das Äußern von Gefühlen, aufwendige und auffällige Kleidung, gepflegte Manieren, Tanz- und Gesangskunst, Lautenspiel und der von Schuldgefühlen (zumindest relativ) freie Verkehr mit «Dirnen». Im Zuge der fortschreitenden ‹Vermännlichung› der Welt galt solche Expressivität immer mehr als unschicklich.

Die Einschnürung des Mannes geht auch in unserem Jahrhundert weiter, da unsere Institutionen das Spektrum dessen, was Männern an Gefühlsäußerungen noch gestattet ist, zunehmend beschneiden. Gleichzeitig wird dank technologischer Fortschritte die Herrschaft zunehmend zentralisiert, und das männliche Individuum verliert immer mehr die Bestimmungsgewalt über den Verlauf seines täglichen Lebens. Christopher Lasch vertritt die Ansicht, daß dieser nahezu vollkommene Autonomieverlust weit verbreitete Gefühle der Ohnmacht und Entrechtung nach sich gezogen und die staatlichen Institutionen auf lokaler Ebene untergraben hat. Lasch setzt hinzu: «Die Infiltration der Kultur und des Privatlebens durch das moderne Industriewesen zeitigt in diesem Bereich die gleichen Effekte wie bereits auf sozialem und politischem Gebiet – einen Verlust an Autonomie und Macht, die Tendenz, Konsumentscheidungen mit Selbstbestimmung zu verwechseln, die zunehmende Herausbildung von Eliten und die Verdrängung praktischer Fertigkeiten durch organisiertes Expertentum».[62]

Denker, denen es ursprünglich darum ging, das Bild des Menschen und des menschlichen Lebens zu erweitern und zu bereichern, stärkten statt dessen faktisch überkommene Werte oder wurden, wie etwa Darwin, von nachfolgenden Generationen falsch interpretiert. So war es eindeutig das Anliegen von Marx und Engels, das Los der Menschheit zu verbessern. Allerdings glaubten sie, dies mit ‹männlichen› Mitteln bewerkstelligen zu müssen. Beide waren zutiefst davon überzeugt, daß es die Aufgabe des Menschen sei, die Natur zu beherrschen. Beide bedachten nicht, daß die Verstärkung dieser fundamentalen hierarchischen Aufspaltung der Aufhebung hierarchischer Verhältnisse unter den Menschen im Wege stehen mußte. Sie verlagerten die endgültige Aufhebung der Klasssenschranken in eine spätere Zukunft und wären – Verächter der breiten Masse und selbst ihrer nächsten Bundesgenossen und Sympathisanten, die sie waren – wohl kaum begeistert gewesen, wenn sie tatsächlich eingetreten wäre. Edmund Wilson bemerkt in seinen Ausführungen zu dem Briefwechsel zwischen Marx und Engels, daß «im Lauf der Jahre das Wort ‹Esel› offenbar geradezu synomym mit dem Wort ‹Mensch› wird»[63].

Die marxistische Bewegung im 20. Jahrhundert hält sich bei allen Modifizierungen der ursprünglichen marxistischen Theorie doch an die Marxschen Grundüberzeugungen – daß die Natur als solche keinerlei Wert besitzt, daß das Verhältnis der Menschen zur Natur frei von jeder moralischen Dimension ist, daß der Mensch sich die Natur durch die Arbeit für seine Zwecke aneignet und sich auf diese Weise selbst erhöht und daß Macht und Machtkämpfe zentrale Grundmomente des Lebens sind.[64]

Trotzki lebte wie ein frommer Asket; er war bereit, jeden Komfort, seinen Geistesfrieden und sogar das Leben selbst – sein eigenes ebenso wie das seiner Anhänger und Freunde – aufs Spiel zu setzen. Er war, wie Wilson schreibt, sogar bereit, «jenen Genuß an der politischen Macht um ihrer selbst willen, die einzige weltliche Genugtuung, die der Marxismus seiner Priesterschaft gewährt», zu opfern. Er hatte darüber hinaus «in der Schule des Marxismus eine Vollendung der revolutionären Haltung erworben und eine Empfindlichkeit der revolutionären Ehre entwickelt, die fast schon auf den Ehrbegriff duellfreudiger Offiziere des Zaren hinausläuft». Wilson entbietet Trotzki allerdings seine Hochachtung, indem er Ibsen zitiert: «Am stärksten ist, wer einsam ist».[65]

Die gleichen Tendenzen finden wir auch bei Denkern der Gegenwart. So steht im Mittelpunkt von Sartres Existentialismus die Befreiung des Menschen von seiner Vergangenheit, von repressiven Traditionen und Bräuchen. Wenngleich diese Befreiung gewiß in vielfacher Hinsicht erstrebenswert ist, ist doch *Freiheit-von* nicht das gleiche wie *Freiheit-zu*, und die Frage bleibt bestehen, welche Existenzweise den Menschen nun eigentlich die Möglichkeit eines glücklichen Lebens bietet. Sartre hat nicht viel mehr anzubieten als ein Vakuum. Für ihn «ist Freiheit ein letztes Ziel. Indem er sie lebt, steht der Mensch ständig am Rande des Unbekannten, des Unbenennbaren. Er führt sein Leben in ständiger Pein. Er und nur er allein entwirft sich, wie auch immer dieser Entwurf aussehen mag»[66]. Sartre definiert Freiheit als totale Verantwortung in totaler Einsamkeit: eine extreme Lebensauffassung, eine extreme Definition des Menschen als eines isolierten und exilierten Wesens. Dargestellt wird diese Lebensauffassung in Sartres Drama *Bei geschlossenen Türen*. Wenn es in diesem Stück heißt, «die Hölle, das sind die anderen», so ist dies die Zuspitzung der These aus der Aufklärung, daß das Zusammentreffen von zwei Männern unvermeidlich Konflikt bedeute. Wenn die anderen Menschen die Hölle sind und der Mensch verantwortlich dafür ist, sich in «furchtbarer Freiheit» selbst zu entwerfen, so kämpft er letztlich mit *sich selbst*. Indem er zwischen dem Sein und dem Nichts hin und her pendelt, um seine «Essenz» zu verwirklichen, vollzieht er auf der Suche nach dem Göttlichen, das jetzt in ihm selbst angesiedelt ist, einen endgültigen Bruch mit der Welt. Die christliche Hölle ist nicht verschwunden, sondern lediglich von Dantes reichbevölkerter Hierarchie auf das besessene individuelle Ich zusammengeschrumpft, wie es Samuel Beckett in seinem Werk darstellt.

Bertram Morris beschreibt Sartres Welt als «eine heroische, in der allein der Mensch für seine Lage verantwortlich ist – nicht die Wissenschaft, nicht die Technik, keine unpersönlichen Mächte, noch nicht einmal die subjektiven Kräfte der Gefühlswelt»[67]. Dieses Denken leitet sich aus dem cartesianischen Weltbild ab, wo ganz und gar vernünftige Menschen der leblosen Materie gegenüberstehen und es keine anderen Lebensformen gibt.[68] Wie Ernst Cassirer sieht auch Sartre das Leben und seine Ausformung (das Leben des Mannes, da wohl niemand einem Menschen mit weiblicher Anatomie eine derartige Freiheit zugestehen wird) allein in der Hand des Individuums. Diese Philosophie geht davon aus, daß das Leben sich ausschließlich im Geist abspielt, und daß das Denken unberührt und ungerührt von allem bleibt, was sich im Körper, in anderen oder in der Welt um uns herum erreignet. Elitär bis zum letzten, versteht diese Philosophie unter «dem Menschen» eine Handvoll Privilegierter. Das patriarchalische Grundmuster liegt klar zutage: da die Welt und das Leben sich nicht dem Willen und dem Gedanken fügen, werden diese zur einzig wahren Realität erklärt – der Rest ist unwesentlich und zu vernachlässigen.

Sartre war ein politisch denkender Mensch, und die von ihm so gepriesene «Freiheit» erforderte auch den Mut, sich Tyrannei und Ungerechtigkeit entgegenzustellen. Nichtsdestoweniger liefert der Solipsismus seiner Philosophie die Rechtfertigung dafür, Machtfragen den Rükken zu kehren, sich den großen Bewegungen der Zeit zu verweigern und statt dessen «seinen eigenen Garten zu bebauen», wie Voltaire formulierte. Tatsächlich schiebt Sartre, wenn er immer wieder hervorhebt, daß Entscheidungen in Isolation und Beziehungslosigkeit gefällt werden müssen, die realen Grundlagen beiseite, auf denen die meisten unserer Entscheidungen basieren: unsere emotionalen Bindungen an Menschen und Prinzipien sowie unser Gefühl für unseren Körper und den physischen Kontext unseres Lebens. Die Verherrlichung des Geistes in unserer gesamten philosophischen Tradition verfestigt letztlich unsere Fixierung auf das zwanghafte Bestreben, alles von uns abzustreifen, was uns offensichtlich mit der Natur verbindet.

Aber auch nur sich über die Natur zu erheben ist menschenunmöglich. Nicht nur ist unser Geist an unseren Körper, unsere Sinne und Gefühle gebunden, von ihnen beeinflußt, von ihnen hervorgebracht. Er ist überdies abhängig von der Luft, die der Körper atmet, von der Nahrung, die er zu sich nimmt, und von seinem Wohlbefinden oder Unbehagen. Außerdem kommt der Geist selbst aus der Natur, er ist eine Naturgabe. Die Vorstellung, daß der Mensch von der Natur getrennt und dieser überlegen sei, ist so offensichtlich falsch, daß, wer sie akzeptiert, sich in allen Lebensbereichen ständig belügen muß. An jeder Ecke droht die Wahrheit unserer Einbindung in die Natur den Schleier aus Lügen und Illusionen zu zerreißen, den die ‹Zivilisation› über sie gebreitet hat. Denn die Zivilisation ist in der Tat weitgehend ein symbolisches System, eine sorgsam errichtete künstliche Welt, der allein geistige Klarheit, Kultiviertheit, Kunst und Wissen zugesprochen werden, während die Wirklichkeit als animalisch, zufällig oder verderbt bezeichnet wird. Die Zivilisation gründet auf dem ‹Wort›, und das ‹Wort› ist eine Lüge. Das Patriarchat verdankt sich also letztendlich einer Sprachverdrehung, und deshalb ist es kein Wunder, daß Denker und Wissenschaftler im Lauf der Zeit immer wieder über die Entartung der Sprache geklagt haben, wenn auch immer nur derjenigen Sprache ihrer eigenen Zeit.

Der erste symbolische Akt, in dem die Herrschaft der Menschen über die Natur ihren Ausdruck fand, war die Aufteilung der Menschheit in

Geschlechterklassen, die vermeintliche Gegensätze repräsentierten. Jede Ideologie, die von einer Zweiteilung der Welt in Mensch und Natur ausgeht, muß unweigerlich immer mehr solcher Aufspaltungen vornehmen. Eine Ideologie, die die Existenz eines göttlichen höchsten Wesens postuliert, das ein Ebenbild des Menschen ist, nur mächtiger als dieser, muß unweigerlich Eliten hervorbringen, die diesem Wesen näherstehen als andere Menschen. Wenn eine Ideologie eine menschliche Fähigkeit zur Grundlage, zum Symbol der menschlichen Überlegenheit über die Natur erhebt, so wird sie unweigerlich eine Eliteklasse schaffen, die diese Fähigkeit in höherem Maße besitzt als die übrigen Menschen. Da solche Ideologien gleichzeitig die wirkliche Beziehung des Menschen zur Natur leugnen und eine menschliche Identität konstruieren, die von neuem zur Grundlage dieser Verleugnung wird, wurzelt das Patriarchat nicht nur in einer Lüge, sondern besteht aus einer insgesamt künstlichen Konstruktion von Lügen. Da jede Elite immer nur aus einem kleinen Prozentsatz der Gesamtbevölkerung besteht, während die breite Masse entweder den Status von Untermenschen oder einer Art Bindeglied zwischen Mensch und Untermensch einnimmt, kann das Patriarchat, in welcher Form auch immer, niemals das Los der Mehrheit der Menschen verbessern. Häufig genug wird diese Elite sogar selbst zur im Grunde kränksten und unglücklichsten Schicht – wie etwa die Aztekenpriester oder auch die gesichtslosen Herren im grauen Anzug, die so weite Teile unserer Welt regieren.

Wenn die Philosophen den ‹Menschen› definieren, definieren sie also ein erfundenes Wesen, ein kulturelles Ideal. Um so bemerkenswerter ist es doch, daß dieses Idealgeschöpf so destruktiv, aggressiv, unmenschlich und unvollständig ausfällt. Der abendländische Mann fegt das alltägliche Leben mit Panzern, Betonpisten und Raketen beiseite, die abendländische Philosophie tut es mit einem Federstrich ab. Immer wieder finden wir bei den Philosophen das hartnäckige Bestreben, auf das schon Nietzsche hinwies, nämlich ein Menschenbild zu schaffen, aus dem der größte Teil des Daseins ausgeklammert bleibt. Das Hauptcharakteristikum des auf solche Weise künstlich erschaffenen Mannes ist, daß er sein Leben unter Kontrolle hat. Selbst wenn eine Gottheit im Spiel ist, kann er sich damit beruhigen, daß er durch richtiges Verhalten und durch Gehorsam der jeweiligen religiösen Institution gegenüber auch diese Gottheit zu beherrschen vermag. Das Merkwürdige daran ist, daß mit der faktisch wachsenden Naturbeherrschung des Menschen der Haß auf die Natur und die Verachtung ihr gegenüber zugenommen haben.

Obgleich der Körper und die Gefühle in vielen vergangenen patriarchalen Kulturen als schmutzig galten, wurden sie doch nie in dem Maße unterdrückt und verdrängt wie heute. Das alte Bestreben, die Natur zu beherrschen, ist zum Drang geworden, ihre noch bestehenden Reste innerlich wie äußerlich auszumerzen. Ich glaube, daß es nicht übertrieben ist, wenn man die heute massiver denn je über uns hereinbrechende Flut von Völkermorden (die zuweilen auf das Konto der eigenen Herrscher gehen), terroristischen Akten, Folterungen und wahllosen Mordanschlägen auf diesen gewaltigen Haß gegen all jene nicht transzendenten Elemente im Menschen und damit auf das eigentlich Menschliche zurückführt. Carl Friedrich bemerkt, Hitler sei kein «unbegreifliches Unglück gewesen, sondern von etwas ganz Bestimmtem getrieben worden – vom Haß auf das Menschliche im Menschen. Seine Opfer starben in diesem verzweifeltsten aller je gegen das menschliche Wesen geführten Angriffe sozusagen stellvertretend»[69].

Die Philosophen mögen diese Einstellung dem Menschlichen gegenüber besonders prägnant formuliert haben, sind aber ganz offensichtlich nicht ihre einzigen Vertreter. Wenn es auch unter den Schriftstellern Ausnahmen gibt, die es nicht zulassen, daß wir die Bedeutung dieser menschlichen Dimension vergessen – und die deshalb, wie James Joyce und Virginia Woolf, für alle Zeit unsere Achtung verdienen –, vertreten die meisten Autoren doch ebenso wie die darstellenden Künstler im allgemeinen patriarchalische Ansichten. Das gleiche gilt auch für Kritiker und Publikum. Zwei neuere Aufsätze zeigen auf, wie die patriarchalische Moral in mehr oder weniger populären Bereichen der Kultur dominiert.

Sidney Bremer vergleicht eine Reihe zwischen 1890 und 1915 von Männern und Frauen verfaßter Romane über Chicago.[70] Sie stellt fest, daß all diese Werke von der Qualität her im großen und ganzen gleichwertig sind. Dennoch sind uns die Namen der männlichen Autoren nahezu ausnahmslos mehr oder weniger geläufig: Theodore Dreiser, Frank Norris, Upton Sinclair, Hamlin Garland und, in geringerem Maße, Robert Herrick und Blake Fuller. Die Namen der meisten Schriftstellerinnen hingegen sind vergessen: Ella Peattie, Clara Burnham, Edith Wyatt, Susan Glaspell, Clara Laughlin, Alice Gerstenberg. Lediglich Willa Cather ist bekannt geworden, aber sie ist auch eindeutig die bedeutendste all dieser Autorinnen. Für Sydney Bremer ist Edith Wyatts Roman *True Love* ein verkanntes Meisterwerk und Clara Laughlins *Just Folks* immerhin ein hervorragendes Buch.

Bei der Betrachtung der unterschiedlichen Rezeption von Schriftstellerinnen und Schriftstellern gilt es, mehrere eng miteinander verknüpfte Faktoren zu bedenken. Zum einen gehen die meisten Menschen an alles, was von Männern stammt, mit mehr Respekt heran als an die Produkte von Frauen, und vielfach gelten für die Beurteilung der Werke von Männern und Frauen verschiedene Maßstäbe. Namenslisten der größten Schriftsteller einer bestimmten Zeit enthalten meist nur Männernamen, während herausragende Schriftstellerinnen im allgemeinen unter einer besonderen Rubrik erwähnt werden. (Erst mit dem Erstarken der Frauenbewegung in jüngerer Zeit sind die Produzenten der amerikanischen Bestenlisten dazu übergegangen, auch ein oder zwei Frauennamen aufzunehmen, wobei diese Autorinnen nicht immer unbedingt die fähigsten, sondern vielfach die für das männliche literarische Establishment tragbarsten sind.) Literaturkritiker haben die gleichen Vorlieben und Vorurteile wie andere Leute auch und behandeln die Werke von männlichen Autoren wesentlich ernsthafter als die von Frauen. Außerdem ist vieles, was bei einem männlichen Autor akzeptabel ist, bei einer Autorin noch lange nicht zu tolerieren. Emily Brontës Roman *Wuthering Heights* fand so lange Beifall, wie er für das Werk eines Mannes gehalten wurde, und wurde in Grund und Boden verrissen, nachdem die Identität der Verfasserin bekannt geworden war. Aber neben diesen schlicht auf die Geschlechtszugehörigkeit gegründeten Vorurteilen gibt es noch andere, wesentlich subtilere. Männliche Kritiker (und auch in der Tradition der männlichen Wertordnung stehende Kritikerinnen) bevorzugen Werke, die das herrschende Bild des Mannes bestärken, und finden vielfach alles, was aus einer andersgearteten Sensibilität erwächst, schlicht unverständlich. Ohne so weit zu gehen wie Virginia Woolf, die von der Existenz einer eigenen weiblichen Sprache spricht, können wir doch allgemeine Unterschiede zwischen den Lebensauffassungen von Männern und Frauen konstatieren.

Genau dies ist die These Sydney Bremers. Die von Männern verfaßten Romane über Chicago waren in ihren Augen Ausdruck des herrschenden Amerikabildes und erlangten deshalb Anerkennung und Berühmtheit. Innerhalb dieses Bildes ist der männliche Held der einsame Newcomer, der sich allein einer gigantischen, furchterregenden und sozial atomisierten Stadt stellen muß, die nichts weiter ist als eine auf die Akkumulation von Profit ausgerichtete Maschinerie und ein wirtschaftliches Schlachtfeld. In der Stadt «verkörpert sich ein perverses Substitut für die Natur». Sie macht die Menschen zu Zwergen; sie ist ein ausgebranntes Ödland «ohne jede Spur von Leben»; schließlich greifen ihre Fangarme auch nach dem Umland und bedrohen auch dort alles organische Leben. Das Land ist noch eine Idylle, ein idealisiertes Paradies. Die Stadt ist eine Art Hölle, die Gesellschaft in dieser Stadt kennzeichnet sich durch Entfremdung, die Aufspaltung in Arm und Reich, die Klassentrennung. Der Held ringt mit diesem «Koloß, der sich allen Bemühungen um seine Beherrschung widersetzt», und siegt oder geht unter. Der Autor siegt jedoch in jedem Fall, indem er die Stadt mit Hilfe der Sprache kontrolliert, sie darstellt und symbolisiert.[71]

Ganz anders das Bild, das die Autorinnen zeichnen. Ihre Heldinnen sind Frauen, die in der Stadt aufgewachsen sind: Journalistinnen oder engagierte Hull-House-Mitarbeiterinnen, jedenfalls Städterinnen, die in dieses Leben integriert sind und sich gelegentlich auch auf dem Lande aufhalten. Sowohl in der städtischen als auch in der ländlichen Welt finden oder besitzen sie ein Netz von familiären oder freundschaftlichen Beziehungen, Menschen, die sie lieben und denen sie vertrauen. Stadt und Natur «durchdringen einander». Die Schriftstellerinnen dämonisieren weder die Stadt, noch idealisieren sie das Land. Für sie ist die Gesellschaft organisch und kontinuierlich, auf jeder Ebene eng in sich verflochten. Das Bild der Frauen ist «eine bescheidene Vision, keine die Herrschaft propagiert ... an die Stelle des männlichen Individualismus treten in den Romanen der Frauen die vielfältigen Wechselbeziehungen des städtischen Lebens»[72].

Sydney Bremer gelangt zu dem Schluß: «Der Unterschied zwischen den bekannten und den unbekannten Romanen liegt nicht schlicht darin, daß die einen besser und die anderen schlechter wären.» Dem durch ein weitgehend männliches literatisches Establishment geprägten Lesepublikum erscheinen die von männlichen Autoren stammenden Romane als Abbildungen «der Wirklichkeit», die der Frauen hingegen als süßliche Verklärung.[73] Für viele Menschen, Männer wie Frauen, besteht das Leben jedoch tatsächlich in jenen engen Wechselbeziehungen, in weitgehend harmonischen, netzartigen Beziehungsgefügen zu Freunden und geliebten Menschen und – neben Leiden und Kampf – auch in einem beträchtlichen Maß an Freude und Glück. Von daher ist das männliche Bild nicht realistischer als das weibliche: Leben heißt sowohl individueller Kampf als auch harmonisches Eingebettetsein. Allerdings sehen wir immer nur das patriarchalische Bild der Realität: das Leben als Kampf, das Leben als Hölle. Dieses Bild bestärkt wiederum das Ideal des Mannes als eines Menschen, der die Herrschaft über die Welt ausübt oder aber in höchst heroischer Weise bei seinem Ringen um diese Herrschaft scheitert oder umkommt.

Ann-Janine Morey-Gaines analysiert die metaphorische Bedeutung des Grenzlandes im amerikanischen Westen.[74] Für sie besteht der Westen aus zwei Zonen: die eine ist wild, die andere urbar gemacht. Gleichzeitig bringt er zwei Typen von Heroen hervor, den Revolverhelden und den Farmer. Der agrarisch genutzte Bereich wird mit den Frauen in Verbindung gebracht – ist Heim, Niederlassung, die Sphäre des häuslichen Glücks. Die diesem Bereich zugehörigen Männer werden im Vergleich mit dem gewaltigen Ideal des Revolverhelden, den die Kamera im Profil vor den sich ins Unendliche erstreckenden kahlen Bergen zeigt, auf Grund ihrer Verknüpfung mit diesen geringgeschätzten Lebensaspekten zu Zwergen (Ann-Janine Morey-Gaines bezieht sich auf Romane, aber ihre Analyse ist auch auf Westernfilme übertragbar). Die Natur wird als unpersönliche Macht dargestellt, die zugleich schön und schrecklich, vor allem jedoch mächtig ist. Die Frauen werden idealisiert, unterdrückt «und schließlich geschmäht»: der Revolverheld mag sich vordergründig als Beschützer einer Frau geben, aber «in Wirklichkeit dient jede Schießerei ebenso sehr wie ihrem Schutz dem Schutz vor ihr». Sexualität kommt in diesen Darstellungen kaum vor, da «der Sexualakt zwischen Männern mit Revolvern vollzogen wird»[75].

Anhand der einschlägigen Romane von Frank Norris, Hamlin Garland, Max Brand, John Steinbeck und Jack Schaefer (dem Autor von Shane) erläutert sie, daß jede Schießerei dem Helden ein äußeres und moralisches Territorium sichert, ein sichtbares Symbol dafür, daß er ein Mann und im Recht ist.[76] Frauen kommen in dieser Männerliteratur vor allem insofern vor, als es ein Grundproblem sämtlicher Männer ist, die richtige Distanz zu Frauen oder auch – ich denke hier an Westernepen, in denen Frauen kaum eine nennenswerte Rolle spielen – zum «weiblichen Prinzip» zu halten.

Die gleichen Metaphern begegnen uns jedoch auch in literarischen Werken, die in ganz anderen Kontexten angesiedelt sind: Morey-Gaines nennt in diesem Zusammenhang *Das kurze glückliche Leben des Francis Macomber* von Hemingway, in dem «die einst anbetungsvoll auf den Mann wartende Frau im neuen Grenzland zum Hauptfeind des amerikanischen Mannes geworden ist», und Ken Keseys *Einer flog übers Kuckucksnest,* wo Gedankenfreiheit für männliche Potenz steht und die gleichgültige Grausamkeit der Welt sich in einer Frau, Schwester Ratched, verkörpert. Eine symbolische Vergewaltigung demütigt die Schwester und befreit den Mann.[77]

Es ist eine uralte Taktik, den Frauen die Schuld für ganz wesentlich auf die ‹Vermännlichung› der Gesellschaft durch eine hauptsächlich männliche Elite zurückgehende Leiden und Übel in die Schuhe zu schieben. Es ist mehr als ‹horizontale Feindseligkeit›: hier wird dem Opfer die Schuld gegeben, da es in allen Gesellschaften die Frauen sind, deren innere und äußere Freiheit am stärksten beschnitten wird. Diese Tendenz zeigt sich überall. Wenn Männer in Witzzeichnungen oder im Fernsehen lächerlich gemacht werden, so meist deshalb, weil sie Frauenarbeit verrichten oder unter dem Pantoffel stehen.[78] Die Feindseligkeit der Männer den Frauen gegenüber (aber in keinem Fall umgekehrt) zu schüren, ist ein wesentlicher Beitrag zur Aufrechterhaltung patriarchaler Werte.

In den vergangenen Jahrzehnten haben wir miterlebt, wie die alten Männlichkeitsideale brüchig wurden und wie versucht wurde, sie um ‹weiblichere› Eigenschaften zu erweitern. Allerdings gibt es Männer, die sich einer solchen Aufweichung der Männlichkeitsnorm erbittert widersetzen, und dieser sind ohnehin recht enge Grenzen gesetzt, solange Männer ihre Identität mit der Herrschaft über andere gleichsetzen. Die stärksten Anreize zur Infragestellung dieser Normen sind Liebe (wirkliche Liebe, nicht Begierde; Liebe hebt Machtunterschiede auf und wird durch Machtkämpfe zerstört) und Integration in einer Gemeinschaft auf demokratischer Basis. Wenn Männer sich jedoch auf solche Befriedigungen einlassen, laufen sie, so sagt man, Gefahr, ihre Männlichkeit zu verlieren – als wenn das etwas wäre, was man verlieren könnte. Auf der einen Seite hat das häusliche Gemeinschaftsleben seine echten Freuden, auf der anderen Seite ist es ganz einfach, mit einem Federstrich das Bild eines verachtenswerten Mannes zu entwerfen: man braucht ihm nur ein als Schürze in den Hosenbund gestopftes Abtrockentuch zu verpassen. Es ist kein Zufall, daß Nonnenklöster ihren Namen von dem lateinischen Wort *conventus* (Zusammenleben) ableiten, Mönchskloster hingegen von dem griechischen Wort *monos* (allein, einzeln). Die heilige Therese, Begründerin eines Karmeliterinnenordens, pflegte zu sagen: «Unser Herr ist auch zwischen den Töpfen und Pfannen zu finden.»[79] Nicht so jedoch für die Männer, die offenbar immer noch nicht erkennen, daß gerade das ihnen anerzogene Idealbild des Mannes sie zu einem Leben ohne echte Befriedigung verdammt.

Wenn das traditionelle patriarchalische Bild der Frau die Frauen extrem eingeschränkt und ihnen die meisten Aktivitäten und Freuden dieses Lebens verwehrt hat, so hat das traditionelle patriarchalische Männerbild die Männer ebenfalls um etwas sehr Zentrales gebracht, um das eigentlich Wesentliche im Leben, um dessen oberste Sinngehalte und Werte: um Lust, Liebe, Nähe, Gemeinsamkeit und Gemeinschaftlichkeit. Die Frauen wurden auf diese Kernbereiche verwiesen, die Männer auf die Randzonen, und beide Teilbereiche mit den jeweils falschen Namen bezeichnet. Allerdings lassen sich die Menschen nicht wirklich durch diese betrügerischen Benennungen täuschen; die Frauen wissen, daß ihr sogenannter «Randbereich» in Wahrheit zentral ist, und die Männer spüren genau, daß ihnen der Zugang zu wirklicher Befriedigung versperrt wurde. Alle Bemühungen, den einen oder den anderen Bereich auszuweiten, werden so lange nur minimale Erfolge zeitigen, wie wir nicht aufhören, den Menschen in Abgrenzung von etwas *anderem* (Natur, Weiblichkeit usw.) anstatt als potentielle Verkörperung aller nur denkbaren Eigenschaften zu definieren. Lévi-Strauss vertritt die These, daß die Gegenüberstellung von Natur und Kultur ein künstliches Produkt der Kultur oder auch schlicht ein methodischer Kunstgriff ist.[80] Für viele Strukturalisten nach Lévi-Strauss ist jedoch die Entdeckung des Gegensatzes zwischen Natur und Kultur im 18. Jahrhundert eine «fundamentale Matrix menschlichen Denkens».[81] Und das ist sie auch: allerdings nicht des menschlichen, sondern des patriarchalen Denkens.

2. Männliche Strukturen

Die Gegenüberstellung von Mensch und Natur ist nur ein gedankliches Konzept, eine Idee. Wenn gedankliche Konzepte jedoch als fundamentale Wahrheiten gelten sollten, bedürfen sie eines konkreten Niederschlags, sichtbarer Beweise. Die Idee, daß Männer von der Natur verschieden und ihr überlegen sind, geht grundsätzlich mit der Aufteilung der Gesellschaft in Geschlechterklassen einher: dies ist die sichtbare Demonstration der Idee. Diese Aufteilung wiederum fördert das Entstehen zweier getrennter Kulturen, und sei es nur im Bereich der Arbeit. Geschlechtersegregation im Arbeitsbereich ist, sowohl in primitiven als auch in bäuerlichen Kulturen, ein recht häufiges Phänomen: Männer und Frauen arbeiten innerhalb des gleichen Terrains, wo sie jedoch unterschiedliche Aufgaben erfüllen: die Männer jagen, die Frauen fischen, oder aber die Männer fischen und die Frauen bauen Feldfrüchte an. In bäuerlichen Kulturen obliegt das maschinelle Pflügen den Männern, der Großteil der von Hand zu verrichtenden Arbeit den Frauen. Dennoch sind in solchen Kulturen trotz dieser Segregation für beide Geschlechter weitgehend die gleichen Dinge von Belang. Das Wohl der Gemeinschaft, die Nahrungsversorgung, das Wetter beschäftigen alle Mitglieder gleichermaßen. Obwohl in anderen Bereichen – denen der religiösen Rituale, des Spiels und des Körperschmucks etwa – ebenfalls ein gewisses Maß an Segregation existieren mag, so gibt es doch auch hier viele Gemeinsamkeiten.

In Gesellschaften, in denen Frauen und Männer verschiedene Arbeiten räumlich voneinander getrennt verrichten und die Arbeiten darüber hinaus rein geschlechtsspezifisch verteilt sind (jeweils nur von einem Geschlecht verrichtet werden), haben Frauen und Männer hingegen wenig gemeinsam. Wenn die Frauen auf das Haus und die Männer auf die Arbeit außer Haus beschränkt sind, wenn Grund und Boden, Wetter und Feldfrüchte keine Rolle spielen, bleiben als gemeinsame Interessen nur noch Sex, Geld und Kinder. Oft herrscht auch auf dem Gebiet der Freizeitgestaltung noch Geschlechtertrennung: die Frauen gehen zu Kaffeekränzchen oder Bridgerunden, die Männer spielen Golf oder Squash. Vielleicht unternehmen die Frauen auch gemeinsam Ausflüge und besuchen ihre Mütter, während die Männer sich in Bars und Gastwirtschaften herumtreiben. Da es so wenig gemeinsame Bereiche gibt, existieren auch kaum gemeinsame Interessen: oft genug werden die wenigen gemeinsamen Gebiete noch zum Austragungsort für unterschiedliche Ansichten. In den USA, wo diese Spaltung sich schon sehr früh quer durch die Gesellschaft zu ziehen begann, befaßten sich viele Schriftsteller damit. Noch vor den aufschlußreichen Ausführungen von Henry James und Edith Wharton zu diesem Thema schrieb die britische Romanschriftstellerin Mrs. Trollope, die in den zwanziger Jahren des 19. Jahrhunderts die USA besuchte: «In Amerika finden mit Ausnahme von Tanzveranstaltungen, die nahezu ausschließlich auf die unverheirateten Angehörigen beider Geschlechter beschränkt sind, alle Vergnügungen der Männer in Abwesenheit der Frauen statt. Sie essen gemeinsam zu Mittag, sie spielen Karten, sie musizieren zusammen, sie essen zu Abend, alles in großen Gesellschaften, aber alles ohne Frauen» [82]. Ann Douglas bringt am Beispiel Margaret Fullers und Herman Melvilles die Sache auf den Punkt: «Fuller war feministisch, Melville nicht. Dennoch verstanden beide die tragische Segregation der Geschlechter in Amerika als sichtbares Zeichen einer tieferliegenden und noch beunruhigenderen kulturellen Zweiteilung: der in ... ‹Intellekt› und ‹Gefühl›.»[83]

Geschlechtertrennung hat es zu einem gewissen Grad in allen patriarchalen Kulturen gegeben. Am wenigsten von ihr berührt werden jene Mitglieder der Gesellschaft, die auf kleinen bäuerlichen Anwesen leben oder kleine Geschäfte führen. Am offensichtlichsten tritt sie bei der Elite der jeweiligen Gesellschaft zutage. Sie wird häufig dadurch erreicht, daß den Frauen der Zutritt zu bestimmten räumlichen Bereichen verboten wird, wie es etwa in Athen und Rom der Fall war und wie es im Islam, in der katholischen Kirche und in den meisten höheren staatlichen und militärischen Institutionen praktiziert wird. Manchmal erhalten die Frauen das Recht, ‹Hilfs›-organisationen zu gründen, die die Männerorganisationen imitieren und unterstützen, ohne jedoch faktisch Macht zu besitzen. Bisweilen erscheint diese Geschlechtertrennung auf den ersten Blick zufällig und informell: in unseren modernen Vorstadtbezirken ist oft der Briefträger der einzige Mann, den die Frauen im Lauf des Tages zu Gesicht bekommen. Bei gesellschaftlichen Anlässen ziehen sich Männer und Frauen häufig in verschiedene Räume oder in verschiedene Ecken des gleichen Raumes zurück und unterhalten sich dort gewissermaßen in verschiedenen Sprachen – die Männer reden rein pragmatisch über Dinge oder streiten sich über Themen, die mit Konkurrenz zu tun haben, während die Frauen emotional über Menschen und Gefühle sprechen.

Diese Geschlechtertrennung erzeugt tiefe Gemeinsamkeitsgefühle unter den Frauen, die sich häufig, auch wenn sie einander fremd sind, auf der Straße, im Bus oder im Supermarkt zulächeln. Sie kommen leicht miteinander ins Gespräch und schließen oft spontan Freundschaft. Ihre Vertrautheit gründet sich nur auf zwei Dinge: die Tatsache, daß sie mit den gleichen Fortpflanzungsorganen ausgestattet sind, und ihre gemeinsame Erfahrung als Frauen in einer männerbeherrschten Gesellschaft.

Die Geschlechtertrennung erzeugt auch zwischen Männern ein gewisses Gefühl der Gemeinsamkeit, das sich jedoch auf andere Dinge gründet. Sexuelle Eroberungen oder Erfolg in der männerbeherrschten Gesellschaft sind Bereiche, in denen Männer miteinander konkurrieren. Was die Männer gemeinsam haben, ist die Distanz den Frauen gegenüber und das intuitive Wissen, daß ihre Identität als Männer auf dieser Distanz gründet. Ferner verbindet die Männer der Mythos von der männlichen Überlegenheit, der in ‹demokratischen› Gesellschaften die Illusion beinhaltet, daß alle Männer den gleichen Zugang zu Machtpositionen haben: alle Männer waren einmal Jungen, die hätten Präsident werden können.

In Wirklichkeit sind die Zugangsmöglichkeiten der Männer zu Machtpositionen jedoch sehr unterschiedlich und eng an ihre ökonomische, soziale und bildungsmäßige Schichtzugehörigkeit gebunden. Zwischen den einzelnen Männern gibt es enorme Unterschiede. Dennoch sind die von Männern hervorgebrachten Strukturen im großen und ganzen alle gleich. Wie die Gesellschaft auch aussehen mag, in der sie existieren, und welche Funktion sie auch erfüllen mögen, immer haben sie ähnliche Formen und Aufgaben. Es mag sich um staatliche oder wirtschaftliche Strukturen handeln, sie mögen sich Militär, Kirche, Arbeiterbewegung, Unterwelt oder Strafvollzug nennen, aber ihre Form ist doch weitgehend die gleiche, in kapitalistischen Gesellschaften ebenso wie in sozialistischen oder Mischformen beider, in Theokratien ebenso wie in Oligarchien und Monarchien.

Typische Formen

Zunächst ist festzustellen, daß männliche Strukturen hierarchisch organisiert sind. Unter einer Hierarchie verstehen wir ein System von Rangstufen in Form einer Leiter oder Pyramide, das mit Zwangsmitteln aufrechterhalten wird und in dem sich Macht und Autorität verkörpern. Allgemein gilt: je größer die Institution, desto stärker sind ihre Mitglieder voneinander isoliert. Aber selbst in kleinen Institutionen gibt es innerhalb wie außerhalb der Arbeitszeit so gut wie keinen Austausch über die Statusschranken hinweg. Die wichtigste Ausnahme ist wohl das Eheverhältnis – häufig ist die Frau eines leitenden Angestellten, Professors oder Verwaltungsmannes als Sekretärin oder in einer anderen untergeordneten Tätigkeit in der gleichen Institution tätig wie ihr Ehemann, was es ihr jedoch nicht verwehrt, mit diesem und seinen Kollegen zwanglosen Umgang zu pflegen.

Es gibt jedoch auch Organisationen, die nicht hierarchisch strukturiert sind. Diese sind grundsätzlich klein, und meist sind in ihnen vorwiegend junge Leute tätig. Praxen, kleine Geschäfte und Dienstleistungsbetriebe werden häufig vor allem von einem Mann getragen, dem andere assistieren. In solchen Einrichtungen herrscht zuweilen eine Art demokratischer Atmosphäre, die allen Beteiligten das Gefühl gibt, Meinungen äußern, Vorschläge machen und vielleicht sogar leise Kritik an

Arbeitsverfahren, Arbeitsplatzgestaltung, menschlicher Behandlung oder der Art der Arbeit üben zu dürfen. Innerhalb solcher kleiner Einrichtungen überschneiden sich häufig verschiedene Formen von Machtgefälle: der junge Lagerhelfer ist vielleicht intelligenter als der Kaufmann selbst, die Sprechstundenhilfe klüger als der Arzt, die Sekretärin mit einem Mann verheiratet, der mehr Geld hat als ihr Chef, der Gehilfe der Sohn eines reichen Vaters. In kleinen Einrichtungen ist es schwieriger als in großen, solche Überschneidungen zu ignorieren.

Demokratische Verfahrensformen sind in großen Organisationen nicht zulässig, auch nicht innerhalb kleinerer Unterabteilungen. Hierarchie beinhaltet Superiorität, die Vormachtstellung des jeweiligen Vorgesetzten ist absolut, der Untergebene hat sie nicht in Frage zu stellen. In einer Hierarchie gibt es keinen gleichberechtigten Dialog, nur den Monolog mit bekräftigendem Echo. Wenn ein Untergebener mit einem Vorgesetzten spricht, dann ist das kein Gespräch, sondern Berichterstattung.

Die meisten großen hierarchischen Organisationen haben die Form einer Pyramide, was bedeutet, daß die meisten Mitglieder auf der untersten Stufe stehen. Diese Organisationsform wird damit gerechtfertigt, daß sie Mobilität, Effizienz und besondere Leistungen fördert: sie ist angeblich gerecht. Wer neu eintritt, wird zunächst ganz unten auf der jeweiligen Stufe eingesetzt, die ihm von Bildung und Erfahrung her zugänglich ist, und kann sich langsam emporarbeiten. Tatsächlich bestehen die meisten solcher Pyramiden aus vielen übereinander liegenden Quadern mit fest umrissenen Untereinheiten. Der Arbeiter oder Angestellte, der einmal einer solchen Einheit zugeordnet ist, wird diese mit großer Wahrscheinlichkeit nie verlassen. Ungelernte Arbeiter bleiben im allgemeinen ungelernte Arbeiter, auch wenn sie es zu einer Art Vorarbeiterposition bringen. Qualifizierte Arbeiter können gelegentlich in Meisterpositionen und in das untere Management vordringen, aber weiter gewöhnlich nicht. Durch die meisten dieser Quader zieht sich eine unsichtbare, gepunktete Markierung (die in den Köpfen aller Beteiligten fest verankert ist und nicht sichtbar gezogen zu werden braucht). Unterhalb dieser Markierung stehen die Frauen. Auf welcher Stufe eine Frau auch eingestellt wird, sie wird innerhalb dieser Kategorie bleiben und dort immer am schlechtesten bezahlt werden. Vertreter können vielleicht Manager werden, Sekretärinnen jedoch nicht. Einige Quader sind ausschließlich den Frauen vorbehalten. Zu manchen Institutionen haben (oder hatten bis in jüngste Vergangenheit) Frauen überhaupt keinen

Zugang, sondern nur zu deren Hilfsorganisationen: etwa zum Militär, zur Kirche und zum Strafvollzugswesen.

Innerhalb der Pyramide gibt es die oberen Quader für diejenigen, deren Eingangsstatus Aufstiegsmöglichkeiten beinhaltet, und eine kleine Spitze für die Führungskräfte. In dieser kleinen Spitze findet sich gewöhnlich keine Frau und (außer in Ländern mit ausschließlich farbiger Bevölkerung) kein Farbiger. Die kleine Gruppe des Topmanagements besteht gewöhnlich ausschließlich aus weißen (beziehungsweise schwarzen) Männern, die sich wiederum aus einer ganz bestimmten Gruppe rekrutieren: sie sind Protestanten, Katholiken, Juden, Moslems oder Mitglieder einer bestimmten politischen Partei. Auch wenn sich diese Führungselite in den letzten Jahrzehnten für mehr Männer geöffnet hat, ist sie doch noch immer sehr homogen.

Das Innere der Pyramide kann verschieden strukturiert sein, was unterschiedliche organisatorische Abläufe zur Folge hat. Die Strukturen können auf jeder einzelnen Stufe auf Kontrolle angelegt sein. In diesem Fall gibt es in jeder Abteilung oder größeren Unterabteilung eine Person, die über eine Geheimverbindung zur Führungsspitze verfügt. In solchen Organisationen werden die Beschäftigten auf allen Ebenen bespitzelt. In Systemen, die zumindest teilweise der Sicherung und dem Schutz der personifizierten obersten Macht – etwa des amerikanischen Präsidenten oder des Papstes – dienen, enden alle Verbindungsfäden bei einer Art Palastwache, die allein die Türen zur obersten Autorität öffnen darf. In manchen Institutionen haben einzelne Unterfunktionsträger ein gewisses Maß an Autonomie – so etwa der Offizier im Feld, der Lehrer im Klassenzimmer, der Priester oder Geistliche in seiner Gemeinde. Solche Institutionen dulden Polizei- oder Armeeoffiziere, Gemeindepfarrer oder Professoren in ihren Reihen, die inkompetent, dumm oder brutal sind. Was sie hingegen auf keiner Stufe zu tolerieren bereit sind, ist der Mangel an totaler Ergebenheit der Institution gegenüber.

Die einzelnen Institutionen wiederum sind Teil einer allumfassenden nationalen oder internationalen hierarchischen Ordnung, deren Führer oft schwer zu identifizieren sind. Militär, Industrie und Regierung dominieren Gewerkschaftsverbände, Verbrecherorganisationen und das Technokratentum, die wiederum mehr Einfluß haben als der akademische Bereich, die Kirche oder das Gesundheitswesen, wobei diese Sektoren wiederum bestimmend auf Institutionen des Schul-, Strafvollzugs- und Sozialwesens wirken. Je niedriger der Rang einer Institution, desto mehr Frauen und Angehörige von Minderheiten werden dort in mittleren Positionen zu finden sein.

Die Kanäle der Macht in solchen hierarchischen Institutionen verlaufen in zwei Richtungen. Die Arbeiter auf den untersten Stufen erzeugen Macht, d. h. sie sind an der Herstellung eines Produktes beteiligt, unterrichten Kinder, überwachen Gefangene, machen die Buchführung, bedienen Waffen oder andere Apparaturen. Diese Leute haben einen niedrigen oder mittleren Status, niedrige oder mittlere Löhne, geringe oder keine Autonomie. Sie sind, in anderer Form, die Materie, derer sich der Geist des Managements bedient. Die Beschäftigten auf den höheren Stufen setzen die Macht um, die ihnen von unten zugeliefert wird. Sie treffen strategische Entscheidungen, regeln Verfahrensweisen bis ins kleinste Detail und überwachen das gesamte Aufsichtspersonal auf den niedrigeren Stufen. Ihr Status ist vergleichsweise hoch, ihre Löhne sind es ebenfalls, aber auch sie haben häufig kaum autonome Befugnisse. Allerdings gelten sie als Träger des so hoch bewerteten Attributs der ‹Autonomie› und werden darum beneidet.

Hierarchien sind statisch. Sie erlauben keine roulierende Übernahme von Führungspositionen, kein «Abwechseln». Die Befehlsgewalt ist an bestimmte Positionen gebunden, die Menschen kommen und gehen, aber die Positionen bleiben. Dies gilt selbst im Fall der vollständigen Umstrukturierung einer Firma oder des revolutionären Umsturzes innerhalb eines Staates. Eine oder zwei solcher Positionen werden vielleicht beseitigt, aber an ihrer Stelle werden neue geschaffen. Oft werden die Positionen nur umbenannt. Trotz ihrer neuen Ideologie werden das neue Management oder die neue Regierung Strukturen errichten, die den alten dem Grundmuster nach und oft sogar bis ins Detail gleichen: So wurde etwa die Arbeiterbewegung von Menschen auf der untersten Stufe der Machtpyramide ins Leben gerufen; sie war ein Produkt des Mutes und des Idealismus von Männern und Frauen aus der Arbeiterschaft. Einmal etabliert, verwandelte sie sich jedoch in eine Elite, der wiederum eine Elite vorstand. Wenn (was fraglich ist) die Führer der Arbeiterbewegung nicht genauso repressiv und habgierig sind, wie es die Unternehmensleitungen waren, so sind sie doch keineswegs frei von diesen Eigenschaften. Sie verwandelten die Arbeiterbewegung von einer Bewegung der Arbeiterschaft in eine geschlossene Vereinigung von gut bezahlten Arbeitern, und trugen auf diese Weise zur Entstehung einer neuen Schicht von Armen bei, die keine Aufnahme in die Gewerkschaften fanden. Revolutionäre Bewegungen, die zumindest unter anderem durch extreme Übergriffe einer Geheimpolizei ausgelöst wurden, richteten sofort einen neuen Geheimpolizeiapparat ein. Das organisierte Verbrechertum, das ursprünglich den Rechtlosen Zugang zu den Machtmitteln verschaffen sollte, die die legitimen Machthaber insgeheim einsetzen, kooperiert auf einer bestimmten Ebene mit diesen Machthabern und unterdrückt seine eigenen Leute auf den niedrigeren Ebenen.

Die Art und Weise, wie Institutionen funktionieren, bezeichnen wir gewöhnlich als ‹das System›. Und das System ist unumstößlich. Genau festgelegte Verfahrensweisen entheben die Menschen, die sich an sie zu halten haben, jeder Eigenverantwortung und erzeugen eine Atmosphäre gut gesicherter Langeweile. Selbst wenn ein System ganz offensichtlich nicht funktioniert, wenn es krasse Ungerechtigkeiten hervorbringt, den Informationsfluß behindert und Ineffizienz zur Folge hat, stoßen doch alle Veränderungsvorschläge auf erheblichen Widerstand. Das System wird zur Grundgegebenheit, zur Lebenstatsache, zu einem dem Individuum übergeordneten ‹höheren Zweck›. Selbst wenn der Apparat Menschenleben zerstört, wird er noch verteidigt. Er wird, wie die patriarchalische Ordnung selbst, zur Ersatzwelt und, als wäre er die Natur selbst, zu einem Absolutum, mit dem man sich arrangieren muß (gleichgültig, was die Männer vorgeben, müssen sie sich doch in Wirklichkeit mit ihrem Körper, ihren Gefühlen und der Außenwelt arrangieren). Das System ist eine Gegebenheit jenseits aller Rechtfertigungsnotwendigkeiten wie der Wechsel der Jahreszeiten, wie Schnee oder Fieberhitze. Wenn sich ein solches System tatsächlich verändert, brechen die Menschen oft zusammen: sie treten in den Ruhestand oder kündigen, weil sie sich nicht an die neuen Gegebenheiten anpassen können.

Die hierarchische Befehlsordnung ist die sichtbare Verkörperung jener Art von Macht, die wir Autorität nennen. Einige Funktionsträger in einer solchen Hierarchie besitzen darüber hinaus auch persönliche Macht: ein besonderes Talent, eine besondere Sensibilität, Organisations- und Verwaltungsgeschick, die Gabe, andere zu begeistern, oder besondere Fähigkeiten auf dem jeweiligen Aufgabengebiet der Institution. Persönliche Macht ist für ein solches System besonders wertvoll, da Menschen sich der Autorität williger beugen, wenn sie durch tatsächliche Fähigkeiten oder wirkliches Wissen gestützt wird. Genau wie wir uns im Privatleben Menschen, die in Bereichen besonders kompetent sind, wo wir Schwierigkeiten haben – etwa unseren Ärzten, Psychologen, Lehrern, Automechanikern, Handwerkern etc. –, auch dann fügen, wenn sie uns gegenüber keine offizielle Autoritätsposition besitzen, fügen sich Untergebene in hierarchischen Strukturen eher anderen, denen sie nicht nur ihrer Position wegen, sondern auch auf Grund ihrer Fähigkeiten Respekt zollen. Wenn die Autoritätsperson hingegen ganz offensichtlich nicht die für ihre Position notwendigen Fähigkeiten besitzt, schulden wir ihr trotzdem Gehorsam und Reverenz, da ihre Autorität aus ihrer Stellung und nicht aus ihrer Persönlichkeit erwächst.

Jede Stellung und jedes Amt verleihen der Person, die sie ausfüllt, bestimmte Rechte, Privilegien und Pflichten. Vor allem aber symbolisiert die jeweilige Stellung Superiorität. Theoretisch erwächst diese Superiorität aus der größeren Verantwortung und den größeren Fähigkeiten, die die Position von ihrem Inhaber fordert, in Wahrheit ist sie jedoch ein Zwangsinstrument.

Persönliche Macht und Autorität haben ihre Grenzen. Der Physiker muß sich in einem fremden Land mit einer unbekannten Sprache wie ein Kind an die Hand nehmen lassen, der Chirurg oder die Chirurgin verstehen nichts von Automechanik, der Collegepräsident hat keine Ahnung von den Sprachen und der Literatur der Antike. Jemand, der sich in zwischenmenschlichen Beziehungen gut auskennt, versteht vielleicht nichts von Chemie. Selbst auf ihrem eigenen Spezialgebiet sind Menschen irritiert und unfähig, wenn sie auf etwas ihnen Unbekanntes stoßen. Wenn wir also von Superiorität sprechen, meinen wir damit besondere Leistung auf einem ganz bestimmten Gebiet, das häufig genug ein sehr enges ist.

Wenn wir sagen, daß die Menschen gleich geschaffen sind, meinen wir damit eine besondere Art von Gleichheit: die Gleichheit als Menschenwesen, was bedeutet, daß alle Menschen ungeachtet all ihrer Versuche, etwas anderes vorzuspiegeln, in gleicher Weise an die Grundtatsachen menschlichen Lebens gebunden und gleichermaßen auf universelle moralische Werte verpflichtet sind, daß alle Menschen das gleiche Recht auf die Nutzung der natürlichen Ressourcen haben, das gleiche Recht auf achtungsvolle Behandlung und auf Gleichberechtigung vor dem Gesetz. In all diesen Punkten ist die Gleichheit aller Menschen bis heute ein uneingelöstes Ideal geblieben. Grundsätzlich ist Superiorität eine der Gleichheit aller Menschen untergeordnete Kategorie. Man kann anderen Menschen überlegen sein, aber nur in bestimmter Hinsicht. Im Rahmen der von Männern geschaffenen Strukturen wird die Superiorität jedoch als heilige Kuh zur Autorität, d. h. zu einer *grundlegenden* Überlegenheit.

Eine solche Form von Superiorität gibt es jedoch nicht und kann es nicht geben. Selbst wenn wir beispielsweise über eine Frau sagen, sie sei ein besserer Mensch als andere, können wir ihr dennoch keine Superiorität als *Mensch* zuschreiben. Gewiß machen Geld oder Status, Begabung oder Wissen, Schönheit oder Stärke bestimmte Menschen anderen auf den jeweiligen Gebieten überlegen, aber gleichzeitig führt der Besitz solcher Eigenschaften sie auf anderen Gebieten zu Unterlegenheit. Der reiche Mann versteht viel weniger davon, wie man unter Armutsbedingungen überleben kann, als die auf die Fürsorge angewiesene Mutter, und niemand kann sagen, welcher Status oder welche Eigenschaft – etwa Reichtum gegenüber Wissen, Kraft gegenüber Schönheit – letztlich wichtiger ist.

Innerhalb hierarchischer Systeme ist jedoch der Vorgesetzte in jeder Hinsicht überlegen. Der ‹Boss› versteht nicht nur mehr von meiner Arbeit als ich selbst und kennt die Vorgänge in meiner Abteilung besser als irgendeiner der Kollegen, sondern ist gleichzeitig der zuständige Experte für die besten Restaurants, die richtige Art sich zu kleiden und zu frisieren, für Benimmfragen und Moral, und oft genug ist er sogar der Guru in Kulturfragen. Seine Ansichten sind unantastbar und seine Person ebenfalls. Was er sagt, ist Gesetz, seine Launen sind Naturgegebenheiten. Er legt seine Superiorität nicht bei Feierabend ab, er nimmt sie mit zum Betriebsfest, zur privaten Einladung und zum Geschäftsessen. Nicht nur der Untergebene selbst, sondern auch seine Frau ist diesem Halbgott Ehrerbietung schuldig. Das oberste Gebot ist es, ihn nicht zu beleidigen.

Diese Zementierung der Autorität und des Systems, dessen Aufrechterhaltung sie dient, führt zu gröblichen Verstößen wider den gesunden Menschenverstand, zu Beeinträchtigungen der Leistungsfähigkeit und der zwischenmenschlichen Beziehungen. Der Chef kann schwer neurotisch oder extrem borniert sein, er kann erhebliche moralische Schwächen haben, er mag kaum etwas von dem Bereich verstehen, in dem er Kontrollfunktionen ausüben soll. Dennoch muß man ihm gehorchen, ihn fürchten und sich ihm in allem fügen, wenn man nicht seine Chancen verspielen will. Dieser Widerspruch – der sich in Institutionen jeder Größe an allen Ecken und Enden manifestiert – ist der Grund dafür, weshalb hierarchische Systeme grundsätzlich mit Zwangsmaßnahmen operieren. Sie müssen ein Einverständnis erzwingen, das sie nicht auf andere Weise erlangen können.

Die Art und der Grad des ausgeübten Zwanges sind unterschiedlich. In manchen Hierarchien sind die Druckmittel vielleicht schlechte Zeugnisse, das Ausbleiben einer Gehaltserhöhung, die Entlassung. In anderen droht jedoch vielleicht die Guillotine, ein kaiserliches Schreiben, das Selbstmord befiehlt, die Erschießung durch die Exekutionskommandos des Imam, die Internierung in einem Straflager, die Verbannung, der Ehrverlust, das Kriegsgericht usw. Subtilere Mittel sind etwa ein schwaches Lächeln, mit dem ein Vorgesetzter, dessen Anerkennung einem wichtig ist, sein Mißfallen ausdrückt, ein Seufzen, hochgezogene Augenbrauen, alles Gesten, die in Wirklichkeit Warnungen sind; ein Druckmittel kann auch die emotionale Isolation sein, die dem Betroffenen schrecklich zusetzt, aber oberflächlich harmlos erscheint. Zwang, wie er auch ausgeprägt sein mag, bedient sich letztlich immer der Drohung mit der zwangsweisen Eliminierung aus der Institution (und manchmal aus dem Leben). Selbst festbestallte Funktionsträger, wie es sie etwa im akademischen Bereich gibt, sind von der Isolation innerhalb der akademischen Gemeinde und vom Verlust eines effektiven Mitspracherechts bedroht, Zwangsmaßnahmen, die zur Folge haben, daß der Betreffende zwar physisch noch weiter anwesend, als Person jedoch nicht mehr präsent ist. Jedes hierarchische System operiert zu seiner Aufrechterhaltung mit dem Mittel der Angst.

Das Subversivste, was man in einer Institution tun kann ist, sich über diese Angstmache hinwegzusetzen, sich nicht zu beugen und das Konzept der Superiorität als solches zurückzuweisen. Verstöße gegen die Spielregeln einer Institution werden eher verziehen als eigenständiges Urteilen, selbst wenn dieses nicht in konkretem Ungehorsam mündet. Sich über einen unmittelbaren Vorgesetzten hinwegzusetzen ist unverzeihlich, weil es ein Zeichen für mangelnde Unterordnungsbereitschaft ist, und zwar selbst dann, wenn man sich an einen höheren Vorgesetzten wendet, der sich der Unzulänglichkeiten jenes ersteren bewußt ist. Dem eigenen Vorgesetzten auf menschlicher Ebene ebenbürtig gegenüberzutreten, ist in der patriarchalischen Hierarchie weit subversiver, als sie durch Spionage zu verraten oder den schnellen Aufstieg anzustreben, indem man ständig die Firma wechselt. Letztere Verstöße sind zwar schwerwiegend, lassen aber immerhin erkennen, daß der Missetäter die Wertordnung der jeweiligen Institution bejaht.

Mangelnde Unterordnung ist deshalb in einem Maße subversiv, wie es weder manipulatorische Tricks noch Verrat jemals sein können, weil es das höchste Ziel jeder Institution ist, die Herrschaft über ihre Angehörigen auszuüben und einigen Männern die Illusion zu vermitteln, sie hielten diese Herrschaft in den Händen. Um dieses Zieles willen sind schon viele Institutionen zusammengebrochen, weil ihre Führungsspitze die

Aufrechterhaltung der Herrschaft über die Erfüllung des jeweils spezifischen Zwecks der Institution gestellt hat. Gleichgültig, in welchem Bereich eine von Männern geschaffene Institution operieren soll oder welche Funktion innerhalb der Gesellschaft sie erfüllt, sie wird immer zuallererst bestrebt sein, den Schein männlicher Herrschaft um jeden Preis aufrechtzuerhalten. Aus diesem Grunde werden selbst Manager in untergeordneten Positionen, die genau wissen, daß sie in Wirklichkeit wenig Autonomie besitzen, dies weder zugeben noch sich öffentlich darüber beklagen. Ein Großteil der Konflikte, die in solchen Institutionen auftreten, dreht sich um die Insignien der Macht (Bürogröße, Fensterzahl, Teppiche, Sekretärinnen, die Benutzung von abschließbaren Toiletten, Firmenflugzeugen und Firmenappartements usw.), Symbole einer Macht, die in Wirklichkeit oft kaum der Rede wert ist.

Daß die eingebildete und die tatsächlich ausgeübte Herrschaft so weit auseinanderklaffen, ist für viele Männer nicht so wichtig, solange der äußere Schein der Herrschaft – der Status – gewahrt bleibt. Die Männer sind nicht so blind, daß sie nicht wüßten, daß sie über ‹Statussymbole› manipuliert werden. Aber sie sind in diesem System gefangen und von ihm abhängig wie Schwerkranke von lebenserhaltenden Apparaturen.

Denken wir noch einmal an das oberste Theorem der patriarchalischen Ideologie: daß der Mensch (der männliche Mensch) sich von der Natur unterscheidet – d. h. keine besondere Spezies *innerhalb* der Natur bildet, sondern außerhalb von ihr existiert. Das zweite Theorem lautet: was den Mann von der Natur trennt, ist sein enges Verhältnis zu einer höheren Macht (Gott, Vernunft, Machtapparat usw.), was ihn zur Herrschaft über den Rest der Schöpfung prädestiniert. Das dritte Theorem besagt, daß der Mann, sobald er die Herrschaft über die übrige Schöpfung aufgibt, seine transzendenten Stellung verliert und auf den Status von Zwischenwesen wie Frauen, Arbeitern, Schwarzen und anderen verachteten Gruppen zurückfällt, wenn er nicht gar noch darunter sinkt, d. h. deren Herrschaft ausgeliefert wird.

Daß das erste Theorem falsch ist, wissen wir bereits: der Mann ist ebenso ein Teil der Natur wie andere menschliche Wesen auch. Es ist ihm nicht möglich, sich von ihr zu lösen. Aus diesem Grunde hat er diese Lösung symbolisch vollzogen: durch den Entwurf eines Selbstbildes, das durch Rechtswissenschaft, Theologie und Philosophie untermauert wird und durch die Existenz niedrigerer Klassen Bestätigung findet. Diese Funktion erfüllen Frauen, Arbeiter, diskriminierte Völker oder ethnische Gruppen, die zwischen dem auserwählten Mann (dem vollwertigen Menschen) und dem Tier stehen. Auf Grund ihrer symbolischen Natur ist diese Abgrenzung jedoch nur Schein. Gesetze, Sitten, Gebräuche und Umgangsformen wurden geschaffen, um jenen wenigen Auserwählten zu ermöglichen, den Schein der Herrschaft, die sich nicht nur über andere Menschen, sondern auch über natürliche Vorgänge und Phänomene erstreckt, zu wahren. Diese Herrschaft ist das Insignium der Göttlichkeit; es besagt ebenso wie das Kainszeichen, daß der Mann, auch wenn er mordet oder andere, ihrer Natur nach antisoziale Handlungen begeht, dennoch keiner menschlichen Gerichtsbarkeit untersteht, weil er Gottes Stellvertreter auf Erden ist.

In dem Maße, wie die menschliche Kontrolle über die Natur (gutenteils auf Grund dieses Denkens) zunahm, wuchs auch die potentielle Macht des einzelnen Mannes. Um zu verhindern, daß diese Entwicklung eine wirkliche Demokratie (oder auch, wie manche Menschen es sehen würden: Anarchie) hervorbrachte, ersannen kleine Machtcliquen von Männern Systeme, um die breite Masse der Männer unter ständiger Kontrolle zu halten. Die Kontrolle über die Natur wurde zur Kontrolle über die *menschliche* Natur. Diese Kontrolle setzt auf mehreren Ebenen an: bei bestimmten Gruppen von Menschen, bei den Gefühlen und beim Körper. Alle diese Formen von Kontrolle sind jedoch illusionär: wir kontrollieren nichts wirklich, wir betonieren den Grasboden lediglich zu. Wir schaffen einen Schein. So haben wir uns die Natur in vielfältiger Weise dienstbar gemacht – durch die Gewinnung von Metallen, die Erzeugung von Elektrizität und die Nutzung natürlicher Energiequellen. Aber die Natur läßt sich nicht beliebig ausbeuten: sie stirbt, wird krank oder stellt sich (wie etwa im Falle der Insekten) auf unsere Kontrollmechanismen ein und unterläuft sie.

Im Hinblick auf die menschliche Natur, die sich ja in kleineren Lebenseinheiten verkörpert, wird die Störung der natürlichen Vorgänge schneller sichtbar. An der Oberfläche mag man in der Lage sein, Gefühle im Zaun zu halten – sie zu unterdrücken oder zu verdrängen – aber letztlich brechen sie doch in Form von Ausschlägen, Herzanfällen und Nervenzusammenbrüchen durch. Wir können unseren Körper trainieren oder ignorieren, aber seine körperlichen Funktionen werden deshalb nicht aufhören. Wir können ihn lediglich scheinbar kontrollieren, indem wir ihn äußerlich formen – etwa mit Hilfe von Büstenhaltern, Korsagen, chirurgischen Eingriffen oder Kosmetika – und indem wir nicht nur alle Körperteile deodorieren, sondern auch noch unsere Toiletten, Waschbecken und diejenigen Räume, in denen unser Körper am animalischsten er *selbst* ist.

In all ihren Erscheinungsformen ist die Herrschaft mehr Schein als Wirklichkeit. Aber dieser Schein ist alles, was wir haben, das einzige, worauf wir unseren Machtanspruch gründen können. Jeder Fehler im äußerlichen Bild bedeutet realen Machtverlust, weil es der Schein ist, dem andere sich fügen oder beugen und der sie einschüchtert. Aus diesem Grunde stellt der paranoide Diktator regelmäßig bei öffentlichen Paraden sein Waffenarsenal zur Schau, zwingt der ängstliche Direktor demütigen Untergebenen seinen Willen auf, kämpft der unsichere Manager mit Klauen und Zähnen um den Teppich, das Fenster, die Privatsekretärin, die für ihn das gleiche bedeuten wie die Panzer für den Diktator: Symbole der Macht, die er gegen jeden potentiellen Angriff aufbieten kann.

Natürlich kann man einwenden, daß diese Symbole real genug sind, und das ist sicher richtig. Aber sie können wie Spinnweben beiseitegefegt werden: Man denke nur daran, wie sich die Macht Präsident Nixons verflüchtigte, nachdem er erst einmal seine ‹Glaubwürdigkeit› verloren hatte, obwohl er nach wie vor im symbolbefrachteten *Oval Office* saß. Oder man denke an den iranischen Schah, der das mächtigste Militärwesen im ganzen Mittleren Osten ‹kontrollierte›, oder an jeden beliebigen Manager, der vor die Tür gesetzt wurde.

Die Männer wissen, auch wenn sie nicht bewußt darüber nachdenken, daß der Schein alles ist, und werden deshalb immer für diesen Schein kämpfen und die Realität nach Kräften ignorieren oder vergessen. Hieraus können natürlich schwerwiegende Probleme erwachsen. Man denke nur an die gegenwärtige Situation in El Salvador, über die die Beobachterin Joan Didion erst kürzlich schrieb: «Erst ziemlich spät während des Essens [mit Deane Hinton, der amerikanischen Botschafterin in El Salvador] ... ging mir auf, daß wir ausschließlich über den äußeren Schein der Dinge sprachen, darüber, wie man die ganze Situation besser aussehen lassen könnte, wie man versuchen könnte, die salvadorianische Regierung dahin zu bekommen, ‹scheinbar› das zu tun, was für die amerikanische Regierung wichtig war, damit es ‹so aussah›, als wäre das Eingreifen der Amerikaner berechtigt.»[84]

Was die Moralisten jeglicher Couleur so verzweifeln läßt, ist nicht nur das Auseinanderklaffen von Schein und Realität, sondern vor allem die Bereitschaft der Menschen, ihre gesamte Energie darauf zu verwenden, jenen aufrechtzuerhalten und diese zu ignorieren. Dieses Phänomen zieht sich durch alle patriarchalen Institutionen. Das war natürlich schon immer so, und trotzdem existierte die Welt nicht immer unter so unheilvollen Bedingungen wie heute. Die Symbole der menschlichen Macht sind real; dennoch haben wir sie nicht so sicher in der Hand wie wir behaupten, denn sie sind heute gewaltiger denn je. Das Streben nach Macht war erfolgreich, aber das Streben nach Kontrolle und Herrschaftsausübung nicht in gleichem Maß.

Patriarchalische Institutionen: Aufgaben, Gratifikationen und Forderungen

Da die Männer sich stets im Gegensatz zu den Frauen definiert haben, konnten sie sich niemals schlicht und einfach als *Seiende* begreifen: Frauen *sind* einfach. Nachdem sie aus der Definition männlicher Identität alles ausgeschlossen hatten, was mit Weiblichkeit assoziiert wird, konnten die Männer sich nicht mehr über körperliche Fruchtbarkeit oder Schönheit, Sexualität, Emotionalität, über Bindungen an Eltern, Kinder oder Freunde definieren. Sie gründeten ihr Selbstverständnis auf den Besitz der wichtigen Eigenschaften, die den Frauen aberkannt worden waren: auf die Kraft des Körpers, des Geistes, der Seele und des Willens. Da sie den Bereich des Seins verschmäht haben, sind sie nun angewiesen auf den Bereich des Handelns, sei es intellektueller oder körperlicher Natur. Der Wert der Frau entspricht ihrem Aussehen, der des Mannes seinen Taten. Und der Schwerpunkt seiner Taten liegt auf der Arbeit.

Eine Frau *ist* einfach, ein Mann ist *mehr*. Aber was existiert über das bloße Sein hinaus? Da hat die menschliche Vorstellung die Herrschaft erfunden. Um die Frauen auf der Stufe des schlichten Seins festzuhalten, mußte ihre Arbeit als nicht willensbestimmt, nicht ihrer eigenen Kontrolle unterliegend betrachtet werden. Die Arbeit des Mannes ist hingegen eine Form von Herrschaft. Der Mann wird mit seiner Funktion als Arbeitender ebenso identifiziert wie mit der als Herrschender. Arbeit ist für die meisten Männer von lebenswichtiger Bedeutung; wenn sie ihnen genommen wird, brechen sie oft zusammen. Es ist jedoch notwendig, daß diese Arbeit zumindest scheinbar willensbestimmt ist. Wenn Männer bestimmte Arbeiten als Mitglieder von Zwangsarbeitskolonnen, Militäreinheiten oder als Gefängnisinsassen zugewiesen bekommen, dann identifizieren sie sich nicht mit dieser Arbeit, sondern mit ihrem Status als Soldaten oder Gefangene; andere Männer hingegen, die oft auch nicht sehr viel freier von Zwängen sind (wobei diese eher ökonomischer als physischer Natur sind), und die genau die gleiche tägliche Arbeit verrichten wie Gefangene oder Soldaten, finden sehr wohl Befriedigung in ihren Tätigkeiten.

Wie der Mann mit der Herrschaft identifiziert wird, so sind auch von Männern geschaffene Strukturen dazu da, die Herrschaft und den Schein von Herrschaft zu verkörpern. Wie eine Mutter ihrer Tochter in einer natürlichen ‹Tradition› die Fähigkeit vererbt, zu empfangen und Kinder zu gebären, so übertragen Männer jüngeren Männern die Fähigkeit, innerhalb einer intellektuellen ‹Tradition› Macht zu empfangen und neu zu erzeugen. Aus diesem Grunde war der Ausschluß der Frauen aus den ersten Institutionen eine absolute Notwendigkeit. Die Institutionen stellten die Antwort der Männer auf die Macht der Frauen dar. Dieser Drang, Frauen aus den Institutionen auszuschließen, besteht bis heute fort, obgleich in jüngerer Zeit zahlreiche Versuche unternommen worden sind, ihre Aufnahme zu erzwingen. Selbst Männer, die ohne weiteres bereit sind, das «Denkvermögen» (niemals jedoch das «Genie») und die Tüchtigkeit einzelner Frauen anzuerkennen, reagieren mit Unbehagen auf deren Anwesenheit innerhalb ‹männlicher› Institutionen. Wenn diese Männer ein positives Verhältnis zu Frauen haben und sowohl Frauen als auch Männer für vernunftbegabte Geschöpfe halten, ist ihnen dieses Unbehagen peinlich. Aber sämtliche grundlegenden Wesenszüge der Institutionen weisen noch auf deren Ursprung hin, als Frauen von Anfang an von ihnen ausgeschlossen wurden. Wie wir gesehen haben, ist der gesamte Prozeß der Reproduktion innerhalb solcher Institutionen symbolischer Art: Frauen und ihre Körper sind dabei in keiner Weise notwendig.

Was über die institutionelle Struktur von einer Generation auf die andere übertragen wird, ist vor allem Macht, und zwar unabhängig von der spezifischen Funktion der jeweiligen Institution: Daseinszweck der Institution ist daher in erster Linie die Verkörperung von Macht, die Stärkung wirklicher oder illusionärer männlicher Herrschaft. Eine Ortschaft könnte sehr gut ohne Institutionen auskommen; diese Organisationsform hat es in der Geschichte vielfach gegeben. Wenn die Bewohner dieser Ortschaft wollten, daß ihre Kinder lesen und schreiben lernen sollten, so konnten sie den Weisesten unter sich zum Lehrer ernennen. Das gleiche gilt für die Gesundheitspflege, für Betreuungsaufgaben auf spiritueller oder psychischer Ebene und andere Aufgaben. Wenn eine solche Aufgabenverteilung es auch manchmal mit sich bringt, daß keine herausragenden Leistungen erbracht werden, so gewährleisten doch Professionalisierung, Oktroyierung einheitlicher Normen und die Pflicht, für alles eine Lizenz zu besitzen, ebenfalls keineswegs Hochleistungen. Lizenzpflicht wäre auch ohne Institutionen denkbar – wie es etwa im wichtigen Bereich des Autofahrens praktiziert wird. Das Fehlen einer allgemeinen Institutionalisierung würde sowohl den Kommunen als auch den Individuen größere Autonomie ermöglichen, aber Macht, die aus autonomen Organisationsformen erwächst, ist mit der Macht als Prinzip nicht vereinbar.

Der Zweck der Institutionen ist es, Macht über andere Menschen zu zentralisieren, in geordnete Bahnen zu lenken und zum Ausdruck zu bringen, während Autonomie bedeutet, die Macht jedes einzelnen gelten zu lassen. Institutionen versuchen, an die Autonomiewünsche der Menschen zu appellieren, indem sie ihnen einreden, ihre persönliche Macht würde zunehmen, wenn sie sich in das jeweilige System eingliedern. Es stimmt zwar, daß Institutionalisierung den Individuen zuweilen etwas von dem verschaffen kann, was sie sich wünschen – mehr Geld, einen höheren Status und Legitimität –, aber sie vermag niemals deren wirkliche Autonomie zu stärken oder ihnen das Gefühl der Autonomie zu vermitteln.

So wie die Struktur der Institutionen darauf angelegt ist, die Weitergabe weiblicher Macht unter Frauen in den Schatten zu stellen, so ist es überhaupt der Zweck von Institutionen, den weiblichen Bereich – die Natur – in den Hintergrund zu drängen. Der vorgebliche Zweck – religiöse Orientierung liefern, lehren, heilen, regieren, in Rechtsfragen beraten, Arbeiter dem Management gegenüber vertreten, strafen, reformieren – ist sekundär neben der Aufgabe, das künstliche, abstrakte Gebilde selbst aufrechtzuerhalten, die Macht der Institution zu konsolidieren, und ihren Angehörigen immer wieder vorzugaukeln, sie übten wirklich Macht aus. Auf diese Weise verwandeln Institutionen eigenständige Menschen in hierarchisch klassifizierte Mitglieder einer Vereinigung, die allein den Zweck hat, sie zu kontrollieren. Steven Chorover, der sich mit Organisationsmodellen in der Industrie beschäftigt hat, stellt fest, daß die hierarchische Ordnung im Fabrikwesen nichts mit Leistungsfähigkeit zu tun hat, sondern mit möglichst wirksamer Kontrolle der Arbeiter durch die Arbeitgeber.[85] Ein anderer Autor, der sich mit der Organisationsstruktur großer Konzerne befaßt hat, konstatiert, daß die Kontrollmechanismen gegenüber den Managern noch viel strikter sind als die gegenüber Arbeitern, da bei ersteren eine oppositionelle

Haltung dem Betrieb gegenüber in gar keinem Fall geduldet werden kann, und da sie über keine gewerkschaftliche Vertretung verfügen.[86] Andererseits sind auch viele Arbeiter berechtigterweise mit ihren Gewerkschaften unzufrieden. Der wahre Unterschied zwischen beiden Beschäftigtengruppen kommt vielleicht am besten in folgendem Witz zum Ausdruck, der vor ein paar Jahren in Osteuropa sehr beliebt war: Wer hat es besser, ein Hund in der DDR oder einer in Polen? Antwort: Schwer zu sagen, der eine hat genug zu fressen, der andere darf bellen.

Wenn der Zweck von Institutionen Machterwerb und Herrschaftsausübung ist, so entspringen die Motive derer, die ihnen beitreten, den gleichen Werten. Die Leute drängen sich vor allem aus zwei Gründen danach, in solchen Institutionen arbeiten zu dürfen: zum einen, weil sie ökonomische Macht – bessere Löhne und einen gesicherteren Arbeitsplatz, als außerhalb von Institutionen – zu erwerben gedenken, zum anderen, weil das Gefühl der Legitimität, die Gloriole der Macht, die den Namen der Institution umgibt, ihren Abglanz auch auf die Individuen wirft, die in ihr tätig sind. Je mehr Prestige dieser Name genießt, desto mehr Glanz färbt auf die Mitglieder ab. Das System funktioniert, solange die eigenen Ziele mit seinen Zielen identisch sind. Der exklusive Charakter solcher Institutionen stellt in neuer Form die alte Diskriminierung wieder her. Obwohl Schwarze (heute) ebenfalls Bildungschancen besitzen, begünstigt die Politik der Institutionen dennoch die Vormachtstellung einer weißen männlichen Elite. So lag etwa im Jahr 1979 die Armutsgrenze in den Vereinigten Staaten bei 8414 Dollar für eine vierköpfige Familie, das mittlere Jahreseinkommen der (Schwarzen und Weißen) Männer bei 12530 Dollar, das der weißen Männer gesondert betrachtet hingegen bei 17427 Dollar.[87]

Dennoch ist Legitimität selbst in einer extrem geldorientierten Gesellschaft nicht ausschließlich eine Frage des Geldes. Legitimität hat auch etwas mit Autorität, sichtbarer Macht und Anerkennung durch die herrschenden Institutionen der Gesellschaft zu tun. Die Institutionalisierung vermag Millionen von Männern eine solche Legitimität zu verleihen, die ohne Institutionen eben nur schlichte Männer wären, und sie gewährt diese Legitimität selbst denen, die ihr in niedrigen Rängen dienen – bis zu einem gewissen Punkt jedenfalls.

Es ist wichtig, sich klarzumachen, daß Legitimität ein ganz und gar künstliches Attribut ist. Genau wie Männlichkeit sich auf der Grundlage von Weiblichkeit und in Opposition zu dieser definiert, versteht sich Legitimität in Abgrenzung zu Illegitimität; ohne diese könnte sie gar nicht existieren. Die Legitimitätsgrenze ist eine unsichtbare, aber genau spürbare, wenn auch manchmal etwas verschwommene Grenzlinie zwischen jenen, die als Teil der Elite oder der potentiellen Elite gelten und jenen anderen, für die dies nicht gilt und auch nie gelten wird. In dem Maße, wie sich die «Demokratie» zunehmend durchsetzte, hat sich die Legitimitätsgrenze so verschoben, daß sie auch in abgestuftem Maße Männer miteinbezieht, die auf Grund ihrer Herkunft unter den begüterten, gebildeten Schichten stehen. Der Lkw-Fahrer, der für eine große Firma tätig ist, hat Legitimitätsvorrechte gegenüber der Kellnerin in seinem Stammlokal, dem Lagerarbeiter, mit dem er einen trinkt, und seiner Frau. Keine Legitimitätsrechte hat er hingegen gegenüber seinen Vorgesetzten, falls er nicht zufällig ein höherer Gewerkschaftsfunktionär ist.

Der exklusive Charakter der Institutionen verleiht denen Legitimität, die darin eine Stellung finden. Nicht jeder kann dazu gehören! Bis vor kurzem haben die meisten Institutionen in den Vereinigten Staaten strikte Aufnahmebedingungen gestellt: Juden, Katholiken, Italiener, Iren und andere Minderheiten haben diese Politik ausnahmslos zu spüren bekommen, und die Schwarzen sind ihr noch heute ausgesetzt. Frauen aller Bevölkerungsgruppen finden hingegen häufiger Arbeit in Institutionen, da sie eine besondere, untergeordnete Kategorie darstellen – die der Büroangestellten, Sekretärinnen und niederen Bediensteten, die ohnehin keine Beförderungschancen haben. Ihre Aufnahme in solche Institutionen bedeutet nicht, daß sie Teil der ‹legitimen› Klasse werden. In Stellungen mit Beförderungsaussichten dringen Frauen noch immer nur sehr langsam und gegen erhebliche Widerstände vor.

Der institutionelle Apparat hat vor allem die Funktion, Männern eine Aufgabe, einen Lebensinhalt zu geben. (Frauen finden diesen Lebensinhalt und Lebensmittelpunkt oft in ihren Kindern, sie sind meist weniger ehrgeizig und verschreiben sich nicht so mit Haut und Haar der Institution wie die meisten Männer. Natürlich gibt es ehrgeizige Frauen, aber diese haben unter der allgemeinen Diskriminierung ihres Geschlechts zu leiden.) In einer Institution Aufnahme und Anerkennung zu finden und aufzusteigen, ist gleichbedeutend damit, in die Reihen der Auserwählten und Gesegneten aufgenommen zu werden und Gott näher zu sein. Die endgültige Aufnahme (die natürlich im Normalfall erst nach einer Probezeit stattfindet) impliziert gewöhnlich eine Reihe von Versprechungen seitens der Institution. Dem Neuankömmling wird gesagt, daß es der Institution vor allem um Leistung geht und daß gute Arbeit belohnt werden wird. Das klingt simpel, vernünftig und gerecht. Die Leute glauben es. Außerdem wird ihnen erklärt, daß ihr Wohl der Institution am Herzen liegt und man verspricht ihnen implizit, daß ihr Arbeitsplatz sicher ist, solange sie sich weder Unlauterkeit noch grobe Schnitzer zuschulden kommen lassen. Man sagt ihnen, daß ihre Löhne und Gehälter anhand einer fixen Tabelle festgelegt werden, was ebenfalls Gerechtigkeit in dieser Hinsicht suggeriert. Die Löhne und Gehälter unterscheiden sich von Institution zu Institution ganz erheblich – in mit größerem Prestige behafteten Bereichen wie etwa der Industrie sind sie im allgemeinen hoch, während sie im Schul- und Sozialwesen am niedrigsten liegen. Manche Institutionen bezahlen ihre niedrigen Beschäftigten – etwa Soldaten und Kirchenbedienstete – extrem schlecht, während sie ihren höheren Chargen genügend Geld und Pomp zukommen lassen, um sie mit einer Aura des Reichtums auszustatten.

Als Gegenleistung für die Gratifikationen Legitimität, Geld, Sicherheit und Erfolgschancen fordern Institutionen verschiedene Formen von Gehorsam, die man als eine Art Tribut für die Mitgliedschaft bezeichnen kann (die folgenden Ausführungen gelten nur eingeschränkt oder in modifizierter Form für Beschäftigte, die ohne Aufstiegsmöglichkeiten auf der untersten Stufe der Organisationspyramide tätig sind).

Die erste und wichtigste dieser Pflichten habe ich bereits erörtert: es ist jene nicht konkret faßbare, aber absolut unverkennbare Eigenschaft, die man die richtige Einstellung nennt. Die richtige Einstellung ist ein heikler Balanceakt zwischen Unterwürfigkeit und Stolz. Unterwürfigkeit allein sichert einem zwar vielleicht den Arbeitsplatz, wird einen jedoch nicht weit bringen. Stolz allein führt, außer in seltenen Ausnahmefällen, zum Hinauswurf. Die geforderte Einstellung muß jedoch nach außen hin eine Fassade zeigen, die suggeriert, daß sich der Betreffende fest in der Hand hat. Dennoch muß aus kleinen Gesten, aus Tonfall und Mimik erkennbar sein, daß hinter diesem beherrschten Äußeren Angst vor dem Vorgesetzten und die Bereitschaft zum Gehorchen stecken. Vor seinem Vorgesetzten ist der Mann ebenso wie vor Gott grundsätzlich im Unrecht. Diese subtile Mischung aus Selbstachtung, Angst und Gehorsam macht jene ehrerbietige Haltung aus, ohne die es Männer in männlichen Institutionen im allgemeinen nicht weit bringen. Mittelmäßige, ja selbst schlechte Arbeit kann eher geduldet werden als mangelnde Unterordnungsbereitschaft und Ehrerbietung.

Die zweite Form von Gehorsam, die gefordert wird, ist die Loyalität der Institution gegenüber, gleich ob es sich um eine Partei, eine Firma, eine Körperschaft oder einen einzelnen Führer handelt. Hitler reichte beim Entstehen der nationalsozialistischen Bewegung die Loyalität seiner Person gegenüber als Voraussetzung für die Mitgliedschaft in der NSDAP bereits aus, und für Luther war der Glaube an Gott (wie er ihn verstand) ausreichende Grundlage für die Aufnahme in seine religiöse ‹Sekte›. Politische Parteien fordern von ihren Mitgliedern, daß sie sich mit ihnen identifizieren und für ihre Grundsätze eintreten. Wir müssen jedoch fragen, was der Begriff «Loyalität» in solchen Fällen wirklich impliziert.

Persönliche Loyalität bedeutet unbedingte Zuneigung und Achtung einem befreundeten oder geliebten Menschen gegenüber. Sie erhebt den Anspruch, ewig zu sein, auch wenn sie das nicht immer ist. Vor allem bedeutet persönliche Loyalität, daß man unter allen Umständen versucht, den Standpunkt der betreffenden Person zu verstehen, die Berechtigung ihrer Ansichten zu erkennen und sie weiter zu lieben und zu unterstützen, gleichgültig, in welcher Situation sie sich befindet. Diese Art von Loyalität ist meiner Meinung nach in der Welt der Männer selten, wenn auch nicht unbekannt: unter Frauen hingegen ist sie weit verbreitet.

Die Loyalität einer Institution oder dem Führer einer Institution gegenüber hat jedoch einen anderen Charakter. Sie bedeutet, daß man die jeweilige Institution über sich selbst stellen, sich ihr grundsätzlich unterordnen muß. Die Institution ist größer, bedeutender, wichtiger als die eigene Person. Aus diesem Grunde hat sie immer recht; dies gilt auch dann noch, wenn man selbst von ihr diszipliniert, herabgewürdigt oder ausgestoßen wird. So müssen in manchen sozialistischen Ländern Leute, denen Disziplinierung, Entlassung oder Parteiausschluß drohen, Selbstkritik üben, womit sie zugeben, daß sie gegenüber der richtigen Position oder Linie der Institution im Unrecht sind und ihre Bestrafung akzeptieren oder sich sogar über sie freuen. Mangelnde Loyalität der Institution gegenüber ist jedoch auch in allen kapitalistischen Einrichtungen ein absoluter Ausschlußgrund. Das Prinzip, daß die Institution immer recht hat, kommt in einem beliebten Filmklischee gut zum Ausdruck: Ein alter Offizier, ein harter, brutaler Menschenschinder, züchtigt einen jüngeren Untergebenen wegen Ungehorsams; weil dieser eine Spur zu arrogant oder zu weich ist, oder weil er sich sträubt, seine Leute zu disziplinieren. Ein erfahrener Soldat, der beiden rangmäßig untergeordnet ist und mit keinem von beiden in Konkurrenz steht, sieht der Szene mit weisem Abstand zu. Anschließend geht er freundlich auf den jüngeren Mann zu und sagt: «Tja, der Alte ist ein harter Bursche, aber ein guter Soldat.» Und in der Tat heißt die Lektion, die uns der Film lehren will, daß der alte Mann tatsächlich ein guter Soldat *ist* und daß er vor allem *recht hat*. Seine harte Vorgehensweise ist in einer von Gewalt bestimmten Welt nur richtig und notwendig. Auf diese Weise wird Männern beigebracht, ihre Unterdrücker zu lieben. Außerdem darf überhaupt nur der auserwählte Mann Dinge in Frage stellen. Wer Fragen stellt und Antworten erhält, ist schon dazu ausersehen, nach oben zu kommen. Alle übrigen haben blind und ergeben zu gehorchen.[88]

Die dritte Forderung ist Anpassung, ein viel strapaziertes Wort und vielleicht auch ein viel strapaziertes Konzept, aber ein wichtiger Kernpunkt mit weitreichenden Implikationen. Man spricht nicht direkt von Anpassung, sondern von «in den Rahmen passen». Wer nicht «in den Rahmen paßt», braucht sich erst gar nichts zuschulden kommen zu lassen, um gefeuert zu werden. Die Eigenschaften, die diese Anpassung ausmachen, werden kaum je spezifiziert und so gut wie nie ausdrücklich gefordert. Man muß sie erspüren – ja, offen nach ihnen zu fragen, bedeutet schon, sie zu verweigern. Niemand will jedoch zugeben, daß solche Kriterien existieren.

Zuerst einmal muß man ein Mann sein. (Die Tatsache, daß Frauen neuerdings ebenfalls Zugang zu höheren Verwaltungsposten und Managerpositionen bekommen, ist noch so neu, daß wir die Auswirkungen noch nicht überblicken. Bislang scheint allerdings noch immer das alte Bibelwort in abgewandelter Form zu gelten: die Frau, die sich zum Manne macht, wird Eingang in das Reich des Lebens finden.) Viele Institutionen orientieren die Aufnahmebedingungen noch an weiteren Kriterien wie Hautfarbe, Religion oder ethnischer Herkunft. Es gibt rein schwarze, rein indianische, rein chinesische, rein moslemische (oder auch rein sunnitische oder rein schiitische), rein katholische, rein protestantische und rein jüdische Organisationen. In den USA ist jedoch in nicht auf eine solche Gruppenzugehörigkeit gegründeten Institutionen das zweitwichtigste Ausschlußkriterium nach der Geschlechtszugehörigkeit die Hautfarbe, und die Anwesenheit eines schwarzen Mannes in einer solchen Institution verursacht den Kollegen nahezu ebenso großes Unbehagen wie die Anwesenheit einer Frau.

Das Hauptargument gegen Leute, die nicht «in den Rahmen passen», ist eben das von ihnen verursachte Unbehagen. Die Männer werden etwa behaupten, sie müßten aufpassen, was sie sagen. Allerdings bräuchten sie das nicht zu tun, wenn ihre Äußerungen gegenüber Frauen und Farbigen nicht diskriminierend wären – d. h. ihr Selbstverständnis sich nicht auf die Überlegenheit über diese Gruppen gründen würde. Die Anwesenheit einer Frau oder eines schwarzen Mannes suggeriert, daß die weißen Männer anderen Gruppen weder wirklich überlegen sind noch sich von ihnen unterscheiden. Dieser Gedanke ist so unerträglich, daß er Feindseligkeit und Ressentiments hervorruft.

Obgleich Intelligenz in ‹männlichen› Institutionen hoch bewertet wird, ist sie auch suspekt. Sie wird am ehesten bei Leuten toleriert, die Randpositionen bekleiden und hauptsächlich isoliert arbeiten: dem Ingenieursgenie des Hauses, dem Professor, der stumm bei Abteilungsversammlungen dabeisitzt und an Fakultätsversammlungen nicht teilnimmt, dem Anwalt, der seine eigene Kanzlei aufmacht. Männer, die in Gruppen zusammenarbeiten, mißtrauen intellektueller Brillanz, vor allem dann, wenn sie (wie häufig bei Männern) aggressiv in Erscheinung tritt. In einem kürzlich in der *New York Times* veröffentlichten Artikel über eines der größten New Yorker Anwaltsbüros wird der Ausspruch eines der Gründungspartner zitiert: «Brillante intellektuelle Fähigkeiten sind nicht wesentlich.» Phantasie, Schlagfertigkeit und Cleverness verschrecken nur «die besten Mandanten»[89] (für Arroganz gegenüber Untergebenen, Bekannten oder Angehörigen gilt das offenbar nicht, außerdem ist sie ohnehin eher ein Kennzeichen weniger brillanter Köpfe). Intellektuelle Brillanz verursacht bei anderen Unbehagen: auch sie suggeriert, daß sie nicht wirklich die Elite sind, für die sie sich halten. Solide fleißige Mittelmäßigkeit wird in den meisten Institutionen weit höher bewertet. Sie ist unproblematischer und leichter einzuschüchtern. Das soll nicht heißen, daß es nicht gelegentlich auch brillante und arrogante junge Männer in Institutionen zu etwas bringen. Im allgemeinen müssen sie jedoch erst einmal Federn lassen: Väter haben es nicht gern mit Söhnen zu tun, die sich anmaßen, ihnen ebenbürtig zu sein.

Der Anpassungsdruck geht jedoch über solche Dinge hinaus und erstreckt sich auch auf wesentlich persönlichere Bereiche wie etwa Kleidung, Frisur und Privatleben. Die meisten Institutionen bestehen darauf, daß sich ihre Mitglieder uniformiert kleiden. Manche von ihnen, wie etwa das Militär, die Kirche oder Reparaturfirmen haben regelrechte Uniformen, andere erwarten stillschweigend, daß ihre Mitglieder im Anzug mit oder ohne Weste und mit Krawatte, in der dezenten Kombination oder in Arbeitshosen und -hemden erscheinen. Falsch gekleidet zur Arbeit zu kommen kann buchstäblich eine Sünde sein und wird entsprechend bestraft.[90]

Der Zwang zur Einheitskleidung hat verschiedene Ursachen. Eine der wichtigsten ist der Trend zur Demokratisierung, der mit dem englischen Bürgerkrieg und der Französischen Revolution einsetzte. Aufwendige Kleidung, die ursprünglich zur Demonstration der Klassenzugehörigkeit, des Reichtums und der Macht diente, wurde für eitel und sündhaft erklärt. Man verordnete schlichte Kleidung. Vorbei waren die Zeiten von Seide und Satin, Spitzen und Rüschen, Brokat und Samt, Zobel und Hermelin, goldenen Ketten und Ringen, wallenden Capes, hochhackigen Schuhen und Stiefeln, wie sie der europäische Adel getragen hatte. Aufwendige und teure Kleidung ist auch heute noch Kirchenfürsten und Professoren bei feierlichen Anlässen sowie hohen militärischen Chargen gestattet. Statt dessen verbarg jetzt schlichte Kleidung Macht und Reichtum; sie ließ alle Männer gleich aussehen und machte sie damit scheinbar gleich.

Die Vereinfachung der Kleidung war jedoch eine Begleiterscheinung der Vermännlichung und Institutionalisierung der Gesellschaft in Europa. Da den Frauen immer mehr Beschränkungen auferlegt wurden, traten die Grenzen des ihnen Erlaubten immer deutlicher hervor, während die ihnen zugeschriebenen Eigenschaften den Männern immer weitergehend verwehrt wurden. Frauen gestand man Emotionalität und Expressivität zu, und daher auch expressive Kleidung. Natürlich gibt es auch Frauen, die Uniform tragen – etwa Frauen beim Militär, Krankenschwestern oder Gattinnen von Managern. Frauen, die sich als Individuen und nicht als Angehörige von Institutionen zum Ausdruck bringen wollen, dürfen jedoch auch weiterhin extravagante modische Kleidung tragen. Wenn Männer solche Kleidungsstücke von sich weisen, so ist dies ein weiteres Zeichen ihrer Abgrenzung von Frauen, ihrer Transzendierung des Körpers und der Gefühle. Frauen, die in Institutionen Aufnahme finden wollen, müssen hingegen ebenfalls ausdruckslose Kleidung tragen. Die Kulturrevolution der sechziger Jahre in Amerika brachte eine neue Uniform hervor – die Bluejeans: Von beiden Geschlechtern getragen, betonen sie die Uniformität noch stärker als Krawatte und Anzug, die in ihren teureren Versionen mittlerweile, wenn auch auf weniger expressive Weise, das gleiche symbolisieren wie einst Satin, Brokat, Hermelin und Samt. Bluejeans suggerieren ferner, daß ihre Träger körperlich arbeiten. Da dies nicht immer stimmt, werden auch die Bluejeans die gleiche Aufwertung erfahren und eines Tages die gleiche subtile Auszeichnungsfunktion erfüllen wie heute Anzug und Krawatte – in der Tat haben sie in der Zeit, seit ich mit dieser Untersuchung begonnen habe, in Gestalt der Designerjeans bereits einen solchen Funktionswandel erfahren. Dennoch signalisieren die Bluejeans auch heute noch eher eine Weltanschauung als einen bestimmten Status und haben deshalb noch immer expressive Qualitäten.

Die Bedeutung der Haartracht wäre möglicherweise unserer Aufmerksamkeit entgangen, wenn wir nicht erst in jüngster Zeit erlebt hätten, wie Frisur und Barttracht zum Symbol der politischen Einstellung wurden. Noch immer impliziert die Art der Frisur bestimmte Konnotationen, wenn sie auch nicht mehr so eindeutig sind. Noch immer können wir keinen Mann mit einem Armeehaarschnitt sehen, ohne ihm sofort gewisse politische und moralische Einstellungen zuzuordnen. Die «rebellischeren» Aufmachungen wie Afrokrausen, lange Haare, Pferdeschwänze und Bärte wurden von Männern aus persönlichen Gründen, unabhängig von Institutionszugehörigkeit oder politischem Standpunkt, übernommen und sind Teil eines Trends zur Expressivität. Es gibt jedoch immer noch in verschiedenen Institutionen unausgesprochene oder ausgesprochene Regeln in bezug auf Haarlänge und Barttracht. Verallgemeinernd läßt sich sagen: Je stärker eine Institution individuelle Expressivität unterdrückt, desto wahrscheinlicher ist es, daß sie solche Vorschriften machen wird. Selbstausdruck ist jedoch ein profundes Bedürfnis und findet deshalb immer einen Weg, sich dennoch durchzusetzen. Wo Individualität und Dissenz vollkommen untersagt sind, werden sich immer noch ein paar Männer finden, die ihr Haar einen Zentimeter länger tragen, sich Koteletten wachsen lassen oder auf die Krawatte verzichten. So mag sich etwa im konformistischen Unisex-China eine junge Frau voller Wagemut einen billigen, aber geblümten Baumwollrock zulegen.

Auch Gestik, Umgangsformen und vor allem Sprache sind in Institutionen Gegenstand eingehender Kontrolle. Maßstab ist in diesen Punkten nicht Anmut (Schönheit), auch nicht ein viktorianischer Anstandsbegriff, sondern vielmehr die Vermeidung von Expressivität und Gefühlsäußerungen; ja nicht einmal Gesten und Umgangsformen dürfen anmutig sein, wenn sie nicht als «weibisch» gelten sollen: sie sollen ebenso energisch wie dezent ausfallen.

Sprache darf kein Gefühl ausdrücken, es sei denn vielleicht energische Entschlossenheit (und auch die nur bei Führungskräften). Affekte müssen gemäßigt bleiben. Nicht nur die Form, sondern auch der Inhalt von Gesprochenem und Geschriebenem muß frei von jedem Anklang von Emotionalität sein, weshalb denn auch der Fachjargon, allen Klagen über ihn zum Trotz, das bevorzugte Verständigungsmittel ist. Eine Sprache, die ausschließlich innerhalb eines bestimmten Fachgebiets benutzt wird, Worte, die keine allgemeinmenschliche Bedeutung haben, sind rein, gegen jede emotionale Interpretation gefeit. Wo kein Fachjargon existiert, wird abstrakte Sprache bevorzugt. Sie unterstreicht die transzendente Natur der Aufgabe der jeweiligen Institution und deren Unabhängigkeit von den alltäglichen Belangen.

Erlaubt ist hingegen eine Kategorie sprachlicher Äußerungen, von der man vermuten könnte, daß sie ebenfalls unter die Zensur fallen müßte: abfällige Bemerkungen über «minderwertige» Gruppen. Je nach der Zusammensetzung der betreffenden Männergruppe darf über Juden oder Christen, Schwarze oder Weiße und andere ethnische Untergruppen hergezogen werden. Frauenfeindliche Sprüche sind grundsätzlich zulässig und ein verläßlicher Quell von Heiterkeit und gelöster Stimmung: In einer Weise über Frauen zu sprechen, die diese erniedrigt oder herabsetzt, ist für die Männer ein altgewohntes Mittel, sich billige Überlegenheitsgefühle zu verschaffen. Sprache, die Männer herabsetzt, existiert kaum. Negativ gemeinte Ausdrücke werden nicht selten als Schmeichelei aufgefaßt – etwa «Macker» oder «Kerl». Die schlimmsten Schimpfwörter für Männer machen diese zu weiblichen Wesen; nannte man sie einst «Tunten» oder «Tussies», so beschimpft man sie heute als «Fotzen».

Die in der Sprache zum Ausdruck kommende Grundhaltung hat instrumentalisch und nicht affektiv zu sein. Instrumentalistische Sprache hat nicht nur die Eigenschaft, das Gespräch aus dem Bereich der alltäglichen menschlichen Belange hinaus zu verlagern, sondern bedient sich bevorzugt passivischer Konstruktionen und subjektloser Sätze, als betätigten sich Werkzeuge und Waffen selbst, als wirkten sich Verfahrensneuerungen lediglich auf Verfahren und nicht auf Menschen aus, als könnte man durch die Bezeichnung «medizinische Dienstleistungen» an Stelle von «Heilen und Pflegen» die beteiligten Menschen ganz und gar eliminieren (zur eingehenderen Erörterung dieser Art von Sprache siehe Kapitel VI). Nicht nur die jeweilige Institution, sondern das ganze Leben läßt sich auf diese Weise in ein System von Kanälen der Macht oder Ohnmacht verwandeln, in denen alles Schreien oder Flüstern, das noch in den Kulissen des menschlichen Dramas hängt, endgültig untergeht. Beim Militär ist diese Sprache besonders weit entwickelt: Man braucht nicht bei dem Gedanken zu zittern, daß man Menschen bei lebendigem Leibe verbrennt, sondern kann sich mannhaft in ein Flugzeug schwingen, um Bomben auf Bodenziele abzuwerfen. So waren auch die Astronauten, die auf dem Mond landeten, nicht schlicht Männer in einer unbekannten Umgebung, die sich mit Schaufeln und einem Wägelchen abmühten, sondern übermenschliche Wesen, die seltsame, kompliziert aussehende Gerätschaften mit neuen, nie gehörten Namen bedienten.

Wenn manche Institutionen bis zu einem gewissen Grad Individualität zulassen, so liegt es daran, daß sie – wie etwa der akademische Bereich oder die Kirche – in der jeweiligen Gesellschaft eine eher unwichtige Rolle spielen. In Kontexten, in denen z. B. Unterricht als besonders wichtig gilt (wie etwa in der katholischen Kirche oder in sozialistischen Gesellschaften) wird Unterrichtstätigkeit oft nicht gut bezahlt, aber strikt beaufsichtigt. Uniformität ist dort für alle, die Indoktrinationsaufgaben versehen, ein zentrales Gebot. In den wichtigeren Institutionen der amerikanischen Gesellschaft – der Industrie an erster Stelle, dem Staatsapparat und dem Militär – gilt die Beschäftigung mit der eigenen Person als unerwünscht; persönliche Beziehungen innerhalb der Institution werden nachdrücklich dem Schema einer oberflächlichen Freundlichkeit unterworfen, welche die Tatsache notdürftig verschleiert, daß die wirklich wichtigen Beziehungen ausschließlich von Institutionsinteressen bestimmt sind. Problematische oder kontroverse Themen werden gemieden. Meinungsverschiedenheiten und Zorn können so gut wie nicht zum Ausdruck gebracht werden, das Klima hat betont unverbindlich-freundlich zu sein.[91]

Es ist überaus schwierig, die Auswirkungen der Beeinflussung des Privatlebens seitens der Institutionen in ihrer ganzen Komplexität zu erfassen. Der Staat hat in verschiedensten Epochen der Geschichte und in den unterschiedlichsten Ländern das Heiratsalter für Männer und für Frauen festgelegt und zuweilen auch die Ehepartner unter Druck gesetzt, Kinder zu zeugen oder dies (wie es heute in China und Indien der Fall ist) zu unterlassen. Die Autorität des Mannes im Privatbereich wurde von staatlicher Seite gesetzlich festgeschrieben. Früher erschien dies nicht als unzulässige Einmischung ins Privatleben, da es den Männern Macht über ihre Frauen und Kinder sicherte. Heute, da der Staat diese Macht beschneidet, empfinden es doch zumindest manche Männer als Übergriff.

Auch die religiösen Institutionen haben sich in den privaten Bereich eingemischt, indem sie von ihren Mitgliedern forderten, sich an entscheidenden Punkten ihres Lebens religiöser Unterweisung und speziellen Reinigungsriten zu unterziehen. Für viele Menschen bedeutet die Ehe immer noch einfach nur die Entscheidung für ein gemeinsames Leben, aber Kirche und Staat fordern die offizielle Absegnung solcher Lebensgemeinschaften, bevor sie sie für legitim erklären, und vielerlei Gesetze verleihen dieser Forderung Nachdruck, indem sie allen das Leben erschweren, die diesen legitimen Status nicht besitzen.

In manchen Gesellschaften nahm die Einmischung der Kirche oder des Staates in die Privatsphäre extreme Formen an: so versuchten etwa die Nationalsozialisten in Deutschland den Privatbereich durch Reglementierung der Fortpflanzung nach Zuchtgesichtspunkten, durch Zwangssterilisationen und Euthanasie völlig aufzuheben. Auch Platon propagierte in *Der Staat* eine solche Aufhebung des privaten Bereichs, da es unmöglich wäre, das menschliche Leben ausschließlich nach Vernunftgesetzen zu ordnen, solange die individuelle Identität, die Beziehungen zu anderen Menschen und die jeweilige besondere individuelle Geschichte eine wichtige Rolle spielten.[92]

Ein wichtiges Moment bei der Reglementierung des Privatbereichs war stets die öffentliche Meinung, die von Institutionen zwar beeinflußt werden kann, selbst jedoch keine ist. In europäischen Dörfern vergangener Jahrhunderte und in amerikanischen Kleinstädten der jüngeren Vergangenheit war es noch möglich, das Verhalten einzelner Männer und Frauen in beträchtlichem Maße zu kontrollieren. In mittleren und großen Städten fehlt diese Möglichkeit ebenso wie in stark zentralistisch kontrollierten Gesellschaften wie etwa der russischen. In China gibt es sie jedoch noch immer, trotz der vielen Menschen und der übervölkerten Städte, was hauptsächlich daher rührt, daß die Menschen dort auch in den Großstädten weiterhin in kleinen gesellschaftlichen Untereinheiten zusammenleben.

Allgemein läßt sich feststellen, daß in Amerika die paternalistische Einmischung der Großunternehmen ins Privatleben ihrer Beschäftigten heute zurückgeht, und daß im Zuge des allgemeinen Sittenwandels der Ehebruch des Mannes heute eher akzeptiert wird (zumindest unter in etwa gleichgestellten Männern, sofern er diskret gehandhabt wird), und auch Scheidung kein Makel mehr ist – wenn auch das Gerücht umgeht, daß der Chicagoer Oberbürgermeister Daley alle Männer, die im Verdacht der ehelichen Untreue standen, zu entlassen pflegte. Dies war offenbar das schlimmste Verbrechen, das sich ein politischer Funktionär zuschulden kommen lassen konnte. Auch andere besondere Lebensgewohnheiten werden von Institutionen so lange toleriert, wie sie die Arbeit des betreffenden Mannes nicht beeinträchtigen – etwa Alkoholismus oder Drogenabhängigkeit. Im Grunde ist nahezu alles akzeptabel, solange es ‹diskret› geschieht. Geheimnistuerei beinhaltet das Eingeständnis von Angst, ihre Verweigerung ist gleichbedeutend mit offener Auflehnung gegen die Institution und unverzüglich zu bestrafen. Natürlich gibt es einige Dinge, die auch dann nicht akzeptabel sind, wenn sie ‹diskret› vonstatten gehen: Homosexualität (vor allem innerhalb des Staats- und Militärapparats) und die Ehe mit einer Frau, die sich ganz offensichtlich der Herrschaft ihres Mannes entzieht, es etwa seinen Vorgesetzten gegenüber sichtlich an Ehrerbietung fehlen läßt.

Die ‹Pflichten›, die ich hier aufgeführt habe, gelten allgemein und nehmen, je nach Institution, besondere Formen an. Sie lassen sich in zwei Hauptkategorien unterteilen: Richtige Einstellung und Loyalität sind Formen von Gehorsam, während die Anpassung in allen ihren Ausprägungen sich vor allem unter dem Oberbegriff ‹Uniformität› fassen läßt. Gehorsam ist, wie wir wissen, das erste Gebot des Patriarchats, Uniformität hingegen eine relativ neue Forderung, die mit jedem Jahrzehnt zwingender wird. Dieses Beharren auf Uniformität erklärt sich offensichtlich negativ. Nicht die Uniformität selbst wird so hoch bewertet, sondern die Tatsache, daß das Uniforme andere Formen ausschließt und damit entwertet. Ebenso wie das Selbstverständnis des Mannes gründet sich auch das zur Einförmigkeit tendierende Selbstverständnis der Institutionen auf das, was es ausschließt.

Was da ausgeschlossen wird, ist der individuelle Selbstausdruck. Dieser Selbstausdruck – eine so wesentliche Fähigkeit des Menschen, daß man sie geradezu mit dem spezifisch Menschlichen schlechthin gleichsetzen kann – war wohl zu allen Zeiten das entscheidende Moment, das dem Leben wie der Literatur Farbe, Humor und Lebendigkeit verlieh. Heute ist dieser Selbstausdruck, diese Expressivität bei Männern – vor allem bei jenen, die in der männlichen Machthierarchie ganz oben stehen – im Schwinden begriffen. Hauptursache dieses bedauerlichen Prozesses ist die Institutionalisierung.

Unser modernes Ideal der Rationalität ist in sich selbst irrational: Platons Sicht der Vernunft als der vermittelnden Kraft zwischen Gefühl und Wissen wich im abendländischen Denken der cartesianischen Auffassung, die die Vernunft vom Gefühl abspaltete. Natürlich gibt es im Leben Situationen, in denen «Vernunft» und «Gefühl» scheinbar in Widerspruch zueinander stehen, etwa wenn das, was man eigentlich tun möchte, nicht das Vernünftigste ist. Vernunft beruht jedoch auch auf

Gefühlen (etwa Angst), und im Wünschen regt sich oft auch vernünftiges Denken: Es kommt praktisch nie vor, daß Denken und Fühlen nicht gleichzeitig aktiv sind, auch wenn das Gefühl noch so stark unterdrückt wird. Jener cartesianische Vernunftbegriff führte jedoch zu dem Irrglauben, Lebensprozesse und das Leben selbst ließen sich ‹rationalisieren›, also der Vernunft unterordnen. Ausgehend von der Auffassung, daß Leidenschaft (Gefühle überhaupt) die Wurzel aller Übel und Fehler sei, wie ja überhaupt die Natur (das ‹Animalische›) als Ursprung aller menschlichen Verfehlungen galt, führte dieser Irrglaube zu den Bemühungen, äußere Bedingungen zu schaffen, die die Leidenschaft ausschalten oder zumindest ihre Kraft weitgehend dämpfen sollten.

Auf diesen Zweck sind die neuzeitlichen Institutionen seit dem 18. Jahrhundert zugeschnitten. Durch ständige Überwachung, durch permanente Kontrolle der Männer auf allen Ebenen glaubten die Führungskader dieser Institutionen, Gefühl, Körperlichkeit, Leidenschaft und Expressivität eliminieren zu können. Man ging davon aus, daß diese Kräfte die Leistungsfähigkeit des Ganzen gefährdeten. «Der gesamte Aufbau der Unternehmen ... war darauf angelegt und wurde für geeignet erachtet, Irrationalität, Individualität und Emotionalität auszuschalten.»[93] Wie nicht anders zu erwarten, glaubten die Leiter der patriarchalen Unternehmen, diese «irrationalen» Elemente seien nur auf den unteren Ebenen bei den Arbeitern vorzufinden.

Mit der Zeit wurden jedoch ähnliche Kontrollmaßnahmen auch zunehmend auf Beschäftigte in den höheren Rängen angewandt. Im Grunde mußten schließlich die Männer in allen Rangstufen ihre Expressivität opfern. Uniformierung wird im allgemeinen geradezu dankbar akzeptiert, als könnte die Uniform den Mann vor Beschuß bewahren. Die Uniform sagt etwas ganz Bestimmtes aus: Sie macht der Welt deutlich, daß ihr Träger eine Mensch ist, der mit Leidenschaft, Körperlichkeit oder gar exzentrischer Individualität nichts im Sinn hat, und daß er, wenn er den tödlichen Knopf drückt, dabei keinerlei Gefühle haben wird.

Rosabeth Kanter behauptet, die Konformität der Machtelite gebe eine reale Grundlage für die Überzeugung der Manager ab, daß sie und ihresgleichen herrschen, weil sie es verdient haben – «homosoziale und homosexuelle Reproduktion» verleihen dem künstlichen Konstrukt den Schein von Faktizität. Rosabeth Kanter vertritt ferner die Auffassung, die Männer selbst strebten diese Uniformität der Lebensformen an. Da die Bewertung von Arbeitsleistung sich kaum an greifbaren Maßstäben orientiert, d. h. überaus willkürlich ist, fühlen sich die Männer unsicher und greifen zu allem, was ihnen möglicherweise einen Vorsprung vor ihren Konkurrenten sichern kann: sie imitieren in bescheidenerer Form den Lebensstil ihres Chefs, der wiederum den seines Chefs imitiert usw.[94]

Ich habe auf diesen Seiten die Aufgaben, Gratifikationen und Pflichten der Mitglieder von Männern geschaffener Institutionen umrissen. Als nächstes gilt es nun zu untersuchen, was diese Institutionen leisten, sowohl für die Gesellschaft als ganze als auch für das männliche Individuum.

Die Wirklichkeit: Widersprüche, Enttäuschung und Betrug

Für manche Männer ist die Welt der Institutionen trotz ihrer Begrenztheit befriedigend. In vielen Firmen und Organisationen läßt es sich verhältnismäßig bequem und sicher leben, solange man keine kapitalen Fehler macht. In dem nichtssagend-freundlichen und unverbindlichen Klima, das dort herrscht, finden Männer, die ein emotional distanziertes Verhältnis zu anderen und auf das «Miteinanderauskommen» gerichtete, oberflächlich problemlose Beziehungen schätzen, genau die Umgebung, die sie brauchen und wünschen.[95] Sie können darin ihre Gaben entfalten und ihren Handlungsspielraum erweitern. Solche Männer betrachten gewöhnlich die Institution als ihr wahres Zuhause und sprechen zuweilen sogar von ihr als ihrer «Mutter».

Aber dies gilt nicht für alle Männer. Kritiker solcher ‹männlichen› Institutionen heben hauptsächlich drei Bereiche hervor, in denen tatsächlich oder scheinbar gemachte Versprechungen nicht gehalten werden. Diese Versprechungen beinhalten zum einen, daß gute Arbeit das Hauptkriterium für Beförderung ist, zum zweiten, daß Leistung belohnt wird, und zum dritten, daß die Institution die Loyalität der Beschäftigten in gleicher Weise vergilt, sich ihnen gegenüber also gleichfalls loyal verhält und jedem einen sicheren Arbeitsplatz bietet, der sich keine schwerwiegenden Vergehen zuschulden kommen läßt. (Ganz ähnliche Versprechungen werden auch von den institutionalisierten Religionen gemacht: Gehorsam und Treue sind die Hauptkriterien der Gottgefälligkeit und werden von einem Gott, der seine Anhänger dafür ‹liebt›, daß sie ihn ‹lieben› und fest im Glauben sind, und der sie in einigen Varianten sogar ganz unabhängig von ihrer Haltung liebt, sicher vergolten werden.)

Häufig genug ist Leistung jedoch für Beförderung oder für finanzielle Gratifikationen überhaupt nicht das entscheidende Kriterium. In einer Analyse der Politik von Großunternehmen lesen wir, daß «in den meisten Fällen der Grund für besondere Gratifikationen nicht Leistung, sondern irgendein anderer Faktor oder eine Kombination von Faktoren ist». Manchmal erhalten sie Mitarbeiter, deren Haltung devot genug ist, um den Vorgesetzten zu gefallen, manchmal werden sie Männern zuteil, die sich darauf verstehen, den Anschein zu erwecken, für die Leistungen anderer verantwortlich zu sein. Das Provisionssystem belohnt diejenigen, die das Glück hatten, einen guten Bezirk zugewiesen zu bekommen.[96]

Es ist allgemein bekannt, daß es im Geschäftsleben oft klug ist, nicht sein Bestes zu geben, weil sich sonst die Vorgesetzten bedroht oder herausgefordert fühlen könnten. Diese Weisheit gilt mindestens seit der Renaissance, als Shakespeare einem der Offiziere des Antonius, der soeben eine wichtige Schlacht gewonnen hat, folgende Worte in den Mund legte: «Ich könnte mehr tun, zu Antonius' Vorteil / Doch würd's ihn kränken; und in seiner Kränkung / Verschwände mein Bemühn.» Strafmaßnahmen sind ebenso keineswegs immer eine Reaktion auf schlechte Leistung – der Betreffende mag einfach Pech gehabt haben, ein Opfer persönlicher Launen oder Aversionen geworden sein oder als Sündenbock dienen. Letzteres kommt besonders häufig in politischen Institutionen vor, wo nicht selten ein Funktionär zurücktreten und die Schuld für Entscheidungen auf sich nehmen muß, für die in Wirklichkeit ein höherer Funktionsträger teilweise oder ganz verantwortlich ist.

So erleben Männer, die in eine solche Institution in der Hoffnung eintreten, durch die Befolgung der erklärten Regeln nach oben zu gelangen, oft eine harte Enttäuschung. Was ein rationales und geordnetes System zu sein scheint, ist in Wirklichkeit ein Irrgarten. «Ein Mann, der die Lektion des Irrgartens durchmacht, wird lernen, daß seine Alternativen ständige Angst oder absoluter Gehorsam heißen», bemerkt Earl Shorris, der dann im weiteren von «verwirrenden Korridoren», «schlimmen Fallen» und «grundloser Vernichtung» spricht.[97] Solche Verhältnisse sind meines Erachtens häufiger in extrem profitorientierten Organisationen und in Arbeitsbereichen, die mit Verkauf und Verwaltung zu tun haben, zu finden, in jenen Bereichen also, die am sensibelsten auf Schwankungen der Wirtschaftslage reagieren und in denen die jeweilige Reaktion besonders wichtig ist. Doch selbst in vermeintlich nicht profitorientierten Institutionen – im Staats- und Erziehungswesen, in den Kirchen, den Gewerkschaften oder im Strafvollzugswesen – finden sich scharenweise Männer, die wegen mangelnder Aufstiegschancen enttäuscht sind und resigniert die langweilige Arbeit verrichten, da offenbar nicht mehr von ihnen verlangt wird. Schwungvolle Anläufe, Verfahrenstechniken zu verbessern oder ein unrentables System auf Vordermann zu bringen, stoßen häufig genug auf offene Mißbilligung und Argwohn.

In manchen Unternehmen herrscht nicht nur Willkür, sondern reiner Terror. In einem 1980 erschienenen Buch beschreibt Anthony Sampson die Methoden der *ITT.* In diesem Mischkonzern wurden Topmanager, die in ihren Firmen höchste Autoritäten waren, von dem Chefmanager Harold Geneen überwacht, in ihre Schranken verwiesen und terrorisiert. Geneen unterhielt Verbindungen zu jeder einzelnen Tochterfirma, die eine Art Spionagenetz darstellten und von denen die offiziell Verantwortlichen nichts wußten. Jeder Produktionssektor wurde insgeheim von Managern überwacht, die in Brüssel angesiedelt waren und mit der offiziellen Geschäftsführung der einzelnen Unternehmen nicht in Kontakt standen, dieser also auch nicht rechenschaftspflichtig waren. Einmal im Monat wurden sämtliche offiziellen Manager zu einem brutalen Gruppenverhör nach Brüssel eingeflogen. Diese Treffen waren nach Aussage der Betroffenen schlimme Prüfungen. Geneen leitete sie, wobei er sich an eine Strategie der Konfrontation, Demütigung und Bloßstellung hielt: «Man muß darauf gefaßt sein, daß einem öffentlich die Eier abgequetscht und dann hinterher Witze gemacht werden, als wäre nichts gewesen», sagte einer dieser Manager.[98] Geneen war wohl kaum der einzige Boss, der solche Methoden praktizierte, die im übrigen nicht immer auf Mißbilligung stoßen. Wenn über solche Männer geschrieben wird, scheint zwar oft der Terror, den sie ausüben, durch die Zeilen, aber gleichzeitig werden sie voller Bewunderung als Leute bezeichnet, die «durchzugreifen» verstehen.

Auch wenn eine Institution die Loyalität zu ihrer wichtigsten Forderung erhebt, wird sie diese häufig keineswegs honorieren, sondern vielmehr gerade die Leute bevorzugen, die von einer Firma zur anderen springen, um vorwärtszukommen. Oft liegt die größte Fähigkeit dieser Leute darin, daß sie ein im Kern politisches System für ihren eigenen Vorteil zu nutzen verstehen, während sie sich auf ihrem eigentlichen Arbeitsgebiet oft weniger gut auskennen als seßhaftere, weniger abenteuerlustige Kollegen. Dennoch genießen sie oft mehr Ansehen bei ihren

Vorgesetzten als ihre solideren Rivalen, die bei Beförderungen oft übergangen werden. Längere Erfahrung an einem Arbeitsplatz und genauere Kenntnis der Firma sind eigentlich Qualitäten, die dem Betrieb nur nützen können. Mit fortschreitendem Dienstalter müßten also eigentlich mehr Mitspracherecht in weitreichenden Firmenentscheidungen, mehr autonome Befugnisse oder mehr Selbstbestimmung im eigenen Aufgabenbereich einhergehen. Dem ist aber nicht so. Wenn das Unternehmen den Beschäftigten, die sich tatsächlich als loyal erwiesen haben, kein Gehör schenkt, begibt es sich einer wichtigen Chance zu konstruktiver interner Kritik, die eine Steigerung der Produktivität und eine Verbesserung der Arbeitsmoral zur Folge haben könnte.[99] Entsprechend der weitverbreiteten Tendenz des Patriarchats, Werte zu verdrehen, werden Leute oft in weniger wichtige Positionen «befördert», in höchst zweideutiger Weise belobigt oder mit Spitzenstellungen an weit entfernten Orten betraut – was im Klartext heißt: verbannt.

Löhne und Gehälter werden angeblich nach einem gerechten Verfahren festgelegt, an dem Niveau der Arbeit, der Erfahrung und der Qualifikation der Beschäftigten bemessen. In Wahrheit werden sie jedoch in den meisten Firmen, wie Rosabeth Kanter herausfand, überaus willkürlich festgesetzt, und entsprechende Informationen sind oft nicht einmal den Leitern der einzelnen Abteilungen zugänglich, so daß diese oft nicht wissen, daß einer ihrer Untergebenen mehr verdient als sie selbst.[100]

Loyales Verhalten seitens der Firmen ist etwas, worauf man besser nicht bauen sollte. Ich habe bereits an früherer Stelle die Versprechungen erwähnt, die die ersten Textilfabriken in Neuengland den Familien der zunächst von ihnen angeworbenen jungen Mädchen machten. Den Angehörigen wurde versichert, ihre Interessen seien mit denen der jeweiligen Firma identisch. Dieses allseits befriedigende Arrangement währte bis zu den ersten Streiks, auf die die Unternehmen mit der Einstellung von Einwanderinnen reagierten. Als sich auch diese Frauen schließlich gewerkschaftlich organisierten, verlegten die Unternehmen ihre Betriebsstätten in die Südstaaten, wo es keine Gewerkschaften gab. In den vergangenen Jahrzehnten haben Hunderte von amerikanischen Unternehmen, die zwar die Konsumenten beschwören, einheimische Produkte zu kaufen, ihre Herstellungswerke aber nach Südostasien, Taiwan und Hongkong ausgelagert, wo Arbeitskräfte billig sind.

Eine ebenfalls häufig angewandte Methode ist die Entlassung von Männern wenige Monate vor Erreichen des Ruhestandsalters, wodurch sie ihre vollen Rentenansprüche verlieren. Ferner ist erwiesen, daß

Gewerkschaften Fonds veruntreut haben, die für die Ruhestandsabsicherung ihrer eigenen Mitglieder vorgesehen waren und die sie selbst dem Management abgerungen hatten. Dieses unsolidarische Verhalten den eigenen Mitgliedern gegenüber gilt, wie wir später im einzelnen sehen werden, auch für die größten Institutionen: den Staat und die Kirche.

Fazit: Die ‹Versprechungen› der Institutionen sind nichts als Schein mit der Funktion, Gehorsam zu erwirken. Ob sie gehalten werden oder nicht, wird allein von Zufall und Willkür bestimmt. Solche Versprechungen sind Teil der Fiktion, auf die sich die Institution überhaupt gründet, nämlich auf die Behauptung, ihre konkrete Funktion sei identisch mit ihrer eigentlichen Aufgabe, was bedeuten würde, daß Unternehmen die Funktion haben, Produkte oder Dienstleistungen einer bestimmten Art zu liefern, Bildungseinrichtungen die, Bildung zu vermitteln, militärische Institutionen die, die Verteidigung der Nation zu gewährleisten, und religiöse Institutionen die, ein Hort für die Praktizierung des Glaubens zu sein. In Wirklichkeit ist jedoch der höchste Daseinszweck der Männer an der Spitze dieser Institutionen und damit der Institutionen selbst die Wahrung und Ausweitung ihrer Macht und der Herrschaft über ihre Mitglieder.

Es ist nur folgerichtig, daß zur Absicherung der Macht einer Abteilung oder eines Mannes bestimmte Daten unter Verschluß gehalten werden. Dies führt oft zu Irrtümern bei der Bestellung oder Lieferung von Produkten oder Dienstleistungen, zu doppelter Arbeit und zu Undurchschaubarkeit innerbetrieblicher Vorgänge. Es kommt zu Unterbrechungen des Informationsflusses, wie sie in nahezu jedem Buch über Unternehmensorganisation beschrieben werden. Solche Informationsstaus ergeben sich aus dem jeweiligen Organisationssystem und mindern die Produktivität. Dennoch werden sie nicht beseitigt. Sie dienen ebenso Herrschaftszwecken wie willkürliche Entscheidungen. Manche Unternehmen verhindern die Transparenz der innerbetrieblichen Vorgänge absichtlich.[101] Angst läßt sich viel leichter durch inkonsistentes, sprunghaftes Verhalten erzeugen als durch transparente Organisation: Einen Vorgesetzten, der sich konsistent verhält, braucht man nur dann zu fürchten, wenn man gegen eine Regel verstoßen hat. Konsistenz führt im allgemeinen zu striktem Gehorsam auf bestimmten Gebieten, aber zu einem gewissen Maß an Selbstbestimmung in anderen, inkonsistente Verteilung von Belohnung und Strafe hingegen zu einer allgemeinen Angst vor selbständiger Initiative überhaupt, zur Scheu vor Verantwortung und ihrer bereitwilligen Abtretung an Vorgesetzte. Dies ist, wenn man den zahlreichen Berichten Glauben schenken will, die Grundsituation in den meisten Unternehmen.

Eine erst kürzlich erschienene Analyse des amerikanischen Verteidigungswesens von David C. Jones, dem ehemaligen Generalstabschef, weist solche Probleme auch innerhalb «der größten Organisation der freien Welt» nach. Jones konstatiert, das Verteidigungssystem funktioniere scheinbar rational und geordnet, diese Fassade zerbreche jedoch daran, daß das, was offiziell geplant wird, nicht realisierbar sei. Er kritisiert unter anderem, daß führende Militärs den größten Teil ihrer Energie darauf verwenden müssen, mit anderen Bereichen um finanzielle Mittel zu konkurrieren (was heißt, daß sie sich dafür verausgaben, ihren Organisationen Macht zu verschaffen und zu bewahren, anstatt Verbesserungen innerhalb der Organisation zu bewirken), daß niemand schwierige Entscheidungen treffen will, daß es sehr schwer ist, jemanden für einmal getroffene Entscheidungen zur Verantwortung zu ziehen, und daß schließlich die eigentliche Aufgabe des militärischen Establishments, die Gewährleistung der «Kampfkraft der Streitkräfte», kaum eine Rolle spielt.[102]

Die Tendenz, eine oberflächliche Fassade zu schaffen, die wegen ihrer «Rationalität» und «Ordnung» gepriesen wird, während darunter Willkür und Brutalität herrschen, ist seit Urzeiten ein Charakteristikum des Patriarchats. Von den modernen Institutionen, die für sich in Anspruch nehmen, die Verkörperung der Rationalität selbst zu sein, wurde diese Spiegelfechterei endgültig zur hohen Kunst erhoben. So unterweisen etwa Lehrbücher für das Management Männer in patriarchalem Denken. Die wichtigste Lektion, die solche Bücher vermitteln, lautet folgendermaßen: Der erfolgreiche Manager ist ein Mann, der seine Gefühle unter Kontrolle hat, während die Arbeiter dazu nicht in der Lage sind. Eines dieser Werke beschreibt die Führungspersönlichkeit wie folgt: «Er [der Leiter] weiß, daß ein Führer von Menschen über physische Energie, Geschicklichkeit und geistige Regheit verfügt, Voraussicht und Integrität besitzt, emotional ausgeglichen ist und sich beherrschen kann. Der große Führer bleibt gleichmütig, wo andere in Wut geraten, tapfer, wo andere furchtsam, ruhig, wo andere aufgeregt sind, selbstbeherrscht, wenn andere sich gehen lassen.»[103]

Autoren, die sich zu den Themen Organisationstheorie und Managementpraxis äußern, unterscheiden häufig zwischen «der Effizienzlogik des Managers» und der «Gefühlslogik des Arbeiters». Untersuchungen der informellen Organisationsstrukturen von Unternehmen beschäftigen sich mit dem Ausdruck von Gefühlen und politischen Einstellungen ausschließlich bei untergeordneten Beschäftigten. Damit wird suggeriert, daß nur diese so etwas überhaupt besitzen.[104] Obwohl von seiten des Managements Beschreibungen veröffentlicht werden, denen zu entnehmen sein soll, wodurch sich der zukunftsträchtige Jungmanager auszeichnet, sind diese Charakteristika so vage, daß sie im Grunde nichts besagen.[105] Dasselbe gilt auch für offizielle Aufstellungen von Beförderungskriterien: diese sind nicht nur vage, sondern darüber hinaus extrem manipulierbar.

Fazit: Das patriarchalische Streben, Oppositionen zu schaffen, macht nirgendwo halt. Ähnlich wie Einzeller sich durch Zweiteilung vermehren, wuchert das Patriarchat, indem es die ursprüngliche Aufspaltung in Mensch und Natur bzw. Mann und Frau auf alle Bereiche des Lebens überträgt. Eigenschaften und Fähigkeiten, die mit den Frauen und der Natur in Verbindung gebracht werden, werden im Bereich der Institutionen allein Beschäftigten auf niederer Ebene zugeschrieben. Beschäftigte in höheren Positionen gründen ihr Selbstverständnis auf die Abgrenzung von den untergeordneten Beschäftigten. So kommentierte etwa ein Firmenjurist den Ankauf eines großen Aktienanteils eines vor dem Bankrott stehenden Unternehmens durch die Belegschaft mit den Worten: «Mein Gott, die Affen übernehmen den Zoo.»[106]

Douglas McGregor vertritt die Ansicht, die Art und Weise, wie ein Unternehmen gemanagt wurde, habe weniger mit dessen formaler Struktur als vielmehr mit der Einstellung seiner Manager und höheren Verwaltungsfunktionären gegenüber ihrer Arbeit und ihren Untergebenen zu tun. McGregor zeigt auf, daß die einschlägige Fachliteratur zu Organisations- und Managementfragen übereinstimmend die Autorität zum wichtigsten Kriterium erhebt, und führt die meisten Probleme in der Unternehmensverwaltung auf eben dieses Postulat zurück. Die Autoritätsträger versuchen, ungeachtet ihrer eigenen (möglicherweise unbewußten) emotionalen Reaktionen auf Kontrolle von oben, das Tun und Lassen ihrer Untergebenen in inadäquater Weise zu überwachen.[107]

Solche Verhaltensweisen ähneln, so McGregor, der Haltung Erwachsener Kindern gegenüber und infantilisieren daher die Arbeiter. Die Beschäftigten in leitenden Positionen sind der Meinung, die Arbeiter verrichteten ihre Arbeit ungern und würden sich am liebsten vor ihr drükken. Also müssen sie gezwungen werden. Die Manager behaupten, die Arbeiter würden diesen Zwang begrüßen, weil sie sich davor scheuten, selber Verantwortung zu übernehmen.[108] Der Autor kommt zu dem Schluß, die Methoden des «wissenschaftlichen Managements» könnten, selbst wenn sie «eigens darauf angelegt wären, jedem menschlichen Bedürfnis nach Achtung und Wertschätzung zu spotten», dafür kaum geeigneter sein, als sie es derzeitig sind.[109]

Nun *sind* sie allerdings bereits heute bewußt darauf angelegt, jedem menschlichen Bedürfnis nach Achtung und Wertschätzung den Garaus zu machen, da sie es darauf anlegen, die Beschäftigten zu unterwerfen und die Illusion zu schaffen, die Männer an den Hebeln der Macht würden tatsächlich Herrschaft ausüben. Auch wenn ihnen dies nicht immer bewußt ist, huldigen doch alle Angehörigen von Firmen und Institutionen, die nicht aktiv gegen sie rebellieren, und selbst einige von denen, die sich zur Wehr setzen, der Macht als höchstem menschlichem Gut.

Aber die Illusion der Macht hat vielfältige Ausprägungen. Hegel definierte die Beziehung zwischen dem Satzsubjekt und dem Satzobjekt als ein Verhältnis zwischen Herrn und Knecht. In der Tat macht es einen großen Unterschied, ob ich sage «er bumste sie» oder «sie bumsten». Die Syntax der meisten westlichen Sprachen ist Ausdruck des allgemeinen Machtkampfes, wie ja auch der eben zitierte Satz dem Liebesakt den Charakter eines Machtverhältnisses verleiht. Es steht außer Frage, daß die Idee der Macht als höchstem Gut alle Dimensionen des Lebens in den westlichen Ländern durchdrungen hat. Zu fragen ist nur, was es bedeutet, Herr oder Knecht zu sein.

Vor vielen Jahren fuhr ich zu einer Konferenz nach Tennessee und besichtigte während meines Aufenthalts einen Teil der Anlagen des Atomkraftwerks in Oak Ridge. Was ich dort erlebte, war die Faszination des Schreckens. Zu den Attraktionen gehörte ein langer Raum, dessen eine Wand aus einer Reihe bleiverspiegelter, aber durchsichtiger Glasfenster von je etwa vier Meter Länge bestand. Durch diese Fenster sah man in kleine, geschlossene Kammern, deren Bodenflächen auf einer Ebene mit dem unteren Fensterabschluß lagen. In diesen Kammern waren scheinbar zufällige Arrangements von Gegenständen untergebracht – Behältnisse verschiedenster Form und Größe, Objekte ohne erkennbaren Zweck, die radioaktiver Strahleneinwirkung ausgesetzt worden waren. In einer der festen Wände jeder Kammer befand sich eine kleine Klappe, ähnlich einer Katzentür, die sich auf Druck von außen öffnet. Diese Türchen waren untereinander durch ein fließbandähnliches Transportband verbunden.

Außen vor den Fenstern standen eine Reihe hoher Hocker, die fest am

Boden montiert waren und sich mechanisch verstellen ließen wie Zahnarztstühle. Jeder dieser Hocker stand vor einem Fenster und gleich davor, in bequemer Reichweite, ragte ein langer Hebel von der Decke herunter. Unten waren Steuerinstrumente angebracht, und das Gestänge setzte sich unter der Decke in die verglaste Kammer hinein fort. Im Inneren führte ein anderer Arm eineinhalb oder zwei Meter herab, um schließlich in einer metallenen Klaue zu enden. Mit Hilfe der Steuerapparaturen am äußeren Hebelende ließen sich der innere Arm und die Klaue so bedienen, daß diese Apparatur in der Lage war, verstrahlte Gegenstände aufzuheben und zu versetzen, etwa auf das Fließband, das sie in eine andere Kammer transportierte, wo sie vermutlich anderen Experimenten unterzogen wurden. Auf den Hockern saßen Männer, deren Haltung äußerste Konzentration verriet. Ich weiß nicht, welche Folgen es gehabt hätte, wenn in den Kammern etwas nicht geklappt hätte, wenn einer der Container umgekippt und sein verstrahlter Inhalt mit der Luft in Berührung gekommen wäre, aber ich nehme an, ein solches Ereignis wäre zumindest sehr unerwünscht gewesen. Die Kranführer – denn das waren sie in Wirklichkeit – verrichteten ihre Arbeit unter extremer Anspannung. Während ich zusah, wie einer von ihnen langsam einen kleinen Container von einem Untersatz in der Kammer auf das Fließband an deren Rückwand hob, fiel mein Blick kurz auf die Aufschrift an der Apparatur. Dort stand *Herr-Sklave-Maschine*. Ich lachte nervös, während der Mann seine Operation zu Ende führte, und er warf mir einen Blick zu. «Wer ist denn hier der Herr und wer der Sklave?» fragte ich. Er funkelte mich wütend an.

Meine Worte waren nicht nur herausfordernd, sondern tatsächlich als Frage gemeint. Wir haben bereits an früherer Stelle erörtert, welchen Preis die Sklaverei von den Sklavenhaltern fordert. Kein Beschäftigter, wie tief er auch innerhalb der Betriebshierarchie stehen mag, leidet unter schlimmerer Unterdrückung, unter größeren Zwängen und stärkerer Angst als die Leiter von Institutionen und Betrieben selbst. Abgeschottet von der Welt aus Angst vor Attentaten, abgeschottet von den Menschen aus Angst vor Konfrontationen, selbst engsten Mitarbeitern gegenüber in dem ständigen Mißtrauen befangen, daß sie es auf seine Position abgesehen haben könnten, ist der höchste Überwacher zugleich der am strengsten Überwachte mit der geringsten persönlichen Freiheit. Es ist allgemein bekannt, daß Stalin in ständiger Angst vor Attentatsversuchen lebte und in der «Panik, das ganze wacklige Gebäude der Sowjetmacht könnte unter dem Ansturm eines wilden anarchischen Aufstands der Millionen von Lagerinsassen und Angehörigen nationaler Minderheiten zusammenbrechen»[110]. Aber auch untergeordnete Herrschaftskader sind nicht freier: Die Freuden, die es beinhaltet, sich entspannt und anonym in der Welt zu bewegen, mühelos mit anderen ins Gespräch zu kommen, innerhalb einer Gemeinschaft Vertrauen und Liebe empfinden zu können, sind ihnen verwehrt.

Aber der Verrat, den Institutionen und Unternehmen üben, beschränkt sich nicht auf die ausbeuterische Behandlung der Individuen und die Nichteinhaltung der Versprechen gegenüber einzelnen und Gruppen. Institutionen und die Männer, die sie lenken, verraten auch sich selbst und ihren selbstformulierten Daseinszweck. Politische und religiöse Gruppen, ja selbst Staaten behaupten ausnahmslos, zum Wohl der Menschen da zu sein, die ihre Gefolgschaft bilden, und verraten diese doch oft genug. Männer richten, um sich selbst (oder eine kleine Gruppe) abzusichern, um einer Sache oder einer Überzeugung willen oder aus rationaler Machtgier, Rachsucht oder Paranoia die Nationen zugrunde, die sie regiert haben. Hierzu ein paar Beispiele:

Bereits 1920 forderte Lenin, nationale kommunistische Parteien in anderen Ländern zu opfern oder deren Schädigung in Kauf zu nehmen, wenn dies für die kommunistische Bewegung Rußlands von Nutzen wäre. Auf diese Weise verurteilte er unzählige Menschen zu Haftstrafen oder gar zum Tode, die aufopferungsvoll für die gleichen Überzeugungen gearbeitet hatten, die auch er vertrat. Diese Menschen, die sich durch die Vision einer menschlicheren Welt und durch die Versprechung von Anerkennung hatten begeistern lassen, wurden nebensächlich, sobald die Stärkung und Absicherung der Sowjetunion das Primat vor der erklärten Aufgabe der Verbreitung der sozialistischen Ideologie in der ganzen Welt erhielt.[111]

Aus reinem Argwohn, daß polnische Armeeoffiziere, die die sowjetische Herrschaft über Polen unterstützt hatten, irgendwann einmal die Führung eines Aufstands der Polen übernehmen könnten, ließ Stalin diese Offiziere ausnahmslos vom NKVD umbringen.[112] Ferner forcierte er die Kollektivierung der russischen Bauernschaft, wobei er eine Zwangsstrategie anwendete, die irrational und erfolglos war und sich auf Zahlen stützte, von denen er wußte, daß sie falsch waren, anstatt die Schritt-für-Schritt-Politik zu verfolgen, die Bucharin dringend anriet. Die Folgen waren für Millionen von Menschen verheerend. Stalin brachte im Zuge seiner Säuberungsmaßnahmen zwanzig Millionen Menschen um, darunter nahezu sämtliche Inhaber von Machtpositionen.[113] Diese Menschen waren in ihrer Mehrheit engagierte Sowjetbürger und Sozialisten gewesen.

Die sozialistische Regierung Kambodschas ‹säuberte› das Land von einem großen Anteil seiner Bevölkerung und nahezu seiner gesamten Intelligenz. Die chinesische Kulturrevolution richtete, wenn auch auf weniger extreme Weise, auf lange Sicht ebenfalls beträchtlichen Schaden an. Wir müssen aber nicht unbedingt die sozialistischen Staaten heranziehen, wenn wir belegen wollen, wie Machthaber sich in ihrer Machtbesessenheit dazu hinreißen lassen, gegen ihre eigenen Grundsätze zu handeln und ihre ‹eigenen› Leute zu schädigen oder zu vernichten.

Die alten Griechen z. B. übernahmen sich ständig selbst: Slater nennt als Beispiel dafür den Sizilienfeldzug. Die Athener lagen bereits im Krieg mit Sparta und befanden sich im Belagerungszustand, was sie jedoch nicht daran hinderte, alles zu riskieren und Truppen in «den größten und aufwendigsten militärischen Feldzug, der je von einem griechischen Stadtstaat unternommen wurde» und gegen «den entferntesten und unbedeutendsten Feind, gegen den Athen je ausgezogen war», zu schikken.[114] Das Debakel markiert den Beginn des Untergangs Athens; die Stadt sollte sich nicht mehr davon erholen. Ähnliches gilt auch für das Engagement der Vereinigten Staaten in Vietnam und das ökonomische Debakel, zu dem es führte und unter dem wir noch immer zu leiden haben.

Hitler forderte totale Loyalität seiner Person gegenüber und identifizierte sich selbst mit dem Wohl Deutschlands. Er schuf ein Schattenkabinett – die offiziellen Regierungsorgane hatten kaum reale Macht, während eine Reihe von der SS geleitete Geheimorgane die wirklichen Entscheidungen trafen. Hitlers Obsession, Deutschland und das übrige Europa von allen in seinen Augen untermenschlichen Elementen zu ‹säubern›, verleitete ihn dazu, Männer, Waffen und andere Ressourcen aus dem Krieg, den er begonnen hatte, abzuziehen. Er zwang die gesamte deutsche Bevölkerung, einen Krieg zu unterstützen, der Deutschland zur uneingeschränkten Macht, zu einem Tausendjährigen Reich verhelfen sollte. Dabei plante er von Anfang an, nicht nur Europa von Juden, Zigeunern, Polen und anderen «minderwertigen» Völkern zu säubern, sondern auch Deutschland selbst (wobei nie ganz klar war, worauf sich die Kriterien für diese Minderwertigkeit gründeten). Als Deutschland schließlich unmittelbar vor der Niederlage stand, befahl er Albert Speer, das Land in eine Wüste zu verwandeln.

Anastasio Somoza Debayle, der Diktator, der bis zur Erhebung der Sandinisten Nicaragua beherrschte, bestrafte das Land dafür, daß es ihn ablehnte, indem er Industrie und Handel schwer schädigte und bei seinem Abgang Auslandsschulden in Höhe von 1,6 Milliarden Dollar hinterließ. Er selbst verließ ebenso wie der Schah bei seiner Flucht aus dem Iran das Land als Millionär.

Im Mittelpunkt der islamischen Revolution im Iran stand das Versprechen, man wolle einen neuen Staat schaffen, der frei wäre von allen westlichen und nicht-islamischen Einflüssen: eine Gesellschaft mit strikten moralischen Grundsätzen und ebenso strikter Beschränkung der Frau auf die Familie. Die Revolutionsbewegung schrieb also die Wiedereinsetzung der alten Tugendbegriffe und die Restauration des islamischen Familienlebens auf ihre Fahnen. Dennoch verkündete der iranische Justizminister im September 1981, daß künftig jeder Abtrünnige auf die Aussagen zweier Zeugen hin zum Tode verurteilt werden sollte und daß Eltern und Angehörige der Exekutierten kein Recht hätten, «sich auch nur im Geiste zu beschweren». Eltern, so verfügte er, sollten ihre Kinder, wenn sie nicht mit ihnen fertig würden, bei den Revolutionsgarden denunzieren, und der Staat sicherte Informanten seinen Schutz zu.[115]

In den Vereinigten Staaten wurden wir Zeuge, wie der oberste Amtsträger des Landes kriminelle Handlungen duldete und deckte. Seine Verbitterung war verständlich – schließlich hatte er das Pech, zu den wenigen zu gehören, die erwischt wurden. Automobilfirmen stellen Autos her, die schwerwiegende technische Mängel haben. Wenn diese Mängel ans Licht kommen, rufen sie ihre Rechtsexperten zusammen, die entscheiden sollen, ob es billiger ist, die Wagen zurückzurufen und in Ordnung zu bringen, oder günstiger, es auf die Prozesse ankommen zu lassen, die die Angehörigen der auf Grund technischer Defekte ums Leben gekommener Wagenbesitzer führen werden. Wir müssen zusehen, wie Firmen die Luft, das Wasser und den Boden verseuchen, auf die auch die Männer, die für diese Unternehmen arbeiten, angewiesen sind, die Entscheidungsträger mit ihren Angehörigen und Freunden eingeschlossen.

Männer in hohen Positionen fühlen sich ständig gehetzt und verfolgt; Präsidenten altern während ihrer Amtszeit schnell: Macht bedeutet also Angst. Institutionen, die nach außen hin erklären, allein dem öffentlichen Wohl verpflichtet zu sein, sind in Wirklichkeit nur auf ihr eigenes Fortbestehen aus, und die Männer, die an der Spitze dieser Institutionen stehen, kümmert selbst dieses Ziel nicht mehr, sondern nur noch ihr persönliches Überleben. Was sollen wir denken, wenn wir feststellen müssen, daß amerikanische FBI- oder CIA-Agenten Männern zu einem sicheren, unbehelligten Leben verholfen haben, die ehedem hohe Nazifunktionäre waren, die Juden oder andere Menschen auf dem Gewissen haben und einst zu jenen Feinden gehörten, deren Bekämpfung Tausende von Amerikanern das Leben kostete. Klaus Barbie, «der Schlächter von Lyon», vermutlich für die Ermordung Hunderter von Juden verantwortlich, erhielt vom CIA nach dem Ende des Krieges für Informationsdienste 1700 Dollar monatlich.[116]

Wem gegenüber verhalten sich Institutionen und Unternehmen tatsächlich loyal und wer kontrolliert sie in Wirklichkeit? Es ist oft – und fast schon mit metaphorischen Anklängen – gesagt worden, das System werde von niemandem kontrolliert, sondern sei ein Apparat, der sich verselbständigt habe und sich nicht mehr beherrschen lasse. Was die Welt regiert, ist jedoch die *Idee* der Macht. Die Personen, die in den obersten Etagen der Macht sitzen, wechseln häufig und sind austauschbar, weil sie alle zutiefst der Illusion verfallen sind, genügend Macht zu haben, gebe Sicherheit und mache es möglich, der Welt die eigenen Vorstellungen aufzuzwingen. Diese zutiefst irrationale Vorstellung bezeichnet man als Vernunft.

Die Wirklichkeit: Der Preis der Anpassung

Die Gehorsamspflichten, die ‹männliche› Institutionen ihren Mitgliedern auferlegen, machen jedoch noch nicht den gesamten Preis aus, den es zu zahlen gilt. Die Umstände des Berufslebens lassen das Privatleben nicht unberührt. Junge Leute, die in große Institutionen oder Unternehmen eintreten, finden diese zunächst oft einschüchternd, repressiv und sogar unmoralisch. Sie versuchen dann nicht selten, sich bei der Arbeit so zu verhalten, wie es von ihnen verlangt wird, und im Privatbereich ihr eigenes Leben zu führen, d. h. «sich auszuleben». Aber um diese Persönlichkeitsspaltung auf Dauer aufrechterhalten zu können, müßten sie entweder verlogen oder schizophren werden. Also geben diejenigen, die ihre Rolle am Arbeitsplatz unerträglich demütigend finden, ihre Arbeit schließlich auf, während die anderen ihre Rolle und die vorgegebenen Werte übernehmen und sich einreden, es würde ja etwas für sie dabei herauskommen. Niemand kann sie dafür verurteilen. Die Werte der Arbeitswelt sind die Werte der öffentlichen Welt schlechthin, und die meisten Menschen sind weder selbstherrlich noch tollkühn genug, daß sie sich zutrauen, sich allein dieser Welt entgegenstellen zu können. Sie weiterhin – und sei es nur im Privatleben – in Frage zu stellen, erscheint ihnen schließlich ungehörig, stur und egoistisch. Je höher man innerhalb des Systems aufsteigt, desto unmöglicher wird es, eigene Wertmaßstäbe aufrechtzuerhalten, insbesondere dann, wenn man sich mit seiner Arbeit identifiziert. Deshalb übernehmen schließlich früher oder später die meisten im Bereich des Managements Beschäftigten und auch viele auf niedrigeren Stufen der Hierarchie stehende Männer und Frauen die Wertordnung der jeweiligen Institution. Diese Werte sind ihnen nicht fremd: Man vermittelt sie ihnen von Kindheit an per Lektüre, per Fernsehen, auf der Straße und in der Schule, und vielfach auch im eigenen Elternhaus. Auf das Privatleben hat die Übernahme dieser Werte immense Auswirkungen.

Ein Mensch, der Herrschaft über alles andere stellt, ist zu keiner Beziehung fähig, die an seiner Fassade kratzen oder sie gar durchdringen könnte. Ein solcher Mensch wird nahezu unfähig sein, Nähe, Partnerschaftlichkeit oder Vertrauen zuzulassen, sämtliche Erfahrungen, die den Verzicht auf Selbstkontrolle erfordern. Wer darauf angewiesen ist, anderen distanziert und von oben herab zu begegnen, damit die Fassade seiner Macht nicht zusammenbricht, oder – anders herum – wer sich in einer untergebenen Position auf Distanz von anderen halten muß, um die eigene Selbstachtung nicht aufs Spiel zu setzen, hat schließlich große Angst vor der Entblößung und Verletzlichkeit, die hinter dem sorgsam aufrechterhaltenen Schutzwall der Macht zu lauern scheint.

Außerdem fordern die Werte und Normen des Arbeitslebens die Unterdrückung und Verdrängung von Gefühlen, da Gefühle als unangebracht, als Zeichen von Labilität, als «nicht cool genug», naiv, kindisch oder unmännlich gelten. Einem Mann, der den größten Teil des Tages am Arbeitsplatz verbringt und dort seine Gefühle unterdrückt, wird es nicht leichtfallen – und schon gar nicht, wenn er mehrere Jahre so gelebt hat –, bei Feierabend nach Hause zu kommen und diesen verbotenen Gefühlen freien Lauf zu lassen. Die Unterdrückung der Gefühle, die durch das Streben nach der Macht noch verstärkt wird, bringt häufig zombiehafte Kreaturen hervor, die nur noch in Gesprächen zum Leben erwachen, die sich um die Arbeit drehen.

Schließlich lehrt die extreme Konkurrenz innerhalb der Männerwelt die Männer, einander zu fürchten und zu mißtrauen. Viele Männer mögen «Kumpel» haben, mit denen sie Karten spielen, trinken oder Sport treiben, lassen aber kaum je zu, daß diese Beziehungen über oberflächliche Neckerei, Rivalität und Prahlerei hinausgehen. Die Konkurrenz am Arbeitsplatz greift auf den Privatbereich über. Nahezu alle männlichen Freizeitaktivitäten sind in irgendeiner Form konkurrenzorientiert; das gleiche gilt für die geradezu rituellen Streitgespräche über Fußball, Politik oder über die Vorzüge bestimmter Autos, Fotoapparate oder Rasenmäher. Zwischen «Kumpeln» besteht eine besondere Form von Beziehung, die nicht mit Freundschaft verwechselt werden darf. Die meisten Männer haben keine Freunde und sind zu echter Freundschaft gar nicht fähig, weil sie sich davor fürchten, ihre schützende Fassade aufzugeben.

Die dauernde Aufrechterhaltung dieser drei geforderten Eigenschaften – der tatsächlichen oder scheinbaren Selbstkontrolle in jeder Situation, der Unterdrückung oder Verdrängung von Gefühlen und des aus Angst und Mißtrauen gespeisten extremen Konkurrenzdenkens – hat den Effekt, daß die Männer in ihrer emotionalen Abkapselung völlig isoliert werden. Da Männer schon als kleine Jungen beginnen, ihre Gefühle zu verdrängen und anderen zu mißtrauen, kann ihre Sensibilität und Expressivität sich weder entwickeln noch reifen. Dieser Prozeß bleibt bei vielen Männern auf einer pubertären Stufe stecken, was dazu führt, daß ihre Wutäußerungen sich wie Tobsuchtsanfälle von Vierzehnjährigen anhören. Viele Männer sind emotional völlig gelähmt, weil ihre Sensibilität für die eigenen Gefühle so weit verkümmert ist, daß sie diese nicht mehr wahrnehmen können. Alles, was ihnen zu emotionaler Reife verhelfen könnte, wird ihnen verwehrt.

Infolgedessen ist das Privatleben vieler Männer leer, einsam und öde. An ihnen erfüllt sich das patriarchalische Postulat vom «heroischen Leben» in der Einsamkeit. Männer, die alles getan haben, was die Gesellschaft von ihnen fordert, fragen sich irgendwann irritiert, wo die Belohnung für ihr Wohlverhalten bleibt; die Liebe und die Macht, die ihnen für ihr Streben nach Erfolg versprochen wurden. Das Leben der meisten Männer hat kaum «heroische» Züge. Peggy Sanday beschreibt ‹männerbeherrschte› primitive Gesellschaften: Die Männer haben ein distanziertes Verhältnis zu ihren Kindern und üben weitgehende Kontrolle aus. Sie erwarten bedingungslosen Gehorsam und halten alle Frauen für minderwertig, also für nicht vertrauenswürdig. Mit anderen Männern treten sie in Konkurrenz. Die Gesellschaft insgesamt ist von Feindseligkeit, Machtkämpfen, Argwohn, Konkurrenz und Feindschaft zwischen den Geschlechtern geprägt.[117] Bei aller ‹Primitivität› ähneln diese Verbände unserer ‹hochentwickelten› Gesellschaft doch sehr.

Es ist viel über die Bande zwischen Männern geschrieben worden. Allein, diese Bande «sind keine Form emotionaler Beziehungen zwischen Männern, sondern vielmehr Ersatz für diese»[118]. Eine ganze Reihe von Untersuchungen beweisen, daß Männer bei der Identifizierung mit dem eigenen Geschlecht weit größere Schwierigkeiten haben als Frauen, daß sie weniger Affekte zeigen, sich schlechter einfühlen können und Defizite in ihrem emotionalen Verhalten und ihrer Beziehungsfähigkeit aufweisen.[119] Es ist jedoch eine Sache, dies aufzuzeigen, und eine andere, Männern klarzumachen, wie reichhaltig, interessant und beglückend die Dimension des Erlebens ist, die ihnen entgeht. Viele haben einmal Freunde besessen und wissen, was es bedeutet, keine zu haben. Dennoch fällt es ihnen – vor allem dann, wenn sie die höheren Stufen der hierarchischen Leiter erklimmen – überaus schwer, Angst und Mißtrauen gegenüber anderen Männern so weit zu überwinden, daß Freundschaften entstehen können. Außerdem fürchten Männer, man könnte sie der Homosexualität verdächtigen, wenn sie es sich erlauben, liebevolle Gefühle für einen anderen Mann zu empfinden. Deshalb kommen sie jedoch noch lange nicht auf die Idee, einmal der Frage nachzugehen, warum das unter Frauen überhaupt kein Problem darstellt.

Viele Männer sind daher mit ihren Bedürfnissen nach emotionaler Zuwendung ausschließlich von einer einzigen Frau abhängig, zu der sie eine gewisse Nähe aufgebaut haben. Wenn diese eine Freundschaft nicht im Lauf der Zeit durch Machtkämpfe zerstört wird, mag sie dem Mann helfen, sich über Wasser zu halten. Seine Ängste, die Demütigungen, die er erfährt, seine Sehnsüchte und Träume kann er mit dieser Frau teilen, die ihm meist Mitgefühl und Verständnis entgegenbringt und ihn unterstützt. Er glaubt dann, es handele sich dabei um wahre Freundschaft. In Wahrheit ist dies jedoch oft nicht der Fall, weil der Mann nicht gleichermaßen mit Mitgefühl, Verständnis und Unterstützung zur Stelle ist, wenn die Ehefrau oder Geliebte dies bräuchte. Er hört die Bitten der Frau nicht und nimmt keine Rücksicht auf ihre Ängste: dazu dressiert, Herrschaft auszuüben, reagiert er auf Klagen und Kummer grundsätzlich mit dem leeren Versprechen, «etwas zu unternehmen», auch da, wo es vielleicht nichts zu unternehmen gibt. Wenn die Frau ernsthaft krank wird, wenn sie ein Kind oder einen nahen Verwandten verliert oder wenn sie sich auch nur aus geringfügigem Anlaß elend fühlt, wendet sie sich an andere Frauen. Sie muß es tun, weil sie von ihrem Mann nicht das bekommt, was sie ihm gibt. Eine Folge davon ist der Rückzug vom Mann und schließlich die Scheidung, eine zweite, daß Männer, deren Frauen sterben, mit hoher Wahrscheinlichkeit bald darauf ebenfalls sterben, während dies umgekehrt nicht gilt.[120]

Die schlimmste Folge der emotionalen Verkümmerung der Männer ist die Kümmerlichkeit ihrer Beziehungen zu ihren Kindern. Auch wenn manches darauf hindeutet, daß hier ein Wandel im Gange ist, ist es doch nach wie vor eine Tatsache, daß die meisten Männer keine guten Väter sind. Die Geschichte der Vaterschaft ist eine Geschichte der Tyrannei, ja der Gewalt. Die Hervorhebung von Herrschaft, Gehorsam und Angst als Merkmale des ‹richtigen› Verhältnisses zwischen Vätern und Kindern hemmt oft genug auch solche Väter, die eigentlich gern eine engere, herzlichere Beziehung zu ihren Kindern hätten. Sie haben Angst, ihre Kinder zu verziehen, wenn sie sich nicht an die «erprobte und richtige» Erziehungsmethode halten. Daß eben diese Methode etwas mit der Tyrannei und der Gewalt zu tun haben könnte, die unsere Welt bestimmen, kommt ihnen nicht in den Sinn. Söhne, die in Elternhäusern heranwachsen, wo der Vater die Mutter und die Kinder prügelt, lernen früh hassen. So gelobte ein zehnjähriger Junge bei einem Interview: «Wenn ich groß bin, bringe ich Vati um.»[121]

Söhne werden zwar im allgemeinen häufiger bestraft und verprügelt als Töchter, sie haben aber auch mehr Freiräume. Töchter werden oft von ihren Vätern und anderen männlichen Verwandten sexuell belästigt oder vergewaltigt. Es ist erschütternd, wie häufig solche Vorfälle sind. Freud war über den Grad der Verbreitung solcher Perversionen gegenüber Kindern entsetzt. In seinen Analysen entlarvte er die engsten Verwandten, also Väter oder Brüder, als Schuldige. Er war der Meinung, daß selbst sein eigener Vater solche Handlungen verübt habe.[122] Sandor Ferenczi bemerkt, viele seiner Patientinnen hätten in der Analyse entdeckt, daß sie als Kinder sexuell belästigt worden waren.[123] Karl Menninger von der Menninger Foundation in Topeka, Kansas, schrieb 1981, daß 75 Prozent der «schwererziehbaren» Mädchen, derer sich die Stiftung annimmt, als Kinder sexuellen Übergriffen durch Erwachsene ausgesetzt waren.[124] Solche sexuellen Übergriffe gegenüber kleinen Mädchen sind keineswegs auf ungebildete oder finanziell bedürftige Schichten beschränkt.

Obwohl sexuelle Belästigung und physische Gewalt an Kindern seitens der Väter häufig genug vorkommen, sind diese Fälle sicher in der

Minderzahl. Andererseits gibt es jedoch Väter, die es ihren Kindern gegenüber bei verbaler Gewaltandrohung belassen, was, wie die klinische Erfahrung zeigt, nicht geringere psychische Schäden anrichtet. Wieder andere Väter entziehen sich ganz, sei es durch faktische oder durch emotionale Abwesenheit. Gleichzeitig bestehen die Väter stärker als die Mütter darauf, daß ihre Kinder die ‹richtigen› geschlechtsspezifischen Verhaltensweisen erlernen, und dies gehört zu den wenigen Dingen, auf die sie bei der Erziehung persönlich achten.[125]

Unsere Gesellschaft erachtet das Verhalten von Männern ihren Kindern gegenüber nicht als wichtigen Teil ihrer Persönlichkeit. Väter können sich durchaus einen Ruf als «große Männer» erwerben, obwohl sie ihre Frauen und Kinder gröblich mißhandeln. Die Untersuchungen der Feministinnen über den Zusammenhang zwischen dem tatsächlichen und moralischen Verhalten von Männern und ihren Leistungen oder Werken sind da sehr aufschlußreich: Wie wirkte sich Tolstois oder Marx' Sicht der eigenen Familie auf ihr Werk aus? Der mit dem Nobelpreis ausgezeichnete Physiker Dr. William Shockley, der die Theorie von der rassenspezifischen genetischen Determiniertheit von Intelligenz vertritt (d. h., davon überzeugt ist, daß Weiße über hochwertigere genetische Anlagen verfügen als Schwarze), wurde interviewt, nachdem er einer Samenbank sein Sperma gestiftet hatte, um es Frauen zur Verfügung zu stellen, die sich genetisch hochwertige Kinder wünschten. Auf die Frage, ob seine eigenen Kinder hochwertig seien, hatte er keine Skrupel, öffentlich zu verkünden, sie stellten «eine ganz erhebliche Regression» dar. Seine Tochter hatte ein Radcliff-Examen, einer seiner Söhne einen Doktor in Physik von der Stanford-Universität – jedoch nur, wie Shockley sagte, mit der zweithöchsten akademischen Auszeichnung – und der andere Sohn war ein Aussteiger. Schuld daran sei die Mutter der Kinder, die «nicht das gleiche hohe akademische Niveau» habe wie er.[126] Wir können nur hoffen, daß sie ihre Kinder dafür mehr geliebt hat.

Seit Jahrzehnten, ja im Grunde seit der Auslagerung der Erwerbsarbeit aus dem häuslichen Bereich, gilt es als normal, daß Väter wenig mit ihren Kindern zu tun haben, vor allem, solange diese im Babyalter sind. Aber gerade in dieser Zeit entsteht die Bindung zwischen Erwachsenen und Kindern. Väter, die sich nicht um ihre Babies kümmern, entwickeln nie die gleiche Gefühlsbindung an sie wie die Mütter. Diese Bindung erwächst, entgegen dem verbreiteten Glauben, nicht aus dem Akt des Gebärens, denn sie entwickelt sich meist auch zwischen Müttern und adoptierten Kindern, während sie bei manchen leiblichen Müttern ganz ausbleibt. Die Gefühlsbande zwischen Kindern und Erwachsenen erwachsen aus Fürsorge, Zuwendung und der engen Verflechtung des eigenen Gefühlslebens mit dem des Kindes, die zur Folge hat, daß dessen Bedürfnisse, Leiden, Freuden und Erfolge quasi zu den eigenen werden.[127] Väter, die es versäumen, diese Bande zu schmieden, betrachten ihre kleinen Kinder häufig als Konkurrenten um die Aufmerksamkeit der Mutter oder Ehefrau, ihre heranwachsenden Söhne als Rivalen und ihre Töchter als Sexualobjekte. Wenn es zur Scheidung kommt, unternehmen solche Väter häufig nichts, um ihre Kinder weiterhin sehen zu können. In 90 Prozent aller Fälle erhält die Mutter das Sorgerecht, was zum Großteil darauf zurückzuführen ist, daß sie die Kinder haben will, der Vater hingegen nicht. In den USA tragen noch nicht einmal 20 Prozent aller geschiedenen Väter weiterhin zum Unterhalt ihrer Kinder bei.[128]

Aber auch in vielen Ehen, die nicht geschieden werden, wachsen die Kinder auf, ohne ihre Väter richtig zu kennen, da diese die häusliche Sphäre, geschweige denn ein Engagement in ihr, fast so strikt meiden wie die alten Griechen. Vielleicht sind sie aus beruflichen Gründen über längere Zeiträume unterwegs oder sie machen häufig Überstunden, nicht nur, weil es notwendig ist, sondern auch, weil es ihnen gut zupaß kommt. Häufig verbringen sie den Feierabend mit anderen Männern. Am Wochenende gehen viele Männer lieber auf den Sportplatz, als sich ihren Kindern zu widmen. Männer hingegen, die etwas mit ihren Kindern unternehmen, nutzen die Zeit häufig, um ihren Konkurrenzgeist und ihre Aggressivität zu schüren und ihnen zu vermitteln, wie wichtig es ist, Erfolg zu haben.

Da das Eltern–Kind-Verhältnis die innigste Beziehung auf Erden ist und eine der reichhaltigsten Erfahrungen des Lebens darstellt, erhebt sich die Frage, warum die Männer es auch weiterhin vernachlässigen. Ein wichtiger Grund liegt in der Struktur unserer Arbeitswelt, die die Herauslösung der Männer aus dem Privatbereich förmlich erzwingt. Die Arbeitgeber gehen davon aus, daß möglichst viel gearbeitet werden soll und Männer den größten Teil des Tages am Arbeitsplatz zu verbringen haben. Sie unterstellen, daß Männer Ehefrauen haben, die sich um Haushalt und Kinder kümmern. Diese so selbstverständlich formulierten Prämissen beweisen nur, daß sie die patriarchalen Prinzipien unbewußt verinnerlicht haben. Aber auch die breite Masse der Männer hat diese Grundsätze internalisiert und glaubt, ihre Männlichkeit würde mit der Meidung des Bereichs sowie der Aufgaben und Belange der Frau stehen und fallen. Es ist ermutigend, daß die junge Generation von Männern sich heute immer häufiger weigert, eine solche Beschneidung ihrer Möglichkeiten hinzunehmen. Dennoch leben Millionen von Männern weiter wie eh und je. Es stimmt, daß die Frauen als Gesamtheit bis heute nicht sonderlich erpicht darauf sind, sich die Kinderaufzucht mit den Männern zu teilen. Diese bereichernde, herausfordernde, schwierige und mühsame Aufgabe ist die Hauptarbeit der Frauen, seitdem die Produktion aus dem häuslichen Bereich ausgelagert wurde. Diese Aufgabe ist ihr ureigenes Feld und der wichtigste noch ihrer Kontrolle unterstehende Bereich, und deshalb sind sie geneigt, die Bemühungen von Männern in diesem Bereich herabzusetzen. In dem Maße, wie die Frauen jedoch zunehmend ebenfalls erwerbstätig sind, wird die gemeinsame Kinderaufzucht für sie erstrebenswerter werden.

Die Oberflächlichkeit, die das Verhalten von Männern so oft kennzeichnet, erwächst ebenso wie der Anschein von Zerbrechlichkeit, den Frauen häufig vermitteln, aus dem Bestreben, die eigene Person den Diktaten der patriarchalischen Ideologie anzupassen, sowie aus dem Mißtrauen gegenüber dem Selbst und den eigenen Gefühlen. In Kapitel III habe ich aufgezeigt, welchen Preis die Grundprinzipien des Patriarchats von den Frauen fordern: Sie werden nicht nur von Macht, Reichtum und Legitimität ferngehalten, sondern man verwehrt ihnen Selbstbewußtsein und Selbstbestimmung über ihr eigenes Leben. Doch auch die Männer müssen dafür bezahlen, daß sie die Frauen in eine Position der Minderwertigkeit zwingen und sich somit selbst den Zugang zu allen als ‹weiblich› geltenden Fähigkeiten und Eigenschaften verwehren. Dieser Preis ist vor allem psychischer Natur – er beinhaltet den Verlust an Sensibilität und Lebendigkeit zugunsten von Reichtum oder Macht. Aber er umfaßt noch mehr als nur die Verkümmerung der Gefühle. In einem Aufsatz über Firmenmanager charakterisiert John Kenneth Galbraith die Kosten, die Männer für die Zugehörigkeit zu einer prosperierenden gesellschaftlichen Schicht zu zahlen haben, als «überaus schweren Verzicht auf das Recht auf eigenständiges Denken und Ausdruck der eigenen Person», sowie auf «ein breites Spektrum persönlicher Freuden», auf jede künstlerische, wissenschaftliche oder politische Selbstverwirklichung und selbst auf das Gefühl, als Individuum anerkannt zu werden. Denn, so Galbraith, unabhängig von der Leistung des Betreffenden in seinem Arbeitsbereich «hat die Firma alles übernommen, ist die eigentliche Führung anonym». Wenn Männer aus solchen Positionen ausscheiden, geraten sie «in Vergessenheit, bis schließlich die wenigen ergreifenden Zeilen unter den Todesanzeigen erscheinen»[129].

Die Verheißungen der Genesis haben sich für die Männer erfüllt: Sie haben sich die Natur und die Frauen in einem hohen Maße untertan gemacht, sie sind im großen und ganzen ihrem Gott der Macht treu geblieben und wurden dafür mit einer Beteiligung an der Macht belohnt. Sie sind noch immer Helden, die auf ewig einsam und heimatlos als Verbannte umherziehen, und sie sind noch immer bereit, ihre Isaaks zu opfern. In majestätischer Einsamkeit schauen sie über ihr Reich hin. Sie stellen 47 Prozent der gesamten Weltbevölkerung und vereinen doch 90 Prozent ihres Einkommens und 99 Prozent ihres Reichtums auf sich. Sie werden mit weit höherer Wahrscheinlichkeit als Frauen alkoholsüchtig oder gewalttätig (vergleiche Kapitel V). Sie sind anfälliger für eine ganze Reihe stressbedingter Krankheiten, haben eine kürzere Lebensdauer und begehen häufiger Selbstmord. Es ist bemerkenswert, daß die Selbstmordquote in den Vereinigten Staaten bei der Bevölkerungsgruppe am höchsten ist, die den Gipfel des Erfolges erreicht haben sollte: bei den weißen Männern über fünfundsechzig.[130]

Natürlich gilt dieses düstere Bild nicht für alle Männer gleichermaßen, aber kein Mann ist völlig frei von den Beschränkungen, die diese Gesellschaft seinem Geschlecht auferlegt. Eine kleine Elite von Männern zieht aus ihrer Arbeit wirkliche Befriedigung und vielleicht sogar ein gewisses Gefühl der Autonomie. Immer mehr Männer bemühen sich, im Verhältnis zu ihren Freundinnen, Ehefrauen und Kindern echte Nähe herzustellen, einige wenige Männer arbeiten daran, die Fähigkeit zur Freundschaft zu entwickeln.

Aber die Männer in ihrer Gesamtheit sind ebenso verarmt und reduziert wie die Frauen, und zwar aus dem gleichen Grund: Da sie auf Grund der totalen Aufspaltung und strikten Kategorisierung der Geschlechter von den Anforderungen eines entmenschlichenden öffentlichen Lebens auf der einen und denen eines (jedenfalls scheinbar) bedrohlichen Privatlebens auf der andern bedrängt werden, versuchen die Männer ebenso wie die Frauen, einen schmalen Grat entlangzuwandeln, um das Richtige zu tun. Erving Goffman listet die Eigenschaften des idealen männlichen Amerikaners auf: Man hat ein junger, verheirateter, weißer, städtischer, nordstaatlicher, heterosexueller, protestantischer Vater mit Collegeausbildung, vollbeschäftigt, von gutem Aussehen, normal in Gewicht und Größe und mit sportlicher Figur zu sein! Goffman stellt fest: «Jeder Mann, der in irgendeinem dieser Punkte versagt, neigt dazu, sich

– wenigstens augenblicksweise – für unwert, unvollkommen und inferior zu halten.»[131] Ein anderer Kommentator bemerkt, daß «jeder männliche Amerikaner von Geburt an mit dem Makel der Unzulänglichkeit behaftet ist»[132].

Natürlich kann es passieren, daß man Vertrauen und Liebe in einen Menschen investiert und verraten wird, und natürlich garantieren Jahre liebevoller Zuwendung noch nicht, daß ein Kind zu einem anständigen Menschen heranwächst. Ebenso ist es wahr, daß die Anforderungen des Gemeinschaftswesens und der persönlichen Bindungen manchmal größer sind als die Befriedigung, die man daraus ziehen kann. Seit Jahrhunderten beklagen die Dichter die Vergänglichkeit der Liebe. Bacon betrachtete Frau und Kinder als «Pfandleistungen an das Glück», als Bindeglieder, die dem Mann die freie Entfaltung seiner Fähigkeiten und freie Beweglichkeit verwehrten, und Freud stimmte dem mit seiner Feststellung zu, emotionale Bindungen seien die unverläßlichsten aller Beziehungen.[133] Freud empfahl die Arbeit, ein Rat, den sich viele von uns, Männer wie Frauen, zu Herzen genommen haben.

Dennoch ist die Arbeit für die meisten Menschen kein verläßlicherer Bezugspunkt als die Liebe und emotionale Beziehungen. Viele Menschen erhalten keine Chance, eine Arbeit zu verrichten, die ihren Fähigkeiten entspricht, und verbringen ihre Jahre damit, langweilige Routinetätigkeiten zu verrichten. Vielfach werden wir, wenn wir unser Bestes geben, nicht so anerkannt, wie wir es erwarten, und vielleicht sogar getadelt, während mindere Leistungen belohnt werden. Diese Situation trifft die Männer besonders hart, weil diese, wie Myron Brenton schreibt, in der Hoffnung, daß sie ihnen Liebe einträgt, ganz und gar in ihrer Arbeit aufgehen, um dann jedoch entdecken zu müssen, daß ihre Bemühungen eben die Zuwendung, nach der sie sich sehnen, kaputtgemacht haben.[134] Anthony Sampson beschreibt den Preis, den leitende Angestellte bezahlen müssen – sie leiden unter innerer Spannung und Angst, und jede Betätigung von Kreativität, Phantasie und Intuition sowie jede emotionale Anteilnahme an ihrer Tätigkeit ist ihnen untersagt. So brachte ein Manager an der Wand seines Büros ein Schild an, auf dem stand: «Noch mindestens ein weiteres Jahrhundert lang müssen wir uns selbst und anderen vormachen, fair sei foul und foul sei fair, denn foul ist nutzbringend und fair ist es nicht. Habsucht, Wucher und arglistige Vorsicht müssen noch ein wenig länger unsere Götter sein.»[135]

Die Arbeit kann die Bedürfnisse eines Mannes unbefriedigt lassen, aber sie kann ihm auch ganz verloren gehen. Ein Artikel über Stress bei

Automobilmanagern angesichts drohender Entlassungen weist darauf hin, daß der Verlust der Arbeit diese Männer deshalb so vernichtend trifft, weil sie sich immer als überlegen betrachtet haben und angenommen haben, sie seien gefeit gegen alle Stürme, die Männer in untergeordneten Funktionen beuteln. Ein Interviewer, der solche Männer befragt hat, schreibt: «Es sind Menschen, die bis jetzt immer das Gefühl gehabt haben, alles unter Kontrolle zu haben.» Nun plötzlich erleben sie das, was der Untersucher als «Hochstaplerphänomen» bezeichnet, nämlich die Verunsicherung darüber, ob sie wirklich so gut sind, wie sie angenommen haben. Weiße Männer, die in den USA sichtlich vom Schicksal begünstigt sind, kommen wohl häufig nicht auf den Gedanken, daß es ihre angeborenen Privilegien wie Hautfarbe, Geschlechtszugehörigkeit und oft genug ihr familiärer Hintergrund waren, die sie dazu prädestinierten, und daß ihre Begabung oder ihre Intelligenz in Wahrheit nicht unbedingt größer sein muß als die von Leuten, die das Schicksal nicht in gleicher Weise ausersehen hat. Da solche Männer ihr ganzes Selbstverständnis auf eine Reihe aus der Luft gegriffener Überzeugungen gründen, verlieren sie ihr Selbstwertgefühl, wenn diese Überzeugungen in Frage gestellt werden oder zerbrechen. So haben sie, «wenn sie einmal ihre Arbeit verloren haben, keine Identität mehr»[136]. Das Bemühen, sich selbst und die eigene Klasse unverwundbar zu machen, macht einen unweigerlich gleichzeitig verwundbar – wenn auch für andere Dinge. Für den Menschen als ein sterbliches Wesen ist völlige Unverwundbarkeit ein illusorisches Ziel.

3. Revolten der Männer

Natürlich haben die Männer im Lauf der Zeit ihre Unterdrückung wahrgenommen und auch versucht, sie abzumildern. Es ist nur zu verständlich, daß die Menschheit für einen Großteil ihres Elends die Natur verantwortlich gemacht hat; das Leben in der Natur ist für menschliche Wesen hart, und die Leiden eines solchen Lebens machen blind für seine Freuden. Erst als die Unterjochung der Natur durch den Menschen ihrerseits genug Elend hervorgebracht hatte, konnten wir die Gaben der Natur und die Grenzen ihrer Beherrschbarkeit deutlicher wahrnehmen.

Auch Männer haben sich gegen andere Männer erhoben, die sie für die Verursacher ihrer Unterdrückung hielten. Indessen bringt, wie wir bereits gesehen haben, jede erfolgreiche Revolution wiederum selbst Unterdrückung hervor und führt so zwangsläufig zu weiteren Revolutionen. Zudem schaffen Revolutionen häufig ein Machtvakuum, und dieser freie Raum wird von einem weiteren Tyrannen eingenommen, der mindestens ebenso schlimm ist wie sein Vorgänger. Ein Ergebnis der französischen Revolution war die Herrschaft Napoleons; das Pinochet-Regime war eine Folge des Kampfes, der Allende an die Macht brachte. Aus der russischen Revolution ging die Stalin-Diktatur hervor. All diese Männer mögen früher oder später stürzen, aber das ist nur ein schwacher Trost für die Millionen, die leiden oder zugrundegehen, während sie an der Macht sind.

Die Revolutionen der Männer haben nicht an das grundsätzliche Phänomen der Unterdrückung gerührt, weil die Wurzeln dieser Unterdrükkung bis heute mystifiziert werden. Die Menschen – denn auch die Frauen sind an den Revolutionen der Männer beteiligt gewesen – haben bislang die wahren Ursachen des Elends nicht erkannt, in das die menschliche Spezies sich selbst manövriert hat. Menschen, die in Sklaverei gehalten wurden, rebellierten dagegen – aber zugleich bestanden sie nahezu ausnahmslos darauf, daß andere in der Sklaverei verblieben. Keine Revolution hat je die Vorstellung in Frage gestellt, derzufolge manche Menschen anderen überlegen sind, obwohl viele Bewegungen dies behauptet haben. Welche Klasse auch immer von einer bestimmten Revolution profitierte, am Ende wurden grundsätzlich die Frauen in untergeordnete Positionen verwiesen. Die wiederholte Affirmation der eigenen Minderwertigkeit traf auch andere Gruppen – so wurden die Schwarzen nach dem Bürgerkrieg wieder in eine untergeordnete Stellung gezwungen, die *de facto* der Sklaverei gleichkam, oder hatten ethische Minderheiten etwa im Anschluß an die Revolutionen in China, in der Sowjetunion und in Mittelamerika schwer zu leiden. Die immer wiederkehrende Affirmation der weiblichen Inferiorität ist jedoch ein universelles Phänomen und die Wurzel allen Übels.

Revolutionen bekämpfen bestimmte gesellschaftliche Unterschiede, indem sie bestimmte Rechte beanspruchen: Die revoltierende Klasse erhebt Anspruch auf das *Recht* zur Ausübung eines bestimmten Kults, zur Verehrung einer besonderen Gottheit, zur umfassenderen Beteiligung an den Profiten aus ihrer eigenen Arbeit oder auf das Recht, ein andersartiges ökonomisches System zu etablieren. Aber über Rechte kann man streiten: Wer oder was verleiht bestimmte Rechte? Wer garantiert sie? Argumentationen über Rechte haben formalen, tendentiösen und taktischen Charakter. Keine Revolution hat je darauf beharrt, daß die Trennung in Über- und Untergeordnete gegen die gegebenen *Tatsachen* verstößt, weil kein menschliches Wesen einem anderen überlegen sei. Keine Revolution hat darauf bestanden, daß die Begriffe ‹Superiorität› und ‹Inferiorität› kulturabhängig und zeitgebunden sind und lediglich ihrer eigenen Perpetuierung dienen. Keine Revolution hat jemals das Patriarchat als solches angegriffen.

Die patriarchalische Kultur ist im Grunde die einzige, die wir kennen. Die Zeichen und Spuren anderer Lebensformen sind verloren gegangen oder ausgelöscht worden, die noch vorhandenen Hinweise sind vage. Das uns erhalten gebliebene historische Material und die Funde, über die wir verfügen, erzählen im wesentlichen eine patriarchalische Geschichte. Die Wertmaßstäbe des Patriarchats sind schon so lange die Norm, und es gibt so wenig Hinweise auf andere Wertsysteme, daß die Vorstellung schwer fällt, wir könnten auch nach einer anderen Wertordnung leben. Darüber hinaus hat die beharrliche Verdrehung der Begriffe ‹gut› und ‹schlecht› durch das Patriarchat die Sprache so verdorben, daß es schwierig ist, geradlinig und folgerichtig zu denken. Die Bedeutung so grundlegender Worte wie ‹Macht›, ‹Sexualität› und ‹Liebe› ist durch diese Verdrehung vernebelt worden und schwammig geworden. Die symbolische Natur unseres assoziativen Denkens spottet jeder Logik und verschleiert die Tatsachen.

Dennoch versuchen auch weiterhin viele Männer, gegen ihre Unterdrückung zu rebellieren. Im wesentlichen lassen sie sich in drei Kategorien einordnen: diejenigen, die ein bestimmtes System bekämpfen und es durch ein anderes ersetzen wollen; diejenigen, die sich vom System ausgeschlossen fühlen und beschließen, sich gewaltsam Zugang zu verschaffen; und schließlich die, die das System ablehnen und sich für ein alternatives Leben entscheiden. Die ersten sind die politisch Engagierten, die zweiten Kriminelle, die dritten könnte man als Aussteiger bezeichnen.

Die politisch Aktiven sind im allgemeinen Männer mit hohen Idealen und der Vision einer besseren Zukunft. Manchmal handelt es sich um Männer, die ein schweres Unrecht erlitten haben und – oft verständlicherweise – im Leben keinen anderen Sinn mehr sehen können als den, dieses Unrecht zu rächen. Es ist indessen selten, daß aus einer Revolution tatsächlich ein solcher Idealist als neuer Herrscher hervorgeht. Moses, ein Musterbeispiel dieses Typs, durfte das verheißene Zion nur aus der Ferne erblicken. Obwohl manche Revolutionen – wie etwa die amerikanische Unabhängigkeitsbewegung – schließlich Regierungsformen hervorbringen, die freiheitlicher sind als die vorangegangenen, ist dies beileibe nicht der Normalfall. Eindeutig bewerten lassen sich die Ergebnisse ohnehin nicht. Das gegenwärtige Regime in Kuba etwa mag wohl für die Mehrheit der Kubaner erträglicher sein als die Herrschaft Battistas – aber nicht für alle. Dasselbe gilt für die russische und die chinesische Revolution. Was die Revolutionen in Ländern wie Zimbabwe oder Algerien angeht, ist eine klare Bewertung deshalb schwer, weil so viele Faktoren eine Rolle spielen und die Informationen spärlich und widersprüchlich sind. Die Beurteilung des Erfolgs einer Revolution bezieht sich im allgemeinen auf eine bestimmte Bevölkerungsgruppe – nämlich auf die Männer aus der Mittel- oder Unterschicht –, und durch diese selektive Betrachtung wird die Schlußfolgerung von vornherein beeinflußt.

Kriminelle lassen sich in zwei Kategorien unterteilen: Solche, die mehr oder weniger auf eigene Faust eher unbedeutende Verbrechen begehen, und solche, die großen Verbrecherorganisationen angehören. Das organisierte Verbrechen lehnt das System keineswegs ab, sondern kopiert es. Es huldigt den gleichen Werten, schafft die gleichen Strukturen und verlangt von seinen Mitgliedern ähnliches Verhalten. Selbst der geforderte Arbeitseinsatz kann genauso groß sein, obwohl die Art der Tätigkeit sich von der der in ‹legitimen› Unternehmen gefragten unterscheidet. Ebenso wie ‹gesetzestreue› Institutionen unterwirft sich das organisierte Verbrechertum dem Kult der Macht, indem es Geld und Einfluß zu gewinnen sucht, eine Machthierarchie etabliert und Furcht und Gehorsam sowie eine gewisse Konformität in Benehmen, Erscheinen und Lebensstil fordert.

Auch die kleinen Verbrecher sind nicht wirklich anders. Sie sind freier, wie die Armen, die Ausgestoßenen, die Außenseiter immer freier sind. Sie müssen sich nicht so strikt an einen Klassen- oder Gruppenstandard anpassen. In ihren Wünschen, Bedürfnissen und Sehnsüchten haben sie mehr Spielraum, aber auch sie leben in Angst, und auch sie geben sich durch Verherrlichung von Geld und Gewalt als Jünger der Macht zu erkennen; da sie selbst wenig Macht besitzen, suchen sie sich Opfer aus, die noch ohnmächtiger sind. Viele unserer Kleinkriminellen sind extrem jung. Dies deutet darauf hin, daß die Botschaft von der Macht als höchstem Gut, die unsere Kultur so laut und deutlich propagiert, bei Jugendlichen ziemlich ungebrochen ankommt, ohne durch attraktive andersgeartete Wertvorstellungen relativiert zu werden. Diese Macht mag darin bestehen, ein großes Transistorradio zu besitzen oder in dem Nervenkitzel, auf eine blinde alte Frau einzuschlagen, um an ihr Portemonnaie und dessen kümmerlichen Inhalt heranzukommen. Aber andere Möglichkeiten gibt es nicht. Macht wird als höchstes Gut akzeptiert, weil es keine anderen überzeugenden Werte gibt, keine von liebevollen Beziehungen getragene Erwachsenengemeinschaft existiert und nichts der allgemeinen Verherrlichung der Gewalt entgegenwirkt. Die ödipale Verheißung – derzufolge der Knabe, wenn es ihm gelingt, seinen Zorn, seine Angst und seinen Neid zu sublimieren, zu einem ebensolchen Mann wie sein Vater heranwachsen kann – scheint immer weniger zu ziehen. Die Erwachsenen sind nicht um ihr Leben zu beneiden: hohl, in vielerlei Hinsicht tot, fremdbestimmt und nicht minder von der Angst beherrscht als das Leben der Kinder, bietet es keine ausreichenden Belohnungen für die Opfer, die es fordert. Ohne bestreiten zu wollen, daß solche jungen Menschen einem wie moralische Ungeheuer vorkommen können, müssen wir doch zugestehen, daß sie am meisten unter unserer Wertordnung leiden: ein ganzes Heer geopferter Söhne (und Töchter). Die Kinder agieren heute die patriarchalischen Träume aus, die Phantasien der Militär-, Polizei- und Geheimdienststrategen und die Träume der Produzenten fiktiver Welten in Comics, Fernsehsendungen und Filmen. Die ganze Wut, der ganze Haß unserer Gesellschaft lodert über Buchseiten, Fernsehschirme und Leinwände, wenn die so mühsam erworbenen, so geliebten Fetische in einer einzigen, großen und triumphalen Orgie der Zerstörung einer nach dem anderen in die Luft fliegen.

Kriminalität in jeder Form ist keine Rebellion gegen das System, sondern dessen unvermeidliches Nebenprodukt. Schließlich meinen wir, wenn wir von «dem System» sprechen, die Institutionalisierung sämtlicher Lebensbereiche. Institutionalisierung bietet jedoch, wie wir wissen, Prestige und Legitimität gerade deshalb, weil sie bestimmte Klassen von Menschen ausschließt, ihnen das Betreten ihrer Wall- und Palisadenanlagen, ihrer Heiligtümer verwehrt. Sie verfügt die Illegitimität bestimmter Menschen, um den Auserwählten das Gefühl der Überlegenheit zu vermitteln. Das Verbrechertum ist eine solche künstlich geschaffene Klasse.

Es ist nicht immer leicht, zwischen legitimen und illegitimen Strukturen zu unterscheiden, da beide sich außer in ihrem deklarierten Status in nichts wirklich unterscheiden. Im großen und ganzen benimmt sich das organisierte Verbrechertum in den USA besser als die legal an die Macht gekommene Regierung in Hitlerdeutschland. Wie in den letzten Jahren deutlich geworden ist, sind das organisierte Verbrechertum und die ‹legitimen› Institutionen Wirtschaft, Staat und Gewerkschaften vielfältig miteinander verflochten. Staats- und Gewerkschaftsfunktionäre, denen Fehltritte vorgeworfen werden, reagieren oft schockiert auf solche Vorwürfe, und zwar nicht deshalb, weil sie die betreffenden Handlungen nicht begangen hätten, sondern vielmehr, weil diese Handlungen allgemeiner Usus sind und sie lediglich das Pech haben, daß an ihnen ein Exempel statuiert wird.

Wenn es für Geheimdienste ‹legitim› ist, notorische Kriminelle anzuwerben, um Verbrechen gegen ausländische Staatsoberhäupter zu begehen, weil die «nationale Sicherheit» das angeblich erfordert, warum sollte dann ein Großunternehmen, das sich durch die Enthüllungen eines seiner Angestellten in seinen Interessen bedroht sieht, die betreffende Person nicht ebenfalls ausschalten. Daß Karen Silkwood von der Kerr McGee Company ermordet wurde, als sie den Nachweis zu erbringen versuchte, daß die Werksanlagen uranverseucht und die Kontrollunterlagen über Plutoniumbrennstäbe gefälscht waren, läßt sich nicht beweisen. Ebenso unbeweisbar ist, daß die amerikanische Regierung etwas mit der Tatsache zu tun hatte, daß sämtliche wichtigen Führer der *Black Panthers* innerhalb weniger Jahre nach dem Einsetzen der Bewegung entweder tot oder im Gefängnis waren.[137] Aber es sind viele Indizien dafür vorhanden, daß vom FBI in verschiedene politische Gruppen eingeschleuste Verbindungsleute deren Mitgliedern zeigten, wie sie Bomben herstellen konnten, und sich dafür einsetzten, diese Bomben auch zu verwenden – was ohne die Provokateure möglicherweise nicht geschehen wäre. Ebenso ist es ein offenes Geheimnis, daß ein unter die Gegner der schwarzen Bürgerrechtsbewegung eingeschleuster FBI-Spitzel eine Demonstrantin erschoß, daß Regierungsmitglieder an Einbrüchen, Raubüberfällen und Arzneimittel-Versuchen an ahnungslosen Personen beteiligt waren und daß der CIA unter dem Druck der *ITT* mithalf, die Allende-Regierung in Chile zu stürzen. Aber selbst wenn solche Dinge nachgewiesen werden können, ändert das im Grunde nichts.

Alles geht weiter wie zuvor, weil die Ziele unserer Institutionen, seien sie nun legitim oder illegitim, die gleichen bleiben. Alle wollen an die Macht kommen, sie behalten und ausdehnen. Alle akzeptieren den Grundsatz von der Macht als höchstem Gut. Alle akzeptieren den Zwang als natürliches und richtiges Mittel zur Selbsterhaltung. Illegitime Institutionen sind den legitimen nachgebildet. In Gefängnissen gibt es nicht nur unter dem Aufsichtspersonal, sondern genauso unter den Insassen eine hierarchische Ordnung. Es kommt vor, daß ein einflußreicher Verbrecher mehr Macht über die Institution ausübt als deren legitime Verwalter. Zwang wird nicht nur von der Gefängnisleitung und den Aufsehern gegenüber dem Gefängnisinsassen ausgeübt, es gibt ihn auch – um die Einhaltung der ‹Spielregeln› zu gewährleisten – unter den Gefangenen. Innerhalb der Gefangenenhierarchie gibt es sogar eine den Frauen vergleichbare Gruppe: die Männer auf der untersten Stufe, die wie Frauen sexuell benutzt und verachtet werden.

Wer an die angeborene Verderbtheit des Menschen glaubt, wird dies alles mit einem Achselzucken hinnehmen: Was soll man schon von einem Wesen erwarten, dessen Streben von Jugend auf böse ist, von einem Geschöpf, dessen erster Akt der des Ungehorsams war. Gerade diese Vorstellung ist jedoch das Herzstück des Patriarchats und zieht sich durch die gesamte patriarchale Überlieferung, derzufolge nur bedingungsloser Gehorsam gegenüber Gott den Menschen von der Erbsünde erlösen kann. Wer aber die kirchlichen Lehren von der Schlechtigkeit des Menschen und dem damit einhergehenden Zwang zur Unterwerfung unter Allah, Jahweh oder Gottvater akzeptiert, perpetuiert damit gleichzeitig die Vergötterung der Macht. Solche Menschen, die gewaltsames und zerstörerisches Handeln «im Namen Gottes» rechtfertigten, haben zur Entstehung jener auf Gewalt und Tyrannei gegründeten Institutionen beigetragen, die sich uns gegenwärtig in der abendländischen Kultur präsentieren.

In der Tat bleibt die Macht natürlich immer Sieger. Dies ist das Haupthindernis, das sich bis heute allen Idealisten entgegenstellt, die menschlichere Umgangsformen fordern. Nur durch eigene Machtausübung kann man der Macht die Stirn bieten. Wenn etwa ein kleines Volk in Sippen- oder Stammesverbänden sein einfaches, aber glückliches Leben ungestört fortsetzen will, so steht es einer anderen Nation, die aus Prestige- oder Profitgründen sein Territorium annektieren möchte, wehrlos gegenüber. Das kleine Volk kann den Eindringling nun entweder zurückschlagen oder sich ergeben, aber in jedem Falle wird es die Wirkungsmechanismen der Macht kennenlernen. Das gleiche gilt auch für Beziehungen zwischen Individuen. Wenn der eine Partner für den anderen Liebe empfindet und Gemeinsamkeit, Vertrauen und Nähe genießen möchte, der andere aber jede Beziehung grundsätzlich als Machtkampf betrachtet, wird die Beziehung unweigerlich den Charakter eines Machtkampfes annehmen. Der mißtrauische Partner wird jede Äußerung und jede Handlung des anderen als Manöver interpretieren, das es zu kontern oder zu übertrumpfen gilt. Auf diese Weise können Nähe, Vertrauen und Liebe niemals entstehen. Machtstreben ist ansteckend. Man kann sich nicht dagegen wehren; entweder man zieht sich zurück oder man spielt das Spiel mit. Die kleine Nation, die nicht ausweichen kann, wird sich früher oder später in die Spielregeln fügen. Auf diese Weise breitet sich die Philosophie der Macht immer weiter über unsere Erde aus.

Dies ist auch die Botschaft, die unsere Politiker uns immer wieder verkünden: Wir müssen über genügend Macht verfügen, um der Macht des Feindes standhalten zu können. Unter den Bedingungen der gegenwärtigen Weltlage ist diese Botschaft verständlich, aber gerade angesichts dieser verhängnisvollen Situation wird es höchste Zeit, daß wir uns ein wenig näher mit der Frage beschäftigen, was Macht wirklich bedeutet: Was können wir bei diesem Spiel gewinnen? Die Antwort lautet: noch mehr Macht. Was uns jedoch außerdem in Aussicht steht, sind die vielen negativen Begleiterscheinungen der Macht und der Verlust all dessen, was das Leben über einen düsteren Verschleißprozeß emporhebt, der schließlich mit dem Tod endet.

Da die Menschheit es bisher versäumt hat, sich Rechenschaft über die wirklichen Kosten und Gratifikationen der Macht abzulegen, war sie auch nicht in der Lage, das Patriarchat wirklich in Frage zu stellen. Diese mangelnde Auseinandersetzung mit den wahren Inhalten der Macht ist das Hauptproblem der männlichen Aussteiger, die versuchen, ihr Leben außerhalb der Machtetagen und jenseits der öffentlichen Institutionen einzurichten. Diesen Aussteigern geht es nicht um Rebellion im eigentlichen Sinne, sondern vielmehr um den Versuch, andere Werte an die Stelle der Macht zu setzen und Lebensformen zu entwickeln, die nicht dem Diktat der Institutionen unterliegen. Dennoch tragen auch sie eben die Werte in sich, die sie hinter sich lassen wollen. Indem sie sich auf den privaten Bereich beschränken, bleibt ihr Handeln negativ statt positiv bestimmt; sie sind prinzipiell gegen alles, was den Beiklang von Macht hat, und nehmen sich dabei selbst die Möglichkeit, sich deren positiven Varianten zunutze zu machen, und verzichten manchmal sogar auf eigene Individualität. Es gibt natürlich auch solche Aussteiger, die jeder öffentlichen Macht abschwören, während sie gleichzeitig an der Macht über ihre Frauen oder über kleine Gruppen von Gesinnungsgenossen festhalten.

Der Versuch, ein weltfernes Leben zu führen, kann sogar patriarchalische Grundwerte verfestigen, selbst wenn er sie in Frage stellt. So perpetuierte etwa Jesus, der ja den moralischen Wert weltlicher Macht grundsätzlich leugnete, gleichzeitig die Vorstellung vom Mann als dem heimatlosen Wanderer, der die Zufriedenheit und die materiellen Annehmlichkeiten eines ‹Heimes› verachtet. Seine Jünger wurden dann zu Menschenfischern im Dienste transzendenter Ziele. Gandhi schürte nicht nur die Legende seiner Asexualität, sondern lehrte seine Anhänger auch, weltliche Güter zu verachten. Beide Männer weisen uns einen Weg zur Transzendierung sowohl der Natur als auch der alltäglichen Freuden des Lebens, ob das nun in ihrer Intention lag oder erst durch nachträgliche Interpretation unterstellt wurde.

In Amerika gab es im 19. Jahrhundert zahlreiche Gruppen, die mit alternativen Lebensformen experimentierten – so etwa die Oneida-Bewegung, Hopewell und die Brook Farm. T. J. Jackson Lears, der sich kritisch mit diesen Bewegungen beschäftigt hat, erörtert die Motive, aus denen heraus sie entstanden, und gelangt zu dem negativen Urteil, daß alle diese Gruppen sich dem individuellen Erfahrungsprozeß und der Suche nach dem individuellen Heil in Gestalt von «Authentizität» und nicht dem politischen Engagement und dem Wohl der gesamten Gesellschaft verschrieben hatten.[138] Solche Experimente mit alternativen Lebensformen sind meist nicht langlebig – darin unterscheiden sich die heutigen nicht von denen des 19. Jahrhunderts. Nur wenige der in den sechziger Jahren in Amerika gegründeten Kommunen existieren noch. Dies rührt teilweise daher, daß es schwierig ist, «gegen den Strom zu schwimmen», d. h. Werte aufrechtzuerhalten, die nicht von weiten Teilen der Gesellschaft getragen werden. Zum Teil geht das Scheitern dieser Experimente aber auch darauf zurück, daß sie Lebensformen anstrebten, die auf ein falsches Verständnis der menschlichen Natur gegründet waren: etwa, wie bei den Shakern, auf die Ablehnung der Sexualität, auf die Ablehnung der Aggression oder auf den Gehorsam einer einzelnen, dominanten Person gegenüber. Ihr Mißerfolg ist nicht allein durch ihre Konzentration auf den individuellen Bereich zu erklären, zumal wir bis heute keine gültigen Anhaltspunkte dafür besitzen, daß die Ausrichtung auf persönliche Erfahrungsprozesse und das individuelle Heil *per se* untaugliche Ansätze wären. Weit wahrscheinlicher ist es, daß die Art und Weise, wie dieses Heil bisher definiert wurde, den menschlichen Bedürfnissen und Wünschen nicht entspricht, weil diese Sexualität, Aggression und aktive Teilnahme am öffentlichen Leben einschließen.

Wir müssen den Wert der Macht neu bestimmen, eine genaue Analyse dessen leisten, was es im Rahmen der gegenwärtigen Spielregeln zu gewinnen gibt, und auch andere, bislang geringgeschätzte Qualitäten neu bewerten. Nur eine tiefgreifende Revolutionierung unserer moralischen Wertordnung vermag die Grundlage für eine wirkliche Veränderung unserer Institutionen und Verhaltensweisen zu bilden. Viele Wissenschaftler und Philosophen haben dies versucht, aber sie sind alle am gleichen Hindernis steckengeblieben: Will man die Implikationen der Erhebung der Macht zum höchsten Wert wirklich erkennen und realistisch betrachten, so muß man das herkömmliche Verhältnis zwischen den Geschlechtern einer genauen Prüfung unterziehen, das traditionelle Verständnis von Weiblichkeit und die Assoziation der Frau mit der Natur neu analysieren, und der Tatsache ins Gesicht sehen, daß die Existenz des Patriarchats in dem Bestreben der Männer gründet, die ‹natürliche› Position der Frauen zu usurpieren. Dazu sind männliche Denker bislang nicht fähig oder nicht bereit gewesen.

Frauen sind das einzige Thema, über das sich alle Männer, unabhängig von Schichtzugehörigkeit, Hautfarbe und anderen spezifischen Kategorisierungsmerkmalen, potentiell einig sind. Sie mögen sich verschiedener Sprachen bedienen, um sich dazu zu äußern, und ihre Haltung mag sich graduell unterscheiden, aber fast alle Männer glauben an die untergeordnete Stellung der Frau, sie wollen und brauchen sie. Ebenso gibt es zwei Gesprächsthemen, die männlich zusammengesetzte Gruppen beschäftigen und zusammenschweißen: Konkurrenzorientierte Streitgespräche und abfällige Plaudereien über Frauen. Frauen herabzusetzen, zu Objekten zu machen oder feindselig abzulehnen, ist eine der beiden einzigen Grundlagen für den Zusammenhalt unter Männern. Die abfällige Haltung gegenüber Frauen erfüllt demnach zwei wichtige Funktionen für die Aufrechterhaltung des Patriarchats: Sie ist zum einen so allgegenwärtig und eingefleischt, daß sie so selbstverständlich wird wie das Wetter, weshalb Männer beim Versuch, die Strukturen des menschlichen Lebens zu erkennen, die Minderwertigkeit der Frau gar nicht in Frage stellen können. Zum anderen sitzt dieses Verhalten trotz seiner Irrationalität und Absurdität in den Männern so tief, daß sie gar nicht zu erkennen vermögen, wie absurd es ist, die Frauen und nicht die von Männern geschaffenen Strukturen selbst für ihre Leiden verantwortlich zu machen. Das Elend der Männer wird den Frauen seit Jahrtausenden in die Schuhe geschoben – spätestens seit der Erfindung der Geschichte von Eva und dem Apfel.

Diese Schuldzuweisung kann scheinbar fundiert oder auch schlicht lächerlich sein. Die Einstellung der Griechen und Römer, die die Frauen in Zeiten, als diese weder gesetzliche Rechte noch ein Mitspracherecht in der nationalen Politik besaßen, für kriegerische Niederlagen oder das dekadente Wohlleben ihrer Gesellschaft verantwortlich machten, hat auch heute noch ihr Pendant. Ein wichtiges, ja geradezu klassisches Werk über geschlechtsspezifische Merkmale erschien während der Weltwirtschaftskrise, einer Zeit, die «die mit Abstand tiefste Krise der traditionellen institutionellen Grundlage der Rolle des Mannes ... als dem Ernährer der Familie» darstellte.[139] Dieses Werk, *Sex and Personality*, gab die Grundlage für das MSRI-Paradigma (Male Sex Role Identity) ab, das seither für psychologische Tests verwendet wird.[140] Dieses MSRI-Paradigma entwickelte sich aus der Psychoanalyse, obgleich weder Freud noch seine Schüler solche geschlechtsspezifischen Merkmale festgelegt hatten. Die Freudsche Psychologie schuf jedoch den Rahmen für den besessenen Drang amerikanischer Psychologen, eine genaue Definition der Männlichkeit zu erarbeiten: «Was Freud ausgelassen hatte, ergänzten sie, und mehr als das: tatsächlich erhoben sie ihr Anliegen – die Aufrechterhaltung der Männlichkeit – zum Hauptaspekt Freudianischen Denkens, als dieses in Amerika langsam Aufnahme und Verbreitung fand», schreibt Joseph Pleck. Der Mann war von Natur aus aggressiv und energisch und behielt stets die Kontrolle über die Lage. Diese Normen wurden nach Beendigung des Zweiten Weltkriegs noch einmal besonders heftig wiederbelebt, als die Männer, «durch den Krieg in ihrer Rolle bestätigt, nach Hause zurückkehrten, um die Frauen ökonomisch und psychisch autark vorzufinden»[141]. Zur gleichen Zeit entstand der «Weiblichkeitswahn» als Gegenstück zum MSRI, und die «kastrierenden» Mütter und Ehefrauen wurden zur Zielscheibe der allgemeinen Vorwürfe. Diese Beschuldigungen hatten tiefgreifende Auswirkungen, weil viele Frauen an sie glaubten und ihr Verhalten entsprechend zu verändern suchten, woraus sehr viel persönliches Unglück erwuchs.

Aber dies sind noch eher die leichteren Fälle. So schob beispielsweise ein Mitglied des Kabinetts Nixon die Energiekrise den Frauen mit ihren vielen Haushaltsgeräten in die Schuhe, und Ronald Reagan machte erst kürzlich die arbeitenden Frauen für die hohe Arbeitslosigkeit verantwortlich. Groteske Ausmaße nimmt die Beschuldigung der Frauen jedoch vor allem dann an, wenn brutale Mörder sich ihre Opfer allein auf Grund der Tatsache auswählen, daß sie Frauen sind, wie im Falle eines Mannes, der eine ihm völlig fremde junge Frau zwang, in den Kofferraum ihres Wagens zu kriechen, sie entführte und später erschoß. Er gestand die Tat und beschwor das Gericht, ihn zum Tode zu verurteilen. Er kündigte an, daß er sonst vielleicht erneut eine solche Tat begehen würde und erklärte warum: «Frauen reizen mich nun einmal.»[142]

Es kommt vor, daß Frauen die Macht haben, Männer zu vernichten, aber diese Macht wird ihnen stets von den Männern selbst übertragen. Stanley Brandes beobachtete die Männer der kleinen andalusischen Stadt San Blas.[143] Es handelt sich um eine recht typische spanische Kleinstadt. Die Männer haben eine ebenso typische Machomentalität, auch wenn sie sie nicht so bezeichnen, ja überhaupt keine Bezeichnung dafür kennen. Sie besitzen weit mehr Freiheit als die Frauen, können sich einzeln oder in Gruppen frei bewegen, in Bars herumlungern, zu jeder Tages- und Nachtzeit auf den öffentlichen Plätzen herumsitzen. Frauen hingegen setzen sich strengem Tadel aus, wenn sie sich allein auf der Straße zeigen: Sie dürfen sich nur in Begleitung eines männlichen Verwandten oder einer anderen Frau draußen bewegen und lediglich den Markt oder die Kirche aufsuchen. In den letzten zehn Jahren haben auch Frauen begonnen, Bars zu besuchen, aber sie bedürfen dazu, wenn sie den unteren Schichten entstammen, der Begleitung ihres Mannes, und wenn sie der Oberschicht angehören, der von Verwandten oder Freunden. Von Männern wird nicht erwartet, daß sie viel Zeit zu Hause zubringen. Es heißt: «Das Haus ist zum Essen und Schlafen da, ansonsten gehört ein Mann nach draußen zu seinen Freunden.»[144]

Mädchen haben bestimmte Pflichten, Jungen nicht. Für Mädchen gelten strikte Ausgangsregelungen, und ihr Verhalten wird stark eingeschränkt: Sie werden dazu erzogen, keine spontanen Gefühlsregungen zuzulassen. Wenn sie sich nicht an diese Vorschriften halten, droht ihnen, daß sie keinen Mann finden und schließlich geächtet werden. Jungen sind äußerlich und innerlich freier. Sie dürfen aktiv Gespräche initiieren, Mädchen nicht.

Brandes stellt fest, daß die Frauen sich diesen Zwängen im großen und ganzen fügen. Sie arbeiten unermütlich im Haus, sind ihren Männern so gut wie nie untreu und opfern sich für die Familie auf. Nichtsdestoweniger fühlen sich die Männer von ihnen ernstlich bedroht, und es existiert ein Mythos, der die völlige Umkehrung der tatsächlichen Situation beinhaltet. «Die Frauen werden als gefährlich und potent dargestellt, während die Männer unter den Folgen weiblicher Launen und Leidenschaften zu leiden haben.» Die Männergespräche strotzen von bildhaften Ausdrücken für Frauen, berichtet Brandes. Die Frauen erscheinen in ihnen als Geschöpfe des Teufels, die Männer als von Natur aus tugendhaft und Gott nahestehend. Die Männer behaupten, Frauen kleideten sich wie Schlangen und trügen die Schuld an der Aufrechterhaltung des Klassensystems von San Blas, da sie elitär und snobistisch seien. Männer werden mit Gott und mit Schafen assoziiert, Frauen mit dem Teufel und mit Ziegen.[145]

Die Männer von San Blas behaupten, große Angst vor der weiblichen Sexualität zu haben, die ihnen, wie sie sagen, ihre Männlichkeit raube und ‹Weiber› aus ihnen mache. Die unersättliche Begierde der Frauen treibt die Männer verfrüht in den Tod oder veranlaßt sie, Ehebruch zu begehen und dadurch anderen Männern Hörner aufzusetzen. Die Männer glauben, die Frauen wünschten ihnen den Tod und bräuchten sie nur, um zeitweilig gesichert zu sein, oder damit ihre Kinder ehelich geboren werden. Sie meinen, Frauen seien glücklicher, wenn sie erst einmal verwitwet sind, und verkünden: «Alle Frauen sind Huren! *Todas!*» In bezug auf die Genitalorgane und den After finden sich bei ihnen die gleichen Ansichten wie auch in anderen Gegenden der Welt. Sie glauben, der Penis (*polla*) und die Hoden (*cojones, huevos*) seien der Sitz ihrer Triebkraft und ihre Eroberungswerkzeuge, und gehen davon aus, daß selbst Gedanken und Ansichten aus diesen Organen hervorgehen. Die anale Penetration ist eine so schlimme Drohung, daß man sie nicht leichtfertig gegen einen anderen Mann ausspricht. Die Männer benützen noch nicht einmal Zäpfchen.[146]

Die Männer von San Blas beklagen sich darüber, daß sie so fest an eine Frau und an ihre familiären Verpflichtungen gekettet sind. Es ist vielleicht eine verständliche Projektion, daß sie glauben, die Frauen verzehrten sich ständig nach ihnen, auch wenn nach Brandes nicht viel davon zu bemerken ist. Die Frauen passen sich den allgemeinen Sitten an und arbeiten schwerer als die Männer.

Dennoch geben die Frauen tatsächlich zu, daß sie glücklicher sind, wenn ihre Männer tot sind. Denn schließlich geben jene einen großen Teil des Familieneinkommens dafür aus, Freunde in den Bars freizuhalten, und es steht zu vermuten, daß in einer solchen Umgebung die Mißhandlung von Ehefrauen nicht selten vorkommt. Die Frauen besitzen nämlich nach Brandes tatsächlich in einem wichtigen Punkt Macht: Sie können Ehebruch begehen. Es spielt keine Rolle, daß sie es faktisch nicht tun, und die Männer denken auch nicht darüber nach, welche Folgen dieser Akt für die Frauen selbst hätte. Sie wissen nur, daß die Frauen die Macht haben, etwas zu tun, was die Männer ihnen verboten haben, und auf diese Weise mit einem Schlag die Würde ihres Mannes, die Heiratschancen ihrer Töchter und die Familienehre ruinieren können.[147]

In diesem Beispiel geben die Männer ihren Frauen die Schuld an ihren eigenen Zwängen, ihrer Angst und ihrem Mißtrauen, obwohl es in Wirklichkeit das Moralsystem selbst ist, das beide Geschlechter einengt. Die Frauen erhalten nicht nur die Schuld, sondern auch die Strafe für Verhältnisse, die außerhalb ihres Einflusses liegen. Das moralisch-gesellschaftliche Arrangement von San Blas ist keine Ausnahme: Es findet sich auch in fortgeschritteneren Kulturen wieder. So lief vor ein paar Jahren in Brasilien eine feministisch angehauchte Sendereihe im Fernsehen an. Die Sendungen erreichten hauptsächlich die Menschen in den Städten, nicht aber die Bewohner der Dörfer und Urwaldsiedlungen, wo es kein Fernsehen gibt. Die brasilianischen Frauen besitzen kaum Bürgerrechte und leben in einer langen Tradition der Unterwürfigkeit. Wenn auch einige Frauen erwerbstätig sind, so ist doch das Gros der Frauen von Männern abhängig. Es ist immer noch skandalös, wenn eine Frau aus der Mittelschicht eine Arbeit annimmt, und das Geschworenenamt dürfen Frauen erst seit kurzem versehen. Dem gesellschaftlichen Bild zufolge hat die Frau im Haus zu bleiben, sanft, zerbrechlich, verträumt und freundlich zu sein, vor allem aber auf den leisesten Wink ihres Mannes zu springen.

Dennoch löste die Frauensendung, die Tausende von Frauen sahen, von Anfang an enorme Fluten von Post zu einem einzigen Thema aus: der Gewalt gegen Frauen. Das Programm umfaßt unter anderem eine von einem Anwalt geleitete Rechtsberatungsreihe für Frauen. Dieser Anwalt erhält täglich 125 Briefe, von denen 90 Klagen über Mißhandlungen enthalten.[148] Trotz der Tatsache, daß die Frauen in diesem katholischen Land ökonomisch und politisch faktisch machtlos sind, trotz einer starken Tradition männlicher Herrschaft und weiblicher Unterwürfigkeit geben die Männer den Frauen die Schuld für alles, worunter sie leiden, und bestrafen sie entsprechend.

Diese Strategie kann, ganz abgesehen von dem Leiden der Frauen unter dem physischen Schmerz, der Demütigung und der Freiheitsbeschränkung, die Probleme der Männer nicht lösen. Sie ist noch nicht einmal ein befriedigendes Ventil für das Leid und die Empörung der Männer, weil sie zwangsläufig die Achtung und die Liebe der Frau gegenüber ihrem Mann zerrüttet, und weil dieser jedesmal die Spuren seiner Schläge sieht, wenn er sie anschaut. Jegliche Befriedigung, die er aus der Beherrschung dieses entrechteten Geschöpfes ziehen mag, wird dadurch brüchig, daß er um ihre Ohnmacht und damit um die Unbegründetheit seines Verhaltens weiß. Aber für Männer scheint es sogar noch undenkbarer zu sein als für Frauen, ihre Aggressionen dorthin zu richten, wo sie herkommen: nach oben.

Vielleicht haben ja die Freudianer recht, und die Gestalt des Vaters wird durch psychische Prozesse in der Kindheit unangreifbar und unfehlbar gemacht. Vielleicht ist es aber auch die jahrhundertelange Propaganda, die diese Gestalt sakrosankt hat werden lassen. Unsere Mythen können uns einige Wahrheiten enthüllen. So setzt der hebräische Schöpfungsmythos den Beginn der Zivilisation mit dem Herausfallen des Menschen aus der Harmonie mit der Natur an. Die nordischen Mythen besagen, der Prozeß der Zivilisation habe mit der Usurpation der Macht durch die Asen – kriegerische Gottheiten, unter denen die männlichen Götter dominierten – begonnen, und das Ende der Zivilisation und der Welt werde in Form eines furchtbaren Krieges stattfinden, in dem die Asen ebenso wie alles andere untergehen. Damit sich diese Prophezeiung nicht erfüllt, müssen wir von unserem Glauben, Gott sei gleich Macht und die Macht sei unser Gott, Abschied nehmen. Es ist eine fatale Ironie, daß eine Religion der Macht zugleich eine Religion der Angst ist und daß diejenigen, die die Macht am meisten vergöttern, zugleich die am schlimmsten von der Angst gepeinigten Geschöpfe auf dieser Erde sind.

V

Unser gegenwärtiger Standort

Zum erstenmal in ihrer Geschichte sieht die Menschheit tatsächlich einer *Gorgo* ins Auge. Dieses Monster hat keine weiblichen Züge und auch kein Schlangenhaupt, sondern die Form eines Phallus, und seine Botschaft heißt *Macht*. Gott, der Zerstörer, ist lebendig und wohlauf; er residiert in über die ganze Erde verstreuten unterirdischen Silos. Diesmal können die Menschen jedoch nicht die Augen davor verschließen, daß destruktive Macht nicht nur andere, sondern auch ihre Träger selbst vernichtet. Gegolten hat diese Wahrheit schon immer: Die Zerstörung von Leben trifft uns – wie John Dowie vor langer Zeit erklärt hat – alle, da wir ein Teil der Menschheit sind und keine isolierten Monaden. Aber unsere mächtige Phantasie, die nicht nur Götter, sondern auch Teufel erschafft, läßt uns leicht vergessen, daß jene Menschen dort auf der anderen Seite, auch wenn wir sie bombardieren, nicht ‹schlechter› und nicht ‹besser› sind als wir, sondern unsresgleichen, und daß wir, wenn wir sie umbringen, um die Welt von einer verhaßten Eigenschaft zu befreien, gleichzeitig das Todesurteil über uns selbst und unsere menschlichen Fähigkeiten sprechen.

Der vom patriarchalischen Denken produzierte Selbsthaß ist nicht nur schlimm, sondern gefährlich, und falls die Atomkatastrophe unsere Erde vernichtet, so wird weder Gerechtigkeit noch Selbstschutz noch Ruhm und nicht einmal Macht die Triebfeder dieser Zerstörung sein, sondern abgrundtiefer Selbsthaß, ein gequältes letztes Aufbäumen dagegen, daß das menschliche Leben sich nicht transzendieren läßt. Also muß es ausradiert werden. Die Philosophie, an der wir *nolens volens* und ohne sie recht zu verstehen, unser Leben ausrichten, schreit nach einem weltweiten Jonestown.*

* M. F. nimmt hier auf den Massenselbstmord der «Volkstempel»-Sekte 1978 in Jonestown/Guayana Bezug (Anm. d. Ü.).

Dennoch kann vielleicht – aber auch nur vielleicht – gerade diese Gefahr uns dazu veranlassen, einen Augenblick innezuhalten und darüber nachzudenken, was wir tun. Vielleicht kann uns gerade diese furchtbare Macht, die wir in Händen zu halten gelernt haben, motivieren, Einkehr zu halten und uns über ihren Preis und die Grenzen unserer Herrschaft klarzuwerden. Wenn wir beides früher getan hätten, hätten wir die Macht niemals zu unserem Fetisch erhoben, sondern sie vielmehr freudig genutzt, um unser Leben lebenswerter zu machen. Allerdings hätten wir in diesem Fall halbwegs klare Vorstellungen davon haben müssen, worin eine wirkliche Verbesserung unserer Lebensqualität bestünde. Ausgehend von der patriarchalischen Prämisse, daß erstrebenswert ist, was beweist oder zumindest den Schein erzeugt, daß die Menschen sich von der Natur unterscheiden und abheben, haben wir uns Unmögliches auf die Fahnen geschrieben und uns somit Ziele gesetzt, die wir niemals erreichen werden.

Unsere gegenwärtigen Perspektiven sind nicht gerade beruhigend. Überall auf der Welt nimmt die Grausamkeit zu, wächst der Haß, erzeugt Verzweiflung die Bereitschaft, um des Tötens willen selbst zu sterben. Die Maschinerie steht bereit, uns das erlösende Ende zu bringen und damit eine Spezies auszulöschen, die zu ewiger Unrast verurteilt war, da sie nicht sein konnte, was sie zu sein anstrebte, und nicht in der Lage war, sich andere Daseinsformen vorzustellen: hier Himmel, die absolute Transzendenz, da Hölle, die Unentrinnbarkeit des Stofflichen. Dennoch gibt es Menschen unter uns, die andere Ziele verfolgen und sich dabei zumindest partiell an anderen Werten orientieren. Doch wie wir bereits gesehen haben, garantieren gute Absichten, Intelligenz und Engagement allein noch nicht, daß man sein Ziel erreicht, und falls man es erreicht, ist noch lange nicht gesagt, daß es tatsächlich das hält, was man sich davon versprochen hat. Was uns in erster Linie nottut, ist Klarheit in bezug auf das, was wir bisher getan haben, was wir gegenwärtig tun und was wir wollen.

Augenblicklich steht das ‹männliche› Prinzip in der westlichen Welt, zunehmend auch in Afrika und weiten Teilen des Orients in voller Blüte. Probleme werden auf der Basis seiner Prämissen analysiert und Lösungen nach Maßgabe seiner Wertordnung entworfen. Die westliche Welt hat sich während der letzten 500 Jahre stets in die gleiche Richtung entwickelt: hin zu stärkerer Zentralisierung der Macht (mit der unvermeidlichen Begleiterscheinung der immer ausschließlicheren Orientierung am äußeren Schein), hin zu umfassender Institutionalisierung (und der zwangsläufigen Entstehung immer neuer Formen von Illegitimität) und hin zu immer ausgeprägteren Formen des Instrumentaldenkens (und damit zwangsläufig steigender Mißachtung qualitativer und emotionaler Faktoren).

In meinen Augen lassen sich all diese Trends zu einem einzigen zusammenfassen: Wir nähern uns dem Totalitarismus.

1. Totalitarismus und Patriarchat

Es gibt keine für die gesamte Politikwissenschaft verbindliche einheitliche Definition des Totalitarismus. Die meisten Definitionsversuche orientieren sich an formalen Kriterien, an bestimmten Strukturen, die eine Gesellschaft im Unterschied zu autoritären oder demokratischen Gemeinwesen als totalitär ausweisen, oder an charakteristischen Elementen, die unter den drei genannten Gesellschaftstypen nur totalitäre Systeme aufweisen. Dies ist jedoch ein sehr problematischer Ansatz: Wie Benjamin Barber zeigt, sind unter den von den meisten zeitgenössischen Wissenschaftlern als typisch für den Totalitarismus definierten Elementen nur einige wenige, die sich nicht auch in «sämtlichen modernen hochentwickelten politischen Systemen» finden lassen.[1] Nicht als totalitär klassifizierte Staatswesen weisen die gleichen oder ähnliche Strukturen auf wie erklärtermaßen totalitäre Gesellschaften, und verschiedene «Inhalte» – etwa Faschismus und Sozialismus – können verblüffend ähnliche Erscheinungsformen ausprägen. So kann eine Gesellschaft mit einem Zweiparteiensystem über ebenso umfassende Möglichkeiten verfügen wie jedes Einparteiensystem, um abweichende Meinungen im Keim zu ersticken und jede wirkliche Opposition auszuschalten. Es ist, mit anderen Worten, durchaus möglich, daß ein Zwei- oder Mehrparteiensystem nur vordergründig politische Auseinandersetzung zuläßt, wobei die Parteien lediglich über Oberflächenthemen debattieren und nicht an die tiefer liegenden Probleme rühren, die unbehandelt weiter gären, weil es für sie keine Worte, Termini und Schemata gibt. Man kann ein Volk durch Terror zum Schweigen bringen – aber auch, indem man es einlullt.

Die gebräuchlichste Definition des Totalitarismus stammt wohl von C. J. Friedrichs, der folgende Charakteristika nennt: erstens eine totalitäre Ideologie; zweitens lediglich eine einzige, dieser Ideologie verschriebene und gewöhnlich von einem Diktator geführte Partei; drittens eine allgegenwärtige Geheimpolizei; viertens das Machtmonopol über sämtliche Massenmedien, Einsatzwaffen und Organisationen einschließlich der ökonomischen.[2] Andere Wissenschaftler heben besonders die Aufhebung der Trennung zwischen öffentlicher Sphäre und Privatbereich, d. h. die institutionalisierte Kontrolle über Ehe und Familie hervor.[3]

Hannah Arendt, die mit die erste und wohl die profundeste Definition des Totalitarismus geleistet hat, unterscheidet ihn qualitativ von allen anderen Staatsformen, und zwar nicht nur in bezug auf seine Erscheinungsformen, sondern auch in bezug auf ideologische Aspekte.[4] Karl Popper hingegen hält ihn schlicht für den Auswuchs einer Tradition, die so alt ist wie unsere Zivilisation selbst.[5] Auch Friedrich und Z. K. Brzezinski sehen in totalitären Gesellschaften nur die konsequente Übersteigerung «des technologischen Entwicklungsstandes der modernen Gesellschaft»[6]. Obwohl Hannah Arendt die Einzigartigkeit des Totalitarismus hervorhebt, sieht sie ihn in bestimmten traditionellen Entwicklungslinien, insbesondere denen des Antisemitismus und des Imperialismus, verwurzelt. All diese Theoretiker sehen im Totalitarismus zwar eine besondere, neue Qualität, heben aber einmütig seine Verwandtschaft mit anderen Gesellschaftssystemen hervor.

Um eine Abgrenzung totalitärer von autoritären Systemen bemühte sich vor kurzem Jeane Kirkpatrick,[7] wobei sie Unterschiede zwischen diesen beiden Herrschaftsformen etablierte, die groß genug sind, um die Anerkennung letzterer und die Verdammung ersterer seitens der USA zu rechtfertigen. Jeane Kirkpatrick behauptet, «revolutionäre Autokratien» seien repressiver als traditionelle. In gewisser Weise stimmt das, obgleich die Unterschiede eher gradueller denn qualitativer Natur sind. «Traditionelle Autokratien» zeichnen sich vom Zeitpunkt ihrer Gründung an durch die Anwendung repressiver Gewalt, die Ausschaltung jeder Opposition und die sorgfältige Gleichschaltung von Institutionen wie Presse, Kirche und Schulwesen aus.

Autoritäre Regime gewähren im allgemeinen ebensowenig Redefreiheit (oder Pressefreiheit) wie totalitäre. Auch sie mischen sich in die Privatsphäre ein (selbst wenn sie diese Form der Kontrolle oft den religiösen Institutionen überlassen). Sie kontrollieren die Medien, das Waffenarsenal und die meisten Organisationen, und sie verfügen ausnahmslos über eine gut funktionierende Geheimpolizei. Sie nehmen willkürlich und ohne daß die Öffentlichkeit davon erfährt, Verhaftungen vor, verhängen Haftstrafen ohne ordentliches Gerichtsverfahren und tendieren eher als die gefestigten sozialistischen Regime dazu, als Dissidenten verdächtige Personen umzubringen. In keiner der beiden Gesellschaftsformen haben die Menschen ein Mitspracherecht. In keiner gibt es politische Diskussionen. Beide überwachen die Bevölkerung, greifen in die meisten Lebensbereiche ein und bedienen sich des Terrors als Druckmittel.

Der Hauptunterschied zwischen autoritären und totalitären Systemen, den Kirkpatrick übrigens nicht erwähnt, besteht darin, daß letztere die Vision eines neuen Menschheitsbildes vor Augen haben und daher die Existenz nicht direkt ihrer Kontrolle unterstehender Institutionen nicht tolerieren können. Autoritäre Regime hingegen gewähren tendenziell systemtragenden Institutionen wie etwa der katholischen Kirche und kapitalistischen Unternehmen Spielraum. «Traditionelle Autokratien» können zulassen, daß Menschen aus ihrem Einzugsbereich abwandern. Es sind doch hauptsächlich die intellektuellen Dissidenten und die Armen, die gehen wollen. Erstere finden kein Asyl, das ihnen wirkungsvolle politische Arbeit ermöglicht, und letztere sind überall unwillkommen und werden nirgendwo Mitspracherecht erhalten.

Autoritäre Regime sind zynisch, kennen kein anderes Ziel als Macht und sind davon überzeugt, daß alle Menschen bestechlich sind; totalitäre Regime sind idealistisch und darum bemüht, ihre Machtvergötzung in Form der Herrschaft einer ausschließlich eigennützigen Elite zu transzendieren. Es ist wohl eine besondere Ironie der Geschichte, daß gerade totalitäre Regime mit ihrer Verpflichtung auf hehre Ideale faktisch in einem Maß Unterdrückung, Machtdienerei und Eliteherrschaft praktizieren, wie es in der Geschichte ohnegleichen ist.

Dabei sind diese Folgen im totalitären Denken zwingend angelegt. Totalitäre Revolutionen streben danach, die Menschheit nach einem neuen Bild zu formen. Sie bewegen sich in den gleichen Bahnen wie autoritäre Regime und gehen auf diesem Weg lediglich weiter als jene. Dies ist nur deshalb möglich, weil sich bei ihnen idealistische Ziele mit einem hohen Standard der Technisierung und Industrialisierung verbinden. Zusammenfassend läßt sich sagen: Totalitarismus und Autoritarismus wurzeln in den gleichen Idealen, von denen alle westlichen Ordnungen geprägt sind – den Idealen des Patriarchats.

Die industrielle Revolution hat die Art und Weise der Herrschaftsausübung gründlich verändert. Sie ermöglichte einen Grad der Kontrolle über Natur und Mensch, den man sich vorher nicht hätte träumen lassen. Ihre Herrschaft über die Menschen setzte zum einen bei den Massen, zum anderen bei den Individuen an. So bewirkte sie die Proletarisierung von Millionen Menschen: Verelendung als Massenerscheinung war in der vorindustriellen Welt praktisch unbekannt gewesen, nun trieb sie die Mehrheit der europäischen Bevölkerung in die Abhängigkeit von Kapitalisten und zwang die kleinen Leute in ein Dasein absoluter Knechtschaft.[8] Die mit der industriellen Revolution eingeführten Produktionsweisen entfremdeten die Menschen ihrer eigenen Arbeit. Sie brachten die Spezialisierung mit sich, die, wie Theodore Lowi aufgezeigt hat, bis dahin relativ autarke und unabhängige Familien sowohl von einem Arbeitgeber als auch von einer Fülle von Aufwendungen zur Deckung ihres täglichen Bedarfs abhängig machten.[9]

Die industrielle Revolution entfremdete die Menschen einander, insbesondere die Familienangehörigen, entwurzelte die Landbevölkerung und verlagerte den Arbeitsplatz aus dem Heim heraus. Da der Mann die Frau zum Sündenbock seiner schwindenden Autonomie machte, vertiefte sich die Kluft zwischen den Geschlechtern; da Arbeit und Interesse ihn von seinen Kindern wegführte, die nicht mehr von frühesten Jahren an als Gehilfen in der Werkstatt oder auf dem Hof arbeiteten, sondern zeit ihrer Jugend nur von der Arbeit des Vaters zehrten, wuchs die Entfremdung zwischen Vätern und Kindern. Die Auswirkungen dieser Umwälzung trafen alle Menschen; Männer, Frauen und Kinder: Die industrielle Revolution atomisierte die Gemeinschaft und läutete die Todesglocke für das alte matrizentrische Normengefüge aus Kooperation, Gemeinschaftlichkeit und dem Primat der Blutbande. An seine Stelle setzte sie ein allumfassendes Gefühl der Isolation und Ohnmacht, jene für den Totalitarismus typische Einsamkeit in der Masse, von der Hannah Arendt spricht.[10]

Der zweite wichtige Hebel, der am Individuum ansetzte, war die Begründung einer neuen Wertordnung, die auf die Situation der entwurzelten, bindungslosen und machtorientierten Männer zugeschnitten war. Es ist schwer, dieses neue Ideal zu beschreiben, ohne Biographien aneinanderzureihen, da es auf subtilste Weise nahezu unsere gesamte Kultur durchdringt. Vor allem zeichnet es sich durch ein verselbständigtes Machtstreben, durch grenzenlosen Ehrgeiz und durch ständiges Jagdfieber als Ersatz für Emotionen aus. Es symbolisiert die mit dem Glanz und Glamour des ‹Modernen› umgebene Verherrlichung des Mannes, der die moderne Technik fest im Griff hat und dank seiner mangelnden emotionalen Bedürfnisse unverletzlich ist, es symbolisiert die Apotheose der Macht in ihren vielfältigen Erscheinungsformen als nicht allein höchstem, sondern einzigem Gott.

Aus Widerwillen gegen diese Wertordnung und aus moralischem Abscheu vor einem exzessiven Materialismus, der – wie die Gewichte, unter denen einst die Ketzer zu Tode zermalmt wurden – alles unter einer massenhaften, lebensbedrohlichen Armut begräbt, schufen die Menschen eine neue moralisch-ökonomische Organisationsform, in der soziale Gerechtigkeit und Gleichberechtigung Platz haben sollten: den Sozialismus. Doch die Männer, die es schafften, in einer dem Machtprinzip verschriebenen Welt nach oben zu gelangen, machten sich selbst von diesem Prinzip abhängig: So kam es, daß die Realität des Sozialismus heute kein Traum, sondern ein Alptraum ist.

Sämtliche Regime, die wir heute als totalitär bezeichnen würden, haben einmal gewaltige Ideale bezüglich der Möglichkeiten der Menschheit vertreten, deren Inhalt variiert: von der Züchtung einer alles beherrschenden Herrenrasse über die Schaffung einer Gesellschaft auf der Basis absoluter Gerechtigkeit und Gleichheit bis hin zur Errichtung eines Staatswesens in Form der buchstabengetreuen Umsetzung der Worte des Propheten. Da die Ideale stets erhaben sind oder zumindest so klingen, sprechen sie vor allem die Idealisten an und rühren zumindest zeitweilig an unsere größten Hoffnungen.

Demokratische und autoritäre Gesellschaften sind keineswegs frei von Visionen dieser Art, aber sie übernehmen die traditionelle Betrachtungsweise, derzufolge der Mensch aggressiv, egoistisch, konkurrenzwütig, habgierig und in ständigem Ringen um die Macht begriffen ist. Da dieser Status quo als unabänderlich gilt, heißt es für alle, die vorwärts kommen wollen, mit dem Strom zu schwimmen: herrschen oder untergehen. Totalitäre Gesellschaften akzeptieren diese Weltsicht nicht, obwohl sie durch ihr Herrschaftssystem auf vielerlei Weise durchscheint. Sie haben den Anspruch, Ideale zu verwirklichen, die dem traditionellen Menschenbild moralisch angeblich überlegen sind. Dies allerdings versuchen sie auf traditionelle Weise: durch Zwang.

Niemals hat es Gesellschaften mit einem vollständig geschlossenen Menschenbild gegeben; das jeweilig herrschende wurde auch nicht allen Mitgliedern aufgezwungen: Es genügte, wenn eine Elite es akzeptierte.

Auf Ideale gegründete Gesellschaften verlangen hingegen, daß alle Bürger ihre Ziele übernehmen, sie begeistert und ohne den Anflug eines Zweifels vertreten. Gerade darin besteht ihr Absolutheitsanspruch. Gesellschaften dieser Art fühlen sich durch abweichende Betrachtungsweisen bedroht, insbesondere dann, wenn sie von ihrer eigenen Sicht der Dinge gar nicht so weit entfernt sind. Das trifft z. B. für das Verhältnis zwischen Katholizismus und Protestantismus oder Sunniten und Schiiten im Islam, zwischen Islam und Christentum – beides aggressive monolithische und missionarische Religionen – und schließlich zwischen dem russischen und dem chinesischen Sozialismus zu. Ganz auf die Verwirklichung ihrer Vision fixiert und deren Korrumpierung durch eine korrupte Welt fürchtend, halten totalitäre Systeme ihre Bürger eingesperrt.

Wenn man einmal darüber nachdenkt, ist dies wirklich ungeheuerlich. Zum erstenmal in der Geschichte werden Staaten mit Mauern abgeriegelt, und zwar nicht, um den Feind draußen, sondern um die eigenen Bürger drinnen zu halten. Mir ist dazu nur eine Parallele in der Geschichte bekannt: das den Frauen immer wieder und in den unterschiedlichsten Ländern per Gesetz auferlegte Verbot, überhaupt oder anders als in Begleitung ihrer Väter oder Ehemänner zu reisen. Es war möglich, die Frauen einzusperren, weil die Gesamtheit der Männer dafür war. Inzwischen hat der technologische Fortschritt die Internierung ganzer Nationen durch einige wenige Menschen ermöglicht.

Man fragt sich, warum totalitäre Gesellschaften überhaupt ein Interesse daran haben, ihre Mitglieder einzusperren. Die Sowjetunion könnte heute alle Juden und Dissidenten, die emigrieren wollen, ausreisen lassen; das gleiche gilt für Khomeini und die Führer anderer totalitärer Regime. Man sollte meinen, daß sich auf diese Weise das Dissidentenproblem lösen ließe. Totalitäre Regime vertreten jedoch Absolutheitsansprüche. Sie betonen zwar, es gehe ihnen darum, ihre Ideale im eigenen Lande zu realisieren, aber in Wirklichkeit wollen sie sie überall durchsetzen. Hitler wollte die Juden nicht nur aus Deutschland oder auch nur aus Europa vertreiben, sondern überhaupt von der Erdoberfläche verschwinden lassen. Die Sozialisten wollen den weltweiten Sozialismus, die Kapitalisten den weltweiten Kapitalismus.

Menschen werden eingesperrt, abweichende Meinungen erstickt und zensiert, Unzufriedenheit vertuscht und heruntergespielt: dies alles, um den Anschein zu erwecken, die Ideale seien tatsächlich verwirklicht. Bröckelnde Stellen in der Fassade, unter denen Unzufriedenheit oder

Dissens hervorschimmern, sind totalitären Regimen ebenso peinlich wie Aufstände, Krawalle und Protestbewegungen den Regierenden in autoritären oder demokratischen Staaten.

Die Regime lügen, um Erfolg vorzutäuschen, und fordern von den Menschen, daß sie ebenfalls lügen. Die Weigerung gilt als Dissidententum oder Hochverrat. Auffälliges Verhalten ist ebenfalls suspekt, da Ausdruckskraft immer etwas Individuelles ist und daher potentiell abweichlerisches Verhalten signalisiert. Sämtliche Institutionen, ausnahmslos fest in staatlicher Hand, werden vollständig durchrationalisiert und von traditionellen Bindungen losgelöst. «Rationalisierung und Loslösung steuern jedoch auf Kollisionskurs, zumal der Staat zunehmend zur wichtigsten rationalisierenden Instanz wird und damit zur obersten Institution, der die *individuelle Emanzipation* abgerungen werden muß.» Am heftigsten ist diese Kollision in totalitären Systemen, die sich selbst als Inbegriff rational ausgeübter Herrschaft betrachten und das Individuum im Namen der Emanzipation knebeln.[11]

Hannah Arendt legt dar, «daß Autorität ungeachtet ihrer Form immer dazu da ist, die Freiheit einzuengen oder zu begrenzen, niemals aber dazu, sie einfach abzuschaffen. Um diese Abschaffung der Freiheit aber, um die Eliminierung der menschlichen Spontaneität überhaupt, geht es der totalen Herrschaft»[12]. Ihrer Ansicht nach sind totalitäre Regime deshalb so schwer zu verstehen, weil es sich bei ihren Methoden «nicht um Rücksichtslosigkeit» handelt, sondern weil «hinter totalitärer Realpolitik» neue Vorstellungen von Realität überhaupt liegen, «der unerschütterliche Glaube an eine ideologisch-fiktive Welt»[13]. Sprache kann die Realität nur bis zu einem gewissen Punkt verändern. Sie kann die Maschinerie hervorbringen, die unsere Lebenswelt verwandelt, und das Beruhigungsmittel, das unsere Stimmung ändert, aber es gelingt ihr nicht, unsere Verflechtung mit der Natur, unsere Emotionen, unsere Körperlichkeit, unsere Bedürfnisse und Hoffnungen abzuschaffen. «Die Ideologien, die ja selbst nicht die Macht hatten, die Wirklichkeit zu verändern, verließen sich … in ihrer Emanzipation des Denkens von Erfahrung und erfahrener Wirklichkeit auf das Verfahren ihrer Beweisführung selbst. Dem, was faktisch geschieht, kommt ideologisches Denken dadurch bei, daß es aus einer als sicher angenommenen Prämisse mit absoluter Folgerichtigkeit … alles Weitere deduziert.»[14]

Mir geht es darum, aufzuzeigen, daß der Totalitarismus tatsächlich, wie Popper meint, die logische Weiterführung einer Tradition ist, die «so alt ist wie unsere Zivilisation» – anders gesagt, wie das Patriarchat – und daß er, wie Friedrich und Brzezinski erklären, nur die Zuspitzung der in sämtlichen modernen technologischen Gesellschaften gegebenen Situation darstellt: daß seine Besonderheit also nur in dem Grad der Entschlossenheit liegt, mit der er seine Visionen mit allen Mitteln verwirklichen will. Angesichts totalitärer Systeme brüsten sich autoritäre und demokratische Staaten selbstgefällig und stolz mit den von ihnen gewährten ‹Freiheiten› und sehen dabei völlig über ihre eigenen Täuschungsmanöver hinweg.

Autoritäre Systeme mögen behaupten, dem Wohl des Volkes dienen zu wollen, aber tatsächlich nützen sie weitgehend den Interessen eines Individuums oder der Klasse der Besitzenden. Dies wird oft dann deutlich, wenn das Regime ins Wanken gerät: So hatte sich der Somoza-Clan ein Vermögen beiseite geschafft, um sich für den Fall abzusichern, daß er sich je absetzen müßte. Somoza ruinierte in voller Absicht die nicaraguanische Wirtschaft, bevor er das Land verließ. Aber auch andere, z. B. König Faruk von Ägypten und der Schah von Persien, brachten sorgsam ihr Schäfchen ins Trockene. Und wir können sicher sein, daß zukünftige autoritäre Herrscher in gleicher Weise vorsorgen werden. Das Phänomen ist nicht neu – Aristoteles bezeichnete es als Tyrannenherrschaft.

Neu ist allerdings der Hang der Herrscher, ihr eigenes Volk dahinzumorden – wie es Idi Amin, die Duvaliers, Pinochet, Pol Pot, Stalin und in geringerem Umfang auch Mao getan haben. Hannah Arendt zeigt auf, daß Hitlers Pläne nicht nur die Ausrottung der Juden, Polen und Ukrainer, 170 Millionen russischer Menschen und der europäischen Intelligenz vor allem in Holland und Elsaß-Lothringen vorsahen, sondern darüber hinaus auch die Vernichtung «all derjeniger Deutschen, die dem geplanten Reichsgesundheitsgesetz nicht genügen oder unter das in Aussicht genommene ‹Gemeinschaftsfremdengesetz› fallen würden»[15]. Sie setzt hinzu: «[Die totalitäre Bewegung ergreift] die Macht genauso wie ein fremder Eroberer, dem auch nicht daran liegt, das eroberte Land um seiner selbst willen zu beherrschen, sondern der es nutzt und ausnutzt für fremde Zwecke ... Die Nazis haben sich in Deutschland wie fremde Eroberer benommen, als sie bewußt und unter Anspannung aller Kräfte versuchten, den verlorenen Krieg in eine absolute Katastrophe für das gesamte deutsche Volk zu verwandeln. In ähnlicher Weise beabsichtigten sie, solange sie siegreich waren, ihre Ausrottungspolitik auch auf die ‹rassisch ungenügenden› Deutschen auszudehnen.»[16] Dennoch sind es nicht nur totalitäre Herrscher, die ihr eigenes Land ‹okkupieren›, sondern auch autoritäre Diktatoren.

Autoritäre Regime gewähren vor allem in zwei Bereichen mehr ‹Freiheit› als totalitäre Systeme: Sie lassen den Kapitalinteressen freies Spiel (weshalb sie für die Vereinigten Staaten tolerabel sind) und sie gestatten die Emigration. Dennoch wahren sie nicht einmal den Anschein, sich für soziale Gerechtigkeit und Gleichheit zu engagieren, was viele totalitäre sozialistische Staaten immerhin tun. Sie kümmern sich in keiner Weise um die Armen, Obdachlosen, Hungernden oder um Menschen, denen ihr Land genommen wurde. Ganz im Gegenteil werden die Armen, wenn sie sich in Kooperativen organisieren, um sich besser gegen die Großkonzerne wehren zu können, oft einfach umgebracht.[17]

Demokratische Gesellschaften unterscheiden sich qualitativ von beiden bisher besprochenen Systemen. Sie räumen einer relativ großen Gruppe politisches Mitspracherecht ein und sind daher im allgemeinen ziemlich stabil. Sie bekennen sich zum Ziel der sozialen Gerechtigkeit und zur Teilhabe aller am Wohlstand der Nation und unternehmen gewisse Anstrengungen, um diese Versprechungen in die Tat umzusetzen. In den meisten demokratischen Staaten, vor allem jedoch in den USA, ist das oberste Ideal rein materieller Natur: wachsender Wohlstand und Komfort für eine relativ große Gruppe, was allerdings mit der nahezu totalen Verarmung der übrigen Bevölkerung einhergeht. Politischer Dissens ist erlaubt, solange er auf einen relativ kleinen Teil der Bevölkerung beschränkt bleibt: Wissenschaftliche Werke marxistischen oder feministischen Inhalts dürfen veröffentlicht werden, kleine Gruppen sich auch dann versammeln, wenn sie auf radikale Veränderungen hinarbeiten, und ein breites Spektrum an Meinungen darf öffentlich verbreitet werden. Der Staat zeigt erst dann die Zähne, wenn eine radikale Gruppe größer wird. So wurden die Black Panthers innerhalb weniger Jahre nach ihrer Gründung nahezu vollständig zerschlagen, die Antikriegsbewegung der sechziger und siebziger Jahre von Staatsbeamten des Landesverrats beschuldigt und Tränengas und Schußwaffen gegen protestierende Studenten eingesetzt. Im Fall der Studentenbewegung vermied es der Staat, seine schärfsten Geschütze gegen die Sprößlinge der Mittelschicht aufzufahren. Ein gewisses Maß an Verantwortlichkeit den Bürgern gegenüber wurde nicht unterschritten.

Dennoch sind demokratische Regime, ebenso wie autoritäre und totalitäre Systeme, der Macht als oberstem Wert verpflichtet. Diese Macht liegt in den Händen einer kleinen Elite von Männern, die, ebenso wie in sozialistischen Staaten, für die breite Bevölkerung nahezu unsichtbar bleiben. Das das Handeln dieser Männer bestimmende Motiv ist aber die Aufrechterhaltung und der Ausbau ihrer persönlichen Macht.

Ohne leugnen zu wollen, daß demokratische Staaten ihren Bürgern größere Handlungsspielräume gewähren als autoritäre oder totalitäre Systeme, darf man doch nicht vergessen, daß diese Autonomie faktisch viel geringer ist, als es zunächst den Anschein hat. Das Recht, sich bei Wahlen zwischen zwei oder mehr Kandidaten zu entscheiden, hat dann nicht mehr die Bedeutung, die es haben könnte, wenn sämtliche großen Parteien von Kapitalinteressen kontrolliert werden. Das Recht auf freies Unternehmertum ist dann nicht viel wert, wenn kleine Betriebe keine Chance haben, mit Großunternehmen zu konkurrieren, die ihnen nicht nur an Größe und Produktionsmitteln überlegen sind, sondern darüber hinaus auf eine Weise mit dem Staat verflochten sind, die ihnen günstige Gesetze, Kredite und Subventionen beschert. Das Recht, unter einer Vielzahl von Zeitungen, Zeitschriften und Fernsehprogrammen zu wählen, verliert an Gewicht, wenn diese in den meisten Fragen fast ausnahmslos klare Stellungnahmen vermeiden und wie in einer Schlachtreihe ein paar Fußbreit rechts oder links der Mitte stehen, die in unserer Kultur gleichbedeutend mit Patriarchat, Kapitalismus und Herrschaft ist.

Tatsächlich sind «rechts» und «links» in den USA verschwommene Begriffe. Konservative wie liberale Regierungen praktizieren eine Politik, die zum Teil in Widerspruch zu ihren weltanschaulichen Grundprinzipien steht. So bekannte sich etwa die konservative Reagan-Regierung verbal zu einem Abbau des Zentralismus auf Bundesebene und der Stärkung der Rechte der Bundesstaaten, was sie nicht daran hinderte, in drei wichtigen Punkten zugunsten des Bundes zu entscheiden: in bezug auf die Rechte der Bundesstaaten, einschränkende Gesetze gegenüber Banken und Kreditinstituten zu erlassen, Normen für den Bau von Kernkraftwerken festzulegen und Firmenübernahmen durch Konzerne zu kontrollieren. In allen drei Fragen stellten die Konservativen die Interessen des Großkapitals über ihre eigenen erklärten Ziele.[18] Der Präsident forderte ferner eine radikale Erweiterung seiner Verfügungsgewalt über den Bundeshaushalt sowie die Ausdehnung der Aktivitäten des CIA innerhalb der USA bei verminderter Kontrollbefugnis des Kongresses, beides Maßnahmen, die die Zentralisierung der Macht noch verstärken.[19] Liberale Kräfte, die die Rechte bestimmter Individuen, etwa der Angehörigen von Minderheiten oder der Frauen, besser geschützt sehen wollen, fordern die Kontrolle bundesstaatlicher Institutionen durch den Bund, aber das hätte unweigerlich einen Grad an Bürokratisierung zur Folge, der den Individuen keinen Raum mehr ließe. Konservative, denen es darum geht, bestimmte Kontrollbefugnisse des Bundes, insbesondere über die Industrie, aufzuheben und zu einem System des *laissez faire* zurückzukehren, unterstützen gleichzeitig die Restauration einer puritanischen Sexualmoral im ganzen Land.

Solche Widersprüche zwischen erklärten politischen Programmen und faktisch praktizierter Politik entstehen weniger aus Heuchelei als vielmehr aus Blindheit.

Das einzige Mittel zur Durchsetzung ihrer jeweiligen Ideale sehen Linke und Rechte in verstärkter Kontrolle, was unweigerlich eine verstärkte Zentralisierung der Macht mit sich bringt. Jeder andere Weg wird Menschen, die ihre Machtanbetung nicht als Verherrlichung eines falschen und zerstörerischen Ideals erkennen, immer unrealistisch, unsicher und gefährlich erscheinen.

Diese Blindheit beschränkt sich nicht auf die USA. Die Tendenzen der letzten Jahrzehnte gingen in allen westlichen und vielen östlichen Nationen in Richtung der zunehmenden Beschneidung jeder Form von Autonomie – sei es auf individueller, lokaler, bundesstaatlicher oder nationaler Ebene – und der zunehmenden Zentralisierung immer größerer Macht über immer weitere Bereiche des Lebens in den Händen einer immer kleineren Kadergruppe. Diese Entwicklung ist eines der gemeinsamen Merkmale demokratischer, autoritärer und totalitärer Staaten.

Frithjof Bergman meint, Geschichte sei die Aufzeichnung der allmählichen Zunahme einer immer stärker zentralisierten Kontrolle über immer größere Gebiete.[20] Die Zentralisierung der Macht ist eine der wichtigsten Voraussetzungen für jede Form von diktatorischer Herrschaft, gleichgültig ob innerhalb von Staaten oder Institutionen. Andererseits ist ebenfalls richtig, daß Zentralisierung (bis zu einem gewissen Grad) eine Steigerung der Effizienz bewirkt, indem sie durch die Einführung einheitlicher Verfahrensweisen bestimmte Vorgänge vereinfacht und dem Wirrwarr immer neuer und anderslautender Bestimmungen in den einzelnen Teilgebieten entgegenwirkt, und daß sie in einigen Fällen sogar mehr soziale Gerechtigkeit schafft. Nach einem Bürgerkrieg und der Verabschiedung mehrerer Verfassungszusätze garantierte letztlich erst die Intervention der Regierung den schwarzen Amerikanern das Stimmrecht bei nationalen Wahlen, von dem die Schwarzen wiederum auf lokaler Ebene profitieren.

Die vorherrschende Tendenz in der abendländischen Kultur der letzten Jahrhunderte ging hin zu fortschreitender Zentralisierung mit ihren positiven wie negativen Auswirkungen. So demonstriert etwa Ivan Illich überzeugend, daß die Einführung einer einheitlichen Nationalsprache die erste Stufe der Kontrolle über eine Nation darstellt.[21] Die Entwicklung einer standardisierten Rechtschreibung, des kostenlosen öffentlichen Schulwesens und einheitlicher Lehrpläne scheint auf den ersten Blick nur Verbesserungen zu beinhalten, da die Kommunikation vereinfacht sowie Alphabetisierung und Volksbildung vorangetrieben werden. Angeblich dient es unserer Verständigung, wenn wir alle die gleiche Schreibweise benutzen, alle lesen, schreiben und rechnen können und jeder den Anspielungen des anderen zu folgen vermag, weil wir alle die gleichen einhundert bedeutenden Bücher gelesen haben. Aber solche ‹Verbesserungen› bedeuten gleichzeitig einen gewaltigen Machtzuwachs für eine kleine Elite, die bestimmt, welches ‹bedeutende Bücher› sind, und Lehrpläne wie Unterrichtsnormen festlegt. Die Kanonisierung von Wissen war noch niemals frei von politischen Gewichtungen und kann es auch nicht sein.

Zentralisierung bedeutet stets die Herrschaft einer sozialen Elite, und je weiter die Zentralisierung fortschreitet, desto kleiner und in sich geschlossener wird diese Schicht. Dennoch ist keineswegs gewährleistet, daß in vergleichsweise wenig zentralisierten Bereichen ein höheres Maß an persönlicher Freiheit oder sozialer Gerechtigkeit herrscht. So existieren beispielsweise in der Sowjetunion einzelne geographische Nischen, die nur in geringerem Maß der Kontrolle der Zentralregierung unterliegen, da sie abgelegen und schwer zugänglich sind und sich auf Grund ausgeprägter eigener Traditionen nur schwer in sozialistische Strukturen pressen lassen. Allerdings ist die Gesellschaftsform in diesen Gebieten meist eine islamische und deshalb besonders frauenfeindlich.

Die Zentralisierung stellt also immer ein äußerst ambivalentes Phänomen dar. Dies haben die wenigsten progressiven Vordenker der vergangenen Jahrzehnte berücksichtigt. Sie einzuschätzen erfordert ein sorgsames Abwägen: Sie hat gewisse Vorteile, aber auch ihren Preis. Häufig werden jedoch deshalb Zentralisierungsmaßnahmen eingeleitet, weil sie die Herrschaft über das Individuum erleichtern, und in diesem Fall überwiegen die langfristigen Nachteile – ein allgegenwärtiges Ohnmachtsgefühl, die Weigerung, Verantwortung zu übernehmen, allgemeine Gleichgültigkeit und ein diffuses Unwohlsein – bei weitem die zweifelhaften Vorzüge. Auf der anderen Seite gibt es Menschen, die jede Form von

Kontrolle in Bausch und Bogen ablehnen und ihren gelegentlichen Nutzen nicht erkennen.

Gefördert wird die Zentralisierung durch die Industrialisierung, und in der Tat scheint ein gewisser Grad an Industrialisierung eine notwendige Voraussetzung für die Begründung totalitärer Herrschaft zu bilden. Ein Grund dafür ist die Tatsache, daß die Industrialisierung große Teile der Bevölkerung in Isolation und Knechtschaft treibt – indem sie die Solidarität, die Verwurzelung mit Grund und Boden und die Einbindung der Menschen in die Tradition zerstört – und ein Vakuum erzeugt, in dem sich leicht ein totalitäres Regime als einzige moralisch, politisch und intellektuell richtungsweisende Kraft breitmachen kann.

Wir kennen totalitäre und autoritäre Staaten ohne fortgeschrittene Industrialisierung – etwa Kambodscha unter dem Pol-Pot-Regime, Vietnam, Kuba, die Philippinen, Chile und Uganda unter Idi Amin – aber zur Errichtung all dieser Diktaturen waren hochentwickelte Kommunikationsmedien und Überwachungstechniken notwendig, ein ausgebautes Verkehrswesen und schwere Waffen, Errungenschaften also, die die Beherrschung breiter Massen durch wenige Menschen ermöglichen. Überdies sind solche Regime sehr instabil (manche der erwähnten sind bereits wieder zusammengebrochen). Sie stoßen auf den Widerstand von Menschen, deren Traditionen und Gebräuche noch lebendig sind, und greifen deshalb in beträchtlichem Umfang zu Terrormethoden.

Das dritte, allen diesen Gesellschaften gemeinsame Element ist eine schlagkräftige Geheimpolizei, wie es sie in jedem größeren Staat gibt. Foucault zufolge wurde die Polizei im Frankreich Ludwigs XV. – im ausgehenden 18. Jahrhundert also – erfunden.[22] Natürlich gab es bereits lange vor dieser Zeit Aufsichtsbeamte und Wachleute. Überwachung in verschiedenster Form ist so alt wie die Geschichte; die früheste Überwachungsinstanz war die Familie selbst, wo die Ehefrau, die Kinder und die Bediensteten dem Vater Informationen übereinander zutrugen. Stone legt dar, wie die englischen Institutionen im 16. Jahrhundert die Macht des Vaters gezielt zu stärken versuchten, da es in seiner Macht lag, jüngere Familienmitglieder unter strenger Aufsicht zu halten. «In einer über keine nennenswerten Polizeikräfte verfügenden Gesellschaft war sie [die Familie] eine überaus wertvolle Instanz, um soziale Kontrolle auf kommunaler Ebene zu gewährleisten.»[23] Ein ganz ähnliches System ist heute noch in China auf der Ebene der Dörfer und Kommunen in Kraft.[24]

Die Polizei als Institution ist jedoch dafür da, die Einhaltung der geschriebenen Gesetze zu sichern; in dem Maße, wie Staaten sich unter sozialem Druck gezwungen sahen, sich den Schein demokratischer Rechtsstaatlichkeit zuzulegen, entwickelten sie zusätzlich einen Kodex ungeschriebener Gesetze. Um diese durchzusetzen, wurde die Geheimpolizei geschaffen. Die ungeschriebenen Gesetze schützen die Macht der Elite, die ihrerseits in demokratischen Systemen ebenso wie in totalitären Staaten nicht in vollem Umfang durchschaubar ist. In Staaten, die nach außen hin Gerechtigkeit und Gleichheit auf ihre Fahnen geschrieben haben, lassen sich diese Gesetze juristisch nicht verankern, da sie die Rechte der Rede-, Presse- und Versammlungsfreiheit beschneiden. Die ungeschriebenen Gesetze totalitärer Regime schreiben den Bürgern vor, was sie sagen, lesen und schreiben, mit wem sie sich unterhalten, was sie anziehen und wie sie ihre Haare tragen dürfen, und reglementieren ihre Umgangsformen und sexuellen Gewohnheiten. Demokratische Regierungen kontrollieren diese Bereiche beim Gros der Bevölkerung (im Unterschied zu den Staatsbediensteten) im allgemeinen nicht selbst, sondern überlassen ihre Überwachung den Institutionen. Wirtschaftsbetriebe, Hochschulen, Kirchen, Gewerkschaften haben sämtlich ein wachsames Auge auf das Verhalten ihrer Mitglieder. Auch wenn sie unabhängig, d. h. im Gegensatz zu entsprechenden Institutionen in totalitären Staaten nicht direkter staatlicher Kontrolle unterstellt sind, vertreten sie doch die Interessen und Normen des Staates. Außerdem gehen demokratische Regime in ihren unausgesprochenen Vorschriften meist nicht ganz so weit; sie verdächtigen nicht automatisch jeden, der sich mit Ausländern unterhält, zensieren weitgehend weder die Lektüre noch die Post der Menschen und tolerieren oft auch ungewöhnliche Lebensformen. Tatsächlich ist es erst seit kurzem üblich, daß demokratische Staaten ihre Geheimdienste dazu einsetzen, ihre eigenen Bürger zu bespitzeln.

Die Geheimpolizei in autoritären Staaten ist ebenso geübt in der Terrorisierung der Bevölkerung wie in der Durchsetzung ungeschriebener Gesetze; das gleiche gilt auch für totalitäre Systeme. Michael Curtis weist nach, daß sämtliche nicht-demokratischen Regime die politische Meinungsäußerung unterdrücken, in großem Umfang Geheimpolizei einsetzen und politische Gefangene einkerkern, jedoch nicht alle gleichermaßen mit Terrormethoden operieren. Die Unterschiede, so behauptet er, seien in der Persönlichkeit des Diktators begründet: Je paranoider dieser ist, desto größer ist der Terror.[25] Dieses Prinzip gilt für Institutionen ebenso wie für Staatswesen. Wie ich bereits an früherer

Stelle ausgeführt habe, gibt es keine inhärenten Unterschiede zwischen den verschiedenen patriarchalischen Institutionen. Faktische Unterschiede erwachsen aus ihren Funktionen und den Persönlichkeiten derer, die sie verwalten, und nicht aus irgendwelchen, wie auch immer formulierten Kriterien für Legitimität oder Illegitimität, Moralität oder Amoralität. Je mehr Macht in den Händen eines Mannes zentralisiert ist, desto mehr Angst wird er im allgemeinen haben, und desto größer ist die Wahrscheinlichkeit, daß er zu paranoiden Verhaltensweisen neigt.

Die Geheimpolizei ist nur ein Teil der verborgenen Herrschaftsmechanismen, die in allen totalitären, autoritären und in vielen demokratischen Staaten existieren. Ungeschriebene Gesetze gibt es selbstverständlich auch in totalitären Staatswesen. Hannah Arendt stuft diese Duplizität in der Organisation von Herrschaft als Kennzeichen totalitärer Regime ein.[26] Sie verweist in erster Linie auf das nationalsozialistische Deutschland: Hitler wurde in sein Amt gewählt, ohne daß eine gewaltsame Machtübernahme stattfand. Die Weimarer Verfassung war in Deutschland noch immer in Kraft. Hitler ließ zunächst den Weimarer Staatsapparat unangetastet und bediente sich seiner Behörden und Ministerien. Mit der Zeit genügten ihm diese Methoden jedoch nicht mehr, und er schuf nationalsozialistische Parteiorgane, die Duplikate der alten Staatsorgane darstellten. Letztere blieben bestehen, um den Schein des Herkömmlichen zu wahren, besaßen jedoch keine Macht mehr. Die reale Macht, die sich in den Händen Hitlers und der SS konzentrierte, wurde von den Parteieinrichtungen verwaltet. Eine ähnliche Situation entstand nach der Machtübernahme durch die *Bolschewiki* in der Sowjetunion: Die ursprüngliche, revolutionäre Verfassung blieb unberührt, und an der Oberfläche fungierte die alte Staatsbürokratie weiter, während die Organe der kommunistischen Partei immer mehr reale Macht auf sich konzentrierten. Hannah Arendt bezeichnet dieses Phänomen als «unsichtbare Regierung»[27].

Eine solche unsichtbare Regierung kann jedoch auch in anderer Weise wirksam werden, indem die Herrschenden sich mehr oder minder rücksichtslos über Institutionen hinwegsetzen, die ursprünglich zum Schutz oder zur Realisierung gesetzlich abgesicherter demokratischer Bestrebungen geschaffen wurden. Auch hierfür finden sich in unserer jüngsten Geschichte zahlreiche Beispiele. So wurde die Verwirklichung der Bürgerrechte dadurch unterlaufen, daß das Justizministerium unter Reagan gesetzliche Bestimmungen im Hinblick auf Integration und Chancengleichheit neu interpretierte; so geriet die Tätigkeit der *Equal Employ-*

ment Opportunity Commission und anderer Institutionen zum Schutz der Bürgerrechte durch die Bereitstellung minimaler Mittel und die Verzögerung wichtiger Termine ins Schleppen. Außerdem wurde unter Reagan die Umweltschutzbehörde *EPA* personell völlig umgekrempelt und mit Leuten besetzt, die dem umweltfeindlichen Biermagnaten Adolph Coors und anderen Wirtschaftsgiganten ähnlicher Couleur treu ergeben waren. Die ursprüngliche Funktion dieser Institution, der Umweltverschmutzung durch die Forderung nach großangelegten Umweltsäuberungsaktionen und Schutzgesetzen Einhalt zu gebieten, wurde auf diese Weise unterlaufen. Ähnliche Vorwürfe werden auch gegen das Innenministerium unter James Watt erhoben. Derartige Manipulationen wären ohne die Billigung des Präsidenten nicht möglich: Womit wir es hier letzten Endes zu tun haben, ist eine unsichtbare Regierung, die hinter den Kulissen und ohne Rücksicht auf das Gesetz die Geschicke des Landes bestimmt.

Monopolistische Kontrolle über die Massenmedien kann in verschleierter Form auch in nicht totalitären Systemen vorliegen, wo es scheinbar viele verschiedene Schwerpunkte im meinungsbildenden Bereich gibt, in Wirklichkeit jedoch überall die gleiche moralische Grundanschauung verbreitet wird. Wenn nur eine einzige Lebensauffassung öffentlich verbreitet werden darf, sprechen wir von Zensur, und in diesem Sinne existiert eine Zensur auch in demokratischen Ländern.

Zensur wird von vielen Medien praktiziert: Zeitungen, Illustrierte, wissenschaftliche Zeitschriften, Buchverlage, Radio- und Fernsehsendungen, Filmproduzenten wählen selektiv Material aus, das ihnen der Veröffentlichung wert erscheint und verwerfen, was nicht in ihr gewohntes Schema paßt. Diese Form der Zensur ist unvermeidbar, aber dennoch in einigen Ländern verbreiteter als in anderen. Obgleich es vermutlich in allen Ländern bestimmte Themen gibt, die grundsätzlich ignoriert oder heruntergespielt werden, tolerieren doch im allgemeinen Staaten, die in keine ernsthaften Machtkämpfe im Inneren oder nach außen hin verstrickt sind, die Verbreitung eines breiten Spektrums grundverschiedener Meinungen eher. So ist etwa in den skandinavischen Ländern, in Großbritannien, Belgien und den Niederlanden eine faire Auseinandersetzung mit Themen wie dem Marxismus und bis zu einem gewissen Grad auch dem Feminismus in den Massenmedien möglich, obwohl in einem Teil dieser Länder das Fernsehen staatlich kontrolliert ist.

Totalitäre und autoritäre Systeme kontrollieren alle Kommunikationsmittel aufs strengste: in der Sowjetunion, in Polen und anderen sozialistischen Ländern ist selbst der Besitz eines Vervielfältigungsgerätes verboten. Die Zensur findet offen und unverhohlen statt, die Menschen lernen, Andeutungen und Auslassungen zu interpretieren und zwischen den Zeilen zu lesen. Demokratische Staaten hingegen, die sich zu Pressefreiheit und freier Meinungsäußerung bekennen, beeinflussen dennoch auf subtile Weise die Inhalte, die die Massenmedien publizieren. Es existieren vielfältige Verbindungen zwischen Staat und Presse. Funk und Fernsehen werden weitgehend von Kapitalinteressen kontrolliert. In den USA ging die Tendenz in den vergangenen Jahren hin zur Auflösung unabhängiger Publikationsorgane, insbesondere was Zeitungen betrifft, oder zu deren Einverleibung durch größere Unternehmen, häufig durch Mischkonzerne, deren eigentliche ökonomische Basis Stahl-, Öl- oder Telefongesellschaften sind. Ihre Kontrolle über die Medien läuft darauf hinaus, daß diese von allem ferngehalten werden, was Unruhe stiften könnte. Sie werden auf inhaltsleere ‹Unsere-ist-die-beste-aller-Welten›-Floskeln eingeschworen. Auch wenn die Bürger die Wahl zwischen vielfältigen Druck- oder Sendeerzeugnissen haben, können sie daraus doch nur die immer gleichen Formen der Zerstreuung – der Attraktion durch das Bunte, Neue und Glitzernde – oder des Eingelulltwerdens ziehen.

Die letzte Bastion wirklicher Gedankenfreiheit in den USA ist das Buchverlagswesen, das auch heute noch hier und dort Anschauungen und Meinungen zur Diskussion stellt, die sich radikal von dem Einheitsbrei der Massenmedien abheben. Auch kleinere literarische und wissenschaftliche Zeitschriften präsentieren gelegentlich neue, andersgeartete Gedanken. Die herrschende Klasse in den USA zeigt sich – bislang – dadurch nicht ernstlich irritiert, was vermutlich auf der geringen Verbreitung solcher Druckerzeugnisse beruht.

Ganz ähnlich ist die Situation auf wirtschaftlicher Ebene. In demokratischen und autoritären Gesellschaften unterstehen die ökonomischen Institutionen nicht der diktatorischen Kontrolle des Staates. In Wirklichkeit verhält es sich eher umgekehrt – wirtschaftliche Interessen haben großen Einfluß auf die staatlichen Entscheidungen und sind mit den politischen Interessen eng verflochten.

Politikwissenschaftler heben meist die monolithische Struktur jener totalitären Regime hervor, die sämtliche Bereiche des politischen, sozialen, ökonomischen und kulturellen Lebens kontrollieren und keine Grenzen staatlicher Befugnis, keine politische Opposition und keine unabhängigen Organisationen zulassen.[28] Der Staat verwaltet in diesem Fall nicht nur sämtliche bestehenden Einrichtungen, sondern darüber hinaus auch die Mittel, die deren Existenz erst möglich machen.[29] Meist unterstehen derartige Staatsgebilde einem Diktator, der absolute Gefolgschaftstreue fordert. So machten weder Hitler noch Stalin viel Gebrauch von ihren Kabinettsministern. Sie scharrten einen Kreis treuer Adlaten um sich, deren Qualifikationen und Leistungen wesentlich weniger zählten als ihre Loyalität.[30] Loyalität dem Herrscher gegenüber ist auch heute das oberste Gebot in bestimmten afrikanischen Diktaturen, gehört aber auch in demokratischen Nationen und insbesondere in den Vereinigten Staaten zu den Hauptforderungen der Herrschenden.[31]

Zwei- oder Mehrparteiensysteme haben offiziell die Aufgabe, jene Exzesse der Macht, die für autoritäre und totalitäre Systeme kennzeichnend sind, zu verhindern, und in gewissem Umfang gelingt ihnen das. Aber der Argwohn vieler Menschen, demzufolge die tatsächliche Regierungsgewalt in demokratischen Nationen in den Händen einer unsichtbaren Gruppe von Menschen liegt, deren Zusammensetzung sich trotz wechselnder Administrationen nicht ändert, verdankt seine Existenz nicht einer paranoiden Wahrnehmung. Die «unsichtbare Hand», die angeblich die ökonomischen Prozesse in realistische Bahnen lenkt, existiert zwar nicht, wohl aber eine unsichtbare Regierung. So propagierte in den USA etwa Barry Goldwater in seinem Wahlprogramm 1964 die Intensivierung des Vietnamkriegs, was zumindest einer der Gründe für seine Niederlage war. Lyndon B. Johnson, ursprünglich sein politischer Gegner, verfolgte dann schließlich genau diese Politik. In Frankreich stellte sich François Mitterand während seines Wahlkampfes als Atomkraftgegner dar, was ihn nicht daran hinderte, nach wenigen Monaten Amtszeit Kernkraftwerke gutzuheißen. Der Druck, der führende Politiker dazu bringt, Standpunkte einzunehmen, die sie selbst weit von sich gewiesen haben, geht von hinter den Kulissen wirkenden, mächtigen Lobbyisten aus, die nicht vom Volk gewählt, ihm daher auch keine Rechenschaft schuldig sind und zielstrebig ihre eigenen Interessen verfolgen.

So kommt es in den Vereinigten Staaten häufig vor, daß Gesetze, die eindeutig von der Mehrheit der Bevölkerung gewünscht werden, auf Grund der Opposition einer mächtigen Lobby oder unsichtbaren Pressure-Group nicht verabschiedet werden: Als Beispiele hierfür seien hier nur das Trauerspiel um das *Equal Rights Amendment* oder die Schußwaffenkontrollgesetze genannt. Maßnahmen gegen die Umweltverschmutzung werden von einer überwältigenden Mehrheit der Bevölkerung unterstützt, von der konservativen Administration jedoch aktiv hintertrieben.

Ich möchte noch einmal betonen, daß es wirklich bedeutsame Unterschiede zwischen der Lebensqualität in demokratischen Gesellschaften und der in autoritären oder totalitären Systemen gibt. Hier geht es jedoch um Despotismus, gleichgültig unter welcher Flagge. Darunter verstehe ich die Durchsetzung eines politischen Kurses innerhalb einer Gesellschaft, der darauf abzielt, einen einzigen Mann oder eine Gruppe von Männern ohne Rücksicht auf die Bedürfnisse und das Wohl der Gesellschaft im Gefühl ihrer absoluten Herrschaft zu bestärken. Die Anti-Atomkraftbewegung, wohl eine der mit größtem Fug und Recht als ‹Graswurzelbewegung› zu bezeichnenden Initiativen der Gegenwart, wurde in den Vereinigten Staaten und anderen Ländern als subversiv abgestempelt, nicht anders als es in totalitären Staaten zu erwarten wäre, könnte sie dort überhaupt gedeihen. Als subversiv gilt, was sich dem Regiment der gesichtslosen, namenlosen Elite unserer Zeit entgegenstellt. Obwohl sich die meisten Staatswesen aus fast allen historischen Epochen mit dem Begriff «Despotismus» zutreffend beschreiben lassen, und obwohl der Despotismus die Hauptursache für den Niedergang so vieler Kulturen war, bedeutet er doch erst heute – in der ihm (da er sich vor allem und oft ausschließlich um die Aufrechterhaltung seiner Macht kümmert) eigenen Kurzsichtigkeit – eine akute Gefährdung für den Fortbestand unseres gesamten Planeten, seiner Früchte und Feldpflanzen, seiner Insekten und Tiere, Bäume, Berge und Seen, seiner Luft und seiner Wolken sowie aller auf ihm lebenden Menschen. Früher pflegte man sich mit dem Despotismus zu arrangieren, sofern man seine Spielregeln verstand und zu befolgen vermochte, indem man ihn sich für seine eigenen Zwecke nutzbar machte, oder anderenfalls, indem man sich ein Fleckchen Erde suchte, wo man sich sicher fühlen konnte und dem Tyrannen nur gelegentlich von ferne einen Kotau zu machen hatte. Letztere Reaktion ist tief in uns verwurzelt, und wir kommen immer wieder auf sie zurück. Aber in der gegenwärtigen Situation gibt es jenes sichere Fleckchen Erde nicht mehr.

Zwei Charakteristika sind es vor allem, die despotische Herrschaft in das totale Zwangssystem des Totalitarismus umkippen lassen: zum einen die weitreichende Einmischung des Regimes in die Bereiche der Sexualität, der Fortpflanzung und des Familienlebens und zum anderen das Streben nach ‹Reinigung› der Gesellschaft.

Säuberungen sollen nicht nur Regimegegner oder potentielle Aufständische ausmerzen, sondern auch all jene Elemente beseitigen, die das Regime auf dem Weg zur Verwirklichung seiner Ideale als Hindernisse betrachtet. Solche Hindernisse sind immer ‹weiblicher› Natur, und den Personen, die sie verkörpern, haftet stets die Aura des Unreinen an, mit der das patriarchalische Denken alles Körperliche, Gefühlsmäßige und Flexible ausstattet. Sie werden dem animalischen Bereich zugeordnet, man hält sie für «degeneriert» oder verdächtigt sie mangelnder Loyalität. Säuberungsbestrebungen sind symbolische Versuche, von der herrschenden Moral geächtete und gefürchtete Elemente qua Exorzismus aus der Welt zu schaffen.

Säuberungsaktionen und Terror sind verschiedene Dinge, obgleich sie ineinander übergehen können. Hitler setzte ganz bewußt Terrormaßnahmen ein, um die Bevölkerung still zu halten und jeden Dissens im Keim zu ersticken. Zahllose Regime sind seinem Beispiel gefolgt – so etwa die UdSSR, Kambodscha, Argentinien, Chile, Haiti, Südafrika und El Salvador. Die Praxis, Menschen ohne Legitimation willkürlich zu ermorden, zu verhaften, zu foltern oder einfach verschwinden zu lassen, vermag ein Volk zu beugen (wenn es auch nie gelingen wird, seinen Zorn so vollständig zu ersticken, daß er nicht eines Tages aufbricht). Versklavung oder Kolonialisierung dienen zur Gewinnung billiger Arbeitskräfte und zur kurzfristigen Profitsteigerung einiger weniger.

Die kathartischen Säuberungsprozesse sind jedoch etwas ganz anderes. Sie richten sich gegen eine ganz bestimmte Gruppe von Menschen; sie sind transzendenter Natur und werden meist mit hehren patriarchalischen Vokabeln umschrieben. Sie gelten als Akt der Vergeltung (nach göttlichem Muster) oder als Akt der rituellen Säuberung (nach hohepriesterlichem Muster), aus dem der verbleibende Rest der Bevölkerung friedlich und von jedem Makel des Abweichenden gereinigt hervorgehen wird. Das Grundmotiv des Säuberungsgedankens liegt auf einer Linie mit der ideologischen Prämisse des Patriarchats: durch die Ausmerzung sämtlicher mit der Natur in Verbindung gebrachter Elemente sollen die Menschen sich in Götter verwandeln.

Der Wahnsinn solcher Reinigungsprozesse liegt für jeden, der nicht ihrem mythologischen Gedankengut verfallen ist, auf der Hand: unglücklicherweise können derlei mythische Rechtfertigungen jedoch Millionen Menschen den Blick verstellen. So erhob sich kaum internationaler Protest gegen die Behandlung der Juden durch die Nazis, die bis zuletzt die Fiktion aufrecht erhielten, es ginge ihnen um die «Säuberung» Europas, die dadurch erreicht werden sollte, daß man die Juden zur Arbeit zwang – als hätten sie vorher nicht gearbeitet. Selbst als die Welt von ihrer Behandlung erfuhr, erhob sie sich nicht voller Entsetzen. Von den schrecklichsten Massakern der Geschichte, die in Afrika stattfanden, wissen heute, obgleich diese Ereignisse noch gar nicht so lange zurückliegen, nur noch wenige Menschen.[32] Die Buren metzelten die Hottentotten nieder, Carl Peters entfesselte ein wildes Morden in Deutsch-Südost-Afrika und Leopold II. von Belgien dezimierte die friedliche Kongobevölkerung zwischen 1890 und 1911 von zwanzig bis vierzig Millionen auf achteinhalb Millionen Menschen.[33] Unzählige Tausende von Menschen gingen aus diesem Feldzug zur Ausmerzung «schwarzer» Elemente durch die weißen Europäer als Krüppel hervor.

Dennoch entspringen solche Säuberungsaktionen dem gleichen Wahnsinn wie andere Elemente patriarchalischer Ideologie: sie sind aus dem gleichen Stoff, nur ein symbolischer Versuch mehr, das Ideal des Mannes zu verwirklichen, der die Welt und das Schicksal beherrscht. Juden, Schwarze und Frauen sind seit Jahrtausenden die Hauptopfer dieser Ideologie; andere Minderheiten fallen gelegentlich der Ächtung anheim. Sobald sie jedoch selbst in der Mehrzahl sind, verfolgen sie andere. Sämtliche geächteten Gruppen praktizieren selbst den gleichen Typus symbolischer moralischer Hierarchisierung nach innen wie nach außen. Sämtliche Gruppen unterdrücken die Frau unter Berufung auf die moralische Höherwertigkeit des Mannes und die Minderwertigkeit des ‹Weiblichen›, wobei die Grenze zwischen Unterdrückung und Vernichtung längst nicht so klar ist, wie wir meinen. Um die ohnehin vorhandene Bereitschaft der Europäer zur Unterdrückung der Juden (sei es durch diskriminierende Gesetze und Bräuche, durch Anlegung verschiedener Maßstäbe im Hinblick auf Normen und Sanktionen oder durch Gettoisierung) in einen Vernichtungsfeldzug münden zu lassen, bedurfte es lediglich technischer Voraussetzungen – effizienterer Waffen, Transport- und Kommunikationsmittel – im Verein mit der entsprechenden Entschlossenheit. Die Bereitschaft, geächtete Gruppen auszumerzen, wächst in dem Maße, wie in der Bevölkerung der Selbsthaß geschürt wird, wie ihr das Ideal einer ‹höheren› Seinsweise, die ein höheres Maß an Verdrängung impliziert, eingeimpft wird, und wie man ihr Möglichkeiten aufzeigt, ihr transzendentes Wesen unter Beweis zu stellen. Nahezu überall werden die Menschen auf diese Weise indoktriniert. Welche Nation würde sich, erschiene der richtige Führer mit der richtigen Losung, nicht dazu bringen lassen, eine bestimmte Bevölkerungsgruppe auszurotten?

Staatliche Eingriffe in die sexuelle und familiäre Sphäre des Individuums sind, ebenso wie Zensureingriffe, nicht zu verhindern. In primitiven Gesellschaften werden sexuelle und familiäre Angelegenheiten durch Bräuche und religiöse Gebote geregelt, die sich über lange Zeiträume hinweg als Lösungsmöglichkeiten für konkrete oder symbolische Probleme herausgebildet haben. Solche Regelungen können ebenso repressiv sein und genauso großes Elend erzeugen wie die jeder hochdifferenzierten Gesellschaft. Ein wesentlicher Unterschied liegt allerdings darin, daß die Angehörigen primitiver Gesellschaften an die Notwendigkeit ihrer Regelung glauben. Das macht ihre Bräuche nicht menschenfreundlicher, aber es läßt sie subjektiv weniger repressiv erscheinen.

Jahrtausendelang waren weder Kirche noch Staat in der Lage, die sexuellen und familiären Gepflogenheiten der Mächtigen und Begüterten tiefgreifend zu verändern. Es gehörte jedoch zu den ersten Maßnahmen aller totalitären Systeme, das Sexualleben sämtlicher Gesellschaftsmitglieder, Männer wie Frauen unter ihre Kontrolle zu bringen: «Reich, Marcuse und Fromm bemerkten übereinstimmend, daß autoritäre und militaristische Regime stets auf strenge Sexualunterdrückung gründeten.»[34]

Obwohl viele Wissenschaftler sexuelle Repression ebenso wie Respekt vor Autorität, strikte Zucht und Ordnung und große Machtbefugnisse des Vaters für Merkmale starker und gesunder Kulturen halten, handelt es sich dabei in Wirklichkeit um Verfallssymptome. John Boswell verweist auf die gesellschaftlichen Veränderungen, die dem Untergang Roms vorangingen: zunehmende Zentralisierung der politischen Macht, absolutistische Tendenzen, wachsende Abhängigkeit der Menschen vom Staat, die Ausdehnung staatlicher Kontrolle auf die persönlichsten Bereiche des täglichen Lebens sowie verstärkte Repression im sexuellen Bereich.[35]

Die Verfestigung der katholischen Kirche als Institution ging keineswegs mit einer Zurücknahme, sondern vielmehr mit einer Verstärkung dieser Tendenzen, insbesondere der letzteren, einher: «Im Grunde ging es nur um einen einzigen Punkt: die sexuelle Enthaltsamkeit», schreibt Adolf von Harnack. Alle übrigen Kasteiungsgebote waren sekundär, da «denjenigen, der auf sexuelle Beziehungen verzichtet hatte, nichts mehr hart ankam». Was die Definition der Sündhaftigkeit anbelangte, so herrschte verblüffende Einigkeit. «Gleichgültig, ob wir den koptischen Lastenträger, den gebildeten griechischen Lehrer, den Bischof von Hippo, den römischen Kirchenlehrer Hieronimus oder den Biographen des Heiligen Martin befragen, Virginität war die spezifisch christliche Tugend, der Inbegriff aller Tugenden.»[36] Der Protestantismus maß der Jungfräulichkeit nicht so viel Gewicht bei, reglementierte jedoch die Sexualität aufs strikteste und belastete, indem er den katholischen Ritus von ‹Beichte – Buße – Vergebung› aufhob, sexuelle Handlungen ohne das Sakrament der Ehe sogar mit noch größeren Schuldgefühlen.

Der Ausschluß der Frauen von der Erwerbstätigkeit scheint auf den ersten Blick nichts mit der Reglementierung des sexuellen Verhaltens zu tun zu haben. Der Eindruck täuscht jedoch: die erzwungene Abhängigkeit der Frauen von den Männern wirkt sich sehr wohl auf die sexuellen Beziehungen zwischen den Geschlechtern aus. Der psychologische Druck oder gar Zwang, zu heiraten und Kinder in die Welt zu setzen, trifft im allgemeinen eher die Frau als den Mann, aber sowohl Athen als auch Rom dehnten im Laufe ihrer Geschichte solche Repressalien auch auf Männer aus. Hitler gab, ebenso wie die *Bolschewiki,* in dieser Hinsicht klare Anweisungen. Der gleiche Hitler, der deutsche Frauen umbringen und sterilisieren ließ, verlangte gleichzeitig eine höhere Geburtenrate, und der gleiche Stalin, der die Wiederbevölkerung Rußlands nach dem Krieg mit allen Mitteln förderte, ließ Millionen von Menschen bei seinen Säuberungsaktionen gefangensetzen oder umbringen.

Diese Widersprüche sind nur oberflächlicher Natur. Obgleich sowohl Hitler als auch Stalin ohne Zweifel tatsächlich wollten, daß mehr Knaben als künftiges Kanonenfutter geboren würden, ging dieser Wunsch doch eng mit dem Bestreben nach einem Reinigungsprozeß in der Bevölkerung einher. Säuberungen gelten in erster Linie dem Natürlichen, dem ‹Animalischen›, dessen wichtigster Bereich die stark mit Symbolik überfrachtete Sexualität darstellt. Sexualität wird stellvertretend für das Natürliche reglementiert, und diese Herrschaft über das Natürliche steht stellvertretend für die Beherrschung der Natur. Um Sexualität zu kontrollieren, braucht man sie nicht zu verbieten. Man muß lediglich die sexuelle Freizügigkeit einschränken, da sie Befriedigung, gegenseitige Rücksichtnahme und Emotionen erzeugt, die der repressiven Herrschaft gefährlich sind. Der Großteil der Schuld an der Reglementierung der Sexualität wird meistens den Frauen zugeschoben. Die hieraus erwachsende Angst und Zurückhaltung nimmt den Frauen die Lust, sexuelle Beziehungen einzugehen, während die weniger angstbeladenen Männer den aggressiven Part übernehmen. Die Sexualität wird ‹vermännlicht›: Vergewaltigung und Inbesitznahme verstärken den männlichen Herrschaftsdrang, machen aus einem potentiell beidseitigen Erlebnis einen Akt der Eroberung und schalten jeden weiblichen Einfluß auf Männer aus. In Wirklichkeit bleiben solche Einflüsse, unabhängig von der Form der Sexualität, dennoch spürbar, werden jedoch nicht zugegeben. Durch Hitlers Politik wurde der ‹männliche› Sex institutionalisiert. Jede Maßnahme mit dem Ziel, Frauen an freier sexueller Betätigung zu hindern – etwa das Verbot von Verhütung und Abtreibung oder die Ächtung unehelicher Mutterschaft, der Zwang, zu heiraten und Kinder zu gebären oder auch gesellschaftliche Bedingungen, die es Frauen unmöglich machen, sich ihren Unterhalt selbst zu verdienen und gleichzeitig ihre Kinder großzuziehen –, hilft, die Sexualität, ursprünglich eine auf Gegenseitigkeit gründende Beziehung, in ein Machtverhältnis zu verwandeln.

Sämtliche westlichen und auch viele östliche Nationen propagieren Normen und Strukturen, denen dieses Verständnis der Sexualität zugrundeliegt. Unter dem Banner der Durchsetzung einer «gesunden Moral» werden sie in die tiefsten Schichten der menschlichen Psyche eingeimpft. Wichtig sind dabei nicht so sehr die Inhalte als vielmehr die Machtgesichtspunkte und Kontrollfunktionen. So versucht etwa die chinesische Regierung, Sexualität, frühe Eheschließungen und Geburten einzudämmen, indem sie Paaren, die diesen Anweisungen nicht Folge leisten, Strafen androht: faktisch werden vor allem die Frauen bestraft, wenn sie es an Gehorsam mangeln lassen oder ein Baby falschen Geschlechts zur Welt bringen.

Ein wichtiger Bestandteil der Diffamierung von Sexualität und der «Säuberung der Gesellschaft» ist die propagandistische Verkündung einer bestimmten Form von ‹Männlichkeit›; damit ist die Überhöhung aggressiver Sportarten, männlichen Zusammenhalts sowie vielfach auch rassischer Gesichtspunkte verbunden. Lears schildert die Propagandafeldzüge Theodore Roosevelts, Henry Cabot Lodges und anderer, denen der Zustrom lateinamerikanischer und slawischer Einwanderer sowie der zunehmende Einfluß der Gewerkschaften und Sozialisten ein Dorn im Auge waren, da sie in solchen Tendenzen Gefahren für den Kapitalismus sahen. Deshalb forderten sie rassenhygienische Maßnahmen – darunter die Sterilisation bestimmter Bevölkerungsgruppen und die Förderung der Vermehrung von Angehörigen weißer nordischer

Rassen, propagierten die Ideale der ‹Männlichkeit› und der (weißen) Rassengemeinschaft sowie einen kriegerischen Ethos.[37] Amerika sei, so verkündeten sie, von Verweichlichung (im Englischen *effeminacy*!) und Dekadenz bedroht.

Hitler beschwor eine mythische Tradition deutscher Volksbruderschaft sowie Männersolidarität, Militarismus, Aggressivität und Gewalt als Mittel, um den weichlichen und dekadenten (sprich jüdischen) Tendenzen innerhalb der deutschen Gesellschaft ein Ende zu machen. Ähnliche, wenn auch nicht ganz so extreme Gedankengänge existieren jedoch, wie wir bereits gesehen haben, in vielen Kulturen. Sie sind seit Jahrtausenden Teil unserer Denkweise; dennoch genügt ein unverstellter Blick, um diese Verknüpfungen als falsch zu entlarven und zu erkennen, welch destruktive Folgen diese Strategie der Bekämpfung eines selbst geschaffenen ‹Feindes› hat.

Hannah Arendt erörtert das «Große Spiel», die Benutzung ganzer Menschengruppen oder Völker als «Unterpfänder oder Trittstufen auf dem Weg zu Reichtum und Herrschaft in Form eines endlosen Prozesses von Machtexpansion und Akkumulation» und zitiert Kiplings Aussage in *Kim*: «Wenn alle tot sind, ist das große Spiel zu Ende. Vorher nicht.»[38] Das Leben als ein «großes Spiel» aufzufassen heißt jedoch, ihm einen eigenen Sinn abzusprechen und die Notwendigkeit einer Sinngebung durch den Menschen zu behaupten. Spiele sind erdacht: es werden Felder aufgeteilt, Regeln festgesetzt, Sieg und Niederlage definiert. Nichts von dem, was während eines Spieles geschieht, ist für unser wirkliches Leben von Bedeutung, bis auf die Tatsache, daß Spielen Spaß macht. Das patriarchalische Denken hat viele Lebensbereiche in Wettspiele verwandelt und diejenigen zu Gewinnern erklärt, die es zuviel Geld oder Macht bringen.

Hinter dieser künstlich geschaffenen Spielwelt steht jedoch das religiöse, auf ein Jenseits ausgerichtete Wesen des Patriarchats. Patriarchalisches Denken ist symbolisch und imaginativ, es wird von dem Drang gespeist, unser bloßes Menschsein durch irgendeine Art für göttlich erklärter Herrschaft zu transzendieren. Das Streben nach Geld und Macht geschieht nicht um des Reichtums und der Macht selbst willen, sondern vielmehr wegen der symbolischen Bedeutung beider Dinge.

Hannah Arendt sagt: «Die totalitäre Form der Staatsführung hat herzlich wenig mit Machtgier oder auch nur dem Verlangen nach einem machterzeugenden Apparat zu tun, mit dem Spiel der Macht um der Macht willen, das so charakteristisch für die letzten Stadien imperialistischer Herrschaft war.»[39] Sie unterscheidet zwischen patriarchalischer «Verachtung der Tatsächlichkeit», in der noch «der menschliche Stolz lag, die gegebene Tatsächlichkeit meistern ... zu können», und dem Totalitarismus, dessen Ziel «die Transformation der menschlichen Natur selbst» ist.[40] Ist ein noch ehrgeizigeres Ziel denkbar? Wieviel Macht ist notwendig, um die menschliche Natur selbst zu transzendieren?

Der Totalitarismus ist die natürliche Ausgeburt der ‹Vermännlichungstendenz› der letzten 300 Jahre, aber er wurzelt letztlich im patriarchalischen Denken. Vor 2000 Jahren versuchten die ersten Christen eine Religion zu schaffen, die in der Lage sein sollte, die menschliche Natur zu transformieren oder doch zumindest die mit der Erbsünde behaftete Menschheit zu ‹erlösen›. Der moderne Totalitarismus verkündet ein ähnliches Evangelium, ergänzt durch den Glauben an Industrialisierung und Technisierung, die erst die zentrale Kontrolle über große Menschenmassen in den verschiedensten Lebensbereichen und bis in die kleinsten Einzelheiten hinein ermöglichen.

Wir, die wir in demokratischen Staaten leben, mögen uns vielleicht zu unserem Glück gratulieren: aber kaum eine Industriegesellschaft ist vor dem Umschlagen in ein totalitäres System gefeit. Selbst nichtindustrielle Staaten können dem Totalitarismus anheimfallen, sobald eine Elite existiert, die machtbesessen und im Besitz moderner Waffen, Verkehrs- und Kommunikationssysteme ist.

Pluralistische Strukturen bewahren uns lediglich vor den schlimmsten Auswüchsen des Machtmißbrauchs. Marcuse hat immer wieder betont, die moderne Industriegesellschaft trage, trotz ihrer pluralistischen Oberflächenstrukturen, in ihrer Gesamtheit totalitäre Charakterzüge.[41] Totalitäre Herrschaft – also die Kontrolle über sämtliche Bereiche des gesellschaftlichen Lebens, eingeschlossen die Einmischung in die Privatsphäre – ist vielleicht tatsächlich «ein Artefakt unseres modernen Lebens»[42].

Das bedrohlichste Element unserer modernen Gesellschaft ist wohl das grenzenlose Streben nach Macht in Form von Reichtum (was die Verseuchung unserer Umwelt, die Verelendung ganzer Völker und die Ausbeutung eines Großteils der Bevölkerung in allen Ländern mit sich bringt) und militärischer Stärke (womit wir auf den Atomkrieg zusteuern). Angesichts dieser Gefahren erscheinen andere Formen von Unterdrückung nebensächlich; dennoch sind es gerade diese unscheinbaren Formen der Repression, die die zentrale Botschaft transportieren. Die

Werte, denen wir in jedem einzelnen Mikroorganismus unserer Kultur begegnen, ermöglichen es einer kleinen Gruppe von Männern, unsere Brunnen zu vergiften und unseren gesamten Planeten zu gefährden, ohne daß die Völker der Welt in ohrenbetäubenden Protest ausbrechen. Deshalb ist es wichtig, zu untersuchen, auf welche Weise unsere Institutionen die patriarchalische Moral vorschreiben und verfestigen und uns dem Armageddon, dem Ende des «großen Spiels» und aller anderen Dinge entgegenführen. Am wichtigsten ist es jedoch, daß wir selbst erkennen, auf welche Weise wir diese Entwicklung fördern: selbst wir, die Säulen der Gesellschaft.

2. Säulen der Gesellschaft: Die helfenden Berufe

In einer Reihe hervorragender Bücher hat Michel Foucault demonstriert, daß die einzelnen Bereiche wissenschaftlicher Theoriebildung – die Diskursfelder – nicht nur Denkstrukturen, sondern auch Machtstrukturen darstellen. «Konzepte des Wahnsinns, pädagogische Theorien, Definitionen von Sexualität, medizinische Praktiken, militärische Disziplinen, literarische Stilrichtungen, Forschungsmethoden, Sprachkonzepte oder auch Methoden der Arbeitsorganisation» sind ausnahmslos konzeptuelle Systeme, die die Herrschaftsstrukturen der jeweiligen Zeit begrifflich erfassen.[43]

Was ein solches Diskursfeld einschließt und was es ausschließt, ist ebenso wichtig wie die Art und Weise, wie dieses Feld selbst strukturiert ist, und obgleich das Verhältnis zwischen denjenigen, die ein solches System strukturieren, und denjenigen, die sich in die Kategorien anderer gepreßt sehen, auf den ersten Blick als Verhältnis zwischen Herrschenden und Beherrschten, zwischen Subjekt und Objekt erscheint, wird *jedes* Mitglied einer gegebenen Kultur von den Werten geprägt und gesteuert, die deren Organisationsweise zugrundeliegen. Ich möchte jetzt einige wissenschaftliche Fachgebiete näher beleuchten und dabei versuchen, die Werte aufzuzeigen, auf denen ihre Struktur basiert.

Die Medizin

Mit der ärztlichen Tätigkeit werden bei oberflächlicher Betrachtung Mitgefühl, Nächstenliebe und das Bestreben, Schmerzen zu lindern und zu heilen, assoziiert.

Die meisten praktizierenden Ärzte glauben wohl noch immer an dieses Image ihres Berufsstandes, indes haben solche inneren Motive, unabhängig vom Selbstverständnis des einzelnen Arztes, wenig Platz in der modernen medizinischen Praxis der westlichen Industriegesellschaft. Viele Kritiker der zeitgenössischen Medizin wenden sich nicht nur gegen die Praxis ihrer Anwendung, sondern auch gegen die Art und Weise, wie Medizin, Gesundheit und Krankheit gegenwärtig definiert sind: im allgemeinen wird Medizin heute hauptsächlich als kurativ im Gegensatz zu präventiv verstanden. Sie wird als Ware betrachtet, für die man bezahlt. Für diejenigen, die kein Geld haben, ist sie weitgehend unerschwinglich.

Als Krankheit gelten solche Beschwerden, die Menschen daran hindern, ihren normalen Betätigungen nachzugehen. Wer unter Depressionen, Angst, Migräne , Schlaflosigkeit oder chronischen Verdauungsstörungen leidet, dabei jedoch seine Arbeit verrichtet, gilt nicht als wirklich krank.[44] Gesundheit wird als «körperliche Fitness», nicht jedoch als Wohlbefinden definiert. Anders ausgedrückt: die Medizin wird als Waffe gegen Krankheiten angewandt, die die Arbeitsleistung mindern, und konzentriert sich in erster Linie auf den ‹kranken›, nicht auf den ‹gesunden› Menschen.

Die meisten Menschen würden wohl nicht auf die Idee kommen, in der Medizin ein Instrument sozialer Kontrolle und Sprachrohr patriarchalischer Moral zu sehen; dennoch ist sie seit dem Beginn ihrer Institutionalisierung beides immer gewesen. Bis dahin hatten die Heiler als organischer Bestandteil zu jeder menschlichen Gemeinschaft gehört, und gewöhnlich hatten innerhalb der Familien die Frauen diese Rolle übernommen. Bezahlt wurden ihre Dienste nur dann, wenn sie nicht zur Familie gehörten, und in diesem Falle bestand ihr Entgelt in Nahrungsmitteln oder handwerklichen Erzeugnissen.

Durch die Professionalisierung wurde die Medizin jedoch zu einer Ware, die man gegen Bezahlung bekam. Außerdem entwickelte sie sich zu einem geschlossenen Berufsstand, und Frauen (und häufig genug auch Juden) wurde das Recht verwehrt, die medizinische Wissenschaft zu studieren und praktizieren. Die Heilmethoden jener Zeit waren mörderisch und einige dieser Verfahren waren quälende Prozeduren.[45] Die ortsansässigen Heiler hatten vermutlich mit ihren Kräutermixturen wesentlich geringeren Schaden angerichtet. Die Ärzte behandelten jedoch den Patienten in der Frühzeit der institutionalisierten Medizin immerhin noch als ganzheitliches Wesen und diagnostizierten Krankheiten unter Berücksichtigung von Horoskopen, der Lehre von den Temperamenten oder Persönlichkeitstypen.

Vom 17. Jahrhundert an wurde jedoch die mechanistische Weltsicht auch auf den menschlichen Körper übertragen, der fortan als ein aus mechanischen Einzelteilen bestehender Apparat und nicht mehr als organisches, integriertes System betrachtet wurde. Die «naturwissenschaftliche Methode» bestand darin, die Gesetzmäßigkeiten körperlicher Prozesse aufzudecken und zu erklären, um solche Vorgänge vorhersagbar und damit kontrollierbar zu machen und auf diese Weise Macht über sie zu erlangen.

Erkenntnis, bis dahin eine wertneutrale Qualität, wurde nun zum Machtinstrument. Wie die Ärzte körperliche Vorgänge wahrnahmen und interpretierten, richtete sich nach ihren Wertvorstellungen, ihrer Moral. Folglich sahen sie Frauen anders als Männer.

Diesem mechanistischen Ansatz innerhalb der Medizin verdanken wir eine Reihe von Errungenschaften, die es uns ermöglichen, Krankheiten zu heilen oder ihrer Entstehung vorzubeugen: Impfverfahren, antiseptische Maßnahmen, Anästhesiemethoden und Antibiotika. Wenn dieser Ansatz in anderen Bereichen versagt, so liegt dies größtenteils daran, daß die Medizin auf eine kurative, individualistische und interventionistische Grundhaltung festgelegt wurde, die den Patienten zum Objekt macht.[46] Überdies fungierte die Medizin als eine der vielen gesellschaftlichen Kräfte, die darauf aus waren, die Frauen innerhalb ihrer Schranken zu halten.

Die kärgliche Ernährung und die deformierenden Schnürapparaturen, die man den Frauen zumutete, führten zu allgemeiner Anfälligkeit und gesundheitlicher Angegriffenheit bei den weiblichen Angehörigen der Mittel- und Oberschicht, und im ausgehenden 18. Jahrhundert wurde zarte Gesundheit bereits als charakteristisches Merkmal des «schwächeren Geschlechts» betrachtet.[47] Im 19. Jahrhundert ging man allgemein davon aus, daß Frausein automatisch Kranksein bedeutete: der gesamte weibliche Fortpflanzungsapparat, insbesondere der Uterus, galt als natürliche körperliche Schwäche, und die Frauen wiederum als bloße Anhängsel dieser Fortpflanzungsorgane. (Tatsächlich führt der

Thesaurus noch 1937 eine ganze Reihe von Synonymen für Schwäche auf, die mit Weiblichkeit zu tun haben. Ein Medizinprofessor aus New Haven erklärte 1870, daß offenbar «der Allmächtige bei der Erschaffung des weiblichen Geschlechts den Uterus genommen und die Frau darum herum geschaffen» habe.[48] Unter den Ärzten galt der Uterus als «ein überaus gefährliches Besitztum», das «immense Macht» über die Frauen hatte, gleichzeitig magische Potenz und schiere Launenhaftigkeit verkörperte und Frauen doppelt so krankheitsanfällig machte wie Männer.[49]

Anders gesagt: die weiblichen Körperfunktionen wurden *per se* als pathologisch angesehen. Ehrenreich und English haben aufgezeigt, daß diese Auffassung «nicht als Resultat empirischer Beobachtung, sondern als physiologisches Faktum präsentiert» wurde. Die Menstruation selbst wie auch deren Ausbleiben hielt man für lebensgefährlich.[50]

Die Pubertät pflegte das Mädchen völlig zu verwandeln: es wurde nervös, rosig, rundlich (und – obgleich dies nie deutlich gesagt wird – aufreizend), aber auch «schwermütig, deprimiert, reizbar, launenhaft und sogar sexuell promisk», wie Caroll Smith-Rosenberg unter Berufung auf eine von einem Arzt aus dem 19. Jahrhundert verfaßte Darstellung der Pubertät bei beiden Geschlechtern schreibt. Für den Mann bringt die Pubertät die volle Entwicklung des gesamten Körpers mit sich: «Sein Körper strotzt von Lebenskräften, und energisch nimmt er alle ihm von der Natur bestimmten edlen Aufgaben in Angriff, Frauen hingegen bewahren sich in ihrer Zartheit und Empfindlichkeit stets einen Teil ihrer kindlichen Konstitution.»[51] Nur die strikte Einhaltung gesunder Lebensregeln vermochte die junge Frau sicher über diese schwierige Zeit zu bringen, und die von den Ärzten vorgeschlagenen Präventivmaßnahmen bestanden in «der regelmäßigen Erfüllung häuslicher Aufgaben wie etwa Bettenmachen, Kochen, Putzen und Kinderhüten»[52].

Nicht minder gefährlich waren die Wechseljahre, auch die Behandlung war die gleiche. In dieser Lebensphase, so glaubte man, machte es Frauen krank, wenn sie weiterhin Geschlechtsverkehr hatten, zu viel ausgelassene Geselligkeit pflegten und sich weigerten, sich in das ‹Alter› zu fügen. Frauen, die die Wechseljahre erreichten, hatten sich in stiller Würde aus dem aktiven Leben zurückzuziehen und ihr ‹Alter› ganz in den Dienst der Absichten und Ziele ihrer Angehörigen zu stellen. Insbesondere hatte sie jede geistige Betätigung zu meiden. Die medizinische Literatur zu diesem Thema stellt Frauen in den Wechseljahren mit einer

Feindseligkeit dar, als wäre ihre bloße Existenz für die Ärzte bedrohlich gewesen. Sie sind in diesen Schilderungen körperlich abstoßend, dumm, langweilig, neidisch und gekränkt, weil sie nicht mehr jung sind.[53]

Wo bereits normale fortpflanzungsorientierte Körpervorgänge bei Frauen als krankhaft galten, wurde jede Krankheit erst recht als Ausgeburt dieser Körperfunktionen aufgefaßt. Erkrankungen des Magens, der Leber, der Niere, des Herzens und der Lunge wurden auf den Uterus geschoben. Tuberkulose bei Männern wurde auf Umweltfaktoren zurückgeführt, bei Frauen hingegen auf Fehlfunktionen des Fortpflanzungsapparates.[54] «Einer der ersten Anwendungsbereiche der aufstrebenden Disziplin der Gynäkologie war die unverbrämte soziale Kontrolle über Frauen in Form der chirurgischen Entfernung verschiedener Sexualorgane» – der Klitoris, der Schamlippen oder der Eierstöcke. Operationen wie Klitoridektomien wurden in England erstmalig 1858 zur Therapie von ‹Geistesstörungen› bei Frauen – z. B. bei sexueller Auffälligkeit oder übermäßiger Gier, Erscheinungen, die bei Frauen als pathologisch galten – durchgeführt. Klitorisbeschneidungen (die Entfernung der Vorhaut) wurden «bis mindestens 1937 bei Frauen aller Altersstufen zur Unterbindung der Masturbation» durchgeführt. Die Eierstöcke wurden sehr häufig entfernt, und zwar paradoxerweise als Heilmaßnahme für Frauen, die zu ‹männlich› – zu bestimmt, aggressiv oder rebellisch – auftraten.[55] In Frankreich wurden gegen Ende des 19. Jahrhunderts «bei Mädchen große chirurgische Eingriffe durchgeführt, die wahre Torturen darstellten: die Kauterisation der Klitoris mit rotglühenden Eisen war, wenn nicht üblich, so doch mindestens sehr häufig»[56]. Während Klitoridektomien in England nur selten vorgenommen wurden, waren sie in den Vereinigten Staaten von den sechziger Jahren des 19. Jahrhunderts bis ins 20. Jahrhundert hinein an der Tagesordnung, wobei der letzte bekannt gewordene Eingriff dieser Art 1948 an einem fünfjährigen Mädchen vorgenommen wurde, um es vom Onanieren abzuhalten.[57] Von den vierziger Jahren unseres Jahrhunderts an wurde die Lobotomie zum wichtigsten chirurgischen Mittel, Frauen in ihren Schranken zu halten.[58] Der männliche Drang, am weiblichen Fortpflanzungsapparat herumzupfuschen, manifestierte sich jedoch auch weiterhin in den ebenso verbreiteten wie unnötigen Gebärmutterentfernungen.

Allerdings litten die mittelständischen Frauen im Amerika des 19. Jahrhunderts tatsächlich weithin unter gesundheitlichen Beeinträchtigungen, die sich wohl am ehesten mit dem Begriff ‹Unwohlsein› beschreiben lassen. Kopfschmerzen, Schwäche und Depressionen mögen sehr wohl Reaktionen auf die Tatsache gewesen sein, daß die Frauen sich den gleichgültigen oder gar brutalen Sexualpraktiken ihrer Männer ausgeliefert sahen, daß die Gesellschaft von ihnen forderte, ihr Leben in einem endlosen Kreislauf aus langweiliger, mühseliger häuslicher Arbeit zuzubringen, und daß sie von sämtlichen den Männern zugänglichen interessanten und lustvollen körperlichen, intellektuellen und sexuellen Aktivitäten ausgeschlossen wurden. Einige Ärzte führten die Verbreitung «krankhafter Störungen» bei Mittelstandsfrauen sehr wohl auf deren monotones Dasein zurück, auf «*Ennui*, Überdruß und Leiden», die sie in den «schnellen oder auch langsamen Selbstmord»[59] trieben. Dennoch betrachteten diese Ärzte solche Frauen nicht einfach nur als krank, sondern auch als moralisch verderbt. Die Krankheit selbst wurde nur als Symptom dieser moralischen Fehlhaltung verstanden. Frauen litten unter (vom Uterus und verwandten Organen ausgehender) Hysterie, die ihren Charakter veränderte, sie reizbar, entschluß- und willenlos, trübsinnig und eifersüchtig machte. Solche Frauen waren hinterlistig, raffiniert und von «tückischem und perversem» Charakter. Sie vernachlässigten ihre Pflichten und begingen gelegentlich sogar «Handlungen verderbter und unanständiger Natur»[60].

Gleichzeitig glaubte man, daß jede Hinwendung zu weltlichen Aktivitäten Frauen krank mache: ‹Unweibliche› Interessen oder Wünsche wie intellektuelle Betätigung, sexuelles Verlangen oder beruflicher Ehrgeiz galten als sichere Wege zum Zusammenbruch, und mangelnde Unterordnung oder ungenügende Selbstlosigkeit als dessen erste Symptome. Eines der Lieblingsargumente gegen Frauenbildung lautete, Wissen führe zu nervlicher Zerrüttung. Das gleiche galt jedoch auch für ‹laszive› Lektüre sowie für die Unsitte, häufig «dem Geschlechtsverkehr zu frönen»[61].

Doch der Sexismus war nicht die einzige Form sozialer Kontrolle, die hochzuhalten die Medizin ihre gewichtige Autorität in die Waagschale warf. Während man bei den mittelständischen Frauen eine grundsätzliche Schwäche auf Grund ihres Geschlechts diagnostizierte, kam man bezüglich der Frauen aus den unteren Schichten zu der Diagnose, sie seien schlechte Mütter und trügen die Schuld an der hohen Sterblichkeitsrate und Krankheitsanfälligkeit ihrer Kinder. Es wurden staatliche Maßnahmen eingeleitet, die die Mütter aus der Arbeiterschicht dahingehend erziehen sollten, ihre Kinder besser zu versorgen. Ärzte und andere Gesundheitsexperten kehrten ihr überlegenes Wissen und ihre Autorität heraus, um auf diese Weise moralische Sanktionen zu verhängen. Die wenigsten dieser Besserwisser berücksichtigten die Tatsache, daß diese Frauen arbeiten mußten, um zu überleben, daß sie auf überfüllte, unhygienische Unterkünfte angewiesen waren, Löhne erhielten, die unter dem Existenzminimum lagen, und sich selbst ihr Brot vom Munde absparten – mit dem Ergebnis, daß die Kinder, die sie zur Welt brachten, unterernährt waren und an allen möglichen Krankheiten litten.[62] Krankheit war ebenso wie Armut nur ein Zeichen moralischer Unzulänglichkeit.

Im Verlauf der Industrialisierung der westlichen Welt protestierte der Ärztestand als gesellschaftliche Kraft kaum jemals gegen die Auswirkungen dieser Umwälzung auf die Menschen. Es wird häufig vermerkt, daß mit der Industrialisierung die Lebenserwartung gestiegen sei. Dies ist jedoch eine Simplifizierung, die die Tatsachen verzerrt. In ihrer Frühphase bewirkte die Industrialisierung eine Verschlechterung der materiellen Lebensbedingungen für die Mehrheit der armen Bevölkerung auf dem Land und in den Städten. In den Jahren 1831 bis 1839 lag in Großbritannien die Sterblichkeitsrate auf dem Land bei 18,2 je 1000, in den Städten bei 26,2 je 1000 Menschen.[63] Eine andere statistische Auswertung für etwa den gleichen Zeitraum zeigt, daß in Manchester die durchschnittliche Lebenserwartung der mittelständischen Bevölkerung bei 38, die der Arbeiterschicht hingegen bei siebzehn Jahren lag. In Liverpool betrugen diese Mittelwerte 35 Jahre für die Oberschicht und fünfzehn Jahre für die unteren Bevölkerungsschichten.[64] Ein Arzt schreibt 1832: «Keine 10 Prozent der Einwohner großer Städte erfreuen sich uneingeschränkter Gesundheit.»[65]

Der Gesundheitszustand der britischen Arbeiter im beginnenden 19. Jahrhundert war so schlecht, daß er sich produktivitätsmindernd auswirkte. Deshalb und nicht auf Grund ärztlicher Proteste wurden staatliche Gesundheitsgesetze erlassen. Darin wurden die Bereitstellung von sauberem Trinkwasser, die Beseitigung von Abwässern und in gewissem Umfang auch Sanierungsmaßnahmen verfügt.[66] Die neuentstandenen Gewerkschaften forderten Arbeitszeitverkürzungen, bessere Arbeitsbedingungen und bessere Löhne. Beide gesellschaftliche Reformen gemeinsam bewirkten ein Sinken der Sterblichkeitsrate, jedoch erst in den siebziger Jahren. Während in der industrialisierten westlichen Welt die Sterblichkeit zurückging, erzeugte der Prozeß der Kolonialisierung ähnliche und vielleicht noch schlimmere Lebensbedingungen für die Menschen der dritten Welt.

Ebensowenig erhoben die Ärzte als Berufsstand Einspruch gegen die unmenschlichen Arbeitsbedingungen, die eine Vielzahl von Krankheiten und häufige Arbeitsunfälle zur Folge hatten. Tatsächlich gab es sogar viele Ärzte, die sich auf die Seite der Unternehmer schlugen, wenn diese die Verantwortung für solche Zustände von sich wiesen. Aus jeder Langzeitstatistik geht eindeutig hervor, daß Angehörige der Arbeiterschicht früher sterben und sich in schlechterer gesundheitlicher Verfassung befinden als Angehörige der Mittelschicht. In kapitalistischen Nationen spiegelt die Gesundheitsstatistik die Verteilung des Einkommens wider.[67] In den USA ergeben sich vielfach – etwa für Boston – für unmittelbar benachbarte Schwarzen- und Weißenviertel extrem unterschiedliche Sterblichkeitsziffern, bezogen auf Säuglinge wie auf Erwachsene.

Das ärztliche Establishment unterstützte die Unterdrückung der Frauen durch die Herrschenden und lieferte die ‹wissenschaftliche› Legitimation dazu. Es half ferner bei der Ausbeutung von Millionen Menschen, indem es angesichts der durch mangelhafte Ernährung und unhygienische Wohnverhältnisse, gefährliche Arbeitsbedingungen und die Verseuchung der Umwelt bedingten Krankheiten schwieg, und es förderte alle möglichen weiteren Formen von Diskriminierung. In den Vereinigten Staaten galten schwarze Sklaven, die sich der unbarmherzigen Antreiberei zu entziehen oder aufzubegehren versuchten, als krank oder moralisch verderbt. Ein berühmter Arzt aus Louisiana, Samuel Cartwright, beschrieb eine Geistesstörung, die er als *Drapetomanie* bezeichnete, eine Krankheit, die mit gutem Grunde nur bei schwarzen Sklaven auftrat. Eine mürrische und unzufriedene Haltung war das erste Symptom. Als erster Behandlungsschritt wurde ein Verhör durchgeführt. Wenn dieses keine klaren Antworten erbrachte, wurde mit der Peitsche weiterbehandelt. Eine andere Krankheit, die *Dysaesthesia Aethiopica,* machte ihre Opfer unachtsam und ungeschickt. Wenn Sklaven, die an ihr litten, bestraft oder mit Gewalt zur Arbeit gezwungen wurden, neigten sie dazu, ihr Arbeitsgerät zu zerbrechen oder die Ernte zu vernichten. Cartwright führte solches Verhalten auf die «durch die Krankheit ausgelöste Tumbheit des Geistes und die Insensibilität der Nerven» zurück.[68] Ferner bewies er ‹wissenschaftlich›, daß dem Gehirn der Schwarzen zu wenig rote Blutkörperchen zugeführt wurden, es sei denn, sie stünden unter der Kontrolle des weißen Mannes.[69]

In ähnlicher Weise ‹bewiesen› Ärzte im 19. Jahrhundert auch die Minderwertigkeit von Juden, Schwarzen und Frauen mit Hilfe phrenologischer Untersuchungen. Sie argumentierten, ein großes Gehirn sei ein Zeichen für höhere Intelligenz, da es also mehr Raum in Anspruch nähme, müßte der Schädel sich dementsprechend auswölben, um ihm Platz zu bieten: intelligentere Menschen würden folglich ausgeprägtere Schädelhöcker aufweisen. Als sie entdecken mußten, daß die Untersuchungsbefunde ihre Hypothesen nicht bestätigten – weiße Männer wiesen nämlich keine ausgeprägteren Schädelhöcker auf als andere Menschen –, manipulierten sie die Ergebnisse und gaben ihre Spekulationen für bewiesene Tatsachen aus.[70] Noch bis in die fünfziger Jahre benutzte Psychologielehrbücher behaupteten, es gebe eine Rasse geistig minderbemittelter Menschen, die sich hemmungslos vermehrten und mit ihren minderwertigen Genen bereits in nächster Zukunft die gesamte Menschheit zu ruinieren drohten.

Aus dem Konstrukt der rassischen Minderbemittlung entstand die ‹Wissenschaft› der Eugenik, die von 1904 an in den Vereinigten Staaten von der *Carnegie Foundation* gefördert wurde. Sie setzte eine Kampagne in Gang, mit dem Ziel, die «geistig Minderbemittelten», bei denen es sich überwiegend um nicht-nordische Emigranten und Schwarze handelte, zur Sterilisation zu überreden oder zu zwingen. Diese fehlende Intelligenz wurde mit in englischer Sprache gehaltenen IQ-Tests diagnostiziert, denen die Neuankömmlinge auf Ellis Island unterzogen wurden: diese ergaben unter anderem, daß 83 Prozent der jüdischen, 80 Prozent der ungarischen, 79 Prozent der italienischen und 87 Prozent der russischen Emigranten unterdurchschnittlich begabt waren. Diese erschreckenden Statistiken überzeugten die gesetzgebenden Organe und ließen «die Vereinigten Staaten zur ersten Nation der Moderne [werden], die Gesetze aufstellte, die eine eugenische Sterilisation im Namen der ‹Rassenpflege› erlaubten; ja vorsahen»[71].

Die Eugenik war faktisch eine Legitimationswissenschaft für den Einsatz von Zwangssterilisation und Geburtenkontrolle, um «das amerikanische Volk davor zu bewahren, durch fremd- oder negerrassige Potentiale, sei es per Einwanderung, sei es durch übermäßige Geburtenraten, verdrängt zu werden»[72]. Im Laufe von etwa 40 Jahren wurden in North Carolina beinahe 8000 Sterilisationen durchgeführt, 5000 davon an schwarzen Frauen. Von den zwischen 1964 und den frühen siebziger Jahren in North Carolina sterilisierten Frauen waren 65 Prozent schwarz.[73]

Solche Sterilisationen konnten von den Ärzten nach Gutdünken durchgeführt werden, wurden jedoch durch Institutionen auf bundesstaatlicher bzw. Bundesebene unterstützt. Es gibt zu denken, daß das Ministerium für Gesundheit, Erziehung und Wohlfahrt in bezug auf Sterilisationsmaßnahmen verharmlosende falsche Zahlen veröffentlichte, während Carl Schultz, der ehemalige Leiter des Amtes für Bevölkerungsfragen im gleichen Ministerium, enthüllte, daß allein im Jahre 1972 zwischen ein- und zweihunderttausend Menschen mit Unterstützung aus Bundesmitteln sterilisiert worden waren. Hitler gelang es in den zwölf Jahren seiner Herrschaft lediglich, 250 000 Menschen sterilisieren zu lassen. Opfer dieser Sterilisationskampagnen in den USA waren nicht nur Schwarze und Immigranten, sondern auch amerikanische Indianer und Hispanoamerikaner. Zu Beginn der siebziger Jahre waren über 35 Prozent aller puertoricanischen Frauen im gebärfähigen Alter sterilisiert. Im Jahre 1976 waren 24 Prozent aller amerikanischen Ureinwohnerinnen im gebärfähigen Alter dem gleichen verstümmelnden Eingriff unterzogen worden.[74]

Auch Kinder waren vor den hilfreichen Maßnahmen des ärztlichen Establishments nicht sicher. Geistliche und Ärzte zogen im ausgehenden 19. Jahrhundert mit drastischen Mitteln gegen kindliche Masturbationsgewohnheiten zu Felde.[75] Als Heilmittel galten spartanische Kost, wenig Schlaf, anstrengende körperliche Betätigung, regelmäßiger Stuhlgang, der mit Hilfe häufiger Einläufe erzeugt wurde, kaltes Duschen und die frühzeitige Einimpfung heftiger Schuldgefühle. Diese Einstellungen und Praktiken brachten nicht nur körperliche und psychische Leiden für die Kinder mit sich, sondern erhöhten auch den Reiz der Sexualität. Wie Foucault gezeigt hat, führte die intensive Beschäftigung von Ärzten, Geistlichen und Eltern mit der kindlichen Sexualität in Wirklichkeit dazu, daß die Körper, die diese Leute zu kontrollieren bestrebt waren, in ihrem eigenen Denken erotisiert wurden.[76]

Ronald Hayman hat die Leiden eines Knaben – namens Nietzsche – in einem nach diesen Maßstäben geführten Internat beschrieben.[77] In Nietzsches Jugend standen die Lehren des «Dr. Spock» der damaligen Zeit, Daniel Schreber (1801 bis 1861), in Deutschland in hohem Ansehen. Schrebers Methode war jedoch noch weit radikaler: Er predigte, der Wille des Kindes sei vom Augenblick der Geburt an restlos zu brechen. Einen Säugling, der schrie, solle man nicht aufnehmen und trösten, sondern vielmehr körperlich züchtigen. Schreber erfand eine Reihe von Apparaturen, mit deren Hilfe man das Kind zwingen konnte, gerade zu liegen, zu sitzen oder zu gehen. Eine eiserne Querstange vor den Schlüsselbeinen und Schultern sollte es daran hindern, sich bei Tisch vornüber zu beugen. Eine an dieser angebrachten Längsstange verhinderte das Übereinanderschlagen der Beine. Ein am Bett des Kindes befestigter, quer über dessen Körper gehender Gürtel mit ringförmigen Schulterhaltern unterband jedes Herumwälzen im Schlaf. Ein Kopfhalter machte es dem Kind unmöglich, den Kopf seitlich zu drehen oder vornüber sinken zu lassen. Ein von einer Art Helm gehaltenes Kinnband garantierte die «vorschriftsmäßige Entwicklung» von Kiefer und Zähnen.[78]

Schreber genoß große Verehrung; den Schrebervereinen, organisierten Clubs, die Freiübungen, Feierabendgärtnerei und Freiluftaktivitäten betrieben, gehörten noch 1958 in Deutschland mehr als zwei Millionen Mitglieder an.[79] Nach seinem Tod wurde Schreber als Kämpfer gegen die «degenerierte Dekadenz» seiner Zeit gepriesen, und eine aus dem Jahre 1936 stammende Biographie erhebt ihn zum geistigen Wegbereiter Hitlers.[80] Tatsächlich versprach sich Schreber selbst von seinen Erziehungsmethoden «makrosoziale Auswirkungen». Seine Epoche schien ihm «weichlich» und dekadent zu sein, und er beschwor die Regierung, sich ernsthaft der Ertüchtigung der Kinder anzunehmen.[81] Schreber erprobte seine Prinzipien und Apparaturen an seinen beiden Söhnen. Beide wurden wahnsinnig, einer von ihnen beging schließlich Selbstmord. Der andere verfaßte die *Denkwürdigkeiten eines Nervenkranken,* die Freud später analysierte.

Diese Greuel sind doch lange vorbei, werden Sie sagen. Dem ist jedoch nicht so. Auch wenn Auswüchse wie diese mittlerweile abgeschwächt wurden, so sind doch die moralischen Grundwerte der Medizin als Institution (wenn auch nicht der Ethos des einzelnen Arztes) die gleichen geblieben. Die Manipulationstechniken sind raffinierter geworden und fallen in einer Welt der Fragmentierung, Isolierung und Aufhebung aller natürlichen Zusammenhänge nicht weiter auf. Dennoch vermag diese Art von Medizin dem Wohl der Menschheit heute nicht besser zu dienen als vor ein- oder zweihundert Jahren.

Der moderne Mediziner führt Krankheiten vor allem auf zwei Ursachen zurück: auf Mikroorganismen, die meist als Keime oder Viren bezeichnet werden, und auf natürliche degenerative Prozesse. Es wird vielfach behauptet, daß die höhere Lebenserwartung unserer Zeit eine Reihe von Krankheitsbildern mit sich bringt, die nahezu ausschließlich in hochentwickelten Industriegesellschaften vorkommen: Arteriosklerose, Diabetes, Bluthochdruck, Krebs, chronische Bronchitis, Karies, Zwölffingerdarmgeschwüre, Blinddarmentzündung, Divertikel und

Krampfadern. Für die Entstehung dieser Krankheiten werden häufig die Patienten selbst verantwortlich gemacht, deren falsche Ernährungsgewohnheiten und ungenügende körperliche Betätigung im Verein mit psychischem Stress sowie Rauchen und Trinken als verursachende Faktoren gelten. Faktisch sind sowohl falsche Eßgewohnheiten als auch das Rauchen wichtige Faktoren in unserem kommerziellen System, weshalb sie ohne jede Intervention des Staates von der Werbung mit großem Nachdruck propagiert werden. Allein in England werden pro Woche eine Million Pfund darauf verwendet, Menschen zum Rauchen zu bewegen. Die Regierung läßt dies geschehen, weil die eventuellen Einsparungen im Gesundheitswesen infolge eines Rückgangs der Herz- und Krebserkrankungen durch den Verlust an Steuereinnahmen und den Anstieg der zu zahlenden Altersrenten im Falle einer Intervention mehr als neutralisiert würden. Arbeitsplätze gingen verloren, Zeitungen verlören einen großen Teil ihrer Inserenten und der Sport wichtige Sponsoren.[82] Die ungesunden Produkte aus raffiniertem Zucker und Weizen, die gegenwärtig auch den Menschen in der dritten Welt aufgeschwatzt werden, beherrschen die Märkte in den Industrienationen schon seit langem.

Am gravierendsten ist jedoch, daß 80 Prozent aller Krebserkrankungen umweltbedingt sind und die Ärzte dies sehr wohl wissen. Philippe Shubik vom *United States National Cancer Advisory Board* vertritt die Ansicht, daß die meisten Formen von Krebs durch Umweltfaktoren verursacht werden und daher weitgehend verhinderbar sind.[83] Die Ärzte müßten eine wirksame Entseuchung der Luft, des Wassers und des Bodens fordern, um diesen Krankheiten vorzubeugen. Dies hieße jedoch, sich der wichtigsten Pfründe der Nation, der Industrie, und auch den Interessen des Staates, soweit dieser mit der Industrie verflochten ist, entgegenzustellen. Statt dessen werden die Krebspatienten selbst – wie Susan Sontag aufgezeigt hat – zu den Schuldigen gestempelt und den entsetzlichen Folterqualen der Chemotherapie unterzogen.[84] Indessen lehnen Staat und Industrie unerschütterlich jede Verantwortung für gehäufte Leukämie- und Krebserkrankungen in Gebieten ab, in denen Atomtests durchgeführt, das Entlaubungsgift *Agent Orange* eingesetzt oder tödliche Gase und Bakterien versehentlich oder zu Versuchszwekken freigesetzt wurden.

Unsere Umweltbedingungen selbst sind die tödliche Gefahr, mögen auch ganze Fluten von Publikationen dem Individuum seine schädlichen Gewohnheiten vorwerfen. Natürlich fordern diese auch ihren Zoll, aber diese Tatsache veranlaßt die großen Konzerne noch lange nicht, ihre Werbung für Zigaretten, Drogen und nährwertarme Nahrungsmittel einzustellen. Die Pressure-Group, die den größten Einfluß auf die diesbezügliche Politik der Regierung und der Konzerne ausüben könnte, ist der Ärztestand. Dieser hüllt sich jedoch weitgehend in Schweigen.

Obwohl die Krankheiten in den Ländern der dritten Welt meist anderer Natur sind, erwachsen ihre Ursachen doch letztlich aus den gleichen gesellschaftlichen Wertsetzungen. Es wird häufig behauptet, die Überbevölkerung sei die Ursache des Hungers in der dritten Welt, während die Hauptschuld an diesem Hungerelend in der Profitgier der Agrarkonzerne und – in der Vergangenheit – in der Kolonialpolitik der imperialistischen Länder zu suchen ist. Es mag sein, daß viele Menschen in der dritten Welt an Infektionskrankheiten sterben, aber nur deshalb, weil die Hälfte aller Kinder in diesen Ländern unterernährt ist und weil imperialistische Ausbeutungsstrategien die traditionellen Formen der Krankheitsbekämpfung zunichte gemacht haben. Ich werde mich im nächsten Abschnitt ausführlicher mit diesen Strategien auseinandersetzen. Zunächst einmal geht es mir jedoch darum aufzuzeigen, daß die medizinischen Probleme in nicht-industrialisierten Ländern ebenso wie die der Industrienationen zu einem hohen Grad einer Politik zu verdanken sind, die Profit und Macht nicht nur als oberstes, sondern als einziges Ziel anstrebt – einer Politik, die von den Regierungen *und* von der Industrie betrieben wird.

Leider trägt auch das ärztliche Establishment diese Politik mit. Auch wenn viele Ärzte persönlich nicht mit den Machenschaften der *American Medical Association* oder anderer Institutionen einverstanden sind, sorgt ihre Vereinzelung dafür, daß niemand diese Institutionen behindern kann. Selbst in Großbritannien, wo die Gesundheitsversorgung um einiges besser ist als in den Vereinigten Staaten, wird das Gesundheitssystem von einem Establishment beherrscht, das sich ganz der hypertechnisierten Medizin verschrieben hat: Immer größere und bessere Apparaturen werden eingeführt und verleihen Erfindern, Benutzern und den Kliniken, die sie besitzen, ein hohes Maß an Prestige.

Viele dieser Apparate sind ihren Preis nicht wert.

So erfordern etwa die vom Fernsehen mit viel Glamour umgebenen kardiologischen Intensivstationen dreimal soviel technischen Aufwand und fünfmal soviel Personal wie normale Pflegestationen, ohne deshalb niedrigere Sterblichkeitsziffern aufzuweisen. Viele Patienten bleiben lieber zu Hause. Die höhere Sterblichkeit der in der Klinik apparativ überwachten Patienten wird auf Angst zurückgeführt.[85] EMI-Scanner (das sind Computertomographen für spezielle Kopfuntersuchungen) etwa kosten ungeheuer viel Geld und sind von großem Prestigewert für ihre Besitzer, jedoch nur von begrenztem Nutzen.[86] Wir exportieren auch komplizierte medizinische Apparaturen in nicht-industrielle Länder, wo sie aus einer Vielzahl von Gründen kaum etwas nützen, während gleichzeitig an Cholera oder Ruhr Erkrankte sterben, weil sie auf den Transport in ein Krankenhaus warten müssen, obgleich sie mit einfachen Mitteln hätten vor Ort behandelt werden können.[87] Ivan Illich zitiert Statistiken, aus denen hervorgeht, daß im großen und ganzen gerade die teuersten Behandlungsmethoden die geringsten lebensverlängernden Erfolge zeitigen, insbesondere bei unheilbar Kranken, bei denen durch frühzeitigen Einsatz schmerzhafter und teurer Behandlungen nur der Sterbeprozeß verlängert wird.[88]

Bereits während ihrer Ausbildung wird den Ärzten dieses medizinische Selbstverständnis eingeimpft. Der Schwerpunkt der medizinischen Ausbildung durch Mediziner, die den menschlichen Aspekten ihrer Aufgabe und der Linderung des Leidens nicht viel Gewicht beimessen, liegt auf der Spezialisierung und der Anwendung komplizierter technischer Apparaturen.[89] Ein in England erschienener medizinischer Report, in dem gefordert wurde, «Menschen wichtiger zu nehmen als Gebäude», und alten und behinderten Menschen praktische Hilfe zukommen zu lassen, wurde in einem Leitartikel des *British Medical Journal* als «sentimental» bezeichnet. Statt dessen verlangte man den Ausbau von Akutmaßnahmen wie Nierendialyse und -transplantation, den Einsatz von EMI-Scannern und verstärkte Akutintervention in der Geburtshilfe.[90] Trotz der publizistisch ausgeschlachteten, immens teuren Experimente mit technischen Wunderwerken (z. B. einem künstlichen Herzen, das an etwa dreieinhalb Zentner schweren Kompressoren hängt, so daß der Patient bewegungsunfähig wird), trotz aller Versuche, Menschen mit ausgefeilten technischen Mitteln Ersatzherzen einzupflanzen, die bisher etwa 200 Millionen Dollar verschlungen haben, stehen die Vereinigten Staaten an sechzehnter Stelle in der Rangfolge der Säuglingssterblichkeit – einer Kategorie von Todesfällen, die überwiegend auf Unterernährung und ungesunde Umweltbedingungen zurückzuführen sind.[91] In manchen städtischen Regionen sterben extrem viele Kinder, noch ehe sie ein Jahr alt sind – in bestimmten Bezirken Detroits etwa 33 und im Chicagoer Stadtteil Avalon Park 55 je tausend Babies. In fast zwei Dritteln aller Fälle von Säuglingssterblichkeit lag ein zu geringes Geburtsgewicht vor, das seinerseits in engem Zusammenhang mit Unterernährung und Armut der Mütter steht.[92] Unter 53 Ländern, für die entsprechende Daten vorliegen, rangieren die Vereinigten Staaten im Hinblick auf die Sterblichkeitsquote an 23. und im Hinblick auf die Lebenserwartung an sechzehnter Stelle.[93]

Vor kurzem ergab eine Untersuchung, die ursprünglich den Nutzen von Autopsien beweisen sollte, ein ganz anderes und unvorgesehenes Ergebnis: daß nämlich jede vierte der in einer großen Bostoner Klinik gestellten Diagnosen falsch war. In einigen Fällen trugen neueste technische Eigenschaften – Ultraschall, Radioscintillographen und Computertomographen – «unmittelbar zur Erstellung der Fehldiagnose bei»[94].

In den Vereinigten Staaten folgt das ärztliche Establishment dem Beispiel der Großindustrie, indem es profitorientierte medizinische Konzerne aufbaut. Diese betreiben ganze Ketten von Krankenhäusern, Pflegeheimen, Dialysezentren, diagnostischen Labors, Apotheken, Ärztehäusern sowie kleinere lokale chirurgische Ambulanzen und Erste-Hilfe-Stationen. Diese Konzerne helfen weder den Armen noch den Bevölkerungsschichten mit besonders hohen Krankheitsquoten, da beide Bereiche keine großen Profite versprechen. H. Jack Geiger beschreibt, wie die Ärzte die Medizin zunächst in den Stand einer geachteten Institution erhoben und auf diese Weise eine gesteigerte Nachfrage schufen, um dann den ‹Markt› unter ihre Herrschaft zu bringen, indem sie den internen Auseinandersetzungen um die richtige Lehre ein Ende machten (in der Theologie spräche man von Dogmenbegründung), die Zulassung zur medizinischen Ausbildung und die Erteilung von Approbationen reglementierten und sich das alleinige Verordnungsrecht sicherten.[95]

Die pharmazeutische Industrie leistet sich wohl den größten Affront gegen die Ideale der Medizin überhaupt. Von der nur allzu bekannten Nachlässigkeit bei der Erprobung von Medikamenten, die lebenslange Schädigungen – wie etwa bei Contergankindern – zur Folge hat, und den hohen Profitspannen einmal abgesehen, beuten die Pharmakonzerne die Entwicklungsländer skrupellos aus. Sie fordern extrem hohe Preise für Medikamente, die im eigenen Land oder in benachbarten Ländern wesentlich billiger sind. Sie exportieren Erzeugnisse in Länder der dritten Welt, die in den Industrienationen selbst für gefährlich befunden wurden, und verkaufen ihnen unter Vorspiegelung falscher Tatsachen Mittel, die unter den dortigen Bedingungen und gegen die dortigen Krankheiten wirkungslos sind. So ist etwa die Einnahme des Mittels «Dipyron» mit extrem hohen Risiken behaftet – nämlich in jedem

200. Falle tödlich. Dieses Mittel wird in den Vereinigten Staaten nur Patienten mit unheilbaren Krankheiten im Endstadium verabreicht, bei denen sich das Fieber auf andere Weise nicht senken läßt. In Brasilien hingegen ist es frei verkäuflich und wird zur Linderung einer Reihe banaler Beschwerden von Zahnschmerzen bis Rheumatismus angepriesen.[96]

Ivan Illich erörtert Formen der *Iatrogenese* (von der Medizin selbst produzierte Schädigungen), die er in drei Hauptursachen begründet sieht: in der ärztlichen Behandlung selbst; in der von der Medizin betriebenen Überhöhung der Ärzte zu unfehlbaren, allwissenden Halbgöttern, die den suchtähnlichen Glauben der Patienten an ärztliche Maßnahmen als Allheilmittel für Probleme jeder Art zur Folge hat, und schließlich in der Zerstörung der Autonomie der Patienten durch die Art des Arzt-Patienten-Verhältnisses.[97] Viele ärztliche Maßnahmen sind nach Illich nicht nur wirkungslos, sondern faktisch schädlich. Ärzte praktizieren medizinische Techniken wie etwa die Lobotomie oder verabreichen Sedativa, Tranquilizer und stimmungsverändernde Medikamente, die in erster Linie Instrumente sozialer Kontrolle sind.

An dem Wertsystem, auf dem eine solche Kontrolle basiert, hat sich seit der Professionalisierung der Medizin nichts geändert. Die erste Welle von Lobotomien in den Vereinigten Staaten betraf überwiegend – in zwei von drei Fällen – Frauen. Bis 1964 war dieser Eingriff an 50000 Menschen vorgenommen worden, wobei es kaum Indizien für einen Heilungsprozeß, aber beträchtliche Anzeichen für zusätzliche Schädigungen gab.[98] Inzwischen wurden neue Methoden der Kontrolle über die menschliche Psyche in Form der Zerstörung einzelner Gehirnregionen durch Ultraschallwellen, der Elektrokoagulation oder der Implantation von Radiumteilchen entwickelt.[99] Alte Menschen in Pflegeheimen werden mit Sedativa behandelt, um sie ruhig zu stellen. Hyperaktivität bei Kindern wird medikamentös gedämpft.[100] Auch Strafgefangene, die bekanntermaßen zum Großteil aus den ärmeren Bevölkerungsschichten stammen, werden zu psychochirurgischen Eingriffen und medikamentöser Behandlung genötigt.

Den Armen bringt die Medizin auch heute noch, zumindest in den Vereinigten Staaten, kaum Interesse entgegen. In den Krankenhäusern werden sie gedemütigt, indem man sie stundenlang auf jede Behandlung warten läßt, sie gleichgültig oder gar verächtlich abfertigt und sie als menschliche Versuchskaninchen oder Anschauungsobjekte für Medizinstudenten benutzt. In ländlichen Gebieten stehen den Armen oft gar keine Ärzte zur Verfügung. Am gravierendsten ist jedoch, daß die Sterblichkeitsrate in Armenvierteln noch immer weit höher liegt als dort, wo die Reichen wohnen. Daß dies in England trotz des staatlichen Gesundheitswesens ebenso der Fall ist wie in den Vereinigten Staaten, erhärtet meine These, daß ganz offensichtlich Umweltfaktoren als wichtigste Ursache für gesundheitliche Schädigungen angesehen werden müssen – die Armen können der Umweltvergiftung nicht entfliehen. Im Jahre 1973 lag die Sterblichkeitsrate in den USA für schwarze Säuglinge bei 26,2, für weiße Säuglinge bei 15,8 je Tausend; die Lebenserwartung für Schwarze lag bei 65,9 Jahren, für Weiße bei 72,2 Jahren. Solche Zahlen sprechen eine noch deutlichere Sprache, wenn sie für städtische Gebiete erhoben werden: die Säuglingssterblichkeit im Zentrum von Harlem in New York City beträgt 49,5 je Tausend, während die Vergleichsrate in den wohlhabenderen weißen Vierteln Kips Bay und Yorkville bei 14,7 je Tausend liegt. In armen amerikanischen Familien treten schwere Herzkrankheiten dreimal so häufig und Sehbehinderungen sogar siebenmal so häufig auf wie in Mittelschichtsfamilien. William Ryan schreibt: «Das wohlhabende weiße Amerika ist genauso gesund wie Schweden. Der Gesundheitszustand der armen schwarzen amerikanischen Nation ist dem in Ländern wie Venezuela, Rumänien und Südvietnam vergleichbar.[101]

Auch die Frauen haben auf spezifische Art und Weise unter den medizinischen Praktiken zu leiden. Die Behandlung von Frauen während der Niederkunft – eine Erfahrung, die ihnen die Medizin aus den Händen genommen und so organisiert hat, wie es für den Arzt und nicht für die Gebärende am angenehmsten ist – wurde unter anderem von Adrienne Rich ausführlich dargestellt.[102] Doch weibliche Patienten werden generell von männlichen Ärzten weniger ernsthaft behandelt als männliche. Ihre Beschwerden werden häufig als ‹psychisch› abgetan und auch dann nicht zur weiteren Behandlung in die Hände eines Therapeuten gelegt, sondern mit Hilfe von Psychopharmaka – Tranquilizern oder Stimulantia – gedämpft oder erstickt. 67 Prozent aller in den Vereinigten Staaten verordneten Drogen dieser Art werden Frauen verschrieben, und ein Drittel aller amerikanischen Frauen über Dreißig erhält jährlich einmal Psychopharmaka verordnet.[103] Die Neigung, bei Frauen diffuse Beschwerden zu diagnostizieren, die mit Hilfe von Medikamenten ‹geheilt› werden können, wird von der pharmazeutischen Industrie, die in ihrer Werbung für Stimulantia fünfzehnmal so häufig Frauen wie Männer auftreten läßt, nach Kräften gefördert.[104] In England werden doppelt so vielen Frauen wie Männern Stimulantia verordnet.[105]

Die männerbeherrschte Schulmedizin macht sich noch nicht einmal die Mühe, in Frauenfragen auf dem neuesten Stand zu bleiben. So motivierte erst eine von einer Nichtmedizinerin geführte Kampagne die Ärzteschaft, die Praxis der automatischen radikalen Brustamputation bei Brustkrebs in Frage zu stellen. Obgleich viele medizinische Forschungsergebnisse darauf hindeuten, daß Übelkeit während der Schwangerschaft, Wehenschmerzen und Dysmenorrhoea physische Ursachen haben, werden diese Erscheinungen von den Ärzten auch weiterhin auf neurotische Symptome bei Frauen und Mädchen zurückgeführt, die sich angeblich weigern, ihre ‹Weiblichkeit› zu akzeptieren.[106] Im Jahre 1966 legten Johnson und Masters, wie auch schon 1953 Alfred Kinsey, wissenschaftliches Material zur weiblichen Sexualität vor, die Freuds Theorie vom reifen vaginalen Orgasmus ebenso widerlegten wie die Schulmeinung von der weiblichen Frigidität. Dieses Material wurde von den medizinischen Lehrbüchern nahezu völlig ignoriert, was möglicherweise daher rührte, daß es keine Lobpreisung des Penis oder auch nur eine Betonung der zentralen Rolle des Mannes in der weiblichen Sexualität enthielt. Einer von 1973 stammenden Untersuchung gynäkologischer Lehrbücher aus den Jahren 1943 bis 1972 von Diane Scully und Pauline Bart zufolge gibt es in der Schulmedizin nahezu keine Spuren der Arbeiten beider Forscherteams. Zwei Drittel aller untersuchten Lehrwerke erörterten das Thema klitoraler versus vaginaler Orgasmus überhaupt nicht, acht Bücher setzten auch weiterhin beim Mann einen ausgeprägteren Sexualtrieb voraus als bei der Frau, und die Hälfte hielt die Fortpflanzung für die Hauptfunktion weiblicher Sexualität. Zwei Lehrbücher erklärten die meisten Frauen für frigide und in einem wurde behauptet, ein Drittel aller Frauen sei sexuell empfindungslos. Zwei Werke hingen immer noch der Auffassung an, der vaginale Orgasmus sei die einzige sexuell reife Reaktion bei Frauen.[107]

Das elitäre hierarchische Denken in der Medizin spiegelt sich logischerweise auch in der Struktur ihrer eigenen Institutionen wider. Sie werden von weißen Männern beherrscht. Obgleich die Frauen inzwischen das Recht besitzen, Medizin zu studieren und den Arztberuf auszuüben, haben sie es während der medizinischen Ausbildung und danach besonders schwer. Sie sind noch immer Gegenstand abfälliger Bemerkungen und Hauptquell der Heiterkeit bei medizinischen Vorlesungen, in denen sie als übermäßig emotionale, zu rationalem oder analytischem Denken unfähige raffinierte und opportunistische Wesen hingestellt werden, denen als Patienten Zeit und Aufmerksamkeit zu widmen im Grunde zu viel der Ehre wäre.[108]

In England absolvieren Frauen ihr Medizinstudium mit mehr Erfolg als Männer, erreichen häufiger Prädikatsnoten und fallen seltener durch das Abschlußexamen. Nachdem sie jedoch ihren Abschluß in der Tasche haben, erwerben sie kaum höhere wissenschaftliche Grade und haben seltener fachärztliche Beraterpositionen und Dozenturen inne.[109] Zum einen ist dies auf die Tatsache zurückzuführen, daß der britische Ärztestand noch immer wie eine Alt-Herren-Verbindung funktioniert, und zum anderen auf den Umstand, daß die Frauen noch immer die Hauptverantwortung – im Sinne von Last – für die Kinderversorgung tragen, gerade in einem Land, das, ebenso wie die Vereinigten Staaten, kaum Kinderbetreuungseinrichtungen bereitstellt.

Auch in Amerika finden sich Frauen wesentlich seltener in den Spitzenpositionen des ärztlichen Establishments und wesentlich häufiger in der Allgemeinpraxis. Auch unter den hoch bezahlten Spezialisten, wie etwa in der Chirurgie, sind Frauen selten. Dafür stellen Frauen die überwiegende Mehrzahl der Krankenschwestern; prestige- wie einkommensmäßig klaffen zwischen Schwestern und Ärzten enorme Abgründe. Die am stärksten ausgebeuteten Berufsgruppen im Bereich der medizinischen Versorgung sind das Hilfs- und Pflegepersonal und die Klinikbediensteten, die sich in England zu 75 Prozent aus Frauen und in den USA vorwiegend aus Frauen und Angehörigen ethnischer Minderheiten rekrutieren.[110] Diese Tätigkeiten sind extrem schlecht bezahlt und besitzen nur geringen Status.

Daß ich hier immer nur von Frauen, Kindern und Bewohnern der dritten Welt gesprochen habe, mag suggerieren, daß weiße männliche Angehörige der Mittelschicht in den medizinischen Einrichtungen wohlwollend behandelt werden. Dies ist jedoch zumindest dann nicht der Fall, wenn sie Patienten sind. Sie werden zwar mit mehr Achtung und Gründlichkeit behandelt als jede andere Gruppe, aber das heißt noch nicht viel. Selbst Ärzte, die zum erstenmal einen Krankenhausaufenthalt über sich ergehen lassen müssen, finden die Behandlung, die ihnen zuteil wird, haarsträubend: nicht genug damit, daß man mit ihnen (und allen anderen Patienten) wie mit Ignoranten umspringt, sie wie Kinder oder beliebig manipulierbare Gegenstände behandelt; darüber hinaus müssen sie oft Medikamente einnehmen und sich medizinischen Behandlungen unterziehen, die überflüssig oder gar schädlich sind. In gewisser Weise ist diese Inkompetenz das Empörendste an der ganzen

Sache. Das hierarchische Denken, das Machtstreben, die exklusive ständische Organisation und den immensen Reichtum des ärztlichen Establishments könnten wir vielleicht sogar hinnehmen, wenn sie tatsächlich – wie behauptet wird – notwendig wären, um «Leistung zu garantieren». Leider ist die medizinische Versorgung in den Vereinigten Staaten bestenfalls mittelmäßig und, öfter als es eingestanden wird, schlecht. Außerdem läßt auch das fachliche Niveau der Ärzte zu wünschen übrig; Patientenabusus ist dem New York State Commissioner of Health zufolge «erschreckend häufig».[111] Die Flut der Prozesse wegen ärztlicher Kunstfehler spricht für sich selbst. Obgleich man von keinem Menschen erwarten kann, daß er niemals Fehler macht, gab es in Zeiten, als die Ärzte in den kleineren Städten noch ein menschliches Verhältnis zu ihren Patienten hatten, sich noch für die ganze Person, die ganze Familie und die Gemeinschaft zuständig fühlten, sehr viel seltener Prozesse wegen Kurpfuscherei.

Die im Vorangegangenen aufgezeigten gesellschaftlichen Tendenzen, die uns gegenwärtig auf ein despotisches System zusteuern lassen, begegnen uns auch in unserem ‹wohltätigen› Ärztewesen: zunehmende Zentralisierung durch das Anwachsen medizinischer Konzerne und durch die Konzentration von Praxen in der Nähe großer Kliniken und zunehmende Industrialisierung in Form hochtechnisierter Apparaturen und Verfahren. Auch wenn der eine oder andere Arzt die Entscheidung trifft, in armen Regionen oder Ländern der dritten Welt zu praktizieren, ist der Ärztestand insgesamt mehr an Macht und Geld interessiert als am Wohlergehen der Bevölkerung. Um die eigenen Profite zu steigern und ihren Machtbereich zu erweitern, unterbanden die Ärzte die Schaffung kostenloser medizinischer Ambulanzen und staatlicher Gesundheitszentren. Ihrer mächtigen Lobby gelang es, die Bereitstellung ärztlicher Hilfe im Rahmen staatlicher Gesundheitsmaßnahmen zu unterbinden und damit Einbußen ihrer Privatpraxen zu verhindern.[112] Weil sie solche Interessen vertreten, wehren sie sich als Berufsstand nicht entschieden gegen die von Industrie und Regierung produzierten, krankmachenden Umweltbedingungen und kümmern sich nicht um die Schaffung medizinischer Einrichtungen zur Verbesserung der Gesundheitsversorgung der armen oder in rückständigen Regionen lebenden Bevölkerung. Ebensowenig sind sie bereit, ihr Wissen an die Patienten weiterzugeben, sie als vollwertige Partner in die Behandlung einzubeziehen und sie zu beraten, anstatt sie als beliebig manipulierbares Material zu behandeln. In ihrem fragmentarischen Spezialwissen konzentrieren sie sich auf die Behandlung bestimmter Krankheiten anstatt darauf, Gesundheit als ein für alle zu erreichendes, geistiges, seelisches *und* physisches Ideal auf ihre Fahnen zu schreiben.

Dieses Ziel mag idealistisch scheinen, aber man nehme nur das Beispiel Chinas, ein wesentlich ärmeres und im Hinblick auf Kommunikations- und Verkehrsbedingungen, technische und medizinische Hilfsmittel sowie Bildungsvoraussetzungen über wesentlich weniger Ressourcen verfügendes Land als die Vereinigten Staaten. In nur wenigen Jahrzehnten ist es dieser Nation, deren Gesundheitswesen wohl zu den schlechtesten der Welt gehörte, nach Aussagen des amerikanischen Mediziners Roy E. Brown gelungen, allen Bürgern eine ausreichende medizinische Versorgung bereitzustellen. Die Fälle von Infektionskrankheiten sind heute in China nicht mehr zahlreicher als in Europa. Selbst in riesigen Großstädten können die Chinesen kleine, saubere und einladende Stadtteilkliniken aufsuchen. Kurative und präventive medizinische Maßnahmen gelten als Einheit und werden miteinander gekoppelt. Allerdings besitzt China – und dies ist in den Augen Roy E. Browns sein größter Vorteil – kein «überkommenes System in Gestalt einer Hierarchie von Gesundheitsprofessionals»[113]. Medizinisches Wissen ist hier nicht exklusiv, sondern für alle da. Es wird so weit wie möglich verbreitet und nicht wie eine Geheimlehre eifersüchtig gehütet.

Illich fordert die aktive Beteiligung aller Menschen an der Erhaltung ihrer Gesundheit und damit auch die allgemeine Zugänglichkeit medizinischen Wissens. Thomas Szasz schlägt vor, daß eine Verbraucherkommission medizinisches Wissen überprüfen und Approbationen erteilen solle.[114] Obgleich beide Vorschläge in die richtige Richtung weisen, sind sie allein noch nicht ausreichend. Gewiß wird der Technik heute übertriebenes Gewicht beigemessen, aber dennoch ist sie vorhanden und zuweilen sogar nützlich. Die Gefahr besteht darin, daß der technische Fortschritt anhalten muß, um die Kontrolle, die das ärztliche Establishment bereits über unser Leben ausübt, noch zu verstärken. Neue Methoden der Empfängnisverhütung etwa bringen für die Frauen mehr Freiheit mit sich, selbst über ihr Leben zu bestimmen. Die Ärzte hatten mit der Entwicklung solcher Verhütungsmittel nur wenig zu tun, aber dennoch brachten sie – und mit ihnen der Staat – ihre Verteilung unter ihre Kontrolle. In kapitalistischen wie in sozialistischen Ländern entscheiden die Ärzte und der Staat darüber, ob Frauen Verhütungsmittel erhalten oder abtreiben dürfen, und auf welche Weise sie ihre Kinder zur

Welt bringen. So wuchs gleichzeitig mit der Autonomie der Frauen auch die Möglichkeit anderer, über ihr Leben zu bestimmen.[115]

Es ist absehbar, daß die Medizin künftig einen enormen Machtfaktor darstellen wird. Die genetischen Experimente an Menschen und Tieren sind bereits sehr viel weiter gediehen, als die meisten von uns wissen. So zeugt man schon heute die überwiegende Mehrzahl der Milchkühe in den Vereinigten Staaten durch die künstliche Besamung einer Hochleistungskuh mit dem Sperma eines prämierten Bullen, um dann diesen «transzendentalen» Fötus einer ganz gewöhnlichen Mutterkuh einzupflanzen.[116] Es ist anzunehmen, daß diejenigen, die solche Manipulationen vornehmen, genau wissen, was eine Kuh oder einen Bullen hochwertig macht. Zweifellos geben diese Tiere mehr oder gehaltvollere Milch oder liefern eine größere Menge an Fleisch. Es ist durchaus möglich, daß eines Tages die Anwendung ähnlicher Verfahren beim Menschen angeregt wird.

Jetzt schon hat das ärztliche Establishment die Verfügungsgewalt über Genuntersuchungsverfahren. Diese Verfahren gestatten schon vor der Geburt die Feststellung des Geschlechts und der gesundheitlichen Verfassung des Fötus. Sie beinhalten ein immenses Machtpotential, das sich für rassistische, sexistische oder sonstige Formen von Diskriminierung einsetzen läßt.[117] Als nächstes kommt die DNS selbst an die Reihe. Es ist damit zu rechnen, daß das ärztliche Establishment die Verfügungsgewalt über so gewaltige Machtinstrumente nicht aus den Händen geben wird, und mit einem Blick auf die Geschichte können wir weiter davon ausgehen, daß es sich bereitwillig den Normen der Herrschenden anpassen wird. Vincente Navarro vertritt die These, daß «die obersten Drahtzieher und Manager der Medizin nicht die Mediziner selbst, sondern vielmehr die obersten Drahtzieher und Manager des Kapitals sind»[118]. Das stimmt; aber wer sind dann die obersten Drahtzieher und Manager der Medizin in den sozialistischen Ländern? Wenn amerikanische Ärzte im Dienst der Regierung und der Konzerne zu Erklärungen bereit sind wie z. B. der, daß Staublungenerkrankungen nicht auf Grund der Arbeitsbedingungen in Textilbetrieben oder Bergwerken auftreten, und wenn sowjetische Psychiater Dissidenten bereitwillig für verrückt erklären, wo ist dann der Unterschied? R. C. Lewontin schreibt: «Es spricht nichts dafür, daß die Wissenschaftler im 20. Jahrhundert die Natur weniger verfälschen als im 19. Jahrhundert.»[119]

Menschenwürdige medizinische Versorgung müßte an den Wurzeln ansetzen: bei der Umwelt, in der wir leben, der Nahrung, die wir zu uns nehmen, dem Lärm, dem wir ausgesetzt sind, der Luft, die wir atmen, dem Wasser, das wir trinken und dem Gebrauch, den wir von unserem Körper und unserem Geist machen. Sie hätte allen Menschen zur Verfügung zu stehen, und käme außer in einem geringen Prozentsatz aller Fälle ohne hochspezialisierte technische Experten aus. Eine solche Medizin hätte bei unserem menschlichen Ethos anzusetzen: Leben und Wohlergehen hätten, sowohl auf die Individuen als auch auf die Gemeinschaft bezogen, an oberster Stelle zu stehen. Eine solche Medizin läge weder in den Händen von macht- und geldgierigen Menschen noch würde sie Mächtige und Reiche besser behandeln als andere Menschen. Worauf es ankommt, ist die Veränderung der Werte all derjenigen, die an medizinischen Fakultäten lehren, Klinik-Konzernen vorstehen und Medizinerlobbies bilden. Dieser Aufgabe müssen sich die Mediziner selbst stellen.

Die Psychologie

Die Psychologie steht in enger Verbindung mit der Medizin, und in den USA sind es Ärzte, die in der institutionalisierten Psychologie das Sagen haben. Beide Disziplinen gründen sich auf Theorien über das Wesen des Menschen: die Medizin, wie wir gesehen haben, vor allem auf eine mechanistische Sicht des Lebens, derzufolge der Mensch aus einzelnen Teilen besteht, die isoliert voneinander behandelt werden können. Die Medizin beschäftigt sich mit der Frage, wie der menschliche Körper funktioniert. Der Psychologie hingegen geht es um die Wirkungszusammenhänge innerhalb der ganzen Person – auf geistiger, seelischer und körperlicher Ebene – und deren Interaktion mit anderen Menschen. Während die Mediziner die gesunden Abläufe im ‹normalen› Körper studieren können, verfügt die Psychologie nicht über ein solches Modell. ‹Psychische Gesundheit› zu definieren, heißt im Grunde immer wertende Aussagen über die Natur des Menschen zu machen.

Die Grundlagen der Psychologie wurzeln demnach letztlich im Bereich der philosophischen Theorien, in Vorstellungen davon, was der Mensch ist oder sein sollte. Die Psychologie ist eine moralische Angelegenheit. Aus diesem Grunde ist sie von Widersprüchen, Verschwommenheit und Sektierertum geprägt. Ich will zu Darstellungszwecken drei verschiedene Aspekte unterscheiden, die jedoch nicht immer zu trennen sind: gesellschaftliche Definitionen des Wahnsinns (des «Anormalen»), die der modernen Psychologie zugrundeliegende Weltanschauung und die institutionalisierte Psychologie.

«Verrücktheit», wie auch immer definiert, war stets ein Attribut, mit dem man diejenigen versah, deren Verhalten von dem abwich, das von den Repräsentanten einer bestimmten Schicht oder sozialen Rolle erwartetet oder gefordert wurde. Wahrscheinlich hat es immer Menschen gegeben, die auf eine Weise oder in einem Ausmaß unglücklich oder verwirrt waren, das auf andere befremdend wirkte. Dennoch ist ein Großteil der Verhaltensweisen, die mit dem Etikett «verrückt» belegt wurden und werden, in Wirklichkeit nur im Hinblick auf die soziale Rolle des Betreffenden, nicht jedoch bezogen auf die menschliche Lebenssituation allgemein unangemessen. Der Reiche ist «exzentrisch», der Arme «verrückt». Sexuelle Begierde ist für einen Mann normal, gilt jedoch bei Frauen häufig als krankhaft.

In primitiven Gesellschaften scheint die Kategorie des Verrücktseins nicht zu existieren, sei es, weil diese ein wesentlich weiteres Spektrum menschlicher Verhaltensweisen tolerieren, oder sei es, weil ihnen die extremen Zwänge und Stressfaktoren komplexerer Gesellschaften unbekannt sind, die vielleicht erst jene Erscheinungen erzeugen, die wir als Geistesstörungen bezeichnen. In manchen Gesellschaften gelten extrem verhaltensauffällige Menschen als erleuchtet, man hält sie für fähig, mit Mächten in Verbindung zu treten, die normalen Menschen unzugänglich sind. Einige Gesellschaften haben spezielle Rollen für Individuen mit bestimmten Formen abweichenden Verhaltens geschaffen – wie etwa die Clownrolle bei den Buschmännern und die des *nadle* bei den Navajo – beides gesellschaftliche Nischen für Männer, die mit der jeweiligen traditionellen männlichen Rolle nicht zurechtkommen. In der Geschichte wimmelt es von wahnsinnigen römischen Kaisern, französischen Aristokraten, deutschen Patriarchen und adligen Exzentrikern, deren gesellschaftlicher Stellung der Wahnsinn keinen Abbruch tat (so wurde etwa Doktor Schreber von niemandem für verrückt gehalten, er genoß im Gegenteil großes Ansehen). Allerdings war der Umgang mit dem Wahnsinn in den jeweiligen Gesellschaftsschichten unterschiedlich. Zeitweilig dem Wahnsinn verfallende Regenten durften entweder (wie die römischen Kaiser Elagabalus, Caligula und Nero) weiter herrschen oder wurden vorübergehend (z. B. Heinrich VI. von England) abgelöst. Auf diese Weise regierte auch der englische König George III., obwohl man ihn gleichzeitig einer ‹Therapie› mit den Methoden seiner Zeit unterzog – ihn in Apparaturen einzwängte, an einen Scheiterhaufen kettete, schlug, hungern ließ, bedrohte, ihm Senfpflaster und Aderlässe, Gifte und Brechmittel verordnete.[120] Arme Leute, die abweichendes Verhalten zeigten, wurden jedoch seit dem Spätmittelalter ‹therapiert›, indem man sie in Käfige einsperrte. Damals wie heute galt Wahnsinn als moralisches Gebrechen, nicht als psychische, sondern als religiöse Fehlhaltung. Vielfach dachte man, der Betreffende sei vom Teufel besessen, und unterzog ihn exorzistischen Praktiken.

Menschen, die sich krank fühlten, suchten Heiler auf, die Geist und Körper ohne Unterschied behandelten und in seelischen Leiden entscheidende Ursachen körperlicher Störungen sahen. Die Aufzeichnungen eines solchen Heilers, des Engländers Reverend Richard Napier aus dem frühen 16. Jahrhundert, sind kürzlich von Michael MacDonald entdeckt und analysiert worden. Napier war studierter Theologe, gleichzeitig jedoch auch Astrologe, Alchimist und Geisterbeschwörer. Seine Honorarforderungen waren niedrig genug, daß jedermann außer den Ärmsten der Armen ihn konsultieren konnte.[121] Unter den insgesamt 60 000 von Napier festgehaltenen Konsultationen betraf nur ein kleiner Teil – weniger als 5 Prozent – Beschwerden, die wir heute als psychische Störungen bezeichnen würden. In über zwei Drittel dieser Fälle handelte es sich jedoch um Frauen.[122] Beinahe die Hälfte dieser Frauen litt unter der Unterdrückung durch brutale oder betrunkene Väter und Ehemänner oder aber an «verzehrendem Schmerz» über den Verlust eines Kindes. Ungefähr ebenso viele Männer wie Frauen hatten schwerwiegende materielle Sorgen. Auch unglückliches Liebeswerben war ein beträchtlicher Problemfaktor, aber bei weitem am höchsten lag die Zahl der an ehelicher Unterdrückung und schmerzlichen Verlusten verzweifelnden Frauen. Die Frauen hatten mehr als die Männer unter «dem Haß, der Angst und der Gewalt» zu leiden, die nach Ansicht MacDonalds im ländlichen England zu Zeiten Napiers grassierten.[123]

Nur äußerst auffälliges oder gewalttätiges Verhalten wurde im Mittelalter als «verrückt» betrachtet. Foucault behauptet, die Wahnsinnigen hätten im mittelalterlichen Denken symbolisch für die animalische Natur des Menschen gestanden, quasi als Inkarnation des (aus dem Animalischen entspringenden) Bösen im Menschen. Aus diesem Grunde ‹behandelte› man Wahnsinnige, indem man sie in Käfige sperrte, sie dort im Kalten hielt, ihnen keine Kleider und kaum zu essen gab und ihnen den Wahnsinn mit Schlägen auszutreiben versuchte: als Tiere, so dachte man, brauchten sie keine ‹zivilisierten› Annehmlichkeiten. In manchen Städten stellten sie eine der Hauptattraktionen für auswärtige Besucher dar. In England wurden die im Bethlehem (Bedlam) Hospital eingesperrten Irren für einen Penny vorgeführt, was dem Hospital ungefähre jährliche Einkünfte von etwa 400 Pfund eintrug. Auch im französischen Bicêtre wurden die Irren zur Schau gestellt und gelegentlich sogar gezwungen, unter den Peitschenhieben eines Aufsehers zu tanzen.[124]

Mit der Renaissance, so Foucault, wandelte sich die Vorstellung vom Tier als dem symbolischen Träger unmenschlicher Merkmale in das Bild der Bestie, die dem Menschen auflauert und eine Wahrheit über ihn enthüllt, die sorgsam verborgen und im Dunkeln eingesperrt worden war. «Die unmöglichen Tiere, aus einer wahnsinnigen Imagination hervorgegangen, sind zur geheimen Natur des Menschen geworden ... Mit Hilfe der menschlichen Werte und Symbole ist die Tierwelt der Domestikation entkommen ... enthüllt sie das dunkle Rasen, den unfruchtbaren Wahnsinn im Herzen des Menschen.» Die im Asyl gefangen gehaltenen Irren wurden mit unglaublicher Brutalität behandelt: man ließ sie im Wasser liegen, in dem zuweilen Fäkalien schwammen und das von Ratten wimmelte, die die eingesperrten Menschen bissen; man legte sie in Ketten oder band sie fest, um sie auszupeitschen. «Es ist klar, daß, wenn diese Praktiken in dieser Heftigkeit ihren Höhepunkt erreichen, sie nicht mehr durch das Bewußtsein einer nötigen Bestrafung und nicht mehr durch die Pflicht, zu bessern, belebt werden.»[125] Die Irren mußten als Sinnbilder der animalischen Relikte im Menschen entweder ausgerottet oder zu bloßen Tieren ohne jeden peinlichen Rest von Menschlichkeit reduziert werden.

Zu Beginn dessen, was Foucault als die «große Gefangenschaft» bezeichnet, wurden die Irren nicht von den anderen Insassen der um die Mitte des 17. Jahrhunderts aus dem Boden schießenden Verwahranstalten getrennt. Man betrachtete sie lediglich als eine weitere Spielart der Armen, Nichtsnutzigen und Arbeitsscheuen. Das 17. Jahrhundert kannte zwar seine eigenen wirtschaftlichen Krisenerscheinungen, aber es erntete vor allem die Früchte massenhafter Entwurzelung und Enterbung, die während der Ablösung des Feudalismus durch den Kapitalismus in den vorangehenden Jahrhunderten gesät worden waren. So bestand zeitweilig ein Drittel der Pariser Bevölkerung aus Bettlern und Armen: von ihrer Scholle vertriebene Bauern, Kriegsversehrte und Veteranen, kranke Menschen, die keine Arbeit finden konnten, zumeist Kinder und Frauen. Die französische Regierung ließ buchstäblich Jagd auf sie machen und brachte sie in einer Reihe von Verwahranstalten unter.[126] Erst allmählich begann man, die ‹Irren› von den anderen Armen und Elenden abzusondern. Zum ersten hatten diese Razzien zum Ziel, die Straßen und Städte von all jenen zu säubern, von denen Proteste, Krawalle oder sonstige Unruhen zu befürchten waren, und zum zweiten sollte den Armen mit Gewalt die neue Arbeitsdisziplin beigebracht werden.

Im 18. Jahrhundert, einem durch humanitäre Reformbewegungen wie durch besessenes Machtstreben gleichermaßen gekennzeichneten Zeitalter, übernahmen die Ärzte die Regie über die Verwahrung der Irren und führten weniger rauhe Behandlungsmethoden ein. Es wurden ausgedehntere und bessere Irrenanstalten für einen größeren Prozentsatz der Bevölkerung gebaut. Für jeden, der über ein gewisses öffentliches Ansehen verfügte, war es ein Leichtes, jemanden ins Irrenhaus sperren zu lassen. Lawrence Stone bemerkt, «es [sei] im 18. Jahrhundert bei Ehestreitigkeiten gang und gäbe [gewesen], daß der Ehemann seiner Frau drohte, sie ins Irrenhaus zu bringen»[127].

Zur gleichen Zeit gewann in allen Naturwissenschaften der Drang zur Klassifizierung und Kategorisierung an Boden.

Im 18. Jahrhundert wandelte sich dementsprechend auch das Verständnis des Wahnsinns. Im Mittelalter hatte man nur extrem auffällige und gewalttätige Menschen von der Gemeinschaft abgesondert und als «Irre» bezeichnet. Diese Menschen waren sehr schlecht behandelt worden, hatten jedoch nur einen winzigen Teil der Bevölkerung ausgemacht und sich überwiegend aus den Armen rekrutiert. Später sperrte man Menschen, die sich in gewalttätiger Weise asozial verhielten, gemeinsam mit Armen und Kranken ein, um ihnen zwar eine schlechte Behandlung, aber keine besondere Bestrafung zuteil werden zu lassen. Wiederum später erst sonderte man die «Irren» von den Armen und Kranken ab. Im 18. Jahrhundert konnten jedoch auch Frauen des Mittelstands auf Grund ihrer politischen Ohnmacht als Irre eingesperrt werden, wenn sie sich nicht so gehorsam und unterwürfig zeigten, wie ihre Ehemänner es wünschten. Es war nicht mehr länger nur extrem gewalttätiges, asoziales Verhalten, das den Grund für die Inhaftierung wegen Geistesgestörtheit abgab, sondern bereits schlichte Nichtanpassung. Was Nichtanpassung war, konnte sich an den Maßstäben eines einzigen Mannes bemessen. Zur selben Zeit begannen Wissenschaftler Verhaltensweisen zu klassifizieren und in enge Kategorien zu unterteilen. Dies führte jedoch nicht zu differenzierteren Definitionen verschiedener Formen des Wahnsinns, sondern vielmehr zu rigiden Definitionen von Normalität.

Diese Verlagerung des Blickwinkels beinhaltet eine völlig neue Weltsicht. Anstatt den Wahnsinn zu definieren und einen kleinen Teil der Bevölkerung als geisteskrank einzustufen, definierten die Ärzte Normalität anhand von Kriterien, denen vermutlich niemand gerecht werden konnte, die sich jedoch in selektiver und punitiver Weise auf all diejenigen anwenden ließen, die potentiell von den reichen mittelständischen Männern beherrscht werden konnten: auf Frauen, Kinder und Arme. Im 20. Jahrhundert schließlich wurde Normalität gänzlich als geglückte Anpassung definiert. Wer unglücklich war, war *per definitionem* fehlangepaßt. Da niemand darum herumkommt, zuweilen unglücklich zu sein, ist jeder Mensch mehr oder minder fehlangepaßt und kann aus diesem Grunde den Mechanismen sozialer Kontrolle unterworfen werden, wenn seine Umgebung dabei mitwirkt. An Stelle des mittelalterlichen Brauchs, Menschen, die nicht in die Gesellschaft integrierbar waren, einzusperren und zu mißhandeln, setzten die Ärzte unseres Jahrhunderts eine so vage und allgemeine Definition des Wahnsinns, daß mit ihrer Hilfe jeder Mensch eingesperrt und mißhandelt werden konnte, der nicht die Macht hatte, sich dagegen zu wehren. Damit schufen sie ein legales Mittel der Kontrolle über alle, die, aus welchem Grunde auch immer, den Gesellschaftsfrieden störten.

Die Psychologie, wie sie heute praktiziert wird, gründet sich vor allem auf zwei Menschenbilder, zwei verschiedene Weltanschauungen. Eine von ihnen geht auf den mittelalterlichen Brauch zurück, die Irren (heute: diejenigen, die die Anpassung verweigern) zu bestrafen oder ihnen Gewalt anzutun, die andere basiert auf den Erkenntnissen Sigmund Freuds, die einen revolutionären Aufbruch über diese Tradition hinaus markieren. Doch obgleich Freud in dieser Hinsicht ein Rebell war, perpetuierte und stärkte auch er althergebrachte patriarchalische Denkmuster.

Freuds Theorien zu Ödipuskomplex und Penisneid waren im Grunde Kondensate der zentralen Mythen des Patriarchats. Sie liefern nicht nur eine quasi-biologische Begründung der Vormachtstellung des Mannes, sondern erheben darüber hinaus eine bestimmte geistig-seelische Persönlichkeitsstruktur, in der sich patriarchale Werte niederschlagen, zur universellen Norm. Sie besagen, daß alle Männer,unabhängig von ihrem gesellschaftlichen Umfeld,eine ähnliche Persönlichkeitsstruktur ausbilden. Das gleiche gilt auch für Frauen; deren Persönlichkeitsstruktur unterscheidet sich jedoch wiederum von der der Männer. Der Hauptunterschied zwischen Frauen und Männern ist die Beschaffenheit ihrer Genital- und Fortpflanzungsorgane. Das Patriarchat hat schon immer den Phallus bzw. phallusähnliche Formen verehrt. Freuds Theorie des Penisneids machte den Phallus endgültig zum wichtigsten Objekt im Leben aller Menschen, gleich ob Mann oder Frau. «Ödipale Wünsche und Kastrationsangst gehen eng miteinander einher: die Kastrationsangst trägt zur Aufgabe der ödipalen Bestrebungen bei.»[128] Einen Penis zu besitzen verspricht Macht und die Inbesitznahme der Mutter. Keinen Penis zu besitzen bedeutet hingegen die Verurteilung zu lebenslänglicher Unterwerfung.

Diese grundlegenden Theorien Freuds stellen im wesentlichen eine Theorie der Macht dar, die auf psychologischer Ebene eine politische Realität legitimiert. Die Macht ist ein Faktum: die Menschen drehen und wenden sich, um sich mit ihr zu arrangieren. Auch der Penis ist ein Faktum, und Jungen, Mädchen und Frauen arrangieren sich mit ihm als dem Symbol der Macht. Obgleich Freud seine Theorien aus den geheimsten Offenbarungen seiner Patienten, unter denen sich viele Frauen befanden, ableitete, gelangte er letztlich zu einem zutiefst geringschätzigen Frauenbild. Wie Aristoteles hielt er sie für unvollkommene oder mißglückte Männer. Ihre Unzufriedenheit und ihr Leiden tat er mit einer angewidert hingekritzelten Randnotiz ab: ‹Was will das Weib?› Man könnte es sogar so ausdrücken: er verriet seine Patientinnen, indem er die Traumata, die sie erlitten hatten, gegen sie selbst kehrte.

Im Laufe der zahlreichen Analysen junger Frauen war Freud auf unübersehbare Indizien für sexuellen Mißbrauch kleiner Mädchen durch Männer gestoßen, und 1895 schrieb er an seinen Freund Fließ, daß die Hysterie «die Folge eines präsexuellen Sexualschrecks» sei.[129] Zwei Jahre später erklärte er, daß seinen Erkenntnissen zufolge sexuelle Übergriffe auf kleine Mädchen von «den Nächststehenden, Vater oder Bruder» ausgingen.[130] Dies war auch einigen seiner berühmtesten Analysen zu entnehmen: so wußte er, daß «Doras» Mutter ein Verhältnis mit einem Nachbarn unterhielt und ihrem Ehemann grünes Licht gegeben hatte, die vierzehnjährige Tochter zu verführen. So hätte er – wenn er gewollt hätte – wissen können, welche Behandlung Daniel Schreber von seinem prominenten Vater zuteil geworden war, aber er zog es vor, die Schriften des Vaters zu ignorieren.[131] Er vertraute Fließ an, daß sein eigener Vater einen Akt der «Perversion» an einem Mitglied der Familie begangen habe,[132] und er gestand, in einem Traum selbst sexuelles Verlangen nach seiner eigenen Tochter Mathilde verspürt zu haben.[133]

Dennoch stieß er im September 1897 die bisherige Interpretation seines Wissens völlig um. Er kam zu dem Schluß, daß Berichte von inzestuösen Handlungen in Wirklichkeit Projektionen infantiler Wünsche seien, «... während doch solche Verbreitung der Perversion gegen Kinder wenig wahrscheinlich ist», schrieb er in dem gleichen Brief, in dem er zugab, daß auch sein eigener Vater sich wohl eine solche Handlung habe zuschulden kommen lassen. Doch die Schilderungen von Inzesthandlungen, die ihm selbst zu Ohren gekommen waren, klangen nicht nach Wunscherfüllung, sondern nach Angst und Leiden. Wodurch auch immer Inzesthandlungen oder sexueller Mißbrauch von Kindern noch bedingt sein mögen, sie sind in erster Linie Ausdruck der politischen Verhältnisse – d. h. sie erwachsen aus der Macht eines Menschen über einen anderen, sind sexuellen Manifestationen eines Machtverhältnisses. Sie entspringen nicht wechselseitigem sexuellen Begehren, sondern der Nötigung eines Menschen, der noch zu jung ist, um zielgerichtete sexuelle Wünsche zu verspüren, und zu abhängig, um sich denen eines anderen zu widersetzen. Indem Freud die politischen Implikationen des Inzest ausklammerte, konnte er vermeiden, der Tatsache ins Auge zu sehen, daß die herrschende Stellung des Vaters zum Kindesmißbrauch führt. Indem er noch die metaphorischen Inzest-Phantasien außer acht ließ – seine Patientinnen fühlten sich von ihnen nahestehenden älteren Männern vergewaltigt, die die institutionalisierte Macht repräsentierten –, konnte er den Opfern selbst die Schuld zuschieben und sein Augenmerk vom wahren Täter abwenden. Er folgte dem Rat, der ihm in einem Traum in der Nacht nach dem Begräbnis seines Vaters zuteil wurde: «Es wird gebeten, die Augen zuzudrücken.»[134] Dieser Satz war auf einem Plakat im Salon seines Friseurs zu lesen gewesen. Er träumte diesen Traum im November 1896, noch bevor er erkannte, daß immer die Väter die Schuldigen waren, noch bevor er von Mathilde träumte und noch ehe er seine Interpretation revidierte.

Dieser Traum enthüllt, was Kastration für Freud bedeutete. Das Vaterrecht, die Macht und die beherrschende Stellung des Vaters in Frage zu stellen, heißt, wenn man selbst männlichen Geschlechts ist, die eigene Macht zu unterminieren. Eines Tages werden einem die Privilegien der Macht selbst zufallen, wenn man nur die Augen vor dem Mißbrauch verschließt, der mit ihnen getrieben wird. Dieser Gedankengang, gleichgültig, ob bewußt oder unbewußt, brachte selbst einen so feinsinnigen und tiefblickenden Denker wie Freud dazu, seine Augen grundsätzlich vor dem Standpunkt der Frau zu verschließen und z. B., ohne die physiologischen Fakten näher zu untersuchen, zu behaupten, daß reife Frauen vaginale und keine klitoralen Orgasmen zu haben hätten. Diese umstrittene These bezieht ihr Gewicht und ihre Tragweite nicht einmal so sehr aus ihrer Bedeutung für die Frauen (denn die wissen bei der Selbstbefriedigung sehr gut, wie sie zum Orgasmus kommen können), sondern vielmehr aus ihrer Bedeutung für die Männer. Die Vagina und nicht die Klitoris ist es, die den Penis aufnimmt. Die Theorie vom vaginalen Orgasmus postuliert die Abhängigkeit der Frau vom männlichen Penis und damit vom Mann und ermöglicht jenem weiter davon auszugehen, daß das, was seiner eigenen Befriedigung dient, auch die Frauen befriedigt. Auch diese Theorie hält die männliche Illusion der Herrschaft aufrecht.

Es wäre sicher verfehlt, Freud, der in so vielem ein Wohltäter der Menschheit war, in dieser Weise anzugreifen, hätten nicht unter seinem gewichtigen Einfluß und in seinem Namen Generationen von Psychologen seine Theorien angewandt, mißbraucht, modifiziert, ergänzt und möglicherweise auch in entstellender Weise gereinigt und gefiltert. Viele Therapeuten bedrängen auch heute noch ihre weiblichen Patienten, ihre untergeordnete Rolle in dieser Welt zu akzeptieren, denn schließlich hätten die Natur und Freud es so bestimmt. Ärzte wie Psychologen ergehen sich noch immer über den «vaginalen» Orgasmus.

Die Reinwaschung des Vaters von jeder Schuld verteidigte den Absolutheitsanspruch seiner gesellschaftlichen Rolle und das Wertgefüge der Macht. Die Exkulpation des Vaters durch eine psychologische Theorie, die die Prägung der Persönlichkeit in der frühen Kindheit ansiedelte, führte zwangsläufig zur Schuldzuweisung an die Mutter. Generationen von Psychologen haben die Schuld für fast alle unsere Leiden auf ihrem müden Haupt abgeladen. Die Mutter ist «zu mütterlich» (erdrückend) oder «zu distanziert» und «kalt», sie gibt widersprüchliche Signale von sich. Wenn der Vater die Familie mißhandelt, ist sie schuld, weil sie ihn nicht daran hindert. Wenn er abwesend ist, ist sie schuld, weil sie es nicht geschafft hat, ihn zu Hause zu halten. Ist er untüchtig, ist sie schuld, weil sie zu viel Verantwortung an sich reißt, und überhaupt hat *sie* ihn sich ja ausgesucht. Auf ihren Schultern trägt sie wie Pandora oder Eva alle Übel der Menschheit – die Schuld an nahezu allen Erscheinungsformen von Neurosen, an Feindseligkeit, Auflehnung, Kriminalität und Depression. Sie wurde für schuldig befunden, der auslösende Faktor für Schizophrenien (als schizophrenogene Mutter), Homosexualität (durch Momismus) und *Anorexia nervosa* zu sein.[136] Man fragt sich, wann die neuesten wissenschaftlichen Untersuchungen endlich bis in die Köpfe des psychiatrischen Establishments vordringen werden. Es gibt inzwischen Indizien dafür, daß männliche Homosexualität in keinem eindeutigen Zusammenhang mit dem Verhalten der Eltern steht, daß Schizophrenie erblich sein kann und daß die meisten Magersüchtigen aus Familien stammen, in denen beide Elternteile dominierende Charaktere sind.

Die Schuldzuweisung an die Mutter entspringt nicht allein dem Bedürfnis, einen Sündenbock zu finden, sondern erfüllt noch eine tiefere Funktion: sie ermöglicht uns, den Konsequenzen unserer machtorientierten Moral nicht unmittelbar ins Auge sehen zu müssen. Indem wir Mißstände (in welchem Bereich auch immer) den vergleichsweise ohnmächtigen Mitgliedern unserer Gesellschaft – den Frauen, den Armen, den Schwarzen usw. – in die Schuhe schieben, wenden wir unser Augenmerk vom Vater und vom Machtprinzip ab und gehen der Konfrontation mit unserem eigenen Wertsystem aus dem Weg. Diese Denkweise entbehrt jeglicher Logik, denn sie weigert sich nicht allein, die wahre Quelle eines großen Teils unserer Leiden wahrzunehmen, sondern stattet vielmehr gerade jene Menschen mit großer zerstörerischer Macht aus, die im selben Moment von jeder Macht ferngehalten werden. Je mehr zerstörerische Macht den Frauen, insbesondere den Müttern, nachgesagt wurde, desto systematischer wurden sie von einem Großteil der wissenschaftlichen Psychologie ignoriert. Das weibliche Erleben wird als bedeutungslose Divergenz von der männlichen Norm abgetan. So schrieb etwa Ernest Becker ein Buch über Zusammenhänge zwischen verschiedenen Verhaltensformen und der Todesangst – ein recht weit verbreitetes Gefühl übrigens – aus rein männlicher Sicht, wobei er Frauen als «unseren Bedürfnissen nicht entsprechend» bezeichnet.[137] Abraham Maslow, ein Mann, der für sich die Autorität des Experten in Anspruch nimmt, der ein Leben lang Therapien durchgeführt und sich in vielen Schriften über die tiefsten Bedürfnisse und Wünsche des Menschen geäußert hat, bemerkt in seinem irreführenderweise *The Further Reaches of Human Nature* betitelten Werk, daß keine seiner Ausführungen auf Frauen übertragbar sei und er über diese nichts aussagen könne.[138]

Auf der anderen Seite wurden bestimmte Lehren und Methoden Freuds keineswegs von der institutionalisierten Psychologie aufgegriffen, obgleich sie durchaus von einzelnen Therapeuten benutzt werden. Wie nicht anders zu erwarten, handelt es sich hierbei um Elemente, die nicht dazu angetan sind, die Grundprinzipien patriarchalen Denkens zu bestärken. Freud empfahl die Auseinandersetzung mit der Psychoanalyse «nicht als Therapie, sondern vielmehr wegen der Enthüllungen über die innersten Beweggründe des Menschen – über seinen Wesenskern –

und wegen der Verbindung, die sie zwischen seinen unterschiedlichsten Handlungen herstellt.» Er hoffte, daß es mit Hilfe der Psychoanalyse gelingen würde, Menschen von *unnötigen* (nicht von allen) Zwängen und Ängsten zu befreien und die symbolische Natur von Haß- und Angstgefühlen offenzulegen. Außerdem versprach er sich von der Verbreitung psychoanalytischer Erkenntnisse mit der Zeit eine Veränderung der Kindererziehung.[139] «Anpassung» war ihm überhaupt kein Anliegen, und er wandte sich entschieden gegen die Vereinnahmung der Psychoanalyse durch die Medizin. An einen Freund schrieb er, daß er die Psychoanalyse vor Ärzten und Priestern bewahren wolle.[140] Dennoch bemächtigten sich in den Vereinigten Staaten die Ärzte der Psychoanalyse; so wurde beispielsweise 1926 im Staat New York die Psychoanalyse per Gesetz zum ausschließlichen Monopol der Ärzte und ihre Ausübung durch andere Personen für illegal erklärt.[141] Obwohl diese Bestimmungen heute nicht mehr gültig sind, wird der Berufsstand der Psychoanalytiker noch immer von Medizinern dominiert.

Überdies ist, wie Bruno Bettelheim kürzlich aufgezeigt hat, Freuds Werk durch seine englischen Übersetzer erheblich verfälscht worden. In der Übersetzung werden «Freuds direkte und stets zutiefst persönliche Appelle an unseren gesunden Menschenverstand ... abstrakt, entpersönlicht, hochgradig theoretisch, intellektualistisch und mechanistisch – kurz ‹wissenschaftlich›»[142]. Die Übersetzung wandelt, ebenso wie die Betonung des nicht auf Freud zurückgehenden Anpassungsgedankens, Freuds Theorien so ab, daß sie für das an ‹männlichen› Werten ausgerichtete Denken der englischsprachigen Welt akzeptabel werden. Sie erreicht ihr Ziel, indem sie Freuds Sprache von Leidenschaftlichkeit und mitmenschlichem Engagement reinigt, einfache Ausdrücke durch abstrakte Termini ersetzt und den Schwerpunkt seines Ansatzes verschiebt.[143]

Diese entpersönlichende Übersetzung erfüllt wie andere Abwandlungen der Freudschen Originaltexte die Funktion, ein distanziertes Verhältnis des Sprechers zu seinem Gegenstand zu suggerieren. Der Blickpunkt der Psychoanalyse wird damit nicht verschoben und keineswegs vom Individuum auf die Gesellschaft erweitert. Vielmehr distanziert diese Sprache den Sprecher vom eigenen Ich. Wer in solchen Termini über seine eigene Person spricht, scheint außerhalb seiner selbst zu stehen. Ein Therapeut, der sich dieser Termini bedient, um über seinen Patienten zu sprechen, scheint über etwas ihm Äußerliches, etwas in der Person des Patienten Gelegenes zu sprechen, das er selbst nicht teilt.

Es ist fraglich, ob die Psychoanalyse ohne diese Entstellungen in den Vereinigten Staaten ihre heutige Popularität hätte erlangen können. Diese Modifikationen verwandeln sie auf subtilste Weise aus einer menschlichen und klugen Untersuchung allgemeinmenschlicher Gefühle, Gedanken und Stimmungen in eine abstrakte und abstruse Wissenschaft, die nur einer Elite zugänglich ist und von dieser dazu benutzt werden kann, andere zu manipulieren, mit denen sie (wie ihre Sprache bereits suggeriert) nichts gemeinsam hat. Exakt auf diese Weise ist die Psychoanalyse von den meisten praktizierenden Psychoanalytikern angewandt worden. Freud ist gewissermaßen ‹vermännlicht› worden: während er die Leidenschaften der Menschen und die symbolische Dimension des Daseins studierte, verwandte ein großer Teil der modernen Psychologie alle Kräfte darauf, diese Leidenschaften beinahe zu Tode zu kontrollieren.

Freuds Thesen über das Reich des Unterbewußten stellten eine Provokation für das westliche Herrschaftsdenken dar, denn das Unbewußte entzieht sich jeder Beherrschung.

Wir können lernen, auf unser Unterbewußtsein zu hören, es zu spüren, uns seiner bewußt zu werden. Im Verlauf dieses Prozesses lernen wir zwischen Emotionen unterscheiden, die durch tatsächliche Ereignisse hervorgerufen werden und solchen, die Reaktionen auf die symbolische Umsetzung früherer Freuden und Leiden darstellen. Allenfalls wächst unsere Fähigkeit, unser *Verhalten* zu kontrollieren, nicht jedoch das Unbewußte, dessen Wesen gerade dadurch gekennzeichnet ist, daß es sich nicht beherrschen läßt. Tatsächlich läßt sich vieles von dem, was in der Psychologie seit Freud geschehen ist, als Versuch einer Revision begreifen, die sich zum Ziel gesetzt hat, die Hoffnung, man könne dieser unbotmäßigen Dimension der Persönlichkeit doch noch mit irgendwelchen Kontrollmechanismen beikommen, in den Bereich des Möglichen zurückzuholen.

Mit das wichtigste Vermächtnis Freuds ist wohl, daß er die Psychoanalyse als einen Vorgang des Zuhörens verstanden hat. Diese Idee war deshalb revolutionär, weil sie mit der cartesianischen Trennung in Subjekt und Objekt, in den beherrschenden Verstand und die beherrschte Materie, den manipulierenden Betrachter und den manipulierten Gegenstand brach. Freud setzte an die Stelle dessen, was Foucault das «Auge» nennt – jene distanzierte, auf Herrschaft und Manipulation zielende Einstellung, die in der westlichen Welt mittlerweile unsere Herangehensweise an alle Aspekte des Lebens prägt – aufnahmebereites und aufmerksames Hinschauen und Hinhören. In Anbetracht der Tatsache, daß er so aufmerksam zuhörte, ist es um so erstaunlicher, daß er sich in die Frauen so wenig einfühlen konnte. Als seine brillante Mitarbeiterin Karen Horney den Versuch unternahm, seine Aussagen über die Frau aus weiblicher Perspektive zu revidieren, reagierte er feindselig – wie er es auch andersdenkenden männlichen Kollegen gegenüber zu tun pflegte. Viele Funktionäre der etablierten Psychologie haben jedoch die von Freud eingeführte und von vielen Psychotherapeuten übernommene Technik wieder fallengelassen.

Schließlich war sich Freud der Gefahr überaus bewußt, daß die psychoanalytische Verlagerung der Ursachen von Leiden und Selbstzerstörung in die persönliche Geschichte des Individuums die Aufmerksamkeit von den übergeordneten institutionellen Zwängen ablenken und so gesellschaftlicher Veränderung ausweichen würde. Die Ursachen für die Entstehung von Krankheit allein im Leben des Individuums selbst zu suchen, heißt die betroffenen Menschen und ihr Leiden zu isolieren, Therapeuten Kurzsichtigkeit zu lehren und sie so davon abzuhalten, die grundlegenden gesellschaftlichen Mechanismen zu erkennen. Eine solche Denkweise bedeutet, wie Dorothy Tennov aufzeigt, die Absegnung des Status quo und vermindert gleichzeitig die Wahrscheinlichkeit, daß genügend Druck erzeugt wird, um eine Veränderung der belastenden gesellschaftlichen Zustände und Umweltbedingungen zu bewirken. Deshalb, so Dorothy Tennov, «ist die latente Absicht der Psychotherapie die Ausübung sozialer Kontrolle»[145].

Dies ist der zentrale Punkt der Kritik an der institutionalisierten Psychologie in den USA. Was die Sache kompliziert macht, ist die Tatsache, daß dieser Vorwurf gleichermaßen von rechter wie von linker Seite und vor ganz unterschiedlichen Hintergründen erhoben wird.[146] Wie ich bereits zu Beginn dieses Abschnitts angedeutet habe, resultieren solche Vorwürfe aus dem Umstand, daß wir es bei der Psychologie nahezu ausschließlich mit einer moralischen Wissenschaft zu tun haben: sie gründet sich immer auf eine bestimmte Sichtweise der menschlichen Existenz. Ich will mich im folgenden auf jene Aspekte der Psychologie konzentrieren, die sich mit der allgemeinen gesellschaftlichen Tendenz hin zur fortschreitenden Zentralisierung und Verherrlichung der Macht decken.

Das Feld der Psychologie ist überaus heterogen; Tausende von selbständigen Therapeuten arbeiten zum größten Teil unabhängig von Institutionen. Dennoch existiert ein psychologisches Establishment, das dem medizinischen weitgehend gleicht: es ist zentralistisch organisiert und wird von weißen, männlichen Ärzten (Psychiatern) dominiert. Seine hierarchische Struktur wird von den Krankenversicherungsgesellschaften verstärkt, da diese die Kosten für Psychotherapien nur dann übernehmen, wenn sie von Psychiatern oder qualifizierten klinischen Psychologen durchgeführt werden. Dieses Establishment vertritt ebenfalls rigide Normen, und zwar nicht wie einst im Hinblick auf die Definition des Wahnsinns sondern hinsichtlich der Festlegung dessen, was Normalität ist und was nicht. Seine Diagnosen gründet dieses Establishment vor allem auf die in der Bibel der orthodoxen Therapie, dem *Diagnostic and Statistical Manual* (Handbuch für Diagnostik und Statistik), dritte Auflage, oder kurz DSM III, festgelegten Kategorien.

Das DSM III enthält rigide Verhaltenskategorisierungen unter wissenschaftlich klingenden Bezeichnungen, die ernste Krankheiten suggerieren. Der ungeheure Einfluß dieses Buches basiert auf seiner Anerkennung durch den Staat, die Krankenversicherungen und andere Institutionen. Selbst freiberufliche Therapeuten, die mit solchen Kategorien nicht einverstanden sind, müssen dieses Werk der Krankenkassen und anderer Institutionen wegen benutzen. Nach ihm richten sich staatliche psychiatrische Kliniken, Gefängnisse und Lehranstalten. Es liefert die offiziellen Etiketten, mit denen die Patienten versehen werden und die ihnen ein Leben lang anhängen. Denn als psychisch krank klassifiziert zu werden bedeutet, für alle Zukunft diskriminiert zu sein.

Die institutionalisierte Psychiatrie in den USA wird also von einer kleinen Elite beherrscht, die nach den Richtlinien des DSM III operiert. Nach Aussagen von Psychologen, die in psychiatrischen Institutionen Erfahrungen gesammelt haben, ist diese Führungselite autoritär und kaum je bereit, ihren Untergebenen zuzuhören, obgleich diese im Alltag in wesentlich engerem Kontakt mit den Patienten stehen. Einer oder einige wenige dieser Männer fällen Entscheidungen, die für ganze Institutionen gültig sind, reglementieren den Arbeitsalltag des ganzen Personals und das gesamte Leben der Insassen bis in die Einzelheiten, ohne Verständnis für oder auch nur das Wissen um die Bedürfnisse der Betroffenen zu besitzen.[147] Wie den Herrschenden in den meisten anderen institutionalisierten Bereichen geht es ihnen vor allem um ihre eigene Herrschaft oder deren Illusion und um die Macht der Institution. «An der Spitze steht der Psychiater, oft isoliert und in einsamem Glanz.» Unter ihm folgen in absteigender Rangordnung die klinischen Psychologen, die psychiatrischen Sozialarbeiter, die ‹gewöhnlichen› Sozialarbeiter, die Bewährungshelfer und die Kinderpfleger. Nur die Beschäftigten in den untersten Rängen kennen die Patienten wirklich, weil sie mit ihnen leben und ihren kulturellen Hintergrund verstehen; sie sind meist engagierter und besser auf dem laufenden als diejenigen, die ganz oben stehen. Dennoch haben sie so gut wie gar keinen Einfluß auf Entscheidungen innerhalb der institutionellen Strukturen, die doch eigentlich dafür gedacht sind, den Patienten zu helfen.[148]

Absurde oder destruktive Anweisungen ergehen von oben nach unten, während das Personal immer häufiger schweigt und seinen Ärger herunterschluckt, weil es um seinen Arbeitsplatz fürchtet. Die Anweisungen werden ausgeführt, und die Patienten, die sich wie Marionetten fühlen, verfallen in hoffnungslose Apathie. Die Heilanstalt verkommt zur Verwahranstalt: die Psychiater erscheinen und verschwinden wie Götter; das Wachpersonal führt die alltäglichen Maßnahmen an den infantilisierten Patienten durch, die immer stärker unter Drogen gesetzt werden müssen, damit sie gefügig sind. Wenn sich die Situation auf den Stationen zuspitzt, wird ein fachärztlicher Berater beigeordnet, der das Personal anleiten soll. Solche Berater sind jedoch im allgemeinen nicht darauf aus, ihr Wissen zu vermitteln, sondern hüten es sorgsam und versuchen, sich ein persönliches Gefolge heranzuziehen, das «auf ewig abhängig von der auf ewig höheren Weisheit des Beraters bleibt»[149].

Gelegentlich läßt sich einer der Halbgötter herab und bemüht sich, mit den Patienten zu reden. Diese sprechen jedoch, insbesondere, wenn sie schwarz oder noch sehr jung sind, meist eine andere Sprache als der Psychiater, der, in der uns alle prägenden patriarchalischen Denkweise gefangen, nicht in der Lage ist, anders geartete kulturelle Hintergründe und sprachliche Ausdrucksformen zu akzeptieren. Er wird die Patienten als unfähig und retardiert abtun, anstatt alles zu unternehmen, um eine solche Kluft zu überbrücken.[150] Barbara Lerner kommt zu dem traurigen Schluß, daß «Systeme und Institutionen mit autoritären Strukturen außerstande sind, das therapeutische Potential der Klinikgemeinschaft zu aktivieren»[151].

Sind die Patienten erst einmal innerhalb der Mauern psychiatrischer Institutionen, werden sie ganz und gar zu Objekten. Obgleich Gesetze zu ihrem Schutz existieren, ist es ihnen kaum möglich, die Wahrung ihrer Rechte durchzusetzen. Die psychiatrischen Einrichtungen halten sich nur mehr oder minder an die Gesetze. Sie haben die Möglichkeit, Patienten unter Drogen zu setzen, einzusperren oder in Zwangsjacken zu stecken, ohne daß diese viel dagegen unternehmen könnten. Wenngleich in den meisten Staaten Maßnahmen wie Elektroschockbehandlungen oder psychochirurgische Eingriffe nicht ohne Einwilligung des Patienten oder seines gesetzlichen Vertreters durchgeführt werden dürfen, so ist es doch nicht schwer, einen verbitterten Ehepartner oder unglücklichen, unter Drogen stehenden Patienten dazu zu bringen, seine Zustimmung zu erteilen.

Die leitenden Psychiater sind nicht minder als andere Ärzte von technischen Behandlungsmethoden fasziniert: das reicht von der Psychochirurgie bis zum Elektroschockverfahren. Zwar sollen etwa Lobotomien und Elektroschocks dem Patienten angeblich helfen, es spricht indes wenig dafür, daß dies wirklich der Fall ist, während vieles darauf hindeutet, daß diese Maßnahmen den Patienten schädigen oder verstümmeln: Stephan Chorover belegt, daß psychochirurgische Eingriffe auch bei Patienten vorgenommen wurden, die kein schwerwiegendes auffälliges Verhalten zeigten.[152] Angesichts dieses Materials ist zu fragen, welche Motive hinter dem Festhalten an solchen Behandlungsmethoden stehen. Solche Verfahren sind im Grunde punitiver Natur. Sie zähmen den Patienten und machen ihn gefügig. Es deutet vieles darauf hin, daß sie weniger zu Heilzwecken, sondern vielmehr als Mittel sozialer Kontrolle eingesetzt werden. Ebenso ambivalent können die Effekte medikamentöser Behandlung sein. Die Verabreichung von Medikamenten kann schwerwiegende Folgen haben: so ist etwa bekannt, daß *Thorazin* Gelbsucht, Leber- und Nierenschäden sowie die Symptome der Parkinsonschen Krankheit erzeugt, bei entsprechend langer Anwendungsdauer das körpereigene Immunsystem schwächt, das Sehvermögen beeinträchtigt und erhebliche Gewichtszunahmen verursacht.

Der Vorwurf, unsere Psychiatrie sei eher eine Einrichtung zur Ausübung sozialer Kontrolle als eine Institution zu Heilzwecken, wurde und wird von vielen kritischen Beobachtern erhoben. Seit die Beschneidung von Bürgerrechten zum anerkannten Anlaß für legale politische Aktionen geworden ist, werden Internierung und ‹Therapie› für die Herrschenden, die die Hilflosen nun nicht länger ungehemmt mißhandeln und züchtigen dürfen, zunehmend zum wichtigsten Kontrollinstrument gegenüber psychisch Kranken, Alkoholikern, Drogensüchtigen und schwer erziehbaren Kindern. In den USA werden trotz des *Community Mental Health Act,* dessen Verabschiedung die Entlassung vieler Menschen aus Anstalten zur Folge hatte, immer mehr Menschen in speziellen Einrichtungen für Alkoholiker, Drogensüchtige und auffällige

Jugendliche untergebracht. «Die Zahl der im Namen der Parens-Patriae-Gewalt des Staates zwangsuntergebrachten Personen übersteigt bereits bei weitem die Zahl der aus strafrechtlichen Gründen Inhaftierten», schreibt Nicholas Kittrie. Er führt weiter aus, daß auf jeden inhaftierten Kriminellen mehr als vier Menschen kommen, die außerhalb des Strafjustizvollzugs in geschlossenen Anstalten leben.[153]

Das Problem ist, daß die Psychologie eine Legitimationsgrundlage für die zwangsweise Behandlung von Menschen liefert, die in der einen oder anderen Weise schutzlos sind, ohne daß ihre Institutionen diesen Menschen gegenüber klar umrissene Verantwortung hätten.[154] Da die Psychiatriepatienten vielfach ihren Familien entfremdet, alt oder unerwünscht sind, bekommen sie selten genug Unterstützung von außerhalb.

Die Richterin Justine Wise Polier hat nachgewiesen, daß Menschen für Verbrechen so lange zur Verantwortung gezogen werden, wie sie noch die kleinste Spur von Vernunft erkennen lassen, daß ihnen jedoch die Verfügungsgewalt über ihre eigene Person oder ihren Besitz bereits auf Grund «wesentlich unbedeutenderer psychischer Beeinträchtigung» entzogen werden kann.[155] Aus psychischen Gründen in Zwangsgewahrsam genommene Menschen können auf unbestimmte Zeit festgehalten werden, bis es zu einem gerichtlichen Urteil kommt – und werden während dieser Haft nicht einmal in Ruhe gelassen, sondern einer Vielzahl von zumindest menschenunwürdigen Manipulationen unterzogen.[156]

In den USA geraten männliche Mittelschichtsangehörige nur selten in diese Mühle, hauptsächlich bleibt sie den Armen, den Kriminellen, den durch Alkohol- oder Drogenmißbrauch sozial Abgestiegenen und den ‹unangepaßten› Mittelschichtsfrauen vorbehalten. Stephan Chorover konstatiert: «Das heißt, der Versuch der Verhaltenssteuerung ... basiert von Anfang bis Ende auf *gesellschaftlichen Normen* ..., die fast ausschließlich auf Werturteilen beruhen, welche die Interessen gesellschaftlich einflußreicher Einzelpersonen und Gruppen widerspiegeln.»[157]

Wesentlich mehr Frauen als Männer suchen psychotherapeutische Hilfe und landen in psychiatrischen Kliniken.[158] Seelische Störungen und Einweisungen in psychiatrische Anstalten kommen in den ärmeren Schichten wesentlich häufiger vor als bei Reichen.[159] Die ökonomisch am schlechtesten gestellte Schicht in den USA umfaßt nicht ganz ein Fünftel der Bevölkerung (18,4 Prozent), stellt jedoch 38,4 Prozent aller Individuen, die in irgendeiner Form psychiatrischer Hilfe bedürfen.

Zu den Spitzenverdienern gehören lediglich 3 Prozent der Bevölkerung, sie machen 1 Prozent aller psychotherapiebedürftigen Individuen aus.[160] Dennoch ist den Armen diese Hilfe wesentlich schwerer zugänglich als den Reichen.

Viele Experten behaupten, die Armen könnten mit Bildung oder Medizin ohnehin nichts anfangen, weil sie zu dumm, zu schmutzig, ungebildet oder moralisch haltlos seien; das gleiche gelte auch in bezug auf psychotherapeutische Behandlung.[161] Solche Aussagen dienen der Legitimation einer sozialen Ordnung, die zu Ausbeutungszwecken ganz bewußt eine entrechtete Schicht braucht. Die Armen, die stärker unter Stress-, Ohnmachts- und Entfremdungsgefühlen leiden als andere Bevölkerungsschichten, können qualifizierte psychotherapeutische Hilfe nicht bezahlen und daher nicht erlangen. Die wenigen öffentlichen therapeutischen Einrichtungen, die ihnen heutzutage zur Verfügung stehen, sind meist unpersönlich und abweisend. Auch Barbara Lerner konstatiert, daß die meisten Vertreter öffentlicher Gesundheitseinrichtungen die Armen als «Objekte sozialer Manipulation» betrachten, «die man verplant, anstatt mit ihnen gemeinsam zu planen»[162]. Was mit ihnen geschieht, wird von oben verfügt und richtet sich danach, was die Planenden – die im allgemeinen nicht der gleichen sozialen Schicht entstammen – ihren abhängigen Mündeln zugestehen.

Während der sechziger und siebziger Jahre, als der *Community Mental Health Act* gemeindeeigenen psychiatrischen Einrichtungen erhebliche Unterstützung aus Bundesmitteln zusicherte, wurden viele kleine lokale Kliniken gegründet und mit engagiertem und zu Experimenten bereitem Personal besetzt. Den Verwaltungsgremien dieser Kliniken gehörten oft Mitglieder der Patientengemeinschaft an, die bei der Planung der Therapieprogramme und vielfach sogar der baulichen Anlagen der Klinik mitwirkten. Die Idee dabei war, dem Patienten in einer kleinen Gemeinschaft Unterstützung und Rückhalt zu geben; wer chronisch krank war, konnte für eine gewisse Zeit als interner Patient aufgenommen werden, um dann nach der Entlassung an therapeutischen Sitzungen für externe Patienten teilzunehmen. Wer wieder in die Klinik aufgenommen werden mußte, kehrte an einen freundlichen und vertrauten Ort zurück, wo er sich mehr oder weniger zu Hause fühlen konnte. Dieses Arrangement verkürzte die Dauer des Aufenthalts in geschlossenen Abteilungen, da zwischen Patient und Therapeut bereits Vertrauen und gegenseitiges Verständnis existierten.

Revolutionäre Zustände etablierten sich: Den Patienten auf den einzelnen Stationen wurden Uhren zugebilligt, damit sie selbst feststellen konnten, wie spät es war, sie durften sich ihr Essen selbst auf echten Tellern servieren, anstatt vorher festgelegte Portionen auf unterteilten Kindertellern vorgesetzt zu bekommen. In manchen Kliniken war es Sache der Patienten, ihre Station selbst zu verwalten, Putz- und Servierdienste unter sich aufzuteilen, Sprecher zu wählen und eine Stationsordnung festzusetzen. Auch das Personal stimmte sich innerhalb der sogenannten «therapeutischen Gemeinschaft» demokratisch ab: sämtliche Beschäftigten trafen sich zu Beratungssitzungen und alle Entscheidungen basierten auf gemeinsamen Beschlüssen. Obgleich der Arzt (Psychiater) noch immer die juristische Verantwortung für Aufnahmen und Entlassungen trug, bestimmte in Wirklichkeit das gesamte Team in demokratischen Diskussionen darüber. In diesen Sitzungen hatten sämtliche Teilnehmer – ob Psychiater, klinische Psychologen, Sozialarbeiter, Pflegepersonal oder Freizeit- und Beschäftigungstherapeuten – gleiches Stimmrecht. Jeder von ihnen war dafür zuständig, als verantwortlicher Therapeut die Entwicklung einer bestimmten Anzahl von Patienten detailliert zu beobachten.

Barbara Lerner beschreibt eine solche, auf der Grundlage des von ihr als «demokratische Mitbestimmung» bezeichneten Prinzips organisierte experimentelle Klinikeinrichtung für die Armen in einer Großstadt. Das Klinikpersonal hört den Patienten zu, befindet sich in einem echten Meinungsaustausch mit ihnen und fällt Entscheidungen nach eingehender Beratung untereinander sowie mit den Patienten. Diese Klinik war – wie andere Einrichtungen ähnlicher Art – überaus erfolgreich: Die Fähigkeit der Patienten, mit der Außenwelt zurechtzukommen, und ihr subjektives Wohlbefinden besserten sich beträchtlich, die Rückfallquote sank. Nicht nur die Patienten, sondern auch die Mitglieder des Personals fühlten sich in diesem System sehr viel wohler: sie hatten das Gefühl, in gewissem Umfang selbst bestimmen und ihre Fähigkeiten sowohl zu ihrem eigenen Nutzen als auch zu dem der Gemeinschaft einsetzen zu können. Die Effektivität dieser Projekte vermochte jedoch deren fortschreitenden Abbau nicht zu verhindern; auf politischer Ebene bekamen sie zunehmende Schwierigkeiten. Zweifellos waren diese Institutionen teuer, aber vermutlich immer noch billiger als die Polizeikräfte, die Waffen und die herkömmlichen psychiatrischen Krankenhäuser, Obdachlosenasyle und Gefängnisse, die notwendig sind, um die Armen unter Kontrolle zu halten. Unter Nixon begann der Abbau dieser experimentellen Projekte, und Reagan machte ihnen endgültig den Garaus.

Das psychiatrische Establishment ist zu den alten Strukturen zurückgekehrt.

Im übrigen übernahmen auch andere gesellschaftliche Einrichtungen die von der Psychologie geschaffenen rigiden und stereotypen Normen. Im Bildungswesen und in der Wirtschaft finden mechanische, bornierte Testverfahren Anwendung. So legt man etwa Anstellungsbewerbern Tests vor, die auf einem bestimmten Verständnis von ‹Männlichkeit› basieren, und anhand derer der Kandidat ein gewisses Maß an Aggressivität beweisen muß, um eingestellt zu werden. Gleichzeitig dienen solche Tests dazu, neu eingestellten Beschäftigten zu verdeutlichen, welche Haltung von ihnen erwartet wird. Die Meßskala für ‹weibliche Eigenschaften› des viel benutzten *Minnesota Multiphasic Personality Inventory* wurde ursprünglich an dreizehn männlichen Homosexuellen getestet und ausgerichtet.[163] *IQ*-Tests (auf die ich im nächsten Abschnitt noch eingehender zu sprechen kommen werde) dienen zur Kategorisierung von Menschen, obgleich sie sehr unzuverlässig sind. Psychologen legen bei Untersuchungen zum Thema Sexismus oft genug selbst sexistische Einstellungen an den Tag.[164]

Dennoch gibt es, wenn wir den gegenwärtigen Standard der Psychologie betrachten, auch ermutigende Aspekte zu verzeichnen. Die schärfste Kritik am psychologischen Establishment kommt aus den Reihen der Psychologen selbst. Viele sind gegen Zwangsmaßnahmen und solche Praktiken, mit denen Menschen dazu gebracht werden sollen, «totalitäre Herrschaftsmethoden, die Verkommenheit städtischer Slums, die gegenwärtigen ... Ehegesetze oder ... die Normen einer auf Besitzstreben, Konkurrenz, hierarchische Strukturen und Neid gegründeten Gesellschaft» zu akzeptieren.[165]

Von Psychologen stammen nicht nur selbstkritische Ansätze, sondern auch ernsthafte Bemühungen, das Verständnis ihrer Wissenschaft dahingehend zu erweitern, daß das Persönliche *und* das Politische, das Individuelle *und* das Gesellschaftliche darin Aufnahme finden. Die Sozialpsychiatrie, die Familientherapie und offene Formen der umfeldbezogenen Therapie, sowie ähnliche kontextbezogene Ansätze sind Ausdruck der sich festigenden Überzeugung, daß Heilung der Seele nur durch persönliches Engagement beim Aufdecken der Wirkungsmechanismen von Leiden, Liebe und Macht möglich ist und daß eine von Leid und Selbsthaß gequälte Gesellschaft nur durch die Aufdeckung und Veränderung allgemeiner Verhaltensmuster zu heilen ist. Es ist unumgänglich, daß das psychologische Establishment der Macht als oberstem

Gott abschwört. Solange dies nicht geschieht, wird die Psychologie die Menschen weiter so formen, daß sie reibungslos in diese Welt passen, anstatt eine Welt zu schaffen, die den Menschen gerecht wird.

Das Bildungswesen

Es wäre naiv, zu erwarten, daß die Wertordnung, die die anderen helfenden Berufe und letztlich unsere gesamte Kultur beherrscht, im Erziehungswesen keine Rolle spielt. Das Bildungswesen der Vereinigten Staaten ist ein riesiger Apparat; er umfaßt das öffentliche Schulsystem, private Schulen, Colleges und Universitäten, Bibliotheken, Lehrerverbände, Schulbuchverlage sowie die gesamte Kultusbürokratie. Wir wollen hier einen Blick auf das im öffentlichen Schulsystem und im akademischen Bereich besonders klar zutage tretende Wertgefüge werfen.

Im 18. und 19. Jahrhundert war das amerikanische Schulwesen weder gesetzlich reglementiert noch koordiniert: Die Schulen unterstanden der jeweiligen Gemeinde, deren spezifische Prägung sie trugen, deren Kontrolle sie unterstanden und deren Werte sie vermittelten. Die Tatsache, daß diese Schulen lokale, kommunale Einrichtungen waren, heißt noch lange nicht, daß sie menschlich und gerecht waren oder interessante Lerninhalte vermittelten, wohl aber, daß sie individuelle Züge trugen. Das Konzept der öffentlichen Pflichtschule wurde bereits 1642 in Massachusetts diskutiert und war während des gesamten 19. Jahrhunderts Gegenstand heftiger Auseinandersetzungen. Frauen- und Müttervereinigungen, Gewerkschaftler und Pädagogen befürworteten die gesetzliche Schulpflicht, die Arbeitgeberorganisationen bekämpften sie – insbesondere die *United States Chamber of Commerce,* die *National Association of Manufacturers,* der *Southern States Industrial Council* und die *Investment Bankers Association of America.*[166] Diese Vereinigungen waren natürlich daran interessiert, ein riesiges Heer von unqualifizierten Arbeitern zur Verfügung zu haben, denen Niedrigstlöhne gezahlt werden konnten. In vielen Bundesstaaten erhielten arme Kinder gar keinen Unterricht.

Das 19. Jahrhundert war in den Vereinigten Staaten von explosiven sozialen Auseinandersetzungen gekennzeichnet. Die Arbeiterbewegung kämpfte um die Anerkennung der Gewerkschaften, die wirtschaftliche Not führte zu Straßenkrawallen, und ethnische und religiöse Gruppen bekämpften einander in Aufwallungen von Feindseligkeit. Die Pädagogen stützten ihre Argumente für die allgemeine Schulpflicht auf solche Gewaltausbrüche und auf die Angst der Mittelschicht vor Aufständen und Überfremdung, vor Sozialismus und Anarchismus. Sie behaupteten, die Schulpflicht würde in ähnlicher Weise wie die Armenhäuser die Funktion erfüllen, die Kinder aus «schlechten Elternhäusern und Wohnvierteln» herauszuholen und ihnen «Ordnung, Regelmäßigkeit, Fleiß und Mäßigkeit» beizubringen: vor allem jedoch würde man sie lehren, Respektspersonen und Vorgesetzten mit «Gehorsam und Respekt» zu begegnen.[167] Das öffentliche Schulwesen und die allgemeine Schulpflicht wurden von Anfang an als Instrumente zur gesellschaftlichen Integration der Armen angepriesen; ihr Zweck war weniger intellektuelles oder kognitives Training als vielmehr die *moralische* Erziehung der Armenkinder.[168]

Die amerikanischen Pädagogen beobachteten aus der Ferne, wie Condorcet in Frankreich und Friedrich der Große in Preußen staatliche Schulsysteme mit zwei wichtigen Charakteristika einführten: die Lehrinhalte wurden verbindlich vorgegeben und es gab eine Untergliederung in verschiedene Leistungsniveaus.[169] Doch erst 1852 verfügte Massachusetts als erster amerikanischer Bundesstaat über die allgemeine Schulpflicht. Im Lauf der zweiten Hälfte des Jahrhunderts folgte ein Bundesstaat nach dem anderen diesem Beispiel, und im Jahre 1900 war die allgemeine Schulpflicht in 30 Staaten und auf Hawaii gesetzlich verankert. Im Jahre 1918 existierte sie in allen Bundesstaaten. Das Gesetz beschränkte die Pflicht zum Schulbesuch auf acht Klassen und räumte vielfach Kindern, die arbeiten mußten, die Möglichkeit ein, dem Unterricht nur teilweise beizuwohnen. Überdies wurde das Gesetz häufig genug ignoriert.[170]

Die Öffentlichkeit begann schließlich auf die Einhaltung des Schulgesetzes zu dringen, nachdem sie durch die Ergebnisse von Tests, die im Ersten Weltkrieg an Rekruten der amerikanischen Armee durchgeführt wurden, aufgerüttelt worden war. Bei diesen Tests hatte sich herausgestellt, daß ein Viertel der jungen Männer überhaupt nicht und ein wesentlich größerer Prozentsatz nur beschränkt lesen und schreiben konnte und daß 35 Prozent der untersuchten Rekruten unter körperlichen Defekten litten, die vermeidbar gewesen wären, wenn man sie bereits im Kindesalter diagnostiziert und behandelt hätte.[171] Von 1920 an wurde die Einhaltung der Schulpflicht streng durchgesetzt, obgleich auch dann noch nur etwa ein Drittel aller Vierzehn- bis Siebzehnjährigen eine höhere Schule besuchte.[172] Es waren in erster Linie die spezifischen Probleme des städtischen Lebens, die zur Einführung eines standardisierten und durchrationalisierten Schulsystems führten. Die großen Städte mit ihren Menschenmassen, ihrer sozialen Unruhe, ihrer Armut und ihren Straßenkindern erforderten straffe Maßnahmen.[173]

Die verborgenen Funktionen und wahren Absichten des öffentlichen Schulwesens prägten seinen Charakter. Bereits 1818 konnte den gesetzgebenden Organen gemeldet werden, daß «das System auf dem Gebiet der Erziehung ebenso wirksam funktioniert wie die arbeitssparenden Maschinen im Bereich der nützlichen Tätigkeiten»[174]. In ihrem Bemühen, die Industrie von den Vorteilen der Schulpflicht – ihrer Eignung als Instrument zur frühzeitigen Abwendung sozialer Unruhe und als «Grundstein der Republik und Versicherungspolice gegen Bolschewismus, Aufruhr und Umsturzversuche» – zu überzeugen, machten sich die Pädagogen zunehmend die Sprache der Großindustrie zu eigen.[175] Sie argumentierten, daß ein öffentliches Erziehungssystem «die humanste Form sozialer Kontrolle und die sicherste Methode sozialer Erneuerung» darstelle.[176] Der Industrie war durchaus an einem wirksameren Kontrollmittel gelegen: Die Arbeitsabläufe in der Industrie standen in krassem Gegensatz zu den mitgebrachten Wertvorstellungen vieler Immigranten. Sie kamen aus präindustriellen Gesellschaften und waren an ein gewisses Maß von persönlicher Autonomie gewöhnt, und zwar sowohl was ihre Arbeit, als auch was deren Endprodukt betraf. Sie gingen davon aus, daß man ein angefangenes Arbeitsstück auch fertigstellte und nicht nur für einen kleinen Arbeitsgang zuständig war. Sie waren gewohnt, selbst zu entscheiden, welche Arbeit sie in Angriff nahmen und wieviel Zeit sie damit zubrachten.[177] Das öffentliche Schulwesen versprach, der nächsten Arbeitergeneration Gehorsam, Fleiß und Mäßigkeit beizubringen und sie über die Klingel- und Summzeichen aufzuklären, die in straff organisierten Betrieben den Tag zu unterteilen pflegten. So diente das städtische Erziehungswesen in Amerika «mehr dazu, die Menschen zu industrialisieren, als die Industrie zu humanisieren»[178].

Überdies hatte die Standardisierung und Zentralisierung der Kontrollmechanismen, die das öffentliche Schulwesen mit sich brachte, den Effekt, kulturelle Unterschiede zu neutralisieren und allen Kindern gleichermaßen «aggressiven Protestantismus, Selbstzucht und den Chauvinismus» der Englischsprachigen» einzuimpfen. So speiste sich jene Bewegung, die in ihrer Zeit humanitär, progressiv und demokratisch wirkte, im tiefsten Inneren aus «Rassismus, dem Bestreben nach gesellschaftlicher Macht und dem Wunsch, die Welt für die Großindustrie sicherer zu machen.»[179] Die Schulen produzierten Arbeitskräfte, die als Teil einer gehorsamen Arbeiterschaft ihren vorbestimmten Platz in einer hierarchisch strukturierten Arbeitswelt einnehmen würden.[180] Die Lehrbücher brachten den Kindern bei, gehorsam zu dienen und ihre Rolle in der besten aller Gesellschaften zu akzeptieren.[181]

Das Schulwesen selbst war nach korporativem Organisationsmuster einer zentralistischen Kontrolle unterstellt, die von einer Bürokratie verwaltet wurde: Das «beste aller möglichen Systeme» ließ sich für alle Zwecke nutzen.[182] In der Struktur des Schulwesens tritt dessen Absicht deutlich zutage: die Beherrschung der Massen durch einige wenige bei gleichzeitiger Kontrolle aller Bediensteten des Systems selbst. Zwischen den unteren und oberen Rängen der schulischen Hierarchie klaffte ein weiter Abgrund. Letztere rekrutierten sich überwiegend aus weißen Männern, erstere aus weißen Frauen. Die oberen Ränge waren für die Entscheidungen und die Finanzen zuständig, die unteren (wie in allen Institutionen) für den direkten Umgang mit der Klientel, in diesem Fall den Schülern. Diese, zu deren Nutzen das ganze System angeblich bestimmt war, wurden als bloße Objekte behandelt, die man manipulierte, ohne ihre Wünsche und Bedürfnisse zu berücksichtigen. Zwischen Verwaltungsbürokratie und Lehrerschaft und zunächst auch zwischen Lehrern und Lehrerinnen gab es enorme Status- und Einkommensunterschiede. In jenen Bundesstaaten, in denen Frauen in Schulangelegenheiten Stimmrecht besaßen, konnten weibliche Schulbedienstete in die Verwaltungsränge aufsteigen, wo sie jedoch bis zum heutigen Tag eine kleine Minderheit geblieben sind. Gleiche Bezahlung für weibliche Lehrkräfte wurde von Feministinnen ein Jahrzehnt nach der Verabschiedung des Frauenwahlrechts auf Bundesebene erkämpft.[183]

Die Lehrer mußten sich damals wie heute an einheitliche Lehrpläne halten und besaßen wenig Autonomie. Die Lehrinhalte und Lehrmethoden unterlagen dem Vetorecht der Schulaufsichtsgremien, die sich mit fortschreitender Zentralisierung und Bürokratisierung des Schulwesens immer häufiger aus Arbeitgebern und sachverständigen Akademikern rekrutierten. Unter dem Vorwand, Auseinandersetzungen über Privatangelegenheiten wie Religion, Sexualität, Politik und Moral vermeiden zu wollen, wurden alle Aufgabenstellungen und Methoden aus dem Unterricht verbannt, die zu selbständigem Denken hätten anregen können und damit möglicherweise zur Infragestellung der herrschenden Moral hätten führen können. Außer in abstrakten Fächern wie Mathematik und Naturwissenschaften gehörte ‹Denkfähigkeit› ohnehin nicht zu den Unterrichtszielen.

Überdies arbeitete das amerikanische Schulwesen einer rassistischen Politik in die Hände. Im Norden wie im Süden gab es nach Rassen getrennte Schulen, und die schulische Erziehung weißer und besser gestellter Kinder wurde weitaus stärker bezuschußt als die der Schwarzen und Armen. In den Jahren 1939/40 besuchte nur ein geringer Prozentsatz (weniger als 20 000 Kinder) in Amerika Schulen, deren Bau bis zu 6000 Dollar pro Klassenzimmer gekostet hatte, während doppelt so viele Schüler in Schulen unterrichtet wurden, deren Ausstattung weniger als hundert Dollar pro Klassenraum kostete.[184] Doch Zahlen allein vermitteln noch nicht wirklich den Unterschied zwischen hellen, mit Pflanzen, einer gut bestückten Bibliothek und Lehrmitteln wie Filmprojektoren, Plattenspielern, Klavieren und Laborgeräten ausgestatteten Schulgebäuden und alten, gefängnisartigen Bauten mit dunklen Korridoren, knarrenden Fußböden, chronischer Unterrichtsmittelknappheit, einer armseligen Bibliothek und einem von Entbehrung und Angst geprägten allgemeinen Klima. Noch immer zieht sich durch unser gesamtes Schulwesen dieses Ungleichgewicht: je wohlhabender ein Wohnbezirk ist, desto mehr Mittel stehen seinen Schulen zur Verfügung. Überdies sind an Schulen in armen Bezirken besonders häufig unerfahrene und didaktisch weniger fähige Lehrer zu finden.[185]

Eines der Hauptinstrumente der rassistischen Schulpolitik war der *IQ*-Test. Der erste Test dieser Art, der *Stanfort-Binet IQ*-Test, wurde 1916 von Lewis H. Terman entworfen. Als er in breitem Rahmen an Schülern erprobt wurde, ergab er auf sämtlichen Schulniveaus für Mädchen im Mittel um 2 bis 4 Prozent höhere Punktzahlen als für gleichaltrige Jungen. Daraufhin veränderten Terman und seine Mitarbeiter den Test, indem sie die Fragen herausnahmen, bei denen die Mädchen besonders gut abgeschnitten hatten, und auf diese Weise dafür sorgten, daß beide Geschlechter gleiche Leistungen erbrachten. (Man fragt sich, was wohl geschehen wäre, wenn die Testergebnisse eine klare Überlegenheit der Jungen erbracht hätten: Wäre der Test in diesem Falle auch geändert worden? Hätte man ihn als Beweis dafür gewertet, daß Jungen eben intelligenter sind als Mädchen?[187]

Es liegt auf der Hand, daß *IQ*-Tests insofern manipulierbar sind, als man sie bereits so anlegen kann, daß sie die gewünschten Ergebnisse erbringen. Es nimmt kaum Wunder, daß die Ergebnisse solcher Tests mit dem Schulerfolg in den Schulen der weißen Mittelschicht korrelieren: bei den *IQ*-Tests schneiden diejenigen Kinder am besten ab, auf die nicht nur diese Tests zugeschnitten, sondern denen ohnehin in unserer Gesellschaft alle Wege geebnet sind. Man braucht keinen *IQ*-Test, um vorhersagen zu können, daß sie Erfolg haben werden, und dies ist auch gar nicht die Aufgabe solcher Testverfahren.

Der *IQ*-Test ging aus einem während des Ersten Weltkriegs durchgeführten psychologischen Massenexperiment hervor. Führende amerikanische Psychologen hatten gut einen Monat darauf verwandt, ein Prüfungsverfahren für Rekruten zu entwickeln. Die sogenannten *Alpha*- und *Beta-Tests* erwiesen sich in erster Linie als geeignetes Werkzeug, um Männer in bestimmte Arbeitsbereiche zu schleusen, galten jedoch gleichzeitig als Beweis dafür, daß die Vereinigten Staaten eine «Meritokratie» darstellten: Die ‹Besten› hatten im allgemeinen auch die höchsten Positionen inne. Man interpretierte die Testergebnisse als Beleg dafür, daß alpine und mediterrane Rassen den nordischen Rassen intellektuell unterlegen und Schwarze durchweg weniger intelligent seien als Weiße. Obgleich diese ‹Beweise› später widerlegt wurden, als sich herausstellte, daß die überwiegend ‹nordischen› Soldaten aus den Südstaaten die niedrigsten Ergebnisse von allen weißen Soldaten in Amerika überhaupt erzielten, und daß schwarze Soldaten aus den Nordstaaten erheblich besser abschnitten als weiße Südstaatler, vermochten diese revidierten Ergebnisse kaum an der rassistischen Interpretation zu rütteln.[188] Rassismus in jeder Form, und nicht nur gegen Schwarze, war Teil des herrschenden Denkens: daher die Untersuchungsbefunde von Ellis Island, denen zufolge fast alle Immigrantengruppen zum größten Teil «geistig minderbemittelt» waren, daher die Eugenik und daher die Übernahme der *IQ*-Tests durch das Bildungswesen, den öffentlichen Dienst und die Industrie als Meßinstrument für Fähigkeiten, die ihren Bedürfnissen entsprachen.[189] Der *IQ*-Test und die ganze Pseudowissenschaft, in die er eingebettet ist, gestattete es den Institutionen, Menschen für minderwertig zu erklären, ohne auf offensichtliche Vorurteile zurückgreifen zu müssen: «Die Testverfahren legitimierten die Rassensegregation innerhalb des amerikanischen Schulwesens.»[190]

Die Rassentrennung in Schulen wurde durch das gegen die sich widersetzenden Bundesstaaten angestrengte «Brown-Urteil» des Supreme Court im Jahre 1954 für ungesetzlich erklärt. Die Aufhebung der Rassensegregation war zwar in den Südstaaten, wo die Einrichtung getrennter Schulen für Schwarze und Weiße gesetzliche Vorschrift gewesen war, relativ erfolgreich, versagte jedoch weitgehend in den Nordstaaten, wo die schulische Rassentrennung aus dem Faktum erwachsen war, daß Schwarze und Weiße in verschiedenen Stadtvierteln wohnten. Bis auf wenige Ausnahmen ist in den Großstädten der Prozentsatz der schwarzen Schüler in Schulen mit einem schwarzen Schüleranteil von 90 Prozent und darüber seit dem «Brown-Urteil» noch deutlich gestiegen.[191]

Die Bemühungen um Rassenintegration im Bereich des Schulwesens sind erfolglos geblieben: private Schulen schießen aus dem Boden und immer mehr Weiße verlassen die Innenstadtbezirke. Der Versuch, die Separation mit Hilfe von Schulbustransporten zu überwinden, stieß auf den erbitterten Widerstand der Weißen und selbst vieler Schwarzer; er wird gegenwärtig von der Reagan-Administration abgebrochen. Das Scheitern der Integration im schulischen Bereich ist nur Teil ihres Scheiterns auf breiterer Ebene; die Schuld daran trifft nicht allein das Schulwesen. Die wenigsten Menschen, gleich welcher Hautfarbe, würden ihre Kinder freiwillig in eine öffentliche Schule in einem Innenstadtbezirk schicken. So gut wie alle Eltern, die dies vermeiden können, indem sie ihre Kinder in einer Privatschule unterbringen oder in ein weißes Wohnviertel umsiedeln, ergreifen diese Möglichkeit. Die Innenstadtschulen, die fast ausschließlich von Schwarzen oder hispanoamerikanischen Kindern besucht werden, sind alt, schäbig und gefährlich: 1983 wurden in New York City in fast 1700 Fällen Waffen – Pistolen und Messer – bei Schülern gefunden und nahezu 3000 tätliche Angriffe von Schülern auf Lehrer verübt.[192]

Meiner Ansicht nach wird dieser Prozeß vor allem von zwei Faktoren bewirkt: Zum einen vom Wesen der schwarzen Kultur selbst und zum anderen von der Tatsache, daß alle Einrichtungen unserer Gesellschaft faktisch der Aufrechterhaltung einer separaten schwarzen Sklavenkaste dienen. Trotz aller Proklamationen und Verfassungszusätze hat die Sklavenbefreiung nicht wirklich stattgefunden und wird es auch nicht, ehe nicht der patriarchalische Überlegenheitsanspruch gegenüber allem andersgearteten ganz und gar aus unserem Denken verschwunden ist.

Wenn die Schwarzen ebenso wie andere ethnische Gruppen in integrierte Wohnviertel ziehen könnten, ohne daß Panik ausbräche, die Immobilienpreise ganzer Straßenzüge ins Bodenlose fielen und die Weißen fluchtartig das Terrain räumten, dann würde auch ihre Integration in rassisch gemischte Schulen (die mit Sicherheit sehr viel interessanter wären) ohne gesetzliche Maßnahmen vonstatten gehen. Wenn die Schwarzen dann noch langfristig besseren Zugang zu Arbeitsplätzen bekämen, könnten sie ihre Ghettos verlassen. Die Integration im Schulwesen herstellen zu wollen, solange die Schwarzen nirgendwo anders wirklich integriert sind, heißt den letzten Schritt vor dem ersten tun.

Überdies ist mit gleichen Bildungschancen für Schwarze noch längst nicht so viel gewonnen wie für Weiße. Für die weißen Bewohner innerstädtischer Bezirke bedeutet eine qualifizierte Ausbildung erheblich bessere Verdienstmöglichkeiten und ein beträchtlich geringeres Arbeitslosigkeitsrisiko. Für die schwarzen Bewohner vergleichbarer Stadtbezirke sieht die Sache anders aus. Bennett Harrison führte Untersuchungen in zehn städtischen Ghettobezirken durch: nirgends betrug die Verbesserung der Beschäftigungsaussichten pro absolviertem Schuljahr auch nur 2 Prozent, und in vielen Fällen erhöhte sich mit dem Bildungsniveau sogar das Risiko der Arbeitslosigkeit.[193] Berufsförderungsmaßnahmen vermitteln die Angehörigen der armen Schichten der Großstädte meist in andere, aber vom Status her gleich schlechte Arbeitsbereiche, kaum jedoch in bessere Berufe.[194] Schwarze, die eine zusätzliche Ausbildung genossen haben, verdienen oft nur wenig mehr als vorher und werden systematisch unter ihrer Qualifikation beschäftigt. Die Gefahr der Arbeitslosigkeit reduziert sich kaum.[195] Entgegen einem weitverbreiteten Vorurteil sind schwarze Jugendliche sehr arbeitswillig und kündigen im Durchschnitt seltener als weiße Jugendliche.[196]

Auch wenn viele Schwarze «es geschafft» haben, d. h. von der Gesellschaft als quasi ‹Weiße› integriert worden sind: die schwarze Hautfarbe bleibt doch ein ebenso unveränderliches Merkmal wie die Geschlechtszugehörigkeit. Unter anderem ist es wohl diese Unabänderlichkeit, die Frauen und Farbige für männliche Chauvinisten zum steten Quell ihrer Selbstbestätigung macht. Auch die Schwarzen wurden, ebenso wie die Frauen, aus der Kultur des weißen Mannes ausgeschlossen, was sie veranlaßte, sich in einer eigenen Kultur zu isolieren. Diese gleicht in vielerlei Hinsicht der der Frauen. Von einem engen Beziehungsgeflecht geprägt, gemeinschaftsorientiert und flexibel, von Liebes- und Freundschaftsbeziehungen bestimmt, ist die schwarze Kultur in gewisser Weise eine ‹weibliche› Kultur. Die weiße Mittelschicht fordert, ihrer Wertordnung entsprechend, von Schwarzen, die sich aus der Armut emporarbeiten wollen, gleichzeitig die Aufgabe ihrer eigenen Kultur und die Übernahme der ‹männlichen› Sitten, Ausdrucks- und Lebensformen der Weißen. Arbeitsbeschaffungsmaßnahmen fördern diesen Prozeß, indem sie im Rahmen von Umschulungsprogrammen die ursprüngliche Kultur der Schwarzen implizit als minderwertig bewerten.[197]

Wenn im Unterricht oder im Rahmen berufsbildender Programme der Dialekt der Schwarzen als falsche Sprache, ihre Sitten und Lebensformen als vulgär und ungehobelt dargestellt werden, so ist dies nicht nur Ausdruck elitären Denkens, sondern man erzwingt die Aufgabe einer bestimmten Lebensweise zugunsten einer anderen. Den Schwarzen wird vermittelt, daß in unserem Lande der Armut zu entkommen zwingend bedeutet, die herrschende Moral zu übernehmen und damit dem Fetisch der Macht als Gott zu huldigen. Die Unterdrückung der Schwarzen im amerikanischen Erziehungswesen hat System und ist das Ergebnis «sorgsam und akribisch errichteter» Strukturen.[198] Obgleich die Schwarzen die Hauptleidtragenden sind, wirken die dem amerikanischen Erziehungswesen inhärenten Normen sich doch auf alle Kinder und Lehrer destruktiv aus.

Das unsere Kultur beherrschende Wertsystem prägt unausweichlich den Unterricht in den Schulen. Lehrer dürfen keine eigenen Wege gehen, sondern müssen einzelne Gegenstände in eng umrissener linearer Form vermitteln und dabei stets darauf achten, daß sie ihre Schüler in die Lage versetzen, standardisierte Tests zu bestehen. Die an diesen Tests bemessene Leistung der Schüler weist ihnen einen Platz auf einer bestimmten Sprosse der Karriereleiter zu, den sie mit großer Wahrscheinlichkeit während ihrer gesamten Ausbildungszeit und auch im späteren Leben beibehalten werden. Schulbildung ist nur in seltenen Ausnahmefällen an den Erfordernissen des Lehrens und Lernens ausgerichtet, überwiegend hingegen leistungsorientiert. Für Jugendliche sind dies nahezu entgegengesetzte Ziele. Lernende und Lehrende sitzen in öden und sterilen Schulen über immer neuen, tödlich langweiligen Lehrbüchern. Niemand hält die Schüler dazu an, ganze Bücher zu lesen, zu diskutieren oder gar schriftlich zu verarbeiten. Statt dessen gibt man ihnen kurze Auszüge und verlangt bei Prüfungsarbeiten das Einsetzen von Kurzantworten. Die Auszüge sind sorgsam so ausgewählt, daß sie niemandem ‹zu nahe treten›, eine euphemistische Umschreibung dafür, daß sie auf keinen Fall an Dinge rühren dürfen, die Kinder emotional oder intellektuell beschäftigen könnten. Die Lehrer haben weder die Freiheit noch die Zeit zur Erprobung neuer Lehrmethoden.

Ansätze einer progressiven Pädagogik sind im Rahmen einer rigiden hierarchischen Schulbürokratie kaum realisierbar. Viele progressive Schulversuche führten letztlich für die Lehrer zu noch mehr Bürokratismus, noch mehr Formblättern, noch mehr Sitzungsterminen und noch umfassenderer Überwachung.[199] Außerdem laufen Lehrer, die solche experimentellen Unterrichtsverfahren erproben, «ernstlich Gefahr, von oben zensiert zu werden»[200].

Progressive Unterrichtsprojekte erwecken zudem gegenwärtig oft den Argwohn der Eltern, die in diesen Zeiten der Rezession fürchten, daß ihre Kinder nicht die formalen Zeugnisse vorweisen können, die sie brauchen, um auf das Förderband zum materiellen Wohlstand aufspringen zu dürfen.[201] Einige wenige dieser Projekte scheinen sich dennoch zu bewähren – u. a. das Programm *Head Start*, (ein Programm für kompensatorische Vorschulerziehung) die Mittelpunktsschulen oder das *City High School Recognition Program*, das solche Schulen besonders fördert, die unter widrigen Bedingungen bessere Lehrverhältnisse schaffen konnten.[202]

Bereits vor zwei Generationen haben Robert und Helen Lynd nachgewiesen, daß in der Auseinandersetzung zwischen den Befürwortern qualitativer Zielsetzungen im Schulbereich und den Vertretern quantitativ bemeßbarer administrativer Leistungssteigerung «die schweren Geschütze ausnahmslos auf seiten der massiven Bestrebungen in Richtung einer Machtkonzentration» durch die Bildungstechnokraten standen.[203] Vor einer Generation wurde mit vollen Händen in Programme investiert, mit deren Hilfe die «kulturelle Deprivation», von den Psychologen als das Hauptproblem der armen Bevölkerungsschichten identifiziert, kompensiert werden sollte. In Wirklichkeit erreichte aber nur ein so geringer Bruchteil der zur Verfügung stehenden Mittel tatsächlich die Ghettoschulen, daß ein Kritiker bemerkte, Geldmittel von oben in die Schulbürokratie hineinzustecken, um den Schülern zu helfen, sei «wie ein Pferd zu füttern, wenn man den Spatzen zu fressen geben will»[204].

Noch immer werden Lehrpläne und Unterrichtsmethoden von oben festgelegt und den Lehrern und Schülern aufgezwungen, obgleich die Ineffektivität dieses Verfahrens wissenschaftlich nachgewiesen ist.[205] Wie es in den «helfenden» Berufen die Regel ist, stehen diejenigen, die das Sagen haben und die Entscheidungen fällen, in keinerlei unmittelbarem Kontakt mit der tatsächlichen Arbeitssituation und den Menschen, um die es geht. Man kann daraus schließen, daß das eigentliche Ziel des Erziehungswesens ein nach außen gerichtetes ist: der Ausbau oder die Aufrechterhaltung der Macht der Institution oder ihrer obersten Funktionäre, nicht aber die Ausrichtung an den Interessen derer, denen zu nützen und zu dienen sie behauptet.

Das institutionalisierte Bildungswesen liegt also in den Händen einer

Hierarchie von Menschen, denen es in erster Linie um Macht geht. Innerhalb unserer Gesellschaftshierarchie nimmt dieses pädagogische Establishment jedoch nur einen niedrigen Rang ein, wie sich an seinem Anteil am Bundeshaushalt und am Einfluß seiner Lobby auf den Kongreß ablesen läßt. Die USA verwenden sehr wenig Geld auf das Bildungswesen: Während des Zweiten Weltkriegs floß mehr Geld in militärische Zwecke, als das Erziehungswesen in der gesamten Zeit seiner Existenz zugesprochen bekam. Im Friedensjahr 1955 verausgabte die Bundesregierung über 40 Milliarden Dollar für Rüstungszwecke, nahezu das Vierfache der Gesamtsumme des je für Bildungszwecke verwandten Geldes.[206]

Auch im akademischen Bereich der Hochschulen und Universitäten zeigen sich allerorten die problematischen Auswirkungen hierarchischer Strukturen, der Ausrichtung an Macht und Herrschaft und des mangelnden Engagements für diejenigen, die das Fußvolk in dieser Hierarchie stellen: Lehrer und Studenten. Rassismus und Sexismus sind allgegenwärtig, und herausragende Intelligenz ist – trotz aller gegenteiligen Beteuerungen – wesentlich weniger wichtig als Anpassung. Offene Zulassungsmodi, einst als Kompensation für das totale Versagen der unteren Bildungsebenen im Hinblick auf die Förderung von Unterschichtskindern konzipiert, gibt es so gut wie nicht mehr. Die Hochschulbildung ist wieder das Privileg eines kleinen Prozentsatzes der Bevölkerung. Wie in den unteren Bildungseinrichtungen ist der Lernende, dem die Institution ursprünglich dienen soll, auch im akademischen Bereich bedeutungslos und ohnmächtig. Dem Räderwerk der Bürokratie ausgeliefert, werden die Studenten, so Lionel Lewis, wie «Wohlfahrts-Klienten» behandelt. [207] Die inhaltliche Grundlinie, an der sie sich während ihres Universitätsstudiums orientieren müssen, geht hin zu technischem Expertentum, abstraktem Wissen und logischem, ‹rationalem› Denken. Eine von Francis Fitzgerald durchgeführte Untersuchung von Lehrbüchern ergibt eine deutliche Gewichtsverlagerung im Lauf der letzten Jahrzehnte: heute heißt die Devise, daß Wissen Macht bedeutet und Denkfähigkeit Herrschaftsausübung ermöglicht.[208] Rebellion und Apathie, beides während der letzten Jahrzehnte an den Universitäten zu beobachtende Symptome, sind nur zwei Seiten der gleichen Medaille, nämlich Zeichen der Reaktion auf den in allen Lebensbereichen ausgeübten enormen Druck, sich in die vorgegebene Form der eng gesteckten und starren Normen des modernen Industriestaates pressen zu lassen.

Die von den Akademikern selbst an der Akademia geübte Kritik konzentriert sich hauptsächlich auf die Abwertung solcher Dimensionen des Lebens wie Phantasie, Gefühl, Willen oder intuitive Erkenntnis.[209] Die Geisteswissenschaften verlieren immer mehr an Ansehen, ihre Wertmaßstäbe sind ungültig oder veraltet, und selbst ihre überzeugtesten Vertreter lassen sich leicht durch den jeweils neuesten pseudowissenschaftlichen Modeansatz in der Literatur- oder Kunsttheorie beeindrukken. Vor allem jedoch sichert, wie jeder Student weiß, eine geisteswissenschaftliche Ausbildung keine materiell lohnende – wenn überhaupt eine – Berufsperspektive.

Am extremsten sind die Universitäten betroffen und insbesondere die renommiertesten unter ihnen. Die amerikanischen Universitäten sind zeit ihres Bestehens aufs engste mit dem Staat verflochten. In unserem Jahrhundert bedeutete dies: Auftragsforschung für Industrie und Militär, personelle Zusammenarbeit und, was wohl am schwersten wiegt, eine enge Verflechtung der Wertsysteme. Thorstein Veblen hat bereits vor einem halben Jahrhundert aufgezeigt, wie die Normen und Verkehrsformen der Wirtschaft den akademischen Bereich, angefangen von den obersten Verwaltungsgremien durch die gesamte Bürokratie bis in den einzelnen Hörsaal hinein, durchziehen.[210] Heute hat die Ideologie des *business* die religiöse Ideologie fast vollständig verdrängt, die einst das amerikanische Hochschulwesen beherrschte.

Nach Auffassung Philip Rieffs ist die technokratische Ausrichtung im akademischen Bereich «sogar weiter fortgeschritten» als in der Großindustrie: «Die Manager des Wissens sind weltklug und die Naturwissenschaftler tolerant genug, um ihre Dividenden mit den Gurus zu teilen. Dieses *joint enterprise* ist Teil der wechselseitigen Zuarbeit von «Multiversität» und Großindustrie.[211] Die sogenannte «Multiversität», auf die Rieff hier Bezug nimmt, geht auf einen Entwurf Clark Kerrs zurück (1952–58 Kanzler und dann bis 1967 Präsident der *University of California* in Berkeley), der eine Institution im Dienste der großindustriellen Gesellschaft schaffen wollte, an der modernstes technologisches Wissen und ein entsprechendes Wertsystem vermittelt werden sollten. Howard Permutter konzipierte sogar eine Weltuniversität, eine supranationale, technisch-praktisch orientierte Hochschule, deren Studenten vor Ort in polizeilichen und anderen Überwachungsmethoden geschult, aber weder in künstlerischen noch in geisteswissenschaftlichen Disziplinen unterrichtet werden sollten.[212]

Die Denkweise der modernen Industriegesellschaft ist heute in alle

Bereiche des Hochschulsektors eingedrungen. Die Lehrtätigkeit an einer Hochschule gehört noch immer zu den autonomsten Tätigkeiten in unserer Gesellschaft: der Dozent bietet eine Lehrveranstaltung zu einem Thema an, das vom Dekan der jeweiligen Fakultät oder einem entsprechenden Gremium gebilligt werden muß. Hat der Lehrende diese Genehmigung jedoch eingeholt, steht ihm die Festlegung der Materialien, der Methode und des Schwerpunkts frei. Auch wenn z. B. die extreme Unbeliebtheit des Dozenten oder die Wahl besonders ausgefallener methodischer Herangehensweisen in Einzelfällen zu Schwierigkeiten – zu Kritik von oben oder gar (wenn es sich nicht um den Inhaber eines festen Lehrstuhls handelt) zur Entlassung – führen kann, haben die meisten Hochschullehrer beträchtlichen Freiraum. Aus diesem Grunde findet die Kontrolle bereits statt, ehe der Lehrbefähigte den Hörsaal betritt – zum Zeitpunkt der Einstellung.

Die Universitäten nehmen für sich in Anspruch, hervorragende Leistungen auf den Gebieten der Lehre und der wissenschaftlichen Veröffentlichungen sowie gelegentlich auch in Randbereichen – etwa in Form besonderer Verdienste um die akademische Gemeinschaft – zu honorieren, sie präsentieren sich als ‹Meritokratie›, die ihren brillantesten und kompetentesten Kräften auf faire, rationale und überlegte Weise den Aufstieg ermöglicht. Lionel Lewis, der die tatsächliche Praxis an unseren Universitäten vor dem Hintergrund dieser Ansprüche untersucht hat, kommt jedoch zu dem Schluß, daß es sich bei dieser Selbstdarstellung um Schönfärberei handelt.

Fraglos sollte pädagogisches Können in jeder Hochschule – und überhaupt in jeder Schule – ein entscheidendes Kriterium sein. Die Qualität der Lehre gehört aber zu den geringsten Sorgen der Universitätsbürokratie. Tatsächlich ist an vielen großen Universitäten die Bekleidung angesehener Positionen häufig mit der weitgehenden Befreiung von Lehraufgaben verbunden. Diese werden unerfahrenen Doktoranden übertragen. Die Lehre gilt in der Akademia als lästige Hausarbeit.

Angeblich sind Leistungen in Forschung und Publikation der Prüfstein für die Vergabe von Lehrstühlen. Faktisch haben jedoch bei weitem die meisten männlichen Universitätslehrer kaum oder keinerlei nennenswerte Veröffentlichungen vorgelegt. Eine an einer großen Universität durchgeführte Untersuchung aus dem Jahre 1967 belegt, daß 71 Prozent der Lehrenden nicht einen einzigen wissenschaftlichen Aufsatz und sogar 90 Prozent noch nie ein Buch veröffentlicht hatten. An den zwölf angesehensten akademischen Institutionen der Vereinigten Staaten (darunter die Universitäten von Harvard, Kalifornien, Columbia und Yale) hatten 1958 nur zwölf von jeweils hundert Lehrenden jemals Aufsätze in wichtigen wissenschaftlichen Zeitschriften veröffentlicht. Für die zehn nächstwichtigen Hochschulen (darunter die Universitäten von Pennsylvania, Minnesota und Stanford) betrug das Verhältnis 5,5 zu 100. Eine Untersuchung aus dem Jahre 1970 zeigt auf, daß 30 Prozent der Universitätslehrer überhaupt keine und weitere 30 Prozent eine bis vier kürzere Veröffentlichungen vorgelegt hatten.[213]

Beim Gehalt der Universitätslehrer ergab sich keinerlei Korrelation zu Veröffentlichungs- oder Lehrleistung. Als einziger ausschlaggebender Faktor für Gehaltserhöhungen oder Beförderungen ergibt sich (nach einer 1969/70 durchgeführten Untersuchung) die Betrauung mit Verwaltungsaufgaben. Faktoren, die zu besonders niedriger Bezahlung führten, waren der Rangfolge nach: weibliche Geschlechtszugehörigkeit, Lehraufträge in geisteswissenschaftlichen Fächern und Ableistung des Studiums bis zum Examen an einer wenig angesehenen Hochschule.[214] Lewis kommt zu dem Schluß, die berühmte Maxime des «*publish or perish*» (veröffentlichen oder verrecken) besitze bestenfalls noch an einigen wenigen großen Universitäten eingeschränkte Gültigkeit, ansonsten sei sie lediglich eine Fiktion, die der Legitimation faktischer Einstellungs- und Beförderungspraktiken diene. Das rationale Denken bildet in der Akademia wie in den großen Firmen nur eine dünne Oberflächenschicht. Wer sich, wie so schön formuliert wird, im «Dienst an der akademischen Gemeinschaft» profiliert oder Verwaltungsfunktionen erfüllt, durchläuft eine mindestens ebenso erfolgreiche akademische Karriere wie derjenige, der sich tatsächlich mit Forschung und Lehre beschäftigt. Lewis ist der Meinung, eine solche Personalpolitik fördere Mittelmäßigkeit und Inkompetenz, da sie keine fähigen, geschweige denn herausragende Kräfte in die höchsten akademischen Positionen vermittelt und «zur Legitimation der Existenz» ihrer Amtsträger «immer neue periphere Aufgabenbereiche und Stellen» schafft.[215]

In Lewis' Augen ist das wichtigste Kriterium für die Einstellung und Förderung von Hochschullehrern der Grad der Anpassung: der Kandidat soll sich nahtlos in den bereits existierenden Lehrkörper einfügen, der ganz oder vorwiegend männlich, weiß, der Mittelschicht zugehörig und ziemlich leicht zu dirigieren ist. Der puritanische Leistungsethos genießt noch immer hohes Ansehen. Die Fakultät wird durchaus strebsame, «aus eigener Kraft nach oben gelangte» Kandidaten aus ärmlichen Verhältnissen akzeptieren, sofern sie sich den Respekt vor Vorgesetzten bewahrt haben, umgänglich sind und sich fügsam zeigen. Ein nicht zu unterschätzender Faktor ist nach Lewis der Besitz einer charmanten Ehefrau.[216]

Das Kriterium der Anpassung läßt Frauen, Schwarze und schillernde Persönlichkeiten von vornherein ausscheiden. Die gleichen Selektionsmechanismen werden jedoch bereits bei den Studenten verwendet. Selbst Liberale ereifern sich heutzutage bei der bloßen Erwähnung von Quotenregelungen für Zulassungs- oder Einstellungsverfahren. Dabei orientieren sich die Hochschulen in Wirklichkeit seit eh und je an Quoten. Die für die Zulassung verantwortlichen Verwaltungsstellen sind angehalten, innerhalb der Studentenschaft ein ausgewogenes Verhältnis von Sportlern, wissenschaftlichen Begabungen, besonders Talentierten und Kindern reicher Eltern herzustellen. Diesen Quoten eine weitere – für Frauen, Schwarze, Chicanos o. a. – hinzuzufügen, würde «keinerlei Abweichung vom üblichen Entscheidungsverfahren der Zulassungsstellen» bedeuten.[217] Außerdem hat es schon immer Quotenregelungen mit dem Ziel gegeben, bestimmte Gruppen, z. B. die Juden, auszuschließen. Die Universitätsverwaltungen setzen für die Zulassungsverfahren ein Geschlechterverhältnis von zwei zu fünf oder eins zu drei zugunsten der Männer fest und begegnen kritischen Einwürfen mit dem Argument, daß, nähme man einfach die Fähigsten beiderlei Geschlechts auf, vorwiegend Frauen die Hochschulen bevölkern würden. Die Juden fürchten Zulassungsquoten ganz besonders, weil man sie schon so häufig in der Geschichte zu ihrem Nachteil benutzt hat und weil ihr Anteil unter den Hochschulstudenten gegenwärtig prozentual höher ist als ihr Anteil an der Gesamtbevölkerung. Meines Wissens werden Förderungsquoten jedoch nicht am Bevölkerungsanteil bemessen, da sie nicht dem Ausschluß, sondern der Integration bislang unterrepräsentierter Gruppen dienen sollen. Auch bei einer ausschließlichen Orientierung der Hochschulzulassung an den Schulzensuren und Ergebnissen von Aufnahmetests würden mit Sicherheit weder Frauen noch erhebliche Teile der jüdischen Bewerber abgewiesen werden. Es ist nicht einzusehen, warum es einer Hochschule, guten Willen vorausgesetzt, nicht gelingen sollte, ihr Zulassungsverfahren so zu regeln, daß eine Vielzahl unterschiedlicher Studentengruppen in ausgewogenem Verhältnis vertreten ist.

Einmal zugelassen, werden die Studentinnen vor allen anderen benachteiligten Gruppen weiterhin diskriminiert. Sie werden in die Geisteswissenschaften und weg von den «harten» naturwissenschaftlichen Fächern (die Disziplinen mit dem höchsten Prestige) geschleust, sie werden weit öfter als männliche Studenten nach ihrem Äußeren und ihrem Verhalten beurteilt, sie sind sexueller Belästigung ausgesetzt und müssen sich mit inneren wie äußeren Leistungshemmnissen auseinandersetzen. Schwarze Studenten fühlen sich meist isoliert. Außerdem sind sie sich gewöhnlich der Diskrepanz zwischen der ‹schwarzen› Kultur und der abstrakten, abgehobenen Welt der Universität deutlich bewußt und durch den Loyalitätskonflikt zwischen dem Einfluß ihrer rassischen Herkunft und ihren Zukunftsambitionen innerlich gespalten. Nur wenige schwarze Studenten verspüren nach Beendigung ihres Studiums noch immer den Wunsch, im akademischen Sektor zu bleiben.

Viele Frauen streben akademische Positionen an. Die Diskriminierungsmechanismen sind bereits bekannt: Ihre Empfehlungsschreiben sind nicht objektiv, in den Vorstellungsgesprächen werden häufig äußere Erscheinung und Kleidung kommentiert, und fachlich wird ihnen nie das gleiche Können zugebilligt wie Männern.[218] «Wissenschaftlerinnen werden nicht ernst genommen und haben keine Aussichten auf eine normale akademische Karriere ... Sie müssen damit rechnen, diskriminiert zu werden, und zwar nicht, weil sie prestigemäßig auf einer niedrigen Stufe stünden, sondern weil sie gänzlich außerhalb der Prestigehierarchie stehen.»[219]

Folgerichtig finden sich die meisten Wissenschaftlerinnen in den untersten Positionen oder in «außerhalb der Karriereleiter» angesiedelten Funktionen – auf Arbeitsplätzen, die gewöhnlich Teilzeitstellen sind, keine Sekundärvorteile abwerfen, keine Aussicht auf feste Bestallung oder Beförderung bieten und in den meisten Fällen sehr schlecht bezahlt sind. Ihre Situation ist deshalb besonders schmerzlich, weil hier jungen Frauen Möglichkeiten in Aussicht gestellt werden, die sich nie realisieren: viele von ihnen schließen ihr Collegestudium mit Auszeichnung ab, absolvieren im Anschluß ein Graduiertenstudium und erwerben einen höheren akademischen Grad. In den beiden obersten Rängen der akademischen Hierarchie – auf Professoren- oder Assistenzprofessorenstellen – sprechen die Zahlen jedoch ganz andere Worte. Außerdem haben sich die Bedingungen für Frauen im akademischen Bereich insgesamt eher verschlechtert: die Frauenstimmrechtsbewegung und die Öffnung der Universitäten für Frauen hatten zur Folge, daß 1920 etwa 15 Prozent aller Doktortitel der Philosophie von Frauen erworben wurden. Im Jahre 1970, auf dem Höhepunkt der feministischen Bewegung, betrug dieser Anteil nur noch etwa 10 Prozent.[220]

Die Vorurteile gegen Frauen und Schwarze im akademischen Bereich wurzeln nicht allein in Geschlechtszugehörigkeit oder Hautfarbe. Ob zu Recht oder Unrecht werden Frauen und Schwarze im Denken der weißen Männer (und oft genug auch in ihren eigenen) mit solchen Eigenschaften in Verbindung gebracht, die ich hier als ‹weiblich› bezeichnet habe. Wie wir gesehen haben, werden diese Eigenschaften in dem Maße ins gesellschaftliche Abseits gedrängt, wie die Welt als ganze sich in ihrem Instrumentarium zur Herrschaftsausübung immer stärker an technischen, abstrakten, logischen und ‹rationalen› Strategien orientiert, wobei gerade letztere häufig zur Maskierung extremer Irrationalität dienen. Die Wissenschaftszweige mit dem größten Prestige sind die ‹harten› Naturwissenschaften, gefolgt von den ‹weichen› Sozialwissenschaften. Die Geisteswissenschaften mit ihren diffusen Uneindeutigkeiten und ihren ethisch-moralischen Fragestellungen wirken sehr verunsichernd auf das ‹männliche› Denken.

Tatsächlich steht und fällt die Perfektionierung der Technologie mit der Verdrängung ethnischer Fragen und der Propagierung ‹wertfreier› Betrachtungsweisen. Natürlich existiert so etwas wie eine ‹wertfreie Betrachtungsweise› nicht; dieser Terminus ist die euphemistische Umschreibung für die stillschweigende Übernahme der herrschenden Wertordnung. Seit den siebziger Jahren ist man an den technischen Universitäten intensiv bestrebt, Umfang und Stellenwert des geisteswissenschaftlichen Angebots zu reduzieren. An solchen Hochschulen sind moralische Fragestellungen seitens der Studenten und damit Lehrveranstaltungen, in denen sie angeregt werden könnten, nicht erwünscht. Dies ist zweifellos einer der Gründe dafür, daß so viele Hochschulen nur sehr widerwillig bereit sind, Vorlesungen über Frauen – oder Minderheitsthemen zuzulassen, in deren Mittelpunkt die von der Norm abweichenden (‹weiblichen›) Aspekte der Kultur stehen, und die implizieren, daß es andere Lebensformen, andere Interpretationen der Vergangenheit und damit andere Zukunftsperspektiven gibt.

Der akademische Bereich ist vielleicht die letzte gesellschaftliche Einrichtung, die sich noch einen Rest an Autonomie bewahrt hat: immerhin war er das Zentrum der Anti-Kriegsbewegung während der Schreckenszeit des Vietnamkriegs; von ihm ging die Agitation gegen das Großkapital aus. Dennoch wird die Verflechtung zwischen der Akademia, dem Staat und der Großindustrie enger. Oft nahezu unsichtbar, in Geheimsitzungen, manchmal sogar ohne Wissen der betroffenen Fakultäten, schließen die obersten Verwaltungsbürokraten der großen Universitäten und die führenden Industriemanager zweifelhafte Pakte. Da einige

Universitäten in den USA (z. B. die *University of California*) aus Steuermitteln finanziert werden, ist der Ausschluß der Presse und der gewählten Vertreter der akademischen Gemeinschaft von diesen Verhandlungen schlichtweg verantwortungslos.

Das Wesen dieser Allianzen bedroht die traditionellen Privilegien der Universitäten: die akademische Freiheit, die pädagogische Funktion der Forschung, das Recht auf freie Publikation und den freien Austausch wissenschaftlicher Erkenntnisse und das Recht des Lehrkörpers, autonom über Personalfragen zu entscheiden. Verkauft werden diese Rechte vor allem gegen die Beteiligung an den abzusehenden Erträgen einer Forschung, die von vornherein auf die Bedürfnisse privater Großfirmen abgestellt ist, unter Geheimhaltung erfolgt und für Profitzwecke verwertet wird. Solche Bündnisse zwischen Großkonzernen und Universitäten sind überaus häufig: so kooperieren etwa *Carnegie Mellon* und *Westinghouse* auf dem Gebiet der Automatenforschung oder *Honeywell, Sperry Univac, General Electric* und die *Minnesota Mining and Manufacturing Company* mit der Universität von Minnesota auf dem Gebiet der Mikroelektronikforschung; das Massachusetts Institute of Technology ist in mehreren Forschungsbereichen mit *ITT, General Motors, Exxon* und zehn weiteren Firmen verquickt; es bestehen enge Verbindungen zwischen Rensselaer und *IBM, General Electric, Grumman, Lockheed, Prime Computer, Bethlehem Steel* und anderen Konzernen; auf dem Gebiet der Genforschung arbeiten Harvard mit *Monsanto,* die Universität Washington mit *Mallinckrodt,* Cornell mit mehreren Agrarkonzernen und die Harvard Medical School mit *Du Pont* zusammen.[221] Diese Liste ist bei weitem nicht vollständig.

Im Jahre 1981 schloß das *Massachusetts Institute of Technology* ein bisher einzigartiges Abkommen mit einer Privatfirma, dem *Whitehead Institute of Biomedical Research,* demzufolge das Unternehmen unmittelbar angrenzend an den Campus des *MIT* ein eigenes Forschungsinstitut für Molekulargenetik und Entwicklungsbiologie errichtet. Gegen ein minimales Entgelt erhält die Firma freien Zugang zu allen Einrichtungen und personellen Mitteln des *MIT* sowie ein Vorschlagsrecht bei der Ernennung von Mitgliedern des Lehrkörpers. Hauptverliererin bei diesem Übereinkommen ist die bestehende biologische Fakultät der Universität. Da deren Angehörige zu «schüchtern und schwerfällig» waren, um sich entschieden gegen dieses Abkommen zu wehren, könnte man natürlich die ganze Sache damit abtun, daß die Betroffenen selbst schuld sind an dem, was ihnen hier widerfährt.[222] Dennoch hat dieser Präzedenzfall mit Sicherheit weitreichendere Auswirkungen.

Lucy Benson, Unterstaatssekretärin für Sicherheitswesen, Forschung und Technologie unter Präsident Carter, wies auf ein wichtiges neues Interdependenzverhältnis zwischen Naturwissenschaft, Technologie und Außenpolitik hin.[223] Die multinationalen Konzerne sehen in Naturwissenschaft und Technologie die Schlüsselbereiche künftiger Machtstrukturen. Sie gehen davon aus, daß technisches Wissen (wie alles andere auch) eine Ware ist, die sich gegen natürliche Ressourcen und politische Macht eintauschen läßt. Aus diesem Grund «ist die Kontrolle über die naturwissenschaftliche Erkenntnis zu einem der wichtigsten Ziele im Rahmen der Strategien der multinationalen Konzerne geworden, jener Strategien also, die zu einem hohen Grade die nationalen politischen Entscheidungen und Orientierungen prägen werden». Da die Universitäten die Hauptlieferanten naturwissenschaftlicher Erkenntnis sind, werden sie folgerichtig von den multinationalen Trusts in dem Bestreben infiltriert, «sich den bevorrechtigten Zugang zu und die Kontrolle über die Form und die Kanäle der naturwissenschaftlichen Forschung zu sichern»[224]. Im Zuge dieses Prozesses erlangen die Großkonzerne nicht nur die Kontrolle über den Informationsfluß, sondern auch die über die Ausrichtung der Forschung selbst, die sie, obgleich aus öffentlichen Mitteln finanziert, für ihren privaten Profit verwerten.[225]

Die Hauptgefahr dieser Entwicklung, insbesondere in den gewaltig expandierenden Bereichen der biologischen und genetischen Forschung, liegt darin, daß eine kleine Gruppe ausschließlicher macht- und profitorientierter Männer sich in den Besitz von Techniken und wissenschaftlichen Formeln versetzt, die potentiell von einschneidender Bedeutung für unser aller Leben sind. Einige Universitäten beginnen angesichts der zunehmenden Proteste gegen solche Praktiken, Richtlinien zur Begrenzung des Einflusses der Großkonzerne bei Forschungsabkommen einzuführen. So existiert inzwischen in Harvard der Entwurf zu einem Universitätsgesetz, das die totale Vereinnahmung von Mitgliedern des universitären Lehrkörpers durch einzelne Großkonzerne verhindern, der Öffentlichkeit den Zugang zu der Grundlagenforschung, gleichgültig ob aus Bundes- oder Privatmitteln finanziert, gewährleisten und der Zulieferung von Geheiminformationen an die Großfirmen vorbauen soll. Prompt ließen bereits einige Großkonzerne verlautbaren, daß diese Richtlinien es «faktisch unmöglich machen würden, Forschungsprojekte im universitären Bereich finanziell zu fördern»[226].

Es stellt sich wohl kaum die Frage, wer in solchen Konflikten Sieger bleiben wird. Wie auf der politischen Ebene sind auch im universitären Bereich die maßgeblichen Funktionsträger gleichzeitig Inhaber industrieller Führungspositionen. So ist etwa Paul Gray, der Präsident des *Massachusetts Institute of Technology*, Direktor der *Cabot Corporation;* Howard Johnson, der Vorsitzende des MIT-Verwaltungsrats, sitzt gleichzeitig im Aufsichtsrat zahlreicher weiterer Großfirmen und selbst Mitglieder des Lehrkörpers sind Firmendirektoren.[227] So konvergieren auch ohne Geheimabsprachen die Interessen der Universitätsbürokratie mit denen der Großkonzerne. Es steht wohl außer Zweifel, daß solche Männer danach trachten, die Zukunft zu beherrschen, und daß sie über die nötigen Mittel dazu verfügen – sofern es überhaupt eine Zukunft gibt.

Die drei hier erörterten wissenschaftlichen Felder – Medizin, Psychologie und Erziehungswesen – werden auch als helfende Berufe bezeichnet, d. h. die dort verrichtete Arbeit ist vom Streben beseelt, der Menschheit zu dienen. Dennoch erweist sich bei genauerer Prüfung, daß alle drei repressive Funktionen erfüllen. Nahezu alle Untersuchungen dieser Bereiche enthalten Anklagen wegen der von ihnen ausgeübten «sozialen Kontrolle». Andererseits kennt wohl jeder von uns Angehörige dieser Berufe, die wahrhaft engagiert, tüchtig und menschlich arbeiten. Dieser scheinbare Widerspruch legt die Frage nahe, wie es eigentlich kommt, daß anständige Menschen mit besten Absichten schließlich zu Mitträgern eines unmenschlichen Machtsystems werden, das unser Land dem Totalitarismus entgegenführt.

Offenbar speist sich dieser erbarmungslose, alles vereinnahmende Strom aus drei Hauptursachen, die nicht nur die Funktionsträger der oben erörterten Bereiche, sondern jeden einzelnen von uns betreffen. Sie haben etwas mit unserer Denkweise und mit unserer Wertordnung zu tun; sie sind mit anderen Worten moralischer Natur.

Zum einen ist das Streben nach Herrschaft so tief in uns verwurzelt, daß wir es nicht mehr als ein Mittel unter vielen sehen, sondern es für die einzige Methode zur Erreichung erstrebenswerter Ziele halten. So neigen Menschen, denen es angeblich um das Wohl der Menschheit geht, und die vielleicht sogar selbst davon überzeugt sind, daß dies ihr Motiv ist, zum Einsatz von Zwang und Gewalt, um ihr Ziel zu erreichen. Wie Dostojewskis Großinquisitor glauben sie, daß die Menschen Angst vor der Freiheit haben und nicht mit ihr umgehen können. Sie sind der Ansicht, man müsse die Menschen «zu ihrem Glück zwingen».

Michel Foucault beschreibt die Ideen eines Arztes zur Zeit der französischen Revolution. Sabarot de l'Avernière war ein Idealist, nach dessen Auffassung Geistliche und Ärzte sich selbstlos der Tröstung der Seelen und der Linderung von Schmerzen zu verschreiben hätten. Er entwarf einen Plan, nach dem der gigantische Reichtum der Kirche für die Bezahlung von Geistlichen und Ärzten verwandt werden sollte, damit diese unentgeltlich allen zur Verfügung stehen könnten, die ihre Hilfe brauchten. In seinen Augen war die erste Pflicht des Arztes eine politische: um Krankheiten zu bekämpfen, galt es zunächst, unerträgliche politische Zustände abzuschaffen, da diese einerseits extremen Reichtum und in dessen Folge ungesunde Ernährung und ungesunde Gewohnheiten, andererseits extreme Armut und deren Folgeerscheinungen Mangelernährung und ungesunde Lebensbedingungen förderten. Reichtum, so glaubte er, erzeuge Habgier und Müßiggang: zu seiner Zeit war es noch nicht so offensichtlich, daß er auch die Umwelt zerstört, obgleich dies für die Armen bereits spürbar war.

Sabarot de l'Avernière ging davon aus, daß die Medizin nicht bei der Heilung von Krankheiten, sondern bei der Schaffung des «idealen Menschen» anzusetzen hätte. Ihr vornehmstes Bildungsgut sollte das Wissen über «den gesunden Menschen» sein. Die Aufgabe der Ärzte bestand folglich darin, die gesamte Kultur sorgsam zu überwachen, dafür zu sorgen, daß die Arbeit durch Feiertage unterbrochen wurde, Kunstwerke wie Bücher und Theaterstücke daraufhin zu prüfen, daß sie keine schlechten Gewohnheiten verstärkten, und die Grundlagen der Ehe zu überwachen, die seiner Ansicht nach nur dann glücklich sein konnte, wenn sie «dem Wohl des Staates» diente.[228]

Es ist kein großer Schritt von den repressiven Ansichten dieses wohlmeinenden Arztes zu den Plänen Hitlers, Fortpflanzung, Ehe, Kultur, Wirtschaft und andere gesellschaftliche Bereiche im Sinne des staatlichen Wohls zu überwachen. In der Nachkriegsliteratur wird häufig die Frage aufgeworfen, wieso ‹anständige› Menschen die Machenschaften Hitlers unterstützen konnten. Hitlers Politik repräsentierte jedoch nur seit drei oder vier Jahrtausenden im westlichen Denken angelegte Tendenzen in zugespitzter Form: den Glauben an die Herrschaft als Mittel der Transzendierung, die Überzeugung von der Höherwertigkeit einer Elite und die Verachtung für alle anderen, nicht ohne Grund als «Untermenschen» bezeichnete Gruppen. Wenn diese Annahmen zuträfen, wäre die Diktatur einer wohlmeinenden Elite tatsächlich die beste Methode, dem gewöhnlichen Sterblichen zu helfen. Sie sind jedoch falsch und haben über Jahrtausende unglaubliche Brutalität, ständige Wirren und Unruhen hervorgebracht.

Angehörige der helfenden Berufe sind nicht gegen den Gedanken gefeit, daß Patienten, Schüler, Bedienstete auf unterster Stufe, Bürohilfen und Versorgungspersonal eines gewissen Zwangs bedürfen könnten. Wir reden uns ein, daß das, was wir vom Schüler oder Patienten fordern, dem entspricht, was gut für ihn ist, nicht zuletzt deshalb, weil wir uns keine andere Arbeitsweise vorstellen können. Permissivität, wie sie Ende der sechziger und Anfang der siebziger Jahre an einigen Universitäten praktiziert wurde, erwies sich trotz ermutigender Experimente im psychiatrischen Bereich und im Krankenhauswesen als untauglich. Um die gleiche Zeit kehrte das psychiatrische Establishment zu den alten hierarchischen Strukturen und Zwangsmaßnahmen zurück. Als Begründung wurde die Kostspieligkeit der erwähnten Experimente angeführt, wobei die Frage unter den Tisch fiel, welch ungeheure Kosten der Unterhalt großer, hierarchisch organisierter Anstalten verursacht. Ärzte, die eine kleine selbständige Praxis betreiben, schuften sich zu Tode, während andere, fest angestellt an riesigen, mit enorm teurer Technik ausgerüsteten Kliniken, ihren Patienten kaum die nötigste Aufmerksamkeit widmen und ein bequemeres Leben führen. Resigniert übernehmen sie die Haltung, die sich bewährt hat: nicht vom Standpunkt des Patienten oder Schülers, sondern von ihrem eigenen auszugehen.

Zum zweiten sind wir alle mit der Ausbreitung und Intensivierung des Industrialisierungsprozesses dazu übergegangen, uns bei der Lösung unserer Probleme zunehmend auf naturwissenschaftliche und technische Mittel zu verlassen. In dem – inzwischen schon Jahrhunderte alten – Wissen, daß unsere Gesellschaft krank ist, haben wir noch perfektere Maschinen, Drogen und Industrieprodukte, noch leistungsfähigere Institutionen und gründlichere Rationalisierung sowie noch zentralisiertere Herrschaft zu den geeigneten Heilmitteln erkoren. In Bereichen, in denen philosophische und moralische Auseinandersetzung unerläßlich ist, haben wir das Feld den naturwissenschaftlichen Experten überlassen und uns einreden lassen, es gebe so etwas wie «wertfreie» Diagnosen.[229]

Und drittens und letztens tragen wir alle in unterschiedlichem Grad das herrschende Wertsystem unserer Kultur in uns, so sehr wir uns auch gegen diese Tatsache auflehnen mögen. Macht und Reichtum erscheinen auch denjenigen unter uns, die sie nicht aktiv erstreben, als höchstes Gut. Das kann gar nicht ausbleiben, da sie tatsächlich die obersten Werte unserer Gesellschaft *sind*. Diejenigen, die vor ihnen ausweichen, sie verteidigen oder entschuldigen, ärgern sich doch, weil sie persönlich erfolglos sind, und diejenigen, die gar nicht erst von solchen Zielen träumen können, weil sie ausweglos in ihrer Armut gefangen sind, fühlen sich aus einer Welt der Unbeschwertheit und Sorglosigkeit ausgeschlossen. Wenn es nicht so traurig wäre, könnte man wahrhaftig darüber lachen.

Dank verschiedener Sozialmaßnahmen hat sich die materielle Situation bestimmter Gruppen verbessert. So verfügen etwa die Menschen in Amerika heute über eine bessere Schulbildung als je zuvor in der Geschichte.[230] Der Unterricht, der den Einwandererkindern ursprünglich zuteil wurde, um sie zu fügsameren Arbeitern zu machen, eröffnete ihnen später neue Möglichkeiten. Sie lernten, die Zeitung zu lesen, die Sprache der herrschenden Klasse zu sprechen, ihr beträchtliches Potential an Intelligenz und Energie in die richtigen Bahnen zu lenken. Als Nebeneffekt verinnerlichten sie die Werte ihrer neuen Gesellschaft. Als Erwachsene waren sie tatsächlich fügsam und arbeitsam, lebten bescheiden, hielten sich an die Regeln der Mäßigkeit und Sauberkeit und verbesserten ihre materielle Situation und damit die Ausgangsbedingungen für ihre Kinder. Sie vermittelten ein Wertsystem an ihre Kinder, das diese bei aller Auflehnung im Grunde übernahmen: Geld war das oberste Ziel. Seine Beschaffung erforderte harte Arbeit, die Hintanstellung anderer Wünsche, Disziplin, Bildung und – jedenfalls was die männliche Jugend betraf – Aggressivität. Die armen Einwanderer wurden von der herrschenden Kultur aufgesogen, und diese behielt das Feld für sich.

Alvin Gouldner untersucht eine gesellschaftliche Gruppe, die er als «Neue Klasse» bezeichnet. Sie besteht zu einem großen Teil aus Abkömmlingen der mit den großen Immigrantenwellen ins Land gekommenen Einwanderer. Es sind hauptsächlich Akademiker und hochqualifizierte Techniker, die Manager der modernen Großindustrie. Nach Ansicht Gouldners steht diese «Neue Klasse» im Konflikt mit der alten begüterten Schicht, da ihr Status nicht auf tradierten Privilegien und Reichtümern basiert, sondern einzig und allein auf erworbenem Expertentum und dem Glauben an Leistung, technologischen Fortschritt und logisches Denken. Gouldner stellt die These auf, daß diese Schicht trotz ihres elitären, exklusiven und technologisch orientierten Denkens im Vergleich zur herkömmlichen Elite der Besitzenden überlegene moralische Werte vertritt.[231]

Dies erscheint mir jedoch zweifelhaft, da Elitebewußtsein noch einige andere Einstellungen voraussetzt: den Glauben an die Beherrschung der

Natur durch den Menschen und – als dessen ideologische Ableger – den Glauben an die Herrschaft der Männer über die Frauen, an die Herrschaft der Weißen über die Schwarzen und andere Farbige, an die Beherrschung der breiten Masse durch eine kleine Führungsgruppe, schließlich an das System der Hierarchisierung nach ethnischer Abstammung und religiöser Tradition und an die Macht von Reichtum, Schichtzugehörigkeit und Bildungsgrad. Gouldner behauptet, die «Neue Klasse» spräche sogar eine eigene Sprache, die er *CCD* nennt (Abkürzung für *careful and critical discourse*, auf deutsch: vorsichtiger und kritischer Diskurs *Anm. d. Ü.*). Diese Sprache ist diszipliniert, voller Rückbezüge und offener Ansatzpunkte für Kritik und Diskussion – allerdings nur auf ihrer eigenen Ebene. Unreine Elemente wie Emotionalität und Expressivität finden in diese Sprache keinen Eingang.[232] Gouldners «Neue Klasse» ist demnach nichts weiter als die Avantgarde der jüngsten Stufe des Patriarchats – technologisch ausgerichtet, dem Denken des großindustriellen Zeitalters angepaßt, gewohnt, in einer Sprache zu sprechen, die alles Persönliche und Emotionale ausklammert und Unlogisches mit Scheinlogik überdeckt.

Die Verachtung alles Emotionalen und Expressiven durchdringt als Kehrseite von Macht und Herrschaft unsere gesamte Kultur. Auch diejenigen, die sich für Gegner der herrschenden Kultur halten, reproduzieren diese Verachtung und versuchen, Gefühle möglichst auszumerzen. So nennt etwa der Leiter eines Antidrogenprogramms in New York City im Jahre 1981 als Hauptursachen für den weitverbreiteten Drogenkonsum unter Jugendlichen zum einen den Wunsch, nichts zu fühlen, und zum anderen den Glauben an die Chemie: «Von Kindesbeinen an sind sie damit groß geworden: Chemie heißt Fortschritt. Die Losung lautet, nur keine Gefühle zu haben.»[233] Die meist intellektuellen Kokainkonsumenten schätzen ihre Droge, weil sie die Gefühle betäubt und gleichzeitig das Ego aufbläht: ein Sinnbild unserer Zeit. Christopher Lasch hat aufgezeigt, daß die zentrale Botschaft der Gegenkultur der sechziger Jahre in der «Loslösung vom Emotionalen» als Weg zur «emotionalen Befreiung» bestand.[234]

Da wir uns unserer tatsächlichen Moral nicht bewußt sind und unser inneres Wertsystem nicht durchschauen, finden wir keinen Ausweg aus unserem Dilemma. Unsere überkommenen Sitten und Einrichtungen vermögen uns bestenfalls dabei zu helfen, in unserer Welt zu überleben. Sie können nicht auf eine Veränderung dieses Wertsystems hinwirken, da sie von ihrem ganzen Wesen her ‹männlich› sind. Sie sind auf Konservierung und Perpetuierung ausgerichtet, sie schaffen und bewahren Herrschaftswissen. Selbstverständlich müßten wir auch ein Bildungswesen kritisieren, das jungen Menschen keine Hilfe böte, sich in der bestehenden Welt einzurichten, sondern sie auf eine ideale Zukunftsvision hin erziehen wollte. Unser Bildungswesen aber vermag jungen Menschen bestenfalls den Eintritt in eine fragwürdige Gesellschaft zu ebnen. Lediglich ihre institutionelle Struktur gewährleistet dieser Gesellschaft das Weiterbestehen: In ihr ist die absolute Herrschaft einer kleinen männlichen Spitzengruppe über eine absteigende Hierarchie männlicher Verwaltungsfunktionäre verankert, deren Kontrollbefugnis von Stufe zu Stufe abnimmt. Nahe dem unteren Ende dieser Pyramide finden wir ein riesiges Heer überwiegend weiblicher Dienstleistender, die tatsächlich mit denjenigen zu tun haben, für die die Institutionen angeblich geschaffen wurden. Ihre Stimmen haben jedoch keinerlei Gewicht. Die niedrigste Stufe bilden schließlich diejenigen selbst, zu deren Verwaltung das ganze System dient: ohnmächtige, bedeutungslose und zu vernachlässigende Objekte.

So schwer eine Umgestaltung dieser institutionellen Struktur zweifellos wäre, sie ließe sich doch leichter bewerkstelligen als der Wandel einer so destruktiven und allgegenwärtigen Moral. Institutionen lassen sich dahingehend verändern, daß diejenigen, die unmittelbar mit dem menschlichen Alltag konfrontiert sind, ihr Wissen und Engagement wirksam zum Tragen bringen können, d.h., daß Verantwortung und autonome Befugnisse per Koordination statt per Subordination verteilt werden. Um jedoch unseren emotionalen Fähigkeiten wieder Geltung zu verschaffen, um Herrschaft und Macht auf einen realistischen Stellenwert zurückzustufen, ist nichts Geringeres vonnöten als eine moralische Revolution.

3. Säulen der Gesellschaft: Das Rechtswesen

In primitiven Gesellschaften herrscht ein ungeschriebenes Gewohnheitsrecht, das auf allgemeinen Konsens für alle Mitglieder bindend ist. Aber auch in Gesellschaften, die wir nicht als ‹primitiv› bezeichnen würden, kommt dies vor: J. N. Synge berichtet, daß irische Aran-Fischer, die ein Unrecht begangen hatten, noch in unserem Jahrhundert allein nach

Galway übersetzten und sich selbst ins Gefängnis begaben.[235] Bei primitiven Gesellschaften «kann man nicht von ‹Gesetz› sprechen, da es unmöglich ist ..., juristische Gesetze ... von anderen gesellschaftlichen Regeln zu unterscheiden».[236] Recht im engeren Sinn entsteht erst mit den Prozessen der Zentralisierung und Schichtenbildung sowie mit dem Aufkommen von Privateigentum. Die frühen Gesetzessammlungen regeln zum größten Teil Eigentumsverhältnisse. Schon die Zehn Gebote mahnen, nicht des Nächsten Gut – Frauen oder Vieh – zu begehren. Während wir bei dem Begriff ‹Gesetz› meist den Schutz von Leben und körperlicher Unversehrtheit assoziieren, steht in Wirklichkeit die Eigentumsregelung im Mittelpunkt des modernen Rechts. Kein anderer Berufsstand ist enger mit der Ausweitung der Herrschaft und dem allmählichen Übergang zum Totalitarismus verflochten als der der Juristen.

Unser modernes Rechtswesen ist eine Schöpfung des Bürgertums. Die Ironie der Geschichte will es, daß gerade dieses Bürgertum sich jahrhundertelang auf Freiheit, Gerechtigkeit und Naturrecht berufen hat. Heute stellen sich Juristen in den Dienst von Kräften, die nach der Zentralisierung von Macht streben, was den Abbau eben jener Rechte mit sich bringt, deren Wahrung die Justiz einst dienen sollte. Aber, so Michael Tigar und Madeleine Levy: «Juristen haben immer denen gedient, die sie bezahlen konnten – den Grundherren, den Fürsten, der Kirche und der Bourgeoisie.»[237]

Die Bourgeoisie entwickelte sich aus einer Schicht von Händlern und Kaufleuten, deren Angehörige seit etwa 1000 n. Chr. auf Handelsrouten durch Europa zogen. Man nannte die Händler spöttisch *piéds poudreux*, «Staubfüßler», da sie zu Fuß oder zu Pferd von Stadt zu Stadt zogen und ihre gesamte Ware mit sich führten. Sie wurden verachtet, weil sie bei ihren Geschäften Profite herausschlugen, was in der feudalen Gesellschaft als unehrenhaft galt.[238] Man tauschte: d. h. man gab das, wovon man zuviel hatte und nahm dafür, was man brauchte. Dinge zu einem bestimmten Preis einzukaufen und zu einem anderen wieder zu verkaufen, galt als Wucher, als Sünde.

Trotz der Feindseligkeit des Adels, der in ihnen revolutionäre und damit potentiell gefährliche Elemente sah, und trotz des widrigen Feudalrechts überlebten und prosperierten die Kaufleute, wenn auch unter steten Schwierigkeiten. Um Handel zu treiben, auf welcher Ebene auch immer, bedurfte es gewisser Garantien über körperliche Unversehrtheit, Kredit- und Absicherungsregelungen, sowie Formen der Übereignung von Kapital. Aus diesem Grunde mußten die Kaufleute die existierenden

Gesetze modifizieren, ergänzen und zum Teil verändern. Sie «legten ihre Forderungen und später ihre errungenen Siege in Form von Urkunden und Verträgen nieder» und schufen sich auf diese Weise selbst einen Platz innerhalb des Feudalrechts.[239]

Bis zum 13. und 14. Jahrhundert war es den reichen Kaufleuten bereits gelungen, sich mit den jetzt zu großer Macht gelangten Königen (die mehr Geld brauchten) und dem Juristenstand zu verbünden. Der Jurist als Staatsdiener trat auf den Plan, und das Recht wurde zunehmend zum Instrument derer, die die ökonomische Macht besaßen.[240] Um 1600 hatten die wichtigsten Prinzipien des bürgerlichen Rechts bereits jene des Feudalrechts verdrängt. Hatte letzteres vorgegebene und gleichbleibende Verhältnisse zwischen Personen zum Inhalt gehabt, so ging es dem neuen Recht in erster Linie um Vertrags-, Eigentums- und Handelsregelungen.[241] An die Stelle des Feudalsystems, das jedem Menschen einen festen Platz (so unbedeutend er auch sein mochte) zusicherte, trat eine Ordnung, die nach und nach großen Teilen der Bevölkerung ihre Daseinsberechtigung aberkannte und sie von ihrem Grund und Boden vertrieb. Die mittelalterliche Stadt hatte ihren Bewohnern und deren Abkömmlingen gemeinsam gehört; ihr Gemeindeland hatte allen zur Verfügung gestanden. Die Inkorporation der Städte brachte die Einsetzung der mächtigsten und reichsten Männer zu Verwaltungsbeamten mit sich. Diese zögerten nicht, die Besitzungen der Stadt als persönliches Eigentum zu behandeln, sie denen zu verkaufen, die reich genug waren, sie zu erwerben, und den Erlös für sich zu behalten. Die Grundstücke wurden umzäunt, die Zunftrechte beiseitegefegt, das Bodenrecht revidiert. Um diese Veränderungen durchführen zu können, bedurfte es einer starken Zentralregierung, weshalb das Bürgertum die erste Trägerschicht des mächtigen zentralistischen Staates war.[242]

Weitere neue Gesetze wurden notwendig, um die Entwicklung des Manufakturwesens abzusichern, als dem Handelsbürgertum klar wurde, daß seine Profite anwachsen würden, wenn es – anstatt seine Waren von Handwerkern zu erstehen und zu einem höheren Preis zu verkaufen – die Produzenten gegen Löhne für sich arbeiten ließ und auf diese Weise die gesamte Produktion unter seine Kontrolle brächte. Solche Projekte erforderten jedoch zunächst die Investition großer Geldsummen: die Geburtsstunde des Kapitals war gekommen. «Nachdem es eine Neuverteilung von Grund und Boden erwirkt und vom Verfall der Dorfgemeinschaft profitiert hatte», suchte das Bürgertum Unterstützung in seinem Bemühen, Interventionen der Krone im Handels- und

Manufakturwesen zu verhindern oder einzudämmen. «Der Juristenstand zeigte sich bereit, dieses Bündnis einzugehen ...»[243]

Die Interessengegensätze zwischen der starken Zentralmacht, die die Bourgeoisie selbst mit begründet hatte, und den immer ehrgeizigeren Unternehmungen des Handelsbürgertums führten zu ständigen Auseinandersetzungen, die revolutionären Charakter annahmen, als das Bürgertum Fairness, Gleichheit, Gerechtigkeit und Freiheit forderte und (durch seine Philosophen) zu «natürlichen» und unveräußerlichen Menschenrechten erklärte. Zweifellos handelten die Menschen, die für solche Ziele kämpften, ebenso wie die Philosophen und Dichter, die sie öffentlich verkündeten, aus Überzeugung. Hinter ihnen standen jedoch als Geldgeber und Lieferanten juristischer Argumente die Handelsbourgeoisie und ihre Rechtsgelehrten: Die Freiheit, die sie forderten, war die Freiheit, Produktions- und Handelsstrukturen nach ihrem Wunsch zu schaffen. In der Rechtsideologie des Bürgertums ist Arbeit eine Sache der individuellen Entscheidung. Dieses Konzept wurde als Emanzipation von der feudalen Rechtsideologie ausgegeben, für die Arbeit eine gegen Belehnung mit Grund und Boden oder gegen Entlohnung abzuleistende Pflicht war, deren Modi in detaillierten gesetzlichen Bestimmungen festgelegt wurden. Das Handelsbürgertum verkündete, niemand *müsse* arbeiten, es läge in der freien Entscheidung des Individuums, seine Arbeitskraft per Vertrag an einen Arbeitgeber zu verkaufen. Diese Darstellung ist natürlich eine Fiktion: die meisten Menschen müssen arbeiten, um essen zu können, und die entwurzelten Landbewohner, die weder das Geld noch die Fortbewegungsmittel besaßen, große Entfernungen zurückzulegen, waren gezwungen, sich zu den Löhnen zu verdingen, die die Arbeitgeber in ihrer jeweiligen Region zu zahlen bereit waren. Tatsächlich ist die zu den zentralen Prinzipien der bürgerlichen Ideologie rechnende Auffassung, Eigentum sei ein schlichtes herrschaftsfreies Verhältnis zwischen dem jeweiligen Individuum und einer Sache, ebenfalls eine Fiktion. Sobald Eigentum sich auf Produktionsmittel erstreckt, wird es zum Instrument der Herrschaft über Menschen.[244]

Auf Grund dieser historischen Ursachen befaßt sich das Recht, wie wir es kennen, in erster Linie mit der Regelung von Eigentumsverhältnissen. Menschenrechte oder gar Bürgerrechte sind relativ neue Rechtselemente und existieren in vielen Gesellschaften bis heute nicht. Um Eigentumsregelungen in seinem Sinne erwirken zu können, mußte das Bürgertum andere Rechte – etwa das Recht auf Leben, Freiheit und Gleichheit

– zum Gesetz erheben. Sobald es jedoch die Macht in den meisten westlichen Gesellschaften fest in Händen hielt, schwand sein Interesse an diesen Rechten, und es begann, die juristische Fassade der Freiheit und Chancengleichheit dazu zu benutzen, die wirklichen, von Zwang und sozialer Kontrolle geprägten Verhältnisse zu verschleiern. Es bediente sich zunehmend rechtlicher Institutionen zum Schutz seiner Interessen und zur Förderung immer weitgehenderer Kapital- und damit Machtkonzentration. Es beherrscht die Regierung und behauptet doch, der Staat sei ein neutraler Vermittler zwischen gleichstarken Kräften.[245] Der Juristenstand dient in diesem System, folgt man der Feststellung eines Juristen und Rechtsgelehrten, dazu, «das Ganze gut aussehen zu lassen und wenigstens den Anschein von Gerechtigkeit zu vermitteln»[246].

Philip Green bemerkt dazu: «Es ist wahrscheinlich kein Zufall, daß die Sozialwissenschaftler um so mehr Gründe für das Fortbestehen vorhandener Eliten und die Aufrechterhaltung auch krassester Ungerechtigkeit vorbrachten, je wichtiger das Thema der Gleichheit im Bereich des konkreten politischen Handelns wurde.»[247] Mit anderen Worten: Freiheit, Gleichheit und Gerechtigkeit waren die Schlagworte, die eine bestimmte Gesellschaftsschicht benutzte, um ihren Machtbereich zu erweitern. Sobald diese Elite ihre Macht konsolidiert hatte, verlor sie das Interesse an diesen Idealen und erfand neue: Effizienz, Vernunft, Recht und Gesetz – letzteres ein Euphemismus für weitgehende soziale Kontrolle. Die von Green erwähnten Sozialwissenschaftler sind Teil einer neuen gebildeten Elite – Gouldners «Neue Klasse» –, die in Amerika in den vergangenen 50 Jahren an Bedeutung gewonnen hat. Auch sie hat sich genau deshalb Anerkennung verschafft, weil sie sich den Interessen des herrschenden Kapitals verschrieben hat. Die Juristen haben den Interessen der Wohlhabenden von Anfang an gedient.

Der Terminus «Recht» steht für eine komplizierte und facettenreiche Struktur. Da existiert das geschriebene Gesetz, ein Netz von Richtlinien und Verhaltensnormen, die das Wertsystem der jeweiligen Gesellschaft enthalten. Im Abendland bedeutet das seit dem ausgehenden athenischen Zeitalter, daß sich in ihm die Machtverhältnisse der jeweils unterschiedlichen gesellschaftlichen Gruppen herauskristallisieren.[248] Hinter den scheinbar trivialen Aussagen dieser Rechtsnormen verbergen sich jedoch die Prinzipien, auf die die jeweilige Gesellschaft ihre Existenz gründet, eine Ansammlung von überlieferten Glaubenssätzen und Werten. Diese begründen eine Rechtsideologie, die über und außerhalb der Gesellschaft zu stehen, ein Eigenleben zu führen scheint. Diese Prinzipien sind nie völlig unstrittig. Funktion des Rechts ist es, Streitigkeiten über diese Grundprinzipien von offener Flur und Straße in Gerichtshöfe zu verlegen, die implizit für sich in Anspruch nehmen, die konkrete Umsetzung als absolut unumstößlich geltender rechtsideologischer Prinzipien zu definieren. Die streitenden Parteien müssen vor diesen Gerichten ihre konkrete Auseinandersetzung in voneinander abweichende Interpretationen dieser Prinzipien übersetzen.[249] Diese Auseinandersetzungen haben wiederum, wie immer sie ausgehen mögen, Einfluß auf künftige Rechtsstreitigkeiten, auf das Recht selbst und auf die Ideologie, die ihm zugrunde liegt. Von daher ist die Rechtsideologie, auch wenn sie das stabilste und dauerhafteste Moment der Rechtsprechung sein mag, nicht statisch und unveränderlich, sondern in einem steten Wandel begriffen.

Recht hat zwei Seiten: zum einen setzt es Normen und errichtet eine Ordnung, und zum anderen ist es ein Machtinstrument zur Sicherung dieser Ordnung.[250] Nicht selten befindet sich die Rechtsideologie einer Gesellschaft im Widerspruch zur Ideologie der Staatsführung, auch wenn diese von der Bevölkerung gewählt wurde. Herrschende, die durch einen Staatsstreich an die Macht gelangt sind, versuchen oft, die alte Rechtsideologie abzuschaffen und durch eine neue zu ersetzen. Gewählte Regierungen ziehen es jedoch (selbst dann, wenn sie nur aus Scheinwahlen hervorgegangen sind) im allgemeinen vor, sich den Anstrich von Legitimität zu verpassen, indem sie nach außen hin die alte Ideologie hochhalten. Sie belassen das herkömmliche Recht in Kraft und unterlaufen es, indem sie es entmachten, es nach und nach seiner zweiten Funktion entkleiden, wie es etwa Hitler mit der Weimarer Verfassung tat. Die Macht staatlicher Institutionen läßt sich auch dadurch unterlaufen, daß man ihnen die finanziellen Mittel verweigert, die sie benötigen, um wirksam tätig zu werden, und auf diese Weise ihre Möglichkeiten beschneidet, Gesetzen faktische Kraft zu verleihen. Dieser Prozeß ist seit einigen Jahren in den USA im Gange. Beide Formen der Rechtsaushöhlung führen zur Entstehung unsichtbarer Herrschaftsstrukturen, zu einer Macht, die keiner Wählerschaft mehr rechenschaftspflichtig ist. Die Gesetze werden von einem Herrscher und seinen Gesinnungsgenossen gemacht und nach deren Willkür faktisch durchgesetzt.

Der Juristenstand in den USA, der mitgeholfen hat, ein auf den Idealen der Freiheit, Gleichheit und Gerechtigkeit basierendes Rechtssystem zu etablieren, ist nun eifrig dabei, es auszuhöhlen. Die herrschende

Klasse und «ihre Bediensteten im Bereich der Jurisdiktion, ob es nun Staatsanwälte oder Richter sind, wenden sich gegen ihr *eigenes* System und werfen ihre *eigenen* Regeln über Bord, die in einem vergangenen Zeitalter aufgestellt wurden, um die damals revolutionären Prinzipien der Fairness, Gleichheit, Gerechtigkeit und Freiheit durchzusetzen»[251]. Das bestehende Wirtschaftssystem ist unfähig, ohne rücksichtslose Ausbeutung des Arbeitsmarktes zu überleben: verhindert man, daß das im eigenen Land geschieht, so beutet es den Arbeitsmarkt im weniger glücklichen Ausland aus, während es die amerikanischen Arbeiter dem Elend überläßt. Es kann nicht die Gewinne einfahren, die es zum Überleben braucht, ohne die Arbeiterschaft in die Knie zu zwingen, ein Prozeß, den es in der dritten Welt rücksichtslos durchgeführt hat und in den Industrieländern von neuem durchzuführen versucht. Wenn es multinationalen Konzernen erst einmal gelungen ist, die Ökonomien des gesamten Westens unter ihre Kontrolle zu bringen, kann nationales Recht ihnen kaum mehr etwas anhaben: und selbst wenn das noch möglich sein sollte, haben die Lobbies solcher Finanzriesen gewaltigen Einfluß auf Legislative und Exekutive.

Die sich zum Großteil aus Juristen rekrutierenden Exekutivorgane in den USA sind seit Jahrzehnten dabei, das geltende Recht zu unterminieren. Es werden unerklärte, illegale und vielfach geheime Kriege geführt: Chile, Nicaragua und Vietnam sind nur einige Beispiele. Juristen haben dabei mitgewirkt, die Macht verschiedener staatlicher Behörden zu untergraben; in jüngster Zeit haben sie z. B. als treibende Kraft dazu beigetragen, die Bestimmung außer Kraft zu setzen, derzufolge die Staatsanwaltschaft keinen Gebrauch von illegal erhobenen Beweismitteln machen darf.[252] Viele der seit den späten siebziger Jahren getroffenen staatlichen Maßnahmen zielten auf die Stärkung der Kontrolle durch zentrale Machtinstanzen und die Verringerung der Autonomie des Individuums. Verschiedenste Formen der Zensur wurden eingeführt.[253] Es wurden Versuche unternommen, die Verteilung der Haushaltsmittel noch weitgehender der Kontrolle der Regierung zu unterstellen, die Aktivitäten des CIA auszuweiten und gleichzeitig die Macht des Kongresses über den Geheimdienst einzuschränken sowie (ohne die geltenden Gesetze anzutasten) die Gesetze über die Gleichberechtigung außer Kraft zu setzen.[254] Keine dieser Bestrebungen wäre ohne die Mitwirkung von Juristen denkbar gewesen. Was diese, trotz ihrer Verpflichtung auf Recht und Gesetz, für ihre Auftraggeber an den Schalthebeln der Macht zu bewerkstelligen trachten, ist die Schaffung einer unsichtbaren Regierung, die Entmachtung des geltenden Rechts. Die Herrschenden verfolgen eine indirekte Taktik. Die bestehenden Gesetze werden weder aufgehoben noch erweitert oder gar ersetzt, sondern bleiben in Kraft, während die Juristen und allen voran das Justizministerium selbst nach Wegen suchen, sie unwirksam zu machen. Man kürzt Finanzmittel, setzt Spitzenfunktionäre ein, die als Gegner der entsprechenden Gesetze bekannt sind, oder betreibt ganz einfach Verzögerungstaktik. So lassen sich Gesetze außer Kraft setzen, ohne daß man sie formal antasten müßte.

Das Justizministerium als juristisches Werkzeug der Exekutive unterstützt in Zusammenarbeit mit dem Geheimdienst – dem Vollzugswerkzeug – diese unsichtbare Regierung. In den ausgehenden sechziger Jahren war die Unterwanderung der Bürgerrechts- und Antikriegsorganisationen durch FBI-Agenten ein offenes Geheimnis. Erwiesen, wenn auch noch immer nicht gerichtlich geahndet, ist die Mitverantwortlichkeit eines FBI-Informanten für die Ermordung der Bürgerrechtsdemonstrantin Viola Liuzzo[255]. Wir besitzen Enthüllungen über Allianzen zwischen Geheimdienstorganen und organisiertem Verbrechertum sowie über den faktischen oder geplanten Einsatz von Kriminellen für die Ausführung von Geheimdienstplänen, was der gesamten Nation zu denken geben sollte.

Da derartige Aktivitäten mit der Unterstützung oder zumindest Billigung von Repräsentanten des amerikanischen Rechtswesens vor sich gehen, haben Tigar und Levy recht, wenn sie darauf hinweisen, unser System würde von innen ausgehöhlt. Die amerikanische Verfassung ist in keiner Weise perfekt und läßt etwa die Absicherung der Gleichberechtigung der Geschlechter vermissen, aber dennoch ist sie so gerecht und human, wie dies in einer großen Industrienation günstigstenfalls zu erwarten ist. Es ist weniger die Verfassung als vielmehr das auf ihrer Grundlage errichtete Gesetzesgebäude, das der Großindustrie und den Reichen besondere Privilegien einräumt und heimliche unlautere Aktivitäten seitens der privilegierten Gruppen ermöglicht. Die Verabschiedung von Gesetzen zugunsten dieser Gruppen beweist deren Macht in unserem Staate. Die Frage ist, bis zu welchem Punkt das amerikanische Volk zusehen wird, wie die Herrschenden – Industrielle, Funktionäre und die ihnen verpflichteten Juristen – die Herrschaft über sämtliche Bereiche unseres Lebens an sich reißen, ob nun *de jure* oder *de facto*.

Die Zentralisierung von Macht wird vielfach mit Behauptungen gerechtfertigt, die an die Angst der Menschen appellieren. Wir brauchen, so heißt es, diese Machtkonzentration, um die subversiven Absichten ausländischer Mächte und ihrer Handlanger in den USA zu vereiteln, um den «American Way of Life» zu schützen. Gleichzeitig ist diese Machtkonzentration jedoch identisch mit der Aushöhlung dieses «American Way of Life», soweit in der Verfassung und insbesondere in der Bill of Rights verankert ist. In Wahrheit sehen die Zusammenhänge so aus: die Vereinigten Staaten unterhalten wichtige Wirtschaftsbeziehungen zu totalitären Staaten, und um das Prosperieren unserer wichtigsten Industriesparten und Konzerne zu sichern, ist es notwendig, auch bei uns totalitäre Methoden einzuführen. Wenn wir nicht auf der Hut sind, mag uns dieser Übergang zum Totalitarismus durchaus bevorstehen.

Daß der Juristenstand auf Macht, Herrschaft, hierarchische Ordnung und die immer lückenlosere Kontrolle über Bevölkerungsgruppen mit geringem Status verpflichtet ist, zeigt sich in vielen weiteren Bereichen. Er steht in dieser Hinsicht in der Tradition jener gesellschaftlichen Klasse, die die amerikanische Verfassung schuf. Diese war in ihrer eigenen Sicht eine gesellschaftliche Randgruppe und strebte danach, ihre Rechte gesetzlich abzusichern.

Ein Produkt dieses Bestrebens ist unser pluralistisches Parteiensystem. Entsprechend den unser westliches Denken seit Jahrhunderten prägenden Prinzipien der Konkurrenz, der Individualität und der Aggressivität, basieren die meisten westlichen Rechtssysteme auf der Grundannahme, daß auch Gerechtigkeit am ehesten durch den Streit zwischen Kontrahenten zu erlangen ist. So resultiert ‹gute› Politik angeblich aus dem pluralistischen Gerangel zwischen widerstreitenden Interessen – was nach Theodore Lowy zu den irrigsten und gefährlichsten Grundannahmen des modernen Liberalismus gehört.[256] Konflikte zwischen wichtigen Machtträgern – Wirtschaftskreisen, Vertretern des Militärs, finanzstarken Lobbies usw. – wirken sich kaum je zum Nutzen der Nation aus. Wo es zum Konflikt zwischen Einzelnen oder Bürgerinitiativen und größeren Institutionen kommt, siegt unweigerlich der Kontrahent, der über größere finanzielle Mittel verfügt. Unser gegenwärtiges Rechtssystem geht von einer falschen Grundprämisse aus. Ebenso wie der Kapitalismus sein Wirtschaftssystem als fair und gerecht hinstellt, indem er das Arbeitsverhältnis für einen zwischen Arbeitnehmer und Arbeitgeber frei ausgehandelten Vertrag und das Eigentum für ein Verhältnis zwischen Mensch und Ding ausgibt, geht unsere Rechtsdoktrin davon aus, daß der Parteienstreit zur Gerechtigkeitsfindung führt, und daß solche Auseinandersetzungen niemanden außer die unmittelbar beteiligten Parteien etwas angehen. In Wahrheit haben einerseits die Arbeiter leider nicht die Mittel, Arbeitsverhältnisse auf der Basis ihrer eigenen freien Entscheidung einzugehen, während andererseits der Besitz von Eigentum natürlich Macht verleiht: Solche gesellschaftlichen Ungleichgewichte *schaffen* Ungleichheit und wirken sich in vielfältiger Weise auf das Gemeinwesen aus. Das pluralistische System würde vielleicht dann Fairness und Gerechtigkeit fördern, wenn die streitenden Parteien tatsächlich gleichberechtigt wären und ihre Konflikte keine Auswirkungen auf das Gemeinwesen hätten. Dies ist jedoch nicht der Fall. In der Strafjustiz hat der Pluralismus besonders problematische Auswirkungen. Er setzt die Durchsetzung der Gerechtigkeit mit einem Wettkampf gleich und macht den Gerichtsprozeß zu einem Kampfspiel, das man gewinnt oder verliert. Es basiert auf der alten patriarchalischen Annahme, daß Gott für den Sieg der gerechten Sache sorgt. Während Heere gestärkt durch diese Versicherung in den Krieg zogen, wußten ihre Führer durchaus, daß die militärische Macht über Recht und Unrecht entschied, daß der Sieg dem Stärkeren zufiel und daß dieser entschied, was ‹gut› und was ‹böse› war. Wie zu Zeiten der Gottesurteile durch Feuer- oder Wasserproben verläßt man sich im modernen Rechtsstreit auf einen wundersamen Fingerzeig von oben, der die Unschuld erweisen wird.

Angesichts dieser Voraussetzungen kommen Leute mit Geld und Beziehungen kaum je wegen Straftaten vor Gericht, werden noch seltener schuldig gesprochen und, falls dies doch einmal der Fall ist, meist in relativ luxuriösen Haftanstalten untergebracht. Solche Leute können es sich leisten, gerissene und draufgängerische Anwälte zu engagieren, die nicht davor zurückschrecken, trotz gesetzlicher Verbote Zeugen oder Geschworene zu bestechen oder zu bedrohen, Meineide zu unterstützen, Unterlagen zu fälschen oder zu vernichten und die Richter auf Grund alter Kameraderie oder verbrämter Begünstigungsversprechen zu beeinflussen. Geld und Macht sind die einzigen Werte, die im amerikanischen Rechtswesen tatsächlich zählen, und jeder, der in dessen Mühlen gerät, wird dies spätestens vor Gericht am eigenen Leib erfahren. Wer weder Geld noch Macht besitzt, wird in diesen Mühlen zermahlen, gleichgültig, ob er in den ihm angelasteten Anklagepunkten schuldig ist oder nicht. Unsere Gefängnisse sind voll mit sozial Schwachen.

Foucault hat aufgezeigt, daß das Gefängniswesen schon immer nicht zu Bestrafungszwecken, sondern als Instrument sozialer Kontrolle diente. Im beginnenden 19. Jahrhundert machten sich die Mächtigen daran, eine von der übrigen Gesellschaft isolierte Kriminellenschicht heranzuziehen, derer sie sich für ihre Zwecke bedienen konnten. Diese kontrollierte in Frankreich das riesige Prostitutionsgewerbe, übernahm die Überwachung der Bürger, stellte gedungene Streikbrecher und Spitzel und unterstützte gelegentlich Leute, die die Macht im Staat an sich reißen wollten, wie etwa Napoleon III.[257] Die massenhafte Einrichtung von Zuchthäusern und die Einführung der Gefängnishaft als gebräuchlichste Form der Bestrafung erfolgten jedoch parallel mit der Industrialisierung und der Entwurzelung der Massen. Verelendete Arbeitslose und verzweifelte Fabrikarbeiter rebellierten vielfach gewaltsam gegen ihr Elend. Die Einführung stehender Berufspolizeiheere in den Städten zu Beginn des 19. Jahrhunderts erwuchs aus der Angst des Bürgertums vor solchen spontanen Zusammenrottungen.[258]

In den Vereinigten Staaten rekrutiert sich die Masse der Entrechteten in der überwiegenden Mehrheit aus Schwarzen: fast neunmal soviel Schwarze wie Weiße landen in den Gefängnissen. Die Schwarzen sind in den meisten Fällen arm, und arme Leute werden zu schwereren Strafen verurteilt als Angehörige höherer Einkommensschichten, die der gleichen Verbrechen angeklagt sind. Aus einem vom Bundesamt für Justizstatistik erstellten Profil der Gefängnisinsassen geht hervor, daß das mittlere Einkommen männlicher Häftlinge vor Antritt ihrer Haftstrafe bei etwa 3800 Dollar pro Jahr, also bei einem Drittel des Durchschnittseinkommens der Gesamtbevölkerung, lag. Angeklagte, die etwa auf Grund von Wirtschaftsdelikten oder Trunkenheit am Steuer vor Gericht stehen, Vergehen also, «bei denen es um mehr Geld und mehr Menschenleben geht als bei anderen Formen der Kriminalität» werden weit weniger streng bestraft als andere Gesetzesbrecher, da sie meist aus der Mittelschicht stammen.[259]

Die Armen werden vielfach unzureichend verteidigt, da sie von Berufsneulingen oder überlasteten, halbherzig plädierenden Pflichtanwälten vertreten werden. Sie verfügen nicht über die Mittel, sich Anwälte eigener Wahl zu leisten, geschweige denn eigene Untersuchungen anzustrengen, wenn sie unschuldig sind. So werden sie dazu verurteilt, das Heer der gesellschaftlichen Subkaste hinter den Gefängnismauern zu vergrößern – im März 1982 befanden sich in den Vereinigten Staaten beinahe 400 000 Erwachsene (384 316 Personen) in Haft.[260] Nur zwei Nationen auf der Welt – die Sowjetunion und Südafrika – halten einen noch größeren Teil ihrer Bevölkerung gefangen.[261] Von den Inhaftierten in den USA wurde nur etwa ein Drittel wegen Gewaltverbrechen verurteilt. Mehr als 90 Prozent sämtlicher im Kriminalitätsreport des FBI von 1980 aufgeführten kriminellen Handlungen waren Eigentumsdelikte.[262] Das Prinzip der *jus in contradictio* und die unweigerliche Verhängung von Haftstrafen bei armen Delinquenten fungieren zusammengenommen als Mittel zur Unterdrückung der Armen, während sie weder die Zahl der Verbrechen noch die der Wiederholungsdelikte zu senken vermögen.

Die Vereinigten Staaten geben jährlich über sechs Milliarden Dollar für Straf- und Besserungsmaßnahmen aus, eine Summe, von der fast 90 Prozent auf Haftanstalten entfallen. Die Schaffung einer einzigen mittelmäßig gesicherten Gefängniszelle kostet weit mehr (75 000 Dollar) als der Bau eines Klassenzimmers oder die Unterstützung einer armen Familie aus öffentlichen Mitteln. Die laufenden Kosten für eine solche Zelle verschlingen jährlich weitere 17 000 Dollar.[263] Angesichts dieser Zahlen stellt sich die Frage nach den Prioritäten eines Staates, der Riesensummen ausgibt, um eine bereits entrechtete Bevölkerungsgruppe einzusperren, anstatt dieses Geld darauf zu verwenden, deren Situation zu verbessern.

In den USA ist die bevorzugte Strategie für den Umgang mit dem Problem der Kriminalität eindeutig der Ausbau von Kontrollmechanismen. Die Devise ist: mehr Polizisten, mehr Waffen, mehr Gefängnisse – mehr Ausgaben also mit dem Ziel, mit gewöhnlichen Straftätern (im Gegensatz zu den Verbrechern «mit der weißen Weste») fertig zu werden. Wie wir bereits gesehen haben, zeitigen solche Maßnahmen jedoch kaum Erfolg. Will man zu einer neuen Einstellung gegenüber der Kriminalität gelangen, muß man das Denken und die Werte unseres gesamten Justizwesens verändern, eingeschlossen die des Vollstreckungsapparates. Auch zur Veränderung dieser Einstellung ist eine neue Moral vonnöten.

In China, wo die Bande der Gemeinschaft stark und eng sind, werden Verhandlungen gegen Gesetzesbrecher vom gesamten Kollektiv geführt. Diejenigen, die mit dem Beschuldigten sympathisieren, übernehmen seine Verteidigung, andere führen die Anklage. Ziel der Verhandlung ist es, herauszufinden, wie die Person, die sich gesellschaftsschädigender Handlungen schuldig gemacht hat, am besten in die Gemeinschaft reintegriert werden kann. Das mag in manchen Fällen eine Haftstrafe zum Zweck der «Umerziehung» bedeuten – ein Verfahren, das man natürlich als Gehirnwäsche bezeichnen kann. Aber ist es etwa keine Gehirnwäsche, einen jungen Menschen wegen eines geringfügigen Diebstahls in ein Gefängnis zu stecken, in dem er unweigerlich moralisch untergraben, gedemütigt, vergewaltigt und brutalisiert wird?

Natürlich können wir uns an den Chinesen kein Beispiel nehmen. Ihre sehr alte Kultur ist bis heute nicht voll industrialisiert und nicht von einem solchen Zerfall der Gemeinschaft betroffen, wie er in den USA allerorten spürbar ist. Überdies ist die chinesische Gesellschaft totalitär und deshalb in der Lage, wirksam Druck auszuüben, weil hinter ihr ein monolithisches System steht, dem der Einzelne kaum entkommen kann. Es muß auch erwähnt werden, daß dieses System der Behandlung von Straftaten durch das Kollektiv zeitweilig zu schweren Mißhandlungen geführt hat. Dennoch kann uns das System Anregungen geben. Eine Gerechtigkeit, die mehr ist als das Gesetz der Herrschenden, ist eher dann zu finden, wenn der Mensch als Individuum in einem gesellschaftlichen Kontext betrachtet wird, dessen Handeln nicht nur einige wenige Personen, sondern die Gemeinschaft im weiteren Sinne betrifft. Ziel eines jeden Gerichtsverfahrens müßte es sein, dem Straftäter zu helfen, sich in einer befriedigenderen Rolle wieder in die Gemeinschaft einzufinden. Es sollte uns nicht um Bestrafung gehen, da Strafe nichts zum Guten verändert. Wir mögen aus dem Wunsch heraus handeln, Schwerverbrecher von der menschlichen Gemeinschaft fernzuhalten, indem wir sie einsperren. Eine Gesellschaft, deren größtes Anliegen das Wohl des Ganzen, das Glück ihrer Mitglieder und die emotionale Einbindung des Einzelnen wäre, würde hingegen nach Wegen suchen, möglichst viele Menschen zu *integrieren*, anstatt die Gemeinschaft weiter zu *fragmentieren*.

Trotzki forderte, einen «Sklavenhalter, der mit Arglist und Gewalt einen Sklaven in Ketten legt, und einen Sklaven, der mit Arglist und Gewalt seine Ketten sprengt», mit zweierlei Maß zu messen.[264] Tatsächlich sieht die Praxis der meisten westlichen Länder so aus, daß wir die Sklavenhalter belohnen und die Sklaven bestrafen. Dieses Bild ist einerseits auf unsere Verhältnisse übertragbar – die meisten sogenannten Kriminellen gehören entrechteten Gruppen an –, andererseits aber unzutreffend. Die wenigsten Kriminellen in den USA begehen ein Verbrechen als Akt der Selbstbefreiung oder auch nur aus Rache an ihren Unterdrükkern. Ihre Straftaten sind vielmehr verzweifelte, blinde Gewaltakte, Ventil der einzigen Emotion, die noch immer Respekt (oder, wie Machiavelli feststellte, wirksamer noch: Angst) hervorzurufen vermag: der Wut. Die Armen kehren sich überwiegend gegen Arme. Gewalttaten sind zum größten Teil ziellose Racheakte an jenen, die noch schwächer sind als die Täter selbst – an Alten, Frauen, Homosexuellen usw.

Obwohl die Institutionen unseres Rechts- und Strafwesens die Hauptverantwortung für die Methoden und Prinzipien unserer Justiz tragen, sind wir doch alle zu einem gewissen Grad mitschuldig an der Funktionalisierung solcher Institutionen für Zwecke der sozialen Kontrolle. Natürlich können wir äußeren Faktoren die Schuld daran geben, daß uns das Gefühl der Autonomie, der kollektiven und individuellen Selbstverantwortung immer mehr verloren geht. Von einem gewissen Punkt an spielt es jedoch keine Rolle mehr, wer oder was die Schuld daran trägt. Wir selbst geben unsere Verantwortlichkeit und damit unsere Einflußmöglichkeiten ab, und wir bekommen die Gesellschaft, die wir verdienen, nämlich eine, in der wir wenig zu sagen haben. Wenn wir unsere Macht delegieren, nehmen wir bewußt oder unbewußt verstärkte zentralisierte Kontrolle in Kauf.

Wenn wir mit unseren Kindern nicht mehr zurandekommen, zerren wir sie vor das Familiengericht. Ein Familienrichter forderte einmal, man solle die Gerichte ermächtigen, geeignete Maßnahmen im Hinblick auf gefährdete Jugendliche zu ergreifen, ob diese nun kriminelle Handlungen begangen hätten oder nicht. «Alle behaupten doch, daß sie keine kriminelle Handlung begangen haben», protestierte ein Richter anläßlich der Vorführung eines schwererziehbaren Jungen. «Sollen wir sie vielleicht dort draußen auf der Straße liegen lassen, bis sie es tun?»[265] Natürlich kommen wir manchmal mit unseren Kindern nicht mehr zurecht, weil wir isoliert vor uns hin leben, weil es keine Gemeinschaft gibt, an die wir uns um Hilfe wenden können, und weil wir jedes Gefühl für gesellschaftliche Integration, wechselseitiges Vertrauen und Zusammengehörigkeit verloren haben.

Wir erwarten Schutz vor allen Eventualitäten des Lebens und rühren keinen Finger, um uns selbst zu schützen. Wir erkennen nicht, daß Schutz grundsätzlich mit Unterdrückung verbunden ist. Manchmal muß diese in Kauf genommen werden – etwa im Umgang mit Kleinkindern. Ein kleines Kind in seiner Bewegungsfreiheit zu beschneiden ist immer noch besser als zuzulassen, daß es überfahren wird. Solche Schutzmaßnahmen, die den Preis der Unterdrückung wert sind, machen jedoch nur einen kleinen Teil der Protektion aus, die wir vom Staat fordern. Die Verantwortung für unseren Schutz lastet heute weitgehend auf dem Rechts- und Justizbereich.

Justine Polier weist darauf hin, daß «sowohl die Justiz als auch die Psychiatrie hilflos vor der Aufgabe stehen, Individuen davon abzuhalten, sich so zu benehmen, daß sie den Gemeinschaftsfrieden stören», und sie ferner «zu kontrollieren und zu rehabilitieren». Dieser Aufgabe ist die Justiz einfach nicht gewachsen. Die Sozialgerichte fungieren nach Polier lediglich als Deckel, die verhindern, daß bestimmte Probleme aus dem Topf überquellen und ins Blickfeld der Öffentlichkeit geraten. Diese Probleme erwachsen zum großen Teil aus Armut und menschenunwürdigen Lebensbedingungen.[266]

‹Primitive› Gesellschaften haben gemäß den Termini der Rechtstheorie keine Gesetze, sondern lediglich Verhaltensregeln, die dadurch bindend werden, daß alle sie anerkennen. Gesetze hingegen erwachsen aus einem bewußten «Gesetzgebungsakt». Dennoch ist Recht ohne die allgemeine Anerkennung von Verhaltensregeln, wie sie die Ordnung ‹primitiver› Gesellschaften konstituieren, nicht möglich. In den letzten Jahrzehnten wurden an amerikanische Gerichte Forderungen herangetragen, Gesetze und Vorschriften für Bereiche wie Luftverschmutzung, die Ausbildung von Krankenschwestern, Studiendarlehen, Trinkwasserschutz, Gesundheitsvorsorge für Mutter und Kind, geistige Behinderungen, Impfschutz, öffentliche Gesundheitseinrichtungen, Bibliotheken, Jugendkriminalität und -delinquenz sowie Pflegeerziehung zu schaffen und für die Einhaltung bereits existierender Gesetze im Hinblick auf delinquente Kinder und Jugendliche, geistig Behinderte und Kranke, förderungsbedürftige Kinder im Vorschulalter und lernschwache Schüler zu sorgen – um nur einige Beispiele zu nennen.[267] Was sich hier abzeichnet, ist das Bild einer hilflosen Gesellschaft, der sämtliche moralischen Normen und jedes Gemeinschaftsbewußtsein abhanden gekommen sind, die kein Gefühl mehr dafür hat, daß es ihr ureigenstes Recht ist, Verhaltensmaßstäbe auf allen Ebenen festzusetzen und deren Einhaltung zu fordern, und die deshalb in ihrer Verzweiflung die Justiz, die Psychiatrie oder den Staat darum bittet, solche Normen zu etablieren und durchzusetzen.

Diese Delegierung von Verantwortung räumt dem Staat, der ohnehin bereits übermächtig ist, noch mehr Macht ein, schwächt die Gemeinschaft noch weiter und vollendet die Verwandlung von Menschen in hilflose infantile ‹Objekte›. Dieser Prozeß hat jedoch zwei Seiten: der Staat und sein riesiges Heer von Experten in den verschiedenen Institutionen, die mit ihm kooperieren, ist nur allzu bereit, in dieses moralische Vakuum vorzudringen und unter dem Deckmäntelchen wohlwollender Intentionen seine Herrschaft über die gesamte Bevölkerung auszuweiten. Die Individuen, infolge des menschenfeindlichen Charakters religiöser Moralvorschriften, des Schwindens von Traditionen und Gemeinschaftsbanden und der Unterminierung herkömmlicher Autoritäten durch relativistische und progressive Denkströmungen desorientiert, räumen in ihrer Verzweiflung das Feld und treten die letzten ihnen noch verbliebenen Hoheitsbereiche an den Staat ab.

Iredell Jenkins wirft der modernen Rechtstheorie vor, im Verständnis des «Justizapparates als einem Instrument sozialer Kontrolle» so befangen zu sein, daß sie darüber vergessen hat, daß Recht immer nur im sozialen Kontext existieren kann.[268] Kein noch so großes Aufgebot an Polizeikräften, Gesetzen, Gerichten, Richtern, Gefängnissen, psychiatrischen Kliniken, Psychiatern und Sozialarbeitern vermag tatsächlich eine einigermaßen harmonische Gesellschaft zu *schaffen*. Solche Institutionen vermögen allenfalls den äußeren Schein relativer Harmonie zu *erzwingen*, wie es etwa in den sozialistischen Ländern geschehen ist und geschieht und wie es viele Konzernmanager, obgleich grimmige Antikommunisten, hierzulande am liebsten nachahmen würden.

Unsere Gerichtsbarkeit ist eine gigantische, verfilzte Bürokratie, die vergeblich des moralischen Zusammenbruchs unserer Gesellschaft Herr zu werden sucht und sich dabei eben jener Methoden – umfassenderer und noch stärker zentralisierter Macht und eines instrumentalistischen Menschenbildes – bedient, die diesen moralischen Zusammenbruch herbeigeführt haben. Zwar tragen die Juristen nicht allein die Schuld an diesem Prozeß, aber sie gehören traditionell – Chaucer hat sie bereits im 14. Jahrhundert verspottet – zu den gesellschaftlichen Gruppen, die in besonders hohem Maße den Einflüssen von Individualismus, Konkurrenz- und Profitstreben unterliegen. Rechtsanwälte schämen sich nicht, Freisprüche für Mörder und Mitglieder großer Verbrecherorganisationen zu erwirken. Obgleich sie jede Gelegenheit ergreifen, Richter, Staatsanwälte und Polizisten, die Beweismaterial verfälschen oder unterschlagen, der Unlauterkeit zu bezichtigen, gehen sie davon aus, daß bei der Verteidigung eines Klienten jedes Mittel legitim ist (sofern dieser sich eine solche Verteidigung leisten kann).[269] Anwälte, die Großkonzerne vertreten, gehören zu den Spitzenverdienern in unserem Lande. Sie haben keine Skrupel, Ausbeutern zum Gewinn ihrer Prozesse zu verhelfen, und ertränken das bißchen Scham, das ihnen noch geblieben ist, in luxuriösen Thermalbädern oder in den Wogen der Karibik. Anwälte kennen nur eine Schande: Armut.

Natürlich gibt es unter Juristen ebenso Ausnahmen wie unter Ärzten, Psychologen und Pädagogen. Juristen haben sich in den Dienst sozialer Bewegungen gestellt, obgleich sie keine Honorare zu erwarten hatten: in der Arbeiterbewegung, im Kampf gegen den Antisemitismus, in der schwarzen Bürgerrechtsbewegung und der Frauenbewegung (auch wenn diese anfänglich fast ausschließlich von Juristinnen unterstützt wurde) gibt es zahllose Beispiele dafür. Viele Jurastudenten treten ihr Studium mit humanitären Motiven an, und einigen von ihnen gelingt es, sich diese trotz der Gehirnwäscheprozedur des Jurastudiums zu bewahren. In den vergangenen Jahrzehnten entstanden zahlreiche Projekte, deren erklärtes Ziel es war, den Armen zu helfen, mehr Kontrolle über ihr Leben zu erlangen. Stadtteilberatungsstellen, wie etwa die *MFY Legal Services* in New York, helfen armen, des Lesens oder Schreibens oder der englischen Sprache nicht mächtigen Menschen, sich im Dschungel der Wohlfahrtsbürokratie, Räumungsverfahren, Kriegsversehrten- und Schwerbeschädigtenunterstützung, Verbraucherrechte, Einwanderungsgesetze und Familienhilfen zurechtzufinden.[270] Da sie sich für die Armen einsetzen, benötigen sie selbst finanzielle Unterstützung und wenden sich an den Staat. Dieser hat jedoch alle Hände voll damit zu tun, den Reichen zu helfen, und die Bundesmittel, die für Projekte zur Unterstützung der Armen bereitgestellt werden, schrumpfen immer weiter. Die Regierung betreibt ferner seit längerem die klammheimliche Abschaffung der *Legal Services Corporation*, jener Einrichtung, die Armen juristischen Beistand gewährleistet. Da sie sie nicht auf legalem Wege abschaffen kann, streicht sie ihr die Mittel, verweigert die Ernennung vorgeschlagener Kandidaten für leitende Posten oder ernennt Leiter, die Gegner der Einrichtung sind, die sie verwalten sollen.[271]

Zu Ehren der Juristen sei noch einmal gesagt, daß Macht ansteckend ist: man kann sie nur bekämpfen, indem man eine ebenbürtige Macht aufbietet. Selbst Anwälte, die sich in den Dienst humanitärer Ziele stellen, sind bemüht, sich eine Machtbasis zu schaffen, da, wie sie wissen, ohne diese jede Sache zum Scheitern verurteilt ist. Immer wieder ist aus berufenem Munde zu hören, Recht habe nichts mit Gerechtigkeit zu tun. Wer dafür eintritt, dies zu ändern, läuft Gefahr, für sentimental, illusionistisch und unrealistisch gehalten zu werden. In einem ganz wichtigen Punkt stimmen Marxisten und Kapitalisten überein: beide messen den ökonomischen Belangen primäre Bedeutung zu. Macht ist der höchste Wert. Das Recht ist Ausdruck der bestehenden Machtstrukturen. Diese Machtstrukturen sind wiederum das Produkt ökonomischer Verhältnisse. Realitätssinn beweisen heißt heutzutage, daß man nichts anderes gelten läßt als die ökonomischen Sachzwänge; nüchtern denken heißt, daß man kein anderes Handlungsmotiv akzeptiert, als das Streben nach Macht, Reichtum und Einfluß.

Wir sollten wissen, wohin unsere Werte, Ziele, Prioritäten und Methoden uns führen. Es ist nur eine Absurdität unter vielen, daß ausgerechnet die Menschen in unserem Land, die den Sozialismus aus ganzem Herzen verabscheuen, die sozialistischen Systeme ingrimmig diffamieren und einen neuen kalten Krieg herbeiführen, mit aller Kraft darauf hinarbeiten, hier ein politisches und soziales System zu schaffen, das die gleiche monolithische Struktur, die gleiche totalistische Philosophie und totalitäre Kontrolle reflektiert, die selbst diejenigen unter uns, die grundsätzlich mit sozialistischen Zielen sympathisieren, am realen Sozialismus fürchten und bemängeln. Ebenso absurd ist die Vorstellung, umfassendere und noch stärker zentralisierte Kontrolle könne die Krankheiten heilen, die sie doch mitverursacht hat. Es ist dringend an der Zeit, daß wir uns daran machen, kreativ – moralisch – über unsere Probleme nachzudenken. Dem stehen jedoch gewaltige Mächte entgegen, die uns einreden, wir lebten in der besten aller denkbaren Welten, und die uns dazu drängen, eine totalitäre Ordnung gutzuheißen, um die Welt vor dem Sozialismus zu bewahren und die Existenz der Großkonzerne (der «Demokratie», wie euphemistisch gesagt wird) zu sichern. In der Tat ist die Demokratie – wahre Demokratie, Basisdemokratie – die beste aller je von Menschen ersonnenen Staatsformen; vermutlich entspricht sie der Ordnung oder Lebensform der matrizentrischen Gesellschaften. Der größte Widersacher dieser Demokratie in den westlichen Ländern ist nicht der Sozialismus, sondern das Großkapital.

4. Säulen der Gesellschaft: Die Konzerne

Simone Weil, die brillante, viel zu früh verstorbene Gesellschaftsanalytikerin, schrieb 1933: «Die Menschheit hat bis jetzt zwei Hauptformen der Unterdrückung hervorgebracht, die eine (Sklaverei oder Leibeigenschaft) im Auftrag bewaffneter Gewalt, die andere im Auftrag in Kapital verwandelten Reichtums. Es gilt nun festzustellen, ob diese Formen nicht gegenwärtig von einer neuen Spezies der Unterdrückung abgelöst werden, der Unterdrückung im Auftrag des Managements.»[272] Der

Niedergang des Feudalismus war eine Folge «der Ersetzung des Krieges als primäres Herrschaftsinstrument durch den Handel». Simone Weil gelangt zu dem Schluß: «Jede menschliche Gruppe, die Macht ausübt, tut dies nicht in dem Bestreben, das Leben derer, über die sie diese Macht ausübt, glücklicher zu machen, sondern in dem Bestreben, diese Macht zu vergrößern.»[273]

Eigentlich dürfte niemand, der über die Vorgänge in den USA einigermaßen auf dem laufenden ist, noch Beweise dafür brauchen, daß nicht nur das Leben der amerikanischen Staatsbürger, sondern das der Menschen auf der ganzen Welt durch die Machenschaften der amerikanischen Konzerne geformt und deformiert wird. Die Beschäftigten in der Landwirtschaft einmal ausgeklammert, sind 20 Prozent aller arbeitenden Menschen in den USA auf irgendeiner Ebene für den (ähnlich den Großunternehmen strukturierten) Staat, 30 Prozent für industrielle Großunternehmen (mit mehr als 500 Beschäftigten) und die übrigen zum großen Teil für private Einrichtungen wie Krankenhäuser oder Universitäten tätig. Daraus ergibt sich, daß mehr als die Hälfte der Gesamtbevölkerung unmittelbar der Kontrolle der großen Wirtschaftsunternehmen untersteht. 12 Millionen Menschen in unserem Land arbeiten für Firmen, die mehr als 10000 Menschen beschäftigen.[274] Die zentralisierte Kontrolle hat sich in den letzten Jahrzehnten noch verstärkt: Im Jahre 1955 arbeiteten 44,5 Prozent der in Herstellungsbetrieben und im Bergbau beschäftigten Amerikaner für die 500 größten Firmen. Im Jahre 1970 betrug dieser Anteil 72 Prozent. Im gleichen Zeitraum stieg der von diesen 500 Unternehmen kontrollierte Marktanteil von 40 auf 70 Prozent.[275]

Wie John Kenneth Galbraith in zahlreichen Werken gezeigt hat, schrumpft die Zahl der Großunternehmen in dem Maß, wie ihr Marktanteil wächst.[276] Eintausend Großunternehmen produzieren die Hälfte aller Güter und der nicht-staatlichen Dienstleistungen in den USA, und die 333 größten Industriekonzerne besitzen 70 Prozent des gesamten Produktivvermögens. Im Jahre 1968 kontrollierten die 200 größten Unternehmen in den Vereinigten Staaten den gleichen Anteil – etwa 65 Prozent – des Produktivvermögens, den 1941 noch die tausend größten Firmen besessen hatten.[277] Die Tatsache, daß immer weniger Firmen den Großteil des Produktivvermögens und der arbeitenden Bevölkerung kontrollieren, wirkt sich unmittelbar auf unser Leben aus: sie bedeutet weniger Konkurrenz und weniger Unterschiede in den Praktiken und Anforderungen dieser Firmen, und sie erleichtert Übereinkünfte, die wir getrost als Geheimkartelle bezeichnen können.

Die Großfirmen beherrschen sämtliche Lebensbereiche: Sie produzieren, was sie (und nicht wir) wollen, in einer Qualität, die sie festsetzen. Sie bestimmten Preise für Waren und Dienstleistungen; sie entscheiden über das Schicksal jedes einzelnen ihrer Angestellten und vielfach auch über das Schicksal ganzer Städte und Regionen; in ihrer Macht steht es, zu bestimmen, «wo Menschen leben, ob und was sie arbeiten, was sie essen, trinken und anziehen, welche Art von Wissen die Schulen und Universitäten fördern und was für eine Gesellschaft unsere Kinder übernehmen werden»[278]. Außerdem sind wir alle davon betroffen, wie sie mit unseren natürlichen Ressourcen umgehen und wie sie sich ihrer Abfälle entledigen. Sie beeinflussen die Wahlen, die Außenpolitik und sogar unser eigenes Selbstbild, und zwar sowohl durch die Art ihrer Produkte als auch durch die Werbung, die sie für diese treiben.

Unser Wirtschaftssystem wird uns als «freie Marktwirtschaft» angepriesen, aber nahezu sämtliche Wirtschafts- und Politikwissenschaftler haben erkannt, daß ein freier Markt – falls es ihn je gab – heute nicht mehr existiert. Freie Marktwirtschaft impliziert, daß über gleiche Macht und gleiche Informationen verfügende Anbieter und Nachfragende sich auf einem neutralen Markt treffen und ihre Geschäfte abwikkeln, ohne ihn dabei zu verändern.[279] Ein Markt ist jedoch dann nicht mehr neutral, wenn die Regierung Gesetze erläßt, die ihn beeinflussen und bestimmten Gruppen Investitionskredite und -anreize, Sanierungsspritzen und Abschreibungsmöglichkeiten, Subventionen und Rabatte, Forschungs- und Entwicklungsgelder, Erprobungszuschüsse und preisstabilisierende Maßnahmen zusichert. Die amerikanische Regierung subventioniert allein die Energieindustrie mit 134 Milliarden Dollar jährlich (was diesen Industriezweig nicht daran hindert, gegen die Ausweitung dieser Subventionen auf den Solarenergiebereich und das Energie-Recycling mit dem Argument zu Felde zu ziehen, diese Unternehmen hätten ihre Konkurrenzfähigkeit auf dem «freien» Markt zu beweisen).[280] Besonderen gesetzlichen Bestimmungen unterliegende Unternehmen, wie etwa Elektrizitätswerke, Luftfahrtgesellschaften, Radio- und Fernsehanstalten, Eisenbahn- und Telefongesellschaften – Betriebe, die für die Gesellschaft lebenswichtige Dienstleistungen erbringen – werden besonders hoch subventioniert.[281]

Auf einigen wenigen Märkten in den Vereinigten Staaten herrscht noch immer wirkliche Konkurrenz: im Einzelhandel und in einigen älteren Industriezweigen wie der Bekleidungs- und Textilindustrie oder im Druckgewerbe. Die meisten Sektoren unserer Wirtschaft werden jedoch von marktbeherrschenden Kräften kontrolliert. Dies ist der Fall etwa bei der Vergabe von Rüstungsaufträgen durch das Pentagon, bei den Monopolpreisen von *General Motors* in der Automobilindustrie oder bei den Allianzen zwischen landwirtschaftlichen Großunternehmen und dem Landwirtschaftsministerium, bei den «geschickten Arrangements zwischen Dienstleistungsbetrieben und den staatlichen Stellen, deren ‹Aufsicht› sie unterstellt sind» und beim vereinten Druck auf die Zinssätze durch die Bundesbank und die Großbanken.[282]

Die Regierung kurbelt die Wirtschaft mit Hilfe der Rüstungsausgaben an: zu Beginn der siebziger Jahre trug das Verteidigungsministerium die Hälfte aller Forschungs- und Entwicklungskosten des Landes, darunter allein 90 Prozent sämtlicher in diesem Bereich anfallenden Ausgaben in der Luftfahrt und Weltraumindustrie.[283] Viele multinationale Konzerne wie etwa *IBM* und *ITT* konnten sich auf Grund massiver Zuwendungen durch das Pentagon zu ihrer gegenwärtigen Größe entwikkeln[284], und obgleich die Ölgesellschaften sich gern den Anstrich von Stabilität geben und so tun, als «stünden sie himmelweit über allen Regierungen», indem sie etwa die nationalen Regierungen vom hohen Roß herab behandeln und sich zu Hütern der Sicherheit des Abendlandes und des Weltfriedens aufschwingen, suchen sie doch beim Staat Zuflucht, sobald sie in Schwierigkeiten geraten.[285]

In unserem System sind also weder große und kleine Unternehmen noch Käufer und Anbieter einander in irgendeiner Weise ebenbürtig. Das System sichert vielmehr die Herrschaft der Herrschenden. Hinter den Fassaden der großen Konzerne steht als Stützpfeiler der Staat, der sich aus Steuermitteln finanziert: wir bezahlen also nicht nur das, was wir kaufen, sondern überdies die Aktivität von Konzernen, für deren Produkte wir möglicherweise keinerlei Verwendung haben. Benjamin Barber faßt die Situation folgendermaßen zusammen: «Die Industrie mag wohl von Zeit zu Zeit die Phrasen vom freien Unternehmertum dreschen, aber es gibt kaum Zweifel daran, daß unsere multinationalen Konzerne vom Staat erwarten, daß er ihre Produkte kauft, ihre Preise stützt, ihre Ineffizienzen durch Subventionen ausbügelt, ihre Monopole sichert, ihre Konkurrenz minimiert, für ihre Kredite bürgt, ihre Verluste deckt und ihre Konkurse auffängt.»[286]

Das Ideal der freien Marktwirtschaft impliziert ferner, daß viele Anbieter miteinander konkurrieren. Diese Konkurrenz gilt als automatischer, unsichtbarer Regulationsmechanismus, der für einen angemessenen Kaufpreis sorgt. Die Wirklichkeit sieht leider anders aus: «Bis in die achtziger Jahre des 19. Jahrhunderts konkurrierten die meisten Unternehmer miteinander. Von den neunziger Jahren an taten sich clevere Unternehmer zusammen.»[287] Die kleinen Firmen, die auch weiterhin konkurrierten, sind zu Tausenden untergegangen. Was bleibt, ist der «oligopolistische Wettbewerb», der darin besteht, daß einige wenige große Firmen nach genau festgelegten Regeln miteinander konkurrieren – wobei Konkurrenz auf der Preisebene grundsätzlich nie und im Hinblick auf Technologie so selten wie möglich vorkommt. Diese Strategie wird immer wieder dann problematisch, wenn ausländische Firmen amerikanische Industriezweige durch neue Technologien, größere Leistungsfähigkeit oder niedrigere Preise ausbooten. Dann fordert die amerikanische Industrie vom Staat Schutzzölle oder andere Hilfen. An ihrer Vorgehensweise ändert sich wenig, und die großen Konzerne halten sich weiterhin an die «Spielregeln zum Schutze aller», indem sie ihren Wettbewerb so gestalten, daß sie keine Preissenkungen in Kauf nehmen müssen.[288] Die meisten Firmen gehen davon aus, daß jeder in die Werbung investierte Dollar sich schneller rentiert als der, der in ein Produkt investiert wird.[289]

Unsere Wirtschaft hat sich in den vergangenen 150 Jahren um einiges gewandelt. Ursprünglich ein freies marktwirtschaftliches System mit vielen einzelnen Unternehmen, zeichnete sie sich um die Jahrhundertwende bereits durch hohe Konzentration und Akkumulation von Reichtum in den Händen weniger auf. Zu jener Zeit beherrschten die Industriellen den Staat völlig. Im Lauf der letzten 80 Jahre fiel ihre Macht in sich zusammen, weil reiche Familien die Mehrheitsanteile an ihren Unternehmen einbüßten und hauptsächlich von Bankiers getragene Lobbies an Einfluß verloren. Aus diesem Prozeß der Auflösung und des Wandels gingen einige wenige große Konzerne hervor, die andere Unternehmensbereiche geschluckt hatten. Einige Fachleute hielten diesen Übergang für «ebenso gewichtig wie den Übergang vom Feudalismus zum Kapitalismus», denn die neue herrschende Klasse bestand jetzt aus Managern, die kaum Firmenanteile besaßen, für feste Gehälter arbeiteten, und deren Name und persönliche Integrität nicht mehr aufs engste mit der Firma verbunden waren. Viele Politikwissenschaftler nahmen an, diese Manager seien weniger besitzgierig und würden effizienter und stärker dem Allgemeinwohl verpflichtet wirtschaften – ähnlich, wie es sich Gouldner von seiner *«Neuen Klasse»* erhofft. Edward Herman kommt hingegen zu dem Schluß, daß nichts dergleichen eingetreten ist: das Profitstreben «hat mit der Übernahme der Herrschaft durch das Management keine erkennbare Schwächung erfahren».[290]

Im Zuge dieser Periode des Wandels verlor jedoch die Industrie die alleinige Kontrolle über den Staat, die sie seither wieder zu erobern trachtet. So führt sie gegenwärtig eine massive Kampagne für die Beschränkung staatlicher Macht und die Beschneidung staatlicher Aufgaben. Insbesondere ist sie bestrebt, die mit der Aufsicht über die Industrie beauftragten staatlichen Instanzen möglichst machtlos zu halten und die Sozialgesetzgebung zu sabotieren. Sie hat es darauf abgesehen, dem in der Einkommenshierarchie im untersten Fünftel angesiedelten Teil der Bevölkerung, den Ärmsten der Armen, die staatliche Unterstützung zu streichen, fordert jedoch selbst in Notlagen kräftige staatliche Protektion. Herman vertritt die Auffassung, diese Doppelstrategie ziele bewußt darauf ab, den Staat zu diskreditieren und seine Autorität zu schmälern.[291] Umgekehrt blieben Versuche des Staates, die Industrie zu kontrollieren, weitgehend erfolglos. Die Anti-Trust-Gesetze trafen die Mischkonzerne nicht wirklich, zumal ohnehin «die Geschichte der Anti-Trust-Verfahren in Amerika eine Geschichte der Ausflüchte und Kompromisse [ist] und [sich] wiederholt die größten der Großunternehmen ... als stärker erwiesen als die Regierungen»[292].

Von einer anderen Warte aus sind Industrie und Staat jedoch untrennbar miteinander verflochten. Richard Barnet und Ronald Muller zeigen auf, daß Interessen der Großindustrie sowohl das Handeln der beiden großen amerikanischen Parteien als auch das maßgeblicher Kongreßabgeordneter in deren Eigenschaft als Aktionäre bestimmen. Industrievertreter besitzen oder beeinflussen einen großen Teil der Massenmedien und haben gelegentlich selbst als Minister oder Staatsbeauftragte Anteil an der Regierungsmacht. So warfen etwa 1983 Prüfungsbeauftragte des Pentagon dem *Defense Science Board* vor, Politik und Geschäftsinteressen zu verbinden. Dem Gremium, dessen Aufgabe die Beratung des Militärs im Hinblick auf künftige Rüstungsentscheidungen ist und das «zentralen Einfluß» auf solche Entscheidungen besitzt, gehören leitende Manager der Rüstungsindustrie an, die sich für die Interessen ihrer Firmen einsetzen konnten.[293] Kraft ihrer Macht nicht nur über die Medien, sondern auch über scheinbar von Staat und Industrie unabhängige Institutionen propagieren sie die unsere gesamte Gesellschaft prägende Ideologie des «Heils durch Profit und Wachstum». Damit erklärt sich nach Barnet und Muller, «wieso die Regierung der mächtigsten Nation der

Welt so wenig Macht zum Schutz der Interessen ihrer Bevölkerung einsetzt».[294]

Ralph Miliband behauptet gar, in Amerika existiere, vom ökonomischen Bereich aus betrachtet, nur eine einzige herrschende Klasse, anstatt von einer Verflechtung von Staat und Industrie auszugehen. Seiner Meinung nach kontrolliert diese Klasse den gesellschaftlichen Reichtum und die wichtigsten gesellschaftlichen Institutionen – Regierung, Polizei, Industrie – und beeinflußt überdies die Medien, die sie ihre Ideologie verbreiten läßt, um auf diese Weise der breiten Bevölkerung ihre Politik schmackhaft zu machen.[295]

Es ist der Industrie gelungen, selbst solche Ereignisse, die vordergründig ihren Einfluß schmälern, zu ihrem Vorteil zu nutzen. So kam etwa der Gesetzentwurf Nr. 13 in Kalifornien auf Betreiben kommunaler Kräfte zustande: die kleinen Leute fühlten sich von der Last der Steuern erdrückt. Die Verabschiedung dieses Gesetzes hatte Einsparungen im Bereich der kommunalen Polizeikräfte, Feuerwehren und Sanitärleistungen zur Folge. Der Löwenanteil der Steuererleichterungen – 65 Prozent – kam jedoch den Unternehmern und Immobilienmaklern zugute. Hazel Henderson hat aufgezeigt, daß diese Reform in keiner Weise die Ausgaben für die oberen Ränge der Verwaltung, den übrigen Finanzaufwand für die Bürokratie, die Kalkulation von Regierungsaufträgen auf der Basis von Entstehungskosten plus Gewinnspanne und die wuchernden Bedarfskosten senkte, ganz zu schweigen von «dem größten Posten, den Sondersubventionen an die Industrie, insbesondere im Schiffahrts-, Öl-, Nuklearstrom-, Ferntransport- und Bausektor»[296].

Die großen Konzerne und industriellen Interessenverbände besitzen in den USA immense Macht. Noch mehr Macht über noch größere geographische Gebiete vereinen jedoch die multinationalen Konzerne auf sich. Diese entstanden, als die Zeit des offenen Kolonialismus abgelaufen war. Es war nicht mehr legitim, andere Länder zu ‹besitzen› und Ländern der dritten Welt mit Gewalt die europäische Kultur aufzuzwingen. Das Ende des Kolonialismus war damit jedoch nicht gekommen, er lebte vielmehr in der ökonomischen Beherrschung von Ländern der dritten Welt durch Konzerne fort, für die sich der Name «Multis» eingebürgert hat, da sie nicht nur in vielen verschiedenen Produktionssektoren, sondern auch in zahlreichen Ländern gleichzeitig operieren. In der überwiegenden Mehrzahl sind diese Multis amerikanische Firmen.[297]

Die Multis sind gigantische Konzerne. Bereits um die Mitte des 19. Jahrhunderts waren der Rockefeller-Konzern und die *Standard Oil* finanziell mächtiger als jeder amerikanische Bundesstaat. Ein gutes Jahrhundert später sind viele der großen Mischkonzerne finanziell den meisten Nationalstaaten überlegen.[298] Im Jahre 1973 war der Umsatz von *Generals Motors* größer als die Bruttosozialprodukte der Schweiz, Pakistans und Südafrikas zusammengenommen, der Umsatz der *Royal Dutch Shell* größer als das des Irans, Venezuelas und der Türkei, der Umsatz des *Goodyear* Reifenkonzerns größer als das Saudi-Arabiens. Die durchschnittliche Wachstumsrate der erfolgreichsten Multis liegt zwei- bis dreimal so hoch wie die der modernsten Industrienationen einschließlich der Vereinigten Staaten, und diese Firmen verfügen über Kapital in Sachwerten im Wert von über 200 Milliarden Dollar.[299] Die größten weltweiten Wirtschaftsorganisationen sind die Ölgesellschaften: ihnen unterstehen ganze Tankerflotten, Pipelines, Raffinerien und Tankstellenketten. Sie kontrollieren nicht nur den Ölsektor, sondern darüber hinaus auch die Petrochemie, die Kohleindustrie und die Produktion von Nuklearenergie.[300]

Die Produktion der Multis basiert auf hochentwickelten Technologien, die Grundlagenforschung, Produktentwicklung und somit enorme langfristig kalkulierte Investitionen erfordern. Diese sind so hoch, daß die Konzerne mit allen Mitteln – Marktforschung, Marketing, Werbung und zuweilen selbst Korruption – dafür sorgen, daß ihre Produkte auch verkauft werden.[301] Ich will damit nicht sagen, daß es in irgendeiner Weise verwerflich ist, Marktforschung zu betreiben oder Marketingmethoden zur Verkaufsförderung einzusetzen. Meine Kritik bezieht sich auf den Einsatz solcher Techniken zur Weckung von Bedürfnissen nach Dingen, für die schlicht kein Bedarf vorhanden ist, oder nach qualitativ minderwertigen Produkten. Der Gedanke, aus dem Tauschhandel Profite zu ziehen, kommt uns heute, im Gegensatz zu den Menschen im Mittelalter, nicht mehr sündhaft vor. Einen Aufpreis dafür zu verlangen, daß man Zeit und Arbeit in die Entwicklung oder den Ankauf eines Artikels (bzw. die Überwachung seiner Herstellung) und vielleicht auch noch in seinen Transport gesteckt hat, erscheint uns nur recht und billig. Ein Produkt hingegen allein deshalb herzustellen, weil man glaubt, es verkaufen zu können, und dabei mehr Energie auf die Vermarktung als auf die Qualität oder Nützlichkeit des Produkts zu verwenden, heißt den Vorgang des Tauschs für betrügerische Zwecke funktionalisieren.

Das Management dieser multinationalen Konzerne liegt nicht in den Händen von Eigentümern oder Teilhabern, sondern bei einem Konsortium von Männern mit technischen Kenntnissen und Erfahrungen auf den unterschiedlichsten Gebieten.[302] Die Struktur und das Gebaren der großen Multis sind in vielerlei Hinsicht geradezu paradox. Die Manager planen ihre Expansionsmaßnahmen weniger mit dem Ziel, hohe Profite für die Aktionäre zu erwirtschaften, sondern sind dabei auf ihren eigenen Vorteil bedacht. So investieren sie vielfach in Rationalisierungs- und Automatisierungsvorhaben, nicht, um die Herstellungskosten zu senken, sondern um durch die Verkleinerung des Unruhepotentials unter der Arbeiterschaft ihre eigene Machtstellung auszubauen und zu festigen.[203] In dieser Vorgehensweise verkörpert sich beispielhaft die Unvernunft unserer Gesellschaft: Wenn Wahnsinn heißt, in selbstzerstörerischer Weise die wahre Sachlage der Dinge zu ignorieren, dann kann man diese Geschäftspraktiken nur als Wahnsinn bezeichnen. Sie nützen der Welt nicht, sondern überschwemmen sie mit einer Flut von nutzlosen Dingen. Sie sichern die Position der Manager keineswegs, denn sie erhöhen die Zahl der Arbeitslosen, die es sich zum einen nicht mehr leisten können, Industrieprodukte zu erwerben, und zum anderen ein Aufruhrpotential darstellen.

Große multinationale Konzerne verfügen wie die patriarchalischen Institutionen über riesige bürokratische Apparate und fordern von ihrer Arbeiterschaft Loyalität, Gehorsam und Anpassung. Sie predigen ihr die fromme Mär, derzufolge man gemeinsam in einem Boot säße, kennen selbst jedoch keinerlei Loyalität gegenüber ihren Arbeitern und den Ländern, in denen sie operieren. So kommt es vor, daß Multis in weit entfernten Gegenden der Erde Zweitwerke errichten, in die sie im Falle von Arbeitskämpfen oder anderen Krisensituationen ihre Produktion verlagern können. Wenn es sich als günstig erweist, werden riesige Anlagen skrupellos stillgelegt. Zurück bleiben ganze Geisterstädte einschließlich der Einwohnerschaft und eine verseuchte Region.[304] Richard Gerstacker, der Aufsichtsratsvorsitzende der *Dow Chemical* im Jahre 1972, stellte in Aussicht, daß sein Konzern eines Tages in der Lage sein werde, sich auf einer dem Zugriff sämtlicher Staaten entzogenen Insel mitten im Meer niederzulassen und auf diese Weise allen staatlichen Auflagen und Gesetzen zu entgehen.[305]

Obgleich die Multis weder gegenüber ihren Beschäftigten noch gegenüber ganzen Nationen loyales Verhalten an den Tag legen, zählen sie ihrerseits auf die Unterstützung der nationalen Regierungen, die sie mit Hilfe ihres Geldes und ihres Einflusses unterwandern. Deshalb sieht die faktische Situation heute so aus, daß Staat und Industrie «auf der Ebene ihrer Spitzengremien und -repräsentanten» eng miteinander verflochten sind und die gleichen Interessen vertreten.[306] So waren etwa viele der in den Jahren 1980/81 für die amerikanische Umweltschutzbehörde (EPA) tätigen Personen in der einen oder anderen Weise in gegen Umweltschutzmaßnahmen opponierenden Firmen wie etwa der *Chemical Waste Management Inc.* und der *Adolph Coors Brewing Company* tätig.[307] Drei leitende Manager der Firma *Boeing* erhielten hohe Abfindungen – insgesamt 400 000 Dollar – als sie den Boeing-Konzern verließen, um hohe Posten im Verteidigungsministerium einzunehmen.[308]

Überdies benötigen die großen Konzerne zur Koordination und Entfaltung ihrer Aktivitäten eine gewaltige Infrastruktur. So gehen allein auf das Konto der Automobilindustrie der Bau unzähliger Autobahnen und Brücken, die gesamte mit der Erteilung von Fahrerlaubnissen und Fahrzeugzulassungen befaßte Bürokratie und der riesige Apparat der Verkehrspolizei – für die sämtlich die Steuerzahler aufkommen.[309] Zuweilen rufen die Machenschaften der Multis eine solche Empörung hervor, daß die Regierung sich gezwungen sieht, zu intervenieren. Doch gleichgültig, ob die Konzerne sich des Staates für ihre Zwecke bedienen oder durch krassen Machtmißbrauch dessen Intervention provozieren, in jedem Falle bewirken sie *nolens volens* dessen Ausweitung.[310]

Hauptverantwortlich für die totalitären Tendenzen in den USA und anderen westlichen Nationen sind also die multinationalen Konzerne. In ihnen zentralisiert sich gewaltige Macht – Reichtum, Besitztümer in vielen Ländern (und damit die Kontrolle über die Menschen, die auf ihrem Territorium leben oder arbeiten, sowie über all jene, die diesen Arbeitern Waren oder Dienstleistungen verkaufen) und politischer Einfluß. Sie verursachen die Ausweitung des Staatsapparats. Diese Großunternehmen kontrollieren gigantische und vielfältige Bereiche, die sich über mehrere Kontinente erstrecken und die unterschiedlichsten Industriezweige und Produktionsweisen umfassen. In den USA und in einigen europäischen Ländern ist die Führungsspitze dieser Unternehmen mit der Staatsführung zu einer Gruppe verflochten, die die eigentliche Führungselite unserer Welt ausmacht und so viele Lebensbereiche kontrolliert, daß letztlich jeder von uns von ihren Aktivitäten betroffen ist.

Das vorrangige Interesse dieser Elite ist es jedoch nicht, Frieden und Eintracht auf der Welt zu schaffen oder dem Wohl der Menschheit zu dienen – und das ist vielleicht besser so. Entschiede diese Elite darüber, was gut für uns ist, wären wir den Folgen dieser Entscheidungen ausgeliefert. Ihr Hauptinteresse ist nicht einmal die Erzielung von Profit, obwohl das eine wichtige Rolle spielt. Es geht ihnen vielmehr vor allem um die Ausdehnung und Stabilisierung ihrer Macht – durch die Ausweitung ihrer Herrschaft. Ihr Machtstreben ist daher unersättlich: Es gelangt nie ans Ziel, denn Macht kann man nie genug haben.

Diese Leute meinen wir, wenn wir vage von «denen da oben» sprechen und sie als Feinde empfinden. Sie könnten jedoch ihr Spiel nicht fortsetzen, wenn wir ihnen nicht in die Hände arbeiten würden. Wir verweigern uns ihnen aber nicht geschlossen, wir fordern nicht mehr Qualität, Verantwortungsbewußtsein und Berücksichtigung der wahren Bedürfnisse und Wünsche der Gemeinschaft. Wir stimmen für Politiker, von denen wir wissen, daß sie mit den Konzernen unter einer Decke stecken. Wir haben uns in eine Situation gefügt, in der wir kaum Selbstbestimmungsrechte besitzen und in der die Macht als höchster Wert anerkannt wird; und wenn die Macht nicht hält, was sie verspricht, dann bilden wir uns, nicht anders als die Großkonzerne, ein, mehr Macht führe zur Lösung unserer Probleme.

Obgleich die Multis eng mit dem Staat verflochten sind und sich an ihn wenden, sobald sie in Schwierigkeiten geraten, spielt die einzelne Nation in ihrem Denken kaum eine Rolle. Die Indifferenz der Multis ihrem Ursprungsland gegenüber kann in der Tat schockierende Ausmaße annehmen. Anthony Sampson hat die Entwicklung der *ITT* unter zwei verschiedenen Konzernchefs – Sosthenes Behn und Harold Geneen – verfolgt, die beide einer ganzen Reihe von Ländern scheinbar loyal zu Diensten waren. Über Tochtergesellschaften in Deutschland und Südamerika unterstützte der Konzern den Aufbau der Kriegsmaschinerie des Nazistaates, und Hitler wurden Informationen über Seetransporte zugeleitet. Auch nach Pearl Harbour setzte die *ITT* ihre Zusammenarbeit mit den Achsenmächten über ihre Tochterfirmen in der Schweiz und in Spanien fort. Die Schweizer Konkurrenzfirma der *ITT, Halser,* verweigerte die Lieferung von Rüstungsgütern an Deutschland. Die *ITT* hingegen hatte keine Bedenken: sie produzierte während des gesamten Krieges Rüstungsgüter für die Nazis und lieferte ihnen Rohstoffe wie Zinksulfat und Quecksilber.[311]

Gleichzeitig unterstützte die *ITT* jedoch auch die Alliierten. Nach dem Krieg wurde der Chef des Konzerns mit der höchsten zivilen Auszeichnung, der Verdienstmedaille, dafür geehrt, daß er die Amerikanische Armee mit nachrichtentechnischen Geräten versorgt hatte. «Während mithin *ITT-Focke-Wulf*-Flugzeuge alliierte Schiffe bombardierten und über *ITT*-Geräte Informationen für deutsche Unterseeboote weitergegeben wurden, warnten die *ITT*-Funkpeilgeräte die Alliierten vor deutschen Torpedos.»[312] Nach Kriegsende stellte sich die *ITT* selbst als unschuldiges Opfer dar und verlangte Reparationszahlungen, die ihr auch zugesprochen wurden. Sie erhielt 27 Millionen Dollar für Kriegsschäden an ihren Werken in Europa, darunter allein fünf Millionen für Schäden, die den Focke-Wulf-Werken durch Bomben der Alliierten entstanden waren. «Hätten die Deutschen den Krieg gewonnen, wären die *ITT*-Firmen als makellos nazistisch angesehen worden. Da die Deutschen den Krieg verloren hatten, tauchten sie, wie durch ein Wunder, als rein amerikanische Betriebe wieder auf.»[313]

Im Jahre 1926 schloß die *Standard Oil* ein Abkommen mit der deutschen Großfirma *IG Farben* bezüglich der Abtretung von Forschungsergebnissen im Bereich der synthetischen Gummiherstellung. Dieses Abkommen wurde von dem Ölkonzern auch dann noch aufrechterhalten, als Deutschland bereits große Teile Europas vereinnahmt hatte.[314] Er setzte 1953 die amerikanische Regierung unter Druck, mit Hilfe des CIA die iranische Mossadegh-Regierung zu stürzen, was die Steuerzahler 700 000 Dollar kostete und wofür möglicherweise nicht nur Iraner, sondern auch Amerikaner mit ihrem Leben bezahlten. Nach Sampsons Auffassung ermutigte der Erfolg dieses Coups den CIA später zur Intervention in Guatemala.[315] Im Jahre 1956 nutzten die Ölkonzerne die Suezkrise, um die Ölpreise in ihren Heimatländern in die Höhe zu treiben.[316]

Unter dem Druck der *United Fruit Company* ermächtigte Präsident Eisenhower 1954 den CIA, die Regierung von Guatemala zu «destabilisieren». Seither stand das Land unter der Knute einer ganzen Reihe skrupelloser rechter Militärregime.[317] Im Jahre 1973 forderte Saudi-Arabien die *Aramco*, eine amerikanisch-britische Ölgesellschaft, auf, ihre Öllieferungen an das amerikanische Militär einzustellen. Die *Aramco* kam diesen Forderungen nach. Während des Lieferboykotts der Ölländer im gleichen Jahr zauderten die amerikanischen Ölgesellschaften, die USA auf Kosten anderer Nationen zu begünstigen, weshalb diese größere Einfuhrverluste erlitten als andere Staaten.[318] Die Nation litt unter dieser Situation, nicht jedoch die Ölgesellschaften: im Zuge der daraus resultierenden Ölverknappung stiegen ihre Profite in schwindelnde Höhen – die der *Exxon* um 80 Prozent, die der *Gulf* um 91 Prozent. Die Ölkonzerne rechtfertigten diese hohen Profite mit der Behauptung, daß sie Mittel für neue Forschungs- und Entwicklungsvorhaben benötigten, versuchten jedoch während der unmittelbar folgenden Monate, teure, nicht dem Energiesektor zuzurechnende Unternehmen wie *Montgomery Ward* und *Ringling Brothers Barnum and Bailey* aufzukaufen.[319] Seit 1973 haben die Ölkonzerne ganz massiv in andere Industriesektoren investiert: so kaufte die *Gulf Oil* Chemiefirmen, die *Atlantic Richfield* Kupfergesellschaften (wie etwa die *Anaconda*, die zweitgrößte amerikanische Gesellschaft in diesem Bereich) und die *Exxon* Electronikfirmen auf, während die *Mobil Oil* ihre Publicity- und Mäzenatenaktivität ankurbelte.[320]

Die Großkonzerne zeigen sich jedoch nicht nur dem Wohl der Nation gegenüber gleichgültig, sondern schüren gelegentlich sogar aktiv Kriege. So versuchte die *ITT* unter Nixon zunächst gemeinsam mit dem CIA die Wahl Allendes in Chile zu verhindern, um nach seiner Wahl zum Präsidenten zunächst ein Wirtschaftschaos in Chile zu inszenieren und schließlich den Staatsstreich zu unterstützen. Zu diesem Zweck bot Harold Geneen der Nixon-Regierung eine Spende von einer Million Dollar an.[321] Allende wurde umgebracht und durch einen Diktator ersetzt, der das Land bis aufs Blut knechtete und noch immer an der Macht ist.

Auch nationale Firmen pflegen ein hohes Maß an Gleichgültigkeit gegenüber den Regionen und Gemeinden an den Tag zu legen, in denen sie angesiedelt sind und wo die meisten ihrer Arbeiter und Manager mit ihren Familien leben. So verkaufte etwa eine Firma in New Jersey qualitativ minderwertige Stahlbauteile für Atomkraftwerke in die gesamten USA. Diese Teile waren in betrügerischer Absicht falsch ausgezeichnet worden, so daß sie jederzeit Störungen in den Hauptkühlsystemen oder in den für Notfälle bestimmten Reaktorkühlsystemen hätten verursachen können.[322] Aus neueren Enthüllungen geht hervor, daß die *Dow Chemical* bereits 1965 um die Gefahren bei der Beseitigung von Dioxinabfällen wußte. In einer Geheimsitzung erörterte der Konzern mit leitenden Managern anderer Chemieunternehmen die katastrophale Vergiftungswirkung des Dioxins auf Tiere und Menschen. Dennoch leugnete die *Dow Chemical* in ihren offiziellen Äußerungen jahrelang, daß Dioxin (das gegenwärtig als gefährlichste aller synthetisch produzierten Substanzen gilt) ernsthafte Schädigungen hervorruft. Noch nachdem er mit Aufzeichnungen über jene Sitzung konfrontiert wurde, blieb der derzeitige Aufsichtsratsvorsitzende der *Dow Chemical*, Paul F. Oreffice, beharrlich bei seiner Behauptung, die einzige von Dioxin hervorgerufene Gesundheitsschädigung sei ein Hautausschlag, die sogenannte Chlorakne.[323] Von Kritikern wird dem Konzern vorgeworfen, systematisch Bestrebungen des Bundes und der Bundesstaaten hintertrieben zu haben, sich über das Dioxin zu informieren und entsprechende Sicherheitsvorkehrungen zu treffen. Diese Beschuldigung wird durch Indizien untermauert, die vermuten lassen, daß die *Dow Chemical* Druck auf die Reagan-Administration ausübte, das Amt für Umweltschutz dazu zu zwingen, Hinweise auf eine von dem Unternehmen verursachte Dioxinverseuchung in der Umgebung seines Werkes in Midland, Michigan, zu unterschlagen.[324]

Auch abgesehen von möglichen Zusammenhängen zwischen den Praktiken der *Kerr-McGee Corporation* und dem Tod Karen Silkwoods – und anderer Personen, die versuchten, die Fahrlässigkeit des Konzerns im Umgang mit Plutonium ans Licht der Öffentlichkeit zu bringen – ist die Weste dieses Unternehmens keineswegs weiß: Es existieren eindeutige Indizien dafür, daß die *Kerr-McGee* es zuließ, daß Plutonium aus ihrem Werk nach außen drang, daß aller Wahrscheinlichkeit nach auf ihr Konto die radioaktive Verseuchung Karen Silkwoods ging und daß sie bewußt ihre Reserven falsch bezifferte.[325] Karen Silkwood war Angestellte des Konzerns und aktive Gewerkschafterin. Sie sah mit eigenen Augen, wie nachlässig und leichtfertig mit dieser gefährlichen Substanz umgegangen wurde: Ein Säckchen Plutonium «von der Größe eines Softballs reicht aus, um jedes Kind, jede Frau und jeden Mann auf der Erde an Krebs erkranken zu lassen»[326]. Als sie Beweise für unzulässige Praktiken den Beschäftigten gegenüber und für die von ihr vermutete Fälschung der Qualitätsprüfungsunterlagen für Plutoniumbrennstäbe zu sammeln versuchte, fand sie sich mehrfach radioaktiv verseucht. Messungen ergaben, daß ihre gesamte Wohnung verstrahlt war, wobei die höchsten Werte auf der Toilettenbrille sowie im Käse und in der Salami in ihrem Kühlschrank gemessen wurden. Karen Silkwood behauptete, die nötigen Beweise beisammen zu haben, kam jedoch bei einem mysteriösen Unfall ums Leben, bevor sie sie übergeben konnte. Es kam noch zu weiteren Todesfällen unter Mitgliedern der Gruppe, in der sie aktiv gewesen war.[327]

Bis zum Jahre 1974 hatten 73 Beschäftigte der *Kerr-McGee* innerliche Plutoniumverseuchungen erlitten. In den Jahren 1973/74 hatten sich 3333 Klagen über Verstöße gegen Gesetze und Vorschriften gegen das Unternehmen angesammelt, von denen die Atomenergiekommission jedoch nur acht ahndete. Der *Kerr-McGee* gehören Immobilien, Kohle- und Erdgasvorkommen. Sie verarbeitet Helium, Phosphate, Asphalt, Pestizide, Kali und Bor. Sie ist der größte Uranproduzent in den Vereinigten Staaten und kontrolliert Ölfirmen und Bohranlagen. In den ebenfalls zu ihrem Besitz gehörenden *Messa*-Minen in Arizona kamen

Navahoarbeiter mit Radongas in Berührung. Von den hundert betroffenen Bergleuten waren bis zum Juni 1974 achtzehn an Lungenkrebs gestorben und 21 weitere todkrank. Die *Kerr-McGee* wies jede Verantwortung von sich.[328]

Diese Greuelgeschichten sind natürlich nur einige verschwindend wenige Beispiele für die skrupellose Schädigung von Menschen, Regionen und – durch den Einfluß von Wind, Flüssen und Regen – des ganzen nordamerikanischen Kontinents. Es ist verständlich, daß die Industrie vor zwanzig oder dreißig Jahren ebensowenig wie die Öffentlichkeit die Folgen ihrer Abfallbeseitigung oder der Abgabe von giftigen Stoffen an die Luft einschätzen konnte. Vielleicht wußten die großen Firmen wirklich nicht, daß sie im Begriff waren, ihr eigenes – und unser aller – Nest zu beschmutzen. Seit sie jedoch auf diese Folgen aufmerksam gemacht wurden, reagierten sie, indem sie leugneten und vertuschten, indem sie sich weigerten, Maßnahmen gegen weitere Verseuchung zu treffen, und indem sie die Verantwortung für bereits Geschehenes achselzuckend ablehnten. Dennoch sind es gerade die Manager solcher Firmen, die Minderheiten oder Fürsorgeempfängern «mangelndes Verantwortungsbewußtsein» vorwerfen.

Die großen Konzerne übernehmen im allgemeinen keinerlei moralische Verantwortung für die Auswirkungen ihrer Praktiken auf ihre Umgebung oder auf ihre eigenen Arbeiter. Außerdem sind sie schwer zur Rechenschaft zu ziehen. Unsere Regierungen sind zumindest der kritischen Beobachtung durch die Öffentlichkeit ausgesetzt. Bei Wahlen werden sie bestätigt oder abgesetzt, bei Umfragen schneiden sie besser oder schlechter ab, und im Falle von Skandalen sind sie vielfach zu personellen Umbesetzungen gezwungen. Firmen operieren hingegen im Verborgenen. Sie sind keinen anderen Mandatgebern verantwortlich als ihren Aktionären (denen es meist um den Profit geht), und weltumspannende Konzerne sind oft mächtiger als einzelne Regierungen, so daß diese ihnen nichts anhaben können. Die US-Regierung vermag noch nicht einmal die tatsächlichen Profite der Ölindustrie, die Empfänger von Öllieferungen oder den Umfang der gelagerten Ölreserven in Erfahrung zu bringen: die Ölgesellschaften wollen, wie ein leitender Ölmanager erklärte, keinen «Staat, der über alles im Bilde ist»[329].

Großkonzerne können die Kontrolle über kleinere Staaten an sich reißen, nationale Wirtschaftssysteme aus den Fugen bringen und den internationalen Geldmarkt verunsichern, indem sie an der Devisenbörse spekulieren und sich rasch vom Pfund über die Mark auf den Yen verlegen, um maximale Profite zu erzielen. Die Großkonzerne führten wohl auch die Währungskrise von 1971 herbei, indem sie US-Dollar abstießen. Es wird vermutet, daß *ITT* den Sterling-Run von 1972 eröffnete, der zum Floating des Pfunds führte, und daß der gleiche Konzern auch die amerikanische Währungskrise von 1973 forcierte.[330]

Solche Transaktionen haben einschneidende Auswirkungen, da sie den Wert unseres Geldes beeinflussen. Im Jahre 1945 warnte Paul Porter, der damalige Präsident der *Federal Communications Commission*, daß die internationalen Fernmeldekonzerne mächtig genug seien, um das internationale Nachrichtenwesen der USA nach ihren Vorstellungen zu prägen, und daß sie dies möglicherweise im Dienst von Interessen tun könnten, die denen ihres Landes zuwiderliefen.[331] Im Jahre 1980 schrieb Sampson, daß die *ITT* sich trotz der Skandale, die den Konzern in den frühen siebziger Jahren erschütterten, noch immer als über jeden kontrollierenden Zugriff seitens der Regierungen erhaben betrachtete: «Sie stellt sich immer noch als amerikanische Firma in den USA, britische Firma in Großbritannien und deutsche Firma in der Bundesrepublik vor. Sie schuldet keiner Regierung Loyalität und betrachtet jede Regierung als ein unnötiges Hindernis zur Durchsetzung ihrer Ziele.»[332] John deLorean, lange Jahre Manager bei *General Motors* (bevor er ganz von Macho-Spielchen und -Vergnügungen in Anspruch genommen wurde), gestand 1979 ein, daß «das System als Ganzes einer anderen Moral folgt als die einzelnen Individuen, einer Moral, die es ihm erlaubt, absichtlich unnütze oder gefährliche Produkte herzustellen, diktatorisch und oft unfair mit Zulieferern umzugehen, den Handel zu bestechen, die Rechte der Angestellten durch die Forderung nach blinder Loyalität dem Management gegenüber zu übergehen oder durch illegale Zuwendungen für politische Zwecke die Finger im demokratischen Regierungsgeschehen zu haben».[333] Sampson beklagt sich bitter darüber, daß die Ölgesellschaften sich staatsmännisch gebärden und betonen, sie seien der «amerikanischen» (oder, im Falle der *BP*, «britischen») Denkweise und Ethik verpflichtet, faktisch jedoch Konsortien von Ingenieuren und Buchhaltern sind, denen es um nichts anderes geht als um Profitspannen, die Sicherung ihrer Investitionen und das Umgehen von Steuerzahlungen.[334]

Im Verhalten der multinationalen Konzerne finden die patriarchalischen Werte einen so extremen Ausdruck, daß uns eine weitere Zuspitzung nicht mehr vorstellbar ist. Macht und Herrschaft sind buchstäblich die *einzigen* Werte; die Mißachtung der Natur und der von oben herab behandelten Menschen ist ebenso schrankenlos wie das Machtstreben. Die Manager fühlen sich keiner Einzelnation zu Loyalität verpflichtet – sie zahlen keinen gerechten Steueranteil, sie kollaborieren mit allen sich anbietenden Staaten, ungeachtet ihrer Politik, sie fühlen sich nicht verantwortlich für die Bewohner der Regionen, in denen ihre Werke liegen, und ebensowenig für die Reinhaltung der Natur als Lebensgrundlage aller Menschen.

Angesichts der rücksichtslosen Haltung der Multis kann man sich vorstellen, wie sie mit kleineren und ärmeren Ländern umspringen, die zu ihrem Operationsgebiet gehören. Selbst wohlhabende kleine Nationen sind den Konzernen völlig ausgeliefert, da diese jederzeit ihre Machtstrategie ändern und damit die gesamte Volkswirtschaft in den Ruin treiben können. Es ist beispielsweise jederzeit denkbar, daß ein Konzern zu dem Entschluß kommt, künftig die Schweiz mit einem bestimmten Produkt nicht mehr aus Frankreich, sondern aus Deutschland oder umgekehrt zu beliefern, oder daß ab sofort «alle Kühlschränke in Italien und alle Radios in Deutschland produziert werden»[335].

Noch katastrophaler sind die Folgen solch einseitiger Beschlüsse seitens der Großkonzerne für kleine arme Länder. Über die Hälfte der 160 größten Firmen in Chile waren vor Allendes Präsidentschaft im Besitz oder unter der Kontrolle multinationaler Konzerne: eine Situation, die in ähnlicher Form für ganz Südamerika gilt. Die Multis besitzen die Hälfte der 50 größten Firmen in Argentinien sowie 68 Prozent der Metallindustrie und die gesamte Tabakindustrie Mexikos, und sie streichen 70 Prozent der Nettogewinne in den wichtigsten Sektoren der Wirtschaft Brasiliens ein.[336] Die Tatsache, daß sich ein hoher Teil des inländischen Produktivvermögens in ausländischem Besitz befindet, ist eine der Hauptursachen dafür, daß die Volkswirtschaften dieser Länder so extremen Schwankungen ausgesetzt sind, die die gesamte Bevölkerung in Mitleidenschaft ziehen.

Die Multis rechtfertigen solche Manipulationen gewöhnlich mit dem Verweis auf erhöhte Pro-Kopf-Einkommen und gesteigerte Bruttosozialprodukte. Die Wirklichkeit der menschlichen Existenz, die sich hinter diesen Statistiken verbirgt, sieht jedoch in den Vereinigten Staaten und in Afrika nicht grundsätzlich anders aus: Die Reichen werden immer reicher, während die Armut der Armen immer unglaublichere Ausmaße annimmt. Die Einkommenssteigerungen in den südamerikanischen Ländern kommen den obersten 5 Prozent der Bevölkerung zugute, während die untersten 40 Prozent alarmierende Einkommenseinbußen erlitten haben. Der Mehrzahl der Menschen in Südamerika geht es, was Nahrung, Kleidung und Unterkunft betrifft, schlechter als der Generation ihrer Eltern, und weltweit verschlechtert sich die Ernährungslage der untersten 40 bis 60 Prozent der Bevölkerung stetig.[337] Im Jahre 1900 lag das Pro-Kopf-Einkommen der Bevölkerung der armen Länder bei der Hälfte des Pro-Kopf-Einkommens der reichen Nationen, während es 1970 nur ein Zwanzigstel (gemessen am Dollarwert von 1900), beziehungsweise ein Vierzigstel (gemessen am Dollarwert von 1970) betrug.[338]

Die Manöver der multinationalen Konzerne bewirken auf verschiedene Art und Weise, daß die armen Länder noch ärmer werden. Zum einen setzen die Multis die Regierungen armer Länder unter Druck, ihnen Kredite zu gewähren. Dies geschieht gewöhnlich, weil es den Regierungen eine sichere Investition zu sein scheint, und weil sie hoffen, auf diese Weise Dollars ins Land zu bringen. Das Geld, das die Multis aufnehmen, steht jedoch der heimischen Industrie nicht mehr zur Verfügung. Überdies ziehen die Großkonzerne ihren Gewinn oft – wenn nicht gar, wie Barnet und Muller vermuten, immer – aus dem Gastgeberland heraus, um ihn andernorts anzulegen. So werden in den von den beiden Autoren zitierten Beispielen 78 bis 83 Prozent der Finanzierungsleistungen von den armen Ländern erbracht, diesen aber 79 Prozent der Profite entzogen.[339]

Ein Beispiel für die Auswirkungen dieses Prozesses auf die Bevölkerung sehen wir derzeit in Guatemala. Die USA fördern gegenwärtig ‹freie› Unternehmeraktivitäten im karibischen Becken. Sie subventionieren agrarindustrielle Unternehmen durch Zoll- und Steuervergünstigungen für Investitionen in landwirtschaftliche Projekte anderer als traditioneller Art, also etwa den Anbau von Gurken, Ananas, Tomaten oder Schnittblumen. *Alcosa*, die guatemaltekische Tochter eines amerikanischen Großkonzerns, der *Hanover Brands*, erhält Finanzierungsleistungen von der *Latin-American Agribusiness Development Corporation*, einem Konsortium von Großbanken und Agrarunternehmen, das von der Behörde für internationale Entwicklung unterstützt wird. Im Jahre 1975 begann die *Alcosa*, guatemaltekische Bauern in siebzehn Dörfern vertraglich zu verpflichten, künftig Blumenkohl und Brokkoli anstatt ihrer traditionellen Feldfrüchte Mais, Bohnen und Kohl anzubauen. Der Brokkoli und der Blumenkohl wurden verarbeitet und tiefgefroren an nordamerikanische Supermarktketten exportiert.

Zunächst erhöhte sich das Einkommen der Bauern, um dann jedoch unter der Kontrolle der *Alcosa* beträchtlich zu schrumpfen. Die Bauern konnten nur überleben, indem sie von der *Alcosa* Saatgut und teure Insektizide auf Kredit bezogen. Da die *Alcosa* bei Ablieferung der Ernte zunächst diese Kredite tilgte, ehe sie die Bauern auszahlte, mußten die Familien drei Monate lang ohne Einkommen ausharren. Als die *Alcosa* in einem Dorf kein Gemüse mehr aufkaufte, waren die Folgen verheerend: Blumenkohl und Brokkoli füllen den Magen nicht so wie Mais, Bohnen und Kohl. Die Menschen hungerten, die Kinder mußten die Schule und ihren Heimatort verlassen und sich als Tagelöhner von Dorf zu Dorf durchschlagen, um etwas zu essen zu haben.

Eines der Dörfer gründete jedoch eine Kooperative, die einen besseren Vertrag mit der *Alcosa* aushandelte und den Bauern (entgegen den Anweisungen der *Alcosa*) riet, Mais zwischen dem Blumenkohl anzupflanzen und ein billigeres Insektizid in kleineren Dosen zu verwenden. Dieses Dorf war das einzige, das von dem ganzen Unternehmen profitierte. Doch dem pervertierten Denken, das die multinationalen Konzerne und deren Beziehungen zu ihren Gastgeberländern beherrscht, scheinen solche Erfolge nicht gelegen zu kommen: Die Organisatoren der landwirtschaftlichen Kooperativen werden gegenwärtig von guatemaltekischen Regierungstruppen umgebracht, und auch die Bauern, die sich ihnen angeschlossen haben, werden zu Hunderten ermordet.[340] Warum ist der bescheidene Wohlstand der Bauern so bedrohlich? Warum werden Organisationsformen, die beiden Seiten Vorteile bringen, nicht unterstützt?

Die These, die Multis würden im Verein mit gewissen Kräften im Regierungsapparat verschiedener Länder, insbesondere jedoch der USA, aktiv die Ausrottung solcher Menschen – und zwar zu Millionen – betreiben, die sich nicht in das herrschende Machtdenken und die ‹männliche› Weltsicht fügen, mag übertrieben klingen. Dennoch verstrickt die Politik der einflußreichen Unternehmen in den Vereinigten Staaten und in anderen Ländern die (nur in der Einkommenshierarchie betrachtet) untere Hälfte der Bevölkerung in ein auswegloses *double bind*, das nur mit ihrer Vernichtung enden kann. Dazu braucht es keine Konzentrationslager und Gaskammern: Hunger und Krankheit erfüllen diese Aufgabe genausogut, und was noch zu erledigen bleibt, übernehmen die Kugeln der Regierungstruppen. Menschen, die jahrhundertelang in vergleichsweise harmonischen Verhältnissen und unter wirtschaftlichen Bedingungen, gelebt haben, die kaum das Subsistenzniveau überstiegen, die für sich und ihre Kinder zu sorgen vermochten und unter menschenwürdigeren Bedingungen alterten als wir in den Industriegesellschaften, werden wie Unkraut ausgetilgt.

Die Multis bringen immer größere Flächen des landwirtschaftlich nutzbaren Bodens an sich, über deren Nutzung sie uneingeschränkt bestimmen können. So zwingen sie Bauern, die einst für ihren eigenen Bedarf anpflanzten, zum Anbau von Exportprodukten, die hohe Profite auf dem Weltmarkt bringen, z. B. Tee, Kaffee oder Nelken. Wenn die Nachfrage auf dem Weltmarkt nachläßt, können die Bauern diese Produkte, im Unterschied zu den traditionellen Feldfrüchten Reis und Bohnen, nicht essen. Sie werden, ebenso wie die europäischen Bauern im Zeitalter der Industrialisierung, zu Lohnsklaven gemacht und müssen anpflanzen, was ihnen befohlen wird. Das Land kann seine Bevölkerung nicht länger selbst ernähren und muß seine wenigen Devisen für den Import von Nahrungsmitteln verwenden. Die Luxusgüter werden an die Reichen der westlichen Nationen abgesetzt, aber die Bevölkerung der armen Länder kann sich nicht einmal Obst oder Gemüse leisten, ganz zu schweigen von Fleisch oder Fisch.[341] Wir alle wissen, daß Millionen Menschen verhungern.

Was über das Schicksal dieser Menschen bis zu uns dringt, deckt nie die tieferen Ursachen ihres Elends auf, sondern stets nur die jeweiligen Anlässe: regionale Hungersnöte, Dürrekatastrophen, Überschwemmungen oder Epidemien. Dennoch haben diese Menschen jahrtausendelang weit menschenwürdiger gelebt, weil die kulturellen Traditionen sie mit Mitteln und Wegen versahen, mit solchen Naturkatastrophen fertig zu werden. Diese Traditionen wurden zuerst durch den Kolonialismus und dann durch die Strategien der multinationalen Konzerne zerstört.

In vorkolonialistischen Zeiten waren die landwirtschaftlichen Methoden der eingeborenen Bevölkerung in Afrika und Südamerika überaus produktiv. Die Ökonomie der meisten Kulturen war mehr als nur schlichte Subsistenzwirtschaft. Viele bauten ein breites Spektrum an Feldfrüchten an und verfügten über die Mittel, um sich ausgewogen zu ernähren. Sie praktizierten Formen des Tauschhandels und kannten Methoden zur Lagerung von Nahrungsmitteln. In vielen Gesellschaften existierten Rituale, die für die Umverteilung der von einigen wenigen erwirtschafteten Überschüsse sorgten – so etwa die Stammesfestgelage, die noch immer in einigen Gegenden Neuguineas üblich sind, oder die Bierparties in Afrika.

Im Zuge der Kolonialisierung Afrikas legten die europäischen Nationen bestimmte Anbaugebiete für die Pflanzung von Sisal und anderen Exportprodukten – Baumwolle, Kaffee und Tabak – fest. In der Priorität unmittelbar hinter diesen rangierten Gebiete für den Anbau von Nahrungsmitteln für die Europäer und ihre Arbeiter. Das übrige Land – die abgelegenen Gebiete und weniger fruchtbaren Landstriche – stellte das Reservoir an Wanderarbeitern. Dort durften die Afrikaner für den eigenen Bedarf anbauen. Das für den Gebrauch durch die eingeborene Bevölkerung bestimmte Land wuchs jedoch nicht proportional mit dem Bevölkerungswachstum. Die Bauern waren somit gezwungen, die Brachzeiten zu verkürzen, was den Boden auslaugte und langfristig geringere Erträge erbrachte.

Die eingeborenen Arbeiter bezogen zu wenig Lohn, um ihren Nahrungsbedarf decken zu können, oder aber Lebensmittelrationen, die zu wenig Nährstoffe enthielten, um sie bei Gesundheit zu halten. Die Kost, die ihnen zugestanden wurde, war billig, reich an Füllstoffen und oft von so schlechter Qualität und so voller Parasiten, daß sie Darmerkrankungen hervorrief. (In ihrer interessanten Biographie beschreibt Andrée Blouin, die von ihrem Vater in ein katholisches Waisenhaus abgeschobene Tochter einer Afrikanerin und eines Europäers, wie genau die Ernährung der kleinen Mädchen diesem Muster entsprach: es gab dort Hafergrütze voller Ungeziefer. Andrée weigerte sich schließlich, sie zu essen, und ernährte sich statt dessen vom kalkigen Putz der Wände des Gebäudes, in dem sie gefangengehalten wurde.[342]) Natürlich wurden die Arbeiter von solcher Kost krank, aber das kümmerte die Kolonialherren nicht. Sie schickten kranke Arbeiter weg und verließen sich darauf, daß ihnen immer genügend neue zur Verfügung stehen würden. Die Zerstörung der dörflichen Gemeinschaft und der alten Bräuche machten die Menschen von dem abhängig, was ihnen die Kolonialisten zukommen ließen. Die Männer wurden in die Lohnarbeit, die Frauen in die Prostitution getrieben. Geschlechtskrankheiten griffen um sich. Die einzige Alternative, die den Frauen in den Arbeitersiedlungen (wo es kein gemeinschaftlich bewirtschaftetes Land mehr gab) noch blieb, war das Brauen und der Verkauf von Bier.[343]

Als die Kolonialherren gingen, standen die Multis schon bereit. Sie übernahmen eine Arbeiterschaft, die an niedrige Löhne gewöhnt war und über keine nennenswerte gewerkschaftliche Organisation verfügte, und sie setzten den begonnenen Prozeß der Ausrichtung der Landwirtschaft in der dritten Welt an den Luxusbedürfnissen der Reichen in den Industrienationen fort. Die Folge war eine schwerwiegende Mangelernährung der Eingeborenen, insbesondere in Afrika. Jahrzehnte landwirtschaftlichen und ernährungsmäßigen Raubbaus werden heute in den westlichen Ländern in Bausch und Bogen als «Ernährungskrise» abgehandelt und dem Bevölkerungswachstum zugeschrieben. Richtig ist, daß die Menschen, die unter den bedrohlichsten Umständen leben, die meisten Kinder produzieren: Sie setzen so viele Nachkommen in die Welt, weil fünf von sechs Kindern vor dem dritten Lebensjahr sterben.[344]

Die Hilfsmaßnahmen der westlichen Nationen für Länder der dritten Welt sind meist von Eigennutz getragen. Der Westen verfrachtet eigene Überschüsse gegen Bezahlung oder als Hilfsgüter in diese Länder, wodurch jene einst autarken Nationen in immer tiefere Abhängigkeit geraten. Versuche, die Landwirtschaft in Ländern der dritten Welt ertragreicher zu machen, schlagen meist fehl, weil die westliche Entwicklungshilfe allein auf technologische Mittel und nicht auf sozioökonomische Veränderungen setzt. Die Angst vor den immer weiter um sich greifenden Hungersnöten, der wachsenden Armut und der Landflucht in diesen Ländern brachte schließlich die «Grüne Revolution» hervor, den Versuch der westlichen Länder, durch die Verwendung von hochwertigem Saatgut die landwirtschaftliche Produktion zu intensivieren. Die Art und Weise, wie diese Maßnahmen durchgeführt wurden, verstärkte jedoch die strukturellen Ungleichheiten. Die armen Bauern, deren Land wenig hergab, konnten sich die Maschinen und Düngemittel nicht leisten, die sie brauchten, um von dem Programm profitieren zu können. Im Mittelpunkt dieser Maßnahmen stand der Anbau von Getreide, nicht der nahrhafteren Erbsen, Bohnen und Linsen, die als traditionelle Grundnahrungsmittel gedient hatten. Es mußten regelmäßig Düngemittel eingeführt werden, deren Hersteller – wiederum Konzerne – die Kaufbedingungen diktierten.[345]

Die Multis setzen für die zum Export in arme Länder bestimmten Produkte besondere Preise fest, die über den Preisen in den USA liegen. So werden beispielsweise in Kolumbien, Chile, Peru, Ecuador, im Iran, in Pakistan und auf den Philippinen, um nur einige Länder zu nennen, Medikamente um 155 Prozent, Gummi um 40 Prozent und elektronische Produkte um 16 bis 60 Prozent teurer abgegeben. Überdies werden häufig unnütze Prestigeprodukte in Entwicklungsländer verkauft. Marktforscher suchen herauszufinden, wie sie die Bevölkerung dazu verführen können, ein Produkt zu erwerben, das sie nicht braucht und nie besitzen wollte, und das ihr möglicherweise keinerlei Nutzen bringt.

Die Firmen streben eine weltweite Vereinheitlichung der Vorlieben und Konsumgewohnheiten an: Wie der Aufsichtsratsvorsitzende der *National Biscuit Company* im Zuge einer Werbekampagne für Ritz-Cracker sagte, verkaufen Firmen nicht Produkte: «Wir verkaufen ein Konzept.»[346]

Obgleich die Menschen in der dritten Welt die gleiche Intelligenz und die gleichen Fähigkeiten besitzen wie alle anderen Menschen, hat ihre Kultur sie (im Gegensatz zu unserer) nicht gelehrt, solcher Werbung zynisch, skeptisch und intellektuell zu begegnen. Sie sind den Marketingmethoden der Konzerne hilflos ausgeliefert und kaufen die Produkte, für die jene die Werbetrommel rühren – Produkte, wie sie schädlicher für diese Menschen kaum sein könnten: Weißbrot, polierten Reis, raffinierten Zucker, Süßigkeiten und Limonaden. Solche Produkte sind aufreizend aufgemacht und werden mit Glamour-Bildern von der feinen Lebensart der Weißen vermarktet. Unterernährte junge Mädchen sparen sich noch weiter die Nahrung vom Munde ab, um sich Lippenstift leisten zu können. Mangelernährte Menschen erwerben Ritz-Cracker, nährstoffarme Milch, Suppen und Nudeln. Die Konzerne reden den Müttern ein, Säuglingsfertignahrung sei besser für ihre Kinder als Muttermilch. Die Frauen kaufen sie, obgleich sie weder über das nötige Wissen noch über die Mittel verfügen, sie richtig zuzubereiten. Die Folge dieser Verkaufsstrategien ist eine hohe Inzidenz von Mißbildungen und Gehirnschädigungen bei Kindern durch Unterernährung.[347] Während derartige Produkte die armen und unterernährten Menschen körperlich noch weiter schwächen, zerrüttet die ihre Verbreitung begleitende Ideologie ihr Denken. Die Botschaft lautet, daß alles, was weiß ist, gut ist, daß die amerikanische Kultur ihrer eigenen überlegen ist und daß ihre traditionellen Werte im Vergleich zu den Kulturimporten – den Drogen «Erfolg», «Gewalt» und «Konsum» – altmodisch und überholt sind.[348]

Die multinationalen Konzerne verseuchen ihre Ursprungsländer und mittlerweile bereits auch ganze Regionen ferner Erdteile. Die armen Nationen begrüßen Industrieansiedlungen in der Hoffnung, daß sie Arbeitsplätze schaffen und Geld ins Land bringen. Es zeigen sich jedoch bereits Anzeichen für die Zunahme schwerer Erkrankungen durch die Ausbreitung der Industrie in den Städten, und Indizien deuten darauf hin, daß in den Entwicklungsländern Pestizide zur Verwendung gelangen, die in den Industrieländern selbst verboten sind.[349] Ein Beispiel für eine andere Form von Umweltverschmutzung finden wir bei Ivan Illich: Die Bevölkerung Westbrasiliens benutzte lange Zeit Blecheimer, die der örtliche Blechschmied aus Blechabfällen herstellte. Plastikeimer aus São Paulo sind billiger und leichter als Blecheimer: also kaufen die Leute Plastikeimer. Auf diese Weise verliert der Blechschmied zunehmend seine Kundschaft, und bald wird sein altes Handwerk der Vergessenheit anheimgefallen sein. Die Blechabfälle bleiben jetzt ungenutzt liegen und verschandeln die Landschaft. Das Schlimmste ist jedoch, daß die bei der Plastikherstellung freigesetzten Dämpfe «ihre unverwechselbaren Spuren in der Umwelt hinterlassen – eine neue Art von Spuk». Diese Dämpfe sind unvermeidliche Nebenerscheinungen des Herstellungsprozesses «und werden allen exorzistischen Bemühungen lange Zeit widerstehen ... Um im ökonomischen Jargon zu sprechen, übersteigen die ‹Fremdkosten› nicht nur die aus der Produktion der Plastikeimer erzielten Profite, sondern auch die für den Herstellungsprozeß aufgewandten Personalkosten.»[350]

Die Regierungen der Länder der dritten Welt, die diese Entwicklungen erkennen, befinden sich im Zwiespalt, da die großen Konzerne, wenn sie ihnen Hindernisse in den Weg stellen, in anderen Ländern bereitwillige Aufnahme finden werden, und ihr eigenes Land Wachstumspotential einbüßt. Auch die Manager der heimischen Firmen wissen um die Auswirkungen der Politik der großen Konzerne auf die Bevölkerung, lassen sich jedoch von den gleichen Überlegungen leiten.[351] Herman ist der Ansicht, daß den Ländern der dritten Welt nur zwei Alternativen bleiben: Bodenreformen vorzunehmen und Hilfsprogramme für die Landbevölkerung zu entwickeln, oder aber Waffen zu kaufen und ein schlagkräftiges Militär aufzubauen, um die ländliche Bevölkerung mit Gewalt in Schach zu halten. Die Regierungen und Finanzorgane der Industrienationen setzen, größtenteils auf Betreiben der großen Konzerne, die Regierungen der dritten Welt unter Druck, letzteren Weg einzuschlagen.[352]

Diese Politik fördert die einseitigen Entwicklungen im ökonomischen Bereich selbst in solchen Ländern, in denen ein scheinbares «Wirtschaftswunder» stattgefunden hat: So war etwa in Mexiko in den fünfziger Jahren die Einkommensstreuung extrem kopflastig, da das Einkommen der reichsten 20 Prozent der Bevölkerung das Zehnfache des Einkommens der ärmsten 20 Prozent betrug. Um die Mitte der sechziger Jahre war das Einkommen der reichsten jedoch bereits siebzehnmal so hoch wie das der ärmsten Bevölkerungsgruppe. In den Jahren 1960 bis 1970, dem «Entwicklungsjahrzehnt» Brasiliens, sank das Einkommen der in der brasilianischen Einkommenshierarchie zuunterst rangierenden vierzig Millionen Menschen von 10,6 Prozent des Gesamteinkommens auf 8,1 Prozent, während das Einkommen der reichsten 5 Prozent der Bevölkerung sich von 27,8 Prozent auf 36,8 Prozent des Gesamteinkommens erhöhte. In den sechziger Jahren stieg die Rindfleischproduktion weltweit, während der Konsum von Rindfleisch in den Erzeugerländern entweder zurückging oder nur unerheblich zunahm: das gesamte Rindfleisch ging an amerikanische Schnellrestaurantketten. Der amerikanische Durchschnittsbürger nimmt gegenwärtig 314 Eier pro Jahr zu sich, der Durchschnittsinder hingegen acht.[353] Diese Tendenz, die dazu führt, daß die Armen buchstäblich ausgehungert werden, während der Tisch hierzulande immer üppiger gedeckt ist und die Reichen sich mästen, ist die Hauptursache für die Unruhe, die sich gegenwärtig in den mittelamerikanischen Ländern ausbreitet. Die örtlichen Regierungen und die US-Regierung vollstrecken bzw. betreiben eine Politik der bewaffneten Knechtung der Bauern. Wer andere Lösungen anstrebt, wird ohne viel Federlesens als Kommunist abgestempelt. Die Hauptverantwortlichen für diese Situation sind die multinationalen Konzerne.

Die Multis operieren so lange zum Nutzen der Nationen, in denen sie beheimatet sind, bis es zu einem Konflikt zwischen ihren verschiedenen Heimatländern kommt. In diesem Fall verteilen sie ihre Loyalität nach opportunistischen Gesichtspunkten. Sie sind niemals bestimmten Ländern grundsätzlich loyal verbunden, da sie Nationen – Ländergrenzen und Nationalpolitik – für überkommene archaische Einrichtungen halten. Sie produzieren, wo es ihnen beliebt, verfrachten ihre Waren, wohin sie wollen, und ignorieren oder umgehen nationale Beschränkungen, Zölle und Einfuhrquoten. Sie verlegen ihre Werke von einem Land ins andere, um ihre Profite zu steigern. Sie exportieren nach Gutdünken Güter von einer Tochtergesellschaft zur anderen, was die einzelnen Länder im Hinblick auf ihre Zahlungsbilanz von ihnen abhängig macht. Da solche Transaktionen jedoch innerhalb eines weltumspannenden Konzerns verbleiben, dem Käufer und Verkäufer gleichermaßen angehören, lassen sich keine angemessenen Marktpreise aushandeln.[354]

Unter den gegebenen Verhältnissen scheinen die Konzerne die stabilsten und in sich geschlossensten Organisationen überhaupt zu sein. Geneen hält sie für wichtiger als Regierungen, da sie allein ihren Beschäftigten Arbeitsplätze, Sicherheit, Leistungsanreize und ‹Unabhängigkeit› zu garantieren vermögen.[355] Barnet und Muller zeigen auf, daß das diplomatische Ziel der Konzerne darin besteht, Loyalität dem Mutterkonzern gegenüber an die Stelle nationaler Loyalität treten zu lassen: Die Konzerne betrachten sich selbst als die «wichtigste treibende Kraft für Frieden und Fortschritt» und versuchen, diesen Glauben möglichst weit zu verbreiten.[356] Tatsächlich «ist der multinationale Konzern die erste Institution in der menschlichen Geschichte, die sich der zentralistischen Planung im Weltmaßstab verschrieben hat»[357].

Er könnte das ideale Herrschaftsmittel zur Ausübung totaler Kontrolle über die nicht-sozialistische Welt sein. Kritik begegnen die Multis mit dem Verweis auf rasch wachsende Bruttosozialprodukte (unter Übergehung der Art ihrer Profitverteilung), auf ihr philanthropisches Engagement, auf ihren hohen Anteil am Steueraufkommen vieler Nationen und vor allem auf ihre Leistungsfähigkeit, die angeblich mehr Menschen mehr Lebensqualität für weniger Geld ermöglicht.

Diese Behauptungen wollen genau geprüft werden. Die Spenden der Konzerne für karitative Zwecke bewegen sich seit 1944 um die Ein-Prozent-Marke, obgleich die Grenze der Steuerabzugsfähigkeit bei 5 Prozent liegt.[358] Außerdem werden solche Spenden nicht uneigennützig gegeben. Vielmehr argumentieren die Manager konzernintern damit, daß solche Spenden sich über positive Publicity profitsteigernd auswirken. So hatte etwa die *Dow Chemical* auf Grund ihrer Napalmproduktion ein so hohes Maß an negativer Publicity, daß die mit dem Napalm erzielten Profite durch sinkende Verkaufsziffern für andere Produkte und Schwierigkeiten bei der Anwerbung von Personal wieder verlorengingen.[359] Dies mag einer der Gründe dafür gewesen sein, daß die *Dow Chemical* zu den wenigen Konzernen in den USA gehörte, die demonstrativ zumindest oberflächliche Maßnahmen gegen einen Teil der von ihr verursachten Umweltverschmutzungen ergriff – allerdings unter Ausklammerung des Dioxins.[360]

Auch was die Steuerleistungen der Multis anbelangt, ist das Bild, das sich ergibt, so beeindruckend nicht. Tatsächlich verwenden diese Firmen eine Menge Energie und Geld auf das Umgehen von Steuerleistungen, und sie bezahlen vergleichsweise wesentlich weniger Steuern als unsereiner. In den Jahren 1969/70 hatte die *ITT* steigende Gewinne zu verzeichnen, was sie nicht daran hinderte, weniger Steuern zu entrichten als zuvor.[361] Im Jahre 1972 betrugen die Steuerleistungen der Ölkonzerne 1,2 Prozent des Gesamtgewinns bei der *Gulf Oil*, 6,5 Prozent bei der *Exxon*. Die gleichen Ölkonzerne ließen Bestechungsgelder in Höhe von über 10 Millionen Dollar nach Venezuela, Bolivien, Ecuador, Südkorea, Kanada, Italien und in andere Länder sowie in Nixons Wahlkampf fließen.[362]

Kritiker der Großkonzerne versäumen es so gut wie nie, auf deren Ineffizienz hinzuweisen. Wie ich bereits ausgeführt habe, resultiert diese Ineffizienz in erster Linie aus zwei Faktoren – den allgemein üblichen Geheimhaltungspraktiken und der Konkurrenz zwischen rivalisierenden Unternehmen, die zu mangelhaftem Informationsfluß, Entscheidungsängsten, dem Sinken der Leistungsmoral und verminderter Produktivität führen.[363] Nach Auffassung Anthony Sampsons liegt die Ursache für die Ineffizienz der Großkonzerne in der beschränkten Vorstellungskraft und Phantasie ihrer leitenden Angestellten.[364] Die Geheimhaltungspraktiken der Großfirmen ermöglichen es diesen Angestellten immerhin, ihre Phantasie auf einem Gebiet spielen zu lassen: in der Buchhaltung. Sie können auf dem Papier Verluste in Gewinne verwandeln, heimlich stehendes Kapital veräußern oder Geld von einem Land ins andere transferieren, um den Anschein von Effizienz und Rentabilität zu erwecken. Barnet und Muller kommen zu dem Schluß, daß die bestehenden Unternehmen der Großkonzerne in nahezu allen Fällen über der optimalen Betriebsgröße liegen, auch wenn man berücksichtigt, daß diese von Branche zu Branche variiert. Eine Untersuchung von dreißig Industriesparten ergab, daß Vergrößerungen der Betriebe in weniger als einem Viertel aller Fälle zu höheren Profiten führten.[365]

Die Multis haben die Welt enger zusammenrücken lassen und die Regierungen gezwungen, ihre bornierten Partialinteressen aufzugeben und im größeren Rahmen zu denken.[366] Aber sie haben auch stets Rechtsdiktaturen unterstützt und politische Kräfte, die auf eine gerechtere Verteilung des gesellschaftlichen Reichtums hinarbeiteten, als kommunistisch angeprangert. Gewiß steckt in ihrer Ideologie des Fortschritts durch technologische Entwicklung ein Körnchen Wahrheit – zumindest haben technologische Errungenschaften vielen von uns das Leben erleichtert. Auf der anderen Seite ist unser Leben dank eben dieser Technologien heute schwerer geworden. Vor allem glücklich zu leben ist schwerer geworden. Auch auf die Beschäftigten der großen Konzerne selbst wirken sich die Bedingungen, unter denen sie arbeiten, negativ aus. Ich will im folgenden versuchen, die Folgen der speziellen Struktur und der Politik dieser Firmen für ihr eigenes Personal, für die Gesamtbevölkerung und für unsere Umwelt aufzuzeigen.

Zahlreiche Fachleute vertreten die Ansicht, das Wachstum der Konzerne würde mit Überschreiten eines gewissen Punktes die Entfaltungsmöglichkeiten der bei ihnen Beschäftigten infolge verstärkter Zwangsstrukturen und Geheimhaltungspraktiken sowie infolge der Willkür, mit der Entscheidungen auf höchster Ebene getroffen werden, beschneiden. Überdies verschärfen sich die Widersprüche zwischen den Zielen der Großkonzerne und den Bedürfnissen und Werten der Menschen, die für sie tätig sind. So behauptet ein ehemaliger stellvertretender Aufsichtsratsvorsitzender der *ITT*, immer mehr Manager seien nicht mehr imstande, sich mit den Zielsetzungen ihrer Firmen zu identifizieren.[367] Der Leiter der strategischen Planungsabteilung für die internationale Firmengruppe der *General Electric* gestand wörtlich ein, daß der moderne Großkonzern «praktisch eine Diktatur» sei.[368] Nachdem Geneen die Leitung der *ITT* übernommen hatte, führte er ein komplexes System von Kontroll- und Überwachungsstrukturen ein. Er wies die leitenden Angestellten an, nur die Profite im Auge zu behalten und nicht über die Produkte nachzudenken, da es im Geschäftsleben nicht förderlich sei, sich Gedanken über Produkte zu machen. Er betrachtete den Konzern als eine Welt für sich, die von einem Mann regiert wurde, nämlich von ihm selbst, und nur er allein war über alles im Bilde, was in dieser Welt vor sich ging.[369]

Die hochgradige Zentralisierung und Technisierung, die von der Firmenleitung geforderte absolute Loyalität und die rigide autoritäre Hierarchie führen im Verein mit der Angst und bisweilen sogar dem (strukturell angelegten) Unvermögen des mittleren Managements, Entscheidungen zu fällen oder Initiativen zu ergreifen, zu Trägheit und Ineffizienz des gesamten Systems und zu Depressionen und Krankheiten bei den ‹Managern›.[370] Leistungen gehören, wenn sie erbracht werden, dem Unternehmen, das Bestrafungen und Belohnungen nach willkürlichen Maßstäben verteilt. So kann es vorkommen, daß Vorgesetzte Mittelmäßigkeit belobigen, Erfolge hingegen kritisieren, und ihre Untergebenen auf diese Weise in einen Zustand völliger Desorientiertheit versetzen.[371] Manager, die dennoch ganz nach oben gelangen, leiden vielfach unter dem Gefühl persönlicher Bedeutungslosigkeit und glauben, ihren Erfolg ausschließlich der Firma zu verdanken. Rorschachtests zeigen, daß sie sich auf der symbolischen Ebene vielfach als Würmer und Mäuse betrachten.[372]

Top-Manager leben in ständiger Angst vor ihren Vorgesetzten und Untergebenen (die ihnen beide ihren Sessel wegnehmen könnten), aber auch vor den Menschen schlechthin, an deren Ausbeutung sie ja teilhaben. Oft sprechen sie von ihren Büros in den oberen Etagen der Wolkenkratzer wie von belagerten Festungen.[373] Warum auch nicht! Schließlich hat selbst der amerikanische Präsident einmal wörtlich formuliert, er würde sich im Weißen Haus «verschanzen».

Tatsächlich wächst die Erbitterung bei den ausgebeuteten Massen. Zwanzig Millionen Amerikaner haben Hunger, werden jedoch mit Nahrungsmitteln abgespeist, deren Nährwert *geringer* ist als der von Hundefutter.[374] Trotz aller Sozialmaßnahmen lebten 1965 21,3 Prozent der amerikanischen Bevölkerung unterhalb der Armutsgrenze. 1976 waren es 21 Prozent.[375] Im Jahre 1960 bezogen die reichsten 20 Prozent der Bevölkerung 43 Prozent des Gesamteinkommens, 1969 waren es 45 Prozent. Dieser Zuwachs ging zu Lasten der ca. 40 Prozent umfassenden mittleren Einkommensschicht.[376] Natürlich zeitigten auch die Sozialmaßnahmen eine gewisse Wirkung: die Lage der Ärmsten war nicht mehr so katastrophal wie zu Beginn des Jahrhunderts, und mit Hilfe der Lebensmittelmarken konnten die lebensbedrohlichen Folgen des Hungers, wenn auch nicht die Mangelernährung und der Hunger selbst weitgehend eingedämmt werden. Zwischen 1980 und 1984 wurden diese Leistungen, einschließlich der lebenswichtigen Austeilung der Lebensmittelmarken, jedoch beträchtlich eingeschränkt.

Soziale Hilfsprogramme für die arme Bevölkerung sind im industriellen Kapitalismus eine unbedingte Notwendigkeit. In ‹primitiven› Gesellschaften arbeiten alle Menschen und tragen so zur Erhaltung der Gemeinschaft bei; auch die Alten, die Behinderten, die hochschwangeren oder stillenden Frauen betätigen sich auf verschiedenste Art und Weise zum Nutzen der Gruppe. Die wenigen, die tatsächlich nicht in der Lage sind, irgendeinen Arbeitsbeitrag zu leisten, werden von diesen Gesellschaften im allgemeinen liebevoll versorgt. In kapitalistischen Industriegesellschaften ist die Wirtschaft hingegen Zyklen unterworfen, und die Arbeitsbedingungen machen es alten und behinderten Menschen sowie Müttern von Säuglingen extrem schwer, produktive Arbeit zu leisten. Der Kapitalismus muß, um fortbestehen zu können, seine Märkte ständig ausweiten. Er benötigt ein Heer von Arbeitskräften, auf das er in Phasen der Expansion zurückgreifen und das er in Schrumpfungsphasen wieder abstoßen kann. Einige Fachleute sind sogar der Ansicht, Stagnations- und Schrumpfungsbewegungen würden absichtlich von der Großindustrie inszeniert, um die Verhandlungsposition der Arbeiterschaft zu schwächen. Jedenfalls landen im Zuge solcher Abwärtstrends riesige Massen von Menschen arbeits- und mittellos auf der Straße. Wie Frances Fox Piven und Richard A. Cloward nachgewiesen haben, werden Sozialmaßnahmen in Krisenzeiten dann eingeführt oder erweitert, wenn die Zahl der Arbeitslosen soweit angestiegen ist, daß die Regierung schwelende oder offene Unruhen befürchtet. Sobald die politische Stabilität wiederhergestellt ist, werden diese Maßnahmen zurückgenommen oder eingeschränkt. Natürlich bleiben bestimmte Gruppen auch weiterhin unterstützungsbedürftig: die Alten z. B., die körperlich und geistig Behinderten, die Mütter kleiner Kinder. Diesen wird auch weiterhin Unterstützung gewährt, aber unter Bedingungen, die so erniedrigend sind und einer Bestrafung gleichkommen, daß «unter der arbeitenden Bevölkerung Angst vor dem geschürt wird, was sie erwartet, sollten sie ganz an den Bettelstab geraten. Die entwürdigende Behandlung derer, die keine Arbeit haben, wertet im Kontrast dazu selbst die niedrigsten Arbeiten zu den niedrigsten Löhnen auf»[377]. So sind die Intentionen, die hinter den Sozialmaßnahmen stecken, keineswegs humanitärer Natur. Diese Programme fungieren als Damm gegen eine Armut, die tödliche Ausmaße annehmen könnte, und zwar gewiß nicht aus Betroffenheit darüber, daß Menschen sterben müssen, sondern aus Angst vor dem Aufbegehren der Lebenden. Auch sie sind letztlich Mechanismen sozialer Kontrolle, nicht Ausdruck des öffentlichen Eingeständnisses, mit dem die Ungerechtigkeit in unserer Gesellschaft und die Notwendigkeit zeitweiliger Unterstützungsmaßnahmen, die den Stolz und die Eigenständigkeit der Betroffenen unangetastet ließen, anerkannt wird.

Überdies bewirkten selbst intensivierte staatliche Interventionen in den Bereichen des Wohnungs-, Gesundheits- und Erziehungswesens kaum Verbesserungen für die Armen. Vielfach verschlimmerten sie – etwa im Fall der Verdrängung unzähliger kleiner Pächter durch die landwirtschaftlichen Subventionsmaßnahmen des *New Deal* oder der Vertreibung armer schwarzer Familien aus ihren angestammten Wohnvierteln durch Sanierungsprogramme – deren Situation noch weiter.[378] Außerdem schreibt die staatliche Wohlfahrtspolitik in den USA die Armut der Armen fest, weil sie nicht als Stütze fungiert, die es ihnen ermöglicht, Mittel und Wege zu finden, ihrem Elend zu entrinnen, sondern ihnen sofort jegliche Leistung entzieht, sobald sie über ein minimales Einkommen aus eigener Arbeit verfügen. Diese Politik erscheint zunächst völlig unsinnig. Ihr Sinn erhellt sich erst, wenn man bedenkt, daß sie von den großen Konzernen und deren Bedürfnissen diktiert wird. Solange die große Masse der Armen im Staub kniet, ist die Wahrscheinlichkeit eines Aufbegehrens der Arbeiterschaft gering, und wenn die Konzerne expandieren wollen, stehen ihnen die Ärmsten der Armen als Arbeitskräftereservoir zur Verfügung. Sie an eben diesem ihnen zugedachten Platz zu halten, haben die Konzerne sich erhebliche Anstrengungen kosten lassen.

Die Kosten für die Festschreibung der Armut tragen die Steuerzahler, nicht die Konzerne, zu deren Nutzen die Klasse dieser Armen geschaffen und in Ghettos gepfercht wurde. Die Großunternehmen jammern häufig, der von ihnen geschaffene Reichtum würde von der Regierung (über die Steuern) abgeschöpft, um in staatliche Wohlfahrtsprogramme zu fließen und auf diese Weise den Faulen und Untüchtigen zugute zu kommen. In Wahrheit verhält es sich genau umgekehrt. Der Staat fungiert, wie Michael Harrington es ausdrückt, als «Milchkuh». Die Konzerne können in aller Freiheit ihre zuweilen riesigen Profite einstreichen, während der Staat (also auch alle Steuerzahler) sich wie eine geduldige Milchkuh melken läßt, Investitionsrisiken übernimmt und die zerstörerischen sozialen Folgen der blindwütigen Politik der Konzerne auffängt, ohne über ein wie auch immer geartetes Mitspracherecht bei Entscheidungen über solche Investitionen oder über eine Beteiligung an den Profiten zu verfügen.[379]

Welche Auswirkungen die Aktivität eines Konzerns auf Menschen und Umweltbedingungen haben wird, ist vor allem auf Grund der gigantischen Größe der Unternehmen vorher kaum absehbar. Die Firmen treten auf den Plan, errichten Werksanlagen und stellen Leute ein. Die Menschen strömen auf der Suche nach Arbeit aus der ganzen Region herbei und errichten Häuser, Kanalisationssystem, Straßen usw. Natürlich brauchen sie Schulen, Geschäfte, Kirchen und Rathäuser; Verkehrswege für die Beförderung von Rohstoffen, Produkten und Personal müssen geschaffen werden. Die meisten Firmen kümmern sich kaum oder gar nicht um diese Dinge. Sie gehen davon aus, daß sie der Region schon einen großen Gefallen erweisen, wenn sie ihre Werksanlagen dort errichten. Im Gegensatz zu allen Lebewesen belassen die Konzerne ihren Unrat in ihrem eigenen Nest, d. h. in ihrer unmittelbaren Umgebung; sie zerstören damit den Reichtum der Natur, führen den biologischen Ruin von Bächen, Teichen, Flüssen, Seen und Wäldern herbei, blasen ihren Dreck in die Luft oder vergraben ihn im Boden.

Die Lebensqualität der Beschäftigten interessiert den Konzern im allgemeinen nicht, mit Ausnahme der leitenden Angestellten, denen meist ein grüner Vorstadtbezirk zur Verfügung steht. Die Arbeiter sind bei ihren Tätigkeiten vielfach gefährlichen Substanzen, Verletzungsgefahren oder psychosomatischen Belastungen ausgesetzt, und dadurch, daß ihre Wohnungen meist ebenfalls in der Nähe des Werks liegen, erhöhen sich diese Risiken noch weiter. Infolgedessen sterben die Arbeiter, wie bereits ausgeführt, im Mittel früher und leiden häufiger unter gesundheitlichen Beeinträchtigungen als die Angehörigen der Mittelschicht. In den kapitalistischen Gesellschaften verläuft die Kurve der Krankheitsanfälligkeit grob betrachtet genau gegenläufig zur Kurve der Einkommensverteilung.[380] Wenn die Arbeiter höhere Löhne fordern oder sich für Umweltschutzmaßnahmen einsetzen, wird der Konzern vielfach das Werk stillegen und in einen ärmeren Landstrich mit einer gefügigeren Arbeiterschaft abwandern, oder aber die Produktion ganz in ein Land der dritten Welt auslagern, wo die Menschen froh sind, wenn sie überhaupt genug verdienen, um essen zu können, auch wenn die Löhne keine ausreichende Ernährung ermöglichen.

Wenn es soweit kommt, daß das Unternehmen seine Werkstore schließt und die Stadt, die Verkehrswege, die Schulen, die Geschäfte und die Menschen, die von ihm gelebt haben, ihrem Schicksal preisgibt, hinterläßt es vielfach ein letztes Vermächtnis – verseuchtes Wasser, verseuchten Boden, verseuchte Tiere und verseuchte Pflanzen. Zwischen 1946 und 1971 stieg der Grad der Umweltverschmutzung in den USA um 200 bis 2000 Prozent: im gleichen Zeitraum erhöhte sich die Produktion um 126 Prozent.[381] Die Firmen greifen zu umweltbelastenden Technologien, weil diese die Produktionsleistung pro Arbeitseinheit und damit die Profite steigern. So betrugen 1946 die Profite bei der Produktion von Waschseife 30 Prozent, während 1970 die mit (umweltbelastenden) Waschmitteln erzielten Profite 52 Prozent betrugen.[382] Die großen Konzerne sind die Hauptverursacher der Umweltverschmutzung auf der ganzen Welt.[383] Die Vereinigten Staaten haben in kürzerer Zeit mehr irreversible Umweltprozesse in Gang gesetzt als irgendeine andere Kultur in der gesamten Geschichte unserer Erde. Im Jahre 1981 entfielen von jedem vom Staat verausgabten Dollar 43 Cents auf Rüstungs- und Militärausgaben. Die Rüstungsproduktion ist die umweltfeindlichste Aktivität der Menschen überhaupt, da sie ein hohes Maß an Energie verschlingt, diese jedoch ebenso wie die benötigten Rohstoffe direkt und ohne jede nutzbringende Zwischenstufe in Schrott umsetzt.[384] Anders ausgedrückt: Es kostet Arbeit, Energie und Rohstoffe, eine Bombe zu bauen. Sobald diese jedoch fertiggestellt ist, hat sie keinen anderen Verwendungszweck als den, sich selbst und ihre gesamte Umgebung zu zerstören. Nichts und niemand auf der Erde profitiert von der Herstellung von Rüstungsgütern – außer der Rüstungsindustrie selbst, die in den

USA wie überall auf der Welt eng mit dem Staat zusammenarbeitet. Der Waffenhandel ist ein überaus gewinnträchtiges Geschäft, und die Industrienationen verkaufen Waffen an Staaten der dritten Welt, mit denen diese ihre arme Bevölkerung in Schach halten. Die USA kontrollieren die Hälfte des gesamten internationalen Waffengeschäfts, aber auch neutrale Länder wie Schweden und die Schweiz exportieren in großem Umfang Waffen und sind an der umweltschädigenden militärischen Forschung und Produktion beteiligt.[385]

Selbst das harmloseste Industrieunternehmen kann die Umwelt in hohem Maße schädigen, wenn es große Mengen produziert. Eine der – natürlich nicht für die Betroffenen – komischsten Formen von Umweltverschmutzung, die ich kenne, ist die Flut von über 15 000 Hektolitern aus Mehl, Tomatenmark, Käse, Gemüse und Pepperoni bestehenden säurehaltigen Schlamms, der das Industrieabwässersystem von Wellston, Ohio, verstopft, seitdem die Firma *Jeno's* dort Tiefkühlpizza produziert. Das Werk war freudig begrüßt worden – immerhin gab es in einer Stadt mit einer Arbeitslosenquote von nahezu 20 Prozent eintausend Menschen Arbeit. Um besagten Problemen Herr zu werden, bedarf es einer Förderanlage im Wert von einer halben Million Dollar, mit deren Hilfe der Schlamm getrocknet und biologisch abgebaut werden kann. Natürlich erwartet *Jeno's*, daß die Stadt – die nur gut 6000 Einwohner hat – für Abhilfe sorgt. Die Stadt wiederum hofft auf die Bundesregierung. Wenn dieses Problem gelöst wird, dann werden die Steuerzahler die Kosten dafür tragen und nicht *Jeno's*.[386]

Barnet und Muller bemerken, es sei letztlich gleichgültig, ob man sich an die alarmierendsten oder an die am wenigsten alarmierenden Prognosen halte; irgendwann werde ein Punkt erreicht, an dem das Ökosystem der Erde keine weiteren Abgase, keinen Industrieschlamm, keinen radioaktiven Müll und keine weitere Überhitzung mehr verkraften könne. Es ist schwer zu verstehen, wie intelligente Männer, die sich darüber im klaren sein müssen, daß sie damit die Umwelt für sich selbst, für ihre Familien und für künftige Generationen zerstören, diese Politik der Verschwendung, Umweltverschmutzung und des bereits bei der Planung beabsichtigten schnellen Verschleißes fortsetzen können. Zwar treten die schlimmsten Fälle von Umweltverschmutzung offenbar dort auf, wo die Armen leben, und wie wir wissen, stehen die Manager der Multis den Armen nicht nur gleichgültig gegenüber, sondern betrachten sie als Potential, das man problemlos opfern kann, aber dennoch werden unter anderem die Beschäftigten dieser großen Unternehmen für die Versorgung von Kindern mit Gehirnschäden durch Bleivergiftungen, mit Krebserkrankungen durch Dioxinverseuchung und tödlichen Lungenkrankheiten mit ihren Steuern bezahlen müssen.

Es ist billiger, Geld für Kampagnen gegen Maßnahmen zum Umweltschutz auszugeben, als Forschungen zur Entlastung der Umwelt zu finanzieren[387]; dennoch stellt sich auch hier, wie schon so oft in diesem Buch, die Frage: Was gibt es mit solchen Methoden zu gewinnen? Die moderne Industrie zehrt fahrlässig die Grundlagen auf, auf denen sie einst entstanden ist, indem sie unwiederbringliche Ressourcen – etwa Braunkohle, Steinkohle und Öl – als ewig sprudelnde Quelle behandelt.[388]

Die Großunternehmen bieten gewaltige Mittel zur Verhinderung selbst kleinster Schritte auf, die zur Erhaltung unserer natürlichen Ressourcen beitragen können. Zwei Beispiele: Einwegflaschen und -behälter kosten 3,11mal soviel Energie wie Pfandflaschen. Die Bundesstaaten Maine und Michigan erzielten durch die Verordnung, wiederverwendbare Behältnisse zu verwenden, Energieeinsparungen, die dem Gegenwert von über 1,5 Millionen Hektolitern Benzin entsprechen. Zudem verringerte sich die durch den Gebrauch von Einwegbehältern produzierte Abfallmenge um 82 Prozent, die Gesamtmenge an festen Abfallstoffen um 4,5 Prozent, und es wurden 4000 neue Arbeitsplätze geschaffen. Für die Steuerzahler ergab sich eine Ersparnis von 15 Millionen Dollar.[389] Dennoch bieten die Großunternehmen überall, wo über solche Maßnahmen auf lokaler Ebene debattiert wird, riesige Geldsummen für den Kampf gegen die Verwendung von wiederverwendbaren Behältern auf.

Nahschnellverkehrssysteme in Großstädten sparen Energie, und doch sind solche Einrichtungen in vielen Fällen von Großunternehmen buchstäblich zerstört worden. So kaufte etwa in den zwanziger Jahren *General Motors* in Zusammenarbeit mit der ortsansässigen Ölgesellschaft *Socal* und dem Reifenproduzenten *Firestone* das gesamte Nahschnellverkehrssystem von Los Angeles auf, um den Absatz von Automobilen anzukurbeln, was zweifellos eine der Ursachen für die Gesichtslosigkeit dieser Stadt darstellte. *General Motors* paktierte noch verschiedentlich in ähnlicher Weise mit Ölgesellschaften, um die Bevölkerung in die Abhängigkeit vom Auto zu zwingen, während die Eisenbahnen dahinsiechten.[390]

Wie Barry Commoner gezeigt hat, ist die Steigerung unseres Energieverbrauchs weniger darauf zurückzuführen, daß wir in Amerika heute so viel besser leben als früher, sondern vielmehr darauf, daß der gleiche Lebensstandard heute infolge der modernen Herstellungstechnologien und Materialien mehr Energie kostet. Am Grundbedarf der amerikanischen Bevölkerung hat sich zwischen 1940 und 1970 wenig geändert. Wir nehmen ungefähr die gleiche Menge an Kalorien, Proteinen und anderen Nährstoffen zu uns, wenn auch etwas weniger Vitamine. Wir verbrauchen in etwa die gleiche Menge an Kleidung und Reinigungsmitteln, beziehen in etwa die gleiche Zahl von Neubauten, transportieren in etwa ebensoviele Güter und trinken ungefähr die gleiche Menge Bier wie damals. Allerdings werden unsere Nahrungsmittel heute auf kleineren Landflächen und unter Verwendung von mehr Düngemitteln und Pestiziden angebaut, unsere Kleidungsstücke aus Synthetik anstatt aus Naturfasern hergestellt und unsere Wäsche mit chemisch hergestellten Waschmitteln anstatt mit Seife gewaschen. Wir leben und arbeiten in Gebäuden aus Aluminium, Beton und Kunststoff, bei deren Bau kein Stein oder Holz mehr verwendet wird (Holz brennt zwar leichter als Beton, aber Kunststoffe sind schon allein durch die entweichenden Dämpfe tödlich, wenn das Feuer selbst noch weit entfernt ist. Aus diesem Grund sind bei zahlreichen Hotelbränden in den vergangenen Jahren so viele Menschen ums Leben gekommen). Wir transportieren unsere Güter heute häufiger per Lastwagen als per Bahn und beziehen unsere Getränke in Aluminiumdosen oder Einwegflaschen. Klimaanlagen sind in vielen Häusern, in den meisten Arbeitsstätten und selbst in Autos in Betrieb. Unsere Autos fahren doppelt so schnell wie früher, rollen auf Kunststoff- statt auf Gummireifen und verbrauchen mehr Benzin pro Kilometer. Dieses Benzin enthält Blei, das, insbesondere für Kinder, giftig ist.[391] Das Leben ist für viele Menschen heute interessanter als in den dreißiger und vielleicht sogar in den zwanziger Jahren. Aber wir sind heute auch mehr Belastungen verschiedenster Art ausgesetzt, die zum Großteil von unseren Umweltbedingungen ausgehen. Ebenso wie der Krebs die tödliche Krankheit unserer Zeit ist, sind auch Allergien eine – zwar nicht tödliche, aber unangenehme und in enormer Ausbreitung begriffene – Zeitkrankheit.

Selbst unsere Umwelt wird inzwischen zu Geld gemacht, indem «Luft, Wasser, Raum und sogar menschliches Leben selbst ebenso wie liebevolle Beziehungen zwischen Menschen» in Barwerten bemessen werden.[392] Die mit dem euphemistischen Namen Umweltschutzbehörde belegte Institution hat den großen Konzernen in den Vereinigten Staaten noch mehr Möglichkeiten eingeräumt, das «Recht auf Umweltverschmutzung» zu erwerben, zu verkaufen oder meistbietend zu handeln. Sie quantifiziert und umgrenzt die Schadstoffemissionen der einzelnen Fabriken, wie ein Komikzeichner seinen Figuren über den Köpfen Worte in Sprechblasen zuordnet. Die Verschmutzung aus einer einzigen Quelle wird auf diese Weise behandelt, als wäre sie auf ein bestimmtes Gebiet zu beschränken, und vor allem, als wäre sie die einzige Form der Verseuchung des jeweiligen Gebietes. Solange der Verschmutzungsgrad innerhalb einer solchen Blase unterhalb der vom Gesetz zur Reinhaltung der Luft angegebenen Grenzwerte verbleibt – wobei dieses manchen Blasen durchaus eine massive Luftverschmutzung zugesteht, solange sie durch andere Blasen ohne Schadstoffemissionen aufgewogen wird –, befinden sich alle Emissionsquellen innerhalb dieser Blase in Übereinstimmung mit dem Gesetz. Wenn eine Gesellschaft, die «Eigentümerin» einer solchen Blase ist, ihre Schadstoffemissionen drosselt, kann sie einen Teil ihres Verschmutzungsrechtes an ein anderes Unternehmen abtreten.[393] Wenn sie das betreffende Gebiet ganz verläßt, ist sie berechtigt, ihr gesamtes Verschmutzungsrecht meistbietend zu verkaufen.[394]

Die Umweltverschmutzung ist jedoch, so gravierend sie ist, nicht das einzige von den großen Konzernen verursachte Problem. Auf Grund ihrer Geheimhaltungspraktiken, ihrer Willkürentscheidungen und ihrer Indifferenz einzelnen Regionen gegenüber sind ihre Bewegungen unberechenbar, und die Städte können kein ausgewogenes Wachstum planen. Es kommt vor, daß Großunternehmen ihr Hauptquartier in gottverlassenen Regionen aufschlagen, die in der Folge von Grund auf erschlossen werden müssen. Die Straßen sind oft unzulänglich und überlastet. Ganze Stadtviertel schießen aus dem Boden oder verfallen. In einigen dieser industriellen Zentren sind die öffentlichen Einrichtungen kaum funktionsfähig. Mit den Großkonzernen ziehen Krach, Schmutz und Häßlichkeit ein. Ihre Machenschaften führen zu Inflation, Rezession und Arbeitslosigkeit. Alle diese Folgeerscheinungen zusammengenommen führen schließlich zu Kriminalität, Entfremdung und Elend.[395]

Den Großkonzernen liegt jedoch nichts an Versuchen zur Lösung dieser sozialen Probleme. «Eine reiche Minderheit mit immer noch raffinierteren Produkten zu beliefern, ist überaus gewinnträchtig, den Grundbedarf der Masse in den Bereichen der Hygiene, Ernährung, Gesundheitsversorgung, Transport und Verkehr zu decken, hingegen nicht.» Barnet und Muller präsentieren erwiesenermaßen realisierbare Pläne für die Herstellung von Fahrzeugen für 150 Dollar, Radioempfängern für 9 Cents und Einkanal-Fernsehgeräten für 9 Dollar (wobei die

Preisangaben aus dem Jahre 1974 datieren).[396] Solche Dinge werden jedoch nicht produziert, weil sie keine hohen Profite abwerfen.

Natürlich existiert eine Opposition gegen die Machenschaften der großen Konzerne. Die Arbeiterbewegung ist sich der Tatsache bewußt, daß die Multis billige Arbeitskräfte ausbeuten und jeden Widerstand der Arbeiter durch Verlagerung ihrer Produktion unterlaufen. Dennoch scheuen die Gewerkschaftsfunktionäre davor zurück, über die Ursachen der Unzufriedenheit in der Arbeiterschaft zu diskutieren, da offene Diskussion zu Vorschlägen für radikale Veränderungen der Arbeitsbedingungen führen könnte, die möglicherweise auch Veränderungen der Gewerkschaftsstrukturen implizieren würden. Etwa ebenso hoch wie der Anteil der Arbeiter, die mit ihrer Arbeit unzufrieden sind, liegt die Zahl derjenigen, die Unbehagen an der Führung und der Politik der Gewerkschaften äußern.[397]

Andere oppositionelle Gruppen befürworten ein Nullwachstum und heben immer wieder hervor, daß die Interessen der Großkonzerne am Wohl der Menschen vorbeigehen. Von vielen Kritikern wurde die Rückkehr zu mehr wirtschaftlicher Autonomie gefordert – vom Extrem kommunaler Autarkie auf Basis von Tauschwirtschaft, Selbsthilfe und gegenseitiger Unterstützung bis hin zur Förderung von Kleinunternehmen, Stadtteil- und Gemeindeprojekten, Betrieben in Arbeiterbesitz und -selbstverwaltung. Henderson zeigt auf, daß in den Jahren 1969–1976 die tausend größten Unternehmen in den USA 80 Prozent aller Investitionszulagen auf sich vereinten, 50 Prozent der gesamten von der Industrie benötigten Energie verbrauchten und 75 000 neue Arbeitsplätze schufen. In der gleichen Zeit schufen jedoch sechs Millionen neu gegründeter Kleinunternehmen neun Millionen neue Arbeitsplätze.[398]

Dennoch spricht wenig dafür, daß solche Alternativkonzepte die gegenwärtige ökonomische Struktur der westlichen Industrieländer verändern oder den politischen Kurs der Großkonzerne und der Regierungen beeinflussen werden. Wie Herman hervorhebt, sind die Großunternehmen anpassungsfähig und taktisch geschickt; außerdem «ist es nicht möglich, Machtstrukturen zu verändern, ohne gleichwertige oder größere Macht zu mobilisieren».[399] Der Autor führt weiter aus, daß weder Appelle noch moralischer Druck von unten viel am Verhalten der großen Konzerne zu ändern vermögen, da diese stillschweigend oder auch offen vom Staat unterstützt werden.[400] Howard Perlmutter schätzt, daß in allernächster Zukunft ein Anteil von 80 Prozent des gesamten Produktivvermögens der nicht-kommunistischen Welt von zwei- bis dreihundert Multis kontrolliert werden wird, falls die bisherige Entwicklung andauert.[401] Worin die Hauptgefahr dieser Tendenz besteht, ist nur schwer vorauszusagen: ob in der skrupellosen Verschmutzung der Erde, der immer weiter zunehmenden Kontrolle über die Menschen auf der ganzen Welt, deren kleine industrielle und landwirtschaftliche Betriebe von riesigen Firmen geschluckt und die von selbstständigen Unternehmern zu Lohnabhängigen gemacht werden, oder in der Tatsache, daß die gigantischen Konzerne in vielen Staaten als Schattenkabinette fungieren, die hinter den gewählten und offiziell ernannten Amtsträgern stehen und für die Öffentlichkeit weder kalkulierbar noch kontrollierbar sind, obgleich sie «täglich Entscheidungen fällen, die das Leben der Bevölkerung tiefgreifender beeinflussen als die der Generäle und Politiker»[402]

Der zunehmende Autonomieverlust im Laufe der Jahrhunderte seit Beginn der Industrialisierung hat zu einer Demoralisierung der Menschen in den Industrienationen geführt. Wenn es zum Protest kommt, so entweder in Form wilder Krawalle, die Anlaß für eine weitere Verschärfung der Kontrollmaßnahmen durch die Regierung geben, oder in Gestalt gewerkschaftlicher Forderungen nach Lohnerhöhungen, Arbeitszeitverkürzung und mehr Sicherheit – nach genau den Dingen also, die auch die Manager erstreben. Kaum je kommt es zu Protesten gegen das System selbst, gegen die Herstellung von minderwertigen Erzeugnissen oder auch nur gegen menschenunwürdige Arbeitsbedingungen. Viele Menschen spüren, daß an unserer Lebensweise irgend etwas von Grund auf falsch ist, aber uns allen ist die Vorstellung von der Macht als höchstem Gut so tief ins Gehirn gegraben, daß wir uns nicht vorstellen können, wie wir unser Leben zum Guten verändern sollen. Wir halten an dem Glauben fest, daß mehr Macht (oder mehr Geld) die Lösung bringen wird.

Dabei liegt auf der Hand, daß weder Staat noch Großunternehmen ihr Spiel ohne unsere stillschweigende Einwilligung und sogar Unterstützung weitertreiben könnten. Es mag stimmen, daß sich an Machtstrukturen ohne die Mobilisierung einer gleichstarken Gegenmacht nichts ändern läßt. Es gibt jedoch viele Arten von Macht. Die Kraft, die Ghandi in Indien zu mobilisieren versuchte, war *satyagraha*, der entschlossene, aber sanfte passive Widerstand: sie hatte weder Waffen noch Geld nötig. Die Entwicklung unserer Gesellschaft auf den Totalitarismus hin ist vielleicht noch aufzuhalten – aber ehe wir es versuchen, müssen wir uns darüber klar werden, welche Werte wir an die Stelle der Macht setzen wollen.

5. Der Weg in den Totalitarismus

Ich habe bereits zu Beginn dieses Kapitels angedeutet, daß die USA und möglicherweise sogar die gesamte westliche Welt in raschem Tempo auf ein System lückenloser Herrschaft zutreiben, das totalitaristische Züge hat. Nach Friedrich sind totalitäre Staaten, um es noch einmal in Erinnerung zu rufen, durch folgende Merkmale gekennzeichnet: erstens durch eine totalitaristische Ideologie, zweitens durch die Existenz nur einer Partei, die dieser Ideologie verpflichtet ist und gewöhnlich von einem Mann, dem Diktator, geführt wird, drittens durch eine allgegenwärtige Geheimpolizei und viertens durch monopolistische Kontrolle über sämtliche Massenmedien, Waffen und Organisationen einschließlich der Wirtschaftsorganisationen.[403] Weitere Kriterien totalitärer Systeme sind die Existenz von Schattenkabinetten, die Vereinnahmung des privaten Bereiches und die Pflege eines rassistischen oder imperialistischen Ethos. Manche dieser Merkmale sind in den USA zwar nicht exakt in dieser Form, wohl aber vom Effekt her gegeben. Es gibt dort z. B. kein Einparteiensystem und vermutlich auch in absehbarer Zukunft keine offene Diktatur. Was das System in den Vereinigten Staaten kennzeichnet, ist die Existenz zweier Parteien, die nur geringfügig voneinander abweichende Positionen vertreten und beide von der gleichen Gruppe von Leuten kontrolliert werden. Diese Situation läßt die *Illusion* von Wahlfreiheit aufkommen, ohne daß diese tatsächlich existiert. Der Staat verfügt über einen gut ausgebauten Geheimpolizeiapparat und kontrolliert ein großes Waffenarsenal. Wenngleich Privatleute Waffen besitzen und sogar Privatarmeen unterhalten dürfen, ist doch die Schlagkraft dieser Gruppen im Vergleich zu der des Staates etwa so groß wie die eines Häufleins von Bogenschützen im Vergleich zu einer mit modernen Schnellfeuerwaffen ausgerüsteten Truppe. Auch in diesem Punkt herrscht scheinbare Freiheit ohne jeden substantiellen Kern. Auf der ökonomischen Ebene nähern wir uns schließlich bereits in raschem Tempo der von Perlmutter vorhergesagten Situation, in der die großen Konzerne 80 Prozent des gesamten Produktivvermögens der Welt mit Ausnahme der sozialistischen Länder kontrollieren. Wie die Dinge liegen, ist es durchaus vorstellbar, daß wir alle in zehn oder zwanzig Jahren Lohnsklaven sein werden, nicht den Gesetzen der Natur, nicht einmal mehr denen des Marktes, sondern dem Diktat der Großkonzerne unterworfen.

Was wir gegenwärtig erleben, ist sozusagen eine Art Vorbereitungsphase, in der wir darauf trainiert werden, unsere uns zugedachten Plätze als Rädchen im Getriebe klaglos einzunehmen. Großkonzerne sind «von ihrer Natur her undemokratisch» strukturiert und bilden kraft ihrer Geheimhaltungsstrategien, ihrer Kartellabsprachen und ihres Einflusses auf die Regierung sehr wohl ein Schattenkabinett, das sich jeder Kontrolle durch die Öffentlichkeit entzieht.[404] Schon die Struktur der Großkonzerne – geprägt durch Machtzentralisierung, Bürokratismus, hierarchische Ordnung und die Zerstörung der Autonomie des Individuums – ist ja das Muster eines totalitären Systems und bringt uns genau jene ‹Tugenden› bei, die wir benötigen, um uns in ein solches zu fügen: Angst vor Eigenverantwortung, Angst vor Entscheidungen, Gehorsam, Unterordnung und Anpassung. Natürlich sind die Großunternehmen nicht die einzigen Institutionen, die nach diesem Schema aufgebaut sind, sondern nur die mächtigsten und weitverzweigtesten. Während sie ihre Fangarme über den gesamten Globus ausstrecken, verbreiten sie ihre Organisationsform überall hin, denn die machtlosen Staaten können ihnen nichts entgegensetzen und sind gezwungen, ihre Strukturen zu übernehmen. Die Manager dieser Konzerne, die Erben jenes Bürgertums, das einst ‹demokratische› Strukturen schuf, um selbst politische Mitbestimmungsrechte zu erlangen, haben heute eine so gefestigte Machtposition inne, daß sie glauben, sich über jene demokratischen Strukturen hinwegsetzen zu können: Keine andere Gruppe auf der Welt, kein Zusammenschluß von Ländern vermag ihre Vormacht zu gefährden. Sie bestimmen heute nahezu die gesamte Politik.

Indem multinationale Konzerne und andere Großunternehmen die Zentralisierung ihrer Macht vorantreiben, setzen sie gleichzeitig den Prozeß der Fragmentierung fort, der mit dem Industriekapitalismus einsetzte. Das Individuum mag sich als ‹Teil› der Firma fühlen, diese als sein eigentliches ‹Zuhause› und als stabilisierenden Faktor in seinem Leben empfinden. Dennoch ist diese Bindung etwas ganz anderes als der Zusammenhalt in einer einigermaßen glücklichen Familie, einer weiteren Nachbarschaft oder einem funktionierenden Freundeskreis. Das Unternehmen hat kein Interesse an der ganzen Person samt ihren individuellen Eigenheiten oder Stärken: es fordert Anpassung, Passivität und Ausrichtung an seiner Wertordnung. Die Folge ist die Fragmentierung nicht nur der Gemeinschaft und der Familie, sondern auch des Individuums selbst.

Das Gefüge der Konzerne selbst wird in immer kleinere Einheiten zergliedert, was teils mit dem Zwang zur Geheimhaltung, teils mit Effizienzsteigerungen begründet wird, in erster Linie jedoch dem Ausbau und der Absicherung der Kontrolle durch das Top-Management dient.

Auch die Manager selbst leiden unter dem Druck der Erfordernisse ihrer Position, dem Druck anderer Angestellter auf gleicher Stufe und dem ihrer Vorgesetzten. Es gibt kaum Menschen auf dieser Welt, die niemanden über sich haben. Auf Grund ihrer organisatorischen Fragmentierung können Großunternehmen trotz ihrer gewaltigen Größe Probleme niemals ganzheitlich angehen. Nach Kenneth Galbraith erwachsen «nahezu sämtliche Auswirkungen der modernen Technologie und größtenteils auch die Struktur der modernen Industrie selbst [...] aus diesem Drang, Aufgabenbereiche in immer kleinere Segmente zu untergliedern»[405]. Niemand hat die Übersicht: innerhalb des Konzerns existiert kein Gott, es gibt nur Kaiser ohne Kleider.

Die in der Organisationsstruktur der Großunternehmen angelegte Fragmentierung hat viele Auswirkungen. Sie garantiert, daß keine Gruppe innerhalb der Unternehmen genügend Zusammenhalt besitzt, um der Verwaltungsspitze gefährlich werden zu können. Zugleich verhindert sie die Bildung von Gruppen außerhalb des Unternehmens, die dieses als Ganzes angreifen könnten. Auf diese Weise erhöht die Fragmentierung die politische Sicherheit der Manager wie auch des Systems selbst. Sie erschwert jedoch gleichzeitig die Entstehung sozialer Bindungen, und die Trennung von Erwerbs- und Privatleben löst den Zusammenhalt innerhalb der Familie auf. Bereiche, in denen das Individuum als ganzheitliche Person akzeptiert oder zumindest toleriert wurde, existierten in der Vergangenheit und wären in einer Gesellschaft, die sich aus kleinen, durch Dauerhaftigkeit und Zusammenhalt geprägten Kollektiven zusammensetzte, auch künftig wieder denkbar, sind heute jedoch dem zutiefst exzentrischen Individualismus, der Isolation in der Masse und einer auf die Spitze getriebenen Entfremdung gewichen. Daß diese Lebensweise für die meisten Menschen unbefriedigend ist, beweisen Statistiken zu Kriminalität, Alkoholismus, Drogensucht und Scheidungshäufigkeit. Einsamkeit und Entwurzelung sind nicht statistisch erfaßt, aber in jeder größeren Stadt augenfällig.

In unserer Gesellschaft werden diese Tatsachen nicht herangezogen, um die angeblichen Vorteile der gegenwärtig dominierenden Form der Arbeitsorganisation oder die das Verhalten der Herrschenden bestimmenden Werte zu relativieren. Wir bilden genau jene entfremdete, gesichtslose Masse, in der Hannah Arendt eine wesentliche Voraussetzung für das Entstehen des Totalitarismus sah.

Wie wir bereits gesehen haben, sind die meisten Bedingungen, die die Politikwissenschaftler als unabdingbare Voraussetzungen für die Errichtung totalitärer Systeme betrachten, heute in den USA und anderen westlichen Nationen gegeben. Es bleiben jedoch noch zwei zentrale Voraussetzungen zu prüfen: die Existenz einer totalitären Ideologie und der monopolistischen Kontrolle über die Massenmedien. In welchem Maße sind auch diese Bedingungen bereits erfüllt?

Die US-Regierung ist ständig bemüht, ihre Kontrolle über die Verbreitung von Informationen in der Öffentlichkeit auszuweiten. Ich habe bereits erwähnt, daß die Regierung dazu neigt, immer mehr Informationen als geheim einzustufen, die in Wirklichkeit keineswegs Fragen der «nationalen Sicherheit» tangieren (wobei dieser Begriff bereits ein breites Spektrum abgelegenster Randbereiche abdeckt). Die Chefredaktion der gemäßigten *New York Times* resümiert die jüngst in dieser Hinsicht unternommenen Schritte wie folgt:

– Die Geheimhaltungspraktiken setzen sämtliche bisher gültigen Kriterien für die Einstufung von Materialien als Geheimsachen außer Kraft; die Dienststellen sind angewiesen, im Zweifel Geheimhaltung zu veranlassen.

– Eine Verwaltungsvorschrift zur Behandlung von Informationen, die die nationale Sicherheit berühren, dehnte Bestimmungen, die bislang nur für den CIA galten, nunmehr strikt auf zigtausend nicht zum CIA gehörende öffentliche Bedienstete aus.

– Die Administration drängte auf die Einführung eines Paragraphen im Strafgesetz, mit dessen Hilfe die Weitergabe von mit dem Vermerk «Geheim» versehenen Informationen scharf geahndet werden soll.

– Noch nicht zufrieden mit dem Gesetz zum Schutz der Geheimhaltung der Identität amerikanischer Geheimdienstagenten auf internationaler Ebene, betrieb die Reagan-Administration erfolgreich die Verabschiedung eines Gesetzes, das die Enttarnung von CIA-Agenten unter Strafe stellt, da es «Grund zu der Annahme» gebe, daß dies der Spionageabwehr schade.

– William Casey, der Leiter des CIA, propagierte öffentlich die Abschaffung des Gesetzes über die Informationsfreiheit. «Andere Funktionsträger versuchen auf subtileren Wegen, dieses Gesetz aus der Welt zu reformieren» und es durch Verzögerungstaktik und Pfennigfuchserei zu unterlaufen.

– Die Regierung verschleppte die Verabschiedung von Gesetzen zur Kontrolle der Unterwanderung von Bürgerinitiativen durch FBI-Beamte, versuchte jedoch andererseits, diesen Praktiken durch die Entschärfung bereits existierender Gesetze Vorschub zu leisten.

– Die gleiche Regierung ließ ausländische Besucher nicht ins Land, und zwar nicht aus Angst vor dem, was sie *tun*, sondern vor dem, was sie *sagen* könnten: der jüngste Fall dieser Art war die Behandlung von Hortensia Allende, der Witwe des ermordeten chilenischen Präsidenten.[406]

In den vergangenen Jahren versuchte die Regierung immer wieder, Informationen, die nicht der Geheimhaltung unterlagen, zurückzuhalten und zu filtern. So benutzt sie etwa das Gesetz über den Handel mit feindlichen Ländern, um ein Embargo über Zeitschriften und Zeitungen aus Kuba, Nordvietnam oder Albanien (nicht jedoch aus China und der Sowjetunion) zu verhängen. Diese Publikationen sind im Ausland ohne weiteres erhältlich, und auch das amerikanische Embargo beruht nicht darauf, daß sie die Sicherheit des Landes gefährden, sondern darauf, daß sie Informationen enthalten könnten, von denen die Amerikaner nichts wissen sollen. Diese Entwicklung führt bereits gefährlich dicht an den Rand der Einführung einer staatlichen Zensur. Vor kurzem konfiszierten Beamte iranische Bücher, die Fernsehjournalisten von einer Auslandsreise mitgebracht hatten. Der einzige Grund für solche Beschlagnahmungsakte besteht darin, daß man die Verbreitung im Ausland offen zugänglicher Informationen hierzulande unterbinden will.[407] Dieser ‹Schutz› der Bevölkerung gemahnt sehr an die in den sozialistischen Ländern betriebene Vorsorge.

Die Reagan-Administration setzte sich für die verstärkte Anwendung von Lügendetektortests bei Staatsbediensteten ein, eine Praktik, die auch von den großen Konzernen in den letzten Jahren intensiviert wurde.[408] Drei kanadische Filme mußten ausdrücklich als aus dem Ausland stammende politische Propaganda kenntlich gemacht werden. Es handelt sich dabei um zwei Dokumentarstreifen, die das Problem des sauren Regens unter sämtlichen Aspekten beleuchten, und um einen weiteren Film, der die Gefahren eines Atomkriegs und die Chancen, ihn zu überleben, zum Thema hat.[409] Als Befürworter einer Zensur derartiger Filme kommen vor allem kohleproduzierende und -verarbeitende Unternehmen (die Verursacher des sauren Regens) sowie die Nuklearindustrie in Betracht; dennoch war es das Justizministerium, das diese Auflage verfügte.

Das mächtigste Medium ist jedoch das Fernsehen, das auch Kinder und Jugendliche, Analphabeten, Leute, die weder Zeitungen noch Bücher lesen, und Menschen im Ausland, auch in der dritten Welt erreicht. Das Fernsehen ist als Medium bestens dazu geeignet, um Produkte in Nationen mit einem hohen Prozentsatz an Analphabeten abzusetzen, und auch die von Howard Perlmutter und Konsorten angestrebte, technisch-praktisch konzipierte, auf Überwachungsmethoden ausgerichtete Weltuniversität sollte ihren ‹Lehrstoff› per Fernsehen vermitteln.[410] Amerikanische Sendegesellschaften spielen eine wichtige Rolle in vielen Ländern der dritten Welt, darunter besonders in Lateinamerika, das mit Fernsehprogrammen im Interesse der Multis reichlich eingedeckt wird. So wurden im Jahre 1974 Programme der *CBS* in hundert Nationen ausgestrahlt.[411]

Die Fernsehgesellschaften werden von großen Unternehmensgruppen kontrolliert und dazu benutzt, Erzeugnisse an den Mann und die Frau zu bringen. Das Kabelfernsehen in den Vereinigten Staaten wurde ursprünglich mit dem Argument propagiert, es stelle eine pluralistische Kraft dar, die eine größere Ausgewogenheit der Programme sowie eine demokratischere und breitere Kontrolle über das Medium Fernsehen gewährleiste. Doch obgleich im letzten Jahrzehnt neue Kabel- und Satelliten-Sendegesellschaften aus dem Boden geschossen sind, wird die Branche noch immer von einer «Handvoll Konzernriesen» wie *AT & T*, *Warner Communications*, *Time*, *CBS*, *ABC* und *RCA* beherrscht.[412] Die Organisationsstruktur des Fernsehens reflektiert die allgemeine Tendenz zur Zentralisierung: 900 eigenständige Programme sind auf vier zentrale Sendeanstalten reduziert worden, was entscheidend zur Vereinheitlichung der Sendeinhalte beiträgt.[413]

Die grundlegenden Werte aller dieser Giganten sind identisch, dem Zuschauer wird beileibe kein ausgewogenes Meinungsspektrum präsentiert. Selbst Großkonzerne, die keinen direkten Zugang zu Massenmedien besitzen, beeinflussen die Ausrichtung der Sendegesellschaften, indem sie sich weigern, als Werbesponsoren für Programme zu fungieren, deren Inhalte oder Grundhaltung sie mißbilligen. Diese Art von Zensur ist verständlich: Natürlich haben wir alle das Recht, nicht auch noch zu unterstützen, was wir ablehnen. Was diese Situation gefährlich macht, ist zum einen die Tatsache, daß nahezu unser gesamtes Fernsehen von Menschen kontrolliert wird, die die gleichen Einstellungen vertreten, und zum anderen die Natur der von ihnen gebilligten und unterstützten Inhalte.

Was wir im Fernsehen zu sehen bekommen, ist, um den erfolgreichen amerikanischen Fernsehautor David Rintels zu zitieren, «eine einzige Lüge». Rintels fährt fort: «Die Sendegesellschaften werden mit durchdachten, an der Wirklichkeit orientierten Drehbüchern geradezu eingedeckt, sie wollen sie nur nicht bringen.»[414] Wenn einmal eine relativ kritische oder realitätsnahe Sendung läuft, wird sie immer wieder von Werbespots unterbrochen, die ihre Aussage völlig unterminieren, indem sie den Zuschauern sofort wieder die ihnen aus der Werbung wie aus den meisten Sendungen vertraute Gegenaussage einhämmern: ‹Das Leben in Amerika ist wundervoll, und falls Ihres es nicht ist, so wird sich das ändern, wenn Sie «X» kaufen.› Tatsächlich ist die im Fernsehen verbreitete Ideologie weit komplexer und nur schwer in Worte zu fassen, da ihre Botschaft fast ausschließlich in Bildern transportiert wird. Dennoch ist das Medium Fernsehen vor allem dazu da, diese Ideologie zu propagieren und nicht einzelne Produkte. Barnet und Muller meinen sogar, das wichtigste Produkt der multinationalen Konzerne sei die Ideologie selbst, und deren wichtigstes Verbreitungsmedium in den USA wie im Ausland das Fernsehen.[415]

In den vergangenen zehn bis zwanzig Jahren gehörte es zu den Hauptanliegen der Großkonzerne, die Kontrolle über die Massenmedien in Europa und der dritten Welt zu erlangen, um die von diesen Medien verbreitete Ideologie beeinflussen zu können.[416]

Es sollte nicht überraschen, daß einer der Grundpfeiler der von den Massenmedien verbreiteten Ideologie in der traditionellen Festlegung der Geschlechtsrollen besteht, in jener Weltaufteilung also, die im Wesen des Patriarchats selbst begründet ist. Eine Anthropologin, die sich mit dem nordamerikanischen Fernsehen beschäftigt hat, stellt fest, daß dieses geradezu zwanghaft auf die Propagierung der Geschlechtsrollen fixiert ist.[417] Dies drückt sich vor allem darin aus, daß der Mann als Herrscher auftritt, und zwar auch dann, wenn die Hauptfigur einer Sendung weiblich ist. Gelegentlich mag eine Frau klüger oder wissender sein als die sie umgebenden Männer. In diesem Fall erweist sie sich jedoch im Umgang mit Situationen bzw. bei der Anwendung ihres Wissens oder ihrer Klugheit als typisch ‹weiblich› – d. h. als mitfühlend, fürsorglich und harmonisierend. Frauen, die eigenständig handeln, also sich nicht der Herrschaft der Männer unterordnen, werden im allgemeinen als ‹böse› dargestellt. Außerdem drängen die Männer die Frauen im Fernsehen schlicht an den Rand: es treten dreimal so viele Männer wie Frauen auf, wobei erstere zudem gewöhnlich die Hauptrollen spielen und länger auf der Mattscheibe zu sehen sind. In ernsten Stücken erleben wir die Männer wiederum als beherrscht und beherrschend: sie sind unabhängig, einzelgängerisch, von jeder menschlichen Nähe und Gemeinschaft isoliert – einsame Helden. Nur in Komödien dominieren Männer nicht immer, aber sie werden von ihren Frauen in der Illusion gewiegt.

Der zweite Grundpfeiler dieser Ideologie besteht in der Verbreitung eines idealisierten Bildes vom Zustand der Nation, das mit der Realität kaum etwas zu tun hat. Alte Menschen, Schwarze und andere Minderheiten sowie Angehörige der Arbeiterschicht sind darin unterrepräsentiert. Wenn alte Menschen gezeigt werden, so sind sie meist schwach, dumm, krank und geschlechtslos. Schwarze im Fernsehen gleichen entweder Weißen aus der Mittelschicht, die lediglich etwas dunklere Haut haben, oder aber sie sind untergeordnete Handlanger der Weißen. Kaum je gezeigt wird das tatsächliche Leben alter Menschen gleich welcher sozialen Schicht, und auch der Reichtum schwarzer Kultur bleibt nahezu ausgeblendet. Obgleich 60 Prozent der amerikanischen Bevölkerung in der Fabrik oder im Dienstleistungsgewerbe beschäftigt sind, ist dies nur bei 6 bis 10 Prozent aller Fernsehfiguren der Fall.[418] Wenn Angehörige der Arbeiterschicht gezeigt werden, sind ihre Lebensverhältnisse meist weitaus angenehmer und großzügiger als in der Realität.

Diese Verzerrungen sind nicht das Resultat von «Angebot und Nachfrage», auch wenn Programmdirektoren gern so tun, als sei allein die Beliebtheit (Profitabilität) von Sendungen ihr Auswahlkriterium. Es hat durchaus Sendungen gegeben, die im Arbeitermilieu spielen und dennoch extrem hohe Einschaltquoten erzielten. Die Ausblendung bestimmter Realitätsbereiche im Fernsehen ist auf die Zensur zurückzuführen, ob sie nun bewußt angewendet wird oder nicht.

Der Zensur fällt zwar die Realität des Alltagslebens anheim, nicht aber die tägliche Gewalt. Morde kommen auf dem Bildschirm zweihundertmal so häufig vor wie im wirklichen Leben, und die im Fernsehen gezeigte Kriminalität ist zwölfmal so gewalttätig wie in der Realität.[419] Nach zehnjähriger Forschung ist das *National Institute of Mental Health* zu dem Schluß gekommen, daß Gewalt im Fernsehen zu aggressiverem Verhalten bei jugendlichen Zuschauern führt. Es wird heute geschätzt, daß ein junger Mensch bis zu seinem sechzehnten Lebensjahr bereits *achtzehntausend Morde* mitangesehen hat.[420] Das uns im Fernsehen gezeigte Leben ist ein «grob verzerrtes Bild der wirklichen Welt, das [der Zuschauer] im allgemeinen bereitwilliger akzeptiert als die Realität selbst»[421]. Wer häufig fernsieht, hält die Welt für gefährlicher, gewalttätiger und weniger vertrauenswürdig als der nur gelegentliche Fernsehkonsument.[422] Die Zuschauer akzeptieren das verzerrte Bild bereitwilliger als die Realität selbst, weil unsere Kultur ihnen beigebracht hat, daß dieses Bild Wirklichkeit *ist* – wofür das Fernsehen nicht allein verantwortlich gemacht werden kann.

Die ‹Botschaft› der Massenmedien lautet, der Mensch sei in der Lage, sich selbst und die Welt zu beherrschen, sich losgelöst von Natur und Tierwelt selbst zu formen. Die Natur ist lediglich Kulisse – ein idyllischer Hintergrund für romantische und ein stürmischer für dramatische Szenen. Nie ist sie das Element, in dem die Menschen leben und mit dem sie in Wechselbeziehung stehen. Geschlechtsrollen sind deshalb wichtig, weil sie uns sagen, wie wir uns formen sollen; sie bilden die Grundlage, von der aus wir die Welt erschaffen. Gewalt kommt im Fernsehen demnach aus mehreren Gründen vor: Zorn und zerstörerische Wut sind Emotionen, die Männern gestattet sind, weil sie scheinbar Ausdruck von Herrschaft sind. Ihre Darstellung im Fernsehen spiegelt die tatsächliche Wut wider, die hinter der Fassade vieler Menschen schlummert. Die Gewalt ist individuell, sie isoliert den einzelnen, überspitzt die Konkurrenz ins Extrem. Außerdem ist es ein wichtiger Bestandteil von Gewaltszenen in Kino und Fernsehen, daß *Dinge* zerstört werden, und zwar eben jene Dinge, die uns angeblich glücklich machen und in denen sich unsere scheinbare Überlegenheit materialisiert. Die Zerstörung von Dingen weckt offenbar Heiterkeit, zumindest wird einem im Kino dieser Eindruck vermittelt. Die Bilder der Zerstörung eben jener Objekte, zu deren Kauf wir während der Programmunterbrechungen für Werbespots gedrängt werden, zeugen doch wohl zumindest von Ambivalenz.

Es gibt nur die Alternative, Dinge zu besitzen oder sie zu zerstören. Am Schluß der meisten Fernseh- und Kinofilme wird uns glaubhaft versichert, daß es Gerechtigkeit gibt und daß die Welt in Ordnung ist, vor allem in Amerika. Bill Nichols analysiert die subtilen Mittel, die dieser Botschaft Nachdruck verleihen – etwa Kamerablickwinkel, Beleuchtung und Hintergrund. Er erläutert, wie solche Mittel gezielt angewendet werden, um z. B. Nachrichtensprecher mit einer Aura der Autorität zu umgeben, ihnen die Verantwortlichkeit für den meist schrecklichen Inhalt der Nachrichten zu nehmen und den Grundtenor zu unterstreichen, daß es trotz alledem mit unserer Welt zum besten bestellt ist und immer besser wird.[423]

Viele verschiedene Elemente lassen das komplexe Gesamtbild entstehen, das uns das Fernsehen vermittelt. Sowohl der Inhalt der Werbespots als auch deren Anordnung innerhalb der jeweiligen Sendung tragen zur Erzeugung der insgesamt vorherrschenden kontrapunktischen Spannung bei. Einen Großteil dessen, was uns das Fernsehen überhaupt an Schönem (im Gegensatz zu Gewalttätigem) zu bieten hat, übernimmt die Werbung. Was beinhaltet nun diese Schönheit eigentlich? Was vereint die gezeigten Menschen außer ihren Frühstücksflocken? Warum lachen sie?

Todd Gitlin sieht im Fernsehen das Werkzeug zur Propagierung einer Ideologie, die in ihrem Kern ökonomischen Interessen entspringt, sich jedoch «als wertneutral tarnt». Um ihre Produkte wunschgemäß absetzen zu können, müssen die Interessenträger, die hinter dem Fernsehen stehen, zunächst den Konsumenten nach ihrem Bilde formen.[424] Ein Motivationsanalytiker, den Gitlin zitiert, formuliert diesen Sachverhalt folgendermaßen: «In einer freien Marktwirtschaft müssen wir das Bedürfnis nach neuen Produkten schaffen. Zu diesem Zweck müssen wir den Frauen zu der Freiheit verhelfen, diese neuen Produkte haben zu wollen. Wir helfen ihnen dabei, wiederzuentdecken, daß die Gestaltung von Heim und Familienleben kreativer ist als die Konkurrenz mit den Männern. Dieser Prozeß läßt sich manipulieren.»[425]

Gitlin vertritt die Ansicht, die Hauptfunktion des Fernsehens, unabhängig von der Art der Sendung, bestünde darin, «das Bewußtsein zu nivellieren – die Lebenseinstellung aller Menschen auf die ideale Verbrauchermentalität hin zu trimmen, politische Unzufriedenheit zu befrieden, aufzufangen, was sich nicht befrieden läßt, pathologische Züge der Gesellschaft als individuelle Krankheit darzustellen und Klassenbewußtsein zu zerstören»[426]. Im Grunde genommen ist dies die gleiche Kritik, die auch an der Medizin, der Psychologie und dem Erziehungswesen geübt wird. Sie gilt ebenfalls für den weit verbreiteten Konsum von Beruhigungsmitteln und Drogen und läßt sich ohne weiteres auf die darstellenden und bildenden Künste, unsere Literatur und große Teile unserer Philosophie übertragen.

Diese Analyse geht zwar weiter als die gängige Medienkritik, aber noch immer nicht tief genug. Es ist plausibel, daß die von den Massenmedien verbreitete Ideologie darauf abzielt, Proteste gegen unser Gesellschaftssystem zu beschwichtigen oder einzuschläfern, und es ist auch plausibel, daß ein zentrales Anliegen derer, die hinter diesen Massenmedien stehen, der Absatz ihrer Produkte ist. Um jedoch die Frage beantworten zu können, warum gerade mit den uns präsentierten Bildern gearbeitet wird, müssen wir tiefer gehen, müssen wir den mächtigen unbewußten Drang erkennen, der die Herrschenden dazu treibt, eine fiktive Welt schaffen zu wollen, in der die Menschen endgültig von den Zwängen der Natur und ihren eigenen Grenzen befreit sind.

In einem Prager Museum fand 1975 eine Fotoausstellung über die nationalsozialistischen Konzentrationslager in der Tschechoslowakei und ihre Befreiung durch die sowjetische Armee statt. Jede Fotografie war mit Bildunterschriften in mehreren Sprachen, darunter auch in Englisch, versehen. Unter dem letzten Bild, das die Befreiung von Häftlingen durch russische Soldaten zeigt, stand: «Die Rote Armee befreit die Lagerinsassen und beseitigt das Unglück auf der Welt.»

Der Drang zum Totalitarismus entspringt dem Wunsch, das Unglück auf der Welt zu beseitigen. Zahlreiche patriarchale Institutionen rechtfertigten so ihre Existenz. Dennoch überzogen sie ausnahmslos die Menschen mit Elend und Unterdrückung, da ihrem Streben der Irrglaube zugrunde lag, das Unglück erwachse aus der Naturgebundenheit, den Zwängen der Notwendigkeit und dem Unvermögen, die menschliche Natur zu transzendieren. Das Fernsehen und andere Massenmedien verheißen solche Transzendenz: mühelos wie ein Druck auf die Programmtaste – oder auf eine Injektionsspritze. Der einzige Weg zum Glück ist für das patriarchale Denken die Ausblendung des Realen.

Tatsächlich ist der bei weitem problematischste Aspekt des Fernsehens – unter dem Strich betrachtet, da es durchaus Sendungen sowohl des kommerziellen als auch des öffentlichen Fernsehens gibt, für die diese Kritik nicht gilt –, daß es all das leugnet, was wir erleben und als Realität bezeichnen. Dieser Tatsache ist es zu verdanken, daß so viele Sendungen hohl wirken und daß Fernsehen für Kinder und Jugendliche schädlich ist. Natürlich sind Darstellungen menschlicher Gewalt als solche nicht unbedingt zu kritisieren: Was könnte gewaltsamer sein als etwa *Titus Andronicus* oder *Hamlet*? Obgleich es sicher berechtigt ist, die Masse der im Fernsehen dargestellten Gewalt zu kritisieren, ist die Quantität nur ein Aspekt der verheerenden Wirkung. Der andere ist die unrealistische Darstellung. In Wirklichkeit muß es ein zutiefst erschütterndes Erlebnis sein, mit eigenen Augen zuzusehen, wie ein Mensch gewaltsam getötet wird. Dennoch zeigen unsere Fernsehhelden weder Reue noch Verzweiflung – ein Kopfschütteln, ein erleichterter Seufzer, ein ungerührtes Gesicht, und schon in der nächsten Szene sind sie munter und elegant gekleidet unterwegs, um sich mit einem hübschen Mädchen auf einer Seeterrasse zum Cocktail zu treffen.

Gewalt hat in der Welt des Fernsehens keine tiefgreifenden Nachwirkungen. Während der Tod im Leben immer ein einschneidender Akt ist, hat im Fernsehen kaum jemals eine Handlung schwerwiegende Folgen. Ebenso wie sadistische Akte in der pornographischen Literatur den Leser erregen, ohne bleibende Spuren zu hinterlassen, verheißt auch die

Gewalt im Fernsehen folgenlosen Nervenkitzel. Dies hat schwerwiegende Auswirkungen auf junge Menschen, die der Gewalt gegenüber abstumpfen und nicht durchschauen, wie unrealistisch sie dargestellt wird. Manche von ihnen sind bald selbst durch die sichtbaren Auswirkungen von Gewalt nicht mehr zu erschüttern und können sich, wenn sie selbst zur Gewalt greifen, innerlich so abschotten, daß sie – ebenso wie die Fernsehhelden, die sie bewundern – nichts mehr fühlen. In gewisser Weise existiert der Tod im Fernsehen nicht, da die Helden der Serien nicht umkommen dürfen und alle Zuschauer dies wissen.

Wenn Probleme aus dem Bereich der Wirklichkeit ins Fernsehen eindringen, werden sie meist nur flüchtig gestreift. Binnen kurzem wird eine Lösung gefunden, bei der niemand leidet und niemand ernsthaft zu kurz kommt. Also lautet eine der zentralen Botschaften des Fernsehens: Niemand muß leiden. Alte Menschen finden Dinge, die ihnen Freude machen, Armut und Krankheit sind heilbar. Wir sind ringsum von engagierten, fähigen Leuten umgeben, die nur darauf warten, uns zu helfen und uns glücklich zu machen. Insgesamt ist die Botschaft des Fernsehens zwiespältig, da ein Teil seiner Sendungen und nahezu seine gesamte Werbung eine Welt zeichnen, in der es keine ernsten Probleme gibt, und ein Leben ohne ausweglose Schmerzen, Leiden und Ungerechtigkeit suggerieren, während andere Teile des Programms sowohl Gewalt als auch sadistische Brutalität Frauen gegenüber überhöhen und als faktisch folgenlos schildern, obgleich beide in Wirklichkeit sehr wohl einschneidende Folgen haben.[427] Letztlich treffen sich jedoch die Idyllen und die Reißer in einem Punkt. Die gemeinen Niederungen der Realität hinter sich zu lassen, lautet die Losung. Das Fernsehen leistet dies, indem es Erleben selbst zur Ware macht, die wie alle Waren austauschbar ist.[428]

Das klassische Drama war einst ein Ritual der Gemeinschaft. Ich bezweifle, daß dies, selbst was die Aufführung bedeutender Dramen der Vergangenheit anbelangt, heute noch gilt. In unserer Kultur gibt es nur noch wenige Werte, die allen Menschen gemeinsam sind, und daher kaum noch Gemeinschaftsgefühl. Dennoch spiegelt und verstärkt die Bildwelt einer Kultur, ob erhaben oder trivial, deren Werte. Was an unserer Kultur am deutlichsten ins Auge sticht, ist ihre Verarmung: Wir sind die Erben einer langen Tradition von Transzendenzstreben und erfahren, je höher uns unsere Triumphe tragen, zunehmend die Ödnis der Gipfelregionen. Das Fernsehen ist der Inbegriff einer Unterhaltungskunst, die mit Gemeinschaft nichts mehr zu tun hat. Genau wie es

Science-Fiction-Romane und Utopien vorhergesagt haben, sitzen wir allein in unseren Wohnzellen und starren auf trügerische Bilder. Mit der Einführung des Kabelfernsehens in den USA hat sich dieser Trend noch verstärkt, da die Vielfalt der angebotenen Programme die Funktion erfüllt, eine bereits fragmentierte Konsumentenschaft noch weiter zu zersplittern, indem sie «verschiedene, spezialisierte, um ein Thema oder ein Interesse rankende» Sendefolgen anbietet: eigene Kanäle für Sportbegeisterte oder Musikliebhaber, für Pornographie, Wirtschaft oder Religion. Schwarze, Hispanoamerikaner und Christen sehen unterschiedliche Programme, aber die in all diesen Kanälen vermittelte zentrale Botschaft ist identisch.[429] Die Welt ist schön und wird immer besser.

Die gleiche Botschaft wird auch von den Massenmedien in den sozialistischen Ländern vermittelt – wenn auch verbunden mit dem Aufruf zu persönlichem Einsatz für das Allgemeinwohl. Im amerikanischen Fernsehen kommt diese Form von Appellen an das Gemeinschaftsgefühl dagegen kaum je vor: Wenn wir zu etwas aufgerufen werden, so gewöhnlich dazu, um unseres individuellen Wohls willen etwas für uns selbst zu tun – das Rauchen aufzugeben, uns an die Anonymen Alkoholiker zu wenden oder uns körperlich zu ertüchtigen. Ich kenne mich nicht gut genug mit der Form der Propaganda in den sozialistischen Ländern aus, um hieb- und stichfeste Vergleiche zu ziehen, aber ich weiß, daß dort in beträchtlichem Umfang an die Bereitschaft appelliert wird, sich für das Wohl der gesamten Bevölkerung und den Ruhm der Nation einzusetzen.

In Amerika tendieren das Fernsehen und andere Massenmedien hingegen dahin, Individuen und Gruppen immer stärker voneinander zu isolieren und gegeneinander auszuspielen. Herman beschreibt die Strategie der Großkonzerne als «sorgsames Schüren sozialer Polarisierungen und der Angst vor Bedrohungen von außen».[430] Stuart und Elizabeth Ewen diskutieren die Förderung von Passivität und Anpassung durch die moderne Konsumideologie.[431] Sie zeigen auf, daß es für die Verbreitung einer solchen Ideologie notwendig ist, Menschen und Natur als unversöhnliche Widersacher darzustellen. Vor dem Hintergrund einer feindlichen Natur erklärt sich die Industrie zur mit allen Rechten und Gewalten ausgestatteten Schöpfungsmacht.[432] Die Ewens beklagen ebenso wie Christopher Lasch die gegenwärtige Verherrlichung der «Promiskuität». Ich gehe davon aus, daß sich diese Kritik, die zunächst unangenehm nach einem Plädoyer für die Monogamie klingt, viel eher darauf bezieht, daß unsere Kultur sexuelle Beziehungen ohne jede emotionale Grundlage gutheißt, d.h. als körperliche Akte, die nicht aus wirklichem Verlangen nach einem anderen Menschen erwachsen, sondern aus dem Bedürfnis, einer Rolle zu entsprechen. Wenn man keinen Schmerz, keine Trauer und keine Sehnsucht mehr verspüren darf, so ist die zwangsläufige Kehrseite davon, daß auch Liebe und Verlangen tabuisiert sind. Es ist also besser, gar keine Gefühle zu haben.

In den Vereinigten Staaten existiert kein Herrschaftsmonopol über die Massenmedien. Die Nachrichtenprogramme des Fernsehens genießen noch immer eine gewisse Unabhängigkeit.[433] Zeitungen, Zeitschriften und Bücher, die alternative Denkweisen zur Diskussion stellen, erreichen jedoch nur eine Leserschaft, die zu klein ist, um den Staat ernsthaft zu beunruhigen. Große publizistische Unternehmen wenden sich im allgemeinen an ein breites Publikum, was zur Folge hat, daß Schriften, die in erster Linie für Minoritäten von Bedeutung sind oder auf wirkliche gesellschaftliche Veränderungen abzielen, zu ihrer Veröffentlichung häufig auf kleine Verlage mit bescheidenen Vertriebsmöglichkeiten oder kleinere Organe mit einer ohnehin bereits überzeugten Leserschaft angewiesen sind.

Nahezu jede Kritik, die am System geübt wird, setzt in erster Linie beim Profitdenken an. Dieses Denken ist jedoch kurzsichtig. Wie Henderson aufzeigt, liegt das Problem der Industrienationen nicht in der Verteilung der Produktionsmittel, sondern vielmehr in der Unmöglichkeit, angesichts der gegenwärtigen industriellen Produktionsverhältnisse menschliche Werte aufrechtzuerhalten.[434] In den sozialistischen Ländern ist *alles* zentral geplant; dort verhindert die Zentralisierung und Bürokratisierung aller Bereiche selbst die kleinste spontane Lebensregung. Auch hier hat die Industrialisierung zu Entfremdung geführt, zu eben jenem Übel, das der Sozialismus beseitigen wollte. Auch hier sind die organischen Bande zwischen den Individuen und ihrer traditionellen Gemeinschaft, den Menschen und ihrer Arbeit und zwischen den Individuen zerstört. Auch hier ist den Menschen das Gefühl für ihre eigene Autonomie abhanden gekommen, und sie fürchten sich davor, eigenständige Entscheidungen zu treffen. Auch hier leiden die Menschen unter Zweifeln, ob die Strukturen und Werte ihrer Gesellschaft im Einklang mit menschlichen Bedürfnissen und Wünschen oder auch nur mit den offiziell verkündeten Werten stehen.

Hierarchien, Zwänge, Uniformismus und Undurchsichtigkeit kennzeichnen die sozialistischen Institutionen ebenso wie die kapitalistischen. Auch in den sozialistischen Ländern macht sich der Raubbau an natürlichen Ressourcen bemerkbar; auch dort herrscht bereits ein hohes

Maß an Umweltverseuchung. Auch in den sozialistischen Ländern sind die Drahtzieher bereit, Menschen und die Umwelt zu opfern, um immer mehr Güter billiger akkumulieren zu können und die soziale Ordnung aufrechtzuerhalten.[435] «Der ingrimmige und scheinbar so tiefgreifende Streit zwischen dem Marxismus und dem Kapitalismus ... hat sich inzwischen als oberflächliches Geplänkel erwiesen.»[436]

«Die russische Variante des Konformismus ist offen autoritär und dogmatisch, die amerikanische Variante hingegen hinter Sachzwängen verschleiert – als wäre sie ein Naturprozeß – und technisch flexibel. Konformismus herrscht jedoch hier wie dort. Unter beiden Systemen ist das Individuum gezwungen, sich selbst zu verkaufen. Die russische Variante führt zu geistiger Versklavung und ideologischer Verdummung, die amerikanische zu einer alles durchdringenden Funktionalisierung und Kommerzialisierung.»[437] Die amerikanische Variante des Konformismus bewirkt roboterhaftes Funktionieren, gewaltsames Aufbegehren und diffuses Unbehagen. Wenn wir die gesamte Schuld an dieser Situation auf das Profitdenken schieben, können wir uns einreden, daß unsere Probleme auf ökonomischer Ebene lösbar sind. Diese Phrase schützt vor der Verzweiflung. Sowohl das kapitalistische als auch das sozialistische System streben in allererster Linie nach Macht. Es geht mir nicht darum, das Profitdenken von jeder Kritik reinzuwaschen, sondern darum, darauf hinzuweisen, daß es nur ein Symptom, nicht aber die Ursache unserer Krankheit ist. Wer die ganze Schuld an den Schrecken unseres Jahrhunderts dem Profitdenken in die Schuhe schiebt, kann sich darum drücken, sein eigenes Ich und unsere gesamte Kultur einer gründlicheren Prüfung zu unterziehen. Profit zu machen ist trotz des jahrhundertelangen Einflusses christlicher Moral und ein Jahrhundert nach Marx nicht von vornherein verwerflich.

Der Sozialismus hat in Rußland und China ebenso Wunder an Fortschritt hervorgebracht wie der Kapitalismus in den westlichen Industrienationen. Auf beiden Seiten kosteten diese Wunder, auf der menschlichen Ebene betrachtet, einen ungeheuren Preis. Dennoch wäre es töricht, zu fordern, daß wir alle zum ländlichen Leben (das ebenso hart sein kann wie das städtische Leben) zurückkehren, unsere Autos abschaffen, nur noch mit dem Fahrrad fahren oder sämtliche Produkte der großen Weltkonzerne boykottieren sollten. Solche Lösungsvorschläge speisen sich aus den gleichen Werten wie das Übel, das sie heilen wollen: aus einer Schwarz-Weiß-Sicht des Lebens, aus der Gleichsetzung von Tugend mit Opfer und Mühsal und aus der Überzeugung von der eigenen moralischen Überlegenheit. Eine gerechtere Verteilung aller lebenswichtigen Güter ist notwendig, aber diese Güter erschöpfen sich nicht in Geld und Konsumartikeln, sondern schließen auch Gemeinschaftsgefühl, Sicherheit und Wohlbefinden ein. Weder der real existierende Sozialismus noch irgendein gegenwärtiges kapitalistisches System vermag diese Art von Gerechtigkeit herzustellen.

In der Zwischenzeit treiben uns Industrie und Staat, insbesondere in ihrer amerikanischen Ausprägung, mit Riesenschritten auf ein System zu, das im Kern den totalitärsten sozialistischen Systemen gleicht, sich jedoch die Fassade der freien Wahlmöglichkeiten gibt und die Worte «Frieden» und «Freiheit» auf seine Fahnen schreibt. Marcuse mahnt: «Die freie Wahl der Herren schafft die Herren oder die Sklaven nicht ab. Freie Auswahl unter einer breiten Mannigfaltigkeit von Gütern und Dienstleistungen bedeutet keine Freiheit, wenn diese Güter und Dienstleistungen die soziale Kontrolle über ein Leben von Mühe und Angst aufrechterhalten.»[438] Einer der besten Kommentare zu dem, was Freiheit in Amerika bedeutet, stammt ironischerweise aus der Welt der Großindustrie selbst: ein kürzlich gezeigter Fernsehwerbespot zeigt einen politischen Redner, der ein gelangweiltes Publikum mit einem Schwall von hohlen Phrasen überschüttet. Eine junge attraktive Zuhörerin springt bei dem Wort ‹Freiheit› auf und läuft, rasch gefolgt vom Rest der Zuhörerschaft, aus dem Saal und geradewegs zum lokalen Supermarkt, der als die wahre Verkörperung der Freiheit gepriesen wird, weil man hier alle (meist wertlosen und überteuerten) Nahrungsmittel zu jeder Tages- und Nachtzeit kaufen kann.

Das einzige, was jetzt noch fehlt, ist eine «totalitaristische Ideologie», aber ich bin mir nicht so sicher, ob wir sie nicht bereits haben. Das Patriarchat selbst liefert diese Ideologie: eine transzendente Philosophie, die Macht zum höchsten Wert erhebt, die das ‹männliche› Prinzip über das ‹weibliche› setzt und den Glauben beinhaltet, daß die ‹Vermännlichung› der Welt zum Heil führen wird. Selbst die Luft wird bereits ‹vermännlicht›, d. h. quantifiziert und als kontrollierbare Substanz behandelt. Das gleiche geschah mit der Nahrung, dem wichtigsten Lebensgut überhaupt, als sie vom Landwirtschaftsminister der USA, John R. Block, zur «Waffe» erklärt wurde.[439] Für die führenden Vertreter dieser Ideologie repräsentiert die Kontrolle des gesamten Globus durch gigantische Konzerne den Triumph einer «transzendentalen Einheit», den Eintritt in die Zukunft, der unaufhaltsam ist, da «nichts eine Idee aufzuhalten vermag, deren Zeit reif ist».[440] Solche hochtrabenden Phrasen dienen der Anpreisung eines Systems zur Vermarktung von Produkten, dessen höchstes Ziel es ist, Geld, Geld und noch einmal Geld anzuhäufen. Sozialisten, die die Ideale gesellschaftlicher Gerechtigkeit und Gleichheit verkünden, könnten kaum hehrere Worte dafür finden.

In meinen Augen ist das Kriterium, das eine perfekt kontrollierte Gesellschaft in den Irrsinn des Totalitarismus überkippen läßt, das Streben nach «Säuberung», das z. B. das Naziregime kennzeichnete oder auch unter Stalin und Mao verheerende Folgen für die Russen und die Chinesen hatte. Die russische Gesellschaft ist bis heute antisemitisch und rassistisch (da die Russen in dem Vielvölkerstaat die herrschende ethnische Gruppe sind). Die chinesische Gesellschaft ist ebenfalls rassistisch (wobei die herrschende Bevölkerungsgruppe von den Han gestellt wird). Die amerikanische Gesellschaft ist so extrem vom Rassismus geprägt wie kaum eine andere, mit Ausnahme vielleicht der südafrikanischen.

Die Ziele einer starken und lautstarken Minderheit hierzulande laufen letztlich durchaus auf eine Art «Säuberung» hinaus, nämlich auf die «Christianisierung Amerikas». Gruppen wie die *Moral Majority* verfügen über eine schlagkräftige Organisation und enorme finanzielle Mittel und sind für einen langen Kampf gerüstet. Eine Gruppe von Millionären unter der Führung von Nelson Bunker Hunt versucht gegenwärtig eine Milliarde Dollar dafür zu mobilisieren, innerhalb der nächsten zehn Jahre das christliche Evangelium auf der ganzen Welt zu verbreiten (das gleiche Evangelium, das auch den Afrikanern gepredigt wurde, als die europäischen Länder sie um ihres Profites willen versklavten und ihr Land vereinnahmten). Nach Auskunft von Mitgliedern dieser Gruppe, die bei einem «Seminar über die Wege zum finanziellen Erfolg» gegeben wurde, haben bereits 210 Millionäre je eine Million Dollar für diesen Kreuzzug in Aussicht gestellt. Hunt formulierte das Ziel seiner Bewegung folgendermaßen: «Das wichtigste ist, daß wir in diesem Land ein spirituelles Klima schaffen, das gewährleistet, daß wir unser Geld behalten können.»[441] Das also bedeutet *spirituell*!

Der erste von solchen «Säuberungsbewegungen» unternommene Schritt ist oft die gesetzliche Reglementierung der Frauenarbeit, der Sexualität und der Fortpflanzung. Solche Eingriffe rangieren mit Sicherheit ganz oben auf der Liste der Prioritäten jener Gruppen, die gegenwärtig die christlich-kapitalistische Erneuerung Amerikas anstreben. Sie haben bereits mit aller Kraft dafür gekämpft, Frauen die Verfügungsgewalt über ihren eigenen Körper durch die freie Entscheidung zu Abtreibung und Empfängnisverhütung zu untersagen, und sie haben bereits versucht, das Gesetz zum Schutz der Familie durchzusetzen, das vergewaltigten und mißhandelten Frauen jede Hilfe entziehen und Staaten oder Städten, in denen die Polizei Frauen in solchen Situationen Hilfe leistet, Bundesmittel verweigern soll (wen in der Familie mag dieses Gesetz wohl schützen?). Sie versuchen bereits, junge Mädchen, daran zu hindern, sich Informationen über Empfängnisverhütungsmethoden oder Abtreibungsmöglichkeiten zu verschaffen. Außerdem sind sie unermüdlich bemüht, das Schulgebet in den öffentlichen Schulen wieder einzuführen. Letzteres mutet auf den ersten Blick nur komisch an: ein kurzes Gebet in der Schule wird weder zur Folge haben, daß die Kinder sich anständiger benehmen, noch wird es sie zu religiöseren Menschen machen. Es hat lediglich die Funktion, als Symbol *christlicher* Herrschaft über die öffentliche Erziehung zu fungieren.

Wie wir bereits wissen, bestand auch der erste Schritt zur Apotheose des Patriarchats darin, die Frauen soweit zu unterdrücken, daß man ihr Verhalten reglementieren konnte. Immer wieder verfallen Bewegungen, die vordergründig überhaupt nichts mit der Rolle der Frau zu schaffen haben, auf die Erniedrigung der Frau als Mittel zu ihrer Selbsterhöhung. Die Bizarrheit und scheinbare Abwegigkeit dieses Tuns enthüllt ihren wahren Sinn, sobald wir den symbolischen Gehalt vieler Dinge, die wir tun, sagen, denken und glauben, und die in der menschlichen Symbolik immer wiederkehrenden Assoziationen begreifen lernen.

Feministinnen, unabhängig von Epoche, sozialer Schicht und Nationalität, haben die Bedeutung dieses kulturellen Aspekts stets erkannt. Dennoch sind wir so tiefgreifend davon geprägt, daß es uns bis heute schwerfällt, dieses Problem an der Wurzel zu packen. Der Feminismus ist die einzige Philosophie, die nach wirklichen Alternativen zum patriarchalischen Denken sucht, die bestrebt ist, eine am Wohl der Menschen orientierte und doch praktische und realistische Ideologie zu entwickeln. Natürlich hat der Feminismus sowohl immanente Probleme als auch Probleme mit unserer Kultur. Dennoch gibt uns das feministische Denken eine Reihe von grundlegenden Gedanken an die Hand, die die Grundlage einer neuartigen Gesellschaftsform sein könnten. Wenden wir uns ihnen zu.

VI

Der Feminismus

Der Feminismus ist die einzige ernsthafte, kohärente und universelle Philosophie, die eine Alternative zu patriarchalischen Denkrastern und Strukturen bietet. Feministinnen beziehen sich auf einige wenige einfache Grundüberzeugungen. Sie glauben, daß Frauen menschliche Wesen sind, daß die beiden Geschlechter in allen bedeutsamen Punkten (zumindest) ebenbürtig sind und daß diese Ebenbürtigkeit öffentliche Anerkennung finden muß. Sie glauben, daß die traditionell mit Frauen in Verbindung gebrachten Eigenschaften – das ‹weibliche› Prinzip – den traditionell mit Männern assoziierten Wesensmerkmalen – dem ‹männlichen› Prinzip – durchweg (zumindest) gleichwertig sind, und daß sich auch diese Gleichwertigkeit in öffentlicher Anerkennung niederschlagen muß. (Ich ergänze diese Aussagen deshalb um ein *zumindest,* weil einige Feministinnen an eine Überlegenheit der Frauen und ‹weiblicher› Qualitäten glauben. Tatsächlich fällt es schwer, in unserer Kultur den Wert des ‹Weiblichen› *nicht* besonders hervorzuheben, da er bisher so durchgängig herabgesetzt und verächtlich gemacht wurde.) Schließlich sind Feministinnen davon überzeugt, daß das Persönliche politisch ist –, d. h. daß das Wertgefüge einer Kultur öffentliche wie private Bereiche gleichermaßen durchdringt, daß also das, was im Schlafzimmer vor sich geht, in jeder Hinsicht mit dem zu tun hat, was im Sitzungssaal passiert, und umgekehrt, und daß ungeachtet aller Mythen gegenwärtig beide Bereiche von ein und demselben Geschlecht beherrscht werden.

Diese grundlegenden Aussagen werden vielfach durchaus den Beifall von Menschen finden, die sich keineswegs als feministisch bezeichnen, aber dennoch ohne weiteres zugeben würden, daß Männer und Frauen grundsätzlich gleichberechtigt sind oder sein müßten, und daß Liebe, Fürsorge und Mitgefühl ebenso wichtig wie Macht und Besitz sind oder sein sollten. Viele Nicht-Feministen würden jederzeit leidenschaftlich betonen, wie sehr sie ‹weibliche› Tugenden schätzen und verehren, sei es in bezug auf Frauen oder auf die Idealvorstellungen von der Ewigkeit. Das ‹weibliche Prinzip› ist ein zentraler Bestandteil der meisten Religionen, was diese jedoch nicht daran gehindert hat, hierarchische Strukturen zu schaffen, Menschen mit mehrerlei Maß zu messen (je nach Geschlecht und Stellung der zu beurteilenden Person), mit dem Kotau vor der weltlichen Macht ihre Prinzipien zu verraten und Kirchenbann, Folter, Haft, Mord und Krieg als Mittel ihrer Politik einzusetzen. Solche Brüche zwischen verbal verkündeten und konkret herrschenden Werten, zwischen Reden und Handeln, können Feministinnen nicht gelten lassen.

Worte kosten nichts. Der gleiche Mann, dessen Augen tränenfeucht schimmern, sobald er von seiner (längst verstorbenen) hochverehrten Mutter spricht, wird oft seine Frau mißhandeln und seine Sekretärin ausbeuten, ohne den geringsten Widerspruch zu empfinden. Das Patriarchat als eine transzendenzbezogene Ideologie, die jederzeit bereit ist, das Reale hinter dem Symbolischen zurücktreten zu lassen, vollführt mit der Sprache, ohne mit der Wimper zu zucken, die tollsten Jongleurkunststückchen: so werden todbringende Waffen zu «Friedenswahrern» und Invasionstruppen, hinter denen eine kapitalstarke Elite steht, zu «Freiheitskämpfern». Verbale Anerkennung der Gleichwertigkeit der Geschlechter und Geschlechterprinzipien reicht nicht aus: es gilt, sich für die offizielle Anerkennung dieser Gleichberechtigung in allen öffentlichen und privaten Bereichen einzusetzen. Dies ist im persönlichen wie im gesamtgesellschaftlichen Bereich nur sehr schwer zu leisten, aber es ist das Ziel des Feminismus. Das Bemühen, die Menschheit zu reintegrieren, kann sich nicht darin erschöpfen, Frauen als menschliche Wesen zu behandeln, sondern erfordert darüber hinaus, daß man Liebe, Mitgefühl, die Bereitschaft zu teilen und für andere dazusein, im eigenen Leben und Handeln als gleichwertig mit Kontrolle und Macht, Besitz und Status behandelt.

Außerdem finden wir noch jene Menschen, die Frauen theoretisch zwar grundsätzlich den Männern gleichstellen, die eigentlichen Hindernisse auf dem Weg zu wahrer Gleichberechtigung jedoch in deren traditioneller Sozialisation und in den Erwartungen ihrer Umwelt sehen. Diese Leute betrachten Frauen als große Kinder, die zwar Begabung und Energie besitzen, aber zuerst eines besonderen Trainings in männlichen Denk- und Verhaltensweisen, in männlicher Sprache und in einem beruflichen Fachgebiet bedürfen, um sich in der Männerwelt ‹anpassen› zu können. So bemerkte etwa ein Philosoph, daß Frauen noch nicht weit genug seien, um hohe Staatsämter einzunehmen. So etwas ist nicht nur väterliches Gönnertum, es zeigt das Fehlen jedes wirklichen Verständnisses für den Feminismus. Auch wenn Feministinnen dafür sind, daß Frauen Zugang zu diesem System bekommen und in seinen Institutionen mitwirken, auch wenn sie wollen, daß Frauen Zugang zu Entscheidungsgremien erlangen und über die Organisation und Lenkung dieser Gesellschaft mitbestimmen, erstreben sie doch nicht die Integration der Frauen in die Gesellschaft in ihrer jetzigen Form, sondern die Veränderung dieser Gesellschaft. Der Feminismus ist nicht nur eine neue politische Bewegung, die ihrer Basis den Zugang zu bereits existierenden gesellschaftlichen Strukturen und die damit verbundenen Vorteilen erkämpfen will. Dies ist jedoch genau das Bild, das sich viele Menschen vom Feminismus machen: eine rein politische Bewegung, mit deren Hilfe Frauen sich den Eintritt in die ‹männliche› Welt und die Teilhabe an ‹männlichen› Privilegien erobern. Diese Interpretation des Feminismus stößt viele nichtfeministische Frauen ab.

Der Feminismus ist zweifellos eine politische Bewegung, die Zugang zu den Gratifikationen und verantwortlichen Positionen der ‹männlichen› Welt fordert, aber er ist noch mehr: eine revolutionäre moralische Bewegung, die politische Macht benutzen will, um die Gesellschaft zu verändern, um sie zu ‹verweiblichen›. Für eine solche Bewegung bedeutet die Assimilation den Tod. Eine Assimilation der Frauen unter den bestehenden Bedingungen würde lediglich mit dem Zutritt bestimmter Frauen (nicht aller, da unsere gegenwärtige Gesellschaft hochgradig hierarchisiert ist) zu den höheren Rängen der sozialen Ordnung honoriert werden. Das aber hieße, die Hierarchie unangetastet zu lassen und ‹weibliche› Werte weiterhin geringzuschätzen. Assimilation wäre gleichbedeutend mit der Integration des Feminismus. Dennoch müssen wir zugeben, daß die Bewegung in den letzten zwanzig Jahren hauptsächlich auf diesem Gebiet Erfolge gehabt hat. Diese Tatsache ist als solche nicht beklagenswert, aber das ist nur ein notwendiger erster Schritt.

Im Laufe der letzten drei- bis viertausend Jahre gab es zahlreiche Revolutionen gegen patriarchalische Strukturen verschiedenster Art, aber in jedem einzelnen Fall trat nur ein repressives System an die Stelle eines anderen. Dieses Ergebnis war deshalb unvermeidlich, weil sämtliche aufbegehrenden Gruppen, unabhängig von ihren ursprünglichen Ideen und Idealen, ihrerseits der Anbetung der Macht verfielen: Macht allein, so glaubten sie, vermag Macht zu überwinden, nur größere Macht den Sieg über einen «Feind» davonzutragen, in dem sich letztlich immer die Vaterfigur verkörpert. Jeder dieser Siege hat jedoch nur die Macht der «Idee der Macht» und damit die Oppression verstärkt.

Es ist unmöglich, in einer Gesellschaft, die ausschließlich die Macht verehrt, humanitäre Ziele zu verwirklichen und humane Strukturen zu schaffen. Menschen mit löblichen Absichten drehen an den Rädchen der Maschinerie, aber die Anlage als Ganzes produziert immer noch Unterdrückung. Die Wohlmeinenden müssen mit Entsetzen feststellen, daß sie in der einen oder anderen Weise integriert worden sind, oder am Ende eines der Herbeiführung einer «humanen» Reform gewidmeten Lebens einsehen, daß das Neugeschaffene noch repressiver ist als das ursprüngliche Übel, dem sie abhelfen wollten. Andere, die etwas tiefer blicken, verkünden verbittert, Realpolitik sei die einzige Möglichkeit, Macht der einzig ausschlaggebende Faktor, während alle übrigen Ziele nur Placebos für die Empfindsamen seien. Macht ist nicht nur der höchste Wert, sondern auch die einzige ‹Realität› – eine weitere Ironie, da in Wirklichkeit wohl nichts so wenig real oder zumindest so trügerisch ist wie die Macht.

Die einzig wirksame Revolution gegen das Patriarchat kann nur von einer Bewegung vollbracht werden, die die Idee der Macht selbst ihrer zentralen Stellung enthebt und durch die Idee des lustbetonten Lebens ersetzt. Trotz jahrtausendelanger Diffamierung ist die Lust, das lustvolle Glück im weitesten und umfassendsten Sinne noch immer unser wahres höchstes Gut. Es wieder in seine ursprüngliche Funktion einzusetzen, würde uns Unterscheidungen und Urteile erlauben, die gegenwärtig schwierig oder sogar unmöglich sind, und uns gestatten, unsere Erfahrung wieder mit unverstelltem Blick zu bewerten. So ist es etwa derzeit häufig schwierig, zwischen ‹zweckorientierter Macht› und ‹Macht an sich› zu unterscheiden, da letztere vielfach als Mittel zur Erlangung ersterer gilt. ‹Zweckorientierte Macht› schafft jedoch primär Lust, ‹Macht an sich› primär Leiden. ‹Zweckorientierte Macht› impliziert Selbstausdruck und ein gewisses Maß an Autonomie, während ‹Macht an sich› Strukturierung, Zwang, Angst und zuweilen Gewaltsamkeit beinhaltet.

Der Lust ihre zentrale Stellung zurückzugeben bedeutet gleichzeitig, den Körper und damit die Natur wieder aufzuwerten. Obgleich doch eigentlich auf der Hand liegt, daß alles Erleben in einem Kontinuum von Geist und Körper vor sich geht, ist deren Aufspaltung so in der Tradition verwurzelt und überliefert, daß sie den Rang einer Wahrheit angenommen hat. Die Lust wird geringgeschätzt, da ihr Sitz in den ebenfalls verachteten Körper verlegt wurde. Sinnliche Lust und Sexualität gelten heute nur dann etwas, wenn sie quantifizierbare Bestandteile der Verfolgung eines übergeordneten linearen Zieles sind. Auf Grund unseres Strebens nach Transzendenz besitzt Erleben keinen Eigenwert, es hat keine Daseinsberechtigung, es sei denn als Mittel zu einem ‹höheren› Zweck.

Die Wiedereinsetzung von Körperlichkeit und Natur als zentrale Werte würde die Behandlung, die beidem in unserer Welt allerorts widerfährt, unmöglich machen – die Folter und Entrechtung menschlicher Körper ebenso wie die Zerstörung und Verseuchung unserer Umwelt. Zusammenwirken mit der Natur hätte an die Stelle jener Ausbeutung der Natur zu treten, die das Urbild aller anderen Ausbeutungsformen ist. Ausbeutung jeder Art würde zum Unrecht werden. Ohne transzendente Ziele hätten wir keinen Grund mehr, konkrete Werte wie Wohlbefinden, Harmonie, Gemeinsamkeit, Kooperation und Lust einer symbolischen Höherwertigkeit zu opfern. Die Einteilung der Menschen in höher- und minderwertige würde aus unserem Denken verschwinden.

Wenn Männer und Frauen als gleichwertig gälten, wenn das männliche Selbstverständnis sich nicht mehr auf die Unterlegenheit anderer Gruppen gründete, würden damit zugleich noch weitere hierarchische Abgrenzungen überflüssig. Legitimität (die ohne das Konzept der Illegitimität bedeutungslos ist) hätte als Begriff keine Funktion mehr, und in dem Maß, wie sie aus unserem Denken verschwände, würde die Schaffung neuer gesellschaftlicher Organisationsformen möglich werden. Diese neuen Strukturen würden die Grenze zwischen öffentlicher und privater Sphäre verwischen, die ja ursprünglich nicht primär geschaffen wurde, um die Frauen aus der männlichen Domäne der Öffentlichkeit fernzuhalten, sondern um einen Diskurs zu ermöglichen, aus dem die naturverhafteten notwendigen und nicht-willensbestimmten Aspekte menschlichen Lebens ausgeklammert blieben. Wenn es zur Integration von öffentlichem und privatem Leben käme, erschiene es nicht mehr unpassend, Fortpflanzung und Rüstung im Zusammenhang zu diskutieren. Da die Lust der höchste Wert des privaten wie auch des öffentlichen Lebens wäre, würde Harmonie (die Lust erzeugt) zum universellen gesellschaftlichen Ziel und bräuchte nicht länger in Form erzwungener Gleichförmigkeit und Einförmigkeit künstlich produziert zu werden. Auch die Liebe könnte ihre Unschuld zurückgewinnen, da sie nicht mehr darauf reduziert wäre, als Mechanismus innerhalb einer Machtstruktur und damit als Instrument der Unterdrückung zu fungieren, wie es in unserer Welt so häufig der Fall ist.

Soweit die Grundzüge einer feministischen Lebensvision. Unter den gegebenen Umständen ist es schwer, mehr als nur sehr grobe Umrisse aufzuzeigen, da wir, um wirklich feministische Programme zu entwerfen, zuerst das Machtdenken ablegen müßten, in dem wir alle befangen sind, was jedoch innerhalb eines Menschenalters und selbst innerhalb einiger Generationen nicht zu leisten ist. Mein grober Entwurf mag utopisch klingen, aber in meinen Augen ist er das nicht. Ich bin davon überzeugt, daß es menschenmöglich ist, eine solche Welt, wenn sie erst einmal existiert, aufrechtzuerhalten und in ihr zu leben. Utopisch mag allerdings vielleicht die Vorstellung sein, daß wir diese Welt schaffen können. Die Macht als höchsten menschlichen Wert zu entthronen heißt, patriarchale Strukturen zu überwinden, ohne zu diesem Zweck auf traditionelle Machtmanöver zurückzugreifen. Es ist jedoch unmöglich, in unserer öffentlichen Sphäre etwas zu bewirken, ohne mit Machtmitteln zu operieren, und wenn wir von Revolution sprechen, so bedeutet das die Zerstörung der bestehenden Strukturen.

Es gibt zwei Elemente, die den Feminismus in einem freundlicheren Licht erscheinen lassen: zum einen der Umstand, daß er nicht auf den Sturz einer bestimmten Regierung oder eines bestimmten Systems abzielt, sondern auf die Ablösung einer Denkweise durch eine andere, und zum anderen das Faktum, daß seine Ziele unmittelbar erstrebenswert sind. Mit ersterem meine ich, daß die Mittel des Feminismus *per se* gewaltlos sind: seine Anziehung beruht darauf – und wird es immer tun – daß er uns eine Vision vor Augen hält, eine Alternative zu den ausweglosen Sackgassen des Patriarchats, dessen Ziele und Mittel identisch sind. Wer feministischen Ideen anhängt, fühlt sich wohler, was seine Anziehung auf andere nicht verfehlt. Die Integration der eigenen Person, die volle Nutzung der ganzen Bandbreite der eigenen Gaben erhöht das Wohlbefinden; wenn diese Integration auch auf Grund der Strukturen, in denen wir leben, nicht immer in vollem Umfang möglich ist, so ist sie doch ein erstrebenswertes Ziel. Das Patriarchat, das in allen seinen Spielarten Selbstaufopferung, Selbstverleugnung oder Verdrängung im Namen eines höheren Gutes erfordert, das kaum (wenn überhaupt jemals) auf Erden zu erlangen ist, legt das Hauptgewicht auf den Edelmut, auf die Überlegenheit, auf den schließlichen Sieg und Triumph. Der Feminismus dagegen fordert die Betätigung der gesamten Person mit dem Ziel des Wohlbefindens im Hier und Jetzt und legt den Schwerpunkt auf Integrität, Gemeinschaftlichkeit und den Genuß des Augenblicks.

Die Außenwelt legt der Realisierung einer solchen feministischen Vision im Privatleben wie im öffentlichen Leben gewaltige Hindernisse in den Weg. Bei alledem ist der Feminismus jedoch keine von der Realität losgelöste moralische Einstellung – wie es etwa die Religion für viele Menschen ist. Er ist kein Gefüge von verbalen Aussagen und Ideen, zu denen man sich bekennt, während man ihnen faktisch zuwiderhandelt, um dann in ritualisierter Form für seine ‹Sünden› zu büßen. Wer gemäß den Idealen des Feminismus lebt, lebt zwangsläufig aktiv und damit politisch – er läßt seine persönlichen Ideale nach außen wirken. Der Feminismus muß gelebt werden, aber die große Frage ist, *wie*.

1. Ansätze zur Verwirklichung der feministischen Vision

Wir alle, Frauen und Männer überall auf der Welt, leben in patriarchalischen Strukturen. Das bedeutet, daß wir Sprachen erlernen, die durch die patriarchalische Wertordnung geprägt und gewichtet sind, daß die Kultur, die wir in uns aufnehmen, von patriarchalischen Bildern und Ideen durchwoben ist, und daß wir lernen, unsere Probleme – und im Grunde das ganze Leben – unter dem ‹männlichen› Blickwinkel anzugehen. Wenngleich die Idee der Gleichberechtigung bei weitem noch kein Allgemeingut ist, ist feministisches Gedankengut doch weit verbreitet: Es wird sogar ständig überall dort laut, wo Religion, Philosophie und Kunst zur herrschenden Kultur Stellung nehmen. Doch sobald in irgendeiner Form von ‹weiblichen› Werten die Rede ist, sind diese mit großer Wahrscheinlichkeit in sexistische Strukturen und Denkmuster eingebettet. Sie werden als fernes Ziel hingestellt, dem die Macht und das ‹männliche› Prinzip zu dienen hätten, und als solche selbst weitab von Macht und Stärke angesiedelt. Die ‹weiblichen› Wert haben «rein» zu bleiben, sich auf Machtverzicht zu gründen. Jeder Versuch, ihnen Macht zu verleihen, zieht sie angeblich in den Schmutz. Als wären Barmherzigkeit, Mitgefühl, Fürsorglichkeit und Gemeinschaftsdenken nicht mehr die gleichen Haltungen, sobald sie selbstbewußt vertreten, energisch verteidigt oder im Konflikt mit einer bestehenden Macht aufrechterhalten werden. Die Abspaltung der Tugend von der Macht hat weniger mit ‹Reinheit› zu tun als vielmehr mit dem generellen Argwohn der patriarchalischen Welt gegenüber ‹Tugenden›, die eng mit Mutterschaft assoziiert sind.

Wollen wir eine feministische Welt erschaffen, so müssen wir die Künstlichkeit patriarchalischer Ideen und Strukturen durchschauen und unsere eigenen Ziele formulieren. Die Artikulation unserer feministischen Vorstellungen muß mit Ablehnung und Auflehnung beginnen: Wir müssen zuerst zu allen patriarchalischen Vorgaben «nein» sagen, ehe wir uns daran machen können, positive Alternativen zu entwickeln. Wenn wir andererseits auf Dauer in der Negation verharren, sind wir jedoch zur Unfruchtbarkeit und, was noch schlimmer ist, zur Errichtung einer neuen Welt auf der Basis einer Aneinanderreihung von «Du-sollst-nicht»-Geboten verdammt. Genau so hat jedoch das Patriarchat einst begonnen. Sein Bestreben, matrizentrische Denk- und Verhaltensweisen auszumerzen, ist die Hauptursache für seine abstoßenden und grausamen Erscheinungsformen. Eine solche Entwicklung wollen wir nicht noch einmal einleiten.

Allerdings haben wir es Tag für Tag und in allen Bereichen unseres Lebens mit dem Patriarchat und seinen Denkmustern zu tun. Feministinnen haben für diesen Sachverhalt das Bild vom «Werkzeugschuppen» des Unterdrückers geprägt, der ohne einen Teil der in ihm befindlichen Werkzeuge nicht einzureißen ist. Die wichtigsten Meinungsverschiedenheiten zwischen verschiedenen feministischen Gruppen drehen sich gegenwärtig weniger um die Frage, ob etwas getan werden kann, sondern darum, was zu tun ist und wie. Weitgehende Einigkeit herrscht über Grundprinzipien und Prämissen sowie über den Entwurf einer feministischen Zukunft, aber über die Frage, wie diese Zukunft herbeizuführen – und in der Gegenwart zu leben – sei, gibt es erhebliche Kontroversen. So unangenehm uns diese Tatsache auch sein mag, ist der Feminismus doch zumindest zum Teil eine Reaktion auf das Patriarchat. Die gewaltigen Leistungen der Feministinnen früherer Zeiten wie auch der letzten beiden Jahrzehnte bilden eine Grundlage, aber bislang gibt es noch keine Strukturen, derer wir uns bedienen könnten, und noch nicht einmal Einigkeit darüber, ob solche Strukturen wünschenswert wären.

Lassen Sie mich im folgenden einige feministische Ansätze näher untersuchen.

Der feministische Separatismus

Separatismus ist nicht so sehr eine Bewegung als vielmehr ein Standpunkt. Separatistische Organisationen existieren zwar, sind aber größtenteils informell, auf konkrete Lebenszusammenhänge gegründet und nicht institutionell strukturiert. Die Separatistinnen glauben, daß Männer, sei es infolge angeborener Dispositionen, sei es auf Grund ihrer Sozialisation, auf ‹männliche› Werte fixiert sind. Sie glauben ferner, daß Frauen, wiederum entweder infolge angeborener Anlagen oder auf Grund ihrer Sozialisation, ‹weiblichen› Werten verpflichtet sind. Da diese Welt jedoch von ‹männlichen› Werten beherrscht wird und Frauen in ihr leben müssen, lernen diese zwangsläufig sowohl ‹männlichen› als auch ‹weiblichen› Qualitäten Wert beizumessen, wodurch sie ihre menschlichen Möglichkeiten umfassender entfalten als Männer.

Nicht zuletzt auf Grund ihrer ganzheitlicheren Entwicklung können Frauen sich oft nahtlos in ‹männliche› Strukturen und Denkmuster hineindenken, und tatsächlich ist dies oft die Grundlage für ihr Überleben. Diese Assimilation durch eine von ‹männlichen› Werten beherrschte Welt führt zur Schwächung der ‹weiblichen› Werte, zum Schwinden der Fähigkeit, diese zum Maßstab des eigenen Handelns zu machen, und läuft letztlich auf die Orientierung an Werten hinaus, auf denen eben jene zerstörerischen und unwirtlichen Gesellschaften basieren, die von Rassismus und Sexismus, von Ausbeutung und Krieg, von gemeinschaftszersetzender Konkurrenz und von kollektivitäts- und naturzerstörender Scheinautarkie geprägt sind.[1]

Sich in eine solche Welt zu integrieren, ist für Frauen gleichbedeutend mit Fraternisieren: Manchen Separatistinnen scheint jede Interaktion mit Männern unweigerlich korrumpierend zu sein; sie lehnen sie ab – ganz ähnlich wie die Zigeuner jeden Verkehr mit der Gorgiowelt für unrein halten und ihren Frauen überlassen. Innerhalb des separatistischen Flügels gibt es graduelle Abstufungen, aber allgemein gilt die Forderung, daß Frauen sich eine separate Kultur schaffen, soweit möglich nur mit Frauen Umgang haben und sich an ‹weiblichen› Werten orientieren sollen. Bei den Vertreterinnen dieser Position macht sich vielfach eine Tendenz zu quasireligiöser Heiligkeit bemerkbar. So ist mir persönlich der Ausdruck «ideologische Reinheit» zu Ohren gekommen, wenn auch nicht von amerikanischen, sondern von deutschen Separatistinnen. Da in meinen Ohren Reinheit, sobald auf etwas Abstrakteres als

Butter oder Wein bezogen, ein gefährlicher Terminus ist, will ich nicht ausschließen, daß bei manchen Separatistinnen in diesem Streben nach Heiligkeit sogar eine totalitäre Tendenz mitschwingt.

Einige Separatistinnen ziehen die Grenze bei intimen Beziehungen zu Männern, andere ziehen es vor, auf keiner Ebene mit Männern zu verkehren, und wieder andere verweigern jeden Umgang mit Frauen, die Beziehungen zu Männern haben. Diese Entscheidungen sind persönlicher und politischer Natur und werden zwar vielfach beredt verfochten, anderen Frauen jedoch selten aufgezwungen. Manche Separatistinnen leben in kleinen Kommunen, andere sind in größere Netzwerke integriert, die es ihnen ermöglichen, ihr Geld in Frauenzusammenhängen zu verdienen und auszugeben. So gibt es etwa separatistische Buchläden, zu denen Männer keinen Zutritt haben, Restaurants, die Männer ebenfalls entweder gar nicht oder nur in Begleitung einer Frau aufsuchen dürfen. Separatistinnen betreiben Frauenhäuser und Frauenzentren überall in Europa und in den Vereinigten Staaten. Separatistinnen sind selten aggressiv und verwenden nicht viel Energie auf Versuche, die Männerwelt zu beeinflussen. Sie versuchen vielmehr, anderen Frauen in privatem Kreis oder in breiterem öffentlichen Rahmen Zufluchtstätten zu schaffen, wo sie Hilfe bekommen und liebevoll behandelt werden: oft stehen an solchen Orten ein Topf mit heißer Suppe, ein gemütliches Sofa, Kaffee und Bücher bereit.

Natürlich liegt der Einwand auf der Hand, solche Lebensformen seien marginal und würden die Gesellschaft nicht verändern. Das ist jedoch nicht unbedingt zutreffend. Separatistinnen schreiben Bücher und Gedichte, beeinflussen andere Frauen und demonstrieren vor allem durch ihre Lebensweise, daß ‹weibliche› Werte durchaus eine brauchbare Lebensgrundlage darstellen können. Vielleicht ist es ja tatsächlich der beste Weg zur Verwirklichung feministischer Ziele, wenn man seinen eigenen Garten pflegt, und vielleicht übt gerade der abgezäunte Garten auf Außenstehende großen Reiz aus.

Man kann sicher einwenden, daß Separatismus aus Schwäche erwächst, aus der Angst der Frauen, daß ihnen ihre eigenen Werte entgleiten, sobald sie sich der Männerwelt aussetzen, und aus der emotionalen Belastung, die der ständige Konflikt mit der Außenwelt mit sich bringt. Doch ließe sich auf der anderen Seite eine bessere Möglichkeit denken, ‹weibliche› Werte auf die Probe zu stellen, als der Versuch, sie im eigenen Lebensbereich zu verwirklichen? Selbst wenn Separatistinnen nicht aktiv gegen das patriarchalische System kämpfen und, sollte die Bombe einmal fallen, von ihr nicht verschont bleiben werden, so leben sie doch freudig im Hier und Jetzt.

Der Separatismus ist eine der Hauptzielscheiben der Kritik jener Feministinnen, die es für unerläßlich halten, die breite Masse der Frauen zu gewinnen, wenn der Feminismus seine Ziele verwirklichen soll, und die davon ausgehen, daß diese Frauen sich von den Grundsätzen der Separatistinnen abgestoßen und besonders durch deren sexuelle Präferenzen abgeschreckt fühlen. An der Frage des Lesbentums haben sich immer wieder Konflikte und Spaltungen zwischen verschiedenen feministischen Gruppierungen und Organisationen entzündet, und dieses Thema ist noch immer umstritten. Allerdings gibt es unter der breiten Masse der weiblichen Bevölkerung sehr viele Frauen, die fast ausschließlich in homosozialen Zusammenhängen leben, d. h. am Arbeitsplatz wie in ihrer Freizeit fast ausschließlich mit Frauen zu tun haben. Außerdem sind gerade in den Vereinigten Staaten in den letzten beiden Jahrzehnten viele dieser Frauen zu lesbischen Beziehungsformen übergegangen. Manche Lesbierinnen glauben, die weibliche Homosexualität sei der Kern allen feministischen Denkens, und keine Frau könne wirklich Feministin sein, ohne jeden Kontakt zur Männerwelt abzubrechen. Der Feminismus ist eine Bewegung im Interesse aller Menschen, und unser aller Zukunft – die der Mädchen und Frauen ebenso wie die der Jungen und Männer – hängt davon ab, daß wir seine Grundprinzipien verstehen und verwirklichen. Die Ablehnung der Männerwelt mag kurzfristig ein begründeter und fruchtbarer Standpunkt sein, aber langfristig reicht sie allein nicht aus.

Weiter läßt sich einwenden, der Separatismus stünde im Widerspruch zu grundlegenden feministischen Prinzipien, wie sie Frauen geltend machen, wenn sie Zutritt zu einer reinen Männervereinigung fordern oder den Anspruch auf Repräsentation in reinen Männergremien erheben. Die beiden Positionen sind jedoch nicht wirklich vergleichbar. Feministinnen streben die Integration in solche Institutionen nicht einfach deshalb an, weil sie reine Männervereinigungen sind, sondern versuchen dort gleichberechtigten Zutritt zu erlangen, wo Macht verankert ist, Politik gemacht wird und Entscheidungen fallen, die nicht nur Männer, sondern die ganze Bevölkerung betreffen. Separatistische Frauenzusammenschlüsse machen jedoch ausschließlich Politik in eigenem Namen und lehnen jedes Machtstreben ab. Nicht der Ausschluß des einen Geschlechts durch das andere ist es, wogegen sich Feministinnen wehren, sondern der Ausschließlichkeitsanspruch eines Geschlechtes in bezug auf die Macht.

Die Neubewertung ‹weiblicher› Eigenschaften

Mit der separatistischen Bewegung sowohl durch personellen Überschneidungen als auch durch gemeinsame Werte verbunden ist die Gruppe derjenigen Frauen, die sich in erster Linie für die Neubewertung und Wiederaufwertung der ‹weiblichen› Eigenschaften engagiert. Sie rekrutiert sich überwiegend aus Schriftstellerinnen und Künstlerinnen. Für sie steht vor allem der symbolische Bereich – Mythen, Bilder und Sprache – im Vordergrund. Sie bemühen sich, eine weibliche Tradition zu rekonstruieren und wieder aufleben zu lassen. Ebenso wie die Historikerinnen, denen es darum geht, die Geschichte unter einem spezifisch weiblichen Aspekt nachzuzeichnen, und die Wissenschaftlerinnen und Forscherinnen, die die weibliche Seite der Realität in der Biologie ebenso wie auf dem Gebiet archäologischer Funde oder psychischer, sozialer und politischer Phänomene der Gegenwart aufzudecken versuchen, gehen sie von einer neuen Prämisse aus: daß nämlich der weibliche Aspekt menschlicher Erfahrung, obgleich in der Vergangenheit wie in der Gegenwart ignoriert und ausradiert oder als illegitim und irrelevant behandelt, durchaus legitim, wertvoll und interessant ist. Dieser Strömung ist es darum zu tun, eine weibliche Kunst und eine weibliche Sprache zu schaffen.

Das Problem der Sprache ist ein grundlegendes Thema. Einige feministische Schriftstellerinnen hegen – ausgehend von der These Virginia Woolfs, der Satz einer Frau sei dem Wesen nach anders als der eines Mannes – gemeinsam mit Adrienne Rich den «Traum von einer gemeinsamen [weiblichen] Sprache». Es ist wohl kein Zufall, daß solche Entwürfe einer weiblichen Sprache gerade zu einer Zeit entstehen, in der eine Literaturtheorie *en vogue* ist, die von der Vorstellung des Phallus als dem «Wahrzeichen des Transzendenten» beherrscht wird und die Feder als einen Penis begreift, der sich in ein passives jungfräuliches Ohr hineinschreibt, es verzückt oder vergewaltigt. Selbst in weniger erhabenen – aber nicht minder transzendenten – Sphären wie den Bereichen der Industrie, des Militärs und des Staates hat die Sprache einen neuen Charakter angenommen. Im Mittelalter unterschied sich das gemeine Volk von den Klerikern dadurch, daß es die Volkssprache gebrauchte und (gewöhnlich) nicht lesen konnte. Der Klerus bildete eine supranationale Elite: er las und sprach eine gemeinsame Sprache – das mittelalterliche Latein –, die über Länder- und Klassengrenzen hinweg reichte. Eine sehr ähnliche Entwicklung ist auch heute wieder im Gange. Obgleich die

Sprache der technologischen Gesellschaft in der allgemeinen Umgangssprache der einzelnen Nationen wurzelt und deren Vokabular benutzt, ist sie doch in längeren Sequenzen – Sätzen und Abschnitten – für das ungeschulte Ohr so gut wie unverständlich. Hier ein Beispiel:

«In kongruenten Befehlsparadigmata sind die in den Definitionen der ihnen zugeordneten Befehle enthaltenen semantischen Oppositionen explizit repräsentiert.»

Diese Sprache bedient sich bevorzugt passivischer und unpersönlicher Konstruktionen, die den Eindruck erzeugen, daß es kein handelndes Subjekt gibt, daß niemand irgend etwas mit irgendeiner Sache oder irgend jemandem macht, daß es sich also um Abläufe innerhalb eines übermenschlichen Apparates handelt, der unabhängig vom menschlichen Willen funktioniert.

> «Um allen Beschäftigten gleiche Möglichkeiten der Außenwahrnehmung zu gewährleisten und den Energieverbrauch zu minimieren, gelangt hier ein System perimetrischer Korridore zur Anwendung.»

Diese Sprache ist knapp und prägt Neologismen, um Zeit zu sparen: So hört man etwa heute vielfach Formulierungen wie «durchgrünen» an Stelle von «durch Grünflächen auflockern». Knappheit und nüchterne Sachlichkeit bürgen für die geschäftsmännische Solidität des Sprechers oder Schreibers. Gleichzeitig werden linkisch völlig überflüssige Wörter eingestreut.

> «Es besteht ferner die Notwendigkeit, die Kontrolleinheiten außerhalb des Innenbereichs des Computerraumes unterzubringen.»

Verben und Adjektive werden zu Substantiven:

> «Diese Vorrichtung ist notwendig, um die Dimensionierung der Stoßwucht mit Verläßlichkeit zu gewährleisten, und ist vielfach von zentralem Einfluß auf die Kaufentscheidung.»

Gleichzeitig verwendet diese Sprache aufgeblähte und umständliche Konstruktionen, um zwei Haupttabuzonen zu meiden: das Sichtbarwerden von Personen, gleichgültig ob als Subjekt oder Objekt der Handlung, und jede Form von Expressivität. Als Beispiel folgende Umschreibung der schlichten Aussage: «Die Leute sollten miteinander reden, bevor jemand entscheidet, was er tun will.»

> «Es wird davon ausgegangen, daß die betroffenen Parteien die Mittel sachbezogener Diskussion und Koordination ... ausschöpfen, ehe Entscheidungen über gezielte Schritte zur individuellen Problemlösung gefällt werden.»[2]

Welche Gewaltsamkeit verbirgt sich doch hinter der Formulierungsweise folgender Anweisungen aus dem Ende der sechziger Jahre vom amerikanischen Verteidigungsministerium herausgegebenen *Handbook for Shelter Management*!

> «Der erste Schritt der Vorbereitung des Schutzraumes für eine Belegung besteht in der selektiven Heranziehung, Schulung und Ernennung von Schutzraumleitungspersonal für zentrale Leitungsaufgaben ... Wenn auch die Auswahl und Benennung eines Leitungsstabes vor dem akuten Krisenfall anzustreben ist, kann sich doch die Notwendigkeit ergeben, einen Großteil dieses Leitungspersonals aus dem Kreis der im Schutzraum befindlichen Personen zu rekrutieren, nachdem der Schutzraum bereits in Gebrauch genommen wurde. Zur Verhinderung oder Minimierung von Störungen, Konflikten und Unordnung gilt der Grundsatz sofortiger und nachdrücklicher Gegenmaßnahmen, insbesondere bei schwerwiegenden Verstößen wie physischen Angriffen, Widersetzung gegen autorisierte Weisungen etc.»[3]

Sprache wurde vermutlich schon immer zu Verschleierungszwecken benutzt, so daß wir zur Bezeichnung dieses Sprachgebrauchs eigens den Terminus «euphemistisch» besitzen. Spezifisch für unsere Zeit mag sein, daß wir uns offenbar gefordert fühlen, alles Lebendige und Menschliche unter der Sprache zu verbergen, als wäre es *per se* etwas Schändliches. Vielleicht ist es aber auch der Grad der Intensität und Verbreitung von Gewalt in unserer Zeit, der vielen Aussagen eine blutige Ironie unterlegt.[4]

Selbst wenn sie über Emotionen spricht, ist diese neue Sprache rein funktional. Die folgende Passage stammt aus einer Abhandlung über die von Harry Stack Sullivan beschriebene «boshafte Transformation», einem psychischen Mechanismus, der darin besteht, daß ein Mensch, der sich Zärtlichkeit wünscht, einen anderen Menschen angreift, anstatt seinen Wunsch an ihn zu richten: «Die Boshaftigkeit erhält somit den Status einer äußeren Fassade zur Verschleierung der Realität frustrierten Utilitätsdenkens und wird auf diese Weise selbst in einem verdrehten Sinn nützlich. Sie stützt eine säkulare Theodizee und eine Psychotherapie, die es unter keinen Umständen wagen wird, moralistisch zu sein.»[5] Die technologische Sprache ist ein von jeder Emotion gereinigter Code und daher auf die Zwecke von Institutionen zugeschnitten, die danach streben, bei ihren Beschäftigten, insbesondere bei denen in den oberen Rängen, jede Emotion auszutilgen. Diese Sprache ist prätentiös, um nicht zu sagen pompös, und schon allein ihre Schwerfälligkeit zeugt von dem Gewicht, das die Sprecher sich selbst beimessen. Das Fehlen jeder persönlichen und emotionalen Dimension verrät, daß der Sprecher bestrebt ist, diese Wirklichkeitsaspekte zu transzendieren. Diese Sprache vermittelt den Eindruck, die Welt sei ein übermächtiger Mechanismus, ein den ganzen Kosmos erfassendes System, das ebenso absolut wie die Natur selbst ist, und in dessen Grenzen die Menschen nur gefühllose Werkzeuge eines «göttlichen» Waltens sind.

Diese Sprache ist in erster Linie eine Männersprache, auch wenn nicht alle Männer sie sprechen oder verstehen. Sie ist eines der Kennzeichen einer neuen Elite, deren Weltsicht rein instrumentalistisch ist – als ‹männlich› eingeordnete Dinge werden nicht «erfahren», sondern dienen als Mittel zur Erreichung eines geradlinig angestrebten Ziels. Die Sprache der Technologie hat, je nach ihrem Umfeld, viele Dialekte. Wer einen Dialekt spricht, versteht noch lange nicht einen anderen, aber die Grundtendenzen sind durchweg die gleichen.

Nicht nur die Menschen, die befugt sind, Anweisungen zu erteilen, sind dieser Sprache mächtig. Auch die Beschäftigten, die diese Anweisungen entgegennehmen, sprechen sie, wenn auch weniger perfekt. Sie verstehen die Bezeichnungen für die verschiedenen Instrumentarien und gewöhnen sich mit der Zeit an die syntaktischen Eigenheiten. Die Mehrheit der Frauen jedoch vermag diese Sprache auf Grund ihres Ausschlusses aus der Arbeitswelt weder zu sprechen noch zu verstehen und reagiert, ebenso wie viele Männer, abwehrend auf sie. In den Augen vieler Feministinnen ist der (durch die Unpersönlichkeit suggerierte) Objektivitätsanspruch dieser Sprache betrügerisch und gefährlich.[6] Dennoch ist es keiner Frau möglich, in den Bereichen der staatlichen Institutionen, der Industrie oder der Naturwissenschaft zu arbeiten oder sich in einer Form theoretisch zu äußern, die innerhalb ihres Fachgebietes Gehör finden wird, ohne daß sie jenen abstrakten, unpersönlichen und ausdruckslosen Diskurs beherrschen lernt und verwendet, der heutzutage mit Professionalität gleichgesetzt wird.

Eine Formulierung wie die Luthers, daß er in Deutschland «einen Wind lassen» könne und Rom es «riechen» würde, ist heutzutage aus dem Munde eines religiösen Führers undenkbar.[7] Eine solche Sprache ist für unsere Ohren viel zu körperbezogen, sinnlich, plastisch und expressiv. Die neue, abstrakte technologische Sprache schafft nicht nur gefährliche und menschenfeindliche Zerrbilder, sondern stellt darüber hinaus für Feministinnen eine enorme Bedrohung dar. Sich eine Sprache anzueignen heißt grundsätzlich, in ihren Kategorien denken zu lernen, was eine sehr fundamentale Verinnerlichung der ihr implizit unterliegenden Werte beinhaltet. Wer eine Sprache benutzt, die sich Objektivität und

Autorität anmaßt und mit dieser prätentiösen Fassade ihre vorgefaßten Werturteile maskiert, wird früher oder später unweigerlich die offen zutage liegenden wie auch die versteckten Wertungen dieser Sprache übernehmen.

Einige Feministinnen haben den Versuch unternommen, dieser Sprache und dem generell durch die Ausklammerung von Frauen, Körperlichkeit und Gefühlen gekennzeichneten männlichen Diskurs eine andere Sprache entgegenzusetzen, die sich durch einen besonders hohen Grad an Expressivität kennzeichnet, auf persönlicher Erfahrung gründet, extensiven Gebrauch von weiblichen Bildern macht und selbst gesellschaftliche und kulturelle Erscheinungen unter dem Blickwinkel persönlicher Erfahrung anspricht. Im Umkreis dieser Literatur hat sich vor allem in Frankreich ein Korpus literaturtheoretischer Ansätze entwikkelt. So definierte etwa Marguerite Duras «weibliche Literatur» als organisch, als «Umsetzung des Schwarzen, des Dunklen». Sie fordert von Frauen, «alle Dinge umzukehren: das Dunkel zum Ausgangspunkt der Beurteilung dessen zu machen, was Männer Licht nennen, und das Undurchsichtige zum Ausgangspunkt dessen, was Männer Klarheit nennen». Sie schreibt: «In meinen Augen gehört die Zukunft den Frauen. Die Männer sind restlos entthront. Ihre Rhetorik ist schal und abgenutzt. Wir müssen zur Rhetorik der Frauen voranschreiten, einer Rhetorik, die im Organischen, im Körper verankert ist.»[8] Helène Cixous stellt fest: «Die Frau muß sich ‹selbst schreiben›: sie muß über Frauen schreiben und Frauen in die Literatur zurückbringen, die ihnen mit der gleichen Gewalt entrissen wurde wie ihre Körper – und aus den gleichen Gründen, nach den gleichen Gesetzen, mit dem gleichen fatalen Ziel ... Jetzt kehren die Frauen zurück aus weiter Ferne, aus dem ewigen ‹Außerhalb›, aus der Heidewildnis, wo die Hexen am Leben gehalten werden, von unterhalb, von jenseits der ‹Kultur› ... Hier sind sie, kehren zurück, tauchen immer wieder auf, da das Unbewußte unbezwingbar ist. Sie sind in Kreisen gegangen, eingesperrt in den engen Raum, in dem man sie einer tödlichen Gehirnwäsche unterzogen hat.»[9]

Hauptthema der neuen Frauenliteratur sind der weibliche Körper und die Vorgänge, die sich in ihm abspielen, die Gefühle von Frauen, ihre Beziehungen zueinander, ihre Haltung zur Männerwelt und die Haltung der Männer den Frauen gegenüber. Ihre Intention ist es, den ‹weiblichen› Elementen neue Geltung zu verschaffen, ja sie sogar zu überhöhen. Monique Wittigs Prosagedicht über den Geschlechterkrieg, «Les Guerillères», beginnt folgendermaßen:

«Wenn es regnet, halten sich die Frauen in der Laube auf. Man hört das Wasser auf die Schindeln prasseln und die Dachschräge entlangrinnen. Regenfransen umhüllen den Gartenpavillon. Das Wasser, das an den Ekken hinunterläuft, strömt stärker, es ist wie Quellen, die dort, wo sie auf den Erdboden treffen, die Steine aushöhlen. Schließlich sagt eine, das sei wie das Geräusch beim Wasserlassen und sie könne es nicht zurückhalten. Dabei hockt sie sich hin. Da bilden einige einen Kreis um sie herum, um zuzusehen, wie die kleinen Schamlippen den Urin hinaustreiben.»[10]

Alle Körpervorgänge werden hier als Elemente des Lebens anerkannt, die legitime literarische Themen abgeben – ein Standpunkt, den zuerst Joyce in seinem *Ulysses* umsetzte. Monique Wittig handhabt dieses Prinzip ganz anders, bezieht jedoch immer wieder Unangenehmes und Abstoßendes ebenso ein wie Gefälliges:

«Einige schwimmen und lassen sich den letzten Sonnenflecken auf dem Meer entgegentreiben. An der leuchtendsten Stelle, als sie geblendet versuchen, sich zu entfernen, sagen sie, daß ein unerträglicher Gestank sie überfällt. Später werden sie von Erbrechen geschüttelt. Sie beginnen zu stöhnen, legen ihre ganze Kraft in ihre Arme und schwimmen, so schnell sie können. Irgendwann stoßen sie auf einen treibenden Eselskadaver, die Strömungen des Meeres lassen zuweilen ungestaltete klebrige Teile von unsäglich schillernder Farbe auftauchen. Die Frauen sagen, daß sie aus Leibeskräften geschrien, dabei zahlreiche Tränen vergossen haben, und beklagen, daß keine Meeresbrise aufkam, um den Gestank zu vertreiben, dabei stützten sie unter den Armen und in den Leistenbeugen eine von ihnen, die ohnmächtig geworden ist, während sich das Erbrochene auf der Wasseroberfläche um die Frauen herum vermehrt.»[11]

Weibliche Körperteile werden unter Umgehung der gängigen Klischees dargestellt: «Manche haben ein breites Lachen, und, indem sie ihre nackten Brüste vorantragen, bekunden sie mit einer gewaltsamen Bewegung ihre Kampfbereitschaft.»[12] Mutterschaft ist wichtig, die Mutter – Tochter-Beziehung von zentraler Bedeutung, aber keines der beiden Themen wird sentimental überhöht.[13]

Diese Schriftstellerinnen benutzen verschiedene sprachliche Elemente in unkonventioneller oder spielerischer Weise – Interpunktion, Syntax und Wortbildung ebenso wie Satz- und Textaufbau. Hier ein Auszug aus *Woman and Nature* von Susan Griffin:

«Die Abwärtsspirale. Das legendäre endlose Kreiseln. Das Labyrinth, aus dem niemand zurückkehrt. Sie fällt in dieses Labyrinth. In den Zurichteraum, wo die Wände voller Spiegel hängen. Wo die Spiegel wie Männeraugen sind und die Frauen das Urteil der Spiegel widerspiegeln ... Den Zurichteraum, wo die Frauen Angst haben, sich zu berühren. Wo die Frauen sich nicht nahe sind. Wo die Frauen sich auf Entfernung halten ... Wo alle ihre Worte zugerichtet werden.»[14]

Farbige Frauen verwenden in ihren Texten häufig individuelle Formen der Interpunktion und Großschreibung, um sich soweit wie möglich den Regeln der Sprache der Herrschaft und der Herrschenden zu entziehen. So leitet Chrystos ihren Text *I Don't Understand Those Who Have Turned Away from Me* wie folgt ein:

5 Uhr 23 – Mai 1980
«Ich habe Angst vor Weißen. Noch nie eingestandenes, verborgenes Geheimnis. Ich denke über all die weißen Frauen nach, die ich in San Francisco gekannt habe. Frauen mit Magisterexamen der Stanford University & von Daddy geschenkten Autos, Frauen mit geraden weißen Zähnen, reiner Haut dank Jahrtausenden ausreichender Ernährung. Sie sind freiwillig arm. Sie waren ziemlich überzeugend in der Rolle des unterdrückten Opfers. Ich will ihnen sagen, sie sollen zu Fillmore & Haight gehen & es jemandem erzählen.»[15]

Ähnliche Elemente finden sich auch in Texten, die in traditionellerer Syntax gehalten sind wie etwa in Audre Lordes *Zami*:

«Madivine. Freundinnensein. Zami. Wie Frauen aus Carriacou einander lieben ist Legende auf Grenada, und ihre Stärke und ihre Schönheit ebenfalls. Im Hügelland von Carriacou zwischen l'Esterre und Harvey Vale wurde meine Mutter geboren, eine Belman-Frau. Verbrachte den Sommer in Tante Annis Haus, pflückte Limonen mit den Frauen. Und als sie groß wurde, träumte sie von Carriacou, wie ich später von Grenada träumen sollte.»[16]

Die Lösung von den herkömmlichen Regeln manifestiert sich selbst in theoretischen Werken wie etwa in denen Susan Griffins und Mary Dalys. Susan Griffin benutzt dichterische Techniken, um persönliche/politische Erfahrungen und Gedanken zum Ausdruck zu bringen. Mary Daly verwendet eine kunst- und geistreiche eigene Sprache voller Neologismen und Bindestrichsetzungen, die deutlich die in der Sprache enthaltenen patriarchalen Wertungen hervorheben. Mary Daly hält sich an Gertrude Steins Meinung zur Groß- und Kleinschreibung: «Manchmal meint man, daß ‹Italiener› groß geschrieben werden sollte und manchmal klein, und so geht es einem fast mit allem.»[17]

Folgender Auszug stammt aus einem Abschnitt des Buches *Gyn/Ökologie,* in dem Mary Daly Teufelsbesessenheit damit gleichsetzt, daß Männer und insbesondere Väter von weiblicher Energie zehren, und patriarchalische Kultur ein Labyrinth von Täuschungen nennt, aus dem Frauen sich befreien müssen:

«Als schöpferische Kristallisation einer Bewegung über den Zustand der Patriarchalen Paralyse (Lähmung) hinaus ist dieses Buch ein Akt der Ent-Eignung; und daher in einer Bedeutung, die über die Begrenzung des Etiketts *männerfeindlich* hinausgeht, ist es absolut anti-androkratisch, amazonisch anti-männlich, wütend und endgültig Weiblich.»[18]

Gyn/Ökologie schließt mit den Worten:

«Am Anfang war nicht das Wort. Am Anfang ist das Hören. Spinsters spinnen immer tiefer in das Hören hinein. Wir können nur spinnen, was wir hören, weil wir hören und so gut wie wir hören. Wir können weben und ent-weben, knüpfen und aufknüpfen, nur weil wir hören, was wir hören, und so gut wie wir hören. Spinnen ist Feiern/Feiern der Geistigkeit. Spinsters spinnen in alle Richtungen, auf jede Weise, zu allen Zeiten, immer. Gyn/Ökologie ist Ent-Schöpfung; Gyn/Ökologie ist Schöpfung.»[19]

Sandra Gilbert und Susan Gubar bezeichnen diese Art zu schreiben als «vulvalogozentrisch», eine Analogiebildung zu der «phallologozentrischen» Interpretation der Dekonstruktionisten.[20]

Die Sprache der «vulvalogozentrischen» Schriftstellerinnen versucht, vieles zu gleicher Zeit zu leisten. Durch die positive und stolze Verwendung von Bildern, die lange Zeit voller Verachtung gegen Frauen gekehrt wurden, wendet die Schriftstellerin das Negative ins Positive. Sie verleiht diesen Bildern neue Geltung, wertet sie wieder auf. Durch den unkonventionellen Umgang mit sprachlichen Elementen – semantischen, syntaktischen und typographischen ‹Regeln› – schafft sie Zugang zu Erfahrungsbereichen, die mit traditionellen Mitteln nicht zu erfassen sind. Sie schafft Symbole für eine Erfahrung, deren Gegenstand und Medium der Körper und die Sinne, gedankenbeladenes Fühlen im Gegensatz zu gefühlsbeladenem Denken sind. Sie erstrebt, wie Julia Kristeva aufzeigt, die Veränderung der symbolischen Dimension der Stellung der Frau und des ihr aufgezwungenen «soziosymbolischen Kontraktes». Ihr Ziel ist es, «den Code zu sprengen, die Sprache zu zertrümmern, zu einer spezifischen Ausdrucksform zu finden, die dem Körper und den Gefühlen näher ist»[21]. Sie erstrebt die Wiederherstellung des Magischen und Mystischen, der Wunder des Unstrukturierten, die ausnahmslos dem, was Max Weber die «Entzauberung der Welt» genannt hat, zum Opfer gefallen sind.

So ist insbesondere das Experimentieren mit der Syntax der Versuch, Erleben in einer nicht-linearen, nicht-‹männlichen› Art und Weise darzustellen. Die Syntax der meisten westlichen Sprachen ist Ausdruck von Machtverhältnissen: ein Subjekt handelt an einem Objekt. Die Syntax ist (gemeinsam mit der Setzung der Pronomen) der veränderungsresistenteste Teil der Sprache. Dennoch gab es geschichtliche Epochen, in denen reflektierendes, meditatives und assoziatives Schreiben sehr populär war, ein Schreiben also, das nicht so sehr narrativ, sondern in erster Linie auf die Vermittlung von Erleben ausgerichtet war.[22] Ebenso gibt es Sprachen, die weniger aggressiv sind als das Englische oder andere westliche Sprachen, und in denen es z. B. unmöglich ist, zu sagen, «er fickte sie». Selbst in von der englischen Sprache abgleiteten Dialekten würde man eher sagen: «*they* lovin'.»

Mit der Ausklammerung expressiver Aspekte aus der öffentlichen Sprache unseres Jahrhunderts geht die Schmähung nicht nur des individuellen Selbstausdrucks, sondern auch sämtlicher affektiven Dimensionen des Denkens und vielleicht sogar des gesamten Lebens einher. Über bestimmte innere Zustände kann man nicht sprechen, wenn man ernst genommen werden will. So ist es etwa gewagt, über Liebe zu schreiben: das Wort ist überladen, hat zu viele Bedeutungen und ist überdies sentimental. Sentimentalität ist eine der größten Sünden, die man sich beim Schreiben zuschulden kommen lassen kann, und diskreditiert die Aussagen des Schreibenden: ich erinnere an den Leitartikel des *British Medical Journal* zu den Forderungen einer Vertreterin des staatlichen Gesundheitswesens: «Mit der Forderung, ‹Menschen wichtiger zu nehmen als Gebäude› und ‹der öffentlichen Anteilnahme am Schicksal der Alten und Behinderten praktischen Ausdruck zu verleihen›, hat Mrs. Castle wohl Gefühlsregungen die Oberhand über ihren Verstand gewinnen lassen.»[23] Dennoch läßt der Gebrauch des Wortes «Macht», das nicht weniger vieldeutig ist und in vielen Menschen leidenschaftliche Gefühle anspricht, keine solchen Einwände laut werden. Vokabeln wie «Zärtlichkeit», «Mitgefühl», «Fürsorglichkeit», «gebend» oder «rührend» rufen bei vielen Leuten höhnisches Grinsen hervor: nur die Begriffe «Baby» und «Mutterschaft» wecken noch mehr Geringschätzung.[24]

Die Leugnung der Bedeutung ‹weiblicher› Elemente hängt unmittelbar mit deren zunehmender Verdrängung aus immer weiteren Lebensbereichen zusammen. Die Tatsache, daß sie in ernsthaftem Diskurs keine Erwähnung finden, ist nicht nur diesem Diskurs selbst abträglich, sondern auf lange Sicht dem Leben überhaupt. Elshtain fordert, Feministinnen sollten eine Sprache schaffen, die deutlich und entschlossen ist und gleichzeitig das Bewußtsein von der «Fragilität und Verletzlichkeit menschlicher Existenz» zum Ausdruck bringt: letzteres ist jedoch genau das, was ‹männliche› Denker am liebsten vergessen wollen.[25]

Elshtain beklagt, daß der intellektuelle Diskurs mit seinem Anspruch auf Objektivität und wertfreie Aussagen in Wahrheit eine Sprache ohne jede «Grammatik moralischen Diskurses» ist, die «das ganze Leben in ein Raster von – jeder kritischen Schärfe entkleideten – Begriffen preßt».[26] Wie unter anderem MacKinnon aufgezeigt hat, ist die scheinbare Abwesenheit eines persönlichen Standpunkts (persönliche Wertungen, Subjektivität) nur deshalb möglich, weil der faktisch bezogene (patriarchalische) Standpunkt so universell, so allgemein ist. Die Wertung wird verschleiert, der persönliche Appell überflüssig, wenn die Grundhaltung allgemein als Wahrheit gilt.[27]

Viele Feministinnen kritisieren die «Feminologinnen», deren Bestreben es ist, ‹weibliche› Qualitäten auf dem Weg über die Sprache zu neuer Geltung zu bringen. Julia Kristeva beanstandet, daß die Leugnung der bestehenden Kultur, Theoriefeindlichkeit und Körperverherrlichung Frauen leicht über die kulturelle Grenzlinie hinaus in die Hysterie führen könne, was zwar potentiell befreiend, aber auch einschränkend sei.[28] Andere Feministinnen führen das Argument ins Feld, die Verwendung von Bildern, die in der Vergangenheit abwertend gebraucht wurden, sei gleichbedeutend damit, daß man nur diejenigen Metaphern und Aspekte des Lebens für sich beanspruche, die den Frauen ohnehin zugestanden werden. Außerdem steht wohl außer Zweifel, daß eine Literatur, die von Emotionen durchwoben ist, die von Schamlippen und Vulven, Blut, Brüsten, Milch, vom Weinen, Bluten und Verströmen handelt, die sich also ausschließlich auf Frauen konzentriert, wohl von den wenigsten Männern und mit Sicherheit nicht von den Drahtziehern dieser Gesellschaft gelesen werden wird.

Andererseits lesen solche Männer ohnehin kaum je irgendeinen Text, der aus der Feder einer Frau stammt, und sei er noch so traditionell gehalten. Es besteht keine Hoffnung, solche Männer zu beeinflussen: was sie anbelangt, vermögen nur Revolutionen oder der Tod etwas zu ändern. Revolutionen aber ersetzen sie nur durch andere Männer des gleichen Schlages. Wir wissen schlicht und einfach nicht, ob es uns möglich sein wird, die Gesellschaft zu verändern, indem wir außerhalb ihrer selbst unsere eigene Kultur schaffen; aber der Versuch ist es ebenso wert, unternommen zu werden, wie jeder andere. Einstweilen bleibt die Literatur für die Frauen selbst in jedem Fall wichtig, da sie zum erstenmal in der Geschichte deren Brüste und Scham (ein Wort, das übrigens ursprünglich nur die weiblichen Geschlechtsteile bezeichnete) zum Thema macht und preist. Für uns Frauen ist es, ebenso wie für die Gesellschaft insgesamt, heute lebenswichtig, sowohl unseren geschmähten Körper und unsere diffamierte Emotionalität als auch Selbstbehauptung, Selbstbeherrschung und zweckorientierte Macht in Besitz zu nehmen. Nur indem wir uns beide Seiten aneignen, können wir ganzheitliche Menschen werden.

Feminismus und Sozialismus

Der sozialistische Feminismus gründet sich auf eine Analyse gesellschaftlicher Unterdrückung, die sich von der in diesem Buch dargestellten unterscheidet. Der Sozialismus ist ebenso wie jedes andere patriarchalische System der Beherrschung der Natur verschrieben. Er hat es vermocht, feministische Ideen zu absorbieren, indem er auf der rhetorischen Ebene die Verknüpfung der Frauen mit der Natur aufgebrochen und erstere in die Reihen der Kämpfer gegen die Natur eingeordnet hat.[29] Daß diese Abspaltung rein rhetorischer Natur war und ist, zeigt sich in der Tatsache, daß Frauen in den sozialistischen Ländern noch immer Menschen zweiter Klasse sind, und in den Problemen, die diese Systeme noch immer damit haben, Sexualität, Ehe, Fortpflanzung und Scheidung so zu regeln, daß nicht die Frauen die Hauptlast im Verhältnis zwischen den Geschlechtern und die gesamte Verantwortung für die Erhaltung der Art tragen.

Die sozialistische Gesellschaftsanalyse gründet sich in erster Linie auf ökonomische Bedingungen und begreift kulturelle und moralische Veränderungen in Abhängigkeit vom Wandel der ökonomischen Struktur. Die Unterdrückung der Frau setzt in dieser Theorie mit der Entstehung des Begriffs des Privateigentums ein: Primär auf Grund ihrer Fähigkeit, Kinder zu gebären, wurden die Frauen ebenso wie Tiere zu Eigentum erklärt. Da der Kapitalismus auf dem Konzept des Privateigentums basiert, ist die Unterdrückung der Frauen der kapitalistischen Ordnung inhärent und notwendige Bedingung ihrer Aufrechterhaltung. Der Sexismus ist für den Kapitalismus insofern funktional, als er den Kapitalisten zwei Arbeitskräfte zum Preis von einer verschafft: der Mann erhält

Lohn, die Frau verrichtet für ihn alle Dienstleistungen, die ihn am Leben erhalten, obwohl er den größten Teil seiner Zeit bei der Arbeit zubringt; diese Arbeit der Frau wird jedoch nicht bezahlt. Außerdem stellen die Frauen eine billige Reservearmee an Arbeitskräften, die die Löhne niedrig und die Profite hoch hält.[30]

Die marxistische Theorie versucht traditionell, soziale Ungleichheiten als Klassenunterschiede zu begreifen, und viele Marxisten waren und sind nicht imstande, sexistischen oder rassistischen Problemen das gleiche Gewicht oder die gleiche Bedeutung beizumessen wie Klassenunterschieden. Da Frauen generell als Arbeiterinnen betrachtet werden, fallen die besonderen Sozialisationsbedingungen und Verantwortlichkeiten von Frauen aus der Analyse völlig heraus. Der Marxismus geht davon aus, daß mit der Herstellung sozialistischer Produktionsverhältnisse der Sexismus ebenso wie der Staat einfach absterben wird.[31]

Viele Feministinnen sind gleichzeitig Sozialistinnen. Sie sehen in den sozialistischen Idealen gleichzeitig feministische, während vom Kapitalismus kaum behauptet werden kann, daß er überhaupt Ideale hätte. In der Geschichte haben sozialistische Revolutionen unmittelbar die Institutionalisierung feministischer Reformen mit sich gebracht: In Rußland und China erhielten die Frauen das Recht auf Wahlbeteiligung, auf Zugang zu allen Bildungseinrichtungen und auf Erwerbsarbeit in (nahezu) allen Bereichen. Frauen wurden gesetzlich als vollwertige Menschen anerkannt, was bis heute in manchen kapitalistischen Ländern aussteht, und die sozialistischen Regierungen unternahmen zumindest zeitweilig Versuche, mit sexistischen Einstellungen und Gebräuchen aufzuräumen. Der gegenwärtige Konflikt in Afghanistan steht in Zusammenhang mit sowjetischen Bemühungen, moslemischen afghanischen Frauen Schulbildung zukommen zu lassen und ihnen das Stimmrecht auf lokaler Ebene einzuräumen. In den sozialistischen Nationen mußten Frauen keinen gesonderten Kampf um Gleichberechtigung führen, weil diese zu den grundlegenden sozialistischen Prinzipien gehört.

Da der Sozialismus jedoch die patriarchalische Auffassung von der Notwendigkeit der Naturbeherrschung übernommen hat, und da Sozialisten, ebenso wie andere Männer, Frauen (unabhängig von deren Einbeziehung in das Bemühen um diese Herrschaft) auf einer verborgenen psychologischen Ebene mit der Natur assoziieren, vermag die sozialistische Theorie bestimmte den Frauen obliegende Funktionen – insbesondere die der Fortpflanzung und der Kinderaufzucht – nicht zu integrieren. In sozialistischen Staaten liegt, ebenso wie in kapitalistischen Nationen, nahezu die gesamte Verantwortung für die Produktion und Erhaltung des wichtigsten aller ‹Produkte› auf Erden – der Kinder – bei den Frauen. Wie Catherine MacKinnon formuliert, stellte es der Sozialismus «Frauen ebenso frei, außer Hauses zu arbeiten wie den Männern, während Männer von der Arbeit innerhalb des Hauses verschont blieben» [32]. Beengte Lebensverhältnisse sind zwar kein spezifisches Wesensmerkmal des Sozialismus, verschärfen jedoch die Probleme der Kinderaufzucht, Eheschließung und -scheidung, wobei, wie wir bereits gesehen haben, gewöhnlich die Frauen mit den Kindern – und meist ohne die Mittel, für sie zu sorgen – sitzenbleiben. Eine in den siebziger Jahren in zwölf Ländern kapitalistischer wie sozialistischer Prägung durchgeführte Untersuchung ergab, daß erwerbstätige Männer halb soviel Zeit auf die Betreuung ihrer Kinder verwandten wie erwerbstätige Frauen, und daß der Grad der Beteiligung bei arbeitslosen Männern sogar noch geringer wurde als vor deren Arbeitslosigkeit.[33] Nicht nur die Kinder, sondern die Notwendigkeiten und Freuden des häuslichen Lebens überhaupt, sind in sozialistischen Ländern ebenso wie im Westen Sache der Frauen: Eine in der UdSSR durchgeführte Untersuchung ergab, daß Frauen im Durchschnitt in der Woche neunzehn Stunden mehr auf Hausarbeiten verwandten als Männer,[34] und in Polen sagt man, daß Frauen «zwei Schichten» arbeiten – die eine am Arbeitsplatz, die andere zu Hause.[35] In China werden Frauen dafür, daß sie Energie und Zeit in Schwangerschaft und Kinderbetreuung investieren, faktisch mit Einkommenseinbußen bestraft.

Es ist keine kapitalistische, sondern eine patriarchalische Vorstellung, daß Fortpflanzung und Kinderaufzucht keine willensbestimmten Akte sind und daher selbstverständlich und ohne Gratifikation erwartet oder gar erzwungen werden können. Tatsächlich wäre eine solche über die konkrete Befriedigung hinausgehende Honorierung von Gebären und Kinderbetreuung nicht notwendig, wären diese Funktionen in eine Kultur eingebettet, in der sie nicht Überlebenshindernisse darstellten, sondern von allen Gesellschaftsmitgliedern als existentieller Beitrag zum Überleben der Gemeinschaft gewertet würden. Die Auffassung, daß Gebären und Kinderaufzucht kein zentraler Beitrag zur gesellschaftlichen Arbeit sind – d. h. nicht ins Bruttosozialprodukt eingehen – ist kein Produkt des Kapitalismus oder Sozialismus, sondern der modernen Industriegesellschaft.

Es ist richtig, daß die Situation der Frauen in verschiedenen ökonomischen und politischen Systemen unterschiedlich ist, daß es für sie keineswegs gleich ist, ob sie «in einem feudalistischen, einem kapitalistischen oder einem sozialistischen System ganz unten stehen», aber ebenso richtig ist, daß «unten immer unten ist».[36] Die Situation der Arbeiterinnen in den sozialistischen Ländern – wo Kinderbetreuungseinrichtungen vorhanden und medizinische sowie schulische Versorgung gratis oder billig sind – ist in mancherlei Hinsicht besser als in kapitalistischen Staaten und zweifellos um vieles besser, als sie es in vorsozialistischen Zeiten zu sein pflegte. Dennoch ist es ein Faktum, daß Frauen in sozialistischen Ländern ebenso wie in kapitalistischen Ländern gemeinhin schlechter verdienen als Männer, in die niedrigeren und schlechter bezahlten Arbeitsbereiche abgedrängt werden und von den höchsten Machtpositionen ausgeschlossen bleiben. Ebenso wie in kapitalistischen Nationen hat das Vordringen von Frauen in bestimmte Berufe deren Abwertung zur Folge. So stellen etwa in der Sowjetunion Frauen die Mehrheit aller Ärzte, aber diese sind als Berufsstand weder besonders angesehen noch besonders gut bezahlt. In ihrer Gesamtheit haben die Frauen, was die Geschicke der Nation betrifft, in sozialistischen Ländern mehr Mitspracherechte, als im Kapitalismus.

Trotz all dieser Unzulänglichkeiten liebäugeln viele Frauen weiterhin mit dem Sozialismus. So schrieb etwa Barbara Ehrenreich: «Es besteht ein Unterschied zwischen einer Gesellschaft, in der der Sexismus im Mord an weiblichen Säuglingen Ausdruck findet, und einer Gesellschaft, in der er die Form ungleichberechtigter Vertretung im Zentralkomitee annimmt. Und für diesen Unterschied lohnt es sich zu sterben.»[37] Allerdings haben wir es z. B. im heutigen China sowohl mit Säuglingsmord als auch mit ungleicher Vertretung im Zentralkomitee zu tun. In den meisten kapitalistischen Nationen sind die Geschlechter politisch ungleich vertreten, aber Morde an weiblichen Säuglingen kommen selten vor. Außerdem ist es patriarchalischer Usus, Ideale zu setzen, für die «es sich zu sterben lohnt». Die Stoßrichtung des Feminismus ist es, eine Revolution einzuleiten, für die es sich zu *leben* lohnt.

Frauen werden in sozialistischen Ländern tatsächlich anders behandelt als in kapitalistischen Staaten: Der Sozialismus hat für Frauen weit bessere Verhältnisse geschaffen, was den Zugang zu Bildungsmöglichkeiten, medizinische Versorgung und Kinderbetreuungseinrichtungen angeht. Auf der anderen Seite verfolgt die Sowjetunion Feministinnen, die Frauenbelange offen anzusprechen wagen, mit Haftstrafen oder Verbannung.[38] Für Sozialisten ist weibliche Ohnmacht etwas ganz und gar äußerliches. Sie werten den Feminismus als bürgerlich, individualistisch und idealistisch und nehmen weder von der spezifischen Sozialisation der Frauen Notiz, die diese zwingt, bestimmte Unterdrückungsmechanismen zu verinnerlichen, noch von dem vielfältigen Ideenangebot des Feminismus, das die Gemeinschaft aller Menschen ebenso betrifft wie das Individuum.[39]

Gleichzeitig stehen die charakteristischen Grundprinzipien des Kapitalismus im Widerspruch zu feministischen Überzeugungen: Obwohl alle patriarchalen Systeme die Macht vergötzen, betet der Kapitalismus sie vor allem in Form des Eigentums an, das nur durch Ausbeutung von Menschen und natürlichen Ressourcen akkumuliert werden kann. Der Kapitalismus ist darauf angelegt, Hierarchien hervorzubringen und aufrechtzuerhalten, so daß es innerhalb dieser Ordnung immer eine höhere (elitäre, transzendente) Klasse geben wird, der wiederum andere Klassen unterstehen, deren Minderwertigkeit als Gewähr für die Höherwertigkeit der Elite fungiert. Jedes politische oder soziale System, das die Macht vergötzt, erzeugt eine solche Hierarchisierung, aber der Sozialismus zielt zumindest in der Theorie darauf ab, diese aufzuheben.

Die Theorie des Sozialismus mit ihren Schwerpunkten soziale und ökonomische Gerechtigkeit, Chancengleichheit und Respektierung der Würde der Arbeit verträgt sich aufs beste mit der feministischen Theorie. Dennoch haben alle bisherigen Versuche, eine Synthese von sozialistischer und feministischer Theorie herzustellen, keine nennenswerten Erfolge gezeitigt. Sozialistinnen müssen immer wieder eingestehen, daß die Bildung eigenständiger Frauengruppen unumgänglich ist, wenn es zur Diskussion von ‹Frauenfragen› kommen soll, und daß ihnen von seiten männlicher Genossen zu wenig intellektuelle, emotionale und materielle Unterstützung zuteil wird. Auch die sozialistischen Revolutionen der jüngsten Vergangenheit – wie etwa in Nicaragua – sind, was die massenhafte Einbeziehung von Frauen in der Phase der akuten Auseinandersetzung und ihr anschließendes Abdrängen anbelangt, nicht über das Muster früherer Revolutionen hinausgelangt.

Feministische und sozialistische Theorie lassen sich deshalb zu keiner Synthese vereinen, weil ihre Einstellungen zur Natur und zur Macht weit auseinandergehen. Die Ideale des Sozialismus sind mittels der existierenden sozialistischen Theorie nicht realisierbar, da wirkliches Gleichheitsdenken nie aus einer Philosophie erwachsen kann, die im festen Glauben an die Überlegenheit des Menschen über die Natur wurzelt: auf Grund ihres illusionären Charakters wird diese Grundeinstellung immer wieder – symbolisch – durch die Demonstration von Macht ‹bewiesen› werden müssen. Solange wir diesen grundlegenden Mechanismus nicht begriffen haben, und solange es Feministinnen nicht gelungen sein wird, Nichtfeministinnen davon zu überzeugen, daß ‹Frauenfragen› nicht ein kleines, abgelegenes Kämmerchen im Gebäude dieser Welt darstellen, sondern ein entscheidendes Fundament bilden, werden wir nicht in der Lage sein, eine Synthese herzustellen, wie wir sie brauchen.

Feminismus und Kapitalismus

Die westliche Welt ist seit rund fünfhundert Jahren kapitalistisch. Der Kapitalismus brachte eine neue herrschende Klasse hervor und vernichtete, verdrängte oder assimilierte den alten Feudaladel. Dessen Angehörige verdankten ihren Status weitgehend dem Faustrecht – der Tatsache, daß ihre Vorfahren sich durch Gewalt Land angeeignet hatten – und hielten ihn durch die Revenuen aus den Erträgen dieses Landes und der Arbeit der Leibeigenen, die an es gebunden waren, durch Ehepolitik und ständigen Einsatz von Gewalt aufrecht. Die neue Elite besaß zwar ebenfalls Land, aber darüber hinaus und vor allem Banken und das Kapital für Investitionen in Produktionsmittel.

Diese Form des Kapitalismus fand im 20. Jahrhundert ihr Ende. Wann ihr letztes Stündlein geschlagen hat, ist nicht eindeutig auszumachen. Viele Leute nennen den Ersten Weltkrieg als Endpunkt der «westlichen Zivilisation», da er auf einen Schlag eine gesamte Nachfolgegeneration dieser europäischen Elite ausrottete, die eigens für den Krieg und für Führungsaufgaben herangezogen worden war. Der Erste Weltkrieg markiert überdies das Ende der Sicherheit dieser Klasse und ihrer Lebensform. Diese im Luxus lebende Elite hatte weitgehend aus Menschen bestanden, die keinerlei Arbeit verrichteten. Im Besitz sicheren Reichtums und Prestiges strebten sie weder nach Geld noch nach Macht, ja hielten beides gar für vulgär: allein durch geschickte Ehepolitik versuchten sie ganz offen, ihr Vermögen zu vermehren. Sie lebten für die Annehmlichkeit, für die Ästhetik und das Stilbewußtsein, fernab der niedrigeren Schichten und ohne Skrupel ob ihres Parasitendaseins. Etwas allerdings gaben sie ihren ‹Untergebenen›: ein Lebensideal, das ewige Muße, Gediegenheit, Schönheit, Annehmlichkeit und Courtoisie verhieß. Obgleich einige Angehörige dieser Klasse auch nach 1918 noch versuchten, diese Lebensform beizubehalten, wurde dies doch zunehmend schwieriger. Die Neureichen hatten das Ruder übernommen, die alten Familienunternehmen waren überholt und ineffizient und der paternalistische Stil, in dem sie geführt wurden, verfing nicht mehr so gut bei den Arbeitern, die gezwungen gewesen waren, sich dem von dieser Aristokratie angezettelten Krieg anzuschließen, und ihre Kameraden in den Schützengräben hatten sterben sehen. Das gleiche gilt für die Arbeiterinnen, die ihre Söhne oder Ehemänner verloren hatten.

Wenn der Erste Weltkrieg die Todeszuckungen der westlichen Zivilisation traditioneller Prägung einleitete, so machte der Zweite Weltkrieg offenbar, daß die Geburtsstunde einer neuen Form westlicher Zivilisation angebrochen war, die bis dahin nur einige wenige Menschen – z. B. Simone Weil – hatten herannahen sehen. Der Krieg beschleunigte den Siegeszug der modernen Technologie und derer, die sie verwalteten, indem er die Effizienz massiver, von einem zentralen Machtkader eingeleiteter und koordinierter Planung für die strategische Verteilung, Verwendung und Verwaltung von Menschen und Dingen verschiedenster Art überzeugend demonstrierte. Die Vereinigten Staaten kämpften als einzige der Alliierten Mächte gleichzeitig an zwei in entgegengesetzten Teilen der Welt verlaufenden Fronten, schwangen sich, obwohl sie zuerst völlig unvorbereitet waren, zum Sieger empor, und schufen die mörderischste Waffe aller Zeiten. Die Methoden, die dies möglich gemacht hatten, wurden unverzüglich auf das zivile Leben übertragen.

Das sich zu gleicher Zeit bemerkbar machende Wiederaufleben des Häuslichkeitskults war eine unvermeidliche Begleiterscheinung dieser Wertverschiebung. Vor dem Krieg hatten die meisten Menschen nicht weit von ihrer Wohnung gearbeitet – auf Bauernhöfen, in Fabriken, Büros und Geschäften, die nur einen Fußweg oder eine kurze Busstrecke von ihrem Zuhause, ihren Familien, entfernt lagen. Nach dem Krieg wurden die Anlagen, mit denen Waffen produziert worden waren, friedlichen Zwecken zugeführt, so etwa der Automobilherstellung. Es wurden Schnellstraßen durch die Landschaft gezogen, damit die Menschen zur Arbeit fahren konnten. Die großen Unternehmen strebten danach, sich immer weiter zu vergrößern, und der technologische «Fortschritt» bekam höchste Priorität. Gleichzeitig wurden die Prinzipien der straffen Organisation und Vereinheitlichung, die zum *militärischen* Sieg beigetragen hatten, auf breiter Ebene dafür eingesetzt, den Krieg um die *ökonomische* Vorherrschaft zu gewinnen.

Die Ideale der alten Oberschicht schwanden aus dem Gedächtnis, lebten nur noch hier und da auf einem Gemälde, in einem Gedicht oder einem Roman fort. Die neue Elite hatte jedoch den Massen kein vergleichbares Lebensideal zu liefern. Gutenteils unkultiviert, ohne ständische oder (als Amerikaner) ethnische Traditionen, allein der Macht – in Form von Geld und Technologie – verschrieben, war die neue Managerkaste gesichts- und konturenlos. Den neuen Lebensstil prägten Tempo, Lärm, rascher Wandel, über Nacht gewonnene und zerronnene Vermögen, stete Mittelmäßigkeit als Schleichweg in das Vertrauen der Vorgesetzten und damit zur Macht usw. Vergnügen oder Schönheit hatten weder im wirklichen Leben noch im Lebensideal Platz.

Überdies hinterließ der Zweite Weltkrieg die Männer und Frauen, die an ihm beteiligt gewesen waren, gebrochen, erschöpft und von dem Erlebten, den Massenmorden, der schrecklichen Kriegsmaschinerie, dem Töten, der Entbehrung und den Opfern gezeichnet. Sie sehnten sich nach Ordnung, Vergnügen, Wärme, kurz, nach dem Beginn eines neuen Lebens, das auf die verheerende Zerstörung folgen konnte. Der Häuslichkeitskult war ursprünglich die Manifestation dieses natürlichen Bedürfnisses, wurde jedoch rasch von der neuen Managerkaste aufgenommen und für deren Zwecke dienstbar gemacht. Auch diese Elite war im Krieg gewesen und verstand die Sehnsüchte der Massen nur zu gut.

Die Annehmlichkeiten von in überschaubare Zusammenhänge, in zwischenmenschliche Beziehungen und Interaktion eingebetteten Wohn- und Arbeitsbedingungen rückten für die breite Masse zunehmend in die Ferne. Mit dem Ausbau des Verkehrswesens wuchsen die größeren Unternehmen, gingen kleine Firmen bankrott. Ganz ohne solche Freuden des Lebens, ohne wenigstens die Aussicht auf zukünftiges Glück aber sind die Menschen schwer zu motivieren. Der Häuslichkeitskult in seiner neuen Form verfolgte mehrere Ziele zugleich: er bot in vermarkteter Form verlockende Bilder sinnlicher Schönheit und Lust und erklärte den häuslichen Bereich – Liebe, Ehe, Kinder und Heim – zu deren Sphäre. Er fesselte die Frauen an diesen häuslichen Bereich, indem er ihnen die Verantwortung für Herstellung und praktische Pflege des Glücks zuwies und sie auf diese Weise davon abhielt, gegen ihren neuerlichen Ausschluß aus dem Berufsleben zu protestieren. Zugleich kettete er die Männer an ihre Arbeit, die für die materielle Sicherung dieses Glücks unabdingbar war, und sicherte auf diese Weise ihren Gehorsam, ihre stillschweigende Unterwerfung und ihre Verfügbarkeit für die Pläne des Managements. Auf diese Weise gelang es der herrschenden Elite, ihre Herrschaft nicht nur auf die Familienstruktur und die

Moral auszuweiten (was alle herrschenden Eliten der Geschichte versucht haben), sondern darüber hinaus auch auf die intimsten Bereiche des Familien- und Privatlebens selbst. Glück wurde der Herrschaft subsumiert, Lebensqualität in die Maschine gefüttert, handlich verpackt und als Ware gehandelt. Häusliche Freuden wurden in Formen gepreßt und als Waschmaschinen, Kühlschränke, Landhäuser, Rasenmäher und Gartenplanschbecken verkauft. Die Freuden des Familienlebens, die Freuden intimer Nähe und sinnlichen Vergnügens materialisierten sich in goldgetönten Bildern von Kindern und Bäumen, strahlenden jungen Frauen in Schürzen und arroganten Schönlingen in Geschäftsanzügen oder braungebrannten, Marlboro rauchenden Cowboys.

Eine bizarre Folge dieser Verwandlung von Erleben in Ware war die Abwertung der Realität. Vermarktungsstrategien und Hochglanzbilder schlagen ein und bringen Menschen dahin, Geld für bestimmte Produkte auszugeben, während das konkrete Erleben selbst, das unweigerlich hinter dem Goldglanz des Bildes zurückbleiben muß, an Wert verliert. Die ‹weiblichen› Eigenschaften, ohnehin schon Zielscheibe der Verachtung einer High-Power-Super-Technik-Welt, sanken in dem Maße, wie sie diesen Bildern nicht gerecht wurden, noch weiter im Kurs. Auch die High-Power-Welt wurde vermarktet – in Anzeigen für Herrenanzüge, Autos, Fluglinien und Zigaretten. Die abgebildeten Männer trugen kalte, beherrschte Arroganz zur Schau. Ihr Hauptkennzeichen war Undurchdringlichkeit – Unempfindlichkeit, Über-den-Dingen-Stehen, Resistenz gegenüber dem Strudel der Emotionen, den beängstigenden Seiten realer Erfahrung, gegenüber jeder Art von Verletzung.

Auf diese Weise wurde die Macht zum höchsten Wert nicht mehr nur einer Klasse, sondern der breiten Masse, da die Bildersprache der Werbung selbst für Analphabeten verständlich war. Bevölkerungsgruppen, unter denen das Machtdenken bis dahin noch nicht allgemein verbreitet gewesen war, begannen es zu übernehmen. So initiierten etwa die Juden in den fünfziger Jahren einen relativ erfolgreichen Feldzug gegen den Antisemitismus und in den sechziger Jahren gelang es selbst der schwarzen Bürgerrechtsbewegung, die politische Szenerie Amerikas zu prägen. Die Vorstellung, der Mann könne sein Leben selbst in die Hand nehmen und kontrollieren, schlug bei den Männern an: mit den ausgehenden fünfziger Jahren begannen sie gegen Bevormundung und Anpassungsdruck überhaupt und vor allem gegen das, was sie als Versklavung durch Frau und Kinder, durch Haus und Hypothek betrachteten, aufzubegehren. Die Hippie-Bewegung wurde zum Symbol für die Aufbruchsstimmung unter den amerikanischen Männern. Wie Barbara Ehrenreich dargestellt hat, verließen sie zuhauf ihre Familien, um die Abenteuer neuer sexueller Erfahrungen in der freien Liebe zu suchen. Nach und nach gaben immer mehr von ihnen auf der Suche nach mehr Autonomie in ihrem Arbeitsleben sogar ihren Beruf auf.[40] Während dieses Aufbruchs waren sie jedoch ausschließlich mit sich selbst beschäftigt, d. h. sie schüttelten nicht nur jede ökonomische, sondern auch die emotionale und persönliche Verantwortung gegenüber ihren Kindern und Ex-Ehefrauen ab.

Die Situation der Frauen zwischen der Mitte der vierziger Jahre, als man sie mit ökonomischen und psychologischen Mitteln in die Häuslichkeit zurückdrängte, und der Mitte der sechziger Jahre war nicht die glücklichste. Im Jahre 1953 hatte ihnen Simone de Beauvoirs Buch *Das andere Geschlecht* bereits jeden Stolz auf diese Form von Weiblichkeit vergällt, ohne ihnen eine andere Alternative anzubieten, als diese Weiblichkeit zu verleugnen (d. h. zu ‹transzendieren›). Auf der ökonomischen Ebene blieb den Frauen keine Möglichkeit, sich aus der ihnen übergestülpten Rolle zu befreien, und ihre wirtschaftliche Situation spitzte sich in dem Maße zu, wie immer mehr Männer ihre Familien verließen. Die Antibabypille, die 1960 auf den Markt kam, eröffnete den Frauen ganz neue Möglichkeiten der Selbstbestimmung über ihren Körper, wovon jedoch hauptsächlich jüngere Frauen profitierten. Der Katalysator, der die amerikanischen Frauen aktivierte, war wohl Betty Friedans 1963 erschienenes Buch *Der Weiblichkeitswahn*. Weibliche Abgeordnete hatten darauf gedrungen, daß Gesetze zur Aufhebung bestehender Ungerechtigkeiten gegenüber Schwarzen auch auf Frauen ausgedehnt würden. Das Lohngleichheitsgesetz wurde 1963, das Bürgerrechtsgesetz 1964 erlassen. Letzteres untersagt in Artikel 7 jede Diskriminierung auf Grund von Geschlechtszugehörigkeit, Rasse, Hautfarbe, Religion oder Herkunft. Daß das Wort «Geschlechtszugehörigkeit» Eingang in dieses Gesetz fand, war das Ergebnis des Einsatzes der Abgeordneten Martha Griffiths, der Senatorin Margaret Chase Smith und der Reporterin Mae Craig. Im Jahre 1965 befand der *Supreme Court* Gesetze gegen den Gebrauch von Verhütungsmitteln für verfassungswidrig, und 1966 erklärte ein Bundesgericht, ein in Alabama in Kraft befindliches Gesetz, das Frauen vom Geschworenenamt ausschloß, verstieße gegen das 14. *Amendment* (das Frauen gleichen Schutz durch das Gesetz zusicherte). Im gleichen Jahr wurde auch die *National Organization for Women* gegründet.

Überall im ganzen Land begannen Frauengruppen und insbesondere Verbände der *NOW* unter Zuhilfenahme sämtlicher zur Verfügung stehender Gesetze zu agitieren und ihren Einfluß geltend zu machen. Gleichzeitig mußten jüngere Frauen, die während des Vietnam-Krieges in der Antikriegsbewegung aktiv waren, zu ihrem Leidwesen feststellen, daß die jungen Männer, die mit Sprachrohren in den Universitäten lautstark eine neue ‹Moral› forderten, Frauen gegenüber genau jene Unterdrückung und Erniedrigung praktizierten, die sie dem Staat vorwarfen. Eine Reihe von Frauen reagierten darauf und organisierten eigene Gruppen, die in den Jahren 67/68 unabhängig voneinander in vielen Großstädten der Vereinigten Staaten und Kanadas aus dem Boden schossen. Durch phantasievolle Demonstrationen erregten sie im ganzen Land Aufsehen, und die Selbsterfahrungsgruppen hatten überall regen Zulauf.

Das folgende Jahrzehnt war eine ungeheuer fruchtbare Phase. Die in dieser Zeit gestreute Saat trägt heute noch Früchte: Wissenschaftlerinnen machten sich daran, die Geschichte der Frauen freizulegen, sich aus männlichen Interpretationsschemata zu lösen, um die Fundamente für neue Forschungsansätze in Anthropologie, Psychologie, Soziologie, Philosophie und Sprachwissenschaft zu legen; politisch ausgerichtete Gruppen drängten auf Gesetze, die Frauen gleiche Rechte auf Bildung, Wohnen, Kredite, Anstellung und Beförderung sichern sollten; andere Frauen gründeten feministische Zeitschriften, Zeitschriften, Verlage und Buchläden; manche Feministinnen bemühten sich um politische Ämter, manche suchten Eingang in die ihnen neu eröffnete ‹männliche› Welt der Industrie und des Geschäftslebens. In der Begeisterung dieses Aufbruchs entdeckten Frauen, die sich vorher verkrüppelt gefühlt hatten, ihre Beweglichkeit und ihre Kraft, fanden Frauen, die unter dem Gefühl der Marginalität gelitten hatten, einen zentralen Platz, und Frauen, die einsam gewesen waren, Schwestern.

Dieser Aufschwung der ‹zweiten Welle› der Frauenbewegung ist nun rund zwanzig Jahre her. Inzwischen hat sich erstaunlich viel geändert. Frauen arbeiten heute in Hunderten von Berufen, die ihnen früher verschlossen waren; Frauen können Mietverträge unterzeichnen, Autos und Häuser kaufen, Kredite aufnehmen und erhalten auch dann einen Tisch im Restaurant, wenn sie ohne männliche Begleitung essen gehen. Wenn es auch immer noch Modeartikel gibt, die die Bewegungsfreiheit der Frau einschränken, so sind sie doch nicht mehr *de rigueur*. Man erwartet nicht mehr von Frauen, daß sie als Gastgeberinnen aufwendige

Einladungen gestalten: das Leben kann für beide Geschlechter einfacher und ungezwungener sein.

Am wichtigsten ist jedoch, daß die Frauen die Freiheit besitzen, darüber zu entscheiden, ob sie Kinder haben wollen oder nicht. Zwar brauchen sie – obgleich Kondome für Männer schon seit langem frei erhältlich und ganz offiziell in jeder Drogerie zu kaufen sind – noch immer ärztliche Rezepte, um an Diaphragmen oder Antibabypillen zu gelangen, aber auch Frauen, die nicht verheiratet sind, können inzwischen ohne weiteres solche Rezepte bekommen. (In Frankreich, wo Männer ebenfalls problemlos Kondome erwerben können, war es Frauen bis 1967 unmöglich, Verhütungsmittel in der Apotheke zu kaufen; noch heute ist dafür die Genehmigung des Sozialministeriums erforderlich.[41]) Es ist eindeutig nicht die Geburtenregulierung – oder, genauer gesagt, die Verhütung – als solche, die der patriarchalischen Kultur ein Dorn im Auge ist, sondern deren Kontrolle durch die Frauen. Trotz beständiger Versuche, ihnen diese Kontrolle zu entziehen, werden die amerikanischen Frauen das Verfügungsrecht über ihren eigenen Körper aller Wahrscheinlichkeit nach auch weiterhin behalten können. In einigen westlichen Ländern – z. B. in Irland – besitzen sie dieses Recht jedoch noch immer nicht.

Das Erreichte hat das Leben einer großen Zahl von Frauen einschneidend verändert, und da es sich um lebenswichtige Veränderungen handelt, mag es ihnen vielfach so vorkommen, als sei bereits alles erreicht. Insgesamt gesehen sind die Veränderungen, die stattgefunden haben, jedoch minimal. Nahezu 150 Jahre lang unter enormen Druck gesetzt, hat der Kapitalismus den Frauen inzwischen in etwa die gleichen Rechte eingeräumt, die ihnen der Sozialismus auf Anhieb gewährte. Dennoch ist es ihm – ebenso wie dem Sozialismus – gelungen, seinen Kern unverändert zu wahren. Der Kapitalismus hat die Frauen assimiliert, ohne seine Basis oder seine tradierten Strukturen zu verändern. So sind denn auch die Frauen, die am meisten von den erreichten Veränderungen profitiert haben, gebildet, weiß, mittelständisch und meist kinderlos. Die spalterische Kraft des Rassismus hat in den USA auch vor der Frauenbewegung nicht haltgemacht. Die Frauen sind im großen und ganzen nach wie vor nicht in die Schlüssel- und Machtpositionen der Wirtschaft und der Politik vorgedrungen; sie haben noch immer kein Mitspracherecht bei der Lenkung der Geschicke unserer Gesellschaft. Außerdem wurden jene Frauen, denen es weder gelang, wie Männer, noch mit Männern zu leben, in die untersten Ränge unserer Gesellschaft abgedrängt: Frauen stellen die neuen Armen. So ist die Feststellung wohl nicht übertrieben, daß der Feminismus in den kapitalistischen Ländern zwar viele Frauen freier gemacht und zum Teil auch ihre Lebensbedingungen verbessert hat, daß das Patriarchat selbst von ihm jedoch so gut wie untangiert blieb, da es wenige Frauen, die ihm für seine Zwecke verwendbar erschienen, in seinen Schoß aufnahm und den übrigen die Tür vor der Nase zuschlug.

Die Rassenproblematik konnte sich aus mehreren Gründen spalterisch auf die Frauenbewegung auswirken: Zum einen ist der Rassismus eine Krankheit unserer Kultur, die unter Menschen aller Hautfarben grassiert und deshalb Frauen nicht minder infiziert als Männer. Obgleich Frauen eigentlich aus eigener leidvoller Erfahrung gegen jede Denkweise immun sein sollten, die Menschen auf Grund körperlicher Merkmale kategorisiert, sind sie doch keineswegs besser gegen solche Wertungen gefeit als andere unterdrückte Gruppen. Es gehört zu den traurigen Tatsachen menschlichen Lebens, daß Menschen, die selbst von der Kultur einer herrschenden Kaste erniedrigt werden, sich mit ihrem Minderwertigkeitsstatus arrangieren, indem sie anderen Gruppen noch minderwertigere Eigenschaften zuschreiben.

Berichte schwarzer Feministinnen bekunden den Rassismus vieler weißer Feministinnen, die ihre schwarzen Schwestern als Alibi benutzen, ihnen nicht zuhören und folglich die spezifischen Probleme farbiger Feministinnen nicht verstehen, gleichzeitig jedoch für sich in Anspruch nehmen, im Namen aller Feministinnen zu sprechen.[42] Weiße Feministinnen behandeln die latino-amerikanische Kultur häufig von oben herab als durch und durch machistisch, als träfe das auf ihre eigene nicht zu. Weiße Feministinnen schreiben analytische Bücher über die patriarchalische Kultur und entwerfen feministische Theorien, ohne farbige Frauen auch nur zu erwähnen: diese bleiben in solchen Werken genauso unsichtbar wie die Frauen als Gesamtheit in den Werken vieler Männer.[43] Tatsächlich scheint die Kluft zwischen farbiger * und weißer Kultur manchmal ebenso tief zu sein wie die zwischen weißer männlicher und weißer weiblicher Kultur. Dem Wesen nach sind beide Aufspaltungen von gleicher Art.

* Diesen Terminus übernehme ich aus: Cherrie Moraga und Gloria Anzaldua (Hg.), *This Bridge Called My Back: Writings by Radical Women of Color*, wo er zur Bezeichnung der Kulturen aller Völker der dritten Welt und aller Farbigen Völker dient. (M. F.)

Das schwerwiegendste Problem farbiger Frauen ist wohl die häufig empfundene Notwendigkeit, sich aus den alten Traditionen zu lösen; sie selbst und ihre Mütter sind oft in der afrikanischen, lateinamerikanischen oder asiatischen Tradition verwurzelt, die zu einem hohen Grad von Emotionalität, künstlerischer Ausdrucksfähigkeit, Expressivität, engen Bindungen und ‹weiblichen› Werten – Fürsorglichkeit, Mitgefühl, Nähe, Spontaneität, Lust am Spielerischen – geprägt sind. Einer solchen Tradition zu entsagen bedeutet einen schwerwiegenden Verlust. An ihr festzuhalten aber verhindert die Integration in die weiße Kultur, was wiederum in unserer Gesellschaft in jedem Falle Armut, häufig genug jedoch existentielle Not oder gar den Tod bedeutet. Zudem sind die erwähnten Traditionen häufig genug kraß sexistisch. Frauen, die diesen Sexismus ablehnen, entfremden sich den männlichen Angehörigen ihrer eigenen Kultur, was oft Schmerz und tiefe Isolationsgefühle mit sich bringt. Farbige Frauen müssen sich zu einem gewissen Grad sowohl von den ihnen nahestehenden Frauen – Müttern, weiblichen Verwandten und Freundinnen – als auch von den Männern – Vätern, Brüdern und Geliebten – lösen, wenn sie ihren eigenen Überzeugungen und Wünschen folgen wollen.

Ein Teil der farbigen Frauen ist der Meinung, Rassensolidarität sei wichtiger als Geschlechtssolidarität: alle Angehörigen einer bestimmten rassischen Gruppe, ob Frauen oder Männer, müßten gemeinsam für ihre Interessen eintreten. In der Praxis bedeutet dies, daß die Probleme der Männer das Primat vor denen der Frauen erhalten. Es ist eine weitverbreitete Auffassung, daß farbige und insbesondere schwarze Männer durch die weiße Kultur «kastriert» wurden, d. h. daß man sie wie Frauen behandelte und ihnen die Ausbildung jener spezifischen ‹männlichen› Identität verwehrte, die allein es Männern erlaubt, sich in dieser Gesellschaft zu behaupten. Wie wir jedoch gesehen haben, resultiert diese spezifische Identität aus der Illusion von Herrschaft, aus der Überlegenheit, die sich auf den Anspruch gründet, all das zu sein, was Frauen nicht sind, oder auf die Macht, Frauen davon abzuhalten, all das zu sein, wofür Männer sich selbst halten. Wenn den farbigen Männern dieses Identitätsgefühl tatsächlich abginge, müßten sie sich im Kampf um eine ganzheitliche menschliche Identität als Bundesgenossen der Frauen anbieten. Uns ist jedoch noch zu deutlich im Ohr, wie Stokely Carmichael auf die Frage nach der angemessenen Position der Frauen antwortete: «auf den Knien». Bemerkungen wie diese zeigen, daß ein Teil der farbigen Bewegung in den gleichen Grundmustern denkt wie jedes weiße Patriarchat. Dennoch werden schwarze Männer in unserer Gesellschaft so erniedrigt, daß es schwarzen Frauen schwer fällt, sie nicht solidarisch zu verteidigen und zu unterstützen. Auch in diesem Punkt fühlen sich farbige Frauen, wie immer sie sich entscheiden, zerrissen und in tiefen Loyalitätskonflikten.

Andererseits entgingen schwarze und andere farbige Frauen jenem Prozeß der «Selbstrestriktion bis zur Selbstauflösung»,[44] dem die mittelständischen weißen Frauen in Amerika unterlagen. Sie leiden weit seltener unter Abhängigkeitsgefühlen, unter Angst vor aktivem Handeln oder unter dem Gefühl, es fehle ihnen die moralische Berechtigung für den Kampf zur Selbstbehauptung. Schwarze Frauen haben immer gearbeitet: selbst die weiblichen Angehörigen der wohlhabenden schwarzen Familien im ausgehenden 19. und beginnenden 20. Jahrhundert waren in ehrenamtlichen Funktionen aktiv. Die schwarzen Frauen lebten in einer Kultur, die ihnen persönliche Eigenständigkeit beließ, in der sie oft als Ernährerinnen und Rückgrat von Familie und Verwandtschaft fungierten, dabei jedoch über das für die schwarze Kultur typische Beziehungsnetz mit anderen in engem wechselseitigem Austausch standen. Diese Vorteile werden jedoch durch die Armut, der die meisten Schwarzen nie entgehen, und die erniedrigende Behandlung schwarzer Frauen in der amerikanischen Gesellschaft aufgewogen. Die täglich erfahrbare Erniedrigung erzeugt zwangsläufig Wut und Haß; der durch sie induzierte seelische Zustand macht einen Brückenschlag zwischen Feministinnen aus unterschiedlichen Subkulturen problematisch. Es ist eine traurige Tatsache, daß farbige Frauen untereinander oft starke Vorurteile hegen.[45]

All diesen Problemen übergeordnet ist die ökonomische Situation der farbigen Frauen. Nicht zuletzt auf Grund der ökonomischen Bedingungen liegt die Sterblichkeitsquote für Brustkrebs unter schwarzen Frauen bei 80 Prozent und die Zahl der überflüssigen Gebärmutterentfernungen und Sterilisationen dreimal so hoch wie bei weißen Frauen. Schwarze Frauen laufen ein um das Dreifache höheres Risiko, vergewaltigt, überfallen oder ermordet zu werden.[46] Zudem sind die farbigen Frauen noch immer die am schlechtesten bezahlte Bevölkerungsgruppe in den USA, und fast die Hälfte der schwarzen Kinder in Amerika lebt in Armut.[47] Die Errungenschaften der schwarzen Bürgerrechtsbewegung kamen in erster Linie Männern zugute.

Im Jahre 1947 verdienten schwarze Männer nur halb soviel wie weiße, im Jahre 1975 lag diese Quote bei drei Vierteln. Das durchschnittliche Jahreseinkommen weißer Männer im Jahre 1979 betrug 17427 Dollar, das der schwarzen Männer 12738 Dollar (das sind 73 Prozent des weißen Durchschnittseinkommens) und das der männlichen Hispanoamerikaner 12658 Dollar (ebenfalls 73 Prozent). Im Jahre 1947 verdienten schwarze Frauen um zwei Drittel weniger als weiße; sie waren vor allem als Hausbedienstete tätig. Im Jahre 1978 lag ihr Verdienst nahezu in gleicher Höhe wie der der weißen Frauen.[48] *Aber:* der Abstand zwischen dem Einkommen der Männer und dem der Frauen hat sich vergrößert. Im Jahre 1979 betrug das Durchschnittseinkommen der weißen Frauen 10244 Dollar (59 Cent auf jeden vom weißen Durchschnittsmann verdienten Dollar), das der schwarzen Frauen 9476 Dollar (54 Cent) und das der hispanoamerikanischen Frauen 8466 Dollar (49 Cent).[49] Trotz aller Differenzen zwischen farbigen und weißen Frauen, was Anliegen und Vorgehensweise anbelangt, bilden sie auf der ökonomischen Ebene gemeinsam eine unterprivilegierte Schicht.

In Amerika und auf der ganzen Welt stellen Frauen weitgehend die Ärmsten der Armen. Im Jahre 1980 betrug in den Vereinigten Staaten das Durchschnittseinkommen für Männer 12530 Dollar, für Frauen 4920 Dollar. Im gleichen Jahr lag die Armutsgrenze für eine vierköpfige, nicht in der Landwirtschaft tätige Familie bei 8414 Dollar. Fast 30 Millionen Amerikaner blieben unter dieser Einkommensschwelle.[50] 70 Prozent dieser Armen sind Weiße, 30 Prozent Schwarze – Zahlen, die durch die Tatsache relativiert werden, daß nur 12 Prozent der Gesamtbevölkerung schwarz sind. Zwei Drittel dieser Armen sind Frauen und Kinder.[51] Wenn wir nur die Erwachsenen in Betracht ziehen, sind zwei von drei Armen weiblich. Falls der gegenwärtige Trend anhält, werden im Jahre 2000 die Armen in den USA ausschließlich weiblich sein.[52] Die Gründe für diese Entwicklung sind vielschichtig. Ein im Jahre 1981 veröffentlichter Regierungsbericht gibt an, daß Frauen «systematisch unterbezahlt» wurden, daß Frauenarbeit um etwa 4000 Dollar jährlich geringer dotiert war als Männerarbeit, und daß die berufliche Segregation nach Geschlechtszugehörigkeit weit ausgeprägter war als die nach Rassenzugehörigkeit: 70 Prozent aller Männer und 54 Prozent aller Frauen sind in solchen Arbeitsfeldern tätig, die ausschließlich mit Angehörigen ihres eigenen Geschlechts besetzt sind.[53]

Da Frauen noch immer – durch ihr eigenes Zutun wie durch das der Männer – die Verantwortung für die Kinderbetreuung tragen, sind sie gezwungen, Arbeitsplätze anzunehmen, die in der Nähe ihrer Wohnung liegen, die (wie etwa Serviertätigkeiten) flexible Arbeitszeiten oder Teilzeitarbeit ermöglichen und weder ausgedehntere Reisen noch lange Arbeitstage erfordern. Sie sind auf einem Arbeitsmarkt, der völlige Hingabe an die Arbeit erfordert, nicht ‹konkurrenzfähig›. Einigen Frauen macht dies nicht viel aus: sie sind nicht besonders ehrgeizig, schätzen ein ausgewogenes Leben und sind mit Männern verheiratet, die Geld verdienen. Dies gilt jedoch längst nicht für alle und wohl nicht einmal für die Mehrheit der Frauen.

Heute leben in den USA – soweit sich das statistisch ermitteln läßt – mehr Frauen allein als jemals zuvor: als alleinstehende oder geschiedene Mütter, als Witwen und als alleinstehende berufstätige Frauen. Diese Tatsache hat wiederum vielfältige Ursachen, dürfte aber wohl hauptsächlich auf die «sexuelle Revolution» und die Frauenbewegung zurückzuführen sein.

Die in den fünfziger Jahren einsetzende «sexuelle Revolution» wurde von Männern propagiert. Sie erwuchs aus einer Reihe von neuen Ideen, die größtenteils aufrichtig und positiv zu sein schienen: Sexualität und Körperlichkeit seien gut und wichtig; der Kuhhandel, sexuelle Verfügbarkeit gegen finanziellen Unterhalt einzutauschen, stelle eine Erniedrigung der Sexualität und des Körpers dar; die Jungfräulichkeit sei, was Frauen anbelange, ein zweifelhafter Wert, für Männer jedoch gänzlich unnötig; und das Gebot der ehelichen Treue sei unterdrückerisch. Dennoch hatte diese Bewegung nur den Vorteil der Männer im Sinn: Sie gründete keineswegs auf einer Weltanschauung, die ein befriedigendes Sexualleben für ein wichtiges Element einer an der Zufriedenheit und dem Wohlergehen aller Menschen ausgerichteten Lebensform hielt. Die Theorie der «sexuellen Revolution» war nicht verantwortungsbewußt: *De facto* ‹vermännlichte› sie die Sexualität, indem sie ihren Warencharakter herausstellte und sie von allen übrigen eng mit ihr verbundenen Elementen – Zärtlichkeit, Verbundenheit und ihrer potentiellen Fortpflanzungsfunktion – isolierte. Um es nonchalant auszudrücken, bestand die Leistung dieser «sexuellen Revolution» darin, daß sie den Preis für das sexuelle Verfügungsrecht über eine Frau von der Heirat auf eine Einladung zum Essen herabgesetzt hat.

Gleichzeitig verlor die Ehe ihre bindende Kraft, vor allem für die Männer. Nahezu alle im Jahre 1963 in Amerika eingereichten Scheidungen wurden (ob offen oder nicht) von Männern betrieben.[54] Die Scheidung ist ebenso wie die Heirat ein moralisch neutraler Vorgang: sofern sie einer quälenden Beziehung ein Ende macht, ist sie positiv, wenn sie langjährige vertraute Nähe aufhebt, beklagenswert. Selbst wenn Kinder mit im Spiel sind, ist das Urteil nicht leicht: die Scheidung mag für die

Kinder besser sein, als in einer kaputten Ehe aufzuwachsen. Es klingt nur vernünftig, daß eine Scheidung dann möglich sein sollte, wenn einer der Ehepartner die Ehe nicht mehr weiterführen will. Der Entschluß zu Scheidung oder Ehe ist jedoch mit großer Verantwortung verbunden. Aus dieser Verantwortlichkeit hat uns die «sexuelle Revolution» entlassen.

Wenn die Männer – und die Gesellschaft im allgemeinen – von den Frauen fordern, sie sollten alle eigenen Lebenspläne hintenanstellen und sich als Ehefrau, Mutter und Haushälterin in die Rolle der unbezahlten Dienstleistenden fügen, dann muß diese Rolle so strukturiert sein, daß der Lebensunterhalt dieser Frauen trotz ihrer Gratisarbeit abgesichert ist. Diese vertragliche Abmachung wohl bedenkend, hat das traditionelle Scheidungsrecht den Frauen Unterhaltszahlungen zuerkannt. Natürlich vermochte auch das Scheidungsrecht die Männer nicht daran zu hindern, ihre Familien einfach im Stich zu lassen oder die Unterhaltszahlungen schuldig zu bleiben. Die neue Sexualmoral kristallisierte sich jedoch in einer Zeit heraus, als Feministinnen für das Recht auf bezahlte Arbeit auch in besser bezahlten Berufen kämpften und viele Frauen, die es geschafft hatten, sich in solchen Berufen zu etablieren, selbst die Scheidung einreichten. Gesetzgeber und Richter dachten erstaunlich schnell um. Sie begannen zu unterstellen, daß Frauen arbeiteten, daß sie ebensoviel verdienten wie Männer und keinen Unterhalt brauchten, weshalb in den USA heute nur noch sehr selten Unterhaltszahlungen verfügt und noch seltener geleistet werden. Im Jahre 1979 wurden nur noch 14 Prozent aller geschiedenen oder getrennt lebenden Frauen eigene Unterhaltsansprüche oder Unterhaltsleistungen für ihre Kinder zugesprochen, und selbst von diesen erhielten mindestens 30 Prozent die ihnen zuerkannten Zahlungen nicht.[55]

Diese Situation ist ungerecht gegenüber Frauen, die schlechter bezahlte Arbeiten angenommen haben, um ihren Ehemännern das Studium zu ermöglichen, oder ihre eigene berufliche Karriere aufgegeben haben, um mit ihren Männern zu gehen, wenn diese neue Arbeitsstellen annahmen. Sie ist in besonders krasser Form ungerecht gegenüber jenen Frauen, die ihre eigenen beruflichen Möglichkeiten hintenanstellten, um für ihre Männer und Kinder zu sorgen. Vollends empörend wird sie jedoch angesichts der Statistiken über Unterhaltsleistungen von Männern für ihre Kinder nach der Scheidung.

Abgesehen von einigen reichen Männern, die die Macht ihres Geldes dazu einsetzen, den Müttern ihre Kinder nach der Scheidung zu entziehen, lassen die meisten Männer mit der Scheidung nicht nur ihre Ehe, sondern auch ihre Familie hinter sich.[56] Sie sind nur bis zur Scheidung Väter. Der Umfang ihres Engagements bei der Betreuung der Kinder vor der Scheidung ist von Fall zu Fall unterschiedlich, aber man kann davon ausgehen, daß die meisten Väter zumindest ein gewisses Maß an Liebe und Interesse gegenüber ihren Kindern aufbringen. Nach der Scheidung verschwinden sie jedoch oft für immer; sie beteiligen sich weder emotional noch zeitlich oder finanziell an der Aufzucht ihrer Kinder. Über 90 Prozent aller bei nur einem Elternteil lebenden Kinder sind bei ihren Müttern; 1978 gab es in den USA 7,1 Millionen alleinerziehende Mütter mit Sorgerecht.[57] Die Zahl der alleinerziehenden Väter ist in den siebziger Jahren zurückgegangen. «Aus den meisten Scheidungen gehen die Männer als Alleinstehende und die Frauen als alleinerziehende Mütter hervor.»[58] Im ersten Jahr nach der Scheidung geht das Einkommen der geschiedenen Frauen um 73 Prozent zurück, während sich das der Männer um 42 Prozent erhöht.[59] Dem Vater geht es finanziell besser, die Kinder müssen oft am Hungertuch nagen.

In den letzten Jahren sind die Gerichtsurteile zurückgegangen, die Müttern gleichzeitig mit dem Sorgerecht auch Unterhaltszahlungen für ihre Kinder zusprechen: in 41 Prozent der Fälle unterblieb dies. Die als Unterhalt festgelegten Summen schwanken laut verschiedenen Untersuchungen zwischen 539 Dollar und 2110 Dollar pro Jahr.[60] Über 50 Prozent der sorgeberechtigten Mütter erhalten jedoch niemals die ihnen zugesprochenen Beträge.[61] Einer in Kalifornien durchgeführten Untersuchung von Lenore Weitzman zufolge erhalten nur 13 Prozent aller sorgeberechtigten Mütter mit Kindern im Vorschulalter Unterhaltszahlungen. Die Zahlungen für Kinder decken (selbst wenn sie geleistet werden) so gut wie nie die tatsächlichen Kosten der Erziehung.[62]

Daß diese Väter ihren Kindern so geringen Wert beimessen, ist leider in unserer Gesellschaft nichts Abwegiges. Die Klagen unwilliger Steuerzahler richten sich kaum je gegen die Verausgabung riesiger Summen für gigantische Waffensysteme, vielmehr zielen sie auf den verschwindend geringen Steueranteil für die Unterstützung Bedürftiger und insbesondere der «auf Staatskosten lebenden» Mütter ab. Die von der ersten Reagan-Administration vorgenommenen Haushaltskürzungen betrafen ausnahmslos diese Bevölkerungsgruppe: Gekürzt wurden z. B. Leistungen an alte Menschen (zu zwei Dritteln Frauen), Opfer familiärer Gewalt (nahezu ausschließlich Frauen) und Empfänger von Lebensmittelbezugsscheinen (zu 69 Prozent Haushalte mit einem weiblichen

Haushaltsvorstand).[63] Es ist eindeutig erkennbar, daß den Plänen der Reagan-Regierung, Schulspeisungen, nicht hingegen teure Geschäftsessen einkommensmäßig anzurechnen, oder Frauen, die sich vor ihren brutalen Ehemännern in Frauenhäuser flüchten, Lebensmittelbezugsscheine zu verwehren, moralische und politische Wertmaßstäbe zugrundeliegen.[64] Eine Haushaltsverteilungsstudie von 1984 weist Frauen und Kinder als die Hauptopfer von drei Jahren Sparpolitik aus.[65]

Doch auch vor der jüngsten Kürzungswelle reichten in sämtlichen Bundesstaaten die Leistungen aus Mitteln zur Unterstützung von Familien mit versorgungsabhängigen Kindern (die häufigste Form staatlicher Unterstützung) auch im Verein mit Lebensmittelbezugsscheinen nicht aus, um den Lebensstandard einer Familie auch nur *bis an* die offizielle Armutsgrenze anzuheben. Für Frauen, die ihre Familien allein ernähren, bedeutet Arbeitslosigkeit Verelendung, Arbeit zu Niedrigstlöhnen jedoch auch keine erhebliche Verbesserung ihrer Situation.[66]

Das Gesagte gilt nicht nur für die Vereinigten Staaten. Ein für 80 Nationen erstellter Bericht der *International Labor Organization* beziffert den Frauenanteil in der Gesamtarbeiterschaft der Welt auf ein Drittel: das sind 600 Millionen Frauen. Er weist eindeutig nach, daß Frauen im Arbeitsbereich besonders schlecht dastehen, d. h. auf die Verrichtung wenig begehrten Arbeiten angewiesen sind, auch in hochqualifizierten Berufen unterbezahlt werden und in Zeiten der Rezession als erste auf der Straße landen.[67] Ich möchte noch einmal an die bereits zitierten Statistiken erinnern: auf der gesamten Welt verrichten Frauen zwei Drittel aller Arbeit, stellen 45 Prozent aller Nahrungsmittel bereit, verdienen 10 Prozent des Gesamteinkommens und besitzen 1 Prozent des Gesamtvermögens.[68]

Wo immer eine Vormachtstellung der Männer existiert, leiden die Frauen. Diese männliche Vormacht – nicht Kapitalismus, Sozialismus oder Industrialisierung – ist vor allem der entscheidende Faktor, der die Ausbeutung der Frauen erzeugt. Es gibt viele primitive Gesellschaften wie die im südindischen Staat Tamil Nadu beheimateten Kotha, wo die Frauen die ganze Produktions- und Reproduktionsarbeit leisten, während die Männer sich bemalen und schmücken und um die Heiligtümer tanzen.[69] Es gibt viele Dörfer, sei es in Griechenland oder Afrika, wo die Männer müßig herumsitzen, während die Frauen die ganze Arbeit verrichten.[70] Viele Gesellschaften sind so eingerichtet, daß zwar die Abhängigkeit der Frauen von ihren Männern vorausgesetzt wird, aber die Männer nicht verpflichtet sind, sie zu unterhalten. Nahezu 30 Prozent aller Frauen in Vorderasien und nahezu 50 Prozent aller Frauen in Nordamerika haben keine Männer, die für sie sorgen.[71]

Frauen wird von der kapitalistischen Gesellschaft die immer gleiche Botschaft zuteil: um zu überleben, müssen sie entweder *wie* Männer oder *mit* Männern leben. Ihnen bleiben im Prinzip drei Möglichkeiten: Armut und Randständigkeit, unverläßliche Abhängigkeit von Männern oder Assimilation. Ehrgeizige, begabte, gebildete und energische Frauen können heute den Weg der Assimilation einschlagen. Solche Frauen heiraten immer seltener und widmen sich wie Männer ganz ihrer Karriere: eine aus dem Jahre 1982 stammende Untersuchung über leitende weibliche Angestellte in den größten amerikanischen Firmen ergab, daß weniger als die Hälfte dieser Frauen verheiratet waren und 70 Prozent keine Kinder hatten.[72] Die Geburtenrate in den USA und anderen Industrienationen fällt ständig: eine für siebzehn östliche und westliche Länder durchgeführte Untersuchung ergab, daß, mit Ausnahme von vier Nationen, die Frauen nirgendwo genügend Kinder zur Welt brachten, um die Bevölkerungszahl auf dem gegenwärtigen Stand zu halten, und auch in den vier Nationen, für die dies zum Untersuchungszeitpunkt noch nicht galt, wird die Geburtenrate aller Voraussicht nach in diesem Jahrzehnt unter den zur Reproduktion der Bevölkerung notwendigen Stand sinken.[73]

Gegenwärtig ist der Bevölkerungsrückgang noch nicht beängstigend, aber wenn sich die Bedingungen nicht verändern und Mutterschaft weiter gleichbedeutend mit Armut und Hilflosigkeit ist, werden wir vielleicht eines Tages den Punkt erreicht haben, an dem kein Weg mehr daran vorbeiführt, die Bedeutung des Gebärens und der Aufzucht von Kindern anzuerkennen und die Frauen möglicherweise sogar dafür zu bezahlen, daß sie diese Leistungen erbringen. Die Vorstellung, Frauen sei der Kinderwunsch angeboren, ist nachweislich falsch: Es scheint sogar nicht einmal für das Bedürfnis, bereits geborene Kinder zu bemuttern, zwingende physiologische, hormonelle Grundlagen zu geben.[74] Es mag sein, daß Frauen sich inbrünstig nach Kindern – insbesondere nach Söhnen – sehnen, wenn diese die kulturelle Grundlage ihrer Identität oder ihres Wohlergehens sind. Ebenso mögen sich Frauen schlicht deshalb Kinder wünschen, weil sie ihre körperliche Fähigkeit zur Mutterschaft ausleben wollen, oder weil sie es als eine wunderbare Erfahrung ansehen, Kinder zur Welt zu bringen. In den meisten Fällen sind diese

Wünsche jedoch nicht stark genug, den in unserer Gesellschaft verbreiteten Mangel an Wertschätzung gegenüber der Mutterschaft aufzuwiegen. Die unglücklichste Bevölkerungsgruppe in unserem Land überhaupt sind die jungen Frauen mit kleinen Kindern, insbesondere diejenigen in schlecht bezahlten Berufen.[75]

Gegenwärtig laufen die Getriebe von Staat und Industrie, was Frauen angeht, recht reibungslos. Die großen Institutionen haben sich mit dem von Feministinnen ausgehenden politischen Druck arrangiert und gelernt, einen bestimmten Typ von Frauen für Positionen eines bestimmten Niveaus einzustellen: Frauen wird ein hoher Grad an sichtbarer Repräsentation, aber kaum Entscheidungsmacht eingeräumt. In den ‹höchsten› Rängen der Macht gibt es überhaupt keine Frauen. Der Feminismus ist für die Männer ein lästiges Übel, aber viel mehr auch nicht. Die Institutionen schieben Frauen allerorten Riegel vor und zwingen sie, einen langen Kampf nach dem anderen zu kämpfen, nur um die Verfügungsgewalt über ihren eigenen Körper zu verteidigen, um Beförderungen oder Lohnerhöhungen zu erwirken, um sich gegen sexuelle Übergriffe zu wehren, um eingestellt zu werden, um Aufnahme in die Gewerkschaften zu finden. Vor allem aber müssen Millionen Frauen ums schlichte Überleben kämpfen. Solange die Masse der Frauen auf dieser existentiellen Ebene kämpfen muß, braucht das amerikanische Großkapital keine Angst vor einer Frauenbewegung zu haben, die sich in weitreichende politische Entscheidungen einmischen könnte, braucht es keine massenhafte Mitsprache von Frauen in uns alle betreffenden Fragen wie Krieg, Rüstung, Kernkraft und Umweltverseuchung zu fürchten. Der alte Rat, wie eine Frau ruhig und unterwürfig zu halten sei – man lasse sie im Winter barfuß und im Sommer schwanger gehen – wurde von der Industriegesellschaft des 20. Jahrhunderts im Kern übernommen: Man halte sie arm.

Die Frauenbewegung im Kapitalismus hat unglaublich viel geleistet und viel erreicht: Veränderungen in den Bereichen des Rechts und der Sitten und Gebräuche, die sich zwar bei weitem am positivsten für die gebildeten Mittelschichtsfrauen, aber auch für alle übrigen Frauen ausgewirkt haben. Dennoch war der Feminismus nicht in der Lage, an dem unnachgiebigen Establishment zu rütteln, das drauf und dran ist, unsere Erde zu zerstören; ebenso wenig hat er uns der Verweiblichung der Gesellschaft näher gebracht. Tatsächlich scheint er sogar mit jedem Jahrzehnt an Boden zu verlieren, während die nährenden, lebensspendenden, gemeinschaftsbezogenen, emotionalen Aspekte des Lebens zunehmend von den Mühlen der Gesellschaft zu Staub zermahlen, Technologisierung und Machtstreben dagegen immer weiter verherrlicht werden.

Diese Situation stellt für Feministinnen ein schwieriges Dilemma dar. Nur durch das Vordringen feministisch denkender Frauen in großer Zahl in die Machtapparate der Nation kann es uns gelingen, Einfluß auf die Geschicke unseres Landes zu erlangen. Nur durch vereinte politische Aktivität werden Frauen die Zukunft mitgestalten können. Gegenwärtig und auf absehbare Zeit sieht es jedoch so aus, daß Frauen nur nach gründlicher Prüfung in geringer Zahl eingestellt und auch dann noch besonders streng beobachtet werden. Frauen, die in die Institutionen der Macht vordringen, werden mit sehr viel größerer Wahrscheinlichkeit integriert, als daß sie diese verändern. Sie passen sich an oder werden gekündigt. Einige feministische Gruppen lehnen solche Bestrebungen überhaupt mit der Begründung ab, Frauen sollten nicht an einem System partizipieren, das sexistisch, rassistisch, profit- und machtorientiert ist. Auf der anderen Seite ist die Weigerung, Eingang in das Establishment zu suchen, gleichbedeutend mit dem Verzicht auf jeden Versuch, dieses von innen heraus zu verändern, gleichbedeutend mit der Fügung in die marginale Position, in der Frauen traditionell gehalten wurden. Darüber hinaus bedeutet die Weigerung, an den Institutionen unserer Gesellschaft zu partizipieren, mit einiger Wahrscheinlichkeit, daß man sich selbst zur Armut verurteilt. Armut aber ist unhörbar und unsichtbar, sie hat keine Stimme und kein Gesicht.

Wie auf so viele Fragen gibt es auch darauf keine eindeutig richtige Antwort.

2. Die Karyatiden und der Feminismus

Daß Frauen nicht nur in größerer Zahl als je zuvor in der Geschichte ins Erwerbsleben strömen, sondern auch noch für bessere Löhne und Positionen kämpfen, daß sie das Recht und die Mittel besitzen, selbst zu bestimmen, ob sie Kinder haben wollen oder nicht, ist für viele Männer überaus bedrohlich, insbesondere jedoch für die Vertreter der christlichen Rechten in Amerika. Diese Männer (insbesondere Mormonen und Katholiken) organisierten und finanzierten z. B. eine Bewegung, die Frauen als Galionsfiguren gegen das *Equal Rights Amendment* auftreten ließ. Ferner gibt es eine von Frauen getragene Bewegung gegen die legale Abtreibung, das *Right-to-Life-Movement*, das zwar von der katholischen Kirche unterstützt wird, aber weitgehend unter der Führung von Frauen zu stehen scheint. Unabhängig davon, wer diese beiden Gruppen initiiert oder finanziert hat, bekennen sich viele Frauen zu deren Prinzipien, die zwar nicht identisch sind, aber viel gemeinsam haben.

Solche Frauen bezeichne ich als Karyatiden*. Selbst Frauen, die in wichtigen beruflichen und gesellschaftlichen Positionen fest im Sattel sitzen, kann man doch schlecht als Säulen der Gesellschaft bezeichnen: Diese Säulen (vgl. Kapitel V) sind fast ausschließlich männlich. Dennoch könnte keine Gesellschaft auch nur einen einzigen Tag lang funktionieren, ohne daß Frauen sie mittrügen, was die Griechen wohl richtig erkannten, als sie voll bekleidete weibliche Figuren als Säulengestalten die Gesimse ihrer Bauwerke tragen ließen. Auf den Köpfen dieser Karyatiden ruht das Dach. Gleichgültig ob Frauen die Art und Weise, wie unsere Gesellschaft gelenkt wird, mit Freuden billigen oder nicht, tragen sie doch, um mit Mao zu sprechen, mehr als die Hälfte (53 Prozent in den USA) des Himmels.

Die Frauen, die ich hier als Karyatiden bezeichne, halten zwar das ‹weibliche› Prinzip hoch, sind aber Gegnerinnen des Feminismus. Viele von ihnen sind Mitglieder der patriarchalisch organisierten Kirchen und akzeptieren die traditionelle Weltaufteilung als Manifestation des göttlichen Willens und der Naturgesetze. Sie sind stolz auf ihre Weiblichkeit und betrachten sich selbst nicht als zweitrangiges Geschlecht. Sie begreifen ihre Rolle als komplementäre Ergänzung zu der der Männer. In ihren Augen sind Fortpflanzung und Kindererziehung fundamentale und heilige Aufgaben, und sie pflegen hingebungsvoll Werte wie Fürsorglichkeit, Mitgefühl und Gemeinschaftsdenken.

Männer sind ihnen zutiefst suspekt. Da sie das Gefühl haben, in einem unveränderbaren System gefangen zu sein, in dem die Frauen für die Kinder zuständig sind, waren und immer sein werden, suchen sie nach Mitteln und Wegen, sich und ihre süße Last möglichst gut abzusichern. Sie sind davon überzeugt, daß die Eigenschaften, die zu repräsentieren sie für sich in Anspruch nehmen – die ‹akzeptierten› Aspekte des ‹weiblichen› Prinzips – zwar von lebensnotwendiger Bedeutung sind, gleichzeitig jedoch in ihrer Fragilität der Welt der Macht nicht standzuhalten vermögen. Die Karyatiden gehen nicht von der Vorstellung aus, daß

* weibliche Säulenfiguren (Anm. d. Ü.)

Mitgefühl oder Fürsorglichkeit sich mit Stärke, Selbstbehauptung oder Unabhängigkeit vereinbaren ließen. Damit diese Qualitäten sich entfalten können, müssen sie starkem ‹männlichem› Schutz unterstellt werden. Diese Frauen sind bereit, die Möglichkeiten eines gleichberechtigten eigenständigen Lebens gegen die materielle Absicherung ihrer selbst und ihrer Kinder durch Männer einzutauschen.[76]

Die Karyatiden sind keineswegs blind: sie wissen, wie die Welt funktioniert. Sie begreifen, daß die Freiheit, außer Hauses erwerbstätig zu sein, im Grunde die Freiheit zu doppelter Sklaverei ist. Sie sehen, wie Frauen ohne Männer in die Armut abgleiten, und viele von ihnen fühlen, daß sie selbst nicht über die Fähigkeiten und die Erfahrung verfügen, dieser Verarmung zu entgehen, sollten ihre Männer sie verlassen. Einige von ihnen mögen die mächtige Welt der Technologie und des Geldes bewundern, andere ängstlich vor ihr zurückschrecken, aber die meisten von ihnen wissen, daß sie in dieser Welt nicht gut zurechtkämen, daß sie nicht ‹dorthin gehören›. Nur eine starke und geschützte Stellung der Familie kann sie in ihren Augen vor der Bedrohung durch die Armut, durch die rohe, ausbeuterische Welt der Männer und vor dem harten Kampf, sich und ihre Kinder allein durchzubringen, bewahren.

Die Karyatiden schätzen die soziale und ökonomische Verletzlichkeit von Frauen und insbesondere von Müttern nur realistisch ein. Nicht realistisch allerdings bewerten sie die Macht der Gesetze, auf deren Schutz sie bauen. Auch als sich scheiden zu lassen noch eine Schande war, haben Männer ihre Frauen verlassen. Und selbst wenn es zu einer massiven Gesetzgebung zum «Schutz der Familie» kommen sollte, ist es doch sehr unwahrscheinlich, daß dieses Paket auch Gesetze umfassen wird, die es Männern tatsächlich erschweren, sich scheiden zu lassen, ihre Familien im Stich zu lassen oder zu mißhandeln: die «Familie», die von solchen Gesetzen geschützt zu werden pflegt, besteht ausschließlich aus Männern. Dennoch sind Scheidungen in bestimmten Bevölkerungsgruppen noch immer selten. Die Karyatiden wollen, daß es dabei bleibt, und für ein oder zwei Jahrzehnte mag ihnen dies gelingen, aber sie kämpfen gegen den Strom an.

Stillhalten und Fügsamkeit sind keine Garantien für die Treue der Männer, sondern erleichtern diesen höchstens die Seitensprünge. Ein gewisses Maß an Unabhängigkeit und Autonomie bedeutet indessen nicht automatisch, daß die Männer das Weite suchen. Diese Behauptung gehört zwar zum Einmaleins des Sexismus, aber dieses Einmaleins ist falsch. Wenn viele Feministinnen ohne Männer leben, so beruht dies großenteils auf ihrer erhöhten Sensibilität für männliche Unterdrükkungsmechanismen und auf den neuen ökonomischen Möglichkeiten der Frauen, die es ihnen gestatten, ganz gut ohne Männer zu leben. Die Karyatiden sind sich der Art und Weise, wie Frauen in der Welt der Männer im allgemeinen behandelt werden, durchaus bewußt und denken oft schlechter über Männer als Feministinnen.

Der eigentliche Standpunkt der Karyatiden ist wesentlich männerfeindlicher als jede feministische Position. Sie gehen davon aus, daß die Welt nun einmal so ist, wie sie ist, daß man gegen das System nichts ausrichten kann, und daß dieses System in der Hand der Männer liegt. Frauen haben nicht nur keine Chance zu gewinnen, sie können es nicht einmal schaffen gleichzuziehen. Männer sind Kinder voller Zerstörungswut, und man kann von ihnen nicht erwarten, daß sie für die wirklichen Kinder sorgen. Man muß sie zwingen, ihren Teil der lebenswichtigen Aufgabe der Kinderaufzucht zu übernehmen, indem man ihnen jede Sexualität außerhalb der Ehe verwehrt, sie als Ehemänner zwingt, ihre Familien zu unterhalten, indem man die Scheidung erschwert und auch geschiedene Männer noch für ihre Familien zur Verantwortung zieht. Das einzige Kapital der Frauen in diesem Handel ist Sex. Legale Abtreibung ist für sie ein rotes Tuch, weil sie den Männern die Freiheit eröffnet, ein promiskuitives Sexualleben zu führen. Obgleich sich die *Pro-Life*-Kampagne in den USA in erster Linie auf die Tatsache beruft, daß bei der Abtreibung der Fötus getötet wird, sind ihre Anhänger bei Protesten gegen Krieg und atomare Hochrüstung nicht weiter in Erscheinung getreten. Die *Pro-Life*-Kampagne, so steht zu befürchten, gilt weniger der Bewahrung von Leben als vielmehr der Bekämpfung sexueller Freiheit.

Die Karyatiden sind wohl die verzweifeltsten und auch die wütendsten Angehörigen des weiblichen Geschlechts, was sich immer wieder bei antifeministischen Versammlungen zeigt, bei denen der Ton hysterischer Entrüstung vorherrscht. Sie ähneln einem kolonialisierten Volk, das nicht von dem Glauben lassen will, daß die Kolonialherren ihm mehr Schutz bieten als jene, die gegen die Kolonialherrschaft aufbegehren. Kurzfristig mögen sie recht behalten, auf lange Sicht jedoch mit Sicherheit nicht. Sie können zwar die Staffage bei der Niederschlagung des *Equal Rights Amendment* stellen, aber das, worum es ihnen eigentlich geht – Sicherheit für sich und ihre Kinder –, werden sie nicht erlangen. Ihre Angst vor allen gegen ihr Wertsystem gerichteten Kräften festigt nur deren Macht, ja in Wirklichkeit erkaufen sie sich den Schutz dieser Kräfte, indem sie sie noch unterstützen. Die Neue Rechte glaubt, Ehefrauen würden deshalb in die Erwerbstätigkeit drängen, weil hohe Steuern und Inflation auf Grund des schrankenlosen Wucherns des Wohlfahrtsstaates sie dazu zwingen. Der Wohlfahrtsstaat ist jedoch Folge und nicht Ursache der neuen Moral mit ihrer hohen Scheidungsquote, ihren verantwortungsunwilligen Männern und ihrena'leinerziehenden Müttern.[77] Der Abbau des Wohlfahrtsstaates bedeutet die Zerstörung der wenigen – wenn auch unzulänglichen – Ansätze zur Lösung jener sozialen Probleme, die ihre Wurzeln in der kulturell tief verankerten Entwertung ‹weiblicher› und Überhöhung ‹männlicher› Elemente haben. Diese Bestrebungen kommen dem Versuch gleich, die Gesellschaft von einem Krebsleiden zu befreien, indem man das Aspirin auf den Müll wirft.

Die Männer, die diese antifeministische Position unterstützen und gegen die Gleichberechtigung sind, haben ihre eigenen Motive. Viele Mitglieder der Rechten – Männer wie Frauen – hegen auf der Grundlage der repressiven Religion, die ihre Erziehung geprägt hat, einen massiven Argwohn gegen alles Sexuelle. Viele von ihnen halten alle Feministinnen für lesbisch. Die Homosexualität ist in ihren Augen Sünde und Perversion, gleichzeitig jedoch eine so mächtige Versuchung, daß ihrer nur ansichtig zu werden schon der Verführung gleichkommt. Die Freiheit, Sexualität auszuleben, ist mindestens so schlimm, wenn nicht noch schlimmer, wie die Legalisierung von Mord und Totschlag, und dunkle Anspielungen auf die Verführung unschuldiger kleiner Mädchen und Knaben entquellen der Rhetorik des Antifeminismus wie schwefliger Rauch.

Die Motive der Männer, die antifeministische Bewegungen *finanzieren,* sind jedoch nicht so unmittelbar persönlicher Natur. Connie Paige beschreibt, wie Gelder für Kampagnen gegen das *Equal Rights Amendment,* gegen die legale Abtreibung und andere feministische Ziele, organisiert und vergeben werden. Initiator solcher Kampagnen ist die Neue Rechte, die sich nach Zillah Eisenstein «weitgehend zu dem Zweck formierte, die Errungenschaften der Frauenbewegung zu bekämpfen»[78]. Connie Paige nennt Firmen, die solche Kampagnen gefördert haben, darunter *Ford, General Motors, Coca Cola, Pepsico, Hershey, Reader's Digest, Pizza Hut, Citibank, IBM, Exxon* und *Consolidated Foods.* Weiter nennt sie als Spender private Stiftungen wie die *Adolph Coors Foundation,* die *Bechtel Foundation* und die *Lilly Foundation* sowie fundamentalistische Gruppierungen wie die von H. L. Hunt initiierte *Christian Crusade.*[79] Solche Kräfte waren es, die mit ihrem Geld und ihrem Einfluß das *Equal Rights Amendment* niederschlugen, und nicht die amerikanischen Frauen, die, wie unzählige Meinungsumfragen ergeben haben, hinter ihm stehen.

Die amerikanischen Frauen sind, ebenso wie die Frauen in aller Welt, mehrheitlich gegen den Krieg und für eine Politik, die «das Wohl aller Menschen, unabhängig von der individuellen finanziellen Situation», fördert. Der Kampf gegen die Armut und für die Erhaltung der Umwelt sind ihnen zentrale Anliegen.[80] Außerdem orientieren sich die meisten Frauen, ob sie Kinder haben oder nicht, an einem Wertsystem, das der Kinderaufzucht und dem persönlichen wie dem allgemeinen Wohl förderlich ist. In diesem Punkt stimmen Karyatiden und Feministinnen überein, auch wenn erstere das nicht wahrhaben wollen. Sie betrachten den Feminismus durchweg als eine Bewegung, die Frauen dazu zwingen will, genauso zu leben wie Männer, d. h. entweder ihre «Frauenpflicht» ganz zu vernachlässigen oder sich bestenfalls nur noch nebenbei um Kinder und Haushalt zu kümmern.

Die Karyatiden der Gegenwart sind eng mit jenen Frauen verwandt, die die in der Frauenliteratur seit dem 19. Jahrhundert dominierenden Formen des Häuslichkeitskults geprägt und aufrechterhalten haben. Sie haben das moralische Szepter jener Frauen geerbt, die Heim und Mutterschaft als einen Hort des Friedens, der Ordnung und der Idylle, und die Frauen als über jede Politik erhaben verherrlichten. Diese Überhöhung beinhaltete in ihrer gründlichen Reinigung des Lebens von all seinen blutigen, schmerzlichen und konflikthaften Aspekten ein beträchtliches Maß an Sentimentalität. Daß ein solches Ideal überhaupt aufkommen konnte, ist bereits ein Zeichen dafür, wie entwertet sich die Frauen fühlten und wie feindlich die Gesellschaft ‹weiblichen› Werten gegenüber eingestellt war. Der Häuslichkeitskult hatte, unabhängig von den persönlichen Intentionen der Frauen, die ihn mittrugen, letztlich die Funktion, die Gesellschaft mit all ihren abstoßenden und entmenschlichenden Aspekten zu stabilisieren. Als Nebenprodukt brachte er einige Frauen dazu, sich für seine Prinzipien aktiv politisch einzusetzen. Die Karyatiden versuchen auf ihre Weise, eine neue Aufwertung ‹weiblicher› Werte herbeizuführen. Eines fernen Tages, so es diesen noch geben wird, wird man sie vielleicht als Teil des feministischen Kampfes für eine glücklichere Welt und nicht als Widersacherinnen dieser Bewegung einordnen.

Angesichts der Hindernisse, die uns entgegenstehen, gibt es keinen eindeutig richtigen, wirksamen oder moralisch integren Weg oder Ansatz, kein *tao*. Jeder Weg hat seine Nachteile, seinen Preis, seine Grenzen. Jeder Weg ist, wie das Leben selbst, in gewisser Weise kompromittierend. Die Karyatiden haben sich jedoch für einen besonders undankbaren Weg entschieden. Da sie das belagerte Terrain zu schützen suchen, indem sie ihre eigenen Waffen strecken und ihre Soldaten mit unzerreißbaren Banden an sich zu fesseln suchen, müssen sie sich zwangsläufig ständig Sorgen um die Stärke dieser Bande, über die Standhaftigkeit ihrer Männer und über mögliche Bedrohungen ihres Paktes machen. Sie können es sich nicht leisten, nach dem Preis des auf diese Weise erhandelten Schutzes zu fragen und dürfen es sich daher nicht erlauben, über sich und ihr eigenes Wohlergehen nachzudenken.

Es gibt unübersehbare Hinweise darauf, daß der Feminismus das Wohlergehen der Frauen gefördert hat, daß «die psychische Gesundheit der Frauen sich mit der Frauenbewegung gebessert hat. Der Feminismus führt zu Gleichberechtigung, und Gleichberechtigung zu psychischer Gesundheit». Eine Langzeitstudie ergab, daß selbst ältere Frauen sich seit dem Einsetzen der Frauenbewegung glücklicher fühlen: Heutzutage kommt uns so gut wie nie mehr etwas davon zu Gehör, daß Frauen auf Grund des Einsetzens der Wechseljahre psychische oder physische Zusammenbrüche erleiden, wie es den geflüsterten Erklärungen unserer Mütter zufolge einst so weit verbreitet war.[81]

Noch immer ist für das Patriarchat keine andere Form der Transzendenz absehbar außer der des Todes: die Jahrtausendwende naht mit leeren Händen. Die einzige Form von Transzendenz, die menschenmöglich ist, besteht in der Kontinuität, in der Aufeinanderfolge von Generationen und Kulturen, in der Hervorbringung neuer Generationen und der Erhaltung einer menschenwürdigen Welt, in der sie leben können, einer intellektuellen und künstlerischen Tradition, die sie begeistern kann. Kontinuität aber ist ein feministisches Ideal – erdgebunden, weiblich, körpernah, aber nichtsdestotrotz mit mächtigen Schwingen. Oft genug teilen auch Anti-Feministinnen dieses Ideal.

3. Das Ideal der Gleichberechtigung

Einige der ersten Feministinnen – wie etwa Mary Wollstonecraft oder ein Teil der Suffragetten – haben niemals die Gleichberechtigung mit Männern gefordert.

Diese war jedoch eine der Hauptforderungen der jüngsten Frauenbewegung, die begriffen hatte, daß das Stimmrecht, das Recht auf Schulbildung und selbst das Recht auf Erwerbsarbeit den Frauen noch keine Mitsprache sicherte. Aus dieser Einsicht erwuchs eine an der schwarzen Bürgerrechtsbewegung orientierte Gleichberechtigungsbewegung. Gestützt auf die grundlegenden Prinzipien unserer gesellschaftlichen Ordnung – wie sie in der Unabhängigkeitserklärung, der Verfassung und der *Bill of Rights*, die deren Herzstück bildet, niedergelegt sind – begannen Schwarze und Frauen eine großangelegte Kampagne, die auf Assimilation abzuzielen schien. Im Gegensatz zu anderen sozialen Protestbewegungen zeitigten die Bürgerrechtsbewegungen der Schwarzen und der Frauen nur mäßige Erfolge. Da Schwarze und Frauen symbolisch für Elemente stehen, deren Transzendierung Entstehungszweck des Patriarchats war, ist ihre volle Integration in die Gesellschaft unmöglich. Um nahtlos in diese Gesellschaft aufgenommen zu werden, mußten sie sich quasi in weiße Männer verwandeln. Sie mußten deren Wertordnung übernehmen, deren Verhaltens-, Kleidungs- und Lebensnormen akzeptieren und unter Beweis stellen, daß sie vom hierarchischen Prinzip überzeugt sind. Die Frauen und Schwarzen, denen dies gelungen ist, werden von der weißen Männerwelt tatsächlich nahezu als gleichberechtigt behandelt. Dies ist der optimale Status, den sie erreichen können, da sie weder ihr Geschlecht noch ihre Hautfarbe zu ändern vermögen.

Dennoch ist Gleichberechtigung noch immer das Ziel vieler Gruppen unter den Frauen und Schwarzen. Auf Grund der unüberbrückbaren Kluft zwischen Schwarz und Weiß, zwischen Männlich und Weiblich, wird alles, was sie erreichen, bei nächster Gelegenheit rückgängig gemacht und muß immer wieder aufs neue errungen werden. Die Weigerung, Frauen und Schwarzen wahre Gleichberechtigung einzuräumen, ist so fundamental, so hartnäckig und so tief in unserer Kultur verwurzelt, daß noch so hervorragende Leistungen einer einzelnen Frau oder eines einzelnen Schwarzen nicht genügen werden, um deren oder dessen Nachfolgern den Weg zu ebnen, und durch politischen (beziehungsweise moralischen oder sozialen) Druck erzwungene integrative Maßnahmen werden weiterhin rückgängig gemacht werden, sobald der Druck nachläßt. Kein Fortschritt ist verläßlich, keine Verbesserung der Einstellungs-, Beförderungs- oder Bezahlungspraktiken, kein Schritt in Richtung auf Integration im Wohn-, Bildungs- oder Arbeitsbereich (was Schwarze anbelangt) bzw. auf Selbstbestimmung über den eigenen Körper und die Fortpflanzung, Integration im Berufsleben oder politische Repräsentation (was Frauen anbelangt), ist jemals ein solider Grundstein, auf den man bauen könnte. Einen Monat, ein Jahr oder ein Jahrzehnt später werden diese Fortschritte zunichtegemacht, beginnt das Ringen von neuem, muß der gleiche Kampf noch einmal ausgefochten werden, geht es von neuem gegen einen Gegner, der über so ungleich viel größere Mittel verfügt, dessen Leben so ungleich viel bequemer ist, der es sich leisten kann, in aller Ruhe zu prozessieren: nötigenfalls jahrelang.

Natürlich gibt es Stimmen, die angesichts der Unerschütterbarkeit, Undurchdringlichkeit und Starrheit der Strukturen den gewaltsamen Umsturz des bestehenden Systems und die Erschaffung eines neuen fordern. Der Haken an diesem Vorhaben (sein zu erwartendes Scheitern einmal außer acht gelassen) liegt darin, daß die neue Gesellschaft eben nur äußerlich neu wäre, die alten Wurzeln jedoch unangetastet blieben. Die Verfechter der Theorie des gewaltsamen Umsturzes haben für den Kampf um Gleichberechtigung nur Verachtung übrig, da Gleichberechtigung in einer nicht erstrebenswerten Gesellschaft für sie kein erstrebenswertes Ziel ist.

Doch gerade angesichts der Undurchlässigkeit unserer Institutionen, ihrer rigiden Handhabung symbolischer Kategorien, hinter denen in Wirklichkeit Menschen aus Fleisch und Blut stehen, bleibt der Kampf um Gleichberechtigung notwendig, da er zum einen die Chance eröffnet, die Situation einiger Menschen zu verbessern, und zum anderen ein konkretes Aktionsfeld ist, das für alle, die auf ihm tätig sind und von ihm profitieren, neues Selbstbewußtsein (allerdings auch Frustration und Verzweiflung) mit sich bringt.

Dabei dürfen wir jedoch nie aus den Augen verlieren, welche Art von Gleichberechtigung wir anstreben. Die nahtlose Integration in eine nicht erstrebenswerte Gesellschaft ist tatsächlich kein wünschenswertes Ziel. Die Gleichberechtigung, für die wir kämpfen können, muß hinreichenden politischen und ökonomischen Einfluß gewähren, sie muß uns in eine Position versetzen, die ausreichend stark und weit gespannt ist, um uns die Mitsprache bei allen unsere gesamte Kultur betreffenden Entscheidungen zu ermöglichen, eine Position, die so reich an Möglichkeiten und so begehrenswert ist, daß sie es uns gestattet, diese Kultur durch unser Vorbild und unseren Einfluß zu verändern.

Es gab und gibt in der feministischen Bewegung die Tendenz, die weiße Männerwelt als nachahmenswertes Vorbild hinzustellen, weiße ‹männliche› und allgemein ‹weibliche› Denk- und Handlungsmuster miteinander zu vergleichen, wobei letztere meist schlecht abschneiden. Ich bezweifle, daß es eine einzige Feministin gibt, die noch nie Nacht um Nacht schlaflos über dem Problem gebrütet hat, was sie in einer gegebenen Situation tun sollte.

So mag eine Frau etwa den Verdacht haben, daß ein Kollege sich wider die beruflichen Spielregeln in einer Weise verhalten hat, die ihr schadet; sagen wir, er hat sie einem wichtigen Kunden gegenüber diffamiert. Ihr erster Gedanke mag sein: was würde ein Mann in einer solchen Situation tun? Wahrscheinlich wird sie annehmen, daß ein Mann sich zunächst eindeutige Beweise für das Verhalten des Kollegen verschaffen und sich dann bei Vorgesetzten beschweren würde. Ihr hingegen widerstrebt diese Lösung. Eigentlich möchte sie den Kollegen direkt ansprechen und nach den Gründen seines Verhaltens fragen. Sie weiß jedoch, daß er ihr ausweichen wird. Andererseits weiß sie, daß es möglicherweise ihren Vorgesetzten gegen sie aufbringen wird, wenn sie als Frau versucht, auf diese Situation zu reagieren wie ein Mann. Auch emotional steht sie nicht recht hinter dieser Taktik. Sie will sich zwar rächen, weil es ihr eine Genugtuung wäre, aber gleichzeitig lehnt sie die Rachsucht in sich ab, nicht zuletzt deshalb, weil man ihr beigebracht hat, sich nicht aggressiv zu verhalten. Die naheliegende Reaktion ist typisch weiblich und wird mit großer Sicherheit nichts nützen. Außerdem verstößt sie gegen ihre feministischen Prinzipien, die von ihr fordern, daß sie sich durchsetzt. In der weißen Männerwelt gibt es kein Vorbild, an das sie sich halten kann und keine Chance, daß ihre Reaktion, wie immer sie aussehen mag, genauso aufgenommen würde, als wenn sie von einem Mann käme.

Wirkliche Gleichberechtigung ist in einer auf Macht und Transzendenz ausgerichteten Welt nicht möglich. Die Frau steckt in dieser frauenfeindlichen Gesellschaft ständig in unentrinnbaren Zwickmühlen. Wenn sie Gleichberechtigung zum Maßstab ihrer Entscheidungen macht, verstößt sie gegen ihr anerzogene Prinzipien und wird überdies meistens scheitern. Günstigstenfalls wird sie zum ‹Pseudomann›. Wir müssen moralische Maßstäbe entwickeln, bei denen uns wohl ist, in denen unsere Werte Ausdruck finden und die wir öffentlich verbreiten. Die Frauen müssen eine Moral schaffen, die in der Welt bestehen kann, obwohl sie anders ist als die männliche Moral. Der erste Schritt zur Entwicklung einer solchen Moral ist die Erweiterung oder selbst die Veränderung gegenwärtig gültiger Bewertungsmaßstäbe.

In den letzten beiden Jahrzehnten sind Unterschiede zwischen Männern und Frauen vor allem in drei Bereichen wissenschaftlich erforscht worden: auf der Ebene der Leistungsmotivation, auf sprachlicher und auf moralischer Ebene. Zunächst ergaben diese Forschungen, daß Frauen in verschiedenen Punkten anders und demzufolge den Männern unterlegen waren. Spätere Untersuchungen erfolgten bereits unter einem erweiterten Gesichtswinkel und warfen Fragen auf, die beide Geschlechter betreffen; diese Untersuchungen stellten die herrschenden (männlichen) Normen in Frage.

Die erste Veröffentlichung über Leistungsmotivation stammt von David McClelland. Das Buch basierte auf im Jahre 1953 durchgeführten Untersuchungen, umfaßte 900 Seiten und diskutierte die Leistungsmotivation in einer Weise, als gelte die Theorie des Autors für alle Menschen. Lediglich einer Fußnote zum Stichwort Frauen kann der aufmerksame Leser entnehmen, daß an Frauen gewonnene Daten sich nicht in die Theorie einfügen.[82]

Gegen Ende der sechziger Jahre veröffentlichte Matina Horner die ersten Untersuchungen über die Einstellung der Frauen zum Erfolg.[83] Sie und ihr Team legten College-Studenten den Anfang einer Geschichte vor und forderten sie auf, sie zu Ende zu führen. Im Anfangsteil ging es um eine junge Frau, die eine Karriere als Ärztin anstrebte, also vor einer traditionellen Erfolgsleiter stand. Die Studentinnen, die die Geschichte weiterführten, gaben ihr ganz überwiegend ein ambivalentes oder unglückliches Ende. Es ergab sich, daß sie mit dem Erfolg negative Assoziationen verbanden, ein Phänomen, das Matina Horner als Ausdruck der Angst interpretierte, Erfolg bedeute für die Frau soziale Ablehnung und den Verlust ihrer ‹Weiblichkeit›.

Matina Horners Interpretation der Versuchsergebnisse orientiert sich an einer männlichen Norm: Männer zeigen Erfolgsstreben; wenn Frauen dies nicht tun, handelt es sich um ein Defizit. Solche Interpretationen bieten allen, die sie sich zunutze machen wollen, eine pseudowissenschaftliche Begründung dafür, warum Frauen so selten erfolgreich sind, und eine Rechtfertigung für ihren Ausschluß durch Männer. Obwohl Matina Horner selbst diesem Denken nicht in die Hände arbeiten wollte, wurden ihre Arbeiten häufig in dieser Funktion zitiert. Seither haben sich auch andere Untersuchungen diesem Thema gewidmet, in den meisten Fällen jedoch, um Matina Horners Versuchsergebnisse, nicht dagegen ihre Interpretation in Frage zu stellen. Es wurde nachgewiesen, daß das Motiv der Erfolgsangst bei weißen College-Studentinnen fortexistierte und sich – in einer Zeit der Skepsis und der ablehnenden Haltung gegenüber Institutionen – zunehmend auch bei ihren männlichen Kollegen manifestierte.[84] Andere Untersuchungen ergaben, daß schwarze Frauen dieses Motiv seltener aufwiesen, und daß die Erfolgsangst bei jungen Frauen um so ausgeprägter auftrat, je höher ihr sozioökonomischer Status war.[85]

Keine weitere Beachtung erfuhren Belege dafür, daß nach Erfolg strebende Männer erwarteten, daß dieser ihnen nicht nur Geld und Statusvorteile, sondern darüber hinaus auch Liebe und Nähe einbringen würde – während das Verhalten, daß ein Mann entfalten muß, um Erfolg zu haben, seine Fähigkeit zur Liebe und Nähe in Wirklichkeit beschneidet. Erst 1976 begann man zu vermuten, daß die Frauen in Matina Horners Experiment weniger Angst vor Erfolg als vielmehr Angst vor den negativen Folgen der Abweichung von traditionellen Geschlechtsrollenerwartungen gehabt hätten. Somit habe sich in den Testresultaten nicht ein tiefsitzendes psychologisches Phänomen, sondern vielmehr eine realistische Einschätzung dieser Welt manifestiert.[86] Außerdem wandten John Condry und Sharon Dyer ein, daß die Definition von Erfolg in Kategorien von Schulleistungen und Berufszielen eine unzulässige Verengung des Begriffs darstelle. Andere Untersuchungen ergaben, daß Frauen in erklärtermaßen ‹weiblichen› Bereichen und insbesondere im emotionalen Bereich sehr wohl Leistungsmotivation zeigen.[87] Älteren Frauen scheint bislang niemand derartige Tests vorgelegt zu haben.

Martha Mednick, Sandra Tangri und Lois Hoffman gelangen zu dem Schluß, die Beurteilung weiblicher Motivation nach männlichen Normen sei letztendlich destruktiv. Sowohl Männer als auch Frauen müßten wichtige Elemente ihrer Persönlichkeit verdrängen, um in Prestigeberufen Erfolg zu haben. Deshalb, so die Autoren, sei möglicherweise das Widerstreben der jungen Frauen gegen diese Art von Erfolg Merkmal einer ganzheitlichen Persönlichkeit, die sich sehr wohl bewußt sei, was das Leben außer dem Erfolg sonst noch beinhalten müsse. Die Tatsache, daß junge Frauen aus der sozioökonomischen Oberschicht – deren Angehörige sich bereits durch materiellen Erfolg auszeichnen – am ehesten zur Erfolgsangst neigen, wäre bei dieser Betrachtungsweise eine unausgesprochene Kritik an ihren Familien, insbesondere vermutlich an den Vätern. Es könnte sich folglich darin ausdrücken, daß die jungen Frauen nicht so leben wollen wie ihre Eltern.

Matina Horners Arbeiten waren deshalb wichtig, weil sie ihre Untersuchungen an Frauen vornahm und die Testergebnisse ernst nahm. Daß sie Frauen unter dem Aspekt der Abweichung von einer männlichen Norm beurteilte, war zu ihrer Zeit kaum vermeidbar. Erst in jüngster Zeit hat sich die Wissenschaft mit der Erkenntnis auseinandergesetzt, daß zum einen ‹weibliche› Bewertungskriterien nicht mit ‹männlichen› identisch sind und Unterschiede deshalb nicht unbedingt auf Defizite hindeuten, und daß zum zweiten, auch wenn diese These unausgesprochen bleibt, Männer möglicherweise besser daran täten, sich an ‹weiblichen› Bewertungskriterien zu orientieren.

In Anbetracht der Belastung der Männer, ihrer kürzeren Lebenserwartung, ihrer größeren Einsamkeit, ihrer relativen Unfähigkeit zu Nähe, Gemeinschaft und Liebe kann es durchaus sein, daß ‹weibliche› Werte den ‹männlichen› überlegen sind. Vielleicht sollten wir nicht danach fragen, warum Frauen im allgemeinen nicht Aufsichtsratvorsitzende von *General Motors* werden wollen, sondern uns vielmehr erkundigen, warum Männer das wollen. Es ist durchaus denkbar, daß Erfolg in unserer Gesellschaft nicht für jeden Menschen ein erstrebenswertes Ziel ist. Männern wird der Glaube anerzogen, der materielle Erfolg würde ihnen neben Geld und Statusvorteilen auch Liebe, Beziehungen und menschliche Anerkennung sichern: Frauen wissen es besser, zumindest, was sie selbst anbelangt. Ein ergiebigerer Schlüssel als die Messung der Leistungsmotivation wäre vielleicht die Frage, was die Menschen sich unter einem erfolgreichen Leben vorstellen.

Die ersten wissenschaftlichen Untersuchungen über Frauen und Sprache wurden unter der gleichen wertenden Perspektive durchgeführt. Dieses komplexe Forschungsgebiet umfaßt mindestens drei Unterbereiche: die Untersuchung von Geschlechterkategorien in der Sprache selbst; vergleichende Untersuchungen über die Beschreibung von Männern und Frauen mit Hilfe von Sprache; und vergleichende Untersuchungen zum Sprachgebrauch von Frauen und Männern.[88] Letzteres Thema war ein wichtiger Forschungsschwerpunkt im letzten Jahrzehnt, und zunächst tendierten sowohl männliche als auch weibliche Forscher dahin, den männlichen Sprachgebrauch als Standard zu setzen und die sich in den weiblichen Abweichungen von männlichen Normen manifestierende ‹Schwäche› aufzuzeigen.[89]

Ein recht früh (1972) erschienener Aufsatz über den im englischen Norwich gesprochenen Dialekt erörtert die stärker grammatikalische Sprache der Frauen im Gegensatz zu der ungeschliffeneren, gröberen Sprache der Männer.[90] Die Daten sind hieb- und stichfest: ihre Interpretation allerdings spiegelt die Wertungen des Autors Peter Trudgill, der implizit die männliche Form des Dialekts als bodenständig und realistisch, als Sprache echter Männer positiv bewertet, die korrektere und gehobenere Sprache der Frauen hingegen als Versuch, den eigenen Status zu erhöhen, abwertet. Da die Sprache der Männer nicht minder statusorientiert ist (auch wenn es hier um eine andere Art von Status geht) scheint mir diese Interpretation sehr einseitig zu sein.

Im Jahre 1973 veröffentlichte Robin Lakoff den wohl einflußreichsten (später zu einem Buch erweiterten) Aufsatz jener Jahre über das Sprachverhalten von Frauen.[91] Es ging darin um drei zentrale Punkte, in denen sich weibliche Sprache von männlicher unterscheidet. Robin Lakoff behandelt dabei die Frauen insofern von oben herab, als sie davon ausgeht, daß ihre Sprache sie zurücksetzt, ihnen männliche Autorität und Stärke verwehrt. Vermutlich war es gerade dieser strikt männliche Standard, der die Verbreitung ihrer Ergebnisse über vielgelesene Publikationsorgane förderte: Auch ihre Arbeit schien die Statusnachteile von Frauen zu rechtfertigen und zog eine Welle von Nachfolgeuntersuchungen durch Wissenschaftlerinnen nach sich.

Als erstes Charakteristikum weiblicher Sprache nennt Robin Lakoff den Gebrauch von abschwächenden Formeln («vielleicht», «glaube ich» usw.) am Satzende. Robin Lakoff ist der Ansicht, daß solche relativierenden Formeln Unsicherheit, Angst vor selbstbewußtem Auftreten und das Bedürfnis nach Bestätigung durch andere ausdrücken, während sich in den Äußerungen der Männer Autorität und Selbstvertrauen reflektieren.

Zweitens bedienen sich Frauen im Gegensatz zu Männern häufig eines fragenden Tonfalls, wenn sie Fragen beantworten. Wenn eine Frau gefragt wird: «Wann ist das Essen fertig», wird sie mit einiger Wahrscheinlichkeit antworten: «Oh, so etwa um sechs?» Auch in diesem Phänomen sieht Robin Lakoff den Ausdruck eines Mangels an Selbstvertrauen, der so tief sitzt, daß die Sprecherin auch dann Bestätigung und Bestärkung sucht, wenn sie ganz offensichtlich die Lage kontrolliert.

Drittens vermeiden Frauen starke und nachdrückliche Äußerungsformen, was die Autorin an der Gegenüberstellung von Befehlen und Fragen verdeutlicht. Ein Mann wird mit größerer Wahrscheinlichkeit befehlen: «Mach die Tür zu!» oder: «Mach doch die Tür zu!» Eine Frau hingegen wird eher bitten: «Machst du die Tür zu?» oder: «Ob du bitte die Tür zumachst?» oder sogar die negative Formulierung verwenden, die Widersetzlichkeit geradezu herausfordert: «Willst du die Tür nicht zumachen?» Auch in diesem Punkt gelangt Robin Lakoff zu dem Schluß, daß solche Formulierungen den für Frauen typischen Mangel an Autorität verstärken.

Spätere Untersuchungen stellten Robin Lakoffs Ergebnisse zum Teil in Frage. So wurde aufgezeigt, daß Männer abschwächende Formeln am Satzende ebenfalls benutzen, und zwar entweder als verschleierte Drohung («Da bist du doch wohl meiner Meinung, oder?») oder aber, um eine Äußerung, die faktisch eine Frage ist, wie eine Aussage klingen zu lassen, was den Eindruck erzeugt, daß sie die Situation unter Kontrolle haben («So ist es doch, stimmt's?»).[92] Wichtiger jedoch als die Frage, ob Robin Lakoffs Daten korrekt sind oder nicht, ist die implizierte Wertung, die in die Interpretation dieser Daten eingeht. Wir sollten nicht mit der Frage an dieses Material herangehen, warum Frauen anders sind als Männer oder warum ihr Verhalten und ihre Einstellungen ihren minderwertigen Status festschreiben, sondern vielmehr mit der Frage, die Susan Langer an jede einzelne Kunstform stellte: «Was bewirkt sie?» Gehen wir einmal davon aus, daß Robin Lakoffs Feststellungen im Hinblick auf die Sprache der Frauen richtig sind: Ich für meinen Teil sehe keine Veranlassung, daran zu zweifeln. Wir stehen also vor zwei verschiedenen Formen des Umgangs mit Sprache: Was bewirkt jede von ihnen?

Die Aussagen von Männern, die nicht durch rückversichernde Fragen abgeschwächt sind, wirken im allgemeinen wie unverrückbare Urteile: solche Aussagen unterbinden jede Diskussion, schließen andere aus, schüchtern sie ein und zerstören so den Dialog. Die typischen Äußerungen von Männern lassen sich hingegen ebenso als Zeichen von Angst wie als Ausdruck von Selbstvertrauen interpretieren: Sie dulden keinen Widerspruch, vermeiden das Risiko einer Auseinandersetzung und gestehen dem Gesprächspartner keine Gleichberechtigung zu. Ebenso läßt sich der häufige Gebrauch von abschwächenden Formeln als Ausdruck von Freundlichkeit, Toleranz und Kontaktfreudigkeit begreifen, da solche Fragen zum Gespräch anregen, andere einbeziehen, der Aussage den Charakter der Offenheit verleihen. Ähnliches gilt auch für die übrigen von Robin Lakoff erörterten Punkte. Niemand, nicht einmal die unsicherste Frau, würde antworten: «Oh, so etwa um sechs?», wenn die Frage lautete: «Wann geht das Flugzeug?» Die von Robin Lakoff erwähnte Antwort ist die verkürzte Form einer komplexeren Aussage. Die Frau sagt eigentlich: «Also ich dachte, wir essen so gegen sechs, aber wenn dir das nicht so gut paßt, wenn du früher gehen willst oder du keinen Hunger hast, können wir auch etwas früher oder später essen.»

Die Antwort im fragenden Tonfall deutet stillschweigend an, daß man über den betreffenden Punkt reden kann, daß die Sprecherin keinen fertigen Plan hat, daß sie offen für die Bedürfnisse und Wünsche anderer ist. Auch dies ist ein sprachliches Mittel, die Gesprächssituation zu öffnen, Bereitschaft zu signalisieren, sich zur beidseitigen Zufriedenheit zu einigen, da in der zur Debatte stehenden Sache Flexibilität möglich ist. Die in einer solchen Antwort implizit zum Ausdruck gebrachte Flexibilität ist wiederum Ausdruck der Bereitschaft, auf den anderen zuzugehen.

Außerdem würde wohl jeder Mensch lieber die Tür schließen, das Fenster öffnen, mit dem Hund hinausgehen oder dergleichen, wenn er darum gebeten würde, anstatt es befohlen zu bekommen. Befehle sind *immer* erniedrigend. Die Erniedrigung mag abgeschwächt oder auch ganz aufgehoben sein, wenn es sich um eine Situation handelt, in der Befehle die übliche Form der Kommunikation sind, wie etwa beim Militär, oder wenn sie, etwa in einer vertrauten Beziehung, für eine verkürzte Bitte stehen. Die Bitte drückt Achtung vor dem anderen und Sensibilität für seine Empfindungen aus, beides Haltungen, die zumindest ein gewisses Maß an persönlicher Stärke und Selbstsicherheit voraussetzen. Der Befehl enthält weder das eine noch das andere und setzt auf seiten des Befehlenden keinerlei bestimmte innere Haltung voraus, sondern lediglich einen bestimmten Status, der das Recht zu befehlen beinhaltet.

Es ist durchaus möglich, daß in der Sprache der Frauen Schüchternheit und mangelndes Selbstvertrauen zum Ausdruck kommen. Viele Frauen (und auch viele Männer) fühlen sich schüchtern und unsicher; sie drücken dies nicht nur durch Wortwahl und Tonfall aus, sondern auch durch Intonation, Mimik und Gestik. Dennoch gilt, daß die Sprache von Frauen im allgemeinen stärker auf die Einvernehmlichkeit mit anderen als auf den Ausdruck von Macht abzielt und daß ersteres Bestreben letzterem als Umgangsnorm doch wohl vorzuziehen ist.

Es gibt noch viele weitere Lebensbereiche, in denen die Männer die Norm und Frauen die Abweichung verkörpern, aber wohl nirgends ist diese Wertung so erschreckend fest verankert wie im Bereich der Moral. Trotz der täglich erfahrbaren Gegenbeweise ist im Patriarchat nach wie vor die Auffassung weit verbreitet, die Frauen litten als Geschlecht von Natur aus an moralischen und charakterlichen Mängeln. Diese Floskel ist von jeder neuen Welle patriarchalischer Theorie aufs neue ‹bewiesen› worden: Ihr Hauptexponent in jüngerer Vergangenheit war Freud, der davon ausging, daß bei Frauen das Über-Ich mangelhaft ausgebildet sei. Da Frauen eine präödipale Bindung an ihre Mütter beibehielten und keine Kastrationsängste durchlebten, käme es bei ihnen nicht zu einer klaren Auflösung der ödipalen Konstellation und damit nicht zur vollständigen Ausbildung des Über-Ich. «Man zögert es auszusprechen, kann sich aber doch der Idee nicht erwehren, daß das Niveau des sittlich Normalen für das Weib ein anderes ist. Das Über-Ich wird niemals so unerbittlich, so unpersönlich, so unabhängig von seinen affektiven Ursprüngen, wie wir es vom Manne fordern. Charakterzüge, die die Kritik seit jeher dem Weibe vorbehalten hat, daß es weniger Rechtsgefühl zeigt als der Mann, weniger Neigung zur Unterwerfung unter die großen Notwendigkeiten des Lebens, sich öfter in seinen Entscheidungen von zärtlichen und feindseligen Gefühlen leiten läßt, fänden in der oben abgeleiteten Modifikation der Über-Ichbildung eine ausreichende Begründung. Durch den Widerspruch der Feministen, die uns eine völlige Gleichstellung und Gleichschätzung der Geschlechter aufdrängen wollen, wird man sich in solchen Urteilen nicht beirren lassen.»[93]

In dieser Tradition bewegt sich auch Jean Piaget. Obgleich er davon auszugehen scheint, daß alle Kinder Jungen sind, und nur höchst selten auf Mädchen Bezug nimmt, vergleicht er die Geschlechter in moralischer Hinsicht. In seinen Augen wurzelt die moralische Entwicklung im Kindheitsspiel, bei dem Jungen sich von Regeln und festgelegten Abläufen fasziniert zeigen, während Mädchen Spielregeln gegenüber eine «pragmatische» Haltung an den Tag legen, indem sie diese nur insoweit akzeptieren, als sie ihrem Spiel dienlich sind, und sie im übrigen verwerfen. Mädchen behandeln Spielregeln nicht als sakrosankt und handhaben sie kreativer. Hieraus zieht Piaget den Schluß, daß es Mädchen an dem in seinen Augen für jede moralische Entwicklung grundlegenden Rechtsgefühl mangelt.[94]

Die neueste Theorie dieser Prägung stammt von Lawrence Kohlberg, der mehrere Tests zur Messung geschlechtsspezifischen Verhaltens, darunter einen Test zur Messung des moralischen Entwicklungsstandes, entworfen hat. Nachdem er diesen Test männlichen und weiblichen Versuchspersonen vorgelegt hatte, gelangte er zu dem Ergebnis, daß bestenfalls sehr wenige Frauen ein hohes Niveau an moralischer Entwicklung aufwiesen. Kohlbergs Skala umfaßt eine Hierarchie von drei Stufen, die sich wiederum in je zwei Entwicklungsstadien unterteilen.

Stufe I, das niedrigste Niveau, befaßt sich mit Moral als Handeln. In Stadium 1, dem untergeordneten Stadium dieser Stufe, beruht das Verhalten der betreffenden Person auf Angst vor Strafe oder auf dem Wunsch nach Billigung durch andere (wobei Person hier männlich zu verstehen ist, da die von Kohlberg veröffentlichten Ergebnisse sich ausschließlich auf Männer beziehen). Stadium 2, das höhere Stadium dieser Stufe, beinhaltet Verhaltensweisen, die darauf gründen, daß sie das eigene Ich zufriedenstellen. Kohlberg scheint der Orientierung am eigenen Ich größeren Wert beizumessen als der Orientierung des Ich im Vergleich zu anderen Menschen.

Stufe II, die das Kind als nächstes erreicht, befaßt sich mit Moral als Rolle. So erfaßt Stadium 3 (das niedrige Stadium dieser Stufe) das, was Kohlberg als «Haltung des braven Kindes» bezeichnet: eine Haltung, die darauf angelegt ist, gelobt zu werden und anderen zu helfen. Das Kind lernt, den für sein Geschlecht und Alter spezifischen Stereotypen zu entsprechen und andere stärker nach ihren Intentionen als nach ihren tatsächlichen Handlungen zu beurteilen. In diesem Stadium siedelt Kohlberg die meisten Frauen an. Ihnen geht es seiner Meinung nach darum, die Zuneigung und Anerkennung anderer zu gewinnen; über diese Position gelangen sie nicht hinaus. Stadium 4 ist Stadium 3 verwandt, aber stärker gesellschaftlich orientiert: auf diesem Niveau ordnen sich die Menschen Autoritäts- und Konventionsstrukturen unter: sie erfüllen ihre Pflicht, weniger um sich Zuneigung, sondern vielmehr, um sich Respekt zu verschaffen. Beide Stadien orientieren sich in erster Linie daran, wie die betreffende Person von der Außenwelt gesehen wird.

Stufe III, das höchste und nur in seltenen Fällen erreichte Niveau, definiert sich wie folgt: «Moralische Rechtschaffenheit besteht in der Fügung in allgemeingültige oder potentiell von allen anerkennbare Normen, Rechte und Pflichten.» Es geht hier also um eine auf Prinzipien gegründete Moral. Stadium 5 (das niedrigste Stadium) ist legalistisch: wer es erreicht hat, handelt auf Grundlage von Verträgen oder Übereinkünften, akzeptiert die ‹Spielregeln›, worin sie auch bestehen oder wie willkürlich sie auch sein mögen. Sein Verhältnis zu anderen Menschen gründet sich auf gegenseitige Distanz, auf «die Vermeidung jeder Verletzung der Rechte des anderen». Stadium 6, das höchste Stadium überhaupt, das den Heiligen vorbehalten bleibt, ist dann erreicht, wenn die Person ihr Handeln an universell gültigen Prinzipien orientiert. Die recht verschwommene Definition dieses Stadiums beschreibt es als «Orientierung nicht nur an faktisch gültigen gesellschaftlichen Spielregeln, sondern an Entscheidungsprinzipien, die logische Universalität und Konsistenz zum Bezugspunkt haben». Das eigene Gewissen fungiert als Richtschnur und weist den Weg zu «gegenseitigem Respekt und Vertrauen»[95]. Unklar ist, wo plötzlich das Vertrauen herkommt, da nichts in der Beschreibung der vorangehenden Stadien darauf hindeutet, daß andere Menschen vertrauenswürdig oder auch nur mehr als Hindernisse bei der eigenen Entfaltung sein könnten.

In der Tat ist es schwer vorstellbar, wie Kohlbergs Heilige Zugang zum «Universellen» finden sollen, da alle seine Stadien sich auf das Individuum als von den anderen Menschen isoliertes Wesen beziehen. Gleichgültig, ob das Kind ein bestimmtes Verhalten wählt, weil es Strafe fürchtet oder Lob sucht, weil es anerkannt werden will, es ist immer völlig isoliert von seiner Umwelt; andere Menschen sind lediglich Instrumente, die es zur Befriedigung seiner Wünsche manipuliert. Auf der höchsten Stufe der moralischen Entwicklung löst sich der Mann nach Kohlberg völlig von seinen Mitmenschen, um sein Handeln an Übereinkünften (Stadium 5) oder universellen Prinzipien (Stadium 6) auszurichten. Kohlbergs Skala ist im Grunde eine Stufenleiter der Macht: Auf der unteren Stufe muß sich das Individuum anderen fügen, um ein Gefühl der Rechtschaffenheit und Identität auszubilden; auf den höheren Stufen transzendiert es die anderen Menschen völlig und läßt sich ausschließlich von rechtlichen oder moralischen Leitlinien lenken. Auf der höchsten Stufe, die nur wenige Menschen erklimmen, ist schließlich die moralische Haltung des Individuums zur Umwelt durch Distanz, formale Anpassung und vernünftigeres Urteil geprägt. Kohlbergs Sicht der Beziehung von Individuum und Welt ist antisozial und wurzelt in traditionellen männlichen Werten – Unabhängigkeit und Isolation.

Wenn wir männliche Interpretationen der zwischenmenschlichen Beziehungen betrachten, so fällt auf, daß die Menschen darin meist durch nichts anderes verbunden sind als durch das Aushandeln von Machtverhältnissen. Nancy Hartsock stellt dar, wie in soziologischen Tauschtheorien zwischenmenschliche Beziehungen als reiner Machtabtausch beschrieben werden, wobei die Grundprämisse ist, daß die Menschen fundamental voneinander isoliert leben und jede Begegnung aus Interessengegensätzen resultiert. Die Autorin erklärt dieses Gesellschaftsmodell für unrealistisch: Menschen werden hilflos geboren und überleben nur dank der Fürsorge ihrer Mütter oder anderer Mutterfiguren, dank eines Verhältnisses also, das sich nicht als Machtabtausch beschreiben läßt.[96] Männliche Lebensauffassungen klammern jedoch den gesamten ‹weiblichen› Aspekt – die Frauen und die ‹weiblichen› Eigenschaften – aus. So hält Erik Erikson zwar wechselseitige Abhängigkeit, Nähe und Zuwendung für zentrale Charakteristika der erwachsenen Persönlichkeit, ohne jedoch anzudeuten, wie diese Fähigkeiten erlernt oder über das Säuglingsalter hinaus entfaltet werden können. Nachdem das Kind im frühen Säuglingsalter gelernt hat, der Mutter bzw. den Eltern zu vertrauen, besteht seine gesamte weitere Entwicklung in einer Abfolge von Schritten hin zu größerer Unabhängigkeit und schließlicher Loslösung von den Eltern, in der Erikson einen absoluten Wert, «das Urbild und Maß der Reifung»[97] sieht. Kinder, die während der entscheidenden Entwicklungsjahre keine Gelegenheit gehabt haben, Vertrauen zu entwikkeln, Gefühle ausdrücken und Nähe herstellen zu lernen, werden jedoch als Erwachsene nicht fähig sein, die wechselseitige Abhängigkeit, Nähe und Zuwendung zu leben, die für Erikson wesentliche Momente der Reife sind. Anders gesagt: die ‹weiblichen› Aspekte des Lebens werden von solchen Wissenschaftlern schlicht vorausgesetzt, also wie die «Natur der Frau» als angeborene Eigenschaften betrachtet, die weder erlernt noch trainiert werden müssen.

Kohlbergs Konzept ist ganz ähnlich beschaffen; das spricht nicht zuletzt aus der Anlage einer von ihm durchgeführten Untersuchung, die ergab, daß Jungen mit höheren IQ-Werten ihre Präferenz im Alter von etwa vier Jahren von weiblichen auf männliche Erwachsene verlagerten, während dies bei weniger intelligenten Jungen erst zwei Jahre später der Fall war.[98] Kohlberg behauptet schlicht und einfach, familiäre Bedingungen hätten keinen relevanten Einfluß auf die moralische Entwicklung, obgleich ein Teil seiner eigenen Befunde dies widerlegt: so etwa die Fakten, daß Kinder, die «eine stehengebliebene oder pathologische moralische Entwicklung» aufweisen, häufig aus zerrütteten unglücklichen Familienverhältnissen kommen, daß körperliche Bestrafung und Ablehnung die moralische Reifung zu behindern scheinen, und daß sich schließlich keinerlei Zusammenhang zwischen dem (nach seiner Skala gemessenen) moralischen Entwicklungsniveau des Vaters und der Kinder, wohl aber eine eindeutige Korrelation zwischen dem Entwicklungsniveau der Mutter und dem der Kinder feststellen läßt.[99]

Kohlberg sieht nicht nur die Menschen als isolierte Einzelwesen, die einer Außenwelt gegenüber stehen, deren Billigung es zu erringen gilt, sondern hält gleichzeitig implizit die Befolgung von Gesetzen und Prinzipien für moralisch hochwertiger als die Orientierung an emotional gefärbten Beziehungen zwischen sozialen Wesen. Obgleich er sich zweifellos gegen diese Konkretisierung verwahren würde, weisen seine Stadien und Stufen in meinen Augen dem Mann, der einem Kodex von Regeln und Vorschriften folgt, eine moralisch höhere Position zu als der Frau, die sich weigert, eine Freundin, die einer Gewalttat beschuldigt wird, zu verurteilen, weil sie verstehen kann, warum sie so handelte und was sie dabei fühlte. Regeln und Prinzipien, rigide Vorgaben, ob sie nun vom eigenen Ich ausgehen oder von anderen, sind in meinen Augen und, wie ich glaube, in den Augen der meisten Frauen und vieler Männer nur ein armseliger Ersatz für die sensible und flexible Anwendung einer Reihe von menschlichen Grundsätzen. Prinzipielle moralische Normen können zur Rechtfertigung der unmoralischsten Handlungen herangezogen werden, was ja auch schon oft genug passiert ist. Viktorianische Väter beriefen sich auf sie, wenn sie ihre schwangeren unverheirateten Töchter verstießen und dem Elend preisgaben. In jedem Krieg, Massaker oder Gemetzel bediente man sich ihrer. Nur das tiefe Gefühl für die Heiligkeit und Verletzlichkeit menschlichen Lebens, für die Würde und die Persönlichkeitsrechte anderer kann uns als Richtschnur dienen. Nur der Leitgedanke, daß wir alle Menschen sind, das tiefe Bewußtsein unserer Brüderlichkeit in unseren Sehnsüchten, unseren Leiden und im Tod kann unser Verhalten verläßlich steuern.

Kohlbergs Befunde wurden mehrfach in Frage gestellt, vor allem von Carol Gilligan, die nicht explizit seine Kriterien oder seine Ergebnisse kritisiert, sondern die These aufstellt, daß Frauen einen anderen Erlebensmodus und damit ein anderes Wertsystem haben.[100] Ihre Arbeiten greifen genau die Punkte auf, die Kohlberg übergeht: So fordert sie etwa Versuchspersonen auf, Geschichten zu einer Reihe von Bildvorlagen zu erfinden, auf denen Menschen in Situationen unterschiedlicher Nähe abgebildet sind. Die Geschichten der Männer drehen sich immer stärker um Gewalt, je näher die abgebildeten Gestalten einander rücken: das Bild eines Paares nebeneinander auf einer Bank an einem Fluß mit einer niedrigen Brücke im Hintergrund provozierte bei 21 Prozent der männlichen Versuchspersonen Geschichten, in denen es um Gewalttaten ging – Mord, Selbstmord, Entführung oder Vergewaltigung. In den Geschichten der Frauen nimmt die Gewalt in dem Maße zu, wie die Figuren auseinanderrücken; die gewalttätigsten Visionen entstanden bei einem Bild, das einen Mann allein am Schreibtisch sitzend zeigt.[101]

Carol Gilligan arbeitet Untersuchungen auf, die ergeben, daß Jungen in erster Linie durch stark regelorientierte Wettspiele lernen, Mädchen hingegen vor allem durch Spiele, in denen es weder Gewinner noch Verlierer gibt und deren Spielregeln verändert oder ganz fallen gelassen werden können. Zweck des Wettspiels ist es zu gewinnen, was automatisch einen Verlierer voraussetzt, Zweck des kreativen Spiels ist es, Erfahrungen zu machen. Untersuchungen dieser Art deuten scheinbar auf genetisch bedingte Unterschiede zwischen den Geschlechtern in dieser Hinsicht hin. Dennoch beschreibt Colin Turnbull in einer an Mbuti-Kindern beiderlei Geschlechts durchgeführten Untersuchung, deren Spiel als auf das Erlernen von Kooperation und Teilen, auf die Vermeidung beschämenden Gewinnens oder Verlierens angelegt und weitgehend nicht konkurrenzorientiert. Solche Befunde deuten darauf hin, daß die in unserer Gesellschaft festgestellten Unterschiede nicht genetisch, sondern kulturell bedingt sind.[102]

Aus amerikanischen Untersuchungen geht hervor, daß Mädchen, die beim Spielen miteinander in Streit geraten, eher ihr Spiel abbrechen, als die Auseinandersetzung weiter zu verfolgen. Sie wenden sich etwas anderem zu. Für Jungen gilt dies nicht. Bei den Mbuti lernen jedoch Mädchen *und* Jungen frühzeitig, Konflikte zu vermeiden, indem sie sich entfernen. In Extremfällen verlassen sie später als Erwachsene sogar das Dorf. Demnach scheint ‹weibliche› Moral der Moral von auf Gemeinschaftlichkeit basierenden Kulturen verwandt zu sein, solcher Kulturen also, in denen die alten matrizentrischen Werte noch fortbestehen. Nach Carol Gilligan steht im Zentrum ‹weiblicher› Moral weniger eine Hierarchie von Regeln als vielmehr das Gefüge der zwischenmenschlichen Beziehungen. Für Frauen ist Moral nicht so sehr eine Sache festgeschriebenen Rechts bzw. Unrechts, sondern umfaßt vielmehr die Anerkennung der Verflechtung mit anderen und der Verantwortlichkeit für diese Beziehungen. Weibliche Ethik erwächst aus einer wichtigen Einsicht, nämlich daß jeder Mensch mit den anderen in einem Verhältnis wechselseitiger Abhängigkeit steht. In einem solchen Verhältnis vernichtet Gewalt beide Seiten, läßt Fürsorge beide Seiten gedeihen.[103]

Kohlbergs Beispiel für die vollkommene Verkörperung von Stadium 6 ist Ghandi, ein Mann, der sowohl für Autonomie als auch für Gewaltlosigkeit eintrat, für *satyagraha*. Im Alltagsleben tat Ghandi jedoch sowohl seiner Familie als auch den Kindern des *Ashram* psychologische Gewalt an, indem er sie schikanierte und ihnen ihre Gefühle absprach. Erikson, im Begriff ein Buch über Ghandi zu schreiben, fühlte sich an einem gewissen Punkt unfähig fortzufahren, weil er «gerade in der leidenschaftlichsten Berufung auf die Wahrheit die Gegenwart einer nicht greifbaren Art von Unwahrheit zu verspüren glaubte, von etwas Unreinem, wo alle Worte von etwas Unwirklich-Reinem zu sprechen vorgeben»[104]. Ähnliche Schatten fallen auf die Heiligkeit oder besondere Tugendhaftigkeit vieler anderer Männer: Es geschieht nicht selten, daß ein Mann seine Nächstenliebe und Großherzigkeit ausschließlich im öffentlichen Bereich entfaltet, während die Behandlung der ihm Nahestehenden einer gewissen Grausamkeit nicht entbehrt. Carol Gilligan bemerkt in diesem Zusammenhang, daß «die blinde Bereitschaft, der Wahrheit Menschen zu opfern, ... stets die Gefahr jeder vom Leben losgelösten Ethik war». Sie vergleicht Ghandi mit Abraham, den wir bereits als Urvater patriarchalischer Prinzipien kennengelernt haben. Abraham, so Carol Gilligan, war bereit, selbst seinen Sohn zu opfern, um die Integrität und Unanfechtbarkeit seines Glaubens unter Beweis zu stellen. Gilligan stellt ihm die Frau gegenüber, die vor Salomon ihre Mutterrechte beweist, indem sie sich nicht um die Wahrheit kümmert, um das Leben ihres Kindes zu retten.[105]

Frauen und Männer operieren mit unterschiedlichen moralischen Maßstäben, weil sie sich an verschiedenen Zielen orientieren. Männliche Moralgrundsätze sind darauf angelegt, Transzendenz zu ermöglichen. Das Leben, jenes Gemengsel aus atmendem Fleisch, schwitzenden Poren, aufblitzender Empfindung und unkontrollierbarem Sein, hat seine Wurzeln in der Natur, in jedem stinkenden Sumpf, jenem faulen Schlamm, in dem die von Menschenhand geschaffene Natur immer wieder zu versinken droht. Hoch über alldem schwebt schier und rein, über die Triebe des Herzens und der Genitalien erhaben, ein starres Gefüge von Prinzipien, Regeln und Tabus. Wer sich als wahrer Mann (und damit als Heiliger) beweisen will, muß in diese Höhen emporklimmen und jene *andere* Welt, die das Reich der Frau ist, unter sich lassen. Da wahre Transzendenz in der Realität dieser Welt nicht zu erreichen ist, wird sie auf ein Jenseits im Tode projiziert, das aber auch nicht zur Transzendenz führt, sondern uns zu Sumpf und Moder werden läßt, zu organischen Stoffen, die Pflanzen und Tiere ernähren. Daß wir somit zur Lebenssubstanz für eben jenes verachtete Element werden, spielt in unserem Denken keine Rolle, da dieser körperliche Aspekt verächtlich vernachlässigt wird, während der Geist sich in himmlische Höhen emporschwingt.

Weibliche Moral ist auf die Sicherung des Überlebens ausgerichtet. Das Leben ist unser höchstes Gut: nicht unbedingt das individuelle Leben, aber das Leben als solches, das Leben der Pflanzen, Tiere und Menschen, das Leben der Gemeinschaft, des Stammes, der Familie und der Kinder. Weibliche Moral steht ferner im Dienste der Pflege der Überlebenschancen. Sie hegt und schützt alle Voraussetzungen materieller wie immaterieller Natur, die das Leben erst möglich machen. Frauen sind es, die den größten Teil der Nahrungsmittel auf dieser Welt anbauen, und Frauen sind es, die überall die Nahrung für die Menschen, mit denen sie zusammenleben, zubereiten. Sie tun es, weil es von ihnen erwartet wird, weil sie es selbst von sich erwarten und weil sie es wollen; deshalb erweckt ihr Tun den Eindruck, nicht willensbestimmt und keiner besonderen Anerkennung bedürftig zu sein. Der Lohn der Frauen ist das Wohlergehen derer, für die gesorgt wird. Das ist richtig. Was ist das für eine Moral, die uns lehrt, darin etwas Verächtliches zu sehen?

Aber Frauen sorgen nicht nur für die Nahrung des Körpers, sondern weltweit auch für die der Seele, indem sie Mitgefühl und Unterstützung, Zärtlichkeit, Lob und Liebe spenden. Germaine Tillion hat ihre Erfahrungen im KZ Ravensbrück beschrieben, eine Umgebung, die eigentlich den letzten Funken an Menschenwürde hätte ersticken können. Sie berichtet von den engen Gefühlsbindungen, die zwischen den Frauen entstanden; zwischen Müttern und Töchtern, aber auch zwischen Frauen aus der gleichen Stadt, die zum selben Zeitpunkt deportiert worden waren, oder zwischen Schwestern. «Dieses starke Netz freundschaftlicher Bande wurde ... durch die Brutalität des schieren Egoismus und des Kampfes ums Überleben beinahe zerrissen, aber dennoch war in irgendeiner Weise jede Frau im Lager unsichtbar in dieses Netz verwoben.»[106] Diese Verbundenheit und Fürsorge ermöglichte vielen Frauen erst, zu überleben – und zwar emotional und physisch –, indem sie teilten, was sie hatten. Eine andere Überlebende dieses Lagers erinnert sich an eine Situation, als Frauen, die in einen Güterwagen gepfercht, auf dem Weg nach Bergen-Belsen waren, während eines Halts auf dem Nebengleis einen Waggon voller Männer stehen sahen. Obgleich Frauen wie Männer nur noch «Skelette in der gleichen gestreiften Kleidung» waren, «ging von den Gestalten der Männer so viel mehr Pessimismus aus als von unseren. ... Wir griffen nach unseren kleinen Brotstücken und warfen sie den Männern hinüber»[107]. Eine Gruppe weiblicher Überlebender berichtet, daß die Beziehungen zu anderen Frauen lebenswichtig waren. Es gab keine Regeln: Obgleich das Überleben der Kinder aufs engste mit dem der Mütter verknüpft war, bedeutete für einige Kinder das Zusammenbleiben mit der Mutter die Rettung, für andere den Tod. Manche Mütter behielten ihre Kinder bei sich, andere gaben sie weg. In beiden Fällen hofften die Mütter, daß ihre Kinder auf diese Weise überleben würden.[108]

In einer Welt, in der Transzendenz Macht bedeutet, in der Nationen untereinander darin konkurrieren, zu demonstrieren, daß ihre Macht die größte, gewaltigste und höchste ist, und in der die einzige Form, dies unter Beweis zu stellen, darin besteht, alle Macht zu Zerstörungszwekken einzusetzen, sollten wir uns Gedanken machen, ob eine auf Überleben und Wohlergehen gerichtete Moral uns nicht mehr zu geben hat als eine Moral, die sich an Transzendenz und Überlegenheit orientiert. Ähnliches gilt auch für andere Bereiche, in denen Männer und Frauen unter der Perspektive miteinander verglichen werden, daß der Mann der Maßstab aller Dinge ist.

Gleichberechtigung ist ein abstrakter Begriff, den auf das praktische Leben zu übertragen uns niemals ganz gelingen wird. Die Gleichberechtigung sollte uns als Orientierungsprinzip dienen, wenn wir dafür Sorge tragen, daß verschiedene Menschen nicht nur auf der zwischenmenschlichen Ebene, sondern auch auf der Ebene von Norm und Gesetz Gleichbehandlung erfahren. Denn sie ist nur in solchen Gesellschaften notwendig, die auf Norm und Gesetz und nicht auf Gefühlsbanden gründen. Gleichberechtigung hat nichts mit Gleichheit oder Identität zu tun. Männern gleichberechtigt zu sein, heißt nicht, ihnen zu gleichen. Es ist von zentraler Bedeutung, daß Frauen der allgegenwärtigen Einstellung, was immer Männer täten und wie immer sie es täten, stelle die menschlichen Normen dar, mit der Frage entgegentreten: Was bewirkt dieses Tun, und was bewirkt das Verhalten von Frauen in der gleichen Situation? Auf diese Weise besteht die Chance, daß Frauen und Männer ihre innersten, nie ausgesprochenen Wertmaßstäbe und vielleicht sogar die Natur ihrer wahren Wünsche – was Macht und Liebe anbelangt – erkennen.

4. Das Dilemma des Feminismus

Das Hauptproblem, vor dem wir als Feministinnen heute stehen, läßt sich auf die kurze Formel bringen: es gibt keinen eindeutig richtigen Weg, den wir einschlagen könnten. Befangen im puristischen Denken des Patriarchats und in seinem Scheincharakter, gehen manche Feministinnen davon aus, es gäbe eine Stoßrichtung, die keine Kompromisse, keinerlei Einlassen auf im Widerspruch zu den eigenen Prinzipien stehende Menschen, Aktivitäten oder Ideen zuläßt. Einen solchen Weg gibt es jedoch nicht; für keine politische oder philosophische Bewegung in der Geschichte hat es ihn je gegeben. Zwar ließen sich Christen lieber den Löwen vorwerfen, als daß sie ihrem Glauben abschworen, aber dennoch schloß die Kirche Frieden mit Rom und mästete ihre eigenen Löwen. Sich Tag für Tag auf gefährlichem Terrain zu bewegen und dabei an feministischen Grundsätzen festzuhalten, ist schwer, aber möglich, und wird von vielen Feministinnen praktiziert. Nichts ist je makellos rein: selbst in Zeiten, als Frauen sich in katholischen Kirchen dem Hochaltar nicht nähern durften, füllten Nonnen den zum Altar gehörigen Hostienschrein mit den von ihnen gebackenen Hostien auf und fegten und wischten Putzfrauen den Altarraum. Bei all seiner Rigidität und Frauenfeindlichkeit hat es das Patriarchat (in welcher Erscheinungsform auch immer) doch nie vermocht, seine eigenen Prinzipien voll und ganz einzulösen. Dies mag zum Teil daran liegen, daß diese so unmenschlich sind. Vieles spricht jedoch auch dafür, daß bei jedem menschlichen Unterfangen die Theorie nur unvollkommen in die Praxis umgesetzt werden kann, was zur Abwechslung einmal ein wahrhaft menschlicher Zug wäre.

Feministinnen, die Eingang in männliche Institutionen suchen, weil sie hoffen, sie auf diese Weise verändern zu können, haben gelegentlich Erfolge. Häufiger jedoch haben sie das Gefühl, gegen den Strom zu schwimmen oder sogar gröblich mißachtet zu werden: Man behandelt sie als Außenseiter, und ihre Gedanken und Werte finden auch dann kein Gehör, wenn sie sie artikulieren. Die Arbeit in solchen Institutionen mag interessant sein, als wichtig erachtet werden oder besser bezahlt sein als andere Tätigkeiten; diesen positiven Seiten steht oft aber ein so hohes Maß an täglichem Verschleiß gegenüber, daß die betreffenden Frauen sich aus den Institutionen zurückziehen und schlechter bezahlten Arbeiten nachgehen, die ihnen mehr Befriedigung verschaffen und mehr Chancen bieten, etwas für andere zu tun.

Es gibt die Möglichkeit, uns ganz aus der männerbeherrschten Öffentlichkeit zurückzuziehen und unsere eigenen kleinen Gemeinschaften aufzubauen. Dennoch wird keine Frau der Berührung mit der männlichen Welt jemals völlig entgehen. Ebenso wie die Priester die Frauen aus ihrer Welt verbannten, sie aber als Dienstmägde brauchten, können Frauen Männer aus ihrer Welt verbannen, werden sie jedoch weiterhin Land, Häuser oder andere Produkte nutzen oder kaufen, die von Männerhand geschaffen worden sind. Der Separatismus sollte seine Existenzberechtigung darin haben, daß er lustvoll ist, auch wenn er den weitgehenden Verzicht auf Beeinflussung der Gesellschaft mit sich bringt. Der Purismus dagegen ist eine gefährliche Haltung.

Die Anziehungskraft des Sozialismus ist in verschiedenen Ländern unterschiedlich. In Staaten mit extrem rigider sozioökonomischer Ordnung, in denen ein winziger Prozentsatz der Bevölkerung nahezu das gesamte Produktivvermögen und die gesamten Ressourcen des Landes in Händen hält und in allen Sätteln der Macht fest sitzt, scheint es außer der Revolution, deren einzig denkbarer Träger die Linke ist, keinen anderen Weg zur Änderung der Verhältnisse zu geben. Je extremer, unnachgiebiger und fester verschanzt die Rechte in einer Gesellschaft ist, desto extremer und desto eher zur Anwendung von Gewalt entschlossen ist die Linke. Die militantesten feministischen Gruppen, die ich kenne, habe ich in Deutschland und Spanien angetroffen, in Nationen also, in denen der Faschismus Tradition hat.

In Ländern, die sich nicht nur verbal zu den Idealen von Gerechtigkeit und Gleichberechtigung bekennen – insbesondere in den skandinavischen Ländern –, gibt es sehr aktive sozialistische Parteien, die ein fester Bestandteil der politischen Landschaft der Nation sind. In den Vereinigten Staaten haben wir es hingegen mit einem merkwürdigen Phänomen zu tun. Hier gibt es eine starke und produktive Linke und eine starke und produktive feministische Bewegung. Diese Gruppen leben in einem ständigen produktiven Prozeß von Diskussion, Argumentation und Theoriebildung. Insgesamt produzieren sie Jahr für Jahr eine enorme Zahl an Büchern, ein breites Spektrum an Zeitungen und Zeitschriften, und doch leben sie in einem Ghetto. Sie können weitgehend ungehindert schreiben und ihre Diskussionsprozesse führen. Sie unterliegen keiner sichtbaren Zensur. Der eigentliche Kern ihres Denkens – ihre grundlegenden Prinzipien – dringt jedoch nie durch den Gazevorhang der Medienmauer: Diese Prinzipien gelangen nie unentstellt bis in die vielgelesenen Zeitschriften und Zeitungen, ins Fernsehen, in die populären Rundfunkprogramme und Filme. Sie stehen zwar im Zentrum des Denkens einer beträchtlichen Zahl von Menschen (die allerdings noch immer nur einen kleinen Prozentsatz der Bevölkerung ausmacht), sind jedoch der breiten Masse, sofern überhaupt, nur in grob entstellter Form bekannt. Sich für den besten unter den möglichen Wegen zu entscheiden, ist schwer angesichts dieser subtilen verschleierten Zensur und Ghettoisierung.

Es gibt keinen eindeutig richtigen Weg, feministische Ideale zu verwirklichen, und jeder gangbare Weg partizipiert in gewissem Umfang an dieser Gesellschaft und hält sie damit gleichzeitig aufrecht. Daran führt kein Weg vorbei. Wir leben in dieser Gesellschaft, unsere Arbeit geht in ihre Produktion, unsere Fortpflanzung in ihre Erhaltung ein. Unser Wohlergehen ist Teil ihrer Freuden, unser Leiden Teil ihres Versagens. Selbst diejenigen, die sie militant und mit Waffengewalt bekämpfen, kaufen im örtlichen Supermarkt ein. Es ist moralisch und psychisch ein Unterschied, ob man widerstrebend oder bereitwillig an dieser Gesellschaft partizipiert, ob man schweigt, zum Schweigen gebracht wird oder sich integrieren läßt, ob man Ungerechtigkeiten und Grausamkeiten zuschaut, sie aufzeigt oder sie begeht.

Ellen Willis beklagt, daß Frauenorganisationen existieren, die andere Zielsetzungen als den Kampf gegen den Sexismus haben. Frauengruppen, die ihre Aufgabe im Verbraucherschutz, in der Arbeit für Verbesserungen des Schulwesens, für den Frieden oder ökologische Ziele sehen, verfestigen in ihren Augen nur die Geschlechtersegregation und das Klischee des ‹weiblichen› Prinzips.[109] Beides mag richtig sein, und doch bilden diese Gruppen die einzigen Foren, in denen sich Frauen in diesen Bereichen Gehör verschaffen können. Der Feminismus ist weitgespannt genug, um ihnen Platz zu bieten. Jede Bewegung, die, auf welche Weise auch immer, auf die Realisierung der feministischen Gesellschaftsvision hinarbeitet, ist eindeutig feministisch. Es ist destruktiv, Menschen zwingen zu wollen, geradlinig in einer einzigen Richtung zu arbeiten: ihre Leidenschaften liegen vielleicht außerhalb dieser geraden Linie, und Arbeit, die sich aus Leidenschaft speist, ist die effizienteste und lustvollste Arbeit. Der Feminismus folgt in seiner Bewegung nicht der ‹männlichen› Linie, sondern dem ‹weiblichen› Kreis; er geht Probleme in ihrem Kontext an, also in einer zirkulären Bewegung, die einer Vielzahl von Anliegen gleiche Geltung einräumt.

Die wichtigste Stütze in unserem oft einsamen Kampf sind andere Frauen. Viele von uns spüren innerlich, daß sie nicht durchhalten würden ohne ihre Freundinnen, ohne deren Zuwendung und Unterstützung, ohne die großherzige und liebevolle Offenheit und den Humor einer Gruppe von feministischen Frauen, zu denen sie gehen können, wenn sie sie brauchen, denen nicht alles erklärt zu werden braucht und unter denen Auseinandersetzungen auf der Grundlage gemeinsamer Überzeugungen ablaufen. Zuweilen gehören zu dieser Gruppe auch Familienmitglieder, Liebespartnerinnen und Lebensgefährtinnen. Dieser Zusammenhang macht das Leben erträglich und manchmal sogar noch mehr als das, nämlich lustvoll, und das trotz der aufreibenden täglichen Erfahrung im gesellschaftlichen Leben.

Die männliche Opposition gegen den Feminismus ist rigide, tief verwurzelt, weit verbreitet und erstreckt sich auf viele Ebenen. Eine davon ist die persönliche Ebene: die Gleichberechtigung der Frau bedeutet das Verschwinden einer Kaste von Dienerinnen. Wenn eine Kaste nicht für ein Untermenschendasein geboren, nicht von Natur aus zum Dienen verdammt, nicht auf automatische Dienstleistungen programmiert ist, dann müssen die Männer deren Murren und Verärgerung ernst nehmen, deren Dienste entlohnen oder zum Teil selbst übernehmen und das Verantwortungsgefühl und die Liebe, aus denen sich das Verhalten dieser Menschen speist, anerkennen. Dazu sind nur wenige Männer bereit. Eine zweite Ebene ist die politische. Die Mehrzahl der Frauen teilt die Einstellung der Mehrzahl der Männer zu Macht und Herrschaft nicht. Da viele Männer die Macht über Menschen und Dinge blind und gedankenlos vergötzen, erscheinen ihnen die Vorstellungen der Frauen zaghaft, obskur und irrelevant. Sie wollen sich nicht von ihrer aufregenden Lebensweise abbringen lassen. Sie schrecken vor der Bekehrung zu einem neuen Glauben zurück, der ihre bisherigen Werte und Erfahrungen in Frage stellen könnte. Das eigene Leben von Grund auf zu verändern ist, wie Millionen Frauen feststellen mußten, schwer. Wenige Männer sind dazu bereit, wenn die anstehenden Veränderungen in eine Richtung gehen, die sie zu verachten gelernt haben. Es ist leicht, das eigene Leben zu verändern, indem man sich Eigenschaften und Positionen zu eigen macht, die kulturell hoch bewertet werden. Damit will ich den Mut und die Weisheit, die Frauen brauchten, um ihr Leben zu verändern, nicht herabsetzen, denn solche Veränderungen bedeuteten für sie oft den Verzicht auf materielle Sorglosigkeit, gehobenen Lebensstandard und zuweilen sogar auf die Existenzsicherung für sich und ihre Kinder. Die wichtigste Ebene der antifeministischen Opposition der Männer ist jedoch die psychische und religiöse. Da man sie gelehrt hat, männliche Identität beruhe im wesentlichen auf der Abgrenzung von weiblicher Identität, fürchten sie sich davor, in einen Zustand der Nicht-Existenz zu fallen, in ihren eigenen Augen zu Frauen zu werden. Trägt man einem Mann an, sich wie eine Frau zu verhalten oder zu fühlen, so rührt man an die abgrundtiefe männliche Verachtung alles Weiblichen. Die Identität des Mannes basiert nicht nur darauf, daß er keine Frau ist, sondern auch darauf, daß er alle Frauen in seiner unmittelbaren Umgebung kontrolliert. Im patriarchalischen Denken sind Frauen dazu da, von Männern beherrscht zu werden und auf diese Weise die überlegene und transzendente Natur des Mannes zu bezeugen. Zu diesem Zweck genügt es nicht, daß ein Mann eine fügsame und unterwürfige Frau (eine

Gattin, Sekretärin oder sonstige Untergebene) sein eigen nennt. Auch nicht ein Dutzend oder gar tausend ihm untergebene Frauen würden diesem Zweck genügen. *Alle* Frauen, bis auf einige wenige auserwählte Exemplare, die Frauen *als Kaste,* müssen den Männern untergeordnet sein, wenn Männlichkeit die Verkörperung der Freiheit von den Fesseln der Natur, wenn der Phallus ein «Wahrzeichen des Transzendenten» sein soll. Entsprechend müssen in rassistischen Gesellschaften alle Angehörigen der verachteten Rasse – wiederum bis auf einige wenige Alibipersonen – eine niedrige Stellung in der Hierarchie der Transzendenz einnehmen. Aus diesem Grunde ist es den Männern ein wichtiges Anliegen, die Frauen in ihrer untergeordneten Stellung zu halten. Sie als vollwertige Menschen zu akzeptieren, würde bedeuten, ‹weibliche› Werte als für beide Geschlechter gültige menschliche Werte zu begreifen; Frauen auf der politischen Ebene zu akzeptieren hieße zuzulassen, daß ihr Standpunkt in den Festungen der Macht artikuliert wird; das eigene Denken ihren Werten zu öffnen, brächte schließlich eine wahrhaft revolutionäre Umwälzung mit sich, die all unsere Institutionen zerstören und die weltweite Jagd nach der Macht abblasen würde. Frauen auf der persönlichen Ebene zu akzeptieren hieße, daß man mehr tun müßte, als gelegentlich selbst das Geschirr abzuwaschen; sie im religiösen Bereich zu akzeptieren hieße schließlich, die Begrenztheit der menschlichen Existenz anzuerkennen, der aus Mitmenschlichkeit erwachsenden Gleichberechtigung zu ihrem Recht zu verhelfen und der Natur achtungsvoll gegenüberzutreten.

In Anbetracht der massiven Opposition eines ganzen Geschlechtes, das alle Macht in Händen hält (wobei nicht *alle* Männer, aber *ausschließlich* Männer Macht haben), müssen Feministinnen wendig reagieren und parieren können, Phantasie, Spontaneität und Schlagfertigkeit beweisen und jede günstige Gelegenheit zu nutzen verstehen. Feministische Politik muß flexibel genug sein, nur so lange an einem bestimmten Kurs festzuhalten, wie dieser sich bewährt, und nach neuen Wegen zu suchen, sobald es nötig ist. Eine feministische Welt kann nicht auf linearem Wege durch die Konzentration der gesamten Kraft in eine einzige Richtung geschaffen werden, sondern nur aus einem zyklischen, zirkulären Vorgehen erwachsen, das alle gesellschaftlichen Dimensionen einbezieht und beweglich die Position wechselt, d.h. nicht in der Reaktion *auf,* sondern in der Interaktion *mit* anderen Kräften.

Der Feminismus verneint die Selbstaufopferung, Selbsterniedrigung und Selbstabwertung, die das Patriarchat den Frauen abverlangt, und ersetzt sie durch das Ideal der persönlichen Integrität und der Lust. Er verurteilt Machtstreben, hierarchisches Denken und die Körper- und Gefühlsfeindlichkeit, die das Patriarchat der öffentlichen Sphäre aufprägt, und ersetzt diese Prinzipien durch das Ideal der befriedigenden Integration auf allen Ebenen, also auf der zwischen zwei Individuen (Nähe), der zwischen dem Individuum und anderen Menschen (Gemeinschaft) und der der verschiedenen Aspekte des Individuums: Körper und Geist, Fühlen und Denken, sinnliche Wahrnehmung und Vorstellungskraft.

Da der höchste Wert des Feminismus Lust und nicht Macht heißt, geschieht es in seinem Dienst, wenn Feministen gleich welchen Geschlechts ihr Leben integrativ, erfüllt und lustbetont gestalten. Der Begriff «Lust» ist im patriarchalischen Denken degradiert worden zur Bezeichnung für triviale, nichtige und ichbezogene Vergnügungen. Was uns die größte Lust bereitet, kann aber nie trivial oder nichtig sein, und auch die Bedeutung des Wortes «ichbezogen» sollten wir neu überdenken. Das Wichtigste, was wir anderen geben können, ist oft unsere eigene Zufriedenheit, unser Wohlgefühl. Feministinnen können ebenso durch ihr Beispiel wie durch ihre Lehre überzeugen: Es gibt genügend Männer, die die Frauen zutiefst um ihre Expressivität, die Vielschichtigkeit ihrer Erfahrung und ihre Nähe zu anderen Frauen beneiden.

Dennoch bleibt die Vermittlung der Lehre wichtig. Allein innerhalb zweier kurzer Jahrzehnte hat sich ein gewaltiger Fundus an feministischer Wissenschaft angesammelt. Wir besitzen die wissenschaftlich soliden, brillanten und unanfechtbaren Arbeiten feministischer Historikerinnen, Anthropologinnen und Ethnologinnen, Psychologinnen, Ökologinnen und Soziologinnen. Wir besitzen eine kleine und gefährdete Basis von Gesetzen zur Gleichberechtigung, auf die sich künftige Aktivität gründen kann. Wir besitzen ferner eine feministische Kunst, vielleicht nicht umfangreich genug, um sie als Tradition bezeichnen zu können, aber immerhin ein Anfang. Feministische Ideen und Werte finden seit über einem Jahrhundert ihren Niederschlag in der Frauenliteratur und bilden, wenn keine Tradition, so doch allemal Geschichte.

Erst in jüngerer Zeit haben sich Frauen an die gewaltige Aufgabe gemacht, eine Kritik sexistischer Philosophie, Politikwissenschaft, Ökonomie und Naturwissenschaft zu leisten, sich mit Gebieten auseinanderzusetzen, in denen die Mangelhaftigkeit ‹männlicher› Werte nicht immer auf den ersten Blick offensichtlich ist. Hier scheint mir eines der Hauptgebiete zu liegen, an denen wir weiterarbeiten müssen. Der Versuch, eine politische Theorie des Feminismus zu entwickeln, eine ökonomische Theorie zu begründen, die all das erfaßt, was männliche Theorien ausgeklammert haben, eine Philosophie zu schaffen, in der Körper und Emotionen, gesellschaftlich verachtete Kasten, Arbeit, Gebären und Kinderaufzucht aufgehoben sind, die sich den komplexen und schwierigen Fragen der Rechte, Pflichten und Aufgaben im Zusammenhang mit Fortpflanzung, dem Problem der Liebe und anderer menschlicher Bedürfnisse stellt, heißt Probleme auf der fundamentalsten Ebene anzugehen.

Wir brauchen kein Programm: ein Programm ist ein Raster, das über die Menschen gelegt wird, und alle tötet, die unter die Gitterstäbe geraten. Es uniformiert, reglementiert und verbietet. Wir brauchen theoretische und emotionale Fixpunkte als grobe Anhaltspunkte, an denen wir den jeweils nächsten Schritt und nur diesen ausrichten, eine flexible und sensible emotionale Theorie, die in der Lage ist, sich an menschliche Bedürfnisse und Wünsche anzupassen, wenn sie zu diesen in Widerspruch gerät. Kein Wertgefüge darf sich als humane Moral bezeichnen, solange es nicht an der menschlichen Wirklichkeit ansetzt. Kein politisches System vermag dem Wohl der Menschen zu dienen, solange es nicht auf einer humanen Moral basiert.

Die feministische Gesellschaftsvision wird nicht zu unseren Lebzeiten und nicht in diesem Jahrtausend verwirklicht werden. Dennoch ist es möglich, in einzelnen Bereichen des eigenen Lebens ein Stück «Himmel in der Verzweiflung der Hölle» zu schaffen.

VII

Das Fernziel: Ein menschliches Leben

Obwohl viele feministische Gruppen bewußt auf kurzfristige politische Ziele hinarbeiten, beinhaltet der Feminismus als Philosophie kein politisches Programm für die Schaffung einer humaneren Welt. So positiv ein solches Programm auch in vielerlei Hinsicht sein könnte, verstieße es doch gegen feministische Prinzipien, da Programme grundsätzlich Vereinheitlichung und Rigidität implizieren. Darüber hinaus wäre jedes heute entworfene Programm zwangsläufig für künftige Generationen nicht mehr tauglich, da unser aller Denken gegenwärtig von patriarchalischen Werten, Denkmustern und Methoden geprägt ist. Es mag uns gelingen, für uns selbst einige Aspekte des Lebens zu integrieren, aber niemand entgeht den patriarchalischen Denkmustern ganz und gar. Die patriarchalische Gesellschaft hat uns von frühester Kindheit an geformt: durch das, was sie uns gegeben hat ebenso wie durch das, was sie uns vorenthalten hat.

Da die patriarchalischen Werte und Sichtweisen unser Leben so lückenlos durchdringen und von so universeller Gültigkeit zu sein scheinen, können sich viele Menschen keine Alternativen vorstellen. So zu denken heißt, die Tatsache nicht ernst zu nehmen, daß es Kulturen gibt, die sich an anderen Werten orientieren und deren Lebensformen sich von denen der westlichen Länder ganz erheblich unterscheiden. Oft wird argumentiert, daß solche Kulturen gerade auf Grund der Überlegenheit unserer abendländischen patriarchalischen Lebensformen im Aussterben begriffen sind. Auch die Rekonstruktion einer matrizentrischen Welt an Hand fragmentarischer Indizien vermag an dieser Überzeugung nicht zu rütteln oder wird damit abgetan, daß diese Ordnung, sollte es sie einmal gegeben haben, eben einer für die Entwicklung der ‹Zivilisation› notwendigen neuen Moral weichen mußte.

Niemand kann jedoch leugnen, daß die Welt sich im Lauf der Jahrtausende gewaltig verändert hat, und daß es die Menschen waren, die diese Umwälzungen bewirkt haben. Das heißt aber auch, daß der Mensch in der Lage ist, seine Denk- und Lebensweise zu verändern. Daraus folgt, daß, wer das Patriarchat für unumstößlich erklärt, es in Wahrheit erhalten will und sich gegen das Bemühen um eine grundsätzliche Kursänderung stellt. Ich möchte in diesem Abschnitt erörtern, welche Folgen sich absehen lassen, wenn wir unser Leben weiterhin an patriarchalischen Werten und Denkweisen ausrichten.

1. Zukunftsperspektiven in der patriarchalischen Welt

Das ‹zivilisierte› Leben – d. h. das von patriarchalischen Kontrollmechanismen bestimmte Leben – erweist sich im Vergleich mit sogenannten ‹primitiven› Kulturen als recht jämmerlich. Colin Turnbull, der einen Großteil seines Lebens unter ‹primitiven› Völkern zugebracht hat, hebt immer wieder hervor, daß deren Leben nicht «ekelhaft, roh und kurz» ist: «Im ganzen gesehen ist die Anthropologie zu gegenteiligen Ergebnissen gekommen und ... hat enormes Datenmaterial angesammelt, das ihre Sichtweise stützt.» Turnbull führt aus, daß solche Kulturen allerdings schlecht abschneiden, wenn wir hohe Lebenserwartung, hochentwickelte Technologie und materiellen Komfort über alle anderen Werte stellen. Bewerten wir hingegen «die bewußte Ausrichtung an menschlichen Beziehungen, die sowohl affektiv als auch effektiv sind, ist uns der Primitive weit voraus». ‹Primitive› Menschen messen bei allem, was sie tun, dem emotionalen Bereich und der Interaktion große Bedeutung zu. Bei allen Mitgliedern solcher Gemeinschaften wird soziales Bewußtsein vom frühesten Kindesalter an gefördert, weshalb sie in dem Gefühl aufwachsen, «von Wert und Wichtigkeit für ihre Gesellschaft zu sein ..., vom Tag ihrer Geburt bis zum Tag ihres Todes».[1]

Das Fatale ist, daß gerade die Mittel, mit denen wir unsere Lage zu verbessern suchen, unser Unglück vergrößern. Freud schrieb: «Sie [die Behauptung] lautet, einen großen Teil der Schuld an unserem Elend trage unsere sogenannte Kultur; wir wären viel glücklicher, wenn wir sie aufgeben und in primitive Verhältnisse zurückfinden würden ... [fest steht] – wie immer man den Begriff Kultur bestimmen mag – ... daß alles, womit wir uns gegen die Bedrohung aus den Quellen des Leidens zu schützen versuchen, eben der nämlichen Kultur zugehört.»[2]

Die patriarchalischen Grundprinzipien der Naturbeherrschung, der Macht als höchstem Gut und des Lebens als zweitrangigem Wert gegenüber einem auf Transzendenz angelegten System haben uns die Form von Wissen beschert, die wir heute besitzen. Sie haben Entdeckungen und Erfindungen inspiriert und ermöglicht, in denen sich ein gewaltiges Maß an Macht über die Natur und selbst über Teile des Kosmos verkörpert, in den wir mittlerweise vordringen. Es ist durchaus möglich, daß wir ohne diese Grundhaltung noch immer wie die von Turnbull beschriebenen Mbuti leben würden, doch unsere Errungenschaften erscheinen mir fragwürdig.

Aber selbst wenn wir befinden, daß die patriarchalischen Werte selbstzerstörerisch sind und wir deshalb neue entwickeln müssen, können wir diese Einsicht nicht ohne weiteres umsetzen. Die Institutionen einer Gesellschaft dienen fast schon zwangsläufig der Aufrechterhaltung des Status quo, der gleichzeitig von der jeweiligen Ideologie als notwendig und dem Wohle aller dienend gerechtfertigt wird. In kapitalistischen wie in sozialistischen Staaten ist die Rüstungsindustrie ein zentraler Wirtschafts- und Beschäftigungssektor. Jedes der beiden Systeme ‹rechtfertigt› diese Situation ideologisch mit der Bedrohung durch das jeweils andere. Das moralische Argument lautet auf beiden Seiten, die Hochrüstung sei notwendig, um eine Lebensweise zu schützen, die gut für die Menschen ist. Diese Ideologie erhöht Konfliktbereitschaft und Angst, was wiederum defensive wie offensive Verteidigungsanstrengungen und Rüstungsbestrebungen verstärkt. Es ist ein Teufelskreis: Wir können nicht davon ausgehen, daß eine der beiden Großmächte den Rüstungswettlauf einstellen oder auch nur langsamer fortsetzen wird, es sei denn, eine massive weltweite Friedensbewegung zwingt sie dazu.

Gleichzeitig führt das Wettrüsten dazu, daß sich die einst von Henry Kissinger als «begrenzte Kriege» bezeichneten Auseinandersetzungen häufen. Diejenigen, die Rüstungsaufträge erteilen und Waffen produzieren, wollen die Rüstungsgüter auch praktisch eingesetzt sehen und brauchen Absatzmärkte für sie. Für die Regierungen waffenproduzierender Länder ist es leichter und profitabler, kleinen Staaten Waffen zu verkaufen, als auf andere Wege der Konfliktbewältigung zu drängen.

Schließlich erhöht die Fortsetzung des Wettrüstens die Wahrscheinlichkeit eines weltweiten Atomkriegs. Die Vereinigten Staaten und die Sowjetunion haben, was die Zahl ihrer Atomwaffen und Trägerraketen sowie deren Vernichtungskapazität anbelangt, nach George F. Kennan mittlerweile «eine Redundanz von so grotesken Dimensionen [erreicht], daß sie jedem rationalen Denken Hohn spricht».[3] Roy und Zhores Medvedev bieten überzeugende Argumente für die Untermauerung ihrer These auf, derzufolge die Wahrscheinlichkeit höher ist, daß die Vereinigten Staaten einen Atomkrieg auslösen. Weder in Amerika noch in der Sowjetunion unterliegen die militärischen Waffen demokratischer Kontrolle, und die in steter Fluktuation begriffene Führungsspitze der Vereinigten Staaten, aus immer neuen und unerprobten Männern bestehend, immer in dem Bemühen, sich zu beweisen, ist wesentlich unberechenbarer als die der Sowjetunion. Mag die Führungsspitze dort auch rigide und mißtrauisch sein, so ist sie doch zumindest stabil. Außerdem gehen die Drahtzieher der amerikanischen Politik schon seit längerem davon aus, daß sich ein Atomkrieg ausschließlich auf Europa begrenzen ließe, das seit einer Generation das «militärische Hauptoperationsfeld der Vereinigten Staaten» ist.[4]

Die Denkweise der amerikanischen Führung ist weder neu noch als solche haarsträubender als andere Erscheinungsformen patriarchalischen Denkens im Lauf der Jahrtausende: heutzutage steht nur mehr auf dem Spiel. Der Preis eines Atomkriegs ist uns allen bekannt oder sollte es zumindest sein.[5] Dennoch diskutieren unsere führenden Politiker über einen «Atomkrieg auf Raten», spekulieren mit Überlebenschancen in Prozenten und lassen Evakuierungspläne erstellen. Sie bezeichnen sich, was den Atomkrieg und den Charakter der Sowjetunion angeht, als «Realisten».[6] Sie können und wollen nicht auf ein Machtmittel verzichten, das alle anderen je auf dieser Welt von Menschenhand geschaffenen Machtmittel übertrifft und selbst die Macht der Natur in den Schatten stellt. Implizit erklären sie alle, die gegen die Kernenergie oder gegen einen harten Kurs in der atomaren Rüstung sind, entweder zu Traumtänzern oder zu Verrätern. Und tatsächlich trägt diese Haltung den Verrat am obersten Gott des Patriarchats in sich. Wenn Menschen darauf beharren, daß menschlichem Streben Grenzen, daß der Macht Schranken gesetzt werden müssen, verraten sie die treibende Kraft des Patriarchats und gebärden sie sich wie «Weiber», indem sie an der Erde festhalten und nicht an dem großen Gott derMacht. Unsere politischen Führer sagen: dem Mutigen, der alles wagt, alles riskiert, gehört die Welt. Lebende Anachronismen, halten sie noch immer an einer Moral fest, die aus einer Zeit stammt, als Helden einander Auge in Auge bekämpften, und verhindern mit lähmender Gewalt, daß wir – hier und in der Sowjetunion – jede noch verbliebene Chance nützen, die Gegenwart zu bewältigen.

Ebenso bedrohlich, wenn auch in etwas begrenzterem Rahmen, ist die Zunahme der Atomkraftwerke. Als absehbar wurde, daß unsere fossilen Brennstoffe nach und nach zur Neige gehen und eines Tages erschöpft sein werden, wurde die Kernenergie als Retter in der Not bejubelt. Selbst Regierungen, die auf Grund ihrer heftigen Opposition gegen deren Nutzung gewählt wurden oder an der Macht blieben, endeten als Befürworter der Kernenergie – wie etwa Frankreich und Norwegen. Dabei ist belegt, daß Kernenergie weit mehr kostet als sie einbringt: Atomkraftwerke sind, die Probleme des noch auf Jahrtausende hinaus tödlichen Atommülls, die bereits eingetretenen und möglichen Unfälle und die Angst der Menschen einmal beiseite gelassen, wesentlich teurer im Bau und in der Unterhaltung als herkömmliche Energieerzeuger. Im Jahre 1980 war Kernenergie um 50 Prozent teurer als Kohle. Öl vermag sie ohnehin nicht zu ersetzen. Kernkraftwerke produzieren lediglich Strom und Plutoniumabfälle, die als Material zum Bau von Atombomben dienen können. Die Lebensdauer von Atomkraftwerken ist kurz: Ihre Metallteile bekommen Risse, werden spröde oder korrodieren, ebenso die Leitungen in ihren Dampfturbinen. Nur wenige Atomkraftwerke sind erdbebensicher.[7]

Angesichts der enormen Kosten für den Bau, Betrieb und Unterhalt von Kernkraftwerken, angesichts der gewaltigen Gefahr, die sie darstellen, und der minimalen Erträge, die sie abwerfen, hätte der freie Markt – existierte ein solcher bei uns – der Produktion von Kernenergie längst ein Ende machen müssen. Wir haben aber keine freie Marktwirtschaft: 24 multinationale Konzerne beherrschen den amerikanischen Kernenergiesektor und bilden, der *New York Times* zufolge, «wohl den bei weitem mächtigsten Wirtschaftsfaktor in der Geschichte». 19 dieser Firmen gehören zu den 150 größten Unternehmen in den USA und sind eng mit acht der neun größten amerikanischen Banken, den sieben größten Versicherungsgesellschaften in unserem Lande und vielen der wichtigsten Investment- und Treuhandgesellschaften verflochten. Diese Unternehmen besitzen einen enormen Einfluß, sowohl auf die beiden politischen Parteien in unserem Staat als auch auf unser gesamtes politisches System. «Es sind die staatlichen Investitionsentscheidungen, die in Washington von Demokraten und Republikanern gleichermaßen und gegenwärtig unter der Oberaufsicht eines angeblich die freie Marktwirtschaft vertretenden Präsidenten getroffen werden, die die Kernenergiewirtschaft am Leben halten und Alternativen wie der Solarenergie den Hahn abdrehen.» Dabei hat ein Energieprojekt der *Harvard Business School* – unter vielen anderen Untersuchungen – ergeben, daß eine an der Erhaltung von Ressourcen und der Nutzung von Solarenergie ausgerichtete nationale Politik mehr Arbeitsplätze, ein größeres Wirtschaftswachstum und mehr nationale Sicherheit schaffen würde als die Entwicklung der Kernenergiewirtschaft.[8]

Doch auch wenn es nicht zum Armageddon oder auch nur zur «lokalen» Atomkatastrophe kommt, ist die Zukunft unseres Planeten und der auf ihm wohnenden Lebewesen gefährdet. Die Auswirkungen der Umweltverseuchung sind so vielschichtig und weitreichend, daß noch niemand weiß, wie es in zehn oder gar in fünfzig Jahren auf der Erde aussehen wird. Wenn der Treibhauseffekt das Polareis zum Schmelzen bringt, wenn die Wälder sterben, wenn immer weitere Tier-und Pflanzenarten aussterben, kann das Leben für die Geschöpfe, die dann noch übrig sind, sehr hart werden. Es ist durchaus vorstellbar, daß die Menschen ihren Planeten nach und nach unbewohnbar machen.

Auf der politischen Ebene ist die Lage noch düsterer. Auch wenn brutale Gewaltanwendung gegen die eigene Bevölkerung nichts Neues ist, ist es doch erst in unserem Jahrhundert zu einer verbreiteten Erscheinung geworden, daß politische Führer Massaker unter ihrem eigenen Volk veranstalten. Die Methoden Hitlers und Stalins wurden von den Herrschenden in Kambodscha, El Salvador, Argentinien und anderen Ländern übernommen. Massaker und Terror werden dazu eingesetzt, das Volk unter die Herrschaft eines Führers oder einer Partei zu zwingen. Es ist entmutigend, zusehen zu müssen, wie die meisten neu entstehenden Staaten sich auf die totalitäre Herrschaft und das Einparteiensystem zubewegen. Doch selbst Staaten, in denen ein Mehrparteiensystem existiert, treiben in dem Maße dem Totalitarismus entgegen, wie die Träger von Kapitalinteressen alle großen Parteien kontrollieren. So idealistisch die ursprünglichen Motive für die Verstärkung der staatlichen Kontrolle über die Bevölkerung auch sein mögen, aus den guten Absichten wird doch zwangsläufig und rasch das Streben, an der Macht zu bleiben, mit dem die weitgehende Entrechtung der Massen einhergeht.

In unserer Welt blendenden Reichtums hat ein volles Drittel aller Menschen niemals im Leben genug zu essen.[9] Die Vereinigten Staaten sind die reichste Nation aller Zeiten, und doch lebt über ein Fünftel ihrer Bevölkerung unterhalb der Armutsgrenze. Statistiken und abstrakte Begriffe wie

«Armutsgrenze» vermögen jedoch das menschliche Leid, das sich hinter ihnen verbirgt, nicht nachfühlbar zu machen. Zwar hat es jahrtausendelang Menschen gegeben, die nicht mehr besaßen als das schlichte Existenzminimum, und auch früher sind Menschen durch Hunger- oder Dürrekatastrophen umgekommen; durch die Entwicklungen der modernen Zeit hat sich dieses Elend jedoch verschärft und ausgeweitet, während andererseits eine große Zahl von Menschen in bisher nie gekanntem Wohlstand lebt.

Hierarchisierung, Anpassungsdruck und die Forderung nach Gehorsam waren schon immer charakteristische Züge patriarchalischer Gesellschaften. Erst die moderne Technologie und die Industrialisierung haben den politischen Führern jedoch Machtmittel in die Hand gegeben, mit denen die patriarchalischen Systeme ihre Macht in jeden Winkel dieser Erde ausdehnen können, und deren Zugriff so absolut ist, daß ihm kein Lebewesen entkommt. In diesem neuen Klima der Bedrohung gelingt es nur noch sehr wenigen Menschen, mit sich und der Welt zufrieden zu sein. Angst und Mißtrauen prägen auch das Leben der Privilegierten, der Friedfertigen und der vergleichsweise Gesicherten. Eine kürzlich veröffentlichte Untersuchung ergab, daß die Menschen in den USA der gesamten öffentlichen Sphäre zunehmend skeptisch, wenn nicht gar geringschätzig gegenüberstehen. Selbst nach traditionellen Werten erzogene konservative Amerikaner haben inzwischen weitgehend den Glauben an den Anspruch, die Methoden und die Werte der gesellschaftlichen Institutionen – worunter Staat, Industriegewerkschaften und Presse ebenso fallen wie die Kirchen – weitgehend verloren. Sie sind nicht mehr bereit anzunehmen, daß solche Institutionen noch andere Ziele verfolgen als die Entfaltung ihrer eigenen Macht und die Sicherung der herrschenden Elite.[10]

Doch nicht nur die Amerikaner haben begonnen, ihre Institutionen in Frage zu stellen und sich vermehrt auf sich selbst zurückzuziehen, also den privaten Bereich zum Zentrum ihrer Sinnsuche zu machen. Sinn und Zweck der Macht selbst sind fragwürdig geworden: Wie Foucault uns in Erinnerung ruft, hatten Monarchen schon immer die Macht zu töten, und die Gesellschaft immer schon das Recht, sich selbst zu verwalten (wenn auch nach Prinzipien, die die Billigung des jeweiligen Monarchen fanden).[11] Dennoch vermittelte der Monarch seinem Volk etwas, nämlich das Idealbild eines Lebens in Annehmlichkeit und Luxus. Die Paläste und die zur Schau getragene Macht des Herrschers oder der Herrscherin erzeugten ein Bild, an dem sich die Untertanen weiden konnten und das ihre Sehnsüchte weckte. Mochten die Monarchen selbst auch in Angst oder Mißtrauen leben, ihr Prunk und ihre Pracht beflügelten doch die Phantasie der Menschen.

Das alles hat sich geändert. Heute behauptet der Staat, sich für das Wohl der Bevölkerung verantwortlich zu fühlen. In der einen oder anderen Hinsicht kümmert er sich tatsächlich um die Armen, die Verbrechensbekämpfung, die Bereitstellung von Bildungsmöglichkeiten, medizinischer Versorgung und juristischem Beistand. Gleichzeitig besitzt er in hohem Maße die Macht zu töten, und zwar nicht nur Missetäter oder Angehörige anderer Nationen, sondern auch – willkürlich und tückisch – sein eigenes Volk. Der Persönlichkeitsraum des Menschen ist also vom Zustand der Autonomie bei gleichzeitiger Einbettung in die Natur, wie er in prähistorischer Zeit gegeben war, auf einen Zustand nahezu völliger Unterwerfung unter die Herrschaft eines allumfassenden artifiziellen Systems geschrumpft.

Gleichzeitig hat sich das Erscheinungsbild der Macht geändert; sie ist heute durch nichtssagende Uniformität, verschwommene Definitionen und die radikale Austreibung aller expressiven Momente gekennzeichnet. Die Macht liegt in den Händen von Gremien austauschbarer und gesichtsloser Männer, die sowohl in den Vereinigten Staaten als auch in den sozialistischen Ländern zum großen Teil anonym bleiben. Vergnügen und Genuß beflecken dieses reine Machtstreben nur ganz selten. Wenn einst die Bauern untereinander Klagen über die ihnen vom Monarchen auferlegten Steuern und zynische Bemerkungen über dessen verschwenderische Ausgaben austauschen konnten, marschieren die Menschen heute in Reih und Glied an den Fäden der Herrschenden, die ebenfalls in Reih und Glied marschieren. Macht, die dem Genuß dient, ist nicht gerecht, aber in einer sehr konkreten Weise verständlich. Macht in den Händen gesichtsloser Männer in grauen Anzügen, die keinem anderen Zweck dient als der Verherrlichung eines gesichtslosen «Staates», ist weder das eine noch das andere.

Macht von solchen Ausmaßen, daß sie in riesigen Gesellschaften nahezu die gesamte private und die ganze öffentliche Sphäre kontrolliert, ist schwer zu handhaben und vielleicht trotz all unserer technischen Errungenschaften schlicht nicht zu verwalten. Inflation, Arbeitslosigkeit und Stagflation sind Übel, die sich in allen hochentwickelten westlichen Industriegesellschaften finden. Viele sozialistische Gesellschaften – die UdSSR und die osteuropäischen Länder mit zentraler Planwirtschaft – weisen ähnliche wirtschaftliche Zyklen und Zustände auf.[12]

Wer sich auf eine genaue Betrachtung der gegenwärtigen Weltlage einläßt, wird zwangsläufig erkennen, wie sehr das Tun und Treiben der Menschen von Selbsthaß bestimmt ist, vom Haß auf das Menschliche schlechthin, der an der Wurzel des Patriarchats liegt. Der Drang, natürliche Gegebenheiten zu transzendieren, erwächst aus dem Haß auf diese: jahrtausendelang wurden diese Gegebenheiten «Natur» genannt, als wäre unser Körper der Ursprung aller Brutalität. In der Tatsache, daß die Ideologen des Patriarchats den Mann als etwas definieren, was dieser niemals sein kann, manifestiert sich ein mächtiger suizidaler Impuls, der Drang, den wirklichen Menschen zu töten, um ihn durch einen künstlich geschaffenen «besseren» zu ersetzen.

Natürlich ist das Leben in patriarchalischen Gesellschaften mit bestimmten Gratifikationen verbunden, auch wenn diese heute nicht mehr so universell und verläßlich sind wie früher. In vergangenen Jahrhunderten konnten sich viele Männer in ihrer Überlegenheit über die Frauen und über die Männer aus den unteren Schichten sonnen; heute können das nur noch wenige. In der Vergangenheit besaßen viele Männer ein gewisses Maß an Autonomie in ihrem täglichen Leben; auch dies ist heute nur noch wenigen vergönnt. In Zeiten tieferer Religiosität konnten sich ganze Völker in ihren Leiden mit der Gewißheit trösten, daß ein gerechter Gott ihnen gerechte Gebote auferlegt hatte. Es spricht manches dafür, daß die wahnsinnigen Züge so vieler gegenwärtig zu beobachtender patriarchalischer Machenschaften viel mit einem Verlust an moralischer Legitimation, mit der Einbuße des Gefühls der Rechtschaffenheit zu tun haben.

Wohl die wichtigsten Gratifikationen, die uns für das Leben in patriarchalischen Industriegesellschaften in Aussicht gestellt werden, sind materielle Güter: dies gilt sowohl im Osten, wo Konsumgüter schwerer erhältlich sind, als auch in den westlichen Ländern. Das Streben nach Konsumgütern wird nicht nur gestattet, sondern sogar gezielt gefördert, und unsere Wünsche sind auf solche materiellen Dinge ausgerichtet. Im Westen werden Waren auf zynische Weise als Ersatz für wahre Befriedigung vermarktet. Eine wichtige Konsumware ist Zerstreuung in Form von Moden, Spielen, Freizeitaktivitäten, kurz: Unterhaltung aller Art, die unser Interesse von der Wirklichkeit auf eine symbolische Ebene ablenkt. Viele Fernsehsendungen erfüllen ganz eindeutig die Funktion, zu verhindern, daß uns reale Geschehnisse zu sehr unter die Haut gehen, und Modesportarten wie etwa das Jogging haben den gleichen Zweck. Es ist möglich, daß wir Menschen, weil wir potentiell unter so vielen

Dingen leiden können, einer gewissen Dosis dämpfender Opiate bedürfen, aber von einem bestimmten Punkt an wird aus der Schmerzbetäubung Gefühllosigkeit. Ein Leben, das nicht mehr emotional wahrgenommen wird, ist aber ein ungelebtes Leben. Eine wichtige Form der Zerstreuung ist der Wettkampf. Konkurrenz gehört zu den Grundwerten des Patriarchats. Sie verstärkt unser Individualitäts- und Leistungsbewußtsein, untergräbt unser Zusammengehörigkeitsgefühl, fördert unsere Isolation und erzieht uns die Fähigkeit ab, anderen Menschen zu vertrauen. Wettkampf ist etwas Lineares und Quantitatives: Man kann sich also nur auf bestimmten Ebenen miteinander messen, weil diese Ebenen meßbar sein müssen. Das Konkurrenzdenken hat sich inzwischen aber auf Bereiche ausgeweitet – etwa Spiel und Sexualität –, die früher noch relativ frei davon waren. Heute geht es auch dort um Leistung, Technik und Erfolg.[13] Wir spielen nicht mehr zum Spaß, sondern um unsere Sprungweiten, Kilometer oder Punkte zu messen und zu zählen. Wenn wir niemanden haben, mit dem wir konkurrieren können, dann versuchen wir uns selbst, unseren letzten ‹Rekord› zu übertreffen. Schließlich bietet uns unsere technisierte Gesellschaft noch den Luxus der Bequemlichkeit. Auch diese Gratifikation ist zwiespältig, da es einerseits tatsächlich bequemer ist, fließend Wasser, eine Waschmaschine, ein Auto oder ein Flugzeug zur Verfügung zu haben, als sich das Wasser vom Brunnen holen, die Kleider von Hand waschen und lange Strecken zu Fuß gehen zu müssen, während all diese bequemen Einrichtungen auf der anderen Seite Nebeneffekte zeitigen, die unsere Lebensqualität entscheidend vermindern. Verkehrsstaus, Verspätungen, Großstadtlärm, schlechte Luft- und Wasserqualität sind nur ein Teil des Preises, den wir für unsere Bequemlichkeit zahlen müssen. Der Stress, unter dem wir alle heute leben, erwächst hauptsächlich aus solchen das Leben ‹erleichternden› Errungenschaften, wie wir sehr bald merken, wenn wir die Großstadt einmal für längere Zeit gegen eine ‹primitivere› Umgebung eintauschen. Wir sind nicht bereit, auf unsere das Leben erleichternden Errungenschaften zu verzichten, aber wir finden auch keinen Weg, auf einigermaßen harmonische Art und Weise mit ihnen umzugehen.

Ebenso wie unsere Moral uns gegenwärtig keine Alternative zur Orientierung an der Macht an die Hand gibt, so beläßt uns unsere gegenwärtige gesellschaftliche und politische Situation keine vorstellbare Alternative zu den drei ‹schlimmsten› denkbaren Szenarien: dem weltweiten Atomkrieg, dem weltweiten Totalitarismus oder der Verseuchung unseres Planeten. Wir können nicht mehr in die Zukunft denken. Wie Alkoholiker leben wir von einem Tag auf den anderen in der Hoffnung, daß das Schlimmste sich so lange abwenden läßt, bis wir tot sind. Wir halten den Status quo aufrecht, aber nicht aus freier Entscheidung, sondern aus Verzweiflung. Wir fürchten uns davor, zu handeln, weil jedes Handeln unsere Lage noch verschlimmern könnte.

Aber auch wenn wir uns dafür entscheiden, die patriarchalischen Werte aktiv zu bekämpfen und den Versuch zu unternehmen, ein neues Wertsystem zu schaffen, wissen wir nicht genau, in welche Richtung unser Bemühen gehen muß. Unser gesamtes Gesellschaftssystem ist die Verkörperung patriarchalischer Werte, unsere Institutionen sind ausnahmslos hierarchisch organisiert. Die hierarchische Ordnung ist eine Struktur, die auf die Aufrechterhaltung und Weitergabe der Macht angelegt ist. Solange unsere Institutionen hierarchisch organisiert sind, bleibt also die Macht beherrschend. Da Macht jedoch im wörtlichen Sinn ‹beherrschend› ist, gibt es keine alternativen Strukturen, die ihr in unserer Gesellschaft gewachsen wären. Experimente mit demokratischeren Organisationsformen, wie sie in den siebziger Jahren in Schulen, Unternehmen und Redaktionen durchgeführt wurden, endeten in Verbitterung und Unproduktivität. Auch hier stehen wir wieder vor einem Teufelskreis.

Auf Dauer können sich neue Strukturen nur auf der Basis neuer oder zumindest andersgearteter Zielsetzungen herausbilden. Sobald wir die Lust und menschliches Wohlbefinden ebenso hoch bewerten wie den Profit und die Macht, werden sich solche Strukturen scheinbar von selbst entwickeln. Tatsächlich liefern uns die Naturwissenschaften derzeit eine Fülle von Beispielen für nicht-hierarchische Strukturen, die uns als Vorbilder für soziale und politische Organisationsformen dienen können. Viele Philosophen haben die Auffassung vertreten, daß unsere sich wandelnden naturwissenschaftlichen Weltbilder letzten Endes «Metaphern» sind, Versinnbildlichungen der jeweils vorherrschenden Einschätzung der Kräfteverhältnisse in der Gesellschaft.[14] Auf wichtige Umwälzungen im naturwissenschaftlichen Denken folgten in der Geschichte immer auch Umwälzungen im soziopolitischen Bereich, sei es, weil die neue wissenschaftliche Erkenntnis mit der Zeit in alle gesellschaftlichen Bereiche vordringt, oder sei es, weil ein Wandel der gesellschaftlichen Einstellungen sich am klarsten in dem Bereich niederschlägt, in dem am stringentesten gedacht wird: im Bereich der Naturwissenschaften.

Auch wenn es uns schwerfällt, uns etwa eine Firma anders als hierarchisch organisiert vorzustellen, könnte es doch unsere Phantasie beflügeln, wenn wir uns einmal mit den neuen «Metaphern» beschäftigen, die uns die Astronomie (im Makrokosmos) und die physikalische Theorie auf der subatomaren Ebene (im Mikrokosmos) sowie die Biologie und die Ökologie zur Verfügung stellen.

2. Nicht-hierarchische Strukturen

Die Astronomen des Altertums entwickelten eine Kosmologie, die im zweiten Jahrhundert n. Chr. in das ptolemäische Weltbild mündete. In diesem Weltbild – oder, wie ich es hier nennen möchte, dieser «Metapher» – bildete die Erde den ruhenden Mittelpunkt des Kosmos. Umgeben war sie von einer Sphäre aus Luft und schließlich von Feuer, und die Planeten umrundeten sie in vollkommenen konzentrischen Kreisen. Jenseits des endlichen Universums waltete Gott als der oberste Beweger, der Schöpfer und Lenker des ganzen Kosmos. In der christlichen Variante dieses Weltbilds waren alle Sterne und Planeten von besonderen Engeln bewohnt, die, selbst ebenso unwandelbar und unvergänglich wie jene, sangen und auf diese Weise die Sphärenmusik erzeugten, während die Himmelskörper majestätisch ihre Bahnen zogen.

Dieses Weltbild beherrschte das abendländische Denken über vierzehn Jahrhunderte hinweg. In dieser Zeit prägte es die moralischen und politischen Vorstellungen der westlichen Welt. Die Kirche war der Mittelpunkt des geistlichen, der absolute Herrscher der des weltlichen Reichs, und um diese fixen Zentren Kirche und Staat (wobei manche Leute der Ansicht waren, es sollte nur ein solches Zentrum geben: den von der Kirche beherrschten Staat oder die vom Staat beherrschte Kirche) bewegten sich die männlichen Angehörigen der verschiedenen Stände. Die feststehende, unveränderliche Ordnung des Kosmos spiegelte sich auf Erden in der strikten Hierarchie der Stände wider, der «großen Daseinskette». In dieser Ordnung hatte alles seinen festen Platz, vom geringsten Kieselstein oder der unscheinbarsten Pflanze bis hin zum Löwen, dem ‹König› der Wildnis. Die Menschen hatten eine Zwischenstellung zwischen den Tieren und den Engeln inne, waren in sich ebenfalls nach Ständen hierarchisch geordnet und wurden von einem Statthalter Gottes regiert. Die Weibchen aller Arten einschließlich der Menschenfrauen galten als ihren männlichen Artgenossen untergeben. Alles spiegelte die göttliche Ordnung wider und verkörperte daher etwas über sich selbst und über das bloße Dasein Hinausweisendes: das Gesetz Gottes.

Da dieses Weltbild klar zwischen Vergänglichem (Veränderlichem) und Ewigem (Gleichbleibendem) unterschied, schürte es die Verachtung alles Irdisch-Vergänglichen. Die Grenze zwischen dem Bereich des Veränderlichen und dem des Gleichbleibenden markierte der Mond: alles Dasein unter dem Mond galt als elendiglich, weil es Veränderungen unterworfen war. Nur was keinem Wandel unterlag – was jenseits des Monds war – war gut. Die Materie war vergänglich, die Seele jedoch ewig. So fiel der Körper der Verachtung anheim, während die Seele sich zu Gott emporschwang. Dieses Weltbild erhob außerdem die Herrschaft zum zentralen Prinzip des Kosmos. Das Zentrum dominierte über alles, was auf seinen Bahnen um es kreiste, und jeder Stand war allem überlegen, was unter ihm kam. Da Herrschaft im Kosmos ein natürliches und unabänderliches Prinzip war, war sie es auch auf Erden. Gehorsam dem «Herrn» gegenüber war daher – auf jeder Ebene – unabdingbar.

Im 16. Jahrhundert entwickelte der polnische Astronom Nikolaus Kopernikus, ausgehend von anderen Modellen des Kosmos (insbesondere dem von Aristarchos), ein neues Weltbild. Kopernikus vertrat die Auffassung, daß die Erde um die Sonne kreise und diese der Mittelpunkt des Universums sei, die Erde selbst hingegen nur ein Planet neben den fünf anderen sichtbaren Planeten. Das Universum, so behauptete er, sei riesig und offenbar unendlich. Kopernikus' Ansichten schockierten das damalige Europa, das sie entrüstet zurückwies. Dennoch sahen mit der Zeit auch andere Astronomen in dieser neuen Weltsicht einen fruchtbaren Ansatz, den sie weiterentwickelten. Einer dieser Gelehrten, Giordano Bruno, wurde von der Kirche zum Tod auf dem Scheiterhaufen verurteilt, weil er die Existenz eines unendlichen Universums postuliert hatte, in dem selbst unsere Sonne nur einer unter vielen ihr ähnlichen Sternen sei. Bernardino Telesio betrachtete das Universum als Weltenraum und darf als Schöpfer dieses Begriffs betrachtet werden. Tycho Brahe stellte die Behauptung auf, daß die Planeten und ihre Bahnen nicht unveränderlich seien, daß selbst im Weltraum Wandel möglich und deshalb auch das Universum vergänglich sei. Johannes Kepler vertrat die Ansicht, daß die Planeten elliptische Bahnen beschrieben und nicht dem vollkommenen – und heiligen – Kreis folgten. Galileo Galilei schließlich (der dem Scheiterhaufen entging, indem er widerrief, nachdem man ihn gefoltert hatte) bestätigte das Kopernikanische Weltsystem und schloß, daß das Licht des Mondes eine von der Erde beeinflußte Reflektion des Sonnenlichts sei und daß selbst die Sonne sich bewege, indem sie sich um eine Achse drehe.

Das Kopernikanische Weltbild fand erst dann wirklich Eingang in das westliche Denken, als Newton im ausgehenden 17. und frühen 18. Jahrhundert eine annehmbare Synthese entwickelte. Mit der Hypothese, daß unter der Oberfläche der sichtbaren natürlichen Welt noch eine unsichtbare Welt existierte, war der Grundstein der modernen Physik gelegt. Diese unsichtbare Welt bestand, so glaubte man, aus einer Reihe von Wirkungsmechanismen, von absolut gültigen Gesetzen, die die Bewegung zu Boden fallender Körper, die Bahnen von Wurfgeschossen, die Gezeiten, den Mond und die Sterne regierten. Newton zufolge war Materie fest, ewig (da sie immer erhalten blieb) und diskontinuierlich. Sie bewegte sich innerhalb der kontinuierlichen Zeit und des kontinuierlichen Raums. Bewegung war bestimmt durch die Trägheit, ein passives Prinzip, und durch aktive Prinzipien wie etwa die Schwerkraft, die auf Materieteilchen einwirkten. Der Weltraum war kein Vakuum, sondern mit einem luftähnlichen, unveränderlichen und unbeweglichen Stoff ausgefüllt. Das Universum blieb weiterhin ein wunderbar geordnetes System von Himmelskörpern, die sich in der unendlichen Weite des absoluten Raums bewegten, und alles Geschehen erfolgte wohlgeordnet im Reich der absoluten Zeit.

Während Newton und andere Naturwissenschaftler neue «Metaphern» der kosmischen Zusammenhänge ersannen, bildeten sich auch im politischen und gesellschaftlichen Bereich neue Strukturen heraus. Die neue Physik entwarf das Bild eines dynamischen Universums an Stelle des alten, statischen ptolemäischen Kosmos, und auch im Bereich von Handel und Gewerbe machte sich nun eine neue Dynamik bemerkbar. Die unsichtbare Welt war eine Abstraktion, die sichtbare Welt Ergebnis des Aufeinanderwirkens abstrakter Kräfte. Das Geld, ebenfalls eine Abstraktion, trat an die Stelle des bis dahin vorherrschenden Naturalientauschs.[15] Menschliche Arbeitskraft wurde quantifiziert und mit Geld entlohnt. Die Menschen «waren jetzt nur noch Arbeitskräfte, die in der Lage waren, eine bestimmte Anzahl Arbeitsstunden pro Tag zu leisten, und mit einer bestimmten Menge Nahrung gefüttert werden mußten, wenn ihre Arbeitskraft einen maximalen Mehrwert abwerfen sollte»[16].

Der Feudalismus als ein politisches und religiöses System, in dem jeder Mensch seinen Platz und seine Würde (zumindest) als Besitzer einer unsterblichen Seele besaß, wich dem Kapitalismus, in dem die gesellschaftliche Stellung der Menschen potentiell veränderbar und die Menschen selbst nur Körper waren. Die lange Reihe der auf bestimmte Konzepte von menschlichen Rechten gegründeten Revolutionen, die sich auch in der Gegenwart fortsetzt, nahm ihren Anfang im 17. Jahrhundert, als das kopernikanische Denken sich durchzusetzen begann. Die Sonne beherrschte, ob unbewegt und einzigartig oder nicht, noch immer die Erde, und Herrschaft blieb weiterhin ein zentrales Element menschlichen Denkens. Allerdings galten die Privilegien und die gesellschaftliche Stellung des Adels nicht mehr länger als gottgegeben, und das englische und später auch das französische Volk richteten ihre Könige hin. Auch Gott geriet jetzt in Bewegung. Anstatt ein endliches Universum von der es umgebenden Sphäre her zu lenken, wurde er jetzt zum *Deus absconditus*, der die Dinge, nachdem er sie geschaffen hatte, in Bewegung setzte und sich dann in ferne Sphären, in die Unendlichkeit zurückzog. Die Wirkungskräfte Gottes verwandelten sich in die Kräfte, die er in Gang gesetzt hatte, also in physikalische Kräfte, die für von Gott mit den entsprechenden Gaben ausgestattete Männer begreifbar und potentiell manipulierbar waren. Auch die politische Macht erfuhr eine Fragmentierung. Wenn sie auch schon immer geteilt gewesen war (eine Sache des Kräftespiels zwischen Klassen), hatte man sie doch bisher nicht in dieser Weise begriffen, sondern als absolut betrachtet und einem einzigen Souverän zugeordnet. Im 17. und 18. Jahrhundert entwickelte sich ein neues Verständnis der Macht. Waren früher Kriege, Konflikte und Eroberungsdrang aus dem Willen erwachsen, die Macht zu *erobern* oder zu *ergreifen*, so hatten jetzt Revolutionen und Erhebungen das Ziel, die Macht *neu zu verteilen*, wobei innerhalb der einzelnen Nationen ebenso wie zwischen ihnen Kontrollmechanismen und Ausgleichsgewichte geschaffen werden sollten. Um es in Foucaults Terminologie auszudrücken: es entwickelte sich eine neue Form des Diskurses im Hinblick auf Natur und menschliche Beziehungen, indem die alte Daseinskette aufgebrochen wurde und neue Kategorien, Klassifizierungen und Definitionen entstanden.[17] Gleichzeitig mit dem Schwinden der Vorstellung, daß jeder Mensch seinen festen Platz, seine festen Pflichten und festen Verantwortlichkeiten habe, setzte faktisch auf breiter Ebene die Entwurzelung von Menschen und die Umschichtung von Klassen ein.

In seinem *Discours de la méthode* von 1637 verglich Descartes die Welt mit einer Maschine. Dieses Modell wurde nicht als Metapher aufgefaßt, sondern als wirklichkeitsgetreue Darstellung menschlichen Lebens.

Darin wurden die menschlichen Lebensfunktionen, soweit sie sich mit den tierischen deckten, auf rein mechanische Wirkungszusammenhänge reduziert. Da die Menschen jedoch überdies Bewußtsein, Geist besaßen, wurde der alte Dualismus wieder aufgegriffen: die Materie war bewegungslos, passiv, dem Tod und den Gesetzen des Universums unterworfen, der Geist, die neue Version der alten Seele, jedoch noch immer unsterblich. Geist und Materie verhielten sich zueinander wie Gravitation und Erde: wirkende Kraft und passive Substanz. Aus diesem Grunde war es nur legitim, daß der Geist die materielle Welt zu beobachten und manipulieren trachtete und sich über sie erhob. Die Materie konnte man behandeln, wie man wollte, da sie ja ewig war. Man konnte sie weder töten noch vernichten, sondern höchstens transformieren. Das belebte Prinzip war der Verstand, eine beherrschende Kraft. Der Geist galt natürlich als ‹männlich›, während die Materie nach wie vor ‹weiblich› war. Die ewig weibliche, dem Pflug des Mannes unterworfene Erde wurde jetzt zum Manipulationsobjekt einer neuen Form von Macht, des Wissens.

Das mechanistische Weltbild erfuhr im Lauf der Zeit zahlreiche Konkretisierungen und Modifikationen. Faraday und Maxwell setzten an die Stelle der Newtonschen Auffassung, die physikalischen Kräfte seien strikt an die Körper gebunden, auf die sie wirkten, die Vorstellung eines nicht zwingend einem stofflichen Körper zugehörenden Kraftfeldes. (Gleichzeitig trat an die Stelle des persönlichen Verhältnisses zwischen Herrn und Sklaven oder Leibeigenen der Hegemoniegedanke.) Ausgedient hatte das mechanistische Weltbild (zumindest als Modell des Universums), als Einstein seine Relativitätstheorie formulierte, derzufolge alle Größen, in die Raum und Zeit eingehen, keine absolute Bedeutung, sondern nur Bedeutung relativ zu anderen Betrachtern haben. Raum und Zeit sind ein vierdimensionales Kontinuum, und die Struktur der Raum-Zeit ist abhängig von der Verteilung der Materie im Universum. Masse hat nichts mit stofflicher Substanz zu tun, sondern ist eine Form von Energie. Tatsächlich ist die Astronomie heute davon überzeugt, daß weder die Sonne den Weltraum regiert noch «irgend etwas anderes: der Kosmos ist eine geordnete Anarchie». Die Galaxien sind schlicht Anhäufungen von Sternen, Staub und gasförmiger Materie und allen anderen Bestandteilen des Universums gleichgeordnet.[18] Nichts beherrscht den Kosmos, und dennoch herrscht friedliche Ordnung, da jedes Element seine eigenen Bahnen zieht und doch in kooperativer Wechselbeziehung zu allen übrigen Elementen steht.

In ganz ähnlicher Weise scheint es auch auf der subatomaren Ebene keine Dominanzbeziehungen zu geben. Fritjof Capra schreibt: «Auf der subatomaren Ebene existiert Materie nicht mit Sicherheit an bestimmten Orten, sondern zeigt eher eine ‹Tendenz zu existieren›, und atomare Vorgänge laufen nicht mit Sicherheit zu definierten Zeiten und auf bestimmte Weise ab, sondern zeigen eher ‹Tendenzen zu erscheinen›.»[19] Diese Tendenzen bezeichnet man als «Wahrscheinlichkeiten». Auf der subatomaren Ebene lösen sich feste Substanzen in wellenartige Muster von Wahrscheinlichkeiten auf, wobei diese Muster Wahrscheinlichkeiten von *Wechselwirkungen* repräsentieren. Demnach ist die Natur ein kompliziertes Gewebe von Beziehungen, das auch den Beobachter einbezieht. Dieser ist nicht getrennt, nicht abgegrenzt von dem, was er beobachtet, sondern beeinflußt das Beobachtete durch seinen Standpunkt und seinen Blickwinkel. «Der menschliche Beobachter bildet immer das Schlußglied in der Kette von Beobachtungsvorgängen, und die Eigenschaften eines atomaren Objekts können nur in Begriffen der Wechselwirkung zwischen Objekt und Beobachter verstanden werden ... In der Atomphysik können wir nie über die Natur sprechen, ohne gleichzeitig über uns selbst zu sprechen.»[20]

Der positiv geladene Atomkern übt in Gestalt elektrischer Anziehung Kraft auf die negativ geladenen Elektronen aus. Die Wechselwirkung zwischen dieser Kraft und Elektronenwellen erzeugt sämtliche Strukturen und Phänomene. Keines dieser Momente dominiert: erst ihr Zusammenspiel ist die Entstehungsgrundlage aller festen und flüssigen Stoffe, Gase, Organismen und biologischen Prozesse. Der Atomkern besteht aus einem elektrisch geladenen Proton und einem Neutron, das zweitausendmal so groß ist wie das Elektron, aber keine elektrische Ladung besitzt.[21]

Subatomare Teilchen sind gleichzeitig zerstörbar und unzerstörbar, weshalb Materie gleichzeitig kontinuierlich und diskontinuierlich ist. Kraft und Materie sind verschiedene Aspekte desselben Phänomens, ebenso wie Raum und Zeit. Womit wir es zu tun haben, ist eine Oszillation zwischen Polen, eine zirkuläre Bewegung. Materie kann sowohl als Menge diskontinuierlicher Teilchen wie als kontinuierliches Feld erscheinen. Innerhalb der sprachlichen Begriffe, die uns gegenwärtig zur Verfügung stehen, ist es weder zutreffend zu sagen, daß Teilchen existieren, noch daß sie nicht existieren. «Alle Begriffe, die wir zur Beschreibung der Natur verwenden, sind beschränkt ... Sie sind nicht Abbilder der Realität ... sondern Schöpfungen unseres Denkens.»[22]

Raum-Zeit ist zeitlos. Alle Geschehnisse stehen miteinander in Zusammenhang, jedoch nicht kausal, und lassen sich nur dann als Teil einer Wirkungskette interpretieren, wenn man sie nur in einer bestimmten Richtung interpretiert.[23] Die Welt der subatomaren Phänomene, die dem gesamten Universum zugrunde liegt, ist demnach ‹weiblich› – nicht-hierarchisch, fließend, vergänglich, vielgesichtig und ewig.

Wenn wir das Bild der subatomaren Phänomene auf das menschliche Dasein übertragen, ergibt sich ein faszinierendes neues Modell. Wechselwirkung, Wechselspiel ist eine Grundlage allen Daseins. Wirkungsmacht ist weder Substanz noch Kraft im üblichen Sinne des Wortes, sondern resultiert aus dem Zusammentreffen bestimmter Gegebenheiten in einem bestimmten Augenblick. Masse und Energie sind zwei Aspekte desselben Phänomens, und alle subatomare Existenz kann verschiedene Formen annehmen. Nichts ist dominierend, das Wirkungsprinzip ist Anziehung, und selbst das Negative hat seinen Platz. Das große Neutron besitzt keine Ladung. Und selbst der ‹objektive› Beobachter steht in engem Zusammenhang mit dem, was er beobachtet: jede Beobachtung bedeutet zwangsläufig eine gewisse Beeinflussung des beobachteten Systems wie auch des Beobachters selbst.[24] Es gibt keine unbewegten Beweger, keinen Kontrollierenden, der unberührt über dem steht, was er kontrolliert.

Ganz ähnliches gilt für den menschlichen Körper, den Lewis Thomas als einen Kontinent aus vielen kleinen Elementen beschreibt, die miteinander in Wechselbeziehungen stehen und allesamt für das Überleben des ganzen Körpers notwendig sind – gleichgültig welcher Art sie sind, ob parasitäre oder versorgungstragende Inseln oder ob scheinbar von ihrem Umfeld völlig unabhängige und losgelöste Kolonien. Kein Element dominiert – der Denkapparat ebensowenig wie das Herz, die Leber, die Därme oder die Genitalien. Jeder Teil hat aktiv und passiv an allem teil, was in anderen Teilen vor sich geht.[25]

Jeder Organismus innerhalb des Körpers ist ein lebendes System und daher flexibel und anpassungsfähig. Jedes seiner Teile organisiert sich selbst und steht doch mit allen anderen Teilen in einem nicht-linearen und komplexen Zusammenhang. Kommt es zum Zusammenbruch, so ist dieser nicht auf ein einzelnes Element zurückzuführen. Lebende Organismen besitzen dynamische Stabilität, sie verändern sich ständig und behalten doch ihre Struktur bei. So erneuern sich etwa alle unsere Körperzellen (mit Ausnahme der Gehirnzellen) in Abständen von einigen Jahren, bleiben aber dennoch die gleichen.

Alle diese Organismen sind an ihr Umfeld gebunden. Die einzelnen Systeme innerhalb des Körpers sind von anderen Systemen abhängig. Der Körper insgesamt bezieht Nahrung, Luft und Wasser aus seiner Umwelt. Diese Umwelt selbst ist wiederum ein organisches System, ein Ökosystem, das aus einer Fülle kleiner Ökosysteme besteht. Jedes Subsystem ist gleichzeitig relativ autonom und Teil eines übergeordneten Organismus: Vielfach ist ihr Verhältnis zueinander ein symbiotisches, in dem alle Komponenten in hohem Maße voneinander abhängig sind. Capra erörtert neuere Forschungsergebnisse, die darauf hindeuten, daß der Planet Erde zu seiner Biosphäre in genau der gleichen engen Beziehung steht wie unser Körper zu unserem Planeten. Die Biosphäre reguliert die chemische Zusammensetzung der Luft, die Temperatur der Erdoberfläche und andere Momente des planetaren Umfelds.[26]

Wie wir wissen, sind innerhalb jedes Ökosystems – einer Wiese, eines Meeres oder einer Bergregion – alle Elemente, selbst die räuberische Lebensweise bestimmter Tiere, für die Erhaltung des Gleichgewichts des Ganzen notwendig. Die Beseitigung oder Ausrottung auch nur einer einzigen Pflanzen- oder Tierart kann schwerwiegende Schäden nach sich ziehen und mit der Zeit die Zerstörung des gesamten Systems zur Folge haben. So kann etwa das Verschwinden der Termiten aus einer Feuchtzone dazu führen, daß das gesamte Biotop stirbt. Es ist nur plausibel, daß solche eng miteinander verzahnten Wechselbeziehungen auf allen Daseinsebenen bestehen, auch auf der kosmischen. Die Renaissancegelehrten hatten das Prinzip der wechselseitigen Durchdringung aller Dinge wohl erkannt (wenn sie auch in bezug auf das Prinzip der Hierarchie irrten), und wie hätte sich dieser großartige Plan besser beschreiben lassen denn als Widerspiegelung der Größe Gottes, selbst wenn dieses Wort für uns heute wenig Bedeutung besitzt.

Diese Bilder stoßen alle unsere bisherigen Vorstellungen von Macht und Materie, von Herrschaft und Hierarchie als notwendigen Prinzipien um. Sie liefern uns ein metaphorisches Modell für den Entwurf neuer Gesellschaftsstrukturen. Macht ist, wie ich verdeutlicht habe, eine Wechselwirkung und keine substantielle Größe, Anarchie auf der Ebene menschlichen Lebens vielleicht ebenso eine mögliche Organisationsform wie auf der Ebene der subatomaren Phänomene. Diese neuartigen Metaphern, die uns die Naturwissenschaft an die Hand gibt, beeinhalten zugleich ein neues Weltbild und die Möglichkeit einer neuen moralischen Weltsicht. Energie ist darin, wie schon Blake wußte, alles, aber sie kann Myriaden verschiedener Formen annehmen und auch formlos erscheinen. Anarchie ist nicht das Fehlen von Ordnung, sondern ein subtiles Interaktionsgefüge. Die kleinsten Einheiten existieren zwar für sich, stehen aber dennoch in zwingendem Zusammenhang mit anderen Einheiten. Unser neues Naturbild beinhaltet also ein beträchtliches Maß an Autonomie bei gleichzeitiger Interdependenz, die Aufrechterhaltung der Struktur bei gleichzeitiger kontinuierlicher Regeneration.

Diese neuen Auffassungen von physikalischen Wirkungsgesetzen entziehen der Vorstellung vom Patriarchat als der einzig möglichen Organisationsform für größere Zusammenschlüsse von Menschen den Boden, aber sie stellen gleichzeitig noch eine weitere philosophische Grundauffassung in Frage, die nicht minder problematisch ist: das Denken in Gegensätzen.

3. Jenseits der Dichotomien

Das abendländische Denken ist zutiefst dualistisch, was besagt, daß ihm Andersartigkeit wichtiger ist als Ähnlichkeit, oder, anders ausgedrückt, daß Verschiedenheit mehr wiegt als Gleichartigkeit, Abgrenzung mehr als Solidarität. Diese Wertung ist zwingender Bestandteil einer Moral, deren Funktion es ist, einer bestimmten Gruppe oder Kaste von Menschen einen überlegenen Status zu verleihen. Diese Überlegenheit basiert ja gerade auf der Unterscheidung von anderen Menschen. Das philosophische Problem des Entweder/Oder, wie Kierkegaard es nannte, ist daher weitgehend ein künstliches Problem, der Versuch der Philosophen, zu einer Synthese oder Versöhnung von Gegensätzen zu gelangen, die in erster Linie aus ihren eigenen Kategorisierungen hervorgingen. Die Logik lehrt uns, daß etwas ‹A› oder ‹Nicht-A› ist und beide Kategorien einander ausschließen. In der Realität selbst existiert eine solche Trennung jedoch nicht, da die einzelnen Elemente fließend ineinander übergehen und ähnliche Eigenschaften besitzen.

So sprechen wir im Bereich der Farben von Gegensätzen wie schwarz/weiß, rot/grün, und doch sind alle Farben Widerspiegelungen eines bestimmten Spektrums verschieden langer Lichtwellen, gibt es in Wirklichkeit unendlich viele feinste Schattierungen von Schwarz, Weiß, Rot oder Grün. Gegensätzliche Kategorien wie gut/böse sind zu grob und zu subjektiv, als daß man sie auch nur ernsthaft erörtern könnte. Das Denken in Dichotomien erwächst nicht aus dem aufrichtigen Bemühen, die

Welt zu verstehen, sondern vielmehr aus dem hybriden Bestreben, sie in eine neue Form zu pressen. Indem die Männer den größten Teil der konkreten Erfahrung aus ihren philosophischen Überlegungen ausklammerten und den philosophischen Diskurs allein auf eine Reihe konstruierter Gegensatzpaare beschränkten, vermochten sie ein scheinbares Weltverständnis zu entwickeln und die Elemente der Wirklichkeit in das Raster von Höher- und Minderwertigkeit zu pressen: daher die Behauptung, der Mann unterscheide sich fundamental von der Frau, beide seien ebenso Gegensätze wie Mensch und Natur, Schwarz und Weiß. Indem es die Ähnlichkeiten aller Menschen zugunsten der wesentlich geringeren Unterschiede leugnet, hält sich das Patriarchat an das alte Motto des Teilens und Herrschens.

Selbst in einem scheinbar so harmlosen Bereich wie der Aufteilung in rechts und links wurden strikte Kategorisierungen vorgenommen und zur Grundlage abwertender Gegenüberstellungen gemacht. Noch heute kommt es vor, daß Eltern Kinder, die Linkshänder sind, dazu zwingen, die rechte Hand zu benutzen. Seit der Zeit des Hellenismus spiegelt der Gegensatz zwischen rechts und links jedoch gleichzeitig auch den Gegensatz der Geschlechter. Dabei mag durchaus, wie manche Leute glauben, die Tatsache eine Rolle spielen, daß Frauen unweigerlich ihre Säuglinge auf dem linken Arm tragen, wo sie näher am mütterlichen Herzen liegen. Die Assoziation der Frauen mit links und der Männer mit rechts wurde jedoch, wie alle Dualismen dieser Art, gegen die Frauen gekehrt.

In der pythagoräischen Zahlensymbolik wird die Zahl eins mit Gott, Einheit, Licht, Ordnung, der Sonne, Religion, Vernunft und der rechten Seite – samt den mit dieser verwandten Begriffen ‹Rechtschaffenheit› und ‹Recht› – in Verbindung gebracht. Jesus sitzt zur Rechten Gottes, wie der Ehrengast zur Rechten des Gastgebers oder der Gastgeberin sitzt. Eine «rechte Hand» ist jemand, der für einen arbeitet, und Rechte erwachsen denjenigen, die angeblich im Recht sind. Eins ist außerdem die Zahl der Männlichkeit. Die Zahl zwei ist mit Dingen assoziiert, die den eben genannten antithetisch gegenüberstehen: mit dem Rätselhaften, mit Gespaltenheit, Dunkelheit, Chaos, mit dem Mond, mit der Magie, mit Irrationalität und mit der linken Seite, *sinister* (!) im Lateinischen. Außerdem ist die Zwei die Zahl des Weiblichen.

In frühen Hypothesen über die Festlegung des Geschlechts des Fötus manifestiert sich diese Assoziation der Geschlechter mit den beiden Seiten ebenfalls. Im zweiten Jahrhundert n. Chr. lehrte Galenus, daß der männliche Samen aus dem rechten Hoden männliche, der aus dem linken Hoden weibliche Kinder zeuge. Bei gleichzeitiger Ejakulation aus beiden Hoden würde das Kind ein Zwitter. 900 Jahre später, im 11. Jahrhundert, stellte Avicenna die These auf, daß in die rechte Seite des weiblichen Uterus gelangender Samen männliche Kinder, in die linke Seite gelangender weibliche Kinder und in die Mitte gelangender Zwitterwesen hervorbringe. Diese Vorstellungen wurden erst um die Mitte des 18. Jahrhunderts endgültig fallengelassen, als nachgewiesen werden konnte, daß sowohl ein Mann mit nur einem Hoden als auch eine Frau, der ein Eileiter fehlte, Kinder beiderlei Geschlechts hervorgebracht hatten.[27]

Obgleich wir noch immer Worte wie «Recht», «Rechte», «sinister» oder «linkisch» benutzen, sind uns die mit den Begriffen «links» und «rechts» verbundenen Wertungen nicht mehr immer bewußt. So fragen wir uns etwa, wie es kommt, daß die Knöpfe auf Damenblusen oder -jacken auf der linken, bei Männerkleidungsstücken hingegen auf der rechten Seite sind, oder daß während der kirchlichen Trauung die Freunde des Bräutigams rechts vom Altar, die Freunde der Braut dagegen links sitzen. Dennoch würden es viele Männer als Demütigung empfinden, eine Damenbluse tragen zu müssen, und die Gäste bei einer feierlichen Trauzeremonie würden entsetzt auf die «falsche» Sitzordnung reagieren.

Die Gehirnforschung schrieb bereits sehr früh der rechten und linken Gehirnhälfte unterschiedliche Fähigkeiten zu, und diese Befunde scheinen auch nach neuesten Erkenntnissen noch zutreffend zu sein. Allerdings sind die der jeweiligen Hemisphäre zugeschriebenen Fähigkeiten den traditionellen Wertungen geradezu entgegengesetzt. Die linke Hemisphäre, die in unserem Denkmuster mystisch, irrational, chaotisch und ‹weiblich› sein müßte, geht logisch, analytisch und linear vor. Sie ist für geordnetes, logisch schlußfolgerndes Denken und für die Sprache zuständig. Die rechte Hemisphäre, von der wir analytische und logische Fähigkeiten erwarten würden, geht hingegen holistisch, intuitiv und kreativ an die Dinge heran, produziert Bilder und Symbole. Sie ist z. B. für das Zeichnen zuständig.

Die linke Gehirnhälfte können wir zur Arbeit anstacheln oder zwingen, die rechte nicht. Sie ist dann am produktivsten, wenn wir uns entspannen, wenn wir uns gehen lassen. Dies ist vermutlich der Grund, weshalb so viele Künstler das Gefühl haben, nicht selbst die Kontrolle über das zu haben, was sie hervorbringen, sondern nur Medium einer außerhalb ihrer selbst liegenden Macht zu sein, einer «Muse», die sie inspiriert.

Komplizierter wird die ganze Sache noch dadurch, daß die rechte Hemisphäre die linke Körperhälfte steuert und umgekehrt die linke Hemisphäre die rechte Körperhälfte. Heute ist die Wissenschaft der Ansicht, daß das in den Hoden des männlichen Fötus produzierte Hormon Testosteron in manchen Fällen die Entwicklung der linken Gehirnhälfte hemmt und auf diese Weise Linkshändigkeit, bestimmte Störungen des Spracherwerbs und Erkrankungen des Immunsystems bewirken kann. Natürlich leiden die meisten Linkshänder nicht unter Autoimmun-Krankheiten, und vielleicht ist ihre Anfälligkeit für andere Krankheiten, wie etwa Infektionskrankheiten und Krebs, sogar geringer.[28] Linkshändigkeit beinhaltet gegenüber Rechtshändigkeit keinerlei eindeutigen Vorteil oder Nachteil. Es kommt darauf an, daß man beide Gehirnhälften einsetzt und alle menschlichen Fähigkeiten nutzt.

In der westlichen Kultur und insbesondere im technologischen Zeitalter wurde jedoch den der linken Gehirnhälfte zugeordneten Fähigkeiten durchweg Präferenz eingeräumt. Das Denken der rechten Hemisphäre – das sich Zwang und Kontrolle entzieht, die Dinge in ihrem Kontext sieht – und die Ausdrucksform der sogenannten Intuition, die in meinen Augen eine sehr feine Form von Wahrnehmungsvermögen ist – wurden während der letzten Jahrhunderte immer weiter in den Hintergrund gedrängt und abgewertet. Heute allerdings werden die Vorzüge rechtshemisphärischen Denkens ebenso erforscht und propagiert, wie auf der Suche nach effektiven Methoden des Managements durchaus auch der kooperative neben dem autoritären Führungsstil gelten gelassen wird. Man bemüht sich, Techniken zur Aktivierung der rechten Gehirnhälfte zu entwickeln, und Manager halten ihre Untergebenen bereits dazu an, Probleme nicht mehr isoliert, sondern im Kontext anzugehen sowie intuitive und kreative Lösungen zu suchen. Das rechtshemisphärische Denken ist ganz offensichtlich im Begriff, vermarktet zu werden.[29] Was die mit den beiden verschiedenen Denkformen beschäftigten Wissenschaftler wohl am meisten verblüfft, ist die Tatsache, daß Frauen offensichtlich besser als Männer in der Lage sind, flexibel von einer Gehirnhälfte auf die andere umzuschalten. Damit steht jedoch zu vermuten, daß sie besser dafür geeignet sind, komplexe Aufgaben zu bewältigen.[30]

Obgleich in solchen Befunden möglicherweise nicht eine physiologische Divergenz zwischen den Geschlechtern, sondern vielmehr ein Sozialisationsunterschied zum Ausdruck kommt (da Männer dazu erzogen werden, eindimensional zu denken, sich an rigiden Verhaltensnormen zu orientieren und jede Sensibilität auszuschalten, Frauen sich hingegen mehr Flexibilität bewahren dürfen), sind sie doch ein weiteres Argument für die Besetzung der obersten Ränge der Macht mit Männern *und* Frauen. Bis die Männer selbst mehr Flexibilität zu entfalten lernen, kann sie die Denkweise von Frauen vielleicht davon abhalten, uns in die Apokalypse zu steuern.

In jedem Fall aber sind «links» und «rechts» keine Gegensätze, sondern eng miteinander verbundene Begriffe. Auch andere scheinbare Gegensätze heben sich bei genauem Hinsehen auf, so etwa das Gegensatzpaar «aktiv» und «passiv». In Wirklichkeit sind Aktivität wie Passivität erworbene Haltungen, Verhaltensmuster und nicht angeborene Merkmale. Doch selbst als grundlegende Verhaltensmuster sind sie keineswegs, wie es der Mythos will, eindeutig den Geschlechtern zugeordnet. Überdies ist Aktivität keineswegs in jedem Falle produktiv oder positiv: sie kann reine Spielerei sein – ungerichtet, diffus und ziellos. Sie kann auf destruktive Ziele gerichtet sein und auch als reine Energieabfuhr, als Ersatz für zielgerichtetes Handeln, dienen. Auf der anderen Seite kann Passivität überaus zielgerichtet sein: sie kann in Gestalt einer Forderung auftreten, einer hochwirksamen und frustrierenden Form von Aggression. Da Passivität als Verhaltensmuster die aktive Auseinandersetzung blockiert, verhindert sie jede Konfrontation und jede Gegenwehr. Sie ist eine wirksame Waffe gegen jeden Menschen, der Schuldgefühle mit sich herumträgt.

Aggressivität kann Ausdruck von Schüchternheit oder Angst sein, während hinter zaghafter Passivität Wut stecken kann. Frauen, die die Tobsuchts- und Jähzornanfälle ihrer Ehemänner oder Chefs achselzuckend an sich abprallen lassen, wissen im Grunde genau, daß diese Männer in Wirklichkeit ihre Frustration ausdrücken, oder ihren Ärger darüber, daß sie verunsichert sind. Männer, die mit der zaghaften Passivität ihrer Mütter oder Ehefrauen zu tun haben, besitzen ein sensibles Sensorium für die hinter dieser Fassade stehenden Forderungen, die abzuwehren nicht möglich ist.

Stärke und Schwäche sind häufig zwei Aspekte ein und derselben Eigenschaft. Ich meine damit nicht nur, daß sie sich ausgleichen, sondern daß darüber hinaus bestimmte Stärken gleichzeitig Schwächen sind. So wird etwa die für kurze Zeit mobilisierbare Kraft des Kurzstreckenläufers diesem bei Ausdauer erfordernden Langstreckenläufen oft zum Nachteil, während es sich beim Langstreckenläufer umgekehrt verhält.

Menschen mit einem besonders gut entwickelten Gehör, das die feinsten Nuancen in Klang, Ton, Rhythmus und Timbre sensibel registriert, haben oft keine ausgeprägte visuelle Wahrnehmung, die in der Lage wäre, ein ganzes Bild aufzunehmen, Konturen, Farbschattierungen oder räumliche Verhältnisse zu erfassen. Intellektuelle Fähigkeiten einer bestimmten Art gehen oft mit Schwächen auf anderen Gebieten einher, da die Konzentration auf einen Punkt das Gesichtsfeld einengt, also eine partielle oder vollständige Blindheit für alles an der Peripherie Liegende bewirkt. Genau wie Form immer Einengung bedeutet, bedeutet Stärke grundsätzlich auch Schwäche.

Ein Mensch, der sich selbst besonders gut unter Kontrolle hat, wirkt stark und unabhängig und kann doch, was Gefühlsäußerungen anbelangt, auf Grund eben dieser Selbstbeherrschung hilflos wie ein Kind sein. Wie so viele unserer Beschreibungswörter können die Adjektive «stark» und «schwach» immer nur für einen bestimmten Aspekt oder ein Charakteristikum der Person, nie aber für den ganzen Menschen stehen.

Auch die Begriffe «Abhängigkeit» und «Unabhängigkeit» sagen nicht viel aus. Die dominierendsten oder durchsetzungsfähigsten Menschen sind oft die abhängigsten, und Abhängigkeit in einem bestimmten Bereich, etwa in finanzieller Hinsicht, ist wiederum nicht unbedingt gleichbedeutend mit Abhängigkeit auf anderen Ebenen, etwa der emotionalen. Sowohl Abhängigkeit als auch Unabhängigkeit sind nur momentane Erscheinungsformen von wechselseitiger Abhängigkeit, die sich im Nu umkehren können.

Eis kann brennen und Gift heilen. Masse und Energie entsprechen zwei Wahrnehmungsweisen oder zwei Erscheinungsformen derselben Sache. Liebe beinhaltet Haß und umgekehrt; beide Emotionen sind in jeder engen Bindung vorhanden. Eigenliebe, ein Gefühl das von den meisten patriarchalischen Wertsystemen verurteilt wird, ist notwendiger Bestandteil jeder anderen Form von Liebe. «Man liebt sich selbst nicht mehr richtig, wenn man aufhört, seine Fähigkeit, andere Menschen zu lieben, auszuüben.»[31] Liebe ist etwas anderes als Besitzergreifung, auch wenn sie etwas von deren Ausschließlichkeit an sich hat.

Das eigene Ich ist immer und auf allen Ebenen Teil der Gemeinschaft und die Gemeinschaft Teil des eigenen Ich. Alasdair MacIntyre weist darauf hin, wie absurd unsere moderne Vorstellung ist, der zufolge die Herauslösung aus der Gruppe – aus der Familie, der Stammesgemeinschaft, der Dorfgemeinschaft oder der Gesellschaft – Freiheit bedeutet, während doch in Wirklichkeit unsere Gruppenidentität, ob es uns paßt und ob wir es uns eingestehen oder nicht, integraler Bestandteil unserer persönlichen Identität ist.[32] Unsere Fixierung auf Individualität, Unabhängigkeit und Freiheit, begriffen als Freiheit von Bindungen an andere, hat vor allem Konkurrenzstreben und Rivalität hervorgebracht und das Leben zu einem Schlachtfeld, einem lauten, gefährlichen, schmutzigen, urbanen Alptraum gemacht, vor dem uns dann wirklich nur noch Isolation und Rückzug retten können. Wie Iredell Jenkins hervorhebt, kann es uns nur auf der Grundlage des Bewußtseins unserer kollektiven Identität gelingen, harmonische Lebenszusammenhänge zu schaffen, also eine Gemeinschaft, in der Gesetze von allen getragen und nicht von oben durchgesetzt werden und in der die Eintracht die Konflikte überwiegt.[33]

Das Denken in Gegensätzen, das so großen Raum in unseren Köpfen einnimmt, wird der Realität nicht gerecht und, schlimmer noch, hindert uns daran, integrative Lösungen zu finden, aber wir klammern uns an die Gegensätze, weil sie allein es uns gestatten, einen Teil der Menschheit, einen Teilaspekt des Lebens künstlich zu erhöhen. Nur die strikte Abgrenzung von Mensch und Natur, von Mann und Frau, erlaubt es den Männern, an ihrer angeblichen Überlegenheit festzuhalten. Es ist offensichtlich, daß die Natur ein Teil von uns ist, und daß wir Teil der Natur sind, und es sollte eigentlich auch evident sein, daß Männer und Frauen viel mehr Gemeinsamkeiten als Unterschiede aufweisen, und zwar im physischen und emotionalen Bereich ebenso wie im intellektuellen.

Der Verwirklichung der feministischen Vision steht jedoch noch ein weiteres Hindernis im Wege: unsere Moral selbst. Nietzsche, der nicht nur kein Feminist, sondern ein Frauenfeind war, hob immer wieder hervor, daß eine aufrichtigere und erträglichere Welt zunächst bessere Philosophen bräuchte, nämlich Moralphilosophen wie ihn. Er listete eine Reihe von Neuerungen auf, die in seinen Augen erst die Grundlage für die Erschaffung einer wahren und menschlicheren Philosophie abgeben würden, und allesamt eine Revision der bestehenden Werte beinhalteten.[34] Zu diesen Neuerungen gehörten das Überdenken des Wertes Herrschaft und die Forderung nach einer Perspektivenlehre der Affekte. Nietzsche forderte, an Stelle der «Gesellschaft» den «Kulturkomplex» zu betrachten – den gesamten Kontext, der uns alle prägt. Ferner propagierte Nietzsche eine «Vernatürlichung der Moral», worunter ich die Erschaffung einer auf die Natur und nicht auf deren Transzendierung gegründeten Moral verstehe, und die Ersetzung von «Metaphysik» und

«Religion» durch eine «ewige Wiederkunftslehre». Auch wenn Nietzsche letztere in den Zusammenhang mit Zuchtwahl und natürlicher Auslese stellt, ist doch die Kernaussage seiner Beweisführung die Ersetzung des Glaubens an die Transzendenz durch das Akzeptieren der Kontinuität.

Nietzsche hielt die Entwicklung einer neuen Moral für die Grundvoraussetzung der Erschaffung einer besser auf die tatsächlichen menschlichen Bedürfnisse und Wünsche zugeschnittenen Gesellschaft; auch einige der wichtigsten feministischen Werke befassen sich mit der Moral, vor allem diejenigen Analysen, in denen es um die Themen Macht, Sexualität und Geschlechterrollen geht. Das Patriarchat gründet auf dem Bestreben, natürliche Tatsachen zu leugnen, herunterzuspielen oder zu verschleiern und gleichzeitig zu versichern, es gebe symbolische Strukturen, die diese Naturgegebenheiten transzendierten. Eine genaue Untersuchung unserer moralischen Werte macht es also erforderlich, aus einem Wust von symbolischen Bildern, vorgefaßten Konzepten und Assoziationen die Tatsachen herauszuarbeiten. Dieses Buch unternimmt den Versuch, eben dies zu leisten. In den folgenden vier Unterkapiteln will ich noch einmal auf die für diese Arbeit zentralen Begriffe Macht, Aggression, Sexualität und Geschlechterrollen eingehen.

4. Macht

Wohl kaum jemand würde abstreiten, daß Macht in der Welt der Politik der höchste Wert ist, aber viele Leute würden sich dagegen verwahren, daß diese Wertung auch in ihrem persönlichen Bereich zutrifft. Diese Meinung ließe sich jedoch nicht länger aufrechterhalten, wenn wir statt des Begriffs «Macht» den Begriff «Kontrolle» benutzten. Macht und Kontrolle sind fast synonym in ihrer Bedeutung. So sprechen wir etwa davon, daß ein Land ein anderes oder ein Großkonzern einen bestimmten Markt kontrolliert. Die beiden Begriffe verhalten sich jedoch wie zwei Seiten einer Medaille. «Macht» suggeriert etwas Gewaltiges und nach außen Gerichtetes, eine eiserne Faust. «Kontrolle» dagegen läßt einen an Straffheit, an ein ausgeklügeltes Instrumentarium denken; stellt man sie sich als Bewegung vor, so erzeugt sie Druck nach innen – also Repression, Verdrängung, Unterdrückung und Bedrückung. Macht heißt Potenz und Kraft; Kontrolle dagegen Einschränkung, Regulierung,

Zügelung von Kräften. Man könnte vielleicht sagen, daß beide Begriffe im gleichen Verhältnis stehen wie die Ebenen von Politik und Moral: in gewisser Weise sind sie identisch, aber die eine ist nach außen, auf den gesellschaftlichen Bereich gerichtet, die andere nach innen, auf den persönlichen und privaten Bereich.

Die meisten Theoretiker unterscheiden jedoch nicht zwischen Macht und Kontrolle; oft beziehen sie sich allein auf die Macht. Bertrand Russell definiert Macht als die Fähigkeit, Gehorsam zu erzwingen.[35] Für Talcott Parsons ist sie eine Eigenschaft, die es ihrem Träger gestattet, den Willen oder das Handeln anderer so zu beeinflussen, daß diese sich seinem Willen fügen.[36] Demnach wird Macht gewöhnlich als Herrschaft oder Dominanz definiert, aber so, wie wir diesen Terminus verwenden, beinhaltet er noch mehr. Herrschaft gilt gewöhnlich als etwas Erstrebenswertes: sie ist das Ziel der meisten Staaten, Wirtschaftsunternehmen, Kirchen und militärischen Organisationen sowie vieler anderer Institutionen. Nicht als positiv gilt solches Dominanzstreben dann, wenn es von ‹Untergebenen› – Frauen, Kindern oder Bediensteten – gegenüber ‹Übergeordneten› – Männern, Erwachsenen oder Arbeitgebern – entfaltet wird.

Selbst wenn Macht als Herrschaft oder Dominanz definiert wird, ist der Begriff also verschwommen und subjektiv gefärbt. Die politischen Theoretiker haben, da sie in vorgefaßten Kategorien dachten, letztlich alle menschlichen Beziehungen auf Machtverhältnisse reduziert und den gesamten Erfahrungshorizont des Menschen auf die Realpolitik zusammengestutzt. Einige feministische Wissenschaftlerinnen haben sich jedoch inzwischen daran gemacht, die Bedeutung der Macht von Grund auf zu überdenken.

Zunächst einmal gibt es verschiedene Formen von Macht: die *funktionale Macht,* die etwas mit Fähigkeit, Können und Freiheit zu tun hat, und die *hierarchische Macht,* die sich auf ein Herrschaftsverhältnis bezieht. Beide Formen von Macht genießen in unserer Gesellschaft hohes Ansehen.

Funktionale Macht gilt gewöhnlich als persönliches Attribut, das auf einer angeborenen Fähigkeit beruht und durch Selbstdisziplin erlangt wird. In Wahrheit kann das Individuum funktionale Macht jedoch nicht allein erlangen, sondern es bedarf dazu der Gemeinschaft oder eines bestimmten stützenden Rahmens. Zunächst müssen andere die besondere Fähigkeit wahrnehmen, dann muß der begabte Mensch das Glück haben, in Umständen zu leben, die es zulassen, daß sein Talent (durch Bildung oder Training) gefördert wird. Auch muß die Gesellschaft der betreffenden Person die Entfaltung ihrer Begabung zugestehen, denn für alle Gesellschaften gilt: es werden nur bestimmte Begabungen geschätzt und honoriert.

Für Kinder armer und ungebildeter Leute ist die Chance sehr gering, daß ihre Begabungen erkannt und gefördert werden. Ein Kind, das das ‹falsche› Geschlecht oder die ‹falsche› Hautfarbe hat, wird möglicherweise bestimmte Fähigkeiten nicht entfalten dürfen. Selbst wenn es ihm gelingen sollte, seine Begabung auszubilden, wird es doch auch als erwachsener Mensch kaum die Chance haben, sein Können öffentlich zu beweisen. Obgleich all diese Einschränkungen auf der Hand liegen, neigen wir doch dazu, sie zu vergessen.

Unsere Gesellschaft präsentiert sich gerne als Meritokratie. Dieses Wort stellt eine Verschleierung der Tatsachen gleich in mehrfacher Hinsicht dar: es impliziert, daß alle Mitglieder der Gesellschaft den gleichen Zugang zu sämtlichen Entwicklungs- und Betätigungsmöglichkeiten haben, und daß die Besten nach oben gelangen. Es beinhaltet weiter, daß die Ungelernten und Erfolglosen ihr Schicksal verdient haben, weil sie von Natur aus weniger fähig sind. Außerdem wird der Mensch, der funktionale Macht besitzt, in unserer Gesellschaft als begabtes Individuum gepriesen, während in Wirklichkeit niemand eine Begabung entfalten kann, ohne daß ihn dabei ständig andere Menschen unterstützen: Angehörige, Freunde und Lehrer, Ausbilder und Trainer und die Gesellschaft als ganze, die es zuläßt, daß der Betreffende die jeweilige Fähigkeit realisiert. Eine Begabung braucht, genau wie ein Mensch, Nahrung und Freiraum zu ihrer Entfaltung. Sie ist schließlich nicht nur ein Produkt von Individualität, Unabhängigkeit und Leistungsmotivation, sondern auch die Frucht von Abhängigkeit, Wechselbeziehungen und gesellschaftlicher Anerkennung.

Funktionale und hierarchische Macht überschneiden sich. Wenn die betreffende Begabung sich in der Konkurrenz beweist, muß die Person, die sie entwickeln will, andere Menschen ‹aus dem Feld schlagen›, um ‹erfolgreich› zu sein. Manche Fähigkeiten beinhalten die Führung und Beeinflussung anderer Menschen. In diesem Falle sprechen wir von Autorität. Wir unterscheiden zwei Arten von Autorität: solche, die sich nicht auf Zwang gründet und solche, hinter der Zwang und Gewalt stehen. Erstere ist dann gegeben, wenn jemand eine besondere Fertigkeit oder besondere Kenntnisse besitzt, die für andere nützlich sind. In diesem Falle sucht man den Rat des betreffenden Menschen, ohne sich diesem beugen zu müssen. Allerdings vermitteln Menschen mit besonderen Kenntnissen – wie etwa Ärzte – oft eine solche gottähnliche Überlegenheit und Allwissenheit, daß die Ratsuchenden nicht anders können als zu gehorchen. Lehrer besitzen im Grunde Sachautorität, werden jedoch zu Trägern hierarchischer Macht, sobald sie Zensuren erteilen. Manager und leitende Beamte, die ihren Untergebenen im Idealfall Vorbild und Ratgeber sind, üben faktisch in den meisten Fällen Zwang aus. Zwang ist immer an der Führung oder ‹Verwaltung› anderer Menschen beteiligt, auch wenn diese in der besten Absicht geschieht – wie etwa bei der Kindererziehung.

Zwang bzw. Herrschaft lassen sich nicht aus der Welt schaffen. Wir können uns keine Welt vorstellen, in der es nicht Dominanz in irgendeiner Form gäbe. Gleichzeitig ist das Dominanzstreben die Ursache der meisten Übel, die wir Menschen selbst über uns gebracht haben. In der politischen Theorie wird das Problem diskutiert, wie eine Gesellschaft zu schaffen wäre, in der es nicht zu Herrschaftsverhältnissen kommen kann; die verschiedenen Entwürfe beinhalten jedoch allesamt eine Reihe von Kontrollmechanismen und Institutionen zur Sicherung einer ausgewogenen Machtverteilung, die faktisch nur Herrschaft auf einer neuen Ebene hervorbringen.

Die psychischen Grundlagen des Herrschaftsstrebens mögen noch so komplex sein, letztlich beruht es doch auf dem Drang zur Selbsterhöhung. Es mag jedoch auch aus festen Vorstellungen davon erwachsen, was für die Allgemeinheit gut ist. Ein Mensch mit besonderen Fertigkeiten oder Kenntnissen ist oft davon überzeugt, daß er eine Gruppe, eine Gemeinschaft oder einen Staat in einer Weise zu organisieren vermag, die für die Beteiligten gut ist. Dies gilt jedoch vermutlich nicht für alle Machthaber: es ist zweifelhaft, ob Alexander der Große oder Timur irgendein anderes Ideal als ihren eigenen Ruhm verfolgten, als sie auszogen, um die Welt zu erobern. Es gibt vermutlich viele Herrscher auf dieser Welt, die kein höheres Ideal vor Augen haben, obwohl sie sich wie alle ihre Vorgänger darauf berufen.

Wie immer diese Ideale im einzelnen aussehen mögen, ihr eigentlicher Inhalt ist immer derselbe: Kontrolle. Da Kontrolle heutzutage per se als erstrebenswert gilt, sind die Männer, die die größte Macht auf sich vereinen, für uns die ‹Größten›. Auf Grund dieser blinden Vergötzung der Macht denken wir kaum je über ihren Preis, ihre Folgen und ihre Grenzen nach.

Macht will jedoch teuer erkauft werden. Wer nach Macht strebt, muß nahezu seine gesamte Energie und Aufmerksamkeit auf die jeweils nächste Etappe des Aufstiegs richten und fast alles opfern, was ihn auf diesem Wege nicht weiterbringt. Da die wahren Freuden des Lebens jedoch in ganz anderen Bereichen liegen, bedeutet die Jagd nach Macht den Verzicht auf Befriedigungen, die über das Hochgefühl kurzfristiger Siege hinausgehen. Wie jedermann aus den Presseberichten über Wahlkämpfe weiß, hält das Triumphgefühl des Siegers nicht lange an; es muß sehr bald schon der Vorbereitung der nächsten Schlacht weichen. Wer als Präsident, Direktor oder Premierminister den Gipfel der Macht erreicht hat, muß feststellen, daß die Befriedigung, die die Macht erzeugt, von den Problemen, die sie mit sich bringt, bei weitem aufgewogen wird. Macht hat einen hohen menschlichen Preis, sie reduziert die ganze Fülle des Lebens auf das lineare Streben in Richtung auf ein Ziel, das ewig unerreichbar bleibt – da niemand je genug hierarchische Macht haben wird.

Das Machtstreben wird oft allein deshalb verherrlicht, weil es erfordert, daß man individuelle Lustbedürfnisse aufgibt: Das Volk wird dazu angehalten, den Präsidenten deshalb zu verehren, weil er auf alle persönlichen Freuden verzichtet hat, um den Staat zu lenken. Nur wenige Menschen fragen sich, welche Art von Charakter es erfordert, bereitwillig alle Lust und Freude einem solchen Ideal zu opfern, und wie entstellt eine Persönlichkeit sein muß, um solche Prioritäten zu setzen. Aber der menschliche Preis der Macht erschöpft sich nicht im Lustverzicht. Die Ausübung von Herrschaft hat unweigerlich noch weitere negative Folgen.

Es gibt im Grunde nur zwei Wege, die Kontrolle über andere Lebewesen zu erlangen: Eliminierung und Domestizierung. Eliminierung heißt schlicht und einfach Mord, eine Methode, die in unserem Jahrhundert weite Verbreitung gefunden hat. Eliminierung ist der einfachste und schnellste Weg, sich die Kontrolle zu verschaffen, aber sie hat ihre Nachteile. Wer Menschen umbringt, zieht sich Feindschaft zu. Wer die Menschen in Massen umbringt, zieht sich die Feindschaft der Masse der Bevölkerung zu, die um die Toten trauert. Diese Taktik heizt also die Rebellion und den ständigen Widerstand gegen den Machthaber und seine Anhänger an. Der Herrscher versucht, seine Macht abzusichern, indem er sie ausweitet. «Jede menschliche Gruppierung, die Macht ausübt, tut dies nicht um der Zufriedenheit ihrer Untergebenen willen, sondern um diese Macht zu vergrößern», schrieb Simone Weil.[37] Amos Perlmutter behauptet, totalitäre Staaten würden grundsätzlich von ängstlichen Männern regiert, deren größter Wunsch es sei, sich zu legitimieren, politisch zu überleben und ihre Macht zu behalten. Auf Grund dieser Ängstlichkeit installierten sie Geheimpolizeiapparate und leiteten Säuberungsaktionen ein, was jedoch ihre Angst nicht mindern, sondern sie doppelter Unsicherheit aussetzen würde – nämlich Anschlägen aus den eigenen Reihen und von außen und der Bedrohung durch ihre eigenen Terrorinstrumente.[38] Die einzige Möglichkeit, diesem ständigen Krieg ein Ende zu machen, wäre es, alle umzubringen: aber dann wäre niemand mehr zu kontrollieren, was vermutlich auch für die Machthaber und ihre egoistischen Interessen ein zu schwerer Verlust wäre. «Jeder Sieg über Menschen trägt den Keim einer möglichen [zukünftigen] Niederlage in sich, sofern er nicht bis zur Ausrottung geht. Ausrottung jedoch löscht die Macht selbst aus, indem sie ihre Objekte auslöscht.»[39]

Domestizierung fordert mehr Zeit und Geduld, ist aber letztlich die effizientere Kontrollmethode, da sie den Willen des Volkes nach und nach dem des Herrschers anpaßt. Es gibt verschiedene Formen von Domestizierung: Inhaftierung, Bestrafung, Einschüchterung, religiöse oder moralische Indoktrination. Das Patriarchat hat sich von Anfang an sowohl der Eliminierung als auch der Domestizierung bedient, um den Menschen beizubringen, daß seine Ordnung die richtige und sein Gottesbild das einzig wahre ist. Wenn eine patriarchalische Institution – sei sie religiöser oder politischer Art – ihre Ziele auf dem Weg der Erziehung (wie immer diese aussehen mag) zu erreichen vermag, erhöht dies ihre Stabilität. Die Menschen verinnerlichen ihre Moral und halten sich an sie, ohne daß dazu Zwang notwendig ist. Erst dann kann der Machthaber sich ein wenig Ruhe gönnen, aber noch immer muß er ständig auf der Hut vor Kräften jedweder Art sein, die die Dogmen unterminieren könnten, auf denen sein Regime basiert. Die Bedeutung der Ideologie in diesem Ringen um die Herrschaft ist gar nicht hoch genug einzuschätzen. Wer glaubt, daß moralische Werte heutzutage keine große Rolle mehr spielen, läßt außer acht, welch hohes Gewicht unsere Machthaber der Ideologie beimessen; denn diese wissen sehr genau, daß ein Regime so lange bedroht ist, wie die von ihm entwickelte Wertordnung nicht von der breiten Masse mitgetragen wird.

In Wahrheit hat es jedoch nie ein Regime auf dieser Welt gegeben, das nicht mit Dissens zu kämpfen hatte. Dissens tritt unweigerlich auf, sobald die Verhältnisse Herrschaftscharakter annehmen. Wenn er unterdrückt wird, hört er vielleicht für eine Weile auf, was jedoch faktisch nur bedeutet, daß er sich in den Untergrund zurückzieht, um irgendwann als Rebellion wieder aufzuflackern. Der Machthaber befindet sich also in einem ständigen Belagerungszustand. Der Preis, den Eliminierung und Domestizierung auf der persönlichen Ebene fordern, ist kaum abschätzbar: Grausamkeit oder gar Unmenschlichkeit kommen immer auch den Täter teuer zu stehen, weil sie seine eigenen Gefühle abtöten. Der Machthungrige mag davon träumen, sich eines Tages ausruhen zu können, doch dieser Tag wird nicht kommen, bis er entweder seine Macht verliert oder stirbt.

Der Preis, den die Herrschaft dem Volk abfordert, ist unermeßlich hoch; die Geschichtswissenschaft hat sich bis heute im großen und ganzen nicht für ihn interessiert. Das Leiden der Massen, das Blutvergießen, die physische und psychische Folter, die der Machtkult mit sich bringt, sind weit weniger populäre Themen als die ‹Größe› der Machthaber. Trotz dieses hohen Preises, den die Macht auf beiden Seiten fordert, hat sie nicht aufgehört, uns mit ihrem Glanz zu blenden, steht sie weiterhin an oberster Stelle der Skala unserer moralischen Werte.

Wie ich bereits an vielen Punkten aufzuzeigen versucht habe, entspricht der wahre Charakter der Macht nicht unseren Vorstellungen. Macht ist nichts Greifbares, auch wenn sie noch so konkrete Form annimmt: Geld kann über Nacht nichts mehr wert sein, gehortetes Gold wird sich im Falle eines Atomkriegs nicht einmal mehr in Kohl umsetzen lassen, ein Titel kann einem schon bei der nächsten Vorstandssitzung oder Abteilungsversammlung entzogen und Status ohne die entsprechenden Mittel zur schieren Belastung werden. Riesige Armeen, wie etwa die des Schah von Persien, können sich innerhalb weniger Tage auflösen, gewaltige Wirtschaftsimperien in nur wenigen Wochen zusammenbrechen, wie dies während der Weltwirtschaftskrise von 1929 in allen Industrienationen der Fall war. Im Jahre 1983 trafen sich in Vail, Colorado, ehemalige hohe Politiker, um über die Vergänglichkeit und Zerbrechlichkeit politischer Macht zu diskutieren. Aus allem, was sie sagten, sprach ihr Erstaunen darüber, sich von heute auf morgen als schlichte Bürger wiedergefunden zu haben: «Ich mußte mich gestern abend selbst kneifen und hätte am liebsten die anderen geboxt, um uns in Erinnerung zu rufen, daß wir nicht mehr an der Macht waren», sagte Malcolm Fraser.[40] «Alle Macht ist instabil ... Es gibt niemals Macht an sich, sondern nur den Wettlauf um Macht ... Macht ist per definitionem nur ein Mittel ..., aber das Machtstreben klammert, da es ihm von seinem Wesen her unmöglich ist, sein Objekt zu fassen zu bekommen, jedes

Nachdenken über ein Ziel aus und wird schließlich zum ... Selbstzweck», schrieb Simone Weil.[41]

Macht ist ein Prozeß, ein dynamisches Interaktionsverhältnis. Macht zu haben heißt in Wirklichkeit, Zugang zu einem netzartigen Gefüge von Beziehungen zu besitzen, über das man andere so beeinflussen, überreden, bedrohen oder schikanieren kann, daß sie das tun, was man will oder braucht. Auch wenn uns keine andere Ausdrucksform zur Verfügung steht, ist es im Grunde falsch, überhaupt von «Macht haben» zu sprechen. Macht besitzt man nicht: sie wird dem Machthaber von vielen anderen Menschen übertragen, und diese Übertragung ist nicht unwiderruflich, auch wenn man auf Lebenszeit zum Präsidenten gewählt wird. Wenn das, was die Machthaber tun, auf grobe Weise gegen die moralischen Werte der Öffentlichkeit verstößt, wird die Macht zurückgefordert. So erging es etwa Richard Nixon, der zwar noch immer über die Insignien der Macht verfügte, aber nicht mehr wirklich sein Präsidentenamt ausüben, keine Macht mehr walten lassen konnte. Sein Rücktritt war nur noch das Eingeständnis dieser Situation. Das gleiche Schicksal widerfuhr Chruschtschow, König Faruk, Batista, dem Schah von Persien und den Machthabern in Argentinien nach dem Krieg um die Malvinen bzw. Falkland-Inseln.

Von daher ist es eine Ironie, daß das Patriarchat gerade die Macht zu einem dauerhaften und verläßlichen Wert erhoben und sie damit den als fließend und vergänglich angesehenen Werten der matrizentrischen Ordnung entgegengestellt hat. Macht wurde zum Bollwerk gegen das Leid, gegen die Flüchtigkeit der Lust aufgebaut, aber sie ist keine Festung und selbst nicht minder flüchtig als alles andere im Leben. Zwang scheint die einfachste und am wenigsten zeitraubende Methode zu sein, Ordnung herzustellen, ist aber in Wirklichkeit genauso zeitaufwendig und mühsam und dabei weitaus kostenaufwendiger als persönliche Auseinandersetzung, Überzeugungsarbeit, Zuhören und aktives Bemühen um harmonische Beziehungen innerhalb der Gemeinschaft. Das alles ist nicht neu, nicht unbekannt. Dennoch ist der Mythos der Macht so stark, daß wir trotz aller gegenteiligen Indizien immer weiter an dem Glauben festhalten, daß Macht etwas Faßbares ist, daß wir glücklich werden können, wenn wir nur genug Macht besitzen, und daß ein ‹großer Mann›, der genug Macht besäße, alle Probleme lösen könnte.

Funktionale Macht gehört zu den lustvollsten Dingen überhaupt, hierarchische zu den leidvollsten. Grundsätzlich gilt, daß alle, die wir kontrollieren, auch uns kontrollieren. Wenn wir Freiheit und Autonomie als

Maßstab anlegen, haben Machthaber in ihrer von allen Seiten bedrohten Position weniger persönliche Freiheit als jeder Wanderarbeiter, was sie meist veranlaßt, die gleiche Unterdrückung, die ihnen selbst so schwer zu schaffen macht, anderen aufzuerlegen. Um den Sklaven bei der Arbeit zu halten, muß man selbst daneben stehen oder einen Aufseher einsetzen, der dafür geradesteht, daß der Sklave gehorcht. In diesem Fall braucht man jedoch einen Oberaufseher, der dafür sorgt, daß Sklave und Aufseher nicht gemeinsame Sache machen, und auf der nächsten Stufe einen Gouverneur, der dafür verantwortlich ist, daß sich nicht alle drei zusammentun usw. usf. Für den Machthaber gibt es niemals Sicherheit, Geborgenheit, Ruhe oder Sorglosigkeit. Das Bestreben, andere zu beherrschen, schlägt auf den Machthungrigen zurück: es ist nicht so befriedigend, wie es sein sollte, und wird dem Herrschenden selbst zur Fessel, «es ist eine Maschinerie, die alle ergreift, die die Macht ausüben und auch die, über die sie ausgeübt wird»[42]. Der Gefängniswärter fühlt sich ebenso eingesperrt wie der Gefangene, er kann sich nur auf seinen freien Tag freuen. Die Machthaber dieser Welt haben nie einen freien Tag.

«Macht hat etwas Fatales an sich, das ebenso mitleidlos auf denen lastet, die befehlen, wie auf denen, die gehorchen, mehr noch, indem sie erstere versklavt, drückt sie, vermittelt über diese, letztere nieder.»[43]

Auch wenn die Rechtstheorie die Macht als ein Recht definiert, das Individuen wie ein Ding besitzen und an andere weitergeben können, ist sie auch für Michel Foucault in Wahrheit ein Kräfteverhältnis, die «Bezeichnung für ein komplexes, strategisches Verhältnis in einer gegebenen Gesellschaft»[44]. Macht ist «niemals hier oder dort angesiedelt», nie «in den Händen eines Menschen», nie Eigentum wie ein Besitzstück. Sie «zirkuliert» vielmehr wie Energie. Wer an der Macht ist, «ist stets in der Position, gleichzeitig dieser Macht zu unterliegen und sie auszuüben».[45] Hierarchische Macht fordert ihren Preis von allen, sie ist nichts Angenehmes, sie fordert den Verzicht auf die meisten Freuden des Lebens und das unermüdliche, kräftezehrende Bemühen um ihre Aufrechterhaltung. Selbst auf ihrem Höhepunkt wirft sie nicht das ab, was wir von ihr erwarten.

Macht hat ihre Grenzen. Entgegen unserer auf die Transzendierbarkeit des menschlichen Lebens eingeschworenen Grundhaltung und der von unseren Philosophen propagierten Vorstellung, bestimmte Menschen könnten ihr Leben im sicheren Luxus genießen und seien gegen alle Wechselfälle und Unbilden gefeit, denen die breite Masse ausgeliefert ist, macht der Machtbesitz in keiner Weise unverwundbar. Die Macht mag ihre ‹Besitzer› vor finanziellen Sorgen schützen, ihnen ein Leben in Komfort ermöglichen und sie nach außen hin beneidenswert erscheinen lassen. Aber die Freuden der Macht beschränken sich im großen und ganzen auf solche äußeren Dinge und auf die Freiheit, Untergebene zu schikanieren: fragwürdige Freuden. Die Aufrechterhaltung der Macht erfordert, daß man seine ganze Zeit auf entsprechende Manipulationen verwendet, und da einem die Machtposition geneidet wird, wird sie einem ständig von ehrgeizigen Leuten streitig gemacht. Macht hat eine große Anziehungskraft, und wer eine Machtposition bekleidet, weiß nie sicher, ob es diese Position ist oder seine Person, die auf andere wirkt. Eine Machtposition zu bekleiden erzeugt Verletzlichkeiten und Ängste, die der Mehrheit der Menschen erspart bleiben.

Ein zentrales Problem der Manager in Industrie und Wirtschaft liegt darin, daß sie die faktischen Grenzen der Macht nicht sehen: sie glauben dem Mythos und nehmen die weniger ideale Wirklichkeit nicht mehr wahr. Douglas McGregor vertritt die Ansicht, die schwerwiegendsten Managementprobleme erwüchsen aus der Tatsache, daß die Manager ihre Autorität für absolut hielten und ihre «Untergebenen» auf eine «unangemessene» Weise zu kontrollieren versuchten.[46] In Wahrheit gilt für Industrie und Wirtschaft, für Staatswesen und Politik, für das Finanzwesen und vermutlich sogar teilweise für die Naturwissenschaften, daß alle diese Bereiche sehr wohl von Emotionen geprägt und keineswegs schlicht logisch rational sind, weshalb der Schein rationaler Kontrolle nur durch unablässige geschickte Manipulation aufrechtzuerhalten ist. McGregor und viele andere Autoren, die sich mit Großunternehmen beschäftigt haben, kommen zu dem Schluß, daß alle Bemühungen in den vergangenen Jahrhunderten, den Wirtschaftsbereich zu einem rationaler Kontrolle unterliegenden System zu machen, letztlich nur den Schein einer solchen Kontrollierbarkeit geschaffen haben, «eine sorgfältige Inszenierung»[47].

Was sich hinter allem Machtstreben verbirgt, ist der Traum von der Transzendierung der menschlichen Natur, von der Verwandlung des Menschen in ein gottähnliches Wesen, das unverwundbar und unberührbar ist und auf andere einzuwirken vermag, ohne selbst beeinflußt zu werden. Alle Machthaber gieren danach, gesellschaftliche und politische Strukturen und oft sogar die menschliche Natur selbst uneingeschränkt verändern zu können. Jede technische oder verfahrenstechnische Neuerung wird unter dem Aspekt bewertet, ob sie dieses Ziel näher rücken läßt. Die industrielle Revolution, die uns so viele Lebenserleichterungen und gleichzeitig so viel Leid gebracht hat, wurde als gewaltiger Fortschritt auf dem Weg zur Überwindung menschlicher Schwäche und Verletzlichkeit gepriesen.[48] Die Menschen klammern sich deshalb so inbrünstig an den Mythos von der Macht als segensreichem Gut, weil Abstand von diesem Aberglauben zu nehmen gleichbedeutend damit wäre, unserer menschlichen Begrenztheit ins Auge zu sehen, uns einzugestehen, daß wir nie unverwundbar sein werden, daß weder die Menschheit noch ein einzelner Mensch jemals die Natur des menschlichen Lebens transzendieren können wird, ganz gleich, wie ‹heroisch› die Anstrengungen sein mögen.

Dies einzugestehen, ist deshalb so schwer, weil der Glaube an die Transzendierbarkeit der Natur in so vielen unserer Organisationsprinzipien und Werkzeuge Gestalt angenommen hat, und weil wir ihn von Kindesbeinen an eingeimpft bekommen. Die Frommen glauben an die Transzendenz des Lebens nach dem Tode, die Sozialisten an die Realisierbarkeit ihrer Utopie auf dieser Welt, und die Jünger der Macht an die Möglichkeit, eines Tages eine sichere und unangreifbare Position zu erlangen. Es gibt immer noch Leute, die davon überzeugt sind, daß der technische Fortschritt der Menschheit ein Paradies der Bequemlichkeit und des Komforts bescheren wird. Solange wir an diesen Träumen, Mythen und Illusionen festhalten, werden wir nicht in der Lage sein, eine Welt zu schaffen, die human und nicht auf Transzendenz gerichtet ist. Solange wir die Grenzen der Macht nicht realistischer einschätzen, werden wir außerstande sein, diesen Götzen zu entthronen und uns dem zuzuwenden, was das Leben auf dieser Erde fördert und bewahrt.

Die Lebenssituation der Menschen hat sich im Laufe der vergangenen Jahrhunderte gewaltig verändert, was nicht zuletzt auf den Einfluß der Idee der Macht zurückgeht. Wir huldigen nun immer weiter dem Prinzip, das uns in die gegenwärtige Situation gebracht hat, ohne uns Rechenschaft über das Wesen dieser Situation abzulegen. Wir versuchen, unsere Probleme mit Hilfe der gleichen Denk- und Handlungsmuster zu bewältigen, die sie erzeugt haben. Wir müssen uns, wie Steven I. Gould mahnt, vor Augen halten, daß die Unfähigkeit zur Adaptation an veränderte Lebensbedingungen die Hauptursache für das Aussterben von Arten ist.[49]

Unter den Veränderungen unserer Lebensbedingungen treten vor allem zwei hervor, die alle übrigen in den Schatten stellen: erstens, daß wir gelernt haben, Empfängnis und Geburten unter minimalem Risiko für die Frau zu verhindern (mit Hilfe der Pille), und zweitens, daß wir die Welt innerhalb weniger Stunden weitgehend oder völlig zerstören können (mit Hilfe der Bombe). Die Pille, deren Erfindung von so weitreichenden Auswirkungen auf den gesamten persönlichen Lebensbereich ist, gilt den meisten Menschen als positive Errungenschaft, die das Leben erleichtert. Die Bombe hingegen, deren Existenz den gesamten öffentlichen Bereich unseres Lebens prägt, erscheint uns als Fluch, da sie die gesamte Menschheit und alles Leben auf dieser Erde bedroht. Dennoch sind *beide,* Pille und Bombe, Verkörperungen zerstörerischer Macht. Vergleichbare Mittel schöpferischer Macht besitzen wir nicht.

Tatsächlich fällt es leichter, zu zerstören als zu erschaffen: Zerstörung kostet weniger Nachdenken, Energie, Geduld, Ausdauer und geistig-moralische Kraft. Vielleicht können wir uns nun, da wir unermeßliches Vernichtungspotential besitzen, auf den wahren Preis der Macht und ihre wirklichen Vorteile besinnen. Die Macht hat sich gegen sich selbst gekehrt; sie muß sich heutzutage vor sich selbst beschützen. Weder die UNO noch die internationalen Sicherheitstruppen können das leisten, was jetzt getan werden muß. Der Krieg hat für niemanden mehr einen Sinn – falls er jemals einen hatte.

Bestimmte Strömungen in der menschlichen Entwicklung lassen sich nur eine gewisse Zeit hinauszögern. Aus diesem Grunde besteht zumindest die Möglichkeit, daß die Erfindung der Atomwaffen sich doch noch als Segen erweist. Die Bombe könnte zum Symbol des Wahnsinns werden, der sich darin ausdrückt, daß wir das Leben als einzigen Machtkampf betrachten und unter Opferung aller echten Befriedigung ständig der Illusion der Macht nachjagen. Die Bombe kann die Menschheit vielleicht dazu zwingen, einen Moment innezuhalten und sich zu fragen, was sie mit sich anfangen soll, wenn sie ihre Energien und ihr Unglück nicht mehr länger in Aggressivität verwandeln kann. Die Tatsache, daß wir Menschen unser besessenes Machtstreben nicht fortsetzen können, ohne uns selbst zu vernichten, könnte uns dazu zwingen, uns mit dieser Besessenheit auseinanderzusetzen, uns ihren Charakter zu verdeutlichen, eine Bilanz ihrer negativen und positiven Auswirkungen zu ziehen und uns vielleicht zum erstenmal in der Geschichte die Frage stellen: was wollen wir sein, was wir auch sein *können*?

Herrschaft erhöht weder den Wohlstand der Herrschenden noch auf lange Sicht deren Sicherheit. So büßten etwa die USA ihre gegen Ende des Zweiten Weltkriegs noch unangefochtene Vormachtstellung in der Welt ein. Entfielen damals auf sie noch 50 Prozent aller Rüstungsausgaben,

60 Prozent aller auf der Welt produzierten Güter und das höchste Pro-Kopf-Einkommen überhaupt, so bestritten sie 1975 nur noch 25 Prozent aller Rüstungsausgaben und 30 Prozent der Güterproduktion, während das Pro-Kopf-Einkommen weltweit betrachtet an siebenter Stelle lag. Dennoch bedeutete dieser Verlust der absoluten Vormacht national gesehen keinen Abstieg (soweit es auf nationaler Ebene zu Zerrüttungserscheinungen kam, sind diese in erster Linie auf den Vietnamkrieg mit seinen immensen Kosten zurückzuführen). Die meisten Menschen in den westlichen Ländern leben heute besser als im Jahre 1950, und je besser es anderen Nationen geht, desto mehr profitieren auch die USA davon.[50]

Herrschaft wird sich nie ganz ausrotten lassen, aber sie wird weniger attraktiv, wenn wir sie als das begreifen lernen, was sie ist: ein Verzweiflungsakt, der aus der Überzeugung erwächst, daß der Mensch ein Raubtier und zu einem Leben in Glück und Zufriedenheit nicht fähig ist. Machtstreben ist ein Ersatz für das Vertrauen in die Liebe und andere wirkliche Befriedigungen. Selbstverständlich gibt es keine Garantien für ein dauerhaft lusterfülltes Leben, aber das gleiche gilt auch für die Macht.

5. Aggression

Die Übel unserer Zivilisation sind lange nicht auf Machtstreben und Machtkult zurückgeführt worden, sondern auf Aggression und Sexualität. Viele Denker waren mit Freud der Meinung, Repression sei unabdingbar, wollte man diese beiden Aspekte menschlichen Verhaltens regulieren und kontrollieren. Für Freud war die Aggression gar der «Hauptwidersacher der Kultur»[51].

Der biologische Determinismus (wie ihn die Soziobiologie vertritt) erklärt Aggressivität zu einer angeborenen Eigenschaft des Mannes und entwickelt ausgeklügelte Theorien über genetische und hormonelle Grundlagen, um diese These zu untermauern.[52] Natürlich gibt es hormonelle Unterschiede zwischen Frauen und Männern, und auch die Gehirne beider Geschlechter unterscheiden sich im Aufbau und im Ablauf der hormonellen Vorgänge. Aber bis heute weiß niemand, welche Bedeutung diesen Unterschieden beizumessen ist und ob sie die Ursachen geschlechtsspezifischer Verhaltensweisen sind oder nicht.[53] Die Behauptung, Verhaltensunterschiede zwischen den Geschlechtern seien biologisch bedingt, läßt sich bei unserem gegenwärtigen Wissensstand nicht belegen. Dennoch wird sie seit Jahrhunderten immer wieder beharrlich aufgestellt.

Schon bei logischem Nachdenken offenbart sich jedoch, daß hier ideologische Positionen in ein wissenschaftliches Gewand gekleidet werden. Der biologische Determinismus hält Aggressivität für ein Merkmal, das vor langer Zeit von der natürlichen Selektion begünstigt wurde, weil es dem ‹Überleben der Tüchtigsten› dient. Gleichzeitig vertreten einige Anhänger dieser Denkrichtung jedoch auch die Auffassung, Schwarze und andere ‹untergeordnete› Menschengruppen wiesen eine «übertriebene» und «abnorme» Aggressivität auf und bedürften deshalb medikamentöser oder gehirnchirurgischer Behandlung.[54] Wenn Aggressivität zum Überleben notwendig ist, warum ist sie dann bei Schwarzen nicht positiv zu bewerten? Wenn Aggressivität angeboren ist, warum sind dann im allgemeinen Männer aggressiver als Frauen? Wenn dieser Unterschied durch die männlichen Hormone (die Frauen ebenfalls besitzen) bedingt ist, wie ist es dann zu erklären, daß es extrem aggressive Frauen und extrem aggressionsarme Männer gibt? Wenn diese Varianten durch einzelne Mutationen bedingte Abnormitäten darstellen, wie kommt es dann, daß nicht alle übrigen Männer auf der Welt gleich aggressiv sind? Der Grad ihrer Aggressivität unterscheidet sich von Gesellschaft zu Gesellschaft ganz erheblich.[55] Wie Lenore Weitzman bemerkt hat, müßten die Völker verschiedene Hormonstrukturen aufweisen, wollte man Aggressivität und Passivität hormonell erklären.[56] Ebensowenig lassen sich die frappierenden Unterschiede im Ausmaß und in den Ausdrucksformen männlicher und weiblicher Aggressivität auf genetische oder hormonale Gegebenheiten zurückführen: Gene allein bringen von sich aus noch keine unterschiedlichen Instinkte hervor, und es gibt keine stichhaltigen experimentellen Beweise dafür, daß Sexualhormone unmittelbar für Verhaltensunterschiede zwischen den Geschlechtern in den Bereichen der Aggression, der Selbstbehauptung und der Dominanz verantwortlich gemacht werden könnten.[57] Pränatale hormonelle Einflüsse scheinen jedoch Toleranzschwellen festzulegen: Menschen beiderlei Geschlechts sind physiologisch mit ähnlichen Reaktionspotentialen ausgestattet, die sich aber bei unterschiedlichen Schwellenwerten manifestieren. John Money kam durch eine hauptsächlich an Affen durchgeführte Untersuchung zu dem vorläufigen Schluß, daß Aggressivität im allgemeinen bei Männchen in Situationen schneller ausgelöst wird, in denen es um Raubtiere und Revierverteidigung geht, während Weibchen offenbar dann schneller aggressiv reagieren, wenn ihre Jungen bedroht sind.[58]

Edward O. Wilson, wohl der bekannteste Vertreter des soziobiologischen Ansatzes in Amerika und ein überzeugter Vertreter der Theorie, daß der Mensch (und insbesondere der Mann) einen angeborenen Aggressions- und Dominanztrieb besitzt, hält Menschen dennoch für weniger aggressiv als gewisse tierische Spezies. Tiere führen aber keine Kriege, und nur wenige Arten kämpfen mit ihresgleichen auf Leben und Tod. Andere Forscher behaupten, Aggressivität messen zu können, indem sie etwa eine Ratte und eine Maus in einen Käfig setzen und messen, wie lange die Ratte braucht, um die Maus zu töten.[59] Fleischfressende Tiere töten, weil sie Nahrung benötigen; Menschen töten andere Menschen aus symbolischen Gründen, wobei die meisten Kulturen ausdrücklich davon Abstand nehmen, ihre menschlichen Opfer zu essen. Es gibt Indizien dafür, daß hormonale Faktoren bei bestimmten männlichen Tieren Aggressivität hervorrufen, aber für den Menschen sind die vergleichbaren wissenschaftlichen Anhaltspunkte wesentlich schwächer und weniger durchgängig.[60] Dennoch ist in unserer Kultur beim Jungen bereits im Alter von zweieinhalb Jahren ein höheres Maß an Aggressivität feststellbar als beim gleichaltrigen Mädchen.[61]

Selbst wenn sich herausstellen sollte, daß der biologische Determinismus recht hat und Aggressivität dem Menschen und in besonderem Maß dem Mann angeboren ist: was hieße diese Erkenntnis? Was ist Aggressivität? Trotz aller wissenschaftlichen Debatten wird dieser Begriff genauso vage benutzt wie der Begriff «Macht». R. C. Lewontin, Steven Rose und Leon Kamin weisen darauf hin, daß der Begriff «Aggression» sowohl auf einen Mann angewendet werden kann, der seine Frau schlägt, als auch auf Handgreiflichkeiten unter Fußballfans, sowohl auf den politischen Kampf gegen Unterdrückung als auch auf militärische Aktionen, bei denen Nuklearwaffen eingesetzt werden.[62] Wenn wir Aggression als die Wendung feindseliger Impulse nach außen definieren, so deckt dieser Begriff vom wütenden Blick bis zum Mord alles ab: die Energie, mit der eine heftige Auseinandersetzung geführt wird, den bloßen Aufruf zu Aktionen, Wutäußerungen jeglichen Grades sowie physische und psychische Gewalt. Aggressives Verhalten kann nützlich und gelegentlich notwendig sein und manchmal auch Spaß machen – z. B. bei einem Tennismatch oder bei einer spannenden Debatte. Selbst wenn man davon ausgeht, daß Aggressivität zur biologischen Grundausstattung des Menschen gehört, so heißt das noch nicht, daß die menschliche Gesellschaft deshalb von Rivalität, Gewalt und ständigen Kämpfen geprägt sein müßte. Edward O. Wilson meint aber auch, gewaltsame Aggression sei kulturbedingt, d. h. eine erlernte Form der Realisierung eines angeborenen Potentials. Er weist darauf hin, daß in Kriegszeiten auch andere Formen von Gewalt zunehmen.[63]

Wir können Aggressivität nicht vollkommen isoliert wie eine feststehende Größe diskutieren. Aggressivität nimmt sehr unterschiedliche Formen und Ausmaße an. Für ihre moralische Beurteilung ist ihr Kontext von ungeheurer Bedeutung, und schließlich wird sie ganz unterschiedlich empfunden, je nachdem, wer sie zum Ausdruck bringt. Schon auf der terminologischen Ebene schlagen sich diese unterschiedlichen Bedeutungen nieder. In unserer Gesellschaft hat das Wort «Aggression» fast immer einen negativen Beiklang. Kein Staat würde sich jemals zur Aggression bekennen, nur Feinde sind «Aggressoren». Das Adjektiv «aggressiv» hat jedoch sehr oft einen lobenden Beiklang, wenn es auf Geschäftsleute, Sportler, Politiker oder auch auf Unternehmenspolitik angewandt wird. Ein Großkonzern mag aggressive Strategien verfolgen, die dazu führen, daß viele Menschen Hunger leiden müssen, aber man wird ihm immer noch positiv anrechnen, daß er so aggressiv seine Profite steigert. Eine Frau als aggressiv zu bezeichnen, heißt hingegen, sie zu diffamieren, und bezogen auf gesellschaftliche Minderheiten suggeriert das Wort Bedrohlichkeit.

Auf dem Gebiet der Aggression – was immer wir damit bezeichnen – bedeutet ein und dieselbe Handlung offensichtlich nicht das gleiche, wenn sie von einem jungen Schwarzen, einer weißen Frau mittleren Alters oder einem weißen Mann aus dem Mittelstand ausgeführt wird. Verbale Wutausbrüche bei einer Frau werden gewöhnlich als Zeichen von Hysterie oder Irrationalität ausgelegt, die eine psychiatrische Behandlung notwendig machen, während solche Äußerungen bei einem Schwarzen als eine Bedrohung des Lebens anderer gewertet werden, für die man ihn einsperren muß. Auch bei jungen weißen Männern gilt solches Verhalten als bedrohlich, jedoch nur für die Ordnung, weshalb es mit disziplinarischen Maßnahmen beantwortet werden kann. Wenn jedoch ein erwachsener weißer Mann heftige Wutausbrüche produziert, werden die Anwesenden meist kuschen, ihn zu beruhigen suchen und sich ihm unterordnen, kurz: Wut als Privileg des weißen Mannes gelten lassen.

In der Tat werden aggressive Verhaltensweisen in den westlichen Ländern mit ‹Männlichkeit› in Verbindung gebracht. Mannsein in einer patriarchalischen Gesellschaft heißt, nach außen hin alles unter Kontrolle zu haben. Durchsetzungsvermögen ist Ausdruck ausgeprägter Individualität (und nur bei Männern zulässig, weil es «in der Natur» nur beim Männchen vorkommt). Das gleiche gilt auch für die Anwendung von Gewalt. Obwohl für Männer die meisten Gefühlsäußerungen tabu sind – also eine Träne einen Mann den Wahlsieg kosten kann, Schuldgefühle und Angst für eine Führerpersönlichkeit unannehmbar sind –, ist doch Wut nicht nur zulässig, sondern etwas, was vom Mann sogar erwartet wird. Auch wenn sie ebenso irrational (unangemessen) wie jede andere Emotion sein kann, ist Wut dem Mann deshalb gestattet, weil sie auf den ersten Blick ein Herrschaftsmittel zu sein scheint. Wut mag aus Angst erwachsen, die an Schwächeren abreagiert wird, sie mag in Wirklichkeit auf Grund von Machteinbuße entstehen, aber sie gilt, nur weil sie andere einzuschüchtern vermag, als Zeichen von ‹Männlichkeit›.

Wenn wir uns Gedanken über die Aggressivität machen, sollten wir nicht fragen, ob sie angeboren ist oder nicht, oder ob sie nur bei männlichen Wesen und einigen wenigen ‹abnormen› weiblichen Geschöpfen vorkommt. Viel wichtiger ist es zu klären, was wir meinen, wenn wir von ihr sprechen, welchen allgemein-menschlichen (und nicht nur individuellen) Zwecken sie dient, und warum ihre gewaltsamen Varianten von der Gesellschaft gefördert werden. Denn letzteres ist bis heute so und war in vielen Gesellschaften der Fall: bei den Achäern, wie Homer sie uns schildert, im Römischen Reich, in Großbritannien zur Zeit des Kolonialreichs, im Hitlerdeutschland und seit dem 19. Jahrhundert in den Vereinigten Staaten, um nur einige zu nennen. Als die Klassengrenzen noch klarer und eindeutiger waren, wurde Aggressivität denjenigen jungen Männern anerzogen, die einmal fähig sein sollten, auch in Kriegszeiten die Staatsführung zu übernehmen: Vermittelt wurde diese Haltung in der *Ilias* und der *Äneis* ebenso wie in den griechischen Gymnasien, auf den Sportplätzen von Eton und von dem gesamten Ethos der jeweiligen männlichen Oberschicht.

Aggression ist eines der Hauptprobleme der Industrienationen, und doch wird jede Untersuchung der Alltagskultur zeigen, daß sie durch sämtliche, unsere Erziehung prägende «Mythen» gefördert und verherrlicht wird. Der Staat ermutigt Aggressivität auf breiter Ebene, um sich ihrer im Kriegsfall bedienen zu können. Sie wird gesetzlich reglementiert, aber nicht deshalb, weil die Gesellschaft sie mißbilligen würde, sondern vielmehr, um sie der ausschließlichen Verfügung des Staates zu unterstellen. Nationen, die nicht um eine Vormachtstellung in der Welt ringen, sind im allgemeinen nicht so darauf bedacht, die Aggressivität der Massen zu fördern, während Gesellschaften, die sehr macht- und dominanzorientiert sind, dies in besonders hohem Maße tun. Diese Tatsache rührt daher, daß Gewalt anerzogen werden muß: sie ist nicht so «natürlich und angeboren», daß die Menschen spontan zu ihr griffen. Sie wird sozusagen durch die Blume, über subtile ideologische Kanäle vermittelt, weil der Staat in seinen offiziellen Verlautbarungen den Frieden will. Gewalt ist ein Monopol des Staates, der sich das alleinige Recht auf aggressives Verhalten vorbehält. Gewöhnlich verbietet der Staat die Aufstellung von Privattruppen, die seine Macht, Aufstände niederzuschlagen, gefährden könnten. Die Schaffung eines zentralisierten Staates war schon immer mit dem als Notwendigkeit hingestellten Bestreben nach kriegerischer Auseinandersetzung verflochten. Simone Weil schreibt: «Was ein Land seine vitalen ökonomischen Interessen nennt, sind nicht die Dinge, die seine Bürger zum Leben benötigen, sondern die Dinge, die es befähigen, Krieg zu führen ... Wenn also Krieg geführt wird, so geschieht dies zur eigenen Absicherung oder zur Vergrößerung des eigenen Potentials zur Kriegsführung.»[64]

Die Erziehung zu Gewalt und Aggression hat jedoch oft Rückwirkungen auf die Gesellschaft selbst. So war es im Rom Julius Caesars gefährlich, sich nachts ohne fackelbewehrte Leibwächter auf die Straße zu wagen. Wie wir aus den Werken Charles Dickens' wissen, waren bestimmte Bezirke Londons im 19. Jahrhundert selbst für die Polizei kaum zugänglich, und die meisten unserer westlichen Großstädte sind heute sehr unsicher. Eine Staatsführung, die das Gewaltpotential in der Gesellschaft schüren und dabei gleichzeitig die soziale Ordnung aufrechterhalten will, muß die gesamte Bevölkerung mit allen vorhandenen Mitteln einschüchtern – wie es etwa Hitler in Deutschland oder die Obristen in Griechenland zwischen 1967 und 1974 taten, und wie es in der Sowjetunion noch immer geschieht. Gerade auf solche extremen Maßnahmen drängen jedoch heute viele Menschen in den Vereinigten Staaten. Wenn ein Staat lediglich Aggressivität fordert, ohne gleichzeitig die Bevölkerung mit brutalen Mitteln einzuschüchtern, so wird diese Aggressivität in unerwünschter und unerwarteter Weise überschäumen.

Die USA haben den höchsten Gewaltpegel von allen westlichen Ländern. So kamen im Jahre 1977 auf jeden durch eine Gewalttat ums Leben gekommenen japanischen, österreichischen, bundesdeutschen oder schwedischen Mann in Amerika zehn Gewaltopfer.[65] In manchen amerikanischen Großstädten werden in einer Woche mehr Menschen umgebracht als in Nordirland, wo Bürgerkrieg herrscht. Gewalt prägt unsere amerikanische Kultur vom Fernsehfilm bis hin zum Kino, vom Fußball bis hin zu den Reden eines Verteidigungsministers, in denen der Atomkrieg so dargestellt wird, als könnten die Amerikaner ihn (im Unterschied zu ihren «Feinden») überleben.

Wir hätten diese gewaltorientierte Kultur nicht, wenn wir sie nicht wollten. Welche biologischen Grundlagen Aggressivität auch immer haben mag, sie wird doch in jedem Fall erlernt. Man braucht die Gewalt nicht einmal zu verherrlichen (wie es in unseren Filmen und Fernsehsendungen faktisch geschieht), um sie zu schüren: Eine Gesellschaft, die auf der Vergötzung von Macht, Individualismus, Beziehungslosigkeit und Konkurrenz statt auf Befriedigung durch ein Leben in Liebe, Mitmenschlichkeit und Harmonie gründet, ist bereits ausreichend. Da Aggressivität erlernt wird, ist sie eine moralische und keine biologische Eigenschaft. Es bleibt daher *uns* überlassen, sie hoch zu bewerten oder nicht. Wir müssen uns auch vor Augen halten, daß Gesellschaften, die Aggression und aggressionsfördernde Zustände verherrlichen, ausnahmslos militärisch sind und sich, wie die Geschichte gezeigt hat, meist durch Krieg selbst zerstören.

Auf der anderen Seite geht es jedoch ebensowenig an, Aggression im Sinne von Zorn zur «Todsünde» zu erklären und ihre Abschaffung zu fordern. Aggression läßt sich ebensowenig aus der Welt schaffen wie Herrschaft: Beide sind nun einmal Bestandteil des menschlichen Lebens. Was wir jedoch tun können ist, ihnen weniger Wert beizumessen. Ein gewisses Maß an Durchsetzungsvermögen, ja selbst an Aggressivität, ist lebensförderlich. Lebendiger Wettstreit hilft uns, unsere eigene Persönlichkeit zu entwickeln und uns zu entfalten. Es gilt, uns vor Augen zu halten, daß Aggressivität beim Mann von der Gesellschaft gefordert wird, damit dem Staat Soldaten zur Verfügung stehen, und daß die Verherrlichung des individualistischen, isolierten, gewalttätigen ‹Helden› ein essentielles Mittel dieser Aggressionsförderung ist. Auf dieser Grundlage müssen wir unsere Kultur überdenken und neu erschaffen, und zwar nicht, indem wir die Aggressivität zu eliminieren trachten, sondern indem wir uns bemühen, sie in den Dienst der Lust zu stellen.

Aggression wird oft in Zusammenhang mit Sexualität gebracht: beide «Triebe» sind immer wieder zur Ursache aller Mißstände des menschlichen Lebens erklärt worden. Freud behauptete, Aggression sei die Grundlage aller Gefühlsbeziehungen, «vielleicht mit alleiniger Ausnahme der Liebesbeziehung einer Mutter zu ihrem männlichen Kind»[66]. In der abendländischen Kultur trägt die Sexualität stark aggressive Züge, während Aggression auf der anderen Seite sexuell getönt ist. Der Antrieb zur Vergewaltigung entspringt nicht sexueller Lust, sondern dem Drang, einen anderen Menschen zu erniedrigen und zu demütigen, also die eigene Macht zu demonstrieren: Viele Vergewaltiger haben im Laufe des Vergewaltigungsaktes keinen Orgasmus, oft noch nicht einmal eine Erektion.[67] Manche männlichen Mörder suchen sich als Opfer nur Frauen und meist sogar nur Frauen eines bestimmten Typs aus (Blonde, Brünette, Prostituierte, junge Frauen, alte Frauen oder kleine Mädchen), während andere sich nur an Jungen vergreifen, die sie zuerst vergewaltigen und dann umbringen. Es ist nicht selten, daß Männer nach einer körperlichen Auseinandersetzung Zuneigung oder selbst Liebe füreinander empfinden. Selbst das zärtliche Liebesspiel kann Elemente beinhalten, die Schmerz verursachen – Kneifen, Beißen oder anale Penetration. Gewaltakte zwischen Ehegatten machen 75 Prozent sämtlicher Gewalttaten innerhalb der Familie aus, und in 91 Prozent dieser Fälle wiederum wird die Frau von ihrem Mann oder ehemaligen Mann physisch angegriffen.[68]

Schon wieder stehen wir vor der Frage, ob dieser Zusammenhang biologisch oder kulturell bedingt ist. Wenn eine menschliche Eigenschaft für biologisch begründet erklärt wird, so liegt dem die Annahme zugrunde, daß alles, was biologische Ursachen hat, unabänderlich ist. Wieder müssen wir uns vor Augen halten, daß wirklich biologisch begründete Merkmale von universeller Gültigkeit sein müssen. Dies gilt etwa für Nahrungsaufnahme und Körperentleerung sowie für unsere Bedürfnisse nach Schlaf, Wärme und Obdach. Von ebenso universeller Gültigkeit ist das Faktum, daß wir Gefühle haben. Die Anlässe für unsere Gefühlsäußerungen sind jedoch ebenso unterschiedlich wie deren Formen.

Bezüglich der Sexualität scheint die Tatsache universell gültig zu sein, daß alle Gesellschaften sie in der einen oder anderen Weise reglementieren. Mir sind keine Untersuchungen über die Zusammenhänge zwischen Sexualität und Aggression in primitiven Gesellschaften bekannt, aber es steht immerhin fest, daß nicht alle Kulturen beide Lebensmomente in der gleichen Weise verknüpfen wie unsere westlichen patriarchalischen Gesellschaften. Auch hier gilt es also wieder zu untersuchen, was diese Verknüpfung leistet und wozu sie dient.

6. Sexualität

Die Annahme, die beiden Hauptursachen für Konflikte innerhalb der menschlichen Gesellschaft, Aggression und Sexualität, müßten mittels strikter Repression und Reglementierung kontrolliert werden, ist weit verbreitet. Im abendländischen Denken läßt sich diese Vorstellung mindestens bis zu Platon zurückverfolgen, der lehrte, die Vernunft habe als Wagenlenker dem Gespann Wollust und Erregbarkeit überstellt zu sein. Dennoch gelten die beiden Bedrohungen keineswegs als gleich schlimm. Sexualität wird zwar ebenso wie Aggression in Literatur, Film und Fernsehen und obendrein von einem eigenen subkulturellen Sektor, der Pornographie, verherrlicht, aber andererseits wird sie, weit häufiger als aggressives Verhalten, für alle menschliche «Verderbtheit» verantwortlich gemacht. Dies trifft für den gesamten Zeitraum des Bestehens der westlichen Zivilisation zu. Keine Darstellung von Aggression – und sei sie noch so häßlich und gewaltsam, mechanisch und unmenschlich, pathetisch und schrecklich wie etwa bei Shakespeare, Goya oder in den Erinnerungen ehemaliger KZ-Häftlinge – ist so von abgrundtiefem Entsetzen, von dem Ekel vor Schmutz und Befleckung, von der Angst vor moralischer Verderbnis, von Haß und Abscheu geprägt wie die Darstellung der Sexualität in den Werken Shakespeares (vergleiche die Schmähreden Hamlets gegen seine Mutter oder Claudius' gegen Hera sowie die Stücke «Troilus und Cressida» und «Maß für Maß»), in der Malerei des Fin-de-siècle (wobei Aubrey Beardsley mit seiner «Salome» und Edward Munch mit seinen «Vampiren» wie auch die «Eifersucht» nur die bekanntesten Beispiele sind) oder auch bei Versammlungen von Gegnern des *Equal Rights Amendment*.

Aggression wird in unserer Gesellschaft uneingeschränkt bewundert. Sexualität wird, z. B., wenn sie in Gestalt von Symbolen wie etwa Marilyn Monroe auftritt, ebenso behandelt, nie jedoch ohne ein vielsagendes Grinsen. Literatur, in der es um Aggression geht, wird nicht aus den Regalen der Büchereien und Zeitschriftenhandlungen entfernt; in allen Bereichen der Kunst ist Zensur auf Grund aggressionsverherrlichender Darstellung äußerst selten. Bücher, Zeitschriften und Theaterstücke, die sich mit sexuellen Themen befassen, werden hingegen in den westlichen Ländern sehr wohl zensiert, noch rigoroser aber in autoritären Staaten – wie etwa Brasilien und Südafrika, Polen und der Sowjetunion, China und dem Iran. Gleichzeitig beinhaltet die im Westen gängige Vermarktung der Sexualität entwürdigende Darstellungen von Frauen und zahlreiche pornographische Schilderungen von Gewalt gegenüber Frauen.[69]

Um ein Gefühl dafür zu bekommen, wie unterschiedlich die beiden Bereiche behandelt werden, brauchen wir uns nur vorzustellen, daß unsere kleinen Kinder im Garten hinter dem Haus spielen. Wir schauen aus dem Fenster und sehen sie streiten. Unsere Entscheidung, ob wir hinauslaufen, um den Streit zu beenden, wird davon abhängen, wie dieser im einzelnen verläuft. Aber stellen wir uns vor, wir werfen einen Blick hinaus und sehen sie bei sexuellen Spielen: keine Frage, wie die meisten von uns handeln würden, ganz unabhängig davon, wer an diesen Spielen beteiligt ist und wie sanft oder unsanft sie vonstatten gehen.

Natürlich gibt es viele Bücher und Gruppierungen, die Sexualität als eine natürliche und gesunde Aktivität propagieren, aber allein die Tatsache, daß so argumentiert wird, bezeugt bereits, wie verbreitet die gegenteilige Auffassung ist. Ich gehe hier davon aus, daß die Sexualität trotz aller individuellen Meinungsschattierungen und trotz der Existenz einer gewaltigen sexvermarktenden Industrie für unsere patriarchalische Moral nach wie vor das Böse schlechthin ist. Der Frage, warum das so ist, bin ich in diesem Buch immer wieder nachgegangen, und ich will an dieser Stelle noch einmal versuchen, meine Ergebnisse zu resümieren.

Sexuelles Verlangen ist einer der stärksten menschlichen Impulse. Es kann gelegentlich selbst die Bedürfnisse nach Essen und Trinken, Wärme oder Ruhe, Sicherheit oder anderen zwischenmenschlichen Beziehungen überlagern. Oft allerdings ist es nicht so zwingend, sondern läßt sich auf eine Weise beiseite schieben, wie dies mit dem Bedürfnis nach Nahrung nicht möglich ist. Der Mensch kann es über lange Zeiträume hinweg ohne Sexualität aushalten und stirbt auch dann nicht, wenn er sie zeitlebens meidet. Der Sexualtrieb scheint daher in einer Weise dem freien Willen zu unterliegen, wie dies für andere menschliche Grundbedürfnisse nicht gilt.

Judith Ochshorn hat anhand alter Handschriften die Einstellungen vor- oder frühpatriarchaler polytheistischer Kulturen wie etwa der Sumerer, Ägypter, Babylonier und Kreter untersucht. Sie entnahm ihren Materialien, daß der Geschlechtsunterschied eine geringere Rolle spielte als soziale oder charakterliche Unterschiede, und daß göttliche Macht nicht ausschließlich einem Geschlecht zugesprochen wurde, wie auch das jeweils andere Geschlecht durch die Machtfülle einer solchen Gottheit nicht automatisch eine Abwertung erfuhr. Der wohl wichtigste Befund besteht jedoch in der Erkenntnis, daß Angst vor der weiblichen Körperlichkeit und Sexualität in diesen Materialien nirgends auftaucht. Wir finden sexuelle Verhältnisse aller Art. Sowohl die Göttinnen als auch die Götter sind als sexuell aktive Wesen dargestellt. Es gibt keine dichotome Aufteilung in Körper und Geist, und weder Sexualität noch Körperlichkeit sind mit dem Makel der ‹Sünde› behaftet.[70] Obwohl wir aus der Literatur einer bestimmten Kultur selbstverständlich noch nicht automatisch Rückschlüsse auf deren tatsächliche sexuelle Sitten und Gebräuche ziehen dürfen, belegt Judith Ochshorn an mehreren Beispielen, daß in Kulturen mit einer liberalen Einstellung zur weiblichen Sexualität diese in der Literatur als eng mit dem Wohl der Menschen in Zusammenhang stehend dargestellt wurde.[71]

Welche Rolle die Sexualität in matrizentrischen oder frühpatriarchalischen Zeiten auch gespielt haben mag, die unsere westliche Kultur prägende Einstellung zur Sexualität entsprang einer monotheistischen Religion, deren Gott männlich war. Nahezu unser gesamtes kulturelles Erbe im Hinblick auf das Thema Sexualität ist die Schöpfung von Männern, und da viele, wohl sogar die meisten Männer ihr sexuelles Verlangen auf Frauen richten, ist die Frau bis heute das Objekt, das empfangende Gefäß und zugleich die Antagonistin männlicher Begierde. Auf Grund der Verknüpfung von Weiblichkeit, Sexualität und Fortpflanzung galt Sexualität überdies als der Frau von Natur aus gegeben, damit aber nicht als ein *menschliches*, sondern als ein *weibliches* Merkmal. Die männliche Sexualität wird zwar anerkannt, gleichzeitig jedoch verleugnet. Adam sagt zu Gott: «Das Weib, das du mir zugesellt hast, gab mir von dem Baum und ich aß» (Genesis 3,12). In gleicher Weise betrachtet die gesamte patriarchalische Kultur die Sexualität als eine von den Frauen an die Männer herangetragene Versuchung – ein gezieltes Ausnutzen des schwächsten Punktes des Mannes. Wenn der Mann dieser Versuchung nachgibt, so gilt das als Sünde, und wenn diese Sünde auch zuweilen läßlich ist, ist sie doch eine Quelle von Schuldgefühlen.

Dennoch ist an der Sexualität als solcher nichts, was zwangsläufig Schuldgefühle hervorrufen müßte. Die Tiere, die uns am nächsten stehen, scheinen ihre Sexualität selbstbestimmt, frei und ohne moralische Folgen auszuleben. Nun könnte man einwenden, daß Tiere keine Moral haben, aber die bloße Tatsache, daß sie bestimmte Lebensformen anderen vorziehen, bestimmte Verhaltensmuster akzeptieren und andere nicht, zeigt doch eine gewisse Wahlfreiheit an, die wir beim Menschen moralisch nennen würden. Tiere richten ihr Leben jedoch daran aus, ihre Grundbedürfnisse – Nahrungsbeschaffung, Ruhe, Fortpflanzung und Aufzucht der Jungen – möglichst problemlos befriedigen zu können. Im Gegensatz dazu haben die Menschen ihr sogenanntes zivilisiertes Leben in den letzten Jahrtausenden in weiten Teilen so eingerichtet, daß es immer schwieriger geworden ist, Fortpflanzung und Kinderaufzucht mit Nahrungsbeschaffung und Ruhebedürfnissen in Einklang zu bringen. Soweit unsere Sexualität der Fortpflanzung dient, hat sie sehr wohl Folgen für das materielle Überleben derer, die Kinder aufzuziehen haben. Zuweilen schlossen und schließen diese Folgen auch moralische Sanktionen ein.

Wie wir gesehen haben, basiert das Patriarchat auf dem Gedanken des Verzichts: Nur indem der Mann etwas ihm sehr Wertvolles opferte, konnte er seine Loyalität einem Gehorsam fordernden transzendenten Wesen gegenüber unter Beweis stellen. Was er opfern mußte, waren die Beziehungen, an denen er am meisten hing und die seine völlige Hingabe an den transzendenten Gott hätten untergraben können – die Beziehungen zu seinen Kindern und seiner Frau oder seinen Frauen. Den Männern wurde beigebracht, diese Bindungen als zweitrangig und sogar als unrein zu betrachten, da sie den Kontakt mit der Natur, der Körperlichkeit und der Emotionalität herstellten, die es ja gerade zu transzendieren galt. Die Sexualität ist jedoch ein Hauptelement der Bindung des Mannes an die Frau.

Bereits aus den ältesten erhaltenen Zeugnissen patriarchalischer Literatur spricht der Gedanke, daß Sexualität für Männer etwas Verunreinigendes ist. Die Priesterkaste der Leviter setzte für die Männer Israels eine Reihe von Regeln und Gesetzen zur Ordnung ihres sozialen und politischen Lebens fest. Im *Leviticus*, dem Dritten Buch Mose, geht es in erster Linie um das Verhältnis der Männer zu ihrem Körper – um Krankheiten, um Ernährung und um Beziehungen zu Frauen. Diesen drei Bereichen ist eines gemeinsam: sie bringen den Mann in eine enge und als gefährlich geltende Berührung mit der Natur, die durch Reglementierungen und Tabus sowie Reinigungsrituale vor oder nach bestimmten Kontakten entschärft werden muß. Bestimmte Tiere (besonders das der Demeter, einer Verkörperung der Großen Göttin, geweihte Schwein) und bestimmte Teile von Tieren – gewöhnlich die untere Hälfte – galten als noch verabscheuungswürdiger als andere und wurden für tabu erklärt. Dasselbe galt für bestimmte sexuelle Handlungen – etwa für den Geschlechtsverkehr mit Mutter und Tochter, mit der Frau des eigenen Vaters, mit einer menstruierenden Frau oder auch mit einem anderen Mann. Unrein waren jedoch *alle* Formen des sexuellen Verkehrs, weshalb sie bestimmte Reinigungs- und Säuberungsrituale erforderten. Selbst nächtliche Samenabgänge (und vermutlich auch die Masturbation, obgleich diese bereits in der Genesis verurteilt wurde) beflecken den Mann. Dennoch wird im *Leviticus* nirgends gesagt, daß der Mann deshalb den Geschlechtsverkehr meiden solle: dieser Gedanke kam erst im Christentum auf. Die geschlechtliche Betätigung wurde im Gegenteil sogar vom Mann gefordert; es war seine Pflicht, Söhne zu zeugen. Im Fünften Buch Mose wurde das Levirat aufgestellt, das folgende Verfügung zum Inhalt hatte: Starb ein Mann vor der Zeugung eines Sohnes, so mußte sein Bruder seine Witwe heiraten, um ihm posthum männliche Nachkommen zu sichern.

Auch wenn die ursprünglichen Verbote des *Leviticus* augenscheinlich aus einem starken Gefühl für die Macht der (mit den Frauen assoziierten) Natur erwuchsen, war doch die Grundhaltung, die über die Jahrtausende hinweg lebendig blieb, eher von Abscheu vor der Befleckung des Mannes geprägt, und zwar nicht durch die Art seiner Nahrung oder durch Krankheit, sondern durch die Frauen, die Sexualität. Der Gedanke, die Frau sei befleckt, gelangte nicht allein durch die hebräische Kultur ins Denken der westlichen Zivilisation, sondern auch durch die griechische. Wie bereits erwähnt, räumte schon Hesiod, einer der frühesten griechischen Dichter, giftigen Schmähreden gegen Frauen breiten Raum ein. Platon hielt den Körper für ‹niedriger› als die Vernunft und unerfülltes sexuelles Verlangen für in gewisser Weise ‹höher›, edler als das Ausleben von Begierde zwischen Männern. Im Goldenen Zeitalter diente Sexualität mit Frauen bei den Griechen nur einem Zweck: der Zeugung von Söhnen. Für Aristoteles waren Frauen unvollkommene Menschen – eine von den Männern gesonderte und ihnen unterlegene Spezies, die von der Natur unvollständig ausgestattet worden war. Gleichzeitig jedoch sprachen die Männer den Frauen große (wenn auch negative) Macht zu. Obgleich das Vorhandensein dieser Macht von den griechischen Philosophen des Goldenen Zeitalters nicht ausdrücklich eingestanden wird, tritt sie doch in den Dramen jener Zeit zutage. Auch bei den Römern finden wir Hinweise auf eine derartige Wahrnehmung, so etwa in der *Äneis* und in den brillanten Gedichten Catulls, in denen dieser die unwürdige Lesbia der Macht bezichtigt, ihn zu lähmen und zu ihrem Sklaven zu machen. Wo Frauen (ob ihrer Minderwertigkeit) verachtet und (ob ihrer verunreinigenden Macht) gefürchtet werden, ist Sexualität mit ihnen unweigerlich mit den gleichen negativen Gefühlen belastet.

Das Christentum schließlich postulierte ein Leben nach dem Tode, ein höheres Reich. Dieses Ideal beinhaltete zwangsläufig eine Abwertung dieser Welt. Das Leben wurde zu einer elenden Zeit der Prüfung, war nun nicht mehr Selbstzweck, sondern Vorstufe zur ewigen Glückseligkeit oder Verdammnis. Diese Welt war nur gering zu achten, weil sie aus vergänglicher und verderblicher Materie bestand und im Gegensatz zum (hypothetischen) Reich der Ewigkeit nur flüchtig war. Schon früher waren durch dichotome Gegenüberstellungen Natur und Körper der Männlichkeit und Vernunft untergeordnet worden, und schon früher waren auch Frauen als bedrohlich und verachtenswert dargestellt worden. Das Christentum erweiterte diesen Dualismus jedoch um eine weitere Dimension: Natur, Körperlichkeit und Frauen bedeuteten jetzt eine Bedrohung für die unsterbliche Seele des Mannes.

Über das Sexualleben der breiten Masse im Mittelalter wissen wir wenig. Illustrationen in alten Handschriften sind voller Darstellungen von Tieren, die symbolisch für Sexualität stehen (z. B. Kaninchen) oder dickbäuchigen Männern, die Dudelsack spielen – wobei der an- und abschwellende Luftsack für den Penis steht. Manche Volkserzählungen künden von spontaner, offenherziger Sexualität bei beiden Geschlechtern, von der Freude am Ersinnen von Mitteln und Wegen, den Sexualrestiktionen zu entgehen. Solche Episoden finden sich z. B. bei Chaucer. Die meisten erhaltenen Dokumente, insbesondere die aus dem frühen Mittelalter, stammen jedoch von Klerikern, oft von Mönchen. Obwohl wir wissen, daß Priester über weite Teile des Mittelalters heiraten und mit dem inoffiziellen Segen der Kirche sogar Konkubinen halten durften, galt Sexualität für Mönche als Sünde, und so präsentiert sie sich in ihren Schriften. Aber auch hier wird die Frau nicht nur als fleischgewordener Pfuhl des Bösen und der Sünde angeprangert, sondern gleichzeitig immer wieder mit einer ungeheuren Macht ausgestattet. Noch in Miltons Darstellung erscheint Abraham so hingerissen von Eva, daß er die Verdammnis mit ihr der Erlösung (durch den Gottesgehorsam) ohne sie vorzieht.

In mittelalterlichen Heiligenlegenden spielt die Zurückweisung der Sexualität immer eine wichtige Rolle, und sofern es sich um eine weibliche Heilige handelt, ist dieser Verzicht die wichtigste und oft die einzige Grundlage ihrer Tugendhaftigkeit. In mittelalterlichen Versromanen finden wir verschiedene Einstellungen zur Sexualität: In einigen wird Begierde, als Liebe bezeichnet, durch ständige, wenn auch gelegentlich unterbrochene Frustration gesteigert; das Ende der Geschichte ist dann die glückliche Vereinigung der Liebenden. In den bedeutsamsten dieser Erzählungen, etwa der Geschichte von Tristan und Isolde, ist jedoch die körperliche Liebe tabu. Durch diese Tabuisierung wird die Leidenschaft allerdings nur noch angeheizt. Vereinigung ist gleichbedeutend mit dem Tod (oft wird der Orgasmus ja auch als «kleiner Tod» bezeichnet). Diese beiden Stränge ziehen sich durch die europäische Literatur bis ins 19. Jahrhundert.

Der Feldzug des Patriarchats gegen die Sexualität fand im 18. Jahrhundert seinen Höhepunkt. Philippe Ariès beschreibt, wie ungeniert in Frankreich bis zu dieser Zeit über die Körperlichkeit gesprochen und mit ihr umgegangen wurde: die Kinder schliefen bei den Biedensteten, die mit ihnen sexuelle Spiele trieben; Geschwister schliefen zusammen. Doch schon vom ausgehenden 17. Jahrhundert an wurde von Autoritäten – in diesem Falle Ärzten und geistlichen Ratgebern – zunehmend darauf gedrängt, Kindern «Zurückhaltung» einzuschärfen, damit sie ihre Reinheit nicht verlören.[72] Im 18. und 19. Jahrhundert wurden viele Formen von Sexualität mit dem Etikett der «Perversion» versehen, «hat man sexuelle Abweichung mit der Geisteskrankheit verkettet».[73] Den unterschiedlichen sexuellen Neigungen wurden Namen gegeben: Homosexualität, Gerontophilie, Fetischismus, Sadismus oder Masochismus. Foucault behauptet, die Besessenheit, mit der in viktorianischen Zeiten vor «Perversionen» gewarnt wurde, sei nicht Ergebnis einer Verfeinerung des moralischen Empfindens oder einer neuen Skrupelhaftigkeit gewesen, sondern vielmehr Manifestation des Dranges, das letzte Bollwerk der Natur, «die Körper und ihre Lüste», einzunehmen und zu kontrollieren.[74]

Ärzte in Europa und Amerika ernannten sich selbst zu Körperexperten und verhießen allen, die sich an ihre Vorschriften hielten, physische Vitalität und moralische Reinheit. Das Ziel der Eugenik war die Ausmerzung des Minderwertigen und Entarteten – was auch immer diese Wörter bedeuten mochten.[75] Alles sollte von einer Elite kontrolliert, geregelt und geplant werden, um auf diese Weise eine Gesellschaft zu schaffen, die geordnet, sauber, gesund und, wie man glaubte, glücklich sein würde. Lucien Febvre erläutert, wie zu jener Zeit alle Gefühlshandlungen und -äußerungen «in Schach gehalten und zunehmend unterdrückt wurden», und zwar mittels eines ständig wachsenden, «sich immer weiter ausbreitenden Systems intellektueller Aktivitäten, die die Gefühle besiegten und beherrschten und sie immer weiter an den Rand, ja in gewisser Weise in die Außenbezirke des Lebens abdrängten, auf eine zweitrangige, verachtenswürdige Rolle verwiesen»[76]. Das wichtigste Gefühl, das es zu kontrollieren galt, war das sexuelle Verlangen: Foucault bemerkt dazu, das Streben, die Sexualität zu organisieren und zu reglementieren, habe seine Daseinsberechtigung «darin, daß es die Körper immer detaillierter vermehrt, erneuert, zusammenschließt, erfindet, durchdringt und daß es die Bevölkerungen immer globaler kontrolliert». Wie auch andere Elemente der Natur wurde der Körper «als Wissensgegenstand und als Element in den Machtverhältnissen» ausgebeutet.[77] In dieser Zeit wurde der Phallus in der Literatur zum Symbol der Macht.

Ein Resultat dieses ‹Fortschritts› des Machtdenkens war, daß Sexualität in der menschlichen Vorstellung mit der Macht verschmolz. Wenn Sexualität jedoch gleich Macht ist, wird sie aus der Sphäre der Freiheit herausgenommen und zu einer Form von Herrschaft. Schon seit Jahrtausenden war Macht ein Element sexueller Beziehungen gewesen, doch hatten die beiden Dimensionen bislang nicht als identisch gegolten. Sobald die Sexualität ‹domestiziert› und mit den patriarchalischen Werten in Einklang gebracht war, konnte sie wie alles andere in handlicher Form vermarktet werden. Das Verschmelzen von Macht und Sexualität hatte jedoch auch Auswirkungen über den wirtschaftlichen Bereich hinaus.

Erst im ausgehenden 17. Jahrhundert finden sich Hinweise auf sadomasochistische sexuelle Lust. Da offenbar die weit verbreitete Prügelstrafe an den Schulen den männlichen Sadomasochismus stimulierte, nannte man diesen «Le Vice Anglais», und im 18. Jahrhundert war er bereits ein fester Bestandteil des Sexuallebens beider Geschlechter geworden.[78] Die erotische Literatur sadomasochistischer Prägung entstand im Frankreich des 18. Jahrhunderts – so etwa *Schlimme Liebschaften* von Choderlos de Laclos oder die Schriften des Marquis de Sade.

In diesen Werken repräsentiert Sexualität in erster Linie Machtverhältnisse. Die Darstellung der Macht als zentrale Komponente der Sexualität hatte bereits Tradition: sie geht wahrscheinlich zurück bis auf die Dichtung aus den Languedoc–Sonette, die der Sänger an sozial weit über ihm stehende Damen richtete (diese Tradition setzte sich in der englischen Dichtung bis ins 16. Jahrhundert fort) – oder auf die Volksschwänke, wo beispielsweise Aristoteles von seiner Mätresse wie ein Pferd geritten und gepeitscht wird oder Ehefrauen mit Schlägen und anderen Züchtigungsmitteln gefügig gemacht werden. Nun jedoch fand dieses alte Thema eine ganz neue Ausdrucksform. In den Volksschwänken war nie die Rede davon gewesen, daß die ‹Zähmung› der Ehefrau ein sexuell stimulierender Prozeß wäre, und die Minnelyrik konzentrierte sich allein auf die Liebesqualen des männlichen Sängers. Nun aber verschmolzen sexuelle Macht und Beherrschung zu einem einzigen ekstatischen Erleben. Außerdem sind etwa in den *Liebschaften*, in denen sowohl ein Mann als auch eine Frau andere in die sexuelle Unterwerfungsposition zu manövrieren trachten, die Objekte beider die Frauen: Madame de Merteuils Handlungsmotiv Frauen gegenüber ist entweder der Wunsch, sich an Männern zu rächen oder Neid; Valmont treibt das Bestreben, Frauen zu verführen und sich seinerseits an Madame oder an einem Mann zu rächen. Auch bei de Sade ist das manipulierte und gezüchtigte Opfer stets weiblich.

In dieser literarischen Gattung ist die Hauptquelle sexueller Lust Erniedrigung durch Zufügen von Schmerz: das Quälen des Opfers geschieht mit der Absicht, es in den erniedrigenden Zustand des absoluten Ausgeliefertseins zu treiben. Die Kapitulation des Willens des Opfers vor dem Willen des kontrollierenden Teils entspricht der Selbstaufgabe beim Orgasmus. Das Opfer ist immer weiblich, der kontrollierende Teil immer männlich, wenn auch derartige Werke meist aus weiblicher Perspektive geschrieben sind. Mit anderen Worten: Leser wie Leserinnen sadomasochistischer Pornographie identifizieren sich mit dem Opfer. Dies ist ganz besonders wichtig, nicht weil es die Ansicht widerlegt, Frauen seien von Natur aus masochistisch, Männer hingegen nicht, und auch nicht deshalb, weil es zeigt, daß beide Geschlechter masochistisch sind, sondern als Ausdruck unseres symbolischen Verständnisses von Sexualität. Es ist der ‹weibliche› oder mit dem Weiblichen assoziierte Teil *in uns*, der Gefühle empfindet, der die Selbstbeherrschung verliert und der, da solches Empfinden aus freien Stücken nicht zulässig ist, zur Lust gezwungen werden muß.

Gleichgültig, was der die dominierende Rolle übernehmende Teil wirklich fühlt, er muß nach außen hin nicht nur Macht, sondern auch Teilnahmslosigkeit demonstrieren. Susan Griffin vertritt die Auffassung, daß das, «was den Don Juan und die *femme fatale* der Pornographie gleichzeitig brutal und triumphierend sein läßt, der Umstand ist, daß sie die Natur und insbesondere die Natur ihres eigenen Körpers unter Kontrolle haben. *Sie sind gefühllos*»[79]. Gilles Deleuze meint dazu, die Unbewegtheit und Gleichgültigkeit der Helden de Sades beruhe auf der «Verleugnung der Natur innerhalb wie außerhalb des eigenen Selbst und auf der Verleugnung des eigenen Selbst überhaupt».[80]

Auch dies ist ein wichtiger Punkt. In der christlichen Literatur nahmen sowohl Männer als auch Frauen Märtyrerqualen auf sich: schließlich ist die zentrale Figur des Christentums der gekreuzigte Jesus. In der Minnelyrik geht es in erster Linie um das Leiden von Männern, das durch stolze und hartherzige Frauen ausgelöst wird. Im 18. Jahrhundert jedoch, einer Zeit, als Naturbeherrschung bereits zum ersten Gebot einer in der Industrialisierung begriffenen Gesellschaft und ihres intellektuellen Establishments geworden war, wurden Frauen zu sicheren Opfern überlegener, überheblicher, stets die Situation beherrschender Männer.

Die sadomasochistische Literatur fand weder ein breites Lesepublikum noch begründete sie zu ihrer Zeit eine nennenswerte literarische Tradition. Gegen Ende des 19. Jahrhunderts setzte jedoch in Europa (und besonders in Deutschland) eine neue Flut der Verunglimpfung von Frauen ein. In Kunst und Literatur der *Décadence* erscheint die Frau von neuem als mächtige und beängstigende Verführerin, die den ‹reinen›, ihr nach Kräften widerstehenden, guten, aber anfälligen Mann lockt und seine Abwehr unterminiert. Die Frauengestalt verschmilzt mit dem Tier und dem Dämon. Diese Grundhaltung setzte sich in den literarischen und künstlerischen Werken des frühen 20. Jahrhunderts fort, wenn auch einige Schriftsteller – z. B. Hemingway und Henry Miller – dieses Verhältnis umkehrten und Männer darstellten, die sich an hurenhaften Frauen rächen: Mögen auch viele Männer auf die List des Weibes hereinfallen, ein richtiger Mann verweist es doch auf seinen Platz, und der ist zu seinen Füßen.

Im Hinblick auf Sexualität läßt sich die männliche Literatur der Gegenwart in drei Hauptkategorien unterteilen: Entweder spielt Sexualität in ihr überhaupt keine Rolle (und die Frauen sind nur unbedeutende Figuren) oder die Frauen werden als Huren und das Verhältnis zwischen den Geschlechtern als steter Kampf dargestellt oder aber Sexualität erscheint als gewaltsamer, isolierter Vorgang. Man denke etwa an Norman Mailer, Philip Roth, Thomas Pynchon, John Hawkes, Anthony Burgess, John Osborn und viele andere. In der Entwicklung der Literatur spiegelt sich also ein wichtiger Grundzug der Entwicklung der westlichen Gesellschaft im 20. Jahrhundert wider: erstens hat die Macht eine irrationale, nicht recht faßbare Aufwertung erfahren, zweitens werden die ‹weiblichen› Elemente des Lebens immer stärker verachtet, und drittens dringt immer mehr ins Bewußtsein, daß die Beziehungen zwischen den Geschlechtern auf Macht und Herrschaft beruhen.

In den vergangenen Jahren hat sich der Charakter der sadomasochistischen Pornographie gewandelt. Die einst für den erotischen Kitzel ausreichende Erniedrigung durch Schmerz, der weder sichtbare Narben noch bleibende körperliche Schäden hinterläßt, ist mittlerweile viel massiveren Formen der Quälerei und Erniedrigung gewichen. Der kontrollierende Teil uriniert dem Opfer ins Gesicht und besudelt es mit Sperma oder Kot. Manchmal wird das Opfer verstümmelt, zuweilen sogar getötet. Es soll sogar Pornofilme geben, die echte Folterszenen, d. h. die reale Verstümmelung oder Ermordung der ‹Hauptdarstellerin› zeigen.[81]

Diese Zuspitzung ist erschreckend. Viele Feministinnen sind der Ansicht, daß die Zunahme von Vergewaltigungen und Gewalt gegen Frauen in direktem Zusammenhang mit der verstärkten Gewaltdarstellung in der Pornographie steht, und Untersuchungen haben eine Korrelation zwischen frühzeitiger Berührung mit gewaltverherrlichender Pornographie und diesen Formen realer Gewalt gegenüber Frauen ergeben.[82] Die Züchtigungsmittel der früheren Pornographie waren ritueller, symbolischer Natur: sie dienten als phantasieanregende Stimuli zur Steigerung der sexuellen Erregung. Nicht-sadomasochistische Pornographie älteren Datums ist vielfach voller Wiederholungen, die überaus langweilig zu lesen sind und, ähnlich den gleichförmigen Bewegungen beim Geschlechtsverkehr, lediglich als Hilfsmittel zur Masturbation dienen. Die frühe sadomasochistische Pornographie schildert Sexualität als Machtverhältnis; neuere Produkte dieser Art vermitteln hingegen das Bild, Sexualität und Tod seinen faktisch identisch: ein Verlust an Selbstkontrolle, der so weit geht, daß Gefühle sexueller Erregung durchbrechen, kommt sozusagen der Verstümmelung oder Ermordung der ‹weiblichen› Teile der eigenen Person gleich. Ebenso wie die Azteken, als sie dem Tod zu huldigen begannen, ihre Muttergottheit in «Schmutzfresserin» umbenannten und in den ‹weiblichen› Werten nur noch das Widerwärtige und Zerstörerische, die unerbittliche Erde sahen, steht auch unsere Kultur, die die Macht zu töten über alles verehrt, an dem Punkt, wo sie alles ‹Weibliche› in der Welt ausrotten will.

Es gibt Menschen in unserer Gesellschaft, die diese sadomasochistische Erotik nicht nur in Form von Pornographie konsumieren, sondern selbst praktizieren und behaupten, der sexuelle Reiz milder Qualen sei die authentischste und tiefste Form von Sexualität überhaupt. Diese Meinung wurde – soweit mir bekannt ist – erstmalig von einer Gruppe redegewandter, kultivierter und intelligenter schwuler Männer öffentlich geäußert. Die Geschäfte, in denen sadomasochistische Utensilien – Peitschen, Ketten, Lederkleidung, Brustringe, Handfesseln usw. – erhältlich sind, liefern hauptsächlich an Schwule. Edmund White beschreibt diese ‹Vermännlichung› der homosexuellen Lebensformen wie folgt: Schwule lehnen heute das alte Softi-Image ab und wollen Partner, die «macho», «maskulin» und «straight» aussehen. Kontaktanzeigen enthalten vielfach den einschränkenden Zusatz: «Tunten vergeblich.» «Diese Vermännlichung nimmt so extreme Formen an», schreibt White, «daß ihre Kritiker sie bereits als ‹Machofaschismus› bezeichnen.[83]

Doch selbst schwule Männer, die nicht viel mit Sadomasochismus und Ketten- oder Lederbars im Sinn haben, tendieren immer mehr dazu, Sexualität als Machtverhältnis und sexuelle Lust als Erniedrigung zu begreifen. Männer, die das Spielsalon- und Motorradclubmilieu meiden, sind vielleicht in Saunen oder Hinterzimmern von Bars zu finden, wo die einen im Dunkeln sitzen und sich eine Erektion verschaffen, während andere an ihnen vorbeigehen und nach demjenigen anonymen Penis tasten, dessen Größe ihnen am besten gefällt. Oder aber sie stecken ihren Penis durch ein Loch in der Wand, während auf der anderen Seite Männer vorbeidefilieren und diejenigen, die ihnen gefallen, oral befriedigen. Diese Form der Sexualität kann mit einer harmonischen Freundschaft zu einem anderen Mann einhergehen oder auch die einzige Form sexueller Betätigung sein. Aber auf jeden Fall ist sie in ihrer Anonymität und völligen Losgelöstheit von allem Persönlichen und Emotionalen (mit Ausnahme einer reduzierten Form von Begierde) zwangsläufig erniedrigend und partiell. Wer sich für sie entscheidet, wird sie vermutlich erregender finden als andere Varianten der Sexualität – vielleicht gerade deshalb, weil sie so isoliert und heimlich stattfindet und deshalb aus dem Alltagsleben ausgeklammert werden kann.

Schwule Männer, die den Sadomasochismus für die authentischste und höchste Form von Sexualität halten, pflegen lesbische Sexualität gerne als «pseudo-hetero» zu verhöhnen. Lesbische Sexualität ist meist sanft und zärtlich, mit Nähe, dem alltäglichen Leben, wirklicher Kenntnis der Partnerin und echten Gefühlen für sie verbunden. Die Bezeichnung «pseudo-hetero» impliziert jedoch den Vorwurf, sie ähnele der auf die Fortpflanzung abzielenden heterosexuellen Sexualität. Diese Haltung wird von solchen Lesben geteilt, die selbst sadomasochistische Praktiken anwenden und sie als «Inbegriff nicht-fortpflanzungsorientierter Sexualität» verherrlichen.[84] Die Spötter halten sich etwas darauf zugute, daß ihre Form der Sexualität einen raffinierten Ausbruch aus den sanften, zärtlichen und langweiligen Bahnen des Sexuallebens der breiten Masse darstelle, während sie in Wirklichkeit doch nur die Essenz heterosexueller Sexualität in der westlichen Zivilisation ist.

Menschen, die schon der Gedanke an Peitschen, Ketten und Fesseln und an das Zufügen oder Erleiden von Schmerz entsetzt, Menschen, die niemals eine Ketten- und Lederbar betreten, an einer Peitschenorgie teilnehmen oder so bei einer Party erscheinen würden, daß der Mann, ganz in Leder, die Frau in Ketten an einem Halsband hinter sich herzerrt, Männer, die ihre Partnerin nie ohrfeigen oder verprügeln, sie beim Sexualakt nie physisch erniedrigen würden, inszenieren dennoch, wenn auch in abgeschwächter und weniger bewußter Form dasselbe Drama: Männer halten die Frau während des Geschlechtsverkehrs an den Handgelenken fest, so daß sie ihre Arme nicht bewegen kann; sie beißen in ihre Brüste oder saugen an ihnen, bis es schmerzt; sie gestatten der Frau an keinem Punkt des Liebesspiels und in keiner Weise, die Kontrolle zu übernehmen, ja noch nicht einmal die obere («dominante») Position einzunehmen; manche Männer vergewaltigen ihre Ehefrauen oder sogar Geliebten. Männer, die nichts von alledem tun, geben sich vielleicht keinerlei Mühe, ihre Frauen zu stimulieren, sondern stürzen sich lediglich von vorne oder hinten auf sie und rammeln sie, als ob sie Tiere wären, Tiere, die nicht brünstig sind und wenig empfinden. Ferner gibt es Männer, die fremde Frauen vergewaltigen. Solche Männer sind, gemessen an den Männlichkeitsnormen unserer Kultur, nicht abartig. Wie Susan Brownmiller bereits andeutete und wie inzwischen wissenschaftlich belegt ist, ergeben an inhaftierten Vergewaltigern durchgeführte Tests ‹normale› Werte für Persönlichkeitsstruktur, Auftreten, Intelligenz, Verhalten und die Intensität des Sexualtriebs, nur daß diese Täter offenbar etwas leichter erzürnbar sind als andere Männer. Andere Untersuchungsergebnisse charakterisieren Vergewaltiger als sanftmütig und zurückhaltend.[85]

Aber auch Männer, die nicht für gewaltsamen Sex sind, vertreten oft die Ansicht, der Mann brauche ein Dominanzverhältnis, um sexuell erregt zu werden. Die Verhaltensmuster unserer Gesellschaft scheinen dieser Behauptung recht zu geben. Bei ehrbaren, angepaßten Paaren findet man häufig eine von Dominanz und Unterwürfigkeit geprägte Beziehungsstruktur. Die beharrlich vertretene Auffassung, der Mann habe älter, größer, reicher, intelligenter und gebildeter zu sein als die Frau, resultiert aus der Überzeugung, der Mann müsse der dominierende Part sein. Desgleichen erzeugt die These, Beziehungen seien Machtverhältnisse, Ansichten wie die, Männer sollten mehr verdienen als Frauen, man schulde ihnen mehr Achtung und Respekt und sie besäßen die Legitimation, bestimmte Dinge zu tun, die für Frauen tabu sind: daß eine sexuelle Beziehung, die sich auf solche Voraussetzungen gründet, ebenfalls ein Machtverhältnis etabliert, versteht sich von selbst.

Tatsächlich behaupten viele Männer, weibliche Unterordnung sei für das Funktionieren ihrer Sexualität nötig. Betty Friedan zitiert Schriftsteller wie Steven Goldberg und Lionel Tiger, die der Auffassung sind, der Feminismus zerstöre «die natürliche, unabänderliche, naturgewollte Überlegenheit des Mannes», was sich in der Zunahme männlicher Impotenz niederschlage. Die Autoren behaupten, diese Impotenz werde sich einst gegen die menschliche Fortpflanzung und die «unsere gesamte Zivilisation tragenden aggressiven Momente» kehren.[86] Abraham Maslow erklärte, ‹normale› sexuelle Befriedigung sei in unserer Gesellschaft nur dann möglich, wenn der Mann die dominierende Rolle spiele.[87] George Gilder behauptet, Männer seien von ihrer sexuellen Natur her wild und befänden sich ständig in einem Zustand latenter Erregung.[88]

Die These all dieser Autoren, für deren Richtigkeit unsere gesellschaftlichen Verhaltensmuster sprechen, lautet im Grunde, daß sadomasochistische Sexualität kein nur von einigen wenigen Menschen eingeschlagener Seitenpfad, sondern im Gegenteil der ganz gewöhnliche, von allen begangene Weg ist. Sie stellte unsere Zivilisation nicht in Frage, sondern griff die ihr zugrunde liegenden Muster auf und realisierte sie. Robert Stoller sagt – möglicherweise in Anlehnung an Freuds Behauptung, alle Liebesgefühle gründeten auf Aggression –, daß sexuelle Erregung neben der Reaktion auf unmittelbare körperliche Stimulierung Feindseligkeit ausdrücke – «[sie ist] der offene oder versteckte Wunsch, einem anderen Menschen etwas anzutun». Er begreift Erregung als eine Mischung aus Triumphgefühlen, Rachewünschen, Angst und Abenteuerlust.[89] Für Georges Bataille ist «sexuelle Aktivität eine Form von Gewalt», geht es dem Mann darum, die Frau, die sein Opfer ist, zu attackieren, auszunehmen und zu entblößen.[90]

Wenn man es so betrachtet, ist der Sadomasochismus der eigentliche

Kern der Sexualität, deren authentischste Form. Stoller kommt sogar zu dem Schluß, der Sadomasochismus sei in den meisten Fällen ein zentrales Moment sexueller Erregung, sexuelles Verlangen beruhe grundsätzlich auf dem Wunsch, andere zu verletzen und sich auf diese Weise dafür zu rächen, daß man selbst verletzt worden ist.[91] Wenn es für Bataille der Mann ist, der die Frau zu vernichten trachtet, so ist es in den Augen Stollers die Frau, die durch ihren Masochismus über den Mann triumphiert und die – wie Andrea Dworkin es formuliert – den Mann vollkommen in ihrer Kontrolle hat, weil sie die Provokation verkörpert, auf die er reagiert.[92]

Aus Schilderungen wirklich sadomasochistischer Beziehungen geht jedoch hervor, daß beide Geschlechter es vorziehen, den ‹unteren›, unterwürfigen, masochistischen Part zu übernehmen.[93] Der Begriff «Sadomasochismus» leitet sich von den Namen zweier Männer ab: der eine ist der Marquis de Sade, der Begründer dieser Art von pornographischer Literatur, der andere Leopold von Sacher-Masoch, der später ähnlich geartete Werke schrieb. Es ist auch bezeichnend, daß sadomasochistische Literatur erst im 18. Jahrhundert aufkam, als das Streben nach hierarchischer Macht und Herrschaft über alle Aspekte des menschlichen Lebens durch die Entwicklung der Naturwissenschaften und die Industrialisierung intensiviert wurde. Es ist sehr gut möglich, daß der Sadomasochismus in einer Zeit, in der sich niemand mehr fallen lassen kann, in der die Aufrechterhaltung der Selbstkontrolle das erste Gebot und Zwang eine allgegenwärtige Erfahrung ist, die angemessene Form von Sexualität ist. Er ist ein symbolischer, ritueller Ausdruck des Versuches, Lust durch Zwang und Gewalt zu erleben, und der Unfähigkeit, die Kontrolle über Umwelt und die eigene Person aus freien Stücken aufzugeben. Er ist die zur Tat gewordene Überzeugung, daß der Verlust der Selbstkontrolle in der Sexualität der Abtretung der Macht an einen *anderen* Menschen gleichkommt. Bei alledem ist es jedoch der masochistische, der ‹untere› Teil, der die Kontrolle über den Ablauf sadomasochistischer Sexualität innehat.[94]

Ebenso wie der gequälte Teil in Wahrheit die Situation kontrolliert, ist der quälende, scheinbar triumphierende Teil in Wahrheit unterwürfig. Vom sadomasochistischen Standpunkt aus ist Sexualität ein Machtverhältnis, Liebe ein Kampf, in dem der ‹männliche› Teil triumphiert, aber gleichzeitig kapituliert, und der ‹weibliche› Teil noch in der Kapitulation triumphiert. Der ‹männliche› Teil *muß* triumphieren, andernfalls bricht er zusammen wie Simone Weils Sklaventreiber, der «sich keinen anderen

Handlungsmodus als den des Befehlens vorstellen kann» und, sobald die Sklaven einfach den Gehorsam verweigern, «ganz plötzlich vom Gefühl absoluter Macht in das völliger Ohnmacht verfällt»[95].

Nicht alle Menschen zeigen jedoch eine solche psychische Einstellung der Sexualität gegenüber, und es ist äußerst unwahrscheinlich, daß sie in unseren Genen verankert ist. Zugegeben, wir wissen, abgesehen von den physischen Aspekten, wenig über die Sexualität – und was wir über die rein physischen Vorgänge wissen, basiert zum größten Teil auf Erkenntnissen der letzten Jahrzehnte. Dennoch sollten wir jeder These gegenüber skeptisch sein, die eine genetische Prädisposition voraussetzt und als pseudowissenschaftliche Untermauerung ideologischer Aussagen dient. Wenn der Mann – wie bei den Vertretern des biologischen Determinismus – für von Natur aus raubgierig und gewalttätig, aggressiv, sexuell dominant, antisemitisch oder hierarchisch orientiert erklärt wird, so rechtfertigen all diese Behauptungen verschiedene Aspekte des patriarchalischen Status quo, ohne jedoch nach unserem gegenwärtigen Wissensstand biologisch fundiert zu sein.

Über die menschliche Sexualität existierten in verschiedenen Zeitaltern ganz unterschiedliche Auffassungen; das ist, entsprechend der Vielfalt der bestehenden Kulturen, auch heute noch so. Im abendländischen Denken galt sie als sündhaft und schmutzig, aber auch als notwendig, als Trieb, den zu kontrollieren oder gar in sich abzutöten der tugendhafte Mensch imstande war; oder sie galt als natürlich und nur, in Anbetracht der bisexuellen Natur aller Menschen, unnatürlichen Beschränkungen unterworfen.[96] Heute ist sexuelle Gewalt bei uns an der Tagesordnung und wie Allan Griswold Johnson (als Fazit seiner Untersuchungen zum sexuellen Mißbrauch von Mädchen) bemerkt, Bestandteil des normalen männlichen Sexualverhaltens.[97] Da das Herrschaftsdenken alle übrigen Bereiche unserer Gesellschaft prägt, ist es nicht weiter verwunderlich, daß es sich auch in unserer Einstellung zur Sexualität niederschlägt. Sexualität ist kein unveränderlich festgelegter Trieb mit gleichbleibenden ‹instinktiven› Ausdrucksformen. Im Mittelalter, als die Jungfräulichkeit verherrlicht wurde, hielten sich viele Menschen an dieses Ideal. In viktorianischen Zeiten, als sexuelle Bedürfnisse unterdrückt werden mußten, fügten sich viele Menschen dieser Norm, und in Kulturen, in denen die Prostitution mehr Ansehen genießt als andere unqualifizierte und schlecht bezahlte Tätigkeiten, wählen viele Frauen die Prostitution. Wenn es uns auch unmöglich ist, genaue Aussagen über das Verhältnis zwischen ‹natürlicher›, biologischer Sexualität und gesellschaftlicher

Prägung im sexuellen Bereich zu treffen, können wir doch als gesichert festhalten, daß letztere eine große Rolle spielt. Das aber bedeutet, daß die Art und Weise, wie wir denken und fühlen, sich auf unsere Sexualität auswirkt, was wiederum impliziert, daß unsere sexuellen Ausdrucksformen veränderlich sind. Michael Ignatieff meint, daß es vielleicht überhaupt unmöglich sei, eine Unterscheidung in «‹wahre Bedürfnisse› des Körpers und die ‹falschen Bedürfnisse› einer Kultur der sexuellen Gewalt» zu treffen, daß es möglicherweise gar keine wahre, eigentliche sexuelle Persönlichkeit gebe. Er vertritt die Auffassung, wir könnten unsere Sexualität durch den Gebrauch unserer Vernunft verändern.[98]

Wenn wir unsere Einstellung zur Sexualität verändern wollen, müssen wir uns jedoch darüber im klaren sein, auf welche Weise unsere Haltung in der Vergangenheit beeinflußt worden ist und welchen Zwecken diese Beeinflussung diente.

James Joyce schildert in seinem Roman *Ein Porträt des Künstlers als junger Mann* die Einstellung vieler Menschen seiner Generation, früherer Zeiten und selbst unserer Gegenwart zur Sexualität auf plastische Weise. Von ungestümem jugendlichem Verlangen getrieben, besucht der Held Stephen Dedalus Prostituierte. Voller Schuldgefühle wegen seiner «Perversität» zieht er sich zu religiösen Exerzitien zurück: drei Tage hört er sich donnernde Predigten über das Thema Sünde und Strafe an, die eindringlich die drohenden Höllenqualen schildern und zur Läuterung aufrufen. In blinder Panik irrt er durch Dublins Straßen und sucht eine Kirche, in der ihn niemand kennt, um dort einem Priester zu beichten. Er weiß, daß sein Vergehen «zu schwer wog, als daß es als Ganzes oder zum Teil durch eine falsche Huldigung an den Allsehenden und Allwissenden gesühnt werden könnte». Es ist eine dieser «unsagbaren Sünden, durch die der erniedrigte Mensch den Tempel des Heiligen Geistes entehrt und schändet, sich selber schändet und befleckt». Schließlich spürt er eine Kirche auf und betritt den Beichtstuhl, noch immer bereit, die Flucht zu ergreifen. In dem Augenblick, in dem der Priester das Fenster öffnet, denkt er, er könne «Scham und Schande immer noch entkommen, wäre es irgendein schreckliches Verbrechen gewesen, statt dieser einen Sünde! Wäre es Mord gewesen!»[99]

Eine erstaunliche Rangfolge der Sünden, die Joyce hier anspricht! Wir können nachvollziehen, inwiefern die Etablierung des Patriarchats es erforderte, den Männern Angst und Abscheu gegenüber der Sexualität einzuimpfen, um sie aus der Bindung an die Frauen zu lösen. Wir wissen, daß mit der Verwandlung der Frauen in Eigentum Sexualität zum Tauschverhältnis und damit im Grunde zu einem Machtverhältnis wurde. Frauen wurden nicht nur buchstäblich als Sklavinnen gehandelt, sondern spielten eine wichtige Rolle bei Eigentumstransaktionen und wurden zu Instrumenten der Männer bei deren Bemühen, ihren Wohlstand zu vergrößern. Gleichzeitig wurde die weibliche Sexualität strikt behütet, um den Männern ‹legitime› Erben zu sichern. Im 18. Jahrhundert wurde die Sexualität zu einem der Forschungsbereiche, denen sich die Männer zuwandten, um das Machtwissen ihres Geschlechts zu erweitern, und in diese Zeit fällt auch die Unterscheidung in «normale» und «abartige» Sexualität. Auch wenn dieses Denken in bestimmten Teilen der Welt noch immer eine wichtige Rolle spielt und in allen westlichen Gesellschaften zumindest teilweise fortwirkt, sind seine Ursprünge in unserer urbanen Industriegesellschaft weitgehend in Vergessenheit geraten.

Dennoch hat gerade die moderne urbane Industriegesellschaft dieses Denken noch einen Schritt vorangetrieben und die Sexualität zu einer schlichten Ware gemacht. Sexappeal wird zur Vermarktung aller möglichen Dinge von Hardware bis zu Spirituosen benutzt. Die männliche Ideologie, wie sie von Zeitschriften, Film und Fernsehen propagiert wird, erklärt Sex zu einem rein sinnlichen Vorgang, bei dem es weder um bestimmte Personen noch um Gefühle geht – nicht nur Liebe, sondern selbst Zuneigung, ja der Aspekt der persönlichen Beziehung überhaupt werden als für die neue, wie eine Sportart betriebene Sexualität irrelevant dargestellt. Erst in dieser Form, als Vermarktungsinstrument oder als käufliche Ware (z. B. in Form des Vibrators), ist die Sexualität endlich domestiziert genug, um für die kapitalistische, patriarchalische Gesellschaft akzeptabel zu sein. Sexualität als Ware hat nichts mehr mit Körperlichkeit und umfassend verstandener Lust zu tun, sondern lediglich mit Körperimage und Lustimage.

Sexualität ist dennoch im wesentlichen eine freudvolle und harmlose Aktivität, die als solche keinen Schaden stiften kann. Wenn sie auf Gegenseitigkeit beruht, ist sie ein Akt, der uns potentiell die größte sinnliche Lust erfahren läßt, derer wir fähig sind, und der überdies auch psychisch und emotional befriedigend ist. Sexualität ohne Beimischung von Macht oder Aggression und ohne die Gefahr der Übertragung von Krankheiten (dazu kann es auch außerhalb des Sexualaktes kommen) ist ein reiner Akt der Lust. Die Gefahr der Krankheitsübertragung war jedoch nie der wahre Grund für sexuelle Verbote oder Restriktionen; von allen Körperfunktionen wird nur die Sexualität warnend als tierhaft, als Ausdruck «schierer animalischer Wollust», als entwürdigend und unrein dargestellt. «Sexualität ist des Körpers und der Körper ist des Todes.»[100] Aus dieser Verknüpfung erwachsen, Ernest Becker zufolge, die sexuellen Schuldgefühle. Allerdings wurden andere Funktionen, die zweifellos ebenfalls «des Körpers» sind, wie etwa die Nahrungsaufnahme, die Ausscheidung und das Atmen, bis in alttestamentarische Zeiten zurück nicht für gefährlich oder gar todbringend erachtet. Norman O. Brown gelangt bei seiner vergleichsweise komplexeren Analyse zu einem ganz ähnlichen Schluß. Für ihn ist die «universelle» Verleugnung der Sexualität in einer «universellen» Verleugnung des Todes begründet. Da wir den Tod nicht wahrhaben wollen, lehnen wir auch die körperliche Lust ab, die uns an den Tod gemahnt.[101] Aber keine dieser ‹Erklärungen› sagt etwas darüber aus, warum der Tod allein als Sache des Körpers und nicht des Geistes betrachtet wird, warum die Ablehnung des Körpers ausgerechnet die Abwertung der Sexualität und nicht die anderer Körpervorgänge bedeutet, und warum die Abwertung der Sexualität automatisch die Abwertung der Frauen mit sich bringen mußte.

In allen patriarchalischen Kulturen haftet der Sexualität der Makel des Unreinen an, in allen ist sie höchstens dann akzeptabel, wenn sie zum Instrument oder zur Ausdrucksform der Herrschaft wird, wenn sie mit anderen Worten nur noch der Macht subsumiert und nicht mehr ein eigenständiges, ungebundenes Lebenselement ist. Ernest Becker schreibt, Sexualität sei deshalb bedrohlich, weil sie «den Sieg über die Individualität, die Persönlichkeit» repräsentiere.[102] Für das dualistische westliche Denken gibt es keine wertfreie und folgenlose Aufgabe der Kontrolle, sondern nur die *Kapitulation* vor einem anderen Menschen. Da sich in der Vergangenheit fast nur Männer über das Thema Sexualität ausgelassen haben, ist dieser andere Mensch, vor dem kapituliert wird, gewöhnlich eine Frau. Diese Wahrnehmung wurde jedoch vom ausgehenden Mittelalter an bis in die Gegenwart einfach umgekehrt und auf die Frauen projiziert, indem man die Sexualität nicht als Ausdruck von Zuneigung, sondern als Vorgang der Eroberung und Unterwerfung der Frau darstellte. Heute werden Frauen «genommen» oder gar «aufs Kreuz gelegt». Die Tatsache, daß der Orgasmus von beiden Geschlechtern als Aufgabe der Selbstkontrolle erlebt wird, spielt dabei keine Rolle. Die Individualität, die Persönlichkeit, die in Beckers Augen beim Sexualakt ‹besiegt› wird, ist allein die des Mannes.

Tatsächlich ist das Gefühl der Männer, in der Sexualität vor der Frau zu kapitulieren, nicht unbegründet. Frauen können Lust vortäuschen, die sie nicht wirklich empfinden. Ihre Erregung ist weniger sichtbar. Frauen, die als Besitztum behandelt oder für Geld gekauft werden, täuschen tatsächlich oft Lust vor, und dies aus guten Gründen. Andere Frauen bleiben während des Geschlechtsaktes passiv und reglos und weigern sich, Gefühle vorzutäuschen, die sie nicht empfinden. Viele Männer begehren Frauen, die sie verachten, was unweigerlich Ekelgefühle nach dem Geschlechtsakt zur Folge hat. Im allgemeinen versuchen sie der Selbstverachtung zu entgehen, indem sie diesen Ekel ausschließlich gegen die Frau kehren. In solchen Fällen erfolgt die Aufgabe der Selbstkontrolle (das Erleben des Orgasmus) entweder einseitig durch den Mann, oder dieser bezieht Lust durch einen anderen Menschen, den er verachtet. Beides aber hat zur Folge, daß der Mann sich verletzlich fühlt und anderen preisgegeben sieht, die ihrerseits nicht seiner Kontrolle unterliegen. Diese Gefühle entspringen jedoch erst der Auffassung von Sexualität als einem Akt der Kontrolle, als einer unter vielen Ausdrucksformen von Herrschaft, als Machtmechanismus. Dieses Bild von Sexualität steht hinter den begehrlichen Blicken, mit denen Männer Frauenkörper in Besitz nehmen, hinter den Pfiffen, die sie Frauen auf der Straße hinterherschicken, um sie daran zu erinnern, daß sie nicht frei sind, und auch hinter der Schamlosigkeit, mit der Männer ihnen unbekannte Frauen berühren, während sie ihnen gentlemanlike den Vortritt lassen. Die Frauen spüren das und reagieren deshalb negativ auf solche Verhaltensweisen.

Die Form der Sexualität, die in patriarchalischen Gesellschaften bis heute die geringste Beachtung erfährt, ist die ausgeglichene, wechselseitige sexuelle Beziehung. Dabei fehlt es nicht an Beispielen und Vorbildern: Die Freude und Wonne wechselseitigen sexuellen Verlangens wurde in vielen Liebesgedichten besungen. Wir besitzen Romane, in denen sexuelle Liebe in das Familien- und Gemeinschaftleben integriert ist, sowie Gemälde und Skulpturen, aus denen solche Wechselseitigkeit spricht. Wechselseitige Sexualität gehört einer völlig anderen Dimension an als machtorientierte Sexualität: dem Reich der Lust, in dem die Macht keine Rolle spielt. Sexualität wird in patriarchalischen Gesellschaften deshalb weiterhin abgewertet oder diffamiert, weil sie in ihrer auf Freiwilligkeit und Wechselseitigkeit beruhenden Form den angenehmsten und leichtesten Weg zu einer dem Machtkult fundamental entgegengesetzten Moral darstellt, eine Moral der Lust und Freiheit.

Selbst Freud, der darauf drang, die Existenz einer kindlichen Sexualität zur Kenntnis zu nehmen, und sich 1929 darüber beklagte, daß die Kultur «die Sexualität als selbständige Lustquelle nicht mag und sie nur als bisher unersetzbare Quelle für die Vermehrung der Menschen zu dulden gesinnt ist», akzeptierte das Verbot jeglicher Äußerung dieser kindlichen Sexualität als unumgänglich, «denn die Eindämmung der sexuellen Gelüste des Erwachsenen hat keine Aussicht, wenn ihr nicht in der Kindheit vorgearbeitet wurde.»[103] Er bemerkte, man könne unmöglich die herrschende Sexualmoral unterstützen oder die zur Reglementierung der Sexualität benutzten Mittel billigen, und setzte hinzu, daß «das, was [die Gesellschaft] ihre Sittlichkeit heißt, mehr Opfer kostet, als es wert ist», und daß diese Sittlichkeit «weder auf Wahrhaftigkeit beruht noch von Klugheit zeugt»[104]. Gleichzeitig war er jedoch der Ansicht, Lust und insbesondere sexuelle Lust müßten zurücktreten, wenn die zur Aufrechterhaltung der Kultur notwendige Arbeit geleistet werden sollte. Liebe trat für ihn als Wert weit hinter der Arbeit zurück, denn er befand: «Wir sind nie so schutzlos den Leiden ausgeliefert wie wenn wir lieben, nie so verzweifelt unglücklich, wie wenn wir unser geliebtes *Objekt* oder dessen Liebe verloren haben.»[105]

Wenn Macht der höchste gesellschaftliche Wert bleiben soll, so erfordert dies die sorgfältige Aufrechterhaltung von Zwangsstrukturen. Die Menschen müssen lernen, sich anzupassen, sich in die Hierarchie zu fügen und sich der ‹Realität›, also den nackten Tatsachen der Macht zu beugen. Die größte – ja die einzige – Bedrohung für diese Lebensauffassung wäre eine Moral, die etwas anderes über die Macht stellen, sie durch einen positiveren Wert ersetzen würde.

Die Machthabenden können durch physische Gewalt oder Androhung von Strafen anderer Art bestimmte Verhaltensweisen erzwingen. Sie können uns vorschreiben, was wir sagen und schreiben, welche Kunstwerke wir produzieren dürfen, welche Umgangsformen wir pflegen müssen und wie wir unser Leben im ganzen zu gestalten haben. Sie können uns auf dem Wege über das Erziehungswesen, durch die Kontrolle aller kulturellen Bereiche und vielerlei Formen von Zensur bestimmte Denkmuster aufzwingen. Wenn alle anderen Methoden versagen, vermag die Ausrottung bestimmter Gruppen den Rest der Bevölkerung gefügig zu machen. Machtinstanzen können Menschen zwingen, bestimmte Dinge zu tun, zu schreiben, zu malen oder auch Maschinen zu bedienen. Sie können jedoch niemanden zwingen, Lust zu empfinden. Machtinstanzen können Menschen dazu nötigen, so zu tun, als empfänden sie Lust, oder nach außen hin zu versichern, Gehorsam (gegenüber Gott, dem Staat, dem Souverän) sei die größte Lust auf Erden. Sie können eine ganze Gesellschaft dazu bringen, Lust in bestimmten Aktivitäten und nicht in anderen zu suchen. So können sie beeinflussen, was wir als lustvoll erleben. Erzwingen können sie dieses Erleben jedoch nicht.

Von allen Formen der Lust ist Sexualität wohl die intensivste. Sexualität ist also der Kernbereich aller Lust, und diese wiederum der wichtigste Ort der Freiheit. Freiheit ist der Zustand größtmöglicher Harmonie und Ausgeglichenheit aller Elemente, die uns Menschen ausmachen: des Körpers, der Gefühle und des Geistes. Freiheit und Lust gehören zu den zentralen Werten des Feminismus. Viele Leute beklagen heute die unseligen Auswirkungen der sogenannten «sexuellen Freiheit» unserer Zeit, aber sexuelle Freiheit als kulturelle Norm gibt es weder heute, noch gab es sie je in der Geschichte (in vorgeschichtlichen Zeiten mag sie existiert haben). Wenn wir sie herstellen wollen, müssen wir den Machtkult hinter uns lassen, von der Vorstellung Abschied nehmen, daß die hierarchische Struktur die einzig mögliche Ordnungsform ist, und die Sexualität vom Makel des Unreinen befreien. Um zur Freiheit – in welchen Bereichen auch immer – zu finden, müssen wir die Geschlechterrollen und damit die Definition des Mannes als des beherrschenden, der Frau als des beherrschten Teils überwinden.

7. Geschlechterrollen

Obwohl viele Leute glauben, daß es vor allem die Frauen sind, die für die Aufrechterhaltung der Geschlechterrollen sorgen, indem sie ihre Töchter zu jungen «Damen» und ihre Söhne zu «Gentlemen» erziehen, ist wissenschaftlich nachgewiesen, daß den Männern in den USA heute mehr daran gelegen ist als den Frauen, daß ihre Kinder sich ‹richtig› – das heißt entsprechend den vorgeschriebenen tradierten Geschlechterrollen – verhalten.[106] Andere Untersuchungen zeigen, daß Jungen die Übernahme der ihnen zugedachten Geschlechterrolle schwerer fällt als Mädchen. David Lynn, der eine Reihe solcher Untersuchungen durchgeführt hat, führt diese Schwierigkeiten der Knaben auf drei Ursachen zurück: den Mangel an männlichen Vorbildern, auf die Rigidität und Härte, die die männlichen Rollenangebote auszeichnen, und auf den negativen

Charakter der Rollenvorschriften.[107] Jungen leiden offenbar besonders unter der faktischen und emotionalen Abwesenheit des Vaters und dem Fehlen anderer signifikanter männlicher Bezugspersonen während der Kindheit. Außerdem basiert die männliche Rolle in patriarchalischen Gesellschaften, wie wir gesehen haben, vor allem auf Verzichtleistungen – der Mann muß die Hoffnung auf persönliches Glück, den Wunsch nach einem Zuhause, das Bedürfnis nach Gefühlsäußerungen und Spontaneität aufgeben, wenn er zu einer Elite gehören will, deren Werte Macht, entwurzelte Isolation, Individualismus und Disziplin (Fügung in die Gehorsamshierarchie) sind.

Die Tatsache, daß die männliche Geschlechterrolle für den Knaben nichts unmittelbar Lohnendes hat, nicht an ursprüngliche Wünsche anknüpft, sondern an das sekundäre Bedürfnis, wie die anderen Jungen zu sein oder so zu werden wie die Männer, die er (im Fernsehen, im Kino, in Comics und Geschichtsbüchern) sieht, mag die Ursache dafür sein, daß so viele erwachsene Männer ihre Rolle auf eine so rigide, schon beinahe ritualistische Art und Weise «spielen». Lynn fand heraus, daß vaterlos aufwachsende Jungen mit größerer Wahrscheinlichkeit übertriebenes und klischeehaftes Männlichkeitsverhalten an den Tag legen als Jungen, die Väter haben, gleichgültig wie weitgehend abwesend oder wie gewalttätig diese sind.[108]

Wenn in westlichen Gesellschaften die Rede davon ist, daß aus einem Knaben ein Mann gemacht werden soll, so bedeutet dies, daß der Junge lernen soll, daß die oben aufgeführten Opfer unerläßlich sind, daß *sie* den Mann ausmachen. Die Schulen, Sportstätten oder Ausbildungslager, in die man die Knaben schickt, damit «Männer aus ihnen gemacht werden», sind in erster Linie Stätten der Brutalisierung: es wird strikte Disziplin, die Idealisierung körperlicher Abhärtung und Kraft sowie die Verachtung jeglicher Sensibilität, Empfindsamkeit und Emotionalität gefordert. Zum Glück werden nicht alle Knaben einer solchen Erziehung unterworfen, aber jeder Junge weiß, wie hart es ist, in unserer Gesellschaft ein Mann zu sein, und wer das Gefühl hat, diesem Ideal nicht zu genügen, lebt ständig mit latenten Selbstzweifeln und einem geringen Selbstwertgefühl. Andererseits weigern sich die Männer, die nach den einschlägigen Testkriterien besonders ‹männlich› sind, auch dann, ihre Aggressivität zu zügeln, wenn diese ihnen Mißbilligung seitens der Gemeinschaft einzutragen droht.[109]

‹Männlichkeit›, wie sie in der patriarchalischen Ideologie definiert ist, bedeutet, jederzeit faktisch oder zumindest scheinbar die Kontrolle über die Situation zu haben. Ständiges Aufrechterhalten von Kontrolle verhindert jedoch die Herstellung von Nähe zu anderen Menschen, das Aufgeben der eigenen Schutzmechanismen, und macht es dem Mann daher sehr schwer, Freundschaften zu schließen und ein integriertes Mitglied der Gemeinschaft zu sein. Männer haben «Kumpel», Bekannte, mit denen sie auf den rituellen Ebenen des Witzereißens, des Sports oder des Wettspiels konkurrieren können, aber sie haben kaum je enge Freunde. Ich erwähnte bereits den von Carol Gilligan durchgeführten Versuch, bei dem einer Reihe männlicher und weiblicher Versuchspersonen eine Bilderfolge vorgelegt wurde. Die von den Männern dazu erfundenen Geschichten wurden um so gewaltsamer und bedrohlicher, je enger der Kontakt zwischen den auf den Fotos dargestellten Personen war, und waren dann am harmlosesten, wenn die Bilder Männer in einer isolierten Situation zeigten.[110] Von den befriedigendsten Bereichen des Lebens ausgeschlossen, suchen die Männer das, was sie brauchen, auf den Wegen, die ihnen als «ihre» präsentiert wurden: Arbeit, Leistung, Erfolg. Sie gehen davon aus, daß der Erfolg und die Demonstration von ‹Männlichkeit› ihnen Liebe eintragen werden, während sie sich so in Wahrheit genau denen entfremden, die sie lieben.[111] Sie fühlen sich betrogen und machen die Frauen dafür verantwortlich.

Tatsächlich haben es die Männer auf der Grundlage patriarchalischer Prinzipien zu erheblicher öffentlicher Macht gebracht. Sie besitzen 99 Prozent des Privateigentums auf der gesamten Welt und verdienen 90 Prozent des weltweiten Gesamteinkommens, während sie lediglich 55 Prozent der Nahrungsmittel auf der ganzen Erde produzieren und weltweit gesehen nur ein Drittel der gesamten Arbeit verrichten.[112] Männer lenken nicht nur nahezu überall die Geschicke der Staaten und Großunternehmen, sondern dominieren auch die kulturellen Bereiche: Religion, Kunst, Bildungswesen. Auch unter dem Ansturm der verschiedenen Wellen der feministischen Bewegung gelang es den Männern, im Besitz der Kontrolle über die Menschen, Tiere, Pflanzen und zum Teil selbst über die Elemente dieser Erde zu bleiben. Diese Macht wollen sie nicht aus der Hand geben.

Bei alledem zeigen psychologische, soziologische und philosophische Abhandlungen, daß die Männer zutiefst unglücklich sind. Autoren wie Philip Slater, Ronald D. Laing oder Theodore Roszak haben den modernen Mann als entfremdet, zerrissen, unter dem Gefühl der Anomie, unter Rollenkonflikten und Identitätskrisen leidend dargestellt.[113] Projektionstests wie etwa der Rorschachtest ergaben, daß quer durch eine

Reihe verschiedener Kulturen Männer mehr Angst und Unsicherheit zeigen als Frauen.[114] Männer scheinen häufiger krank zu werden als Frauen – zumindest fehlen sie häufiger am Arbeitsplatz. Sie sind anfälliger für streßbedingte Krankheiten und sterben jünger.[115] Diese Zahlen spiegeln nicht nur biologische Unterschiede wider: Als noch mehr Frauen im Kindbett starben, war die Lebenserwartung der Männer höher als die der Frauen. Ein Grund für die körperliche Anfälligkeit der Männer ist der Streß, dem sie ausgesetzt sind. Ein Teil dieses Stresses wiederum erwächst aus dem Bemühen, einer Männlichkeitsnorm zu genügen, die in Wahrheit kein Mensch einlösen kann.

Geschlechterrollenverhalten wird erlernt. Welche Merkmale auch immer ‹von Natur aus› in unseren Genen verankert sein mögen: das Geschlechterrollenverhalten gehört nicht dazu. Wenn es so wäre, ließen sich die Unterschiede im Fühlen und Handeln von Männern im Kulturvergleich und insbesondere im Vergleich patriarchalischer und nicht rein patriarchalischer Gesellschaften nicht erklären. Das Verhaltensspektrum bei jedem der beiden Geschlechter ist ebenso groß wie das zwischen den Geschlechtern, und Naturwissenschaftler, die nicht dem biologischen Determinismus anhängen, weisen darauf hin, daß wir über keinerlei substanzielles Wissen hinsichtlich der Bedeutung genetischer und hormonaler Unterschiede zwischen Männern und Frauen verfügen.[116] Von John Money und Hampson und Hampson durchgeführte Untersuchungen ergaben, daß Zwitter, die als Angehörige des Geschlechts erzogen werden, dem sie von ihren Chromosomen und ihrem Hormonhaushalt her nicht angehören, in ihrer ganzen Lebensform einschließlich ihres Geschlechtslebens die ihnen anerzogene Geschlechtsrolle erfüllen.[117]

In den westlichen Gesellschaften arbeiten die meisten Männer in irgendeiner Art von Institution. Unsere Institutionen fördern Konkurrenzdenken sowie ein instrumentelles Verhältnis zu allen Dingen und zu anderen Menschen: Man hat Verbindungen, nicht Freunde. Man pflegt Beziehungen nicht (wie es die meisten Frauen tun) aus dem Gefühl heraus, zu den betreffenden Menschen ein unmittelbares Verhältnis zu haben, sondern deshalb, weil sie einem nützlich werden könnten. Männern wird ferner eingeimpft, daß es nach oben zu streben gilt, daß das Leben ein Kampf um Dominanz sei. So betrachten die Männer meist ihren Chef nicht nur als Herrn über ihr eigenes Leben, sondern als Herrn über das Leben schlechthin. Solche Denkmuster führen zu Abhängigkeit, zu Gefühlen der Hilflosigkeit und Ohnmacht. Diese Ohnmachtsgefühle wiederum fördern rigides, regelgeleitetes Verhalten und despotisches Gebaren im eigenen Machtbereich. Außerdem binden solche Strukturen erhebliche Energie und lassen dem in ihnen Gefangenen andere Aspekte des Lebens als zweitrangig erscheinen. Rosabeth Kanter, die dieses Phänomen ausgiebig untersucht hat, stellt fest, daß es sich dabei nicht um eine spezifische männliche, sondern um eine von Institutionen erzeugte Haltung handelt, die nicht so sehr in unmittelbarem Zusammenhang mit Männlichkeit steht als vielmehr eine Reaktion auf die von großen hierarchischen Organisationen vorgegebenen Strukturen und implizit propagierten Werte darstellt.[118] Wo Verhalten gelernt wird, ist auch Umlernen möglich. Da es ganz überwiegend Männer sind, die die Hebel der Macht kontrollieren, sind die Aussichten, die Moral unserer Gesellschaft zu verändern, gering, solange die Männer nicht bereit sind, an dieser Veränderung mitzuwirken, d. h. für sich ein neues Wertsystem zu übernehmen. In letzter Zeit streben viele Männer eine solche Veränderung an – man betrachte nur die unzähligen in den letzten zwanzig Jahren erschienenen Bücher, die Männern Anleitung zur Selbsthilfe anbieten, ihnen Bewußtseinserweiterung in Anlehnung an die östlichen Religionen empfehlen oder von individuellen Veränderungsprozessen in Richtung auf die ganzheitlichere Entfaltung der eigenen Persönlichkeit und ein integrierteres Verhältnis zur Welt berichten. Ob Männer den Wunsch haben, ihr Leben zu verändern, hängt vor allem von zwei Faktoren ab: von ihrem akuten persönlichen Leidensdruck und vom Grad ihrer Frauenverachtung. Viele aufgeklärte Männer werden die Unterstellung, sie verachteten Frauen, entrüstet von sich weisen, aber in der patriarchalischen Gesellschaft bleibt niemand, egal ob Frau oder Mann, von diesem Gefühl frei. Jeder Mann, der sich in dieser Hinsicht für eine Ausnahme hält, braucht sich nur einmal vorzustellen, wie er reagieren würde, wenn ihn jemand als «weibisch» bezeichnen würde oder wenn man ihn aufforderte, sich einen Tag lang wie eine Frau zu kleiden und zu verhalten. Der Mann, bei dem dieser Gedanke kein Entsetzen hervorruft, ist wahrhaftig eine Rarität.

Die Ursachen dieser – unsere ganze Gesellschaft durchziehenden – Frauenverachtung habe ich im Verlauf dieser Arbeit immer wieder beleuchtet. Im Grunde richtet sie sich gegen die fortpflanzungsbedingten Vorgänge im weiblichen Körper, gegen Menstruation, Empfängnis, Schwangerschaft und Stillfähigkeit, allesamt Erfahrungen, die Männern verwehrt sind und die alle Männer als mindestens ekelerregend wahrzunehmen gelernt haben. Aber nur wer den Körper überhaupt zu verachten gelernt hat, kann solche Vorgänge für ekelerregend halten. Und wer selbst uriniert, erbricht, Eiter und andere Körpersubstanzen absondert, hat keine Rechtfertigung für den Ekel vor der Menstruation, der Produktion lebensspendender Milch und dem Wunder von Schwangerschaft und Geburt.

Wie sich die den Männern im Patriarchat eingeimpfte Frauenverachtung auf die weibliche Fortpflanzungsfähigkeit gründet, so gründet sich die Abwertung der Frau auf ihre Mutterrolle. Mutterschaft und Macht haben nichts miteinander zu tun. Es wird davon ausgegangen, daß die mütterlichen Fähigkeiten der Frau angeboren sind: damit ist sie bereits untauglich für eine gleichberechtigte Partizipation an der patriarchalischen Gesellschaft. Die Vaterschaft hingegen wird so gut wie nie als biologische Bestimmung begriffen, sondern vielmehr als ein «kulturbedingtes Phänomen».[119] Im Gegensatz dazu ist die weibliche Fähigkeit zur Mutterschaft nicht willensbestimmt, weshalb sie die Frau «von Natur aus» dazu prädestiniert, sich zur Übernahme anderer nicht willensbestimmter Arbeiten zwingen zu lassen.

Nun ergeben aber neuere Untersuchungen, daß sich keinerlei schlüssige Hinweise auf eine instinktive oder biologische Determinierung des Mutterverhaltens finden lassen: weder das Kind noch die Mutter nehmen Schaden, wenn der Säugling nicht von der leiblichen Mutter aufgezogen wird. Weder lassen sich in der Physiologie der Gebärenden besondere Gegebenheiten nachweisen, die sie besonders für die künftige Betreuung ihres Kindes prädestinieren würden, noch scheint diese instinktgeleitet zu sein. Biologisch betrachtet und auch hormonell gibt es nicht den geringsten Unterschied zwischen einer männlichen ‹Ersatzmutter› und einer Frau in der Mutterrolle.[120] Außerdem ist nicht bewiesen, daß die ausschließliche Fürsorge der Mutter für Kinder besser ist als die Fürsorge einer Gruppe.[121]

Mutterverhalten wird ebenso erlernt wie Aggression. Wir können häufig feststellen, daß Frauen, die selbst als Kinder keine Mütter hatten, unfähig zu mütterlichem Verhalten sind, ihren Kindern distanziert gegenüberstehen oder sie gar mißhandeln. Bei Tieren ist dieser Zusammenhang bereits vielfach nachgewiesen worden. Tierweibchen, die nicht bei ihren eigenen Müttern aufwuchsen, bemuttern ihre Jungen nicht, sondern mißhandeln sie und töten sie zuweilen sogar.[122] Wenn man ein weibliches Rattenjunges der Mutter unmittelbar nach der Geburt wegnimmt, ehe sie es trocken geleckt hat, wird dieses Tier später seine Jungen nicht trocken lecken. Das Mutterverhalten wird früh erlernt, daß wir es fälschlicherweise für instinktiv, für genetisch vorprogrammiert halten. Wie Erving Goffman in anderem Zusammenhang aufzeigte, gibt es jedoch «kein nennenswertes *quid pro quo*» zwischen Eltern und Kindern. «Was die eine Generation empfängt, gibt sie an die nächste weiter.»[123] Dies gilt für Deprivation ebenso wie für Zuwendung.

Obgleich in allen Kulturen die Frauen für die Kinder sorgen, beteiligen sich in nicht-patriarchalischen Gesellschaften die Männer in großem Umfang an der Kinderbetreuung. Selbst in patriarchalischen Kulturkreisen sind die Männer in ländlichen Gemeinschaften, wo im Haus oder in der Nähe des Hauses gearbeitet wird, an der Kinderaufzucht beteiligt. Mutterschaft, wie wir sie heute verstehen, ist ein ziemlich neues Phänomen und wurde erst in den letzten Jahrhunderten gesellschaftlich institutionalisiert, d. h. aus dem Zusammenhang mit anderen Lebensbereichen herausgelöst, als Tätigkeit für sich begriffen, benannt, umgrenzt, den Frauen zur Pflicht gemacht sowie zu einem gewissen Grad reglementiert.

Die ausschließliche Kinderbetreuung durch die Mutter bringt tendenziell besonders leistungsorientierte Männer und Menschen mit monogamen Neigungen hervor. Außerdem liegt sie, Nancy Chodorow und Dorothy Dinnerstein zufolge, auch der Angst und den Aggressionen der Männer im Verhältnis zu Frauen und ihrer späteren Suche nach nicht bedrohlichen, nicht fordernden, abhängigen und sogar infantilen Frauen zugrunde. Dorothy Dinnerstein stellt die Hypothese auf, die alle Männer beherrschende Angst vor Frauen – die in ihren Augen bei Frauen ebenso vorhanden ist – beruhe darauf, daß kleine Kinder ganz überwiegend von Frauen betreut werden und wir alle deshalb in der Zeit, in der unser Bewußtsein sich entwickelt, mit einer Frau konfrontiert sind, die uns riesenhaft, allmächtig, furchterregend, über Lust und Leiden gebietend erscheint. Auch wenn wir als Heranwachsende dieses Mutterbild verdrängen und die Mutter sogar bewußt in ihrer Bedeutung herabsetzen, wird dieses Gefühl doch wieder ausgelöst, sobald wir auf eine reife Frau in einer Autoritäts- oder Machtposition treffen. Solche Frauen wecken symbolische Angst und Furcht, vorbewußte Gefühle.[124] «Psychologen haben eindeutig nachgewiesen, daß bereits die bloße Bemutterung durch eine Frau bei Männern zu Männlichkeitsproblemen, psychisch verankertem Dominanzdenken und dem Bedürfnis nach Überlegenheit über Frauen führt.» Aus der Ablehnung der als übermächtig erlebten weiblichen Macht erwächst die Ablehnung und Abwertung ‹weiblicher› Eigenschaften schlechthin.[125] Sidney Bolkowsky weist darauf hin, daß Gesellschaften, in denen die Ablehnung der Mütter vorherrscht, möglicherweise gerade damit ihr Elend selbst produzieren, weil sie «unnatürlich» sind, und daß «präzivilisierte» Gesellschaften, in denen jedes Kind von einer ganzen Reihe von ‹Müttern› aufgezogen wird, die ausnahmslos ausgedehnten und liebevollen Kontakt mit ihm pflegen, nur eine sehr geringe Inzidenz der in ‹zivilisierten› Gesellschaften üblichen psychischen Störungen aufweisen.[126]

Eine an russischen und amerikanischen Kindern durchgeführte Untersuchung ergab, daß die russischen Kinder den amerikanischen auf Grund ihrer Betreuung in Kindergruppen vom Säuglingsalter an in ihrem Sozialverhalten überlegen waren, daß die Beziehung zwischen Eltern und Kindern in Rußland freundschaftlicher war, und daß die russischen Eltern mehr Zeit mit ihren Kindern verbrachten als die amerikanischen Eltern.[127] Kollektive Kinderaufzucht – wie etwa in Kibbutzim, in China oder in Kuba – scheint Kinder hervorzubringen, die sich erstens durch ausgeprägteren Gemeinschaftssinn und ein höheres Maß an Solidarität der Gruppe gegenüber sowie durch ein geringeres Maß an Individualismus und Konkurrenzorientiertheit auszeichnen und zweitens weniger dazu neigen, besitzergreifende und exklusive Beziehungen zu Erwachsenen aufzubauen.[128]

Wenn wir eine Gesellschaft wollen, deren Mitglieder frühzeitig lernen, harmonisch mit anderen zusammenzuleben, ist die gemeinschaftliche Kindererziehung von zentraler Bedeutung. Für die Männer wäre es eine Erweiterung und Bereicherung ihres Erfahrungshorizonts, an der Kinderbetreuung teilzuhaben. Aber auch die Frauen würden davon profitieren, weil sich ihnen dadurch die Chance böte, sich im privaten und im öffentlichen Leben zu verwirklichen. Die Ausprägung exklusiver geschlechtsspezifischer Identität ist nicht Ausdruck natürlicher Unterschiede zwischen den Geschlechtern, sondern die Verdrängung natürlicher Gemeinsamkeiten.[129] Das Unglück vieler Frauen wäre beendet (oder zumindest verkleinert), wenn ihre Männer sich ihnen ebenso zuwendeten, wie das umgekehrt der Fall ist, wenn ihre Kinder liebevolle Väter hätten und wenn es ihnen vergönnt wäre, alle ihre Fähigkeiten zu entfalten. Gayle Rubin hält es sogar für durchaus möglich, daß die Betreuung der Kinder durch Erwachsene beiderlei Geschlechts eine Bereicherung unserer sozialen und sexuellen Beziehungsstrukturen sowie die Auflösung des sexuellen Machtverhältnisses und mit ihm des Ödipuskomplexes zur Folge hätte: in ihren Augen muß der Feminismus eine

Revolution der Familienverhältnisse fordern.[130] Wir können nicht vorhersagen, wie sich die Kinder entwickeln werden, die eine solche integrierte Erziehung genossen haben, aber wir dürfen wohl davon ausgehen, daß sie auf Grund ihrer Persönlichkeitsentwicklung zufriedener und auf Grund ihres harmonischeren Verhältnisses zu anderen friedfertiger sein werden. Die Besorgnis, daß Zufriedenheit und Friedfertigkeit weniger intellektuelle und künstlerische Leistungen, weniger einmalige Persönlichkeitseigenschaften hervorbringen würden als unsere heutige Gesellschaft, ist unbegründet: was uns verlorenginge, wären die intellektuelle und künstlerische Brillanz und die Individualität, wie sie aus extremer Isolation, aus Selbsthaß und aus der Verkümmerung persönlicher Qualitäten erwachsen. Die Welt als Ganzes kann von mehr Integration und Harmonie nur profitieren.

Der Götze Macht herrscht bereits seit viel zu langer Zeit uneingeschränkt und unter Mißachtung grundlegender menschlicher Gefühle und Bedürfnisse. Der Ausschluß der Frauen aus der öffentlichen Sphäre ist zugleich Symbol und Ursache für deren Charakter: Frauen werden auf private Tugenden hin, Männer für die öffentliche Macht erzogen. Die strikte Abgrenzung sowohl zwischen diesen beiden Sphären als auch zwischen den beiden Geschlechtern ist, wie Elshtain gezeigt hat, für einen großen Teil unseres irrationalen Denkens und Verhaltens verantwortlich.[131] In jedem der beiden Bereiche wird man aufgefordert, die Augen davor zu verschließen, was im anderen geschieht, was die jeweils andere Sphäre bedeutet und welche Zusammenhänge zwischen den beiden bestehen. Die Trennung der Tugend von der Macht hat die Funktion, zu gewährleisten, daß die Tugend ohnmächtig bleibt und die Macht sich unbelastet von jeder Tugend freien Lauf lassen kann. Dennoch gibt es keinen Standpunkt reiner Tugendhaftigkeit in einer so grausamen und lebensfeindlichen Welt wie der unseren und keine absolute Machtposition für Menschen, die noch nicht einmal mit sich selbst zurechtkommen. Dietrich Bonhoeffer schrieb: «Auf der Flucht vor der öffentlichen Auseinandersetzung erreicht dieser oder jener die Freistatt einer privaten *Tugendhaftigkeit*. Aber er muß seine Augen und seinen Mund verschließen vor dem Unrecht um ihn herum. Nur auf Kosten eines Selbstbetruges kann er sich vor der Befleckung durch *verantwortliches* Handeln rein erhalten.»[132] Bonhoeffer, der als evangelischer Geistlicher Widerstand gegen das Naziregime leistete und in nationalsozialistischer Gefangenschaft starb, verkündete seine Moral nicht nur, sondern lebte sie. Wer sich hingegen in klösterlich abgeschlossene Tugendhaftigkeit flieht, muß entweder die Augen vor der Realität verschließen oder sein Mitläufertum eingestehen. Wer andererseits nur im öffentlichen Leben steht und nie einen Blick auf die Innenwelt der Menschen, auf die Bindungen und die Sorge füreinander verschwendet, die das Leben erst möglich machen, verliert es aus den Augen und kehrt sich gegen es. Seit Jahrtausenden haben die Männer die Frauen nahezu völlig unter Kontrolle. Sie haben Frauen als Eigentum behandelt, sie ge- und verkauft, ihnen jeden Schritt in die Freiheit bei Todesstrafe verboten. Sie haben Frauen versklavt, sie als unmündig und minderwertig behandelt. In früheren Kulturen durften Väter ihre Töchter, Ehemänner ihre Frauen töten. Frauen wurden eingesperrt, aller Selbstbestimmungsrechte beraubt, geschlagen und gefoltert. Im intellektuellen Bereich beraubte man sie der Freiheit und Nahrung durch Moralgesetze und durch den Ausschluß von Bildungseinrichtungen.

Trotz dieser umfassenden Herrschaft hat die Angst der Männer nie nachgelassen. Wie wir bereits gesehen haben, stammen die übelsten Schmähschriften gegen Frauen gerade aus Zeiten, in denen diese besonders weitgehend der Kontrolle der Männer unterlagen. Gewalt gegen Ehefrauen existiert auch in Gesellschaften fort, in denen das Gesetz den Männern nahezu die totale Kontrolle über die Frauen sichert. Es wird immer wieder behauptet, der Feminismus provoziere Gegenreaktionen bei den Männern, aber niemand vermag auch nur eine Kultur zu nennen, in der die Frauen eine untergeordnete Stellung einnehmen und dennoch gut behandelt werden. Die Frauen haben offenbar nur zwei Möglichkeiten: ein gewisses Maß an Selbstbestimmung zu besitzen und von den Männern gehaßt und gefürchtet zu werden, oder aber gehaßt und gefürchtet zu werden und überhaupt keine Macht zu besitzen. Wie immer die gesellschaftliche Stellung der Frauen beschaffen sein mag, die Männer erleben sie in jedem Fall als bedrohlich. Wie umfassend die Kontrolle der Männer auch sein mag, sie gibt ihnen doch nie das Gefühl, alles im Griff zu haben.

Es ist nicht so, daß die Männer deshalb danach trachten, die Frauen zu kontrollieren, weil sie sie hassen und fürchten, sondern der Haß und die Angst der Männer erwachsen erst aus der Tatsache, daß sie die Frauen kontrollieren *müssen*, weil diese Kontrolle die zentrale Grundlage ihres Selbstverständnisses ist. Ständig unter dem Zwang, ihre Überlegenheit zu demonstrieren, müssen sie zwangsläufig zu betrügerischen Mitteln greifen, mit gezinkten Karten spielen, um die Frauen auf einem Stand zu halten, der nach den Maßstäben der Männerkultur ein minderwertiger ist.[133]

Von Hybris, Anmaßung und dem Drang zur Selbstüberhöhung getrieben, haben sich die Männer allen übrigen Geschöpfen überlegen erklärt. Folglich müssen sie das einzige Geschöpf, das diese Behauptung widerlegen könnte, hassen und fürchten und danach trachten, es in eine Abhängigkeit zu zwingen, auf Grund derer es nicht den Mut dazu haben wird. Es gibt durchaus Männer, die das zugeben, aber für sich nichts daran ändern können. Ihre gesamte menschliche Identität beruht auf einer als Herrschaft definierten Männlichkeit. Solche Männer sind in einem fundamentalen Sinn verarmt, entmenschlicht: sie können keinen Lebenssinn aus der Einbettung in die Natur, aus Körperlichkeit und Emotionalität, aus der Integration in ein Kontinuum von Mensch und Natur ziehen. Sinn liegt für sie nur in dem, was den natürlichen Lebenskontext transzendiert und dauerhafter als das Leben selbst zu sein verspricht. Von der Illusion geblendet, daß Macht Dauerhaftigkeit verleiht, ignorieren sie die Tatsache, daß nichts auf dieser Welt von Dauer ist außer dem Fortbestand menschlichen Lebens, d. h. unsere Kinder und die Welt, die sie schaffen werden. Auf ihrer Sinnsuche im Übermenschlichen haben die Männer ihre Menschlichkeit vernachlässigt, die einzig mögliche Basis für ein sinnvolles menschliches Leben.

8. Moralische Grundlagen für eine neue Welt

Hinter jeder soziopolitischen Organisationsform steht eine mehr oder minder flexible Moral, ein komplexes Wertgefüge, innerhalb dessen bestimmte Normen von besonderer Bedeutung sind. In der patriarchalischen Moral war Macht ursprünglich ein solcher zentraler Wert, aber im Lauf der vergangenen Jahrhunderte hat sie sich in einem Maße verabsolutiert, daß wir sie in den westlichen Ländern getrost als *den* beherrschenden Wert des öffentlichen Lebens und weiter Bereiche des Privatlebens bezeichnen können. Jeder Moral wiederum liegt ein bestimmtes Realitätskonzept und eine bestimmte Auffassung von der menschlichen Natur zugrunde. Im patriarchalischen Denken ist Realität dem Menschen feindlich gesinnt, sei es in Form der ihn verderbenden und korrumpierenden Natur, oder sei es in Form der Kultur oder der Realpolitik (der unablässigen Konkurrenz der Menschen um einen begrenzten Vorrat an Ressourcen). Die menschliche Natur ist dieser Auffassung gemäß verderbt, böse, habsüchtig, egoistisch und raubgierig. Ohne bestreiten zu wollen, daß solche Eigenschaften im Menschen vorhanden sind und daß die äußere Realität zuweilen wichtig für den Menschen ist, gilt es doch festzuhalten, daß solche Definitionen weder *den* Menschen noch *die* Realität erfassen. (Auch wenn wir die ‹reale› Realität für unfaßbar halten, teilen wir doch alle ein gewisses Gefühl dafür, was real ist.) Der Feminismus liefert uns kein fertiges Programm oder Dogma, kein neues Gesetz für die Zukunft, aber er eröffnet uns eine neue Auffassung von der menschlichen Natur, der Realität und den Möglichkeiten soziopolitischer Organisation.

Die Grundvorstellung vieler Feministinnen, die zugleich auch die Grundlage dieses Buches ist, beinhaltet eine Menschlichkeit, die sich von Anfang an – noch während der Schwangerschaft und unmittelbar nach der Geburt – in Zuwendung und Fürsorge ausdrückt.[134] Wir können diese Erfahrung mit einer Art Kürzel als ‹Liebe› bezeichnen, und für manche Säuglinge mag sie durchaus das Erleben bedingungsloser Liebe beinhalten. Für viele ist sie jedoch eine Erfahrung der Zusammengehörigkeit und hingebungsvollen Zuwendung, vermischt mit untergründigen Aggressionen und Feindseligkeit. Bei alledem ist die Zuwendung der wichtigste Aspekt, da Kinder, denen sie nicht zuteil wird, nicht überleben. Wir, die wir noch am Leben sind, haben demnach genügend Zuwendung und Geborgenheit genossen.

Die Urerfahrung, genährt, gehalten, gewärmt und behütet zu werden, ist ekstatisch. Wenn die gegenteiligen Erfahrungen (der untergründigen oder der offenen Feindseligkeit) sich nicht allzu deformierend auf unsere Wünsche ausgewirkt haben, werden wir im späteren Leben nach ähnlichen Erfahrungen suchen. Darüber hinaus lehrt das Erleben liebevoller Fürsorge jeden von uns, ob Mann oder Frau, auch anderen solche Zuwendung zu geben. Zuwendung heißt jedoch immer auch Grenzen setzen, weshalb die frühkindlichen Erfahrungen stets auch die der Opposition und Frustration beinhalten. Sie können das Kind einschüchtern oder seine Entwicklung fördern: In jedem Fall sind sie prägend. Eine Moral – und damit eine Gesellschaft (eine soziopolitische Organisationsform) – die auf menschlichen Erfahrungen und Bedürfnissen und nicht auf deren Verleugnung basiert, würde diese Ordnung widerspiegeln. Fürsorglichen Qualitäten käme eine zentrale Stellung und primäre Bedeutung zu. Die Gewöhnung an Grenzen wäre zeitlich und von ihrer Bedeutung her sekundär.

Dies mag paradox klingen, da gerade von der feministischen Warte aus die menschliche Begrenztheit sehr viel stärker hervorgehoben wird, als dies im patriarchalischen Denken der Fall ist. Die feministische Weltsicht bestreitet, daß der Mensch in der Lage ist, sich selbst zu transzendieren. Sie bestreitet, daß die Macht den Männern Sicherheit, Unvergänglichkeit und absolute Herrschaft verschaffen kann. Das Patriarchat hingegen wird – in dem Bestreben, den nachfolgenden Generationen seine Weltsicht zu vermitteln – die Entfaltung fürsorglicher Eigenschaften bei Männern und die Entwicklung von Ehrgeiz und der Fähigkeit zur Selbstbehauptung bei Frauen immer hintertreiben, abwerten oder von vornherein verhindern, und auf diese Weise die Möglichkeiten beider Geschlechter tiefgreifend einschränken.

Wenn ich hier auf die Schaffung einer neuen Moral, einer neuen ‹Welt› dränge, so heißt dies nicht, daß wir neue Werte aus dem Nichts erschaffen sollen. Neue Werte gibt es nicht. Die Wertmaßstäbe der Menschen sind seit der Ursprungszeit menschlichen Lebens die gleichen geblieben: was sich verändert, ist lediglich die Art und Weise, wie wir sie ordnen. Eine neue Moral ist nur die Neuordnung solcher vorgegebenen, gleichbleibenden Elemente. Auch das Patriarchat etablierte sich ja mittels der Neuordnung bereits existierender Werte. Wenn ich dazu aufrufe, eine neue Moral zu schaffen, so ist es nicht einfach die Unzufriedenheit mit dem Status quo, die mich dazu veranlaßt, denn es existiert eigentlich gar kein Status quo, obwohl wir häufig von ihm sprechen: die Realität um uns herum verändert sich ständig. Der Verlauf, den dieser Wandel nimmt, ist jedoch, wie ich hoffentlich habe verdeutlichen können, verhängnisvoll. Wenn die Menschheit eine Zukunft haben soll, ist es dringend an der Zeit, daß wir uns bemühen, diesen Kurs zu ändern.

Viele Moralisten drängen auf eine Rückbesinnung auf die Werte unserer «Vorväter»: auf strikte Reglementierung der Sexualität, auf strenge Zucht in der Kindererziehung, auf Unternehmergeist, Fleiß, Opferbereitschaft und Patriotismus. Dieses Plädoyer für die Vergangenheit setzt sich allerdings über die Tatsache hinweg, daß die Rückkehr zu einer solchen Moral, selbst wenn sie möglich wäre (und eine solche Moral wirklich universell existiert hätte), nur erneut das gleiche Ergebnis zeitigen könnte, das sie schon einmal hervorgebracht hat, nämlich die Bedingungen, unter denen wir gegenwärtig leben. Es gibt kein Zurück zur Moral eines inzwischen von Legenden verklärten 18. Jahrhunderts oder gar zu der eines nur hypothetisch postulierten matrizentrischen Zeitalters. Die Werte beider Zeitabschnitte werden und müssen weiterhin Gültigkeit behalten: allerdings in neuer Form und in neuer Relation zueinander.

Fortpflanzung, in matrizentrischen Gesellschaften oberster Wert, ist heute kein absolutes Gut mehr. Sie ist notwendig für die Erhaltung der Menschheit und eine Quelle von Lust und Erfüllung für das Individuum, aber es ist längst nicht mehr notwendig oder wünschenswert, daß alle Menschen sich fortpflanzen, und sogar unerläßlich, daß die, die es tun, die Zahl ihrer Kinder beschränken. Dies ist eine unausbleibliche Begleiterscheinung verbesserter Lebensbedingungen. Auf Grund der Tatsache, daß Fortpflanzung heute kein allgemeines Muß, ja, in zu großem Umfang sogar negativ ist, und auf Grund des technologischen Fortschritts sind wir in der Lage, die Entscheidung für oder gegen Kinder willentlich zu treffen, was eigentlich das Gebären wieder zu einem freudigen Ereignis werden lassen sollte.

In matrizentrischen Kulturen und auch in primitiven Gesellschaften der Gegenwart (unabhängig von deren moralischer Ausrichtung) gelten Familienbande mehr als alle anderen zwischenmenschlichen Bindungen; in manchen Gesellschaften stellen sie sogar *das* Grundprinzip der sozialen Organisation dar. Aber obwohl sie in komplexen Gesellschaften grundsätzlich sehr wichtig sind, bleiben unsere Sozialbeziehungen doch nicht auf sie beschränkt. Es stimmt vermutlich, daß wir alle eine ‹Familie› brauchen, aber längst nicht jeder kommt gut mit seiner leiblichen Familie aus. Viele von uns wünschen sich ein breiteres Netz von Beziehungen. Das Prinzip der Familie – das Beziehungsgefüge zwischen einander vertrauten Menschen, die sich auf das gegenseitige Wohl verpflichtet fühlen – wird gewiß fortleben, aber die familiäre Zusammengehörigkeit wird sich vielleicht künftig nicht nur auf Blutsverwandtschaft, sondern auch auf Freundschaft gründen. Auch das gemeinschaftliche Teilen, das in primitiven Gesellschaften hoch geschätzt wird, läßt sich nicht ohne weiteres in unveränderter Form auf komplexe Gesellschaften übertragen. Die meisten Menschen, die in einer Kleinfamilie oder Partnerschaft leben, teilen auch heute noch miteinander. Der zu schaffenden neuen Moral ist diese Form von gemeinschaftlichem Teilen jedoch nicht adäquat.

Wir müssen uns verdeutlichen, daß auch Macht nur in begrenztem Maße ein positiver Wert ist, daß sie uns nicht unverletzlich, sondern im Gegenteil verletzlicher macht, daß sie kein Lebenszweck sein kann, sondern lediglich Mittel zum Lustgewinn. Funktionale Macht, Autorität, dient häufig in dieser positiven Weise dem Lustgewinn. Hierarchische Macht, Herrschaft, erzeugt hingegen weit häufiger Leid als Lust. Ganz ohne Macht, ohne Dominanz geht es jedoch nicht: Sie ist ein Teil der menschlichen Natur, da sie ein natürliches Moment der Kinderaufzucht ist. Wenn wir Macht jedoch als notwendiges (und zeitlich begrenztes) Übel und nicht länger als positiven Wert *per se* begreifen könnten, bräuchten wir nicht mehr so verbissen nach ihr zu streben und uns an sie zu klammern, wie wir dies gegenwärtig tun.

Die patriarchalischen Strukturen werden sich in dem Maße verändern, wie sich die Ziele der Menschen wandeln, und es läßt sich heute noch nicht absehen, welche neuen Formen an ihre Stelle treten werden. Hierarchische Organisationsmuster, mechanistische und instrumentelle Grundhaltungen sowie dualistisches Denken werden bestimmte Bereiche vielleicht weiterhin prägen, aber nicht mehr als einzig mögliche und wahre Strukturen gelten. Sie werden eine Strategie zur Organisation der Welt unter vielen sein. Der große Überblick über die Gesellschaft, den das Patriarchat erst ermöglicht hat, ist heute ebenso notwendig wie der Rückgriff auf Institutionen in irgendeiner Form zur Weitergabe von Wissen. In dem Maße, wie sich unsere Moral wandeln wird, werden sich neue Formen herausbilden und demokratischere Organisationsmuster möglich werden. Der Wandel wird allmählich vor sich gehen, aber nicht ohne Konflikte. Grundprinzip der Konfliktbewältigung muß das Streben nach größtmöglicher Harmonie und nach einer Offenheit sein, die es ermöglicht, daß nicht nur ‹hundert Blumen›, sondern hundert verschiedene Pflanzenarten nebeneinander blühen können.

Ebenso absehbar ist, daß es auch weiterhin Konkurrenz geben wird, und sei es nur deshalb, weil Wettbewerb Spaß machen kann, aber sie wird nur noch ein Element in einer allgemeinen Grundhaltung der Kooperation und des Gemeinschaftsgefühls sein. Tatsächlich kennen wir primitive Gesellschaften, die sowohl Kooperation als auch Konkurrenz pflegen und fördern.[135] Es läßt sich unmöglich absehen, welche Bedeutung die Konkurrenz für künftige Generationen haben wird. Fest steht nur, daß eine Gesellschaft, deren Mitglieder ohne extremen Uniformismus und Totalitarismus zusammenleben können, nur dann zu schaffen ist, wenn wir kooperationswillig sind, wenn wir unseren Kindern die Freuden des Zusammenarbeitens und -spielens vermitteln, und wenn wir auch der Natur und unserer Erde gegenüber eine kooperative Haltung einnehmen.

Auch der patriarchalische Glaube an das Ewige bedarf der Modifizierung oder gar einer Revision. Unsterblicher Ruhm nützt den Toten nichts, und wir sollten bedenken, daß, wie Hamlet uns vor Augen führt, «der edle Staub Alexanders» dereinst dazu dienen kann, ein Spundloch zu stopfen. Eigentum vermag nichts gegen Kriege, die Verwüstung unserer Erde oder den Totalitarismus, und Dynastien vergehen. Dennoch scheint es ein tiefes menschliches Bedürfnis zu sein, etwas Bleibendes zu hinterlassen, und in der Tat existiert eine geeignete Form, die diese Wünsche annehmen können: die Orientierung an der Kontinuität. Ob wir Kinder in die Welt setzen oder Kunstwerke schaffen, ob wir zum Wohl unserer Gemeinschaft beitragen oder anderen Individuen helfen, in jedem Falle steuern wir zum Gedeihen einer Kultur bei, die sich fortsetzen wird. Kontinuität ist insofern etwas anderes als Dauerhaftigkeit, als sie kein Moment von Herrschaft impliziert; wir leisten unseren Beitrag zu einer sich fortsetzenden Realität, ohne daß wir versuchen, sie zu kontrollieren (ihr unseren Namen aufzuprägen, ihr Form oder Inhalt zu diktieren, Strukturen nach unserem Willen zu errichten).

Wenn wir eine neue Moral schaffen wollen, reicht es jedoch nicht aus, lediglich unsere Bewertung der Macht und anderer ‹männlicher› Qualitäten zu verändern. Wir müssen ein neues Ideal an die Stelle des alten setzen. Bei der Hervorbringung einer solchen neuen Wertordnung dürfen wir auf keinen Fall negativ vorgehen, indem wir bisher gültige Werte verwerfen. Das Patriarchat begann zwar, indem es einen neuen Wert (die Macht) an die Stelle des althergebrachten höchsten Wertes (die Fortpflanzung) setzte, entwickelte sich dann jedoch in der Hauptsache über die Negation des Bisherigen. Indem es Treue und Gehorsam einem unsichtbaren Gott gegenüber forderte, versuchte es, die matrizentrische Ordnung zu verdrängen; es lehrte die Männer, ihre Kinder zu opfern, die Frauen zu fürchten und zu erniedrigen und die Erde so geringzuschätzen, daß sie ihnen keine befriedigende Heimstatt mehr sein konnte. So kennzeichnete sich das Patriarchat von Anfang an durch Negation, Ausklammerung und Tabus, durch Rigidität und Härte. Auf dem Weg zu einem neuen Ideal müssen wir uns an der Frage orientieren, welches Verhalten geeignet ist, uns Freude zu bescheren. Es genügt nämlich nicht, die Qualität einer Moral nur daran zu messen, inwieweit sie uns das Überleben sichert, denn auch das Überleben kann schlimm sein, wenn es bedeutet, elend dahinzuvegetieren. Überleben im Sinne von Kontinuität dagegen beinhaltet Wohlgefühl und Lust. Die Lust wurde in der Vergangenheit von Philosophen und Machthabern viel geschmäht und zum Ideal der Zaghaften, Bornierten und Selbstsüchtigen erklärt.

Der Begriff der «Tugend» beinhaltet den Lustverzicht um eines höheren Zwecks willen, der (wenn es um Männer geht) etwas mit Macht oder (wenn es um Frauen geht) etwas mit Aufopferung zu tun hat. Lust wird als seichtes und leichtfertiges Vergnügen in einer Welt höherer, ernsthafter Bestrebungen dargestellt. Aber ihr Genuß schließt ernsthafte Bestrebungen und Ziele nicht aus, ja erwächst auch aus diesen und ist das einzige, was das Leben lebenswert macht.

Lust ist eine innere Reaktion, man kann sie nicht kaufen. Sie ist Erleben, Selbstzweck. Lust kann aus einer Vielfalt von Erfahrungen erwachsen: aus dem Zusammensein mit anderen, aus der Arbeit, aus der aktiven und passiven Teilnahme an kulturellen Aktivitäten, aus sinnlich oder intellektuell anregenden Erlebnissen, aus den Vorgängen des Essens, Trinkens, Schlafens oder aus dem Gefühl von Wärme und Nähe. Vieles ist nur oder vor allem deshalb lustvoll, weil wir es gemeinsam mit anderen erleben.[136]

Lust hat immer mit Qualität zu tun: Die Qualität, nicht die Quantität von Dingen weckt Lust in uns. In unserer Welt zählt jedoch nur die Quantität, wir leben von Zahlen, Bilanzen und Umfrageergebnissen. William Gass vertritt die Auffassung, Qualität habe in unserer heutigen Welt keinen Platz mehr, und verfolgt den Prozeß ihrer Abwertung bis hin zu Aristoteles, für den sie bereits zufällig, nicht wesentlich war.[137] Über Qualität kann man streiten, aber man kann sie nicht messen. Wir können diese Qualität jener vorziehen, ohne beweisen zu können, daß sie besser ist. Da Qualität sich allen instrumentalistischen, mechanistischen Betrachtungsweisen entzieht, wurde sie zunehmend als irrelevant behandelt. Wie die Lust gilt sie als Schnickschnack, etwas für Ästheten, aber nicht für richtige Männer.

Lust – die positive Reaktion auf Qualität – entspringt der sinnlichen Wahrnehmung. Deshalb setzt die Aufwertung der Lust die Aufwertung des Körpers und des sinnlichen Empfindens voraus. Im klassischen Griechenland galten beide der Vernunft gegenüber als minderwertig (als hätten sie nichts mit ihr zu tun). Im Christentum waren sie die Pforten der Sünde, und in der Neuzeit werden sie als irreführende Instrumente zur Wahrnehmung der äußeren Realität betrachtet. Nietzsche spricht von der «tückischen und blinden Feindseligkeit der Philosophen gegen die Sinne». Er hält diese Feindseligkeit für «eine Art Rache an der Wirklichkeit, ein heimtückisches Zugrunderichten der Wertung, in der der Mensch lebt», durch die Philosophen. «Die Philosophen haben nie gezögert, eine Welt zu bejahen, vorausgesetzt, daß sie dieser Welt widerspricht, daß sie eine Handhabe abgibt, von dieser Welt schlecht zu reden.»[138]

Viele Denker haben erkannt, wie unglücklich es macht, wenn man sich nicht an der Lust, sondern an der ‹Pflicht› orientiert. Simone Weil schrieb: «Das gemeine Heer der Moralisten beklagt, daß der Mensch von seinen privaten Interessen getrieben wird: walte Gott, daß es so wäre!»[139] Und Frithjof Bergmann stimmt ein: «Die allgemeine Auffassung, die den Menschen als ‹egoistisch› und von Natur aus auf die Befriedigung seiner ureigensten instinktiven Gelüste drängend betrachtet, und die Erziehung (besonders Moralerziehung) in erster Linie als Mittel zur Bezähmung dieser Selbstsucht begreift, [ist falsch]: Ein adäquaterer Ausgangspunkt ... besteht darin ..., daß nur zu viele Menschen irgendwann um die Mitte ihres Lebens das Gefühl haben, nicht ein einziges Mal das getan zu haben, was sie wirklich wollten.»[140]

Gegen das eigene Luststreben handeln heißt, wider das eigene bessere Ich handeln, und gibt allem weiteren Tun von vornherein eine unselige Richtung. Die eigenen Wünsche und Bedürfnisse zu verleugnen ist der Schritt zum Selbstverlust, zur Übernahme des vom Patriarchat oktroyierten Bildes, eines (beim Mann) ganz der Macht oder (bei der Frau) ganz der Unterwürfigkeit verschriebenen Ichs. Kein Element des Patriarchats ist so demoralisierend im wahrsten Sinne des Wortes wie diese Moral, die Lust und Authentizität zu Lasterhaftigkeit und Selbstsucht sowie unglückliche Unterordnung unter eine oktroyierte Identität und aufgezwungene Ziele zu Pflichterfüllung und Tugend erklärt. Nietzsche schrieb: «Die Instinkte bekämpfen müssen – das ist die Formel für Décadence: solange das Leben aufsteigt, ist Glück gleich Instinkt.»[141] Wir handeln im Sinne unseres besseren Ichs, wenn wir nach Lust streben, und wir geben damit gleichzeitig anderen dieses bessere Ich zum Vorbild, zum Gegenüber und zur Quelle von Lust.

Wir betrachten Lust gewöhnlich als das Gegenteil von Schmerz, aber dies entspricht nicht den Tatsachen. Schmerz und Leid sind durch nichts aus der Welt zu schaffen – weder durch Lust noch durch Macht. Lust heißt, sich für die Außenwelt und andere Menschen, für die eigenen Gefühle und Empfindungen zu öffnen. Wer sich öffnet, öffnet sich jedoch auch dem Schmerz. Der wahre Gegensatz zur Lust ist die Macht, weil Machtstreben voraussetzt, daß wir uns vor allen Menschen und Ereignissen verschließen, die dafür nicht unmittelbar von Interesse sind. Aber auch wenn wir uns vor uns selbst noch so dicht verschließen, können wir doch den Schmerz nicht verhindern. Ebenso wie der Tod ist auch der Schmerz ein Grundbestandteil menschlicher Existenz.

Lust ist aber auch nicht, wie uns häufig suggeriert wird, der Gegensatz zu Arbeit, also ein eng umrissener, abgetrennter Teil des Tages namens Freizeit, der angeblich ebenso durch und durch von Lust geprägt ist wie unsere Arbeitszeit von Unlust. Es gibt viele Menschen, denen ihre Arbeit Freude macht, obwohl sie oft nicht einmal besonders gut bezahlt ist. Arbeit, die uns das Gefühl gibt, für andere wichtig zu sein, zu helfen oder gebraucht zu werden, ist etwas zutiefst Befriedigendes; wir halten auch unter widrigsten Bedingungen noch an ihr fest. Menschen, die etwas herstellen, worauf sie stolz sind, und die sich für ihr Produkt verantwortlich fühlen, tun ihre Arbeit gerne. Menschen, die träge sind, scheinbar am liebsten gar nichts täten oder ihre Arbeit als lästige Störung ihrer Tagträume betrachten, sind nicht faul, sondern arm dran. Sie sind nie mit ihren eigenen Kräften in Berührung gekommen, haben nie einen Weg gefunden, sie zu entfalten.

In meinen Augen gibt es ein gewichtiges Argument gegen die Einsetzung der Lust zum zentralen Wert. Es handelt sich um die Tatsache, daß es Menschen gibt, die Lust aus Grausamkeit gewinnen. Man ist versucht, sich – etwa mit Maslow – darauf zu berufen, daß aus Grausamkeit gewonnene Befriedigung keine echte Lust ist.[142] Schließlich ist Grausamkeit eine Erscheinungsform des Strebens nach hierarchischer Macht und resultiert aus einer Verstümmelung des Selbst. Sie ist ein In-Beziehung-Treten mit dem Ziel, Gefühle hervorzurufen – in diesem Fall Schmerz. Nur durch den Schmerz eines anderen Menschen kann die Größe der Macht und die Existenz desjenigen, der den Schmerz zufügt, bezeugt werden. Grausamkeit ist fehlgeleitete Rache, eine Vergeltung für das dem Verursacher in frühen Jahren eingeimpfte Gefühl der Wertlosigkeit. Da es jedoch keiner Moral jemals gelingen wird, alle menschlichen Übel und Leiden zu beseitigen, und sei es in einer an Lust statt an Macht orientierten Welt, wird es Grausamkeit zweifellos immer geben. Aber wir dürfen wohl davon ausgehen, daß sie in einer lustbetonten Ordnung weniger verbreitet und akzeptiert wäre als in einer der Macht verschriebenen Welt.

Schließlich wird gegen die Lust noch das Argument ins Feld geführt, sie sei selbstbezogen und egoistisch. Dieser Einwand basiert indessen auf der Ansicht, Lust sei reine Selbstbefriedigung, auf der geläufigen Einstellung, der Mensch sei ein von den anderen Menschen völlig getrenntes und isoliertes Individuum, und auf der Meinung, der Stärkste würde in einer Welt, in der materielle Güter knapp sind, so viel wie möglich an sich raffen und kaum etwas übrig lassen. In einer Welt, die nicht der Macht um ihrer selbst willen verschrieben ist, wäre jedoch auch Reichtum kein Wert an sich, würde sich nicht nur die Verteilung des Wohlstands ändern, sondern auch die Einstellung zu ihm. Außerdem ist Lustgewinn nicht unbedingt von materiellen Gütern abhängig. Wir erfreuen uns an unserer Arbeit, an der Liebe zu unseren Mitmenschen, an spielerischen Tätigkeiten oder einfach nur an der Natur, an Genüssen also, die keinen besonderen Reichtum voraussetzen. Schließlich sind unsere größten Freuden an das Zusammensein mit anderen gebunden. Das völlig isolierte Individuen steht ständig am Rande der Krankheit. Persönlichkeitsentwicklung impliziert immer das Reifen in Beziehungen zu anderen, das Handeln im sozialen Kontext.[143] Andere Menschen sind sowohl als Individuum an sich als auch für unser Selbstbild wichtig, und wenn wir selbst Vergnügen und Lust empfinden, können wir anderen mehr Großzügigkeit entgegenbringen. Lust macht das Herz weit und ist ebenso ansteckend wie die Macht.

Der Kern aller Lust liegt in ihrer Gegenseitigkeit. Lust beginnt im Mutterleib, mit Wärme und Nähe, mit der Befriedigung aller Bedürfnisse und dem tröstlichen mütterlichen Herzschlag. Frauen, die sich eine Schwangerschaft gewünscht haben, teilen ihre Freude dem Fötus mit. Nach der Geburt erzeugt – im glücklichen Fall – das wohlige Gefühl des Haltens und Gehaltenwerdens, des Nährens und Genährtwerdens, der Körperwärme für Mutter und Kind aus wechselseitigem Geben und Empfangen gespeiste Lust. Wechselseitige und geteilte Lust ist das heilige Herzstück des Lebens: Essen, Wärme, Liebe und Sexualität. Diese elementaren Dinge sind heilig, weil sie lebensnotwendig sind, weil sie für Geber und Empfänger so viel Lust bereiten, daß nicht mehr zu unterscheiden ist, wer der gebende und wer der nehmende Teil ist. Sie befriedigen tiefste Bedürfnisse, und das bei zwei Menschen zugleich. Wechselseitigkeit ist der Kern aller Lust, da sie uns an unsere frühesten Lustempfindungen erinnert, als wir noch Teil unserer Mütter waren. Jedes wechselseitige Geschehen befriedigt unser tiefes Bedürfnis nach Gemeinschaft. Aber Lust beinhaltet noch einen zweiten Kern von ebenso zentraler Bedeutung, der auf den Augenblick unserer Geburt zurückgeht, auf den ersten selbständigen Atemzug: die Freiheit, das Gefühl, ein eigenständiger Mensch zu sein.

Ebenso wie andere Begriffe, die wir bereits untersucht haben, wird auch Freiheit sehr unterschiedlich definiert. Im gewöhnlichen Sprachgebrauch bedeutet Freiheit, nicht von anderen abhängig zu sein, keinen Zwängen und keiner Herrschaft zu unterliegen. Freiheit wird also meistens als ‹Abwesenheit von etwas› verstanden. Nach einem als ‹Abwesenheit von etwas› definierten Zustand zu streben, heißt jedoch, wie Thomas Mann in *Mario und der Zauberer* zeigt, nach einem Vakuum zu streben: «Die Freiheit existiert, und auch der Wille existiert; aber die Willensfreiheit existiert nicht ...» E. J. Hobsbawm sieht den Grund, weshalb die meisten politischen Revolutionen in Tyrannei enden, in der Tatsache, daß sie sich eine als ‹Abwesenheit von etwas› begriffene Freiheit zum Ziel gesetzt hatten.[144]

Freiheit wird jedoch nicht nur *ex negativo* definiert, sondern zudem als eine Art Isolationszustand betrachtet. C. B. MacPherson meint: «Was den Menschen zum Menschen macht, ist ... die Freiheit von der Abhängigkeit vom Willen anderer, ... Freiheit von der Abhängigkeit von anderen heißt, frei zu sein von allen Beziehungen außer solchen, die man freiwillig aus Eigeninteresse eingeht.»[145] Diese Definition legt wiederum ein Menschenbild zugrunde, in dem der Mensch isoliert ist und andere nur zu Ausbeutungszwecken benützt. Nicht berücksichtigt sind zwischenmenschliche Beziehungen, die ambivalente Gefühle beinhalten (wie dies bei den meisten engen Gefühlsbindungen der Fall ist), und auch die Tatsache, daß Geben, etwas für andere tun, Lust bereiten kann. Freiheitsbegriffe wie dieser entwickeln sich unvermeidlich aus einer Moral, für die Unabhängigkeit, Wettbewerb und Macht zentrale Werte sind.

Wenn Freiheit das Nichtvorhandensein von Zwängen bedeutet, so existiert keine Freiheit. Auf dieser Erde gibt es nichts, was keinen Zwängen unterläge. Pflanzen und Tiere sind an den natürlichen Tagesrhythmus, die Schwerkraft und die universelle physikalische Kraft gebunden.[146] Die Menschen unterliegen der Notwendigkeit, Luft von einer bestimmten Beschaffenheit zu atmen, zu essen, ihre Notdurft zu verrichten, zu trinken, zu ruhen, zu schlafen, sich zu bewegen, zu empfinden, zu fühlen und zu denken. Da sie soziale Wesen sind, sind sie darüber hinaus den Zwängen ausgesetzt, die der Sozialverband auf sie ausübt. Wenn wir Kleinkinder sind, wird unsere Bewegungsfreiheit zu unserem eigenen Schutz beschnitten. Als Erwachsene sind wir dann gezwungen, unser Brot zu verdienen und uns, da wir das Zusammensein mit anderen brauchen und wollen, an bestimmte Regeln zu halten, die erst das gesellschaftliche Zusammenleben ermöglichen. Auch wenn wir die Zuneigung anderer gewinnen wollen, müssen wir ein bestimmtes Verhalten an den Tag legen. Darüber hinaus treibt uns das innere Bedürfnis, unsere Gefühle und Gedanken auszudrücken.

Freiheit, die sich als Abwesenheit von Zwang definiert, setzt die absolute Isolation von anderen voraus.[147] Ein solches Verständnis von Freiheit impliziert, daß unsere wahre Natur sich nur in der emotionalen Einöde ausdrücken kann, und daß wir diese nur dann verlassen, wenn wir in einem anderen Menschen etwas für uns Brauchbares entdecken. Abgesehen davon, daß eine solche Isolation einer Form des Wahnsinns gleichkäme, gibt es sie auch gar nicht. Selbst Schizophrene, die ganz in sich selbst befangen und von anderen isoliert sind, sind notwendigerweise zumindest auf andere angewiesen. Selbst Menschen, die dem Unabhängigkeitsideal nachstreben und sich für vollkommen eigenständig halten, brauchen Hilfskräfte oder Mitarbeiter und leiden häufig unter Schuldgefühlen gegenüber Eltern, Ehepartnern oder Kindern, denen sie sich emotional entzogen haben.

Durch unsere körperlichen und geistig-seelischen Bedürfnisse sind wir eng an die Erde und unsere Mitmenschen gebunden. Wir können uns unsere persönlichen Bindungen nicht immer selbst aussuchen. Engels definierte Freiheit als Einsicht in die Notwendigkeit, aber das ist nur die halbe Wahrheit. Es ist nicht bewiesen, daß es so etwas wie einen ‹freien Willen› gibt. Wir wissen nicht, in welchem Maße wir durch unsere Erbanlagen, durch Erziehung und kulturelle Einflüsse ohne unser Zutun geprägt werden. Wir erleben jedoch ein Gefühl, eine Empfindung oder einen inneren Zustand, den wir Freiheit nennen, und zwar dann, wenn es uns gelingt, äußere und innere Notwendigkeit in Einklang zu bringen.[148] Freiheit ist das Gefühl, daß wir uns *selbst* für unsere Bindungen entscheiden. Sie konstituiert sich nicht durch die Abwesenheit von etwas, sondern vielmehr durch das Bestehen eines harmonischen Verhältnisses zwischen dem, was in uns vorgeht und unserer äußeren Situation. Freiheit beinhaltet ebenso Pflichten, Verantwortung und Bindungen wie relativ unabhängiges Fühlen und Handeln. Freiheit ist das Gefühl, guten Gebrauch von denjenigen Elementen unserer Persönlichkeit zu machen, die wir ausleben wollen, und zwar in einer Weise, die uns Freude macht, und in Handlungen und Situationen, die wir für gut befinden.

Das große Ziel heißt Lust. Die Lust ist im Gegensatz zur Macht wirklich ein *endgültiges* Ziel, nicht nur Mittel zum Zweck auf dem Weg zu einem fernen Ziel. In der Lust sind all unsere gültigen Werte aufgehoben. Lust schließt nichts aus. So gerne wir bestimmte Aspekte des Lebens, etwa die Grausamkeit oder den Tod, ausklammern würden , es ist einfach nicht möglich. Wenn wir so tun, als könnten wir es, wenn wir Symbole schaffen, die suggerieren, daß manche Menschen ewig leben, ordnen wir das menschliche Leben in solch krasser Weise einem falschen Schein unter, daß es völlig entstellt wird. Das Leiden gehört zum Leben; Trauer und Entbehrung lassen sich nicht vermeiden. Dies gilt für alle Kreaturen. Dennoch ist es möglich, das eigene Leben am Glück und nicht an der Macht zu orientieren. Dies aber ist die feministische Moral.

9. Ein Blick in die Zukunft

In seinem faszinierenden Buch *Symbol and Metaphor in Human Experience* aus dem Jahre 1949 unterteilt Martin Foss die Menschen in zwei Kategorien, die Sensualisten und die Rationalisten. Beide Etiketten bezeichnen eigentlich Grundeinstellungen der Welt gegenüber und entsprechen in gewisser Weise meinen Kategorien ‹weiblich› und ‹männlich›. Foss' Darstellung der rationalistischen Grundhaltung ist in unserem Zusammenhang besonders interessant. Der Rationalist* trainiert sich darin, die Welt der sinnlichen Empfindungen auszuschalten – wie Foss sagt, «zu überwinden», und wie ich es ausdrücken würde, «zu transzendieren». Dies erreicht er, indem er ein geschlossenes System ersinnt, das «die beunruhigende Welt», die Welt des steten Fließens, aussperrt. Dieses System «bezieht seine letzte Bedeutung von etwas, was es nicht zu symbolisieren vermag: es hat seinen letzten Sinn in etwas, wofür alle Symbole nur Mittel sind». Wie in mathematischen, religiösen, industriellen oder allen anderen geschlossenen Systemen gilt, daß alles Geschehen innerhalb des Systems einen Sinn erhält, und zwar auch dann, wenn dieser mit der Welt außerhalb in keiner Beziehung steht. Diese Sinngebung entschädigt für den Verlust an Ganzheitlichkeit und Realitätsbezug, der notwendig mit der Ausklammerung der fließenden Bewegung einhergeht. Innerhalb des Systems wird alles zum Mittel – einen Endzweck gibt es nicht. Mittel ohne Zweck sind jedoch keine Mittel mehr, sondern «Fakten».

Alles, was sich nicht in die Kategorien des Rationalisten pressen läßt,

* Ich übernehme hier den Sprachgebrauch von Martin Foss, der ausschließlich von *dem* Rationalisten spricht, weil es mir dem Thema angemessen erscheint.

wird «als schierer Wirrwarr stigmatisiert». Das System erfüllt die Funktion, das Störende zuzudecken, indem es sagt, es sei überflüssig, wobei jedoch wohl fühlbar bleibt, daß es sich eher um das «Unaussprechliche» handelt. Da das System keinen benennbaren Zweck hat, muß der Rationalist die Mittel zum Zweck erheben, den Zweck in der Methode selbst sehen. «Auf diese Art und Weise wird die Aufgabe des Menschen auf die Perfektionierung der Technik reduziert, auf die Systematisierung ineinandergreifender Mittel, das heißt auf eine Maschinerie, die um ihrer selbst willen läuft.»[149]

Und doch hat dieses Tun in Wirklichkeit einen Zweck, einen unausgesprochenen, uneingestandenen Sinn: das Beunruhigende und Störende, «das Unaussprechliche» zuzudecken. Aber das «Unaussprechliche» ist nichts weiter als die ewige Wiederkehr der Natur, die Tatsache, daß angesichts der Natur nichts Bedeutung hat. Obgleich die Menschen ihre ‹Bedeutung› über Millionen von Jahren in der Einbettung in die Natur fanden, reichte dies an einem bestimmten Punkt nicht mehr, und der Mensch bzw. der Mann begann sich zu definieren, seine Bedeutung aus dem Gegensatz zur Natur und aus der Überlegenheit über sie zu ziehen. Die unaussprechliche Wahrheit, das Gorgonenhaupt, welches das Patriarchat von sich fernzuhalten versucht, ist die Kreatürlichkeit selbst.

Man mag das Bemühen um eine Sinngebung als nobles Streben betrachten, das den Menschen auszeichnet, und das kann es vielleicht auch sein. Auf der anderen Seite ist es aber auch illusionär und, schlimmer noch, treibt uns der Vernichtung entgegen. Wir Menschen tragen indessen auch eine uralte Weisheit in uns, ein subversives Wissen darum, was wichtig ist und was nicht. Bestimmte Lebensformen sind einfach sinnvoller als andere, und wir könnten sie klaren Blickes erkennen, würde uns nicht das besessene Streben nach Macht und Kontrolle die Sicht trüben.

Unsere Zukunft, wenn es eine gibt, wird bereits in den Denkfabriken des Staates und der Wirtschaft verplant. Die Menschen, die in diesen insulären, isolierten Schaltzentralen sitzen, können sich nichts anderes vorstellen als noch mehr Macht, noch stärkere Zentralisierung und noch umfassendere Technologisierung mit all ihren Folgen. Wenn wir wollen, daß die Zukunft anders aussieht, müssen wir sie selbst machen. Niemand wird uns dies abnehmen.

Damit können wir nur bei uns selbst beginnen, indem wir unsere Bedürfnisse und Wünsche überprüfen, neu darüber nachdenken, woraus wir wirklich Lust gewinnen, was uns das Leben lebenswert macht, und unser Streben nach Macht und Kontrolle kritisch reflektieren. Es geht, wie ich bereits gesagt habe, nicht darum, Herrschaft, Aggression und Konflikte aus der Welt zu schaffen, sondern vielmehr darum, Mittel und Wege zu finden, um diese Aspekte unserer Natur so in unser Leben zu integrieren, daß sie unserer Lust dienen, anstatt Leiden, Isolation und Zwietracht zu erzeugen. Ziel ist nicht das Unmögliche, sondern das Mögliche, nicht Transzendenz, sondern Glück.

Glück setzt jedoch die integrierte Entfaltung der Persönlichkeit sowie das integrierte Zusammenspiel von Individuum und Umwelt voraus. Integrierte Persönlichkeitsentwicklung bedeutet die Verwirklichung aller menschlichen Anlagen – gleichgültig, ob sie im privaten oder im öffentlichen Bereich Anerkennung finden. Wir alle besitzen in unterschiedlichem Maße die Fähigkeiten, für andere zu sorgen, zu heilen, zu lehren oder zu lernen und zielgerichtet oder spielerisch zu handeln. Dies alles sind menschliche, nicht ‹männliche› oder ‹weibliche› Fähigkeiten. Ein integriertes Verhältnis zur Umwelt bedeutet Eingebettetsein in eine Gemeinschaft – seien es freundschaftliche, nachbarschaftliche, kollegiale oder familiäre Beziehungen – und die Teilnahme am öffentlichen Leben.

Wenn wir erst die fragile und insubstantielle Natur der Macht durchschaut haben, werden wir erkennen, daß es falsch ist zu sagen, bestimmte Leute hätten Macht und andere nicht. Wir alle haben Macht, nämlich die Fähigkeit, beeinflussend und verändernd auf die Menschen in unserer unmittelbaren Umgebung einzuwirken. Solange wir unsere Macht nicht auch in der öffentlichen Sphäre nutzen, wird diese von Menschen beherrscht sein, die nach Herrschaft streben, statt von Menschen geprägt zu werden, die Macht als Mittel zum Wohl aller herrschaftsfrei einzusetzen bereit sind. Wir müssen aktiv die Revolutionierung der Moral vorantreiben, eine Revolution, die im Individuum selbst stattfinden *kann*, aber die ganze Welt erfassen *muß*. Diese Umwälzung wird keine großartige, ruhmreiche Revolution sein: sie wird uns nicht an die Macht bringen; wir werden nicht, auf den verstummten Geschützen unserer Panzer sitzend, der jubelnden Menge zuwinken und dabei wohlweislich über jene hinwegsehen, die einen Arm oder ein Auge verloren haben, wir werden keine großen Reden halten und voller Enthusiasmus eine neue Ordnung ausrufen, um dann in den Hinterzimmern an den runden Tischen die finsteren Zeiten der Vergeltung, der Gesinnungsprüfungen, der Streitigkeiten um die Beute einzuleiten. Niemand von uns wird das Ende dieses Kampfes erleben, ja, es wird kein solches

Ende geben, keine Ausrufung eines Utopia, eines neuen Jerusalem. Wir sind Teil eines Prozesses, der weitergehen muß, solange die Welt besteht. Ohne Führer, ohne Truppen, einer Moral des Glücks und nicht der Macht verpflichtet, mögen wir wie eine schwache und kurzlebige Bewegung wirken.

Trotz der scheinbaren Aussichtslosigkeit dieses Vorhabens macht mir das Beispiel der frühen Anhänger Jesu Mut: Sklaven, Frauen, Zöllner, Arme, Juden, Griechen und römische Soldaten, Prostituierte, ehrbare Hausfrauen und Intellektuelle, die sich von ganzem Herzen nach einer stärker auf Liebe, Gemeinschaft und Toleranz gegründeten Lebensweise sehnten, die nicht länger in den Bahnen des Machtprinzips weiterleben wollten. Wenn ihr Erfolg uns ein Beispiel sein kann, so muß uns doch die spätere Entwicklung ihres Glaubens eine Warnung sein. Es ist unerläßlich, bei aller Sanftmut wachsam und ‹hart› zu bleiben, im *satyagraha* zu handeln. Ich kann nicht beweisen, daß wir die Macht haben, unsere Gesellschaft zu verändern. Wir müssen einfach daran glauben. Ein äthiopisches Sprichwort besagt: «Viele Spinnennetze können einen Löwen aufhalten.»[150]

Der Gedanke, daß wir die Welt verändern können, mag utopisch, idealistisch oder schlicht einfältig anmuten. Ich möchte jedoch noch einmal wiederholen: Die Welt wird sich ohnehin verändern und es ist nicht unvorstellbar, daß wir Menschen selbst Einfluß auf die Art dieser Veränderung nehmen können. Im Lauf der Geschichte haben die verschiedensten Gruppen versucht, Gemeinschaften auf der Grundlage von Werten zu schaffen, die im Gegensatz zum herrschenden Wertsystem standen, und viele Denker haben Pläne für organische Gemeinwesen entworfen.[151] Organische Gemeinwesen passen jedoch nicht ins herrschende westliche Denken, das die Gesellschaft als Summe der Interaktionen zwischen antagonistischen oder gelegentlich auch komplementären Interessengruppen versteht – als schlichtes Nebenprodukt des «rationalen» Strebens nach Gewinn.[152] Die meisten experimentellen Gemeinschaften, die es faktisch gegeben hat, hielten sich an die Raster des Patriarchats, indem sie sich per Ausschluß definierten – d. h. bestimmte Verhaltensweisen, Dinge oder Methoden mit Acht und Bann belegten. Was auf diese Weise ausgeschlossen wird, ist unterschiedlich – etwa Sexualität generell, selbstbestimmte Sexualität, Besitz, Wut, die Benutzung elektrischer Geräte und Maschinen oder der Verzehr von Fleisch. Alle derartigen Gemeinschaften suchen jedoch ihr ‹Heil› ebenso in der Transzendierung der Menschlichkeit wie die übrige Welt auch und gründen sich auf die Überzeugung, daß Selbstverleugnung der Weg zu Harmonie und Tugend ist.

Die Trennung zwischen dem, was im moralischen Sinne gut ist, und der Macht hat das Gute ohnmächtig und die Macht schlecht gemacht. Wir denken, gleichgültig, wie wir uns nach außen hin verhalten, fast ausnahmslos in diesen Kategorien, weshalb wir uns, wenn wir Gutes tun, ohnmächtig, und wenn wir Macht ausüben, schlecht fühlen. Deshalb rechtfertigen wir uns damit, daß es in dieser Welt nun einmal heißt, zu fressen oder gefressen zu werden. Aber die Welt hat auch noch andere Seiten, sie besteht nicht nur aus Kampf, sondern auch aus Fürsorge und Liebe. Machtausübung ist nicht *per se* schlecht: sie wird es erst dann, wenn sie reiner Selbstzweck ist, wenn sie kein anderes Ziel hat als die Akkumulation von noch mehr Macht. Auch gute Taten sind nicht zwangsläufig gut. Wer nur gibt, ohne zu bitten oder zu nehmen, tut anderen Menschen Schlechtes. Wer das Gute mit Ohnmacht gleichsetzt, flößt anderen Schuldgefühle ein.

Keine Bewegung in der Geschichte war je mehr als eine Vielzahl von kleinen Bewegungen *einzelner* Menschen in ihrem eigenen Lebensumfeld. Dadurch, daß wir unser eigenes Leben neu gestalten, tragen wir zur Neugestaltung der Gesellschaft bei. All das, woran wir uns jahrtausendelang festgehalten haben, worin wir den Motor sahen, der uns in Bewegung hielt – Macht, Besitz, Status, hierarchische Ordnung, Tradition – treibt uns in Wirklichkeit auf den Untergang zu, und wahrscheinlich werden wir feststellen, daß das, woran wir uns halten können, um uns diesem Untergang entgegenzustellen, genau das ist, wovor wir Angst hatten: die flexiblen, fließenden, vergänglichen Momente der Gefühle für andere und der Gemeinschaftlichkeit.

Die Vergangenheit hatte ihre Stunde, wir haben unsere. Alles Leben stirbt nach einer Weile, wird transformiert, transsubstantiiert. Der Zweck des Lebens ist seine Erhaltung. Die Mittel, die wir benutzen, um diesen Zweck zu verwirklichen, machen unser Leben aus. Wir alle, Sieger wie Besiegte – und unter uns ist niemand, der nicht beides wäre – sind ebenso vergänglich wie unsere Welt. Wir sind wie Ameisensoldaten, die ein erschöpftes Revier verlassen, um anderswo auf unbekanntem Terrain nach Nahrung zu suchen. Wir stehen vor einem Fluß, der uns von der Zukunft abschneidet und dessen andere Seite wir nicht sehen können. Wir haben nur die Wahl, an Ort und Stelle zu sterben oder weiterzugehen. Die Ameisen gehen immer weiter und ertrinken. Sie ertrinken zu Millionen, und ihre Körper häufen sich nach und nach zu einer Brücke, über die die Überlebenden das andere Ufer und damit, wie sie hoffen, reichere Gefilde erreichen können, während sich das erschöpfte Terrain hinter ihnen selbst regeneriert.

Wir alle bilden als Angehörige vergänglicher Generationen die Brücke, über die die Vergangenheit in die Zukunft eintritt. Doch wenn unser Leben aus Selbstverleugnung, Selbstkasteiung, hohlen Belohnungen, illusionären Zielen und aus der Verkrüppelung durch Macht und Gehorsam besteht, dann lohnt weder unser Dasein noch unser Vermächtnis die Mühe. Nur die Lust am Unterwegssein macht den Weg lohnend, und die Lust, die wir auf unserem Weg empfinden, ist gleichzeitig ein Legat an diejenigen, die nach uns kommen.

Und wenn wir es nicht schaffen? Dann scheitern wir eben: Das Ziel (die Verweiblichung der Welt) ist identisch mit den Mitteln (der Verweiblichung unserer jeweiligen Lebensbereiche). Das Ziel ist der *Prozeß selbst*: die Integration unseres Selbst und das Hineintragen dieser Integration in die Welt, soweit es uns möglich ist. Es gibt kein Endziel, es gibt nur den Versuch, ein erfülltes Leben zu leben, das zu sein, was wir sein wollen, das zu tun, was wir tun wollen und vor allem, lustbetont zu leben. Wir haben die Wahl zwischen einem absolvierten und einem gelebten Leben, zwischen Fragmentierung und Ganzheitlichkeit. Wir haben die Wahl, wie Generationen vor uns Bitterkeit, Opfer und Angst zu unserem Vermächtnis zu machen, oder – auch wenn dies alles sein sollte – der Welt die Erinnerung an unser mit Lust gelebtes Leben zurückzulassen, ein Bild, das unseren Kindern Vorbild und nicht Schreckgespenst sein wird. Die Alternative heißt Knechtschaft oder Freiheit, Atomisierung oder Integration. Vielleicht heißt sie auch Tod oder Leben. Uns bleibt keine Wahl.

Anmerkungen

Einleitung

1 siehe etwa Charlotte Perkins Gilman, *Herland* (New York 1979); Dorothy Bryant, *The Kin of Ata Are Waiting for You* (New York 1971); Marge Piercy, *Woman on the Edge of Time* (New York 1976) und Doris Lessing, *Canopus im Argos,* Archieve (Ffm. 1983).
2 Alasdair MacIntyre, *After Virtue* (Notre Dame, Ind. 1981), S. 58.
3 Claude Lévi-Strauss, *Das Ende des Totemismus* (Ffm. 1965), S. 104–106. E. E. Evans-Pritchard, *Nuer Religion* (Oxford 1956), S. 80–90.
4 Peggy Reeves Sanday, *Female Power and Male Dominance* (New York 1981), S. 64.
5 Colin Turnbull, *The Human Cycle* (New York 1983), S. 180.
6 Siehe Claude Lévi-Strauss, *Mythologica,* Bd. I. *Das Rohe und das Gekochte* (Ffm. 1976–1980).
7 Ronald Higgins, *Der siebente Feind* (Wien/Hamburg 1979), S. 60.
8 New York Times, 27. Mai 1981.
9 Philip Shabecoff, «U.S. Efforts Grow to Protect Water», New York Times, 26. Juli 1983.
10 New York Times, 3. November 1981.
11 *Global* 2000, Der Bericht an den Präsidenten (Ffm. 1981).
12 Ivan Illich, *Die Enteignung der Medizin* (Reinbek b. Hamburg 1977), S. 14–15. Marshall Sahlins schreibt: «Man nimmt an, daß ein Drittel bis die Hälfte der Menschheit jeden Abend hungrig zu Bett geht. In der Steinzeit muß dieser Anteil geringer gewesen sein. Die Gegenwart ist ein Zeitalter noch nie dagewesenen Hungers. Heute, in einer Zeit größten technischen Vermögens, ist der Hungertod zur Institution geworden.» *Stone Age Economics* (Chicago 1972), S. 23.
13 Amos Perlmutter, *Modern Authoritarianism* (New Haven 1981), S. xi.
14 MacIntyre, a. a. O., S. 25, 57.
15 Walter Weisskoff, *Alienation And Economics* (New York 1971), S. 45.
16 Friedrich Nietzsche, «Von der Selbstüberwindung», in: *Also sprach Zarathustra* (Stuttgart 1981), S. 125.

Kapitel I

1 Zur Diskussion von Fehlinterpretationen der Theorien Darwins von der natürlichen Auslese und dem Überleben der Tauglichsten siehe Stephen Jay Gould, *Ever Since Darwin* (New York 1977) und *The Panda's Thumb* (New York 1980), S. 85–86.
2 Zu dieser Theorie siehe Steven M. Stanley, *Der neue Fahrplan der Evolution: Fossilien, Gene und der Ursprung der Arten* (München 1983) und Gould, *Panda,* Kapitel 17.

3 Adrienne Zihlman, «Women in Evolution, II: Subsistence and Social Organisation among Early Hominids», Signs 4,1 (Herbst 1978), S. 4–20.

4 Nancy Tanner, *On Becoming Human* (New York 1981), S. 250 ff.

5 Siehe John E. Pfeiffer, *The Emergence of Man* (New York 1969), S. 72–92; Tanner, a. a. O., S. 237 ff.; Elise Boulding, *The Underside of History* (Boulder, Colorado 1976), S. 69–70.

6 Mary-Claire King und A. C. Wilson, «Evolution at Two Levels in Humans and Chimpanzees», Science 188 (1975), S. 107–116; Tanner, a. a. O., S. 36–43. Diese Ähnlichkeit weist auf zweierlei hin: auf eine gemeinsame Abstammung und eine Auseinanderentwicklung vor nicht allzulanger Zeit, d. h. in den vergangenen 2 Millionen Jahren. Ein abweichender Zeitplan findet sich bei Gould, *Panda,* S. 137. Biochemische Forschungserkenntnisse deuten auf eine Auseinanderentwicklung von Menschen und Affen vor vier bis fünf Millionen Jahren hin. Jeremy Cherfas und John Gribbin verwenden in «Updating Man's Ancestry», New York Times Magazine (29. August 1982) eine Methapher, derzufolge in einem für den Menschen geltenden DNS-Code von der Länge einer Enzyklopädie von je 100 Buchstaben nur einer ausgetauscht werden müßte, um den für einen Affen geltenden Code zu erhalten.

7 Gould, *Darwin,* a. a. O., S. 51.

8 Zur Analyse einer solchen ‹wissenschaftlichen› Forschung siehe Donna Haraway, «Animal Sociology and a Natural Economy of the Body Politic», Teil I und II, Signs 4,1 (Herbst 1978), S. 21–60.

9 Faszinierende und gut lesbare Darstellungen von Vergleichen menschlichen und tierischen Verhaltens finden sich in: Mariette Nowak, *Eve's Rib* (New York 1980); Elizabeth Fisher, *Woman's Creation* (Garden City, N. Y. 1979); Gould, *Darwin* und *Panda,* für Schimpansen und Menschen bei Tanner, a. a. O.; außerdem bei Sarah Blaffer Hrdy, *The Woman That Never Evolved* (Cambridge, Mass. 1981). Einige Forscher konzentrieren sich auf weniger menschenähnliche Affen wie etwa die Rhesusaffen und die Mantelpaviane, zum Teil deshalb, weil sie das männliche Dominanzverhalten bei diesen Arten fasziniert. Kommentar dazu bei M. Kay Martin und Barbara Voorhies, *Female of the Species* (New York 1975), Kapitel 5; Nowak, a. a. O., Kapitel 4; Tanner, a. a. O., S. 19–28; Gould, *Darwin,* a. a. O., S. 237–240.

10 Edward O. Wilson, *Sociobiology* (Cambridge, Mass. 1980), S. 220; Jessie Bernard, *The Female World* (New York 1981), S. 7.

11 Wilson, a. a. O., S. 230–243.

12 Elaine Morgan, *Der Mythos vom schwachen Geschlecht* (Düsseldorf/Wien 1972), S. 198.

13 Robert Briffault, *The Mothers,* gekürzt und mit einer Einleitung von Gordon Rattray Taylor (New York 1977), S. 46; Morgan, a. a. O., S. 210.

14 Wilson, a. a. O., S. 246.

15 Hrdy, a. a. O., S. 17.

16 Ebd. S. 18; Wilson, a. a. O., S. 251.

17 Briffault, a. a. O., gekürzt, S. 306.

18 Die Mantelpaviane sind die Lieblinge von Edward O. Wilson, der sich unverhältnismäßig oft auf sie bezieht. Man sagt ihnen nach, daß sie sich Harems halten, indem sie junge Weibchen fangen und behüten, sie bewachen, bestrafen und beißen, wenn sie sich von der Gruppe entfernen. Eventuell handelt es sich bei den Mantelpavianen nicht um eine eigene Art, sondern um eine Variante der Hundskopfpaviane, bei denen die Geschlechter gleichberechtigt sind. Sollte das der Fall sein, ist ihr Verhalten wohl als Stresserscheinung auf Grund der Isolation von ihresgleichen zu werten. Siehe Leila Leibowitz, «Perspectives on the Evolution on the Sex Differences» in: *Toward an Anthropology of Women,* hg. von Rayna Reiter (New York 1975), S. 30/31.

19 Hrdy, a. a. O., S. 9; siehe auch Morgan, a. a. O., S. 245/246.

20 M. R. A. Chance, «Sex Differences in the Structure of Attention», in: *Female Hierarchies,* hg. von Lionel Tiger und Heather Fowler (Chicago 1978); M. R. A. Chance und Clifford Jolly, *Social Groups of Monkeys, Apes, and Men* (New York 1970), S. 171 ff.

21 Beide Methoden werden diskutiert bei Wilson, a. a. O., S. 165, 282.

22 Virginia Abernethy, *Female Hierarchy: An Evolutionary Perspective,* in: Tiger/Fowler, a. a. O., S. 127.

23 Susan W. Duvall, J. S. Bernstein und J. P. Gordon, «Paternity and Status in a Rhesus Monkey Group», in: Tiger/Fowler, a. a. O.

24 Wilson, a. a. O., S. 546, schreibt, daß Schimpansen, die in einem System männlicher Vorherrschaft leben, durch Dominanz keinen privilegierten Zugang zu den Weibchen erhalten. J. Hausfater, «Dominance and Reproduction in Baboons (Papio Cynocephalus): A Quantitive Analysis», in: Tiger/Fowler, a. a. O., S. 3, behauptet, daß dominante Männchen bei den Pavianen nicht häufiger mit brünstigen Weibchen kopulieren als nicht-dominante Männchen; Duvall et. al., *Paternity,* ebd. S. 31, halten als Ergebnis ihrer Untersuchung fest, daß dominante männliche Rhesusaffen nicht mehr Nachkommen zeugen als die anderen Männchen.

25 W. C. McGrew, «The Female Chimpanzee as a Human Evolutionary Prototype», in: *Woman the Gatherer,* hg. von Frances Dahlberg (New Haven 1981), S. 54; Caroline E. G. Tutin, «Exceptions to Promiscuity in a Feral Chimpanzee Community», in: *Contemporary Primatology,* hg. von S. Kondo, M. Kawai und A. Ehara (Basel 1975), S. 447–448.

26 Leibowitz, a. a. O., S., 27.

27 Ebd. S. 28–30; Ernst W. Caspari, «The Biological Basis of Female Hierarchies», in: Tiger/Fowler, a. a. O., S. 100/101.

28 Hrdy, a. a. O., S. 59.

29 Sarah Blaffer Hrdy, *The Langurs of Abu* (Cambridge Mass. 1977).

30 Hrdy, *Woman,* a. a. O., S. 38–39.

31 Caspari meint, daß Dominanz als Einfluß, Zentralität oder Privileg sich situationsabhängig von Tier zu Tier verlagert.

32 E. Morgan, a. a. O., S. 229.
33 Hrdy, *Woman,* a. a. O., S. 110.
34 E. Morgan, a. a. O., S. 202 ff.
35 Katherine Ralls, «Mammals in which Females are Larger Than Males», Quarterly Review of Biology 51 (1976), S. 245–276.
36 Fisher, a. a. O., S. 18.
37 Hrdy, *Woman,* a. a. O., S. 80–95, 215, Anm. 12 u. 13.
38 Birute M. F. Galdikas und Geza Teleki, «Variations in Subsistence Activities of Female and Male Pongids: New Perspectives on the Origins of Hominid Labor Division», Current Anthropology 22,3 (Juni 1981), S. 241–256.
39 Chance und Jolly, *Social Groups,* a. a. O., S. 136.
40 Hrdy, *Woman,* a. a. O., S. 29; Tanner, a. a. O., S. 90.
41 Hrdy, *Woman,* a. a. O., S. 29.
42 Galdikas und Teleki, a. a. O.
43 Wilson, a. a. O., S. 175.
44 E. Morgan, a. a. O., S. 201.
45 Geza Teleki, E. E. Hunt, Jr., and J. H. Pfifferling, «Demographic Observations (1963–1973) on the Chimpanzees of Gombe National Park, Tanzania», Journal of Human Evolution 5 (1976), S. 559–598.
46 Hrdy, *Woman,* a. a. O., S. 30.
47 Tanner, a. a. O., S. 90.
48 W. C. McGrew, a. a. O., S. 47.
49 Galdikas und Teleki, a. a. O.
50 Wilson, a. a. O., S. 71/72.
51 Ebd. S. 539; Leibowitz, a. a. O., S. 28.
52 Tanner, a. a. O., S. 88; Wilson, a. a. O., S. 539.
53 Tanner, a. a. O., S. 75.
54 Ebd. S. 94.
55 Cathleen B. Clark, «A Preliminary Report on Weaning Among Chimpanzees of the Gombe National Park, Tanzania», in: *Primate Bio-Social Development,* hg. von Suzanne Chevalier-Skolnikoff und Frank E. Poirier (New York 1977), S. 254.
56 Jane Goodall, «The Behavior of Free-Living Chimpanzees in the Gombe Stream Reserve», *Animal Behaviour Monographs* 1, 1968 S. 161–311.
57 Martin und Voorhies, a. a. O., S. 167; Tanner, a. a. O., S. 94.
58 Tanner, a. a. O., S. 95.
59 Adrienne L. Zihlman, «Women as Shapers of the Human Adaptation», in Dahlberg, a. a. O., S. 102; W. C. McGrew, a. a. O., S. 54.
60 Zihlman, a. a. O., S. 107.
61 Nowak, a. a. O., S. 73, 77, 78, beschreibt viele Arten, bei denen die Paarung unmöglich ist, wenn das Weibchen das Männchen ablehnt, darunter Spinnen, Tiger, Widder, Hirsche, Rehböcke und Affen. Sie zitiert Leonard

Williams (*Man and Monkey*): «In Affengesellschaften gibt es so etwas wie Vergewaltigung nicht.»

62 Tanner, a.a.O., S. 95.

63 Galdikas und Teleki, a.a.O., S. 31.

64 Peter C. Reynolds, *On the Evolution of Human Behavior* (Berkeley 1981), S. 22/23; Wilson, a.a.O., S. 80, 87.

65 Siehe z.B. Anne E. Pusey, «Inbreeding Avoidence in Chimpanzees», Animal Behavior 28 (1980), S. 543–552.

66 Zihlman, *Shapers*, a.a.O., S. 86; Tanner, a.a.O., S. 143.

67 Gould, *Darwin*, a.a.O., S. 183. Die Größe des Gehirns verdoppelte sich in der Folgezeit. Wilson, a.a.O., S. 271, schätzt das Gehirnvolumen des Homo Erectus auf 1000 cm^3, das des Homo Neanderthalensis auf 1400–1700 cm^3 und das des Homo Sapiens auf 900–2000 cm^3. Abgesehen von absoluten oder relativen Größen scheint die Evolution des Gehirns jedoch eine Reorganisation bestimmter Hirnbereiche mit sich zu bringen. Siehe Tanner, a.a.O., S. 206–207.

68 Zum Zusammenhang von Körpergewicht und Menstruation siehe Rose Frisch, «Critical Weights, a Critical Body Composition, Menarche and the Maintenance of Menstrual Cycles», in: *Biosocial Interrelations in Population Adaptation*, hg. von Elizabeth Watts, F. Johnston und G. Lasker (Den Haag 1975), S. 309–318, außerdem Rose Frisch und J. McArthur, «Menstrual Cycles: Fatness as a Determinant of Minimum Weight for Height Necessary for their Maintenance or Onset», Science 185 (1974), S. 949–951.

69 Es hat den Anschein, daß Prolaktin die Entwicklung von Eizellen in den Eierstöcken, als notwendige Voraussetzung für eine Empfängnis, verhindert. Frauen, die stillen, haben einen hohen Prolaktinspiegel. Prolaktin wird anscheinend zu Beginn des Stillens freigesetzt und erreicht daher den höchsten Spiegel bei Frauen, die ihre Kinder oft stillen, unabhängig von der Dauer des Stillens. Siehe Peter Anderson, «Reproductive Role of the Human Breast», Current Anthropology 24, 1 Feb. 1983, S. 25–43. Siehe auch Gina Bari Kolata, «!Kung Hunter-Gatherers: Feminism, Diet, and Birth Control», Science 185 (13. September 1974), S. 932–934; Richard B. Lee, «Population Growth and the Beginnings of Sedentary Life among !Kung Bushmen», in: *Population Growth: Anthropological Implications*, hg. von Brian Spooner (Cambridge Mass. 1972); Melvin J. Konner, «Maternal Care, Infant Behavior and Development among the !Kung», in: *Kalahari Hunter Gatherers*, hg. von Richard B. Lee und Irven DeVore (Cambridge Mass. 1976).

70 Zihlman, *Shapers*, S. 90.

71 Ein kurzer Überblick dazu findet sich bei: Nancy Chodorow, *The Reproduction of Mothering* (Berkeley/Los Angeles 1978), S. 11–39.

72 Tanner, a.a.O., S. 219.

73 Ebd. S. 148.

74 Zihlman, *Shapers*, a.a.O., S. 102; Tanner, a.a.O., S. 178–190, diskutiert ausführlich Techniken der Interpretation von Zahn-Fossilien.

75 S. L. Washburn und R. Moore, *Ape Into Man: A Study of Human Evolution* (Boston 1974), S. 142–143.
76 «Grundlage jeder menschlichen Gesellschaft ist die Mutter-Kind-Beziehung. Der Ursprung aller sozialen Beziehungen, das einzige Band bei höheren Tieren und bei den meisten primitiven Gruppen ist die Mutterliebe.» Briffault, a. a. O., S. 44.
77 «Die Beziehungen bei den Hominiden zeichnen sich nicht durch die Ausschließlichkeit aus, die man bei Arten mit Paarbeziehungen findet ... Ehebruch und Scheidung sind allem Anschein nach genauso ehrwürdig wie die Ehe.» Reynolds, a. a. O., S. 245.
78 McGrew, a. a. O., S. 64; Zihlman, *Shapers,* S. 96; Tanner, a. a. O., S. 210.
79 W. C. McGrew glaubt, daß die Hominidenweibchen die Menopause als Sicherheitsmechanismus entwickelten, um auszuschließen, daß sie in einem Alter noch ein Baby zur Welt bringen, in dem sie sterben könnten, bevor das Kind selbständig wäre. A. a. O., S. 65.
80 Reynolds, a. a. O., S. 246.
81 Tanner, a. a. O., S. 143–144, postuliert, daß sich die Hominiden zu 80–90 % vegetarisch ernährten. Diese Zahl ist das Mittel aus der zu 70 % pflanzlichen Kost der heutigen Buschmänner und der zu 90–99 % pflanzlichen Ernährung der Schimpansen.
82 Richard B. Lee, «What Hunters Do for a Living», in: *Man the Hunter,* hg. von Richard B. Lee und Irven DeVore (Chicago 1968), S. 31–33, 36. Siehe auch Fisher, a. a. O., S. 182 und Marvin Harris, *Cannibals and Kings* (New York 1977), S. 10.
83 Tanner, a. a. O., S. 144.
84 Ebd. S. 139–141.
85 Ebd. S. 205.
86 Ebd. S. 240.
87 Kathleen Gough, «The Origin of the Family», in: *Women: A Feminist Perspective,* hg. von Jo Freeman (Palo Alto, Calif. 1979), S. 93.
87 Zarold M. Schmeck, Jr., New York Times, 14. November 1981.
89 Martin und Voorhies, a. a. O., S. 173.
90 Sherwood L. Washburn und C. S. Lancaster, «The Evolution of Hunting», in: Lee und DeVore, a. a. O., S 299.
91 Gough, a. a. O., S. 93.
92 Boulding, a. a. O., S. 85.
93 «Das Problem des Ursprungs des Sprechens und der Sprache wird von anderer Seite durch die Ontogenese des Sprachvermögens erhellt. Falls, an irgendeinem Punkt im Prozeß der Evolution, ‹Sprache› oder ein Prototyp von ihr erlernt wurde, so geschah das nicht im Zusammenhang mit der Jagd, sondern in der Kindheit.» Alexander Marshack, «Some Implications of the Paleolithic Symbolic Evidence for the Origin of Language», in: *Origins and Evolution of Language and Speech,* hg. von S. R. Harnand, H. D. Steklis und J. Lancaster (New York 1976) . New York Academy of Scien-

ces 1976 Conference Proceedings, 22.–25. September 1975. Vol. 280, S. 309

94 Alexander Marshack, *The Roots of Civilisation* (New York 1972), S. 84–90; Boulding, a. a. O., S. 83, 91/92.

95 Lee und de Vore, a. a. O., S. 7–12, weisen das von Elman Service 1962 gezeichnete Bild zurück und möchten es durch eine grundlegende Gleichberechtigung ersetzt sehen.

96 Edward O. Wilson, *Biologie als Schicksal* (Ffm./Berlin/Wien 1978), S. 107–114; Martin und Voorhies, a. a. O., S. 53.

97 Zihlman, *Shapers,* a. a. O., S. 75.

98 So die Theorie von Jane Jacobs in: *Stadt im Untergang* (Ffm./Berlin/Wien 1970).

99 L. R. Hiatt, *Ownership and Use of Land Among the Australian Aborigines* in: Lee und DeVore, a. a. O., S. 101.

100 James Woodburn, «Stability and Flexibility in Hadza Residential Groupings»; June Helm, «The Nature of Dogrib Socioterritorial Groups», Colin Turnbull, «The Importance of Flux in Two Hunting Societies», alle Artikel in: Lee und DeVore, a. a. O., S. 104–110; 121; 132–136.

101 Dahlberg, a. a. O., S. 8.

102 Hitoshi Watanabe, «Subsistence and Ecology of Northern Food Gatherers with Special Reference to the Ainu», in: Lee und DeVore, a. a. O., S. 74; Agnes Estioko-Griffin und P. Bion Griffin, «Woman the Hunter: The Agda» in: Dahlberg, a. a. O., S. 126 ff.; Martin und Voorhies, a. a. O., S. 197/198; William Irwin Thompson, *The Time Falling Bodies Take to Light* (New York 1981), S. 132, glaubt, daß Frauen das Jagen aufgaben, als das Wild zu knapp wurde, und sich dem Gartenbau und der Zähmung von Tieren widmeten.

103 Kathleen Gough schreibt, «Bei 97 % der 175 Gesellschaften, die G. P. Murdock untersucht, ist die Jagd ausschließlich Männersache, bei den restlichen 3 % hauptsächlich. Das Sammeln ist Frauenarbeit. Bei 60 % der Stämme sammeln nur Frauen, während das Sammeln bei weiteren 32 % hauptsächlich weibliche Arbeit ist. Das Fischen ist bei allen 93 % der Jägergesellschaften, wo es existiert, ausschließlich oder hauptsächlich Männersache», in: Freeman, a. a. O., S. 94.

104 Vgl. Marielouise Janssen-Jurreit, *Sexismus – über die Abtreibung der Frauenfrage* (München/Wien 1976) S. 359.

105 Ebd. S. 362.

106 James Woodburn, «An Introduction to Hadza Ecology», in: Lee und DeVore, a. a. O., S. 53.

107 Boulding, a. a. O., S. 114.

108 Ebd. S. 97, 101.

109 W. Thompson, a. a. O., S. 263 Anm. 18. Neuere Ausgrabungen in der ägyptischen Wüste haben gezeigt, daß dort Gartenbau schon vor 17 000 bis 18 500 Jahren betrieben wurde. Siehe Fred Wendorf, Romuald Schild

und Angela E. Close, «An Ancient Harvest on the Nile», Science (November 1982), S. 68–73.

110 Martin und Voorhies, a. a. O., S. 283, schreiben: «In Ackerbaugesellschaften ist die Verteilung der Anbauarbeiten überaus konsistent. Ca. 81 % dieser Gesellschaften übertragen die landwirtschaftlichen Arbeiten den Männern, während es bei den von uns untersuchten Hortikulturen nur 17 % sind. Der Anbau durch Frauen, der in Gesellschaften, die primitive Handwerkszeuge benutzen, von so zentraler Bedeutung ist, geht in Agrikulturen auf einen Anteil von nur noch 16 % zurück.»

111 Die Hadza zum Beispiel. Siehe Woodburn, *Hadza Ecology*, S. 50.

112 W. I. Thompson, a. a. O., S. 132.

113 Boulding, a. a. O., S. 169–170.

114 Marija Gimbutas, *The Gods and Goddesses of Old Europe* (Berkeley 1974), S. 163.

115 Gough, a. a. O., S. 73; Boulding, a. a. O., S. 149; Charles Seltman, *Women in Antiquity* (London 1956), S. 33–34.

116 Gimbutas, a. a. O., passim.

117 Judith Ochshorn, *The Female Experience and the Nature of the Divine* (Bloomington, Ind., 1981), S. 31.

118 Gimbutas, a. a. O., S. 15, 38, 55.

119 Ebd. S. 171, 195.

120 Ebd. S. 171, 211–214.

121 Ebd. S. 91–102, 135–145, 186–195.

122 Ebd. S. 85–102, 116–132, 163.

123 Raphael Patai, *The Hebrew Goddess* (New York 1967), S. 58–61; David Bakan, *And They Took Themselves Wives* (San Francisco 1979), S. 77.

124 H. R. Ellis Davidson, *Gods and Myths of Northern Europe* (Baltimore, Md. 1964), S. 116.

125 Ebd. S. 94.

126 Kevin Crossley-Holland, *The Norse Myths* (New York 1973), S. 203.

127 Ferdinand Anton, *Woman in Pre-Columbian America* (New York 1973), S. 13–14.

128 Ebd. S. 15–16.

129 Eine Skizze dieser Darstellung nebst Besprechung bei: W. Thompson, a. a. O., S. 121.

130 Ebd. S. 263–266, Anm. 30.

131 Sarah B. Pomeroy, *Goddesses, Whores, Wives and Slaves* (New York 1975), S. 15.

132 Ruby Rohrlich-Leavitt, «Women in Transition: Crete and Sumer», in: *Becoming Visible: Women in European History,* hg. von Renate Bridenthal und Claudia Koonz (Boston 1977), S. 40.

133 V. Gordon Childe, *Soziale Evolution* (Ffm. 1968), S. 70, glaubt, das Fehlen männlicher und phallischer Darstellungen bedeute, daß die Vaterschaft im Paleolithikum und Neolithikum nicht bekannt war.

134 Boulding, a. a. O., S. 115.
135 James Mellaart, *Catal Hüyük* (Bergisch Gladbach 1967).
136 H. Harris, a. a. O., S. 34; Rohrlich-Leavitt, a. a. O., S. 43.
137 Thompson, a. a. O., S. 147.
138 Boulding, a. a. O., S. 127.
139 Gimbutas, a. a. O., S. 55.
140 Wie John Chadwick, *Die mykenische Welt* (Stuttgart 1974), der erstaunt von einer Inschrift spricht, die der Posidaeja, einer weiblichen Form des Poseidon, gewidmet ist und die männliche Form des Namens nicht erwähnt. Ihn überrascht außerdem der Name eines Mädchens: Alexandra, was bedeutet «die, die Männer zurückweist». Chadwick bezweifelt jedoch nicht die Vorherrschaft des Erdmutter-Kultes. S. 117–119 und 127–129; Charles Seltmann, a. a. O., S. 119, liefert ebenfalls Beweise für die Bedeutung der Anbetung von Göttinnen im klassischen Athen.
141 Emily Vermeule, *Greece in the Bronze Age* (Chicago 1964).
142 Pomeroy, a. a. O., S. 15.
143 Rohrlich-Leavitt, a. a. O., S. 42, 46, 49–50.
144 Chadwick, a. a. O., S. 212.
145 G. G. Vaillant, *Aztecs of Mexico* (New York 1950), S. 28–39.
146 W. Thompson, a. a. O., S. 150, gibt ein Beispiel für Gewohnheitsrecht im 20. Jahrhundert, entnommen aus J. M. Synge, *Die Aran-Inseln* (Zürich 1981), S. 89. Synge beschreibt, wie ein Aran-Fischer, hätte er etwas Unrechtes getan, allein in seinem Boot nach Galway fahren würde, um dort ins Gefängnis zu gehen.
147 Das Zeichen für Sklavin erscheint auf urschriftlichen Tafeln schon im Jahr 3500 v. Chr. Das Zeichen für männliche Sklaven taucht später und seltener auf. Rohrlich-Leavitt, a. a. O., S. 54. Chadwick, a. a. O., S. 108–109, glauben, daß es im achäischen Mykene nur Sklavinnen gab.
148 Sir Leonard Woolley, *The Sumerians* (New York 1965), S. 39.
149 Boulding, a. a. O., S. 223.
150 Rohrlich-Leavitt, a. a. O., S. 55.
151 Wayne Suttles, «Coping with Abundance: Subsistence on the Northwest Coast», in: Lee und DeVore, a. a. O., S. 56.
152 Harry Levin, *The Myth of the Golden Age in the Renaissance* (Bloomington, Indiana 1969), Kapitel 1, erörtert frühe Versionen dieses Mythos unter verschiedenen Gesichtspunkten.
153 Joan Bamberger, «The Myth of Matriarchy: Why Men Rule in Primitive Society», in: *Woman, Culture, and Society*, hg. von Michelle Rosaldo und Louise Lamphere (Stanford, Calif. 1974), S. 263–280.
154 Joseph Campbell, *The Masks of God: Occidental Mythology* New York 1970), S. 86.
155 Siehe Robert von Ranke-Graves, *Griechische Mythologie*, Bd. I u. II (Reinbek b. Hamburg 1979); Jane Harrison, *Themis: A Study of the Social Origins of Greek Religion* (New York 1962), S. 41.

156 Gilbert Murray, *Five Stages of Greek Religion* (Garden City N.Y. 1955), S. 49, 55.
157 Siehe Graves, a.a.O., Bd. I, S. 36; Gimbutas, a.a.O., S. 148–150, zur Herkunft von Athene und Hera.
158 Briffault, a.a.O., S. 367.
159 Eva Figes, *Patriarchal Attitudes* (New York 1970), S. 35.
160 Ruby Rohrlich und June Nash, *Patriarchal Puzzle: State Formation in Mesopotamia and Mesoamerica,* Heresies 4, 1, Ausgabe 13 (1981), S. 60–65.
161 Alexander Heidel, *The Babylonian Genesis* (Chicago 1951), S. 10–14.
162 Crossley-Holland, a.a.O., S. xxvii.
163 Ebd. S. 184, 188, 195.
164 Burr Cartwright Brundage, *The Fifth Sun* (Austin, Texas 1979), S. 46, 76, 137–139.
165 Anton, a.a.O., S. 58.
166 Brundage, a.a.O., S. 173, 139, 166, 175.
167 Anton, a.a.O., S. 58.
168 Catherine H. Berndt, «Interpretations and ‹Facts› in Aboriginal Australia», in: Dahlberg, a.a.O., S. 196.
169 Peggy Reeves Sanday erläutert einen Mythos der Munduruku, der eine Zeit beschreibt, als die Frauen herrschten und sexuell aggressiv waren, die Männer aber auf die Jagd gingen. Die Frauen verwalteten heilige Trompeten, die Fleischopfer forderten. Die Männer nahmen diese Trompeten mit Gewalt an sich, um sich symbolisch die weibliche generative Potenz anzueignen. *Female Power and Male Dominance* (New York 1981), S. 37–40. Siehe auch Leslee Nadelson, «Pigs, Women, and the Men's House in Amazonia» in: *Sexual Meanings: The Cultural Construction of Gender and Sexuality,* hg. von Sherry B. Ortner und Harriet Whitehead (Cambridge 1981). Joan Bamberger, a.a.O., S. 269–275 beschreibt Mythen über die Unterjochung von Frauen durch die Männer, die in Feuerland und in Gebieten nordwestlich des Amazonas und Zentral-Brasiliens erzählt werden; siehe auch Claude Lévi-Strauss, *Mythologica* Bd. II. *Vom Honig zur Asche* (Ffm. 1972), S. 311 ff.
170 Janssen-Jurreit, a.a.O., S. 181–182.
171 Sanday, a.a.O., S. 48.
172 Henry S. Sharp, *The Null Case: The Chipewyan,* Dahlberg, a.a.O., S. 225.
173 Colin Turnbull, «Mbuti Womanhood» in: Dahlberg, a.a.O., S. 218.
174 Joyce A. Ladner, «Racism and Tradition: Black Womanhood in Historical Perspective» in: *Liberating Women's History,* hg. von Berenice A. Carroll (Urbana, Ill. 1976), S. 182.
175 Jane C. Goodale, *Tiwi Wives* (Seattle 1971), S. 3–4.
176 Fisher, a.a.O., S. 123.
177 Janssen-Jurreit, a.a.O., S. 176.

178 Ebd. S. 177–178.
179 Claude Lévi-Strauss, *Mythologica* , Bd. I. *Das Rohe und das Gekochte,* S. 94–116.
180 Robert Briffault, *The Mothers,* Bd. I (New York 1927).
Die Seitenzahlen in diesem Abschnitt beziehen sich ausschließlich auf die Originalausgabe in drei Bänden.
181 Briffault, Bd. I , S. 271.
182 Ebd. S. 362–363.
183 Ebd. S. 368–369.
184 Ebd. S. 377–387. Briffault zitiert Gaston Maspero und Diodorus Siculus.
185 Ebd. S. 388–390.
186 Ebd. S. 370.
187 Andere Hinweise auf Matrilinearität und Matrizentrizität im alten Judentum finden sich bei: Naomi Goodman, «Eve, Child Bride of Adam», in: *Psychosexual Imperatives: Their Role in Identity Formation,* hg. von Marie Coleman Nelson und Jean Ikenberry (New York/London 1979), S. 43.
188 Julian Morgenstern, «Beena Marriage (Matriarchat) in Ancient Israel and its Historical Implications», Zeitschrift für die Alttestamentarische Wissenschaft (1929), S. 47, 91–110.
189 Briffault, a. a. O., S. 371.
190 Bakan, a. a. O., S. 71.
191 Briffault, a. a. O., S. 371.
192 Ebd. S. 372.
193 Bakan, a. a. O., S. 67.
194 Ebd. S. 84.
195 Briffault, a. a. O., S. 363.
196 Ebd. S. 371.
197 Ebd. S. 375–376.
198 Ebd. S. 415–420.
199 Ebd. S. 268–273.
200 Ebd. S. 427.
201 G. P. Murdock, *Social Structure* (New York 1949).
202 Michelle Rosaldo, «Woman, Culture, and Society: an Overview», in: Rosaldo und Lamphere, a. a. O., S. 19–20.
203 JoAnn McNamara, persönliches Gespräch im November 1982.
204 Janssen-Jurreit, a. a. O., S. 371.
205 Rosaldo, a. a. O., S. 27.
206 Zum Beispiel: *Cooperation and Competition Among Primitive Peoples,* hg. von Margaret Mead (New York 1937); Martin und Voorhies, a. a. O.; Sanday, a. a. O.
207 Martin und Voorhies, a. a. O., S. 233, und Margaret Mead, «Interpretive Statement» in: Mead, a. a. O., S. 461, die nur zwei Gruppen fanden, die von dieser Beschreibung abwichen: die Dobriander, die matrilinear, aber

konkurrenzorientiert, und die Apachen, die matrilokal und individualistisch sind.

208 Martin und Voorhies, a. a. O., S. 232/233.

209 Sanday, a. a. O., S. 60–61, 84; Martin und Voorhies, a. a. O., S. 247.

210 Sanday, a. a. O., S. 62/63.

211 Martin und Voorhies, a. a. O., S. 233.

212 Ebd. S. 225.

213 Boulding, a. a. O., S. 143.

214 Turnbull, «Mbuti» in: Dahlberg, a. a. O., S. 205.

215 Turnbull, «Flux» in: Lee und DeVore, a. a. O., S. 136.

216 Turnbull, «Mbuti», S. 209.

217 Ebd. S. 212.

218 Ebd. S. 216.

219 Marjorie Shostak, *Nisa erzählt* (Reinbek b. Hamburg 1984), S. 265–266.

220 Zu den Irokesen siehe vor allem B. H. Quain, «The Iroquois», in: Mead, a. a. O., S. 240–281; Judith K. Brown, «Iroquois Women: An Ethnohistoric Note», in: Reiter, a. a. O., S. 235–251; Eleanor Leacock, «Women in Egalitarian Societies», in: Bridenthal und Koonz, a. a. O., S. 11–35. Den Einfluß des Pelzhandels auf die sozialen Strukturen der Irokesen hat Louise Lamphere untersucht: «Anthropology», Signs 2,3 (Frühjahr 1977), S. 612–627.

221 Leacock, a. a. O., S. 20.

222 Zu den Chipewyan s. H. S. Sharp, a. a. O., S. 221–244.

223 Ebd. S. 236.

224 Robin Fox, *The Red Lamp of Incest* (New York 1980), S. 199/200.

225 Margaret Mead, *Jugend und Sexualität in primitiven Gesellschaften* Bd. 3: *Geschlecht und Temperament in drei primitiven Gesellschaften* (München 1979), S. 218.

226 Ebd. S. 224/225.

227 Irving Goldman, «The Zuni Indians of New Mexico», in: Mead, *Cooperation,* S. 322.

228 Ebd. S. 314–328.

229 Ebd. S. 313, 333 ff.

230 Berndt, a. a. O., S. 153.

231 Bronislaw Malinowski, *The Family Among the Australian Aborigines* (London 1913), S. 228.

232 Phyllis Kaberry, *Aboriginal Woman: Sacred and Profane* (London 1939), S. 25–26.

233 Berndt, a. a. O., S. 182–188; Frederick G. G. Rose, «Australian Marriage, Land-Owning Groups, and Initiations», in: Lee und DeVore, a. a. O., S. 200.

234 Ruby Rohrlich-Leavitt, Barbara Sykes und Elizabeth Weatherford, *Aboriginal Woman: Male and Female Anthropological Perspectives* in: Reiter, a. a. O., S. 120.

235 Rose, «Australian Marriage», Lee und DeVore, a.a.O., S. 200–208.
236 Kaberry, a.a.O., S. 27.
237 Berndt, a.a.O.
238 Richard A. Gould, *Yiwara* (New York 1969).
239 Ebd. S. 76.
240 Ebd. S. 8, 14, 19.
241 Rohrlich-Leavitt, Sykes und Weatherford, a.a.O., S. 114–115.
242 Patricia Draper, «!Kung Women: Contrasts in Sexual Egalitarianism in Foraging and Sedentary Contexts», in: Reiter, a.a.O., S. 83.
243 R. A. Gould, *Yiwara* a.a.O., S. 9–11.
244 Ebd. S. 18.
245 Ebd. S. 128.
246 Ebd. S. 192.
247 Turnbull, *Human Cycle,* S. 51–52.
248 Ebd., S. 180.

Kapitel II

1 J. J. Bachofen, Gesammelte Werke, Bd. 2 u. 3, *Das Mutterrecht* (Basel 1943), Briffault, a.a.O.; Elizabeth Gould Davis, *Am Anfang war die Frau* (München 1977).
2 Lewis Henry Morgan, *Ancient Society* (New York 1877); Friedrich Engels, *Der Ursprung der Familie, des Privateigentums und des Staates* (Ffm. 1978), (Original 1884).
3 Ebd. S. 32.
4 Gayle Rubin analysiert diese Gedanken unter den Blickwinkeln des biologischen und des sozialen Geschlechts in «The Traffic in Women», in: Reiter, a.a.O., S. 157–210.
5 Einer der ersten Vertreter dieser Theorie war wohl Briffault, a.a.O., S. 97; aber siehe auch Lee und DeVore, a.a.O.; Lionel Tiger, *Warum die Männer wirklich herrschen,* (München/Bern/Wien 1972). Alice Rossi, «A Biosocial Perspective on Parenting», *Daedalus* 106, 2 (1977), S. 1–31; Roy d'Andrade, «Sex Differences and Cultural Institutions», in: *The Development of Sex Differences,* hg. von Eleanor E. Maccoby (Standford, Calif. 1966), S. 173–204; und Ernestine Friedl, *Women and Men: An Anthropologist's View* (New York 1975).
6 M. Harris, a.a.O.
7 Eleanor Leacock, «Women's Status in Egalitarian Society: Implications for Social Evolution», *Current Anthropology* 19 (1978), S. 247–255. Die Frauen der Yanomamo in Venezuela und der Somali in Ost Afrika verrichten die schwersten Arbeiten. Bei den Tsambigula in Neu Guinea dürfen nur die kleinen Jungen spielen, kleine Mädchen müssen arbeiten. Nichtsdesto-

weniger genießen die männlichen Aktivitäten bei diesen Völkern mehr Prestige. Würde ein Mann einer Frau helfen, verlöre er sein Gesicht. Janssen-Jurreit, a.a.O., S. 363.

8 Sanday, a.a.O., S. 69, 171.

9 Gimbutas, a.a.O., S. 145.

10 Wilson, *Schicksal*, S. 43 ff., beschreibt dieses Phänomen folgendermaßen: «Ferner gilt, daß Weibchen in bester körperlicher Verfassung die gesündesten Jungen hervorbringen, und aus diesen Nachkommen werden gewöhnlich die größten, kräftigsten Erwachsenen... Gemäß der Theorie der natürlichen Auslese müßten Weibchen dann, wenn sie in bester körperlicher Verfassung sind, einen höheren Anteil von männlichen Nachkommen gebären, denn diese Nachkommen werden körperlich am größten, sind bei der Paarung die erfolgreichsten und bringen die größte Zahl von Nachkommen hervor. Bei nachlassender körperlicher Verfassung müßten die Weibchen in wachsendem Maße Töchter hervorbringen, da weibliche Nachkommen nunmehr die sicherere Investition darstellen. Nach der Theorie von der natürlichen Auslese werden Gene, die diese Fortpflanzungsstrategie veranlassen, sich auf Kosten von Genen, die andere Strategien bewirken, in der Population ausbreiten. Und so ist es. Bei Rotwild und Menschen, zwei der Arten, die bezüglich dieser Frage untersucht wurden, steigen unter Umweltbedingungen, die für trächtige Weibchen abträglich sind, die Geburten von weiblichen Nachkommen überproportional an. Daten über Nerze, Schweine, Schafe und Seehunde scheinen gleichfalls die (Trivers-Willard) Hypothese zu bestätigen. Höchstwahrscheinlich ist das direkt dadurch zu erklären, daß männliche Föten unter negativen Bedingungen eindeutig eine größere Sterblichkeit aufweisen – ein Phänomen, das bei zahlreichen Säugetierarten belegt wurde.» Was Wilson damit sagen will, ist, daß Männchen anfälliger sind als Weibchen; allerdings formuliert er das äußerst zurückhaltend.

11 Diese Tatsache bildet die Wurzel der soziobiologischen Theorie: Ungeachtet dessen, wie komplex sie sich darstellen mag, liegt ihr letztendlich die Vorstellung zugrunde, die Natur bestünde aus einem Wettbewerb der Männchen, in dem jedes das Ziel verfolgt, der einzige Hahn auf dem Hof zu sein, während alle anderen schnurstracks in die Kochtöpfe wandern. Indem die männlichen Soziobiologen einen Großteil der Erfahrungswerte außer acht lassen und die weibliche Hälfte der jeweiligen Säugetierarten ignorieren, engen sie ihre Vorstellung vom Leben auf einen reinen Wettbewerb um die Herrschaft ein, dessen *ultima ratio* darin besteht, der männlichen Kreatur größere Chancen einzuräumen, ihre Gene weiterzuvererben. Eine solche Vorstellung vom Naturkreislauf ist vermutlich falsch, soweit man sie auf unser Wissen über die Tierwelt bezieht: das Dominanzverhalten der meisten Primaten funktioniert nicht auf diese Weise. Was die menschliche Spezies betrifft, so könnte sie schon eher zutreffen. Ihre Fehlerhaftigkeit gründet jedoch genauso in dem, was sie vernachlässigt, wie in

dem, was sie als Argumente anführt, da sie einen Großteil tierischer Verhaltensweisen gar nicht in Betracht zieht und das gesamte Leben auf einen reinen Kampf ums Überleben reduziert.

12 Glen Collins, «Tribe Where Harmony Rules», New York Times, 19. Sept. 1983. Auch das Leben innerhalb ihrer ‹Familienzirkel› verläuft äußerst harmonisch, wenngleich sie Außenstehenden gegenüber große Feindseligkeit an den Tag legen können. Bis jetzt sind sie jedoch wenig erforscht.

13 Friedl, a. a. O., S. 7.

14 William Divale und Marvin Harris, «Population, Warfare, and the Male Supremacist Complex», *American Anthropologist* 78 (1976), S. 521–538.

15 Sanday, a. a. O., S. 163–170.

16 Susan Carol Rogers, «Female Forms of Power and the Myth of Male Dominance: A Model of Female/Male Interaction in Peasant Society», *American Ethnologist* 2 (1975), S. 727–756.

17 Margaret Mead, *Jugend und Sexualität* und *The Mountain Arapesh* (New York 1971, Neuauflage von 1938).

18 P. C. Lloyd, «The Yoruba of Nigeria», in: *Peoples of Africa,* hg. von James L. Gibbs (New York 1965), S. 547–582.

19 Rubin, a. a. O., S. 163.

20 Gough, a. a. O., S. 99–100.

21 Viele Frauen sammeln auf gefährlichem Terrain, z. B. die !Kung-Frauen. Vgl. Patricia Draper, «!Kung Women», Reiter, *Anthropology,* S. 83. Zu den Abipon-Frauen siehe Sanday, a. a. O., S. 122.

22 Dieses Verhalten fand Gould bei Aborigine-Jägern. Gould, a. a. O., S. 17–18.

23 Lévi-Strauss, *Totemismus,* S. 76.

24 Ebd. S. 42–43.

25 Briffault, a. a. O., Vol. I, S. 387.

26 Lévi-Strauss, *Totemismus,* S. 76 u. 81/82.

27 Wilson, *Sociobiology,* S. 285.

28 A. P. Elkin, «Studies in Australian Totemism: Sub-section, Section, and Moiety Totemism», *Oceania 4,* 2 (1933–34), S. 65–90; «Studies in Australian Totemism: The Nature of Australian Totemism», *Oceania* 4, 2 (1933/34), S. 113–131.

29 Rohrlich-Leavitt, a. a. O., S. 55/56.

30 Laut Bronislaw Malinowski, *Das Geschlechterleben der Wilden in Nordwest-Melanesien* (Ffm. 1979), besitzt das Inselvolk der Trobriander kein Wort für Vater.

31 Tiermännchen befestigte man eiserne Ringe am Penis, um sie am Masturbieren zu hindern, bevor man sie mit dem Weibchen zusammenbrachte. Weibchen wurden gelegentlich mit zusammengebundenen Beinen so aufgehängt, daß die Vulva nach außen ragte und für das Männchen leicht zugänglich war. Das Hauptmittel bei der Zuchtwahl war jedoch die Kastration. Manchmal waren die dabei verwendeten Techniken unvorstell-

bar grausam. Man nähte z. B. das Scrotum zusammen, damit die Testikel atrophierten; einige Stämme zerstörten die Testikel, indem sie mit Steinen darauf schlugen. Vgl. B. A. L. Cranstone, «Animal Husbandry: The Evidende from Ethnography», hg. von Peter J. Ucko und G. W. Dimbleby, in: *The Domestication and Exploitation of Plants and Animals* (Chicago, 1969), S. 255–258. Fisher diskutiert dieses Thema in *Creation*, a. a. O., S. 193–199.

32 Bakan, a. a. O., S. 95.

33 Mary O'Brien, «Feminist Theory and Dialectical Logic», *Signs 7,* 1 (Herbst 1981), S. 144–157.

34 Jean Bethke Elshtain, *Public Man, Private Woman* (Princeton, N. J. 1981), S. 46, 12.

35 Zitiert nach Susan Moller Okin, *Women in Western Political Thought* (Princeton, N. J. 1979), S. 25, 26.

36 O'Brien, a. a. O., S. 151.

37 Ivan Illich, *Shadow Work* (Boston 1981), S. 83.

38 Robin Fox, *Encounter With Anthropology* (New York 1973), S. 47.

39 Gerard M. Dalgish, *A Dictionary of Africanisms* (Westport 1982), S. 18.

40 Lévi-Strauss, *Totemismus,* a. a. O., S. 80.

41 Lee, *Living,* a. a. O., S. 37.

42 Watanabe, a. a. O., S. 74.

43 Gerardo Reichel-Dolmatoff, *Amazonian Cosmos* (Chicago 1971), S. 54.

44 Woodburn, *Hadza Ecology,* a. a. O., S. 52.

45 A. P. Elkin, *Studies in Australian Totemism,* Oceania 4, 1 (1933/34), S. 65–90; Lévi-Strauss, a. a. O., S. 76.

46 Fox, a. a. O., S. 75.

47 Alice Schlegel, «Male: Female in Hopi Thought and Action», in: *Sexual Stratification,* hg. von A. Schlegel (New York 1977), S. 261.

48 Das Zitat stammt von Bridget O'Laughlin, «Mediaions of Contradiction: Why Mbum Women do not eat Chicken», in: Rosaldo und Lamphere. a. a. O., S. 311. Siehe auch Sherry Ortner, «Is Female to Male as Nature is to Culture?» Ebd., S. 78.

49 Gillian Gillison, «Images of Nature in Gimi Thought», in: *Nature, Culture and Gender,* hg. von Carol. P. Madormack und Marilyn Strathern (New York 1980), S. 146.

50 So die Fore (siehe Lindenbaum, a. a. O., S. 56/57) und die Wogeo (siehe Hogbin, a. a. O., S. 88 ff.).

51 Fisher, a. a. O., S. 156.

52 Gillison, a. a. O., S. 164.

53 Mead, *Cooperation,* a. a. O., S. 38.

54 Bamberger, «Myth», in: Rosaldo und Lamphere, *Woman,* S. 277–278.

55 H. S. Sharp, a. a. O., S. 227 ff.

56 Gillian Gillison, a. a. O., S. 149–153. Alle Informationen über die Gimi stammen aus diesem Aufsatz.

57 Sanday, a. a. O., S. 41–45.
58 Jane C. Goodale, «Gender, Sexuality and Marriage: A Kaulong Model of Nature and Culture», in: MacCormack und Strathern, a. a. O., S. 119–142.
59 Elizabeth Faithorn, «The Concept of Pollution Among the Kafe of the Papua New Guinea Highlands», in: Reiter, a. a. O., S. 127–140.
60 Marilyn Strathern, «No Nature, No Culture: The Hagen Case», in: MacCormack und Strathern, a. a. O., S. 174–222.
61 Fritz John Porter Poole, «Transforming ‹Natural› Woman: Female Ritual Leaders and Gender Ideology Among Bimin-Kuskusmin», in: Ortner und Whitehead, a. a. O., S. 128.
62 Sanday, a. a. O., S. 30–34.
63 Ebd., S. 206.
64 Strathern, a. a. O., S. 206.
65 Gillison, a. a. O., S. 171, 147.
66 H. S. Sharp, a. a. O., S. 227.
67 Die Munduruku zum Beispiel. Siehe Sanday, a. a. O., S. 39.
68 Gillison, a. a. O., S. 171.
69 Fisher, a. a. O., S. 156–157.
70 Nach Fisher, a. a. O., S. 156. Dieser Brauch existiert bei den Aborigines und einigen Stämmen in Neu Guinea: siehe Eleanor Leacock, Einleitung zu Friedrich Engels, a. a. O., S. 39–40, und Ian Hogbin, *The Island of Menstruating Men* (San Francisco 1970).
71 Shirley Lindenbaum, «A Wife is the Hand of Man», in: *Man and Woman in the New Guinea Highlands,* hg. von P. Brown und G. Buchbinder, American Anthropological Association Special Publication, No. 8 (1976), S. 57/58.
72 Sanday, a. a. O., S. 43.
73 Lee, «Living», in: Lee und DeVore, a. a. O., S. 40.
74 Asen Balikci, «The Netsilik Eskimos: Adaptive Process», in: Lee und DeVore, a. a. O., S. 78 ff.; Sanday, a. a. O., S. 65, 69, 76, 78, 171–172.
75 Ebd. S. 37; Nadelson, a. a. O., S. 241.
76 Gillison, a. a. O., S. 170.
77 Sharp, a. a. O., S. 227; Sanday, a. a. O., S. 35–40.
78 Ebd. S. 45–47.
79 Balikci, a. a. O.
80 Mead, *Sex and Temperament,* a. a. O., S. 84.
81 Claude Lévi-Strauss, «The Family», in: *Man, Culture and Society,* hg. von Harry Shapiro (London 1956), S. 269.
82 Simone de Beauvoir, *Das andere Geschlecht* (Reinbek b. Hamburg 1968), S. 71–72.
83 Die meisten Tierarten sind Insekten. Die weiblichen Insekten sind meistens größer als die männlichen. Bei 12 von 20 Säugetierarten und bei 20 von 122 Familien kommen Arten mit größeren Weibchen vor. Bei bestimmten

Säugetiergruppen sind die Weibchen fast immer größer als die Männchen, so bei Kaninchen, Hasen, bestimmten Fledermäusen, Walen, Seehunden und Antilopen. Katherine Rales betont, daß Blauwale die größten Tiere sind, die je gelebt haben. Da weibliche Wale generell größer sind als männliche, ist das größte existierende Tier also weiblich. Weibliche Hyänen sind im allgemeinen größer als männliche und dominieren auch dann, wenn die Männchen größer sind. Siehe Stephen Jay Gould, *Hen's Teeth and Horse's Toes* (New York 1983), S. 21–22, 149–150; Ralls, a. a. O., und H. Kruuk, *The Spotted Hyena* (Chicago 1972).

84 Figes, a. a. O., S. 9.

85 Turnbull, *Mbuti,* a. a. O., S. 210.

86 Wilson, *Schicksal,* S. 107–115; Martin und Voorhies, a. a. O., S. 53.

87 Die Fragen, ob getrennte Rollen und Ungleichheit ‹natürlich› sind, lassen sich wahrscheinlich nicht objektiv diskutieren. Peter Reynolds, a. a. O., S. 258/259, versucht, sie unter Bezug auf die Primaten zu beantworten. Er findet soziale Hierarchien unter Tieren, aber das entscheidende Moment ist nicht Aggression, sondern die Bereitschaft zum Austausch von Körperpflegediensten. Es gibt ein Familiengefühl, aber es ist matrizentrischer Natur. Zwischengeschlechtliche Bande sind weniger wichtig als Blutsverwandtschaft.

88 Neuere psychoanalytisch orientierte Interpretationen der Mutter-Kind-Beziehung finden sich bei Dorothy Dinnerstein, *Das Arrangement der Geschlechter* (Stuttgart 1979) und bei Chodorow, a. a. O.

89 Ochshorn, *Female Experience,* a. a. O., S. 34.

90 Fox, *Red Lamp,* S. 6, behauptet, daß es zusammengenommen mindestens 96 Gesellschaften gab, die Formen des Inzest erlaubten.

91 Lévi-Strauss, *Das Rohe und Gekochte,* besonders S. 1–93.

92 Jonathan Gathorne-Hardy, *Marriage, Love, Sex and Divorce* (New York 1981), S. 308.

93 Claude Lévi-Strauss, *Die Elementaren Strukturen der Verwandtschaft* (Ffm. 1981), S. 640.

94 In einigen Fällen ist Göttinnen geopfert worden, wie zum Beispiel in Karthago der Göttin Tanit. Karthago wurde jedoch zu dieser Zeit von Priestern beherrscht. Vgl. Boulding, a. a. O., S. 241–242. In Mittelamerika war es eine Göttin, die nach menschlichen Herzen «weinte», aber sie war schon lange Zeit zuvor abgesetzt worden.

95 Von Bakan, a. a. O., S. 15.

96 Carol Ochs, *Behind the Sex of God* (Boston 1977), S. 45.

97 Bakan, a. a. O., S. 148.

98 John Boswell, *Christianity, Social Tolerance, and Homosexuality* (Chicago 1980), S. 34.

99 Friedrich Nietzsche, *Nachgelassene Fragmente* (September 1870–Januar 1871), Kritische Gesamtausgabe 3. Abt., 3. Bd. (Berlin usw. 1978), S. 57–132.

100 JoAnn McNamara, persönliches Gespräch, Mai 1978.
101 Edmund Wilson, *Der Weg nach Petersburg* (München 1963), S. 209.
102 R. W. Apple, New York Times, 9. November 1982.
103 Siehe Karen Sacks, «State Bias and Women's Status», in: *American Anthropologist* 78, 2 (September 1976), S. 565–569; und Sherry Ortner, «The Virgin and the State», *Feminist Studies* 4, 3 (Oktober 1978), S. 19–35.
104 Berndt, a. a. O., S. 194.
105 J. P. V. D. Balsdon, *Die Frau in der Römischen Antike* (München 1979), S. 16–17. Schwestern unterschied man durch Zufügung der Bezeichnung «die Ältere», «die Jüngere», oder «die Erste», «die Zweite» und «die Dritte». Nach der Heirat fügte man dem Namen des Vaters den Namen des Ehemanns im Genitiv hinzu. Männer hatten hingegen zwei oder drei Namen.
106 Otto Jespersen, *The Growth and Structure of the English Language* (New York 1923), S. 1.
107 Michel Foucault, *Die Ordnung der Dinge* (Ffm. 1971), S. 71.
108 Die Volsker werden von Camilla regiert, obgleich ihr Bruder am Leben ist, und Amata beruft sich auf das «Mutterrecht», um ihre Tochter mit Turnus zu vermählen. Ihre und Junos Widersacher sind Äneas, Latinus und Zeus.
109 Jacques de Vitry (gest. 1240), zitiert n. Eileen Power, «The Position of Women», in: *The Legacy of the Middle Ages,* hg. von C. G. Crump und E. F. Jacob (Oxford 1962), S. 402.
110 Nawal el Saadawi, *Frauen im Islam* (Bremen 1980), S. 15–21.
111 Ortner, *Female to Male,* a. a. O., S. 86.
112 Epigramm von Sir John Harrington (1561–1612).
113 Siehe zum Beispiel: Cynthia Ozick, «Justice (Again) to Edith Wharton», in: *Commentary* 62, 4 (Oktober 1976), S. 48–57, wo Wharton nicht wegen ihrer Arbeit kritisiert wird, sondern wegen der Behandlung ihres Gatten.
114 Rohrlich und Nash, a. a. O., S. 60–65.
115 JoAnn McNamara, persönliches Gespräch, Mai 1978.
116 Rohrlich-Leavitt, a. a. O., S. 51.
117 Ebd. S. 52.
118 Rohrlich und Nash, a. a. O., S. 63.
119 Samuel Noah Kramer, *The Sumerians* (Chicago 1963), S. 322.
120 Rohrlich und Nash, a. a. O., S. 64.
121 George Dorsey, *Man's Own Show: Civilisation* o. A. Zitiert n. Mary R. Beard, *Women as Force in History* (New York 1971).
122 *Ancient Near Eastern Texts,* hg. von James B. Pritchard (Princeton, N. J. 1958), S. 154 (desgl. 143); S. 155 (desgl. 153) und S. 153/154 (desgl. 141). Siehe auch J. B. Bury, S. A. Cook, and F. E. Adcock «The Law of Ancient Babylonia», in: *Man in Adaptation: The Institutional Framework,* hg. von Y. A. Cohen (Chicago 1971), S. 154–157.

123 Morgenstern, a. a. O., S. 91–110; «Additional Notes on Beena Marriage (Matriarchat) in Ancient Israel», in: Zeitschrift für Alttestamentische Wissenschaft 49 (1929), S. 46–58.
124 Bakan, a. a. O., S. 71, 73.
125 Ebd. S. 25–26, 140.
126 Ebd. S. 78 ff., 147.
127 Rohrlich und Nash, a. a. O., S. 62.
128 Anton, a. a. O., S. 58.
129 Brundage, a. a. O., S. 169.
130 Ebd. S. 33, 35–36.
131 Vaillant, a. a. O., S. 112–113.
132 Rohrlich und Nash, a. a. O., S. 63–64.
133 Brundage, a. a. O., S. 196.
134 Ebd. S. 178 ff.; 205–214.
135 Crossley-Holland, a. a. O., S. xxv.
136 Ebd.
137 Ebd. S. 187.
138 Marylin Arthur, «Liberated Women: The Classical Era», in: Bridenthal und Koonz, a. a. O., S. 63.
139 Das Fragment wurde nicht identifiziert. Siehe Arthur, Ebd. S. 73, 65.
140 Pomeroy, a. a. O., S. 13.
141 Slater, a. a. O., S. 130/131.
142 Ebd. S. 8.
143 Elshtain, a. a. O., S. 15.
144 Ebd. S. 16.
145 Arthur, a. a. O., S. 65.
146 Ebd. S. 63.
147 Sophokles, *Tragödien* (München 1977), S. 62.
148 Janssen-Jurreit, a. a. O., S. 666.
149 Ebd. S. 675.
150 Siehe William E. Farrell, New York Times, 13. November 1977.
151 Barrington Moore, Jr., *Ungerechtigkeit: Die sozialen Ursachen von Unterordnung und Widerstand* (Ffm. 1982), S. 82.
152 Ebd. S. 83.
153 Heinrich Zimmer, *Philosophie und Religion Indiens,* (Zürich 1961), S. 357, Anm. 4.
154 Moore, a. a. O., S. 112.
155 Katharine M. Rogers, *The Troublesome Helpmate: A History of Misogyny in Literature* (Seattle 1966), S. 14–15. Es war Tertullian, der sich mit den Worten an die Frauen wandte: «Ihr seid das Tor zur Hölle», womit er sie beschwören wollte, sich zur Buße für Evas Sünde unscheinbar zu kleiden und Schleier zu tragen. «On the Apparel of Women», und «On the Veiling of Virgins», in: *The Ante-Nicene Fathers,* hg. von A. C. Coxe (New York 1925), IV.

156 K. H. Rogers, a. a. O., S. 17.
157 Chrysostomus, *In Epistolam ad Romanos,* Lehrpredigt 4, *Patrologiae Graeca* 60, S. 415 ff.
158 Augustinus, Aurelius, *Gegen die Lüge* (Würzburg 1953), *Patrologiae Latina* 40, S. 496.
159 Augustinus, Aurelius, *Der Gottesstaat,* Bd. 1 u. 2 (Paderborn 1979), S. 963, Bd. 1, Buch XIV.
160 Boswell, a. a. O., S. 164, spricht über Augustinus, *De Bono Conjugale* 10; *Patrologiae Latina* 40, S. 381.
161 Boswell, a. a. O., S. 148–150.
162 Basilius Magnus, *Sermo* 2.235 E, *Patrologiae Graeca* 31, S. 885, zitiert n. Boswell, a. a. O., S. 149.
163 Kenneth A. Briggs, New York Times, 7. August 1977.
164 New York Times, 21. August 1980.
165 S. Ortner, «Female to Male». Claude Lévi-Strauss behauptet jedoch, daß der Gegensatz zwischen Natur und Kultur künstlicher Natur ist (siehe *Die elementaren Strukturen,* S. 23–25) bzw. ein rein methodisches Hilfsmittel (siehe *Das Wilde Denken* [Ffm. 1981], S. 284).
166 Siehe zum Beispiel: MacCormack und Strathern, a. a. O.
167 Edwin Ardener, «Belief and the Problem of Women», in: *Perceiving Women,* hg. von Shirley Ardener (London 1975).
168 Gillison, a. a. O. S. 145–146.
169 Olivia Harris, «The Power of Signs: Gender, Culture and the Wild in the Bolivian Andes», in: MacCormack und Strathern, a. a. O.
170 Caroline Ifeka-Moller, «Female Militancy and Colonial Revolt», in: Ardener, a. a. O., S. 132.
171 Ortner, «Female to Male», S. 70.
172 Lévi-Strauss, *Das Rohe und das Gekochte,* S. 75–136. Die Unterscheidung zwischen rohem Fleisch, wie es Tiere fressen, und gekochtem, wie es Menschen essen, wird auch von den Chipewyan gemacht, für die die Eskimos (die rohes Fleisch essen) zu den Tieren zählen. Die Gesellschaft der Chipewyan ist von einer starken Vormachtstellung der Männer geprägt. Die Männer jagen das Wild und produzieren so die Nahrung, die die Frauen zubereiten. Möglicherweise sehen die Chipewyan die Natur als männlich an; deren weibliche Aspekte werden von den transzendentalen Geistern gebändigt, die den Männern Wissen und Macht geben. Siehe H. S. Sharp, a. a. O., S. 230.
173 Turnbull, «Flux», S. 210.
174 Pomeroy, a. a. O., S. 4.
175 Rosaldo, a. a. O., S. 31.
176 Carolyn C. Lougee, *Le Paradis des Femmes: Women, Salons, and Social Stratifications in Seventeenth-Century France* (Princeton, N. J. 1976), S. 31.
177 *Godey's Lady's Book* 20 (1840), S. 273, zitiert n. Ann Douglas, *The Feminization of American Culture* (New York 1977), S. 58.

178 Judith Okele, «Gypsy Women», in: Ardener, a. a. O., S. 61.
179 Barbara Welter, «The Feminization of American Religion», in: *Clio's Consciousness Raised: New Perspectives on the History of Women,* hg. von Mary S. Hartman and Lois Banner (New York 1974), S. 151, zeigt auf, daß Frauen in Kulturen wie z. B. im mittelständischen Amerika des 19. Jahrhunderts «die Natur mit dem Mann und den Mann mit sich selbst» in Beziehung setzen, indem sie die ursprüngliche Rauheit der Grenzerfahrungen abmildern.
180 Rubin, a. a. O., S. 192 Anm.
181 Bridget O'Laughlin, «Mediaions of Contradiction: Why Mbum Women Do Not Eat Chicken», in: Rosaldo and Lamphere, *Woman,* a. a. O.
182 Boswell, a. a. O., S. 15/16.
183 Ebd. S. 153.
184 Slater, a. a. O., S. 79.
185 Peter L. Berger and Thomas Luckman, *The Social Construction of Reality: A Treatise in the Sociology of Knowledge,* (Garden City, N. J., 1967), S. 65/66, S. 106/107.
186 Phyllis Trible, *God and the Rhetoric of Sexuality,* (Philadelphia 1978), S. 33.
187 M. Harris, a. a. O., S. 143/144.
188 Boswell, a. a. O., S. 162.
189 Elshtain, a. a. O., S. 56, behauptet, daß das Christentum «eine moralische Revolution in Gang setzte, die die herrschenden Vorstellungen von Männlichkeit und Weiblichkeit auf der öffentlichen wie auf der privaten Ebene in drastischer Weise zum Positiven veränderte».
190 Elaine Pagels, *Versuchung durch Erkenntnis – Die gnostischen Evangelien* (Ffm. 1981), S. 107–116.
191 Ebd. S. 86–88.
192 Ebd. S. 83–85.
193 JoAnn McNamara, persönliches Gespräch, Dezember 1981.
194 Die Einzigartigkeit der christlichen Orthodoxievorstellungen in der damaligen Zeit machte mir JoAnn McNamara in einem persönlichen Gespräch im Oktober 1984 klar.
195 Boulding, a. a. O., S. 385.
196 Minai, a. a. O., S. 17–21, 44.
197 Max Stackhouse, *Ethics and the Urban Ethos* (Boston 1972), S. 94.
198 Ochs, a. a. O., S. 25, 154.
199 Illich, *Shadow,* S. 46.
200 Ebd. S. 59.
201 L. J. Jordanova, «Natural Facts: a Historical Perspective on Science and Sexuality», in: MacCormack und Strathern, a. a. O., S. 54.
202 Ebd. S. 54, 58.
203 Lawrence Stone, *The Family, Sex and Marriage in England 1500–1800* (New York 1977), S. 42.
204 Isaac D. Balbus, *Marxism and Domination* (Princeton, N. J., 1982), S. 40.

205 Wilson, *Petersburg,* S. 11.
206 Engels, a. a. O., S. 251–264, besonders S. 260/261.
207 Karl Marx, *Das Kapital,* Bd. I, S. 192.
208 Balbus, a. a. O., S. 253.
209 Ebd., S. 260.
210 Vgl. Karl Marx: *Grundrisse der Kritik der politischen Ökonomie* (Ffm. 1967).
211 Wilson, *Petersburg,* S. 38.
212 Ebd. S. 365–366.
213 Ebd. S. 149.
214 Ann Oakley, New York Times Book Review, 2. Mai 1982.
215 Wilson, *Petersburg,* S. 169.
216 H. R. Trevor-Roper, «Born Again», in: New York Review of Books, 5. November 1981.
217 Simone Weil, *Unterdrückung und Freiheit* (München 1975).
218 Ebd.
219 Hannah Arendt, *Elemente und Ursprünge totaler Herrschaft* (Ffm. 1955), S. 200.
220 M. Harris, a. a. O., S. 70.

Kapitel III

1 Die Studie wurde von E. R. Schmidt durchgeführt und dargestellt bei Dolores Barracano Schmidt und Earl Robert Schmidt, «The Invisible Woman: The Historian as Professional Magician», in: Carroll, a. a. O., S. 43–44. Die untersuchten Lehrbücher werden zu 99 Prozent in Geschichtskursen amerikanischer Colleges verwendet.
2 Ebd. S. 50. Dieses Buch (Leland D. Baldwin and Robert Kelley, *American History*) erschien nicht im finsteren Mittelalter, sondern 1967.
3 Aileen Kraditor in *Up from the Pedestal* (New York 1968). Das erwähnte Geschichtswerk ist: Ralph Gabriel, *The Course of American Democratic Thought.*
4 Siehe Angela Carter, «The Language of Sisterhood», in: *The State of the Language,* hg. von Leonard Michaels and Christopher Ricks (Berkeley, Calif. 1980), S. 226–234. Die Studie, die sie zitiert, ist: Leonard E. Barett, *The Rastafarians* (London 1977).
5 National N. O. W. Times, März 1982.
6 Siehe Eileen Power, «The Position of Women», in: *The Legacy of the Middle Ages,* hg. von C. G. Crump und E. F. Jacob (Oxford 1962); *Medieval English Nunneries* (Cambridge 1922); *Medieval People* (London/New York 1966, revidierte Neuauflage).
7 Artikel 110. Siehe Pritchard, *Ancient Near Eastern Texts,* S. 150.

8 Mary R. Beard, a. a. O.
9 Mary Wollstonecraft, *Verteidigung der Rechte der Frauen* (Zürich 1978) und de Beauvoir, a. a. O.
10 Ann Douglas, *Feminization.* Zu den theoretischen Problemen der Geschichte der Frau siehe Caroll, a. a. O., Teil I; siehe auch Juliet Mitchell, *Women: The Longest Revolution* (Boston 1966) und Gerda Lerner, *The Majority Finds Its Past* (New York 1979), bes. S. xxii–xxxii, 3–14.
11 Bridenthal und Koonz, a. a. O., S. 255.
12 Franz Fanon, *Die Verdammten dieser Erde* (Reinbek b. Hamburg 1976), S. 29–31.
13 Albert Memmi, *Der Kolonisator und der Kolonisierte* (Ffm. 1980), S. 85.
14 Fanon, a. a. O., S. 33.
15 Ebd. S. 32.
16 Winthrop D. Jordan, *White Over Black* (Chapel Hill, N. C. 1968), S. 51.
17 Jordan, a. a. O., S. 577.
18 Jean-Paul Sartre, *Einleitung zu Memmi,* a. a. O., S. 8.
19 Ebd. S. 9.
20 Ebd. S. 69–70.
21 Jordan, a. a. O., S. 578.
22 Sartre, a. a. O., S. 8.
23 Ulrich B. Phillips, *American Negro Slavery* (New York 1918), S. 291/292.
24 Kenneth M. Stampp, *The Peculiar Institution* (New York 1956), S. 89.
25 Memmi, a. a. O., S. 85.
26 Stampp, a. a. O., S. 111.
27 Stampp, a. a. O., S. 116.
28 Kurt Lewin, «Self-Hatred Among Jews», in: *Contemporary Jewish Record 4* (1941), S. 219–232. Siehe auch Memmi, a. a. O., S. 120–122.
29 Ebd. S. 90.
30 Ruth First and Ann Scott, *Olive Schreiner* (London 1980), S. 48.
31 Memmi, a. a. O., S. 102–105.
32 Ebd. S. 99.
33 Aristoteles, *Über die Zeugung der Geschöpfe* (Paderborn 1959), S. 133, 205, 230.
34 Okin, a. a. O., S. 197.
35 Ebd. S. 201–202, 280.
36 Ebd. S. 285.
37 Aristoteles, *Politik (Politica, dt.),* (Zürich/Stuttgart 1971), S. 64, 71, 87.
38 Zum Beispiel Patrick Geddes, *The Evolution of Sex* (1889).
39 Siehe Janssen-Jurreit, a. a. O., S. 12.
40 Diese Theorien wurden vertreten von Rudolf Virchow, Theodosius Dobzhansky und Rose Mayreder, zitiert n. Janssen-Jurreit, a. a. O., S. 340.
41 Ebd. S. 444.
42 P. J. Möbius, *Über den physiologischen Schwachsinn des Weibes* (Halle a. d. S. 1907), S. 40–43.

43 Der Arzt Edward H. Clarke veröffentlichte seine Ansichten in *Sex in Education* (1872), zitiert n. Adele Simmons, «Education and Ideology in Nineteenth-Century America», in: Carroll, a.a.O., S. 118.
44 Max Nordau, *Degeneration* (New York 1895), S. 412; Otto Weininger, *Geschlecht und Charakter* (München 1980, Neuaufl.), S. 239–313.
45 National N.O.W. Times, Januar/Februar 1982.
46 Philip Wylie, *Generation of Vipers* (New York 1955); Eric Erikson, *Kindheit und Gesellschaft* (Stuttgart 1979), S. 282–293.
47 Helen Mayer Hacker, «Women as a Minority Group», in: *Masculine/Feminine,* hg. von Betty and Theodore Roszak (New York 1969), S. 134.
48 Ebd. S. 139.
49 Stampp, a.a.O., S. 73.
50 Sartre, a.a.O., (S. xv d. engl. Ausg.).
51 Robert William Fogel und Stanley L. Engermann, *Time on the Cross: The Economics of American Negro Slavery* (Boston, 1974), S. 70.
52 Erlene Stetson, «Studying Slavery», in: *But Some of Us Are Brave,* hg. von Gloria T. Hull, Patricia Bell Scott, und Barbara Smith (Old Westbury, N.Y. 1982), S. 77.
53 Eugen Genovese, *The Political Economy of Slavery* (New York 1967), S. 26.
54 Siehe Orlando Patterson, *Slavery and Social Death* (Cambridge, Mass. 1982).
55 James Fox, *White Mischief* (New York 1983).
56 Boulding, a.a.O., S. 205. JoAnn McNamara, persönliches Gespräch im Juni 1983.
57 Bakan, a.a.O. glaubt, daß Frauen in biblischen Zeiten Soldaten waren, siehe S. 155. Desgl. Briffault, a.a.O., Vol. I, S. 372.
58 Seltman, a.a.O., S. 46/47; Briffault, a.a.O., Bd. I, S. 377.
59 Steffen Wenig, *Die Frau im alten Ägypten* (Leipzig 1970), S. 12.
60 Boulding, a.a.O., S. 222; de Beauvoir, a.a.O., S. 90/91; Briffault, a.a.O., Bd. I, S. 387; Judy Chicago, *The Dinner Party* (Garden City, N.Y. 1979), S. 116.
61 Boulding, a.a.O., S. 229.
62 Ebd. S. 230/231, 234.
63 Briffault, a.a.O., Bd. I, S. 380–384.
64 Diodorus Siculus, *Bibliotheca Historia* (Bepouli 1793), 187, ii27; F. Chabas, *Les Maximes du Scribe Ani,* zitiert n. Briffault, a.a.O., S. 385/386.
65 de Beauvoir, a.a.O., S. 91.
66 William Tarn, *Cambridge Ancient History X,* S. 110.
67 Rohrlich-Leavitt, a.a.O., S. 42/43.
68 George Thomson, *The Prehistoric Aegean* (New York 1965), S. 28.
69 Rohrlich-Leavitt, a.a.O., S. 44.
70 Ebd. S. 47.
71 Ebd. S. 48–50; Sarah Pomeroy, «A Classical Scholar's Perspective on Ma-

triarchy», in: Carroll, a.a.O., S. 221; zur Doppelaxt siehe Gimbutas, a.a.O., S. 91, 186.

72 Boulding, a.a.O., S. 246/247.

73 Chadwick, a.a.O., S. 118.

74 Ebd. S. 100, 106–110, der Autor glaubt, daß die Frauen Sklavinnen waren und es keine männlichen Sklaven gab, da die Männer zu mutig, stark und angesehen waren, um versklavt zu werden. Neuere Untersuchungen gelangen zu dem Schluß, daß die Frauen entweder Flüchtlinge oder Emigrantinnen sein mußten, die Pylos aufgesucht hatten, weil es das Zentrum der Textilherstellung war. Siehe Jon-Christian Billigmeier and Judy A. Turner, «The Socio-Economic Roles of Women in Mycenaean Greece: A Brief Survey from Evidence of the Linear B Tablets», in: *Women's Studies* 8 (1981), S. 3–20.

75 Pomeroy, *Goddesses,* S. 30.

76 Briffault, a.a.O., gek. Ausg. S. 88.

77 Seltman, a.a.O., S. 175.

78 Sarah Pomeroy, persönliches Gespräch, Oktober 1982.

79 Boulding, a.a.O., S. 251.

80 Pomeroy, *Goddesses,* S. 36, 38–39.

81 Ebd. S. 38–39 und persönliches Gespräch.

82 Ebd. S. 46, 69, 64, 140.

83 JoAnn McNamara, persönliches Gespräch, März 1982.

84 Pomeroy, *Goddesses,* a.a.O., S. 63. Pomeroy bezieht ihre Daten für die Lebenserwartung aus den von J. Lawrence Angel durchgeführten Untersuchungen von Skelettfunden.

85 W. K. Lacey, *Die Familie im antiken Griechenland* (Mainz 1983), S. 157/158.

86 Pomeroy, *Goddesses,* S. 85.

87 Lacey, a.a.O., S. 158–159. Pomeroy, a.a.O., S. 79.

88 Lacey, a.a.O., S. 166.

89 Slater, a.a.O., S. 26.

90 M. I. Finley, *Die Welt des Odysseus* (München 1977), S. 74.

91 Slater, a.a.O., S. 26.

92 Amy Swerdlow, «The Greek Woman in Attic Vase Painting», in: *Women's Studies* 5 (1978), S. 267–284.

93 Lacey, a.a.O., S. 217.

94 Pomeroy, *Goddesses,* S. 62.

95 Ebd. S. 57.

96 Lacey, a.a.O., S. 162/163.

97 Ebd. S. 163.

98 Pomeroy, *Goddesses,* S. 91.

99 Ebd. S. 52.

100 Ebd. S. 136.

101 Ebd. S. 98; Boulding, a.a.O., S. 258.

102 Chicago, a. a. O., S. 123.
103 Okin, a. a. O., S. 68/69.
104 Slater, a. a. O., S. 10.
105 Okin, a. a. O., S. 21.
106 Arthur, a. a. O., S. 75.
107 Seltman, a. a. O., S. 179.
108 Arthur, a. a. O., S. 75/76.
109 Seltman, a. a. O., S. 180.
110 Arthur, a. a. O., S. 75.
111 Pomeroy, *Goddesses,* S. 133; Arthur, a. a. O., S. 74.
112 Ebd. S. 76.
113 Pomeroy, *Goddesses,* S. 130/131.
114 Ebd. S. 132.
115 Athenaeus, *The Deipnosophistae* V (Cambridge 1932), S. 331/332.
116 Raymond Block, *The Etruscans* (New York 1958), S. 58.
117 Briffault, a. a. O., Bd. I, S. 425/426.
118 JoAnn McNamara, persönliches Gespräch.
119 Balsdon, a. a. O., S. 24.
120 Ebd. S. 48/49, 301.
121 Seltman, a. a. O., S. 172.
122 Pomeroy, Godesses, S. 150/151.
123 Ebd. S. 163. David Herlihy, «Land, Family, and Women in Continental Europe, 701–1200», in: *Women in Medieval Society,* hg. von Susan Mosher Stuard (Philadelphia 1976), S. 13.
124 Pomeroy, *Goddesses,* S. 161.
125 Pagels, a. a. O., S. 108.
126 Arthur, a. a. O., S. 82/83.
127 Boswell, a. a. O., S. 120 ff.
128 Pomeroy, *Goddesses,* S. 166; Balsdon, a. a. O., S. 193.
129 Ebd. S. 202.
130 Ebd. S. 170.
131 Jerome Carcopino, *Das Alltagsleben im alten Rom zur Blütezeit des Kaisertums* (Wiesbaden 1950), S. 148–155.
132 Ebd. S. 139.
133 Balsdon, a. a. O., S. 305–307.
134 Pomeroy, *Goddesses,* S. 211/212.
135 Siehe zum Beispiel Carcopino, a. a. O., «Emanzipation und Sittenverfall», S. 148–154.
136 Pomeroy, *Goddesses,* S. 211/212.
137 Ebd. S. 200.
138 Zu Jesu Anhängerinnen siehe JoAnn McNamara, *A New Song* (New York 1983), Kapitel 1.
139 A. Alvarez, «The Background», in: *Suicide: The Philosophical Issues,* hg. von M. Pabst Battin and David Mayo (New York 1980), S. 24.

140 Ebd. S. 25.
141 Ebd. S. 28.
142 McNamara, a. a. O., Kapitel 2 und 3.
143 Ebd., Einleitung.
144 JoAnn McNamara und Suzanne F. Wemple, «Sanctity and Power: The Dual Pursuit of Medieval Women», in: Bridenthal und Koonz, a. a. O., S. 93.
145 Pagels, a. a. O., S. 84.
146 *Die Große Verkündigung,* zitiert n. Hippolytus, «Die Widerlegung aller Häresien», in: Pagels, a. a. O., S. 96.
147 *The Tripartite Tractate,* Nag Hammadi Library, hg. von Robinson, S. 90.
148 *The Apocryphon of John,* Nag Hammadi, S. 98.
149 *The Gospel of Thomas,* Nag Hammadi, S. 130.
150 *The Dialogue of the Savior,* Nag Hammadi, S. 229, 237.
151 Pagels, a. a. O., S. 105.
152 Ebd. S. 85.
153 Ebd. S. 86.
154 Ebd. S. 88–89.
155 Boulding, a. a. O., S. 370.
156 McNamara und Wemple, a. a. O., S. 100.
157 Susan Groag Bell, Hg., *Women from the Greeks to the French Revolution* (Stanford, Calif. 1973), S. 96–97.
158 McNamara und Wemple, a. a. O., S. 96.
159 Ebd. S. 104–109; JoAnn McNamara und Suzanne F. Wemple, «The Power of Women through the Family in Medieval Europe: 500–1100», in: Hartmann und Banner, a. a. O., S. 111/112.
160 McNamara und Wemple, «Sanctity», S. 102/103.
161 Ebd. S. 101.
162 Bell, a. a. O., S. 120.
163 Herlihy, a. a. O., S. 24/25.
164 Ebd. S. 25.
165 Emily Coleman, «Infanticide in the Early Middle Ages», in: Stuard, a. a. O., S. 57–60.
166 Viola Klein, «The Historical Background», in: Freeman, a. a. O., S. 524, berichtet, daß Ehemänner in England bis 1856 das Recht hatten, ihre Ehefrauen zu verkaufen. Thomas Hardy's *The Mayor of Casterbridge,* veröffentlicht 1886, beginnt mit der Geschichte einer Frau, die verkauft wurde, um Spielschulden zu begleichen. Der Roman spielt im ersten Drittel des Jahrhunderts und basiert, wie Hardy erklärt, auf einem tatsächlichen Vorfall.
167 Doris Mary Stenton, *The English Woman in History* (New York 1977, Neuauflage von 1957), S. 1–24.
168 Ebd. S. 29–54.
169 Betty Bandel, «The English Chronicler's Attitudes Toward Women», in: *Journal of History of Ideas* 16 (1955), S. 113–118.

170 Stenton, a. a. O., 76–85, S. 95.
171 Stuard, a. a. O., S. 8.
172 McNamara und Wemple, «Sanctity», S. 110.
173 Ebd. S. 111.
174 Ebd.
175 Boulding, a. a. O., S. 417, 472.
176 JoAnn McNamara, persönliches Gespräch.
177 Boulding, a. a. O., S. 473–475.
178 Boswell, a. a. O., S. 270.
179 Ebd. S. 271.
180 Alice Clark, *Working Life of Woman in The Seventeenth Century* (New York 1968, Neuauflage von 1919), S. 5.
181 Power, *Medieval People,* S. 101–104.
182 McNamara und Wemple, «Sanctity», S. 114.
183 Ebd. S. 116.
184 Ebd. S. 115.
185 Julia O'Faolain and Lauro Martines, *Not in God's Image* (New York 1973), S. 175–178.
186 Andreas Cappellanus, *Der Tractatus des Andreas Cappellanus* (München 1970), S. 65 ff.
187 Mary Nelson, «Why Witches Were Women», in: Freeman, a. a. O., S. 461.
188 Power, *Position,* S. 410–412; A. Abram, «Women Traders in Medieval London», *Economic Journal* 26, (London, Juni 1916), S. 276–285; Kathleen Casey, «The Cheshire Cat: Reconstructing the Experience of Medieval Woman», in: Carroll, a. a. O., S. 229.
189 Ebd. S. 244.
190 Boulding, a. a. O., S. 109, 494.
191 Power, *Position,* S. 421.
192 Barbara Ehrenreich and Deirdre English, *For Her Own Good* (Garden City, N. Y. 1979), S. 35–38.
193 E. William Monter, «The Pedestal and the Stake: Courtly Love and Witchcraft», in: Bridenthal und Koonz, a. a. O., S. 129.
194 Siehe die Holinshed Chroniken (604/1/55), *Narrative and Dramatic Sources of Shakespeare* III, hg. von Geoffrey Bullough (New York 1960), S. 76/77.
195 Ernest W. McDonnel, *Beguines and Beghards in Medieval Culture* (New Brunswick, N. J. 1954), S. ix, 4–5, 140; Sherrin Marshall Wyntjes, «Women in the Reformation Era», in: Bridenthal und Koonz, a. a. O., S. 168.
196 McDonnell, a. a. O., S. 83.
197 Boulding, a. a. O., S. 445.
198 McDonnell, a. a. O., S. 490–492, 507. Boulding, a. a. O., S. 448–453, gibt eine kurze, aber lebendige Schilderung einiger Beginen.
199 Beginenklöster in Mexiko entwickelten sich im 17. und 18. Jahrhundert

zu großen Bankinstituten, die Darlehen und Anleihen zu 5 Prozent Zinsen gaben und in Grundbesitz investierten.

200 Zu einer faszinierenden Schilderung der Verfolgung von Sekten, die in freiwilliger Armut lebten, siehe Umberto Eco, *Der Name der Rose* (München/Wien 1882).

201 McDonell, a.a.O., S. 442.

202 Ebd. S. 573.

203 Wyntjes, a.a.O., S. 168–169.

204 Ebd. S. 169.

205 Keith Thomas, «Women and the Civil War Sects», in: *Crisis in Europe: 1560–1660*, hg. von Trevor Aston (New York 1965), S. 322.

206 Reginald Scot, *Discoverie* V, ix (1584), zitiert n. Keith Thomas, *Religion and the Decline of Magic* (New York 1871), S. 436.

207 Ehrenreich and English, a.a.O., S. 35.

208 JoAnn McNamara, persönliches Gespräch.

209 Alan C. Kors and Edward Peters, *Witchcraft in Europe: 1100–1700: A Documentary History* (Philadelphia 1972), S. 5.

210 Jacob Sprenger und Heinrich Institoris, *Malleus Maleficarum, Der Hexenhammer 1. Teil* (Berlin 1906), S. 93, 96, 97.

211 Ebd. S. 106–107, 99.

212 Thomas, *Religion,* a.a.O., S. 460.

213 Ehrenreich und English, a.a.O., S. 35.

214 Ebd. S. 38, Boulding, a.a.O., S. 427.

215 Ehrenreich und English, a.a.O., S. 39.

216 Ebd. S. 35; Monter, a.a.O., S. 132/133 liefert eine statistische Auswertung der Hexenprozesse in sechs Regionen Europas, die einen Anteil von durchschnittlich 82,5 Prozent Frauen unter den Angeklagten ergibt. Thomas, *Religion,* a.a.O., S. 520, deutet die Geständnisse dahingehend, daß die Mehrzahl der Angeklagten «in einem Zustand der Ohnmacht und Verzweiflung», verursacht vor allem durch «bitterste Armut», lebten.

217 Monter, a.a.O., S. 133.

218 Thomas, *Religion,* S. 552–553.

219 Ebd. S. 553.

220 Ebd. S. 521.

221 Ebd. S. 528–529.

222 Monter, a.a.O., S. 130.

223 Ehrenreich und English, a.a.O., S. 35.

224 O'Faolain and Martines, a.a.O., S. 217.

225 Die Schätzung von neun Millionen stammt aus: Mary Daly, *Gyn/Ökologie* (München 1981), S. 204, und basiert auf Matilda Joslyn Gage, *Church und State* (New York 1972, Neuauflage von 1893), S. 247. Bei Ehrenreich und English, a.a.O., S. 35, heißt es nur, daß «Millionen» getötet wurden. Monter, a.a.O., S. 130, schätzt die Zahl der Opfer auf weniger als 100000.

226 Monter, a.a.O., S. 130.
227 Thomas, *Religion,* S. 438.
228 Christine Faure, «Absent from History», in: *Signs 7,* 1 (Herbst 1981), S. 71–86.
229 Monter, a.a.O., S. 135.
230 William Boulting, *Women in Italy* (London 1910), S. 319.
231 Ebd. S. 314.
232 Ebd. S. 315.
233 Ebd. S. 336–337.
234 Stanley Chojnacki, «Dowries and Kinsmen in Early Renaissance Venice», in: Stuard, a.a.O., S. 189–191.
235 Casey, a.a.O., S. 249 Anm. 15.
236 de Beauvoir, a.a.O., S. 107/108; Casey, a.a.O., S. 235.
237 de Beauvoir, a.a.O., S. 105.
238 Ebd. S. 120.
239 Mosei Ostrogarski, *The Rights of Women* (New York 1893), S. 2.
240 Stone, a.a.O., S. 134/135.
241 Wyntjes, a.a.O., S. 172/173.
242 Bell, a.a.O., S. 199.
243 Thomas, *Civil War Sects,* S. 318, 334.
244 Stenton, a.a.O., S. 105.
245 A. Clark, a.a.O., S. 238.
246 Thomas, *Civil War Sects,* S. 319.
247 Ebd. S. 318.
248 Wyntjes, a.a.O., S. 186.
249 Bell, a.a.O., S. 199.
250 Boulding, a.a.O., S. 527.
251 Philipe Ariès, *Geschichte der Kindheit* (München/Wien 1977), S. 116/117; JoAnn McNamara, persönliches Gespräch.
252 Stone, a.a.O., S. 162.
253 Ariès, a.a.O., S. 125.
254 Stone, a.a.O., S. 163/164.
255 Ariès, a.a.O., S. 373.
256 Stone, a.a.O., S. 42.
257 Thomas, *Civil War Sects,* S. 317.
258 Ebd. S. 320.
259 Ebd. S. 321.
260 Ebd. S. 321.
261 Ebd. S. 323.
262 E. William Monter, «Women in Calvinist Geneva (1550–1800)», in: *Signs 6,* 2 (Winter 1980), S. 189–209.
263 Thomas, *Civil War Sects,* S. 328/329.
264 Roland H. Bainton, *Women of Reformation* (Minneapolis, Minn. 1977), S. 5–17.

265 Boulding, a. a. O., S. 548.
266 Thomas, *Civil War Sects,* S. 340.
267 Wyntjes, a. a. O., S. 187.
268 Ariès, a. a. O., o. S.
269 Ebd. S. 244–268.
270 Monter, *Pedestal,* S. 124, behauptet, daß von 100 zwischen 1150 und 1250 aktiven Troubadouren ungefähr 20 Frauen waren.
271 So die Theorie von Denis de Rougemont, *Die Liebe und das Abendland* (Köln 1966).
272 Siehe John Jay Parry, Einleitung zu Cappellanus, *The Art of Courtly Love* (New York 1964, Neuauflg. von 1941), S. 19–20.
273 C. S. Lewis, *The Allegory of Love* (Oxford 1936), S. 4.
274 Boulting, a. a. O., S. 46.
275 Casey, a. a. O., S. 249 Anm. 30.
276 Boulting, a. a. O., S. 318.
277 Ruth Kelso, *Doctrine for the Lady of the Renaissance* (Urbana 1965, Neuauflage 1978), S. 3.
278 Boulting, a. a. O., S. 317.
279 Ebd. S. 326–327.
280 Siehe Joan Kelly, «Early Feminist Theory and the *Querelle des Femmes,* 1400–1789», in: *Signs 8,* 1 (Herbst 1982), S. 4–28.
281 Kelso, a. a. O., S. 5–6.
282 Louis B. Wright, *Middle-Class Culture in Elizabethan England* (Ithaca, N. Y. 1963), enthält ein Kapitel: «The Popular Controversy Over Woman», das einen fast vollständigen Überblick über die wichtigsten englischen Beiträge zur *Querelle* gibt.
283 Boulding, a. a. O., S. 478.
284 Ebd. S. 479.
285 Kelly, a. a. O., S. 8–9.
286 Mary Astell, *Some Reflections Upon Marriage, with Additions* (London 1730), 4. Ausgabe, S. 120, zitiert Kelly, a. a. O.
287 Stone, a. a. O., S. 197.
288 Kelly, a. a. O., S. 23.
289 Foucault, a. a. O., o. S.
290 Abby R. Kleinbaum, «Women in the Age of Light», in: Bridenthal und Koonz, a. a. O., S. 219.
291 Wright, a. a. O., S. 103–114.
292 Ebd. S. 656.
293 Stone, a. a. O., S. 358/359.
294 Ebd. S. 353.
295 Monter, «Women in Geneva», a. a. O., S. 207.
296 Lougee, a. a. O., widmet dieser Schule ein Kapitel, S. 173–195.
297 Mary Astell, *Reflections Upon Marriage,* S. 106/107, zitiert in Stone, a. a. O., S. 240.

298 Ebd. S. 341.
299 Bell, a. a. O., S. 234.
300 Ebd. S. 235.
301 Ebd. S. 235.
302 Stone, a. a. O., S. 446.
303 Lougee, a. a. O.
304 Ebd. S. 5–42.
305 Ebd. S. 59.
306 Richard T. Vann, «Toward a New Lifestyle: Women in Preindustrial Capitalism», in: Bridenthal und Koonz, a. a. O., S. 202.
307 Olwen Hufton, «Women in Revolution 1789–1796», in: *Past and Present* 53 (November 1971), S. 90/91; Vann, a. a. O., S. 195.
308 Hufton, a. a. O., S. 91.
309 Ebd. S. 91.
310 Vann, a. a. O., S. 203.
311 Hufton, a. a. O., S. 93.
312 Clark, a. a. O., S. 118.
313 Hufton, a. a. O., S. 93.
314 Ebd. S. 93. Die Curés bezogen sich auf die Situation in den Jahren 1740 und 1770–74, aber auch noch in den neunziger Jahren waren die Verhältnisse ähnlich.
315 Ebd. S. 92.
316 Ruth Graham, «Loaves and Liberty: Women in the French Revolution», in: Bridenthal und Koonz, a. a. O., S. 239/240.
317 Ebd. S. 241.
318 Ebd. S. 242/243.
319 Ebd. S. 243.
320 Ebd. S. 244.
321 Ebd. S. 245–249.
322 Ebd. S. 250/251.
323 de Beauvoir, a. a. O., S. 121; Graham, a. a. O., S. 253.
324 Pierre Dufour (angeblich P. Lacrois), *Geschichte der Prostitution* Bd. 3 u. 4 (Berlin 1902), o. S.
325 Stone, a. a. O., S. 28.
326 A. Clarke, a. a. O., S. 223–228.
327 Stone, a. a. O., S. 338.
328 Boulding, a. a. O., S. 560.
329 Stone, a. a. O., S. 339/340.
330 Ebd. S. 331/332, 503.
331 A. Clarke, a. a. O., S. 5, 25.
332 Ebd. S. 150/151, 154, 146.
333 Ebd. S. 102/103, 114, 147.
334 M. Harris, a. a. O., 183–185. JoAnn McNamara weist in einem persönlichen Gespräch darauf hin, daß es in den städtischen Behausungen weniger

Ungeziefer gab als auf dem Lande. Sie machte ferner darauf aufmerksam, daß die höhere Verbrechensziffer eventuell darauf zurückzuführen war, daß es in den Städten größere und besser ausgebildete Polizeikräfte und deshalb genauere Verbrechensprotokolle gab.

335 Mary Lynn McDougall, «Working-Class Women During the Industrial Revolution 1780–1914», in: Bridenthal und Koonz, S. 260.

336 *European Women: A Documentary History* 1789–1945, hg. von Eleanor S. Riemer und John C. Fout (New York 1980), S. xvi., 4, 334.

337 Riemer und Fout, a. a. O., S. 11–12.

338 McDougall, a. a. O., S. 263–264.

339 de Beauvoir, a. a. O., S. 126.

340 Ebd. S. 129.

341 Margaret Hewitt, *Wives and Mothers in Victorian Industry* (London 1958), S. 109; C. Black, *Married Women's Work* (London 1915), S. 276–280.

342 M. I. Pokzovskaja, «Report on Working Conditions for Women in Russian Factories, 1914», in: Riemer und Fout, a. a. O., S. 13–17.

343 McDougall, a. a. O., S. 266.

344 Patricia Branca, «Image and Reality: The Myth of the Idle Victorian Woman», in: Hartmann und Banner, a. a. O., S. 183/184.

345 Laura Oren, «The Welfare of Women in Laboring families: England 1860–1950», in: Hartmann und Banner, a. a. O., S. 227–231.

346 Janet Murray, *Strong-Minded Women* (New York 1982), S. 387; zur Information siehe den faszinierenden Aufsatz von Judith Walkowitz: «The Making of an Outcast Group», in: *A Widening Sphere*, hg. von Marha Vicinus (Bloomington, Indiana 1977), S. 72–93.

347 Janet Murray, persönliches Gespräch, Oktober 1981.

348 Riemer, a. a. O., S. 8.

349 G. Derville, zitiert n. de Beauvoir, a. a. O., S. 127.

350 Dies ist ein vieldiskutiertes Problem; siehe dazu Sheila Ryan Johannsson, «Sex and Death in Victorian England: An Examination of Age- and Sex-Specific Death Rates 1840–1910», in: Vicinus, a. a. O., S. 163–181.

351 Michel Foucault, *Power/Knowledge*, hg. von Colin Gordon (New York 1980), S. 104–105.

352 Ebd. S. 155–156.

353 Barbara Leigh Smith Bodichon, zitiert n. J. Murray, a. a. O., S. 119.

354 Ann Douglas Wood, «The Fashionable Diseases: Women's Complaints and their Treatment in Nineteenth-Century America», in: Hartmann und Banner, a. a. O., S. 1–2.

355 Blake Nevius, *Edith Wharton: A Study of her Fiction* (Berkeley, Calif. 1953), S. 3/4.

356 Barbara Corrado Pope, «Angels in the Devil's Workshop: Leisured and Charitable Women in Nineteenth-Century England and France», in: Bridenthal und Koonz, a. a. O., S. 298/299.

357 Ann D. Gordon and Mari Jo Buhle, «Sex and Class in Colonial and Nineteenth-Century America», in: Carroll, a. a. O., S. 284.
358 Douglas, a. a. O., S. 60.
359 Für eine fruchtbare Analyse dieses Phänomens siehe Barbara Welter, *Dimity Convictions* (Athens/Ohio 1976).
360 T. J. Jackson Lears, *No Place of Grace* (New York 1981), S. 20.
361 Douglas, a. a. O.
362 Gordon und Buhle, a. a. O., S. 287.
363 Simmons, a. a. O., S. 118.
364 Theresa M. McBride, «The Long Road Home: Women's Work and Industrialisation», in: Bridenthal und Koonz, a. a. O., S. 292/293.
365 Einige neuere allgemeine Darstellungen: *America's Working Women: A Documentary History, 1600 to the Present,* hg. von Rosalyn Baxandall, Linda Gordon, Susan Reverby (New York 1976); Eleanor Flexner, *Hundert Jahre Kampf* (Ffm. 1978); Alice Kessler-Harris, *Women and Work* (Oxford 1981); Aileen Kraditor, *Ideas of the Woman Suffrage Movement* (New York 1965); *Black Women in White America: A Documentary History,* hg. von Gerda Lerner (New York 1972); Gerda Lerner, *The Grimke Sisters from South Carolina* (Boston 1967); Gerda Lerner, *The Majority Finds Its Past* (New York 1979); Midge MacKenzie, *Shoulder to Shoulder* (New York 1975); *European Women: A Documentary History* 1789–1945, hg. von Eleanor S. Riemer and John C. Fout (New York 1980); Meredith Tax, *The Rising of the Women: Feminist Solidarity and Class Conflict 1880–1917* (New York 1980).
366 Siehe Blanche Wiesen Cook, *Women and Support Networks* (New York 1979), S. 4, 14, und «Feminism, Socialism and Sexual Freedom: The Work and Legacy of Crystal Eastman and Alexandra Kollontai», in: *Strategies Feminines / Strategies Feministes,* hg. von Francoise Basch et al. (Paris o. J.), englische Ausgabe, hg. von Judith Friedlander et al. (Bloomington / Ind. 1984).
367 G. Lerner, *Majority,* S. 16/17.
368 Ebd.
369 Alice Kessler-Harris, «Women, Work, and the Social Order», in: Carroll, a. a. O., S. 332; G. Lerner, *Majority,* S. 18.
370 Ebd., S. 18–23.
371 Ebd., S. 51/52.
372 Vann, a. a. O., S. 211.
373 Judith Hale and Ellen Levine, «The First Feminists», in: Freeman, a. a. O., S. 545.
374 Angela Davis, *Rassismus und Sexismus* (Berlin 1982), S. 38.
375 Ebd. S. 40–42.
376 Ebd. S. 49. Nathaniel Rogers war Herausgeber des *Journal of the American Anti-Slavery Society.*
377 G. Lerner, *Majority,* S. 153.

378 Stampp, a.a.O., S. 31/32.
379 Robert S. Starobin, *Industrial Slavery in the Old South* (New York 1970), S. 164–166.
380 vgl. Karl Marx, *Das Kapital,* Bd. 1 (Berlin 1975), o.S.
381 A. Davis, a.a.O., S.25.
382 Siehe Stampp, a.a.O.; Herbert Aptheker, *American Negro Slave Revolts* (New York 1970).
383 Siehe Herbert Gutman, *The Black Family in Slavery and Freedom* 1750–1925 (New York 1976).
384 G. Lerner, *Majority*, S. 27.
385 Flexner, a.a.O., S. 113–150.
386 Ebd. S. 136.
387 Ebd. S. 156/157.
388 Ebd. S. 153–156.
389 A. Davis, a.a.O., S. 86.
390 Vickie Pollard und Donna Keck, «They Almost Seized the Time!» in *Women's Liberation,* hg. von Sookie Stambler (New York 1970), S. 266; Flexner, a.a.O., S. 192–201.
391 A. Davis, a.a.O., S. 99–100.
392 Flexner, a.a.O., S. 235–237; Lerner, *Majority*, S. 84–90.
393 Ebd. S. 83.
394 Ebd. S. 84.
395 Pollard und Keck, a.a.O., S. 267.
396 Ebd. S. 267, siehe auch Charlotte Perkins Gilman, *The Home: Its Work and Influence* (New York 1970); *The Man-Made World of Our Androcentric Culture* (New York 1970).
397 Flexner, a.a.O., S. 230–232.
398 Ebd. S. 228–232.
399 Pollard und Keck, a.a.O., S. 271; B. Cook, *Women and Support Networks.*
400 Flexner, a.a.O., S. 258–261.
401 Sanger sah in der Empfängnisverhütung ursprünglich eine Möglichkeit, Arbeiterfrauen zu helfen. Erst später begann sie, eugenische Theorien zu unterstützen. Siehe A. Davis, a.a.O., S. 203 f.
Davis, a.a.O., S. 201 ff.
402 Pope, a.a.O., S. 316/317.
403 Ebd. S. 314–316.
404 Flexner, a.a.O., S. 262/263.
405 Ebd. S. 334.
406 Ebd. S. 336/337.
407 Ebd. S. 135.
408 Carrie Chapman Catt und Nettie Rogers Shuler, *Woman Suffrage and Politics* (New York 1923), S. 107.
409 Riemer und Fout, *European Women,* S. 60.

410 Robin Miller Jacoby, «Feminism and Class Consciousness in the British and American Women's Trade Union Leagues 1890–1925», in: Carroll, a. a. O., S. 140/141.
411 MacKenzie, a. a. O., S. 8/9.
412 Connie Brown und Jane Seitz, «‹You've Come a Long Way Baby›: Historical Perspectives», in: *Sisterhood is Powerful,* hg. von Robin Morgan (New York 1970), S. 21.
413 MacKenzie, a. a. O., S. 22.
414 Midge MacKenzie hat diese Dramatik in ihrer Fernsehserie *Shoulder to Shoulder* hervorragend dargestellt.
415 MacKenzie, a. a. O., S. 20–125.
416 Ebd. S. 186–274.
417 Ebd. S. 280–317.
418 Ebd. S. 321–326.
419 Riemer und Fout, *European Women*, S. 60.
420 Jacoby, a. a. O., S. 146/147.
421 Siehe Flexner, a. a. O., S. 339–353.
422 Ebd. S. 307–308.
423 Kessler-Harris, a. a. O., S. 332.
424 A. Davis, a. a. O., S. 55.
425 Barbara Wertheimer, «‹Union is Power›: Sketches from Women's Labor History», in: Freeman, a. a. O., S. 340; Kessler-Harris, a. a. O., S. 332; Flexner, a. a. O., S. 105–107.
426 Wertheimer, a. a. O., S. 341.
427 *America's Working Women: A Documentary History 1600 to the Present,* Hg. Rosalyn Baxandall, Linda Gordon, Susan Reverby (New York 1976), S. 46.
428 Brown und Seitz, a. a. O., S. 7. Die Quelle ist ein Bericht des *Boston Courier* von 1829.
429 Wertheimer, a. a. O., S. 342.
430 Tax, a. a. O., S. 27–29; Flexner, a. a. O., S. 179–189.
431 Tax, a. a. O., S. 38.
432 Ebd. S. 27.
433 Ebd. S. 46.
434 Wertheimer, a. a. O., S. 348.
435 Ebd. S. 349; Tax, a. a. O., S. 54.
436 Jacob Riis, *How the Other Half Lives* (New York 1971).
437 Tax, a. a. O., S. 71.
438 Ebd. S. 38, 91.
439 Flexner, a. a. O., S. 287–289; Wertheimer, a. a. O., S. 349/350.
440 Flexner, a. a. O., S. 289/290; Wertheimer, a. a. O., S. 350/351.
441 Brown und Seitz, a. a. O., S. 21; Tax, a. a. O., S. 91.
442 Tax, a. a. O., S. 91.
443 Jacoby, a. a. O., S. 148.

444 Pollard und Keck, a. a. O., S. 273.
445 Tax, a. a. O., S. 241–263.
446 Wertheimer, a. a. O., S. 351.
447 Flexner, a. a. O., S. 376; Wertheimer, a. a. O., S. 355.
448 Riemer und Fout, *European Women,* S. 18–23.
449 Richard J. Evans, *The Feminist Movement in Germany: 1894–1933* (London 1976), S. 24.
450 Riemer und Fout, *European Women,* S. 37–40.
451 Ebd. S. 47, 20.
452 Ebd. S. 44.
453 Ebd. S. 58–60.
454 William O'Neill, «Women in Politics», in: Tiger/Fowler, a. a. O., S. 218.
455 Jo Freeman, «The Women's Liberation Movement: Its Origins, Organisations, Activities and Ideas», in: Freeman, a. a. O., S. 57.
456 O'Neill, a. a. O., S. 211.
457 Ebd. Siehe auch Adam Clymer, New York Times, 18. November 1982; Judith Nies, «Women's New Issue», New York Times, 9. Juni 1983.
458 Edward S. Herman, *Corporate Control, Corporate Power* (Cambridge 1981), S. 244.
459 Kessler-Harris, Carroll, a. a. O., S. 337.
460 Pope, a. a. O., S. 321.
461 Ebd. S. 322.
462 Mark Edward Lender und James Kirby Martin, *Drinking in America: A History* (New York 1982), o. S.
463 Flexner, a. a. O., in dt. Ausg. n. enth. (eng.p. 374 Anm. 14). Die Ansichten von Fanny Williams in: *The Present Status and Intellectual Progress of Colored Women* (Chicago 1893).
464 Jacoby, a. a. O., S. 142/143.
465 Pope, a. a. O., S. 312.
466 Carroll Smith-Rosenberg, «The Female World of Love and Ritual: Relations between Women in Nineteenth-Century America», in: *Signs* 1, 1 (Herbst 1975), S. 1–29; «Beauty The Beast and the Militant Woman: A Case Study in Sex Roles and Social Stress in Jacksonian America», American Quarterly xxiii, 4 (Oktober 1971), S. 562–584.
467 Gordon and Buhle, a. a. O., S. 287; Carroll, a. a. O., S. 287.
468 Boulding, a. a. O., S. 637.
469 Siehe Temma Kaplan, «Other Scenarios: Women and Spanish Anarchism», in: Bridenthal und Koonz, a. a. O., S. 400–421.
470 Boulding, a. a. O., S. 723.
471 Helen Rogan, *Mixed Company: Women in the Modern Army* (New York 1981), S. 85.
472 Frantz Fanon, *A Dying Colonialism* (New York 1967), S. 48.
473 Boulding, a. a. O., S. 717; Minai, a. a. O., S. 63.
474 Fanon, a. a. O., S. 51, 57, 61/62.

475 Minai, a.a.O., S. 76.

476 Kay Boals, «The Politics of Cultural Liberation: Male-Female Relations in Algeria», in: Carroll, a.a.O., S. 208.

477 Amy Hackett, «Feminism and Liberalism in Wilhelmine Germany 1890–1918», in: Carroll, a.a.O., S. 131.

478 Siehe Renate Bridenthal und Claudia Koonz, «Beyond *Kinder, Küche, Kirche:* Weimar Women in Politics and Work», in: Carroll, a.a.O., S. 303/304.

479 Das Verhältnis zwischen Feminismus und Sozialismus sowie die Position der Mittelstandsfrauen im damaligen Deutschland sind zu komplex, als daß man sie kurz zusammenfassen könnte. Vgl. Evans, *Feminist Movement in Germany;* Jean H. Quataert, Reluctant *Feminists in German Social Democracy, 1885–1917* (Princeton/New Jersey 1979).

480 Bridenthal und Koonz, *Weimar*, a.a.O., S. 305–309.

481 Beard, a.a.O., S. 17–20. Das Zitat ist ein Eintrag in Göbbels Tagebuch vom 29. März 1932.

482 Claudia Koonz, «Mothers in the Fatherland: Women in Nazi Germany», in: Bridenthal und Koonz, a.a.O., S. 448, nebst persönlichem Gespräch, Juni 1982.

483 Koonz, a.a.O., S. 470.

484 Ebd. S. 450.

485 Ebd. S. 450–453.

486 Ebd. S. 453–454.

487 Ebd. S. 471, Anm. 4.

488 Ebd. S. 459.

489 Claudia Koonz, persönliches Gespräch, Juni 1982.

490 Koonz, a.a.O., S. 466–467.

491 Ebd. S. 467–470.

492 Zur Beschreibung einiger Frauen, die gegen den Nazismus kämpften, siehe: Clifford Kirkpatrick, *Nazi Germany* (Indianapolis 1938); «The Conquest of Women by National Socialism», S. 40–68.

493 Fannina W. Halle, *Die Frau in Sowjetrußland* (Berlin/Wien 1932), bes. S. 77–115.

494 Ebd. S. 19–26. Der Historiker war Shashkov, *History of Russian Women* (1898).

495 Halle, a.a.O., S. 45–57. N.A. Dobroliubov, *Russkie klassiki* (Moskau 1970), S. 174–176, erörtert die Degradierung der Frauen: zitiert n. Barbara Engel, «Women as Revolutionaries: The Case of the Russian Populists», in: Bridenthal und Koonz, *Visible,* a.a.O., S. 349.

496 Ebd. S. 349–351.

497 Ebd. S. 351–352.

498 Ebd. S. 353–358.

499 Ebd. S. 361–365.

500 Ebd. S. 365/366, 348.

501 Ebd. S. 348.
502 O'Neill, a. a. O., S. 203.
503 Bernice Glatzer Rosenthal, «Love on the Tractor: Women in the Russian Revolution and After», in: Bridenthal und Koonz, a. a. O., S. 375.
504 Ebd. S. 373, 377.
505 Y. Bochkaryova und S. Lyubimova, *Women of a New World* (Moskau 1969), S. 57/58.
506 Halle, a. a. O., S. 147.
507 Janet Salaff und Judith Merkle, «Women and Revolution: The Lessons of the Soviet Union and China», in: *Women in China: Studies in Social Change and Feminism,* hg. von Marilyn B. Young (Ann Arbor/Michigan 1973), S. 153.
508 Louise Bryant, *Eine Amerikanerin in Rußland* (Köln 1982), S. 84.
509 Rosenthal, a. a. O., S. 378.
510 Salaff und Merkle, a. a. O., S. 155–157.
511 Rosenthal, a. a. O., S. 379/380.
512 Ebd. S. 379/380; Salaff und Merkle, a. a. O., S. 157.
513 Rosenthal, a. a. O., S. 380.
514 Ebd., S. 381–384.
515 Ebd. S. 383/384.
516 Ebd. S. 385–390.
517 Ebd. S. 390. Rogan, *Mixed Company,* S. 88, nennt die folgenden Zahlen: 100 000 Gewehr-Scharfschützinnen, 15 000 Frauen mit Maschinenpistolen, fast 8000 Frauen mit automatischen Gewehren, über 6000 mit Mörsern, 4500 mit Maschinengewehren und 50 000 Frauen in der Fernmeldetruppe.
518 Martin und Voorhies, a. a. O., S. 378; Rosenthal, a. a. O., S. 390.
519 Nancy Milton, «A Response to ‹Women and Revolution›», in: Young, a. a. O., S. 182.
520 Roxanne Witke, «Mao Tse-Tung, Women and Suicide», Young, a. a. O., S. 7. Diese Artikel wurden später zensiert.
521 Daly, a. a. O., S. 160. Siehe auch Ida Pruitt, *A Daughter of Han: The Autobiography of a Chinese Working Woman* (Stanford/Calif. 1967), S. 22, die von diesem Ereignis aus erster Hand berichtet.
522 Boulding, a. a. O., S. 728.
523 Siehe Arthur P. Wolf, «Gods, Ghosts and Ancestors», in: *Studies in Chinese Society*, hg. von Arthur P. Wolf (Stanford/Calif. 1978), S. 148–155.
524 Elisabeth Croll, *Feminism and Socialism in China* (New York 1980), S. 32.
525 Margery Topley schrieb über eine Ausnahme: Seidenarbeiterinnen im Kanton-Delta widersetzten sich zwischen dem frühen 19. und dem frühen 20. Jahrhundert einer Verheiratung. Weil sie außer Haus gut verdienten und den Verdienst ihren Familien schickten, wurde ihre Weigerung toleriert. Siehe Topley, «Marriage Resistance in Rural Kwangtung», in: Wolf, a. a. O., S. 247–269.

526 Karen Gottschang, persönliches Gespräch.
527 Ebd.
528 Witke, a.a.O.
529 Hsiao Kung-chuan, *A History of Chinese Political Thought* (Princeton/N.J. 1979), Bd.I., S.386.
530 Margery Wolf, «Chinese Women: Old Skills in a New Context», in: Rosaldo und Lamphere, a.a.O., S.159.
531 Roxanne Witke, «Woman as Politician in China of the 1920s», in: Young, a.a.O., S.159–162.
532 M. Wolf, a.a.O., S.159–162.
533 Salaff und Merkle, a.a.O., S.159/160.
534 Boulding, a.a.O., S.729.
535 Ebd. S.731; Charlotte Bonny Cohen, «‹Chung-kuo Fu nu›: Women of China», in: Morgan, a.a.O., S.390.
536 Croll, a.a.O., S.39.
537 Ebd. S.40/41; Salaff und Merkle, a.a.O., S.160.
538 Cohen, a.a.O., S.390.
539 Boulding, a.a.O., S.729/730; Salaff und Merkle, a.a.O., S.160/161.
540 Witke, a.a.O., S.34–36.
541 Karen Gottschang, persönliches Gespräch.
542 Witke, a.a.O., S.36.
543 Cohen, a.a.O., S.391.
544 Ebd.
545 Witke, a.a.O., S.41/42; Cohen, a.a.O., S.392.
546 Suzette Leith, «Chinese Women in the Early Communist Movement», in: Young, a.a.O., S.60.
547 Cohen, a.a.O., S.393; Witke, a.a.O., S.42.
548 Cohen, a.a.O., S.395.
549 Delia Davin, «Women in Liberated Areas», in: Young, a.a.O., S.74.
550 Ebd. S.75.
551 Helen Snow, *Women in Modern China* (Den Haag 1967), S.225, schreibt, daß dreißig Frauen den «Langen Marsch» mitmachten, Croll spricht von fünfzig, a.a.O., S.127.
552 Davin, a.a.O., S.78–82.
553 Ebd. S.82–86.
554 Snow, a.a.O., S.230.
555 Croll, a.a.O., S.260–263.
556 Salaff und Merkle, a.a.O., S.166–169.
557 Der Zeitungsartikel wird zitiert von Salaff und Merkle, a.a.O., S.171/172.
558 Jane Barret, «Women Hold Up Half the Sky», in: Young, a.a.O., S.194.
559 Ebd. S.195; William Parish and Martin Whyte, *Village and Family in Contemporary China* (Chicago 1978), S.62–63, arbeiten mit geringfügig anderen Angaben. Auf dem Land wurde ein neues «System der geteilten Ver-

antwortung» entwickelt. Familien arbeiten nur bei bestimmten Aufgaben in Brigaden zusammen und können die Einnahmen, die sie aus darüber hinausgehenden Einsätzen erzielen, behalten. Da es sich hier um Arrangements mit der jeweiligen Familie, nicht mit Individuen handelt, kommen Frauen oft schlecht dabei weg, es sei denn, sie haben ihre eigene Nebentätigkeit. Es war mir nicht möglich, Material über die Auswirkungen solcher Veränderungen zu beschaffen.

560 Norma Diamond, «Collectivization, Kinship, and Status of Women in Rural China», in: Reiter, a. a. O., S. 385.

561 Ebd. S. 388.

562 Ebd. S. 381, 385.

563 Ebd. S. 389.

564 Karen Gottschang, persönliches Gespräch; sie erklärt, daß Tagespflege nicht immer zur Verfügung steht oder ausreichend ist und daß viele Frauen aus der Stadt ihre Kinder zu den Großeltern aufs Land schicken. Siehe auch Ruth Sidel, *Women and Child Care in China* (New York 1972).

565 Die Situation ist tatsächlich äußerst schlimm. Ehemänner trennen sich von Frauen, die ein Mädchen zur Welt bringen. In einigen Fällen werden die Frauen geschlagen und beschimpft; im April 1982 tötete sich eine Frau selbst, indem sie sieben Flaschen eines Insektizids trank. Siehe Christopher S. Wren, International Herald-Tribune, 6. August 1982. Außerdem werden viele weibliche Säuglinge getötet. Siehe *Beijing Review* 26, 5 (31. Januar 1983), S. 4.

566 Siehe zum Beispiel: Fox Butterfield, New York Times, 6. Juli 1980.

567 Leith, a. a. O., S. 47.

568 Karen Gottschang, persönliches Gespräch.

569 *Beijing Review* 25, 42 (18. Oktober 1982), S. 4; *Sisterhood is Global*, hg. von Robin Morgan (Garden City/N. Y. 1984), S. 142–143.

570 William M. Mandel, *Soviet Women and Their Self-Image,* Papier, vorgelegt im Mai 1970 auf der Western Slavic Conference, University of Southern California, S. 20.

571 Vgl. *Women, Work and Family in the Soviet Union*, hg. von Gail Warshofsky Lapidus (White Plains/N.Y. 1982); Morgan, *Sisterhood is Global*, S. 677.

572 Martin und Voorhies, a. a. O., S. 378; Mandel, a. a. O., S. 36.

573 Ebd. S. 36. Die Zahl stammt aus dem Jahr 1959.

574 Morgan, *Sisterhood is Global*, S. 677; Martin und Voorhies, a. a. O., S. 380.

575 Michael Paul Sacks, *Work and Equality in Soviet Society* (New York 1982); Mandel, a. a. O., S. 37.

576 Rosenthal, a. a. O., S. 392.

577 Martin und Voorhies, a. a. O., S. 379.

578 Mandel, a. a. O., S. 22.

579 Martin und Voorhies, a. a. O., S. 380.

580 Mandel, a. a. O., S. 15.

581 Morgan, a. a. O., S. 676.
582 Rosenthal, a. a. O., S. 394; Tatyana Mamonova, «The USSR: It's Time We Began With Ourselves», in: Morgan, *Sisterhood is Global*, S. 684.
583 Ebd.
584 Der sowjetische Bericht wurde für das Wirtschaftsinstitut in Sibirien angefertigt; die polnische Studie stammt von der polnischen Sozialwissenschaftlerin Magdalena Sokolowska. Beide werden zitiert von Janssen-Jurreit, a. a. O., S. 389, 395.
585 *Current Digest of The Soviet Press* 36, 23 (4. Juli 1984), S. 5, 24.
586 Rosenthal, a. a. O., S. 394.
587 Natalya Malakhovskaya, eine der vier verbannten russischen Feministinnen, in einem Interview mit Robin Morgan, *MS,* November 1980, S. 80. Die vier sind: Yulija Vosnesenskaya, Natalya Malakhovskaya, Tatyana Mamonova und Tatajana Garicheva.
588 Ebd. S. 81.
589 Mandel, a. a. O., S. 43.
590 R. Morgan, *MS,* November 1980, S. 56; Mamonova, a. a. O., S. 684–685.
591 Tatyana Mamonova, R. Morgan, a. a. O., S. 102.
592 Yulija Vosnesenskaya, R. Morgan, a. a. O., S. 108.
593 Mamonova, a. a. O., S. 107 ff.
594 Barbara Ward, «Men, Women and Change», in: *Women in the New Asia,* hg. von Barbara Ward (Paris 1963), S. 67; Romilia Tharpar, «The History of Female Emancipation in Southern Asia», in: Ward, a. a. O., S. 479.
595 Ebd., S. 480–492; Ward, a. a. O., S. 78.
596 Zu den hervorstechendsten Persönlichkeiten in der Geschichte dieser Region gehören: Sammuramat – als Semiramis zu legendärem Ruhm gelangt –, die im 9. Jahrhundert v. Chr. die Macht der Monarchie ausdehnte, ihre Truppen selbst führte und bedeutende Monumente errichten ließ; arabische Kriegerinnen-Königinnen, die gegen die Assyrer kämpften; Naqui'a, die Babylon wiederaufbaute, nachdem Sennacherib es durch die Umlenkung des Euphrat zerstört hatte; die Königin Atossa, Mutter des Kyros-Nachfolgers Darius, die den Glauben an die Lehre Zarathustras in Persien förderte. Kyros wurde im Kampf von der Massageter-Königin Tomyris getötet, und die Königin Artemisia von Halicarnassus zog für Persien gegen die Athener. Noch zu Zeiten Harun al Raschids, von 786–809 Kalif von Bagdad, befehligten Frauen Truppen und kämpften zu Pferde. Unter Mansur kämpften im 8. Jahrhundert Prinzessinnen in Kettenpanzerrüstungen gegen die Byzantiner. Siehe Boulding, a. a. O., S. 225/226; Syed Ameer Ali, *A Short History of the Saracens* (London 1900), S. 455; Briffault, a. a. O., Bd. I, S. 375.
597 Minai, a. a. O., S. 17.
598 Ebd. S. 21, 44.
599 Ebd. S. 85, 115.
600 Saadawi, a. a. O.
601 Ebd. S. 9.

602 Minai, a. a. O., S. 97 ff.
603 Ebd. S. 34–38.
604 Ebd. S. 114.
605 Ebd. S. 47.
606 Ebd. S. 62–70.
607 Saadawi, a. a. O., S. 34.
608 Jane Idleman Smith, «Women in Islam», *Connecticut Humanities Council News* (April 1982), S. 8.
609 Minai, a. a. O., S. 126. In anderen Ländern sind die Prozentsätze der Mädchen zwischen sechs und elf bzw. zwölf und siebzehn, die zur Schule gehen, folgende: Libyen 72 % / 22 %; Libanon 85 % / 55 %; Türkei 66 % / 34 %; Tunesien 63 % / 24 %; Jordanien 71 % / 45 %; Irak 54 % / 28 %; Oman und Pakistan 26 % / 6 %; Ägypten 52 % / 27 %.
610 J. Smith, a. a. O., S. 9.
611 Minai, a. a. O., S. 127–129.
612 J. Smith, a. a. O., S. 9.
613 Minai, a. a. O., S. 201.
614 Ebd. S. 206–214.
615 Rosenthal, a. a. O., S. 382.
616 Mandel, a. a. O., S. 13 / 14.
617 *MS*, Mai 1980, S. 83.
618 Morgan Fairchild, zitiert nach Minai, a. a. O., S. 214.
619 Diese Angriffe werden plastisch beschrieben bei Kate Millett, *Im Iran* (Reinbek b. Hamburg 1982).
620 Siehe Adrienne Rich, *Von Frauen geboren* (München 1979).

Kapitel IV

1 Bakan, a. a. O., S. 163.
2 Das Thema der Schlechtigkeit des Menschen vor Gott spielt eine große Rolle im Werk Kierkegaards und im Luthertum allgemein.
3 Ochs, a. a. O., S. 25, 45.
4 Ebd. S. 55–57.
5 Siehe zum Beispiel Joseph Campbell, *The Hero with a Thousand Faces* (New York 1949 / 1953) und Lord Raglan (Richard Somerset FritzRoy) *The Hero: A Study in Tradition, Myth and Drama* (New York 1956).
6 Bakan, a. a. O., S. 26, 140, 154.
7 Stephan Chorover, *Die Zurichtung des Menschen* (Ffm. 1982), S. 34–38.
8 Äneas' eigentliches Ziel war es nicht, ein Königreich zu *begründen*, da er die Macht über Latium usurpierte. Er hätte eine Dynastie gründen können, wenn er mit Dido zusammengeblieben wäre und Kinder gezeugt hätte. Der Stadtstaat gehörte zwar Dido und wurde in der weiblichen Linie vererbt,

aber das gleiche galt auch für Lavinias Besitz. Der eigentliche Kampf in der *Äneis* wird gegen das Mutterrecht geführt.

9 Friedrich Nietzsche, *Der Wille zur Macht,* Sämtliche Werke, Bd. IX (Stuttgart 1964), Abs. 296, S. 208.

10 Friedrich Nietzsche, *Menschliches Allzumenschliches,* Sämtliche Werke, Bd. III (Stuttgart 1964), Abs. 114, S. 110.

11 Slater, a. a. O., S. 36.

12 Elshtain, *Private*, S. 46.

13 Slater, a. a. O., S. 7.

14 A. W. H. Adkins, *Merit and Responsibility: A Study in Greek Values* (Oxford 1960), S. 32–33.

15 Werner Jäger, *Paideia. Die Formung des griechischen Menschen,* Bd. 1–3 (Berlin 1959), Bd. 1, S. 23–37, 47.

16 M. I. Finley, a. a. O., S. 128–129.

17 Johan Huizinga, *Homo Ludens* (Reinbek b. Hamburg 1981), S. 86.

18 Slater, a. a. O., S. 36.

19 Nach John Money, *Love and Lovesickness* (Baltimore 1980), S. 1/2.

20 Michel Foucault erörtert diesen Prozess in: *Sexualität und Wahrheit,* Bd. 1 (Ffm. 1977).

21 Der Bericht des *National Institute of Mental Health* über «Television and Behaviour» aus dem Jahre 1982 führte zu einem Hearing im Kongreß, von dem Frank Prial in «Congressmen Hear Renewal of Debate Over TV Violence», in: New York Times, 16. April 1983 berichtet. Statistiken von Lester Thurow, «How to Rescue a Drowning Economy», in: New York Review of Books XXIX, 5 (1. April 1982), S. 3/4.

22 Siehe Judith N. Shklar, «Putting Cruelty First», in: *Daedalus* III, 3 (Sommer 1982), S. 17–27.

23 Siehe Marilyn French, *Shakespeare's Division of Experience* (New York 1981).

24 Francis Bacon, *Neues Organ der Wissenschaft* (Darmstadt 1981), 2. Buch, S. 22.

25 Francis Bacon, *Preface to the History of the Winds,* 1623.

26 Bacon, *Organ*, 1. Buch, S. 26.

27 Thomas Hobbes, «Von den natürlichen Bedingungen der Menschheit im Hinblick auf ihr Glück und Unglück», in *Leviathan* (Neuwied u. Berlin 1966), Kapitel 13, S. 96.

28 Ebd. S. 75.

29 Jeremy Taylor, «Consideration of the Miseries of Man's Life», in: *The Rule and Exercises of Holy Dying,* Kapitel I, IV.

30 Stone, *Family,* S. 95–96. Der Brief wurde von Sir William Wentworth an den späteren Earl of Strafford geschrieben.

31 Ebd. S. 267.

32 Carolyn Merchant, *The Death of Nature: Women, Ecology, and the Scientific Revolution* (New York 1983), S. 276–277.

33 Ebd. S. 279–280.
34 Ebd. S. 288.
35 Siehe Foucault, *Ordnung*.
36 Merchant, a. a. O., S. 288.
37 Maurice Block und Jean H. Block, «Women and the Dialectics of Nature in 18th Century French Thought», in: MacCormack/Strathern, a. a. O., S. 29–31, 35–36.
38 Ebd. S. 31–33.
39 Karl Marx, *Das Kapital* (Berlin 1979), Bd. III, S. 320.
40 Bertram Morris, *Philosophical Aspects of Culture* (Yellow Springs, Ohio 1961), S. 74–75, 148.
41 Mihailo Markovíc, «Women's Liberation and Human Emancipation», in: Gould/Wartofsky, a. a. O., S. 146.
42 Erich Heller, *Die Reise der Kunst ins Innere und andere Essays* (Ffm., 1966), S. 113.
43 Juliet Mitchell, *Psychoanalyse und Feminismus* (Ffm. 1976), S. 122/123.
44 S. J. Gould, *Darwin*, S. 260.
45 Ebd. S. 45.
46 Tanner, a. a. O., S. 5.
47 Ashley Montagu, *The Nature of Human Aggression* (New York 1976), S. 46.
48 T. J. Jackson Lears, a. a. O., S. 18.
49 Siehe zum Beispiel Steven Rose, *Against Biological Determinism* (London/New York 1982) und *Towards a Liberatory Biology* (London 1982).
50 Reynolds, a. a. O. S. 13–15.
51 Robert Paul Wolff, «There's Nobody Here But Us Persons», in: Gould/Wartofsky, a. a. O., S. 130/131.
52 Lawrence A. Blum, «Kant and Hegel's Moral Rationalism: A Feminist Perspective», in: *Canadian Journal of Philosophy* 12 (Juni 1982), S. 287–288.
53 Wolff, a. a. O., S. 133.
54 Ebd. S. 131.
55 Friedrich Nietzsche, «Der Wanderer und sein Schatten», in: *Menschliches Allzumenschliches,* a. a. O., 2. Band, 2. Abt., S. 168—169, 179.
56 Nietzsche, *Wille zur Macht*, 2. Bd., 461, S. 321/322.
57 Simone de Beauvoir, *Das andere Geschlecht,* a. a. O.
58 Elshtain, *Private,* a. a. O., S. 306–309 analysiert Sprache und Ansichten der Beauvoir.
59 William Gass, *On Being Blue* (Boston 1976), S. 64.
60 Vgl. Arthur Schopenhauer, *Die Welt als Wille und Vorstellung,* in: Sämtliche Werke (Wiesbaden 1972), hg. von Arthur Hübscher, Bd. 2, 3.
61 Ehrenreich und English, a. a. O., S. 237.
62 Christopher Lasch, «The Great American Variety Show», in: New York Review of Books, 2. Februar 1984.
63 Wilson, *Petersburg,* a. a. O., S. 149.

64 Balbus, a.a.O., S. 271–272; Hilde Hein, «Philosophy from a Woman's Perspective», *MS*, S. 26, 35.
65 Wilson, a.a.O., S. 366–374.
66 Morris, a.a.O., S. 143.
67 Ebd. S. 143.
68 Mary Midgely, *Beast and Man: The Roots of Human Nature* (Ithaca, N.Y. 1978), S. 18.
69 Carl J. Friedrich, «The Evolving Theory and Practice of Totalitariamism», in C. J. Friedrich, Michael Curtis, a.a.O., S. 140. Er kommentiert und zitiert Ernst Nolte, *Der Faschismus in seiner Epoche* (München/Zürich 1979), S. 343–512. In diesem Zusammenhang ist daran zu erinnern, daß viele deutsche Autoren sorgfältig ausgearbeitete Theorien über den Unterschied von Mann und Frau entwickelten und Frauen mit den Juden verglichen. Eva Figes beschreibt KZ-Versuche, die die Minderwertigkeit von Frauen und Juden beweisen sollten, indem man deren Gehirngröße verglich. Figes, a.a.O., S. 121.
70 Sidney Bremer, «Lost Continuities: Alternative Urban Visions in Chicago Novels, 1890–1915», *Soundings* LXIV, 1 (Frühjahr 1981), S. 29–51.
71 Ebd. S. 31–34.
72 Ebd. S. 35–39.
73 Ebd. S. 41.
74 Ann-Janine Morey-Gaines, «Of Menace and Men: The Sexual Tensions of the American Frontier Metaphor», *Soundings* LXIV, 2 (Sommer 1981), S. 132–149.
75 Ebd. S. 133–141.
76 Ebd. S. 141.
77 Ebd. S. 142.
78 Warren Farrell, *The Liberated Man* (New York 1974), S. 49–50.
79 Siehe Drid Williams «The Brides of Christ», in: Ardener, a.a.O., S. 106, S. 110–111.
80 Lévi-Strauss, *Die elementaren Strukturen; Das wilde Denken*, S. 284.
81 Block und Block, a.a.O., S. 39.
82 Zitiert nach Brown und Seitz, a.a.O., S. 11.
83 Douglas, a.a.O., S. 290.
84 Joan Didion, *Salvador* (New York 1983), S. 93.
85 Stephen Marglin, «What Do Bosses Do?», in: *Review of Radical Political Economics* 6 (1974), 7 (1975).
86 Earl Shorris, *The Oppressed Middle* (New York 1981), u.a. S. 34.
87 «ERA and the 59-Cent Wage Gap» (National Organization for Women, 1981). Die Informationen stammen vom *Bureau of Labor Statistics* im US-Arbeitsministerium und dem *Census Bureau* des Handelsministeriums. Sie basieren auf Daten der jährlich erhobenen Statistik No. 125 (P-60 series).
88 Rosabeth Moss Kanter, *Men and Women of the Corporation* (New York 1977), S. 48, bemerkt, Großunternehmen verlangten von Neueingestell-

ten, «daß sie sich loyal verhalten, Autorität akzeptieren und sich an die vorgeschriebenen Verhaltensmuster halten».

89 David M. Margolick zitiert Paul Cravath von Cravath, Swaine, and Moore, New York Times, 18. Januar 1982.

90 Kanter, a. a. O., S. 47, berichtet, daß Manager ihrer Stellung entsprechend aussehen müssen und trotz des Fehlens einer Kleiderordnung gleich aussehen: sie sind weiß, männlich, proper, bartlos und haben kurzes Haar.

91 Ebd. S. 41.

92 Elshtain, *Private,* a. a. O., S. 40–41. Sie schreibt, daß in Platons Vision des vollkommenen Staates «das traditionelle Gefüge sozialer Bedingungen und Beziehungen aufgehoben ... [und] der Körper nicht mehr wesentlich für die Identität des Individuums ist, die Eltern-Kind-Beziehung wird zugunsten politischer Zwecke weitgehend aufgelöst, und alle, die anders denken, werden zum Schweigen gebracht oder verbannt». Okin, a. a. O., S. 36, bemerkt, das Erschreckende für viele Interpreten bestünde darin, daß Platon in *Der Staat* «die Kontrolle und Verfügungsgewalt, die der Staat Frauen gegenüber bereits innehatte, auf Männer ausweitete».

93 Kanter, a. a. O., S. 22.

94 Ebd., S. 62–63.

95 Ebd. S. 41.

96 Shorris, a. a. O., S. 297–298.

97 Ebd. S. 171.

98 Anthony Sampson, *Weltmacht ITT* (Reinbek b. Hamburg 1973), S. 84/85.

99 Kanter, a. a. O., S. 130.

100 Ebd. S. 60.

101 Shorris, a. a. O., S. 327.

102 David C. Jones, «What's Wrong with our Defense Establishment», New York Times Magazine, 7. November 1982.

103 Die Passage stammt aus einem Handbuch für Management (1947), zitiert nach Reinhard Bendix, *Herrschaft und Industriearbeit* (Ffm. 1960), S. 433.

104 Kanter, a. a. O., S. 24.

105 Ebd. S. 61.

106 John Simmons und William Mares, *Working Together* (New York, 1983).

107 Douglas McGregor, *Der Mensch im Unternehmen* (Düsseldorf, Wien 1971), S. 9–11, 34.

108 Ebd. S. 47–48, 57.

109 Ebd. S. 53.

110 Leonard Schapiro, «Under the Volcano», Rezension von Nikolai Tolstoys *Stalin's Secret War* (New York 1982), New York Review of Books, 20. Januar 1983.

111 Michael Curtis, «Retreat from Totalitarianism», in: Friedrich/Curtis/Barber, a. a. O., S. 57.

112 Schapiro, a. a. O.

113 Curtis, a. a. O., S. 86. Stalin exekutierte 1 Million Menschen, weitere 12 Millionen starben in Arbeitslagern zwischen 1936 und 1950. Während seiner Herrschaft wurden insgesamt 20 Millionen Russen ermordet. Weniger als 2 Prozent der Delegierten der Kommunistischen Partei von 1934 erschienen 1939 wieder. 55 der 71 Mitglieder des Zentralkomitees wurden eliminiert. Zwischen 1936 und 1939 kam die Hälfte der 2,5 Millionen Mitglieder der Kommunistischen Partei ins Gefängnis, nur 50000 erlangten die Freiheit wieder. Man säuberte nahezu die gesamte Führung der Sowjetischen Armee.

114 Slater, a. a. O., S. 38.

115 New York Times, 19. September 1981.

116 New York Times, 16. und 20. Februar 1983.

117 Sanday, a. a. O., S. 63.

118 Joseph H. Pleck, *The Myth of Masculinity* (Cambridge/Mass. 1981), S. 150.

119 Ebd. S. 20, 148–149; Bernard, a. a. O., S. 381.

120 John Hopkins Untersuchungen werden besprochen in der New York Times vom 31. Juli 1981.

121 Georgia Dullea, New York Times, 16. September 1980.

122 Sigmund Freud «Briefe an Wilhelm Fließ», in: *Aus den Anfängen der Psychoanalyse,* hg. von Marie Bonaparte, Anna Freud und Ernst Kris (London 1950), Briefe vom 28. April 1897, S. 208, und 21. September 1897, S. 229/230.

123 Sandor Ferenczi, *Confusion of Tongues Between Adults and the Child,* 1932.

124 Karl Menninger, Brief an Milton Klein, zitiert in der New York Times, 25. August 1981.

125 Evelyn Goodenough, «Interests in Persons as an Aspect of Sex Differences in the Early Years», in: *Genetic Psychological Monograph* 55 (1957), S. 287–323.

126 New York Times, 26. Juni 1980.

127 Chodorow, *Mothering,* a. a. O., S. 11–39.

128 «Divorce American Style», Newsweek, 10. Januar 1983, S. 44, 46. Bernard, a. a. O., S. 172, berichtet, daß 62 Prozent der Ehemänner den gerichtlich angeordneten Unterhaltszahlungen für Kinder im ersten Jahr nach der Verfügung nicht voll nachkommen, 41 Prozent zahlen überhaupt nicht. Im zehnten Jahr folgen 79 Prozent dem Gerichtsbeschluß überhaupt nicht mehr – wobei die Dunkelziffer beträchtlich sein dürfte.

129 John Kenneth Galbraith, «About Men: Corporate Men», New York Times Magazine, 22. Januar 1984.

130 Joseph Williams, New York Times, 19. Februar 1982. 40,8 von 100000 weißen Männern über 65 begehen Selbstmord. Bei schwarzen und anderen nicht-weißen Männern sind es 12,1, bei weißen Frauen 7,9 und bei nichtweißen Frauen 3,1.

131 Erving Goffman, *Stigma. Über Techniken der Bewältigung beschädigter Identität* (Ffm. 1974), S. 158.
132 R. Woolfolk und F. Richardson, *Sanity, Stress and Survival* (New York 1978), S. 57.
133 Vgl. Sigmund Freud, *Das Unbehagen in der Kultur*, a. a. O., passim.
134 Myron Brenton, *The American Male* (New York 1966), S. 22.
135 Sampson, *ITT*, S. 115, Zitat aus Maynard Keynes' «Economic Possibilities for our Grandchildren».
136 William Serrin, New York Times, 18. Januar 1982.
137 Zur Silkwood-Affäre siehe Howard Kohn, *Who Killed Karen Silkwood?* (New York 1981).
138 Lears, a. a. O., S. 64, 303.
139 Pleck, a. a. O., S. 159.
140 L. Terman und C. Miles, *Sex and Personality* (New York 1936).
141 Pleck, a. a. O., S. 159.
142 Chicago Tribune, 28. März 1980.
143 Stanley Brandes, «Like Wounded Stags», in: Ortner und Whitehead, a. a. O.
144 Brandes, a. a. O., S. 217–218.
145 Brandes, a. a. O., S. 218–219.
146 Ebd. S. 224–232.
147 Ebd. S. 234–235.
148 Warren Hoge, «In Brazil, Mornings Belong to Feminist TV», New York Times, 3. Januar 1980.

Kapitel V

1 Benjamin Barber, «The Conceptual Foundations of Totalitarianism», in: Friedrich, Curtis und Barber, *Totalitarianism*, a. a. O., S. 12.
2 Carl J. Friedrich, «The Evolving Theory and Practice of Totalitarianism», in: Friedrich, Curtis und Barber, Totalitarianism, a. a. O., S. 126.
3 Michael Curtis, «Retreat from Totalitarianism», in: Friedrich, Curtis und Barber, a. a. O., S. 59. Barber, «Foundations», S. 8, zitiert andere Theoretiker, die dieses Merkmal mit einbeziehen.
4 Arendt, *Totalitarismus*, a. a. O.
5 Karl Popper, zitiert n. Barber, «Foundations», S. 10.
6 C. J. Friedrich und Z. K. Brzezinski, *Totalitarian Dictatorship and Autocracy* (New York 1967), S. 24.
7 Jeane Kirkpatrick, «Dictatorships and Double Standards», *Commentary* 68, 5 (November 1979), S. 34–45.
8 Lowi, a. a. O., S. 10.
9 Ebd. S. 18.
10 Vgl. Arendt, *Totalitarismus*, a. a. O., besonders S. 273–274. Siehe auch

Stan Spyros Draenos, «Thinking Without a Ground: Hannah Arendt and the Contemporary Situation of Understanding», in: *Hannah Arendt: The Recovery of the Public World,* hg. von Melvyn A. Hill (New York 1979), S. 211.

11 Peter Berger, «Is History the Enemy of Progress?», Rezension von Edward Shils, *Tradition* (Chicago 1982), New York Times Book Review, 14. Februar 1982.

12 Arendt, *Totalitarismus,* a. a. O., S. 185.

13 Ebd. S. 200.

14 Ebd. S. 270.

15 Ebd. S. 192.

16 Ebd. S. 199.

17 Siehe zum Beispiel Frances Moore Lappe und Nick Allen, «Central American Victims», New York Times, 28. Mai 1982.

18 Alan B. Morrison, «N w Fed ral sm Holes», New York Times, 20. September 1982.

19 Tom J. Farer, «The Making of Reaganism», New York Review of Books, 21. Januar 1982.

20 Frithjof Bergmann, *On Beeing Free* (Notre Dame, Ind. 1977), S. 194.

21 Illich, *Shadow,* a. a. O., S. 40.

22 Foucault, *Power/Knowledge,* a. a. O., S. 72.

23 Stone, a. a. O., S. 27.

24 Friedrich, a. a. O., S. 142.

25 Curtis, a. a. O., S. 75/76.

26 Arendt, *Totalitarismus,* a. a. O., S. 155–156. Perlmutter diskutiert dieses Phänomen ebenfalls, a. a. O., S. 13 ff.

27 Arendt, «Imperialism», in: *Origins,* a. a. O., S. viii

28 Curtis, a. a. O., S. 59.

29 Perlmutter, a. a. O., S. 5.

30 Ebd., S. 34.

31 Richard Millet, *Guardians of the Dynasty* (Maryknoll, N.Y. 1977), S. 251–261.

32 Arendt, «Imperialism», a. a. O., S. iv.

33 Selwyn James, *South of the Congo* (New York 1943), S. 305.

34 Fisher, a. a. O., S. 309.

35 Boswell, a. a. O., S. 120.

36 Adolf von Harnack, *Lehrbuch der Dogmengeschichte* Bd. III (Darmstadt 1983), S. 128.

37 Lears, a. a. O., S. 30 ff., 98–124.

38 Zitiert n. Arendt, «Imperialism», a. a. O., S. vi.

39 Arendt, *Totalitarismus,* a. a. O., S. 105.

40 Ebd. S. 252.

41 Herbert Marcuse, *Der eindimensionale Mensch* (Neuwied/Berlin 1970), S. 23.

42 Barber, «Foundations», a. a. O., S. 12.
43 Clifford Geertz, «Stir Crazy», Rezension von Michel Foucaults *Discipline and Punish,* New York Review of Books, 26. Januar 1978, S. 3.
44 Lesley Doyal, *The Political Economy of Health* (Boston 1979), S. 34–35.
45 Siehe Ehrenreich und English, a. a. O., S. 40–50; und Regina Morantz, «The Lady and her Physician», in: Hartman und Banner, a. a. O., S. 38–53.
46 Doyal, a. a. O., S. 29.
47 Stone, *Family*, a. a. O., S. 446.
48 Ann Douglas Wood, «The Fashionable Diseases», in: Hartman und Banner, a. a. O., S. 3.
49 Ebd.
50 Ehrenreich und English, a. a. O., S. 110.
51 Carroll Smith-Rosenberg, «Puberty to Menopause», in: Hartman und Banner, a. a. O., S. 26.
52 Ebd. S. 27.
53 Ebd. S. 31.
54 Ehrenreich und English, a. a. O., S. 122.
55 Barbara Katz Rothman, «Women, Health, and Medicine», in: Freeman, a. a. O., S. 31–32.
56 Foucault, *Power/Knowledge,* a. a. O., S. 217.
57 Ehrenreich und English, a. a. O., S. 123.
58 Barbara Katz Rothman, a. a. O., S. 32.
59 W. A. Alcott, «Female Attendances on the Sick», Ladies' Magazine 7 (1834), S. 302, zitiert n. Wood, a. a. O., S. 7.
60 Der zitierte Arzt ist William H. Byford, *A Treatise on the Chronic Inflammation and Displacements of the Unimpregnated Uterus* (Philadelphia 1864), S. 22–41, zitiert n. Wood, a. a. O., S. 7.
61 Ebd. S. 8.
62 Doyal, a. a. O., S. 164/165.
63 Die Statistiken stammen von William Farr im *Third Annual Report of the Registrar General 1839–40,* zitiert n. Doyal, a. a. O., S. 50.
64 Vgl. Karl Marx, *Das Kapital,* a. a. O.
65 Der Arzt war Turner Thackrah, der in Leeds praktizierte. Zitiert n. E. P. Thompson, *The Making of the English Working Class* (Harmondsworth 1968), S. 359.
66 Doyal, a. a. O., S. 141.
67 Ebd. S. 25–26.
68 Stampp, a. a. O., S. 102–109.
69 Chorover, a. a. O., S. 100.
70 Steven Jay Gould, *The Mismeasure of Man* (New York 1981), S. 15.
71 Chorover, a. a. O., S. 71 ff, 101.
72 Guy Irving Birch, Direktor der Amerikanischen Gesellschaft für Eugenik, zitiert n. Angela Y. Davis, *Rassismus und Sexismus* (Berlin 1982), S. 204.
73 Ebd. S. 207.

74 Ebd. S. 209–210.
75 Stone, *Family,* a. a. O., S. 514–515.
76 Foucault, *Power/Knowledge,* a. a. O., S. 120.
77 Ronald Hayman, *Nietzsche: A Critical Life* (New York 1980), S. 27–33.
78 Morton Schatzman, *Die Angst vor dem Vater* (Reinbek b. Hamburg 1974), S. 49–50; 63–65; 66–71.
79 Ebd. S. 32.
80 Die Biographie stammt von Alfons Ritter, *Schreber, das Bildungssystem eines Arztes* (Erfurt 1936), eine Dissertation an der Universität Erlangen 1936. Zitiert n. Schatzman, a. a. O., S. 209.
81 Ebd. S. 209.
82 Doyal, a. a. O., S. 81–83.
83 Zitiert in R. Lewin, «Cancer hazards in the environment», New Scientist, 22. Januar 1976, S. 168–169.
84 Susan Sontag, *Krankheit als Metapher* (München/Wien 1978).
85 H. G. Mather et al., «Acute Myocardial Infarction: Home and Hospital Treatment», British Medical Journal 3 (1971), S. 334 bis 338.
86 B. Stocking und S. L. Morrison, *The Image and the Reality: A Case Study of the Impact of Medical Technology* (Oxford University Press 1978).
87 Illich, *Enteignung der Medizin* (Reinbek b. Hamburg 1977), S. 105.
88 Ebd. S. 53–54.
89 William G. Blair, «Scientific Detail Overwhelms Regard for Human Needs at Medical Schools, Panel Says», New York Times, 21. Oktober 1982.
90 British Medical Journal, 7 (1976), S. 787, zitiert n. Doyal, a. a. O., S. 13.
91 Harry Schwartz, «Toward the Conquest of Heart Disease», New York Times Magazine, 27. März 1983; Robert Pear, «U.S. Reports Decline in Infant Mortality Rate», New York Times, 16. März 1983.
92 «Poorer, Hungrier», New York Times, 10. April 1983.
93 William Ryan, *Blaming the Victim* (New York 1976), S. 323.
94 Walter Sullivan, «Boston Autopsies Find 1 in 4 Diagnoses Wrong», New York Times, 28. April 1983.
95 H. Jack Geiger, «An Overdose of Power and Money», Rezension zu Paul Starr, *The Social Transformation of American Medicine,* New York Times Book Review, 9. Januar 1983.
96 Doyal, a. a. O., S. 268.
97 Illich, *Enteignung der Medizin,* a. a. O., passim.
98 Ebd. S. 40; Chorover, a. a. O., S. 222 ff.
99 Peter E. Breggin, «The Return of Lobotomy and Psycho-Surgery», Congressional Record 118 (Februar 1972), S. 5567–5577.
100 Zur Erörterung dieser ‹Krankheit› siehe Chorover, a. a. O., S. 186 ff; und Kenneth D. Gadow, *Children on Medication* 1979: *The Psychologist, the School, and the Child with MBD/LD,* hg. von Leon Oettinger, Jr. (New York 1978).
101 Ryan, *Blaming,* a. a. O., S. 162/163, 324.

102 Rich, a. a. O.
103 Ehrenreich und English, a. a. O., S. 282.
104 J. Prather and L. S. Fidell, «Sex differences in the Content and Style of Medical Advertisements», Social Science and Medicine 9, 1 (1975), S. 23–26; M. C. Smith und L. Griffin, «Rationality of Appeals Used in the Promotion of Psychotropic Drugs: a Comparison of Male and Female Models», Social Science and Medicine 11, 6 und 7 (1977), S. 409 bis 414.
105 K. Dunnel and A. Cartwright, *Medicine Takers, Prescribers and Hoarders* (London 1972), S. 111–112.
106 K. J. Lennane und R. J. Lennane, «Alleged Psychogenic Disorders in Women: a Possible Manifestation of Sexual Prejudice», New England Journal of Medicine 288 (1973), S. 288–292.
107 Diane Scully und Pauline Bart, «A Funny Thing Happened on the Way to the Orifice: Women in Gynaecology Textbooks», American Journal of Sociology 78, 4 (Januar 1973), S. 1045–1050.
108 Doyal, a. a. O., S. 221.
109 Ebd. S. 202.
110 Ebd. S. 205.
111 Ronald Sullivan, «Health Chief for N.Y. to Act Against Misconduct by Physicians», New York Times, 3. April 1983.
112 Geiger, a. a. O.
113 Roy E. Brown, «China's Approach to Total Health Care», in: *Holy Cross Quarterly* 7, 1–4 (1975), S. 138–147.
114 Thomas S. Szasz, *Theologie der Medizin* (Wien/München/Zürich 1980), S. 149–151.
115 Doyal, a. a. O., S. 228–229.
116 Wayne King, «Microscopic Techniques Have a Gigantic Effect on Cattle Breeding Industry», New York Times, 6. Dezember 1982.
117 Philip M. Boffey, «Panel Urges Preparations to Meet Big Demand for Genetic Screening», New York Times, 28. Februar 1983.
118 Vincente Navarro, *Class Struggle, the State, and Medicine* (London 1978), S. 86/87. Ärzte besitzen jedoch auch Kapital und nutzen es, um Einfluß auf die Politik zu nehmen: 87 Prozent aller Senatoren und 84 Prozent aller Abgeordneten haben in den Jahren 1977–1983 Geld von der AMA erhalten. Bei den Wahlen zum Kongreß flossen in den Jahren 1978, 1980 und 1982 mehr als sechs Millionen Dollar in die Hände der Bewerber. Zitiert n. «Medical Moola», Common Cause Magazine, Juli/August 1983, S. 35.
119 R. C. Lewontin, «The Inferiority Complex», Rezension von S. J. Gould, *The Mismeasure of Man,* New York Review of Books, 22. Oktober 1981.
120 Lawrence Stone, *Madness,* Rezension, New York Review of Books, 16. Dezember 1982.
121 Michael Macdonald, *Mystical Bedlam* (Cambridge 1981), S. 51.
122 Ebd. S. 31, 36.
123 Ebd. S. 73–82, 109.

124 Michel Foucault, *Wahnsinn und Gesellschaft* (Ffm. 1981), S. 39, 138–139.
125 Ebd. S. 39, 142.
126 Ebd. S. 68–98.
127 Stone, *Madness,* a. a. O.
128 Bruno Bettelheim, *Freud und die Seele des Menschen* (Düsseldorf 1984), S. 39.
129 Freud, *Aus den Anfängen der Psychoanalyse,* Briefe an Wilhelm Fließ, hg. von Marie Bonaparte, Anna Freud und Ernst Kris (London 1950), Brief vom 15. Oktober 1895.
130 Ebd., Brief vom 28. April 1897.
131 Siehe Schatzmann, a. a. O.
132 Dies wurde in *Aus den Anfängen* der Psychoanalyse, Brief vom 21. September 1897, unterschlagen. Vgl. Ralph Blumenthal, New York Times, 25. August 1981. In die allgemeine Diskussion geriet dieses Thema mit Jeffrey M. Massons Buch *Was hat man dir, du armes Kind, getan? Siegmund Freuds Unterdrückung der Verführungstheorie* (Reinbek b. Hamburg 1984). Vgl. ferner Janet Malcolm, *In the Freud Archives* (New York 1984).
133 Freud, *Aus den Anfängen,* Brief vom 31. Mai 1897.
134 Ebd., Brief vom 21. September 1897.
135 Ebd., Brief vom 2. November 1896.
136 Dorothy Tennov, *Psychotherapy, the Hazardous Cure* (New York 1975), S. 229–245.
137 Becker, a. a. O.
138 Abraham Maslow, *The Farther Reaches of Human Nature* (New York 1971), S. 229.
139 Bettelheim, *Freud und die Seele,* a. a. O., S. 45.
140 Ebd.
141 Ebd.
142 Ebd., S. 14–15.
143 So gebraucht Freud etwa häufig das Wort *Seele,* mit dem er das gesamte Innenleben des Menschen – Denken, Gefühle, Unterbewußtsein und auch die physischen Aspekte dieser Bereiche – meint. Dieses Wort mit all seinen konkreten Bedeutungen wurde in der englischen Übersetzung durch *mind, mental* und *unconscious mind* ersetzt. Diese Substitution eliminiert ganz eindeutig eine Dimension menschlichen Erlebens – das Gefühl –, die den gebildeten Schichten in England und Amerika unbehaglich war, und die sie daher am liebsten mit Verachtung straften. In *Das Unbehagen in der Kultur* geht Freud auf ein vor allem in den Vereinigten Staaten anzutreffendes kulturelles Phänomen ein: das psychologische Elend der Masse. In der Übersetzung wird daraus *the psychological poverty of groups* («die psychologische Armut von Gruppen»). In einem einzigen Streich wird sowohl die Existenz von Massen unterschlagen als auch Elend mit Armut gleichgesetzt. Indem der Text um seine emotionale Dimension verkürzt wird, wird er gleichzeitig «gehoben», in ein Mäntelchen wissenschaftlicher Exaktheit ge-

kleidet, die er gar nicht besitzt, in eine Terminologie gefaßt, die nur eine Elite versteht. So werden die von Freud benutzten Vokabeln «besetzen» und «Besetzung» in der englischen Übersetzung zu *cathexis,* ein von einer griechischen Wurzel abgeleitetes Kunstwort. Aus «Schaulust» wird *scopophilia,* was wie die Bezeichnung einer Krankheit klingt, und aus «Fehlleistung» *parapraxis.* Es finden sich noch weitere ähnlich hochtrabende Wortschöpfungen.

Die Übersetzung der Freudschen Termini «Ich», «Es» und «Über-Ich» mit *Ego, Id* und *Super-Ego* ist eine hochgradige Entpersönlichung, die interessanterweise im Französischen nicht stattgefunden hat, das das «Ich» wesentlich angemessener als *le moi,* das «Es» als *le ça* oder *le soi* und das «Über-Ich» als *le sur-moi* wiedergibt; auch im Spanischen bleibt das «Ich» *el yo.* Auch im Englischen wäre es ohne weiteres möglich gewesen, von *the I* oder *the me* oder *the it* und *the over-me* zu sprechen. – Vgl. Bettelheim, *Freud und die Seele*, passim.

144 Siegmund Freud, *Das Interesse an der Psychoanalyse* (1913) in: Freud, Gesammelte Werke Bd. VIII, S. 416, zit. n. Mitchell, *Psychoanalyse*, S. 381.

145 Tennov, a. a. O., S. 63–64.

146 Von der einen Seite wird der institutionalisierten Psychiatrie vorgeworfen, sie betreibe die Erhaltung des Status quo, während von anderer Seite die Beschuldigung kommt, sie wolle Veränderungen erzwingen, unterstütze den Feminismus und mische sich in die Privatangelegenheiten der Familie. Ivan Illich und Thomas Szasz vertreten die Auffassung, daß es keine psychische Krankheit gibt. Für Szasz ist dieser Terminus ein bloßes Etikett für Lebensprobleme, dessen Funktion es ist, Konflikte zur Krankheit zu erklären und damit zu verschleiern sowie Zwang als Behandlungsmaßnahme zu legitimieren. Vgl. Thomas S. Szasz, *Theologie der Medizin*, a. a. O., S. 120–133. Je nach Zeit und Ort gelten ganz verschiedene Verhaltensmuster als krankhaft. Vgl. Thomas S. Szasz, *Recht, Freiheit und Psychiatrie* (Wien, München, Zürich 1978), S. 26–29.

Für Nicholas Kittrie ist der «therapeutische Staat» nur «Vorwand, um soziale Kontrolle ausüben zu können, ohne verfassungsmäßige Rechte gewähren zu müssen». Szasz erklärt die Ersetzung moralischer Urteile durch psychiatrische Diagnosen für «moralischen Faschismus». Nach Meinung dieser Kritiker erklärt der Staat in seiner Therapeutenfunktion solches Verhalten für gesund und reif, das sich tendenziell von ihm kontrollieren läßt. Vgl. Kittrie, a. a. O., S. 384; Szasz, *Recht,* a. a. O., S. 328.

Auf der anderen Seite greift etwa Christopher Lasch die Psychologen aufs heftigste an, weil sie ein ‹demokratisches› Modell des Familienlebens, permissive Kindererziehung, Frauenemanzipation und ein vertrauensvolleres und emotionaleres Verhältnis der Familienmitglieder untereinander propagieren. Durch ihre Ablehnung sexueller Einschränkungen und Verbote, so Lasch, hätten sie die sexuelle Revolution gefördert, die die Familie untergrabe. Lasch kritisiert unter anderem auch einen Psychiater, der seine

Kollegen dazu aufrief, sich der Präventivmedizin zuzuwenden und gegen schlechte soziale Bedingungen, schlechte Schulen und Familienverhältnisse zu kämpfen, da hierin letztlich die Ursachen des Krieges lägen. Vgl. Lasch, *Geborgenheit* (München 1981). John Money bezeichnet Versuche von Psychologen, «das neue Evangelium des Relativismus, der Toleranz, der persönlichen Entfaltung und der psychischen Reife zu verbreiten», als *Social Engineering*. Damit meint er etwa Harry Stack Sullivan, der eine «weltweite Mobilisierung der Psychiatrie» gegen «Klassenkonflikte und Kriege ebenso wie gegen individuelle Angst» forderte. Vgl. Sullivan, «Remobilization for Enduring Peace and Social Progress» in: *Psychiatry* 10 (1947), S. 239, und die Kritik von Money, «Delusion, Belief and Fact» in: *Psychiatry* 11 (1948), S. 36–38.

147 Barbara Lerner, *Therapy in the Ghetto: Political Impotence and Personal Disintegration* (Baltimore 1972), S. 8.

148 Justine Wise Polier, *The Rule of Law and the Role of Psychiatry* (Baltimore 1968), S. 74–75.

149 Barbara Lerner, a. a. O., S. 20.

150 Ebd., S. 156–162.

151 Ebd., S. 14–27.

152 Chorover, a. a. O., bes. S. 222–225.

153 Kittrie, a. a. O., S. 6–7.

154 Szasz, *Recht*, a. a. O., S. 11–12.

155 Polier, a. a. O.

156 Szasz, *Recht*, a. a. O., S. 226.

157 Chorover, a. a. O., S. 164.

158 Doyal, a. a. O., S. 218.

159 Ryan, *Blaming*, a. a. O., S. 143.

160 Tennov, a. a. O., S. 11.

161 Barbara Lerner, a. a. O., S. 6–7.

162 Ebd., S. 11.

163 Miriam Lewin, *In the Shadow of the Past: Psychology Portrays the Sexes* (New York 1984); vgl. ferner von der gleichen Autorin den Artikel «The Tyranny of Therapy» in *Women's Review of Books*, 1, 8 (Mai 1984), S. 8.

164 Eine Gruppe ausgebildeter Therapeuten und Therapeutinnen wurde testhalber aufgefordert, die Eigenschaften zu benennen, die einen gesunden, sozial kompetenten Erwachsenen / erwachsenen männlichen Menschen / erwachsenen weiblichen Menschen auszeichnen. Die 79 Testpersonen setzten ganz überwiegend den reifen gesunden Erwachsenen mit dem reifen gesunden Mann gleich und definierten die erwachsene Frau als unbeherrschter, weniger objektiv, eitler und weniger mathematisch-naturwissenschaftlich ausgerichtet. Als der gleiche Test Therapeuten und Therapeutinnen *getrennt* vorgelegt wurde, ergaben sich nur bei den männlichen Versuchspersonen zweierlei Maßstäbe für Männer und Frauen. I. K. Broverman, D. M. Broverman, F. E. Clarkson, P. S. Rosenkrantz und S. R. Vo-

gel, «Sex-Role Stereotypes and Clinical Judgements of Mental Health», in: *Journal of Consulting and Clinical Psychology* 34, 1 (1970), S. 1–7; A. L. Aslin, «Feminist & Community Mental Health Center Psychotherapists' Expectations of Mental Health for Women» in *Sex-Roles: A Journal of Research* 3,6 (1977), S. 537–544.

165 Barbara Wootton, *Social Science and Social Pathology* (London 1959), S. 218.

166 John D. Owen, *School Inequality and the Welfare State* (Baltimore 1974), S. 121–124.

167 David J. Rothman *The Discovery of the Asylum: Social Order and Disorder in the New Republic* (Boston 1971), S. 188.

168 Michael Katz, *Class, Bureaucracy and Schools* (New York 1975), S. 189.

169 Carl F. Kaestle, *The Evolution of an Urban School System: New York City 1750–1850* (Cambridge, Mass. 1973), S. 161.

170 John Jarolimek, *The Schools in Contemporary Society* (New York 1981), S. 11.

171 Owen, a. a. O., S. 121.

172 Jarolimek, a. a. O., S. 13.

173 Kaestle, a. a. O., S. 164.

174 Aus einer Rede des Gouverneurs Clinton in New York, siehe Kaestle, a. a. O., S. 164.

175 Ann Gibson Buis, «A Historical Study of the Role of the Federal Government in the Financial Support of Education», unveröffentlichte Dissertation an der Ohio State University 1953, S. 55, zitiert n. Owen, a. a. O., S. 122. Siehe auch David B. Tyack, *The One Best System: A History of American Urban Education* (Cambridge, Mass. 1974), S. 75–76.

176 Ebd. S. 74.

177 Herbert Gutman, «Work, Culture and Society in Industrializing America, 1815–1919», American Historical Review 78 (Juni 1973), S. 531–588.

178 Tyack, a. a. O., S. 72.

179 Katz, a. a. O., S. 169, 175.

180 William Ryan, *Equality* (New York 1981), S. 122. Siehe auch Samuel Bowles and Herbert Gintis, *Pädagogik und die Widersprüche der Ökonomie* (Ffm. 1978); und Owen, a. a. O., S. 9–13.

181 Frances Fitzgerald, *America Revised* (Boston 1979), S. 184.

182 Tyack, a. a. O., Teil I u. II, S. 13–77.

183 Ebd., S. 59–60.

184 Ebd., S. 273; Owen, a. a. O., S. 10–55.

185 Ebd., S. 14–27.

186 Chorover, a. a. O., S. 85–86.

187 Helen Rogan, a. a. O., S. 185.

188 Tyack, a. a. O., S. 205.

189 Ebd., S. 204.

190 Katz, a. a. O., S. 171.

191 Tyack, a.a.O., S. 279–281.

192 Gene Maeroff, «Questions on Teachers' Skills», New York Times, 12. April 1983.

193 Bennett Harrison, *Education, Training, and the Urban Ghetto* (Baltimore 1972), S. 94, 116.

194 Zu diesem Schluß kommt eine von Peter B. Doeringer (Harvard) durchgeführte Untersuchung, «Manpower Programs for Ghetto Labor Markets», Industrial Relations Research Association: Proceedings, Mai 1969.

195 Harrison, a.a.O., S. 68.

196 Folgerung aus einer Studie der *Manpower Demonstration Research Corp. of New York,* nach Kathleen Teltsch, «Black Teenagers Found Eager to Work», New York Times, 21. April 1983.

197 Frank Friedlander and Stuart Greenberg, «Effect of Job Attitudes, Training, and Organization Climate on Performance of the Hard-Core Unemployed», Journal of Applied Psychology (Dezember 1971), S. 294.

198 Katz, a.a.O., S. 172.

199 Zitat von John Goodlad, nach Fred M. Hechinger, «About Education», New York Times, 29. März 1983.

200 Tyack, a.a.O., S. 197.

201 Maeroff, New York Times, 12. April 1983.

202 Fred M. Hechinger, «About Education», a.a.O. und «Schools Try New Ways to Improve Education», New York Times, 14. April 1983.

203 Robert und Helen Lynd, *Middletown in Transition* (New York 1937), S. 241.

204 Tyack, a.a.O., S. 282.

205 Hechinger, New York Times, 29. März 1983.

206 Tyack, a.a.O., S. 275. Jahrelang bekamen Schüler und Studenten eine hervorragende Ausbildung, weil intelligente Frauen ins Lehramt drängten; das Unterrichten gehörte zu den wenigen Tätigkeiten, die ihnen erlaubt wurden. Sie machten Überstunden und waren unterbezahlt; dennoch waren sie ihren Schülern eng verbunden. Seitdem die feministischen Aktivitäten dazu geführt haben, daß Frauen auch in Bereichen tätig sein können, die ihnen vorher verschlossen blieben, suchen sie nach Jobs, die sie stärker fordern und besser bezahlt sind. Seither nimmt die Qualität in Ausbildung und Lehre wieder ab. Vgl. Maeroff, New York Times, 12. April 1983.

207 Lionel S. Lewis, *Scaling the Ivory Tower: Merit and its Limits in Academic Careers* (Baltimore 1975), S. 185.

208 Fitzgerald, *Revised,* a.a.O., S. 184.

209 Siehe zum Beispiel: «Knowledge, Education and Human Values: Toward the Recovery of Wholeness», Critical Issues Symposium Series, Charles F. Kettering Foundation 1980.

210 Thorstein Veblen, *The Higher Learning in America* (New York 1950).

211 Rieff, *To My Fellow Teachers* (New York 1973), S. 193.

212 Richard J. Barnet und Ronald E. Muller, *Die Krisenmacher* (Reinbek b. Hamburg 1975), S. 98, 101–103, 119.
213 L. S. Lewis, a. a. O., S. 30–35.
214 Ebd., S. 38–39.
215 Ebd., S. 187.
216 Ebd., S. 55.
217 Ryan, *Equality*, a. a. O., S. 157–158.
218 L. S. Lewis, a. a. O., S. 55 ff.
219 Theodore Caplow and Reece McGee, *The Academic Marketplace* (New York 1965), S. 111, 226.
220 Patricia Graham, «Women in Academe», Science 169, 25. September 1970, S. 1284–1290.
221 David Noble, «The Selling of the University», The Nation, 6. Februar 1982, S. 129 ff.
222 Ebd., S. 146.
223 Zitiert von Noble in ebd., S. 143.
224 Ebd.
225 «Campus Cartels», The Nation, 20. März 1982.
226 «Schools Study Ethics of Business-Aided Research», New York Times, 8. April 1983.
227 Noble, a. a. O.; «Campus Cartels», a. a. O.
228 Michel Foucault, *Die Geburt der Klinik* (München 1973), S. 49–53.
229 Katz, a. a. O., S. 183.
230 Ebd. S. 190–191.
231 Alvin Gouldner, *The New Class* (New York 1979), siehe besonders S. 96 ff.
232 Ebd., S. 29, 43 und passim.
233 Der Direktor war Arthur Jaffe, zitiert n. New York Times, 19. Juli 1981.
234 Vgl. Lasch, *Geborgenheit*, a. a. O., passim.
235 J. M. Synge, *Die Aran-Inseln* (Zürich 1981).
236 R. M. Dworkin, «Is Law a System of Rules?» in: Ders. (Hg.), *The Philosophy of Law* (Oxford 1979), S. 41–42.
237 Tigar und Levy, *Law and the Rise of Capitalism* (New York 1977), S. 320.
238 Ebd., S. 4–5.
239 Ebd., S. 286.
240 Ebd., S. 164.
241 Ebd., S. 183.
242 Ebd., S. 193.
243 Ebd., S. 185, 227.
244 Ebd., S. 197, 304–305.
245 Ebd., S. 309.
246 Arthur Kinoy, «The Radical Lawyer and Teacher of Law», in: R. Lefcourt (Hg.) *Law Against the People* (New York 1971).
247 Philip Green, *The Pursuit of Inequality* (New York 1981), S. 8.
248 Tigar und Levy, a. a. O., S. 279.

249 Ebd., S. 283.
250 Iredell Jenkins, *Social Order and the Limits of Law* (Princeton, N.Y. 1980), S. 11.
251 Tigar und Levy, a. a. O., S. 324.
252 Martin Garbus, «Excluding Justice», New York Times, 4. April 1983.
253 Lesley Maitland, «Secrecy», New York Times, 25. April 1983; Richard Halloran, «Secrets», New York Times, 19. April 1983
254 Farer, «Reaganism», New York Review of Books, 21. Januar 1982 und Robert Pear, «Rights Panel», New York Times, 20. März 1983; «U.S. Plans», New York Times, 3. April 1983; «Rights Unit», New York Times, 12. April 1983.
255 Vgl. Iver Peterson, «FBI Spy», New York Times, 27. März 1983, und «Judge Clears FBI of Negligence in Slaying of Rights Worker», New York Times, 20. April 1983.
256 Lowi, a. a. O., S. xvi.
257 Foucault, *Power/Knowledge*, a. a. O., S. 40 ff.
258 Evelyn N. Parks, «From Constabulary to Police Society: Implications for Social Control», Catalyst (Sommer 1970), S. 77–97.
259 Michael Specter, «Community Corrections», The Nation, 13. März 1982.
260 «Number of Prisoners», New York Times, 15. Juli 1982.
261 Graham Hughes, «Who Should Go to Prison», New York Review of Books, 1. Januar 1982.
262 Specter, a. a. O.
263 Ebd., und Susan Chira «Accord is Set on Halfway Houses to Ease Crowding at State Prisons», New York Times, 16. Juni 1983.
264 Leon Trotsky, «Their Morals and Ours», New International, Juni 1938.
265 Richter W. Don Reader vom Familiengericht in Canton, Ohio, zitiert n. E. R. Shipp, «Issue and Debate», New York Times, 22. Mai 1982.
266 Polier, a. a. O., S. 38, 94.
267 Ebd. S. 37.
268 Jenkins, a. a. O., S. 120.
269 Siehe etwa die Aussagen von Alan Dershowitz in: Stuart Taylor Jr., «Defense Counsel to Portray ‹Underside› of Justice», New York Times, 22. März 1982.
270 Siehe David Margolick, «Lawyers for Poor», New York Times, 3. April 1983.
271 Kurze Zusammenfassung siehe: «Put Legal Back Into Legal Services», New York Times, 14. April 1983.
272 Weil, «Prospects», in: *Oppression*, a. a. O., S. 9.
273 Ebd., S. 14–16.
274 Rosabeth Moss Kanter, *Men and Women of the Corporation* (New York 1977), S. 15.
275 Barnet und Muller, a. a. O., S. 205.
276 Siehe zum Beispiel: J. K. Galbraith, *Die moderne Industriegesellschaft*

(München/Zürich 1968); *Wirtschaft für Staat und Gesellschaft* (München 1974).

277 Neils Meyer, *Aufruhr der Mitte* (Hamburg 1974), S. 48.

278 Barnet und Muller, a. a. O., S. 15.

279 Hazel Henderson, *The Politics of the Solar Age* (Garden City, N.Y. 1981), S. 98.

280 Ebd., S. 110.

281 Barnet und Muller, a. a. O., S. 216.

282 Robert Lekachman, «An Agenda for the Left», New York Times, 22. Februar 1982.

283 Barnet und Muller, a. a. O., S. 96.

284 Ebd., S. 56.

285 Anthony Sampson, *Die Sieben Schwestern* (Reinbek b. Hamburg 1976), S. 185–187.

286 Benjamin Barber, «A Tale of Two Capitalisms», New York Times, 4. Oktober 1981.

287 Leo Huberman, *We, The People* (New York 1932), S. 217.

288 Edward S. Herman, *Corporate Control, Corporate Power* (Cambrigde 1981), S. 240.

289 Barnet und Muller, a. a. O., S. 31–32, 228.

290 Herman, a. a. O., S. 5, 15, 244–245.

291 Ebd., S. 185.

292 Anthony Sampson, *Weltmacht ITT* (Reinbek b. Hamburg 1973), S. 136 ff.

293 Alvin Tucker, leitender Beamter im Pentagon, zitiert n. Fred Hyatt, «Pentagon Board Assailed for Conflicts of Interest, Cronyism», International Herald Tribune, 27./28. August 1983.

294 Barnet und Muller, a. a. O., S. 224–225.

295 Ralph Miliband, *The State in Capitalist Society,* (New York 1969), S. 63 ff.

296 Henderson, a. a. O., S. 44.

297 Meyer et al., a. a. O., S. 48.

298 Sampson, *Sieben Schwestern,* a. a. O., S. 188.

299 Barnet und Muller, a. a. O., S. 15.

300 Sampson, *Sieben Schwestern,* a. a. O., S. 305.

301 Meyer et al., a. a. O., S. 48.

302 Galbraith, *Industriegesellschaft,* a. a. O., S. 65.

303 Meyer et al., a. a. O., S. 48

304 Barnet und Muller, a. a. O., S. 21–22; Henderson, a. a. O., S. 397; Herman, a. a. O., S. 259–261

305 Barnet und Muller, a. a. O., S. 15; Henderson, a. a. O., S. 97.

306 Barnet und Muller, a. a. O., S. 224.

307 Siehe zum Beispiel Leslie Maitland, «Top EPA Official Accused», New York Times, 24. März 1983.

308 Jeff Gerth, «Big Severance Payments», New York Times, 16. März 1983.

309 Henderson, a. a. O., S. 103.

310 Herman, a. a. O., S. 240.
311 Sampson, *ITT*, a. a. O., S. 28–35.
312 Ebd., S. 35.
313 Ebd., S. 41.
314 Sampson, *Sieben Schwestern,* a. a. O., S. 88.
315 Ebd., S. 253.
316 Ebd., S. 131–132.
317 George W. Ball, «Brezhneved By the U.S.», New York Times, 14. Juni 1983.
318 Sampson, *Sieben Schwestern,* a. a. O., S. 252.
319 Ebd., S. 264–265.
320 Ebd.
321 Sampson, *ITT,* a. a. O., S. 224.
322 Judith Miller, «Nuclear Plants», New York Times, 23. Januar 1983.
323 David Burnham, «Dow Anxiety», New York Times, 19. April 1983.
324 Philip Shabecoff, «EPA Aide», New York Times, 16. März 1983.
325 Siehe Howard Kohn, *Who Killed Karen Silkwood?* (New York 1981).
326 Florence Falk, «Karen Silkwood: Laundered News», *Heresies* 13, 4, 1 (1981), S. 3–4.
327 Kohn, a. a. O., S. 447.
328 Falk, a. a. O., S. 3–4.
329 Sampson, *Sieben Schwestern,* a. a. O. Es geht um Lord Kearton, den Vorsitzenden der *British Government Oil Association.*
330 Barnet und Muller, a. a. O., S. 22, 28–29; Sampson, *ITT,* a. a. O., S. 105.
331 Zitiert ebd., S. 18.
332 Ebd., S. 58.
333 Zitiert von Herman, a. a. O., S. 259.
334 Sampson, *Sieben Schwestern,* a. a. O., S. 306.
335 Sampson, *ITT,* a. a. O., S. 105.
336 Barnet und Muller, a. a. O., S. 129, 159.
337 Ebd., S. 132–133.
338 Ebd., S. 169.
339 Ebd., S. 108, 118, 135–136.
340 Lappe and Allen, New York Times, 28. 5. 1982.
341 Barnet und Muller, a. a. O., S. 158.
342 Andree Blouin mit Jean MacKellar, *My Country, Africa* (New York 1983.
343 Doyal, a. a. O., S. 115–116, 315 Anm. 76.
344 Ebd., S. 107–123.
345 Ebd., S. 123–130.
346 Barnet und Muller, a. a. O., S. 30–31.
347 Ebd., S. 153–164; Doyal, a. a. O., S. 133.
348 Barnet und Muller, a. a. O., S. 156–158.
349 Doyal, a. a. O., S. 135.
350 Illich, *Shadow,* a. a. O., S. 9.

351 Barnet und Muller, a. a. O., S. 166.
352 Herman, a. a. O., S. 250.
353 Barnet und Muller, a. a. O., S. 132, 158–159.
354 Sampson, *ITT*, a. a. O., S. 104–105; Barnet und Muller, a. a. O., S. 204.
355 Sampson, *ITT*, a. a. O., S. 103–104.
356 Barnet und Muller, a. a. O., greifen dieses Thema immer wieder auf, aber siehe vor allem S. 67–91.
357 Ebd., S. 14.
358 Herman, a. a. O., S. 259.
359 Ebd., S. 255.
360 Barnet und Muller, a. a. O., S. 15–16.
361 Sampson, *ITT*, a. a. O., S. 125.
362 Sampson, *Sieben Schwestern*, a. a. O., S. 116–118, 204–207.
363 Siehe z. B. Kanter, a. a. O., passim.
364 Sampson, *Sieben Schwestern*, a. a. O., S. 307–308.
365 Barnet und Muller, a. a. O., S. 304.
366 Sampson, *ITT*, a. a. O., S. 264–265.
367 Barnet und Muller, a. a. O., S. 312–313. Der Vizepräsident war Jacques S. Gansler.
368 Ebd., S. 51.
369 Sampson, *ITT*, a. a. O., S. 62, 110–117.
370 Earl Shorris, *The Oppressed Middle* (New York 1981), passim.
371 Ebd., S. 298–310.
372 Barnet und Muller, a. a. O., S. 51, 314–315.
373 Ebd., S. 47–48.
374 Ebd., S. 303.
375 Sheldon Danziger, *Wharton Quarterly* (Herbst 1979).
376 Barnet und Muller, a. a. O., S. 254. Vgl. auch Lester Thurow, «The Leverage of our Wealthiest 400» in: New York Times, 11. Oktober 1984.
377 Frances Fox Pliven und Richard A. Cloward, *Regulating the Poor: the Functions of Public Welfare* (New York 1972), S. xiii-xiv.
378 Ebd.
379 Michael Harrington, *The Twilight of Capitalism* (New York 1976), S. 90.
380 Doyal, a. a. O., S. 25–26.
381 Barry Commoner, *The Closing Circle* (New York 1971), S. 339.
382 Barnet und Muller, a. a. O., S. 298.
383 Ebd., S. 317.
384 Henderson, a. a. O., S. 377.
385 Meyer et al., a. a. O., S. 34.
386 «Acidic Tide of Pizza Sludge», New York Times, 2. Januar 1983.
387 Barnet und Muller, a. a. O., S. 317, 300.
388 Henderson, a. a. O., S. 176.
389 Christian Science Monitor, 5. November 1979.
390 Henderson, a. a. O., S. 135.

391 Commoner, a. a. O., S. 143–145.
392 Henderson, a. a. O., S. 25.
393 Shabecoff, New York Times, 3. April 1982.
394 *Mother Jones* (November 1979), S. 12.
395 Barnet und Muller, a. a. O., S. 317.
396 Ebd., S. 318.
397 Ebd., S. 287.
398 Henderson, a. a. O., S. 44, 101.
399 Herman, a. a. O., S. 293–294.
400 Ebd., S. 277, 280.
401 H. Perlmutter, «Super-Giant Firms in the Future», *Wharton Quarterly* (Winter 1968).
402 Barnet und Muller, a. a. O., S. 191.
403 Siehe Anm. 2, Kapitel V.
404 Barnet und Muller, a. a. O., S. 317–319.
405 Galbraith, *Industriegesellschaft,* a. a. O., S. 22–26.
406 «Security and Insecurity», New York Times, 30. April 1983.
407 Burt Neuborne, ACLU-Memorandum, «Current Threats to the First Amendment».
408 Judith Miller, «More U.S. Lie Tests», New York Times, 9. Oktober 1981.
409 «U.S. Orders Disclaimers», New York Times, 25. Februar 1983; «‹P› Film Ratings, Rate an ‹X›», New York Times, 26. Februar 1983.
410 Barnet und Muller, a. a. O., S. 101–103.
411 Ebd., S. 127–128, und Herbert J. Schiller, Communications and Cultural Domination (White Plains, N.Y. 1976), S. 10.
412 Benjamin Barber, «The Tides in New Channels», New York Times, 21. April 1982.
413 Paul M. Hirsch, «The Role of Television and Popular Culture in Contemporary Society», in: Horace Newcomb (Hg.) *Television: The Critical View* (New York 1982), S. 280.
414 Zitiert n. Harry F. Waters, «Life According to TV», Newsweek, 6. Dezember 1982.
415 Barnet und Muller, a. a. O., S. 119.
416 Schiller, a. a. O., S. 75.
417 Sandra Wallman, «Epistemologies of Sex», in: Tiger/Fowler, a. a. O., S. 50–51. Zum Sexismus der maßgeblichen Fernsehleute siehe Les Brown, *Television: The Business Behind the Box* (New York 1971), S. 9–10.
418 Waters, a. a. O., zitiert die Studie von George Gerbner.
419 Frank J. Prial, «TV Violence», New York Times, 16. April 1983.
420 «A Window on Violence», New York Times, 22. Mai 1982.
421 Gerbner, zitiert n. Waters, a. a. O.
422 Hirsch, a. a. O., S. 303.
423 Bill Nichols, *Ideology and the Image* (Bloomington, Ind. 1981), S. 170–182.

424 Todd Gitlin, «Sixteen Notes on Television and the Movement», in: *Literature in Revolution,* hg. von George Abbott White und Charles Newman (New York 1972), S. 338–339.
425 Ebd., S. 339, 346.
426 Ebd., S. 341–345.
427 Pornographie ist strenggenommen kein Produkt des Fernsehens, aber sadistische und pornographische Filme erscheinen dort in letzter Zeit immer häufiger. Es ist belegt, daß Pornographie zu Vergewaltigungen führt. Siehe *Take Back the Night: Women on Pornography,* hg. von Laura Lederer (New York 1980).
428 Gitlin, a.a.O., S. 360.
429 Barber, «Tides», New York Times, 21. April 1982.
430 Herman, a.a.O., S. 298.
431 Stuart and Elizabeth Ewen, *Channels of Desire: Mass Images and the Shaping of American Consciousness* (New York 1982), S. 75.
432 Ebd., S. 58.
433 S. Hirsch, a.a.O., und Todd Gitlin, «Prime Time Ideology» in: Horace Newcomb (Hg.) *Television: the Critical View* (New York 1982), S. 449.
434 Henderson, a.a.O., S. 28.
435 Barnet und Muller, a.a.O., S. 299. Die höchsten Werte an Schwefeldioxyd z. B. werden in der Tschechoslowakei gemessen; Pflanzen und Tiere sterben aus, die Wälder sind zerstört und das Wasser ist vergiftet. Vgl. James M. Markham, «Smoggy Prague Tries to Fight Growing Plague of Pollution», New York Times, 9. April 1984.
436 Henderson, a.a.O., S. 22.
437 Erich Kahler, *The Tower and the Abyss* (New York 1957), S. 277.
438 Marcuse, a.a.O., S. 27–28.
439 New York Times, 27. Dezember 1980.
440 Roy Ash, Columbia Journal of World Business 5, 2 (März/April 1970), S. 92.
441 Zitiert n. Ellinor Smeal, Rede v. d. *National Press Club,* 25. Juni 1981.

Kapitel VI

1 Barbara Bovee Polk, «Male Power and the Women's Movement», in: Freeman, a.a.O., S. 592–593.
2 Alle Beispiele zitiert aus «Clunkers», einem Artikel im *Think Magazine* 47, 4 (Juli/August 1981), S. 14–15. *Think* ist ein Hausorgan von *IBM;* die zitierten Passagen wurden von den Herausgebern auf Grund ihrer Unklarheit bzw. Umständlichkeit ausgewählt, sind jedoch durchaus repräsentativ für unternehmens- und verwaltungsinterne Texte.
3 *Language in America,* hg. von Neil Postman, Charles Weingartner und Terence P. Moran (New York 1969), S. 96.

4 Ähnliches gilt z. B. für die oft zitierte Feststellung eines Majors der US-Armee in Vietnam: «Wir mußten die Stadt zerstören, um sie zu retten», oder Lyndon B. Johnsons Bemerkung: «Wir werden in Vietnam bleiben, bis die Gewalt die Waffen streckt», oder schließlich folgende Passage aus dem Lehrbuch des U.S. Marine Corps: «Die kalte Präzision des wirksam gehandhabten Bajonetts im Kampf Mann gegen Mann hat eine zutiefst demoralisierende psychologische Wirkung auf den Feind.» In diesen Äußerungen kommen weder Menschen vor noch der Tod oder der Vorgang des Sterbens: Die vom Erdboden verschwundene Stadt ist angeblich gerettet, die Gewalt wird vor den amerikanischen Friedensengeln kapituliert haben und die kalte Präzision der Bajonette operiert selbsttätig wie eine körperlose Maschine. Ebd., S. 21, 197.

5 Leo Kovar, «Malevolent Transformation: Limits and Extensions», *Journal of Contemporary Psychoanalysis* 14, 3 (Juli 1978), S. 419–423.

6 Jane Lancaster erwähnt das Beispiel des männlichen Anthropologen, der eine Gruppe weiblicher Schimpansen mit einem einzigen Männchen beobachtet und von einem «Harem» spricht. Eine weibliche Anthropologin würde dieselbe Gruppe als weibliche Horde bezeichnen, die nur ein Männchen für die Fortpflanzung braucht und deshalb nur eines in der Gruppe duldet. Es gibt Feministinnen, die fest davon überzeugt sind, daß es Objektivität niemals geben kann, daß sie immer die Maske für geschlechtsspezifische Vorurteile sein wird. Evelyn Fox Keller formuliert Ähnliches in bezug auf Galilei: «Es ist nicht wahr, daß die ‹Erkenntnisse der Naturwissenschaft wahr und notwendig sind und daß das Urteil des Menschen nichts mit ihnen zu tun hat›; lediglich das Urteil der Frauen hat nichts mit ihnen zu tun.» Jane Lancaster, *Primate Behavior and the Emergence of Human Culture* (New York 1975), S. 34. Evelyn Fox Keller, «Feminism and Science», *Signs* 7, 3 (Frühjahr 1982), S. 589–602. Sie bezieht sich auf Galileo Galileis *Dialog über die großen Weltsysteme*.

7 Jean Bethke Elshtain, «Feminist Discourse and Its Discontents: Language, Power and Meaning», *Signs* 7, 3 (Frühjahr 1982), S. 608, zitiert Luther, um zu zeigen, daß keine Frau zu dessen Zeiten solch eine Sprache benutzen konnte; heute geht es den meisten Männern nicht anders.

8 Marguerite Duras, Interview mit Susan Husserl-Kapit, *Signs* 1, 2 (Winter 1975), S. 425, 426, 434.

9 Helène Cixous, «The Laugh of the Medusa», in: *New French Feminisms*, hg. von Elaine Marks und Isabelle de Courtivon (New York 1981), S. 245, 247.

10 Monique Wittig, *Die Verschwörung der Balkis* (München 1979), S. 7.

11 Ebd., S. 8–9.

12 Ebd., S. 104.

13 Vgl. folgende Passage aus Luce Irigaray, «And the One Doesn't Stir Without the Other», *Signs* 7, 1 (Herbst 1981), S. 60–61: «Mit deiner Milch, Mutter, schluckte ich Eis. Und da bin ich nun, innerlich gefroren. Und das

Gehen fällt mir noch schwerer als Dir, und ich bewege mich noch weniger. Du bist in mich hineingeflossen, und die heiße Flüssigkeit wurde zu Gift, lähmte mich … Du sorgst Dich um mich, paßt auf mich auf. Du willst mich immer in Sichtweite haben, um mich zu beschützen. Du hast Angst, mir könnte etwas passieren … Ich sehe aus wie du, du siehst aus wie ich. Ich seh dich, wenn ich mich anschaue, du siehst mich, wenn du dich anschaust.»

14 Susan Griffin, *Women and Nature: The Roaring Inside Her* (New York 1978), S. 155–156.

15 Chrystos, «I Don't Understand Those Who Have Turned Away from Me», in: *This Bridge Called My Back*, hg. von Cherrie Moraga und Gloria Anzaldua (Watertown, Mass. 1981), S. 68. Viele andere Autorinnen dieser Anthologie benutzen Interpunktion und Großschreibung ähnlich. Einige benutzen auch die Raumaufteilung, das Arrangement des Textes auf der Seite, als literarisches Mittel. Siehe auch «Racism is the Issue», *Heresies* 4, 3, Ausgabe 15.

16 Audre Lorde, *Zami: A New Spelling of My Name* (Watertown, Mass. 1982), S. 14.

17 Gertrude Stein, «Poetry and Grammar», in: *Gertrude Stein: Writings and Lectures 1909–1945*, hg. von Patricia Meyrowitz (Baltimore 1974), S. 133.

18 Daly, a. a. O., S. 52.

19 Ebd., S. 443.

20 Sandra M. Gilbert und Susan Gubar, *Alphabet Soup: Women, Language, Sexuality,* noch im MS.

21 Julia Kristeva, «Women's Time», *Signs* 7, 1 (Herbst 1981), S. 24–25.

22 Siehe etwa folgende aufs Geratewohl bei Robert Burton, einem Schriftsteller des 17. Jahrhunderts, entlehnte Passage: «Wie der Falke auf mächtigen Schwingen, wenn er zuerst von den schroffen Bergen sich in die Lüfte schnellt und zu seinem Vergnügen manche Runde zieht, immer noch höher sich schraubend, bis er seine volle Höhe erreicht hat, schließlich, wenn die Beute sich zeigt, mit voller Kraft und jäh herunterstößt, so will ich, endlich in den weiten luftigen Gefilden angelangt, wo ich frei mich ergehen und zu meiner Erquickung mich tummeln mag, eine Weile umherstreifen, die Welt durchwandern, aufsteigen in jene ätherischen Bahnen und himmlischen Sphären, um so in meine alten Elemente zurückzukehren.» Das Zitat stammt aus *Anatomy of Melancholy.*

23 Zitiert n. Doyal, a. a. O., S. 213.

24 Siehe z. B.: Jim Quinn, «Lingo», The Nation, 3. April 1982; Anne Bodine, «Androcentrism in Prescriptive Grammar», *Language and Society* 4, 2 (August 1975), S. 129–146.

25 Elshtain, *Feminist Discourse,* a. a. O., S. 605.

26 Ebd., S. 621.

27 Catharine A. MacKinnon, «Feminism, Marxism, Method, and the State: Toward Feminist Jurisprudence», *Signs* 8, 4 (Sommer 1983), S. 635–658.

28 Alice Jardine, «Introduction to Julia Kristeva's ‹Women's Time›», *Signs* 7, 1 (Herbst 1981), S. 11. Jardine spielt auf Kristevas *Pouvoirs de l'horreur* an, das kürzlich in den USA unter dem Titel *Powers of Horror* (New York 1982) veröffentlicht worden ist.

29 Ynestra King, «Feminism and the Revolt of Nature», *Heresies* 13, 4,1 (1982), S. 12–16.

30 Polk, a. a. O., S. 595.

31 MacKinnon, «Feminism: Agenda», a. a. O., S. 515–544.

32 Ebd., S. 523.

33 Alexander Szalai, «The Situation of Women in the Light of Contemporary Time-Budget Research», Grundlagenpapier der UN-Konferenz Nr. 66/BP/6 im Internationalen Jahr der Frau (1975), S. 19, analysiert von Janssen-Jurreit, a. a. O., S. 390–391.

34 Studie, durchgeführt vom Institut für Wirtschaft der sibirischen Abteilung der Akademie der Wissenschaften der UdSSR, nach *Komsomolskaya Pravda* 1967, diskutiert von Janssen-Jurreit, a. a. O., S. 389.

35 Magdalena Sokolowska, *Frauenemanzipation und Sozialismus,* (Reinbek b. Hamburg 1973), besprochen von Janssen-Jurreit, a. a. O., S. 395.

36 MacKinnon, «Feminism: Agenda», a. a. O., S. 523.

37 Barbara Ehrenreich, *What is Socialist Feminism?* WIN, 3. Juni 1976.

38 Vgl. Kapitel III.

39 MacKinnon, «Feminism: Agenda», a. a. O., S. 517–520.

40 Barbara Ehrenreich, *The Hearts of Men* (Garden City, New York 1983).

41 Das Neuwirth-Gesetz, das den Verkauf von Empfängnisverhütungsmitteln in Frankreich legalisierte, wurde im Dezember 1967 verabschiedet. Siehe Francoise Parturier, «An Open Letter to Men», in: *New French Feminisms,* S. 60 Anm. 1.

42 Diese Beschuldigungen tauchen oft in den Schriften farbiger Frauen auf. Siehe zum Beispiel Gloria T. Hull, Patricia Bell Scott and Barbara Smith (Hg.), *But Some of Us Are Brave* (Old Westbury, N.Y. 1982); Moraga/Anzaldua, a. a. O. und *Heresies* 15.

43 Siehe Audre Lorde «An Open Letter to Mary Daly», in: Moraga/Anzaldua, a. a. O., S. 94–97.

44 Elizabeth Higginbotham, «Two Representative Issues in Contemporary Sociological Work on Black Women», in: Hull/Scott/Smith, a. a. O., S. 95.

45 Dieses Problem wird beherzt bei Moraga/Anzaldua angesprochen.

46 Lorde, a. a. O., S. 97.

47 «Sharp Rising in Childbearing Found Among U.S. Women in Early 30's», New York Times, 10. Juni 1983, die den Report des *House Select Committee* über Kinder, Jugend und Familie zitiert.

48 «Blacks Closing Wage Gap», Boston Globe, 8. Mai 1978.
49 *ERA and Minority Women,* ERA-Pamphlet, veröffentlicht von NOW, 1981, S. 3.
50 «Real Income Down 5,5 %», New York Times, 21. August 1981.
51 Lynn Hecht Schafran, «Reagan vs. Woman», New York Times, 13. Oktober 1981; Newsweek, 5. April 1982.
52 Die Vorhersage stammt aus einer 1981 vom *National Advisory Council on Economic Opportunity* angefertigten Studie. Siehe zum Beispiel «Women's Issues are American Issues», New York Times, 29. April 1983.
53 David Shribman, «Study Finds Women are Systematically Underpaid», New York Times, 29. April 1983.
54 Betty Friedan, *Der Weiblichkeitswahn oder die Mystifizierung der Frau* (Reinbek b. Hamburg 1970), S. 176.
55 «Divorce American Style», Newsweek, 10. Januar 1983.
56 Siehe Andree Brooks, «Mothers Defending Rights of Custody», New York Times, 26. Februar 1983.
57 Nan D. Hunter, «Women and Child Support», in: *Families, Politics and Public Policy,* hg. von Irene Diamond (New York 1983), S. 302. Hunters Statistiken stammen aus *Child Support and Alimony,* 1978, Series P-23 (Washington D.C. 1981), hg. vom Statistischen Amt des Handelsministeriums.
58 Ehrenreich, *Hearts,* a. a. O., S. 121. Die statistische Angabe stammt von Andrew Hacker, «Farewell to the Family?», New York Review of Books, 18. März 1982, S. 37.
59 Die Statistiken sind von Lenore Weitzman, zitiert n. «Divorce American Style», Newsweek, 10. Januar 1983.
60 Hunter, a. a. O., S. 203. 1978 betrug die durchschnittliche Summe der Unterhaltszahlungen für Kinder (vorausgesetzt, die Frauen erhielten sie tatsächlich) 1800 Dollar jährlich oder 150 Dollar monatlich. Das sind etwa 20 Prozent des durchschnittlichen Jahreseinkommens dieser Frauen, das sich auf 8944 Dollar belief. Teilt man dieses Jahreseinkommen auf die Zahl der zu versorgenden Kinder auf, so ergeben sich für ein Kind monatlich 100 Dollar, für zwei 164 Dollar, für drei 210 Dollar und für vier oder mehr 230 Dollar. Diese Berechnungen berücksichtigen jedoch nicht die drei von zehn Frauen, denen zwar Unterhaltszahlungen zugesprochen wurden, die aber tatsächlich kein Geld erhielten.
Aus *Child Support and Alimony,* a. a. O., S. 1, 5.
Judith Cassetty fand unter Auswertung nationaler Umfragen, allerdings mit viel weniger Zahlenmaterial, heraus, daß die durchschnittlichen Unterhaltszahlungen für 1974 539 Dollar betrugen. Judith Cassetty, *Child Support and Public Policy: Securing Support from Absent Fathers* (Lexington, Mass. 1978), S. 72. Die Angabe 2110 Dollar stammt vom Statistischen Amt, 1983. Vgl. «Child Support Frequently Not Paid», New York Times, 8. Juli 1983.

61 Ebd.
62 «Divorce American Style», Newsweek, 10. Januar 1983.
63 Schafran, a. a. O.
64 Newsweek, 5. April 1982; Steven V. Roberts, «Capitol Hill Battle», New York Times, 8. April 1981.
65 «Private Budget Study Finds Harm to Women», New York Times, 29. März 1984.
66 Ehrenreich, *Hearts,* a. a. O., S. 177. Die wirtschaftlichen Kalkulationen stammen aus: *A Children's Defense Budget: A Response to Reagan's Black Book.* (Washington, D.C.: The Children's Defense Fund 1981), S. 61.
67 «ILO Says Female Workers Face Wide Discrimination», New York Times, 3. April 1980.
68 Henderson, a. a. O., S. 169.
69 El Saadawi, a. a. O., S. 112.
70 Siehe Janssen-Jurreit, a. a. O., S. 365–366.
71 Bernard, a. a. O., S. 172.
72 Susan Edmiston, «Hers», New York Times, 1. Juli 1982. Die Zahlen stammen aus dem «Survey of Women Officers of America's Largest Corporations», von Kane, Parsons & Associates.
73 «Shrinking Fertility Rate», New York Times, 10. Mai 1983.
74 Jane E. Brody, «Personal Health», New York Times, 11. Mai 1983, berichtet, daß nicht der Vorgang der Geburt selbst, sondern die Zeit, die mit dem Versorgen des Kindes zugebracht wird, das Band der Liebe zwischen Mutter und Kind hervorbringt. Zum Fehlen eines physiologischen «Mutterinstinkts» siehe Nancy Chodorow, a. a. O., S. 17–30.
75 Charlotte Robinson, «Study Says Children Are Depressing», Boston Globe, 18. Mai 1979. Eine Studie unter Leitung von Dr. Marcia Guttentag von der *Harvard Graduate School of Education* in Zusammenarbeit mit dem *National Institute of Mental Health* stellte eine Korrelation zwischen der privaten Lebenssituation und der Wahrscheinlichkeit einer Depression her. Am wenigsten gefährdet waren alleinstehende Frauen mit Aufstiegschancen; an zweiter Stelle lagen verheiratete Männer, an dritter alleinstehende Männer und an vierter verheiratete Frauen. Die Unglücklichsten waren getrennt lebende oder geschiedene Männer, Mütter mit schlecht bezahlten Arbeiten und weit vor all diesen Gruppen Mütter kleiner Kinder mit schlecht bezahlten Arbeiten.
76 Frances Fitzgerald, «The Triumphs of the New Right», New York Review, 19. November 1981, beschreibt die Grundhaltung der Neuen Rechten als «Handel: Wenn Frauen sich sexuell verhalten, müssen die Männer sie heiraten, bei ihnen bleiben und sie unterhalten». Siehe auch Andrea Dworkin, *Right Wing Women* (New York 1983) und Ehrenreich, *Hearts,* a. a. O., S. 144–168.
77 Zillah R. Eisenstein, «The Sexual Politics of the New Right: Understand-

ing the ‹Crisis of Liberalism› for the 1980s», *Signs* 7, 3 (Frühjahr 1982), S. 578.

78 Zillah Eisenstein, «The State, the Patriarchal Family, and Working Mothers», in: Diamond, *Families,* a. a. O., S. 54.

79 Connie Paige, *The Right To Lifers* (New York 1983).

80 Zitiert aus der Studie von Arthur H. Miller und Oksana Malanchuk, durchgeführt 1982 an der University of Michigan zu geschlechtsspezifischen Unterschieden im Wahlverhalten: Adam Clymer, «Gap Between Sexes in Voting Seen as Outlasting Recession», New York Times, 22. Mai 1983.

81 Rochelle Semmel Albin, «Has Feminism Aided Mental Health?», New York Times, 16. Juni 1981. Sie zitiert Dr. Grace Baruch und eine Studie des National Institute of Mental Health unter Leitung von Dr. Frederic Ilfeld.

82 Das Buch ist von David McClelland, John Atkinson, R. A. Clark und E. L. Lowell, *The Achievement Motive* (New York 1953). Der Kommentar stammt von Joanna Rohrbaugh, *Women: Psychology's Puzzle* (New York 1979), S. 219.

83 Martina S. Horner, «Women's Need to Fail», Psychology Today (November 1969); «Toward an Understanding of Achievement-Related Conflicts in Women», *Journal of Social Issues,* 28, 9 (1972), S. 157–175.

84 L. W. Hoffman, «Fear of Success in Males and Females: 1965 and 1972», Journal of Consulting and Clinical Psychology (1974).

85 Mehrere Studien werden diskutiert in: *Women and Achievement,* hg. von Martha Mednick, Sandra Tangri und Lois Hoffman (New York 1975).

86 John Condry and Sharon Dyer, «Fear of Success: Attribution of Cause to the Victim», *Journal of Social Issues 32,* 3 (Sommer 1976), S. 63–83. Siehe auch Lenore J. Weitzman, «Sex-Role Socialization», in: Freeman, a. a. O.

87 Harriet Holter, «Sex Roles and Social Change», in: Mednick et al., a. a. O.

88 Für einen Überblick siehe Marilyn French, «Women in Language», *Soundings* 59, 3 (Herbst 1976), S. 329–344.

89 Die Art und Weise, wie Leute sprechen, wird im Fach-Jargon «Sprachverhalten» genannt. Untersuchungen zu diesem Thema in: *Language and Sex,* hg. von Barrie Thorne and Nancy Henley (Rowley, Mass. 1975); Mary Ritchie Key, *Male/Female Language* (Metuchen, N.J. 1975); Elizabeth Aries, «Interaction Patterns, and Themes of Males, Females, and Mixed Groups», *Small Group Behavior* 7, 1 (1976), S. 1–18; Casey Miller and Kate Swift, *Words and Women* (London 1977); Karen Adams and Norma C. Ware, «Sexism and the English Language: The Linguistic Implications of Being a Woman», in: Freeman, a. a. O.

90 Peter Trudgill, «Sex, covert prestige and linguistic change in the urban British English of Norwich», *Language in Society* 1, 2 (1973), S. 179–195.

91 Robin Lakoff, *Language and Woman's Place* (New York 1975).

92 Betty Lou Dubois and Isabel Crouch, «The Question of Tag Questions in: Women's Speech: They Don't Really Use More of Them, Do They?», *Language in Society* 4, 4 (1975), S. 289–294.

93 Sigmund Freud, «Einige psychische Folgen des anatomischen Geschlechtsunterschiedes» (1925) in: *Studienausgabe* Bd. V, Sexualleben (Ffm. 1972), S. 253.
94 Jean Piaget, *Das moralische Urteil beim Kinde* (Stuttgart 1983), S. 80–89.
95 Alles über Kohlberg Gesagte bezieht sich auf: Lawrence Kohlberg, «Stage and Sequence: The Cognitive-Developmental Approach to Socialisation», in: *Handbook of Socialisation Theory and Research,* hg. von David A. Goslin (Chicago 1969).
96 Nancy Hartsock, *Money, Sex and Power: Toward a Feminist Historical Materialism* (New York 1983), S. 41–42.
97 Siehe Carol Gilligan, «In a Different Voice: Women's Conceptions of Self and of Morality», *Harvard Educational Review 47,* 4 (November 1977), S. 481–517. Erikson geht auf die moralische Entwicklung des Kindes ein in: *Kindheit und Gesellschaft* (Stuttgart 1979) und *Jugend und Krise* (Stuttgart 1970).
98 Studie, durchgeführt von Kohlberg und Zigler im Jahr 1967; siehe «Stage and Sequence», a. a. O., S. 372.
99 Ebd., S. 399.
100 Carol Gilligan, a. a. O.
101 Ebd., Kapitel 2.
102 Colin M. Turnbull, *The Human Cycle* (New York 1983), S. 44 ff.
103 Gilligan, *Voice,* S. 59, 74.
104 Erik H. Erikson, *Ghandis Wahrheit* (Ffm. 1978), S. 273.
105 Gilligan, a. a. O., S. 104/105.
106 Germaine Tillion, *Ravensbruck: An Eyewitness Account of a Women's Concentration Camp* (New York 1975), S. xxii.
107 Nadine Brozan, «Holocaust Women: A Study in Survival», New York Times, 23. März 1983. Zitat von Jolly Zeleny.
108 Ebd.
109 Ellen Willis, The Village Voice, 23. Juni 1980; 16.–22. Juli 1980.

Kapitel VII

1 Turnbull, *Human Cycle*, a. a. O., S. 21–22.
2 Freud, *Zivilisation*, a. a. O., S. 41.
3 George F. Kennan, «A Modest Proposal», New York Review of Books, 16. Juli 1981.
4 Roy A. and Zhores A. Medvedev, «A Nuclear Samizdat on America's Arms Race», The Nation, 16. Januar 1982.
5 Dazu: Jonathan Schell, *Das Schicksal der Erde* (München/Zürich 1982).
6 Siehe Anthony Lewis, «Who Are the Realists?», New York Times, 3. Juni 1982.

7 Amory B. Lovins, L. Hunter Lovins und Leonard Ross, «Nuclear Power and Nuclear Bombs», in: *Foreign Affairs* 58,5 (Frühjahr 1980), S. 1137–1177.
8 Mark Hertsgaard, «Nuclear Nothing», New York Times, 29. April 1983.
9 Ivan Illich, *Die Enteignung der Medizin*, a. a. O., S. 27.
10 Joseph Veroff, Elizabeth Douvan und Richard A. Kulka, *The Inner America: A Self-Portrait from 1957–1976* (New York 1981), erläutern diese und andere Veränderungen des amerikanischen Ethos.
11 Foucault, *Sexualität*, a. a. O., S. 163.
12 Leonard Silk, «Russian Economy Gives Andropov Huge Problems», New York Times, 12. Juni 1983.
13 Martha Wolfenstein, «Fun Morality», (1951) in: *Childhood in Contemporary Cultures*, hg. von Margaret Mead und Martha Wolfenstein (Chicago 1955), S. 168–176.
14 Ein kürzlich erschienenes Beispiel ist *Not In Our Genes* von R. C. Lewontin, Steven Rose und Leon Kamin (New York 1984). Vgl. vor allem S. 37–51.
15 Vgl. ebd., S. 42–44.
16 Ebd., S. 44.
17 Zur ausführlichen Erörterung dieser neuen Diskursform siehe Foucault, *Ordnung*, a. a. O., passim.
18 William Bennet, «The Science Watch», *Harvard Magazine* 64, (Sept./Okt. 1978), S. 23.
19 Fritjof Capra, *Das Tao der Physik* (Bern/München/Wien 1984), S. 67.
20 Ebd., S. 68.
21 Ebd., S. 72.
22 Ebd.
23 Ebd., S. 189.
24 Paul Davies, *Other Worlds: Space, Superspace and the Quantum Theory* (London 1982), S. 108.
25 Lewis Thomas, *The Lives of a Cell* (New York 1974).
26 Fritjof Capra, «The Dance of Life», in: *Science Digest* (April 1982), S. 30–33.
27 Money, *Love*, a. a. O., S. 1–2.
28 Siehe Darstellungen der von Dr. Norman Geschwind durchgeführten Untersuchungen bei Brody, «Left-Handed», New York Times, 19. April 1983.
29 Siehe «The Business Brain», in: *AMA Management Digest* (April 1982), S. 18–24.
30 Dudley Lynch, «Are You in Your Right Mind», in: *AMA Management Digest* (April 1982), S. 18–20.
31 Friedrich Nietzsche, *Briefe* (Leipzig 1911). Brief an Gast, 19. Sept. 1880.
32 MacIntyre, *After Virtue*, a. a. O., S. 32.
33 Jenkins, a. a. O., S. 232.
34 Vgl. Friedrich Nietzsche, *Der Wille zur Macht*, a. a. O., Bd. II.

35 Bertrand Russell, *Power: A New Social Analysis* (New York 1936), S. 35.
36 Talcott Parsons, «On the Concept of Political Power», in: *Political Power*, hg. von Roderick Bell, David B. Edwards und R. Harrison Wagner (New York 1969), S. 256.
37 Simone Weil, «Prospects» (1933), in: *Oppression*, a. a. O., S. 16.
38 A. Perlmutter, a. a. O., S. 19–20.
39 Weil, «Analysis of Oppression» (1934).
40 Terence Smith, «Former Leaders Ponder Fragility of Power», International Herald Tribune, 30. August 1983. Es handelte sich um Gerald Ford (USA), Valéry Giscard d'Estaing (Frankreich), James Callaghan (Großbritannien), Malcolm Fraser (Australien) und Helmut Schmidt (BRD).
41 Weil, «Analysis», a. a. O.
42 Foucault, *Power/Knowledge*, a. a. O., S. 156.
43 Weil, «Analysis», a. a. O.
44 Foucault, *Power/Knowledge*, a. a. O., S. 88, 236.
45 Ebd., S. 98.
46 Douglas McGregor, *The Human Side of Enterprise* (New York 1960), S. 21.
47 Ebd., S. 102.
48 Ebd., S. 98.
49 S. J. Gould, *Darwin*, a. a. O., S. 90.
50 Norman A. Graebner, «America's Limited Power in the Contemporary World», in: The Key Reporter XLVII, 3 (Frühjahr 1982), S. 2–5.
51 Sigmund Freud, *Das Unbehagen in der Kultur* (Wien 1930), S. 69–72.
52 Siehe Wilson, *Sociobiology*, Steven Goldberg, *The Inevitability of Patriarchy* (New York 1974), Lionel Tiger und Robin Fox, *The Imperial Animal* (London 1977) und Lionel Tiger, *Men In Groups* (London 1969).
53 Vgl. Lewontin, *Genes*, a. a. O., S. 153–154. Siehe auch Daniel Coleman, «Psychology is Revising Its View of Women», New York Times, 20. März 1984, bezüglich einer von Carol Jacklin und Eleanor Maccoby angefertigten Studie über Kinder von der Geburt an. Die Studie untersucht Hormone und Verhalten der Kinder. Zur Zeit der Entstehung des Artikels kamen die Kinder in die Schule. Bis dahin konnte kein Zusammenhang zwischen hormonaler Struktur und Aggression festgestellt werden.
54 Lewontin, a. a. O., S. 20.
55 Die Arapesh z. B. sind sanft, und zwar beide Geschlechter. Bei den Mundugumor sind beide Geschlechter anmaßend und aggressiv und bei den Tschambuli sind die Männer abhängig und tragen keine Verantwortung, während die Frauen dominant und distanziert sind und die Dinge in die Hand nehmen. Siehe Mead, *Sex and Temperament*, a. a. O.
56 Lenore Weitzman, «Sex-Role Socialisation», in: Freeman, *Women*, a. a. O., S. 153.
57 Money, *Love*, a. a. O., S. 159, 175.
58 Ebd., S. 29–30.

59 Lewontin, a. a. O., S. 90.
60 Joseph Pleck, *The Myth of Masculinity*, (Cambridge, Mass. 1981), S. 170.
61 Eleanor Maccoby und Carol Nagy Jacklin, zitiert von Bryce Nelson, «Aggression: Still A Stronger Trait for Males», New York Times, 30. Juni 1983.
62 Lewontin, a. a. O., S. 91.
63 Wilson, *Human*, a. a. O., S. 101, 107–108.
64 Simone Weil, «The Power of Words», in: *Oppression*, a. a. O. Obwohl Weils Schriften aus den dreißiger Jahren stammen, stimmt ihre Behauptung, «Kriege seien Konflikte mit undefinierbarem Ziel», noch heute. Da ihnen ein Ziel fehlt, können sie nur an Hand der geforderten Opfer beurteilt werden, «und daraus folgt, daß die bereits entstandenen Verluste ein ewig gültiges Argument für den Ruf nach ewig neuen sind».
65 Tom Wicker, «Making Things Worse», New York Times, 9. Juli 1982.
66 Sigmund Freud, *Unbehagen*, a. a. O., S. 52–62, 89.
67 Dianne Herman, «The Rape Culture», in: Freeman, *Women*, a. a. O., S. 45–47.
68 «Study Details Family Violence», New York Times, 23. April 1984.
69 Siehe z. B.: Susan Griffin, *Pornography and Silence*, a. a. O.; Andrea Dworkin, *Pornography: Men Possessing Women* (New York 1981); und *Take Back The Night*, hg. von Laura Lederer (New York 1982).
70 Ochshorn, a. a. O., S. 14–15, 34.
71 Ebd., S. 107–114.
72 Philippe Ariès, *Centuries of Childhood* (New York 1962), S. 100-127.
73 Foucault, *Sexualität*, a. a. O., S. 50.
74 Ebd., S. 63/64.
75 Ebd., S. 70 ff zur Diskussion dieser Verfahrensweisen in Frankreich.
76 Lucien Febvre, *Sensibility and History, A New Kind of History*, hg. von Peter Burke (New York 1973), S. 25.
77 Foucault, *Sexualität*, a. a. O., S. 129.
78 Stone, *Family*, a. a. O., S. 440.
79 Griffin, a. a. O., S. 56.
80 Gilles Deleuze, *Présentation de Sacher-Masoch* (Paris 1967), zitiert nach Ronald Hayman, *Nietzsche*, a. a. O., S. 355.
81 Zur Diskussion von sogenannten Snuff-Filmen siehe Lederer, *Night*, a. a. O.
82 Beziehungen zwischen Pornographie und aktueller Gewalt, wie sie aus den Polizeiberichten hervorgehen, bei: Irene Diamond, «Pornography and Repression: A Reconsideration of ‹Who› and ‹What›», in: Lederer, *Night*, a. a. O., S. 183–200; über Beziehungen zwischen Pornographie und Gewalt: Diana E. H. Russel, «Pornographie and Violence: What Does the New Research Say?», in: Lederer, *Night*, a. a. O., S. 216–236.
83 Edmund White, «The Political Vocabulary of Homosexuality», in: *The*

State of the Languages, hg. von Leonard Michaels und Christopher Ricks (Berkeley, Calif. 1980), S. 242.

84 Pat Califia, «Feminism and Sadomasochism», in: *Heresies* 12, 3, 4 (1981), S. 30–34.

85 Susan Brownmiller, *Against our Will* (New York 1975). Zu Untersuchungen über Vergewaltiger siehe Pauline B. Bart und Margaret Jozsa, «Dirty Books, Dirty Films, and Dirty Data», in: Lederer, *Night*, a. a. O., S. 201–215.

86 Betty Friedan, *Der zweite Schritt* (Reinbek b. Hamburg 1982), S. 138.

87 Abraham Maslow, «Self-Esteem (Dominance-Feeling) and Sexuality in Women», in: *Psychoanalysis and Female Sexuality*, hg. von Hendrick M. Ruitenbeek (New Haven, Conn. 1966), S. 161–197.

88 George Gilder, Sexual Suicide (New York 1973), S. 14–16.

89 Robert Stoller, *Perversion* (New York 1975), S. 26.

90 George Bataille, *Death and Sensuality* (New York 1977), S. 90. Bataille und Stoller gehören zu den Autoren, deren Werke Nancy Hartsock in *Money, Sex and Power*, Kap. 7, diskutiert.

91 Robert Stoller, *Sexual Excitement :The Dynamics of Erotic Life* (New York 1979), S. 113.

92 Andrea Dworkin, *Pornography*, a. a. O., S. 151.

93 Pat Califia, «Feminism», a. a. O., S. 30–34 und «A Secret Side of Lesbian Sexuality», The Advocate, 27. Dez. 1979.

94 Ebd.

95 Simone Weil, «Theoretical Picture of a Free Society», (1934), in: *Oppression*, a. a. O., S. 96.

96 Zur Diskussion dieser Theorie siehe: Salvatore Cucchiari, «The Gender Revolution and The Transition from Bisexual Horde to Patrilocal Band: the Origins of Gender Hierarchy», in: Ortner und Whitehead, a. a. O.; Sigmund Freud, «Die infantile Genitalorganisation (Eine Einschaltung in die Sexualtheorie)» in: *Gesammelte Werke* Bd. XIII (London 1940), S. 291.

97 Allan Griswold Johnson, «On the Prevalence of Rape in the United States», *Signs* 6, 2 (Winter 1980), S. 349. Johnson war erstaunt über die Ergebnisse seiner Erhebungen (die Statistiken sind in Signs 6,1 Herbst 1980 abgedruckt); er überprüfte seine Daten und ließ seine Analyse von Demographen überprüfen, fand aber seine Schlußfolgerung «unausweichlich»: Sexuelle Gewalt gegen Frauen ist ein fester Bestandteil des Sexuallebens der Menschen in den USA. Zur Alltäglichkeit von Vergewaltigungen siehe Anm. 85 in diesem Kapitel.

98 Michael Ignatieff, «Homo Sexualis», London Review of Books, 4.–17. März 1982.

99 James Joyce, *Ein Portrait des Künstlers als junger Mann* (Ffm. 1972), S. 362, 386, 407.

100 Becker, a. a. O., S. 241.

101 Norman O. Brown, *Life Against Death* (New York 1959), Kap. 9.
102 Becker, a. a. O., S. 242.
103 Freud, *Zivilisation*, a. a. O., S. 70–71.
104 Sigmund Freud, *Vorlesungen zur Einführung in die Psychoanalyse* (London 1940), Werke Bd. XI, S. 450.
105 Freud, *Zivilisation*, a. a. O., S. 41.
106 Evelyn Goodenough, «Interests in Persons as an Aspect of Sex Differences in the Early Years», *Genetic Psychological Monograph* 55 (1957), S. 287–323.
107 David Lynn, *Parental and Sex Role Identification: A Theoretical Formulation* (Berkeley, Calif. 1969), S. 24.
108 David Lynn, «A Note on Sex Difference in the Development of Masculine and Feminine Identification», Psychological Review 66, 2 (1959), S. 126–135.
109 D. B. Leventhal and K. M. Shember, «Sex Role Adjustment and Non-Sanctioned Aggression», *Journal of Experimental Research in Personality* 3 (1969), S. 283–286.
110 Gilligan, *Different Voice*, a. a. O., S. 39–40.
111 Myron Brenton, *The American Male* (New York 1966), S. 22.
112 Die Statistiken stammen aus einer Studie der *International Labor Organization*, die bei der *United Nations Women's Conference* vorgestellt, aber inzwischen überarbeitet wurde. Vgl. Kap. III.
113 Glennon, *Dualism*, a. a. O., S. 170–199, erwähnt einige dieser Beschwerden.
114 D'Andrade, «Sex Differences»; Maccoby, «Development», S. 202.
115 Ebd., S. 216; ferner David A. Hamburg und Donald Munde, «Sex Hormones in the Development of Sex Differences in Human Behavior» und Jane E. Brody, «Some Disorders Appear Linked to Being Left-Handed», New York Times, 19. April 1983.
116 Lewontin, *Genes*, a. a. O., Kap. 6.
117 John Money, «Sex, Hormones, and other Variables in Human Eroticism»; J. L. Hampson and Joan G. Hampson, «The Ontogenesis of Sexual Behavior in Man», beide in: *Sex and Internal Secretions*, hg. von W. C. Young, Bd. II (Baltimore 1961).
118 Kanter, a. a. O., S. 163, 170, 255 ff.
119 Siehe David M. Potter, *American Women and the American Character*, Stetson University Bulletin LXIII (Januar 1962), S. 21.
120 Chodorow, a. a. O., S. 23–30.
121 Ebd., S. 75.
122 Farrell, a. a. O., S. 122.
123 Erving Goffman, «Gender Display», in: Tiger/Fowler, a. a. O., S. 70.
124 Dinnerstein, a. a. O., besonders S. 188–191.
125 Chodorow, a. a. O., S. 75–76, 185, 214.
126 Sidney Bolkowsky, «The Alpha and Omega of Psychoanalysis», *The*

Psychoanalytic Review 69, 1 (Frühjahr 1982), S. 131–150. Siehe auch S. Diamond, «The Search for the Primitive», in: *In Search of the Primitive: A Critique of Civilization* (New Brunswick, N. Y. 1974), S. 116–175; und M. Fortes, «Mind», in: *The Institutions of Primitive Society*, hg. von E. E. Evans-Pritchard (Glencoe, N. Y. 1956), S. 90–94.

127 Rosalyn F. Baxandall, «Who Shall Care for Our Children? The History and Development of Day Care in the United States», in: Freeman, a. a. O., S. 134–149. Die Studie ist von Urie Bronfenbrenner: *Two Worlds of Childhood: U. S. and USSR* (New York 1970).

128 Chodorow, a. a. O., S. 217.

129 Rubin, a. a. O., S. 180.

130 Ebd., S. 199.

131 Elshtain, *Private*, a. a. O., passim.

132 Dietrich Bonhoeffer, *Widerstand und Ergebung – Briefe und Aufzeichnungen aus der Haft* (München 1970), S. 12.

133 Slater, a. a. O., S. 8.

134 Wie Stephen Jay Gould nachweist, braucht Gemeinschaftlichkeit nicht genetisch bedingt zu sein, da wir sie alle in den Armen unserer Mütter erlernen. *Darwin*, a. a. O., S. 257.

135 Margaret Mead zeigte auf, daß die Begriffe «kooperativ» und «wettbewerbsorientiert» nicht notwendigerweise im Gegensatz zueinander stehen müssen; Gruppen von Menschen können aus sehr unterschiedlichen Gründen zusammenarbeiten oder einen kooperativen Wettstreit austragen. Die Art und Weise, wie Menschen zusammenarbeiten, schreibt Margaret Mead, ist «grundlegend von dem [von ihrer Gesellschaft ausgeübten] sozialen Druck abhängig». Individualziele sind «gesellschaftlich determiniert und nicht etwa eine Reaktion des Einzelorganismus auf eine externe Situation, wie etwa bei einer Lebensmittelknappheit.» Mead, *Cooperation*, S. 16. Joseph Folsom unterschied zwischen Wettbewerb und Rivalität und definierte ersteren als Verhalten in Hinsicht auf ein Ziel, das auch andere anstreben, letztere als Verhalten, das darauf abzielt, andere herabzusetzen, indem man ein Ziel erreicht, das sie auch angestrebt haben. Joseph Folsom, *Social Psychology*, (New York 1931), S. 337–346, 370–371. Ruth Benedict schließlich prägte den Begriff «Synergie», um ein Verhalten zu charakterisieren, das gleichzeitig kooperativ und wettbewerbsorientiert ist. Stark synergische Kulturen schaffen Strukturen, in denen die Individuen mit derselben Handlung sowohl dem eigenen als auch dem Gruppeninteresse dienen, wenig synergische Kulturen solche, in denen die Handlungen sich notwendigerweise zuwiderlaufen, in denen der Vorteil des einen Individuums zum Nachteil des anderen gerät. Ruth Benedict, «Synergy», *American Anthropologist* 72 (1970), S. 320–333.

136 Robert Paul Wolff behandelt Gemeinschaftlichkeit als Quelle individueller Lust; *The Poverty of Liberalism* (Boston 1968), Kap. 5.

137 Gass fügt hinzu, daß Descartes den *coup de grâce* ausführte: Er entfernte

die Qualität ganz aus der äußeren Welt und verlegte sie in den Bereich der Wahrnehmung, «als ob das Teleskop mit seinen Linsen plötzlich die Sterne verschluckt hätte». William Gass, *On Being Blue* (Boston 1976), S. 64.

138 Nietzsche, *Wille zur Macht*, Bd. II, 4, S. 4, 321, 461.

139 Weil, «Analysis», a. a. O.

140 Bergmann, a. a. O., S. 122.

141 Friedrich Nietzsche, «Das Problem des Sokrates», in: *Götzendämmerung, Sämtliche Werke,* Bd. VIII (Stuttgart 1964), S. 87.

142 Maslow, *Farther Reaches*, a. a. O., S. 12–13.

143 Chodorow, a. a. O., S. 76.

144 E. J. Hobsbawm, *Revolutionaries* (New York 1973), S. 204.

145 C. B. MacPherson, *The Political Theory of Possessive Individualism* (New York 1964), S. 263.

146 Zu einer Abhandlung über die universelle physikalische Kraft (eine Anziehungskraft, die auf Kreaturen wirkt, die zu leicht sind, um von der Schwerkraft gehalten zu werden) siehe Lewontin, *Genes*, a. a. O., S. 273–274.

147 Bergmann, a. a. O., S. 48.

148 Bergmann definiert Freiheit genauso. Ebd., vor allem S. 92 ff.

149 Martin Foss, *Symbol and Metaphor in Human Experience* (Princeton, New Jersey 1949), S. 1–32.

150 Zitiert nach Wilson, *Sociobiology*, a. a. O., S. 23.

151 Vgl. Merchant, *Death of Nature*, S. 69–126.

152 Hartsock erläutert in *Money, Sex and Power*, wie Politiker und Ökonomen die Gemeinschaft sehen. Siehe vor allem S. 41–46.

Anhang

Tabelle: Frauen in akademischen und leitenden Berufen
Vergleich USA – UdSSR 1975

Beruf	UdSSR	USA
Ärzte	69%	9%[a]
Anwälte	über die Hälfte	6%[b]
Richter	ein Drittel	2%
Verwaltungsangestellte	76%	21.6%[c]
Ingenieure	40%[d]	1.6%
Gymnasiallehrer	71%	49.5%
Grundschullehrer	79%	84.5%
Naturwissenschaftler	42%[e]	10.2%[f]
Fabrikdirektoren	13%	1%
Mittlere Industriemanager	24%	5–6%
Kolchosenleiter	22%	—
Dr. phil	31%	16%
Ord. Professoren	13.8%	9%[g]
Assistenzprofessoren	22.9%	15.2%[g]

a Heute stellen Frauen 15 Prozent der amerikanischen Medizinstudenten

b Derzeit sind 16 Prozent der amerikanischen Jurastudenten Frauen

c einschl. Buchhalter ohne betriebswirtschaftl. Qualifikation

d Das sind eine Million Frauen. Die Zahl der weiblichen Ingenieure in der UdSSR übersteigt die der männlichen in den USA. Die große Anzahl der Ingenieure überhaupt in der UdSSR erklärt sich dadurch, daß das Ingeniersstudium hier eine ähnliche Rolle spielt wie in den USA der Erwerb eines wirtschaftswissenschaftlichen oder juristischen Abschlusses. Das Ingenieurwesen ist der Bereich, aus dem sich die Industriemanager und führenden Politiker rekrutieren.

e Das sind 500 000 Frauen, denen eine von der kommunistischen Partei streng durchgesetzte Quotenregelung Arbeitsplätze garantiert.

f einschl. Labortechniker

g In den USA stellen zwar Frauen gegenwärtig 27.1% der Hochschullehrer, aber die meisten von ihnen haben nur vorübergehende Teilzeitlehraufträge.

Zusammenstellung Roberta T. Manning

Bibliographie

1. Selbständige Veröffentlichungen und Beiträge in Periodika

Abernethy, Virginia, «Female Hierarchy: An Evolutionary Perspective», in: Tiger/Fowler, *Hierarchies*.

Abram, A., «Women Traders in Medieval London», Economic Journal (London) 26 (Juni 1916), S. 276–285.

Adams, Karen und Norma C. Ware, «Sexism and the English Language: The Linguistic Implications of Beeing a Woman, in: Freeman, *Women*.

Adkins, A. W. H., *Merit and Responsibility: A Study in Greek Values* (Oxford 1960).

Agonito, Rosemary, *History of Ideas on Women* (New York 1977).

Ali, Syed Ameer, *A Short History of the Saracens* (London 1900).

Alvarez, A., «The Background», in: Battin und Mayo, *Suicide*.

Anderson, Peter, «Reproductive Role of the Human Breast», Current Anthropology 11/82.

Anton, Ferdinand, *Woman in Pre-Columbian America* (New York 1973).

Aptheker, Herbert, *American Negro Slave Revolts* (New York 1970).

Ardener, Edwin, «Belief and the Problem of Women», in: Ardener, *Perceiving*.

Ardener, Shirley, Hg., *Perceiving Women* (London 1975).

Arendt, Hannah, *The Origins of Totalitarianism* (New York 1968);

– dt. gek. Übersetzung: *Elemente und Ursprünge totaler Herrschaft* (Ffm. 1955).

Aries, Elizabeth, «Interaction Patterns and Themes of Males, Females, and Mixed Groups», Small Group Behavior 7,1 (1976), S. 1–18.

Ariès, Philippe, *Geschichte der Kindheit* (München/Wien 1977).

Aristoteles, *Über die Zeugung der Geschöpfe* (Paderborn 1959).

– *Politik* (Politica, dt.) (Zürich/Stuttgart 1971).

Arthur, Marylin, «Liberated Women: The Classical Era», in: Bridenthal und Koonz, *Visible*.

Ash, Roy, Columbia Journal of World Business 5,2 (März/April 1970).

Aslin, A. L., «Feminist & Community Mental Health Center Psychotherapists' Expectations of Mental Health for Women», Sex Roles: A Journal of Research 3,6 (1977), S. 537–544.

Athenaeus, *The Deipnosophistae* V (Cambridge, Mass. 1932).

Bachofen, J. J., *Das Mutterrecht* (Basel 1943).

Bacon, Francis, *Neues Organ der Wissenschaft* (1620).

– *Preface to the History of the Winds* (1623).

– *Instauratio Magna* (1620).

Bainton, Roland H., *Women of the Reformation* (Minneapolis, Minn. 1977).

Bakan, David, *And They Took Themselves Wives* (San Francisco 1979).

Balbus, Isaak D., *Marxism and Domination* (Princeton 1982).

Balikci, Asen, «The Netsilik Eskimos: Adaptive Process», in: Lee und DeVore, *Hunter*.
Balsdon, J. P. V. D., *Die Frau in der römischen Antike* (München 1979).
Bamberger, Joan, «The Myth of Matriarchy: Why Men Rule in Primitive Society», in: Rosaldo und Lamphere, *Woman*.
Bandel, Betty, «The English Chroniclers' Attitudes Toward Women», Journal of the History of Ideas 16 (1955), S. 113–118.
Barber, Benjamin, «The Conceptual Foundations of Totalitarianism», in: Friedrich, Curtis und Barber, *Totalitarianism*.
– , Michael Curtis und Carl Friedrich, *Totalitarianism in Perspective: Three Views* (New York 1969).
Barnet, Richard J., und Ronald E. Muller, *Die Krisenmacher* (Reinbek b. Hamburg 1975).
Barret, Jane, «Women Hold Up Half the Sky», in: Young, *China*.
Bart, Pauline B. und Margaret Jozsa, «Dirty Books, Dirty Films, and Dirty Data», in: Lederer, *Night*.
Battin, M. Pabst, und David Mayo, Hg., *Suicide: The Philosophical Issues* (New York 1980).
Baxandall, Rosalyn, Linda Gordon, und Susan Raverby, *America's Working Women: A Documentary History, 1600 to the Present* (New York 1976).
Baxandall, Rosalyn F., «Who Shall Care for our Children? The History and Development of Day Care in the United States», in: Freeman, *Women*.
Beard, Mary R., *Woman as Force in History* (New York 1971).
Becker, Ernest, *Dynamik des Todes* (Olten und Freiburg i. B. 1976).
Beijing Review 25,42 (18. Oktober 1982) und 26, 5 (31. Januar 1983).
Bell, Roderick, Edwards, David B. und Wagner, R. Harrison, *Political Power* (New York 1969).
Bell, Susan Groag, Hg., *Women from the Greeks to the French Revolution* (Stanford, Calif. 1973).
Bendix, Reinhard, *Herrschaft und Industriearbeit (Ffm.* 1960).
Benedict, Ruth, «Synergy: Some Notes of Ruth Benedict.» Auszüge aus Vorlesungen im Jahre 1941. Ausgewählt von Abraham H. Maslow und John J. Honigmann, American Anthropologist 72 (1970), S. 320–333.
Bennet, William, «The Science Watch», Harvard Magazine 64 (September/Oktober 1978).
Berger, Peter, «Is History the Enemy of Progress?» Bespr. d. Buches *Tradition* von Edward Shils, New York Times Book Review, 14. Februar 1982.
Bergmann, Frithjof, *On Beeing Free* (Notre Dame, Ind. 1977).
Bernard, Jessie, *The Female World* (New York 1981).
– «The Mother Role», in: Freeman, *Women*.
Berndt, Catherine H., «Interpretations and ‹Facts› in Aboriginal Australia», in: Dahlberg, *Gatherer*.
Bettelheim, Bruno, *Freud und die Seele des Menschen* (Düsseldorf 1984).
Billigmeier, Jon-Christian, und Judy A. Turner, «The Socioeconomic Roles of

Women in Mycenaean Greece: A brief survey from evidence of the Linear B tablets», Women's Studies 8 (1981), S. 3–20.
Black, C., *Married Women's Work* (London 1915).
Block, Maurice, and Jean H. Block, «Women and the Dialectics of Nature in 18th Century French Thought», in: MacCormack und Strathern, *Nature.*
Block, Raymond, *The Etruscans* (New York 1958).
Blouin, Andrée mit Jean MacKellar, *My Country, Africa* (New York 1983).
Blum Lawrence A., «Kant and Hegels Moral Rationalism: A Feminist Perspective», Canadian Journal of Philosophy 12 (Juni 1982), S. 287–288.
Boals, Kay, «The Politics of Cultural Liberation: Male-Female Relations in Algeria», in: Carroll, *Liberating Women's History.*
Bochkaryova Y., und S. Lyubimova, *Women of a New World* (Moskau 1969).
Bodine, Anne, «Androcentrism in Prescriptive Grammar», Language and Society 4,2 (August 1975), S. 129–146.
Bolkowsky, Sidney, «The Alpha and Omega of Psychoanalysis», The Psychoanalytic Review 69,1 (Frühjahr 1982), S. 131–150.
Bonhoeffer, Dietrich, *Widerstand und Ergebung – Briefe und Aufzeichnungen aus der Haft* (München 1970).
Boswell, John, *Christianity, Social Tolerance, and Homosexuality* (Chicago 1980).
Boulding, Elise, *The Underside of History* (Boulder, Colorado 1976).
Boulting, William, *Women in Italy* (London 1910).
Bowles, Samuel, und Herbert Gintis, *Pädagogik und die Widersprüche der Ökonomie* (Ffm. 1978).
Branca, Patricia, «Image and Reality: The Myth of the Idle Victorian Woman», in: Hartman und Banner, *Clio.*
Brandes, Stanley, «Like Wounded Stags», in: Ortner und Whitehead, *Sexual Meanings.*
Breggin, Peter E., *The Return of Lobotomy and Psycho-Surgery*, Congressional Record 118 (Februar 1972), S. 5567–5577.
Bremer, Sidney, «Lost Continuities: Alternative Urban Visions in Chicago Novels», 1890–1915, Soundings 64,1 (Frühjahr 1981), S. 29–51.
Brenton, Myron, *The American Male* (New York 1966).
Bridenthal, Renate, und Claudia Koonz, Hg., *Becoming Visible: Women in European History* (Boston 1977).
– , und Claudia Koonz, «Beyond Kinder, Küche, Kirche: Weimar Women in Politics and Work», in: Carroll, *Liberating Women's History.*
Briffault, Robert, *The Mothers, A Study of the Origins of Sentiment and Institutions*, 3 Bd. (London 1927).
– *The Mothers*, gek. Ausg. mit einer Einleitung von Gordon Rattray Taylor (New York 1977).
Broverman, I. K., Broverman, D. M., Clarkson, F. E., Rosenkrantz, P. S., und Vogel, S. R., «Sex-role Stereotypes and Clinical Judgments of Mental Health», Journal of Consulting and Clinical Psychology 34,1 (1970), S. 1–7.

Brown, Connie und Jane Seitz, «‹You've Come a Long Way, Baby›: Historical Perspectives», in: Morgan, *Sisterhood.*
Brown, Judith K., «Iroquois Women: An Ethnohistoric Note», in: Reiter, *Anthropology.*
Brown, Les, *Television: The Business Behind the Box* (New York 1971).
Brown, Roy E. M. D., «China's Approach to Total Health Care» in: Holy Cross Quarterly 7,1–4 (1975), S. 138–47.
Brownmiller, Susan, *Gegen unseren Willen – Vergewaltigung und Männerherrschaft* (Ffm. 1978).
Brundage, Burr Cartwright, *The Fifth Sun* (Austin, Texas 1979).
Bryant, Dorothy, *The Kin of Ata are waiting for you* (New York 1971).
Bryant, Louise, *Eine Amerikanerin in Rußland* (Köln 1982).
Buis, Ann Gibson, *An Historical Study of the Role of the Federal Government in the Financial Support of Education*, Diss., Ohio State University 1953.
Bury, J. B., S. A. Cook, und F. E. Adcock, «The Law of Ancient Babylonia», in: *Man in Adaption: The Institutional Framework*, hg. von Y. A. Cohen (Chicago 1971).
«The Business Brain», AMA Management Digest (April 1982), S. 18–24.
Califia, Pat, «Feminism and Sadomasochism», Heresies 12, 3,4 (1981), S. 30–34.
Campbell, Joseph, *The Hero with a Thousand Faces* (Princeton, N. J. 1968).
– *The Mask of God: Occidental Mythology* (New York 1970).
Cappellanus, Andreas, *De amore: Der Tractatus des A. C.* (München 1970).
Caplow, Theodore, und Reece McGee, *The Academic Marketplace* (New York 1965).
Capra, Fritjof, «The Dance of Life», Science Digest (April 1982), S. 30–33.
– *Das Tao der Physik* (Bern/München/Wien 1984).
Carcopino, Jerome, *Das Alltagsleben im alten Rom zur Blütezeit des Kaisertums* (Wiesbaden 1950).
Carroll, Berenice A., Hg., *Liberating Women's History* (Urbana/Ill. 1976).
Carter, Angela, «The Language of Sisterhood», in: Michaels and Ricks, *State of the Language.*
Casey, Kathleen, «The Cheshire Cat: Reconstructing the Experience of Medieval Woman», in: Carroll, *Liberating Women's History.*
Caspari, Ernst W., «The Biological Basis of Female Hierarchies», in: Tiger/Fowler, *Hierarchies.*
Catt, Carrie Chapman, und Nettie Rogers Shuler, *Woman Suffrage and Politics* (New York 1923).
Caudwell, Christopher, *Romance and Realism* (Princeton, N. J. 1970).
Chadwick, John, *Die mykenische Welt* (Stuttgart 1974).
Chance, Michael R. A., «Sex Differences in the Structure of Attention», in: Tiger/Fowler, *Hierarchies.*
– und Clifford Jolly, *Social Groups of Monkeys, Apes and Men* (New York 1970).

Chervas, Jeremy, und John Gribbin, «Updating Man's Ancestry», New York Times Magazine, 29. August 1982.
Chicago, Judy, *The Dinner Party* (Garden City, N. Y. 1979).
Childe, V. Gordon, *Soziale Evolution* (Ffm. 1968).
Chodorow, Nancy, *The Reproduction of Mothering* (Berkeley/Los Angeles 1978).
Chojnacki, Stanley, «Dowries and Kinsmen in Early Renaissance Venice», in: Stuard, *Medieval*.
Chorover, Stephan, *Die Zurichtung des Menschen* (Ffm. 1982).
Chrystos, «I Don't Understand Those Who Have Turned Away from Me», in: Moraga and Anzaldua, *Bridge*.
Cixous, Hélène, «The Laugh of the Medusa», in: Marks and de Courtivon, *New French Feminisms*.
Clark, Alice, *Working Life of Women in the Seventeenth Century* 1919 (Neuauflg. New York 1968).
Clark, Cathleen B., «A Preliminary Report on Weaning Among Chimpanzees of the Gombe National Park, Tanzania», in: *Primate Bio-Social Development*, hg. von Suzanne Chevalier – Skolnikoff und Frank Poirier (New York 1977).
«Clunkers», Artikel im *Think Magazine* 47,4 (Juli/August 1981), S. 14–15.
Cohen, Charlotte Bonny, «‹Chung-kuo Fu nu›: Women of China», in: Morgan, *Sisterhood*.
Coleman, Emily, «Infanticide in the Early Middle Ages», in: Stuard, Medieval.
Common Cause Magazine, «Medical Moola» (Juli/Aug. 1983), S. 35.
Commoner, Barry, *The Closing Circle* (New York 1971).
Condry, John und Sharon Dyer, «Fear of Success: Attribution of Cause to the Victim», Journal of Social Issues 32,3 (Sommer 1976), S. 63–83.
Cook, Blanche Wiesen, *Women and Support Networks* (New York 1979).
– , «Feminism, Socialism, and Sexual Freedom: The Work and Legacy of Crystal Eastman and Alexandra Kollontai», in: *Stratégies Feminines/Stratégies Feministes*, hg. von Françoise Basch et al. (Paris). Engl. Ausg. Judith Friedlander et al. (Bloomington, Ind.).
Critical Issues Symposium Series, *Knowledge, Education, and Human Values: Toward the Recovery of Wholeness* (New York 1980).
Croll, Elisabeth, *Feminism and Socialism in China* (New York 1980).
Crossley-Holland, Kevin, *The Norse Myths* (New York 1973).
Cucchiari, Salvatore, «The Gender Revolution and the Transition from Bisexual Horde to Patrilocal Band: the Origins of Gender Hierarchy», in: Ortner und Whitehead, *Sexual Meanings*.
Curtis, Michael, «Retreat from Totalitarianism», in: Friedrich, Curtis, und Barber, *Totalitarianism*.
– , Benjamin Barber und Carl Friedrich, *Totalitarianism in Perspective: Three Views* (New York 1969).
Dahlberg, Frances, Hg., *Woman the Gatherer* (New Haven, Conn. 1981).
Daly, Mary, *Gyn/Ökologie* (München 1981).

D'Andrade, Roy, «Sex Differences and Cultural Institutions», in: Macoby, *Development*.
Davidson, H. R. Ellis, *Gods and Myths of Northern Europe* (Baltimore Md. 1964).
Davin, Delia, «Women in the Liberated Areas», in: Young, *China*.
Davis, Angela, *Rassismus und Sexismus* (Berlin 1982).
Davis, Elizabeth Gould, *Am Anfang war die Frau* (München 1977).
de Beauvoir, Simone, *Das andere Geschlecht* (Reinbek b. Hamburg 1955).
de Rougemont, Denis, *Love in the Western World* (New York 1956).
Diamond, Irene (Hg.), *Families Politics, and Public Policy* (New York 1983)
– «Pornography and Repression: A Reconsideration of ‹Who› and ‹What›», in: Lederer, *Night*.
Diamond, Norma, «Collectivization, Kinship, and Status of Women in Rural China», in: Reiter, *Anthropology*.
Diamond, Stanley, *Kritik der Zivilisation* (Ffm./New York 1976).
Didion, Joan, *Salvador* (New York 1983).
Dinnerstein, Dorothy, *Das Arrangement der Geschlechter* (Stuttgart 1979).
Divale, William, and Marvin Harris, «Population, Warfare, and the Male Suprematist Complex», «Diverce American Style», Newsweek 10. Jan. 1983, S. 44–46, American Anthropologist 78 (1976), S. 521–538.
Dobzhausky, Theodosius, «Anthropology and the National Sciences – the problem of human evolution», Current Anthropology 4, S. 138, 146–148
Doeringer, Peter B., «Manpower Programs for Ghetto Labor Markets», Industrial Relations Research Association: Proceedings, Mai 1969.
Douglas, Ann, *The Feminization of American Culture* (New York 1977).
Doyal, Lesley, *The Political Economy of Health* (Boston 1979).
Draenos, Stan Spyros, «Thinking Without a Ground: Hannah Arendt and the Contemporary Situation of Understanding», in: Hill, *Hannah Arendt*.
Draper, Patricia, «!Kung Women: Contrasts in Sexual Egalitarianism in Foraging and Sededentary Contexts», in: Reiter, *Anthropology*.
Dubois, Betty Lou, und Isabel Crouch, «The Question of Tag Questions in Women's Speech: They Don't Really Use More of Them, Do They?», Language in Society 4,4 (1975), S. 289–294.
Dunnell, K., and A. Cartwright, *Medicine Takers, Prescribers and Hoarders* (London 1972).
Duras, Marguerite, Interview mit Susan Husserl-Kapit, Signs 1,2 (Winter 1975).
Duvall, Susan W., J. S. Bernstein, und J. P. Gordon, «Paternity and Status in a Rhesus Monkey Group», in: Tiger/Fowler, *Hierarchies*.
Dworkin, Andrea, *Pornography: Men Possessing Women* (New York 1981).
– *Right Wing Women* (New York 1983).
Dworkin, R. M., «Is Law a System of Rules?» In: *The Philosophy of Law*, hg. von R. M. Dworkin (Oxford 1979).

Eco, Umberto, *Der Name der Rose* (München/Wien 1982).
Edwards, Harry, *The Struggle That Must Be* (New York 1980).
Ehrenreich, Barbara, *The Hearts of Men* (Garden City, N. Y. 1983).
– «What is Socialist Feminism?» WIN (3. Juni 1976)
– und Deirdre English, *For Her Own Good* (Garden City, N. Y. 1979).
Eisenstein, Zillah R., «The Sexual Politics of the New Right: Understanding the ‹Crisis of Liberalism› for the 1980s», Signs 7, 3 (Frühjahr 1982).
– «The Slate, the Patriachal Family, and Working Mother», in: Diamond, *Families*.
Elkin, A. P., «Studies in Australian Totemism: Sub-section, Section, and Moiety Totemism», Oceania 4, 2 (1933–34), S. 6–90.
– «Studies in Australian Totemism: The Nature of Australian Totemism», Oceania 4,2 (1933–34), S. 113–131.
Elshtain, Jean Bethke, «Feminist Discourse and its Discontents: Language, Power and Meaning», Signs 7,3 (Frühjahr 1982).
– *Public Man, Private Woman* (Princeton, N. J. 1981).
Engel, Barbara, «Women as Revolutionaries: The Case of the Russian Populists», in: Bridenthal und Koonz, *Visible*.
Engels, Friedrich, *Der Ursprung der Familie, des Privateigentums und des Staates* (Ffm. 1978, Org. 1884).
«ERA and Minority Women», ERA-Flugblatt, veröffentlicht von NOW 1981.
Erikson, Erik, *Kindheit und Gesellschaft* (Stuttgart 1979).
– *Jugend und Krise* (Stuttgart 1970).
– *Gandhis Wahrheit* (Ffm. 1978).
Estioko-Griffin, Agnes, und P. Bion Griffin, «Woman the Hunter: the Agta», in: Dahlberg, *Gatherer*.
Evans, Richard J., *The Feminist Movement in Germany: 1894–1933* (London 1976).
Evans-Pritchard, E. E., *Nuer Religion* (Oxford 1956).
Ewen, Stuart, und Elizabeth Ewen, *Channels of Desire: Mass Images and the Shaping of American Consciousness* (New York 1982).
Faithorn, Elizabeth, «The Concept of Pollution Among the Kafe of the Papua New Guinea Highlands», in: Reiter, *Anthropology*.
Falk, Florence, «Karen Silkwood: Laundered News», Heresies 13, 4,1 (1981), S. 3/4.
Fanon, Frantz, *A Dying Colonialism* (New York 1967).
– *Die Verdammten dieser Erde* (Reinbek b. Hamburg 1976).
Farer, Tom J., «The Making of Reaganism», New York Review of Books, 21. Januar 1982.
Farrell, Warren, *The Liberated Man* (New York 1974).
Faure, Christine, «Absent from History», Signs 7,1 (Herbst 1981), S. 71–86.
Febvre, Lucien, «Sensibility and History», in: *A New Kind of History*, hg. von Peter Burke (New York 1973).
Ferenczi, Sandor, *Confusion of Tongues Between Adults and the Child* (1932).

Figes, Eva, *Patriarchal Attitudes* (New York 1970).
Finley, M. I., *Die Welt des Odysseus* (München 1977).
First, Ruth, und Ann Scott, *Olive Schreiner* (London 1980.
Fisher, Elizabeth, *Woman's Creation: Sexual Evolution and the Shaping of Society* (Garden City, N. Y. 1979).
Fitzgerald, Frances, *America Revised* (Boston 1979).
– «The Triumphs of the New Right», New York Review, 19. November 1981, Bd. 28, S. 19–26.
Flexner, Eleanor, *Hundert Jahre Kampf* (Ffm. 1981).
Fogel, Robert William und Stanley L. Engermann, *Time on the Cross – the Economics of American Negro Slavery* (Boston 1974).
Folsom, Joseph, Social Psychology (New York 1931).
Fortes, M., «Mind», in: *The Institutions of Primitive Society*, hg. von E. E. Evans-Pritchard (Glencoe, Ill. 1956).
Foss, Martin, *Symbol and Metaphor in Human Experience* (Princeton, N. J. 1949).
Foucault, Michel, *Die Geburt der Klinik* (München 1973).
– *Sexualität und Wahrheit* Bd. 1 (Ffm. 1977).
– *Wahnsinn und Gesellschaft* (Ffm. 1981).
– *Die Ordnung der Dinge* (Ffm. 1971).
– *Power/Knowledge*, hg. von Colin Gordon (New York 1980).
Fowler, Alastair, *Spenser and the Numbers of Time* (New York 1949).
Fox, James, *White Mischief* (New York 1983).
Fox, Robin, *Encounter With Anthropology* (New York 1973).
– *The Red Lamp of Incest* (New York 1980).
Francke, Linda Bird, «The Sons of Divorce», New York Times Magazine, 22. Mai 1983.
Freeman, Jo, Hg., *Women: A Feminist Perspective* (Palo Alto, Calif. 1979).
– «The Women's Liberation Movement: its Origins, Organisations, Activities, and Ideas», in: Freeman, *Women.*
French, Marilyn, *Shakespeare's Division of Experience* (New York 1981).
– «Women in Language», Soundings 59,3 (Herbst 1976), S. 329–344.
Freud, Sigmund, *Das Unbehagen in der Kultur* (Wien 1930).
– Werke Bd. 11, *Vorlesungen zur Einführung in die Psychoanalyse* (London 1940).
– *Die infantile Genitalorganisation (Eine Einschaltung in die Sexualtheorie)*, Werke Bd. 13 (London 1940).
– *Aus den Anfängen der Psychoanalyse*, Briefe an Wilhelm Fließ, hg. von Marie Bonaparte, Anna Freud und Ernst Kris (London 1950).
– *Einige psychische Folgen des anatomischen Geschlechtsunterschiedes* (1925), Studienausgabe Bd. 5 – Sexualleben (Ffm. 1972).
Friedan, Betty, *Der Weiblichkeitswahn oder die Mystifizierung der Frau* (Reinbek b. Hamburg 1970).
– *Der zweite Schritt* (Reinbek b. Hamburg 1982).

Friedl, Ernestine, *Women and Men: An Anthropologist's View* (New York 1975).
Friedlander, Frank, und Stuart Greenberg, «Effect of Job Attitudes, Training and Organisation Climate on Performance of the Hard-Core Unemployed», Journal of Applied Psychology (Dezember 1971).
Friedrich, Carl J., «The Evolving Theory and Practice of Totalitarianism», in: Friedrich, Curtis, and Barber, *Totalitarianism.*
– und Z. K. Brzezinski, *Totalitarian Dictatorship and Autocracy* (New York 1967).
– Michael Curtis, und Benjamin R. Barber, *Totalitarianism in Perspective: Three Views* (New York 1969).
Frisch, Rose, «Critical Weights, a Critical Body Composition, Menarche and the Maintenance of Menstrual Cycles», in: *Biosocial Interrelations in Population Adaptation*, hg. von Elizabeth Watts, F. Johnston und G. Lasker (Den Haag 1975).
– und J. McArthur, «Menstrual Cycles: Fatness as a Determinant of Minimum Weight for Height Necessary for their Maintenance or Onset», Science 185 (1974), S. 949–951.
Gabriel, Ralph, *The Course of American Democratic Thought* (New York 1956).
Gadow, Kenneth D., *Children on Medication: A Primer for School Personnel* (Reston, Va.: 1979).
Gage, Matilda Joslyn, *Church and State* (1893, Neuauflg. New York 1972).
– «About Men: Corporate Man», New York Times Magazine, 22. Jan. 1984.
Galbraith, John Kenneth, *Wirtschaft für Staat und Gesellschaft* (München 1974).
– *Die moderne Industriegesellschaft* (München/Zürich 1968).
Galdikas, Birute M. F. und Geza Teleki, «Variations in Subsistence Activities of Female and Male Pongids: New Perspectives on the Origins of Hominid Labor Division», Current Anthropology 22, 3 (Juni 1981), S. 241–256.
Gass, William, *On Being Blue* (Boston 1976).
Gathorne-Hardy, Jonathan, *Marriage, Love, Sex and Divorce* (New York 1981).
Geertz, Clifford, «Stir Crazy», Rezension von Michel Foucaults *Discipline and Punish,* , New York Review of Books, 26. Januar 1978.
Geiger, H. Jack, «An Overdose of Power and Money», Rezension von Paul Starrs *Social Transformation of American Medicine*, New York Times Book Review, 9. Januar 1983.
Gilbert, Sandra M., und Susan Gubar, *Alphabeth Soup: Women, Language, Sexuality,* (noch nicht veröffentlicht).
Gilder, George, *Sexual Suicide* (New York 1973).
Gilligan, Carol, «In a Different Voice: Women's Conceptions of Self and of Morality», Harvard Educational Review 47, 4 (November 1977), S. 481–517.

– *In a Different Voice* (Cambridge, Mass. 1982).
Gillison, Gillian, «Images of Nature in Gimi Thought», in: MacCormack and Strathern, *Nature*.
Gilman, Charlotte Perkins, *Herland* (New York 1979).
Gimbutas, Marija, *The Gods and Goddesses of Old Europe* (Berkeley, Calif. 1974).
Gitlin, Todd, «Prime Time Ideology» in: Newcomb, *Television*.
– «Sixteen Notes on Television and the Movement», in: *Literature and Revolution*, hg. von George Abbott White und Charles Newman (New York 1972).
– *The Home: It's Work and Influence* (1903) (Neuaufl. New York 1970).
– *The Man-Made World or our Androcentric Culture* (1921) (Neuaufl. New York 1970).
Glennon, Lynda M., *Women and Dualism* (New York 1979).
Global 2000, *Der Bericht an den Präsidenten* (Ffm. 1981).
Goffman, Erving, «Gender Display», in: Tiger/Fowler, *Hierarchies*.
– *Stigma. Über Techniken der Bewältigung beschädigter Identität* (Ffm. 1974).
Goldman, Irving, «The Zuni Indians of New Mexico», in: Mead, *Cooperation*.
Goodale, Jane C., «Gender, Sexuality and Marriage: A Kaulong Model of Nature and Culture», in: MacCormack und Strathern, *Nature*.
– *Tiwi Wives* (Seattle 1971).
Goodenough, Evelyn, «Interests in Persons as an Aspect of Sex Differences in the Early Years», Genetic Psychological Monograph 55 (1957), S. 287–323.
Goodman, Naomi, «Eve, Child Bride of Adam», in: *Psychosexual Imperatives: Their Role in Identity Formation*, hg. von Marie Coleman Nelson und Jean Ikenberry (New York/London 1979).
Gordon, Ann D., und Mari Jo Buhle, «Sex and Class in Colonial and Nineteenth-Century America», in: Carroll, *Liberating Women's History*.
Gough, Kathleen, «The Origin of the Family», in: Freeman, *Women*.
Gould, Carol C., und Max W. Wartofsky, Hg., *Women and Philosophy* (New York 1976).
Gould, Richard A., *Yiwara* (New York 1969).
Gould, Stephen Jay, *Ever Since Darwin* (New York 1977).
– *The Mismeasure of Man* (New York 1981).
– *The Panda's Thumb* (New York 1980).
– *Hen's Teeth and Horse's Toes* (New York 1983).
Gouldner, Alvin, *The New Class* (New York 1979).
Graebner, Norman A., «America's Limited Power in the Contemporary World», The Key Reporter XLVII.3 (Frühjahr 1982), S. 2–5.
Graham, Patricia, «Women in Academe», Science 169 (25. September 1970), S. 1284–1290.

Graham, Ruth, «Loaves and Liberty: Women in the French Revolution», in: Bridenthal und Koonz, *Visible*.
Graves, Robert, *Griechische Mythologie*, 2 Bde. (Reinbek b. Hamburg 1979).
Green, Philip, *The Pursuit of Inequality* (New York 1981).
Griffin, Susan, *Pornography and Silence* (New York 1981).
– *Woman and Nature: The Roaring Inside Her* (New York 1978).
Gutman, Herbert, *The Black Family in Slavery and Freedom*, 1750–1925 (New York 1976).
– «Work, Culture, and Society in Industrializing America, 1815–1919», American Historical Review 78 (Juni 1973), S. 531–588.
Hacker, Helen Mayer, «Women as a Minority Group», in: Roszak und Roszak, *Masculine/Feminine*.
Hackett, Amy, «Feminism and Liberalism in Wilhelmine Germany, 1890–1918», in: Carroll, *Liberating Women's History*.
Hale, Judith und Ellen Livine, «The First Feminists», in: Freeman, *Women*.
Halle, Fannina W., *Die Frau in Sowjetrußland* (Berlin/Wien 1932).
Hamburg, David A., und Donald Munde, «Sex Hormones in the Development of Sex Differences in Human Behavior», in: Maccoby, *Development*.
Hampson, J. L., und Joan G. Hampson, «The Ontogenesis of Sexual Behavior in Man», in: *Sex and Internal Secretions*, Bd. 2, hg. von W. C. Young (Baltimore 1961).
Haraway, Donna, «Animal Sociology and a Natural Economy of the Body Politic», Teil I u. II, Signs 4.1 (Herbst 1978). S. 21–60
von Harnack, Adolf, *Lehrbuch der Dogmengeschichte* Bd. I–III (Darmstadt 1983).
Harrington, Michael, *The Twilight of Capitalism* (New York 1976).
Harris, Marvin, *Cannibals and Kings* (New York 1977).
Harris, Olivia, «The Power of Signs: Gender, Culture and the Wild in the Bolivian Andes», in: MacCormack und Strathern, *Nature*.
Harrison, Bennett, *Education, Training, and the Urban Ghetto* (Baltimore, Md. 1972).
Harrison, Jane, *Themis: A Study of the Social Origins of Greek Religion* (New York 1962).
Hartman, Mary S. und Lois Banner, Hg., *Clio's Consciousness Raised: New Perspectives on the History of Women* (New York 1974).
Hartsock, Nancy, *Money, Sex and Power: Toward a Feminist Historical Materialism* (New York 1983).
Hausfater, J., «Dominance and Reproduction in Baboons (Papio Cynocephalus): a Quantitative Analysis», in: Tiger/Fowler, *Hierarchies*.
Hayman, Ronald, *Nietzsche: A Critical Life* (New York 1980).
Heidel, Alexander, *The Babylonian Genesis* (Chicago 1951).
Heilbroner, Robert, *Die Zukunft der Menschheit* (Ffm. 1976).
Hein, Hilde, *Philosophy from a Woman's Perspective*, Manuskript.
Heller, Erich, *Die Reise der Kunst ins Innere und andere Essays* (Ffm. 1966).

Heller, Reinhold, *The Earthly Chimera and the Femme Fatale: Fear of Woman in Nineteenth Century Art*. Katalog der Ausstellung in der David and Alfred Smart Gallerie, Universität von Chicago, 20. Mai – 21. Juni 1981.
Helm, June, «The Nature of Dogrib Socioterritorial Groups», in: Lee und de Vore, *Hunter*.
Henderson, Hazel, *The Politics of the Solar Age* (Garden City N. Y. 1981).
Herlihy, David, «Land, Family, and Women in Continental Europe 701–1200», in: Stuart, *Medieval*.
Herman, Dianne, «The Rape Culture», in: Freeman, *Women*.
Herman, Edward S., *Corporate Control, Corporate Power* (Cambridge 1981).
Hewitt, Mcm., *Wives and Mothers in Victorian Industry* (London 1958).
Hiatt, L. R., «Ownership and Use of Land Among the Australian Aborigines», in: Lee und DeVore, *Hunter*.
Higginbotham, Elizabeth, «Two Representive Issues in Contemporary Sociological Work on Black Women», in: Hull/Scott/Smith, *Some of Us*.
Higgins, Ronald, *Der siebente Feind* (Wien/Hamburg 1979).
Hill, Melvyn A., Hg., *Hannah Arendt: The Recovery of the Public World* (New York 1979).
Hirsch, Paul M. «The Role of Television and Popular Culture in Contemporary Society» in: Newcomb, *Television: The Critical View*.
Hobbes, Thomas, «Von den natürlichen Bedingungen der Menschheit im Hinblick auf ihr Glück und Un-Glück», in: *Leviathan* (Neuwied u. Berlin 1966)
– «Vom Menschen», in: *Leviathan* Teil 1 (Neuwied u. Berlin 1966).
Hobsbawm, E. J., *Revolutionaries* (New York 1973).
Hoffman, L. W., «Fear of Success in Males and Females: 1965 and 1972», Journal of Consulting and Clinical Psychology (1974).
Hogbin, Ian, *The Island of Menstruating Men*, San Francisco (*1970*).
Holinshed's Chronicles [604/1/55], *Narrative and Dramatic Sources of Shakespeare III*, hg. von Geoffrey Bullough (New York 1960).
Horner, Matina S., «Women's Need to Fail», Psychology Today (November 1969).
– «Toward an Understanding of Achievement-Related Conflicts in Women», The Journal of Social Issues 28, 9 (1972), S. 157–175.
Holter, Harriet, «Sex Roles and Social Change», in: Mednick et al., *Women and Achievement*.
Hrdy, Sarah Blaffer, *The Langurs of Abu* (Cambridge, Mass. 1977).
– *The Woman That never Evolved* (Cambridge, Mass. 1981).
Hsiao, Kung-Chuan, *A History of Chinese Political Thought* (Princeton 1978).
Huberman, Leo, *We, The People* (New York 1932).
Hufton, Olwen, «Women in Revolution 1789–1796», Past and Present 53 (November 1971), S. 90/91.
Hughes, Graham, «Who Should Go to Prison», New York Review of Books, 1. Januar 1982.
Huizinga, Johan, *Homo ludens* (Reinbek b. Hamburg 1981).

Hull, Gloria T., Patricia Bell Scott und Barbara Smith, Hg., *But Some of Us Are Brave* (Old Westbury, N. Y. 1982).
Hunter, Nan D., «Women and Child Support», in: Diamond, *Families.*
Ifeka-Moller, Caroline, «Female Militancy and Colonial Revolt», in: Ardener, *Perceiving.*
Ignatieff, Michael, «Homo Sexualis», London Rev. of Books, 4.–17. März 1982.
Illich, Ivan, *Die Enteignung der Medizin* (Reinbek b. Hamburg 1977).
– *Shadow Work* (Boston 1981).
Irigaray, Luce, «And the One Doesn't Stir Without the Other», Signs 7,1 (Herbst 1981).
Jackson, George, *In die Herzen ein Feuer* (Bern/München/Wien 1971).
Jacobs, Jane, *Stadt im Untergang* (Ffm./Berlin/Wien 1970).
Jacoby, Robin Miller, «Feminism and Class Consciousness in the British and American Women's Trade Union Leagues, 1890–1925», in: Carroll, *Liberating Women's History.*
Jaeger, Werner, *Paideia: Die Formung des griechischen Menschen*, Bd. 1–3 (Berlin 1959).
James, Selwyn, *South of the Congo* (New York 1943).
Janeway, Elizabeth, *Powers of the Weak* (New York 1980).
Janssen-Jurreit, Marielouise, *Sexismus – über die Abtreibung der Frauenfrage* (München/Wien 1976).
Jardine, Alice, «Introduction to Julia Kristeva's ‹Women's Time›», Signs 7,1 (Herbst 1981).
Jarolimek, John, *The Schools in Contemporary Society* (New York 1981).
Jenkins, Iredell, *Social Order and the Limits of Law* (Princeton, N. J. 1980).
Jesperson, Otto, *Growth and Structure of the English Language* (New York 1923).
Johannsson, Sheila Ryan, «Sex and Death in Victorian England: An Examination of Age- and Sex-Specific Death Rates, 1840–1910», in: Vicinus, *Widening Sphere.*
Joll, James, «Why Men Do Not Revolt», New York Review of Books, 28. September 1978.
Jones, David C., «What's Wrong with our Defense Establishment?» New York Times Magazine, 7. November 1982.
Jordan, Winthrop D., *White Over Black* (Chapel Hill, N. C. 1968).
Jordanova, L. J., «Natural Facts: a Historical Perspective on Science and Sexuality», in: MacCormack und Strathern, *Nature.*
Joyce, James, Ein *Portrait des Künstlers als junger Mann* (Ffm. 1972).
Kaberry, Phyllis, *Aboriginal Woman: Sacred and Profane* (London 1939).
Kaestle, Carl F., *The Evolution of an Urban School System: New York City 1750-1850* (Cambridge, Mass. 1973).
Kahler, Erich, *The Tower and the Abyss* (New York 1957).
Kanter, Rosabeth Moss, *Men and Women of the Corporation* (New York 1977).

Kaplan, Temma, «Other Scenarios: Women and Spanish Anarchism», in: Bridenthal und Koonz, *Visible*.
Katz, Michael, *Class, Bureaucracy and Schools* (New York 1975).
Keller, Evelyn Fox, «Feminism and Science», Signs 7, 3 (Frühjahr 1982), S. 589–602.
Kellner, Douglas, «Television, Ideology, and Emancipatory Popular Culture», in: *Television: The Critical View*, hg. von Horace Newcomb (New York 1982).
Kelly, Joan, «Early Feminist Theory and the Querelle des Femmes, 1400–1789», Signs 8,1 (Herbst 1982), S. 4–28.
Kelso, Ruth, *Doctrine for the Lady of the Renaissance* (1956, Neuauflg. Urbana, Ill. 1978).
Kennan, George F., «A Modest Proposal», New York Review of Books, 16. Juli 1981.
Kessler-Harris, Alice, *Women and Work* (Oxford o. J.).
– «Women, Work and the Social Order», in: Carroll, *Liberating Women's History*.
Key, Mary Ritchie, *Male/Female Language*, (Metuchen, N. J. 1975).
King, Mary-Claire, und A. C. Wilson, «Evolution at Two Levels in Humans and Chimpanzees», Science 188 (1975).
King, Ynestra, «Feminism and the Revolt of Nature», Heresies 13, 4,1 (1982), S. 12–16.
Kinoy, Arthur, «The Radical Lawyer and Teacher of Law», in: *Law against the People*, hg. von R. Lefcourt (New York 1971).
Kirkpatrick, Clifford, «The Conquest of Women by National Socialism», in: *Nazi Germany* (Indianapolis 1938).
Kirkpatrick, Jeane, «Dictatorships and Double Standards», Commentary 68, 5 (November 1979), S. 34–45.
Kittrie, Nicholas N., *The Right to be Different: Deviance and Enforced Therapy* (Baltimore, Md. 1971).
Klein, Viola, «The Historical Background», in: Freeman, *Women*.
Kleinbaum, Abby R., «Women in the Age of Light», in: Bridenthal und Koonz, *Visible*.
Kohlberg, Lawrence, «Stage and Sequence: The Cognitive-Developmental Approach to Socialization», in: *Handbook of Socialization Theory and Research*, hg. von David A. Goslin (Chicago 1969).
Kohn, Howard, *Who Killed Karen Silkwood?* (New York 1981).
Kolata, Gina Bari, «!Kung Hunter-Gatherers: Feminism, Diet, and Birth Control», Science 185 (13. September 1974), S. 932–934.
Konner, Melvin J., «Maternal Care, Infant Behavior and Development Among the !Kung», in: Lee und DeVore, *Kalahari Hunter Gatherers*.
Koonz, Claudia, und Renate Bridenthal, Hg., *Becoming Visible: Women in European History* (Boston 1977).
– und Renate Bridenthal, «Beyond Kinder, Küche, Kirche: Weimar Women in Politics and Work», in: Carroll, *Liberating Women's History*.

– «Mothers in the Fatherland: Women in Nazi Germany», in: Bridenthal und Koonz, *Visible.*
Kors, Alan C., und Edward Peters, *Witchcraft in Europe: 1100–1700: A Documentary History* (Philadelphia 1972).
Kovar, Leo M. D., «Malevolent Transformation: Limits and Extensions», Journal of Contemporary Psychoanalysis 14, 3 (Juli 1978), S. 419–423.
Kraditor, Aileen, *The Ideas of the Woman Suffrage Movement, 1890–1920* (New York 1965).
– *Up from the Pedestal* (Chicago 1968).
Kramer, Samuel Noah, *The Sumerians* (Chicago 1963).
Kristeva, Julia «Women's Time», Signs 7,1 (Herbst 1981), S. 13–35.
Kruuk, H., *The Spotted Hyena* (Chicago 1972).
Lacey, W. K., *Die Familie im antiken Griechenland* (Mainz 1983).
Lacroix, Paul, *History of Prostitution* (New York 1926).
Ladner, Joyce A., «Racism and Tradition: Black Womanhood in Historical Perspective», in: Carroll, *Liberating Women's History.*
Lamphere, Louise, «Anthropology», Signs 2, 3 (Frühjahr 1977), S. 612–627.
Lancaster, Jane, *Primate Behavior and the Emergence of Human Culture* (New York 1975).
Lasch, Christopher, *Geborgenheit* (München 1981).
– «The Great American Variety Show», New York Review of Books, 2. Feb. 84
Leacock, Eleanor, «Women in Egalitarian Societies», in: Bridenthal und Koonz, *Visible.*
– «Women's Status in Egalitarian Society: Implications for Social Evolution», Current Anthropology 19 (1978), S. 247–255.
Lears, T. J. Jackson, *No Place of Grace* (New York 1981).
Lederer, Laura, Hg., *Take Back the Night* (New York 1982).
Lee, Richard B., und Irwen DeVore, Hg., *Kalahari Hunter Gatherers* (Cambridge, Mass. 1976).
– *Man the Hunter* (Chicago 1968).
Lee, Richard B. «Population Growth and the Beginnings of Sedentary Life among the !Kung Bushmen», in: *Population Growth: Anthropological Implications*, hg. von Brian Spooner (Cambridge, Mass. 1972).
– «What Hunters do for a Living», in: Lee und DeVore, *Hunter.*
Leibowitz, Leila, «Perspectives on the Evolution of Sex Differences», in: Reiter, *Anthropology.*
Leith, Suzette, «Chinese Women in the Early Communist Movement», in: Young, *China.*
Lender, Mark Edward, und James Kirby Martin, *Drinking in America: A History* (New York 1982).
Lennane, K. J., und R. J. Lennane, «Alleged Psychogenic Disorders in Women: a possible manifestation of sexual prejudice», New England Journal of Medicine 288 (1973), S. 288–292.

Lerner, Barbara, *Therapy in the Ghetto: Political Impotence and Personal Disintegration* (Baltimore, Md. 1972).
Lerner, Gerda, Hg., *Black Women in White America: A Documentary History* (New York 1972).
– *The Grimke Sisters from South Carolina* (Boston 1967).
– *The Majority Finds its Past* (New York 1979).
Lessing, Doris, *Canopus im Argos: Archive* (Ffm. 1983).
Leventhal, D. B., und K. M. Shember, «Sex Role Adjustment and Nonsanctionated Aggression», Journal of Experimental Research in Personality 3 (1969), S. 283–286.
Lévi-Strauss, Claude, *Die elementaren Strukturen der Verwandtschaft* (Ffm. 1981).
– *The Family,* in: *Man, Culture, and Society*, hg. von Harry Shapiro (London 1956).
– Mythologica Bd. 1: *Das Rohe und das Gekochte* (Ffm. 1976–1980).
– Mythologica Bd. 2: *Vom Honig zur Asche* (Ffm. 1972).
– *Das wilde Denken* (Ffm. 1981).
– *Das Ende des Totemismus* (Ffm. 1965).
Levin, Harry, *The Myth of the Golden Age in the Renaissance* (Bloomington, Ind. 1969).
Lewin, Kurt, «Self-Hatred Among Jews», Contemporary Jewish Record 4 (1941), S. 219–232.
Lewin, Miriam, *In the Shadow of the Past: Psychology portrays the Sexes* (New York 1984). «The Tyranny of Therapy», Women's Review of Books 1,8 (Mai 1984), S. 8.
Lewin, R., «Cancer Hazards in the Environment», New Scientist, (22. Januar 1976), S. 168–169.
Lewis, C. S., *The Allegory of Love* (Oxford 1936).
Lewis, Lionel S., *Scaling the Ivory Tower: Merit and its Limits in Academic Careers* (Baltimore, Md. 1975).
Lewontin, R. C., «The Inferiority Complex», Rezension von Stephen Jay Goulds, *Mismeasure of Man*, New York Review of Books, 22. Oktober 1981.
– Steven Rose und Leon Kamin, *Not In Our Genes* (New York 1984).
Lindenbaum, Shirley, «A Wife is the Hand of Man», in: *Man and Woman in the New Guinea Highlands*, hg. von P. Brown und G. Buchbinder, American Anthropological Association Special Publication Nr. 8 (1976).
Lloyd, P. C., «The Yoruba of Nigeria», in: *Peoples of Africa*, hg. von James L. Gibbs (New York 1965).
Lorde, Audre, «An Open Letter to Mary Daly», in: Moraga und Anzaldua, *Bridge*.
– *Zami: A New Spelling of My Name* (Watertown, Mass. 1982).
Lougee, Carolyn C., *Le Paradis des Femmes: Women, Salons, and Social Stratifications in Seventeenth-Century France* (Princeton, N. J. 1976).
Lovins, Amory B., L. Hunter Lovins und Leonard Ross, «Nuclear Power and Nuclear Bombs», Foreign Affairs 58, 5 (Frühjahr 1980), S. 1137–1177.

Lowi, Theodore J., *The End of Liberalism* (New York 1979).
Lynch, Dudley, «Are You in Your Right Mind», AMA Management Digest (April 1982), S. 18–20.
Lynd, Robert, und Helen Lynd, *Middletown in Transition* (New York 1937).
Lynn, David, «A Note on Sex Difference in the Development of Masculine and Feminine Identification», Pschological Review 66,2 (1959), S. 126–135.
– *Parental and Sex Role Identification: A Theoretical Formulation* (Berkeley, Calif. 1969).
Maccoby, Eleanor E., Hg., *The Development of Sex Differences* (Stanford, Calif. 1966).
MacCormack, Carol, P., und Marilyn Strathern, *Nature, Culture and Gender* (New York 1980).
Macdonald, Michael, *Mystical Bedlam* (Cambridge 1981).
MacIntyre, Alasdair, *After Virtue* (Notre Dame, Ind. 1981).
MacKenzie, Midge, *Shoulder to Shoulder* (New York 1975).
MacKinnon, Catherine A., «Feminism, Marxism, Method, and the State: An Agenda for Theory», Signs 7,3 (Frühjahr 1982).
– «Feminism, Marxism, Method, and the State: Toward Feminist Jurisprudence», Signs 8, 4 (Sommer 1983), S. 635–658.
Malinowski, Bronislaw, *The Family Among the Australian Aborigines* (London 1913).
– *The Sexual Life of Savages in Northwestern Melanesia* (New York 1929).
Mandel, William M., «Soviet Women and Their Self-Image», Referat; vorgelegt auf der *Western Slavic Conference*, U. S. C., Mai 1970. Bücherei der Universität New York.
Marcuse, Herbert, *Der eindimensionale Mensch* (Neuwied u. Berlin 1970).
Marglin, Stephen, «What do Bosses do?» Review of Radical Political Economics 6 (1974), 7 (1975).
Markovic, Mihailo, «Women's Liberation and Human Emancipation», in: Gould/Watofsky, *Women and Philosophy*.
Marks, Elaine und Isabelle de Courtivon, *New French Feminisms* (New York 1981).
Marshack, Alexander, *The Roots of Civilisation* (New York 1972).
– «Some Implications of the Paleolithic Symbolic Evidence for the Origin of Language», in: *Origins and Evolution of Language and Speech*, hg. von S. R. Harnad, H. D. Steklis und J. Lancaster, New York Academy of Sciences Conference Proceedings, Vol. 280 (22.–25. September 1975).
Martin, M. Kay, und Barbara Voorhies, *Female of the Species* (New York 1975).
Marx, Karl, Gesamtausgabe: *Das Kapital* (Berlin 1975).
Maslow, Abraham, *The Farther Reaches of Human Nature* (New York 1971).
– *Motivation und Persönlichkeit* (Olten u. Freiburg i. Br. 1977).
– «Self-Esteem (Dominance-Feeling) and Sexuality in Women», in: *Psychoanalysis and Female Sexuality*, hg. von Hendrick M. Ruitenbeek (New Haven, Conn. 1966).

Mather, H. G. et al., «Acute Myocardial Infarction: Home and Hospital Treatment», British Medical Journal 3 (1971), S. 334–338.
McBride, Theresa M., «The Long Road Home: Women's Work and Industrialization», in: Bridenthal und Koonz, *Visible*.
McCoy, Alfred, *The Politics of Heroin in Southeast Asia* (New York 1972).
McDonnell, Ernest W., *Beguines and Beghards in Medieval Culture* (New Brunswick, N. J. 1954).
McDougall, Mary Lynn, «Working-Class Women During the Industrial Revolution 1780–1914», in: Bridenthal und Koonz, *Visible*.
McGregor, Douglas, *Der Mensch im Unternehmen* (Wien/Düsseldorf 1971).
McGrew, W. C., «The Female Chimpanzee as a Human Evolutionary Prototype», in: Dahlberg, *Gatherer*.
McNamara, JoAnn, *A New Song* (New York 1983).
– und Suzanne F. Wemple, «The Power of Women through the Family in Medieval Europe: 500–1100», in: Hartman und Banner, *Clio*.
– und Suzanne F. Wemple, «Sanctity and Power: The Dual Pursuit of Medieval Women», in: Bridenthal und Koonz, *Visible*.
Mead, Margaret, Hg., *Cooperation and Competition Among Primitive Peoples* (New York 1937).
– *The Mountain Arapesh* (1938, Neuauflg. New York 1971).
– *Jugend und Sexualität in Primitiven Gesellschaften* Bd. 3: *Geschlecht und Temperament in 3 primitiven Gesellschaften* (München 1979).
Mednick, Martha, Sandra Tangri und Lois Hoffman, Hg., *Women and Achievement* (New York 1975).
Medvedev, Roy A., und Zhores A. Medvedev, «A Nuclear Samizdat on America's Arms Race», The Nation, 16. Januar 1982.
Mellaart, James, *Catal Hüyük* (Bergisch Gladbach 1967).
Memmi, Albert, *Der Kolonisator und der Kolonisierte* (Ffm. 1980).
Merchant, Carolyn, *The Death of Nature. Women, Ecology and the Scientific Revolution* (New York 1983).
Meyer, Neils, Helveg Petersen und Villy Sorensen, *Aufruhr der Mitte* (Hamburg 1974).
Michaels, Leonard und Christopher Ricks, Hg., *The State of the Language* (Berkeley, Calif. 1980).
Midgely, Mary, *Beast and Man: The Roots of Human Nature* (Ithaca, N. Y. 1978).
Miliband, Ralph, *The State in Capitalist Society* (New York 1969).
Miller, Casey und Kate Swift, *Words and Women* (London 1977).
Millet, Richard, *Guardians of the Dynasty* (Maryknoll, N. Y. 1977).
Millett, Kate, *Im Iran* (Reinbek b. Hamburg 1983).
Milton, Nancy, «A Response to ‹Women and Revolution›», in: Young, *China*.
Minai, Naila, *Women in Islam* (New York 1981).
Mitchell, Juliet, *Psychoanalyse und Feminismus* (Ffm. 1976).
– *Women: The Longest Revolution* (Boston 1966).

– *Woman's Estate* (New York 1973).
Möbius, Paul J., *Über den physiologischen Schwachsinn des Weibes* (Halle a. d. S. 1907).
Money, John, «Delusion, Belief, and Fact», Psychiatry 11 (1948), S. 36, 38.
– *Love and Lovesickness* (Baltimore 1980).
– «Sex, Hormones, and other Variables in Human Eroticism», in: *Sex and Internal Secretions* Vol. 2, hg. von W. C. Young (Baltimore 1961).
– und Patricia Tucker, *Sexual Signatures* (Boston 1975).
Montagu, Ashley, *The Nature of Human Aggression* (New York 1976).
Monter, E. William, «The Pedestal and the Stake: Courtly Love and Witchcraft», in: Bridenthal und Koonz, *Visible*.
– «Women in Calvinist Geneva (1550–1800)», Signs 6,2 (Winter 1980, S. 189–209.
Moore, Barrington Jr., *Die sozialen Ursachen von Unordnung und Widerstand* (Ffm.
Moraga, Cherrie, und Gloria Anzaldua, Hg., *This Bridge Called My Back* (Watertown, Mass. 1981).
Morantz, Regina, «The Lady and her Physician», in: Hartman und Banner, *Clio*.
Morey-Gaines, Ann-Janine, «Of Menace and Men: The Sexual Tensions of the American Frontier Metaphor», Soundings LXIV.2 (Sommer 1981), S. 132–149.
Morgan, Elaine, *Der Mythos vom schwachen Geschlecht* (Düsseldorf/Wien 1972).
Morgan, Lewis Henry, *Ancient Society* (New York 1877).
Morgan, Robin, *The First Feminist Exiles from the U. S. S. R.*, MS. (November 1980).
– Hg., *Sisterhood is Powerful* (New York 1970).
Morgenstern, Julien, «Beena Marriage (Matriarchat) in Ancient Israel and its Historical Implications», Zeitschrift für die Alttestamentarische Wissenschaft (1929).
– «Additional Notes on Beena Marriage (Matriarchat) in Ancient Israel», Zeitschrift für die Alttestamentarische Wissenschaft 49 (1929), S. 46–58.
Morris, Bertram, *Philosophical Aspects of Culture* (Yellow Springs, Ohio 1961).
Moskowitz, Breyne Arlene, «The Acquisition of Language», Scientific American (November 1978).
Mother Jones, Skript der gleichnamigen Fernsehserie, (November 1979), S. 12.
Murdock, G. P., *Social Structure* (New York 1949).
Murray, Gilbert, *Five Stages of Greek Religion* (New York 1925).
Murray, Janet, *Strong-Minded Women* (New York 1982).
Nadelson, Leslee, «Pigs, women, and the men's house in Amazonia», in: Ortner und Whitehead, *Sexual Meanings*.
National NOW Times (Jan./Febr. 1982 und März 1982)
Navarro, Vincente, *Class Struggle, the State, and Medicine* (London 1978).

Nelson, Mary, «Why Witches were Women», in: Freeman, *Women.*
Neubourne, Burt, ACLU-Memorandum, «Current Threats to the First Amendment», o. J.
Nevius, Blake, *Edith Wharton: A Study of her Fiction* (Berkeley, Calif. 1953).
Newcomb, Horace, Hg., *Television: the Critical View* (New York 1982).
Newsweek, 5. April 1982.
Nichols, Bill, *Ideology and the Image* (Bloomington, Ind. 1981).
Nietzsche, Friedrich, Sämtliche Werke Bd. 3: *Menschliches – Allzumenschliches* (Stuttgart 1964).
– *Briefe* (Leipzig 1911).
– *Nachgelassene Fragmente,* i. d. Kritischen Gesamtauflage (Berlin usw. 1978).
– Sämtliche Werke Bd. 6: «Von der Selbstüberwindung», in: *Also sprach Zarathustra* (Stuttgart 1964).
– Sämtliche Werke Bd. 3: «Das Problem des Sokrates», in: *Götzendämmerung* (Stuttgart 1964).
– Sämtliche Werke Bd. 9: *Der Wille zur Macht* (Stuttgart 1964).
Noble, David, *The Selling of the University,* The Nation, 6. Februar 1982, S. 129.
Nowak, Mariette, *Eve's Rib* (New York 1980).
Oakley, Ann, o. T., New York Times Book Review, 2. Mai 1982.
O'Brien, Mary, «Feminist Theory and Dialectical Logic», Signs 7,1 (Herbst 1981), S. 144–157.
Ochs, Carol, *Behind the Sex of God* (Boston 1977).
Ochshorn, Judith, *The Female Experience and the Nature of the Divine,* (Bloomington, Ind. 1981).
Oettinger, Leon Jr., Hg., *The Psychologist, The School, and the Child with MBD/LD* (New York 1978).
O'Faolain, Julia, und Lauro Martines, *Not in God's Image* (London 1973).
Okely, Judith, «Gypsy Women», in: Ardener, *Perceiving.*
Okin, Susan Moller, *Women in Western Political Thought* (Princeton, N. J. 1979).
O'Laughlin, Bridget, «Mediation of Contradiction: Why Mbum Women do not Eat Chicken», in: Rosaldo und Lamphere, *Woman.*
O'Neill, William L., «Women in Politics», in: Tiger und Fowler, *Hierarchies.*
Oren, Laura, «The Welfare of Women in Laboring Families: England 1860–1950», in: Hartman und Banner, *Clio.*
Ortner, Sherry, «Is Female to Male as Nature is to Culture?», in: Rosaldo und Lamphere, *Woman.*
«The Virgin and the State», Feminist Studies 4, 3 (Oktober 1978), S. 19–35.
Ortner, Sherry B., und Harriet Whitehead, Hg., *Sexual Meanings: The Cultural Construction of Gender and Sexuality* (Cambridge 1981).
Ostrogarski, Mosei, *The Rights of Women* (New York 1893).
Owen, John D., *School Inequality and the Welfare State* (Baltimore, Md. 1974).
Ozick, Cynthia, «Justice (Again) to Edith Wharton», Commentary 62, 4 (Oktober 1976), S. 48–57.

Pagels, Elaine, *Versuchung durch Erkenntnis – Die gnostischen Evangelien* (Ffm. 1981).
Paige, Connie *The Right To Lifers* (New York 1983).
Parish, William, und Martin Whyte, *Village and Family in Contemporary China* (Chicago 1978).
Parks, Evelyn N., «From Constabulary to Police Society: Implications for Social Control», Catalyst (Sommer 1970), S. 77–97.
Parturier, Françoise, «An open letter to men», in: Marks und de Courtivon, *New French Feminisms*.
Patai, Raphael, *The Hebrew Goddess* (New York 1967).
Patterson, Orlando, *Slavery and Social Death* (Cambridge, Mass. 1982).
Perlmutter, Amos, *Modern Authoritarianism* (New Haven, Conn. 1981).
Perlmutter, H., «Super-Giant Firms in the Future», Wharton Quarterly (Winter 1968).
Pfeiffer, John E., *The Emergence of Man* (New York 1969).
Phillips, Ulrich B., *American Negro Slavery* (1918, Neuauflg. Baton Rouge, La. 1966).
Piaget, Jean, *Das moralische Urteil beim Kinde* (Stuttgart 1983).
Piercy, Marge, *Woman on the Edge of Time* (New York 1976).
Pleck, Joseph, *The Myth of Masculinity* (Cambridge, Mass. 1981).
Pliven, Frances Fox, und Richard A. Cloward, *Regulating the Poor: the Functions of Public Welfare* (New York 1972).
Pokzovskaia, M. I., «Report on Working Conditions for Women in Russian Factories 1914», in: Riemer und Fout, *European Women*.
Polier, Justine Wise, *The Rule of Law and the Role of Psychiatry* (Baltimore, Md. 1968).
Polk, Barbara Bovee, «Male Power and the Women's Movement», in: Freeman, *Women*.
Pollard, Vickie, und Donna Keck, «They Almost Seized the Time!», in: *Women's Liberation*, hg. von Sookie Stambler (New York 1970).
Pomeroy, Sarah B., «A Classical Scholar's Perspective on Matriarchy», in: Carroll, *Liberating Women's History*.
– *Goddesses, Whores, Wives and Slaves* (New York 1975).
Poole, Fitz John Porter, «Transforming ‹Natural› Woman: Female Ritual Leaders and Gender Ideology Among Bimin-Kussusmin», in: Ortner und Whitehead, *Sexual Meanings*.
Pope, Barbara Corrado, «Angels in the Devil's Workshop: Leisured and Charitable Women in Nineteenth-Century England and France», in: Bridenthal und Koonz, *Visible*.
Postman, Neil, Charles Weingartner und Terence P. Moran, Hg., *Language in America* (New York 1969).
Potter, David M., «American Women and the American Character», Stetson University Bulletin LXIII (Januar 1962).

Power, Eileen, *Medieval English Nunneries* (Cambridge 1922).
– *Medieval People* (London/New York 1966).
– «The Position of Women», in: *The Legacy of the Middle Ages*, hg. von C. G. Crump und E. F. Jacob (1926, Neuauflg. Oxford 1962).
Prather, J., und L. S. Fidell, «Sex differences in the content and style of Medical Advertisements», Social Science and Medicine 9,1 (1975), S. 23– 26.
Pritchard, James B., Hg., *Ancient Near Eastern Texts* (Princeton, N. J. 1973).
Pruitt, Ida, *A Daughter of Han: the Autobiography of a Chinese Working Woman* (Stanford, Calif. 1967).
Pusey, Anne E., «Inbreeding avoidence in chimpanzees», Animal Behavior 28 (1980), S. 543–552.
Quain, B. H., «The Iroquois», in: Mead, *Cooperation*.
Quataert, Jean H., *Reluctant Feminists in German Social Democracy 1885–1917* (Princeton, N. J. 1979).
Quinn, Jim, «Lingo», The Nation, 3. April 1982.
Raglan, Lord (Richard Somerset FitzRoy), *The Hero: A Study in Tradition, Myth and Drama* (New York 1956).
Ralls, Katherine, «Mammals in which Females are Larger Than Males», Quarterly Review of Biology 51 (1976), S. 245–276.
Reichel-Dolmatoff, Gerardo, *Amazonian Cosmos* (Chicago 1971).
Reiter, Rayna R., Hg., *Toward an Anthropology of Women* (New York 1975).
Reynolds, Peter C., *On the Evolution of Human Behavior* (Berkeley 1981).
Rich, Adrienne, *Von Frauen geboren* (München 1979).
Rieff, Philip, *The Triumph of the Therapeutic* (New York 1966).
– *To My Fellow Teachers* (New York 1973).
Riemer, Eleanor S., und John C. Fout, *European Women: A Documentary History 1789–1945* (New York 1980).
Riis, Jacob, *How the Other Half Lives* (New York 1971).
Rogan, Helen, *Mixed Company: Women in the Modern Army* (New York 1981).
Rogers, Katharine M., *The Troublesome Helpmate: A History of Misogyny in Literature* (Seattle 1966).
Rogers, Susan Carol, «Female Forms of Power and the Myth of Male Dominance: A Model of Female/Male Interaction in Peasant Society», American Ethnologist 2 (1975), S. 727–756.
Rohrbaugh, Joanna, *Women: Psychology's Puzzle* (New York 1979).
Rohrlich, Ruby, und June Nash, «Patriarchal Puzzle: State Formation in Mesopotamia and Mesoamerica», Heresies 13, 4,1 (1981), S. 60–65.
Rohrlich-Leavitt, Ruby, «Women in Transition: Crete and Sumer», in: Bridenthal und Koonz, *Visible*.
– Barbara Sykes und Elizabeth Weatherford, «Aboriginal Woman: Male and Female Anthropological Perspectives», in: Reiter, *Anthropology*.
Rosaldo, Michelle, «Woman, Culture, and Society: an Overview», in: Rosaldo und Lamphere, *Woman*.

– und Louise Lamphere, Hg., *Woman, Culture, and Society*, (Stanford, Calif. 1974).
Rose, Frederik G. G., «Australian Marriage, Land-Owning Groups, and Initiations», in: Lee und de Vore, *Hunter*.
Rose, Stephen, *Against Biological Determinism* (London/New York 1982).
– Towards a Liberatory Biology (London/New York 1982).
Rosenthal, Bernice Glatzer, «Love on the Tractor: Women in the Russian Revolution and After», in: Bridenthal und Koonz, *Visible*.
Rossi, Alice, «A Biosocial Perspective on Parenting», Daedalus 106, 2 (1977), S. 1–31.
Roszak, Betty, und Theodore, Hg., *Masculine/Feminine* (New York 1969).
Rothman, Barbara Katz, «Women, Health, and Medicine», in: Freeman, *Women*.
Rothman, David J., *The Discovery of the Asylum: Social Order and Disorder in the New Republic* (Boston 1971).
Rubin, Gayle, «The Traffic in Women», in: Reiter, *Anthropology*.
Russell, Bertrand, *Power: A New Social Analysis* (New York 1936).
Russell, Diana E. H., «Pornography and Violence: What Does the New Research Say?», in: Lederer, *Night*.
Ryan, William, *Blaming the Victim* (New York 1976).
– *Equality* (New York 1981).
el Saadawi, Nawal, *Frauen im Islam* (Bremen 1980).
Sacks, Karen, «State Bias and Women's Status», American Anthropologist 78, 2 (September 1976), S. 565–569.
Sahlins, Marshall, *Stone Age Economics* (Chicago 1972).
Salaff, Janet, und Judith Merkle, «Women and Revolution: The Lessons of the Soviet Union and China», in: Young, *China*.
Sampson, Anthony, *Die sieben Schwestern* (Reinbek b. Hamburg 1976).
– *Weltmacht ITT* (Reinbek b. Hamburg 1973).
Sanday, Peggy Reeves, *Female Power and Male Dominance* (New York 1981).
Schapiro, Leonard, «Under the Volcano», Rezension von Nikolai Tolstoys *Stalin's Secret War*, New York Review of Books, 20. Januar 1983.
Schatzmann, Morton, *Die Angst vor dem Vater* (Reinbek b. Hamburg 1974).
Schell, Jonathan, *Das Schicksal der Erde* (München/Zürich 1982).
Schiller, Herbert I., *Communications and Cultural Domination* (White Plains, New York 1976).
Schlegel, Alice, «Male: Female in Hopi Thought and Action», in: *Sexual Stratification*, hg. von A. Schlegel (New York 1977).
Schmidt, Dolores Barracano, und Earl Robert Schmidt, «The Invisible Woman: The Historian as Professional Magician», in: Carroll, *Liberating Women's History*.
Schopenhauer, Arthur, *Die Welt als Wille und Vorstellung*, in: *Sämtliche Werke* (Wiesbaden 1972), hg. von Arthur Hübscher.

Schorske, Carl E., «Politics and patricide in Freud's *Interpretation of Dreams*», in: *Geist und Gesellschaft im Fin de Siècle* (Ffm. 1982).
Schwartz, Harry, «Toward the Conquest of Heart Disease», New York Times Mag., 27. März 1983.
Scully, Diane, und Pauline Bart, «A Funny Thing Happened on the Way to the Orifice: Women in Gynaecology Textbooks», American Journal of Sociology 78, 4 (Januar 1973), S. 1045–1050.
Secor, Cynthia, «The Androgyny Papers», Women's Studies 2 (1974), S. 139.
Seltman, Charles, *Women in Antiquity* (London 1956).
Sennett, Richard, *Authority* (New York 1980).
Sharp, Gene, *The Politics of Nonviolent Action* (Boston 1973).
Sharp, Henry S., «The Null Case: The Chipewyan», in: Dahlberg, *Gatherer*.
Shklar, Judith N., «Putting Cruelity First», Daedalus III, 3 (Sommer 1982), S. 17–27.
Shorris, Earl, *The Oppressed Middle* (New York 1981).
Shostak, Marjorie, *Nisa erzählt* (Reinbek b. Hamburg 1984).
Sidel, Ruth, *Women and Child Care in China* (New York 1972).
Simmons, Adele, «Education and Ideology in Nineteenth-Century America», in: Carroll, *Liberating Women's History*.
Simmons, John, und William Mares, *Working Together* (New York 1983).
Sivard, Ruth Leger, *World Military and Social Expenditures* 1982 (Leesburg, Va. 1982).
Slater, Philip, *The Glory of Hera* (Boston 1971).
Smith, Jane Idleman, *Women in Islam,* Connecticut Humanities Council News (April 1982), S. 8.
Smith, M. C., und L. Griffin, «Rationality of appeals used in the promotion of Psychotropic Drugs: a comparison of male and female models», Social Science and Medicine 11, 6 und 7 (1977), S. 409–414.
Smith-Rosenberg, Carroll, «Beauty, the Beast and the Militant Woman: A Case Study in Sex Roles and Social Stress in Jacksonian America», American Quarterly XXIII.4 (Oktober 1971), S. 562–584.
– «The Female World of Love and Ritual: Relations between Women in Nineteenth-Century America», Signs 1,1 (Herbst 1975), 1–29.
– «Puberty to Menopause», in: Hartman und Banner, *Clio*.
Snow, Helen, *Women of Modern China* (Den Haag 1967).
Sontag, Susan, *Krankheit als Metapher* (München/Wien 1978).
Sophokles, *Tragödien* (München 1977).
Specter, Michael, «Community Corrections», The Nation (13. März 1982).
Sprenger, Jacob, und Heinrich Institoris, *Malleus Malleficarum – Der Hexenhammer* 1. Teil (Berlin 1906).
Stackhouse, Max, *Ethics and the Urban Ethos* (Boston 1972).
Staller, Robert J., «Facts and Fancies: an examination of Freud's concept of bisexuality», in: Strouse, *Women and Analysis*.

Stambler, Sookie, Hg., *Women's Liberation: Blueprint for the Future* (New York 1970).
Stampp, Kenneth M., *The Peculiar Institution* (New York 1956).
Stanley, Steven M., *Der neue Fahrplan der Evolution: Fossilien, Gene und der Ursprung der Arten* (München 1983).
Starobin, Robert S., *Industrial Slavery in the Old South* (New York 1970).
Stein, Gertrude, «Poetry and Grammar», in: *Gertrude Stein: Writings and Lectures 1909–1945*, hg. von Patricia Meyrowitz (Baltimore, Md. 1974).
Stenton, Doris Mary, *The English Woman in History* (New York 1977).
Stetson, Erlene, «Studying Slavery», in: Hull/Scott/Smith, *Some of Us*.
Stoller, Robert, *Perversion* (New York 1975)
– *Sexual Excitement: The Dynamics of Erotic Life* (New York 1979).
Stone, Laurence, *The Family, Sex and Marriage in England 1500–1800* (New York 1977).
– «Madness», Rezension, New York Review of Books, 16. Dezember 1982.
Strathern, Marilyn, «No Nature, No Culture: The Hagen Case», in: MacCormack und Strathern, *Nature*.
Strouse, Jean, Hg., *Women and Analysis* (New York 1974).
Stuard, Susan Mosher, Hg., *Women in Medieval Society* (Philadelphia 1976).
Sullivan, Harry Stack, «Remobilization for Enduring Peace and Social Progress», Psychiatry 10 (1947), S. 239.
Suttles, Wayne, «Coping with Abundance: Subsistance on the Northwest Coast», in: Lee und DeVore, *Hunter*.
Swerdlow, Amy, «The Greek Woman in Attic Vase Painting», Women's Studies 5 (1978), S. 267–284.
Synge, J. M., *Die Aran-Inseln* (Zürich 1981).
Szasz, Thomas S., *Recht, Freiheit und Psychiatrie* (Wien/München/Zürich 1978).
– *Theologie der Medizin* (Wien/München/Zürich 1980).
Tanner, Nancy, *On Becoming Human* (New York 1981).
Tarn, William, *Cambridge Ancient History* X, o. A.
Tax, Meredith, *The Rising of the Women: Feminist Solidarity and Class Conflict 1880–1917* (New York 1980).
Taylor, Jeremy, «Consideration of the Miseries of Man's Life», *The Rule and Exercises of Holy Dying* I und IV.
Teleki, Geza, E. E. Hunt Jr., und J. H. Pfifferling, «Demographic Observations (1963–1973) on the Chimpanzees of Gombe National Park, Tanzania», Journal of Human Evolution 5 (1976), S. 559–598.
Tennov, Dorothy, *Psychotherapy, the Hazardous Cure* (New York 1975).
Terman, L., und C. Miles, *Sex and Personality* (New York 1936).
Tharpar, Romila, «The History of Female Emancipation in Southern Asia», in: Ward, *New Asia*.
Thomas, Keith, *Religion and the Decline of Magic* (New York 1971).
– «Women and the Civil War Sects», in: *Crisis in Europe: 1560–1660*, hg. von Trevor Aston (New York 1965).

Thomas, Lewis, *The Lives of a Cell* (New York 1974).
Thompson, E. P., *The Making of the English Working Class* (New York 1964).
Thompson, William Irwin, *The Time Falling Bodies Take to Light* (New York 1981).
Thompson, George, *The Prehistoric Aegean* (New York 1965).
Thorne, Barrie und Nancy Henley, *Language and Sex* (Rowley, Mass. 1975).
Thurow, Lester, «How to Rescue a Drowning Economy», New York Review of Books XXIX, 5 (1. April 1982), S. 3/4.
Tigar, Michael E., und Madeleine R. Levy, *Law and the Rise of Capitalism* (New York 1977).
Tiger, Lionel, und Heather T. Fowler, Hg., *Female Hierarchies* (Chicago 1978).
– *Men in Groups* (New York 1969).
Tillion, Germaine, *Ravensbruck: An Eyewitness Account of a Women's Concentration Camp* (Garden City, N. Y. 1975).
Topley, Margery, «Marriage Resistance in Rural Kwangtung», in: Wolf, *Chinese Society*.
Trevor-Roper, H. R., «Born Again», New York Review of Books, 5. November 1981.
Trible, Phyllis, *God and the Rhetoric of Sexuality* (Philadelphia 1978).
Trotsky, Leon, «Their Morals and Ours», New International (Juni 1938).
Trugdill, Peter, «Sex, covert prestige and linguistic change in the urban British English of Norwich», Language and Society 1, 2 (1973), S. 179–195.
Turnbull, Colin M., *The Human Cycle* (New York 1983).
– «The Importance of Flux in Two Hunting Societies», in Lee und de Vore, *Hunter*.
– «Mbuti Womanhood», in: Dahlberg, *Gatherer*.
Tutin, Caroline E. G., «Exceptions to Promiscuity in a Feral Chimpanzee Community», in: *Contemporary Primatology*, hg. von S. Kondo, M. Kawai und A. Ehara (Basel 1975).
Tyack, David B., *The One Best System: A History of American Urban Education* (Cambridge, Mass. 1974).
Vaillant, G. G., *Aztecs of Mexico* (Garden City, N. Y. 1950).
Vann, Richard T., «Toward a New Lifestyle: Women in Preindustrial Capitalism», in: Bridenthal und Koonz, *Visible*.
Veblen, Thorstein, *The Higher Learning in America* (New York 1950).
Vermeule, Emily, *Greece in the Bronze Age* (Chicago 1964).
Veroff, Joseph, Elizabeth Douvan und Richard A. Kulka, *The Inner America: A Self Portrait from 1957–1976* (New York 1981).
Vicinus, Martha, Hg., *A Widening Sphere* (Bloomington, Ind. 1977).
Walkowitz, Judith, «The Making of an Outcast Group», in: Vicinus, *Widening Sphere*.
Wallman, Sandra, «Epistemologies of Sex», in: Tiger/Fowler, *Hierarchies*.
Walzer, Michael, *Spheres of Justice* (New York 1983).
Ward, Barbara, «Men, Women and Change», in: Ward, *Asia*.

– Hg., *Women in the New Asia* (Paris, UNESCO 1963).
Washburn, Sherwood L., und R. Moore, *Ape Into Man: A Study of Human Evolution* (Boston 1974).
– und C. S. Lancaster, «The Evolution of Hunting», in: Lee und de Vore, *Hunter*.
Watanabe, Hitoshi, «Subsistence and Ecology of Nothern Food Gatherers with Special Reference to the Ainu», in: Lee und DeVore, *Hunter*.
Waters, Harry F., «Life According to TV», Newsweek, 6. Dezember 1982.
Weil, Simone, «Analysis of Oppression», in: Weil, *Oppression*.
– *Oppression and Liberty* (Amherst, Mass. 1973); dt. Übersetzung (Teilausgb.): *Unterdrückung und Freiheit* (München 1975).
– «The Power of Words» (1937), in: Weil, *Oppression*.
– «Prospects» (1933), in: Weil, *Oppression*.
– «Sketch of Contemporary Life» (1934), in: Weil, *Oppression*.
– «Theoretical Picture of a Free Society» (1934), in: Weil, *Oppression*.
Weisskoff, Walter, *Alienation and Economics* (New York 1971).
Weitzman, Lenore J., «Sex-Role Socialization», in: Freeman, *Women*.
Welter, Barbara, *Dimity Convictions* (Athens, Ohio 1976).
– «The Feminization of American Religion», in: Hartman und Banner, *Clio*.
Wenig, Steffan, *Die Frau im alten Ägypten* (Leipzig 1970).
Wertheimer, Barbara, *«Union is Power»: Sketches from Women's Labor History*, in: Freeman, *Women*.
Wheeler, Kenneth, et al., *The Four Day Work Week* (New York, American Management Association 1972).
White, Edmund, *The Political Vocabulary of Homosexuality*, in: Michaels and Ricks, *The State of the Language*.
White, Martha S., *Women in the Professions: Psychological and Social Barriers to Women in Science*, in: Freeman, *Women*.
Williams, Drid, *The Brides of Christ*, in: Ardener, *Perceiving*.
Wilson, Edmund, *To the Finland Station* (Garden City, N. Y. 1953). *Der Weg nach Petersburg* (München 1963).
Wilson, Edward O., *Biologie als Schicksal* (Ffm./Berlin/Wien 1978).
– *Sociobiology* (Cambridge, Mass. 1980).
Witke, Roxanne, «Mao Tse-tung, Women and Suicide», in: Young, *China*.
– «Woman as Politician in China of the 1920s», in: Young, *China*.
Wittig, Monique, *Die Verschwörung der Balkis* (München 1979).
Wolf, Arthur P., «Gods, Ghosts and Ancestors», in: *Studies in Chinese Society*, hg. von Arthur P. Wolf (Stanford, Calif. 1978).
Wolf, Margery, «Chinese Women: Old Skills in a New Context», in: Rosaldo und Lamphere, *Woman*.
Wolfenstein, Martha, «Fun Morality» (1951), in: *Childhood in Contemporary Cultures*, hg. von Margaret Mead und Martha Wolfenstein (Chicago 1971).
Wolff, Robert Paul, *Das Elend des Liberalismus* (Ffm. 1969).
– «There's Nobody Here But Us Persons», in: Gould/Wartofsky, *Women and Philosophy*.

Wollstonecraft, Mary, *Verteidigung der Rechte der Frauen* (Zürich 1978).
Wood, Ann Douglas, «The Fashionable Diseases: Women's Complaints and their Treatment in Nineteenth-Century America», in: Hartman und Banner, *Clio*.
Woodburn, James, «An Introduction to Hadza Ecology», in: Lee und DeVore, *Hunter*.
– «Stability and Flexibility in Hadza Residential Groupings», in: Lee und DeVore, *Hunter*.
Woolfolk R., und F. Richardson, *Sanity, Stress, and Survival* (New York 1978).
Woolley, Sir Leonard, *The Sumerians* (New York 1965).
Wootton, Barbara, *Social Science and Social Pathology* (London 1959).
Wright, Louis B., *Middle-Class Culture in Elizabethan England* (Ithaca, N. Y. 1963).
Wylie, Philip, *Generation of Vipers* (New York 1955).
Wyntjes, Sherrin Marshall, «Women in the Reformation Era», in: Bridenthal und Koonz, *Visible*.
Young, Marilyn B., Hg., *Women in China: Studies in Social Change and Feminism* (Ann Arbor, Michigan, Center for Chinese Studies, University of Michigan 1973).
Zihlman, Adrienne L., «Women as Shapers of the Human Adaption», in: Dahlberg, *Gatherer*.
– «Women in Evolution II, Subsistence and Social Organisation among Early Hominids», Signs 4,1 (Herbst 1978).
Zimmer, Heinrich, *Philosophie und Religion Indiens* (Zürich 1961).

2. Beiträge in Tageszeitungen

«Acidic Tide of Pizza Sludge,» New York Times, 2. Jan. 1983.
Albin, Rochelle Semmel, «Has Feminism Aided Mental Health?», New York Times, 16. Juni 1981.
Anderson, Susan, New York Times.
Apple, R. W., New York Times, 9. Nov. 1982.
Ball, George W., «Brezhneved By the U. S.», New York Times, 14. Juni 1983.
Barber, Benjamin, «A Tale of Two Capitalisms,» New York Times, 4. Okt. 1981.
– «The Tides in New Channels», New York Times, 21. April 1982.
«Blacks Closing Wage Gap», Boston Globe, 8. Mai 1978.
Blair, William G., «Scientific Detail Overwhelms Regard for Human Needs at Medical Schools, Panel Says», New York Times, 21. Okt. 1982.
Blumenthal, Ralph, New York Times, 25. Aug. 1981.
Boffey, Philip M., «Panel Urges Preparations to Meet Big Demand for Genetic Screening», New York Times, 28. Febr. 1983.
Briggs, Kenneth A., New York Times, 7. Aug. 1977.

Brody, Jane E., «Emotions Found to Influence Every Human Ailment», New York Times, 24. Mai 1983.
– «Personal Health,» New York Times, 11. Mai 1983.
– «Some Disorders Appear Linked to Being Left-Handed», New York Times, 19. April 1983.
Brooks, Andree, «Mothers Defending Rights of Custody», New York Times, 26. Febr. 1983.
Brozan, Nadine, «Holocaust Women: A Study in Survival», New York Times, 23. März 1983.
Burnham, Burnham, «Dow Anxiety», New York Times, 19. April 1983.
Butterfield, Fox, New York Times, 6. Juli 1980.
«Campus Cartels», The Nation, 20. März 1982.
Chicago Tribune, 28. März 1980.
«Child Support Frequently Not Paid», New York Times, 8. Juli 1983.
Chira, Susan, «Accord Is Set on Halfway Houses to Ease Crowding in State Prisons», New York Times, 16. Juni 1983.
Christian Science Monitor, 5. Nov. 1979.
Clymer, Adam, «Gap Between Sexes in Voting Seen as Outlasting?» New York Times, 22. Mai 1983.
– New York Times, 16. Nov. 1982.
Collins, Glenn, «Tribe Where Harmony Rules», New York Times, 19. Sept. 1983.
Dullea, Georgia, New York Times, 16. Sept. 1980.
Duella, Georgia, New York Times, 16. Sept. 1980.
Edmiston, Susan, «Hers», New York Times, 1. Juli 1982.
Farell, William E., New York Times, 13. Nov. 1977.
Gamarekian, Barbara, «Politicians' Wives ‹Peace Links›,» New York Times, 26. Mai 1982.
Garbus, Martin, «Excluding Justice», New York Times, 4. April 1983.
– «U.S. Plans», New York Times, 3. April 1983.
Gerth, Jeff, «Big Severance Payments», New York Times, 16. März 1983.
Halloran, Richard, «Secrets», New York Times, 19. April 1983.
Hechinger, Fred M., «About Education», New York Times, 29. März und 12. April 1983.
– «Schools Try New Ways to Improve Education», New York Times, 14. April 1983.
Herbers, John, «Citizens' Activism Gaining in Nation», New York Times, 16. Mai 1982.
Hertsgaard, Mark, «Nuclear Nothing», New York Times, 29. April 1983.
Hiatt, Fred, «Pentagon Board Assailed for Conflicts of Interest, Cronyism», International Herald Tribune, 27.–28. August 1983.
Hoge, Warren, «In Brazil, Mornings Belong to Feminist TV», New York Times, 3. Jan. 1980.
«ILO Says Female Workes Face Wide Discrimination», New York Times, 3. April 1980.

King, Wayne, «Microscopic Techniques Have a Gigantic Effect on Cattle Breeding Industry», New York Times, 6. Dez. 1982.
Lappe, Frances Moore, und Nick Allen, «Central American Victims», New York Times, 28. Mai 1982.
Lekachman, Robert, «An Agenda for the Left», New York Times, 22. Febr. 1982.
Lewis, Anthony, «Who Are the Realist?» New York Times, 3. Juni 1982.
Maeroff, Gene, «Questions of Teachers' Skills», New York Times, 12. April 1983.
Maitland, Leslie, «Secrecy», New York Times, 25. April 1983.
– «Top EPA Official Accused», New York Times, 24. März 1983.
Margolick David, «Lawyers for Poor», New York Times, 3. April 1983.
– New York Times, 18. Jan. 1982.
Markham, James M., «Smoggy Prague Tries to Fight Growing Plague of Pollution», New York Times, 9. April 1984.
Miller, Judith, «More U.S. Lie Tests», New York Times, 9. Okt. 1981.
– «Nuclear Plants», New York Times, 23. Jan. 1983.
– «3 Women and the Campaign for a Nuclear Freeze», New York Times, 26. Mai 1982.
Morrison, Alan B., «N W Fed ral sm Holes», New York Times, 20. Sept. 1982.
Nelson, Bryce, «Aggression: Still a Stronger Trait for Males», New York Times, 30. Juni 1983.
Nies, Judith, «Women's New Issue», New York Times, 9. Juni 1983.
«Number of Prisoners», New York Times, 15. Juli 1982.
Pear, Robert, «Rights Panel», New York Times, 20. März 1983.
– «Rights Unit», New York Times, 12. April 1983.
– «U. S. Reports Decline in Infant Mortality Rate», New York Times, 16. März 1983.
«‹P› Films Ratings Rate an ‹X›,» New York Times, 26. Febr. 1983.
Peterson, Iver, «FBI Spy», New York Times, 27. März 1983.
– «Judge Clears FBI of Negligence in Slaying of Rights Worker», New York Times, 28. April 1983.
«Poorer, Hungrier», New York Times, 10. April 1983.
Prial, Frank, «Congressmen Hear Renewal of Debate Over TV Violence», New York Times, 16. April 1983.
«Private Budget Study Finds Harm to Women», New York Times, 29. März 1984.
«Put Legal Back Into Legal Services», New York Times, 14. April 1983.
«Real Income Down 5.5 percent», New York Times, 21. Aug. 1981.
Roberts, Steven V., «Capitol Hill Battle», New York Times, 8. April 1981.
Robinson, Charlotte, «Study Says Children Are Depressing», Boston Globe, Mai/Juni 1979.
Schafran, Lynn Hecht, «Reagan vs. Women», New York Times, 13. Okt. 1981.
Schmeck, Harold M., Jr., New York Times, 14. Nov. 1981.

«Schools Study Ethics of Business-Aided Research», New York Times, 8.April 1983.
«Security and Insecurity», New York Times, 30. April 1983.
Serrin, William, New York Times, 18. Jan. 1982.
Shabecoff, Philip, «EPA Aide», New York Times, 16. März 1983.
«Sharp Rise in Childbearing Found Among U. S. Women in Early 30's», New York Times, 10. Juni 1983.
Shipp, E. R., «Issue and Debate», New York Times, 22. Mai 1982.
Shribman, David, «Study Finds Women Are Systematically Underpaid», New York Times, 29. April 1983.
«Shrinking Fertility Rate», New York Times, 10. Mai 1983.
Silk, Leonard, «Russian Economy Gives Andropov Huge Problems», New York Times, 12. Juni 1983.
Sullivan, Ronald, «Health Chief for N. Y. to Act Against Misconduct by Physicians.» New York Times, 3. April 1983.
Sullivan, Walter, «Boston Autopsies Find 1 in 4 Diagnoses Wrong», New York Times, 28. April 1983.
Taylor, Stuart, Jr., New York Times, 22. März 1982.
Teltsch, Kathleen, «Black Teen-agers Found Eager to Work», New York Times, 21. April 1983.
– «Network of ‹Alternative› Philanthropies Is Forming», New York Times, 5. Juli 1983.
Tolchin, Martin, «Reports of U. S. Aid for Anti-Sandinist Guerrillas Worrying Senators.» New York Times, 6. April 1983.
«U. S. Orders Disclaimers», New York Times, 25. Febr. 1983.
Williams, Joseph, New York Times, 19. Febr. 1982.
Willis, Ellen, The Village Voice, June 23, 1980, 16.–22. Juli 1980.
«A Window on Violence», New York Times, 22. Mai 1922.
«Women's Issues Are American Issues», New York Times, 29. April 1983.
Wren, Christopher S., International Herald Tribune, 6. August 1982.
Zager, Robert, «A Working Model.» New York Times, 7. Sept. 1981.

Personen- und Sachregister